W9-CLV-035

COLLINS GEM

FRENCH DICTIONARY

FRENCH • ENGLISH
ENGLISH • FRENCH

HarperCollins*Publishers*

R

Dictionnaires Le Robert
Paris

first published in this edition 1979
second edition 1988
third edition 1993

first reprint 1993

ISBN 0 00 458977-7

---

contributors / avec la collaboration de
Claude Nimmo, Lorna Sinclair,
Philippe Patry, Hélène Lewis,
Elisabeth Campbell, Renée Birks,
Jean-François Allain, Christine Penman

editorial staff / secrétariat de rédaction
Joyce Littlejohn, Catherine Love,
Lesley Robertson, Stephen Clarke,
Angela Campbell, Vivian Marr

DICTIONNAIRES LE ROBERT
12, avenue d'Italie
75013 PARIS

ISBN: 2-85036-136-4
Dépôt légal: octobre 1993

A catalogue record for this book is available from the British Library

Typeset by Morton Word Processing Ltd, Scarborough

Printed in Great Britain by HarperCollins Manufacturing, Glasgow

TABLE DES MATIÈRES

CONTENTS

INTRODUCTION

Nous sommes très heureux que vous ayez décidé d'acheter le dictionnaire anglais Gem de Collins et espérons que vous aimerez l'utiliser et que vous en tirerez profit au lycée, à la maison, en vacances ou au travail.

Cette introduction a pour but de vous donner quelques conseils sur la meilleure façon d'utiliser au mieux votre dictionnaire, en vous référant non seulement à son importante nomenclature mais aussi aux informations contenues dans chaque entrée. Ceci vous aidera à lire et à comprendre, mais aussi à communiquer et à vous exprimer en anglais contemporain.

Le dictionnaire anglais Gem de Collins commence par la liste des abréviations utilisées dans le texte et par la transcription des sons par des symboles phonétiques. À la fin vous trouverez des tables de verbes français ainsi que la liste des verbes irréguliers en anglais, suivis d'une section finale sur les nombres et sur les expressions de temps.

COMMENT UTILISER VOTRE DICTIONNAIRE GEM COLLINS

Ce dictionnaire offre une masse d'informations et use de divers formes et tailles de caractères, symboles, abréviations, parenthèses et crochets. Les conventions et symboles utilisés sont expliqués dans les sections qui suivent.

Entrées
Les mots que vous cherchez dans le dictionnaire (les 'entrées') sont classés par ordre alphabétique. Ils sont imprimés en **caractères gras** pour pouvoir être repérés rapidement. Les deux entrées figurant en haut de page indiquent le premier et le dernier mot qui apparaissent sur la page en question.

Des informations sur l'usage ou sur la forme de certaines entrées sont données entre parenthèses, après la transcription phonétique. Ces indications apparaissent sous forme abrégée et en italiques (ex (*fam*), (*COMM*)).

Dans les cas appropriés, les mots apparentés aux entrées sont regroupés sous la même entrée (**ronger, rongeur; accept, acceptance**) et apparaissent en caractères gras, légèrement plus petits que ceux de l'entrée.

Les expressions courantes dans lesquelles apparait l'entrée sont indiquées par des caractères romains gras différents (ex **avoir du retard**).

Transcription phonétique
La transcription phonétique de chaque entrée (indiquant sa prononciation) est indiquée entre crochets immédiatement après l'entrée (ex **fumer** [fyme]; **knead** [ni:d]). Une liste de ces symboles figure à la page x.

Traductions
Les traductions des entrées apparaissent en caractères ordinaires et, lorsque plusieurs sens ou usages coexistent, ces traductions sont séparées par un point-virgule. Vous trouverez souvent entre parenthèses d'autres mots en italiques qui précèdent les traductions. Ces mots fournissent souvent certains des contextes dans lesquels l'entrée est susceptible d'être utilisée (ex **rough** (*voice*) ou (*weather*)) ou offrent des synonymes (ex **rough** (*violent*)).

'Mots-clés'
Une importance particulière est accordée à certains mots français et anglais qui sont considérés comme des "mots-clés" dans chacune des langues. Cela peut être dû à leur utilisation très fréquente ou au fait qu'ils ont divers types d'usages (ex **vouloir, plus; get, that**). Une combinaison de losanges et de chiffres vous aident à distinguer différentes catégories grammaticales et différents sens. D'autres renseignements utiles apparaissent en italiques et entre parenthèses dans la langue de l'utilisateur.

Données grammaticales
Les catégories grammaticales sont données sous forme abrégée et en italiques après la transcription phonétique des entrées (ex *vt, adv, conj*).

Les genres des noms français sont indiqués de la manière suivante: *nm* pour un nom masculin et *nf* pour un nom féminin. Le féminin et le pluriel irréguliers de certains noms sont également indiqués (**directeur, trice; cheval, aux**).

Le masculin et le féminin des adjectif sont indiqués lorsque ces deux formes sont différentes (ex **noir, e**). Lorsque l'adjectif a un féminin ou un pluriel irrégulier, ces formes sont clairement indiquées (ex **net, nette**). Les pluriels irréguliers des noms, et les formes irrégulières des verbes anglais sont indiqués entre parenthèses, avant la catégorie grammaticale (ex **man** ... (*pl* **men**) *n*; **give** (*pt* **gave**, *pp* **given**) *vt*).

INTRODUCTION

We are delighted you have decided to buy the Collins Gem French Dictionary and hope you will enjoy and benefit from using it at school, at home, on holiday or at work.

This introduction gives you a few tips on how to get the most out of your dictionary — not simply from its comprehensive wordlist but also from the information provided in each entry. This will help you to read and understand modern French, as well as communicate and express yourself in the language.

The Collins Gem French Dictionary begins by listing the abbreviations used in the text and illustrating the sounds shown by the phonetic symbols. You will find French verb tables and English irregular verbs at the back, followed by a final section on numbers and time expressions.

USING YOUR COLLINS GEM DICTIONARY

A wealth of information is presented in the dictionary, using various typefaces, sizes of type, symbols, abbreviations and brackets. The conventions and symbols used are explained in the following sections.

Headwords

The words you look up in a dictionary — "headwords" — are listed alphabetically. They are printed in **bold type** for rapid identification. The two headwords appearing at the top of each page indicate the first and last word dealt with on the page in question.

Information about the usage or form of certain headwords is given in brackets after the phonetic spelling. This usually appears in abbreviated form and in italics (e.g. (*fam*), (*COMM*)).

Where appropriate, words related to headwords are grouped in the same entry (**ronger, rongeur; accept, acceptance**) in a slightly smaller bold type than the headword.

Common expressions in which the headword appears are shown in a different bold roman type (e.g. **avoir du retard**).

Phonetic spellings
The phonetic spelling of each headword (indicating its pronunciation) is given in square brackets immediately after the headword (e.g. **fumer** [fyme]; **knead** [ni:d]). A list of these symbols is given on page x.

Translations
Headword translations are given in ordinary type and, where more than one meaning or usage exists, these are separated by a semicolon. You will often find other words in italics in brackets before the translations. These offer suggested contexts in which the headword might appear (e.g. **rough** (*voice*) or (*weather*)) or provide synonyms (e.g. **rough** (*violent*)).

"Key" words
Special status is given to certain French and English words which are considered as "key" words in each language. They may, for example, occur very frequently or have several types of usage (e.g. **vouloir, plus; get, that**). A combination of lozenges and numbers helps you to distinguish different parts of speech and different meanings. Further helpful information is provided in brackets and in italics in the relevant language for the user.

Grammatical information
Parts of speech are given in abbreviated form in italics after the phonetic spellings of headwords (e.g. *vt, adv, conj*).

Genders of French nouns are indicated as follows: *nm* for a masculine and *nf* for a feminine noun. Feminine and irregular plural forms of nouns are also shown (**directeur, trice; cheval, aux**).

Adjectives are given in both masculine and feminine forms where these forms are different (e.g. **noir, e**). Clear information is provided where adjectives have an irregular feminine or plural form (e.g. **net, nette**).

ABRÉVIATIONS		ABBREVIATIONS
abréviation	**ab(b)r**	abbreviation
adjectif, locution adjective	**adj**	adjective, adjectival phrase
adverbe, locution adverbiale	**adv**	adverb, adverbial phrase
administration	**ADMIN**	administration
agriculture	**AGR**	agriculture
anatomie	**ANAT**	anatomy
architecture	**ARCHIT**	architecture
article défini	**art déf**	definite article
article indéfini	**art indéf**	indefinite article
l'automobile	**AUT(O)**	the motor car and motoring
aviation, voyages aériens	**AVIAT**	flying, air travel
biologie	**BIO(L)**	biology
botanique	**BOT**	botany
anglais de Grande-Bretagne	**BRIT**	British English
commerce, finance, banque	**COMM**	commerce, finance, banking
comparatif	**compar**	comparative
informatique	**COMPUT**	computing
conjonction	**conj**	conjunction
construction	**CONSTR**	building
nom utilisé comme adjectif	**cpd**	compound element
cuisine, art culinaire	**CULIN**	cookery
article défini	**def art**	definite article
déterminant: article; adjectif démonstratif ou indéfini etc	**dét**	determiner: article, demonstrative etc
diminutif	**dimin**	diminutive
économie	**ECON**	economics
électricité, électronique	**ELEC**	electricity, electronics
exclamation, interjection	**excl**	exclamation, interjection
féminin	**f**	feminine
langue familière (! emploi vulgaire)	**fam (!)**	colloquial usage (! particularly offensive)
emploi figuré	**fig**	figurative use
(verbe anglais) dont la particule est inséparable du verbe	**fus**	(phrasal verb) where the particle cannot be separated from main verb
généralement	**gén, gen**	generally
géographie, géologie	**GEO**	geography, geology
géométrie	**GEOM**	geometry
impersonnel	**impers**	impersonal
article indéfini	**indef art**	indefinite article
langue familière (! emploi vulgaire)	**inf(!)**	colloquial usage (! particularly offensive)
infinitif	**infin**	infinitive
informatique	**INFORM**	computing
invariable	**inv**	invariable
irrégulier	**irrég, irreg**	irregular

ABRÉVIATIONS		ABBREVIATIONS
domaine juridique	**JUR**	law
grammaire, linguistique	**LING**	grammar, linguistics
masculin	**m**	masculine
mathématiques, algèbre	**MATH**	mathematics, calculus
médecine	**MÉD MED**	medical term, medicine
masculin ou féminin, suivant le sexe	**m/f**	masculine or feminine depending on sex
domaine militaire, armée	**MIL**	military matters
musique	**MUS**	music
nom	**n**	noun
navigation, nautisme	**NAVIG, NAUT**	sailing, navigation
adjectif ou nom numérique	**num**	numeral adjective or noun
	o.s.	oneself
péjoratif	**péj, pej**	derogatory, pejorative
photographie	**PHOT(O)**	photography
physiologie	**PHYSIOL**	physiology
pluriel	**pl**	plural
politique	**POL**	politics
participe passé	**pp**	past participle
préposition	**prép, prep**	preposition
pronom	**pron**	pronoun
psychologie, psychiatrie	**PSYCH**	psychology, psychiatry
temps du passé	**pt**	past tense
quelque chose	**qch**	
quelqu'un	**qn**	
religions, domaine ecclésiastique	**REL**	religions, church service
	sb	somebody
enseignement, système scolaire et universitaire	**SCOL**	schooling, schools and universities
singulier	**sg**	singular
	sth	something
subjonctif	**sub**	subjunctive
sujet (grammatical)	**su(b)j**	(grammatical) subject
superlatif	**superl**	superlative
techniques, technologie	**TECH**	technical term, technology
télécommunications	**TEL**	telecommunications
télévision	**TV**	television
typographie	**TYP(O)**	typography, printing
anglais des USA	**US**	American English
verbe (auxiliaire)	**vb (aux)**	(auxiliary) verb
verbe intransitive	**vi**	intransitive verb
verbe transitive	**vt**	transitive verb
zoologie	**ZOOL**	zoology
marque déposée	®	registered trademark
indique une équivalence culturelle	≈	introduces a cultural equivalent

TRANSCRIPTION PHONÉTIQUE

CONSONNES		CONSONANTS
NB. p, b, t, d, k, g sont suivis d'une aspiration en anglais.		NB. p, b, t, d, k, g are not aspirated in French.
poupée	p	puppy
bombe	b	baby
tente thermal	t	tent
dinde	d	daddy
coq qui képi	k	cork kiss chord
gag bague	g	gag guess
sale ce nation	s	so rice kiss
zéro rose	z	cousin buzz
tache chat	ʃ	sheep sugar
gilet juge	ʒ	pleasure beige
	tʃ	church
	dʒ	judge general
fer phare	f	farm raffle
valve	v	very rev
	θ	thin maths
	ð	that other
lent salle	l	little ball
rare rentrer	ʀ	
	r	rat rare
maman femme	m	mummy comb
non nonne	n	no ran
agneau vigne	ɲ	
	ŋ	singing bank
hop!	h	hat reheat
yeux paille pied	j	yet
nouer oui	w	wall bewail
huile lui	ɥ	
	x	loch

DIVERS		MISCELLANEOUS
pour l'anglais: le r final se prononce en liaison devant une voyelle	*	in French wordlist: no liason
pour l'anglais: précède la syllabe accentuée	'	in French transcription: no liaison

PHONETIC TRANSCRIPTION

VOYELLES / VOWELS

NB. La mise en équivalence de certains sons n'indique qu'une ressemblance approximative.

NB. The pairing of some vowel sounds only indicates approximate equivalence.

ici vie lyre	i iː	heel b*ea*d
	ɪ	hit pity
jou*er été*	e	
l*ai*t jou*et* merci	ɛ	set tent
pl*at* *a*mour	a æ	b*a*t *a*pple
b*as* p*â*te	ɑ ɑː	*a*fter c*ar* c*a*lm
	ʌ	f*u*n c*ou*sin
le premier	ə	ov*er* *a*bove
b*eu*rre p*eu*r	œ	
p*eu* d*eux*	ø əː	*ur*n f*er*n w*or*k
*o*r h*o*mme	ɔ	w*a*sh p*o*t
m*o*t *eau* g*au*che	o ɔː	b*or*n c*or*k
gen*ou* r*ou*e	u	f*u*ll s*oo*t
	uː	b*oo*n l*ew*d
r*u*e *u*rne	y	

DIPHTONGUES / DIPHTHONGS

ɪə	b*eer* t*ier*
ɛə	t*ear* f*air* th*ere*
eɪ	d*a*te pl*ai*ce d*ay*
aɪ	l*i*fe b*uy* cr*y*
au	*ow*l f*ou*l n*ow*
əu	l*ow* n*o*
ɔɪ	b*oi*l b*oy* *oi*ly
uə	p*oor* t*our*

NASALES / NASAL VOWELS

mat*in* pl*ein*	ɛ̃
br*un*	œ̃
s*ang* *an* d*ans*	ɑ̃
n*on* p*on*t	õ

FRANÇAIS - ANGLAIS
FRENCH - ENGLISH
A

A *abr* = **autoroute**
a *vb voir* **avoir**

MOT-CLÉ

à [a] (*à* + *le* = **au**, *à* + *les* = **aux**) *prép* **1** (*endroit, situation*) at, in; **être ~ Paris/au Portugal** to be in Paris/Portugal; **être ~ la maison/~ l'école** to be at home/at school; **~ la campagne** in the country; **c'est ~ 10 km/~ 20 minutes (d'ici)** it's 10 km/20 minutes away
2 (*direction*) to; **aller ~ Paris/au Portugal** to go to Paris/Portugal; **aller ~ la maison/~ l'école** to go home/to school; **~ la campagne** to the country
3 (*temps*): **~ 3 heures/minuit** at 3 o'clock/midnight; **au printemps/mois de juin** in the spring/the month of June
4 (*attribution, appartenance*) to; **le livre est ~ Paul/~ lui/~ nous** this book is Paul's/his/ours; **donner qch ~ qn** to give sth to sb
5 (*moyen*) with; **se chauffer au gaz** to have gas heating; **~ bicyclette** on a *ou* by bicycle; **~ la main/machine** by hand/machine
6 (*provenance*) from; **boire ~ la bouteille** to drink from the bottle
7 (*caractérisation, manière*): **l'homme aux yeux bleus** the man with the blue eyes; **~ la russe** the Russian way
8 (*but, destination*): **tasse ~ café** coffee cup; **maison ~ vendre** house for sale
9 (*rapport, évaluation, distribution*): **100 km/unités ~ l'heure** 100 km/units per *ou* an hour; **payé ~ l'heure** paid by the hour; **cinq ~ six** five to six

abaisser [abese] *vt* to lower, bring down; (*manette*) to pull down; (*fig*) to debase; to humiliate; **s'~** *vi* to go down; (*fig*) to demean o.s.
abandon [abɑ̃dɔ̃] *nm* abandoning; giving up; withdrawal; **être à l'~** to be in a state of neglect
abandonner [abɑ̃dɔne] *vt* (*personne*) to abandon; (*projet, activité*) to abandon, give up; (*SPORT*) to retire *ou* withdraw from; (*céder*) to surrender; s'~ *vi* to let o.s. go; **s'~ à** (*paresse, plaisirs*) to give o.s. up to
abasourdir [abazuʀdiʀ] *vt* to stun, stagger
abat-jour [abaʒuʀ] *nm inv* lampshade
abats [aba] *nmpl* (*de bœuf, porc*) offal *sg*; (*de volaille*) giblets
abattement [abatmɑ̃] *nm* (*déduction*) reduction; **~ fiscal** ≈ tax allowance
abattoir [abatwaʀ] *nm* slaughterhouse
abattre [abatʀ(ə)] *vt* (*arbre*) to cut down, fell; (*mur, maison*) to pull down; (*avion, personne*) to shoot down; (*animal*) to shoot, kill; (*fig*) to wear out, tire out; to demoralize; **s'~** *vi* to crash down; **s'~ sur** to beat down on; to rain down on
abbaye [abei] *nf* abbey
abbé [abe] *nm* priest; (*d'une abbaye*) abbot
abcès [apsɛ] *nm* abscess
abdiquer [abdike] *vi* to abdicate ♦ *vt* to renounce, give up
abeille [abɛj] *nf* bee
aberrant, e [abɛʀɑ̃, -ɑ̃t] *adj* absurd
abêtir [abetiʀ] *vt* to make morons of (*ou* a moron of)
abîme [abim] *nm* abyss, gulf
abîmer [abime] *vt* to spoil, damage; **s'~** *vi* to get spoilt *ou* damaged

ablation [ablɑsjɔ̃] *nf* removal
abois [abwa] *nmpl*: **aux** ~ at bay
abolir [abɔliʀ] *vt* to abolish
abondance [abɔ̃dɑ̃s] *nf* abundance; (*richesse*) affluence
abondant, e [abɔ̃dɑ̃, -ɑ̃t] *adj* plentiful, abundant, copious
abonder [abɔ̃de] *vi* to abound, be plentiful; ~ **dans le sens de qn** to concur with sb
abonné, e [abɔne] *nm/f* subscriber; season ticket holder
abonnement [abɔnmɑ̃] *nm* subscription; (*transports, concerts*) season ticket
abonner [abɔne] *vt*: **s'**~ **à** to subscribe to, take out a subscription to
abord [abɔʀ] *nm*: **être d'un ~ facile** to be approachable; **~s** *nmpl* (*environs*) surroundings; **au premier ~** at first sight, initially; **d'~** first
abordable [abɔʀdabl(ə)] *adj* approachable; reasonably priced
aborder [abɔʀde] *vi* to land ♦ *vt* (*sujet, difficulté*) to tackle; (*personne*) to approach; (*rivage etc*) to reach; (*NAVIG*: *attaquer*) to board
aboutir [abutiʀ] *vi* (*négociations etc*) to succeed; ~ **à/dans/sur** to end up at/in/on
aboyer [abwaje] *vi* to bark
abrégé [abʀeʒe] *nm* summary
abréger [abʀeʒe] *vt* to shorten
abreuver [abʀœve] *vt* (*fig*): ~ **qn de** to shower *ou* swamp sb with; **s'**~ *vi* to drink; **abreuvoir** *nm* watering place
abréviation [abʀevjɑsjɔ̃] *nf* abbreviation
abri [abʀi] *nm* shelter; **à l'**~ under cover; **à l'**~ **de** sheltered from; (*fig*) safe from
abricot [abʀiko] *nm* apricot
abriter [abʀite] *vt* to shelter; (*loger*) to accommodate; **s'**~ *vt* to shelter, take cover
abroger [abʀɔʒe] *vt* to repeal
abrupt, e [abʀypt] *adj* sheer, steep; (*ton*) abrupt
abrutir [abʀytiʀ] *vt* to daze; to exhaust; to stupefy
absence [apsɑ̃s] *nf* absence; (*MÉD*) blackout; mental blank
absent, e [apsɑ̃, -ɑ̃t] *adj* absent; (*distrait*: *air*) vacant, faraway ♦ *nm/f* absentee; **s'~er** *vi* to take time off work; (*sortir*) to leave, go out
absolu, e [apsɔly] *adj* absolute; (*caractère*) rigid, uncompromising; **absolument** *adv* absolutely
absorber [apsɔʀbe] *vt* to absorb; (*gén MÉD*: *manger, boire*) to take
absoudre [apsudʀ(ə)] *vt* to absolve
abstenir [apstəniʀ] : **s'**~ *vi* (*POL*) to abstain; **s'**~ **de qch/de faire** to refrain from sth/from doing
abstraction [apstʀaksjɔ̃] *nf* abstraction; **faire ~ de** to set *ou* leave aside
abstrait, e [apstʀɛ, -ɛt] *adj* abstract
absurde [apsyʀd(ə)] *adj* absurd
abus [aby] *nm* abuse; ~ **de confiance** breach of trust
abuser [abyze] *vi* to go too far, overstep the mark ♦ *vt* to deceive, mislead; **s'**~ *vi* to be mistaken; ~ **de** to misuse; (*violer, duper*) to take advantage of; **abusif, ive** *adj* exorbitant; excessive; improper
acabit [akabi] *nm*: **de cet** ~ of that type
académie [akademi] *nf* academy; (*ART*: *nu*) nude; (*SCOL*: *circonscription*) ≈ regional education authority
acajou [akaʒu] *nm* mahogany
acariâtre [akaʀjɑtʀ(ə)] *adj* cantankerous
accablant, e [akɑblɑ̃, ɑ̃t] *adj* (*témoignage, preuve*) overwhelming
accablement [akɑbləmɑ̃] *nm* despondency
accabler [akɑble] *vt* to overwhelm, overcome; (*suj*: *témoignage*) to condemn, damn; ~ **qn d'injures** to heap *ou* shower abuse on sb
accalmie [akalmi] *nf* lull
accaparer [akapaʀe] *vt* to monopolize; (*suj*: *travail etc*) to take up (all) the time *ou* attention of
accéder [aksede]: ~ **à** *vt* (*lieu*) to

reach; (*fig*) to accede to, attain; (*accorder: requête*) to grant, accede to
accélérateur [akseleʀatœʀ] *nm* accelerator
accélération [akseleʀɑsjɔ̃] *nf* acceleration
accélérer [akseleʀe] *vt* to speed up ♦ *vi* to accelerate
accent [aksɑ̃] *nm* accent; (*inflexions expressives*) tone (of voice); (*PHONETIQUE, fig*) stress; **mettre l'~ sur** (*fig*) to stress; **~ aigu/grave** acute/grave accent
accentuer [aksɑ̃tɥe] *vt* (*LING*) to accent; (*fig*) to accentuate, emphasize; **s'~** *vi* to become more marked *ou* pronounced
acceptation [aksɛptɑsjɔ̃] *nf* acceptance
accepter [aksɛpte] *vt* to accept; (*tolérer*): **~ que qn fasse** to agree to sb doing; **~ de faire** to agree to do
accès [aksɛ] *nm* (*à un lieu*) access; (*MÉD*) attack; fit, bout; outbreak ♦ *nmpl* (*routes etc*) means of access, approaches; **d'~ facile** easily accessible; **~ de colère** fit of anger
accessible [aksesibl(ə)] *adj* accessible; (*livre, sujet*): **~ à qn** within the reach of sb; (*sensible*): **~ à** open to
accessoire [akseswaʀ] *adj* secondary; incidental ♦ *nm* accessory; (*THÉÂTRE*) prop
accident [aksidɑ̃] *nm* accident; **par ~** by chance; **~ de la route** road accident; **~ du travail** industrial injury *ou* accident; **~é, e** *adj* damaged; injured; (*relief, terrain*) uneven; hilly
acclamer [aklame] *vt* to cheer, acclaim
accolade [akɔlad] *nf* (*amicale*) embrace; (*signe*) brace
accommodant, e [akɔmɔdɑ̃, -ɑ̃t] *adj* accommodating; easy-going
accommoder [akɔmɔde] *vt* (*CULIN*) to prepare; (*points de vue*) to reconcile; **s'~ de** *vt* to put up with; to make do with
accompagnateur, trice [akɔ̃paɲatœʀ, -tʀis] *nm/f* (*MUS*) accompanist; (*de voyage: guide*) guide; (*: d'enfants*) accompanying adult; (*de voyage organisé*) courier
accompagner [akɔ̃paɲe] *vt* to accompany, be *ou* go *ou* come with; (*MUS*) to accompany
accompli, e [akɔ̃pli] *adj* accomplished
accomplir [akɔ̃pliʀ] *vt* (*tâche, projet*) to carry out; (*souhait*) to fulfil; **s'~** *vi* to be fulfilled
accord [akɔʀ] *nm* agreement; (*entre des styles, tons etc*) harmony; (*MUS*) chord; **d'~!** OK!; **se mettre d'~** to come to an agreement; **être d'~** to agree
accordéon [akɔʀdeɔ̃] *nm* (*MUS*) accordion
accorder [akɔʀde] *vt* (*faveur, délai*) to grant; (*harmoniser*) to match; (*MUS*) to tune; **s'~** *vt* to get on together; to agree
accoster [akɔste] *vt* (*NAVIG*) to draw alongside ♦ *vi* to berth
accotement [akɔtmɑ̃] *nm* verge (*BRIT*), shoulder
accouchement [akuʃmɑ̃] *nm* delivery, (child)birth; labour
accoucher [akuʃe] *vi* to give birth, have a baby; (*être en travail*) to be in labour ♦ *vt* to deliver; **~ d'un garçon** to give birth to a boy
accouder [akude]: **s'~** *vi* to rest one's elbows on/against; **accoudoir** *nm* armrest
accoupler [akuple] *vt* to couple; (*pour la reproduction*) to mate; **s'~** *vt* to mate
accourir [akuʀiʀ] *vi* to rush *ou* run up
accoutrement [akutʀəmɑ̃] (*péj*) *nm* (*tenue*) outfit
accoutumance [akutymɑ̃s] *nf* (*gén*) adaptation; (*MÉD*) addiction
accoutumé, e [akutyme] *adj* (*habituel*) customary, usual
accoutumer [akutyme] *vt*: **s'~ à** to get accustomed *ou* used to

accréditer [akʀedite] *vt* (*nouvelle*) to substantiate

accroc [akʀo] *nm* (*déchirure*) tear; (*fig*) hitch, snag

accrochage [akʀɔʃaʒ] *nm* (*AUTO*) collision

accrocher [akʀɔʃe] *vt* (*suspendre*): ~ **qch à** to hang sth (up) on; (*attacher: remorque*): ~ **qch à** to hitch sth (up) to; (*heurter*) to catch; to catch on; to hit; (*déchirer*): ~ **qch (à)** to catch sth (on); (*MIL*) to engage; (*fig*) to catch, attract; **s'~** (*se disputer*) to have a clash *ou* brush; **s'~ à** (*rester pris à*) to catch on; (*agripper, fig*) to hang on *ou* cling to

accroître [akʀwatʀ(ə)] *vt* to increase; **s'~** *vi* to increase

accroupir [akʀupiʀ]: **s'~** *vi* to squat, crouch (down)

accru, e [akʀy] *pp de* **accroître**

accueil [akœj] *nm* welcome; **comité d'~** reception committee

accueillir [akœjiʀ] *vt* to welcome; (*loger*) to accommodate

acculer [akyle] *vt*: ~ **qn à** *ou* **contre** to drive sb back against

accumuler [akymyle] *vt* to accumulate, amass; **s'~** *vi* to accumulate; to pile up

accusation [akyzɑsjɔ̃] *nf* (*gén*) accusation; (*JUR*) charge; (*partie*): **l'~** the prosecution; **mettre en ~** to indict

accusé, e [akyze] *nm/f* accused; defendant; ~ **de réception** acknowledgement of receipt

accuser [akyze] *vt* to accuse; (*fig*) to emphasize, bring out; to show; ~ **qn de** to accuse sb of; (*JUR*) to charge sb with; ~ **qch de** (*rendre responsable*) to blame sth for; ~ **réception de** to acknowledge receipt of

acerbe [asɛʀb(ə)] *adj* caustic, acid

acéré, e [aseʀe] *adj* sharp

achalandé, e [aʃalɑ̃de] *adj*: **bien ~** well-stocked; well-patronized

acharné, e [aʃaʀne] *adj* (*lutte, adversaire*) fierce, bitter; (*travail*) relentless, unremitting

acharner [aʃaʀne]: **s'~** *vi* to go at fiercely; **s'~ contre** to set o.s. against; to dog; **s'~ à faire** to try doggedly to do; to persist in doing

achat [aʃa] *nm* buying *no pl*; purchase; **faire des ~s** to do some shopping

acheminer [aʃmine] *vt* (*courrier*) to forward, dispatch; (*troupes*) to convey, transport; (*train*) to route; **s'~ vers** to head for

acheter [aʃte] *vt* to buy, purchase; (*soudoyer*) to buy; ~ **qch à** (*marchand*) to buy *ou* purchase sth from; (*ami etc: offrir*) to buy sth for; **acheteur, euse** *nm/f* buyer; shopper; (*COMM*) buyer

achever [aʃve] *vt* to complete, finish; (*blessé*) to finish off; **s'~** *vi* to end

acide [asid] *adj* sour, sharp; (*CHIMIE*) acid(ic) ♦ *nm* acid

acier [asje] *nm* steel; **aciérie** *nf* steelworks *sg*

acné [akne] *nf* acne

acolyte [akɔlit] (*péj*) *nm* associate

acompte [akɔ̃t] *nm* deposit; (*versement régulier*) instalment; (*sur somme due*) payment on account

à-côté [akote] *nm* side-issue; (*argent*) extra

à-coup [aku] *nm* (*du moteur*) (hic)cough; (*fig*) jolt; **par ~s** by fits and starts

acoustique [akustik] *nf* (*d'une salle*) acoustics *pl*

acquéreur [akeʀœʀ] *nm* buyer, purchaser

acquérir [akeʀiʀ] *vt* to acquire

acquis, e [aki, -iz] *pp de* **acquérir** ♦ *nm* (accumulated) experience; **être ~ à** (*plan, idée*) to fully agree with; **son aide nous est ~e** we can count on her help

acquit [aki] *vb voir* **acquérir** ♦ *nm* (*quittance*) receipt; **par ~ de conscience** to set one's mind at rest

acquitter [akite] *vt* (*JUR*) to acquit; (*facture*) to pay, settle; **s'~ de** *vt* to discharge, fulfil

âcre [ɑkʀ(ə)] *adj* acrid, pungent
acrobate [akʀɔbat] *nm/f* acrobat
acte [akt(ə)] *nm* act, action; (*THÉÂTRE*) act; ~s *nmpl* (*compte-rendu*) proceedings; **prendre** ~ **de** to note, take note of; **faire** ~ **de candidature** to apply; **faire** ~ **de présence** to put in an appearance; ~ **de naissance** birth certificate
acteur [aktœʀ] *nm* actor
actif, ive [aktif, -iv] *adj* active ♦ *nm* (*COMM*) assets *pl*; (*fig*): **avoir à son** ~ to have to one's credit; **population active** working population
action [aksjɔ̃] *nf* (*gén*) action; (*COMM*) share; **une bonne** ~ a good deed; ~**naire** *nm/f* shareholder; ~**ner** *vt* to work; to activate; to operate
activer [aktive] *vt* to speed up; **s'**~ *vi* to bustle about; to hurry up
activité [aktivite] *nf* activity
actrice [aktʀis] *nf* actress
actualiser [aktɥalize] *vt* to actualize; to bring up to date
actualité [aktɥalite] *nf* (*d'un problème*) topicality; (*événements*): **l'**~ current events; **les** ~**s** *nfpl* (*CINÉMA, TV*) the news
actuel, le [aktɥɛl] *adj* (*présent*) present; (*d'actualité*) topical; **actuellement** *adv* at present; at the present time
acuité [akɥite] *nf* acuteness
adaptateur [adaptatœʀ] *nm* (*ÉLEC*) adapter
adapter [adapte] *vt* to adapt; **s'**~ **(à)** (*suj: personne*) to adapt (to); ~ **qch à** (*approprier*) to adapt sth to (fit); ~ **qch sur/dans/à** (*fixer*) to fit sth on/into/to
additif [aditif] *nm* additive
addition [adisjɔ̃] *nf* addition; (*au café*) bill; ~**ner** [adisjɔne] *vt* to add (up)
adepte [adɛpt(ə)] *nm/f* follower
adéquat, e [adekwa, -at] *adj* appropriate, suitable
adhérent, e [adeʀɑ̃, -ɑ̃t] *nm/f* (*de club*) member
adhérer [adeʀe]: ~ **à** *vi* (*coller*) to adhere *ou* stick to; (*se rallier à*) to join; to support; **adhésif, ive** *adj* adhesive, sticky ♦ *nm* adhesive; **adhésion** *nf* joining; membership; support
adieu, x [adjø] *excl* goodbye ♦ *nm* farewell; **dire** ~ **à qn** to say goodbye *ou* farewell to sb
adjectif [adʒɛktif] *nm* adjective
adjoindre [adʒwɛ̃dʀ(ə)] *vt*: ~ **qch à** to attach sth to; to add sth to; **s'**~ *vt* (*collaborateur etc*) to take on, appoint; **adjoint, e** *nm/f* assistant; **adjoint au maire** deputy mayor; **directeur adjoint** assistant manager
adjudant [adʒydɑ̃] *nm* (*MIL*) warrant officer
adjudication [adʒydikɑsjɔ̃] *nf* sale by auction; (*pour travaux*) invitation to tender (*BRIT*) *ou* bid (*US*)
adjuger [adʒyʒe] *vt* (*prix, récompense*) to award; (*lors d'une vente*) to auction (off); **s'**~ *vt* to take for o.s.
adjurer [adʒyʀe] *vt*: ~ **qn de faire** to implore *ou* beg sb to do
admettre [admɛtʀ(ə)] *vt* (*laisser entrer*) to admit; (*candidat: SCOL*) to pass; (*tolérer*) to allow, accept; (*reconnaître*) to admit, acknowledge
administrateur, trice [administʀatœʀ, -tʀis] *nm/f* (*COMM*) director; (*ADMIN*) administrator; ~ **judiciaire** receiver
administration [administʀɑsjɔ̃] *nf* administration; **l'A**~ ≈ the Civil Service
administrer [administʀe] *vt* (*firme*) to manage, run; (*biens, remède, sacrement etc*) to administer
admirable [admiʀabl(ə)] *adj* admirable, wonderful
admirateur, trice [admiʀatœʀ, -tʀis] *nm/f* admirer
admiration [admiʀɑsjɔ̃] *nf* admiration
admirer [admiʀe] *vt* to admire
admis, e *pp de* **admettre**
admissible [admisibl(ə)] *adj* (*candidat*) eligible; (*comportement*) ad-

missible, acceptable
admission [admisjɔ̃] *nf* admission; acknowledgement; **demande d'~** application for membership
adolescence [adɔlesɑ̃s] *nf* adolescence
adolescent, e [adɔlesɑ̃, -ɑ̃t] *nm/f* adolescent, teenager
adonner [adɔne]: **s'~ à** *vt* (*sport*) to devote o.s. to; (*boisson*) to give o.s. over to
adopter [adɔpte] *vt* to adopt; (*projet de loi etc*) to pass; **adoptif, ive** *adj* (*parents*) adoptive; (*fils, patrie*) adopted
adorer [adɔʀe] *vt* to adore; (*REL*) to worship
adosser [adose] *vt*: **~ qch à** *ou* **contre** to stand sth against; **s'~ à** *ou* **contre** to lean with one's back against
adoucir [adusiʀ] *vt* (*goût, température*) to make milder; (*avec du sucre*) to sweeten; (*peau, voix*) to soften; (*caractère*) to mellow
adresse [adʀɛs] *nf* (*voir adroit*) skill, dexterity; (*domicile*) address; **à l'~ de** (*pour*) for the benefit of
adresser [adʀese] *vt* (*lettre: expédier*) to send; (*: écrire l'adresse sur*) to address; (*injure, compliments*) to address; **s'~ à** (*parler à*) to speak to, address; (*s'informer auprès de*) to go and see; (*: bureau*) to enquire at; (*suj: livre, conseil*) to be aimed at; **~ la parole à** to speak to, address
adroit, e [adʀwa, -wat] *adj* skilful, skilled
adulte [adylt(ə)] *nm/f* adult, grown-up ♦ *adj* (*chien, arbre*) fully-grown, mature; (*attitude*) adult, grown-up
adultère [adyltɛʀ] *nm* (*acte*) adultery
advenir [advəniʀ] *vi* to happen
adverbe [advɛʀb(ə)] *nm* adverb
adversaire [advɛʀsɛʀ] *nm/f* (*SPORT, gén*) opponent, adversary; (*MIL*) adversary, enemy
adverse [advɛʀs(ə)] *adj* opposing
aération [aeʀasjɔ̃] *nf* airing; ventilation
aérer [aeʀe] *vt* to air; (*fig*) to lighten
aérien, ne [aeʀjɛ̃, -jɛn] *adj* (*AVIAT*) air *cpd*, aerial; (*câble, métro*) overhead; (*fig*) light
aéro... [aeʀɔ] *préfixe*: **~bic** *nm* aerobics *sg*; **~gare** *nf* airport (buildings); (*en ville*) air terminal; **~glisseur** *nm* hovercraft; **~naval, e** *adj* air and sea *cpd*; **~phagie** [aeʀɔfaʒi] *nf* (*MÉD*) wind, aerophagia (*TECH*); **~port** *nm* airport; **~porté, e** *adj* airborne, airlifted; **~sol** *nm* aerosol
affable [afabl(ə)] *adj* affable
affaiblir [afebliʀ] *vt* to weaken; **s'~** *vi* to weaken
affaire [afɛʀ] *nf* (*problème, question*) matter; (*criminelle, judiciaire*) case; (*scandaleuse etc*) affair; (*entreprise*) business; (*marché, transaction*) deal; business *no pl*; (*occasion intéressante*) bargain; **~s** *nfpl* (*intérêts publics et privés*) affairs; (*activité commerciale*) business *sg*; (*effets personnels*) things, belongings; **ce sont mes ~s** (*cela me concerne*) that's my business; **ceci fera l'~** this will do (nicely); **avoir ~ à** to be faced with; to be dealing with; **les A~s étrangères** Foreign Affairs: **s'affairer** *vi* to busy o.s., bustle about
affaisser [afese]: **s'~** *vi* (*terrain, immeuble*) to subside, sink; (*personne*) to collapse
affaler [afale]: **s'~** *vi* to collapse *ou* slump into/onto
affamé, e [afame] *adj* starving
affecter [afɛkte] *vt* to affect; (*telle ou telle forme etc*) to take on; **~ qch à** to allocate *ou* allot sth to; **~ qn à** to appoint sb to; (*diplomate*) to post sb to
affectif, ive [afɛktif, -iv] *adj* emotional
affection [afɛksjɔ̃] *nf* affection; (*mal*) ailment; **~ner** *vt* to be fond of
affectueux, euse [afɛktɥø, -øz] *adj* affectionate

afférent, e [aferɑ̃, -ɑ̃t] *adj*: ~ **à** pertaining *ou* relating to
affermir [afɛʀmiʀ] *vt* to consolidate, strengthen
affichage [afiʃaʒ] *nm* billposting; (*électronique*) display
affiche [afiʃ] *nf* poster; (*officielle*) notice; (*THEATRE*) bill; **tenir l'~** to run
afficher [afiʃe] *vt* (*affiche*) to put up; (*réunion*) to put up a notice about; (*électroniquement*) to display; (*fig*) to exhibit, display
affilée [afile] : **d'~** *adv* at a stretch
affiler [afile] *vt* to sharpen
affilier [afilje]: **s'~ à** *vt* (*club, société*) to join
affiner [afine] *vt* to refine
affirmatif, ive [afiʀmatif, -iv] *adj* affirmative
affirmation [afiʀmɑsjɔ̃] *nf* assertion
affirmer [afiʀme] *vt* (*prétendre*) to maintain, assert; (*autorité etc*) to assert
affligé, e [afliʒe] *adj* distressed, grieved; ~ **de** (*maladie, tare*) afflicted with
affliger [afliʒe] *vt* (*peiner*) to distress, grieve
affluence [aflyɑ̃s] *nf* crowds *pl*; **heures d'~** rush hours; **jours d'~** busiest days
affluent [aflyɑ̃] *nm* tributary
affluer [aflye] *vi* (*secours, biens*) to flood in, pour in; (*sang*) to rush, flow
affolement [afɔlmɑ̃] *nm* panic
affoler [afɔle] *vt* to throw into a panic; **s'~** *vi* to panic
affranchir [afʀɑ̃ʃiʀ] *vt* to put a stamp *ou* stamps on; (*à la machine*) to frank (*BRIT*), meter (*US*); (*fig*) to free, liberate; **affranchissement** *nm* postage
affréter [afʀete] *vt* to charter
affreux, euse [afʀø, -øz] *adj* dreadful, awful
affront [afʀɔ̃] *nm* affront
affrontement [afʀɔ̃tmɑ̃] *nm* clash, confrontation
affronter [afʀɔ̃te] *vt* to confront, face
affubler [afyble] (*péj*) *vt*: ~ **qn de** to rig *ou* deck sb out in; (*surnom*) to attach to sb
affût [afy] *nm*: **à l'~ (de)** (*gibier*) lying in wait (for); (*fig*) on the lookout (for)
affûter [afyte] *vt* to sharpen, grind
afin [afɛ̃]: ~ **que** *conj* so that, in order that; ~ **de faire** in order to do, so as to do
africain, e [afʀikɛ̃, -ɛn] *adj, nm/f* African
Afrique [afʀik] *nf*: **l'~** Africa; **l'~ du Sud** South Africa
agacer [agase] *vt* to pester, tease; (*involontairement*) to irritate
âge [ɑʒ] *nm* age; **quel ~ as-tu?** how old are you?; **prendre de l'~** to be getting on (in years); **l'~ ingrat** the awkward age; **l'~ mûr** maturity; **âgé, e** *adj* old, elderly; **âgé de 10 ans** 10 years old
agence [aʒɑ̃s] *nf* agency, office; (*succursale*) branch; ~ **de voyages** travel agency; ~ **immobilière** estate (*BRIT*) *ou* real estate (*US*) agent's (office); ~ **matrimoniale** marriage bureau
agencer [aʒɑ̃se] *vt* to put together; to arrange, lay out
agenda [aʒɛ̃da] *nm* diary
agenouiller [aʒnuje]: **s'~** *vi* to kneel (down)
agent [aʒɑ̃] *nm* (*aussi*: ~ *de police*) policeman; (*ADMIN*) official, officer; (*fig*: *élément, facteur*) agent; ~ **d'assurances** insurance broker; ~ **de change** stockbroker
agglomération [aglɔmeʀɑsjɔ̃] *nf* town; built-up area; **l'~ parisienne** the urban area of Paris
aggloméré [aglɔmeʀe] *nm* (*bois*) chipboard; (*pierre*) conglomerate
agglomérer [aglɔmeʀe] *vt* to pile up; (*TECH*: *bois, pierre*) to compress
aggraver [agʀave] *vt* to worsen, aggravate; (*JUR*: *peine*) to increase; **s'~** *vi* to worsen
agile [aʒil] *adj* agile, nimble

agir [aʒiʀ] *vi* to act; **il s'agit de** it's a matter *ou* question of; it is about; (*il importe que*): **il s'agit de faire** we (*ou* you *etc*) must do
agitation [aʒitɑsjɔ̃] *nf* (hustle and) bustle; agitation, excitement; (*politique*) unrest, agitation
agité, e [aʒite] *adj* fidgety, restless; agitated, perturbed; (*mer*) rough
agiter [aʒite] *vt* (*bouteille, chiffon*) to shake; (*bras, mains*) to wave; (*préoccuper, exciter*) to perturb
agneau, x [aɲo] *nm* lamb
agonie [agɔni] *nf* mortal agony, death pangs *pl*; (*fig*) death throes *pl*
agrafe [agʀaf] *nf* (*de vêtement*) hook, fastener; (*de bureau*) staple; **agrafer** *vt* to fasten; to staple; **agrafeuse** *nf* stapler
agraire [agʀɛʀ] *adj* land *cpd*
agrandir [agʀɑ̃diʀ] *vt* to enlarge; (*magasin, domaine*) to extend, enlarge; s'~ *vi* to be extended; to be enlarged; **agrandissement** *nm* (*PHOTO*) enlargement
agréable [agʀeabl(ə)] *adj* pleasant, nice
agréé, e [agʀee] *adj*: **concessionnaire** ~ registered dealer
agréer [agʀee] *vt* (*requête*) to accept; ~ **à** to please, suit; **veuillez ~ ...** (*formule épistolaire*) yours faithfully
agrégation [agʀegɑsjɔ̃] *nf highest teaching diploma in France*; **agrégé, e** *nm/f* holder of the *agrégation*
agrément [agʀemɑ̃] *nm* (*accord*) consent, approval; (*attraits*) charm, attractiveness; (*plaisir*) pleasure
agrémenter [agʀemɑ̃te] *vt* to embellish, adorn
agresser [agʀese] *vt* to attack
agresseur [agʀesœʀ] *nm* aggressor, attacker; (*POL, MIL*) aggressor
agressif, ive [agʀesif, -iv] *adj* aggressive
agricole [agʀikɔl] *adj* agricultural
agriculteur [agʀikyltœʀ] *nm* farmer
agriculture [agʀikyltyʀ] *nf* agriculture; farming
agripper [agʀipe] *vt* to grab, clutch; (*pour arracher*) to snatch, grab; s'~ **à** to cling (on) to, clutch, grip
agrumes [agʀym] *nmpl* citrus fruit(s)
aguerrir [ageʀiʀ] *vt* to harden
aguets [agɛ] *nmpl*: **être aux ~** to be on the look out
aguicher [agiʃe] *vt* to entice
ahuri, e [ayʀi] *adj* (*stupéfait*) flabbergasted; (*idiot*) dim-witted
ai *vb voir* **avoir**
aide [ɛd] *nm/f* assistant; carer ♦ *nf* assistance, help; (*secours financier*) aid; **à l'~ de** (*avec*) with the help *ou* aid of; **appeler (qn) à l'~** to call for help (from sb); **~ judiciaire** *nf* legal aid; **~ sociale** *nf* (*assistance*) state aid; **~-mémoire** *nm inv* memoranda pages *pl*; (key facts) handbook; **~-soignant, e** *nm/f* auxiliary nurse
aider [ede] *vt* to help; s'~ **de** (*se servir de*) to use, make use of; ~ **à qch** (*faciliter*) to help (towards) sth
aie *etc vb voir* **avoir**
aïe [aj] *excl* ouch
aïeul, e [ajœl] *nm/f* grandparent, grandfather(mother); forebear
aïeux [ajø] *nmpl* grandparents; forebears, forefathers
aigle [ɛgl(ə)] *nm* eagle
aigre [ɛgʀ(ə)] *adj* sour, sharp; (*fig*) sharp, cutting; **aigreur** *nf* sourness; sharpness; **aigreurs d'estomac** heartburn *sg*; **aigrir** *vt* (*personne*) to embitter; (*caractère*) to sour
aigu, ë [egy] *adj* (*objet, arête, douleur, intelligence*) sharp; (*son, voix*) high-pitched, shrill; (*note*) high (-pitched)
aiguille [egɥij] *nf* needle; (*de montre*) hand; **~ à tricoter** knitting needle
aiguiller [egɥije] *vt* (*orienter*) to direct; **aiguilleur du ciel** [egɥijœʀ] *nm* air-traffic controller
aiguillon [egɥijɔ̃] *nm* (*d'abeille*) sting; **~ner** *vt* to spur *ou* goad on
aiguiser [egize] *vt* to sharpen; (*fig*)

to stimulate; to excite
ail [aj] *nm* garlic
aile [ɛl] *nf* wing; **aileron** *nm* (*de requin*) fin; **ailier** *nm* winger
aille *etc vb voir* **aller**
ailleurs [ajœʀ] *adv* elsewhere, somewhere else; **partout/nulle part ~** everywhere/nowhere else; **d'~** (*du reste*) moreover, besides; **par ~** (*d'autre part*) moreover, furthermore
aimable [ɛmabl(ə)] *adj* kind, nice
aimant [ɛmɑ̃] *nm* magnet
aimer [eme] *vt* to love; (*d'amitié, affection, par goût*) to like; (*souhait*): **j'~ais ...** I would like ...; **bien ~ qn/qch** to like sb/sth; **j'aime mieux** *ou* **autant vous dire que** I may as well tell you that; **j'~ais autant y aller maintenant** I'd rather go now; **j'~ais mieux faire** I'd much rather do
aine [ɛn] *nf* groin
aîné, e [ene] *adj* elder, older; (*le plus âgé*) eldest, oldest ♦ *nm/f* oldest child *ou* one, oldest boy *ou* son/girl *ou* daughter; **aînesse** *nf*: **droit d'aînesse** birthright
ainsi [ɛ̃si] *adv* (*de cette façon*) like this, in this way, thus; (*ce faisant*) thus ♦ *conj* thus, so; **~ que** (*comme*) (just) as; (*et aussi*) as well as; **pour ~ dire** so to speak; **et ~ de suite** and so on
air [ɛʀ] *nm* air; (*mélodie*) tune; (*expression*) look, air; **prendre l'~** to get some (fresh) air; (*avion*) to take off; **avoir l'~** (*sembler*) to look, appear; **avoir l'~ de** to look like; **avoir l'~ de faire** to look as though one is doing, appear to be doing
aire [ɛʀ] *nf* (*zone, fig, MATH*) area
aisance [ɛzɑ̃s] *nf* ease; (*richesse*) affluence
aise [ɛz] *nf* comfort ♦ *adj*: **être bien ~ que** to be delighted that; **être à l'~** *ou* **à son ~** to be comfortable; (*pas embarrassé*) to be at ease; (*financièrement*) to be comfortably off; **se mettre à l'~** to make o.s. comfortable; **être mal à l'~** *ou* **à son ~** to be uncomfortable; to be ill at ease; **en faire à son ~** to do as one likes; **aisé, e** *adj* easy; (*assez riche*) well-to-do, well-off
aisselle [ɛsɛl] *nf* armpit
ait *vb voir* **avoir**
ajonc [aʒɔ̃] *nm* gorse *no pl*
ajourner [aʒuʀne] *vt* (*réunion*) to adjourn; (*décision*) to defer, postpone
ajouter [aʒute] *vt* to add; **~ foi à** to lend *ou* give credence to
ajusté, e [aʒyste] *adj*: **bien ~** (*robe etc*) close-fitting
ajuster [aʒyste] *vt* (*régler*) to adjust; (*vêtement*) to alter; (*coup de fusil*) to aim; (*cible*) to aim at; (*TECH, gén: adapter*): **~ qch à** to fit sth to
alarme [alaʀm(ə)] *nf* alarm; **donner l'~** to give *ou* raise the alarm; **alarmer** *vt* to alarm; **s'~r** *vi* to become alarmed
album [albɔm] *nm* album
albumine [albymin] *nf* albumin; **avoir** *ou* **faire de l'~** to suffer from albuminuria
alcool [alkɔl] *nm*: **l'~** alcohol; **un ~** a spirit, a brandy; **~ à brûler** methylated spirits (*BRIT*), wood alcohol (*US*); **~ à 90°** surgical spirit; **~ique** *adj, nm/f* alcoholic; **~isé, e** *adj* alcoholic; **~isme** *nm* alcoholism; **alco(o)test** (®) *nm* Breathalyser (®); (*test*) breath-test
aléas [alea] *nmpl* hazards; **aléatoire** *adj* uncertain; (*INFORM*) random
alentour [alɑ̃tuʀ] *adv* around (about) (*environs*) surroundings; **aux ~s de** in the vicinity *ou* neighbourhood of, around about; (*temps*) around about
alerte [alɛʀt(ə)] *adj* agile, nimble; brisk, lively ♦ *nf* alert; warning; **alerter** *vt* to alert
algèbre [alʒɛbʀ(ə)] *nf* algebra
Alger [alʒe] *n* Algiers
Algérie [alʒeʀi] *nf*: **l'~** Algeria; **algérien, ne** *adj, nm/f* Algerian
algue [alg(ə)] *nf* (*gén*) seaweed *no pl*; (*BOT*) alga
alibi [alibi] *nm* alibi
aliéné, e [aljene] *nm/f* insane p

lunatic (*péj*)

aligner [aliɲe] *vt* to align, line up; (*idées, chiffres*) to string together; (*adapter*): ~ **qch sur** to bring sth into alignment with; **s'~** (*soldats etc*) to line up; **s'~ sur** (*POL*) to align o.s. on

aliment [alimɑ̃] *nm* food

alimentation [alimɑ̃tɑsjɔ̃] *nf* feeding; supplying; (*commerce*) food trade; (*produits*) groceries *pl*; (*régime*) diet; (*INFORM*) feed

alimenter [alimɑ̃te] *vt* to feed; (*TECH*): ~ **(en)** to supply (with); to feed (with); (*fig*) to sustain, keep going

alinéa [alinea] *nm* paragraph

aliter [alite]: **s'~** *vi* to take to one's bed

allaiter [alete] *vt* to (breast-)feed, nurse; (*suj*: *animal*) to suckle

allant [alɑ̃] *nm* drive, go

allécher [aleʃe] *vt*: ~ **qn** to make sb's mouth water; to tempt *ou* entice sb

allée [ale] *nf* (*de jardin*) path; (*en ville*) avenue, drive; **~s et venues** comings and goings

alléger [aleʒe] *vt* (*voiture*) to make lighter; (*chargement*) to lighten; (*souffrance*) to alleviate, soothe

allègre [alɛgʀ(ə)] *adj* lively, cheerful

alléguer [alege] *vt* to put forward (as proof *ou* an excuse)

Allemagne [alǝmaɲ] *nf*: **l'~** Germany; **allemand, e** *adj, nm/f* German ♦ *nm* (*LING*) German

aller [ale] *nm* (*trajet*) outward journey; (*billet*: *aussi*: ~ *simple*) single (*BRIT*) *ou* one-way (*US*) ticket ♦ *vi* (*gén*) to go; ~ **à** (*convenir*) to suit; (*suj*: *forme, pointure etc*) to fit; ~ **avec** (*couleurs, style etc*) to go (w[illegible]ll) with; **je vais y ~/me fâcher** [illegible] going to go/to get angry; ~ **voir** [illegible] and see, go to see; **allez!** come [illegible]ons! come now!; **comment** [illegible]s? how are you?; **ça va?** how are you?; (*affaires etc*) how are things?; **il va bien/mal** he's well/not well, he's fine/ill; **ça va bien/mal** (*affaires etc*) it's going well/not going well; ~ **mieux** to be better; **cela va sans dire** that goes without saying; **il y va de leur vie** their lives are at stake; **s'en ~** (*partir*) to be off, go, leave; (*disparaître*) to go away; ~ **(et) retour** return journey (*BRIT*), round trip; (*billet*) return (ticket) (*BRIT*), round trip ticket (*US*)

allergique [alɛʀʒik] *adj*: ~ **à** allergic to

alliage [aljaʒ] *nm* alloy

alliance [aljɑ̃s] *nf* (*MIL, POL*) alliance; (*mariage*) marriage; (*bague*) wedding ring

allier [alje] *vt* (*métaux*) to alloy; (*POL, gén*) to ally; (*fig*) to combine; **s'~** to become allies; to combine

allô [alo] *excl* hullo, hallo

allocation [alɔkɑsjɔ̃] *nf* allowance; ~ **(de) chômage** unemployment benefit; ~ **(de) logement** rent allowance; **~s familiales** ≈ child benefit

allocution [alɔkysjɔ̃] *nf* short speech

allonger [alɔ̃ʒe] *vt* to lengthen, make longer; (*étendre*: *bras, jambe*) to stretch (out); **s'~** *vi* to get longer; (*se coucher*) to lie down, stretch out; ~ **le pas** to hasten one's step(s)

allouer [alwe] *vt* to allocate, allot

allumage [alymaʒ] *nm* (*AUTO*) ignition

allume-cigare [alymsigaʀ] *nm inv* cigar lighter

allumer [alyme] *vt* (*lampe, phare, radio*) to put *ou* switch on; (*pièce*) to put *ou* switch the light(s) on in; (*feu*) to light; **s'~** *vi* (*lumière, lampe*) to come *ou* go on

allumette [alymɛt] *nf* match

allure [alyʀ] *nf* (*vitesse*) speed, pace; (*démarche*) walk; (*maintien*) bearing; (*aspect, air*) look; **avoir de l'~** to have style; **à toute ~** at top speed

allusion [alyzjɔ̃] *nf* allusion; (*sous-entendu*) hint; **faire ~ à** to allude *ou*

refer to; to hint at
aloi [alwa] *nm*: **de bon ~** of genuine worth *ou* quality

MOT-CLÉ

alors [alɔʀ] *adv* **1** (*à ce moment-là*) then, at that time; **il habitait ~ à Paris** he lived in Paris at that time
2 (*par conséquent*) then; **tu as fini? ~ je m'en vais** have you finished? I'm going then; **et ~?** so what?
~ que *conj* **1** (*au moment où*) when, as; **il est arrivé alors que je partais** he arrived as I was leaving
2 (*pendant que*) while, when; **~ qu'il était à Paris, il a visité ...** while *ou* when he was in Paris, he visited ...
3 (*tandis que*) whereas, while; **~ que son frère travaillait dur, lui se reposait** while his brother was working hard, HE would rest

alouette [alwɛt] *nf* (sky)lark
alourdir [aluʀdiʀ] *vt* to weigh down, make heavy
alpage [alpaʒ] *nm* pasture
Alpes [alp(ə)] *nfpl*: **les ~** the Alps
alphabet [alfabɛ] *nm* alphabet; (*livre*) ABC (book); **alphabétiser** *vt* to teach to read and write; to eliminate illiteracy in
alpinisme [alpinism(ə)] *nm* mountaineering, climbing; **alpiniste** *nm/f* mountaineer, climber
Alsace [alzas] *nf* Alsace; **alsacien, ne** *adj, nm/f* Alsatian
altercation [altɛʀkɑsjɔ̃] *nf* altercation
altérer [alteʀe] *vt* to falsify; to distort; to debase; to impair
alternateur [altɛʀnatœʀ] *nm* alternator
alternatif, ive [altɛʀnatif, -iv] *adj* alternating; **alternative** *nf* (*choix*) alternative; **alternativement** *adv* alternately
Altesse [altɛs] *nf* Highness
altitude [altityd] *nf* altitude, height
alto [alto] *nm* (*instrument*) viola
altruisme [altʀɥism(ə)] *nm* altruism
aluminium [alyminjɔm] *nm* aluminium (*BRIT*), aluminum (*US*)
amabilité [amabilite] *nf* kindness, amiability
amadouer [amadwe] *vt* to coax, cajole; to mollify, soothe
amaigrir [amegʀiʀ] *vt* to make thin(ner)
amalgame [amalgam] *nm* (*alliage pour les dents*) amalgam
amande [amɑ̃d] *nf* (*de l'amandier*) almond; (*de noyau de fruit*) kernel; **amandier** *nm* almond (tree)
amant [amɑ̃] *nm* lover
amarrer [amaʀe] *vt* (*NAVIG*) to moor; (*gén*) to make fast
amas [amɑ] *nm* heap, pile
amasser [amɑse] *vt* to amass
amateur [amatœʀ] *nm* amateur; **en ~** (*péj*) amateurishly; **~ de musique/sport** *etc* music/sport *etc* lover
amazone [amazon] *nf*: **en ~** sidesaddle
ambages [ɑ̃baʒ]: **sans ~** *adv* plainly
ambassade [ɑ̃basad] *nf* embassy; (*mission*): **en ~** on a mission; **ambassadeur, drice** *nm/f* ambassador(dress)
ambiance [ɑ̃bjɑ̃s] *nf* atmosphere
ambiant, e [ɑ̃bjɑ̃, -ɑ̃t] *adj* (*air, milieu*) surrounding; (*température*) ambient
ambigu, ë [ɑ̃bigy] *adj* ambiguous
ambitieux, euse [ɑ̃bisjø, -øz] *adj* ambitious
ambition [ɑ̃bisjɔ̃] *nf* ambition
ambulance [ɑ̃bylɑ̃s] *nf* ambulance; **ambulancier, ière** *nm/f* ambulance man(woman) (*BRIT*), paramedic (*US*)
ambulant, e [ɑ̃bylɑ̃, -ɑ̃t] *adj* travelling, itinerant
âme [ɑm] *nf* soul
améliorer [ameljɔʀe] *vt* to improve; **s'~** *vi* to improve, get better
aménagements [amenaʒmɑ̃] *nmpl* developments; **~ fiscaux** tax adjust-

ments
aménager [amenaʒe] *vt* (*agencer, transformer*) to fit out; to lay out; (: *quartier, territoire*) to develop; (*installer*) to fix up, put in; **ferme aménagée** converted farmhouse
amende [amɑ̃d] *nf* fine; **mettre à l'~** to penalize; **faire ~ honorable** to make amends
amender [amɑ̃de] *vt* (*loi*) to amend; **s'~** *vi* to mend one's ways
amener [amne] *vt* to bring; (*causer*) to bring about; (*baisser*: *drapeau, voiles*) to strike; **s'~** *vi* to show up (*fam*), turn up
amenuiser [amənɥize]: **s'~** *vi* to grow slimmer, lessen; to dwindle
amer, amère [amɛʀ] *adj* bitter
américain, e [ameʀikɛ̃, -ɛn] *adj, nm/f* American
Amérique [ameʀik] *nf* America; **l'~ centrale/latine** Central/Latin America; **l'~ du Nord/du Sud** North/South America
amerrir [ameʀiʀ] *vi* to land (on the sea)
amertume [amɛʀtym] *nf* bitterness
ameublement [amœbləmɑ̃] *nm* furnishing; (*meubles*) furniture
ameuter [amøte] *vt* (*badauds*) to draw a crowd of; (*peuple*) to rouse
ami, e [ami] *nm/f* friend; (*amant/maîtresse*) boyfriend/girlfriend ♦ *adj*: **pays/groupe ~** friendly country/group; **être ~ de l'ordre** to be a lover of order; **un ~ des arts** a patron of the arts
amiable [amjabl(ə)]: **à l'~** *adv* (*JUR*) out of court; (*gén*) amicably
amiante [amjɑ̃t] *nm* asbestos
amical, e, aux [amikal, -o] *adj* friendly; **amicale** *nf* (*club*) association; **amicalement** *adv* in a friendly way; (*formule épistolaire*) regards
amidon [amidɔ̃] *nm* starch
amincir [amɛ̃siʀ] *vt* (*objet*) to thin (down); **s'~** *vi* to get thinner *ou* slimmer; **~ qn** to make sb thinner *ou* slimmer
amincissant, e *adj*: **régime ~** (slimming) diet; **crème ~e** slenderizing cream
amiral, aux [amiʀal, -o] *nm* admiral
amitié [amitje] *nf* friendship; **prendre en ~** to befriend; **faire** *ou* **présenter ses ~s à qn** to send sb one's best wishes
ammoniac [amɔnjak] *nm*: **(gaz) ~** ammonia
ammoniaque [amɔnjak] *nf* ammonia (water)
amoindrir [amwɛ̃dʀiʀ] *vt* to reduce
amollir [amɔliʀ] *vt* to soften
amonceler [amɔ̃sle] *vt* to pile *ou* heap up; **s'~** *vi* to pile *ou* heap up; (*fig*) to accumulate
amont [amɔ̃] : **en ~** *adv* upstream; (*sur une pente*) uphill
amorce [amɔʀs(ə)] *nf* (*sur un hameçon*) bait; (*explosif*) cap; primer; priming; (*fig*: *début*) beginning(s), start
amorphe [amɔʀf(ə)] *adj* passive, lifeless
amortir [amɔʀtiʀ] *vt* (*atténuer*: *choc*) to absorb, cushion; (*bruit, douleur*) to deaden; (*COMM*: *dette*) to pay off; (: *mise de fonds, matériel*) to write off; **~ un abonnement** to make a season ticket pay (for itself); **amortisseur** *nm* shock absorber
amour [amuʀ] *nm* love; (*liaison*) love affair, love; **faire l'~** to make love: **s'amouracher de** (*péj*) *vt* to become infatuated with; **amoureux, euse** *adj* (*regard, tempérament*) amorous; (*vie, problèmes*) love *cpd*; (*personne*): **amoureux (de qn)** in love (with sb) ♦ *nmpl* courting couple(s); **amour-propre** *nm* self-esteem, pride
amovible [amɔvibl(ə)] *adj* removable, detachable
ampère [ɑ̃pɛʀ] *nm* amp(ere)
amphithéâtre [ɑ̃fiteɑtʀ(ə)] *nm* amphitheatre; (*d'université*) lecture hall *ou* theatre
ample [ɑ̃pl(ə)] *adj* (*vêtement*) roomy, ample; (*gestes, mouvement*) broad; (*ressources*) ample; **ampleur**

nf (*importance*) scale, size; extent
amplificateur [ɑ̃plifikatœʀ] *nm* amplifier
amplifier [ɑ̃plifje] *vt* (*son, oscillation*) to amplify; (*fig*) to expand, increase
ampoule [ɑ̃pul] *nf* (*électrique*) bulb; (*de médicament*) phial; (*aux mains, pieds*) blister; **ampoulé, e** [ɑ̃pule] (*péj*) *adj* pompous, bombastic
amputer [ɑ̃pyte] *vt* (*MÉD*) to amputate; (*fig*) to cut *ou* reduce drastically
amusant, e [amyzɑ̃, -ɑ̃t] *adj* (*divertissant, spirituel*) entertaining, amusing; (*comique*) funny, amusing
amuse-gueule [amyzgœl] *nm inv* appetizer, snack
amusement [amyzmɑ̃] *nm* amusement; (*jeu etc*) pastime, diversion
amuser [amyze] *vt* (*divertir*) to entertain, amuse; (*égayer, faire rire*) to amuse; (*détourner l'attention de*) to distract; **s'~** *vi* (*jouer*) to amuse o.s., play; (*se divertir*) to enjoy o.s., have fun; (*fig*) to mess around
amygdale [amidal] *nf* tonsil
an [ɑ̃] *nm* year; **le jour de l'~, le premier de l'~, le nouvel ~** New Year's Day
analogique [analɔʒik] *adj* analogical; (*INFORM, montre*) analog
analogue [analɔg] *adj*: **~ (à)** analogous (to), similar (to)
analphabète [analfabɛt] *nm/f* illiterate
analyse [analiz] *nf* analysis; (*MÉD*) test; **analyser** *vt* to analyse; to test
ananas [anana] *nm* pineapple
anarchie [anaʀʃi] *nf* anarchy
anathème [anatɛm] *nm*: **jeter l'~ sur** to curse
anatomie [anatɔmi] *nf* anatomy
ancêtre [ɑ̃sɛtʀ(ə)] *nm/f* ancestor
anchois [ɑ̃ʃwa] *nm* anchovy
ancien, ne [ɑ̃sjɛ̃, -jɛn] *adj* old; (*de jadis, de l'antiquité*) ancient; (*précédent, ex-*) former, old ♦ *nm/f* (*dans une tribu*) elder; **anciennement** *adv* formerly; **ancienneté** *nf* oldness; antiquity; (*ADMIN*) (length of) service; seniority
ancre [ɑ̃kʀ(ə)] *nf* anchor; **jeter/lever l'~** to cast/weigh anchor; **à l'~** at anchor; **ancrer** [ɑ̃kʀe] *vt* (*CONSTR: câble etc*) to anchor; (*fig*) to fix firmly; **s'~r** *vi* (*NAVIG*) to (cast) anchor
Andorre [ɑ̃dɔʀ] *nf* Andorra
andouille [ɑ̃duj] *nf* (*CULIN*) *sausage made of chitterlings*; (*fam*) clot, nit
âne [ɑn] *nm* donkey, ass; (*péj*) dunce
anéantir [aneɑ̃tiʀ] *vt* to annihilate, wipe out; (*fig*) to obliterate, destroy; to overwhelm
anémie [anemi] *nf* anaemia; **anémique** *adj* anaemic
ânerie [ɑnʀi] *nf* stupidity; stupid *ou* idiotic comment *etc*
anesthésie [anɛstezi] *nf* anaesthesia; **faire une ~ locale/générale à qn** to give sb a local/general anaesthetic
ange [ɑ̃ʒ] *nm* angel; **être aux ~s** to be over the moon
angélus [ɑ̃ʒelys] *nm* angelus; evening bells *pl*
angine [ɑ̃ʒin] *nf* throat infection; **~ de poitrine** angina
anglais, e [ɑ̃glɛ, -ɛz] *adj* English ♦ *nm/f*: **A~**, e Englishman(woman) ♦ *nm* (*LING*) English; **les A~** the English; **filer à l'~e** to take French leave
angle [ɑ̃gl(ə)] *nm* angle; (*coin*) corner; **~ droit** right angle
Angleterre [ɑ̃glətɛʀ] *nf*: **l'~** England
anglo... [ɑ̃glɔ] *préfixe* Anglo-, anglo (-); **~phone** *adj* English-speaking
angoissé, e [ɑ̃gwase] *adj* (*personne*) full of anxieties *ou* hang-ups (*inf*)
angoisser [ɑ̃gwase] *vt* to harrow, cause anguish to ♦ *vi* to worry, fret
anguille [ɑ̃gij] *nf* eel
anicroche [anikʀɔʃ] *nf* hitch, snag
animal, e, aux [animal, -o] *adj, nm* animal
animateur, trice [animatœʀ, -tʀis] *nm/f* (*de télévision*) host; (*de groupe*)

leader, organizer
animation [animasjɔ̃] *nf* (*voir animé*) busyness; liveliness; (*CINÉMA*: *technique*) animation
animé, e [anime] *adj* (*lieu*) busy, lively; (*conversation, réunion*) lively, animated; (*opposé à in~*) animate
animer [anime] *vt* (*ville, soirée*) to liven up; (*mettre en mouvement*) to drive
anis [ani] *nm* (*CULIN*) aniseed; (*BOT*) anise
ankyloser [ɑ̃kiloze]: s'~ *vi* to get stiff
anneau, x [ano] *nm* (*de rideau, bague*) ring; (*de chaîne*) link
année [ane] *nf* year
annexe [anɛks(ə)] *adj* (*problème*) related; (*document*) appended; (*salle*) adjoining ♦ *nf* (*bâtiment*) annex(e); (*de document, ouvrage*) annex, appendix; (*jointe à une lettre*) enclosure
anniversaire [anivɛʀsɛʀ] *nm* birthday; (*d'un événement, bâtiment*) anniversary
annonce [anɔ̃s] *nf* announcement; (*signe, indice*) sign; (*aussi*: ~ *publicitaire*) advertisement; **les petites** ~s the classified advertisements, the small ads
annoncer [anɔ̃se] *vt* to announce; (*être le signe de*) to herald; s'~ **bien/difficile** to look promising/difficult; **annonceur, euse** *nm/f* (*TV, RADIO*: *speaker*) announcer; (*publicitaire*) advertiser
annuaire [anɥɛʀ] *nm* yearbook, annual; ~ **téléphonique** (telephone) directory, phone book
annuel, le [anɥɛl] *adj* annual, yearly
annuité [anɥite] *nf* annual instalment
annuler [anyle] *vt* (*rendez-vous, voyage*) to cancel, call off; (*mariage*) to annul; (*jugement*) to quash (*BRIT*), repeal (*US*); (*résultats*) to declare void; (*MATH, PHYSIQUE*) to cancel out
anodin, e [anɔdɛ̃, -in] *adj* harmless; insignificant, trivial
anonyme [anɔnim] *adj* anonymous; (*fig*) impersonal
ANPE *sigle f* (= *Agence nationale pour l'emploi*) national employment agency
anse [ɑ̃s] *nf* (*de panier, tasse*) handle; (*GEO*) cove
antan [ɑ̃tɑ̃]: **d'**~ *adj* of long ago
antarctique [ɑ̃taʀktik] *adj* Antarctic ♦ *nm*: **l'A**~ the Antarctic
antécédents [ɑ̃tesedɑ̃] *nmpl* (*MÉD etc*) past history *sg*
antenne [ɑ̃tɛn] *nf* (*de radio*) aerial; (*d'insecte*) antenna, feeler; (*poste avancé*) outpost; (*petite succursale*) sub-branch; **passer à l'**~ to go on the air; **prendre l'**~ to tune in; 2 **heures d'**~ 2 hours' broadcasting time
antérieur, e [ɑ̃teʀjœʀ] *adj* (*d'avant*) previous, earlier; (*de devant*) front
anti... [ɑ̃ti] *préfixe* anti...; ~**alcoolique** *adj* anti-alcohol; ~**atomique** *adj*: **abri** ~**atomique** fallout shelter; ~**biotique** *nm* antibiotic; ~**brouillard** *adj*: **phare** ~**brouillard** fog lamp
anticipation [ɑ̃tisipasjɔ̃] *nf*: **livre/film d'**~ science fiction book/film
anticipé, e [ɑ̃tisipe] *adj*: **avec mes remerciements** ~s thanking you in advance *ou* anticipation
anticiper [ɑ̃tisipe] *vt* (*événement, coup*) to anticipate, foresee
anti: ~**conceptionnel, le** *adj* contraceptive; ~**corps** *nm* antibody; ~**dote** *nm* antidote
antigel [ɑ̃tiʒɛl] *nm* antifreeze
antihistaminique [ɑ̃tiistaminik] *nm* antihistamine
Antilles [ɑ̃tij] *nfpl*: **les** ~ the West Indies
antilope [ɑ̃tilɔp] *nf* antelope
anti: ~**mite(s)** *adj, nm*: **(produit)** ~**mite(s)** mothproofer; moth repellent; ~**parasite** *adj* (*RADIO, TV*): **dispositif** ~**parasite** suppressor; ~**pathique** *adj* unpleasant, disagreeable; ~**pelliculaire** *adj* anti-dandruff
antipodes [ɑ̃tipɔd] *nmpl* (*GÉO*): **les**

~ the antipodes; (*fig*): **être aux ~ de** to be the opposite extreme of
antiquaire [ɑ̃tikɛʀ] *nm/f* antique dealer
antique [ɑ̃tik] *adj* antique; (*très vieux*) ancient, antiquated
antiquité [ɑ̃tikite] *nf* (*objet*) antique; **l'A~** Antiquity; **magasin d'~s** antique shop
anti: **~rabique** *adj* rabies *cpd*; **~rouille** *adj inv* anti-rust *cpd*; **traitement ~rouille** rustproofing; **~sémite** *adj* anti-Semitic; **~septique** *adj, nm* antiseptic; **~vol** *adj, nm*: **(dispositif) ~vol** anti-theft device
antre [ɑ̃tʀ(ə)] *nm* den, lair
anxieux, euse [ɑ̃ksjø, -øz] *adj* anxious, worried
AOC *sigle f* (= *appellation d'origine contrôlée*) *label guaranteeing the quality of wine*
août [u] *nm* August
apaiser [apeze] *vt* (*colère, douleur*) to soothe; (*faim*) to appease; (*personne*) to calm (down), pacify; **s'~** *vi* (*tempête, bruit*) to die down, subside
apanage [apanaʒ] *nm*: **être l'~ de** to be the privilege *ou* prerogative of
aparté [apaʀte] *nm* (*THÉÂTRE*) aside; (*entretien*) private conversation
apathique [apatik] *adj* apathetic
apatride [apatʀid] *nm/f* stateless person
apercevoir [apɛʀsəvwaʀ] *vt* to see; **s'~ de** *vt* to notice; **s'~ que** to notice that
aperçu [apɛʀsy] *nm* (*vue d'ensemble*) general survey; (*intuition*) insight
apéritif [apeʀitif] *nm* (*boisson*) aperitif; (*réunion*) drinks *pl*
à-peu-près [apøpʀɛ] (*péj*) *nm inv* vague approximation
apeuré, e [apœʀe] *adj* frightened, scared
aphone [afɔn] *adj* voiceless
aphte [aft(ə)] *nm* mouth ulcer
apiculture [apikyltyʀ] *nf* beekeeping, apiculture
apitoyer [apitwaje] *vt* to move to pity; **s'~ (sur)** to feel pity (for)
aplanir [aplaniʀ] *vt* to level; (*fig*) to smooth away, iron out
aplatir [aplatiʀ] *vt* to flatten; **s'~** *vi* to become flatter; to be flattened; (*fig*) to lie flat on the ground
aplomb [aplɔ̃] *nm* (*équilibre*) balance, equilibrium; (*fig*) self-assurance; nerve; **d'~** steady; (*CONSTR*) plumb
apogée [apɔʒe] *nm* (*fig*) peak, apogee
apologie [apɔlɔʒi] *nf* vindication, praise
apostrophe [apɔstʀɔf] *nf* (*signe*) apostrophe
apostropher [apɔstʀɔfe] *vt* (*interpeller*) to shout at, address sharply
apothéose [apɔteoz] *nf* pinnacle (of achievement); (*MUS*) grand finale
apôtre [apotʀ(ə)] *nm* apostle
apparaître [apaʀɛtʀ(ə)] *vi* to appear
apparat [apaʀa] *nm*: **tenue/dîner d'~** ceremonial dress/dinner
appareil [apaʀɛj] *nm* (*outil, machine*) piece of apparatus, device; appliance; (*politique, syndical*) machinery; (*avion*) (aero)plane, aircraft *inv*; (*téléphonique*) phone; (*dentier*) brace (*BRIT*), braces (*US*); **qui est à l'~?** who's speaking?; **dans le plus simple ~** in one's birthday suit; **~ler** [apaʀeje] *vi* (*NAVIG*) to cast off, get under way ♦ *vt* (*assortir*) to match up; **~(-photo)** [apaʀɛj(fɔto)] *nm* camera
apparemment [apaʀamɑ̃] *adv* apparently
apparence [apaʀɑ̃s] *nf* appearance
apparent, e [apaʀɑ̃, -ɑ̃t] *adj* visible; obvious; (*superficiel*) apparent
apparenté, e [apaʀɑ̃te] *adj*: **~ à** related to; (*fig*) similar to
apparition [apaʀisjɔ̃] *nf* appearance; (*surnaturelle*) apparition
appartement [apaʀtəmɑ̃] *nm* flat (*BRIT*), apartment (*US*)
appartenir [apaʀtəniʀ]: **~ à** *vt* to

belong to; **il lui appartient de** it is up to him to, it is his duty to

apparu, e *pp de* **apparaître**

appât [apɑ] *nm* (*PECHE*) bait; (*fig*) lure, bait

appauvrir [apovʀiʀ] *vt* to impoverish

appel [apɛl] *nm* call; (*nominal*) roll call; (: *SCOL*) register; (*MIL*: *recrutement*) call-up; **faire ~ à** (*invoquer*) to appeal to; (*avoir recours à*) to call on; (*nécessiter*) to call for, require; **faire ~** (*JUR*) to appeal; **faire l'~** to call the roll; to call the register; **sans ~** (*fig*) final, irrevocable; **~ d'offres** (*COMM*) invitation to tender; **faire un ~ de phares** to flash one's headlights; **~ (téléphonique)** (tele)phone call

appelé [aple] *nm* (*MIL*) conscript

appeler [aple] *vt* to call; (*faire venir*: *médecin etc*) to call, send for; (*fig*: *nécessiter*) to call for, demand; **s'~**: **elle s'appelle Gabrielle** her name is Gabrielle, she's called Gabrielle; **comment ça s'appelle?** what is it called?; **être appelé à** (*fig*) to be destined to; **~ qn à comparaître** (*JUR*) to summon sb to appear; **en ~ à** to appeal to

appendice [apɛ̃dis] *nm* appendix; **appendicite** *nf* appendicitis

appentis [apɑ̃ti] *nm* lean-to

appesantir [apzɑ̃tiʀ]: **s'~** *vi* to grow heavier; **s'~ sur** (*fig*) to dwell on

appétissant, e [apetisɑ̃, -ɑ̃t] *adj* appetizing, mouth-watering

appétit [apeti] *nm* appetite; **bon ~!** enjoy your meal!

applaudir [aplodiʀ] *vt* to applaud ♦ *vi* to applaud, clap; **applaudissements** *nmpl* applause *sg*, clapping *sg*

application [aplikɑsjɔ̃] *nf* application

applique [aplik] *nf* wall lamp

appliquer [aplike] *vt* to apply; (*loi*) to enforce; **s'~** *vi* (*élève etc*) to apply o.s.

appoint [apwɛ̃] *nm* (extra) contribution *ou* help; **avoir/faire l'~** (*en payant*) to have/give the right change *ou* money; **chauffage d'~** extra heating

appointements [apwɛ̃tmɑ̃] *nmpl* salary *sg*

appontement [apɔ̃tmɑ̃] *nm* landing stage, wharf

apport [apɔʀ] *nm* supply; contribution

apporter [apɔʀte] *vt* to bring

apposer [apoze] *vt* to append; to affix

appréciable [apʀesjabl(ə)] *adj* appreciable

apprécier [apʀesje] *vt* to appreciate; (*évaluer*) to estimate, assess

appréhender [apʀeɑ̃de] *vt* (*craindre*) to dread; (*arrêter*) to apprehend

apprendre [apʀɑ̃dʀ(ə)] *vt* to learn; (*événement, résultats*) to learn of, hear of; **~ qch à qn** (*informer*) to tell sb (of) sth; (*enseigner*) to teach sb sth; **~ à faire qch** to learn to do sth; **~ à qn à faire qch** to teach sb to do sth; **apprenti, e** *nm/f* apprentice; (*fig*) novice, beginner; **apprentissage** *nm* learning; (*COMM, SCOL*: *période*) apprenticeship

apprêté, e [apʀete] *adj* (*fig*) affected

apprêter [apʀete] *vt* to dress, finish

appris, e *pp de* **apprendre**

apprivoiser [apʀivwaze] *vt* to tame

approbation [apʀɔbɑsjɔ̃] *nf* approval

approche [apʀɔʃ] *nf* approaching; approach

approcher [apʀɔʃe] *vi* to approach, come near ♦ *vt* to approach; (*rapprocher*): **~ qch (de qch)** to bring *ou* put sth near (to sth); **s'~ de** to approach, go *ou* come near to; **~ de** to draw near to; (*quantité, moment*) to approach

approfondir [apʀɔfɔ̃diʀ] *vt* to deepen; (*question*) to go further into

approprié, e [apʀɔpʀije] *adj*: **~ (à)** appropriate (to), suited to

approprier [apʀɔpʀije]: **s'~** *vt* to appropriate, take over

approuver [apʀuve] *vt* to agree with; (*autoriser*: *loi, projet*) to ap-

prove, pass; (*trouver louable*) to approve of
approvisionner [apʀɔvizjɔne] *vt* to supply; (*compte bancaire*) to pay funds into; **s'~ en** to stock up with
approximatif, ive [apʀɔksimatif, -iv] *adj* approximate, rough; vague
appui [apɥi] *nm* support; **prendre ~ sur** to lean on; to rest on; **l'~ de la fenêtre** the windowsill, the window ledge; **appui(e)-tête** *nm inv* headrest
appuyer [apɥije] *vt* (*poser*): **~ qch sur/contre** to lean *ou* rest sth on/against; (*soutenir*: *personne, demande*) to support, back (up): **~ sur** (*bouton, frein*) to press, push; (*mot, détail*) to stress, emphasize; (*suj*: *chose*: *peser sur*) to rest (heavily) on, press against; **s'~ sur** to lean on; to rely on; **~ à droite** to bear (to the) right
âpre [ɑpʀ(ə)] *adj* acrid, pungent; (*fig*) harsh; bitter; **~ au gain** grasping
après [apʀɛ] *prép* after ♦ *adv* afterwards; 2 **heures ~** 2 hours later; **~ qu'il est parti** after he left; **~ avoir fait** after having done; **d'~** (*selon*) according to; **~ coup** after the event, afterwards; **~ tout** (*au fond*) after all; **et (puis) ~?** so what?; **après-demain** *adv* the day after tomorrow; **après-guerre** *nm* post-war years *pl*; **après-midi** *nm ou nf* (*inv*) afternoon
à-propos [apʀɔpo] *nm* (*d'une remarque*) aptness; **faire preuve d'~** to show presence of mind
apte [apt(ə)] *adj* capable; (*MIL*) fit
aquarelle [akwaʀɛl] *nf* (*tableau*) watercolour; (*genre*) watercolours *pl*
aquarium [akwaʀjɔm] *nm* aquarium
arabe [aʀab] *adj* Arabic; (*désert, cheval*) Arabian; (*nation, peuple*) Arab ♦ *nm/f*: **A~** Arab ♦ *nm* (*LING*) Arabic
Arabie [aʀabi] *nf*: **l'~ (Saoudite)** Saudi Arabia
arachide [aʀaʃid] *nf* (*plante*) groundnut (plant); (*graine*) peanut, groundnut
araignée [aʀeɲe] *nf* spider
arbitraire [aʀbitʀɛʀ] *adj* arbitrary
arbitre [aʀbitʀ(ə)] *nm* (*SPORT*) referee; (: *TENNIS, CRICKET*) umpire; (*fig*) arbiter, judge; (*JUR*) arbitrator; **arbitrer** *vt* to referee; to umpire; to arbitrate
arborer [aʀbɔʀe] *vt* to bear, display
arbre [aʀbʀ(ə)] *nm* tree; (*TECH*) shaft; **~ de transmission** (*AUTO*) driveshaft; **~ généalogique** family tree
arbuste [aʀbyst(ə)] *nm* small shrub
arc [aʀk] *nm* (*arme*) bow; (*GÉOM*) arc; (*ARCHIT*) arch; **en ~ de cercle** semi-circular
arcade [aʀkad] *nf* arch(way); **~s** *nfpl* (*série*) arcade *sg*, arches
arcanes [aʀkan] *nmpl* mysteries
arc-boutant [aʀkbutɑ̃] *nm* flying buttress
arceau, x [aʀso] *nm* (*métallique etc*) hoop
arc-en-ciel [aʀkɑ̃sjɛl] *nm* rainbow
arche [aʀʃ(ə)] *nf* arch; **~ de Noé** Noah's Ark
archéologie [aʀkeɔlɔʒi] *nf* archeology; **archéologue** *nm/f* archeologist
archet [aʀʃɛ] *nm* bow
archevêque [aʀʃəvɛk] *nm* archbishop
archipel [aʀʃipɛl] *nm* archipelago
architecte [aʀʃitɛkt(ə)] *nm* architect
architecture [aʀʃitɛktyʀ] *nf* architecture
archive [aʀʃiv] *nf* file; **~s** *nfpl* (*collection*) archives
arctique [aʀktik] *adj* Arctic ♦ *nm*: **l'A~** the Arctic
ardemment [aʀdamɑ̃] *adv* ardently, fervently
ardent, e [aʀdɑ̃, -ɑ̃t] *adj* (*soleil*) blazing; (*fièvre*) raging; (*amour*) ardent, passionate; (*prière*) fervent
ardoise [aʀdwaz] *nf* slate
ardt *abr* = **arrondissement**
ardu, e [aʀdy] *adj* (*travail*) arduous; (*problème*) difficult; (*pente*) steep
arène [aʀɛn] *nf* arena; **~s** *nfpl* (*am-*

phithéâtre) bull-ring *sg*
arête [aʀɛt] *nf* (*de poisson*) bone; (*d'une montagne*) ridge; (*GÉOM etc*) edge
argent [aʀʒɑ̃] *nm* (*métal*) silver; (*monnaie*) money; ~ **de poche** pocket money; ~ **liquide** ready money, (ready) cash; **argenterie** *nf* silverware; silver plate
argentin, e [aʀʒɑ̃tɛ̃, -in] *adj* (*son*) silvery; (*d'Argentine*) Argentinian, Argentine
Argentine [aʀʒɑ̃tin] *nf*: **l'~** Argentina, the Argentine
argile [aʀʒil] *nf* clay
argot [aʀgo] *nm* slang; **argotique** *adj* slang *cpd*; slangy
arguer [aʀgɥe]: ~ **de** *vt* to put forward as a pretext *ou* reason
argument [aʀgymɑ̃] *nm* argument
argumentaire [aʀgymɑ̃tɛʀ] *nm* sales leaflet
argumenter [aʀgymɑ̃te] *vi* to argue
argus [aʀgys] *nm guide to second-hand car etc prices*
aristocratique [aʀistɔkʀatik] *adj* aristocratic
arithmétique [aʀitmetik] *adj* arithmetic(al) ♦ *nf* arithmetic
armateur [aʀmatœʀ] *nm* shipowner
armature [aʀmatyʀ] *nf* framework; (*de tente etc*) frame
arme [aʀm(ə)] *nf* weapon; (*section de l'armée*) arm; **~s** *nfpl* (*armement*) weapons, arms; (*blason*) (coat of) arms; ~ **à feu** firearm
armée [aʀme] *nf* army; ~ **de l'air** Air Force; ~ **de terre** Army
armement [aʀməmɑ̃] *nm* (*matériel*) arms *pl*, weapons *pl*; (: *d'un pays*) arms *pl*, armament
armer [aʀme] *vt* to arm; (*arme à feu*) to cock; (*appareil-photo*) to wind on; ~ **qch de** to fit sth with; to reinforce sth with
armistice [aʀmistis] *nm* armistice; **l'A~** ≈ Remembrance (*BRIT*) *ou* Veterans (*US*) Day
armoire [aʀmwaʀ] *nf* (tall) cupboard; (*penderie*) wardrobe (*BRIT*), closet (*US*)
armoiries [aʀmwaʀi] *nfpl* coat *sg* of arms
armure [aʀmyʀ] *nf* armour *no pl*, suit of armour; **armurier** [aʀmyʀje] *nm* gunsmith; armourer
arnaquer [aʀnake] *vt* to swindle
aromates [aʀɔmat] *nmpl* seasoning *sg*, herbs (and spices)
aromatisé, e [aʀɔmatize] *adj* flavoured
arôme [aʀom] *nm* aroma; fragrance
arpenter [aʀpɑ̃te] *vt* (*salle, couloir*) to pace up and down
arpenteur [aʀpɑ̃tœʀ] *nm* surveyor
arqué, e [aʀke] *adj* bandy; arched
arrache-pied [aʀaʃpje]: **d'~** *adv* relentlessly
arracher [aʀaʃe] *vt* to pull out; (*page etc*) to tear off, tear out; (*légumes, herbe*) to pull up; (*bras etc*) to tear off; **s'~** *vt* (*article recherché*) to fight over; ~ **qch à qn** to snatch sth from sb; (*fig*) to wring sth out of sb
arraisonner [aʀɛzɔne] *vt* (*bateau*) to board and search
arrangeant, e [aʀɑ̃ʒɑ̃, -ɑ̃t] *adj* accommodating, obliging
arrangement [aʀɑ̃ʒmɑ̃] *nm* agreement, arrangement
arranger [aʀɑ̃ʒe] *vt* (*gén*) to arrange; (*réparer*) to fix, put right; (*régler*) to settle, sort out; (*convenir à*) to suit, be convenient for; **s'~** *vi* (*se mettre d'accord*) to come to an agreement; **je vais m'~** I'll manage; **ça va s'~** it'll sort itself out
arrestation [aʀɛstɑsjɔ̃] *nf* arrest
arrêt [aʀɛ] *nm* stopping; (*de bus etc*) stop; (*JUR*) judgment, decision; **rester** *ou* **tomber en ~ devant** to stop short in front of; **sans ~** non-stop; continually; ~ **de mort** capital sentence; ~ **de travail** stoppage (of work)
arrêté [aʀete] *nm* order, decree
arrêter [aʀete] *vt* to stop; (*chauffage etc*) to turn off, switch off; (*fixer: date etc*) to appoint, decide on; (*cri-*

minel, suspect) to arrest; s'~ *vi* to stop; ~ **de faire** to stop doing

arrhes [aʀ] *nfpl* deposit *sg*

arrière [aʀjɛʀ] *nm* back; (*SPORT*) fullback ♦ *adj inv*: **siège/roue** ~ back *ou* rear seat/wheel; **à l'**~ behind, at the back; **en** ~ behind; (*regarder*) back, behind; (*tomber, aller*) backwards; **arriéré, e** *adj* (*péj*) backward ♦ *nm* (*d'argent*) arrears *pl*; ~**-goût** *nm* aftertaste; ~**-grand-mère** *nf* great-grandmother; ~**-grand-père** *nm* great-grandfather; ~**-pays** *nm inv* hinterland; ~**-pensée** *nf* ulterior motive; mental reservation; ~**-plan** *nm* background; ~**-saison** *nf* late autumn; ~**-train** *nm* hindquarters *pl*

arrimer [aʀime] *vt* to stow; to secure

arrivage [aʀivaʒ] *nm* arrival

arrivée [aʀive] *nf* arrival; (*ligne d'*~) finish; ~ **d'air** air inlet

arriver [aʀive] *vi* to arrive; (*survenir*) to happen, occur; **il arrive à Paris à 8h** he gets to *ou* arrives in Paris at 8; ~ **à** (*atteindre*) to reach; ~ **à faire qch** to succeed in doing sth; **il arrive que** it happens that; **il lui arrive de faire** he sometimes does; **arriviste** *nm/f* go-getter

arrogant, e [aʀɔgɑ̃, -ɑ̃t] *adj* arrogant

arroger [aʀɔʒe]: **s'**~ *vt* to assume (without right)

arrondir [aʀɔ̃diʀ] *vt* (*forme, objet*) to round; (*somme*) to round off; s'~ *vi* to become round(ed)

arrondissement [aʀɔ̃dismɑ̃] *nm* (*ADMIN*) ≈ district

arroser [aʀoze] *vt* to water; (*victoire*) to celebrate (over a drink); (*CULIN*) to baste; **arrosoir** *nm* watering can

arsenal, aux [aʀsənal, -o] *nm* (*NAVIG*) naval dockyard; (*MIL*) arsenal; (*fig*) gear, paraphernalia

art [aʀ] *nm* art; ~**s ménagers** home economics *sg*

artère [aʀtɛʀ] *nf* (*ANAT*) artery; (*rue*) main road

arthrite [aʀtʀit] *nf* arthritis

artichaut [aʀtiʃo] *nm* artichoke

article [aʀtikl(ə)] *nm* article; (*COMM*) item, article; **à l'**~ **de la mort** at the point of death; ~ **de fond** (*PRESSE*) feature article

articulation [aʀtikylɑsjɔ̃] *nf* articulation; (*ANAT*) joint

articuler [aʀtikyle] *vt* to articulate

artifice [aʀtifis] *nm* device, trick

artificiel, le [aʀtifisjɛl] *adj* artificial

artificieux, euse [aʀtifisjø, -øz] *adj* guileful, deceitful

artisan [aʀtizɑ̃] *nm* artisan, (self-employed) craftsman; **artisanal, e, aux** *adj* of *ou* made by craftsmen; (*péj*) cottage industry *cpd*, unsophisticated; **artisanat** *nm* arts and crafts *pl*

artiste [aʀtist(ə)] *nm/f* artist; (*de variétés*) entertainer; performer; **artistique** *adj* artistic

as[1] [a] *vb voir* **avoir**

as[2] [as] *nm* ace

ascendance [asɑ̃dɑ̃s] *nf* (*origine*) ancestry

ascendant, e [asɑ̃dɑ̃, -ɑ̃t] *adj* upward ♦ *nm* influence

ascenseur [asɑ̃sœʀ] *nm* lift (*BRIT*), elevator (*US*)

ascension [asɑ̃sjɔ̃] *nf* ascent; climb; **l'A**~ (*REL*) the Ascension

aseptiser [asɛptize] *vt* to sterilize; to disinfect

asiatique [azjatik] *adj, nm/f* Asiatic, Asian

Asie [azi] *nf*: **l'**~ Asia

asile [azil] *nm* (*refuge*) refuge, sanctuary; (*POL*): **droit d'**~ (political) asylum; (*pour malades etc*) home

aspect [aspɛ] *nm* appearance, look; (*fig*) aspect, side; **à l'**~ **de** at the sight of

asperge [aspɛʀʒ(ə)] *nf* asparagus *no pl*

asperger [aspɛʀʒe] *vt* to spray, sprinkle

aspérité [aspeʀite] *nf* excrescence, protruding bit (of rock *etc*)

asphalte [asfalt(ə)] *nm* asphalt

asphyxier [asfiksje] *vt* to suffocate, asphyxiate; (*fig*) to stifle
aspirateur [aspiʀatœʀ] *nm* vacuum cleaner
aspirer [aspiʀe] *vt* (*air*) to inhale; (*liquide*) to suck (up); (*suj*: *appareil*) to suck up; ~ **à** to aspire to
aspirine [aspiʀin] *nf* aspirin
assagir [asaʒiʀ] *vt* to quieten down; s'~ *vi* to quieten down, sober down
assaillir [asajiʀ] *vt* to assail, attack
assainir [asениʀ] *vt* to clean up; to purify
assaisonner [asɛzɔne] *vt* to season
assassin [asasɛ̃] *nm* murderer; assassin; ~**er** [asasine] *vt* to murder; (*esp POL*) to assassinate
assaut [aso] *nm* assault, attack; **prendre d'**~ to storm, assault; **donner l'**~ to attack; **faire** ~ **de** (*rivaliser*) to vie with each other in
assécher [aseʃe] *vt* to drain
assemblée [asɑ̃ble] *nf* (*réunion*) meeting; (*public, assistance*) gathering; assembled people; (*POL*) assembly
assembler [asɑ̃ble] *vt* (*joindre, monter*) to assemble, put together; (*amasser*) to gather (together), collect (together); s'~ *vi* to gather
assener [asene] *vt*: ~ **un coup à qn** to deal sb a blow
asséner [asene] *vt* = **assener**
assentiment [asɑ̃timɑ̃] *nm* assent, consent; approval
asseoir [aswaʀ] *vt* (*malade, bébé*) to sit up; to sit down; (*autorité, réputation*) to establish; s'~ *vi* to sit (o.s.) down
assermenté, e [asɛʀmɑ̃te] *adj* sworn, on oath
asservir [asɛʀviʀ] *vt* to subjugate, enslave
assez [ase] *adv* (*suffisamment*) enough, sufficiently; (*passablement*) rather, quite, fairly; ~ **de pain/livres** enough *ou* sufficient bread/books; **vous en avez** ~? have you got enough?
assidu, e [asidy] *adj* assiduous, painstaking; regular; **assiduités** *nfpl* assiduous attentions
assied *etc vb voir* **asseoir**
assiéger [asjeʒe] *vt* to besiege
assiérai *etc vb voir* **asseoir**
assiette [asjɛt] *nf* plate; (*contenu*) plate(ful); ~ **à dessert** dessert plate; ~ **anglaise** assorted cold meats; ~ **creuse** (soup) dish, soup plate; ~ **de l'impôt** basis of (tax) assessment; ~ **plate** (dinner) plate
assigner [asiɲe] *vt*: ~ **qch à** (*poste, part, travail*) to assign sth to; (*limites*) to set sth to; (*cause, effet*) to ascribe sth to; ~ **qn à** to assign sb to
assimiler [asimile] *vt* to assimilate, absorb; (*comparer*): ~ **qch/qn à** to liken *ou* compare sth/sb to; s'~ *vi* (*s'intégrer*) to be assimilated *ou* absorbed
assis, e [asi, -iz] *pp de* **asseoir** ♦ *adj* sitting (down), seated; **assise** *nf* (*fig*) basis, foundation; ~**es** *nfpl* (*JUR*) assizes; (*congrès*) (annual) conference
assistance [asistɑ̃s] *nf* (*public*) audience; (*aide*) assistance
assistant, e [asistɑ̃, -ɑ̃t] *nm/f* assistant; (*d'université*) probationary lecturer; ~**e sociale** social worker
assisté, e [asiste] *adj* (*AUTO*) power assisted
assister [asiste] *vt* to assist; ~ **à** (*scène, événement*) to witness; (*conférence, séminaire*) to attend, be at; (*spectacle, match*) to be at, see
association [asɔsjasjɔ̃] *nf* association
associé, e [asɔsje] *nm/f* associate; partner
associer [asɔsje] *vt* to associate; s'~ *vi* to join together ♦ *vt* (*collaborateur*) to take on (as a partner); s'~ **à qn pour faire** to join (forces) with sb to do; s'~ **à** to be combined with; (*opinions, joie de qn*) to share in; ~ **qn à** (*profits*) to give sb a share of; (*affaire*) to make sb a partner in; (*joie, triomphe*) to include sb in; ~ **qch à** (*joindre, allier*) to combine sth

with

assoiffé, e [aswafe] *adj* thirsty

assombrir [asɔ̃bʀiʀ] *vt* to darken; (*fig*) to fill with gloom

assommer [asɔme] *vt* to batter to death; (*étourdir, abrutir*) to knock out; to stun

Assomption [asɔ̃psjɔ̃] *nf*: **l'~** the Assumption

assorti, e [asɔʀti] *adj* matched, matching; (*varié*) assorted; **~ à** matching

assortiment [asɔʀtimɑ̃] *nm* assortment, selection

assortir [asɔʀtiʀ] *vt* to match; **s'~ de** to be accompanied by; **~ qch à** to match sth with; **~ qch de** to accompany sth with

assoupi, e [asupi] *adj* dozing, sleeping; (*fig*) (be)numbed; dulled; stilled

assouplir [asupliʀ] *vt* to make supple; (*fig*) to relax

assourdir [asuʀdiʀ] *vt* (*bruit*) to deaden, muffle; (*suj: bruit*) to deafen

assouvir [asuviʀ] *vt* to satisfy, appease

assujettir [asyʒetiʀ] *vt* to subject

assumer [asyme] *vt* (*fonction, emploi*) to assume, take on

assurance [asyʀɑ̃s] *nf* (*certitude*) assurance; (*confiance en soi*) (self-)confidence; (*contrat*) insurance (policy); (*secteur commercial*) insurance; **~ maladie** health insurance; **~ tous risques** (*AUTO*) comprehensive insurance; **~s sociales** ≈ National Insurance (*BRIT*), ≈ Social Security (*US*); **~-vie** *nf* life assurance *ou* insurance

assuré, e [asyʀe] *adj* (*certain*): **~ de** confident of ♦ *nm/f* insured (person); **assurément** *adv* assuredly, most certainly

assurer [asyʀe] *vt* to insure; (*stabiliser*) to steady; to stabilize; (*victoire etc*) to ensure; (*frontières, pouvoir*) to make secure; (*service, garde*) to provide; to operate; **s'~ (contre)** (*COMM*) to insure o.s. (against); **s'~ de/que** (*vérifier*) to make sure of/that; **s'~ (de)** (*aide de qn*) to secure; **~ qch à qn** (*garantir*) to secure sth for sb; (*certifier*) to assure sb of sth; **~ à qn que** to assure sb that; **~ qn de** to assure sb of

asthme [asm(ə)] *nm* asthma

asticot [astiko] *nm* maggot

astiquer [astike] *vt* to polish, shine

astre [astʀ(ə)] *nm* star

astreignant, e [astʀɛɲɑ̃, -ɑ̃t] *adj* demanding

astreindre [astʀɛ̃dʀ(ə)] *vt*: **~ qn à qch** to force sth upon sb; **~ qn à faire** to compel *ou* force sb to do

astrologie [astʀɔlɔʒi] *nf* astrology

astronaute [astʀɔnot] *nm/f* astronaut

astronomie [astʀɔnɔmi] *nf* astronomy

astuce [astys] *nf* shrewdness, astuteness; (*truc*) trick, clever way; (*plaisanterie*) wisecrack; **astucieux, euse** *adj* clever

atelier [atəlje] *nm* workshop; (*de peintre*) studio

athée [ate] *adj* atheistic ♦ *nm/f* atheist

Athènes [atɛn] *n* Athens

athlète [atlɛt] *nm/f* (*SPORT*) athlete; **athlétisme** *nm* athletics *sg*

atlantique [atlɑ̃tik] *adj* Atlantic ♦ *nm*: **l'(océan) A~** the Atlantic (Ocean)

atlas [atlɑs] *nm* atlas

atmosphère [atmɔsfɛʀ] *nf* atmosphere

atome [atom] *nm* atom; **atomique** *adj* atomic, nuclear; (*nombre, masse*) atomic

atomiseur [atɔmizœʀ] *nm* atomizer

atone [atɔn] *adj* lifeless

atours [atuʀ] *nmpl* attire *sg*, finery *sg*

atout [atu] *nm* trump; (*fig*) asset; trump card

âtre [ɑtʀ(ə)] *nm* hearth

atroce [atʀɔs] *adj* atrocious

attabler [atable] : **s'~** *vi* to sit down at (the) table

attachant, e [ataʃɑ̃, -ɑ̃t] *adj* engaging, lovable, likeable

attache [ataʃ] *nf* clip, fastener; (*fig*) tie

attacher [ataʃe] *vt* to tie up; (*étiquette*) to attach, tie on; (*souliers*) to do up ♦ *vi* (*poêle, riz*) to stick; **s'~ à** (*par affection*) to become attached to; **s'~ à faire** to endeavour to do; **~ qch à** to tie *ou* attach sth to

attaque [atak] *nf* attack; (*cérébrale*) stroke; (*d'épilepsie*) fit

attaquer [atake] *vt* to attack; (*en justice*) to bring an action against, sue; (*travail*) to tackle, set about ♦ *vi* to attack

attardé, e [ataʀde] *adj* (*passants*) late; (*enfant*) backward; (*conceptions*) old-fashioned

attarder [ataʀde]: **s'~** *vi* to linger; to stay on

atteindre [atɛ̃dʀ(ə)] *vt* to reach; (*blesser*) to hit; (*émouvoir*) to affect

atteint, e [atɛ̃, -ɛ̃t] *adj* (*MÉD*): **être ~ de** to be suffering from attack; **hors d'~e** out of reach; **porter ~e à** to strike a blow at; to undermine

atteler [atle] *vt* (*cheval, bœufs*) to hitch up; (*wagons*) to couple; **s'~ à** (*travail*) to buckle down to

attelle [atɛl] *nf* splint

attenant, e [atnɑ̃, -ɑ̃t] *adj*: **~ (à)** adjoining

attendant [atɑ̃dɑ̃] *adv*: **en ~** meanwhile, in the meantime

attendre [atɑ̃dʀ(ə)] *vt* (*gén*) to wait for; (*être destiné ou réservé à*) to await, be in store for ♦ *vi* to wait; **s'~ à (ce que)** to expect (that); **~ un enfant** to be expecting a baby; **~ de faire/d'être** to wait until one does/is; **~ que** to wait until; **~ qch de** to expect sth of; **en attendant** meanwhile, in the meantime; be that as it may

attendrir [atɑ̃dʀiʀ] *vt* to move (to pity); (*viande*) to tenderize

attendu, e [atɑ̃dy] *adj* (*visiteur*) expected; **~ que** considering that, since

attentat [atɑ̃ta] *nm* assassination attempt; **~ à la bombe** bomb attack; **~ à la pudeur** indecent exposure *no pl*; indecent assault *no pl*

attente [atɑ̃t] *nf* wait; (*espérance*) expectation

attenter [atɑ̃te]: **~ à** *vt* (*liberté*) to violate; **~ à la vie de qn** to make an attempt on sb's life

attentif, ive [atɑ̃tif, -iv] *adj* (*auditeur*) attentive; (*travail*) scrupulous; careful; **~ à** mindful of; careful to

attention [atɑ̃sjɔ̃] *nf* attention; (*prévenance*) attention, thoughtfulness *no pl*; **à l'~ de** for the attention of; **faire ~ (à)** to be careful (of); **faire ~ (à ce) que** to be *ou* make sure that; **~!** careful!, watch out!; **attentionné, e** *adj* thoughtful, considerate

atténuer [atenɥe] *vt* to alleviate, ease; to lessen

atterrer [ateʀe] *vt* to dismay, appal

atterrir [ateʀiʀ] *vi* to land; **atterrissage** *nm* landing

attestation [atɛstɑsjɔ̃] *nf* certificate

attester [atɛste] *vt* to testify to

attirail [atiʀaj] *nm* gear; (*péj*) paraphernalia

attirant, e [atiʀɑ̃, -ɑ̃t] *adj* attractive, appealing

attirer [atiʀe] *vt* to attract; (*appâter*) to lure, entice; **~ qn dans un coin/vers soi** to draw sb into a corner/towards one; **~ l'attention de qn (sur)** to attract sb's attention (to); to draw sb's attention (to); **s'~ des ennuis** to bring trouble upon o.s., get into trouble

attiser [atize] *vt* (*feu*) to poke (up)

attitré, e [atitʀe] *adj* qualified; accredited; appointed

attitude [atityd] *nf* attitude; (*position du corps*) bearing

attouchements [atuʃmɑ̃] *nmpl* touching *sg*; (*sexuels*) fondling *sg*

attraction [atʀaksjɔ̃] *nf* (*gén*) attraction; (*de cabaret, cirque*) number

attrait [atʀɛ] *nm* appeal, attraction; lure

attrape-nigaud [atʀapnigo] *nm* con

attraper [atʀape] *vt* (*gén*) to catch;

(*habitude, amende*) to get, pick up; (*fam*: *duper*) to con
attrayant, e [atʀɛjɑ̃, -ɑ̃t] *adj* attractive
attribuer [atʀibɥe] *vt* (*prix*) to award; (*rôle, tâche*) to allocate, assign; (*imputer*): ~ **qch à** to attribute sth to; **s'~** *vt* (*s'approprier*) to claim for o.s.
attribut [atʀiby] *nm* attribute; (*LING*) complement
attrister [atʀiste] *vt* to sadden
attroupement [atʀupmɑ̃] *nm* crowd, mob
attrouper [atʀupe]: **s'~** *vi* to gather
au [o] *prép +dét* = **à** +**le**
aubade [obad] *nf* dawn serenade
aubaine [obɛn] *nf* godsend; (*financière*) windfall
aube [ob] *nf* dawn, daybreak; **à l'~** at dawn *ou* daybreak
aubépine [obepin] *nf* hawthorn
auberge [obɛʀʒ(ə)] *nf* inn; ~ **de jeunesse** youth hostel
aubergine [obɛʀʒin] *nf* aubergine
aubergiste [obɛʀʒist(ə)] *nm/f* innkeeper, hotel-keeper
aucun, e [okœ̃, -yn] *dét* no, *tournure négative* +any; (*positif*) any ♦ *pron* none, *tournure négative* +any; any(one); **sans ~ doute** without any doubt; **plus qu'~ autre** more than any other; ~ **des deux** neither of the two; ~ **d'entre eux** none of them; **d'~s** (*certains*) some; **aucunement** *adv* in no way, not in the least
audace [odas] *nf* daring, boldness; (*péj*) audacity; **audacieux, euse** *adj* daring, bold
au-delà [odla] *adv* beyond ♦ *nm*: **l'~** the hereafter; ~ **de** beyond
au-dessous [odsu] *adv* underneath; below; ~ **de** under(neath), below; (*limite, somme etc*) below, under; (*dignité, condition*) below
au-dessus [odsy] *adv* above; ~ **de** above
au-devant [odvɑ̃] : ~ **de** *prép* (*personne, danger*) to go (out) and meet; (*souhaits de qn*) to anticipate
audience [odjɑ̃s] *nf* audience; (*JUR*: *séance*) hearing
audio-visuel, le [odjɔvizɥɛl] *adj* audio-visual
auditeur, trice [oditœʀ, -tʀis] *nm/f* listener
audition [odisjɔ̃] *nf* (*ouïe, écoute*) hearing; (*JUR*: *de témoins*) examination; (*MUS, THÉÂTRE*: *épreuve*) audition
auditoire [oditwaʀ] *nm* audience
auge [oʒ] *nf* trough
augmentation [ɔgmɑ̃tasjɔ̃] *nf*: ~ **(de salaire)** rise (in salary) (*BRIT*), (pay) raise (*US*)
augmenter [ɔgmɑ̃te] *vt* (*gén*) to increase; (*salaire, prix*) to increase, raise, put up; (*employé*) to increase the salary of ♦ *vi* to increase
augure [ɔgyʀ] *nm* soothsayer, oracle; **de bon/mauvais ~** of good/ill omen; **~r** [ɔgyʀe] *vt*: **~r bien de** to augur well for
aujourd'hui [oʒuʀdɥi] *adv* today
aumône [ɔmon] *nf inv* alms *sg*; **faire l'~ (à qn)** to give alms (to sb)
aumônier [ɔmonje] *nm* chaplain
auparavant [opaʀavɑ̃] *adv* before(hand)
auprès [opʀɛ]: ~ **de** *prép* next to, close to; (*recourir, s'adresser*) to; (*en comparaison de*) compared with
auquel [okɛl] *prép +pron* = **à** +**lequel**
aurai *etc vb voir* **avoir**
auréole [ɔʀeɔl] *nf* halo; (*tache*) ring
auriculaire [ɔʀikylɛʀ] *nm* little finger
aurons *etc vb voir* **avoir**
aurore [ɔʀɔʀ] *nf* dawn, daybreak
ausculter [ɔskylte] *vt* to sound
aussi [osi] *adv* (*également*) also, too; (*de comparaison*) as ♦ *conj* therefore, consequently; ~ **fort que** as strong as; **moi ~** me too; ~ **bien que** (*de même que*) as well as
aussitôt [osito] *adv* straight away, immediately; ~ **que** as soon as
austère [ɔstɛʀ] *adj* austere; stern
austral, e [ɔstʀal] *adj* southern

Australie [ɔstʀali] *nf*: **l'**~ Australia; **australien, ne** *adj, nm/f* Australian

autant [otɑ̃] *adv* so much; (*comparatif*): ~ **(que)** as much (as); (*nombre*) as many (as); ~ **(de)** so much (*ou* many); as much (*ou* many); ~ **partir** we (*ou* you *etc*) may as well leave; ~ **dire que ...** one might as well say that ...; **pour** ~ for all that; **pour** ~ **que** assuming, as long as; **d'**~ **plus/mieux (que)** all the more/the better (since)

autel [ɔtɛl] *nm* altar

auteur [otœʀ] *nm* author

authentique [ɔtɑ̃tik] *adj* authentic, genuine

auto [ɔto] *nf* car

auto: ~**biographie** *nf* autobiography; ~**bus** *nm* bus; ~**car** *nm* coach

autochtone [ɔtɔktɔn] *nm/f* native

auto: ~**-collant, e** *adj* self-adhesive; (*enveloppe*) self-seal ♦ *nm* sticker; ~**couchettes** *adj*: **train** ~**couchettes** car sleeper train; ~**cuiseur** *nm* pressure cooker; ~**défense** *nf* self-defence; **groupe d'**~**défense** vigilante committee; ~**didacte** *nm/f* self-taught person; ~**école** *nf* driving school; ~**gestion** *nf* self-management; ~**graphe** *nm* autograph

automate [ɔtɔmat] *nm* (*machine*) (automatic) machine

automatique [ɔtɔmatik] *adj* automatic ♦ *nm*: **l'**~ direct dialling; **automatiser** *vt* to automate

automne [ɔtɔn] *nm* autumn (*BRIT*), fall (*US*)

automobile [ɔtɔmɔbil] *adj* motor *cpd* ♦ *nf* (motor) car; **l'**~ motoring; the car industry; **automobiliste** *nm/f* motorist

autonome [ɔtɔnɔm] *adj* autonomous; **autonomie** *nf* autonomy; (*POL*) self-government, autonomy

autopsie [ɔtɔpsi] *nf* post-mortem (examination), autopsy

autoradio [ɔtɔʀadjo] *nm* car radio

autorisation [ɔtɔʀizɑsjɔ̃] *nf* permission, authorization; (*papiers*) permit

autorisé, e [ɔtɔʀize] *adj* (*opinion, sources*) authoritative

autoriser [ɔtɔʀize] *vt* to give permission for, authorize; (*fig*) to allow (of), sanction

autoritaire [ɔtɔʀitɛʀ] *adj* authoritarian

autorité [ɔtɔʀite] *nf* authority; **faire** ~ to be authoritative

autoroute [ɔtɔʀut] *nf* motorway (*BRIT*), highway (*US*)

auto-stop [ɔtɔstɔp] *nm*: **faire de l'**~ to hitch-hike; **auto-stoppeur, euse** *nm/f* hitch-hiker

autour [otuʀ] *adv* around; ~ **de** around; **tout** ~ all around

MOT-CLÉ

autre [otʀ(ə)] *adj* **1** (*différent*) other, different; **je préférerais un** ~ **verre** I'd prefer another *ou* a different glass

2 (*supplémentaire*) other; **je voudrais un** ~ **verre d'eau** I'd like another glass of water

3: ~ **chose** something else; ~ **part** somewhere else; **d'**~ **part** on the other hand

♦ *pron*: **un** ~ another (one); **nous/vous** ~**s** us/you; **d'**~**s** others; **l'**~ the other (one); **les** ~**s** the others; (*autrui*) others; **l'un et l'**~ both of them; **se détester l'un l'**~**/les uns les** ~**s** to hate each other *ou* one another; **d'une semaine à l'**~ from one week to the next; (*incessamment*) any week now; **entre** ~**s** among other things

autrefois [otʀəfwa] *adv* in the past

autrement [otʀəmɑ̃] *adv* differently; in another way; (*sinon*) otherwise; ~ **dit** in other words

Autriche [otʀiʃ] *nf*: **l'**~ Austria; **autrichien, ne** *adj, nm/f* Austrian

autruche [otʀyʃ] *nf* ostrich

autrui [otʀɥi] *pron* others

auvent [ovɑ̃] *nm* canopy

aux [o] *prép +dét* = **à** +**les**

auxiliaire [ɔksiljɛʀ] *adj, nm/f* auxil-

iary
auxquelles [okɛl] *prép +pron* = à +lesquelles
auxquels [okɛl] *prép +pron* à +lesquels
avachi, e [avaʃi] *adj* limp, flabby
aval [aval] *nm* (*accord*) endorsement, backing; (*GÉO*): **en** ~ downstream, downriver; (*sur une pente*) downhill
avalanche [avalɑ̃ʃ] *nf* avalanche
avaler [avale] *vt* to swallow
avance [avɑ̃s] *nf* (*de troupes etc*) advance; progress; (*d'argent*) advance; (*opposé à retard*) lead; being ahead of schedule; ~s *nfpl* (*ouvertures*) overtures; (*amoureuses*) advances; (**être**) **en** ~ (to be) early; (*sur un programme*) (to be) ahead of schedule; **à l'**~, **d'**~ in advance
avancé, e [avɑ̃se] *adj* advanced; well on, well under way
avancement [avɑ̃smɑ̃] *nm* (*professionnel*) promotion
avancer [avɑ̃se] *vi* to move forward, advance; (*projet, travail*) to make progress; (*être en saillie*) to overhang; to jut out; (*montre, réveil*) to be fast; to gain ♦ *vt* to move forward, advance; (*argent*) to advance; (*montre, pendule*) to put forward; **s'**~ *vi* to move forward, advance; (*fig*) to commit o.s.; to overhang; to jut out
avant [avɑ̃] *prép* before ♦ *adv*: **trop/plus** ~ too far/further forward ♦ *adj inv*: **siège/roue** ~ front seat/wheel ♦ *nm* (*d'un véhicule, bâtiment*) front; (*SPORT*: *joueur*) forward; ~ **qu'il parte/de faire** before he leaves/doing; ~ **tout** (*surtout*) above all; **à l'**~ (*dans un véhicule*) in (the) front; **en** ~ forward(s); **en** ~ **de** in front of
avantage [avɑ̃taʒ] *nm* advantage; ~**s sociaux** fringe benefits; **avantager** *vt* (*favoriser*) to favour; (*embellir*) to flatter; **avantageux, euse** *adj* attractive; attractively priced
avant: ~**-bras** *nm inv* forearm; ~**coureur** *adj inv*: **signe** ~**coureur** advance indication *ou* sign; ~**-dernier, ière** *adj, nm/f* next to last, last but one; ~**-goût** *nm* foretaste; ~**-hier** *adv* the day before yesterday; ~**-première** *nf* (*de film*) preview; ~**-projet** *nm* (preliminary) draft; ~**-propos** *nm* foreword; ~**-veille** *nf*; **l'**~ two days before
avare [avaʀ] *adj* miserly, avaricious ♦ *nm/f* miser; ~ **de** (*compliments etc*) sparing of
avarié, e [avaʀje] *adj* rotting
avaries [avaʀi] *nfpl* (*NAVIG*) damage *sg*
avec [avɛk] *prép* with; (*à l'égard de*) to(wards), with
avenant, e [avnɑ̃, -ɑ̃t] *adj* pleasant; **à l'**~ in keeping
avènement [avɛnmɑ̃] *nm* (*d'un roi*) accession, succession; (*d'un changement*) advent, coming
avenir [avniʀ] *nm* future; **à l'**~ in future; **politicien d'**~ politician with prospects *ou* a future
Avent [avɑ̃] *nm*: **l'**~ Advent
aventure [avɑ̃tyʀ] *nf* adventure; (*amoureuse*) affair; **s'aventurer** *vi* to venture; **aventureux, euse** *adj* adventurous, venturesome; (*projet*) risky, chancy
avenue [avny] *nf* avenue
avérer [aveʀe]: **s'**~ *vb +attrib* to prove (to be)
averse [avɛʀs(ə)] *nf* shower
averti, e [avɛʀti] *adj* (well-)informed
avertir [avɛʀtiʀ] *vt*: ~ **qn (de qch/que)** to warn sb (of sth/that); (*renseigner*) to inform sb (of sth/that); **avertissement** *nm* warning; **avertisseur** *nm* horn, siren
aveu, x [avø] *nm* confession
aveugle [avœgl(ə)] *adj* blind; **aveuglément** *adv* blindly; ~**r** *vt* to blind
aviateur, trice [avjatœʀ, -tʀis] *nm/f* aviator, pilot
aviation [avjɑsjɔ̃] *nf* aviation; (*sport*) flying; (*MIL*) air force
avide [avid] *adj* eager; (*péj*) greedy, grasping
avilir [aviliʀ] *vt* to debase
avion [avjɔ̃] *nm* (aero)plane (*BRIT*),

(air)plane (*US*); **aller (quelque part) en ~** to go (somewhere) by plane, fly (somewhere); **par ~** by airmail; **~ à réaction** jet (plane)

aviron [aviʀɔ̃] *nm* oar; (*sport*): **l'~** rowing

avis [avi] *nm* opinion; (*notification*) notice; **changer d'~** to change one's mind; **jusqu'à nouvel ~** until further notice

avisé, e [avize] *adj* sensible, wise

aviser [avize] *vt* (*voir*) to notice, catch sight of; (*informer*): **~ qn de/que** to advise *ou* inform sb of/that ♦ *vi* to think about things, assess the situation; **s'~ de qch/que** to become suddenly aware of sth/that; **s'~ de faire** to take it into one's head to do

avocat, e [avɔka, -at] *nm/f* (*JUR*) barrister (*BRIT*), lawyer ♦ *nm* (*CULIN*) avocado (pear); **~ général** assistant public prosecutor

avoine [avwan] *nf* oats *pl*

MOT-CLÉ

avoir [avwaʀ] *nm* assets *pl*, resources *pl*; (*COMM*) credit ♦ *vt*

♦ *vt* **1** (*posséder*) to have; **elle a 2 enfants/une belle maison** she has (got) 2 children/a lovely house; **il a les yeux bleus** he has (got) blue eyes

2 (*âge, dimensions*) to be; **il a 3 ans** he is 3 (years old); **le mur a 3 mètres de haut** the wall is 3 metres high; *voir aussi* **faim peur** *etc*

3 (*fam*: *duper*) to do, have; **on vous a eu!** you've been done *ou* had!

4: **en ~ contre qn** to have a grudge against sb; **en ~ assez** to be fed up; **j'en ai pour une demi-heure** it'll take me half an hour

♦ *vb aux* **1** to have; **~ mangé/dormi** to have eaten/slept

2 (*avoir +à +infinitif*): **~ à faire qch** to have to do sth; **vous n'avez qu'à lui demander** you only have to ask him

♦ *vb impers* **1**: **il y a** (+ *singulier*) there is; (+ *pluriel*) there are; **qu'y-a-t-il?, qu'est-ce qu'il y a?** what's the matter?, what is it?; **il doit y avoir une explication** there must be an explanation; **il n'y a qu'à ...** we (*ou* you *etc*) will just have to ...

2 (*temporel*): **il y a 10 ans** 10 years ago; **il y a 10 ans/longtemps que je le sais** I've known it for 10 years/a long time; **il y a 10 ans qu'il est arrivé** it's 10 years since he arrived

avoisiner [avwazine] *vt* to be near *ou* close to; (*fig*) to border *ou* verge on

avortement [avɔʀtəmɑ̃] *nm* abortion

avorter [avɔʀte] *vi* (*MÉD*) to have an abortion; (*fig*) to fail

avoué, e [avwe] *adj* avowed ♦ *nm* (*JUR*) ≈ solicitor

avouer [avwe] *vt* (*crime, défaut*) to confess (to); **~ avoir fait/que** to admit *ou* confess to having done/that

avril [avʀil] *nm* April

axe [aks(ə)] *nm* axis; (*de roue etc*) axle; (*fig*) main line; **~ routier** main road, trunk road; **axer** *vt*: **axer qch sur** to centre sth on

ayons *etc vb voir* **avoir**

azote [azɔt] *nm* nitrogen

B

babines [babin] *nfpl* chops

babiole [babjɔl] *nf* (*bibelot*) trinket; (*vétille*) trifle

bâbord [bɑbɔʀ] *nm*: **à** *ou* **par ~** to port, on the port side

baby-foot [babifut] *nm* table football

bac [bak] *abr m* = **baccalauréat**; ♦ *nm* (*bateau*) ferry; (*récipient*) tub; tray; tank

baccalauréat [bakalɔʀea] *nm* high school diploma

bachelier, ière [baʃəlje, -jɛʀ] *nm/f* *holder of the baccalauréat*

bachoter [baʃɔte] (*fam*) *vi* to cram (for an exam)

bâcler [bɑkle] *vt* to botch (up)

badaud, e [bado, -od] *nm/f* idle onlooker, stroller

badigeonner [badiʒɔne] *vt* to distemper; to colourwash; (*barbouiller*) to daub
badin, e [badɛ̃, -in] *adj* playful
badiner [badine] *vi*: ~ **avec qch** to treat sth lightly
baffe [baf] (*fam*) *nf* slap, clout
bafouer [bafwe] *vt* to deride, ridicule
bafouiller [bafuje] *vi, vt* to stammer
bagage [bagaʒ] *nm*: ~**s** luggage *sg*; ~**s à main** hand-luggage
bagarre [bagaʀ] *nf* fight, brawl; **bagarrer**: **se bagarrer** *vi* to have a fight *ou* scuffle, fight
bagatelle [bagatɛl] *nf* trifle
bagne [baɲ] *nm* penal colony
bagnole [baɲɔl] (*fam*) *nf* car
bagout [bagu] *nm*: **avoir du** ~ to have the gift of the gab
bague [bag] *nf* ring; ~ **de fiançailles** engagement ring; ~ **de serrage** clip
baguette [bagɛt] *nf* stick; (*cuisine chinoise*) chopstick; (*de chef d'orchestre*) baton; (*pain*) stick of (French) bread; ~ **magique** magic wand
baie [bɛ] *nf* (*GÉO*) bay; (*fruit*) berry; ~ (**vitrée**) picture window
baignade [bɛɲad] *nf* bathing
baigner [beɲe] *vt* (*bébé*) to bath; **se** ~ *vi* to have a swim, go swimming *ou* bathing; **baignoire** *nf* bath(tub)
bail [baj] (*pl* **baux**) *nm* lease
bâiller [bɑje] *vi* to yawn; (*être ouvert*) to gape
bâillon [bɑjɔ̃] *nm* gag; **bâillonner** *vt* to gag
bain [bɛ̃] *nm* bath; **prendre un** ~ to have a bath; **se mettre dans le** ~ (*fig*) to get into it *ou* things; ~ **de foule** walkabout; ~ **de soleil**: **prendre un** ~ **de soleil** to sunbathe; ~**s de mer** sea bathing *sg*; **bain-marie** *nm*: **faire chauffer au bain-marie** (*boîte etc*) to immerse in boiling water
baiser [beze] *nm* kiss ♦ *vt* (*main, front*) to kiss; (*fam!*) to screw (*!*)
baisse [bɛs] *nf* fall, drop; "~ **sur la viande**" "meat prices down"
baisser [bese] *vt* lower; (*radio, chauffage*) to turn down; (*AUTO: phares*) to dip (*BRIT*), lower (*US*) ♦ *vi* to fall, drop, go down; **se** ~ *vi* to bend down
bal [bal] *nm* dance; (*grande soirée*) ball; ~ **costumé** fancy-dress ball
balader [balade] *vt* (*traîner*) to trail round; **se** ~ *vi* to go for a walk *ou* stroll; to go for a drive
baladeur [baladœʀ] *nm* personal stereo, Walkman (®)
balafre [balafʀ(ə)] *nf* gash, slash; (*cicatrice*) scar
balai [balɛ] *nm* broom, brush; **balai-brosse** *nm* (long-handled) scrubbing brush
balance [balɑ̃s] *nf* scales *pl*; (*de précision*) balance; (*signe*): **la B~** Libra
balancer [balɑ̃se] *vt* to swing; (*lancer*) to fling, chuck; (*renvoyer, jeter*) to chuck out ♦ *vi* to swing; **se** ~ *vi* to swing; to rock; to sway; **se** ~ **de** (*fam*) not to care about; **balancier** *nm* (*de pendule*) pendulum; (*perche*) (balancing) pole; **balançoire** *nf* swing; (*sur pivot*) seesaw
balayer [baleje] *vt* (*feuilles etc*) to sweep up, brush up; (*pièce*) to sweep; (*chasser*) to sweep away; to sweep aside; (*suj: radar*) to scan; **balayeur, euse** *nm/f* roadsweeper; **balayeuse** *nf* (*machine*) roadsweeper
balbutier [balbysje] *vi, vt* to stammer
balcon [balkɔ̃] *nm* balcony; (*THÉÂTRE*) dress circle
baleine [balɛn] *nf* whale; (*de parapluie, corset*) rib; **baleinière** *nf* whaleboat
balise [baliz] *nf* (*NAVIG*) beacon; (marker) buoy; (*AVIAT*) runway light, beacon; (*AUTO, SKI*) sign, marker; **baliser** *vt* to mark out (with lights *etc*)
balivernes [balivɛʀn(ə)] *nfpl* nonsense *sg*
ballant, e [balɑ̃, -ɑ̃t] *adj* dangling

balle [bal] *nf* (*de fusil*) bullet; (*de sport*) ball; (*paquet*) bale; (*fam: franc*) franc; ~ **perdue** stray bullet
ballerine [balʀin] *nf* ballet dancer
ballet [balɛ] *nm* ballet
ballon [balɔ̃] *nm* (*de sport*) ball; (*jouet*, *AVIAT*) balloon; (*de vin*) glass; ~ **de football** football
ballot [balo] *nm* bundle; (*péj*) nitwit
ballottage [balɔtaʒ] *nm* (*POL*) second ballot
ballotter [balɔte] *vi* to roll around; to toss ♦ *vt* to shake about; to toss
balnéaire [balneɛʀ] *adj* seaside *cpd*
balourd, e [baluʀ, -uʀd(ə)] *adj* clumsy ♦ *nm/f* clodhopper
balustrade [balystʀad] *nf* railings *pl*, handrail
bambin [bɑ̃bɛ̃] *nm* little child
ban [bɑ̃] *nm* cheer; ~**s** *nmpl* (*de mariage*) banns; **mettre au ~ de** to outlaw from
banal, e [banal] *adj* banal, commonplace; (*péj*) trite
banane [banan] *nf* banana
banc [bɑ̃] *nm* seat, bench; (*de poissons*) shoal; ~ **d'essai** (*fig*) testing ground; ~ **de sable** sandbank
bancaire [bɑ̃kɛʀ] *adj* banking, bank *cpd*
bancal, e [bɑ̃kal] *adj* wobbly; bow-legged
bandage [bɑ̃daʒ] *nm* bandage
bande [bɑ̃d] *nf* (*de tissu etc*) strip; (*MÉD*) bandage; (*motif*) stripe; (*magnétique etc*) tape; (*groupe*) band; (: *péj*) bunch; **par la ~** in a roundabout way; **faire ~ à part** to keep to o.s.; ~ **dessinée** comic strip; ~ **sonore** sound track
bandeau, x [bɑ̃do] *nm* headband; (*sur les yeux*) blindfold; (*MÉD*) head bandage
bander [bɑ̃de] *vt* (*blessure*) to bandage; (*muscle*) to tense; ~ **les yeux à qn** to blindfold sb
banderole [bɑ̃dʀɔl] *nf* banner, streamer
bandit [bɑ̃di] *nm* bandit; **banditisme** *nm* violent crime, armed robberies *pl*
bandoulière [bɑ̃duljɛʀ] *nf*: **en ~** (slung *ou* worn) across the shoulder
banlieue [bɑ̃ljø] *nf* suburbs *pl*; **lignes/quartiers de ~** suburban lines/areas; **trains de ~** commuter trains
bannière [banjɛʀ] *nf* banner
bannir [baniʀ] *vt* to banish
banque [bɑ̃k] *nf* bank; (*activités*) banking; ~ **d'affaires** merchant bank; **~route** [bɑ̃kʀut] *nf* bankruptcy
banquet [bɑ̃kɛ] *nm* dinner; (*d'apparat*) banquet
banquette [bɑ̃kɛt] *nf* seat
banquier [bɑ̃kje] *nm* banker
banquise [bɑ̃kiz] *nf* ice field
baptême [batɛm] *nm* christening; baptism; ~ **de l'air** first flight
baquet [bakɛ] *nm* tub, bucket
bar [baʀ] *nm* bar
baraque [baʀak] *nf* shed; (*fam*) house; ~ **foraine** fairground stand
baraqué, e [baʀake] *adj* well-built, hefty
baraquements [baʀakmɑ̃] *nmpl* (*for refugees, workers etc*) huts
baratin [baʀatɛ̃] (*fam*) *nm* smooth talk, patter; **baratiner** *vt* to chat up
barbare [baʀbaʀ] *adj* barbaric
barbe [baʀb(ə)] *nf* beard; **quelle ~!** (*fam*) what a drag *ou* bore!; **à la ~ de qn** under sb's nose; ~ **à papa** candy-floss (*BRIT*), cotton candy (*US*)
barbelé [baʀbəle] *nm* barbed wire *no pl*
barboter [baʀbɔte] *vi* to paddle, dabble; **barboteuse** [baʀbɔtøz] *nf* rompers *pl*
barbouiller [baʀbuje] *vt* to daub; **avoir l'estomac barbouillé** to feel queasy
barbu, e [baʀby] *adj* bearded
barda [baʀda] (*fam*) *nm* kit, gear
barder [baʀde] (*fam*) *vi*: **ça va ~** sparks will fly, things are going to get hot
barème [baʀɛm] *nm* scale; table
baril [baʀil] *nm* barrel; keg
bariolé, e [baʀjɔle] *adj* gaudily-

coloured
baromètre [barɔmɛtʀ(ə)] *nm* barometer
baron [barɔ̃] *nm* baron; **baronne** *nf* baroness
baroque [barɔk] *adj* (*ART*) baroque; (*fig*) weird
barque [bark(ə)] *nf* small boat
barquette [barkɛt] *nf* (*pour repas*) tray; (*pour fruits*) punnet
barrage [baraʒ] *nm* dam; (*sur route*) roadblock, barricade
barre [bar] *nf* bar; (*NAVIG*) helm; (*écrite*) line, stroke
barreau, x [baro] *nm* bar; (*JUR*): **le ~** the Bar
barrer [bare] *vt* (*route etc*) to block; (*mot*) to cross out; (*chèque*) to cross (*BRIT*); (*NAVIG*) to steer; **se ~** *vi* (*fam*) to clear off
barrette [barɛt] *nf* (*pour cheveux*) (hair) slide (*BRIT*) *ou* clip (*US*)
barricader [barikade] *vt* to barricade
barrière [barjɛr] *nf* fence; (*obstacle*) barrier; (*porte*) gate
barrique [barik] *nf* barrel, cask
bas, basse [bɑ, bɑs] *adj* low ♦ *nm* bottom, lower part; (*vêtement*) stocking ♦ *adv* low; (*parler*) softly; **au ~ mot** at the lowest estimate; **en ~** down below; at (*ou* to) the bottom; (*dans une maison*) downstairs; **en ~ de** at the bottom of; **mettre ~** to give birth; **à ~ ...!** down with ...!; **~ morceaux** *nmpl* (*viande*) cheap cuts
basané, e [bazane] *adj* tanned, bronzed
bas-côté [bakote] *nm* (*de route*) verge (*BRIT*), shoulder (*US*)
bascule [baskyl] *nf*: **(jeu de) ~** seesaw; **(balance à) ~** scales *pl*; **fauteuil à ~** rocking chair
basculer [baskyle] *vi* to fall over, topple (over); (*benne*) to tip up ♦ *vt* to topple over; to tip out, tip up
base [bɑz] *nf* base; (*POL*) rank and file; (*fondement, principe*) basis; **de ~** basic; **à ~ de café** *etc* coffee *etc* -based; **~ de données** database; **baser** *vt* to base; **se ~r sur** *vt* (*preuves*) to base one's argument on
bas-fond [bɑfɔ̃] *nm* (*NAVIG*) shallow; **~s** *nmpl* (*fig*) dregs
basilic [bazilik] *nm* (*CULIN*) basil
basket [baskɛt] *nm* trainer (*BRIT*), sneaker (*US*); (*aussi*: **~-ball**) basketball
basque [bask(ə)] *adj, nm/f* Basque
basse [bɑs] *adj voir* **bas** ♦ *nf* (*MUS*) bass; **~-cour** *nf* farmyard
bassin [basɛ̃] *nm* (*cuvette*) bowl; (*pièce d'eau*) pond, pool; (*de fontaine, GÉO*) basin; (*ANAT*) pelvis; (*portuaire*) dock
bassine [basin] *nf* (*ustensile*) basin; (*contenu*) bowl(ful)
basson [basɔ̃] *nm* bassoon
bas-ventre [bɑvɑ̃tʀ(ə)] *nm* (lower part of the) stomach
bat *vb voir* **battre**
bât [bɑ] *nm* packsaddle
bataille [bataj] *nf* battle; fight
bâtard, e [bɑtar, -ard(ə)] *nm/f* illegitimate child, bastard (*pej*)
bateau, x [bato] *nm* boat, ship; **bateau-mouche** *nm* passenger pleasure boat (*on the Seine*)
batelier, ière [batəlje, -jɛr] *nm/f* (*de bac*) ferryman(woman)
bâti, e [bɑti] *adj*: **bien ~** well-built
batifoler [batifɔle] *vi* to frolic about
bâtiment [bɑtimɑ̃] *nm* building; (*NAVIG*) ship, vessel; (*industrie*) building trade
bâtir [bɑtir] *vt* to build
bâtisse [bɑtis] *nf* building
bâton [bɑtɔ̃] *nm* stick; **à ~s rompus** informally
bats *vb voir* **battre**
battage [bataʒ] *nm* (*publicité*) (hard) plugging
battant [batɑ̃] *nm* (*de cloche*) clapper; (*de volets*) shutter, flap; (*de porte*) side; (*fig*: *personne*) fighter; **porte à double ~** double door
battement [batmɑ̃] *nm* (*de cœur*) beat; (*intervalle*) interval (*between classes, trains*); **10 minutes de ~** 10

minutes to spare; ~ **de paupières** blinking *no pl* (*of eyelids*)

batterie [batʀi] *nf* (*MIL, ÉLEC*) battery; (*MUS*) drums *pl*, drum kit; ~ **de cuisine** pots and pans *pl*; kitchen utensils *pl*

batteur [batœʀ] *nm* (*MUS*) drummer; (*appareil*) whisk

battre [batʀ(ə)] *vt* to beat; (*suj: pluie, vagues*) to beat *ou* lash against; (*blé*) to thresh; (*passer au peigne fin*) to scour ♦ *vi* (*cœur*) to beat; (*volets etc*) to bang, rattle; **se** ~ *vi* to fight; ~ **la mesure** to beat time; ~ **en brèche** to demolish; ~ **son plein** to be at its height, be going full swing; ~ **des mains** to clap one's hands

battue [baty] *nf* (*chasse*) beat; (*policière etc*) search, hunt

baume [bom] *nm* balm

baux [bo] *nmpl de* **bail**

bavard, e [bavaʀ, -aʀd(ə)] *adj* (very) talkative; gossipy; **bavarder** *vi* to chatter; (*indiscrètement*) to gossip; to blab

bave [bav] *nf* dribble; (*de chien etc*) slobber; (*d'escargot*) slime; **~r** *vi* to dribble; to slobber; **en ~r** (*fam*) to have a hard time (of it); **~tte** *nf* bib; **baveux, euse** *adj* (*omelette*) runny

bavure [bavyʀ] *nf* smudge; (*fig*) hitch; blunder

bayer [baje] *vi*: ~ **aux corneilles** to stand gaping

bazar [bazaʀ] *nm* general store; (*fam*) jumble; **~der** (*fam*) *vt* to chuck out

B.C.B.G. *sigle adj* (= *bon chic bon genre*) preppy, smart and trendy

B.C.G. *sigle m* (= *bacille Calmette-Guérin*) BCG

bd. *abr* = **boulevard**

B.D. *sigle f* = **bande dessinée**

béant, e [beɑ̃, -ɑ̃t] *adj* gaping

béat, e [bea, -at] *adj* showing open-eyed wonder; blissful; **béatitude** *nf* bliss

beau(bel), belle [bo, bɛl] (*mpl* ~x) *adj* beautiful, lovely; (*homme*) handsome ♦ *adv*: **il fait** ~ the weather's fine; **un** ~ **jour** one (fine) day; **de plus belle** more than ever, even more; **on a** ~ **essayer** however hard we try; **bel et bien** well and truly; **faire le** ~ (*chien*) to sit up and beg

MOT-CLÉ

beaucoup [boku] *adv* **1** a lot; **il boit** ~ he drinks a lot; **il ne boit pas** ~ he doesn't drink much *ou* a lot

2 (*suivi de plus, trop etc*) much, a lot, far; **il est** ~ **plus grand** he is much *ou* a lot *ou* far taller

3: ~ **de** (*nombre*) many, a lot of; (*quantité*) a lot of; ~ **d'étudiants/de touristes** a lot of *ou* many students/tourists; ~ **de courage** a lot of courage; **il n'a pas** ~ **d'argent** he hasn't got much *ou* at lot of money

4: **de** ~ by far

beau: **~-fils** *nm* son-in-law; (*remariage*) stepson; **~-frère** *nm* brother-in-law; **~-père** *nm* father-in-law; (*remariage*) step-father

beauté [bote] *nf* beauty; **de toute** ~ beautiful; **en** ~ brilliantly

beaux-arts [bozaʀ] *nmpl* fine arts

beaux-parents [bopaʀɑ̃] *nmpl* wife's (*ou* husband's) family, in-laws

bébé [bebe] *nm* baby

bec [bɛk] *nm* beak, bill; (*de récipient*) spout; lip; (*fam*) mouth; ~ **de gaz** (street) gaslamp; ~ **verseur** pouring lip

bécane [bekan] (*fam*) *nf* bike

bec-de-lièvre [bɛkdəljɛvʀ(ə)] *nm* harelip

bêche [bɛʃ] *nf* spade; **bêcher** *vt* to dig

bécoter [bekɔte]: **se** ~ *vi* to smooch

becqueter [bɛkte] (*fam*) *vt* to eat

bedaine [bədɛn] *nf* paunch

bedonnant, e [bədɔnɑ̃, -ɑ̃t] *adj* pot-bellied

bée [be] *adj*: **bouche** ~ gaping

beffroi [befʀwa] *nm* belfry

bégayer [begeje] *vt, vi* to stammer
bègue [bɛg] *nm/f*: **être ~** to have a stammer
béguin [begɛ̃] *nm*: **avoir le ~ de** *ou* **pour** to have a crush on
beige [bɛʒ] *adj* beige
beignet [bɛɲɛ] *nm* fritter
bel [bɛl] *adj voir* **beau**
bêler [bele] *vi* to bleat
belette [bəlɛt] *nf* weasel
belge [bɛlʒ(ə)] *adj, nm/f* Belgian
Belgique [bɛlʒik] *nf*: **la ~** Belgium
bélier [belje] *nm* ram; (*signe*): **le B~** Aries
belle [bɛl] *adj voir* **beau** ♦ *nf* (*SPORT*) decider; **~-fille** *nf* daughter-in-law; (*remariage*) stepdaughter; **~-mère** *nf* mother-in-law; stepmother; **~-sœur** *nf* sister-in-law
belliqueux, euse [belikø, -øz] *adj* aggressive, warlike
belvédère [bɛlvedɛʀ] *nm* panoramic viewpoint (*or small building there*)
bémol [bemɔl] *nm* (*MUS*) flat
bénédiction [benediksjɔ̃] *nf* blessing
bénéfice [benefis] *nm* (*COMM*) profit; (*avantage*) benefit; **bénéficier de** *vt* to enjoy; to benefit by *ou* from; to get, be given; **bénéfique** *adj* beneficial
benêt [bənɛ] *nm* simpleton
bénévole [benevɔl] *adj* voluntary, unpaid
bénin, igne [benɛ̃, -iɲ] *adj* minor, mild; (*tumeur*) benign
bénir [beniʀ] *vt* to bless; **bénit, e** *adj* consecrated; **eau bénite** holy water
benjamin, e [bɛ̃ʒamɛ̃, -in] *nm/f* youngest child
benne [bɛn] *nf* skip; (*de téléphérique*) (cable) car; **~ basculante** tipper (*BRIT*), dump truck (*US*)
B.E.P.C. *sigle m* = **brevet d'études du premier cycle**
béquille [bekij] *nf* crutch; (*de bicyclette*) stand
berceau, x [bɛʀso] *nm* cradle, crib
bercer [bɛʀse] *vt* to rock, cradle; (*suj*: *musique etc*) to lull; **~ qn de** (*promesses etc*) to delude sb with;
berceuse *nf* lullaby
béret (basque) [beʀɛ(bask(ə))] *nm* beret
berge [bɛʀʒ(ə)] *nf* bank
berger, ère [bɛʀʒe, -ɛʀ] *nm/f* shepherd(ess)
berlingot [bɛʀlɛ̃go] *nm* (*emballage*) carton (*pyramid shaped*)
berlue [bɛʀly] *nf*: **j'ai la ~** I must be seeing things
berner [bɛʀne] *vt* to fool
besogne [bəzɔɲ] *nf* work *no pl*, job
besoin [bəzwɛ̃] *nm* need; (*pauvreté*): **le ~** need, want; **faire ses ~s** to relieve o.s.; **avoir ~ de qch/faire qch** to need sth/to do sth; **au ~** if need be
bestiaux [bɛstjo] *nmpl* cattle
bestiole [bɛstjɔl] *nf* (tiny) creature
bétail [betaj] *nm* livestock, cattle *pl*
bête [bɛt] *nf* animal; (*bestiole*) insect, creature ♦ *adj* stupid, silly; **il cherche la petite ~** he's being pernickety *ou* overfussy; **~ noire** pet hate
bêtise [betiz] *nf* stupidity; stupid thing (to say *ou* do)
béton [betɔ̃] *nm* concrete; **(en) ~** (*alibi, argument*) cast iron; **~ armé** reinforced concrete; **bétonnière** *nf* cement mixer
betterave [bɛtʀav] *nf* beetroot (*BRIT*), beet (*US*); **~ sucrière** sugar beet
beugler [bøgle] *vi* to low; (*radio etc*) to blare ♦ *vt* (*chanson*) to bawl out
Beur [bœʀ] *nm/f person of North African origin living in France*
beurre [bœʀ] *nm* butter; **beurrer** *vt* to butter; **beurrier** [bœʀje] *nm* butter dish
beuverie [bœvʀi] *nf* drinking session
bévue [bevy] *nf* blunder
Beyrouth [beʀut] *n* Beirut
bi... [bi] *préfixe* bi..., two-
biais [bjɛ] *nm* (*moyen*) device, expedient; (*aspect*) angle; **en ~, de ~** (*obliquement*) at an angle; (*fig*) indirectly; **biaiser** *vi* (*fig*) to sidestep the issue

bibelot [biblo] *nm* trinket, curio
biberon [bibʀɔ̃] *nm* (feeding) bottle; **nourrir au ~** to bottle-feed
bible [bibl(ə)] *nf* bible
biblio... *préfixe*: **~bus** *nm* mobile library van; **~phile** *nm/f* booklover; **~thécaire** *nm/f* librarian; **~thèque** *nf* library; (*meuble*) bookcase
bicarbonate [bikaʀbɔnat] *nm*: **~ (de soude)** bicarbonate of soda
biceps [bisɛps] *nm* biceps
biche [biʃ] *nf* doe
bichonner [biʃɔne] *vt* to groom
bicolore [bikɔlɔʀ] *adj* two-coloured
bicoque [bikɔk] (*péj*) *nf* shack
bicyclette [bisiklɛt] *nf* bicycle
bide [bid] *nm* (*fam*: *ventre*) belly; (*THÉÂTRE*) flop
bidet [bidɛ] *nm* bidet
bidon [bidɔ̃] *nm* can ♦ *adj inv* (*fam*) phoney
bidonville [bidɔ̃vil] *nm* shanty town
bidule [bidyl] (*fam*) *nm* thingumajig
bielle [bjɛl] *nf* connecting rod

MOT-CLÉ

bien [bjɛ̃] *nm* **1** (*avantage, profit*): **faire du ~ à qn** to do sb good; **dire du ~ de** to speak well of; **c'est pour son ~** it's for his own good
2 (*possession, patrimoine*) possession, property; **son ~ le plus précieux** his most treasured possession; **avoir du ~** to have property; **~s (de consommation** *etc*) (consumer *etc*) goods
3 (*moral*): **le ~** good; **distinguer le ~ du mal** to tell good from evil
♦ *adv* **1** (*de façon satisfaisante*) well; **elle travaille/mange ~** she works/eats well; **croyant ~ faire, je/il ...** thinking I/he was doing the right thing, I/he ...; **c'est ~ fait!** it serves him (*ou* her *etc*) right!
2 (*valeur intensive*) quite; **~ jeune** quite young; **~ assez** quite enough; **~ mieux** (very) much better; **j'espère ~ y aller** I do hope to go; **je veux ~ le faire** (*concession*) I'm quite willing to do it; **il faut ~ le faire** it has to be done
3: **~ du temps/des gens** quite a time/a number of people
♦ *adj inv* **1** (*en bonne forme, à l'aise*): **je me sens ~** I feel fine; **je ne me sens pas ~** I don't feel well; **on est ~ dans ce fauteuil** this chair is very comfortable
2 (*joli, beau*) good-looking; **tu es ~ dans cette robe** you look good in that dress
3 (*satisfaisant*) good; **elle est ~, cette maison/secrétaire** it's a good house/she's a good secretary
4 (*moralement*) right; (: *personne*) good, nice; (*respectable*) respectable; **ce n'est pas ~ de ...** it's not right to ...; **elle est ~, cette femme** she's a nice woman, she's a good sort; **des gens ~s** respectable people
5 (*en bons termes*): **être ~ avec qn** to be on good terms with sb
♦ *préfixe*: **~-aimé** *adj, nm/f* beloved; **~-être** *nm nm* well-being; **~faisance** *nf* charity; **~faisant, e** *adj* (*chose*) beneficial; **~fait** *nm* act of generosity, benefaction; (*de la science etc*) benefit; **~faiteur, trice** *nm/f* benefactor/benefactress; **~-fondé** *nm* soundness; **~-fonds** *nm* property; **~heureux, euse** *adj* happy; (*REL*) blessed, blest; **~ que** *conj* (al)though; **~ sûr** *adv* certainly

bienséant, e [bjɛ̃seɑ̃, -ɑ̃t] *adj* seemly
bientôt [bjɛ̃to] *adv* soon; **à ~** see you soon
bienveillant, e [bjɛ̃vɛjɑ̃, -ɑ̃t] *adj* kindly
bienvenu, e [bjɛ̃vny] *adj* welcome; **bienvenue** *nf*: **souhaiter la ~e à** to welcome; **~e à** welcome to
bière [bjɛʀ] *nf* (*boisson*) beer; (*cercueil*) bier; **~ (à la) pression** draught beer; **~ blonde** lager; **~ brune** brown ale
biffer [bife] *vt* to cross out
bifteck [biftɛk] *nm* steak

bifurquer [bifyʀke] *vi* (*route*) to fork; (*véhicule*) to turn off
bigarré, e [bigaʀe] *adj* multicoloured; (*disparate*) motley
bigorneau, x [bigɔʀno] *nm* winkle
bigot, e [bigo, -ɔt] (*péj*) *adj* bigoted
bigoudi [bigudi] *nm* curler
bijou, x [biʒu] *nm* jewel; **bijouterie** *nf* jeweller's (shop); jewellery; **bijoutier, ière** *nm/f* jeweller
bilan [bilɑ̃] *nm* (*COMM*) balance sheet(s); end of year statement; (*fig*) (net) outcome; (: *de victimes*) toll; **faire le ~ de** to assess; to review; **déposer son ~** to file a bankruptcy statement
bile [bil] *nf* bile; **se faire de la ~** (*fam*) to worry o.s. sick
bilieux, euse [biljø, -jøz] *adj* bilious; (*fig*: *colérique*) testy
bilingue [bilɛ̃g] *adj* bilingual
billard [bijaʀ] *nm* billiards *sg*; billiard table; **c'est du ~** (*fam*) it's a cinch
bille [bij] *nf* (*gén*) ball; (*du jeu de billes*) marble; (*de bois*) log
billet [bijɛ] *nm* (*aussi*: *~ de banque*) (bank)note; (*de cinéma, de bus etc*) ticket; (*courte lettre*) note; **~ circulaire** round-trip ticket
billetterie [bijɛtʀi] *nf* ticket office; (*distributeur*) ticket machine; (*BANQUE*) cash dispenser
billion [biljɔ̃] *nm* billion (*BRIT*), trillion (*US*)
billot [bijo] *nm* block
bimensuel, le [bimɑ̃sɥɛl] *adj* bimonthly
binette [binɛt] *nf* hoe
binocle [binɔkl(ə)] *nm* pince-nez
bio... *préfixe* bio...; **~graphie** *nf* biography; **~logie** *nf* biology; **~logique** *adj* biological
Birmanie [biʀmani] *nf* Burma
bis[1], e [bi, biz] *adj* (*couleur*) greyish brown
bis[2] [bis] *adv*: **12 bis** 12a *ou* A ♦ *excl, nm* encore
bisannuel, le [bizanɥɛl] *adj* biennial
biscornu, e [biskɔʀny] *adj* twisted
biscotte [biskɔt] *nf* (breakfast) rusk
biscuit [biskɥi] *nm* biscuit; sponge cake
bise [biz] *nf* (*baiser*) kiss; (*vent*) North wind
bissextile [bisɛkstil] *adj*: **année ~** leap year
bistouri [bistuʀi] *nm* lancet
bistro(t) [bistʀo] *nm* bistro, café
bitume [bitym] *nm* asphalt
bizarre [bizaʀ] *adj* strange, odd
blafard, e [blafaʀ, -aʀd(ə)] *adj* wan
blague [blag] *nf* (*propos*) joke; (*farce*) trick; **sans ~!** no kidding!; **~ à tabac** tobacco pouch
blaguer [blage] *vi* to joke ♦ *vt* to tease
blaireau, x [blɛʀo] *nm* (*ZOOL*) badger; (*brosse*) shaving brush
blairer [bleʀe] (*fam*) *vt*: **je ne peux pas le ~** I can't bear *ou* stand him
blâme [blɑm] *nm* blame; (*sanction*) reprimand
blâmer [blɑme] *vt* to blame
blanc, blanche [blɑ̃, blɑ̃ʃ] *adj* white; (*non imprimé*) blank; (*innocent*) pure ♦ *nm/f* white, white man(woman) ♦ *nm* (*couleur*) white; (*espace non écrit*) blank; (*aussi*: *~ d'œuf*) (egg-)white; (: *~ de poulet*) breast, white meat; (: *vin ~*) white wine; **~ cassé** off-white; **chèque en ~** blank cheque; **à ~** (*chauffer*) white-hot; (*tirer, charger*) with blanks; **~-bec** *nm* greenhorn; **blanche** *nf* (*MUS*) minim (*BRIT*), half-note (*US*); **blancheur** *nf* whiteness
blanchir [blɑ̃ʃiʀ] *vt* (*gén*) to whiten; (*linge*) to launder; (*CULIN*) to blanch; (*fig*: *disculper*) to clear ♦ *vi* to grow white; (*cheveux*) to go white
blanchisserie *nf* laundry
blason [blazɔ̃] *nm* coat of arms
blazer [blazɛʀ] *nm* blazer
blé [ble] *nm* wheat; **~ noir** (*nm*) buckwheat
bled [blɛd] (*péj*) *nm* hole
blême [blɛm] *adj* pale
blessé, e [blese] *adj* injured ♦ *nm/f* injured person; casualty

blesser [blese] *vt* to injure; (*délibérément*: *MIL etc*) to wound; (*suj*: *souliers etc, offenser*) to hurt; **se ~** to injure o.s.; **se ~ au pied** *etc* to injure one's foot *etc*

blessure [blesyʀ] *nf* injury; wound

bleu, e [blø] *adj* blue; (*bifteck*) very rare ♦ *nm* (*couleur*) blue; (*novice*) greenhorn; (*contusion*) bruise; (*vêtement*: *aussi*: **~s**) overalls *pl*; **~ marine** navy blue

bleuet [bløɛ] *nm* cornflower

bleuté, e [bløte] *adj* blue-shaded

blinder [blɛ̃de] *vt* to armour; (*fig*) to harden

bloc [blɔk] *nm* (*de pierre etc*) block; (*de papier à lettres*) pad; (*ensemble*) group, block; **serré à ~** tightened right down; **en ~** as a whole; wholesale; **~ opératoire** operating *ou* theatre block; **~ sanitaire** toilet block; **~age** [blɔkaʒ] *nm* blocking; jamming; freezing; (*PSYCH*) hang-up

bloc-notes [blɔknɔt] *nm* note pad

blocus [blɔkys] *nm* blockade

blond, e [blɔ̃, -ɔ̃d] *adj* fair; blond; (*sable, blés*) golden; **~ cendré** ash blond

bloquer [blɔke] *vt* (*passage*) to block; (*pièce mobile*) to jam; (*crédits, compte*) to freeze

blottir [blɔtiʀ]: **se ~** *vi* to huddle up

blouse [bluz] *nf* overall

blouson [bluzɔ̃] *nm* blouson jacket; **~ noir** (*fig*) ≈ rocker

bluff [blœf] *nm* bluff

bluffer [blœfe] *vi* to bluff

bobard [bɔbaʀ] (*fam*) *nm* tall story

bobine [bɔbin] *nf* reel; (*ÉLEC*) coil

bocal, aux [bɔkal, -o] *nm* jar

bock [bɔk] *nm* glass of beer

bœuf [bœf, *pl* bø] *nm* ox, steer; (*CULIN*) beef

bof! [bɔf] (*fam*) *excl* don't care!; (*pas terrible*) nothing special

bohème [bɔɛm] *adj* happy-go-lucky, unconventional; **bohémien, ne** [bɔemjɛ̃, -jɛn] *nm/f* gipsy

boire [bwaʀ] *vt* to drink; (*s'imprégner de*) to soak up; **~ un coup** to have a drink

bois [bwa] *nm* wood; **de ~, en ~** wooden

boisé, e [bwaze] *adj* woody, wooded

boisson [bwasɔ̃] *nf* drink; **pris de ~** drunk, intoxicated

boîte [bwat] *nf* box; (*entreprise*) place, firm; **aliments en ~** canned *ou* tinned (*BRIT*) foods; **~ à gants** glove compartment; **~ aux lettres** letter box; **~ d'allumettes** box of matches; (*vide*) matchbox; **~ (de conserves)** can *ou* tin (*BRIT*) (of food); **~ de nuit** night club; **~ de vitesses** gear box; **~ postale** PO Box

boiter [bwate] *vi* to limp; (*fig*) to wobble; to be shaky

boîtier [bwatje] *nm* case

boive *etc vb voir* **boire**

bol [bɔl] *nm* bowl; **un ~ d'air** a breath of fresh air; **j'en ai ras le ~** (*fam*) I'm fed up with this

bolide [bɔlid] *nm* racing car; **comme un ~** at top speed, like a rocket

bombance [bɔ̃bɑ̃s] *nf*: **faire ~** to have a feast, revel

bombarder [bɔ̃baʀde] *vt* to bomb; **~ qn de** (*cailloux, lettres*) to bombard sb with; **bombardier** *nm* bomber

bombe [bɔ̃b] *nf* bomb; (*atomiseur*) (aerosol) spray

bomber [bɔ̃be] *vi* to bulge; to camber ♦ *vt*: **~ le torse** to swell out one's chest

MOT-CLÉ

bon, bonne [bɔ̃, bɔn] *adj* **1** (*agréable, satisfaisant*) good; **un ~ repas/restaurant** a good meal/restaurant; **être ~ en maths** to be good at maths

2 (*charitable*): **être ~ (envers)** to be good (to)

3 (*correct*) right; **le ~ numéro/moment** the right number/moment

4 (*souhaits*): **~ anniversaire** happy

birthday; ~ **voyage** have a good trip; **bonne chance** good luck; **bonne année** happy New Year; **bonne nuit** good night
5 (*approprié*): ~ **à/pour** fit to/for
6: ~ **enfant** *adj inv* accommodating, easy-going; **bonne femme** (*péj*) woman; **de bonne heure** early; ~ **marché** cheap ♦ *adv* cheap; ~ **mot** witticism; ~ **sens** common sense; ~ **vivant** jovial chap; **bonnes œuvres** charitable works, charities
♦ *nm* **1** (*billet*) voucher; (*aussi*: ~ *cadeau*) gift voucher; ~ **d'essence** petrol coupon; ~ **du Trésor** Treasury bond
2: **avoir du** ~ to have its good points; **pour de** ~ for good
♦ *adv*: **il fait** ~ it's *ou* the weather is fine; **sentir** ~ to smell good; **tenir** ~ to stand firm
♦ *excl* good!; **ah** ~? really?; *voir aussi* **bonne**

bonbon [bɔ̃bɔ̃] *nm* (boiled) sweet
bonbonne [bɔ̃bɔn] *nf* demijohn
bond [bɔ̃] *nm* leap; **faire un** ~ to leap in the air; ~**e** [bɔ̃d] *nf* bunghole
bondé, e [bɔ̃de] *adj* packed (full)
bondir [bɔ̃diʀ] *vi* to leap
bonheur [bɔnœʀ] *nm* happiness; **porter** ~ **(à qn)** to bring (sb) luck; **au petit** ~ haphazardly; **par** ~ fortunately
bonhomie [bɔnɔmi] *nf* goodnaturedness
bonhomme [bɔnɔm] (*pl* **bonshommes**) *nm* fellow; ~ **de neige** snowman
bonification [bɔnifikasjɔ̃] *nf* bonus
bonifier [bɔnifje] *vt* to improve
boniment [bɔnimɑ̃] *nm* patter *no pl*
bonjour [bɔ̃ʒuʀ] *excl, nm* hello; good morning (*ou* afternoon)
bonne [bɔn] *adj voir* **bon** ♦ *nf* (*domestique*) maid; ~ **à tout faire** general help; ~ **d'enfant** nanny; ~**ment** *adv*: **tout** ~**ment** quite simply
bonnet [bɔnɛ] *nm* bonnet, hat; (*de soutien-gorge*) cup; ~ **d'âne** dunce's cap; ~ **de bain** bathing cap
bonneterie [bɔnɛtʀi] *nf* hosiery
bonshommes [bɔ̃zɔm] *nmpl de* **bonhomme**
bonsoir [bɔ̃swaʀ] *excl* good evening
bonté [bɔ̃te] *nf* kindness *no pl*
bonus [bɔnys] *nm* no-claims bonus
bord [bɔʀ] *nm* (*de table, verre, falaise*) edge; (*de rivière, lac*) bank; (*de route*) side; **(monter) à** ~ (to go) on board; **jeter par-dessus** ~ to throw overboard; **le commandant/les hommes du** ~ the ship's master/crew; **au** ~ **de la mer** at the seaside; **être au** ~ **des larmes** to be on the verge of tears
bordeaux [bɔʀdo] *nm* Bordeaux (wine) ♦ *adj inv* maroon
bordel [bɔʀdɛl] *nm* brothel; (*fam!*) bloody mess (*!*)
border [bɔʀde] *vt* (*être le long de*) to border; to line; (*garnir*): ~ **qch de** to line sth with; to trim sth with; (*qn dans son lit*) to tuck up
bordereau, x [bɔʀdəʀo] *nm* slip; statement
bordure [bɔʀdyʀ] *nf* border; **en** ~ **de** on the edge of
borgne [bɔʀɲ(ə)] *adj* one-eyed
borne [bɔʀn(ə)] *nf* boundary stone; (*aussi*: ~ *kilométrique*) kilometre-marker, ≈ milestone; ~**s** *nfpl* (*fig*) limits; **dépasser les** ~**s** to go too far
borné, e [bɔʀne] *adj* narrow; narrow-minded
borner [bɔʀne] *vt* to limit; to confine; **se** ~ **à faire** to content o.s. with doing; to limit o.s. to doing
Bosnie-Herzégovine [bɔzniɛʀtzegɔvin] *nf* Bosnia (and) Herzegovina
bosquet [bɔskɛ] *nm* grove
bosse [bɔs] *nf* (*de terrain etc*) bump; (*enflure*) lump; (*du bossu, du chameau*) hump; **avoir la** ~ **des maths** *etc* to have a gift for maths *etc*; **il a roulé sa** ~ he's been around
bosser [bɔse] (*fam*) *vi* to work; to slave (away)

bossu, e [bɔsy] *nm/f* hunchback
bot [bo] *adj m*: **pied ~** club foot
botanique [bɔtanik] *nf* botany ♦ *adj* botanic(al)
botte [bɔt] *nf* (*soulier*) (high) boot; (*gerbe*): **~ de paille** bundle of straw; **~ de radis** bunch of radishes; **~s de caoutchouc** wellington boots; **~r** [bɔte] *vt* to put boots on; to kick; (*fam*): **ça me botte** I fancy that
bottin [bɔtɛ̃] *nm* directory
bottine [bɔtin] *nf* ankle boot
bouc [buk] *nm* goat; (*barbe*) goatee; **~ émissaire** scapegoat
boucan [bukɑ̃] *nm* din, racket
bouche [buʃ] *nf* mouth; **le ~ à ~** the kiss of life; **~ d'égout** manhole; **~ d'incendie** fire hydrant; **~ de métro** métro entrance
bouché, e [buʃe] *adj* (*temps, ciel*) overcast; (*péj*: *personne*) thick
bouchée [buʃe] *nf* mouthful; **~s à la reine** chicken vol-au-vents
boucher, ère [buʃe, -ɛʀ] *nm/f* butcher ♦ *vt* (*pour colmater*) to stop up; to fill up; (*obstruer*) to block (up); **se ~** *vi* (*tuyau etc*) to block up, get blocked up; **se ~ le nez** to hold one's nose; **~rie** [buʃʀi] *nf* butcher's (shop); (*fig*) slaughter
bouche-trou [buʃtʀu] *nm* (*fig*) stop-gap
bouchon [buʃɔ̃] *nm* stopper; (*en liège*) cork; (*fig*: *embouteillage*) holdup; (*PÊCHE*) float; **~ doseur** measuring cap
boucle [bukl(ə)] *nf* (*forme, figure*) loop; (*objet*) buckle; **~ (de cheveux)** curl; **~ d'oreilles** earring
bouclé, e [bukle] *adj* curly
boucler [bukle] *vt* (*fermer*: *ceinture etc*) to fasten; (: *magasin*) to shut; (*terminer*) to finish off; (: *budget*) to balance; (*enfermer*) to shut away; (: *quartier*) to seal off ♦ *vi* to curl
bouclier [buklije] *nm* shield
bouddhiste [budist(ə)] *nm/f* Buddhist
bouder [bude] *vi* to sulk ♦ *vt* to turn one's nose up at; to refuse to have anything to do with
boudin [budɛ̃] *nm* (*CULIN*) black pudding
boue [bu] *nf* mud
bouée [bwe] *nf* buoy; **~ (de sauvetage)** lifebuoy
boueux, euse [bwø, -øz] *adj* muddy ♦ *nm* refuse collector
bouffe [buf] (*fam*) *nf* grub (*fam*), food
bouffée [bufe] *nf* puff; **~ de fièvre/de honte** flush of fever/shame
bouffer [bufe] (*fam*) *vi* to eat
bouffi, e [bufi] *adj* swollen
bouge [buʒ] *nm* (low) dive; hovel
bougeoir [buʒwaʀ] *nm* candlestick
bougeotte [buʒɔt] *nf*: **avoir la ~** to have the fidgets
bouger [buʒe] *vi* to move; (*dent etc*) to be loose; (*changer*) to alter; (*agir*) to stir ♦ *vt* to move
bougie [buʒi] *nf* candle; (*AUTO*) spark(ing) plug
bougon, ne [bugɔ̃, -ɔn] *adj* grumpy
bougonner [bugɔne] *vi, vt* to grumble
bouillabaisse [bujabɛs] *nf type of fish soup*
bouillant, e [bujɑ̃, -ɑ̃t] *adj* (*qui bout*) boiling; (*très chaud*) boiling (hot)
bouillie [buji] *nf* gruel; (*de bébé*) cereal; **en ~** (*fig*) crushed
bouillir [bujiʀ] *vi, vt* to boil
bouilloire [bujwaʀ] *nf* kettle
bouillon [bujɔ̃] *nm* (*CULIN*) stock *no pl*; **~ner** [bujɔne] *vi* to bubble; (*fig*) to bubble up; to foam
bouillotte [bujɔt] *nf* hot-water bottle
boulanger, ère [bulɑ̃ʒe, -ɛʀ] *nm/f* baker
boulangerie [bulɑ̃ʒʀi] *nf* bakery
boule [bul] *nf* (*gén*) ball; (*pour jouer*) bowl; (*de machine à écrire*) golf-ball; **se mettre en ~** (*fig*: *fam*) to fly off the handle, to blow one's top; **~ de neige** snowball
bouleau, x [bulo] *nm* (silver) birch
boulet [bulɛ] *nm* (*aussi*: *~ de canon*)

cannonball
boulette [bulɛt] *nf* ball
boulevard [bulvaʀ] *nm* boulevard
bouleversement [bulvɛʀsəmɑ̃] *nm* upheaval
bouleverser [bulvɛʀse] *vt* (*émouvoir*) to overwhelm; (*causer du chagrin*) to distress; (*pays, vie*) to disrupt; (*papiers, objets*) to turn upside down
boulier [bulje] *nm* abacus
boulon [bulɔ̃] *nm* bolt
boulot, te [bulo, -ɔt] *adj* plump, tubby ♦ *nm* (*fam: travail*) work
boum [bum] *nm* bang ♦ *nf* party
bouquet [bukɛ] *nm* (*de fleurs*) bunch (of flowers), bouquet; (*de persil etc*) bunch; (*parfum*) bouquet
bouquin [bukɛ̃] (*fam*) *nm* book; **bouquiner** (*fam*) *vi* to read; to browse around (in a bookshop); **bouquiniste** *nm/f* bookseller
bourbeux, euse [buʀbø, -øz] *adj* muddy
bourbier [buʀbje] *nm* (quag)mire
bourde [buʀd(ə)] *nf* (*erreur*) howler; (*gaffe*) blunder
bourdon [buʀdɔ̃] *nm* bumblebee
bourdonner [buʀdɔne] *vi* to buzz
bourg [buʀ] *nm* small market town
bourgeois, e [buʀʒwa, -waz] *adj* (*péj*) ≈ (upper) middle class; bourgeois; **~ie** [buʀʒwazi] *nf* ≈ upper middle classes *pl*; bourgeoisie
bourgeon [buʀʒɔ̃] *nm* bud
Bourgogne [buʀgɔɲ] *nf*: **la ~** Burgundy ♦ *nm*: **b~** burgundy (wine)
bourguignon, ne [buʀgiɲɔ̃, -ɔn] *adj* of *ou* from Burgundy, Burgundian
bourlinguer [buʀlɛ̃ge] *vi* to knock about a lot, get around a lot
bourrade [buʀad] *nf* shove, thump
bourrage [buʀaʒ] *nm*: **~ de crâne** brainwashing; (*SCOL*) cramming
bourrasque [buʀask(ə)] *nf* squall
bourratif, ive [buʀatif] (*fam*) *adj* filling, stodgy (*pej*)
bourré, e [buʀe] *adj* (*rempli*): **~ de** crammed full of; (*fam: ivre*) plastered, tanked up (*BRIT*)
bourreau, x [buʀo] *nm* executioner; (*fig*) torturer; **~ de travail** workaholic
bourrelet [buʀlɛ] *nm* draught excluder; (*de peau*) fold *ou* roll (of flesh)
bourrer [buʀe] *vt* (*pipe*) to fill; (*poêle*) to pack; (*valise*) to cram (full)
bourrique [buʀik] *nf* (*âne*) ass
bourru, e [buʀy] *adj* surly, gruff
bourse [buʀs(ə)] *nf* (*subvention*) grant; (*porte-monnaie*) purse; **la B~** the Stock Exchange
boursoufler [buʀsufle] *vt* to puff up, bloat
bous *vb voir* **bouillir**
bousculade [buskylad] *nf* rush; crush; **bousculer** [buskyle] *vt* to knock over; to knock into; (*fig*) to push, rush
bouse [buz] *nf* dung *no pl*
boussole [busɔl] *nf* compass
bout [bu] *vb voir* **bouillir** ♦ *nm* bit; (*d'un bâton etc*) tip; (*d'une ficelle, table, rue, période*) end; **au ~ de** at the end of, after; **pousser qn à ~** to push sb to the limit; **venir à ~ de** to manage to finish; **à ~ portant** at point-blank range; **~ filtre** filter tip
boutade [butad] *nf* quip, sally
boute-en-train [butɑ̃tʀɛ̃] *nm inv* (*fig*) live wire
bouteille [butɛj] *nf* bottle; (*de gaz butane*) cylinder
boutique [butik] *nf* shop
bouton [butɔ̃] *nm* button; (*BOT*) bud; (*sur la peau*) spot; (*de porte*) knob; **~ de manchette** cuff-link; **~ d'or** buttercup; **boutonner** *vt* to button up; **boutonnière** *nf* buttonhole; **bouton-pression** *nm* press stud
bouture [butyʀ] *nf* cutting
bovins [bɔvɛ̃] *nmpl* cattle *pl*
bowling [bɔliŋ] *nm* (tenpin) bowling; (*salle*) bowling alley
box [bɔks] *nm* lock-up (garage); (*d'écurie*) loose-box
boxe [bɔks(ə)] *nf* boxing
boyau, x [bwajo] *nm* (*galerie*) pas-

sage(way); (narrow) gallery; ~x *nmpl* (*viscères*) entrails, guts
B.P. *abr* = boîte postale
bracelet [bʀaslɛ] *nm* bracelet; **bracelet-montre** *nm* wristwatch
braconnier [bʀakɔnje] *nm* poacher
brader [bʀade] *vt* to sell off; ~**ie** [bʀadʀi] *nf* cut-price shop *ou* stall
braguette [bʀagɛt] *nf* fly *ou* flies *pl* (*BRIT*), zipper (*US*)
brailler [bʀɑje] *vi* to bawl, yell
braire [bʀɛʀ] *vi* to bray
braise [bʀɛz] *nf* embers *pl*
brancard [bʀɑ̃kaʀ] *nm* (*civière*) stretcher; **brancardier** *nm* stretcher-bearer
branchages [bʀɑ̃ʃaʒ] *nmpl* boughs
branche [bʀɑ̃ʃ] *nf* branch
branché, e [bʀɑ̃ʃe] (*fam*) *adj* trendy
brancher [bʀɑ̃ʃe] *vt* to connect (up); (*en mettant la prise*) to plug in
branle [bʀɑ̃l] *nm*: **donner le ~ à, mettre en** ~ to set in motion
branle-bas [bʀɑ̃lbɑ] *nm inv* commotion
braquer [bʀake] *vi* (*AUTO*) to turn (the wheel) ♦ *vt* (*revolver etc*): ~ **qch sur** to aim sth at, point sth at; (*mettre en colère*): ~ **qn** to put sb's back up
bras [bʀa] *nm* arm ♦ *nmpl* (*fig*: *travailleurs*) labour *sg*, hands; **à ~ raccourcis** with fists flying; ~ **droit** (*fig*) right hand man
brasier [bʀɑzje] *nm* blaze, inferno
bras-le-corps [bʀalkɔʀ] : **à** ~ *adv* (a)round the waist
brassard [bʀasaʀ] *nm* armband
brasse [bʀas] *nf* (*nage*) breaststroke; ~ **papillon** butterfly
brassée [bʀase] *nf* armful
brasser [bʀase] *vt* to mix; ~ **l'argent/les affaires** to handle a lot of money/business
brasserie [bʀasʀi] *nf* (*restaurant*) café-restaurant; (*usine*) brewery
brave [bʀav] *adj* (*courageux*) brave; (*bon, gentil*) good, kind
braver [bʀave] *vt* to defy
bravo [bʀavo] *excl* bravo ♦ *nm* cheer
bravoure [bʀavuʀ] *nf* bravery
break [bʀɛk] *nm* (*AUTO*) estate car
brebis [bʀəbi] *nf* ewe; ~ **galeuse** black sheep
brèche [bʀɛʃ] *nf* breach, gap; **être sur la** ~ (*fig*) to be on the go
bredouille [bʀəduj] *adj* empty-handed
bredouiller [bʀəduje] *vi, vt* to mumble, stammer
bref, brève [bʀɛf, bʀɛv] *adj* short, brief ♦ *adv* in short; **d'un ton** ~ sharply, curtly; **en** ~ in short, in brief
Brésil [bʀezil] *nm* Brazil
Bretagne [bʀətaɲ] *nf* Brittany
bretelle [bʀətɛl] *nf* (*de fusil etc*) sling; (*de vêtement*) strap; (*d'autoroute*) slip road (*BRIT*), entrance/exit ramp (*US*); ~**s** *nfpl* (*pour pantalon*) braces (*BRIT*), suspenders (*US*)
breton, ne [bʀətɔ̃, -ɔn] *adj, nm/f* Breton
breuvage [bʀœvaʒ] *nm* beverage, drink
brève [bʀɛv] *adj voir* **bref**
brevet [bʀəvɛ] *nm* diploma, certificate; ~ **d'études du premier cycle** *school certificate (taken at age 16)*; ~ **(d'invention)** patent; **breveté, e** *adj* patented; (*diplômé*) qualified
bribes [bʀib] *nfpl* bits, scraps; snatches; **par** ~ piecemeal
bricolage [bʀikɔlaʒ] *nm*: **le** ~ do-it-yourself
bricole [bʀikɔl] *nf* trifle; small job
bricoler [bʀikɔle] *vi* to do DIY jobs; to potter about ♦ *vt* to fix up; to tinker with; **bricoleur, euse** *nm/f* handyman(woman), DIY enthusiast
bride [bʀid] *nf* bridle; (*d'un bonnet*) string, tie; **à ~ abattue** flat out, hell for leather; **laisser la ~ sur le cou à** to give free rein to
bridé, e [bʀide] *adj*: **yeux ~s** slit eyes
bridge [bʀidʒ(ə)] *nm* bridge
brièvement [bʀijɛvmɑ̃] *adv* briefly
brigade [bʀigad] *nf* (*POLICE*)

squad; (*MIL*) brigade; (*gén*) team
brigadier [brigadje] *nm* sergeant
brigandage [brigɑ̃daʒ] *nm* robbery
briguer [brige] *vt* to aspire to
brillamment [brijamɑ̃] *adv* brilliantly
brillant, e [brijɑ̃, -ɑ̃t] *adj* brilliant; bright; (*luisant*) shiny, shining ♦ *nm* (*diamant*) brilliant
briller [brije] *vi* to shine
brimer [brime] *vt* to harass; to bully
brin [brɛ̃] *nm* (*de laine, ficelle etc*) strand; (*fig*): **un ~ de** a bit of; **~ d'herbe** blade of grass; **~ de muguet** sprig of lily of the valley
brindille [brɛ̃dij] *nf* twig
brio [brijo] *nm*: **avec ~** with panache
brioche [brijɔʃ] *nf* brioche (bun); (*fam: ventre*) paunch
brique [brik] *nf* brick ♦ *adj inv* brick red
briquer [brike] *vt* to polish up
briquet [brikɛ] *nm* (cigarette) lighter
brise [briz] *nf* breeze
briser [brize] *vt* to break; **se ~** *vi* to break
britannique [britanik] *adj* British ♦ *nm/f*: **B~** British person, Briton; **les B~s** the British
brocante [brɔkɑ̃t] *nf* junk, second-hand goods *pl*
brocanteur, euse [brɔkɑ̃tœr, -øz] *nm/f* junkshop owner; junk dealer
broche [brɔʃ] *nf* brooch; (*CULIN*) spit; (*MED*) pin; **à la ~** spit-roasted
broché, e [brɔʃe] *adj* (*livre*) paper-backed
brochet [brɔʃɛ] *nm* pike *inv*
brochette [brɔʃɛt] *nf* skewer
brochure [brɔʃyr] *nf* pamphlet, brochure, booklet
broder [brɔde] *vt* to embroider ♦ *vi* to embroider the facts; **broderie** *nf* embroidery
broncher [brɔ̃ʃe] *vi*: **sans ~** without flinching; without turning a hair
bronches [brɔ̃ʃ] *nfpl* bronchial tubes; **bronchite** *nf* bronchitis
bronze [brɔ̃z] *nm* bronze
bronzer [brɔ̃ze] *vt* to tan ♦ *vi* to get a tan; **se ~** to sunbathe
brosse [brɔs] *nf* brush; **coiffé en ~** with a crewcut; **~ à cheveux** hair-brush; **~ à dents** toothbrush; **~ à habits** clothesbrush; **brosser** *vt* (*nettoyer*) to brush; (*fig: tableau etc*) to paint; to draw; **se brosser les dents** to brush one's teeth
brouette [bruɛt] *nf* wheelbarrow
brouhaha [bruaa] *nm* hubbub
brouillard [brujar] *nm* fog
brouille [bruj] *nf* quarrel
brouiller [bruje] *vt* to mix up; to confuse; (*rendre trouble*) to cloud; (*désunir: amis*) to set at odds; **se ~** *vi* (*vue*) to cloud over; (*détails*) to become confused; (*gens*) to fall out
brouillon, ne [brujɔ̃, -ɔn] *adj* disorganised; unmethodical ♦ *nm* draft
broussailles [brusɑj] *nfpl* undergrowth *sg*; **broussailleux, euse** *adj* bushy
brousse [brus] *nf*: **la ~** the bush
brouter [brute] *vi* to graze
broutille [brutij] *nf* trifle
broyer [brwaje] *vt* to crush; **~ du noir** to be down in the dumps
bru [bry] *nf* daughter-in-law
brugnon [bryɲɔ̃] *nm* (*BOT*) nectarine
bruiner [brɥine] *vb impers*: **il bruine** it's drizzling, there's a drizzle
bruire [brɥir] *vi* to murmur; to rustle
bruit [brɥi] *nm*: **un ~** a noise, a sound; (*fig: rumeur*) a rumour; **le ~** noise; **sans ~** without a sound, noiselessly; **~ de fond** background noise
bruitage [brɥitaʒ] *nm* sound effects *pl*
brûlant, e [brylɑ̃, -ɑ̃t] *adj* burning; (*liquide*) boiling (hot); (*regard*) fiery
brûlé, e [bryle] *adj* (*fig: démasqué*) blown ♦ *nm*: **odeur de ~** smell of burning
brûle-pourpoint [brylpurpwɛ̃] : **à ~** *adv* point-blank
brûler [bryle] *vt* to burn; (*suj: eau*

bouillante) to scald; (*consommer*: *électricité, essence*) to use; (*feu rouge, signal*) to go through ♦ *vi* to burn; (*jeu*) to be warm; se ~ to burn o.s.; to scald o.s.; se ~ **la cervelle** to blow one's brains out
brûlure [bʀylyʀ] *nf* (*lésion*) burn; (*sensation*) burning (sensation); ~s d'estomac heartburn *sg*
brume [bʀym] *nf* mist
brun, e [bʀœ̃, -yn] *adj* brown; (*cheveux, personne*) dark; **brunir** *vi* to get a tan
brusque [bʀysk(ə)] *adj* abrupt; **brusquer** *vt* to rush
brut, e [bʀyt] *adj* raw, crude, rough; (*COMM*) gross; (*données*) raw; (**pétrole**) ~ crude (oil)
brutal, e, aux [bʀytal, -o] *adj* brutal; **brutaliser** *vt* to handle roughly, manhandle
Bruxelles [bʀysɛl] *n* Brussels
bruyamment [bʀɥijamɑ̃] *adv* noisily
bruyant, e [bʀɥijɑ̃, -ɑ̃t] *adj* noisy
bruyère [bʀyjɛʀ] *nf* heather
bu, e *pp de* **boire**
buccal, e, aux [bykal, -o] *adj*: **par voie ~e** orally
bûche [byʃ] *nf* log; **prendre une ~** (*fig*) to come a cropper; ~ **de Noël** Yule log; ~**r** [byʃe] *nm* pyre; bonfire ♦ *vi* (*fam*) to swot (*BRIT*), slave (away) ♦ *vt* to swot up (*BRIT*), slave away at; ~**ron** [byʃʀɔ̃] *nm* woodcutter
budget [bydʒɛ] *nm* budget
buée [bɥe] *nf* (*sur une vitre*) mist; (*de l'haleine*) steam
buffet [byfɛ] *nm* (*meuble*) sideboard; (*de réception*) buffet; ~ (**de gare**) (station) buffet, snack bar
buffle [byfl(ə)] *nm* buffalo
buis [bɥi] *nm* box tree; (*bois*) box(wood)
buisson [bɥisɔ̃] *nm* bush
buissonnière [bɥisɔnjɛʀ] *adj*: **faire l'école ~** to skip school
bulbe [bylb(ə)] *nm* (*BOT, ANAT*) bulb; (*coupole*) onion-shaped dome
Bulgarie [bylgaʀi] *nf* Bulgaria
bulle [byl] *nf* bubble
bulletin [byltɛ̃] *nm* (*communiqué, journal*) bulletin; (*papier*) form; (*SCOL*) report; ~ **d'informations** news bulletin; ~ **de salaire** pay-slip; ~ (**de vote**) ballot paper; ~ **météorologique** weather report
bureau, x [byʀo] *nm* (*meuble*) desk; (*pièce, service*) office; ~ **de change** (foreign) exchange office *ou* bureau; ~ **de location** box office; ~ **de poste** post office; ~ **de tabac** tobacconist's (shop); ~ **de vote** polling station; **bureaucratie** *nf* bureaucracy
burin [byʀɛ̃] *nm* cold chisel; (*ART*) burin
burlesque [byʀlɛsk(ə)] *adj* ridiculous; (*LITTÉRATURE*) burlesque
bus¹ [by] *vb voir* **boire**; **bus²** [bys] *nm* bus
busqué, e [byske] *adj* (*nez*) hook(ed)
buste [byst(ə)] *nm* (*ANAT*) chest; bust
but [by] *vb voir* **boire** ♦ *nm* (*cible*) target; (*fig*) goal; aim; (*FOOTBALL etc*) goal; **de ~ en blanc** point-blank; **avoir pour ~ de faire** to aim to do; **dans le ~ de** with the intention of
butane [bytan] *nm* butane; Calor gas (®)
buté, e [byte] *adj* stubborn, obstinate
buter [byte] *vi*: ~ **contre/sur** to bump into; to stumble against ♦ *vt* to antagonize; **se ~** *vi* to get obstinate; to dig in one's heels
butin [bytɛ̃] *nm* booty, spoils *pl*; (*d'un vol*) loot
butte [byt] *nf* mound, hillock; **être en ~ à** to be exposed to
buvais *etc vb voir* **boire**
buvard [byvaʀ] *nm* blotter
buvette [byvɛt] *nf* bar
buveur, euse [byvœʀ, -øz] *nm/f* drinker

C

c' [s] *dét voir* ce
CA *sigle m* = **chiffre d'affaires**
ça [sa] *pron* (*pour désigner*) this; (: *plus loin*) that; (*comme sujet indéfini*) it; ~ **va?** how are you?; how are things?; (*d'accord?*) OK?, all right?; ~ **alors!** well really!; ~ **fait 10 ans (que)** it's 10 years (since); **c'est** ~ that's right
çà [sa] *adv*: ~ **et là** here and there
cabane [kaban] *nf* hut, cabin
cabaret [kabaʀɛ] *nm* night club
cabas [kabɑ] *nm* shopping bag
cabillaud [kabijo] *nm* cod *inv*
cabine [kabin] *nf* (*de bateau*) cabin; (*de plage*) (beach) hut; (*de piscine etc*) cubicle; (*de camion, train*) cab; (*d'avion*) cockpit; ~ **d'essayage** fitting room; ~ **spatiale** space capsule; ~ **(téléphonique)** call *ou* (tele)phone box
cabinet [kabinɛ] *nm* (*petite pièce*) closet; (*de médecin*) surgery (*BRIT*), office (*US*); (*de notaire etc*) office; (: *clientèle*) practice; (*POL*) Cabinet; ~**s** *nmpl* (*w.-c.*) toilet *sg*; ~ **d'affaires** business consultants' (bureau), business partnership; ~ **de toilette** toilet; ~ **de travail** study
câble [kɑbl(ə)] *nm* cable
cabrer [kɑbʀe] : **se** ~ *vi* (*cheval*) to rear up; (*avion*) to nose up; (*fig*) to revolt, rebel
cabriole [kabʀijɔl] *nf* caper; somersault
cacahuète [kakaɥɛt] *nf* peanut
cacao [kakao] *nm* cocoa (powder); (*boisson*) cocoa
cache [kaʃ] *nm* mask, card (for masking) ♦ *nf* hiding place
cache-cache [kaʃkaʃ] *nm*: **jouer à** ~ to play hide-and-seek
cachemire [kaʃmiʀ] *nm* cashmere
cache-nez [kaʃne] *nm inv* scarf, muffler
cacher [kaʃe] *vt* to hide, conceal; **se** ~ *vi* to hide; to be hidden *ou* concealed; ~ **qch à qn** to hide *ou* conceal sth from sb; **il ne s'en cache pas** he makes no secret of it
cachet [kaʃɛ] *nm* (*comprimé*) tablet; (*sceau: du roi*) seal; (: *de la poste*) postmark; (*rétribution*) fee; (*fig*) style, character; **cacheter** *vt* to seal
cachette [kaʃɛt] *nf* hiding place; **en** ~ on the sly, secretly
cachot [kaʃo] *nm* dungeon
cachotterie [kaʃɔtʀi] *nf*: **faire des** ~**s** to be secretive
cactus [kaktys] *nm* cactus
cadavre [kadɑvʀ(ə)] *nm* corpse, (dead) body
caddie [kadi] *nm* (supermarket) trolley
caddy *nm* = **caddie**
cadeau, x [kado] *nm* present, gift; **faire un** ~ **à qn** to give sb a present *ou* gift; **faire** ~ **de qch à qn** to make a present of sth to sb, give sb sth as a present
cadenas [kadnɑ] *nm* padlock
cadence [kadɑ̃s] *nf* (*MUS*) cadence; (: *tempo*) rhythm; (*de travail etc*) rate; **en** ~ rhythmically; in time
cadet, te [kadɛ, -ɛt] *adj* younger; (*le plus jeune*) youngest ♦ *nm/f* youngest child *ou* one, youngest boy *ou* son/girl *ou* daughter
cadran [kadʀɑ̃] *nm* dial; ~ **solaire** sundial
cadre [kɑdʀ(ə)] *nm* frame; (*environnement*) surroundings *pl*; (*limites*) scope ♦ *nm/f* (*ADMIN*) managerial employee, executive; **dans le** ~ **de** (*fig*) within the framework *ou* context of; **rayer qn des** ~**s** to dismiss sb
cadrer [kɑdʀe] *vi*: ~ **avec** to tally *ou* correspond with ♦ *vt* to centre
caduc, uque [kadyk] *adj* obsolete; (*BOT*) deciduous
cafard [kafaʀ] *nm* cockroach; **avoir le** ~ to be down in the dumps
café [kafe] *nm* coffee; (*bistro*) café ♦ *adj inv* coffee(-coloured); ~ **au lait** white coffee; ~ **noir** black coffee; ~ **tabac** *tobacconist's or newsagent's*

serving coffee and spirits; **cafetière** *nf* (*pot*) coffee-pot
cafouillage [kafujaʒ] *nm* shambles *sg*
cage [kaʒ] *nf* cage; ~ **(des buts)** goal; ~ **d'escalier** (stair)well; ~ **thoracique** rib cage
cageot [kaʒo] *nm* crate
cagibi [kaʒibi] *nm* shed
cagneux, euse [kaɲø, -øz] *adj* knock-kneed
cagnotte [kaɲɔt] *nf* kitty
cagoule [kagul] *nf* cowl; hood; (*SKI etc*) cagoule
cahier [kaje] *nm* notebook; ~ **de brouillons** roughbook, jotter; ~ **d'exercices** exercise book
cahot [kao] *nm* jolt, bump
caïd [kaid] *nm* big chief, boss
caille [kɑj] *nf* quail
cailler [kɑje] *vi* (*lait*) to curdle; (*sang*) to clot
caillot [kajo] *nm* (blood) clot
caillou, x [kaju] *nm* (little) stone; **caillouteux, euse** *adj* stony; pebbly
Caire [kɛʀ] *nm*: **le** ~ Cairo
caisse [kɛs] *nf* box; (*où l'on met la recette*) cashbox; till; (*où l'on paye*) cash desk (*BRIT*), check-out; (*de banque*) cashier's desk; (*TECH*) case, casing; ~ **d'épargne** savings bank; ~ **de retraite** pension fund; ~ **enregistreuse** cash register; **caissier, ière** *nm/f* cashier
cajoler [kaʒɔle] *vt* to wheedle, coax; to surround with love
cake [kɛk] *nm* fruit cake
calandre [kalɑ̃dʀ(ə)] *nf* radiator grill
calanque [kalɑ̃k] *nf* rocky inlet
calcaire [kalkɛʀ] *nm* limestone ♦ *adj* (*eau*) hard; (*GEO*) limestone *cpd*
calciné, e [kalsine] *adj* burnt to ashes
calcul [kalkyl] *nm* calculation; **le** ~ (*SCOL*) arithmetic; ~ **(biliaire)** (gall)stone; ~ **(rénal)** (kidney) stone; **calculateur** *nm* calculator; **calculatrice** *nf* calculator
calculer [kalkyle] *vt* to calculate, work out; (*combiner*) to calculate
calculette [kalkylɛt] *nf* pocket calculator
cale [kal] *nf* (*de bateau*) hold; (*en bois*) wedge; ~ **sèche** dry dock
calé, e [kale] (*fam*) *adj* clever, bright
caleçon [kalsɔ̃] *nm* pair of underpants, trunks *pl*
calembour [kalɑ̃buʀ] *nm* pun
calendes [kalɑ̃d] *nfpl*: **renvoyer aux ~ grecques** to postpone indefinitely
calendrier [kalɑ̃dʀije] *nm* calendar; (*fig*) timetable
calepin [kalpɛ̃] *nm* notebook
caler [kale] *vt* to wedge; ~ **(son moteur/véhicule)** to stall (one's engine/vehicle)
calfeutrer [kalføtʀe] *vt* to (make) draughtproof; **se** ~ *vi* to make o.s. snug and comfortable
calibre [kalibʀ(ə)] *nm* (*d'un fruit*) grade; (*d'une arme*) bore, calibre; (*fig*) calibre
califourchon [kalifuʀʃɔ̃]: **à** ~ *adv* astride
câlin, e [kɑlɛ̃, -in] *adj* cuddly, cuddlesome; tender
câliner [kɑline] *vt* to fondle, cuddle
calmant [kalmɑ̃] *nm* tranquillizer, sedative; (*pour la douleur*) painkiller
calme [kalm(ə)] *adj* calm, quiet ♦ *nm* calm(ness), quietness
calmer [kalme] *vt* to calm (down); (*douleur, inquiétude*) to ease, soothe; **se** ~ *vi* to calm down
calomnie [kalɔmni] *nf* slander; (*écrite*) libel; **calomnier** *vt* to slander; to libel
calorie [kalɔʀi] *nf* calorie
calorifuge [kalɔʀifyʒ] *adj* (heat-) insulating, heat-retaining
calotte [kalɔt] *nf* (*coiffure*) skullcap; (*gifle*) slap; **calotte glaciaire** *nf* (*GEO*) icecap
calquer [kalke] *vt* to trace; (*fig*) to copy exactly
calvaire [kalvɛʀ] *nm* (*croix*) wayside cross, calvary; (*souffrances*) suffering

calvitie [kalvisi] *nf* baldness
camarade [kamaʀad] *nm/f* friend, pal; (*POL*) comrade; **camaraderie** *nf* friendship
cambouis [kɑ̃bwi] *nm* dirty oil *ou* grease
cambrer [kɑ̃bʀe] *vt* to arch
cambriolage [kɑ̃bʀijɔlaʒ] *nm* burglary; **cambrioler** [kɑ̃bʀijɔle] *vt* to burgle (*BRIT*), burglarize (*US*); **cambrioleur, euse** *nm/f* burglar
came [kam] *nf*: **arbre à ~s** camshaft
camelote [kamlɔt] *nf* rubbish, trash, junk
caméra [kameʀa] *nf* (*CINÉMA, TV*) camera; (*d'amateur*) cine-camera
caméscope *nm* camcorder
camion [kamjɔ̃] *nm* lorry (*BRIT*), truck; (*plus petit, fermé*) van; **~ de dépannage** breakdown (*BRIT*) *ou* tow (*US*) truck; **camion-citerne** *nm* tanker; **camionnette** *nf* (small) van; **camionneur** *nm* (*entrepreneur*) haulage contractor (*BRIT*), trucker (*US*); (*chauffeur*) lorry (*BRIT*) *ou* truck driver; van driver
camisole [kamizɔl] *nf*: **~ (de force)** straitjacket
camomille [kamɔmij] *nf* camomile; (*boisson*) camomile tea
camoufler [kamufle] *vt* to camouflage; (*fig*) to conceal, cover up
camp [kɑ̃] *nm* camp; (*fig*) side
campagnard, e [kɑ̃paɲaʀ, -aʀd(ə)] *adj* country *cpd*
campagne [kɑ̃paɲ] *nf* country, countryside; (*MIL, POL, COMM*) campaign; **à la ~** in the country
camper [kɑ̃pe] *vi* to camp ♦ *vt* to sketch; **se ~ devant** to plant o.s. in front of; **campeur, euse** *nm/f* camper
camphre [kɑ̃fʀ(ə)] *nm* camphor
camping [kɑ̃piŋ] *nm* camping; **(terrain de) ~** campsite, camping site; **faire du ~** to go camping
Canada [kanada] *nm*: **le ~** Canada; **canadien, ne** *adj, nm/f* Canadian; **canadienne** *nf* (*veste*) fur-lined jacket
canaille [kanɑj] (*péj*) *nf* scoundrel
canal, aux [kanal, -o] *nm* canal; (*naturel*) channel; **canalisation** [kanalizɑsjɔ̃] *nf* (*tuyau*) pipe; **canaliser** [kanalize] *vt* to canalize; (*fig*) to channel
canapé [kanape] *nm* settee, sofa
canard [kanaʀ] *nm* duck
canari [kanaʀi] *nm* canary
cancans [kɑ̃kɑ̃] *nmpl* (malicious) gossip *sg*
cancer [kɑ̃sɛʀ] *nm* cancer; (*signe*): **le C~** Cancer; **~ de la peau** skin cancer
cancre [kɑ̃kʀ(ə)] *nm* dunce
candeur [kɑ̃dœʀ] *nf* ingenuousness, guilelessness
candidat, e [kɑ̃dida, -at] *nm/f* candidate; (*à un poste*) applicant, candidate; **candidature** *nf* candidature; application; **poser sa candidature** to submit an application, apply
candide [kɑ̃did] *adj* ingenuous, guileless
cane [kan] *nf* (female) duck
caneton [kantɔ̃] *nm* duckling
canette [kanɛt] *nf* (*de bière*) (flip-top) bottle
canevas [kanva] *nm* (*COUTURE*) canvas
caniche [kaniʃ] *nm* poodle
canicule [kanikyl] *nf* scorching heat
canif [kanif] *nm* penknife, pocket knife
canine [kanin] *nf* canine (tooth)
caniveau, x [kanivo] *nm* gutter
canne [kan] *nf* (walking) stick; **~ à pêche** fishing rod; **~ à sucre** sugar cane
cannelle [kanɛl] *nf* cinnamon
canoë [kanɔe] *nm* canoe; (*sport*) canoeing
canon [kanɔ̃] *nm* (*arme*) gun; (*HISTOIRE*) cannon; (*d'une arme*: *tube*) barrel; (*fig*) model; (*MUS*) canon; **~ rayé** rifled barrel
canot [kano] *nm* ding(h)y; **~ de sauvetage** lifeboat; **~ pneumatique** inflatable ding(h)y; **~age** *nm* row-

ing; **~ier** [kanɔtje] *nm* boater
cantatrice [kɑ̃tatʀis] *nf* (opera) singer
cantine [kɑ̃tin] *nf* canteen
cantique [kɑ̃tik] *nm* hymn
canton [kɑ̃tɔ̃] *nm district consisting of several communes*; (*en Suisse*) canton
cantonade [kɑ̃tɔnad] : **à la ~** *adv* to everyone in general; from the rooftops
cantonner [kɑ̃tɔne] *vt* (*MIL*) to quarter, station; **se ~ dans** to confine o.s. to
cantonnier [kɑ̃tɔnje] *nm* roadmender
canular [kanylaʀ] *nm* hoax
caoutchouc [kautʃu] *nm* rubber; **~ mousse** foam rubber
cap [kap] *nm* (*GÉO*) cape; headland; (*fig*) hurdle; watershed; (*NAVIG*): **changer de ~** to change course; **mettre le ~ sur** to head *ou* steer for
C.A.P. *sigle m* (= *Certificat d'aptitude professionnelle*) *vocational training certificate taken at secondary school*
capable [kapabl(ə)] *adj* able, capable; **~ de qch/faire** capable of sth/doing
capacité [kapasite] *nf* (*compétence*) ability; (*JUR, contenance*) capacity; **~ (en droit)** *basic legal qualification*
cape [kap] *nf* cape, cloak; **rire sous ~** to laugh up one's sleeve
C.A.P.E.S. [kapɛs] *sigle m* (= *Certificat d'aptitude pédagogique à l'enseignement secondaire*) *teaching diploma*
capillaire [kapilɛʀ] *adj* (*soins, lotion*) hair *cpd*; (*vaisseau etc*) capillary
capitaine [kapitɛn] *nm* captain
capital, e, aux [kapital, -o] *adj* major; of paramount importance; fundamental ♦ *nm* capital; (*fig*) stock; asset; *voir aussi* **capitaux**; **~ (social)** authorized capital; **~e** *nf* (*ville*) capital; (*lettre*) capital (letter); **~iser** *vt* to amass, build up; **~isme** *nm* capitalism; **~iste** *adj, nm/f* capitalist;
capitaux [kapito] *nmpl* (*fonds*) capital *sg*
capitonné, e [kapitɔne] *adj* padded
caporal, aux [kapɔʀal, -o] *nm* lance corporal
capot [kapo] *nm* (*AUTO*) bonnet (*BRIT*), hood (*US*)
capote [kapɔt] *nf* (*de voiture*) hood (*BRIT*), top (*US*); (*fam*) condom
capoter [kapɔte] *vi* to overturn
câpre [kɑpʀ(ə)] *nf* caper
caprice [kapʀis] *nm* whim, caprice; passing fancy; **capricieux, euse** *adj* capricious; whimsical; temperamental
Capricorne [kapʀikɔʀn] *nm*: **le ~** Capricorn
capsule [kapsyl] *nf* (*de bouteille*) cap; (*BOT etc, spatiale*) capsule
capter [kapte] *vt* (*ondes radio*) to pick up; (*eau*) to harness; (*fig*) to win, capture
captivant, e *adj* captivating; fascinating
captivité [kaptivite] *nf* captivity
capturer [kaptyʀe] *vt* to capture
capuche [kapyʃ] *nf* hood
capuchon [kapyʃɔ̃] *nm* hood; (*de stylo*) cap, top
capucine [kapysin] *nf* (*BOT*) nasturtium
caquet [kakɛ] *nm*: **rabattre le ~ à qn** to bring sb down a peg or two
caqueter [kakte] *vi* to cackle
car [kaʀ] *nm* coach ♦ *conj* because, for
carabine [kaʀabin] *nf* carbine, rifle
caractère [kaʀaktɛʀ] *nm* (*gén*) character; **avoir bon/mauvais ~** to be good-/ill-natured; **en ~s gras** in bold type; **en petits ~s** in small print; **~s d'imprimerie** (block) capitals; **caractériel, le** *adj* (of) character ♦ *nm/f* emotionally disturbed child
caractérisé, e [kaʀakteʀize] *adj*: **c'est une grippe ~e** it is a clear (-cut) case of flu
caractéristique [kaʀakteʀistik] *adj, nf* characteristic
carafe [kaʀaf] *nf* decanter; carafe

caraïbe [kaʀaib] *adj* Caribbean ♦ *n*: les C~s the Caribbean (Islands); **la mer des C~s** the Caribbean Sea
carambolage [kaʀɑ̃bɔlaʒ] *nm* multiple crash, pileup
caramel [kaʀamɛl] *nm* (*bonbon*) caramel, toffee; (*substance*) caramel
carapace [kaʀapas] *nf* shell
caravane [kaʀavan] *nf* caravan; **caravaning** *nm* caravanning; (*emplacement*) caravan site
carbone [kaʀbɔn] *nm* carbon; (*feuille*) carbon, sheet of carbon paper; (*double*) carbon (copy); **carbonique** [kaʀbɔnik] *adj*: **neige carbonique** dry ice; **carbonisé, e** [kaʀbɔnize] *adj* charred
carburant [kaʀbyʀɑ̃] *nm* (motor) fuel
carburateur [kaʀbyʀatœʀ] *nm* carburettor
carcan [kaʀkɑ̃] *nm* (*fig*) yoke, shackles *pl*
carcasse [kaʀkas] *nf* carcass; (*de véhicule etc*) shell
cardiaque [kaʀdjak] *adj* cardiac, heart *cpd* ♦ *nm/f* heart patient
cardigan [kaʀdigɑ̃] *nm* cardigan
cardiologue [kaʀdjɔlɔg] *nm/f* cardiologist, heart specialist
carême [kaʀɛm] *nm*: **le C~** Lent
carence [kaʀɑ̃s] *nf* incompetence, inadequacy; (*manque*) deficiency
caresse [kaʀɛs] *nf* caress
caresser [kaʀese] *vt* to caress, fondle; (*fig*: *projet*) to toy with
cargaison [kaʀgɛzɔ̃] *nf* cargo, freight
cargo [kaʀgo] *nm* cargo boat, freighter
carie [kaʀi] *nf*: **la ~ (dentaire)** tooth decay; **une ~** a bad tooth
carillon [kaʀijɔ̃] *nm* (*d'église*) bells *pl*; (*de pendule*) chimes *pl*; (*de porte*) door chime *ou* bell
carlingue [kaʀlɛ̃g] *nf* cabin
carnassier, ière [kaʀnasje, -jɛʀ] *adj* carnivorous
carnaval [kaʀnaval] *nm* carnival
carnet [kaʀnɛ] *nm* (*calepin*) notebook; (*de tickets, timbres etc*) book; (*d'école*) school report; (*journal intime*) diary; **~ de chèques** cheque book
carotte [kaʀɔt] *nf* carrot
carpette [kaʀpɛt] *nf* rug
carré, e [kaʀe] *adj* square; (*fig*: *franc*) straightforward ♦ *nm* (*de terrain, jardin*) patch, plot; (*MATH*) square; **mètre/kilomètre ~** square metre/kilometre
carreau, x [kaʀo] *nm* (*en faïence etc*) (floor) tile; (wall) tile; (*de fenêtre*) (window) pane; (*motif*) check, square; (*CARTES: couleur*) diamonds *pl*; (: *carte*) diamond; **tissu à ~x** checked fabric
carrefour [kaʀfuʀ] *nm* crossroads *sg*
carrelage [kaʀlaʒ] *nm* tiling; (tiled) floor
carrelet [kaʀlɛ] *nm* (*poisson*) plaice
carrément [kaʀemɑ̃] *adv* straight out, bluntly; completely, altogether
carrière [kaʀjɛʀ] *nf* (*de roches*) quarry; (*métier*) career; **militaire de ~** professional soldier
carriole [kaʀjɔl] (*péj*) *nf* old cart
carrossable [kaʀɔsabl(ə)] *adj* suitable for (motor) vehicles
carrosse [kaʀɔs] *nm* (horse-drawn) coach
carrosserie [kaʀɔsʀi] *nf* body, coachwork *no pl*; (*activité, commerce*) coachbuilding
carrure [kaʀyʀ] *nf* build; (*fig*) stature, calibre
cartable [kaʀtabl(ə)] *nm* (*d'écolier*) satchel, (school)bag
carte [kaʀt(ə)] *nf* (*de géographie*) map; (*marine, du ciel*) chart; (*de fichier, d'abonnement etc, à jouer*) card; (*au restaurant*) menu; (*aussi*: *~ postale*) (post)card; (: *~ de visite*) (visiting) card; **à la ~** (*au restaurant*) à la carte; **~ bancaire** cash card; **~ de crédit** credit card; **~ d'identité** identity card; **~ de séjour** residence permit; **~ grise** (*AUTO*) ≈ (car) registration book, logbook; **~ routière** road map; **~**

téléphonique phonecard
carter [kaʀtɛʀ] *nm* sump
carton [kaʀtɔ̃] *nm* (*matériau*) cardboard; (*boîte*) (cardboard) box; (*d'invitation*) invitation card; **faire un ~** (*au tir*) to have a go at the rifle range; to score a hit; **~ (à dessin)** portfolio; **cartonné, e** *adj* (*livre*) hardback, cased; **carton-pâte** *nm* pasteboard
cartouche [kaʀtuʃ] *nf* cartridge; (*de cigarettes*) carton
cas [kɑ] *nm* case; **faire peu de ~/grand ~ de** to attach little/great importance to; **en aucun ~** on no account; **au ~ où** in case; **en ~ de** in case of, in the event of; **en ~ de besoin** if need be; **en tout ~** in any case, at any rate; **~ de conscience** matter of conscience
casanier, ière [kazanje, -jɛʀ] *adj* stay-at-home
cascade [kaskad] *nf* waterfall, cascade; (*fig*) stream, torrent
cascadeur, euse [kaskadœʀ, -øz] *nm/f* stuntman(girl)
case [kɑz] *nf* (*hutte*) hut; (*compartiment*) compartment; (*pour le courrier*) pigeonhole; (*sur un formulaire, de mots croisés etc*) box
caser [kɑze] *vt* (*trouver de la place pour*) to put (away); to put up; (*fig*) to find a job for; to marry off
caserne [kazɛʀn(ə)] *nf* barracks *pl*
cash [kaʃ] *adv*: **payer ~** to pay cash down
casier [kɑzje] *nm* (*à journaux etc*) rack; (*de bureau*) filing cabinet; (: *à cases*) set of pigeonholes; (*case*) compartment; pigeonhole; (: *à clef*) locker; **~ judiciaire** police record
casino [kazino] *nm* casino
casque [kask(ə)] *nm* helmet; (*chez le coiffeur*) (hair-)drier; (*pour audition*) (head-)phones *pl*, headset
casquette [kaskɛt] *nf* cap
cassant, e [kɑsɑ̃, -ɑ̃t] *adj* brittle; (*fig*) brusque, abrupt
cassation [kɑsɑsjɔ̃] *nf*: **cour de ~** final court of appeal
casse [kɑs] *nf* (*pour voitures*): **mettre à la ~** to scrap; (*dégâts*): **il y a eu de la ~** there were a lot of breakages; **~-cou** *adj inv* daredevil, reckless; **~-croûte** *nm inv* snack; **~-noisette(s)** *nm inv* nutcrackers *pl*; **~-noix** *nm inv* nutcrackers *pl*; **~-pieds** (*fam*) *adj inv*: **il est ~-pieds** he's a pain in the neck
casser [kɑse] *vt* to break; (*ADMIN*: *gradé*) to demote; (*JUR*) to quash; **se ~** *vi* to break
casserole [kasʀɔl] *nf* saucepan
casse-tête [kɑstɛt] *nm inv* (*jeu*) brain teaser; (*difficultés*) headache (*fig*)
cassette [kasɛt] *nf* (*bande magnétique*) cassette; (*coffret*) casket
casseur [kɑsœʀ] *nm* hooligan
cassis [kasis] *nm* blackcurrant
cassoulet [kasulɛ] *nm* *bean and sausage hot-pot*
cassure [kɑsyʀ] *nf* break, crack
castor [kastɔʀ] *nm* beaver
castrer [kastʀe] *vt* (*mâle*) to castrate; (: *cheval*) to geld; (*femelle*) to spay
catalogue [katalɔg] *nm* catalogue
cataloguer [katalɔge] *vt* to catalogue, to list; (*péj*) to put a label on
catalysateur *nm* catalytic convertor
catalyseur [katalizœʀ] *nm* catalyst
cataplasme [kataplasm(ə)] *nm* poultice
cataracte [kataʀakt(ə)] *nf* cataract
catastrophe [katastʀɔf] *nf* catastrophe, disaster; **catastrophé, e** [katastʀɔfe] (*fam*) *adj* deeply saddened
catch [katʃ] *nm* (all-in) wrestling; **catcheur, euse** *nm/f* (all-in) wrestler
catéchisme [kateʃism(ə)] *nm* catechism
catégorie [kategɔʀi] *nf* category
catégorique [kategɔʀik] *adj* categorical
cathédrale [katedʀal] *nf* cathedral
catholique [katɔlik] *adj, nm/f* (Roman) Catholic; **pas très ~** a bit shady *ou* fishy
catimini [katimini] : **en ~** *adv* on

the sly

cauchemar [kɔʃmaʀ] *nm* nightmare

cause [koz] *nf* cause; (*JUR*) lawsuit, case; **à ~ de** because of, owing to; **pour ~ de** on account of; owing to; **(et) pour ~** and for (a very) good reason; **être en ~** to be at stake; to be involved; to be in question; **mettre en ~** to implicate; to call into question; **remettre en ~** to challenge; **~r** [koze] *vt* to cause ♦ *vi* to chat, talk; **~rie** [kozʀi] *nf* talk

caution [kosjɔ̃] *nf* guarantee, security; deposit; (*JUR*) bail (bond); (*fig*) backing, support; **payer la ~ de qn** to stand bail for sb; **libéré sous ~** released on bail; **~ner** [kosjɔne] *vt* to guarantee; (*soutenir*) to support

cavalcade [kavalkad] *nf* (*fig*) stampede

cavalier, ière [kavalje, -jɛʀ] *adj* (*désinvolte*) offhand ♦ *nm/f* rider; (*au bal*) partner ♦ *nm* (*ÉCHECS*) knight; **faire ~ seul** to go it alone

cave [kav] *nf* cellar ♦ *adj*: **yeux ~s** sunken eyes

caveau, x [kavo] *nm* vault

caverne [kavɛʀn(ə)] *nf* cave

C.C.P. *sigle m* = **compte chèques postaux**

CD *sigle m* (= *compact disc*) CD

CD-ROM *sigle m* CD-ROM

CE *n abr* (= *Communauté Européenne*) EC

MOT-CLÉ

ce, cette [sə, sɛt] (*devant nm* **cet** + *voyelle ou h aspiré; pl* **ces**) *dét* (*proximité*) this; these *pl*; (*non-proximité*) that; those *pl*; **cette maison(-ci/là)** this/that house; **cette nuit** (*qui vient*) tonight; (*passée*) last night

♦ *pron* **1**: **c'est** it's *ou* it is; **c'est un peintre** he's *ou* he is a painter; **ce sont des peintres** they're *ou* they are painters; **c'est le facteur** *etc* (*à la porte*) it's the postman; **qui est-ce?** who is it?; (*en désignant*) who is he/she?; **qu'est-ce?** what is it?

2: **~ qui, ~ que** what; (*chose qui*): **il est bête, ~ qui me chagrine** he's stupid, which saddens me; **tout ~ qui bouge** everything that *ou* which moves; **tout ~ que je sais** all I know; **~ dont j'ai parlé** what I talked about; **~ que c'est grand!** it's so big!; *voir aussi* **-ci; est-ce que; n'est-ce pas; c'est-à-dire**

ceci [səsi] *pron* this

cécité [sesite] *nf* blindness

céder [sede] *vt* to give up ♦ *vi* (*pont, barrage*) to give way; (*personne*) to give in; **~ à** to yield to, give in to

CEDEX [sedɛks] *sigle m* (= *courrier d'entreprise à distribution exceptionnelle*) *postal service for bulk users*

cédille [sedij] *nf* cedilla

cèdre [sɛdʀ(ə)] *nm* cedar

CEI *abr m* (= *Communauté des États Indépendants*) CIS

ceinture [sɛ̃tyʀ] *nf* belt; (*taille*) waist; (*fig*) ring; belt; circle; **~ de sécurité** safety *ou* seat belt; **~r** *vt* (*saisir*) to grasp (round the waist)

cela [səla] *pron* that; (*comme sujet indéfini*) it; **quand/où ~?** when/where (was that)?

célèbre [selɛbʀ(ə)] *adj* famous

célébrer [selebʀe] *vt* to celebrate; (*louer*) to extol

céleri [sɛlʀi] *nm*: **~(-rave)** celeriac; **~ (en branche)** celery

célérité [seleʀite] *nf* speed, swiftness

célibat [seliba] *nm* celibacy; bachelorhood; spinsterhood; **célibataire** [selibatɛʀ] *adj* single, unmarried

celle(s) [sɛl] *pron voir* **celui**

cellier [selje] *nm* storeroom

cellulaire [selylɛʀ] *adj*: **voiture** *ou* **fourgon ~** prison *ou* police van

cellule [selyl] *nf* (*gén*) cell

cellulite [selylit] *nf* excess fat, cellulite

MOT-CLÉ

celui, celle [səlɥi, sɛl] (*mpl* **ceux**, *fpl* **celles**) *pron* **1**: **~-ci/là, celle-ci/là** this one/that one; **ceux-ci,**

celles-ci these (ones); **ceux-là, celles-là** those (ones); ~ **de mon frère** my brother's; ~ **du salon/du dessous** the one in (*ou* from) the lounge/below
2: ~ **qui bouge** the one which *ou* that moves; (*personne*) the one who moves; ~ **que je vois** the one (which *ou* that) I see; the one (whom) I see; ~ **dont je parle** the one I'm talking about
3 (*valeur indéfinie*): ~ **qui veut** whoever wants

cendre [sɑ̃dʀ(ə)] *nf* ash; ~**s** *nfpl* (*d'un foyer*) ash(es), cinders; (*volcaniques*) ash *sg*; (*d'un défunt*) ashes; **sous la** ~ (*CULIN*) in (the) embers; **cendrier** *nm* ashtray
cène [sɛn] *nf*: **la** ~ (Holy) Communion
censé, e [sɑ̃se] *adj*: **être** ~ **faire** to be supposed to do
censeur [sɑ̃sœʀ] *nm* (*SCOL*) deputy-head (*BRIT*), vice-principal (*US*); (*CINÉMA, POL*) censor
censure [sɑ̃syʀ] *nf* censorship; ~**r** [sɑ̃syʀe] *vt* (*CINÉMA, PRESSE*) to censor; (*POL*) to censure
cent [sɑ̃] *num* a hundred, one hundred; **centaine** *nf*: **une centaine (de)** about a hundred, a hundred or so; **plusieurs centaines (de)** several hundred; **des centaines (de)** hundreds (of); **centenaire** *adj* hundred-year-old ♦ *nm* (*anniversaire*) centenary; **centième** *num* hundredth; **centigrade** *nm* centigrade; **centilitre** *nm* centilitre; **centime** *nm* centime; **centimètre** *nm* centimetre; (*ruban*) tape measure, measuring tape
central, e, aux [sɑ̃tʀal, -o] *adj* central ♦ *nm*: ~ **(téléphonique)** (telephone) exchange; **centrale** *nf* power station
centre [sɑ̃tʀ(ə)] *nm* centre; ~ **commercial** shopping centre; ~ **d'apprentissage** training college; **centre-ville** *nm* town centre, downtown (area) (*US*)
centuple [sɑ̃typl(ə)] *nm*: **le** ~ **de qch** a hundred times sth; **au** ~ a hundredfold
cep [sɛp] *nm* (vine) stock
cèpe [sɛp] *nm* (edible) boletus
cependant [səpɑ̃dɑ̃] *adv* however
céramique [seʀamik] *nf* ceramics *sg*
cercle [sɛʀkl(ə)] *nm* circle; (*objet*) band, hoop; ~ **vicieux** vicious circle
cercueil [sɛʀkœj] *nm* coffin
céréale [seʀeal] *nf* cereal
cérémonie [seʀemɔni] *nf* ceremony; ~**s** *nfpl* (*péj*) fuss *sg*, to-do *sg*
cerf [sɛʀ] *nm* stag
cerfeuil [sɛʀfœj] *nm* chervil
cerf-volant [sɛʀvɔlɑ̃] *nm* kite
cerise [səʀiz] *nf* cherry; **cerisier** *nm* cherry (tree)
cerné, e [sɛʀne] *adj*: **les yeux** ~**s** with dark rings *ou* shadows under the eyes
cerner [sɛʀne] *vt* (*MIL etc*) to surround; (*fig*: *problème*) to delimit, define
certain, e [sɛʀtɛ̃, -ɛn] *adj* certain ♦ *dét* certain; **d'un** ~ **âge** past one's prime, not so young; **un** ~ **temps** (quite) some time; ~**s** some; **certainement** *adv* (*probablement*) most probably *ou* likely; (*bien sûr*) certainly, of course
certes [sɛʀt(ə)] *adv* admittedly; of course; indeed (yes)
certificat [sɛʀtifika] *nm* certificate
certitude [sɛʀtityd] *nf* certainty
cerveau, x [sɛʀvo] *nm* brain
cervelas [sɛʀvəla] *nm* saveloy
cervelle [sɛʀvɛl] *nf* (*ANAT*) brain
ces [se] *dét voir* **ce**
C.E.S. *sigle m* (= *Collège d'enseignement secondaire*) ≈ (junior) secondary school (*BRIT*)
cesse [sɛs]: **sans** ~ *adv* continually, constantly; continuously; **il n'avait de** ~ **que** he would not rest until
cesser [sese] *vt* to stop ♦ *vi* to stop, cease; ~ **de faire** to stop doing
cessez-le-feu *nm inv* ceasefire
c'est-à-dire [sɛtadiʀ] *adv* that is (to

say)

cet, cette [sɛt] *dét voir* ce

ceux [sø] *pron* **celui**

CFC *abr* (= chlorofluorocarbon) *npl* CFC

C.F.D.T. *sigle f* = **Confédération française démocratique du travail**

C.G.T. *sigle f* = **Confédération générale du travail**

chacun, e [ʃakœ̃, -yn] *pron* each; (*indéfini*) everyone, everybody

chagrin [ʃagʀɛ̃] *nm* grief, sorrow; **chagriner** *vt* to grieve; to bother

chahut [ʃay] *nm* uproar; **chahuter** *vt* to rag, bait ♦ *vi* to make an uproar

chaîne [ʃɛn] *nf* chain; (*RADIO, TV: stations*) channel; **travail à la ~** production line work; **~ (de montage *ou* de fabrication)** production *ou* assembly line; **~ (de montagnes)** (mountain) range; **~ (haute-fidélité *ou* hi-fi)** hi-fi system; **~ (stéréo)** stereo (system)

chair [ʃɛʀ] *nf* flesh ♦ *adj*: **(couleur) ~** flesh-coloured; **avoir la ~ de poule** to have goosepimples *ou* gooseflesh; **bien en ~** plump, well-padded; **en ~ et en os** in the flesh

chaire [ʃɛʀ] *nf* (*d'église*) pulpit; (*d'université*) chair

chaise [ʃɛz] *nf* chair; **~ longue** deckchair

châle [ʃɑl] *nm* shawl

chaleur [ʃalœʀ] *nf* heat; (*fig*) warmth; fire, fervour; heat

chaleureux, euse [ʃalœʀø, -øz] *adj* warm

chaloupe [ʃalup] *nf* launch; (*de sauvetage*) lifeboat

chalumeau, x [ʃalymo] *nm* blowlamp, blowtorch

chalutier [ʃalytje] *nm* trawler

chamailler [ʃamɑje]: **se ~** *vi* to squabble, bicker

chambouler [ʃɑ̃bule] *vt* to disrupt, turn upside down

chambre [ʃɑ̃bʀ(ə)] *nf* bedroom; (*TECH*) chamber; (*POL*) chamber, house; (*JUR*) court; (*COMM*) chamber; federation; **faire ~ à part** to sleep in separate rooms; **~ à air** (*de pneu*) (inner) tube; **~ à coucher** bedroom; **~ à un lit/deux lits** (*à l'hôtel*) single-/twin-bedded room; **~ d'amis** spare *ou* guest room; **~ noire** (*PHOTO*) dark room

chambrer [ʃɑ̃bʀe] *vt* (*vin*) to bring to room temperature

chameau, x [ʃamo] *nm* camel

champ [ʃɑ̃] *nm* field; **prendre du ~** to draw back; **~ de bataille** battlefield; **~ de courses** racecourse; **~ de tir** rifle range

champagne [ʃɑ̃paɲ] *nm* champagne

champêtre [ʃɑ̃pɛtʀ(ə)] *adj* country *cpd*, rural

champignon [ʃɑ̃piɲɔ̃] *nm* mushroom; (*terme générique*) fungus; **~ de Paris** button mushroom

champion, ne [ʃɑ̃pjɔ̃, -jɔn] *adj, nm/f* champion; **championnat** *nm* championship

chance [ʃɑ̃s] *nf*: **la ~** luck; **~s** *nfpl* (*probabilités*) chances; **une ~** a stroke *ou* piece of luck *ou* good fortune; (*occasion*) a lucky break; **avoir de la ~** to be lucky

chanceler [ʃɑ̃sle] *vi* to totter

chancelier [ʃɑ̃səlje] *nm* (*allemand*) chancellor

chanceux, euse [ʃɑ̃sø, -øz] *adj* lucky

chandail [ʃɑ̃daj] *nm* (thick) sweater

chandelier [ʃɑ̃dəlje] *nm* candlestick

chandelle [ʃɑ̃dɛl] *nf* (tallow) candle; **dîner aux ~s** candlelight dinner

change [ʃɑ̃ʒ] *nm* (*COMM*) exchange

changement [ʃɑ̃ʒmɑ̃] *nm* change; **~ de vitesses** gears *pl*; gear change

changer [ʃɑ̃ʒe] *vt* (*modifier*) to change, alter; (*remplacer, COMM, rhabiller*) to change ♦ *vi* to change, alter; **se ~** *vi* to change (o.s.); **~ de** (*remplacer: adresse, nom, voiture etc*) to change one's; (*échanger, alterner: côté, place, train etc*) to change *+npl*; **~ de couleur/direction** to change colour/direction; **~ d'idée** to change one's mind; **~ de vitesse** to change gear

chanson [ʃɑ̃sɔ̃] *nf* song
chant [ʃɑ̃] *nm* song; (*art vocal*) singing; (*d'église*) hymn; **~age** [ʃɑ̃taʒ] *nm* blackmail; **faire du ~** to use blackmail; **~er** [ʃɑ̃te] *vt, vi* to sing; **si cela lui chante** (*fam*) if he feels like it; **~eur, euse** [ʃɑ̃tœʀ, -øz] *nm/f* singer
chantier [ʃɑ̃tje] *nm* (building) site; (*sur une route*) roadworks *pl*; **mettre en ~** to put in hand; **~ naval** shipyard
chantilly [ʃɑ̃tiji] *nf voir* **crème**
chantonner [ʃɑ̃tɔne] *vi, vt* to sing to oneself, hum
chanvre [ʃɑ̃vʀ(ə)] *nm* hemp
chaparder [ʃapaʀde] *vt* to pinch
chapeau, x [ʃapo] *nm* hat; **~ mou** trilby
chapelet [ʃaplɛ] *nm* (*REL*) rosary
chapelle [ʃapɛl] *nf* chapel; **~ ardente** chapel of rest
chapelure [ʃaplyʀ] *nf* (dried) breadcrumbs *pl*
chapiteau, x [ʃapito] *nm* (*de cirque*) marquee, big top
chapitre [ʃapitʀ(ə)] *nm* chapter; (*fig*) subject, matter
chaque [ʃak] *dét* each, every; (*indéfini*) every
char [ʃaʀ] *nm* (*à foin etc*) cart, waggon; (*de carnaval*) float; **~ (d'assaut)** tank
charabia [ʃaʀabja] (*péj*) *nm* gibberish
charade [ʃaʀad] *nf* riddle; (*mimée*) charade
charbon [ʃaʀbɔ̃] *nm* coal; **~ de bois** charcoal
charcuterie [ʃaʀkytʀi] *nf* (*magasin*) pork butcher's shop and delicatessen; (*produits*) cooked pork meats *pl*; **charcutier, ière** *nm/f* pork butcher
chardon [ʃaʀdɔ̃] *nm* thistle
charge [ʃaʀʒ(ə)] *nf* (*fardeau*) load, burden; (*explosif, ELEC, MIL, JUR*) charge; (*rôle, mission*) responsibility; **~s** *nfpl* (*du loyer*) service charges; **à la ~ de** (*dépendant de*) dependent upon; (*aux frais de*) chargeable to; **j'accepte, à ~ de revanche** I accept, provided I can do the same for you one day; **prendre en ~** to take charge of; (*suj: véhicule*) to take on; (*dépenses*) to take care of; **~s sociales** social security contributions; **~ment** [ʃaʀʒəmɑ̃] *nm* (*objets*) load
charger [ʃaʀʒe] *vt* (*voiture, fusil, caméra*) to load; (*batterie*) to charge ♦ *vi* (*MIL etc*) to charge; **se ~ de** *vt* to see to; **~ qn de (faire) qch** to put sb in charge of (doing) sth
chariot [ʃaʀjo] *nm* trolley; (*charrette*) waggon; (*de machine à écrire*) carriage
charité [ʃaʀite] *nf* charity; **faire la ~ à** to give (something) to
charmant, e [ʃaʀmɑ̃, -ɑ̃t] *adj* charming
charme [ʃaʀm(ə)] *nm* charm; **charmer** *vt* to charm
charnel, le [ʃaʀnɛl] *adj* carnal
charnière [ʃaʀnjɛʀ] *nf* hinge; (*fig*) turning-point
charnu, e [ʃaʀny] *adj* fleshy
charpente [ʃaʀpɑ̃t] *nf* frame(work); **charpentier** *nm* carpenter
charpie [ʃaʀpi] *nf*: **en ~** (*fig*) in shreds *ou* ribbons
charrette [ʃaʀɛt] *nf* cart
charrier [ʃaʀje] *vt* to carry (along); to cart, carry
charrue [ʃaʀy] *nf* plough (*BRIT*), plow (*US*)
chasse [ʃas] *nf* hunting; (*au fusil*) shooting; (*poursuite*) chase; (*aussi*: **~ d'eau**) flush; **la ~ est ouverte** the hunting season is open; **~ gardée** private hunting grounds *pl*; **prendre en ~** to give chase to; **tirer la ~ (d'eau)** to flush the toilet, pull the chain; **~ à courre** hunting
chassé-croisé [ʃasekʀwaze] *nm* (*fig*) *mix-up where people miss each other in turn*
chasse-neige [ʃasnɛʒ] *nm inv* snowplough (*BRIT*), snowplow (*US*)
chasser [ʃase] *vt* to hunt; (*expulser*) to chase away *ou* out, **drive away** *ou*

out; **chasseur, euse** *nm/f* hunter ♦ *nm* (*avion*) fighter; **chasseur de têtes** *nm* (*fig*) headhunter

châssis [ʃɑsi] *nm* (*AUTO*) chassis; (*cadre*) frame; (*de jardin*) cold frame

chat [ʃa] *nm* cat

châtaigne [ʃɑtɛɲ] *nf* chestnut; **châtaignier** *nm* chestnut (tree)

châtain [ʃɑtɛ̃] *adj inv* chestnut (brown); chestnut-haired

château, x [ʃɑto] *nm* castle; ~ **d'eau** water tower; ~ **fort** stronghold, fortified castle

châtier [ʃɑtje] *vt* to punish; (*fig: style*) to polish; **châtiment** *nm* punishment

chaton [ʃatɔ̃] *nm* (*ZOOL*) kitten

chatouiller [ʃatuje] *vt* to tickle; (*l'odorat, le palais*) to titillate; **chatouilleux, euse** *adj* ticklish; (*fig*) touchy, over-sensitive

chatoyer [ʃatwaje] *vi* to shimmer

châtrer [ʃɑtʀe] *vt* (*mâle*) to castrate; (: *cheval*) to geld; (*femelle*) to spay

chatte [ʃat] *nf* (she-)cat

chaud, e [ʃo, -od] *adj* (*gén*) warm; (*très chaud*) hot; (*fig*) hearty; heated; **il fait** ~ it's warm; it's hot; **avoir** ~ to be warm; to be hot; **ça me tient** ~ it keeps me warm; **rester au** ~ to stay in the warm

chaudière [ʃodjɛʀ] *nf* boiler

chaudron [ʃodʀɔ̃] *nm* cauldron

chauffage [ʃofaʒ] *nm* heating; ~ **central** central heating

chauffard [ʃofaʀ] *nm* (*péj*) reckless driver; hit-and-run driver

chauffe-eau [ʃofo] *nm inv* water-heater

chauffer [ʃofe] *vt* to heat ♦ *vi* to heat up, warm up; (*trop* ~: *moteur*) to overheat; **se** ~ *vi* (*se mettre en train*) to warm up; (*au soleil*) to warm o.s.

chauffeur [ʃofœʀ] *nm* driver; (*privé*) chauffeur

chaume [ʃom] *nm* (*du toit*) thatch

chaumière [ʃomjɛʀ] *nf* (thatched) cottage

chaussée [ʃose] *nf* road(way)

chausse-pied [ʃospje] *nm* shoe-horn

chausser [ʃose] *vt* (*bottes, skis*) to put on; (*enfant*) to put shoes on; ~ **du 38/42** to take size 38/42

chaussette [ʃosɛt] *nf* sock

chausson [ʃosɔ̃] *nm* slipper; (*de bébé*) bootee; ~ **(aux pommes)** (apple) turnover

chaussure [ʃosyʀ] *nf* shoe; ~**s basses** flat shoes; ~**s de ski** ski boots

chauve [ʃov] *adj* bald

chauve-souris [ʃovsuʀi] *nf* bat

chauvin, e [ʃovɛ̃, -in] *adj* chauvinistic

chaux [ʃo] *nf* lime; **blanchi à la** ~ whitewashed

chavirer [ʃaviʀe] *vi* to capsize

chef [ʃɛf] *nm* head, leader; (*de cuisine*) chef; **en** ~ (*MIL etc*) in chief; ~ **d'accusation** charge; ~ **d'entreprise** company head; ~ **d'état** head of state; ~ **de file** (*de parti etc*) leader; ~ **de gare** station master; ~ **d'orchestre** conductor; ~**-d'œuvre** [ʃɛdœvʀ(ə)] *nm* masterpiece; ~**-lieu** [ʃɛfljø] *nm* county town

chemin [ʃəmɛ̃] *nm* path; (*itinéraire, direction, trajet*) way; **en** ~ on the way; ~ **de fer** railway (*BRIT*), railroad (*US*); **par chemin de fer** by rail

cheminée [ʃəmine] *nf* chimney; (*à l'intérieur*) chimney piece, fireplace; (*de bateau*) funnel

cheminement [ʃəminmɑ̃] *nm* progress; course

cheminot [ʃəmino] *nm* railwayman

chemise [ʃəmiz] *nf* shirt; (*dossier*) folder; ~ **de nuit** nightdress

chemisier [ʃəmizje] *nm* blouse

chenal, aux [ʃənal, -o] *nm* channel

chêne [ʃɛn] *nm* oak (tree); (*bois*) oak

chenil [ʃənil] *nm* kennels *pl*

chenille [ʃənij] *nf* (*ZOOL*) caterpillar; (*AUTO*) caterpillar track

chèque [ʃɛk] *nm* cheque (*BRIT*), check (*US*); ~ **sans provision** bad cheque; ~ **de voyage** traveller's cheque; **chéquier** *nm* cheque book

cher, ère [ʃɛʀ] *adj* (*aimé*) dear; (*coûteux*) expensive, dear ♦ *adv*: **cela coûte ~** it's expensive

chercher [ʃɛʀʃe] *vt* to look for; (*gloire etc*) to seek; **aller ~** to go for, go and fetch; ~ **à faire** to try to do; **chercheur, euse** [ʃɛʀʃœʀ, -øz] *nm/f* researcher, research worker

chère [ʃɛʀ] *adj voir* **cher** ♦ *nf*: **la bonne ~** good food

chéri, e [ʃeʀi] *adj* beloved, dear; **(mon) ~** darling

chérir [ʃeʀiʀ] *vt* to cherish

cherté [ʃɛʀte] *nf*: **la ~ de la vie** the high cost of living

chétif, ive [ʃetif, -iv] *adj* puny, stunted

cheval, aux [ʃəval, -o] *nm* horse; (*AUTO*): ~ **(vapeur)** horsepower *no pl*; **faire du ~** to ride; **à ~** on horseback; **à ~ sur** astride; (*fig*) overlapping; ~ **de course** racehorse

chevalet [ʃəvalɛ] *nm* easel

chevalier [ʃəvalje] *nm* knight

chevalière [ʃəvaljɛʀ] *nf* signet ring

chevalin, e [ʃəvalɛ̃, -in] *adj*: **boucherie ~e** horse-meat butcher's

chevaucher [ʃəvoʃe] *vi* (*aussi*: *se* ~) to overlap (each other) ♦ *vt* to be astride, straddle

chevaux [ʃəvo] *nmpl de* **cheval**

chevelu, e [ʃəvly] *adj* with a good head of hair, hairy (*péj*)

chevelure [ʃəvlyʀ] *nf* hair *no pl*

chevet [ʃəvɛ] *nm*: **au ~ de qn** at sb's bedside; **lampe de ~** bedside lamp

cheveu, x [ʃəvø] *nm* hair; **~x** *nmpl* (*chevelure*) hair *sg*; **avoir les ~x courts** to have short hair

cheville [ʃəvij] *nf* (*ANAT*) ankle; (*de bois*) peg; (*pour une vis*) plug

chèvre [ʃɛvʀ(ə)] *nf* (she-)goat

chevreau, x [ʃəvʀo] *nm* kid

chèvrefeuille [ʃɛvʀəfœj] *nm* honeysuckle

chevreuil [ʃəvʀœj] *nm* roe deer *inv*; (*CULIN*) venison

chevronné, e [ʃəvʀɔne] *adj* seasoned

MOT-CLÉ

chez [ʃe] *prép* **1** (*à la demeure de*) at; (: *direction*) to; ~ **qn** at/to sb's house *ou* place; ~ **moi** at home; (*direction*) home

2 (*+profession*) at; (: *direction*) to; ~ **le boulanger/dentiste** at *or* to the baker's/dentist's

3 (*dans le caractère, l'œuvre de*:) in; ~ **les renards/Racine** in foxes/Racine

chez-soi [ʃeswa] *nm inv* home

chic [ʃik] *adj inv* chic, smart; (*généreux*) nice, decent ♦ *nm* stylishness; ~! great!; **avoir le ~ de** to have the knack of; **~ane** [ʃikan] *nf* (*querelle*) squabble

chicaner [ʃikane] *vi* (*ergoter*): ~ **sur** to quibble about

chiche [ʃiʃ] *adj* niggardly, mean ♦ *excl* (*à un défi*) you're on!

chichi [ʃiʃi] (*fam*) *nm* fuss

chicorée [ʃikɔʀe] *nf* (*café*) chicory; (*salade*) endive

chien [ʃjɛ̃] *nm* dog; **en ~ de fusil** curled up; ~ **de garde** guard dog

chiendent [ʃjɛ̃dɑ̃] *nm* couch grass

chienne [ʃjɛn] *nf* dog, bitch

chier [ʃje] (*fam!*) *vi* to crap (*!*)

chiffon [ʃifɔ̃] *nm* (piece of) rag; **~ner** [ʃifɔne] *vt* to crumple; (*tracasser*) to concern; **~nier** [ʃifɔnje] *nm* rag-and-bone man

chiffre [ʃifʀ(ə)] *nm* (*représentant un nombre*) figure; numeral; (*montant, total*) total, sum; **en ~s ronds** in round figures; ~ **d'affaires** turnover; **chiffrer** *vt* (*dépense*) to put a figure to, assess; (*message*) to (en)code, cipher

chignon [ʃiɲɔ̃] *nm* chignon, bun

Chili [ʃili] *nm*: **le ~** Chile

chimie [ʃimi] *nf* chemistry; **chimique** *adj* chemical; **produits chimiques** chemicals

Chine [ʃin] *nf*: **la ~** China

chinois, e [ʃinwa, -waz] *adj, nm/f* Chinese ♦ *nm* (*LING*) Chinese
chiot [ʃjo] *nm* pup(py)
chips [ʃips] *nfpl* crisps (*BRIT*), (potato) chips (*US*)
chiquenaude [ʃiknod] *nf* flick, flip
chirurgical, e, aux [ʃiʀyʀʒikal, -o] *adj* surgical
chirurgie [ʃiʀyʀʒi] *nf* surgery; ~ **esthétique** plastic surgery; **chirurgien, ne** *nm/f* surgeon
choc [ʃɔk] *nm* impact; shock; crash; (*moral*) shock; (*affrontement*) clash
chocolat [ʃɔkɔla] *nm* chocolate; (*boisson*) (hot) chocolate; ~ **au lait** milk chocolate
chœur [kœʀ] *nm* (*chorale*) choir; (*OPÉRA, THÉÂTRE*) chorus; **en** ~ in chorus
choisir [ʃwaziʀ] *vt* to choose, select
choix [ʃwa] *nm* choice, selection; **avoir le** ~ to have the choice; **premier** ~ (*COMM*) class one; **de** ~ choice, selected; **au** ~ as you wish
chômage [ʃomaʒ] *nm* unemployment; **mettre au** ~ to make redundant, put out of work; **être au** ~ to be unemployed *ou* out of work; **chômeur, euse** *nm/f* unemployed person
chope [ʃɔp] *nf* tankard
choquer [ʃɔke] *vt* (*offenser*) to shock; (*commotionner*) to shake (up)
choriste [kɔʀist(ə)] *nm/f* choir member; (*OPERA*) chorus member
chorus [kɔʀys] *nm*: **faire** ~ **(avec)** to voice one's agreement (with)
chose [ʃoz] *nf* thing; **c'est peu de** ~ it's nothing (really); it's not much
chou, x [ʃu] *nm* cabbage; **mon petit** ~ (my) sweetheart; ~ **à la crème** cream bun (*made of choux pastry*)
chouchou, te [ʃuʃu, -ut] *nm/f* (*SCOL*) teacher's pet
choucroute [ʃukʀut] *nf* sauerkraut
chouette [ʃwɛt] *nf* owl ♦ *adj* (*fam*) great, smashing
chou-fleur [ʃuflœʀ] *nm* cauliflower
choyer [ʃwaje] *vt* to cherish; to pamper
chrétien, ne [kʀetjɛ̃, -ɛn] *adj, nm/f* Christian
Christ [kʀist] *nm*: **le** ~ Christ; **christianisme** *nm* Christianity
chrome [kʀom] *nm* chromium; **chromé, e** *adj* chromium-plated
chronique [kʀɔnik] *adj* chronic ♦ *nf* (*de journal*) column, page; (*historique*) chronicle; (*RADIO, TV*): **la** ~ **sportive/théâtrale** the sports/theatre review; **la** ~ **locale** local news and gossip
chronologique [kʀɔnɔlɔʒik] *adj* chronological
chronomètre [kʀɔnɔmɛtʀ(ə)] *nm* stopwatch; **chronométrer** *vt* to time
chrysanthème [kʀizɑ̃tɛm] *nm* chrysanthemum
C.H.U. *sigle m* (= *centre hospitalier universitaire*) ≈ (teaching) hospital
chuchoter [ʃyʃɔte] *vt, vi* to whisper
chuinter [ʃɥɛ̃te] *vi* to hiss
chut [ʃyt] *excl* sh!
chute [ʃyt] *nf* fall; (*de bois, papier*: *déchet*) scrap; **faire une** ~ **(de 10 m)** to fall (10 m); ~ **(d'eau)** waterfall; **la** ~ **des cheveux** hair loss; ~ **libre** free fall; ~**s de pluie/neige** rain/snowfalls
Chypre [ʃipʀ] Cyprus
-ci [si] *adv voir* **par** ♦ *dét*: **ce garçon-ci/-là** this/that boy; **ces femmes-ci/-là** these/those women
ci-après [siapʀɛ] *adv* hereafter
cible [sibl(ə)] *nf* target
ciboulette [sibulɛt] *nf* (small) chive
cicatrice [sikatʀis] *nf* scar
cicatriser [sikatʀize] *vt* to heal
ci-contre [sikɔ̃tʀ(ə)] *adv* opposite
ci-dessous [sidəsu] *adv* below
ci-dessus [sidəsy] *adv* above
cidre [sidʀ(ə)] *nm* cider
Cie *abr* (= *compagnie*) Co.
ciel [sjɛl] *nm* sky; (*REL*) heaven; **cieux** *nmpl* (*littéraire*) sky *sg*, skies; **à** ~ **ouvert** open-air; (*mine*) opencast
cierge [sjɛʀʒ(ə)] *nm* candle
cieux [sjø] *nmpl de* **ciel**
cigale [sigal] *nf* cicada

cigare [sigaʀ] *nm* cigar
cigarette [sigaʀɛt] *nf* cigarette
ci-gît [siʒi] *adv +vb* here lies
cigogne [sigɔɲ] *nf* stork
ci-inclus, e [siɛ̃kly, -yz] *adj, adv* enclosed
ci-joint, e [siʒwɛ̃, -ɛ̃t] *adj, adv* enclosed
cil [sil] *nm* (eye)lash
cime [sim] *nf* top; (*montagne*) peak
ciment [simɑ̃] *nm* cement; ~ **armé** reinforced concrete
cimetière [simtjɛʀ] *nm* cemetery; (*d'église*) churchyard
cinéaste [sineast(ə)] *nm/f* film-maker
cinéma [sinema] *nm* cinema; ~**tographique** *adj* film *cpd*, cinema *cpd*
cinéphile [sinefil] *nm/f* cinema-goer
cinglant, e [sɛ̃glɑ̃, -ɑ̃t] *adj* (*échec*) crushing
cinglé, e [sɛ̃gle] (*fam*) *adj* crazy
cingler [sɛ̃gle] *vt* to lash; (*fig*) to sting
cinq [sɛ̃k] *num* five
cinquantaine [sɛ̃kɑ̃tɛn] *nf*: **une** ~ (de) about fifty; **avoir la** ~ (*âge*) to be around fifty
cinquante [sɛ̃kɑ̃t] *num* fifty; **cinquantenaire** *adj, nm/f* fifty-year-old
cinquième [sɛ̃kjɛm] *num* fifth
cintre [sɛ̃tʀ(ə)] *nm* coat-hanger
cintré, e [sɛ̃tʀe] *adj* (*chemise*) fitted
cirage [siʀaʒ] *nm* (shoe) polish
circonflexe [siʀkɔ̃flɛks(ə)] *adj*: **accent** ~ circumflex accent
circonscription [siʀkɔ̃skʀipsjɔ̃] *nf* district; ~ **électorale** (*d'un député*) constituency
circonscrire [siʀkɔ̃skʀiʀ] *vt* to define, delimit; (*incendie*) to contain
circonstance [siʀkɔ̃stɑ̃s] *nf* circumstance; (*occasion*) occasion
circonvenir [siʀkɔ̃vniʀ] *vt* to circumvent
circuit [siʀkɥi] *nm* (*trajet*) tour, (round) trip; (*ELEC, TECH*) circuit
circulaire [siʀkylɛʀ] *adj, nf* circular
circulation [siʀkylɑsjɔ̃] *nf* circulation; (*AUTO*): **la** ~ (the) traffic
circuler [siʀkyle] *vi* to drive (along); to walk along; (*train etc*) to run; (*sang, devises*) to circulate; **faire** ~ (*nouvelle*) to spread (about), circulate; (*badauds*) to move on
cire [siʀ] *nf* wax; **ciré** [siʀe] *nm* oilskin; **cirer** [siʀe] *vt* to wax, polish
cirque [siʀk(ə)] *nm* circus; (*GÉO*) cirque; (*fig*) chaos, bedlam; carry-on
cisaille(s) [sizɑj] *nf(pl)* (gardening) shears *pl*
ciseau, x [sizo] *nm*: ~ **(à bois)** chisel; ~x *nmpl* (*paire de* ~*x*) (pair of) scissors
ciseler [sizle] *vt* to chisel, carve
citadin, e [sitadɛ̃, -in] *nm/f* city dweller
citation [sitɑsjɔ̃] *nf* (*d'auteur*) quotation; (*JUR*) summons *sg*
cité [site] *nf* town; (*plus grande*) city; ~ **universitaire** students' residences *pl*
citer [site] *vt* (*un auteur*) to quote (from); (*nommer*) to name; (*JUR*) to summon
citerne [sitɛʀn(ə)] *nf* tank
citoyen, ne [sitwajɛ̃, -ɛn] *nm/f* citizen
citron [sitʀɔ̃] *nm* lemon; ~ **vert** lime; **citronnade** *nf* lemonade; **citronnier** *nm* lemon tree
citrouille [sitʀuj] *nf* pumpkin
civet [sivɛ] *nm* stew
civière [sivjɛʀ] *nf* stretcher
civil, e [sivil] *adj* (*JUR, ADMIN, poli*) civil; (*non militaire*) civilian; **en** ~ in civilian clothes; **dans le** ~ in civilian life
civilisation [sivilizɑsjɔ̃] *nf* civilization
civisme [sivism(ə)] *nm* public-spiritedness
clair, e [klɛʀ] *adj* light; (*chambre*) light, bright; (*eau, son, fig*) clear ♦ *adv*: **voir** ~ to see clearly; **tirer qch au** ~ to clear sth up, clarify sth; **mettre au** ~ (*notes etc*) to tidy up; **le plus** ~ **de son temps** the better part of his time; ~ **de lune** *nm* moonlight; **clairement** *adv* clearly
clairière [klɛʀjɛʀ] *nf* clearing
clairon [klɛʀɔ̃] *nm* bugle

claironner [klɛʀɔne] *vt* (*fig*) to trumpet, shout from the rooftops
clairsemé, e [klɛʀsəme] *adj* sparse
clairvoyant, e [klɛʀvwajɑ̃, -ɑ̃t] *adj* perceptive, clear-sighted
clandestin, e [klɑ̃dɛstɛ̃, -in] *adj* clandestine, covert; **passager ~** stowaway
clapier [klapje] *nm* (rabbit) hutch
clapoter [klapɔte] *vi* to lap
claque [klak] *nf* (*gifle*) slap
claquer [klake] *vi* (*drapeau*) to flap; (*porte*) to bang, slam; (*coup de feu*) to ring out ♦ *vt* (*porte*) to slam, bang; (*doigts*) to snap; **se ~ un muscle** to pull *ou* strain a muscle
claquettes [klakɛt] *nfpl* tap-dancing *sg*
clarinette [klaʀinɛt] *nf* clarinet
clarté [klaʀte] *nf* lightness; brightness; (*d'un son, de l'eau*) clearness; (*d'une explication*) clarity
classe [klɑs] *nf* class; (*SCOL: local*) class(room); (: *leçon, élèves*) class; **faire la ~** to be a *ou* the teacher; to teach; **~ment** [klɑsmɑ̃] *nm* (*rang: SCOL*) place; (: *SPORT*) placing; (*liste: SCOL*) class list (in order of merit); (: *SPORT*) placings *pl*; **~r** [klɑse] *vt* (*idées, livres*) to classify; (*papiers*) to file; (*candidat, concurrent*) to grade; (*JUR: affaire*) to close; **se ~r premier/dernier** to come first/last; (*SPORT*) to finish first/last
classeur [klɑsœʀ] *nm* (*cahier*) file; (*meuble*) filing cabinet
classique [klasik] *adj* classical; (*sobre: coupe etc*) classic(al); (*habituel*) standard, classic
clause [kloz] *nf* clause
claustrer [klostʀe] *vt* to confine
clavecin [klavsɛ̃] *nm* harpsichord
clavicule [klavikyl] *nf* collarbone
clavier [klavje] *nm* keyboard
clé [kle] *nf* key; (*MUS*) clef; (*de mécanicien*) spanner (*BRIT*), wrench (*US*); **prix ~s en main** (*d'une voiture*) on-the-road price; **~ anglaise** (monkey) wrench; **~ de contact** ignition key
clef [kle] *nf* = **clé**
clément, e [klemɑ̃, -ɑ̃t] *adj* (*temps*) mild; (*indulgent*) lenient
clerc [klɛʀ] *nm*: **~ de notaire** solicitor's clerk
clergé [klɛʀʒe] *nm* clergy
cliché [kliʃe] *nm* (*PHOTO*) negative; print; (*LING*) cliché
client, e [klijɑ̃, -ɑ̃t] *nm/f* (*acheteur*) customer, client; (*d'hôtel*) guest, patron; (*du docteur*) patient; (*de l'avocat*) client; **clientèle** *nf* (*du magasin*) customers *pl*, clientèle; (*du docteur, de l'avocat*) practice
cligner [kliɲe] *vi*: **~ des yeux** to blink (one's eyes); **~ de l'œil** to wink; **clignotant** [kliɲɔtɑ̃] *nm* (*AUTO*) indicator; **clignoter** [kliɲɔte] *vi* (*étoiles etc*) to twinkle; (*lumière*) to flash; (: *vaciller*) to flicker
climat [klima] *nm* climate
climatisation [klimatizɑsjɔ̃] *nf* air conditioning; **climatisé, e** *adj* air-conditioned
clin d'œil [klɛ̃dœj] *nm* wink; **en un ~** in a flash
clinique [klinik] *nf* nursing home
clinquant, e [klɛ̃kɑ̃, -ɑ̃t] *adj* flashy
cliqueter [klikte] *vi* to clash; to jangle, jingle; to chink
clochard, e [klɔʃaʀ, -aʀd(ə)] *nm/f* tramp
cloche [klɔʃ] *nf* (*d'église*) bell; (*fam*) clot; **~ à fromage** cheese-cover
cloche-pied [klɔʃpje] : **à ~** *adv* on one leg, hopping (along)
clocher [klɔʃe] *nm* church tower; (*en pointe*) steeple ♦ *vi* (*fam*) to be *ou* go wrong; **de ~** (*péj*) parochial
cloison [klwazɔ̃] *nf* partition (wall)
cloître [klwatʀ(ə)] *nm* cloister
cloîtrer [klwatʀe] *vt*: **se ~** to shut o.s. up *ou* away
cloque [klɔk] *nf* blister
clore [klɔʀ] *vt* to close; **clos, e** *adj voir* **maison; huis** ♦ *nm* (enclosed) field
clôture [klotyʀ] *nf* closure; (*barrière*) enclosure; **clôturer** *vt* (*ter-*

rain) to enclose; (*débats*) to close
clou [klu] *nm* nail; (*MED*) boil; ~s *nmpl* (*passage clouté*) pedestrian crossing; **pneus à ~s** studded tyres; **le ~ du spectacle** the highlight of the show; **~ de girofle** clove; **clouer** *vt* to nail down *ou* up
clown [klun] *nm* clown
club [klœb] *nm* club
C.N.R.S. *sigle m* = **Centre nationale de la recherche scientifique**
coasser [kɔase] *vi* to croak
cobaye [kɔbaj] *nm* guinea-pig
coca [kɔka] *nm* Coke (®)
cocaïne [kɔkain] *nf* cocaine
cocasse [kɔkas] *adj* comical, funny
coccinelle [kɔksinɛl] *nf* ladybird (*BRIT*), ladybug (*US*)
cocher [kɔʃe] *nm* coachman ♦ *vt* to tick off; (*entailler*) to notch
cochère [kɔʃɛʀ] *adj f*: **porte ~** carriage entrance
cochon, ne [kɔʃɔ̃, -ɔn] *nm* pig ♦ *adj* (*fam*) dirty, smutty; **cochonnerie** (*fam*) *nf* filth; rubbish, trash
cocktail [kɔktɛl] *nm* cocktail; (*réception*) cocktail party
coco [kɔko] *nm voir* **noix**; (*fam*) bloke
cocorico [kɔkɔʀiko] *excl, nm* cock-a-doodle-do
cocotier [kɔkɔtje] *nm* coconut palm
cocotte [kɔkɔt] *nf* (*en fonte*) casserole; **~ (minute)** pressure cooker; **ma ~** (*fam*) sweetie (pie)
cocu [kɔky] *nm* cuckold
code [kɔd] *nm* code ♦ *adj*: **phares ~s** dipped lights; **se mettre en ~(s)** to dip one's (head)lights; **~ à barres** bar code; **~ civil** Common Law; **~ de la route** highway code; **~ pénal** penal code; **~ postal** (*numéro*) post (*BRIT*) *ou* zip (*US*) code
cœur [kœʀ] *nm* heart; (*CARTES*: *couleur*) hearts *pl*; (: *carte*) heart; **avoir bon ~** to be kind-hearted; **avoir mal au ~** to feel sick; **en avoir le ~ net** to be clear in one's own mind (about it); **par ~** by heart; **de bon ~** willingly; **cela lui tient à ~** that's (very) close to his heart
coffre [kɔfʀ(ə)] *nm* (*meuble*) chest; (*d'auto*) boot (*BRIT*), trunk (*US*); **coffre(-fort)** *nm* safe
coffret [kɔfʀɛ] *nm* casket
cognac [kɔɲak] *nm* brandy, cognac
cogner [kɔɲe] *vi* to knock
cohérent, e [kɔeʀɑ̃, -ɑ̃t] *adj* coherent, consistent
cohorte [kɔɔʀt(ə)] *nf* troop
cohue [kɔy] *nf* crowd
coi, coite [kwa, kwat] *adj*: **rester ~** to remain silent
coiffe [kwaf] *nf* headdress
coiffé, e [kwafe] *adj*: **bien/mal ~** with tidy/untidy hair; **~ en arrière** with one's hair brushed *ou* combed back
coiffer [kwafe] *vt* (*fig*) to cover, top; **se ~** *vi* to do one's hair; to put on one's hat; **~ qn** to do sb's hair
coiffeur, euse [kwafœʀ, -øz] *nm/f* hairdresser; **coiffeuse** *nf* (*table*) dressing table
coiffure [kwafyʀ] *nf* (*cheveux*) hairstyle, hairdo; (*chapeau*) hat, headgear *no pl*; (*art*): **la ~** hairdressing
coin [kwɛ̃] *nm* corner; (*pour coincer*) wedge; **l'épicerie du ~** the local grocer; **dans le ~** (*aux alentours*) in the area, around about; locally; **au ~ du feu** by the fireside; **regard en ~** sideways glance
coincé, e [kwɛ̃se] *adj* stuck, jammed; (*fig*: *inhibé*) inhibited, hung up (*fam*)
coincer [kwɛ̃se] *vt* to jam
coïncidence [kɔɛ̃sidɑ̃s] *nf* coincidence
coïncider [kɔɛ̃side] *vi* to coincide
col [kɔl] *nm* (*de chemise*) collar; (*encolure, cou*) neck; (*de montagne*) pass; **~ de l'utérus** cervix; **~ roulé** polo-neck
colère [kɔlɛʀ] *nf* anger; **une ~** a fit of anger; **(se mettre) en ~** (to get) angry; **coléreux, euse** *adj*; **colérique** *adj* quick-tempered, irascible
colifichet [kɔlifiʃɛ] *nm* trinket

colimaçon [kɔlimasɔ̃] *nm*: **escalier en ~** spiral staircase
colin [kɔlɛ̃] *nm* hake
colique [kɔlik] *nf* diarrhoea; colic (pains)
colis [kɔli] *nm* parcel
collaborateur, trice [kɔlabɔʀatœʀ, -tʀis] *nm/f* (*aussi POL*) collaborator; (*d'une revue*) contributor
collaborer [kɔlabɔʀe] *vi* to collaborate; **~ à** to collaborate on; (*revue*) to contribute to
collant, e [kɔlɑ̃, -ɑ̃t] *adj* sticky; (*robe etc*) clinging, skintight; (*péj*) clinging ♦ *nm* (*bas*) tights *pl*
collation [kɔlasjɔ̃] *nf* light meal
colle [kɔl] *nf* glue; (*à papiers peints*) (wallpaper) paste; (*devinette*) teaser, riddle; (*SCOL: fam*) detention
collecte [kɔlɛkt(ə)] *nf* collection
collectif, ive [kɔlɛktif, -iv] *adj* collective; (*visite, billet*) group *cpd*
collection [kɔlɛksjɔ̃] *nf* collection; (*ÉDITION*) series; **collectionner** *vt* (*tableaux, timbres*) to collect; **collectionneur, euse** *nm/f* collector
collectivité [kɔlɛktivite] *nf* group; **~s locales** *nfpl* (*ADMIN*) local authorities
collège [kɔlɛʒ] *nm* (*école*) (secondary) school; (*assemblée*) body; **collégien** *nm* schoolboy; **collégienne** *nf* schoolgirl
collègue [kɔlɛg] *nm/f* colleague
coller [kɔle] *vt* (*papier, timbre*) to stick (on); (*affiche*) to stick up; (*enveloppe*) to stick down; (*morceaux*) to stick *ou* glue together; (*fam: mettre, fourrer*) to stick, shove; (*SCOL: fam*) to keep in ♦ *vi* (*être collant*) to be sticky; (*adhérer*) to stick; **~ à** to stick to
collet [kɔlɛ] *nm* (*piège*) snare, noose; (*cou*): **prendre qn au ~** to grab sb by the throat; **~ monté** *adj inv* straight-laced
collier [kɔlje] *nm* (*bijou*) necklace; (*de chien, TECH*) collar; **~ (de barbe)** narrow beard along the line of the jaw
collimateur [kɔlimatœʀ] *nm*: **avoir qn/qch dans le ~** (*fig*) to have sb/sth in one's sights
colline [kɔlin] *nf* hill
collision [kɔlizjɔ̃] *nf* collision, crash; **entrer en ~ (avec)** to collide (with)
colmater [kɔlmate] *vt* (*fuite*) to seal off; (*brèche*) to plug, fill in
colombe [kɔlɔ̃b] *nf* dove
colon [kɔlɔ̃] *nm* settler
colonel [kɔlɔnɛl] *nm* colonel
colonie [kɔlɔni] *nf* colony; **~ (de vacances)** holiday camp (*for children*)
colonne [kɔlɔn] *nf* column; **se mettre en ~ par deux** to get into twos; **~ (vertébrale)** spine, spinal column
colorant [kɔlɔʀɑ̃] *nm* colouring
colorer [kɔlɔʀe] *vt* to colour
colorier [kɔlɔʀje] *vt* to colour (in)
coloris [kɔlɔʀi] *nm* colour, shade
colporter [kɔlpɔʀte] *vt* to hawk, peddle
colza [kɔlza] *nm* rape
coma [kɔma] *nm* coma
combat [kɔ̃ba] *nm* fight; fighting *no pl*; **~ de boxe** boxing match
combattant [kɔ̃batɑ̃] *nm*: **ancien ~** war veteran
combattre [kɔ̃batʀ(ə)] *vt* to fight; (*épidémie, ignorance*) to combat, fight against
combien [kɔ̃bjɛ̃] *adv* (*quantité*) how much; (*nombre*) how many; (*exclamatif*) how; **~ de** how much; how many; **~ de temps** how long; **~ coûte/pèse ceci?** how much does this cost/weigh?
combinaison [kɔ̃binɛzɔ̃] *nf* combination; (*astuce*) device, scheme; (*de femme*) slip; (*d'aviateur*) flying suit; (*d'homme-grenouille*) wetsuit; (*bleu de travail*) boiler suit (*BRIT*), coveralls *pl* (*US*)
combine [kɔ̃bin] *nf* trick; (*péj*) scheme, fiddle (*BRIT*)
combiné [kɔ̃bine] *nm* (*aussi*: **~ téléphonique**) receiver
combiner [kɔ̃bine] *vt* to combine; (*plan, horaire*) to work out, devise

comble [kɔ̃bl(ə)] *adj* (*salle*) packed (full) ♦ *nm* (*du bonheur, plaisir*) height; ~**s** *nmpl* (*CONSTR*) attic *sg*, loft *sg*; **c'est le ~!** that beats everything!
combler [kɔ̃ble] *vt* (*trou*) to fill in; (*besoin, lacune*) to fill; (*déficit*) to make good; (*satisfaire*) to fulfil
combustible [kɔ̃bystibl(ə)] *nm* fuel
comédie [kɔmedi] *nf* comedy; (*fig*) playacting *no pl*; ~ **musicale** musical; **comédien, ne** *nm/f* actor(tress)
comestible [kɔmɛstibl(ə)] *adj* edible
comique [kɔmik] *adj* (*drôle*) comical; (*THÉATRE*) comic ♦ *nm* (*artiste*) comic, comedian
comité [kɔmite] *nm* committee; ~ **d'entreprise** works council
commandant [kɔmɑ̃dɑ̃] *nm* (*gén*) commander, commandant; (*NAVIG, AVIAT*) captain
commande [kɔmɑ̃d] *nf* (*COMM*) order; ~**s** *nfpl* (*AVIAT etc*) controls; **sur ~** to order; ~ **à distance** remote control
commandement [kɔmɑ̃dmɑ̃] *nm* command; (*REL*) commandment
commander [kɔmɑ̃de] *vt* (*COMM*) to order; (*diriger, ordonner*) to command; ~ **à qn de faire** to command *ou* order sb to do
commando [kɔmɑ̃do] *nm* commando (squad)

MOT-CLÉ

comme [kɔm] *prép* **1** (*comparaison*) like; **tout ~ son père** just like his father; **fort ~ un boeuf** as strong as an ox; **joli ~ tout** ever so pretty
2 (*manière*) like; **faites-le ~ ça** do it like this, do it this way; ~ **ci, ~ ça** so-so, middling
3 (*en tant que*) as a; **donner ~ prix** to give as a prize; **travailler ~ secrétaire** to work as a secretary
♦ *conj* **1** (*ainsi que*) as; **elle écrit ~ elle parle** she writes as she talks; ~ **si** as if
2 (*au moment où, alors que*) as; **il est parti ~ j'arrivais** he left as I arrived
3 (*parce que, puisque*) as; ~ **il était en retard, il ...** as he was late, he ...
♦ *adv*: ~ **il est fort/c'est bon!** he's so strong/it's so good!

commémorer [kɔmemɔʀe] *vt* to commemorate
commencement [kɔmɑ̃smɑ̃] *nm* beginning, start, commencement
commencer [kɔmɑ̃se] *vt, vi* to begin, start, commence; ~ **à** *ou* **de faire** to begin *ou* start doing
comment [kɔmɑ̃] *adv* how ♦ *nm*: **le ~ et le pourquoi** the whys and wherefores; ~? (*que dites-vous*) pardon?
commentaire [kɔmɑ̃tɛʀ] *nm* comment; remark
commenter [kɔmɑ̃te] *vt* (*jugement, événement*) to comment (up)on; (*RADIO, TV: match, manifestation*) to cover
commérages [kɔmeʀaʒ] *nmpl* gossip *sg*
commerçant, e [kɔmɛʀsɑ̃, -ɑ̃t] *nm/f* shopkeeper, trader
commerce [kɔmɛʀs(ə)] *nm* (*activité*) trade, commerce; (*boutique*) business; **vendu dans le ~** sold in the shops; **commercial, e, aux** *adj* commercial, trading; (*péj*) commercial; **commercialiser** *vt* to market
commère [kɔmɛʀ] *nf* gossip
commettre [kɔmɛtʀ(ə)] *vt* to commit
commis [kɔmi] *nm* (*de magasin*) (shop) assistant; (*de banque*) clerk; ~ **voyageur** commercial traveller
commissaire [kɔmisɛʀ] *nm* (*de police*) ≈ (police) superintendent; ~-**priseur** *nm* auctioneer
commissariat [kɔmisaʀja] *nm* police station
commission [kɔmisjɔ̃] *nf* (*comité, pourcentage*) commission; (*message*) message; (*course*) errand; ~**s** *nfpl* (*achats*) shopping *sg*
commode [kɔmɔd] *adj* (*pratique*) convenient, handy; (*facile*) easy;

(*air, personne*) easy-going; (*personne*): pas ~ awkward (to deal with) ♦ *nf* chest of drawers; **commodité** *nf* convenience

commotion [kɔmosjɔ̃] *nf*: ~ **(cérébrale)** concussion; **commotionné, e** *adj* shocked, shaken

commun, e [kɔmœ̃, -yn] *adj* common; (*pièce*) communal, shared; (*réunion, effort*) joint; **cela sort du ~** it's out of the ordinary; **le ~ des mortels** the common run of people; **en ~** (*faire*) jointly; **mettre en ~** to pool, share; *voir aussi* **communs**

communauté [kɔmynote] *nf* community; (*JUR*): **régime de la ~** communal estate settlement

commune [kɔmyn] *nf* (*ADMIN*) commune, ≈ district; (: *urbaine*) ≈ borough

communication [kɔmynikasjɔ̃] *nf* communication; ~ **(téléphonique)** (telephone) call

communier [kɔmynje] *vi* (*REL*) to receive communion; (*fig*) to be united; **communion** [kɔmynjɔ̃] *nf* communion

communiquer [kɔmynike] *vt* (*nouvelle, dossier*) to pass on, convey; (*maladie*) to pass on; (*peur etc*) to communicate; (*chaleur, mouvement*) to transmit ♦ *vi* to communicate; **se ~ à** (*se propager*) to spread to

communisme [kɔmynism(ə)] *nm* communism; **communiste** *adj, nm/f* communist

communs [kɔmœ̃] *nmpl* (*bâtiments*) outbuildings

commutateur [kɔmytatœʀ] *nm* (*ELEC*) (change-over) switch, commutator

compact, e [kɔ̃pakt] *adj* dense; compact

compagne [kɔ̃paɲ] *nf* companion

compagnie [kɔ̃paɲi] *nf* (*firme, MIL*) company; (*groupe*) gathering; **tenir ~ à qn** to keep sb company; **fausser ~ à qn** to give sb the slip, slip *ou* sneak away from sb; ~ **aérienne** airline (company)

compagnon [kɔ̃paɲɔ̃] *nm* companion

comparable [kɔ̃paʀabl(ə)] *adj*: ~ (à) comparable (to)

comparaison [kɔ̃paʀɛzɔ̃] *nf* comparison

comparaître [kɔ̃paʀɛtʀ(ə)] *vi*: ~ (devant) to appear (before)

comparer [kɔ̃paʀe] *vt* to compare; ~ **qch/qn à** *ou* **et** (*pour choisir*) to compare sth/sb with *ou* and; (*pour établir une similitude*) to compare sth/sb to

comparse [kɔ̃paʀs(ə)] (*péj*) *nm/f* associate, stooge

compartiment [kɔ̃paʀtimɑ̃] *nm* compartment

comparution [kɔ̃paʀysjɔ̃] *nf* appearance

compas [kɔ̃pa] *nm* (*GÉOM*) (pair of) compasses *pl*; (*NAVIG*) compass

compatible [kɔ̃patibl(ə)] *adj* compatible

compatir [kɔ̃patiʀ] *vi*: ~ **(à)** to sympathize (with)

compatriote [kɔ̃patʀijɔt] *nm/f* compatriot

compenser [kɔ̃pɑ̃se] *vt* to compensate for, make up for

compère [kɔ̃pɛʀ] *nm* accomplice

compétence [kɔ̃petɑ̃s] *nf* competence

compétent, e [kɔ̃petɑ̃, -ɑ̃t] *adj* (*apte*) competent, capable

compétition [kɔ̃petisjɔ̃] *nf* (*gén*) competition; (*SPORT*: *épreuve*) event; **la ~** competitive sport; **la ~ automobile** motor racing

complainte [kɔ̃plɛ̃t] *nf* lament

complaire [kɔ̃plɛʀ] : **se ~** *vi* to take pleasure in/in being among

complaisance [kɔ̃plɛzɑ̃s] *nf* kindness; **pavillon de ~** flag of convenience; **complaisant, e** [kɔ̃plɛzɑ̃, -ɑ̃t] *adj* (*aimable*) kind, obliging

complément [kɔ̃plemɑ̃] *nm* complement; remainder; ~ **d'information** (*ADMIN*) supplementary *ou* further information; **complémentaire** *adj* complementary; (*additionnel*) supple-

mentary
complet, ète [kɔ̃plɛ, -ɛt] *adj* complete; (*plein*: *hôtel etc*) full ♦ *nm* (*aussi*: *~-veston*) suit; **complètement** *adv* completely; **compléter** *vt* (*porter à la quantité voulue*) to complete; (*augmenter*) to complement, supplement; to add to
complexe [kɔ̃plɛks(ə)] *adj, nm* complex; **complexé, e** *adj* mixed-up, hung-up
complication [kɔ̃plikɑsjɔ̃] *nf* complexity, intricacy; (*difficulté, ennui*) complication
complice [kɔ̃plis] *nm* accomplice
compliment [kɔ̃plimɑ̃] *nm* (*louange*) compliment; **~s** *nmpl* (*félicitations*) congratulations
compliqué, e [kɔ̃plike] *adj* complicated, complex; (*personne*) complicated
complot [kɔ̃plo] *nm* plot
comportement [kɔ̃pɔʀtəmɑ̃] *nm* behaviour
comporter [kɔ̃pɔʀte] *vt* to consist of, comprise; (*être équipé de*) to have; (*impliquer*) to entail; **se ~** *vi* to behave
composant [kɔ̃pozɑ̃] *nm* component
composante [kɔ̃pozɑ̃t] *nf* component
composé [kɔ̃poze] *nm* compound
composer [kɔ̃poze] *vt* (*musique, texte*) to compose; (*mélange, équipe*) to make up; (*faire partie de*) to make up, form ♦ *vi* (*transiger*) to come to terms; **se ~ de** to be composed of, be made up of; **~ un numéro** to dial a number
compositeur, trice [kɔ̃pozitœʀ, -tʀis] *nm/f* (*MUS*) composer
composition [kɔ̃pozisjɔ̃] *nf* composition; (*SCOL*) test; **de bonne ~** (*accommodant*) easy to deal with
composter [kɔ̃pɔste] *vt* to datestamp; to punch
compote [kɔ̃pɔt] *nf* stewed fruit *no pl*; **~ de pommes** stewed apples; **compotier** *nm* fruit dish *ou* bowl
compréhensible [kɔ̃pʀeɑ̃sibl(ə)] *adj* comprehensible; (*attitude*) understandable
compréhensif, ive [kɔ̃pʀeɑ̃sif, -iv] *adj* understanding
comprendre [kɔ̃pʀɑ̃dʀ(ə)] *vt* to understand; (*se composer de*) to comprise, consist of
compresse [kɔ̃pʀɛs] *nf* compress
compression [kɔ̃pʀɛsjɔ̃] *nf* compression; reduction
comprimé [kɔ̃pʀime] *nm* tablet
comprimer [kɔ̃pʀime] *vt* to compress; (*fig*: *crédit etc*) to reduce, cut down
compris, e [kɔ̃pʀi, -iz] *pp de* comprendre ♦ *adj* (*inclus*) included; **~ entre** (*situé*) contained between; **la maison ~e/non ~e, y/non ~ la maison** including/excluding the house; **100 F tout ~** 100 F all inclusive *ou* all-in
compromettre [kɔ̃pʀɔmɛtʀ(ə)] *vt* to compromise
compromis [kɔ̃pʀɔmi] *nm* compromise
comptabilité [kɔ̃tabilite] *nf* (*activité, technique*) accounting, accountancy; (*d'une société*: *comptes*) accounts *pl*, books *pl*; (: *service*) accounts office
comptable [kɔ̃tabl(ə)] *nm/f* accountant
comptant [kɔ̃tɑ̃] *adv*: **payer ~** to pay cash; **acheter ~** to buy for cash
compte [kɔ̃t] *nm* count, counting; (*total, montant*) count, (right) number; (*bancaire, facture*) account; **~s** *nmpl* (*FINANCE*) accounts, books; (*fig*) explanation *sg*; **en fin de ~** all things considered; **à bon ~** at a favourable price; (*fig*) lightly; **avoir son ~** (: *fam*) to have had it; **pour le ~ de** on behalf of; **pour son propre ~** for one's own benefit; **tenir ~ de** to take account of; **travailler à son ~** to work for oneself; **rendre ~ (à qn) de qch** to give (sb) an account of sth; *voir aussi* **rendre**; **~ à rebours** countdown; **~ chèques postaux** Post Office account; **~ cou-**

rant current account

compte-gouttes [kɔ̃tgut] *nm inv* dropper

compter [kɔ̃te] *vt* to count; (*facturer*) to charge for; (*avoir à son actif, comporter*) to have; (*prévoir*) to allow, reckon; (*penser, espérer*): ~ **réussir** to expect to succeed ♦ *vi* to count; (*être économe*) to economize; (*figurer*): ~ **parmi** to be *ou* rank among; ~ **sur** to count (up)on; ~ **avec qch/qn** to reckon with *ou* take account of sth/sb; **sans ~ que** besides which

compte rendu [kɔ̃tʀɑ̃dy] *nm* account, report; (*de film, livre*) review

compte-tours [kɔ̃ttuʀ] *nm inv* rev(olution) counter

compteur [kɔ̃tœʀ] *nm* meter; ~ **de vitesse** speedometer

comptine [kɔ̃tin] *nf* nursery rhyme

comptoir [kɔ̃twaʀ] *nm* (*de magasin*) counter

compulser [kɔ̃pylse] *vt* to consult

comte [kɔ̃t] *nm* count

comtesse [kɔ̃tɛs] *nf* countess

con, ne [kɔ̃, kɔn] (*fam!*) *adj* damned *ou* bloody (*BRIT*) stupid (*!*)

concéder [kɔ̃sede] *vt* to grant; (*défaite, point*) to concede

concentrer [kɔ̃sɑ̃tʀe] *vt* to concentrate; se ~ *vi* to concentrate

concept [kɔ̃sɛpt] *nm* concept

conception [kɔ̃sɛpsjɔ̃] *nf* conception; (*d'une machine etc*) design

concerner [kɔ̃sɛʀne] *vt* to concern; **en ce qui me concerne** as far as I am concerned

concert [kɔ̃sɛʀ] *nm* concert; **de ~** in unison; together

concerter [kɔ̃sɛʀte] *vt* to devise; **se ~** *vi* (*collaborateurs etc*) to put our (*ou* their *etc*) heads together

concessionnaire [kɔ̃sesjɔnɛʀ] *nm/f* agent, dealer

concevoir [kɔ̃svwaʀ] *vt* (*idée, projet*) to conceive (of); (*méthode, plan d'appartement, décoration*) to plan, design; (*enfant*) to conceive; **bien/mal conçu** well-/badly-designed

concierge [kɔ̃sjɛʀʒ(ə)] *nm/f* caretaker; (*d'hôtel*) head porter

concile [kɔ̃sil] *nm* council

conciliabules [kɔ̃siljabyl] *nmpl* (private) discussions, confabulations

concilier [kɔ̃silje] *vt* to reconcile; **se ~** *vt* to win over

concitoyen, ne [kɔ̃sitwajɛ̃, -jɛn] *nm/f* fellow citizen

concluant, e [kɔ̃klyɑ̃, -ɑ̃t] *adj* conclusive

conclure [kɔ̃klyʀ] *vt* to conclude

conclusion [kɔ̃klyzjɔ̃] *nf* conclusion

conçois *etc vb voir* **concevoir**

concombre [kɔ̃kɔ̃bʀ(ə)] *nm* cucumber

concorder [kɔ̃kɔʀde] *vi* to tally, agree

concourir [kɔ̃kuʀiʀ] *vi* (*SPORT*) to compete; ~ **à** (*effet etc*) to work towards

concours [kɔ̃kuʀ] *nm* competition; (*SCOL*) competitive examination; (*assistance*) aid, help; ~ **de circonstances** combination of circumstances; ~ **hippique** horse show

concret, ète [kɔ̃kʀɛ, -ɛt] *adj* concrete

concrétiser [kɔ̃kʀetize] *vt* (*plan, projet*) to put in concrete form; **se ~** *vi* to materialize

conçu, e [kɔ̃sy] *pp de* **concevoir**

concubinage [kɔ̃kybinaʒ] *nm* (*JUR*) cohabitation

concurrence [kɔ̃kyʀɑ̃s] *nf* competition; **jusqu'à ~ de** up to

concurrent, e [kɔ̃kyʀɑ̃, -ɑ̃t] *nm/f* (*SPORT, ECON etc*) competitor; (*SCOL*) candidate

condamner [kɔ̃dɑne] *vt* (*blâmer*) to condemn; (*JUR*) to sentence; (*porte, ouverture*) to fill in, block up; (*malade*) to give up (hope for); ~ **qn à 2 ans de prison** to sentence sb to 2 years' imprisonment

condensation [kɔ̃dɑ̃sɑsjɔ̃] *nf* condensation

condenser [kɔ̃dɑ̃se] *vt* to condense; **se ~** *vi* to condense

condisciple [kɔ̃disipl(ə)] *nm/f* school

fellow, fellow student

condition [kɔ̃disjɔ̃] *nf* condition; ~s *nfpl* (*tarif, prix*) terms; (*circonstances*) conditions; **sans** ~ unconditional ♦ *adv* unconditionally; **à** ~ **de** *ou* **que** provided that; **conditionnel, le** *adj* conditional ♦ *nm* conditional (tense)

conditionnement [kɔ̃disjɔnmɑ̃] *nm* (*emballage*) packaging

conditionner [kɔ̃disjɔne] *vt* (*déterminer*) to determine; (*COMM*: *produit*) to package; (*fig*: *personne*) to condition; **air conditionné** air conditioning

condoléances [kɔ̃dɔleɑ̃s] *nfpl* condolences

conducteur, trice [kɔ̃dyktœʀ, -tʀis] *nm/f* driver ♦ *nm* (*ELEC etc*) conductor

conduire [kɔ̃dɥiʀ] *vt* to drive; (*délégation, troupeau*) to lead; **se** ~ *vi* to behave; ~ **vers/à** to lead towards/to; ~ **qn quelque part** to take sb somewhere; to drive sb somewhere

conduite [kɔ̃dɥit] *nf* (*comportement*) behaviour; (*d'eau, de gaz*) pipe; **sous la** ~ **de** led by; ~ **à gauche** left-hand drive; ~ **intérieure** saloon (car)

cône [kon] *nm* cone

confection [kɔ̃fɛksjɔ̃] *nf* (*fabrication*) making; (*COUTURE*): **la** ~ the clothing industry; **vêtement de** ~ ready-to-wear *ou* off-the-peg garment

confectionner [kɔ̃fɛksjɔne] *vt* to make

conférence [kɔ̃feʀɑ̃s] *nf* (*exposé*) lecture; (*pourparlers*) conference; ~ **de presse** press conference

confesser [kɔ̃fese] *vt* to confess; **se** ~ *vi* (*REL*) to go to confession

confession [kɔ̃fɛsjɔ̃] *nf* confession; (*culte*: *catholique etc*) denomination

confiance [kɔ̃fjɑ̃s] *nf* confidence, trust; faith; **avoir** ~ **en** to have confidence *ou* faith in, trust; **mettre qn en** ~ to win sb's trust; ~ **en soi** self-confidence

confiant, e [kɔ̃fjɑ̃, -ɑ̃t] *adj* confident; trusting

confidence [kɔ̃fidɑ̃s] *nf* confidence

confidentiel, le [kɔ̃fidɑ̃sjɛl] *adj* confidential

confier [kɔ̃fje] *vt*: ~ **à qn** (*objet en dépôt, travail etc*) to entrust to sb; (*secret, pensée*) to confide to sb; **se** ~ **à qn** to confide in sb

confiné, e [kɔ̃fine] *adj* enclosed; stale

confins [kɔ̃fɛ̃] *nmpl*: **aux** ~ **de** on the borders of

confirmation [kɔ̃fiʀmasjɔ̃] *nf* confirmation

confirmer [kɔ̃fiʀme] *vt* to confirm

confiserie [kɔ̃fizʀi] *nf* (*magasin*) confectioner's *ou* sweet shop; ~s *nfpl* (*bonbons*) confectionery *sg*; **confiseur, euse** *nm/f* confectioner

confisquer [kɔ̃fiske] *vt* to confiscate

confit, e [kɔ̃fi, -it] *adj*: **fruits** ~s crystallized fruits ♦ *nm*: ~ **d'oie** conserve of goose

confiture [kɔ̃fityʀ] *nf* jam; ~ **d'oranges** (orange) marmalade

conflit [kɔ̃fli] *nm* conflict

confondre [kɔ̃fɔ̃dʀ(ə)] *vt* (*jumeaux, faits*) to confuse, mix up; (*témoin, menteur*) to confound; **se** ~ *vi* to merge; **se** ~ **en excuses** to apologize profusely; **confondu, e** [kɔ̃fɔ̃dy] *adj* (*stupéfait*) speechless, overcome

conforme [kɔ̃fɔʀm(ə)] *adj*: ~ **à** in accordance with; in keeping with; true to

conformément [kɔ̃fɔʀmemɑ̃] *adv*: ~ **à** in accordance with

conformer [kɔ̃fɔʀme] *vt*: **se** ~ **à** to conform to

conformité [kɔ̃fɔʀmite] *nf*: **en** ~ **avec** in accordance with, in keeping with

confort [kɔ̃fɔʀ] *nm* comfort; **tout** ~ (*COMM*) with all modern conveniences; **confortable** *adj* comfortable

confrère [kɔ̃fʀɛʀ] *nm* colleague; fellow member; **confrérie** *nf* brotherhood

confronter [kɔ̃fʀɔ̃te] *vt* to confront; (*textes*) to compare, collate

confus, e [kɔ̃fy, -yz] *adj* (*vague*) confused; (*embarrassé*) embarrassed
confusion [kɔ̃fyzjɔ̃] *nf* (*voir confus*) confusion; embarrassment; (*voir confondre*) confusion, mixing up
congé [kɔ̃ʒe] *nm* (*vacances*) holiday; **en ~** on holiday; off (work); **semaine de ~** week off; **prendre ~ de qn** to take one's leave of sb; **donner son ~ à** to give in one's notice to; **~ de maladie** sick leave; **~s payés** paid holiday
congédier [kɔ̃ʒedje] *vt* to dismiss
congélateur [kɔ̃ʒelatœʀ] *nm* freezer, deep freeze
congeler [kɔ̃ʒle] *vt* to freeze
congestion [kɔ̃ʒɛstjɔ̃] *nf* congestion; **~ cérébrale** stroke
congestionner [kɔ̃ʒɛstjɔne] *vt* to congest; (*MÉD*) to flush
congrès [kɔ̃gʀɛ] *nm* congress
congru, e [kɔ̃gʀy] *adj*: **la portion ~e** the smallest *ou* meanest share
conifère [kɔnifɛʀ] *nm* conifer
conjecture [kɔ̃ʒɛktyʀ] *nf* conjecture
conjoint, e [kɔ̃ʒwɛ̃, -wɛ̃t] *adj* joint ♦ *nm/f* spouse
conjonction [kɔ̃ʒɔ̃ksjɔ̃] *nf* (*LING*) conjunction
conjonctivite [kɔ̃ʒɔ̃ktivit] *nf* conjunctivitis
conjoncture [kɔ̃ʒɔ̃ktyʀ] *nf* circumstances *pl*; climate
conjugaison [kɔ̃ʒygɛzɔ̃] *nf* (*LING*) conjugation
conjuger [kɔ̃ʒyge] *vt* (*LING*) to conjugate; (*efforts etc*) to combine
conjuration [kɔ̃ʒyʀɑsjɔ̃] *nf* conspiracy
conjurer [kɔ̃ʒyʀe] *vt* (*sort, maladie*) to avert; (*implorer*) to beseech, entreat
connaissance [kɔnɛsɑ̃s] *nf* (*savoir*) knowledge *no pl*; (*personne connue*) acquaintance; **être sans ~** to be unconscious; **perdre/reprendre ~** to lose/regain consciousness; **à ma/sa ~** to (the best of) my/his knowledge; **avoir ~ de** to be aware of; **prendre ~ de** (*document etc*) to peruse; **en ~ de cause** with full knowledge of the facts
connaître [kɔnɛtʀ(ə)] *vt* to know; (*éprouver*) to experience; (*avoir*) to have; to enjoy; **~ de nom/vue** to know by name/sight; **ils se sont connus à Genève** they (first) met in Geneva
connecté, e [kɔnɛkte] *adj* on line
connecter [kɔnɛkte] *vt* to connect
connerie [kɔnʀi] (*fam!*) *nf* stupid thing (to do *ou* say)
connu, e [kɔny] *adj* (*célèbre*) well-known
conquérir [kɔ̃keʀiʀ] *vt* to conquer, win; **conquête** *nf* conquest
consacrer [kɔ̃sakʀe] *vt* (*REL*) to consecrate; (*fig*: *usage etc*) to sanction, establish; (*employer*) to devote, dedicate
conscience [kɔ̃sjɑ̃s] *nf* conscience; **avoir/prendre ~ de** to be/become aware of; **perdre ~** to lose consciousness; **avoir bonne/mauvaise ~** to have a clear/guilty conscience; **consciencieux, euse** *adj* conscientious; **conscient, e** *adj* conscious
conscrit [kɔ̃skʀi] *nm* conscript
consécutif, ive [kɔ̃sekytif, -iv] *adj* consecutive; **~ à** following upon
conseil [kɔ̃sɛj] *nm* (*avis*) piece of advice, advice *no pl*; (*assemblée*) council; **prendre ~ (auprès de qn)** to take advice (from sb); **~ d'administration** board (of directors); **le ~ des ministres** ≈ the Cabinet
conseiller, ère [kɔ̃seje, kɔ̃sɛjɛʀ] *nm/f* adviser ♦ *vt* (*personne*) to advise; (*méthode, action*) to recommend, advise; **~ à qn de** to advise sb to
consentement [kɔ̃sɑ̃tmɑ̃] *nm* consent
consentir [kɔ̃sɑ̃tiʀ] *vt* to agree, consent
conséquence [kɔ̃sekɑ̃s] *nf* consequence; **en ~** (*donc*) consequently; (*de façon appropriée*) accordingly; **ne pas tirer à ~** to be unlikely to have any repercussions

conséquent, e [kɔ̃sekɑ̃, -ɑ̃t] *adj* logical, rational; (*fam*: *important*) substantial; **par ~** consequently

conservateur, trice [kɔ̃sɛʀvatœʀ, -tʀis] *nm/f* (*POL*) conservative; (*de musée*) curator

conservatoire [kɔ̃sɛʀvatwaʀ] *nm* academy; (*ÉCOLOGIE*) conservation area

conserve [kɔ̃sɛʀv(ə)] *nf* (*gén pl*) canned *ou* tinned (*BRIT*) food; **en ~** canned, tinned (*BRIT*)

conserver [kɔ̃sɛʀve] *vt* (*faculté*) to retain, keep; (*amis, livres*) to keep; (*préserver, aussi CULIN*) to preserve

considérable [kɔ̃sideʀabl(ə)] *adj* considerable, significant, extensive

considération [kɔ̃sideʀɑsjɔ̃] *nf* consideration; (*estime*) esteem

considérer [kɔ̃sideʀe] *vt* to consider; **~ qch comme** to regard sth as

consigne [kɔ̃siɲ] *nf* (*de gare*) left luggage (office) (*BRIT*), checkroom (*US*); (*ordre, instruction*) instructions *pl*; **~ (automatique)** left-luggage locker; **~r** [kɔ̃siɲe] *vt* (*note, pensée*) to record; (*punir*) to confine to barracks; to put in detention; (*COMM*) to put a deposit on

consistant, e [kɔ̃sistɑ̃, -ɑ̃t] *adj* thick; solid

consister [kɔ̃siste] *vi*: **~ en/dans/à faire** to consist of/in/in doing

consœur [kɔ̃sœʀ] *nf* (lady) colleague; fellow member

consoler [kɔ̃sɔle] *vt* to console

consolider [kɔ̃sɔlide] *vt* to strengthen; (*fig*) to consolidate

consommateur, trice [kɔ̃sɔmatœʀ, -tʀis] *nm/f* (*ÉCON*) consumer; (*dans un café*) customer

consommation [kɔ̃sɔmɑsjɔ̃] *nf* (*boisson*) drink; **~ aux 100 km** (*AUTO*) (fuel) consumption per 100 km

consommer [kɔ̃sɔme] *vt* (*suj*: *personne*) to eat *ou* drink, consume; (: *voiture, usine, poêle*) to use, consume ♦ *vi* (*dans un café*) to (have a) drink

consonne [kɔ̃sɔn] *nf* consonant

conspirer [kɔ̃spiʀe] *vi* to conspire

constamment [kɔ̃stamɑ̃] *adv* constantly

constant, e [kɔ̃stɑ̃, -ɑ̃t] *adj* constant; (*personne*) steadfast

constat [kɔ̃sta] *nm* (*d'huissier*) certified report; (*de police*) report; (*affirmation*) statement

constatation [kɔ̃statɑsjɔ̃] *nf* (*observation*) (observed) fact, observation; (*affirmation*) statement

constater [kɔ̃state] *vt* (*remarquer*) to note; (*ADMIN, JUR*: *attester*) to certify; (*dire*) to state

consterner [kɔ̃stɛʀne] *vt* to dismay

constipé, e [kɔ̃stipe] *adj* constipated

constitué, e [kɔ̃stitɥe] *adj*: **~ de** made up *ou* composed of

constituer [kɔ̃stitɥe] *vt* (*comité, équipe*) to set up; (*dossier, collection*) to put together; (*suj*: *éléments*: *composer*) to make up, constitute; (*représenter, être*) to constitute; **se ~ prisonnier** to give o.s. up

constitution [kɔ̃stitysjɔ̃] *nf* (*composition*) composition, make-up; (*santé, POL*) constitution

constructeur [kɔ̃stʀyktœʀ] *nm* manufacturer, builder

construction [kɔ̃stʀyksjɔ̃] *nf* construction, building

construire [kɔ̃stʀɥiʀ] *vt* to build, construct

consul [kɔ̃syl] *nm* consul; **consulat** *nm* consulate

consultation [kɔ̃syltɑsjɔ̃] *nf* consultation; **~s** *nfpl* (*POL*) talks; **heures de ~** (*MÉD*) surgery (*BRIT*) *ou* office (*US*) hours

consulter [kɔ̃sylte] *vt* to consult ♦ *vi* (*médecin*) to hold surgery (*BRIT*), be in (the office) (*US*)

consumer [kɔ̃syme] *vt* to consume; **se ~** *vi* to burn

contact [kɔ̃takt] *nm* contact; **au ~ de** (*air, peau*) on contact with; (*gens*) through contact with; **mettre/couper le ~** (*AUTO*) to switch on/off the ignition; **entrer en**

ou **prendre** ~ **avec** to get in touch *ou* contact with; **contacter** *vt* to contact, get in touch with

contagieux, euse [kɔ̃taʒjø, -øz] *adj* contagious; infectious

contaminer [kɔ̃tamine] *vt* to contaminate

conte [kɔ̃t] *nm* tale; ~ **de fées** fairy tale

contempler [kɔ̃tɑ̃ple] *vt* to contemplate, gaze at

contemporain, e [kɔ̃tɑ̃pɔʀɛ̃, -ɛn] *adj, nm/f* contemporary

contenance [kɔ̃tnɑ̃s] *nf* (*d'un récipient*) capacity; (*attitude*) bearing, attitude; **perdre** ~ to lose one's composure

conteneur [kɔ̃tnœʀ] *nm* container

contenir [kɔ̃tniʀ] *vt* to contain; (*avoir une capacité de*) to hold

content, e [kɔ̃tɑ̃, -ɑ̃t] *adj* pleased, glad; ~ **de** pleased with; **contenter** *vt* to satisfy, please; **se** ~**er de** to content o.s. with

contentieux [kɔ̃tɑ̃sjø] *nm* (*COMM*) litigation; litigation department

contenu [kɔ̃tny] *nm* (*d'un bol*) contents *pl*; (*d'un texte*) content

conter [kɔ̃te] *vt* to recount, relate

contestable [kɔ̃tɛstabl(ə)] *adj* questionable

contestation [kɔ̃tɛstɑsjɔ̃] *nf* (*POL*) protest

conteste [kɔ̃tɛst(ə)] : **sans** ~ *adv* unquestionably, indisputably

contester [kɔ̃tɛste] *vt* to question, contest ♦ *vi* (*POL, gén*) to protest, rebel (against established authority)

contexte [kɔ̃tɛkst(ə)] *nm* context

contigu, ë [kɔ̃tigy] *adj*: ~ **(à)** adjacent (to)

continent [kɔ̃tinɑ̃] *nm* continent

continu, e [kɔ̃tiny] *adj* continuous; **(courant)** ~ direct current, DC

continuel, le [kɔ̃tinɥɛl] *adj* (*qui se répète*) constant, continual; (*continu*) continuous

continuer [kɔ̃tinɥe] *vt* (*travail, voyage etc*) to continue (with), carry on (with), go on (with); (*prolonger: alignement, rue*) to continue ♦ *vi* (*pluie, vie, bruit*) to continue, go on; (*voyageur*) to go on; ~ **à** *ou* **de faire** to go on *ou* continue doing

contorsionner [kɔ̃tɔʀsjɔne]: **se** ~ *vi* to contort o.s., writhe about

contour [kɔ̃tuʀ] *nm* outline, contour

contourner [kɔ̃tuʀne] *vt* to go round

contraceptif, ive [kɔ̃tʀasɛptif, -iv] *adj, nm* contraceptive; **contraception** [kɔ̃tʀasɛpsjɔ̃] *nf* contraception

contracté, e [kɔ̃tʀakte] *adj* tense

contracter [kɔ̃tʀakte] *vt* (*muscle etc*) to tense, contract; (*maladie, dette, obligation*) to contract; (*assurance*) to take out; **se** ~ *vi* (*métal, muscles*) to contract

contractuel, le [kɔ̃tʀaktɥɛl] *nm/f* (*agent*) traffic warden

contradiction [kɔ̃tʀadiksjɔ̃] *nf* contradiction; **contradictoire** *adj* contradictory, conflicting

contraignant, e [kɔ̃tʀɛɲɑ̃, ɑ̃t] *adj* restricting

contraindre *vt*: ~ **qn à faire** to compel sb to do; **contraint, e** [kɔ̃tʀɛ̃, -ɛ̃t] *adj* (*mine, air*) constrained, forced; **contrainte** *nf* constraint

contraire [kɔ̃tʀɛʀ] *adj, nm* opposite; ~ **à** contrary to; **au** ~ on the contrary

contrarier [kɔ̃tʀaʀje] *vt* (*personne*) to annoy, bother; (*fig*) to impede; to thwart, frustrate; **contrariété** [kɑ̃tʀaʀjete] *nf* annoyance

contraste [kɔ̃tʀast(ə)] *nm* contrast

contrat [kɔ̃tʀa] *nm* contract; ~ **de travail** employment contract

contravention [kɔ̃tʀavɑ̃sjɔ̃] *nf* (*amende*) fine; (*P.V. pour stationnement interdit*) parking ticket

contre [kɔ̃tʀ(ə)] *prép* against; (*en échange*) (in exchange) for; **par** ~ on the other hand

contrebande [kɔ̃tʀəbɑ̃d] *nf* (*trafic*) contraband, smuggling; (*marchandise*) contraband, smuggled goods *pl*; **faire la** ~ **de** to smuggle

contrebas [kɔ̃tʀəbɑ] : **en** ~ *adv* (down) below

contrebasse [kɔ̃tʀəbɑs] *nf* (double) bass

contre: **~carrer** *vt* to thwart; **~cœur**: **à ~cœur** *adv* (be)-grudgingly, reluctantly; **~coup** *nm* repercussions *pl*; **par ~coup** as an indirect consequence; **~dire** *vt* (*personne*) to contradict; (*témoignage, assertion, faits*) to refute

contrée [kɔ̃tʀe] *nf* region; land

contrefaçon [kɔ̃tʀəfasɔ̃] *nf* forgery

contrefaire [kɔ̃tʀəfɛʀ] *vt* (*document, signature*) to forge, counterfeit; (*personne, démarche*) to mimic; (*dénaturer: sa voix etc*) to disguise

contre-indication (*pl* **contre-indications**) *nf* (*MED*) contra-indication

contre-jour [kɔ̃tʀəʒuʀ]: **à ~** *adv* against the sunlight

contremaître [kɔ̃tʀəmɛtʀ(ə)] *nm* foreman

contrepartie [kɔ̃tʀəpaʀti] *nf* compensation; **en ~** in return

contre-pied [kɔ̃tʀəpje] *nm*: **prendre le ~ de** to take the opposing view of; to take the opposite course to

contre-plaqué [kɔ̃tʀəplake] *nm* plywood

contrepoids [kɔ̃tʀəpwa] *nm* counterweight, counterbalance

contrer [kɔ̃tʀe] *vt* to counter

contresens [kɔ̃tʀəsɑ̃s] *nm* misinterpretation; mistranslation; nonsense *no pl*; **à ~** the wrong way

contretemps [kɔ̃tʀətɑ̃] *nm* hitch; **à ~** (*MUS*) out of time; (*fig*) at an inopportune moment

contrevenir [kɔ̃tʀəvniʀ]: **~ à** *vt* to contravene

contribuable [kɔ̃tʀibɥabl(ə)] *nm/f* taxpayer

contribuer [kɔ̃tʀibɥe]: **~ à** *vt* to contribute towards; **contribution** *nf* contribution; **contributions directes/indirectes** direct/indirect taxation; **mettre à contribution** to call upon

contrôle [kɔ̃tʀol] *nm* checking *no pl*, check; supervision; monitoring; (*test*) test, examination; **perdre le ~ de** (*véhicule*) to lose control of; **~ continu** (*SCOL*) continuous assessment; **~ d'identité** identity check; **~ des naissances** birth control

contrôler [kɔ̃tʀole] *vt* (*vérifier*) to check; (*surveiller*) to supervise; to monitor, control; (*maîtriser, COMM: firme*) to control; **contrôleur, euse** *nm/f* (*de train*) (ticket) inspector; (*de bus*) (bus) conductor(tress)

contrordre [kɔ̃tʀɔʀdʀ(ə)] *nm*: **sauf ~** unless otherwise directed

controversé, e [kɔ̃tʀɔvɛʀse] *adj* (*personnage, question*) controversial

contusion [kɔ̃tyzjɔ̃] *nf* bruise, contusion

convaincre [kɔ̃vɛ̃kʀ(ə)] *vt*: **~ qn (de qch)** to convince sb (of sth); **~ qn (de faire)** to persuade sb (to do); **~ qn de** (*JUR: délit*) to convict sb of

convalescence [kɔ̃valesɑ̃s] *nf* convalescence

convenable [kɔ̃vnabl(ə)] *adj* suitable; (*assez bon, respectable*) decent

convenance [kɔ̃vnɑ̃s] *nf*: **à ma/votre ~** to my/your liking; **~s** *nfpl* (*normes sociales*) proprieties

convenir [kɔ̃vniʀ] *vi* to be suitable; **~ à** to suit; **il convient de** it is advisable to; (*bienséant*) it is right *ou* proper to; **~ de** (*bien-fondé de qch*) to admit (to), acknowledge; (*date, somme etc*) to agree upon; **~ que** (*admettre*) to admit that; **~ de faire** to agree to do

convention [kɔ̃vɑ̃sjɔ̃] *nf* convention; **~s** *nfpl* (*convenances*) convention *sg*; **~ collective** (*ECON*) collective agreement; **conventionné, e** *adj* (*ADMIN*) *applying charges laid down by the state*

convenu, e [kɔ̃vny] *pp de* **convenir** ♦ *adj* agreed

conversation [kɔ̃vɛʀsasjɔ̃] *nf* conversation

convertir [kɔ̃vɛʀtiʀ] *vt*: **~ qn (à)** to convert sb (to); **se ~ (à)** to be converted (to); **~ qch en** to convert sth

into
conviction [kɔ̃viksjɔ̃] *nf* conviction
convienne *etc vb voir* **convenir**
convier [kɔ̃vje] *vt*: ~ **qn à** (*dîner etc*) to (cordially) invite sb to
convive [kɔ̃viv] *nm/f* guest (*at table*)
convivial, e [kɔ̃vivjal] *adj* (*INFORM*) user-friendly
convocation [kɔ̃vɔkasjɔ̃] *nf* (*document*) notification to attend; summons *sg*
convoi [kɔ̃vwa] *nm* (*de voitures, prisonniers*) convoy; (*train*) train
convoiter [kɔ̃vwate] *vt* to covet
convoquer [kɔ̃vɔke] *vt* (*assemblée*) to convene; (*subordonné*) to summon; (*candidat*) to ask to attend; ~ **qn (à)** (*réunion*) to invite sb (to attend)
convoyeur [kɔ̃vwajœʀ] *nm* (*NAVIG*) escort ship; ~ **de fonds** security guard
coopération [kɔɔpeʀasjɔ̃] *nf* co-operation; (*ADMIN*): **la C~** ≈ Voluntary Service Overseas (*BRIT*), ≈ Peace Corps (*US*)
coopérer [kɔɔpeʀe] *vi*: ~ **(à)** to co-operate (in)
coordonner [kɔɔʀdɔne] *vt* to coordinate
copain [kɔpɛ̃] *nm* mate, pal
copeau, x [kɔpo] *nm* shaving
copie [kɔpi] *nf* copy; (*SCOL*) script, paper; exercise
copier [kɔpje] *vt, vi* to copy; ~ **sur** to copy from
copieur [kɔpjœʀ] *nm* (photo)copier
copieux, euse [kɔpjø, -øz] *adj* copious
copine [kɔpin] *nf* = **copain**
copropriété [kɔpʀɔpʀijete] *nf* co-ownership, joint ownership
coq [kɔk] *nm* cock, rooster; **~-à-l'âne** [kɔkalɑn] *nm inv* abrupt change of subject
coque [kɔk] *nf* (*de noix, mollusque*) shell; (*de bateau*) hull; **à la** ~ (*CULIN*) (soft-)boiled
coquelicot [kɔkliko] *nm* poppy
coqueluche [kɔklyʃ] *nf* whooping-cough
coquet, te [kɔkɛ, -ɛt] *adj* flirtatious; appearance-conscious; pretty
coquetier [kɔktje] *nm* egg-cup
coquillage [kɔkijaʒ] *nm* (*mollusque*) shellfish *inv*; (*coquille*) shell
coquille [kɔkij] *nf* shell; (*TYPO*) misprint; ~ **St Jacques** scallop
coquin, e [kɔkɛ̃, -in] *adj* mischievous, roguish; (*polisson*) naughty
cor [kɔʀ] *nm* (*MUS*) horn; (*MÉD*): ~ **(au pied)** corn; **réclamer à ~ et à cri** to clamour for
corail, aux [kɔʀaj, -o] *nm* coral *no pl*
Coran [kɔʀɑ̃] *nm*: **le ~** the Koran
corbeau, x [kɔʀbo] *nm* crow
corbeille [kɔʀbɛj] *nf* basket; ~ **à papier** waste paper basket *ou* bin
corbillard [kɔʀbijaʀ] *nm* hearse
corde [kɔʀd(ə)] *nf* rope; (*de violon, raquette, d'arc*) string; (*ATHLETISME, AUTO*): **la ~** the rails *pl*; **usé jusqu'à la ~** threadbare; ~ **à linge** washing *ou* clothes line; ~ **à sauter** skipping rope; **~s vocales** vocal cords; **cordée** [kɔʀde] *nf* (*d'alpinistes*) rope, roped party
cordialement [kɔʀdjalmɑ̃] *adv* (*formule épistolaire*) (kind) regards
cordon [kɔʀdɔ̃] *nm* cord, string; ~ **ombilical** umbilical cord; ~ **sanitaire/de police** sanitary/police cordon
cordonnerie [kɔʀdɔnʀi] *nf* shoe repairer's (shop); **cordonnier** [kɔʀdɔnje] *nm* shoe repairer
coriace [kɔʀjas] *adj* tough
corne [kɔʀn(ə)] *nf* horn; (*de cerf*) antler
corneille [kɔʀnɛj] *nf* crow
cornemuse [kɔʀnəmyz] *nf* bagpipes *pl*
cornet [kɔʀnɛ] *nm* (paper) cone; (*de glace*) cornet, cone
corniche [kɔʀniʃ] *nf* (*de meuble, neigeuse*) cornice; (*route*) coast road
cornichon [kɔʀniʃɔ̃] *nm* gherkin
Cornouailles [kɔʀnwaj] *nf* Cornwall
corporation [kɔʀpɔʀasjɔ̃] *nf* corpo-

rate body
corporel, le [kɔʀpɔʀɛl] *adj* bodily; (*punition*) corporal
corps [kɔʀ] *nm* body; **à son ~ défendant** against one's will; **à ~ perdu** headlong; **perdu ~ et biens** lost with all hands; **prendre ~** to take shape; **~ à ~** *adv* hand-to-hand ♦ *nm* clinch; **~ de garde** guardroom; **le ~ électoral** the electorate; **le ~ enseignant** the teaching profession
corpulent, e [kɔʀpylɑ̃, -ɑ̃t] *adj* stout
correct, e [kɔʀɛkt] *adj* correct; (*passable*) adequate
correction [kɔʀɛksjɔ̃] *nf* (*voir corriger*) correction; (*voir correct*) correctness; (*rature, surcharge*) correction, emendation; (*coups*) thrashing
correctionnel, le [kɔʀɛksjɔnɛl] *adj* (*JUR*): **tribunal ~** ≈ criminal court
correspondance [kɔʀɛspɔ̃dɑ̃s] *nf* correspondence; (*de train, d'avion*) connection; **cours par ~** correspondence course; **vente par ~** mail-order business
correspondant, e [kɔʀɛspɔ̃dɑ̃, -ɑ̃t] *nm/f* correspondent; (*TÉL*) person phoning (*ou* being phoned)
correspondre [kɔʀɛspɔ̃dʀ(ə)] *vi* to correspond, tally; **~ à** to correspond to; **~ avec qn** to correspond with sb
corrida [kɔʀida] *nf* bullfight
corridor [kɔʀidɔʀ] *nm* corridor
corriger [kɔʀiʒe] *vt* (*devoir*) to correct; (*punir*) to thrash; **~ qn de** (*défaut*) to cure sb of
corrompre [kɔʀɔ̃pʀ(ə)] *vt* to corrupt; (*acheter: témoin etc*) to bribe
corruption [kɔʀypsjɔ̃] *nf* corruption; bribery
corsage [kɔʀsaʒ] *nm* bodice; blouse
corse [kɔʀs(ə)] *adj, nm/f* Corsican ♦ *nf*: **la C~** Corsica
corsé, e [kɔʀse] *adj* vigorous; (*vin, goût*) full-flavoured; (*fig*) spicy; tricky
corset [kɔʀsɛ] *nm* corset; bodice
cortège [kɔʀtɛʒ] *nm* procession
corvée [kɔʀve] *nf* chore, drudgery *no pl*
cosmétique [kɔsmetik] *nm* beauty care product
cossu, e [kɔsy] *adj* well-to-do
costaud, e [kɔsto, -od] *adj* strong, sturdy
costume [kɔstym] *nm* (*d'homme*) suit; (*de théâtre*) costume; **costumé, e** *adj* dressed up
cote [kɔt] *nf* (*en Bourse etc*) quotation; quoted value; (*d'un cheval*): **la ~ de** the odds *pl* on; (*d'un candidat etc*) rating; (*sur un croquis*) dimension; **~ d'alerte** danger *ou* flood level
côte [kot] *nf* (*rivage*) coast(line); (*pente*) slope; (: *sur une route*) hill; (*ANAT*) rib; (*d'un tricot, tissu*) rib, ribbing *no pl*; **~ à ~** side by side; **la C~ (d'Azur)** the (French) Riviera
côté [kote] *nm* (*gén*) side; (*direction*) way, direction; **de chaque ~ (de)** on each side (of); **de tous les ~s** from all directions; **de quel ~ est-il parti?** which way did he go?; **de ce/de l'autre ~** this/the other way; **du ~ de** (*provenance*) from; (*direction*) towards; (*proximité*) near; **de ~** sideways; on one side; to one side; aside; **laisser/mettre de ~** to leave/put to one side; **à ~** (right) nearby; beside; next door; (*d'autre part*) besides; **à ~ de** beside; next to; **être aux ~s de** to be by the side of
coteau, x [kɔto] *nm* hill
côtelette [kotlɛt] *nf* chop
coter [kɔte] *vt* (*en Bourse*) to quote
côtier, ière [kotje, -jɛʀ] *adj* coastal
cotisation [kɔtizɑsjɔ̃] *nf* subscription, dues *pl*; (*pour une pension*) contributions *pl*
cotiser [kɔtize] *vi*: **~ (à)** to pay contributions (to); **se ~** *vi* to club together
coton [kɔtɔ̃] *nm* cotton; **~ hydrophile** cotton wool (*BRIT*), absorbent cotton (*US*)
côtoyer [kotwaje] *vt* to be close to; to rub shoulders with; to run alongside

cou [ku] *nm* neck

couchant [kuʃɑ̃] *adj*: **soleil** ~ setting sun

couche [kuʃ] *nf* (*strate*: *gén, GÉO*) layer; (*de peinture, vernis*) coat; (*de bébé*) nappy (*BRIT*), diaper (*US*); ~**s** *nfpl* (*MÉD*) confinement *sg*; ~ **d'ozone** ozone layer; ~**s sociales** social levels *ou* strata

couché, e [kuʃe] *adj* lying down; (*au lit*) in bed

couche-culotte [kuʃkylɔt] *nf* disposable nappy (*BRIT*) *ou* diaper (*US*) and waterproof pants in one

coucher [kuʃe] *nm* (*du soleil*) setting ♦ *vt* (*personne*) to put to bed; (*: loger*) to put up; (*objet*) to lay on its side ♦ *vi* to sleep; **se** ~ *vi* (*pour dormir*) to go to bed; (*pour se reposer*) to lie down; (*soleil*) to set; ~ **de soleil** sunset

couchette [kuʃɛt] *nf* couchette; (*de marin*) bunk

coucou [kuku] *nm* cuckoo

coude [kud] *nm* (*ANAT*) elbow; (*de tuyau, de la route*) bend; ~ **à** ~ shoulder to shoulder, side by side

coudre [kudʀ(ə)] *vt* (*bouton*) to sew on; (*robe*) to sew (up) ♦ *vi* to sew

couenne [kwan] *nf* (*de lard*) rind

couette [kwɛt] *nf* duvet, quilt; ~**s** *nfpl* (*cheveux*) bunches

couffin [kufɛ̃] *nm* Moses basket

couler [kule] *vi* to flow, run; (*fuir*: *stylo, récipient*) to leak; (*sombrer*: *bateau*) to sink ♦ *vt* (*cloche, sculpture*) to cast; (*bateau*) to sink; (*fig*) to ruin, bring down

couleur [kulœʀ] *nf* colour (*BRIT*), color (*US*); (*CARTES*) suit; **film/télévision en** ~**s** colo(u)r film/television

couleuvre [kulœvʀ(ə)] *nf* grass snake

coulisse [kulis] *nf*: ~**s** *nfpl* (*THÉÂTRE*) wings; (*fig*): **dans les** ~**s** behind the scenes; **coulisser** *vi* to slide, run

couloir [kulwaʀ] *nm* corridor, passage; (*de bus*) gangway; (*sur la route*) bus lane; (*SPORT*: *de piste*) lane; (*GÉO*) gully; ~ **aérien/de navigation** air/shipping lane

coup [ku] *nm* (*heurt, choc*) knock; (*affectif*) blow, shock; (*agressif*) blow; (*avec arme à feu*) shot; (*de l'horloge*) chime; stroke; (*SPORT*) stroke; shot; blow; (*fam*: *fois*) time; ~ **de coude** nudge (with the elbow); ~ **de tonnerre** clap of thunder; ~ **de sonnette** ring of the bell; ~ **de crayon** stroke of the pencil; **donner un** ~ **de balai** to give the floor a sweep; **avoir le** ~ (*fig*) to have the knack; **boire un** ~ to have a drink; **être dans le** ~ to be in on it; **du** ~ ... so (you see) ...; **d'un seul** ~ (*subitement*) suddenly; (*à la fois*) at one go; in one blow; **du premier** ~ first time; **du même** ~ at the same time; **à** ~ **sûr** definitely, without fail; ~ **sur** ~ in quick succession; **sur le** ~ outright; **sous le** ~ **de** (*surprise etc*) under the influence of; ~ **de chance** stroke of luck; ~ **de couteau** stab (of a knife); ~ **d'envoi** kick-off; ~ **d'essai** first attempt; ~ **de feu** shot; ~ **de filet** (*POLICE*) haul; ~ **de frein** (sharp) braking *no pl*; ~ **de main**: **donner un** ~ **de main à qn** to give sb a (helping) hand; ~ **d'œil** glance; ~ **de pied** kick; ~ **de poing** punch; ~ **de soleil** sunburn *no pl*; ~ **de téléphone** phone call; ~ **de tête** (*fig*) (sudden) impulse; ~ **de théâtre** (*fig*) dramatic turn of events; ~ **de vent** gust of wind; **en coup de vent** in a tearing hurry; ~ **franc** free kick

coupable [kupabl(ə)] *adj* guilty ♦ *nm/f* (*gén*) culprit; (*JUR*) guilty party

coupe [kup] *nf* (*verre*) goblet; (*à fruits*) dish; (*SPORT*) cup; (*de cheveux, de vêtement*) cut; (*graphique, plan*) (cross) section; **être sous la** ~ **de** to be under the control of

coupe-papier [kuppapje] *nm inv* paper knife

couper [kupe] *vt* to cut; (*retrancher*)

to cut (out); (*route, courant*) to cut off; (*appétit*) to take away; (*vin, cidre*) to blend; (: *à table*) to dilute ♦ *vi* to cut; (*prendre un raccourci*) to take a short-cut; **se** ~ *vi* (*se blesser*) to cut o.s.; ~ **la parole à qn** to cut sb short

couple [kupl(ə)] *nm* couple

couplet [kuplɛ] *nm* verse

coupole [kupɔl] *nf* dome; cupola

coupon [kupɔ̃] *nm* (*ticket*) coupon; (*de tissu*) remnant; roll; **~-réponse** *nm* reply coupon

coupure [kupyʀ] *nf* cut; (*billet de banque*) note; (*de journal*) cutting; ~ **de courant** power cut

cour [kuʀ] *nf* (*de ferme, jardin*) (court)yard; (*d'immeuble*) back yard; (*JUR, royale*) court; **faire la** ~ **à qn** to court sb; ~ **d'assises** court of assizes; ~ **martiale** court-martial

courage [kuʀaʒ] *nm* courage, bravery; **courageux, euse** *adj* brave, courageous

couramment [kuʀamɑ̃] *adv* commonly; (*parler*) fluently

courant, e [kuʀɑ̃, -ɑ̃t] *adj* (*fréquent*) common; (*COMM, gén*: *normal*) standard; (*en cours*) current ♦ *nm* current; (*fig*) movement; trend; **être au** ~ **(de)** (*fait, nouvelle*) to know (about); **mettre qn au** ~ **(de)** to tell sb (about); (*nouveau travail etc*) to teach sb the basics (of); **se tenir au** ~ **(de)** (*techniques etc*) to keep o.s. up-to-date (on); **dans le** ~ **de** (*pendant*) in the course of; **le 10** ~ (*COMM*) the 10th inst.; ~ **d'air** draught; ~ **électrique** (electric) current, power

courbature [kuʀbatyʀ] *nf* ache

courbe [kuʀb(ə)] *adj* curved ♦ *nf* curve; **~r** [kuʀbe] *vt* to bend

coureur, euse [kuʀœʀ, -øz] *nm/f* (*SPORT*) runner (*ou* driver); (*péj*) womanizer; manhunter; ~ **automobile** racing driver

courge [kuʀʒ(ə)] *nf* (*CULIN*) marrow; **courgette** [kuʀʒɛt] *nf* courgette (*BRIT*), zucchini (*US*)

courir [kuʀiʀ] *vi* to run ♦ *vt* (*SPORT*: *épreuve*) to compete in; (*risque*) to run; (*danger*) to face; ~ **les magasins** to go round the shops; **le bruit court que** the rumour is going round that

couronne [kuʀɔn] *nf* crown; (*de fleurs*) wreath, circlet

courons *etc vb voir* **courir**

courrier [kuʀje] *nm* mail, post; (*lettres à écrire*) letters *pl*; **avion long/moyen** ~ long-/medium-haul plane

courroie [kuʀwa] *nf* strap; (*TECH*) belt

courrons *etc vb voir* **courir**

cours [kuʀ] *nm* (*leçon*) lesson; class; (*série de leçons, cheminement*) course; (*écoulement*) flow; (*COMM*) rate; price; **donner libre** ~ **à** to give free expression to; **avoir** ~ (*monnaie*) to be legal tender; (*fig*) to be current; (*SCOL*) to have a class *ou* lecture; **en** ~ (*année*) current; (*travaux*) in progress; **en** ~ **de route** on the way; **au** ~ **de** in the course of, during; ~ **d'eau** waterway; ~ **du soir** night school

course [kuʀs(ə)] *nf* running; (*SPORT*: *épreuve*) race; (*d'un taxi, autocar*) journey, trip; (*petite mission*) errand; ~**s** *nfpl* (*achats*) shopping *sg*; **faire des** ~**s** to do some shopping

court, e [kuʀ, kuʀt(ə)] *adj* short ♦ *adv* short ♦ *nm*: ~ **(de tennis)** (tennis) court; **tourner** ~ to come to a sudden end; **ça fait** ~ that's not very long; **à** ~ **de** short of; **prendre qn de** ~ to catch sb unawares; **tirer à la** ~**e paille** to draw lots; **~-circuit** *nm* short-circuit

courtier, ère [kuʀtje, -jɛʀ] *nm/f* broker

courtiser [kuʀtize] *vt* to court, woo

courtois, e [kuʀtwa, -waz] *adj* courteous

couru, e [kuʀy] *pp de* **courir** ♦ *adj*: **c'est** ~ it's a safe bet

cousais *etc vb voir* **coudre**
couscous [kuskus] *nm* couscous
cousin, e [kuzɛ̃, -in] *nm/f* cousin
coussin [kusɛ̃] *nm* cushion
cousu, e [kuzy] *pp de* **coudre**
coût [ku] *nm* cost; **le ~ de la vie** the cost of living
coûtant [kutɑ̃] *adj m*: **au prix ~** at cost price
couteau, x [kuto] *nm* knife; **~ à cran d'arrêt** flick-knife
coûter [kute] *vt, vi* to cost; **combien ça coûte?** how much is it?, what does it cost?; **coûte que coûte** at all costs; **coûteux, euse** *adj* costly, expensive
coutume [kutym] *nf* custom
couture [kutyʀ] *nf* sewing; dressmaking; (*points*) seam; **couturier** [kutyʀje] *nm* fashion designer; **couturière** [kutyʀjɛʀ] *nf* dressmaker
couvée [kuve] *nf* brood, clutch
couvent [kuvɑ̃] *nm* (*de sœurs*) convent; (*de frères*) monastery
couver [kuve] *vt* to hatch; (*maladie*) to be sickening for ♦ *vi* (*feu*) to smoulder; (*révolte*) to be brewing
couvercle [kuvɛʀkl(ə)] *nm* lid; (*de bombe aérosol etc, qui se visse*) cap, top
couvert, e [kuvɛʀ, -ɛʀt(ə)] *pp de* **couvrir** ♦ *adj* (*ciel*) overcast ♦ *nm* place setting; (*place à table*) place; (*au restaurant*) cover charge; **~s** *nmpl* (*ustensiles*) cutlery *sg*; **~ de** covered with *ou* in; **mettre le ~** to lay the table
couverture [kuvɛʀtyʀ] *nf* blanket; (*de bâtiment*) roofing; (*de livre, assurance, fig*) cover; (*presse*) coverage; **~ chauffante** electric blanket
couveuse [kuvøz] *nf* (*de maternité*) incubator
couvre-feu *nm* curfew
couvre-lit *nm* bedspread
couvrir [kuvʀiʀ] *vt* to cover; **se ~** *vi* (*ciel*) to cloud over; (*s'habiller*) to cover up; (*se coiffer*) to put on one's hat
crabe [kʀɑb] *nm* crab
cracher [kʀaʃe] *vi, vt* to spit
crachin [kʀaʃɛ̃] *nm* drizzle
craie [kʀɛ] *nf* chalk
craindre [kʀɛ̃dʀ(ə)] *vt* to fear, be afraid of; (*être sensible à: chaleur, froid*) to be easily damaged by
crainte [kʀɛ̃t] *nf* fear; **de ~ de/que** for fear of/that; **craintif, ive** *adj* timid
cramoisi, e [kʀamwazi] *adj* crimson
crampe [kʀɑ̃p] *nf* cramp
cramponner [kʀɑ̃pɔne] : **se ~** *vi* to hang *ou* cling on (to)
cran [kʀɑ̃] *nm* (*entaille*) notch; (*de courroie*) hole; (*courage*) guts *pl*; **~ d'arrêt** safety catch
crâne [kʀɑn] *nm* skull
crâner [kʀɑne] (*fam*) *vi* to show off
crapaud [kʀapo] *nm* toad
crapule [kʀapyl] *nf* villain
craquement [kʀakmɑ̃] *nm* crack, snap; (*du plancher*) creak, creaking *no pl*
craquer [kʀake] *vi* (*bois, plancher*) to creak; (*fil, branche*) to snap; (*couture*) to come apart; (*fig*) to break down ♦ *vt* (*allumette*) to strike
crasse [kʀas] *nf* grime, filth
cravache [kʀavaʃ] *nf* (riding) crop
cravate [kʀavat] *nf* tie
crawl [kʀol] *nm* crawl; **dos ~é** backstroke
crayeux, euse [kʀɛjø, -øz] *adj* chalky
crayon [kʀɛjɔ̃] *nm* pencil; **~ à bille** ball-point pen; **~ de couleur** crayon, colouring pencil; **~ optique** light pen; **crayon-feutre** [kʀɛjɔ̃føtʀ(ə)] (*pl* **crayons-feutres**) *nm* felt(-tip) pen
créancier, ière [kʀeɑ̃sje, -jɛʀ] *nm/f* creditor
création [kʀeasjɔ̃] *nf* creation
créature [kʀeatyʀ] *nf* creature
crèche [kʀɛʃ] *nf* (*de Noël*) crib; (*garderie*) crèche, day nursery
crédit [kʀedi] *nm* (*gén*) credit; **~s** *nmpl* (*fonds*) funds; **payer/acheter à ~** to pay/buy on credit *ou* on easy terms; **faire ~ à qn** to give sb credit; **créditer** *vt*: **créditer un compte**

(de) to credit an account (with)
crédule [kʀedyl] *adj* credulous, gullible
créer [kʀee] *vt* to create; (*THÉÂTRE*) to produce (for the first time)
crémaillère [kʀemajɛʀ] *nf* (*RAIL*) rack; **pendre la ~** to have a house-warming party
crématoire [kʀematwaʀ] *adj*: **four ~** crematorium
crème [kʀɛm] *nf* cream; (*entremets*) cream dessert ♦ *adj inv* cream (-coloured); **un (café) ~** ≈ a white coffee; **~ à raser** shaving cream; **~ chantilly** whipped cream; **~ fouettée** = **crème chantilly**; **crémerie** *nf* dairy; **crémeux, euse** *adj* creamy
créneau, x [kʀeno] *nm* (*de fortification*) crenel(le); (*fig*) gap, slot; (*AUTO*): **faire un ~** to reverse into a parking space (*alongside the kerb*)
crêpe [kʀɛp] *nf* (*galette*) pancake ♦ *nm* (*tissu*) crêpe; **crêpé, e** *adj* (*cheveux*) backcombed; **crêperie** *nf* pancake shop *ou* restaurant
crépir [kʀepiʀ] *vt* to roughcast
crépiter [kʀepite] *vi* to sputter, splutter; to crackle
crépu, e [kʀepy] *adj* frizzy, fuzzy
crépuscule [kʀepyskyl] *nm* twilight, dusk
cresson [kʀesɔ̃] *nm* watercress
crête [kʀɛt] *nf* (*de coq*) comb; (*de vague, montagne*) crest
creuser [kʀøze] *vt* (*trou, tunnel*) to dig; (*sol*) to dig a hole in; (*bois*) to hollow out; (*fig*) to go (deeply) into; **ça creuse** that gives you a real appetite; **se ~ (la cervelle)** to rack one's brains
creux, euse [kʀø, -øz] *adj* hollow ♦ *nm* hollow; (*fig: sur graphique etc*) trough; **heures creuses** slack periods; off-peak periods
crevaison [kʀəvɛzɔ̃] *nf* puncture
crevasse [kʀəvas] *nf* (*dans le sol*) crack, fissure; (*de glacier*) crevasse
crevé, e [kʀəve] *adj* (*fatigué*) all in, exhausted
crever [kʀəve] *vt* (*papier*) to tear, break; (*tambour, ballon*) to burst ♦ *vi* (*pneu*) to burst; (*automobiliste*) to have a puncture (*BRIT*) *ou* a flat (tire) (*US*); (*fam*) to die; **cela lui a crevé un œil** it blinded him in one eye
crevette [kʀəvɛt] *nf*: **~ (rose)** prawn; **~ grise** shrimp
cri [kʀi] *nm* cry, shout; (*d'animal: spécifique*) cry, call; **c'est le dernier ~** (*fig*) it's the latest fashion
criant, e [kʀijɑ̃, -ɑ̃t] *adj* (*injustice*) glaring
criard, e [kʀijaʀ, -aʀd(ə)] *adj* (*couleur*) garish, loud; (*voix*) yelling
crible [kʀibl(ə)] *nm* riddle; **passer qch au ~** (*fig*) to go over sth with a fine-tooth comb
criblé, e [kʀible] *adj*: **~ de** riddled with; (*de dettes*) crippled with
cric [kʀik] *nm* (*AUTO*) jack
crier [kʀije] *vi* (*pour appeler*) to shout, cry (out); (*de peur, de douleur etc*) to scream, yell ♦ *vt* (*ordre, injure*) to shout (out), yell (out)
crime [kʀim] *nm* crime; (*meurtre*) murder; **criminel, le** *nm/f* criminal; murderer
crin [kʀɛ̃] *nm* hair *no pl*; (*fibre*) horsehair; **~ière** [kʀinjɛʀ] *nf* mane
crique [kʀik] *nf* creek, inlet
criquet [kʀikɛ] *nm* locust; grasshopper
crise [kʀiz] *nf* crisis; (*MÉD*) attack; fit; **~ cardiaque** heart attack; **~ de foie** bilious attack; **~ de nerfs** attack of nerves
crisper [kʀispe] *vt* to tense; (*poings*) to clench; **se ~** *vi* to tense; to clench; (*personne*) to get tense
crisser [kʀise] *vi* (*neige*) to crunch; (*pneu*) to screech
cristal, aux [kʀistal, -o] *nm* crystal; **~llin, e** *adj* crystal-clear
critère [kʀitɛʀ] *nm* criterion
critiquable [kʀitikabl(ə)] *adj* open to criticism
critique [kʀitik] *adj* critical ♦ *nm/f* (*de théâtre, musique*) critic ♦ *nf* crit-

icism; (*THÉÂTRE etc*: *article*) review; **~r** [kritike] *vt* (*dénigrer*) to criticize; (*évaluer, juger*) to assess, examine (critically)
croasser [kʀɔase] *vi* to caw
Croatie [kʀɔsi] *nf* Croatia
croc [kʀo] *nm* (*dent*) fang; (*de boucher*) hook
croc-en-jambe [kʀɔkɑ̃ʒɑ̃b] *nm*: **faire un ~ à qn** to trip sb up
croche [kʀɔʃ] *nf* (*MUS*) quaver (*BRIT*), eighth note (*US*); **~-pied** [kʀɔʃpje] *nm* = **croc-en-jambe**
crochet [kʀɔʃɛ] *nm* hook; (*détour*) detour; (*TRICOT*: *aiguille*) crochet hook; (: *technique*) crochet; **vivre aux ~s de qn** to live *ou* sponge off sb; **crocheter** *vt* (*serrure*) to pick
crochu, e [kʀɔʃy] *adj* hooked; claw-like
crocodile [kʀɔkɔdil] *nm* crocodile
crocus [kʀɔkys] *nm* crocus
croire [kʀwaʀ] *vt* to believe; **se ~ fort** to think one is strong; **~ que** to believe *ou* think that; **~ à, ~ en** to believe in
crois *vb voir* **croître**
croisade [kʀwazad] *nf* crusade
croisé, e [kʀwaze] *adj* (*veston*) double-breasted
croisement [kʀwazmɑ̃] *nm* (*carrefour*) crossroads *sg*; (*BIO*) crossing; crossbreed
croiser [kʀwaze] *vt* (*personne, voiture*) to pass; (*route*) to cross, cut across; (*BIO*) to cross ♦ *vi* (*NAVIG*) to cruise; **se ~** *vi* (*personnes, véhicules*) to pass each other; (*routes, lettres*) to cross; (*regards*) to meet; **~ les jambes/bras** to cross one's legs/fold one's arms
croiseur [kʀwazœʀ] *nm* cruiser (*warship*)
croisière [kʀwazjɛʀ] *nf* cruise; **vitesse de ~** (*AUTO etc*) cruising speed
croissance [kʀwasɑ̃s] *nf* growth
croissant [kʀwasɑ̃] *nm* (*à manger*) croissant; (*motif*) crescent
croître [kʀwatʀ(ə)] *vi* to grow
croix [kʀwa] *nf* cross; **en ~** in the form of a cross; **la C~ Rouge** the Red Cross
croque-monsieur [kʀɔkməsjø] *nm inv* toasted ham and cheese sandwich
croquer [kʀɔke] *vt* (*manger*) to crunch; to munch; (*dessiner*) to sketch ♦ *vi* to be crisp *ou* crunchy; **chocolat à ~** plain dessert chocolate
croquis [kʀɔki] *nm* sketch
crosse [kʀɔs] *nf* (*de fusil*) butt; (*de revolver*) grip
crotte [kʀɔt] *nf* droppings *pl*
crotté, e [kʀɔte] *adj* muddy, mucky
crottin [kʀɔtɛ̃] *nm* dung, manure
crouler [kʀule] *vi* (*s'effondrer*) to collapse; (*être délabré*) to be crumbling
croupe [kʀup] *nf* rump; **en ~** pillion
croupir [kʀupiʀ] *vi* to stagnate
croustillant, e [kʀustijɑ̃, -ɑ̃t] *adj* crisp; (*fig*) spicy
croûte [kʀut] *nf* crust; (*du fromage*) rind; (*MÉD*) scab; **en ~** (*CULIN*) in pastry
croûton [kʀutɔ̃] *nm* (*CULIN*) crouton; (*bout du pain*) crust, heel
croyable [kʀwajabl(ə)] *adj* credible
croyant, e [kʀwajɑ̃, -ɑ̃t] *nm/f* believer
C.R.S. *sigle fpl* (= *Compagnies républicaines de sécurité*) *state security police force* ♦ *sigle m* member of the C.R.S.
cru, e [kʀy] *pp de* **croire** ♦ *adj* (*non cuit*) raw; (*lumière, couleur*) harsh; (*paroles, description*) crude ♦ *nm* (*vignoble*) vineyard; (*vin*) wine
crû *pp de* **croître**
cruauté [kʀyote] *nf* cruelty
cruche [kʀyʃ] *nf* pitcher, jug
crucifix [kʀysifi] *nm* crucifix
crucifixion [kʀysifiksjɔ̃] *nf* crucifixion
crudités [kʀydite] *nfpl* (*CULIN*) salads
cruel, le [kʀyɛl] *adj* cruel
crus *etc vb voir* **croire; croître**
crûs *etc vb voir* **croître**
crustacés [kʀystase] *nmpl* shellfish
Cuba [kyba] *nf* Cuba
cube [kyb] *nm* cube; (*jouet*) brick;

mètre ~ cubic metre; **2 au ~** 2 cubed
cueillette [kœjɛt] *nf* picking; (*quantité*) crop, harvest
cueillir [kœjiʀ] *vt* (*fruits, fleurs*) to pick, gather; (*fig*) to catch
cuiller [kɥijɛʀ] *nf* spoon; **~ à café** coffee spoon; (*CULIN*) ≈ teaspoonful; **~ à soupe** soup-spoon; (*CULIN*) ≈ tablespoonful
cuillère [kɥijɛʀ] *nf* = **cuiller**
cuillerée [kɥijʀe] *nf* spoonful
cuir [kɥiʀ] *nm* leather; **~ chevelu** scalp
cuire [kɥiʀ] *vt* (*aliments*) to cook; (*au four*) to bake; (*poterie*) to fire ♦ *vi* to cook; **bien cuit** (*viande*) well done; **trop cuit** overdone
cuisant, e [kɥizɑ̃, -ɑ̃t] *adj* (*douleur*) stinging; (*fig: souvenir, échec*) bitter
cuisine [kɥizin] *nf* (*pièce*) kitchen; (*art culinaire*) cookery, cooking; (*nourriture*) cooking, food; **faire la ~** to cook
cuisiné, e [kɥizine] *adj*: **plat ~** ready-made meal *or* dish; **cuisiner** *vt* to cook; (*fam*) to grill ♦ *vi* to cook; **cuisinier, ière** *nm/f* cook; **cuisinière** *nf* (*poêle*) cooker
cuisse [kɥis] *nf* thigh; (*CULIN*) leg
cuisson [kɥisɔ̃] *nf* cooking; firing
cuit, e *pp de* **cuire**
cuivre [kɥivʀ(ə)] *nm* copper; **les ~s** (*MUS*) the brass
cul [ky] (*fam!*) *nm* arse (*!*)
culasse [kylas] *nf* (*AUTO*) cylinder-head; (*de fusil*) breech
culbute [kylbyt] *nf* somersault; (*accidentelle*) tumble, fall
culminant, e [kylminɑ̃, -ɑ̃t] *adj*: **point ~** highest point
culminer [kylmine] *vi* to reach its highest point; to tower
culot [kylo] *nm* (*effronterie*) cheek
culotte [kylɔt] *nf* (*de femme*) knickers *pl* (*BRIT*), panties *pl*; **~ de cheval** riding breeches *pl*
culpabilité [kylpabilite] *nf* guilt
culte [kylt(ə)] *nm* (*religion*) religion; (*hommage, vénération*) worship; (*protestant*) service
cultivateur, trice [kyltivatœʀ, -tʀis] *nm/f* farmer
cultivé, e [kyltive] *adj* (*personne*) cultured, cultivated
cultiver [kyltive] *vt* to cultivate; (*légumes*) to grow, cultivate
culture [kyltyʀ] *nf* cultivation; growing; (*connaissances etc*) culture; **~ physique** physical training; **culturisme** *nm* body-building
cumin [kymɛ̃] *nm* cumin; (*carvi*) caraway seeds *pl*
cumuler [kymyle] *vt* (*emplois, honneurs*) to hold concurrently; (*salaires*) to draw concurrently; (*JUR: droits*) to accumulate
cupide [kypid] *adj* greedy, grasping
cure [kyʀ] *nf* (*MED*) course of treatment; **n'avoir ~ de** to pay no attention to
curé [kyʀe] *nm* parish priest
cure-dent [kyʀdɑ̃] *nm* toothpick
cure-pipe [kyʀpip] *nm* pipe cleaner
curer [kyʀe] *vt* to clean out
curieux, euse [kyʀjø, -øz] *adj* (*étrange*) strange, curious; (*indiscret*) curious, inquisitive ♦ *nmpl* (*badauds*) onlookers; **curiosité** *nf* curiosity; (*site*) unusual feature
curriculum vitae [kyʀikylɔmvite] *nm inv* curriculum vitae
curseur [kyʀsœʀ] *nm* (*INFORM*) cursor
cuti-réaction [kytiʀeaksjɔ̃] *nf* (*MÉD*) skin-test
cuve [kyv] *nf* vat; (*à mazout etc*) tank; **cuvée** [kyve] *nf* vintage
cuvette [kyvɛt] *nf* (*récipient*) bowl, basin; (*GEO*) basin
C.V. *sigle m* (*AUTO*) = **cheval vapeur**; (*COMM*) = **curriculum vitae**
cyanure [sjanyʀ] *nm* cyanide
cyclable [siklabl(ə)] *adj*: **piste ~** cycle track
cycle [sikl(ə)] *nm* cycle
cyclisme [siklism(ə)] *nm* cycling
cycliste [siklist(ə)] *nm/f* cyclist ♦ *adj* cycle *cpd*; **coureur ~** racing cyclist
cyclomoteur [siklɔmɔtœʀ] *nm*

moped
cyclone [siklon] *nm* hurricane
cygne [siɲ] *nm* swan
cylindre [silɛ̃dʀ(ə)] *nm* cylinder; **cylindrée** *nf* (*AUTO*) (cubic) capacity
cymbale [sɛ̃bal] *nf* cymbal
cynique [sinik] *adj* cynical
cystite [sistit] *nf* cystitis

D

d' [d] *prép voir* **de**
dactylo [daktilo] *nf* (*aussi*: *~graphe*) typist; (: *~graphie*) typing; **~graphier** *vt* to type (out)
dada [dada] *nm* hobby-horse
daigner [deɲe] *vt* to deign
daim [dɛ̃] *nm* (fallow) deer *inv*; (*peau*) buckskin; (*imitation*) suede
dalle [dal] *nf* paving stone; slab
daltonien, ne [daltɔnjɛ̃, -jɛn] *adj* colour-blind
dam [dam] *nm*: **au grand ~ de** much to the detriment (*ou* annoyance) of
dame [dam] *nf* lady; (*CARTES, ÉCHECS*) queen; **~s** *nfpl* (*jeu*) draughts *sg* (*BRIT*), checkers *sg* (*US*)
damner [dɑne] *vt* to damn
dancing [dɑ̃siŋ] *nm* dance hall
Danemark [danmaʀk] *nm* Denmark
danger [dɑ̃ʒe] *nm* danger; **dangereux, euse** [dɑ̃ʒʀø, -øz] *adj* dangerous
danois, e [danwa, -waz] *adj* Danish ♦ *nm/f*: **D~, e** Dane ♦ *nm* (*LING*) Danish

MOT-CLÉ

dans [dɑ̃] *prép* **1** (*position*) in; (*à l'intérieur de*) inside; **c'est ~ le tiroir/le salon** it's in the drawer/ lounge; **~ la boîte** in *ou* inside the box; **marcher ~ la ville** to walk about the town
2 (*direction*) into; **elle a couru ~ le salon** she ran into the lounge
3 (*provenance*) out of, from; **je l'ai pris ~ le tiroir/salon** I took it out of *ou* from the drawer/lounge; **boire ~ un verre** to drink out of *ou* from a glass
4 (*temps*) in; **~ 2 mois** in 2 months, in 2 months' time
5 (*approximation*) about; **~ les 20F** about 20F

danse [dɑ̃s] *nf*: **la ~** dancing; **une ~** a dance; **danser** *vi, vt* to dance; **danseur, euse** *nm/f* ballet dancer; (*au bal etc*) dancer; partner
dard [daʀ] *nm* sting (*organ*)
date [dat] *nf* date; **de longue ~** longstanding; **~ de naissance** date of birth; **~ limite** deadline; **dater** *vt, vi* to date; **dater de** to date from; **à dater de** (as) from
datte [dat] *nf* date; **dattier** *nm* date palm
dauphin [dofɛ̃] *nm* (*ZOOL*) dolphin
davantage [davɑ̃taʒ] *adv* more; (*plus longtemps*) longer; **~ de** more

MOT-CLÉ

de(d') (*de +le* = **du**, *de +les* = **des**) *prép* **1** (*appartenance*) of; **le toit ~ la maison** the roof of the house; **la voiture d'Elisabeth/~ mes parents** Elizabeth's/my parents' car
2 (*provenance*) from; **il vient ~ Londres** he comes from London; **elle est sortie du cinéma** she came out of the cinema
3 (*caractérisation, mesure*): **un mur ~ brique/bureau d'acajou** a brick wall/mahogany desk; **un billet ~ 50F** a 50F note; **une pièce ~ 2m ~ large** *ou* **large ~ 2m** a room 2m wide, a 2m-wide room; **un bébé ~ 10 mois** a 10-month-old baby; **12 mois ~ crédit/travail** 12 months' credit/work; **augmenter ~ 10F** to increase by 10F; **~ 14 à 18** from 14 to 18
♦ *dét* **1** (*phrases affirmatives*) some (*souvent omis*); **du vin, ~ l'eau, des pommes** (some) wine, (some) water, (some) apples; **des enfan**

sont venus some children came; **pendant des mois** for months
2 (*phrases interrogatives et négatives*) any; **a-t-il du vin?** has he got any wine?; **il n'a pas ~ pommes/d'enfants** he hasn't (got) any apples/children, he has no apples/children

dé [de] *nm* (*à jouer*) die *ou* dice; (*aussi*: *~ à coudre*) thimble
déambuler [deɑ̃byle] *vi* to stroll about
débâcle [debɑkl(ə)] *nf* rout
déballer [debale] *vt* to unpack
débandade [debɑ̃dad] *nf* rout; scattering
débarbouiller [debaʀbuje] *vt* to wash; **se** ~ *vi* to wash (one's face)
débarcadère [debaʀkadɛʀ] *nm* wharf
débardeur [debaʀdœʀ] *nm* (*maillot*) tank top
débarquer [debaʀke] *vt* to unload, land ♦ *vi* to disembark; (*fig*) to turn up
débarras [debaʀa] *nm* lumber room; junk cupboard; **bon** ~! good riddance!
débarrasser [debaʀase] *vt* to clear; **se** ~ **de** *vt* to get rid of; ~ **qn de** (*vêtements, paquets*) to relieve sb of
débat [deba] *nm* discussion, debate
débattre [debatʀ(ə)] *vt* to discuss, debate; **se** ~ *vi* to struggle
débaucher [deboʃe] *vt* (*licencier*) to lay off, dismiss; (*entraîner*) to lead astray, debauch
débile [debil] *adj* weak, feeble; (*fam*: *idiot*) dim-witted
débit [debi] *nm* (*d'un liquide, fleuve*) flow; (*d'un magasin*) turnover (of goods); (*élocution*) delivery; (*bancaire*) debit; ~ **de boissons** drinking establishment; ~ **de tabac** tobacconist's; ~**er** *vt* (*compte*) to debit; (*liquide, gaz*) to give out; (*couper*: *bois, viande*) to cut up; (*péj*: *paroles etc*) to churn out; ~**eur, trice** *nm/f* debtor ♦ *adj* in debit; (*compte*) debit
cpd
déblayer [debleje] *vt* to clear
débloquer [deblɔke] *vt* (*frein*) to release; (*prix, crédits*) to free
déboires [debwaʀ] *nmpl* setbacks
déboiser [debwaze] *vt* to deforest
déboîter [debwate] *vt* (*AUTO*) to pull out; **se** ~ **le genou** *etc* to dislocate one's knee *etc*
débonnaire [debɔnɛʀ] *adj* easy-going, good-natured
débordé, e [debɔʀde] *adj*: **être** ~ **(de)** (*travail, demandes*) to be snowed under (with)
déborder [debɔʀde] *vi* to overflow; (*lait etc*) to boil over; ~ **(de) qch** (*dépasser*) to extend beyond sth
débouché [debuʃe] *nm* (*pour vendre*) outlet; (*perspective d'emploi*) opening
déboucher [debuʃe] *vt* (*évier, tuyau etc*) to unblock; (*bouteille*) to uncork ♦ *vi*: ~ **de** to emerge from; ~ **sur** to come out onto; to open out onto
débourser [debuʀse] *vt* to pay out
debout [dəbu] *adv*: **être** ~ (*personne*) to be standing, stand; (: *levé, éveillé*) to be up; (*chose*) to be upright; **être encore** ~ (*fig*: *en état*) to be still going; **se mettre** ~ to stand up; **se tenir** ~ to stand; ~! stand up!; (*du lit*) get up!; **cette histoire ne tient pas** ~ this story doesn't hold water
déboutonner [debutɔne] *vt* to undo, unbutton
débraillé, e [debʀɑje] *adj* slovenly, untidy
débrancher [debʀɑ̃ʃe] *vt* to disconnect; (*appareil électrique*) to unplug
débrayage [debʀɛjaʒ] *nm* (*AUTO*) clutch; **débrayer** [debʀeje] *vi* (*AUTO*) to declutch; (*cesser le travail*) to stop work
débris [debʀi] *nm* (*fragment*) fragment ♦ *nmpl* rubbish *sg*; debris *sg*
débrouillard, e [debʀujaʀ, -aʀd(ə)] *adj* smart, resourceful
débrouiller [debʀuje] *vt* to disentangle, untangle; **se** ~ *vi* to manage

débusquer [debyske] *vt* to drive out (from cover)
début [deby] *nm* beginning, start; ~s *nmpl* (*dans la vie*) beginnings; (*de carrière*) début *sg*
débutant, e [debytɑ̃, -ɑ̃t] *nm/f* beginner, novice
débuter [debyte] *vi* to begin, start; (*faire ses débuts*) to start out
deçà [dəsa] : **en ~ de** *prép* this side of
décacheter [dekaʃte] *vt* to unseal
décadence [dekadɑ̃s] *nf* decadence; decline
décaféiné, e [dekafeine] *adj* decaffeinated
décalage [dekalaʒ] *nm* gap; discrepancy; **~ horaire** time difference (*between time zones*); time-lag
décaler [dekale] *vt* (*dans le temps: avancer*) to bring forward; (*: retarder*) to put back; (*changer de position*) to shift forward *ou* back
décalquer [dekalke] *vt* to trace; (*par pression*) to transfer
décamper [dekɑ̃pe] *vi* to clear out *ou* off
décaper [dekape] *vt* to strip; (*avec abrasif*) to scour; (*avec papier de verre*) to sand
décapiter [dekapite] *vt* to behead; (*par accident*) to decapitate
décapotable [dekapɔtabl(ə)] *adj* convertible
décapsuler [dekapsyle] *vt* to take the cap *ou* top off; **décapsuleur** *nm* bottle-opener
décédé, e [desede] *adj* deceased
décéder [desede] *vi* to die
déceler [desle] *vt* to discover, detect; to indicate, reveal
décembre [desɑ̃bʀ(ə)] *nm* December
décemment [desamɑ̃] *adv* decently
décennie [desni] *nf* decade
décent, e [desɑ̃, -ɑ̃t] *adj* decent
déception [desɛpsjɔ̃] *nf* disappointment
décerner [desɛʀne] *vt* to award
décès [desɛ] *nm* death, decease
décevoir [desvwaʀ] *vt* to disappoint
déchaîner [deʃene] *vt* to unleash, arouse; **se ~** to be unleashed
déchanter [deʃɑ̃te] *vi* to become disillusioned
décharge [deʃaʀʒ(ə)] *nf* (*dépôt d'ordures*) rubbish tip *ou* dump; (*électrique*) electrical discharge; **à la ~ de** in defence of
décharger [deʃaʀʒe] *vt* (*marchandise, véhicule*) to unload; (*ÉLEC, faire feu*) to discharge; **~ qn de** (*responsabilité*) to release sb from
décharné, e [deʃaʀne] *adj* emaciated
déchausser [deʃose] *vt* (*skis*) to take off; **se ~** *vi* to take off one's shoes; (*dent*) to come *ou* work loose
déchéance [deʃeɑ̃s] *nf* degeneration; decay, decline; fall
déchet [deʃɛ] *nm* (*de bois, tissu etc*) scrap; (*perte: gén COMM*) wastage, waste; ~s *nmpl* (*ordures*) refuse *sg*, rubbish *sg*
déchiffrer [deʃifʀe] *vt* to decipher
déchiqueter [deʃikte] *vt* to tear *ou* pull to pieces
déchirant, e [deʃiʀɑ̃, -ɑ̃t] *adj* heart-rending
déchirement [deʃiʀmɑ̃] *nm* (*chagrin*) wrench, heartbreak; (*gén pl: conflit*) rift, split
déchirer [deʃiʀe] *vt* to tear; (*en morceaux*) to tear up; (*pour ouvrir*) to tear off; (*arracher*) to tear out; (*fig*) to rack; to tear (apart); **se ~** *vi* to tear, rip; **se ~ un muscle** to tear a muscle
déchirure [deʃiʀyʀ] *nf* (*accroc*) tear, rip; **~ musculaire** torn muscle
déchoir [deʃwaʀ] *vi* (*personne*) to lower o.s., demean o.s.
déchu, e [deʃy] *adj* fallen; deposed
décidé, e [deside] *adj* (*personne, air*) determined; **c'est ~** it's decided
décidément [desidemɑ̃] *adv* undoubtedly; really
décider [deside] *vt*: **~ qch** to decide on sth; **se ~ (à faire)** to decide (to do), make up one's mind (to do); **se ~ pour** to decide on *ou* in favour of;

~ **de faire/que** to decide to do/that; ~ **qn (à faire qch)** to persuade sb (to do sth); ~ **de qch** to decide upon sth; (*suj*: *chose*) to determine sth
décilitre [desilitʀ(ə)] *nm* decilitre
décimal, e, aux [desimal, -o] *adj* decimal; **décimale** *nf* decimal
décimètre [desimɛtʀ(ə)] *nm* decimetre; **double** ~ (20 cm) ruler
décisif, ive [desizif, -iv] *adj* decisive
décision [desizjɔ̃] *nf* decision; (*fermeté*) decisiveness, decision
déclaration [deklaʀɑsjɔ̃] *nf* declaration; registration; (*discours*: *POL etc*) statement; ~ **(d'impôts)** ≈ tax return; ~ **(de sinistre)** (insurance) claim
déclarer [deklaʀe] *vt* to declare; (*décès, naissance*) to register; **se** ~ *vi* (*feu, maladie*) to break out
déclasser [deklɑse] *vt* to relegate; to downgrade; to lower in status
déclencher [deklɑ̃ʃe] *vt* (*mécanisme etc*) to release; (*sonnerie*) to set off, activate; (*attaque, grève*) to launch; (*provoquer*) to trigger off; **se** ~ *vi* to release itself; to go off
déclic [deklik] *nm* trigger mechanism; (*bruit*) click
décliner [dekline] *vi* to decline ♦ *vt* (*invitation*) to decline; (*responsabilité*) to refuse to accept; (*nom, adresse*) to state
déclivité [deklivite] *nf* slope, incline
décocher [dekɔʃe] *vt* to throw; to shoot
décoiffer [dekwafe] *vi*: **se** ~ to take off one's hat
déçois *etc vb voir* **décevoir**
décollage [dekɔlaʒ] *nm* (*AVIAT*) takeoff
décoller [dekɔle] *vt* to unstick ♦ *vi* (*avion*) to take off; **se** ~ *vi* to come unstuck
décolleté, e [dekɔlte] *adj* low-cut; wearing a low-cut dress ♦ *nm* low neck(line); (bare) neck and shoulders; (*plongeant*) cleavage
décolorer [dekɔlɔʀe] *vt* (*tissu*) to fade; (*cheveux*) to bleach, lighten; **se** ~ *vi* to fade
décombres [dekɔ̃bʀ(ə)] *nmpl* rubble *sg*, debris *sg*
décommander [dekɔmɑ̃de] *vt* to cancel; (*invités*) to put off; **se** ~ *vi* to cancel one's appointment *etc*, cry off
décomposé, e [dekɔ̃poze] *adj* (*pourri*) decomposed; (*visage*) haggard, distorted
décompte [dekɔ̃t] *nm* deduction; (*facture*) detailed account
déconcerter [dekɔ̃sɛʀte] *vt* to disconcert, confound
déconfit, e [dekɔ̃fi, -it] *adj* crestfallen; ~**ure** [dekɔ̃fityʀ] *nf* failure, defeat; collapse, ruin
décongeler [dekɔ̃ʒle] *vt* to thaw
déconner [dekɔne] (*fam*) *vi* to talk rubbish
déconseiller [dekɔ̃seje] *vt*: ~ **qch (à qn)** to advise (sb) against sth
déconsidérer [dekɔ̃sideʀe] *vt* to discredit
décontracté, e [dekɔ̃tʀakte] *adj* relaxed, laid-back (*fam*)
décontracter [dekɔ̃tʀakte] *vt* to relax; **se** ~ *vi* to relax
déconvenue [dekɔ̃vny] *nf* disappointment
décor [dekɔʀ] *nm* décor; (*paysage*) scenery; ~**s** *nmpl* (*THÉATRE*) scenery *sg*, décor *sg*; (*CINÉMA*) set *sg*; ~**ateur** [dekɔʀatœʀ] *nm* (interior) decorator; (*CINÉMA*) set designer; ~**ation** [dekɔʀɑsjɔ̃] *nf* decoration; ~**er** [dekɔʀe] *vt* to decorate
décortiquer [dekɔʀtike] *vt* to shell; (*riz*) to hull; (*fig*) to dissect
découcher [dekuʃe] *vi* to spend the night away from home
découdre [dekudʀ(ə)] *vt* to unpick; **se** ~ *vi* to come unstitched; **en** ~ (*fig*) to fight, do battle
découler [dekule] *vi*: ~ de to ensue *ou* follow from
découper [dekupe] *vt* (*papier, tissu etc*) to cut up; (*volaille, viande*) to carve; (*détacher*: *manche, article*) to cut out; **se** ~ **sur** (*ciel, fond*) to

stand out against
décourager [dekuʀaʒe] *vt* to discourage; se ~ *vi* to lose heart, become discouraged
décousu, e [dekuzy] *adj* unstitched; (*fig*) disjointed, disconnected
découvert, e [dekuvɛʀ, -ɛʀt(ə)] *adj* (*tête*) bare, uncovered; (*lieu*) open, exposed ♦ *nm* (*bancaire*) overdraft; **découverte** *nf* discovery
découvrir [dekuvʀiʀ] *vt* to discover; (*apercevoir*) to see; (*enlever ce qui couvre ou protège*) to uncover; (*montrer, dévoiler*) to reveal; **se** ~ *vi* to take off one's hat; to take something off; (*au lit*) to uncover o.s.; (*ciel*) to clear
décret [dekʀɛ] *nm* decree; **décréter** *vt* to decree; to order; to declare
décrié, e [dekʀije] *adj* disparaged
décrire [dekʀiʀ] *vt* to describe
décrocher [dekʀɔʃe] *vt* (*dépendre*) to take down; (*téléphone*) to take off the hook; (: *pour répondre*): ~ (**le téléphone**) to lift the receiver; (*fig: contrat etc*) to get, land ♦ *vi* to drop out; to switch off
décroître [dekʀwatʀ(ə)] *vi* to decrease, decline
décrypter [dekʀipte] *vt* to decipher
déçu, e [desy] *pp de* **décevoir**
décupler [dekyple] *vt, vi* to increase tenfold
dédaigner [dedeɲe] *vt* to despise, scorn; (*négliger*) to disregard, spurn
dédaigneux, euse [dedɛɲø, -øz] *adj* scornful, disdainful
dédain [dedɛ̃] *nm* scorn, disdain
dédale [dedal] *nm* maze
dedans [dədɑ̃] *adv* inside; (*pas en plein air*) indoors, inside ♦ *nm* inside; **au** ~ on the inside; inside; **en** ~ (*vers l'intérieur*) inwards; *voir aussi* **là**
dédicacer [dedikase] *vt*: ~ (**à qn**) to sign (for sb), autograph (for sb)
dédier [dedje] *vt* to dedicate
dédire [dediʀ] : **se** ~ *vi* to go back on one's word; to retract, recant
dédommager [dedɔmaʒe] *vt*: ~ **qn** (**de**) to compensate sb (for); (*fig*) to repay sb (for)
dédouaner [dedwane] *vt* to clear through customs
dédoubler [deduble] *vt* (*classe, effectifs*) to split (into two); ~ **les trains** to run additional trains
déduire [dedɥiʀ] *vt*: ~ **qch** (**de**) (*ôter*) to deduct sth (from); (*conclure*) to deduce *ou* infer sth (from)
déesse [deɛs] *nf* goddess
défaillance [defajɑ̃s] *nf* (*syncope*) blackout; (*fatigue*) (sudden) weakness *no pl*; (*technique*) fault, failure; (*morale etc*) weakness; ~ **cardiaque** heart failure
défaillir [defajiʀ] *vi* to faint; to feel faint; (*mémoire etc*) to fail
défaire [defɛʀ] *vt* (*installation*) to take down, dismantle; (*paquet etc, nœud, vêtement*) to undo; **se** ~ *vi* to come undone; **se** ~ **de** (*se débarrasser de*) to get rid of; (*se séparer de*) to part with
défait, e [defɛ, -ɛt] *adj* (*visage*) haggard, ravaged; **défaite** *nf* defeat
défalquer [defalke] *vt* to deduct
défaut [defo] *nm* (*moral*) fault, failing, defect; (*d'étoffe, métal*) fault, flaw, defect; (*manque, carence*): ~ **de** lack of; shortage of; **en** ~ at fault; in the wrong; **faire** ~ (*manquer*) to be lacking; **à** ~ failing that; **à** ~ **de** for lack *ou* want of; **par** ~ (*JUR*) in his (*ou* her *etc*) absence
défavorable [defavɔʀabl(ə)] *adj* (*avis, conditions, jury*) unfavourable (*BRIT*), unfavorable (*US*)
défavoriser [defavɔʀize] *vt* to put at a disadvantage
défection [defɛksjɔ̃] *nf* defection, failure to give support *ou* assistance; failure to appear; **faire** ~ (*d'un parti etc*) to withdraw one's support, leave
défectueux, euse [defɛktɥø, -øz] *adj* faulty, defective
défendre [defɑ̃dʀ(ə)] *vt* to defend; (*interdire*) to forbid; **se** ~ *vi* to defend o.s.; ~ **à qn qch/de faire** to

forbid sb sth/to do; **il se défend** (*fig*) he can hold his own; **se ~ de/contre** (*se protéger*) to protect o.s. from/against; **se ~ de** (*se garder de*) to refrain from; (*nier*): **se ~ de vouloir** to deny wanting

défense [defɑ̃s] *nf* defence; (*d'éléphant etc*) tusk; **"~ de fumer/cracher"** "no smoking/spitting"

déférer [defeʀe] *vt* (*JUR*) to refer; **~ à** (*requête, décision*) to defer to

déferler [defɛʀle] *vi* (*vagues*) to break; (*fig*) to surge

défi [defi] *nm* (*provocation*) challenge; (*bravade*) defiance

défiance [defjɑ̃s] *nf* mistrust, distrust

déficit [defisit] *nm* (*COMM*) deficit

défier [defje] *vt* (*provoquer*) to challenge; (*fig*) to defy, brave; **se ~ de** (*se méfier de*) to distrust

défigurer [defigyʀe] *vt* to disfigure

défilé [defile] *nm* (*GEO*) (narrow) gorge *ou* pass; (*soldats*) parade; (*manifestants*) procession, march

défiler [defile] *vi* (*troupes*) to march past; (*sportifs*) to parade; (*manifestants*) to march; (*visiteurs*) to pour, stream; **se ~** *vi* (*se dérober*) to slip away, sneak off

définir [definiʀ] *vt* to define

définitif, ive [definitif, -iv] *adj* (*final*) final, definitive; (*pour longtemps*) permanent, definitive; (*sans appel*) final, definite; **définitive** *nf*: **en définitive** eventually; (*somme toute*) when all is said and done

définitivement [definitivmɑ̃] *adv* definitively; permanently; definitely

déflagration [deflagʀɑsjɔ̃] *nf* explosion

défoncer [defɔ̃se] *vt* (*caisse*) to stave in; (*porte*) to smash in *ou* down; (*lit, fauteuil*) to burst (the springs of); (*terrain, route*) to rip *ou* plough up

déformation [defɔʀmɑsjɔ̃] *nf*: **~ professionnelle** conditioning by one's job

déformer [defɔʀme] *vt* to put out of shape; (*corps*) to deform; (*pensée, fait*) to distort; **se ~** *vi* to lose its shape

défouler [defule]: **se ~** *vi* to unwind, let off steam

défraîchir [defʀeʃiʀ]: **se ~** *vi* to fade; to become worn

défrayer [defʀeje] *vt*: **~ qn** to pay sb's expenses; **~ la chronique** to be in the news

défricher [defʀiʃe] *vt* to clear (for cultivation)

défroquer [defʀɔke] *vi* (*aussi*: *se ~*) to give up the cloth

défunt, e [defœ̃, -œ̃t] *adj*: **son ~ père** his late father ♦ *nm/f* deceased

dégagé, e [degaʒe] *adj* clear; (*ton, air*) casual, jaunty

dégagement [degaʒmɑ̃] *nm*: **voie de ~** slip road; **itinéraire de ~** alternative route (*to relieve congestion*)

dégager [degaʒe] *vt* (*exhaler*) to give off; (*délivrer*) to free, extricate; (*désencombrer*) to clear; (*isoler: idée, aspect*) to bring out; **se ~** *vi* (*odeur*) to be given off; (*passage, ciel*) to clear

dégarnir [degaʀniʀ] *vt* (*vider*) to empty, clear; **se ~** *vi* (*tempes, crâne*) to go bald

dégâts [degɑ] *nmpl* damage *sg*

dégel [deʒɛl] *nm* thaw

dégeler [deʒle] *vt* to thaw (out); (*fig*) to unfreeze ♦ *vi* to thaw (out)

dégénérer [deʒeneʀe] *vi* to degenerate; (*empirer*) to go from bad to worse

dégingandé, e [deʒɛ̃gɑ̃de] *adj* gangling

dégivrer [deʒivʀe] *vt* (*frigo*) to defrost; (*vitres*) to de-ice

déglutir [deglytiʀ] *vt, vi* to swallow

dégonflé, e [degɔ̃fle] *adj* (*pneu*) flat

dégonfler [degɔ̃fle] *vt* (*pneu, ballon*) to let down, deflate; **se ~** *vi* (*fam*) to chicken out

dégouliner [deguline] *vi* to trickle, drip

dégourdi, e [deguʀdi] *adj* smart, resourceful

dégourdir [deguʀdiʀ] *vt*: **se ~ (les jambes)** to stretch one's legs (*fig*)

dégoût [degu] *nm* disgust, distaste

dégoûtant, e [degutɑ̃, -ɑ̃t] *adj* disgusting

dégoûté, e [degute] *adj* disgusted; **~ de** sick of

dégoûter [degute] *vt* to disgust; **~ qn de qch** to put sb off sth

dégoutter [degute] *vi* to drip

dégradé [degʀade] *nm* (*PEINTURE*) gradation

dégrader [degʀade] *vt* (*MIL: officier*) to degrade; (*abîmer*) to damage, deface; **se ~** *vi* (*relations, situation*) to deteriorate

dégrafer [degʀafe] *vt* to unclip, unhook

degré [dəgʀe] *nm* degree; (*d'escalier*) step; **alcool à 90 ~s** surgical spirit

dégressif, ive [degʀesif, -iv] *adj* on a decreasing scale

dégrèvement [degʀɛvmɑ̃] *nm* tax relief

dégringoler [degʀɛ̃gɔle] *vi* to tumble (down)

dégrossir [degʀosiʀ] *vt* (*fig*) to work out roughly; to knock the rough edges off

déguenillé, e [degnije] *adj* ragged, tattered

déguerpir [degɛʀpiʀ] *vi* to clear off

dégueulasse [degølas] (*fam*) *adj* disgusting

déguisement [degizmɑ̃] *nm* disguise

déguiser [degize] *vt* to disguise; **se ~** *vi* (*se costumer*) to dress up; (*pour tromper*) to disguise o.s.

déguster [degyste] *vt* (*vins*) to taste; (*fromages etc*) to sample; (*savourer*) to enjoy, savour

dehors [dəɔʀ] *adv* outside; (*en plein air*) outdoors ♦ *nm* outside ♦ *nmpl* (*apparences*) appearances; **mettre** *ou* **jeter ~** (*expulser*) to throw out; **au ~** outside; outwardly; **au ~ de** outside; **en ~** (*vers l'extérieur*) outside; outwards; **en ~ de** (*hormis*) apart from

déjà [deʒa] *adv* already; (*auparavant*) before, already

déjeuner [deʒœne] *vi* to (have) lunch; (*le matin*) to have breakfast ♦ *nm* lunch; breakfast

déjouer [deʒwe] *vt* to elude; to foil

delà [dəla] *adv*: **par ~, en ~ (de), au ~ (de)** beyond

délabrer [delɑbʀe] : **se ~** *vi* to fall into decay, become dilapidated

délacer [delase] *vt* to unlace

délai [delɛ] *nm* (*attente*) waiting period; (*sursis*) extension (of time); (*temps accordé*) time limit; **à bref ~** shortly, very soon; at short notice; **dans les ~s** within the time limit

délaisser [delese] *vt* to abandon, desert

délasser [delɑse] *vt* (*reposer*) to relax; (*divertir*) to divert, entertain; **se ~** *vi* to relax

délateur, trice [delatœʀ, -tʀis] *nm/f* informer

délavé, e [delave] *adj* faded

délayer [deleje] *vt* (*CULIN*) to mix (with water *etc*); (*peinture*) to thin down

delco [dɛlko] *nm* (*AUTO*) distributor

délecter [delɛkte] : **se ~** *vi* to revel *ou* delight in

délégué, e [delege] *nm/f* delegate; representative

déléguer [delege] *vt* to delegate

délibéré, e [delibeʀe] *adj* (*conscient*) deliberate; (*déterminé*) determined

délibérer [delibeʀe] *vi* to deliberate

délicat, e [delika, -at] *adj* delicate; (*plein de tact*) tactful; (*attentionné*) thoughtful; (*exigeant*) fussy, particular; **procédés peu ~s** unscrupulous methods; **délicatement** *adv* delicately; (*avec douceur*) gently

délice [delis] *nm* delight

délicieux, euse [delisjø, -jøz] *adj* (*au goût*) delicious; (*sensation, impression*) delightful

délimiter [delimite] *vt* to delimit, de-

marcate; to determine; to define
délinquance [delɛ̃kɑ̃s] *nf* criminality; **délinquant, e** [delɛ̃kɑ̃, -ɑ̃t] *adj, nm/f* delinquent
délirer [deliʀe] *vi* to be delirious; (*fig*) to be raving, be going wild
délit [deli] *nm* (criminal) offence; ~ **d'initié** (*BOURSE*) insider dealing *ou* trading
délivrer [delivʀe] *vt* (*prisonnier*) to (set) free, release; (*passeport, certificat*) to issue; ~ **qn de** (*ennemis*) to deliver *ou* free sb from; (*fig*) to relieve sb of; to rid sb of
déloger [delɔʒe] *vt* (*locataire*) to turn out; (*objet coincé, ennemi*) to dislodge
deltaplane [dɛltaplan] *nm* hang-glider
déluge [delyʒ] *nm* (*biblique*) Flood
déluré, e [delyʀe] *adj* smart, resourceful; (*péj*) forward, pert
demain [dəmɛ̃] *adv* tomorrow
demande [dəmɑ̃d] *nf* (*requête*) request; (*revendication*) demand; (*ADMIN, formulaire*) application; (*ÉCON*): **la** ~ demand; "~**s d'emploi**" "situations wanted"; ~ **de poste** job application
demandé, e [dəmɑ̃de] *adj* (*article etc*): **très** ~ (very) much in demand
demander [dəmɑ̃de] *vt* to ask for; (*date, heure etc*) to ask; (*nécessiter*) to require, demand; **se** ~ to wonder; (*sens purement réfléchi*) to ask o.s.; ~ **qch à qn** to ask sb for sth; to ask sb sth; ~ **à qn de faire** to ask sb to do; **on vous demande au téléphone** you're wanted on the phone
demandeur, euse [dəmɑ̃dœʀ, -øz] *nm/f*: ~ **d'emploi** job-seeker; (job) applicant
démangeaison [demɑ̃ʒɛzɔ̃] *nf* itching
démanger [demɑ̃ʒe] *vi* to itch
démanteler [demɑ̃tle] *vt* to break up; to demolish
démaquillant [demakijɑ̃] *nm* make-up remover
démaquiller [demakije] *vt*: **se** ~ to remove one's make-up
démarche [demaʀʃ(ə)] *nf* (*allure*) gait, walk; (*intervention*) step; approach; (*fig: intellectuelle*) thought processes *pl*; approach; **faire des ~s auprès de qn** to approach sb
démarcheur, euse [demaʀʃœʀ, -øz] *nm/f* (*COMM*) door-to-door salesman(woman)
démarquer [demaʀke] *vt* (*prix*) to mark down; (*joueur*) to stop marking
démarrage [demaʀaʒ] *nm* start
démarrer [demaʀe] *vi* (*conducteur*) to start (up); (*véhicule*) to move off; (*travaux*) to get moving; **démarreur** *nm* (*AUTO*) starter
démêler [demele] *vt* to untangle
démêlés [demele] *nmpl* problems
déménagement [demenaʒmɑ̃] *nm* move, removal; **camion de** ~ removal van
déménager [demenaʒe] *vt* (*meubles*) to (re)move ♦ *vi* to move (house); **déménageur** *nm* removal man; (*entrepreneur*) furniture remover
démener [demne] : **se** ~ *vi* to thrash about; (*fig*) to exert o.s.
dément, e [demɑ̃, -ɑ̃t] *adj* (*fou*) mad, crazy; (*fam*) brilliant, fantastic
démentiel, le [demɑ̃sjɛl] *adj* insane
démentir [demɑ̃tiʀ] *vt* to refute; ~ **que** to deny that
démerder [demɛʀde] (*fam*) : **se** ~ *vi* to sort things out for o.s.
démesuré, e [deməzyʀe] *adj* immoderate
démettre [demɛtʀ(ə)] *vt*: ~ **qn de** (*fonction, poste*) to dismiss sb from; **se** ~ **(de ses fonctions)** to resign (from) one's duties; **se** ~ **l'épaule** *etc* to dislocate one's shoulder *etc*
demeurant [dəmœʀɑ̃] : **au** ~ *adv* for all that
demeure [dəmœʀ] *nf* residence; **mettre qn en** ~ **de faire** to enjoin *ou* order sb to do; **à** ~ permanently
demeurer [dəmœʀe] *vi* (*habiter*) to live; (*séjourner*) to stay; (*rester*) to remain

demi, e [dəmi] *adj* half ♦ *nm* (*bière*) ≈ half-pint (*0,25 litres*) ♦ *préfixe*: ~... half-, semi..., demi-; **trois heures/bouteilles et ~es** three and a half hours/bottles, three hours/ bottles and a half; **il est 2 heures/ midi et ~e** it's half past 2/12; **à ~** half-; **à la ~e** (*heure*) on the half-hour; **~-cercle** *nm* semicircle; **en ~-cercle** semicircular ♦ *adv* in a half circle; **~-douzaine** *nf* half-dozen, half a dozen; **~-finale** *nf* semi-final; **~-frère** *nm* half-brother; **~-heure** *nf* half-hour, half an hour; **~-journée** *nf* half-day, half a day; **~-litre** *nm* half-litre, half a litre; **~-livre** *nf* half-pound, half a pound; **~-mot** *adv*: **à ~-mot** without having to spell things out; **~-pension** *nf* (*à l'hôtel*) half-board; **~-place** *nf* half-fare

démis, e [demi, -iz] *adj* (*épaule etc*) dislocated

demi: ~-saison *nf*: **vêtements de ~saison** spring *ou* autumn clothing; **~-set** *adj inv* (*beurre, fromage*) slightly salted; **~sœur** *nf* half-sister

démission [demisjɔ̃] *nf* resignation; **donner sa ~** to give *ou* hand in one's notice; **démissionner** *vi* (*de son poste*) to resign

demi-tarif [dəmitaʀif] *nm* half-price; (*TRANSPORTS*) half-fare

demi-tour [dəmituʀ] *nm* about-turn; **faire ~** to turn (and go) back; (*AUTO*) to do a U-turn

démocratie [demɔkʀasi] *nf* democracy; **démocratique** [demɔkʀatik] *adj* democratic

démodé, e [demɔde] *adj* old-fashioned

démographique [demɔgʀafik] *adj* demographic, population *cpd*

demoiselle [dəmwazɛl] *nf* (*jeune fille*) young lady; (*célibataire*) single lady, maiden lady; **~ d'honneur** bridesmaid

démolir [demɔliʀ] *vt* to demolish

démon [demɔ̃] *nm* (*enfant turbulent*) devil, demon; **le D~** the Devil

démonstration [demɔ̃stʀasjɔ̃] *nf* demonstration; (*aérienne, navale*) display

démonté, e [demɔ̃te] *adj* (*fig*) raging, wild

démonter [demɔ̃te] *vt* (*machine etc*) to take down, dismantle; **se ~** *vi* (*personne*) to lose countenance

démontrer [demɔ̃tʀe] *vt* to demonstrate

démordre [demɔʀdʀ(ə)] *vi*: **ne pas ~ de** to refuse to give up, stick to

démouler [demule] *vt* (*gâteau*) to turn out

démuni, e [demyni] *adj* (*sans argent*) impoverished

démunir [demyniʀ] *vt*: **~ qn de** to deprive sb of; **se ~ de** to part with, give up

dénatalité [denatalite] *nf* fall in the birth rate

dénaturer [denatyʀe] *vt* (*goût*) to alter; (*pensée, fait*) to distort

déniaiser [denjeze] *vt*: **~ qn** to teach sb about life

dénicher [deniʃe] *vt* to unearth; to track *ou* hunt down

dénier [denje] *vt* to deny

dénigrer [denigʀe] *vt* to denigrate, run down

dénivellation [denivɛlasjɔ̃] *nf* = **dénivellement**

dénivellement [denivɛlmɑ̃] *nm* ramp; dip; difference in level

dénombrer [denɔ̃bʀe] *vt* (*compter*) to count; (*énumérer*) to enumerate, list

dénomination [denɔminasjɔ̃] *nf* designation, appellation

dénommer [denɔme] *vt* to name

dénoncer [denɔ̃se] *vt* to denounce; **se ~** *vi* to give o.s. up, come forward

dénouement [denumɑ̃] *nm* outcome

dénouer [denwe] *vt* to unknot, undo

dénoyauter [denwajote] *vt* to stone

denrée [dɑ̃ʀe] *nf*: **~s (alimentaires)** foodstuffs

dense [dɑ̃s] *adj* dense

densité [dɑ̃site] *nf* density

dent [dɑ̃] *nf* tooth; **en ~s de scie**

serrated; jagged; ~ **de lait/sagesse** milk/wisdom tooth; ~**aire** *adj* dental
dentelé, e [dɑ̃tle] *adj* jagged, indented
dentelle [dɑ̃tɛl] *nf* lace *no pl*
dentier [dɑ̃tje] *nm* denture
dentifrice [dɑ̃tifʀis] *nm* toothpaste
dentiste [dɑ̃tist(ə)] *nm/f* dentist
dénuder [denyde] *vt* to bare
dénué, e [denɥe] *adj*: ~ **de** devoid of; lacking in; **dénuement** [denymɑ̃] *nm* destitution
déodorant [deɔdɔʀɑ̃] *nm* deodorant
dépannage [depanaʒ] *nm*: **service de** ~ (*AUTO*) breakdown service
dépanner [depane] *vt* (*voiture, télévision*) to fix, repair; (*fig*) to bail out, help out; **dépanneuse** *nf* breakdown lorry (*BRIT*), tow truck (*US*)
dépareillé, e [depaʀeje] *adj* (*collection, service*) incomplete; (*objet*) odd
déparer [depaʀe] *vt* to spoil, mar
départ [depaʀ] *nm* leaving *no pl*, departure; (*SPORT*) start; (*sur un horaire*) departure; **au** ~ at the start; **à son** ~ when he left
départager [depaʀtaʒe] *vt* to decide between
département [depaʀtəmɑ̃] *nm* department
départir [depaʀtiʀ] : **se** ~ **de** *vt* to abandon, depart from
dépassé, e [depɑse] *adj* superseded, outmoded; (*affolé*) panic-stricken
dépasser [depɑse] *vt* (*véhicule, concurrent*) to overtake; (*endroit*) to pass, go past; (*somme, limite*) to exceed; (*fig*: *en beauté etc*) to surpass, outshine; (*être en saillie sur*) to jut out above (*ou* in front of) ♦ *vi* (*jupon*) to show
dépaysé, e [depeize] *adj* disoriented
dépecer [depəse] *vt* to joint, cut up
dépêche [depɛʃ] *nf* dispatch
dépêcher [depeʃe] *vt* to dispatch; **se** ~ *vi* to hurry
dépeindre [depɛ̃dʀ(ə)] *vt* to depict
dépendre [depɑ̃dʀ(ə)]: ~ **de** *vt* to depend on; (*financièrement etc*) to be dependent on
dépens [depɑ̃] *nmpl*: **aux** ~ **de** at the expense of
dépense [depɑ̃s] *nf* spending *no pl*, expense, expenditure *no pl*; (*fig*) consumption; expenditure
dépenser [depɑ̃se] *vt* to spend; (*gaz, eau*) to use; (*fig*) to expend, use up; **se** ~ *vi* (*se fatiguer*) to exert o.s.
dépensier, ière [depɑ̃sje, -jɛʀ] *adj*: **il est** ~ he's a spendthrift
déperdition [depɛʀdisjɔ̃] *nf* loss
dépérir [depeʀiʀ] *vi* to waste away; to wither
dépêtrer [depetʀe] *vt*: **se** ~ **de** to extricate o.s. from
dépeupler [depœple] *vt* to depopulate; **se** ~ *vi* to be depopulated
dépilatoire [depilatwaʀ] *adj* depilatory, hair-removing
dépister [depiste] *vt* to detect; (*voleur*) to track down; (*poursuivants*) to throw off the scent
dépit [depi] *nm* vexation, frustration; **en** ~ **de** in spite of; **en** ~ **du bon sens** contrary to all good sense; **dépité, e** *adj* vexed, frustrated
déplacé, e [deplase] *adj* (*propos*) out of place, uncalled-for
déplacement [deplasmɑ̃] *nm* (*voyage*) trip, travelling *no pl*
déplacer [deplase] *vt* (*table, voiture*) to move, shift; (*employé*) to transfer, move; (*os, vertèbre etc*) to displace; **se** ~ *vi* to move; (*voyager*) to travel
déplaire [deplɛʀ] *vi*: **ceci me déplaît** I don't like this, I dislike this; **se** ~ *vr*: **se** ~ **quelque part** to be unhappy somewhere; **déplaisant, e** *adj* disagreeable
dépliant [deplijɑ̃] *nm* leaflet
déplier [deplije] *vt* to unfold
déplorer [deplɔʀe] *vt* (*regretter*) to deplore
déployer [deplwaje] *vt* to open out, spread; to deploy; to display, exhibit
déporter [depɔʀte] *vt* (*POL*) to deport; (*dévier*) to carry off course
déposer [depoze] *vt* (*gén*: *mettre, poser*) to lay *ou* put down; (*à la banque, à la consigne*) to deposit; (*pas-*

sager) to drop (off), set down; (*roi*) to depose; (*ADMIN*: *faire enregistrer*) to file; to register; (*JUR*): ~ (**contre**) to testify *ou* give evidence (against); **se** ~ *vi* to settle; **dépositaire** *nm/f* (*COMM*) agent

dépôt [depo] *nm* (*à la banque, sédiment*) deposit; (*entrepôt, réserve*) warehouse, store; (*gare*) depot; (*prison*) cells *pl*

dépotoir [depɔtwaʀ] *nm* dumping ground, rubbish dump

dépouille [depuj] *nf* (*d'animal*) skin, hide; (*humaine*): ~ (**mortelle**) mortal remains *pl*

dépouillé, e [depuje] *adj* (*fig*) bare, bald

dépouiller [depuje] *vt* (*animal*) to skin; (*spolier*) to deprive of one's possessions; (*documents*) to go through, peruse; ~ **qn/qch de** to strip sb/sth of; ~ **le scrutin** to count the votes

dépourvu, e [depuʀvy] *adj*: ~ **de** lacking in, without; **au** ~ unprepared

déprécier [depʀesje] *vt* to depreciate; **se** ~ *vi* to depreciate

dépression [depʀesjɔ̃] *nf* depression; ~ (**nerveuse**) (nervous) breakdown

déprimer [depʀime] *vt* to depress

MOT-CLÉ

depuis [dəpɥi] *prép* **1** (*point de départ dans le temps*) since; **il habite Paris ~ 1983/l'an dernier** he has been living in Paris since 1983/last year; ~ **quand le connaissez-vous?** how long have you known him?

2 (*temps écoulé*) for; **il habite Paris ~ 5 ans** he has been living in Paris for 5 years; **je le connais ~ 3 ans** I've known him for 3 years

3 (*lieu*): **il a plu ~ Metz** it's been raining since Metz; **elle a téléphoné ~ Valence** she rang from Valence

4 (*quantité, rang*) from; ~ **les plus petits jusqu'aux plus grands** from the youngest to the oldest

♦ *adv* (*temps*) since (then); **je ne lui ai pas parlé** ~ I haven't spoken to him since (then); ~ **que** *conj* (ever) since; ~ **qu'il m'a dit ça** (ever) since he said that to me

député, e [depyte] *nm/f* (*POL*) ≈ Member of Parliament (*BRIT*), ≈ Member of Congress (*US*)

députer [depyte] *vt* to delegate

déraciner [deʀasine] *vt* to uproot

dérailler [deʀɑje] *vi* (*train*) to be derailed; **faire** ~ to derail

déraisonner [deʀɛzɔne] *vi* to talk nonsense, rave

dérangement [deʀɑ̃ʒmɑ̃] *nm* (*gêne*) trouble; (*gastrique etc*) disorder; (*mécanique*) breakdown; **en** ~ (*téléphone*) out of order

déranger [deʀɑ̃ʒe] *vt* (*personne*) to trouble, bother; to disturb; (*projets*) to disrupt, upset; (*objets, vêtements*) to disarrange; **se** ~ *vi* to put o.s. out; to (take the trouble to) come *ou* go out; **est-ce que cela vous dérange si ...?** do you mind if ...?

déraper [deʀape] *vi* (*voiture*) to skid; (*personne, semelles, couteau*) to slip

déréglé, e [deʀegle] *adj* (*mœurs*) dissolute

dérégler [deʀegle] *vt* (*mécanisme*) to put out of order; (*estomac*) to upset

dérider [deʀide] *vt* to brighten up; **se** ~ *vi* to brighten up

dérision [deʀizjɔ̃] *nf*: **tourner en** ~ to deride

dérivatif [deʀivatif] *nm* distraction

dérive [deʀiv] *nf* (*de dériveur*) centre-board; **aller à la** ~ (*NAVIG, fig*) to drift

dérivé, e [deʀive] *nm* (*TECH*) by-product; ~**e** *nf* (*MATH*) derivative

dériver [deʀive] *vt* (*MATH*) to derive; (*cours d'eau etc*) to divert ♦ *vi* (*bateau*) to drift; ~ **de** to derive from

dermatologue [dɛʀmatɔlɔg] *nm/f* dermatologist

dernier, ière [dɛʀnje, -jɛʀ] *adj* last;

(*le plus récent*) latest, last; **lundi/le mois** ~ last Monday/month; **du** ~ **chic** extremely smart; **les** ~**s honneurs** the last tribute; **en** ~ last; **ce** ~ the latter; **dernièrement** *adv* recently

dérobé, e [deʀɔbe] *adj* (*porte*) secret, hidden; **à la** ~**e** surreptitiously

dérober [deʀɔbe] *vt* to steal; **se** ~ *vi* (*s'esquiver*) to slip away; to shy away; **se** ~ **sous** (*s'effondrer*) to give way beneath; **se** ~ **à** (*justice, regards*) to hide from; (*obligation*) to shirk; ~ **qch à (la vue de) qn** to conceal *ou* hide sth from sb('s view)

dérogation [deʀɔgɑsjɔ̃] *nf* (special) dispensation

déroger [deʀɔʒe] : ~ **à** *vt* to go against, depart from

dérouiller [deʀuje] *vt*: **se** ~ **les jambes** to stretch one's legs (*fig*)

déroulement [deʀulmɑ̃] *nm* (*d'une opération etc*) progress

dérouler [deʀule] *vt* (*ficelle*) to unwind; (*papier*) to unroll; **se** ~ *vi* (*avoir lieu*) to take place; (*se passer*) to go on; to go (off); to unfold

déroute [deʀut] *nf* rout; total collapse; ~**r** [deʀute] *vt* (*avion, train*) to reroute, divert; (*étonner*) to disconcert, throw (out)

derrière [dɛʀjɛʀ] *adv, prép* behind ♦ *nm* (*d'une maison*) back; (*postérieur*) behind, bottom; **les pattes de** ~ the back *ou* hind legs; **par** ~ from behind; (*fig*) behind one's back

des [de] *dét voir* **de** ♦ *prép +dét* = de +les

dès [dɛ] *prép* from; ~ **que** as soon as; ~ **son retour** as soon as he was (*ou* is) back; ~ **lors** from then on; ~ **lors que** from the moment (that)

désabusé, e [dezabyze] *adj* disillusioned

désaccord [dezakɔʀ] *nm* disagreement; ~**é, e** [dezakɔʀde] *adj* (*MUS*) out of tune

désaffecté, e [dezafɛkte] *adj* disused

désagréable [dezagʀeablə(ə)] *adj* unpleasant

désagréger [dezagʀeʒe] : **se** ~ *vi* to disintegrate, break up

désagrément [dezagʀemɑ̃] *nm* annoyance, trouble *no pl*

désaltérer [dezalteʀe] *vt*: **se** ~ to quench one's thirst

désamorcer [dezamɔʀse] *vt* to defuse; to forestall

désapprobateur, trice [dezapʀɔbatœʀ, -tʀis] *adj* disapproving

désapprouver [dezapʀuve] *vt* to disapprove of

désarçonner [dezaʀsɔne] *vt* to unseat, throw; (*fig*) to throw, puzzle

désarmant, e [dezaʀmɑ̃, -ɑ̃t] *adj* disarming

désarroi [dezaʀwa] *nm* disarray

désarticulé, e [dezaʀtikyle] *adj* (*pantin, corps*) dislocated

désastre [dezastʀ(ə)] *nm* disaster

désavantage [dezavɑ̃taʒ] *nm* disadvantage; (*inconvénient*) drawback, disadvantage; **désavantager** *vt* to put at a disadvantage

désavouer [dezavwe] *vt* to disown

désaxé, e [dezakse] *adj* (*fig*) unbalanced

descendre [desɑ̃dʀ(ə)] *vt* (*escalier, montagne*) to go (*ou* come) down; (*valise, paquet*) to take *ou* get down; (*étagère etc*) to lower; (*fam: abattre*) to shoot down ♦ *vi* to go (*ou* come) down; (*passager: s'arrêter*) to get out, alight; ~ **à pied/en voiture** to walk/drive down; ~ **de** (*famille*) to be descended from; ~ **du train** to get out of *ou* get off the train; ~ **d'un arbre** to climb down from a tree; ~ **de cheval** to dismount; ~ **à l'hôtel** to stay at a hotel

descente [desɑ̃t] *nf* descent, going down; (*chemin*) way down; (*SKI*) downhill (race); **au milieu de la** ~ halfway down; ~ **de lit** bedside rug; ~ **(de police)** (police) raid

description [dɛskʀipsjɔ̃] *nf* description

désemparé, e [dezɑ̃paʀe] *adj* bewildered, distraught

désemparer [dezɑ̃paʀe] *vi*: **sans ~** without stopping
désemplir [dezɑ̃pliʀ] *vi*: **ne pas ~** to be always full
déséquilibre [dezekilibʀ(ə)] *nm* (*position*): **en ~** unsteady; (*fig: des forces, du budget*) imbalance; **déséquilibré, e** [dezekilibʀe] *nm/f* (*PSYCH*) unbalanced person; **déséquilibrer** [dezekilibʀe] *vt* to throw off balance
désert, e [dezɛʀ, -ɛʀt(ə)] *adj* deserted ♦ *nm* desert
déserter [dezɛʀte] *vi, vt* to desert
désertique [dezɛʀtik] *adj* desert *cpd*; barren, empty
désespéré, e [dezɛspeʀe] *adj* desperate
désespérer [dezɛspeʀe] *vt* to drive to despair ♦ *vi*: **~ de** to despair of
désespoir [dezɛspwaʀ] *nm* despair; **en ~ de cause** in desperation
déshabillé [dezabije] *nm* négligée
déshabiller [dezabije] *vt* to undress; **se ~** *vi* to undress (o.s.)
désherbant [dezɛʀbɑ̃] *nm* weed-killer
déshériter [dezeʀite] *vt* to disinherit
déshérités [dezeʀite] *nmpl*: **les ~** the underprivileged
déshonneur [dezɔnœʀ] *nm* dishonour
déshydraté, e [dezidʀate] *adj* dehydrated
desiderata [dezideʀata] *nmpl* requirements
désigner [deziɲe] *vt* (*montrer*) to point out, indicate; (*dénommer*) to denote; (*candidat etc*) to name
désinfectant, e [dezɛ̃fɛktɑ̃, -ɑ̃t] *adj, nm* disinfectant; **désinfecter** [dezɛ̃fɛkte] *vt* to disinfect
désintégrer [dezɛ̃tegʀe] *vt* to disintegrate; **se ~** *vi* to disintegrate
désintéressé, e [dezɛ̃teʀese] *adj* disinterested, unselfish
désintéresser [dezɛ̃teʀese] *vt*: **se ~ (de)** to lose interest (in)
désintoxication [dezɛ̃tɔksikɑsjɔ̃] *nf*: **faire une cure de ~** to undergo treatment for alcoholism (*ou* drug addiction)
désinvolte [dezɛ̃vɔlt(ə)] *adj* casual, off-hand; **désinvolture** *nf* casualness
désir [deziʀ] *nm* wish; (*fort, sensuel*) desire
désirer [deziʀe] *vt* to want, wish for; (*sexuellement*) to desire; **je désire ...** (*formule de politesse*) I would like ...
désister [deziste]: **se ~** *vi* to stand down, withdraw
désobéir [dezɔbeiʀ] *vi*: **~ (à qn/qch)** to disobey (sb/sth); **désobéissant, e** *adj* disobedient
désobligeant, e [dezɔbliʒɑ̃, -ɑ̃t] *adj* disagreeable
désodorisant [dezɔdɔʀizɑ̃] *nm* air freshener, deodorizer
désœuvré, e [dezœvʀe] *adj* idle
désolé, e [dezɔle] *adj* (*paysage*) desolate; **je suis ~** I'm sorry
désoler [dezɔle] *vt* to distress, grieve
désolidariser [desɔlidaʀize] *vt*: **se ~ de** *ou* **d'avec** to dissociate o.s. from
désopilant, e [dezɔpilɑ̃, -ɑ̃t] *adj* hilarious
désordonné, e [dezɔʀdɔne] *adj* untidy
désordre [dezɔʀdʀ(ə)] *nm* disorder(liness), untidiness; (*anarchie*) disorder; **~s** *nmpl* (*POL*) disturbances, disorder *sg*; **en ~** in a mess, untidy
désorienté, e [dezɔʀjɑ̃te] *adj* disorientated
désormais [dezɔʀmɛ] *adv* from now on
désosser [dezɔse] *vt* to bone
desquelles [dekɛl] *prép +pron* = **de +lesquelles**
desquels [dekɛl] *prép +pron* = **de +lesquels**
dessaisir [deseziʀ]: **se ~ de** *vt* to give up, part with
dessaler [desale] *vt* (*eau de mer*) to desalinate; (*CULIN*) to soak
desséché, e [deseʃe] *adj* dried up
dessécher [deseʃe] *vt* to dry out, parch; **se ~** *vi* to dry out

dessein [desɛ̃] *nm* design; **à ~** intentionally, deliberately
desserrer [deseʀe] *vt* to loosen; (*frein*) to release
dessert [desɛʀ] *nm* dessert, pudding
desserte [desɛʀt(ə)] *nf* (*table*) side table; (*transport*): **la ~ du village est assurée par autocar** there is a coach service to the village
desservir [desɛʀviʀ] *vt* (*ville, quartier*) to serve; (*nuire à*) to go against, put at a disadvantage; (*débarrasser*): **~ (la table)** to clear the table
dessin [desɛ̃] *nm* (*œuvre, art*) drawing; (*motif*) pattern, design; (*contour*) (out)line; **~ animé** cartoon (film); **~ humoristique** cartoon
dessinateur, trice [desinatœʀ, -tʀis] *nm/f* drawer; (*de bandes dessinées*) cartoonist; (*industriel*) draughtsman(woman) (*BRIT*), draftsman(woman) (*US*)
dessiner [desine] *vt* to draw; (*concevoir*) to design
dessous [dəsu] *adv* underneath, beneath ♦ *nm* underside ♦ *nmpl* (*sous-vêtements*) underwear *sg*; **en ~, par ~** underneath; below; **au-dessous (de)** below; (*peu digne de*) beneath; **avoir le ~** to get the worst of it; **dessous-de-plat** *nm inv* tablemat
dessus [dəsy] *adv* on top; (*collé, écrit*) on it ♦ *nm* top; **en ~** above; **par ~** over it ♦ *prép* over; **au-dessus (de)** above; **avoir le ~** to get the upper hand; **dessus-de-lit** *nm inv* bedspread
destin [dɛstɛ̃] *nm* fate; (*avenir*) destiny
destinataire [dɛstinatɛʀ] *nm/f* (*POSTES*) addressee; (*d'un colis*) consignee
destination [dɛstinɑsjɔ̃] *nf* (*lieu*) destination; (*usage*) purpose; **à ~ de** bound for, travelling to
destinée [dɛstine] *nf* fate; (*existence, avenir*) destiny
destiner [dɛstine] *vt*: **~ qn à** (*poste, sort*) to destine sb for; **~ qn/qch à** (*prédestiner*) to destine sb/sth to *+verbe*; **~ qch à qn** (*envisager de donner*) to intend sb to have sth; (*adresser*) to intend sth for sb; to aim sth at sb; **être destiné à** (*sort*) to be destined to *+verbe*; (*usage*) to be meant for; (*suj*: *sort*) to be in store for
destituer [dɛstitɥe] *vt* to depose
désuet, ète [desɥɛ, -ɛt] *adj* outdated, outmoded; **désuétude** *nf*: **tomber en désuétude** to fall into disuse
détachant [detaʃɑ̃] *nm* stain remover
détachement [detaʃmɑ̃] *nm* detachment
détacher *vt* (*enlever*) to detach, remove; (*délier*) to untie; (*ADMIN*): **~ qn (auprès de** *ou* **à)** to post sb (to); **se ~** *vi* (*tomber*) to come off; to come out; (*se défaire*) to come undone; **se ~ sur** to stand out against; **se ~ de** (*se désintéresser*) to grow away from
détail [detaj] *nm* detail; (*COMM*): **le ~** retail; **en ~** in detail; **au ~** (*COMM*) retail; separately
détaillant [detajɑ̃] *nm* retailer
détailler [detaje] *vt* (*expliquer*) to explain in detail; to detail; (*examiner*) to look over, examine
détartrant [detaʀtʀɑ̃] *nm* scale remover
détecter [detɛkte] *vt* to detect
détective [detɛktiv] *nm* (*policier*: *en Grande Bretagne*) detective; **~ (privé)** private detective
déteindre [detɛ̃dʀ(ə)] *vi* (*tissu*) to fade; (*fig*): **~ sur** to rub off on
dételer [detle] *vt* to unharness
détendre [detɑ̃dʀ(ə)] *vt*: **se ~** to lose its tension; to relax
détenir [detniʀ] *vt* (*fortune, objet, secret*) to be in possession of; (*prisonnier*) to detain, hold; (*record, pouvoir*) to hold
détente [detɑ̃t] *nf* relaxation; (*d'une arme*) trigger
détention [detɑ̃sjɔ̃] *nf* possession;

detention; holding; ~ **préventive** (pre-trial) custody
détenu, e [detny] *nm/f* prisoner
détergent [deteʀʒɑ̃] *nm* detergent
détériorer [deteʀjɔʀe] *vt* to damage; se ~ *vi* to deteriorate
déterminé, e [detɛʀmine] *adj* (*résolu*) determined; (*précis*) specific, definite
déterminer [detɛʀmine] *vt* (*fixer*) to determine; (*décider*): ~ **qn à faire** to decide sb to do
déterrer [deteʀe] *vt* to dig up
détestable [detɛstabl(ə)] *adj* foul, ghastly; detestable, odious
détester [detɛste] *vt* to hate, detest
détonation [detɔnɑsjɔ̃] *nf* detonation, bang, report (of a gun)
détonner [detɔne] *vi* (*MUS*) to go out of tune; (*fig*) to clash
détour [detuʀ] *nm* detour; (*tournant*) bend, curve; **sans** ~ (*fig*) plainly
détourné, e [detuʀne] *adj* (*moyen*) roundabout
détournement [detuʀnəmɑ̃] *nm*: ~ **d'avion** hijacking; ~ **de mineur** corruption of a minor
détourner [detuʀne] *vt* to divert; (*par la force*) to hijack; (*yeux, tête*) to turn away; (*de l'argent*) to embezzle; se ~ *vi* to turn away
détracteur, trice [detʀaktœʀ, -tʀis] *nm/f* disparager, critic
détraquer [detʀake] *vt* to put out of order; (*estomac*) to upset; se ~ *vi* to go wrong
détrempé, e [detʀɑ̃pe] *adj* (*sol*) sodden, waterlogged
détresse [detʀɛs] *nf* distress
détriment [detʀimɑ̃] *nm*: **au ~ de** to the detriment of
détritus [detʀitys] *nmpl* rubbish *sg*, refuse *sg*
détroit [detʀwa] *nm* strait
détromper [detʀɔ̃pe] *vt* to disabuse
détrôner [detʀone] *vt* to dethrone
détrousser [detʀuse] *vt* to rob
détruire [detʀɥiʀ] *vt* to destroy
dette [dɛt] *nf* debt
D.E.U.G. [døg] *sigle m*
deuil [dœj] *nm* (*perte*) bereavement; (*période*) mourning; (*chagrin*) grief; **être en ~** to be in mourning
deux [dø] *num* two; **les ~** both; **ses ~ mains** both his hands, his two hands; ~ **points** colon *sg*; **deuxième** *num* second; **deuxièmement** *adv* secondly, in the second place; **deux-pièces** *nm inv* (*tailleur*) two-piece suit; (*de bain*) two-piece (swimsuit); (*appartement*) two-roomed flat (*BRIT*) *ou* apartment (*US*); **deux-roues** *nm inv* two-wheeled vehicle
devais *etc vb voir* **devoir**
dévaler [devale] *vt* to hurtle down
dévaliser [devalize] *vt* to rob, burgle
dévaloriser [devalɔʀize] *vt* to depreciate; se ~ *vi* to depreciate
dévaluation [devalɥɑsjɔ̃] *nf* depreciation; (*ÉCON*: *mesure*) devaluation
devancer [dəvɑ̃se] *vt* to be ahead of; to get ahead of; to arrive before; (*prévenir*) to anticipate
devant [dəvɑ̃] *adv* in front; (*à distance*: *en avant*) ahead ♦ *prép* in front of; ahead of; (*avec mouvement*: *passer*) past; (*fig*) before, in front of; faced with; in view of ♦ *nm* front; **prendre les ~s** to make the first move; **les pattes de ~** the front legs, the forelegs; **par ~** (*boutonner*) at the front; (*entrer*) the front way; **aller au-devant de qn** to go out to meet sb; **aller au-devant de** (*désirs de qn*) to anticipate
devanture [dəvɑ̃tyʀ] *nf* (*façade*) (shop) front; (*étalage*) display; (shop) window
déveine [devɛn] *nf* rotten luck *no pl*
développement [devlɔpmɑ̃] *nm* development
développer [devlɔpe] *vt* to develop; se ~ *vi* to develop
devenir [dəvniʀ] *vb +attrib* to become; ~ **instituteur** to become a teacher; **que sont-ils devenus?** what has become of them?
dévergondé, e [devɛʀgɔ̃de] *adj* wild, shameless

déverser [devɛʀse] *vt* (*liquide*) to pour (out); (*ordures*) to tip (out); **se ~ dans** (*fleuve, mer*) to flow into
dévêtir [devetiʀ] *vt* to undress; **se ~** *vi* to undress
devez *etc vb voir* **devoir**
déviation [devjɑsjɔ̃] *nf* deviation; (*AUTO*) diversion (*BRIT*), detour (*US*)
dévider [devide] *vt* to unwind
devienne *etc vb voir* **devenir**
dévier [devje] *vt* (*fleuve, circulation*) to divert; (*coup*) to deflect ♦ *vi* to veer (off course)
devin [dəvɛ̃] *nm* soothsayer, seer
deviner [dəvine] *vt* to guess; (*prévoir*) to foresee; (*apercevoir*) to distinguish; **devinette** [dəvinɛt] *nf* riddle
devins *etc vb voir* **devenir**
devis [dəvi] *nm* estimate, quotation
dévisager [devizaʒe] *vt* to stare at
devise [dəviz] *nf* (*formule*) motto, watchword; (*ÉCON*: *monnaie*) currency; **~s** *nfpl* (*argent*) currency *sg*
deviser [dəvize] *vi* to converse
dévisser [devise] *vt* to unscrew, undo; **se ~** *vi* to come unscrewed
dévoiler [devwale] *vt* to unveil
devoir [dəvwaʀ] *nm* duty; (*SCOL*) homework *no pl*; (: *en classe*) exercise ♦ *vt* (*argent, respect*): **~ qch (à qn)** to owe (sb) sth; (*suivi de l'infinitif*: *obligation*): **il doit le faire** he has to do it, he must do it; (: *intention*): **il doit partir demain** he is (due) to leave tomorrow; (: *probabilité*): **il doit être tard** it must be late
dévolu, e [devɔly] *adj*: **~ à** allotted to ♦ *nm*: **jeter son ~ sur** to fix one's choice on
dévorer [devɔʀe] *vt* to devour; (*suj*: *feu, soucis*) to consume
dévot, e [devo, -ɔt] *adj* devout, pious
dévotion [devosjɔ̃] *nf* devoutness; **être à la ~ de qn** to be totally devoted to sb
dévoué, e [devwe] *adj* devoted
dévouer [devwe] : **se ~** *vi* (*se sacrifier*) to sacrifice o.s. (for); (*se consacrer*): **se ~ à** to devote *ou* dedicate o.s. to
dévoyé, e [devwaje] *adj* delinquent
devrai *etc vb voir* **devoir**
diabète [djabɛt] *nm* diabetes *sg*; **diabétique** *nm/f* diabetic
diable [djɑbl(ə)] *nm* devil
diabolo [djabɔlo] *nm* (*boisson*) *lemonade with fruit cordial*
diacre [djakʀ(ə)] *nm* deacon
diagnostic [djagnɔstik] *nm* diagnosis *sg*
diagonal, e, aux [djagɔnal, -o] *adj* diagonal; **~e** *nf* diagonal; **en ~e** diagonally; **lire en ~e** to skim through
diagramme [djagʀam] *nm* chart, graph
dialecte [djalɛkt(ə)] *nm* dialect
dialogue [djalɔg] *nm* dialogue
diamant [djamɑ̃] *nm* diamond; **diamantaire** *nm* diamond dealer
diamètre [djamɛtʀ(ə)] *nm* diameter
diapason [djapazɔ̃] *nm* tuning fork
diaphragme [djafʀagm(ə)] *nm* diaphragm
diaporama [djapɔʀama] *nm* slide show
diapositive [djapozitiv] *nf* transparency, slide
diarrhée [djaʀe] *nf* diarrhoea
dictateur [diktatœʀ] *nm* dictator; **dictature** *nf* dictatorship
dictée [dikte] *nf* dictation
dicter [dikte] *vt* to dictate
dictionnaire [diksjɔnɛʀ] *nm* dictionary
dicton [diktɔ̃] *nm* saying, dictum
dièse [djɛz] *nm* sharp
diesel [djezɛl] *nm* diesel ♦ *adj inv* diesel
diète [djɛt] *nf* (*jeûne*) starvation diet; (*régime*) diet
diététique [djetetik] *adj*: **magasin ~** health food shop
dieu, x [djø] *nm* god; **D~** God; **mon D~!** good heavens!
diffamation [difamɑsjɔ̃] *nf* slander; (*écrite*) libel
différé [difeʀe] *nm* (*TV*): **en ~**

(pre-)recorded

différence [diferɑ̃s] *nf* difference; à la ~ de unlike; **différencier** [diferɑ̃sje] *vt* to differentiate; **différend** [diferɑ̃] *nm* difference (of opinion), disagreement

différent, e [diferɑ̃, -ɑ̃t] *adj*: ~ (de) different (from); ~s objets différent *ou* various objects

différer [difere] *vt* to postpone, put off ♦ *vi*: ~ (de) to differ (from)

difficile [difisil] *adj* difficult; (*exigeant*) hard to please; **difficilement** *adv* with difficulty

difficulté [difikylte] *nf* difficulty; **en** ~ (*bateau, alpiniste*) in difficulties

difforme [difɔʀm(ə)] *adj* deformed, misshapen

diffuser [difyze] *vt* (*chaleur, bruit*) to diffuse; (*émission, musique*) to broadcast; (*nouvelle, idée*) to circulate; (*COMM*) to distribute

digérer [diʒeʀe] *vt* to digest; (*fig: accepter*) to stomach, put up with; **digestif** *nm* (after-dinner) liqueur

digne [diɲ] *adj* dignified; ~ **de** worthy of; ~ **de foi** trustworthy

dignité [diɲite] *nf* dignity

digression [digʀesjɔ̃] *nf* digression

digue [dig] *nf* dike, dyke

dilapider [dilapide] *vt* to squander

dilemme [dilɛm] *nm* dilemma

diligence [diliʒɑ̃s] *nf* stagecoach; (*empressement*) despatch

diluer [dilɥe] *vt* to dilute

diluvien, ne [dilyvjɛ̃, -jɛn] *adj*: **pluie** ~**ne** torrential rain

dimanche [dimɑ̃ʃ] *nm* Sunday

dimension [dimɑ̃sjɔ̃] *nf* (*grandeur*) size; (*cote, de l'espace*) dimension

diminuer [diminɥe] *vt* to reduce, decrease; (*ardeur etc*) to lessen; (*personne: physiquement*) to undermine; (*dénigrer*) to belittle ♦ *vi* to decrease, diminish; **diminutif** *nm* (*surnom*) pet name; **diminution** *nf* decreasing, diminishing

dinde [dɛ̃d] *nf* turkey

dindon [dɛ̃dɔ̃] *nm* turkey

dîner [dine] *nm* dinner ♦ *vi* to have dinner

dingue [dɛ̃g] (*fam*) *adj* crazy

diplomate [diplɔmat] *adj* diplomatic ♦ *nm* diplomat; (*fig*) diplomatist

diplomatie [diplɔmasi] *nf* diplomacy

diplôme [diplom] *nm* diploma; **diplômé, e** *adj* qualified

dire [diʀ] *nm*: **au** ~ **de** according to ♦ *vt* to say; (*secret, mensonge*) to tell; **leurs** ~**s** what they say; ~ **l'heure/la vérité** to tell the time/the truth; ~ **qch à qn** to tell sb sth; ~ **à qn qu'il fasse** *ou* **de faire** to tell sb to do; **on dit que** they say that; **ceci dit** that being said; (*à ces mots*) whereupon; **si cela lui dit** (*plaire*) if he fancies it; **que dites-vous de** (*penser*) what do you think of; **on dirait que** it looks (*ou* sounds *etc*) as if; **dis/dites (donc)** I say; (*à propos*) by the way

direct, e [diʀɛkt] *adj* direct ♦ *nm* (*TV*): **en** ~ live; **directement** *adv* directly

directeur, trice [diʀɛktœʀ, -tʀis] *nm/f* (*d'entreprise*) director; (*de service*) manager(eress); (*d'école*) head (teacher) (*BRIT*), principal (*US*)

direction [diʀɛksjɔ̃] *nf* management; conducting; supervision; (*AUTO*) steering; (*sens*) direction; **"toutes ~s"** "all routes"

dirent *vb voir* **dire**

dirigeant, e [diʀiʒɑ̃, -ɑ̃t] *adj* managerial; ruling ♦ *nm/f* (*d'un parti etc*) leader; (*d'entreprise*) manager

diriger [diʀiʒe] *vt* (*entreprise*) to manage, run; (*véhicule*) to steer; (*orchestre*) to conduct; (*recherches, travaux*) to supervise; (*braquer: regard, arme*): ~ **sur** to point *ou* level at; **se** ~ *vi* (*s'orienter*) to find one's way; **se** ~ **vers** *ou* **sur** to make *ou* head for

dirigisme [diʀiʒism(ə)] *nm* (*ÉCON*) state intervention, interventionism

dis *etc vb voir* **dire**

discernement [disɛʀnəmɑ̃] *nm* (*bon sens*) discernment, judgement

discerner [disɛʀne] *vt* to discern,

make out

discipline [disiplin] *nf* discipline; **discipliner** *vt* to discipline; to control

discontinu, e [diskɔ̃tiny] *adj* intermittent

discontinuer [diskɔ̃tinɥe] *vi*: **sans** ~ without stopping, without a break

disconvenir [diskɔ̃vniʀ] *vi*: **ne pas** ~ **de qch/que** not to deny sth/that

discordant, e [diskɔʀdɑ̃, -ɑ̃t] *adj* discordant; conflicting

discothèque [diskɔtɛk] *nf* (*disques*) record collection; (: *dans une bibliothèque*) record library; (*boîte de nuit*) disco(thèque)

discourir [diskuʀiʀ] *vi* to discourse, hold forth

discours [diskuʀ] *nm* speech

discret, ète [diskʀɛ, -ɛt] *adj* discreet; (*fig*) unobtrusive; quiet

discrétion [diskʀesjɔ̃] *nf* discretion; **être à la ~ de qn** to be in sb's hands; **à** ~ unlimited; as much as one wants

discrimination [diskʀiminɑsjɔ̃] *nf* discrimination; **sans** ~ indiscriminately

disculper [diskylpe] *vt* to exonerate

discussion [diskysjɔ̃] *nf* discussion

discutable [diskytabl(ə)] *adj* debatable

discuté, e [diskyte] *adj* controversial

discuter [diskyte] *vt* (*contester*) to question, dispute; (*débattre*: *prix*) to discuss ♦ *vi* to talk; (*ergoter*) to argue; ~ **de** to discuss

dise *etc vb voir* **dire**

disette [dizɛt] *nf* food shortage

diseuse [dizøz] *nf*: ~ **de bonne** aventure fortuneteller

disgracieux, euse [disgʀasjø, -jøz] *adj* ungainly, awkward

disjoindre [disʒwɛ̃dʀ(ə)] *vt* to take apart; **se** ~ *vi* to come apart

disjoncteur [disʒɔ̃ktœʀ] *nm* (*ÉLEC*) circuit breaker

disloquer [dislɔke] *vt* (*chaise*) to dismantle; **se** ~ *vi* (*parti, empire*) to break up; **se ~ l'épaule** to dislocate one's shoulder

disons *vb voir* **dire**

disparaître [dispaʀɛtʀ(ə)] *vi* to disappear; (*à la vue*) to vanish, disappear; to be hidden *ou* concealed; (*se perdre*: *traditions etc*) to die out; **faire** ~ to remove; to get rid of

disparition [dispaʀisjɔ̃] *nf* disappearance

disparu, e [dispaʀy] *nm/f* missing person; (*défunt*) departed

dispensaire [dispɑ̃sɛʀ] *nm* community clinic

dispenser [dispɑ̃se] *vt* (*donner*) to lavish, bestow; (*exempter*): ~ **qn de** to exempt sb from; **se ~ de** *vt* to avoid; to get out of

disperser [dispɛʀse] *vt* to scatter; (*fig*: *son attention*) to dissipate

disponibilité [dispɔnibilite] *nf* (*ADMIN*): **être en** ~ to be on leave of absence; **disponible** [dispɔnibl(ə)] *adj* available

dispos [dispo] *adj m*: **(frais et)** ~ fresh (as a daisy)

disposé, e [dispoze] *adj*: **bien/mal** ~ (*humeur*) in a good/bad mood; ~ **à** (*prêt à*) willing *ou* prepared to

disposer [dispoze] *vt* (*arranger, placer*) to arrange ♦ *vi*: **vous pouvez** ~ you may leave; ~ **de** to have (at one's disposal); to use; **se ~ à faire** to prepare to do, be about to do

dispositif [dispozitif] *nm* device; (*fig*) system, plan of action; set-up

disposition [dispozisjɔ̃] *nf* (*arrangement*) arrangement, layout; (*humeur*) mood; (*tendance*) tendency; **~s** *nfpl* (*mesures*) steps, measures; (*préparatifs*) arrangements; (*loi, testament*) provisions; (*aptitudes*) bent *sg*, aptitude *sg*; **à la ~ de qn** at sb's disposal

disproportionné, e [dispʀɔpɔʀsjɔne] *adj* disproportionate, out of all proportion

dispute [dispyt] *nf* quarrel, argument

disputer [dispyte] *vt* (*match*) to play; (*combat*) to fight; (*course*) to run, fight; **se** ~ *vi* to quarrel; ~ **qch à qn** to fight with sb over sth

disquaire [diskɛʀ] *nm/f* record dealer
disqualifier [diskalifje] *vt* to disqualify
disque [disk(ə)] *nm* (*MUS*) record; (*forme, pièce*) disc; (*SPORT*) discus; ~ **compact** compact disc; ~ **d'embrayage** (*AUTO*) clutch plate
disquette [diskɛt] *nf* floppy disk, diskette
disséminer [disemine] *vt* to scatter
disséquer [diseke] *vt* to dissect
dissertation [disɛʀtɑsjɔ̃] *nf* (*SCOL*) essay
disserter [disɛʀte] *vi*: ~ **sur** to discourse upon
dissimuler [disimyle] *vt* to conceal
dissiper [disipe] *vt* to dissipate; (*fortune*) to squander; se ~ *vi* (*brouillard*) to clear, disperse; (*doutes*) to melt away; (*élève*) to become unruly
dissolu, e [disɔly] *adj* dissolute
dissolvant [disɔlvɑ̃] *nm* solvent; ~ (gras) nail polish remover
dissonant, e [disɔnɑ̃, -ɑ̃t] *adj* discordant
dissoudre [disudʀ(ə)] *vt* to dissolve; se ~ *vi* to dissolve
dissuader [disɥade] *vt*: ~ **qn de faire/de qch** to dissuade sb from doing/from sth
dissuasion [disɥɑzjɔ̃] *nf*: **force de** ~ deterrent power
distance [distɑ̃s] *nf* distance; (*fig*: *écart*) gap; à ~ at *ou* from a distance; **distancer** *vt* to outdistance
distant, e [distɑ̃, -ɑ̃t] *adj* (*réservé*) distant; ~ **de** (*lieu*) far away from
distendre [distɑ̃dʀ(ə)] *vt* to distend; se ~ *vi* to distend
distiller [distile] *vt* to distil; **distillerie** *nf* distillery
distinct, e [distɛ̃(kt), distɛ̃kt(ə)] *adj* distinct; **distinctif, ive** *adj* distinctive
distingué, e [distɛ̃ge] *adj* distinguished
distinguer [distɛ̃ge] *vt* to distinguish
distraction [distʀaksjɔ̃] *nf* (*manque d'attention*) absent-mindedness; (*oubli*) lapse (in concentration); (*détente*) diversion, recreation; (*passe-temps*) distraction, entertainment
distraire [distʀɛʀ] *vt* (*déranger*) to distract; (*divertir*) to entertain, divert; se ~ *vi* to amuse *ou* enjoy o.s.
distrait, e [distʀɛ, -ɛt] *adj* absent-minded
distribuer [distʀibɥe] *vt* to distribute; to hand out; (*CARTES*) to deal (out); (*courrier*) to deliver; **distributeur** *nm* (*COMM*) distributor; (*automatique*) (vending) machine; (: *de billets*) (cash) dispenser; **distribution** *nf* distribution; (*postale*) delivery; (*choix d'acteurs*) casting, cast
dit, e [di, dit] *pp de* **dire** ♦ *adj* (*fixé*): **le jour** ~ the arranged day; (*surnommé*): **X,** ~ **Pierrot** X, known as Pierrot
dites *vb voir* **dire**
divaguer [divage] *vi* to ramble; to rave
divan [divɑ̃] *nm* divan
divers, e [divɛʀ, -ɛʀs(ə)] *adj* (*varié*) diverse, varied; (*différent*) different, various ♦ *dét* (*plusieurs*) various, several; **(frais)** ~ sundries, miscellaneous (expenses)
divertir [divɛʀtiʀ] *vt* to amuse, entertain; se ~ *vi* to amuse *ou* enjoy o.s.
divin, e [divɛ̃, -in] *adj* divine
diviser [divize] *vt* (*gén, MATH*) to divide; (*morceler, subdiviser*) to divide (up), split (up); **division** *nf* division
divorce [divɔʀs(ə)] *nm* divorce; **divorcé, e** *nm/f* divorcee; **divorcer** *vi* to get a divorce, get divorced; **divorcer de** *ou* **d'avec qn** to divorce sb
divulguer [divylge] *vt* to divulge, disclose
dix [dis] *num* ten; **dixième** *num* tenth
dizaine [dizɛn] *nf* (*10*) ten; (*environ 10*): **une** ~ **(de)** about ten, ten or so
do [do] *nm* (*note*) C; (*en chantant la gamme*) do(h)
dock [dɔk] *nm* dock
docker [dɔkɛʀ] *nm* docker
docte [dɔkt(ə)] *adj* learned
docteur [dɔktœʀ] *nm* doctor
doctorat [dɔktɔʀa] *nm*: ~ **(d'Uni-**

versité) doctorate; ~ **d'État** ≈ Ph.D.

doctrine [dɔktʀin] *nf* doctrine

document [dɔkymɑ̃] *nm* document

documentaire [dɔkymɑ̃tɛʀ] *adj, nm* documentary

documentaliste [dɔkymɑ̃talist(ə)] *nm/f* archivist; researcher

documentation [dɔkymɑ̃tɑsjɔ̃] *nf* documentation, literature; (*PRESSE, TV: service*) research

documenter [dɔkymɑ̃te] *vt*: **se ~ (sur)** to gather information (on)

dodeliner [dɔdline] *vi*: ~ **de la tête** to nod one's head gently

dodo [dɔdo] *nm*: **aller faire ~** to go to beddy-byes

dodu, e [dɔdy] *adj* plump

dogue [dɔg] *nm* mastiff

doigt [dwa] *nm* finger; **à deux ~s de** within an inch of; **un ~ de lait** a drop of milk; ~ **de pied** toe

doigté [dwate] *nm* (*MUS*) fingering; (*fig: habileté*) diplomacy, tact (*compétition*) entry fee

doit *etc vb voir* **devoir**

doléances [dɔleɑ̃s] *nfpl* complaints; grievances

dollar [dɔlaʀ] *nm* dollar

D.O.M. [deoɛm, dɔm] *sigle m* = **département d'outre-mer**

domaine [dɔmɛn] *nm* estate, property; (*fig*) domain, field

domestique [dɔmɛstik] *adj* domestic ♦ *nm/f* servant, domestic

domicile [dɔmisil] *nm* home, place of residence; **à ~** at home; **domicilié, e** *adj*: **être domicilié à** to have one's home in *ou* at

dominant, e [dɔminɑ̃, -ɑ̃t] *adj* dominant; predominant

dominateur, trice [dɔminatœʀ, -tʀis] *adj* dominating; domineering

dominer [dɔmine] *vt* to dominate; (*passions etc*) to control, master; (*surpasser*) to outclass, surpass ♦ *vi* to be in the dominant position; **se ~** *vi* to control o.s.

domino [dɔmino] *nm* domino

dommage [dɔmaʒ] *nm* (*préjudice*) harm, injury; (*dégâts, pertes*) damage *no pl*; **c'est ~ de faire/que** it's a shame *ou* pity to do/that; **dommages-intérêts** *nmpl* damages

dompter [dɔ̃te] *vt* to tame; **dompteur, euse** *nm/f* trainer; liontamer

don [dɔ̃] *nm* (*cadeau*) gift; (*charité*) donation; (*aptitude*) gift, talent; **avoir des ~s pour** to have a gift *ou* talent for

donc [dɔ̃k] *conj* therefore, so; (*après une digression*) so, then

donjon [dɔ̃ʒɔ̃] *nm* keep

donné, e [dɔne] *adj* (*convenu*) given; (*pas cher*): **c'est ~** it's a gift; **étant ~ ...** given ...; **donnée** *nf* (*MATH, gén*) datum

donner [dɔne] *vt* to give; (*vieux habits etc*) to give away; (*spectacle*) to put on; (*film*) to show; ~ **qch à qn** to give sb sth, give sth to sb; ~ **sur** (*suj: fenêtre, chambre*) to look (out) onto; ~ **dans** (*piège etc*) to fall into; **se ~ à fond** to give one's all; **s'en ~ à cœur joie** (*fam*) to have a great time

MOT-CLÉ

dont [dɔ̃] *pron relatif* **1** (*appartenance: objets*) whose, of which; (*appartenance: êtres animés*) whose; **la maison ~ le toit est rouge** the house the roof of which is red; the house whose roof is red; **l'homme ~ je connais la sœur** the man whose sister I know

2 (*parmi lesquel(le)s*): **2 livres, ~ l'un est ...** 2 books, one of which is ...; **il y avait plusieurs personnes, ~ Gabrielle** there were several people, among them Gabrielle; **10 blessés, ~ 2 grièvement** 10 injured, 2 of them seriously

3 (*complément d'adjectif, de verbe*): **le fils ~ il est si fier** the son he's so proud of; **ce ~ je parle** what I'm talking about

doré, e [dɔʀe] *adj* golden; (*avec dorure*) gilt, gilded

dorénavant [dɔʀenavɑ̃] *adv* henceforth
dorer [dɔʀe] *vt* (*cadre*) to gild; (**faire**) ~ (*CULIN*) to brown
dorloter [dɔʀlɔte] *vt* to pamper
dormir [dɔʀmiʀ] *vi* to sleep; (*être endormi*) to be asleep
dortoir [dɔʀtwaʀ] *nm* dormitory
dorure [dɔʀyʀ] *nf* gilding
dos [do] *nm* back; (*de livre*) spine; **"voir au ~"** "see over"; **de ~** from the back
dosage [dozaʒ] *nm* mixture
dose [doz] *nf* dose; **~r** [doze] *vt* to measure out; to mix in the correct proportions; (*fig*) to expend in the right amounts; to strike a balance between
dossard [dosaʀ] *nm* number (*worn by competitor*)
dossier [dosje] *nm* (*renseignements, fichier*) file; (*de chaise*) back; (*PRESSE*) feature
dot [dɔt] *nf* dowry
doter [dɔte] *vt* to equip
douane [dwan] *nf* (*poste, bureau*) customs *pl*; (*taxes*) (customs) duty; **douanier, ière** *adj* customs *cpd* ♦ *nm* customs officer
double [dubl(ə)] *adj, adv* double ♦ *nm* (*2 fois plus*): **le ~ (de)** twice as much (*ou* many) (as); (*autre exemplaire*) duplicate, copy; (*sosie*) double; (*TENNIS*) doubles *sg*; **en ~** (*exemplaire*) in duplicate; **faire ~ emploi** to be redundant
doubler [duble] *vt* (*multiplier par 2*) to double; (*vêtement*) to line; (*dépasser*) to overtake, pass; (*film*) to dub; (*acteur*) to stand in for ♦ *vi* to double
doublure [dublyʀ] *nf* lining; (*CINÉMA*) stand-in
douce [dus] *adj voir* **doux; douceâtre** *adj* sickly sweet; **doucement** *adv* gently; slowly; **doucereux, euse** (*péj*) *adj* sugary; **douceur** *nf* softness; sweetness; mildness; gentleness; **~urs** *nfpl* (*friandises*) sweets
douche [duʃ] *nf* shower; **~s** *nfpl* (*salle*) shower room *sg*; **se doucher** *vi* to have *ou* take a shower
doudoune [dudun] *nf* padded jacket; boob (*fam*)
doué, e [dwe] *adj* gifted, talented; **~ de** endowed with
douille [duj] *nf* (*ÉLEC*) socket; (*de projectile*) case
douillet, te [dujɛ, -ɛt] *adj* cosy; (*péj*) soft
douleur [dulœʀ] *nf* pain; (*chagrin*) grief, distress; **douloureux, euse** *adj* painful
doute [dut] *nm* doubt; **sans ~** no doubt; (*probablement*) probably
douter [dute] *vt* to doubt; **~ de** (*allié*) to doubt, have (one's) doubts about; (*résultat*) to be doubtful of; **se ~ de qch/que** to suspect sth/that; **je m'en doutais** I suspected as much
douteux, euse [dutø, -øz] *adj* (*incertain*) doubtful; (*discutable*) dubious, questionable; (*péj*) dubious-looking
Douvres [duvʀ(ə)] *n* Dover
doux, douce [du, dus] *adj* (*gén*) soft; (*sucré, agréable*) sweet; (*peu fort*: *moutarde, clément*: *climat*) mild; (*pas brusque*) gentle
douzaine [duzɛn] *nf* (*12*) dozen; (*environ 12*): **une ~ (de)** a dozen or so, twelve or so
douze [duz] *num* twelve; **douzième** *num* twelfth
doyen, ne [dwajɛ̃, -ɛn] *nm/f* (*en âge, ancienneté*) most senior member; (*de faculté*) dean
dragée [dʀaʒe] *nf* sugared almond; (*MED*) (sugar-coated) pill
dragon [dʀagɔ̃] *nm* dragon
draguer [dʀage] *vt* (*rivière*) to dredge; to drag; (*fam*) to try to pick up
dramatique [dʀamatik] *adj* dramatic; (*tragique*) tragic ♦ *nf* (*TV*) (television) drama
dramaturge [dʀamatyʀʒ(ə)] *nm* dramatist, playwright
drame [dʀam] *nm* (*THÉÂTRE*) dra-

ma
drap [dʀa] *nm* (*de lit*) sheet; (*tissu*) woollen fabric
drapeau, x [dʀapo] *nm* flag; **sous les ~x** with the colours, in the army
dresser [dʀese] *vt* (*mettre vertical, monter*) to put up, erect; (*fig: liste, bilan, contrat*) to draw up; (*animal*) to train; **se ~** *vi* (*falaise, obstacle*) to stand; to tower (up); (*personne*) to draw o.s. up; **~ qn contre qn** to set sb against sb; **~ l'oreille** to prick up one's ears
drogue [dʀɔg] *nf* drug; **la ~** drugs *pl*; **drogué, e** [dʀɔge] *nm/f* drug addict
droguer [dʀɔge] *vt* (*victime*) to drug; (*malade*) to give drugs to; **se ~** *vi* (*aux stupéfiants*) to take drugs; (*péj: de médicaments*) to dose o.s. up
droguerie [dʀɔgʀi] *nf* hardware shop
droguiste [dʀɔgist(ə)] *nm* keeper (*ou* owner) of a hardware shop
droit, e [dʀwa, dʀwat] *adj* (*non courbe*) straight; (*vertical*) upright, straight; (*fig: loyal*) upright, straight(forward); (*opposé à gauche*) right, right-hand ♦ *adv* straight ♦ *nm* (*prérogative*) right; (*taxe*) duty, tax; (: *d'inscription*) fee; (*JUR*): **le ~** law; **avoir le ~ de** to be allowed to; **avoir ~ à** to be entitled to; **être en ~ de** to have a *ou* the right to; **être dans son ~** to be within one's rights; **à ~e** on the right; (*direction*) (to the) right; **~s d'auteur** royalties; **~s d'inscription** *nmpl* enrolment fee; (*competition*) entry fee; **droite** *nf* (*POL*): **la droite** the right (wing)
droitier, ière [dʀwatje, -jɛʀ] *nm/f* right-handed person
droits *nmpl voir* **droit**
droiture [dʀwatyʀ] *nf* uprightness, straightness
drôle [dʀol] *adj* funny; **une ~ d'idée** a funny idea; **drôlement** *adv* (*très*) terribly, awfully
dromadaire [dʀɔmadɛʀ] *nm* dromedary
dru, e [dʀy] *adj* (*cheveux*) thick, bushy; (*pluie*) heavy
du [dy] *dét voir* **de** ♦ *prép +dét* = **de** +**le**
dû, due [dy] *vb voir* **devoir** ♦ *adj* (*somme*) owing, owed; (: *venant à échéance*) due; (*causé par*): **~ à** due to ♦ *nm* due; (*somme*) dues *pl*
dubitatif, ive [dybitatif, -iv] *adj* doubtful, dubious
duc [dyk] *nm* duke; **duchesse** *nf* duchess
dûment [dymɑ̃] *adv* duly
Dunkerque [dœ̃kɛʀk] *n* Dunkirk
duo [dɥo] *nm* (*MUS*) duet
dupe [dyp] *nf* dupe ♦ *adj*: **(ne pas) être ~ de** (not) to be taken in by
duplex [dyplɛks] *nm* (*appartement*) split-level apartment, duplex
duplicata [dyplikata] *nm* duplicate
duquel [dykɛl] *prép +pron* = **de** +**lequel**
dur, e [dyʀ] *adj* (*pierre, siège, travail, problème*) hard; (*lumière, voix, climat*) harsh; (*sévère*) hard, harsh; (*cruel*) hard(-hearted); (*porte, col*) stiff; (*viande*) tough ♦ *adv* hard; **~ d'oreille** hard of hearing
durant [dyʀɑ̃] *prép* (*au cours de*) during; (*pendant*) for; **des mois ~** for months
durcir [dyʀsiʀ] *vt, vi* to harden; **se ~** *vi* to harden
durée [dyʀe] *nf* length; (*d'une pile etc*) life; (*déroulement: des opérations etc*) duration
durement [dyʀmɑ̃] *adv* harshly
durer [dyʀe] *vi* to last
dureté [dyʀte] *nf* hardness; harshness; stiffness; toughness
durit [dyʀit] (®) *nf* (car radiator) hose
dus *etc vb voir* **devoir**
duvet [dyvɛ] *nm* down; (*sac de couchage*) down-filled sleeping bag
dynamique [dinamik] *adj* dynamic
dynamite [dinamit] *nf* dynamite
dynamiter [dinamite] *vt* to (blow up with) dynamite

dynamo [dinamo] *nf* dynamo
dysenterie [disɑ̃tʀi] *nf* dysentery
dyslexie [dislɛksi] *nf* dyslexia, word-blindness

E

eau, x [o] *nf* water; **~x** *nfpl* (*MED*) waters; **prendre l'~** to leak, let in water; **tomber à l'~** (*fig*) to fall through; **~ courante** running water; **~ de Cologne** Eau de Cologne; **~ de Javel** bleach; **~ de toilette** toilet water; **~ douce** fresh water; **~ minérale** mineral water; **~ plate** still water; **~ salée** salt water; **eau-de-vie** *nf* brandy; **eau-forte** *nf* etching
ébahi, e [ebai] *adj* dumbfounded
ébattre [ebatʀ(ə)] : **s'~** *vi* to frolic
ébaucher [eboʃe] *vt* to sketch out, outline; **s'~** *vi* to take shape
ébène [ebɛn] *nf* ebony
ébéniste [ebenist(ə)] *nm* cabinet-maker
éberlué, e [ebɛʀlɥe] *adj* astounded
éblouir [ebluiʀ] *vt* to dazzle
éblouissement [ebluismɑ̃] *nm* (*faiblesse*) dizzy turn
éborgner [ebɔʀɲe] *vt*: **~ qn** to blind sb in one eye
éboueur [ebwœʀ] *nm* dustman (*BRIT*), garbageman (*US*)
ébouillanter [ebujɑ̃te] *vt* to scald; (*CULIN*) to blanch
éboulement [ebulmɑ̃] *nm* rock fall
ébouler [ebule] : **s'~** *vi* to crumble, collapse
éboulis [ebuli] *nmpl* fallen rocks
ébouriffé, e [ebuʀife] *adj* tousled
ébranler [ebʀɑ̃le] *vt* to shake; (*rendre instable: mur*) to weaken; **s'~** *vi* (*partir*) to move off
ébrécher [ebʀeʃe] *vt* to chip
ébriété [ebʀijete] *nf*: **en état d'~** in a state of intoxication
ébrouer [ebʀue]: **s'~** *vi* to shake o.s.; (*souffler*) to snort
ébruiter [ebʀɥite] *vt* to spread, disclose
ébullition [ebylisjɔ̃] *nf* boiling point; **en ~** boiling; (*fig*) in an uproar
écaille [ekɑj] *nf* (*de poisson*) scale; (*de coquillage*) shell; (*matière*) tortoiseshell; **~r** [ekɑje] *vt* (*poisson*) to scale; (*huître*) to open; **s'~r** *vi* to flake *ou* peel (off)
écarlate [ekaʀlat] *adj* scarlet
écarquiller [ekaʀkije] *vt*: **~ les yeux** to stare wide-eyed
écart [ekaʀ] *nm* gap; (*embardée*) swerve; sideways leap; (*fig*) departure, deviation; **à l'~** out of the way; **à l'~ de** away from
écarté, e [ekaʀte] *adj* (*lieu*) out-of-the-way, remote; (*ouvert*): **les jambes ~es** legs apart; **les bras ~s** arms outstretched
écarteler [ekaʀtəle] *vt* to quarter; (*fig*) to tear
écarter [ekaʀte] *vt* (*séparer*) to move apart, separate; (*éloigner*) to push back, move away; (*ouvrir: bras, jambes*) to spread, open; (*: rideau*) to draw (back); (*éliminer: candidat, possibilité*) to dismiss; **s'~** *vi* to part; to move away; **s'~ de** to wander from
écervelé, e [esɛʀvəle] *adj* scatter-brained, featherbrained
échafaud [eʃafo] *nm* scaffold
échafaudage [eʃafodaʒ] *nm* scaffolding
échafauder [eʃafode] *vt* (*plan*) to construct
échalote [eʃalɔt] *nf* shallot
échancrure [eʃɑ̃kʀyʀ] *nf* (*de robe*) scoop neckline; (*de côte, arête rocheuse*) indentation
échange [eʃɑ̃ʒ] *nm* exchange; **en ~ de** in exchange *ou* return for
échanger [eʃɑ̃ʒe] *vt*: **~ qch (contre)** to exchange sth (for); **échangeur** *nm* (*AUTO*) interchange
échantillon [eʃɑ̃tijɔ̃] *nm* sample
échappement [eʃapmɑ̃] *nm* (*AUTO*) exhaust
échapper [eʃape]: **~ à** *vt* (*gardien*) to escape (from); (*punition, péril*) to

escape; s'~ *vi* to escape; ~ **à qn** (*détail, sens*) to escape sb; (*objet qu'on tient*) to slip out of sb's hands; **laisser** ~ (*cri etc*) to let out; **l'~ belle** to have a narrow escape

écharde [eʃaʀd(ə)] *nf* splinter (of wood)

écharpe [eʃaʀp(ə)] *nf* scarf; (*de maire*) sash; (*MED*) sling

échasse [eʃɑs] *nf* stilt

échauffer [eʃofe] *vt* (*métal, moteur*) to overheat; (*fig: exciter*) to fire, excite; s'~ *vi* (*SPORT*) to warm up; (*dans la discussion*) to become heated

échéance [eʃeɑ̃s] *nf* (*d'un paiement: date*) settlement date; (: *somme due*) financial commitment(s); (*fig*) deadline; **à brève/longue** ~ short-/long-term ♦ *adv* in the short/long run

échéant [eʃeɑ̃] : **le cas** ~ *adv* if the case arises

échec [eʃɛk] *nm* failure; (*ÉCHECS*): ~ **et mat/au roi** checkmate/check; ~**s** *nmpl* (*jeu*) chess *sg*; **tenir en** ~ to hold in check; **faire** ~ **à** to foil *ou* thwart

échelle [eʃɛl] *nf* ladder; (*fig, d'une carte*) scale

échelon [eʃlɔ̃] *nm* (*d'échelle*) rung; (*ADMIN*) grade

échelonner [eʃlɔne] *vt* to space out

échevelé, e [eʃəvle] *adj* tousled, dishevelled; wild, frenzied

échine [eʃin] *nf* backbone, spine

échiquier [eʃikje] *nm* chessboard

écho [eko] *nm* echo; ~**s** *nmpl* (*potins*) gossip *sg*, rumours

échoir [eʃwaʀ] *vi* (*dette*) to fall due; (*délais*) to expire; ~ **à** to fall to

échouer [eʃwe] *vi* to fail; s'~ *vi* to run aground

échu, e [eʃy] *pp de* **échoir**

éclabousser [eklabuse] *vt* to splash

éclair [eklɛʀ] *nm* (*d'orage*) flash of lightning, lightning *no pl*; (*gâteau*) éclair

éclairage [eklɛʀaʒ] *nm* lighting;

éclaircie [eklɛʀsi] *nf* bright interval

éclaircir [eklɛʀsiʀ] *vt* to lighten; (*fig*) to clear up; to clarify; (*CULIN*) to thin (down); s'~ (*ciel*) to clear; **s'~ la voix** to clear one's throat; **éclaircissement** *nm* clearing up; clarification

éclairer [ekleʀe] *vt* (*lieu*) to light (up); (*personne: avec une lampe etc*) to light the way for; (*fig*) to enlighten; to shed light on ♦ *vi*: ~ **mal/bien** to give a poor/good light; **s'~ à l'électricité** to have electric lighting

éclaireur, euse [eklɛʀœʀ, -øz] *nm/f* (*scout*) (boy) scout/(girl) guide ♦ *nm* (*MIL*) scout

éclat [ekla] *nm* (*de bombe, de verre*) fragment; (*du soleil, d'une couleur etc*) brightness, brilliance; (*d'une cérémonie*) splendour; (*scandale*): **faire un** ~ to cause a commotion; ~**s de voix** shouts; ~ **de rire** *nm* roar of laughter

éclatant, e [eklatɑ̃, -ɑ̃t] *adj* brilliant

éclater [eklate] *vi* (*pneu*) to burst; (*bombe*) to explode; (*guerre, épidémie*) to break out; (*groupe, parti*) to break up; ~ **en sanglots/de rire** to burst out sobbing/laughing

éclipser [eklipse] : s'~ *vi* to slip away

éclopé, e [eklɔpe] *adj* lame

éclore [eklɔʀ] *vi* (*œuf*) to hatch; (*fleur*) to open (out)

écluse [eklyz] *nf* lock

écœurant, e [ekœʀɑ̃, -ɑ̃t] *adj* (*gâteau etc*) sickly

écœurer [ekœʀe] *vt*: ~ **qn** to make sb feel sick

école [ekɔl] *nf* school; **aller à l'~** to go to school; ~ **normale** teachers' training college; ~ **publique** *nf* state school; **écolier, ière** *nm/f* schoolboy/girl

écologie [ekɔlɔʒi] *nf* ecology; environmental studies *pl*

écologique [ekɔlɔʒik] *adj* environment-friendly

éconduire [ekɔ̃dɥiʀ] *vt* to dismiss

économe [ekɔnɔm] *adj* thrifty ♦ *nm/f* (*de lycée etc*) bursar (*BRIT*),

treasurer (*US*)
économie [ekɔnɔmi] *nf* economy; (*gain: d'argent, de temps etc*) saving; (*science*) economics *sg*; ~s *nfpl* (*pécule*) savings; **économique** *adj* (*avantageux*) economical; (*ECON*) economic; **économiser** [ekɔnɔmize] *vt, vi* to save
écoper [ekɔpe] *vi* to bale out; (*fig*) to cop it; ~ (**de**) to get
écorce [ekɔʀs(ə)] *nf* bark; (*de fruit*) peel
écorcher [ekɔʀʃe] *vt* (*animal*) to skin; (*égratigner*) to graze; **écorchure** *nf* graze
écossais, e [ekɔse, -ɛz] *adj* Scottish ♦ *nm/f*: **É~**, **e** Scot
Écosse [ekɔs] *nf*: **l'~** Scotland
écosser [ekɔse] *vt* to shell
écouler [ekule] *vt* to sell; to dispose of; **s'~** *vi* (*eau*) to flow (out); (*jours, temps*) to pass (by)
écourter [ekuʀte] *vt* to curtail, cut short
écoute [ekut] *nf* (*RADIO, TV*): **temps/heure d'~** listening (*ou* viewing) time/hour; **prendre l'~** to tune in; **rester à l'~ (de)** to stay tuned in (to)
écouter [ekute] *vt* to listen to; **écoutes téléphoniques** phone tapping *sg*; **écouteur** *nm* (*TEL*) receiver; (*RADIO*) headphones *pl*, headset
écran [ekʀɑ̃] *nm* screen
écrasant, e [ekʀazɑ̃, -ɑ̃t] *adj* overwhelming
écraser [ekʀaze] *vt* to crush; (*piéton*) to run over; **s'~ (au sol)** to crash; **s'~ contre** to crash into
écrémer [ekʀeme] *vt* to skim
écrevisse [ekʀəvis] *nf* crayfish *inv*
écrier [ekʀije]: **s'~** *vi* to exclaim
écrin [ekʀɛ̃] *nm* case, box
écrire [ekʀiʀ] *vt* to write; **s'~** to write to each other; **ça s'écrit comment?** how is it spelt?; **écrit** *nm* document; (*examen*) written paper; **par écrit** in writing
écriteau, x [ekʀito] *nm* notice, sign
écriture [ekʀityʀ] *nf* writing; (*COMM*) entry; ~s *nfpl* accounts, books; **l'É~, les É~s** the Scriptures
écrivain [ekʀivɛ̃] *nm* writer
écrou [ekʀu] *nm* nut
écrouer [ekʀue] *vt* to imprison; to remand in custody
écrouler [ekʀule]: **s'~** *vi* to collapse
écru, e [ekʀy] *adj* (*toile*) raw, unbleached; (*couleur*) off-white, écru
ECU *sigle m* ECU
écueil [ekœj] *nm* reef; (*fig*) pitfall; stumbling block
écuelle [ekɥɛl] *nf* bowl
éculé, e [ekyle] *adj* (*chaussure*) down-at-heel; (*fig: péj*) hackneyed
écume [ekym] *nf* foam; (*CULIN*) scum; **écumer** *vt* (*CULIN*) to skim; (*fig*) to plunder
écureuil [ekyʀœj] *nm* squirrel
écurie [ekyʀi] *nf* stable
écusson [ekysɔ̃] *nm* badge
écuyer, ère [ekɥije, -ɛʀ] *nm/f* rider
eczéma [ɛgzema] *nm* eczema
édenté, e [edɑ̃te] *adj* toothless
E.D.F. *sigle f* (= *Electricité de France*) *national electricity company*
édifice [edifis] *nm* edifice, building
édifier [edifje] *vt* to build, erect; (*fig*) to edify
édit [edi] *nm* edict
éditer [edite] *vt* (*publier*) to publish; (: *disque*) to produce; **éditeur, trice** *nm/f* editor; publisher; **édition** *nf* editing *no pl*; edition; (*industrie du livre*) publishing
édredon [edʀədɔ̃] *nm* eiderdown
éducateur, trice [edykatœʀ, -tʀis] *nm/f* teacher; (*in special school*) instructor
éducatif, ive [edykatif, -iv] *adj* educational
éducation [edykasjɔ̃] *nf* education; (*familiale*) upbringing; (*manières*) (good) manners *pl*; ~ **physique** physical education
édulcorer [edylkɔʀe] *vt* to sweeten; (*fig*) to tone down
éduquer [edyke] *vt* to educate; (*élever*) to bring up; (*faculté*) to train
effacé, e [efase] *adj* unassuming

effacer [efase] *vt* to erase, rub out; s'~ *vi* (*inscription etc*) to wear off; (*pour laisser passer*) to step aside
effarant, e [efaʀɑ̃, -ɑ̃t] *adj* alarming
effarer [efaʀe] *vt* to alarm
effaroucher [efaʀuʃe] *vt* to frighten *ou* scare away; to alarm
effectif, ive [efɛktif, -iv] *adj* real; effective ♦ *nm* (*MIL*) strength; (*SCOL*) (pupil) numbers *pl*; **effectivement** *adv* effectively; (*réellement*) actually, really; (*en effet*) indeed
effectuer [efɛktɥe] *vt* (*opération*) to carry out; (*déplacement, trajet*) to make; (*mouvement*) to execute
efféminé, e [efemine] *adj* effeminate
effervescent, e [efɛʀvesɑ̃, -ɑ̃t] *adj* effervescent; (*fig*) agitated
effet [efɛ] *nm* (*résultat, artifice*) effect; (*impression*) impression; ~s *nmpl* (*vêtements etc*) things; **faire de l'~** (*médicament, menace*) to have an effect; **en ~** indeed; **~ de serre** greenhouse effect; **gaz à effet de serre** greenhouse gas
efficace [efikas] *adj* (*personne*) efficient; (*action, médicament*) effective
effilé, e [efile] *adj* slender; sharp; streamlined
effiler [efile] *vt* (*tissu*) to fray
effilocher [efilɔʃe] : s'~ *vi* to fray
efflanqué, e [eflɑ̃ke] *adj* emaciated
effleurer [eflœʀe] *vt* to brush (against); (*sujet*) to touch upon; (*suj*: *idée, pensée*): ~ **qn** to cross sb's mind
effluves [eflyv] *nmpl* exhalation(s)
effondrer [efɔ̃dʀe]: s'~ *vi* to collapse
efforcer [efɔʀse]: **s'~ de** *vt* to try hard to do, try hard to
effort [efɔʀ] *nm* effort
effraction [efʀaksjɔ̃] *nf*: **s'introduire par ~** dans to break into
effrayant, e [efʀɛjɑ̃, -ɑ̃t] *adj* frightening
effrayer [efʀeje] *vt* to frighten, scare
effréné, e [efʀene] *adj* wild
effriter [efʀite]: s'~ *vi* to crumble
effroi [efʀwa] *nm* terror, dread *no pl*
effronté, e [efʀɔ̃te] *adj* insolent, brazen
effroyable [efʀwajabl(ə)] *adj* horrifying, appalling
effusion [efyzjɔ̃] *nf* effusion; **sans ~ de sang** without bloodshed
égal, e, aux [egal, -o] *adj* equal; (*plan*: *surface*) even, level; (*constant*: *vitesse*) steady; (*équitable*) even ♦ *nm/f* equal; **être ~ à** (*prix, nombre*) to be equal to; **ça lui est ~** it's all the same to him; he doesn't mind; **sans ~** matchless, unequalled; **à l'~ de** (*comme*) just like; **d'~ à ~** as equals; **~ement** *adv* equally; evenly; steadily; (*aussi*) too, as well; **~er** *vt* to equal; **~ser** *vt* (*sol, salaires*) to level (out); (*chances*) to equalize ♦ *vi* (*SPORT*) to equalize; **~ité** *nf* equality; evenness; steadiness; (*MATH*) identity; **être à ~té (de points)** to be level
égard [egaʀ] *nm*: ~s *nmpl* consideration *sg*; **à cet ~** in this respect; **eu ~ à** in view of; **par ~ pour** out of consideration for; **sans ~ pour** without regard for; **à l'~ de** towards; concerning
égarement [egaʀmɑ̃] *nm* distraction; aberration
égarer [egaʀe] *vt* to mislay; (*moralement*) to lead astray; **s'~** *vi* to get lost, lose one's way; (*objet*) to go astray; (*dans une discussion*) to wander
égayer [egeje] *vt* (*personne*) to amuse; to cheer up; (*récit, endroit*) to brighten up, liven up
églantine [eglɑ̃tin] *nf* wild *ou* dog rose
église [egliz] *nf* church; **aller à l'~** to go to church
égoïsme [egɔism(ə)] *nm* selfishness; **égoïste** *adj* selfish
égorger [egɔʀʒe] *vt* to cut the throat of
égosiller [egozije]: s'~ *vi* to shout o.s. hoarse
égout [egu] *nm* sewer

égoutter [egute] *vt* (*linge*) to wring out; (*vaisselle*) to drain ♦ *vi* to drip; s'~ *vi* to drip; **égouttoir** *nm* draining board; (*mobile*) draining rack
égratigner [egʀatiɲe] *vt* to scratch; **égratignure** *nf* scratch
égrillard, e [egʀijaʀ, -aʀd(ə)] *adj* ribald
Égypte [eʒipt(ə)] *nf*: l'~ Egypt; **égyptien, ne** *adj*, *nm/f* Egyptian
eh [e] *excl* hey!; ~ **bien** well
éhonté, e [eɔ̃te] *adj* shameless, brazen
éjecter [eʒɛkte] *vt* (*TECH*) to eject; (*fam*) to kick *ou* chuck out
élaborer [elabɔʀe] *vt* to elaborate; (*projet, stratégie*) to work out; (*rapport*) to draft
élaguer [elage] *vt* to prune
élan [elɑ̃] *nm* (*ZOOL*) elk, moose; (*SPORT*: *avant le saut*) run up; (*d'objet en mouvement*) momentum; (*fig*: *de tendresse etc*) surge; **prendre de l'~** to gather speed
élancé, e [elɑ̃se] *adj* slender
élancement [elɑ̃smɑ̃] *nm* shooting pain
élancer [elɑ̃se]: s'~ *vi* to dash, hurl o.s.; (*fig*: *arbre, clocher*) to soar (upwards)
élargir [elaʀʒiʀ] *vt* to widen; (*vêtement*) to let out; (*JUR*) to release; s'~ *vi* to widen; (*vêtement*) to stretch
élastique [elastik] *adj* elastic ♦ *nm* (*de bureau*) rubber band; (*pour la couture*) elastic *no pl*
électeur, trice [elɛktœʀ, -tʀis] *nm/f* elector, voter
élection [elɛksjɔ̃] *nf* election
électorat [elɛktɔʀa] *nm* electorate
électricien, ne [elɛktʀisjɛ̃, -jɛn] *nm/f* electrician
électricité [elɛktʀisite] *nf* electricity; **allumer/éteindre l'~** to put on/off the light
électrique [elɛktʀik] *adj* electric(al)
électrochoc [elɛktʀɔʃɔk] *nm* electric shock treatment
électroménager [elɛktʀɔmenaʒe] *adj*, *nm*: **appareils ~s, l'~** domestic (electrical) appliances
électronique [elɛktʀɔnik] *adj* electronic ♦ *nf* electronics *sg*
électrophone [elɛktʀɔfɔn] *nm* record player
élégant, e [elegɑ̃, -ɑ̃t] *adj* elegant; (*solution*) neat, elegant; (*attitude, procédé*) courteous, civilized
élément [elemɑ̃] *nm* element; (*pièce*) component, part; **élémentaire** *adj* elementary
éléphant [elefɑ̃] *nm* elephant
élevage [ɛlvaʒ] *nm* breeding; (*de bovins*) cattle rearing
élévation [elevɑsjɔ̃] *nf* (*gén*) elevation; (*voir élever*) raising; (*voir s'élever*) rise
élevé, e [ɛlve] *adj* (*prix, sommet*) high; (*fig*: *noble*) elevated; **bien/mal ~** well-/ill-mannered
élève [elɛv] *nm/f* pupil
élever [ɛlve] *vt* (*enfant*) to bring up, raise; (*bétail, volaille*) to breed; (*abeilles*) to keep; (*hausser*: *taux, niveau*) to raise; (*fig*: *âme, esprit*) to elevate; (*édifier*: *monument*) to put up, erect; s'~ *vi* (*avion, alpiniste*) to go up; (*niveau, température, aussi*: *cri etc*) to rise; (*survenir*: *difficultés*) to arise; s'~ **à** (*suj*: *frais, dégâts*) to amount to, add up to; s'~ **contre qch** to rise up against sth; ~ **la voix** to raise one's voice; **éleveur, euse** *nm/f* breeder
élimé, e [elime] *adj* threadbare
éliminatoire [eliminatwaʀ] *nf* (*SPORT*) heat
éliminer [elimine] *vt* to eliminate
élire [eliʀ] *vt* to elect
elle [ɛl] *pron* (*sujet*) she; (: *chose*) it; (*complément*) her; it; ~**s** they; them; ~**-même** herself; itself; ~**s-mêmes** themselves; *voir aussi* **il**
élocution [elɔkysjɔ̃] *nf* delivery; **défaut d'~** speech impediment
éloge [elɔʒ] *nm* (*gén no pl*) praise; **élogieux, euse** *adj* laudatory, full of praise
éloigné, e [elwaɲe] *adj* distant, far-

off; **éloignement** [elwaɲmɑ̃] *nm* removal; putting off; estrangement; (*fig*) distance

éloigner [elwaɲe] *vt* (*objet*): ~ **qch (de)** to move *ou* take sth away (from); (*personne*): ~ **qn (de)** to take sb away *ou* remove sb (from); (*échéance*) to put off, postpone; (*soupçons, danger*) to ward off; **s'~ (de)** (*personne*) to go away (from); (*véhicule*) to move away (from); (*affectivement*) to become estranged (from)

élongation [elɔ̃gɑsjɔ̃] *nf* strained muscle

élu, e [ely] *pp de* **élire** ♦ *nm/f* (*POL*) elected representative

élucubrations [elykybʀɑsjɔ̃] *nfpl* wild imaginings

éluder [elyde] *vt* to evade

Élysée *nm*: **(le palais de) l'~** the Elysee Palace (*the French president's residence*)

émacié, e [emasje] *adj* emaciated

émail, aux [emaj, -o] *nm* enamel

émaillé, e [emaje] *adj* (*fig*): ~ **de** dotted with

émanciper [emɑ̃sipe] *vt* to emancipate; s'~ *vi* (*fig*) to become emancipated *ou* liberated

émaner [emane]: ~ **de** *vt* to come from; (*ADMIN*) to proceed from

emballage [ɑ̃balaʒ] *nm* wrapping; packaging

emballer [ɑ̃bale] *vt* to wrap (up); (*dans un carton*) to pack (up); (*fig: fam*) to thrill (to bits); s'~ *vi* (*moteur*) to race; (*cheval*) to bolt; (*fig: personne*) to get carried away

embarcadère [ɑ̃baʀkadɛʀ] *nm* wharf, pier

embarcation [ɑ̃baʀkɑsjɔ̃] *nf* (small) boat, (small) craft *inv*

embardée [ɑ̃baʀde] *nf*: **faire une ~** to swerve

embarquement [ɑ̃baʀkəmɑ̃] *nm* embarkation; loading; boarding

embarquer [ɑ̃baʀke] *vt* (*personne*) to embark; (*marchandise*) to load; (*fam*) to cart off; to nick ♦ *vi* (*passager*) to board; s'~ *vi* to board; **s'~ dans** (*affaire, aventure*) to embark upon

embarras [ɑ̃baʀa] *nm* (*obstacle*) hindrance; (*confusion*) embarrassment

embarrassant, e [ɑ̃baʀasɑ̃, -ɑ̃t] *adj* embarrassing

embarrasser [ɑ̃baʀase] *vt* (*encombrer*) to clutter (up); (*gêner*) to hinder, hamper; (*fig*) to cause embarrassment to; to put in an awkward position

embauche [ɑ̃boʃ] *nf* hiring; **bureau d'~** labour office; **~r** [ɑ̃boʃe] *vt* to take on, hire

embaumer [ɑ̃bome] *vt* to embalm; to fill with its fragrance; ~ **la lavande** to be fragrant with (the scent of) lavender

embellie [ɑ̃beli] *nf* brighter period

embellir [ɑ̃beliʀ] *vt* to make more attractive; (*une histoire*) to embellish ♦ *vi* to grow lovelier *ou* more attractive

embêtements [ɑ̃bɛtmɑ̃] *nmpl* trouble *sg*

embêter [ɑ̃bete] *vt* to bother; s'~ *vi* (*s'ennuyer*) to be bored

emblée [ɑ̃ble]: **d'~** *adv* straightaway

emboîter [ɑ̃bwate] *vt* to fit together; **s'~ (dans)** to fit (into); ~ **le pas à qn** to follow in sb's footsteps

embonpoint [ɑ̃bɔ̃pwɛ̃] *nm* stoutness

embouchure [ɑ̃buʃyʀ] *nf* (*GÉO*) mouth

embourber [ɑ̃buʀbe]: s'~ *vi* to get stuck in the mud

embourgeoiser [ɑ̃buʀʒwaze]: s'~ *vi* to adopt a middle-class outlook

embouteillage [ɑ̃butɛjaʒ] *nm* traffic jam

emboutir [ɑ̃butiʀ] *vt* (*heurter*) to crash into, ram

embranchement [ɑ̃bʀɑ̃ʃmɑ̃] *nm* (*routier*) junction; (*classification*) branch

embraser [ɑ̃bʀɑze]: s'~ *vi* to flare up

embrasser [ɑ̃bʀase] *vt* to kiss; (*su-*

jet, période) to embrace, encompass; (*carrière, métier*) to enter upon
embrasure [ɑ̃bʀɑzyʀ] *nf*: **dans l'~ de la porte** in the door(way)
embrayage [ɑ̃bʀɛjaʒ] *nm* clutch
embrayer [ɑ̃bʀeje] *vi* (*AUTO*) to let in the clutch
embrigader [ɑ̃bʀigade] *vt* to recruit
embrocher [ɑ̃bʀɔʃe] *vt* to put on a spit
embrouiller [ɑ̃bʀuje] *vt* (*fils*) to tangle (up); (*fiches, idées, personne*) to muddle up; **s'~** *vi* (*personne*) to get in a muddle
embruns [ɑ̃bʀœ̃] *nmpl* sea spray *sg*
embûches [ɑ̃byʃ] *nfpl* pitfalls, traps
embué, e [ɑ̃bɥe] *adj* misted up
embuscade [ɑ̃byskad] *nf* ambush
éméché, e [emeʃe] *adj* tipsy, merry
émeraude [ɛmʀod] *nf* emerald
émerger [emɛʀʒe] *vi* to emerge; (*faire saillie, aussi fig*) to stand out
émeri [ɛmʀi] *nm*: **toile** *ou* **papier ~** emery paper
émérite [emeʀit] *adj* highly skilled
émerveiller [emɛʀveje] *vt* to fill with wonder; **s'~ de** to marvel at
émetteur, trice [emetœʀ, -tʀis] *adj* transmitting; **(poste) ~** transmitter
émettre [emɛtʀ(ə)] *vt* (*son, lumière*) to give out, emit; (*message etc: RADIO*) to transmit; (*billet, timbre, emprunt*) to issue; (*hypothèse, avis*) to voice, put forward ♦ *vi* to broadcast
émeus *etc vb voir* **émouvoir**
émeute [emøt] *nf* riot
émietter [emjete] *vt* to crumble
émigrer [emigʀe] *vi* to emigrate
éminence [eminɑ̃s] *nf* distinction; (*colline*) knoll, hill; **Son E~** His Eminence; **éminent, e** [eminɑ̃, -ɑ̃t] *adj* distinguished
émission [emisjɔ̃] *nf* emission; transmission; issue; (*RADIO, TV*) programme, broadcast; **~s** *fpl* emissions
emmagasiner [ɑ̃magazine] *vt* to (put into) store; (*fig*) to store up
emmanchure [ɑ̃mɑ̃ʃyʀ] *nf* armhole
emmêler [ɑ̃mele] *vt* to tangle (up); (*fig*) to muddle up; **s'~** *vi* to get into a tangle
emménager [ɑ̃menaʒe] *vi* to move in; **~ dans** to move into
emmener [ɑ̃mne] *vt* to take (with one); (*comme otage, capture*) to take away; **~ qn au cinéma** to take sb to the cinema
emmerder [ɑ̃mɛʀde] (*fam!*) *vt* to bug, bother; **s'~** *vi* to be bored stiff
emmitoufler [ɑ̃mitufle] *vt* to wrap up (warmly)
émoi [emwa] *nm* commotion; (*trouble*) agitation
émonder [emɔ̃de] *vt* to prune
émotif, ive [emɔtif, -iv] *adj* emotional
émotion [emosjɔ̃] *nf* emotion
émousser [emuse] *vt* to blunt; (*fig*) to dull
émouvoir [emuvwaʀ] *vt* (*troubler*) to stir, affect; (*toucher, attendrir*) to move; (*indigner*) to rouse; **s'~** *vi* to be affected; to be moved; to be roused
empailler [ɑ̃paje] *vt* to stuff
empaler [ɑ̃pale] *vt* to impale
emparer [ɑ̃paʀe]: **s'~ de** *vt* (*objet*) to seize, grab; (*comme otage, MIL*) to seize; (*suj: peur etc*) to take hold of
empâter [ɑ̃pate]: **s'~** *vi* to thicken out
empêchement [ɑ̃pɛʃmɑ̃] *nm* (unexpected) obstacle, hitch
empêcher [ɑ̃peʃe] *vt* to prevent; **~ qn de faire** to prevent *ou* stop sb (from) doing; **il n'empêche que** nevertheless; **il n'a pas pu s'~ de rire** he couldn't help laughing
empereur [ɑ̃pʀœʀ] *nm* emperor
empeser [ɑ̃pəze] *vt* to starch
empester [ɑ̃pɛste] *vi* to stink, reek
empêtrer [ɑ̃petʀe] *vt*: **s'~ dans** (*fils etc*) to get tangled up in
emphase [ɑ̃fɑz] *nf* pomposity, bombast
empiéter [ɑ̃pjete] *vi*: **~ sur** to encroach upon

empiffrer [ɑ̃pifʀe]: s'~ (*péj*) *vi* to stuff o.s.
empiler [ɑ̃pile] *vt* to pile (up)
empire [ɑ̃piʀ] *nm* empire; (*fig*) influence
empirer [ɑ̃piʀe] *vi* to worsen, deteriorate
emplacement [ɑ̃plasmɑ̃] *nm* site
emplettes [ɑ̃plɛt] *nfpl* shopping *sg*
emplir [ɑ̃pliʀ] *vt* to fill; **s'~ (de)** to fill (with)
emploi [ɑ̃plwa] *nm* use; (*COMM, ÉCON*) employment; (*poste*) job, situation; **~ du temps** timetable, schedule
employé, e [ɑ̃plwaje] *nm/f* employee; **~ de bureau** office employee *ou* clerk
employer [ɑ̃plwaje] *vt* (*outil, moyen, méthode, mot*) to use; (*ouvrier, main-d'œuvre*) to employ; **s'~ à faire** to apply *ou* devote o.s. to doing; **employeur, euse** *nm/f* employer
empocher [ɑ̃pɔʃe] *vt* to pocket
empoigner [ɑ̃pwaɲe] *vt* to grab
empoisonner [ɑ̃pwazɔne] *vt* to poison; (*empester: air, pièce*) to stink out; (*fam*): **~ qn** to drive sb mad
emporté, e [ɑ̃pɔʀte] *adj* quick-tempered
emporter [ɑ̃pɔʀte] *vt* to take (with one); (*en dérobant ou enlevant, emmener: blessés, voyageurs*) to take away; (*entraîner*) to carry away; (*arracher*) to tear off; (*avantage, approbation*) to win; **s'~** *vi* (*de colère*) to lose one's temper; **l'~ (sur)** to get the upper hand (of); (*méthode etc*) to prevail (over); **boissons à ~** take-away drinks
empreint, e [ɑ̃pʀɛ̃, -ɛ̃t] *adj*: **~ de** marked with; tinged with; **empreinte** *nf* (*de pied, main*) print; (*fig*) stamp, mark; **~e (digitale)** fingerprint
empressé, e [ɑ̃pʀese] *adj* attentive
empressement [ɑ̃pʀɛsmɑ̃] *nm* (*hâte*) eagerness
empresser [ɑ̃pʀese]: **s'~** *vi* to surround sb with attentions; **s'~ de faire** (*se hâter*) to hasten to do
emprise [ɑ̃pʀiz] *nf* hold, ascendancy
emprisonner [ɑ̃pʀizɔne] *vt* to imprison
emprunt [ɑ̃pʀœ̃] *nm* borrowing *no pl*, loan
emprunté, e [ɑ̃pʀœ̃te] *adj* (*fig*) ill-at-ease, awkward
emprunter [ɑ̃pʀœ̃te] *vt* to borrow; (*itinéraire*) to take, follow; (*style, manière*) to adopt, assume
ému, e [emy] *pp de* **émouvoir** ♦ *adj* excited; touched; moved
émulsion [emylsjɔ̃] *nf* (*cosmétique*) (water-based) lotion

MOT-CLÉ

en [ɑ̃] *prép* **1** (*endroit, pays*) in; (*direction*) to; **habiter ~ France/ville** to live in France/town; **aller ~ France/ville** to go to France/town
2 (*moment, temps*) in; **~ été/juin** in summer/June
3 (*moyen*) by; **~ avion/taxi** by plane/taxi
4 (*composition*) made of; **c'est ~ verre** it's (made of) glass; **un collier ~ argent** a silver necklace
5 (*description, état*): **une femme (habillée) ~ rouge** a woman (dressed) in red; **peindre qch ~ rouge** to paint sth red; **~ T/étoile** T/star-shaped; **~ chemise/chaussettes** in one's shirt sleeves/socks; **~ soldat** as a soldier; **cassé ~ plusieurs morceaux** broken into several pieces; **~ réparation** being repaired, under repair; **~ vacances** on holiday; **~ deuil** in mourning; **le même ~ plus grand** the same but *ou* only bigger
6 (*avec gérondif*) while; on; by; **~ dormant** while sleeping, as one sleeps; **~ sortant** on going out, as he *etc* went out; **sortir ~ courant** to run out
♦ *pron* **1** (*indéfini*): **j'~ ai/veux** I have/want some; **~ as-tu?** have you got any?; **je n'~ veux pas** I don't want any; **j'~ ai 2** I've got 2; **combien y ~ a-t-il?** how many (of

them) are there?; **j'~ ai assez** I've got enough (of it *ou* them); (*j'en ai marre*) I've had enough
2 (*provenance*) from there; **j'~ viens** I've come from there
3 (*cause*): **il ~ est malade/perd le sommeil** he is ill/can't sleep because of it
4 (*complément de nom, d'adjectif, de verbe*): **j'~ connais les dangers** I know its *ou* the dangers; **j'~ suis fier/ai besoin** I am proud of it/need it

E.N.A. [ena] *sigle f* (= *École Nationale d'Administration*) *one of the Grandes Écoles*
encadrer [ɑ̃kadʀe] *vt* (*tableau, image*) to frame; (*fig: entourer*) to surround; (*personnel, soldats etc*) to train
encaissé, e [ɑ̃kese] *adj* steep-sided; with steep banks
encaisser [ɑ̃kese] *vt* (*chèque*) to cash; (*argent*) to collect; (*fig: coup, défaite*) to take
encart [ɑ̃kaʀ] *nm* insert
encastrer [ɑ̃kastʀe] *vt*: ~ **qch dans** (*mur*) to embed sth in(to); (*boîtier*) to fit sth into
encaustique [ɑ̃kɔstik] *nf* polish, wax
enceinte [ɑ̃sɛ̃t] *adj f*: ~ **(de 6 mois)** (6 months) pregnant ♦ *nf* (*mur*) wall; (*espace*) enclosure
encens [ɑ̃sɑ̃] *nm* incense
encercler [ɑ̃sɛʀkle] *vt* to surround
enchaîner [ɑ̃ʃene] *vt* to chain up; (*mouvements, séquences*) to link (together) ♦ *vi* to carry on
enchanté, e [ɑ̃ʃɑ̃te] *adj* delighted; enchanted; ~ **(de faire votre connaissance)** pleased to meet you
enchantement [ɑ̃ʃɑ̃tmɑ̃] *nm* delight; (*magie*) enchantment
enchâsser [ɑ̃ʃɑse] *vt* to set
enchère [ɑ̃ʃɛʀ] *nf* bid; **mettre/vendre aux ~s** to put up for (sale by)/sell by auction
enchevêtrer [ɑ̃ʃvetʀe] *vt* to tangle (up)
enclencher [ɑ̃klɑ̃ʃe] *vt* (*mécanisme*) to engage; **s'~** *vi* to engage
enclin, e [ɑ̃klɛ̃, -in] *adj*: ~ **à** inclined *ou* prone to
enclos [ɑ̃klo] *nm* enclosure
enclume [ɑ̃klym] *nf* anvil
encoche [ɑ̃kɔʃ] *nf* notch
encoignure [ɑ̃kɔɲyʀ] *nf* corner
encolure [ɑ̃kɔlyʀ] *nf* (*tour de cou*) collar size; (*col, cou*) neck
encombrant, e [ɑ̃kɔ̃bʀɑ̃, -ɑ̃t] *adj* cumbersome, bulky
encombre [ɑ̃kɔ̃bʀ(ə)]: **sans ~** *adv* without mishap *ou* incident
encombrer [ɑ̃kɔ̃bʀe] *vt* to clutter (up); (*gêner*) to hamper; **s'~ de** (*bagages etc*) to load *ou* burden o.s. with
encontre [ɑ̃kɔ̃tʀ(ə)]: **à l'~ de** *prép* against, counter to

MOT-CLÉ

encore [ɑ̃kɔʀ] *adv* **1** (*continuation*) still; **il y travaille ~** he's still working on it; **pas ~** not yet
2 (*de nouveau*) again; **j'irai ~ demain** I'll go again tomorrow; **~ une fois** (once) again; **~ deux jours** two more days
3 (*intensif*) even, still; **~ plus fort/mieux** even louder/better, louder/better still
4 (*restriction*) even so *ou* then, only; **~ pourrais-je le faire si ...** even so, I might be able to do it if ...; **si ~** if only
encore que *conj* although

encourager [ɑ̃kuʀaʒe] *vt* to encourage
encourir [ɑ̃kuʀiʀ] *vt* to incur
encrasser [ɑ̃kʀase] *vt* to clog up; (*AUTO: bougies*) to soot up
encre [ɑ̃kʀ(ə)] *nf* ink; **~ de Chine** Indian ink; **encrier** *nm* inkwell
encroûter [ɑ̃kʀute]: **s'~** *vi* (*fig*) to get into a rut, get set in one's ways
encyclopédie [ɑ̃siklɔpedi] *nf* encyclopaedia
endetter [ɑ̃dete] *vt* to get into debt;

s'~ *vi* to get into debt
endiablé, e [ɑ̃djable] *adj* furious; boisterous
endiguer [ɑ̃dige] *vt* to dyke (up); (*fig*) to check, hold back
endimancher [ɑ̃dimɑ̃ʃe] *vt*: s'~ to put on one's Sunday best
endive [ɑ̃div] *nf* chicory *no pl*
endoctriner [ɑ̃dɔktʀine] *vt* to indoctrinate
endommager [ɑ̃dɔmaʒe] *vt* to damage
endormi, e [ɑ̃dɔʀmi] *adj* asleep
endormir [ɑ̃dɔʀmiʀ] *vt* to put to sleep; (*suj*: *chaleur etc*) to send to sleep; (*MÉD*: *dent, nerf*) to anaesthetize; (*fig*: *soupçons*) to allay; s'~ *vi* to fall asleep, go to sleep
endosser [ɑ̃dose] *vt* (*responsabilité*) to take, shoulder; (*chèque*) to endorse; (*uniforme, tenue*) to put on, don
endroit [ɑ̃dʀwa] *nm* place; (*opposé à l'envers*) right side; **à l'**~ the right way out; the right way up; **à l'**~ **de** regarding
enduire [ɑ̃dɥiʀ] *vt* to coat
enduit [ɑ̃dɥi] *nm* coating
endurant, e [ɑ̃dyʀɑ̃, -ɑ̃t] *adj* tough, hardy
endurcir [ɑ̃dyʀsiʀ] *vt* (*physiquement*) to toughen; (*moralement*) to harden; s'~ *vi* to become tougher; to become hardened
endurer [ɑ̃dyʀe] *vt* to endure, bear
énergie [enɛʀʒi] *nf* (*PHYSIQUE*) energy; (*TECH*) power; (*morale*) vigour, spirit; **énergique** *adj* energetic; vigorous; (*mesures*) drastic, stringent
énergumène [enɛʀgymɛn] *nm* rowdy character *ou* customer
énerver [enɛʀve] *vt* to irritate, annoy; s'~ *vi* to get excited, get worked up
enfance [ɑ̃fɑ̃s] *nf* (*âge*) childhood; (*fig*) infancy; (*enfants*) children *pl*
enfant [ɑ̃fɑ̃] *nm/f* child; ~ **de chœur** *nm* (*REL*) altar boy; ~**er** *vi* to give birth ♦ *vt* to give birth to; ~**illage** (*péj*) *nm* childish behaviour *no pl*; ~**in, e** *adj* childlike; child *cpd*
enfer [ɑ̃fɛʀ] *nm* hell
enfermer [ɑ̃fɛʀme] *vt* to shut up; (*à clef, interner*) to lock up
enfiévré, e [ɑ̃fjevʀe] *adj* (*fig*) feverish
enfiler [ɑ̃file] *vt* (*vêtement*) to slip on, slip into; (*insérer*): ~ **qch dans** to stick sth into; (*rue, couloir*) to take; (*perles*) to string; (*aiguille*) to thread
enfin [ɑ̃fɛ̃] *adv* at last; (*en énumérant*) lastly; (*de restriction, résignation*) still; well; (*pour conclure*) in a word
enflammer [ɑ̃flame] *vt* to set fire to; (*MÉD*) to inflame; s'~ *vi* to catch fire; to become inflamed
enflé, e [ɑ̃fle] *adj* swollen
enfler [ɑ̃fle] *vi* to swell (up)
enfoncer [ɑ̃fɔ̃se] *vt* (*clou*) to drive in; (*faire pénétrer*): ~ **qch dans** to push (*ou* drive) sth into; (*forcer*: *porte*) to break open; (: *plancher*) to cause to cave in (*dans la vase etc*) to sink in; (*sol, surface*) to give way; s'~ *vi* to sink; s'~ **dans** to sink into; (*forêt, ville*) to disappear into
enfouir [ɑ̃fwiʀ] *vt* (*dans le sol*) to bury; (*dans un tiroir etc*) to tuck away
enfourcher [ɑ̃fuʀʃe] *vt* to mount
enfourner [ɑ̃fuʀne] *vt* to put in the oven
enfreindre [ɑ̃fʀɛ̃dʀ(ə)] *vt* to infringe, break
enfuir [ɑ̃fɥiʀ]: s'~ *vi* to run away *ou* off
enfumer [ɑ̃fyme] *vt* to smoke out
engageant, e [ɑ̃gaʒɑ̃, -ɑ̃t] *adj* attractive, appealing
engagement [ɑ̃gaʒmɑ̃] *nm* (*promesse, contrat, POL*) commitment; (*MIL*: *combat*) engagement
engager [ɑ̃gaʒe] *vt* (*embaucher*) to take on, engage; (*commencer*) to start; (*lier*) to bind, commit; (*impliquer, entraîner*) to involve; (*investir*) to invest, lay out; (*faire intervenir*)

to engage; (*inciter*) to urge; (*faire pénétrer*) to insert; s'~ *vi* to hire o.s., get taken on; (*MIL*) to enlist; (*promettre, politiquement*) to commit o.s.; (*débuter*) to start (up); s'~ **à faire** to undertake to do; s'~ **dans** (*rue, passage*) to turn into; (*s'emboîter*) to engage into; (*fig*: *affaire, discussion*) to enter into, embark on
engelures [ɑ̃ʒlyʀ] *nfpl* chilblains
engendrer [ɑ̃ʒɑ̃dʀe] *vt* to father
engin [ɑ̃ʒɛ̃] *nm* machine; instrument; vehicle; (*AVIAT*) aircraft *inv*; missile
englober [ɑ̃glɔbe] *vt* to include
engloutir [ɑ̃glutiʀ] *vt* to swallow up
engoncé, e [ɑ̃gɔ̃se] *adj*: ~ **dans** cramped in
engorger [ɑ̃gɔʀʒe] *vt* to obstruct, block
engouement [ɑ̃gumɑ̃] *nm* (sudden) passion
engouffrer [ɑ̃gufʀe] *vt* to swallow up, devour; s'~ **dans** to rush into
engourdir [ɑ̃guʀdiʀ] *vt* to numb; (*fig*) to dull, blunt; s'~ *vi* to go numb
engrais [ɑ̃gʀɛ] *nm* manure; ~ (**chimique**) (chemical) fertilizer
engraisser [ɑ̃gʀese] *vt* to fatten (up)
engrenage [ɑ̃gʀənaʒ] *nm* gears *pl*, gearing; (*fig*) chain
engueuler [ɑ̃gœle] (*fam*) *vt* to bawl at
enhardir [ɑ̃aʀdiʀ]: s'~ *vi* to grow bolder
énigme [enigm(ə)] *nf* riddle
enivrer [ɑ̃nivʀe] *vt*: s'~ to get drunk; s'~ **de** (*fig*) to become intoxicated with
enjambée [ɑ̃ʒɑ̃be] *nf* stride
enjamber [ɑ̃ʒɑ̃be] *vt* to stride over; (*suj*: *pont etc*) to span, straddle
enjeu, x [ɑ̃ʒø] *nm* stakes *pl*
enjoindre [ɑ̃ʒwɛ̃dʀ(ə)] *vt* to enjoin, order
enjôler [ɑ̃ʒole] *vt* to coax, wheedle
enjoliver [ɑ̃ʒɔlive] *vt* to embellish; **enjoliveur** *nm* (*AUTO*) hub cap
enjoué, e [ɑ̃ʒwe] *adj* playful
enlacer [ɑ̃lase] *vt* (*étreindre*) to embrace, hug
enlaidir [ɑ̃lediʀ] *vt* to make ugly ♦ *vi* to become ugly
enlèvement [ɑ̃lɛvmɑ̃] *nm* (*rapt*) abduction, kidnapping
enlever [ɑ̃lve] *vt* (*ôter*: *gén*) to remove; (: *vêtement, lunettes*) to take off; (*emporter*: *ordures etc*) to take away; (*prendre*): ~ **qch à qn** to take sth (away) from sb; (*kidnapper*) to abduct, kidnap; (*obtenir*: *prix, contrat*) to win
enliser [ɑ̃lize]: s'~ *vi* to sink, get stuck
enluminure [ɑ̃lyminyʀ] *nf* illumination
enneigé, e [ɑ̃neʒe] *adj* snowy; snowed-up
ennemi, e [ɛnmi] *adj* hostile; (*MIL*) enemy *cpd* ♦ *nm/f* enemy
ennui [ɑ̃nɥi] *nm* (*lassitude*) boredom; (*difficulté*) trouble *no pl*; **avoir des ~s** to have problems; **ennuyer** *vt* to bother; (*lasser*) to bore; **s'ennuyer** *vi* to be bored; **s'ennuyer de** (*regretter*) to miss; **ennuyeux, euse** *adj* boring, tedious; annoying
énoncé [enɔ̃se] *nm* terms *pl*; wording
énoncer [enɔ̃se] *vt* to say, express; (*conditions*) to set out, state
enorgueillir [ɑ̃nɔʀgœjiʀ]: s'~ **de** *vt* to pride o.s. on; to boast
énorme [enɔʀm(ə)] *adj* enormous, huge; **énormément** *adv* enormously; **énormément de neige/gens** an enormous amount of snow/number of people
enquérir [ɑ̃keʀiʀ]: s'~ **de** *vt* to inquire about
enquête [ɑ̃kɛt] *nf* (*de journaliste, de police*) investigation; (*judiciaire, administrative*) inquiry; (*sondage d'opinion*) survey; **enquêter** *vi* to investigate; to hold an inquiry; to conduct a survey
enquiers *etc vb voir* **enquérir**
enraciné, e [ɑ̃ʀasine] *adj* deep-

rooted

enragé, e [ɑ̃ʀaʒe] *adj* (*MÉD*) rabid, with rabies; (*fig*) fanatical

enrageant, e [ɑ̃ʀaʒɑ̃, -ɑ̃t] *adj* infuriating

enrager [ɑ̃ʀaʒe] *vi* to be in a rage

enrayer [ɑ̃ʀeje] *vt* to check, stop; **s'~** *vi* (*arme à feu*) to jam

enregistrement [ɑ̃ʀʒistʀəmɑ̃] *nm* recording; (*ADMIN*) registration; **~ des bagages** (*à l'aéroport*) baggage check-in; **enregistrer** [ɑ̃ʀʒistʀe] *vt* (*MUS etc, remarquer, noter*) to record; (*fig: mémoriser*) to make a mental note of; (*ADMIN*) to register; (*bagages: par train*) to register; (*: à l'aéroport*) to check in

enrhumer [ɑ̃ʀyme]: **s'~** *vi* to catch a cold

enrichir [ɑ̃ʀiʃiʀ] *vt* to make rich(er); (*fig*) to enrich; **s'~** *vi* to get rich(er)

enrober [ɑ̃ʀɔbe] *vt*: **~ qch de** to coat sth with; (*fig*) to wrap sth up in

enrôler [ɑ̃ʀole] *vt* to enlist; **s'~ (dans)** to enlist (in)

enrouer [ɑ̃ʀwe]: **s'~** *vi* to go hoarse

enrouler [ɑ̃ʀule] *vt* (*fil, corde*) to wind (up); **s'~** *vi* to coil up; to wind; **~ qch autour de** to wind sth (a)round

ensanglanté, e [ɑ̃sɑ̃glɑ̃te] *adj* covered with blood

enseignant, e [ɑ̃sɛɲɑ̃, -ɑ̃t] *nm/f* teacher

enseigne [ɑ̃sɛɲ] *nf* sign; **à telle ~ que** so much so that; **~ lumineuse** neon sign

enseignement [ɑ̃sɛɲmɑ̃] *nm* teaching; (*ADMIN*) education

enseigner [ɑ̃seɲe] *vt, vi* to teach; **~ qch à qn/à qn que** to teach sb sth/sb that

ensemble [ɑ̃sɑ̃bl(ə)] *adv* together ♦ *nm* (*assemblage, MATH*) set; (*totalité*): **l'~ du/de la** the whole *ou* entire; (*unité, harmonie*) unity; **impression/idée d'~** overall *ou* general impression/idea; **dans l'~** (*en gros*) on the whole

ensemencer [ɑ̃smɑ̃se] *vt* to sow

ensevelir [ɑ̃səvliʀ] *vt* to bury

ensoleillé, e [ɑ̃sɔleje] *adj* sunny

ensommeillé, e [ɑ̃sɔmeje] *adj* drowsy

ensorceler [ɑ̃sɔʀsəle] *vt* to enchant, bewitch

ensuite [ɑ̃sɥit] *adv* then, next; (*plus tard*) afterwards, later; **~ de quoi** after which

ensuivre [ɑ̃sɥivʀ(ə)]: **s'~** *vi* to follow, ensue

entailler [ɑ̃taje] *vt* to notch; to cut

entamer [ɑ̃tame] *vt* (*pain, bouteille*) to start; (*hostilités, pourparlers*) to open; (*fig: altérer*) to make a dent in; to shake; to damage

entasser [ɑ̃tɑse] *vt* (*empiler*) to pile up, heap up; (*tenir à l'étroit*) to cram together; **s'~** *vi* to pile up; to cram

entendre [ɑ̃tɑ̃dʀ(ə)] *vt* to hear; (*comprendre*) to understand; (*vouloir dire*) to mean; (*vouloir*): **~ être obéi/que** to mean to be obeyed/that; **s'~** *vi* (*sympathiser*) to get on; (*se mettre d'accord*) to agree; **s'~ à qch/à faire** (*être compétent*) to be good at sth/doing; **j'ai entendu dire que** I've heard (it said) that

entendu, e [ɑ̃tɑ̃dy] *adj* (*réglé*) agreed; (*au courant: air*) knowing; **(c'est) ~** all right, agreed; **c'est ~** (*concession*) all right, granted; **bien ~** of course

entente [ɑ̃tɑ̃t] *nf* understanding; (*accord, traité*) agreement; **à double ~** (*sens*) with a double meaning

entériner [ɑ̃teʀine] *vt* to ratify, confirm

enterrement [ɑ̃tɛʀmɑ̃] *nm* (*cérémonie*) funeral, burial

enterrer [ɑ̃teʀe] *vt* to bury

entêtant, e [ɑ̃tetɑ̃, -ɑ̃t] *adj* heady

entêté, e [ɑ̃tete] *adj* stubborn

en-tête [ɑ̃tɛt] *nm* heading; **papier à ~** headed notepaper

entêter [ɑ̃tete]: **s'~** *vi* to persist (in doing)

enthousiasme [ɑ̃tuzjasm(ə)] *nm* enthusiasm; **~r** *vt* to fill with enthusiasm; **s'~r (pour qch)** to get enthusiastic (about sth)

enticher [ɑ̃tiʃe]: **s'~ de** *vt* to become infatuated with

entier, ère [ɑ̃tje, -jɛʀ] *adj* (*non entamé, en totalité*) whole; (*total, complet*) complete; (*fig: caractère*) unbending ♦ *nm* (*MATH*) whole; **en ~** totally; in its entirety; **lait ~** full-cream milk; **entièrement** *adv* entirely, wholly

entonner [ɑ̃tɔne] *vt* (*chanson*) to strike up

entonnoir [ɑ̃tɔnwaʀ] *nm* funnel

entorse [ɑ̃tɔʀs(ə)] *nf* (*MÉD*) sprain; (*fig*): **~ au reglement** infringement of the rule

entortiller [ɑ̃tɔʀtije] *vt* (*envelopper*) to wrap; (*enrouler*) to twist, wind; (*duper*) to deceive

entourage [ɑ̃tuʀaʒ] *nm* circle; family (circle); entourage; (*ce qui enclôt*) surround

entourer [ɑ̃tuʀe] *vt* to surround; (*apporter son soutien à*) to rally round; **~ de** to surround with; (*trait*) to encircle with

entourloupettes [ɑ̃tuʀlupɛt] *nfpl* mean tricks

entracte [ɑ̃tʀakt(ə)] *nm* interval

entraide [ɑ̃tʀɛd] *nf* mutual aid; **s'~r** *vi* to help each other

entrain [ɑ̃tʀɛ̃] *nm* spirit; **avec/sans ~** spiritedly/half-heartedly

entraînement [ɑ̃tʀɛnmɑ̃] *nm* training; (*TECH*) drive

entraîner [ɑ̃tʀene] *vt* (*tirer: wagons*) to pull; (*charrier*) to carry *ou* drag along; (*TECH*) to drive; (*emmener: personne*) to take (off); (*mener à l'assaut, influencer*) to lead; (*SPORT*) to train; (*impliquer*) to entail; (*causer*) to lead to, bring about; **s'~** *vi* (*SPORT*) to train; **s'~ à qch/à faire** to train o.s. for sth/to do; **~ qn à faire** (*inciter*) to lead sb to do; **entraîneur, euse** *nm/f* (*SPORT*) coach, trainer ♦ *nm* (*HIPPISME*) trainer; **entraîneuse** *nf* (*de bar*) hostess

entraver [ɑ̃tʀave] *vt* (*circulation*) to hold up; (*action, progrès*) to hinder

entre [ɑ̃tʀ(ə)] *prép* between; (*parmi*) among(st); **l'un d'~ eux/nous** one of them/us; **~ eux** among(st) themselves

entre: ~bâillé, e *adj* half-open, ajar; **~choquer: s'~choquer** *vi* to knock *ou* bang together; **~côte** *nf* entrecôte *ou* rib steak; **~couper** *vt*: **~couper qch de** to intersperse sth with; **~croiser: s'~croiser** *vi* to intertwine

entrée [ɑ̃tʀe] *nf* entrance; (*accès: au cinéma etc*) admission; (*billet*) (admission) ticket; (*CULIN*) first course; **d'~** from the outset; **~ en matière** introduction

entrefaites [ɑ̃tʀəfɛt]: **sur ces ~** *adv* at this juncture

entrefilet [ɑ̃tʀəfilɛ] *nm* paragraph (*short article*)

entrejambes [ɑ̃tʀəʒɑ̃b] *nm* crotch

entrelacer [ɑ̃tʀəlase] *vt* to intertwine

entrelarder [ɑ̃tʀəlaʀde] *vt* to lard

entremêler [ɑ̃tʀəmele] *vt*: **~ qch de** to (inter)mingle sth with

entremets [ɑ̃tʀəmɛ] *nm* (cream) dessert

entremetteur, euse [ɑ̃tʀəmɛtœʀ, -øz] *nm/f* go-between

entremise [ɑ̃tʀəmiz] *nf* intervention; **par l'~ de** through

entreposer [ɑ̃tʀəpoze] *vt* to store, put into storage

entrepôt [ɑ̃tʀəpo] *nm* warehouse

entreprenant, e [ɑ̃tʀəpʀənɑ̃, -ɑ̃t] *adj* (*actif*) enterprising; (*trop galant*) forward

entreprendre [ɑ̃tʀəpʀɑ̃dʀ(ə)] *vt* (*se lancer dans*) to undertake; (*commencer*) to begin *ou* start (upon); (*personne*) to buttonhole; to tackle

entrepreneur [ɑ̃tʀəpʀənœʀ] *nm*: **~ (en bâtiment)** (building) contractor

entreprise [ɑ̃tʀəpʀiz] *nf* (*société*) firm, concern; (*action*) undertaking, venture

entrer [ɑ̃tʀe] *vi* to go (*ou* come) in, enter ♦ *vt* (*INFORM*) to enter, input; **(faire) ~ qch dans** to get sth into; ~ **dans** (*gén*) to enter; (*pièce*) to go (*ou* come) into, enter; (*club*) to join; (*heurter*) to run into; (*être une composante de*) to go into; to form part of; ~ **à l'hôpital** to go into hospital; **faire** ~ (*visiteur*) to show in

entresol [ɑ̃tʀəsɔl] *nm* mezzanine

entre-temps [ɑ̃tʀətɑ̃] *adv* meanwhile

entretenir [ɑ̃tʀətniʀ] *vt* to maintain; (*famille, maîtresse*) to support, keep; **s'**~ (**de**) to converse (about); ~ **qn** (**de**) to speak to sb (about)

entretien [ɑ̃tʀətjɛ̃] *nm* maintenance; (*discussion*) discussion, talk; (*audience*) interview

entrevoir [ɑ̃tʀəvwaʀ] *vt* (*à peine*) to make out; (*brièvement*) to catch a glimpse of

entrevue [ɑ̃tʀəvy] *nf* meeting; (*audience*) interview

entrouvert, e [ɑ̃tʀuvɛʀ, -ɛʀt(ə)] *adj* half-open

énumérer [enymeʀe] *vt* to list, enumerate

envahir [ɑ̃vaiʀ] *vt* to invade; (*suj: inquiétude, peur*) to come over; **envahissant, e** (*péj*) *adj* (*personne*) interfering, intrusive

enveloppe [ɑ̃vlɔp] *nf* (*de lettre*) envelope; (*TECH*) casing; outer layer

envelopper [ɑ̃vlɔpe] *vt* to wrap; (*fig*) to envelop, shroud

envenimer [ɑ̃vnime] *vt* to aggravate

envergure [ɑ̃vɛʀgyʀ] *nf* (*fig*) scope; calibre

enverrai *etc vb voir* **envoyer**

envers [ɑ̃vɛʀ] *prép* towards, to ♦ *nm* other side; (*d'une étoffe*) wrong side; **à l'**~ upside down; back to front; (*vêtement*) inside out

envie [ɑ̃vi] *nf* (*sentiment*) envy; (*souhait*) desire, wish; **avoir** ~ **de** (**faire**) to feel like (doing); (*plus fort*) to want (to do); **avoir** ~ **que** to wish that; **ça lui fait** ~ he would like that; **envier** *vt* to envy; **envieux, euse** *adj* envious

environ [ɑ̃viʀɔ̃] *adv*: ~ **3 h/2 km** (around) about 3 o'clock/2 km; *voir aussi* **environs**

environnement [ɑ̃viʀɔnmɑ̃] *nm* environment

environner [ɑ̃viʀɔne] *vt* to surround

environs [ɑ̃viʀɔ̃] *nmpl* surroundings

envisager [ɑ̃vizaʒe] *vt* (*examiner, considérer*) to view, contemplate; (*avoir en vue*) to envisage

envoi [ɑ̃vwa] *nm* (*paquet*) parcel, consignment

envoler [ɑ̃vɔle]: **s'**~ *vi* (*oiseau*) to fly away *ou* off; (*avion*) to take off; (*papier, feuille*) to blow away; (*fig*) to vanish (into thin air)

envoûter [ɑ̃vute] *vt* to bewitch

envoyé, e [ɑ̃vwaje] *nm/f* (*POL*) envoy; (*PRESSE*) correspondent

envoyer [ɑ̃vwaje] *vt* to send; (*lancer*) to hurl, throw; ~ **chercher** to send for

épagneul, e [epaɲœl] *nm/f* spaniel

épais, se [epɛ, -ɛs] *adj* thick; **épaisseur** *nf* thickness

épancher [epɑ̃ʃe]: **s'**~ *vi* to open one's heart

épanouir [epanwiʀ]: **s'**~ *vi* (*fleur*) to bloom, open out; (*visage*) to light up; (*fig*) to blossom; to open up

épargne [epaʀɲ(ə)] *nf* saving

épargner [epaʀɲe] *vt* to save; (*ne pas tuer ou endommager*) to spare ♦ *vi* to save; ~ **qch à qn** to spare sb sth

éparpiller [epaʀpije] *vt* to scatter; (*pour répartir*) to disperse; **s'**~ *vi* to scatter; (*fig*) to dissipate one's efforts

épars, e [epaʀ, -aʀs(ə)] *adj* scattered

épatant, e [epatɑ̃, -ɑ̃t] (*fam*) *adj* super

épater [epate] *vt* to amaze; to impress

épaule [epol] *nf* shoulder

épauler [epole] *vt* (*aider*) to back up, support; (*arme*) to raise (to one's shoulder) ♦ *vi* to (take) aim

épaulette [epolɛt] *nf* epaulette; (*rembourrage*) shoulder pad

épave [epav] *nf* wreck

épée [epe] *nf* sword

épeler [ɛple] *vt* to spell
éperdu, e [epɛʀdy] *adj* distraught, overcome; passionate; frantic
éperon [epʀɔ̃] *nm* spur
épi [epi] *nm* (*de blé, d'orge*) ear
épice [epis] *nf* spice
épicer [epise] *vt* to spice
épicerie [episʀi] *nf* grocer's shop; (*denrées*) groceries *pl*; ~ **fine** delicatessen; **épicier, ière** *nm/f* grocer
épidémie [epidemi] *nf* epidemic
épier [epje] *vt* to spy on, watch closely; (*occasion*) to look out for
épilepsie [epilɛpsi] *nf* epilepsy
épiler [epile] *vt* (*jambes*) to remove the hair from; (*sourcils*) to pluck
épilogue [epilɔg] *nm* (*fig*) conclusion, dénouement; ~**r** [epilɔge] *vi*: ~**r sur** to hold forth on
épinards [epinaʀ] *nmpl* spinach *sg*
épine [epin] *nf* thorn, prickle; (*d'oursin etc*) spine; ~ **dorsale** backbone
épingle [epɛ̃gl(ə)] *nf* pin; ~ **de nourrice** safety pin; ~ **de sûreté** *ou* **double** safety pin
épingler [epɛ̃gle] *vt* (*badge, décoration*): ~ **qch sur** to pin sth on(to); (*fam*) to catch, nick
épique [epik] *adj* epic
épisode [epizɔd] *nm* episode; **film/roman à ~s** serial; **épisodique** *adj* occasional
éploré, e [eplɔʀe] *adj* tearful
épluche-légumes [eplyʃlegym] *nm inv* (potato) peeler
éplucher [eplyʃe] *vt* (*fruit, légumes*) to peel; (*fig*) to go over with a fine-tooth comb; **épluchures** *nfpl* peelings
éponge [epɔ̃ʒ] *nf* sponge; ~**r** *vt* (*liquide*) to mop up; (*surface*) to sponge; (*fig: déficit*) to soak up; **s'~r le front** to mop one's brow
épopée [epɔpe] *nf* epic
époque [epɔk] *nf* (*de l'histoire*) age, era; (*de l'année, la vie*) time; **d'~** (*meuble*) period *cpd*
époumoner [epumɔne]: **s'~** *vi* to shout o.s. hoarse
épouse [epuz] *nf* wife
épouser [epuze] *vt* to marry; (*fig: idées*) to espouse; (: *forme*) to fit
épousseter [epuste] *vt* to dust
époustouflant, e [epustuflɑ̃, -ɑ̃t] *adj* staggering, mind-boggling
épouvantable [epuvɑ̃tabl(ə)] *adj* appalling, dreadful
épouvantail [epuvɑ̃taj] *nm* (*à oiseaux*) scarecrow
épouvante [epuvɑ̃t] *nf* terror; **film d'~** horror film; **épouvanter** *vt* to terrify
époux [epu] *nm* husband ♦ *nmpl* (married) couple
éprendre [epʀɑ̃dʀ(ə)]: **s'~ de** *vt* to fall in love with
épreuve [epʀœv] *nf* (*d'examen*) test; (*malheur, difficulté*) trial, ordeal; (*PHOTO*) print; (*TYPO*) proof; (*SPORT*) event; **à l'~ des balles** bulletproof; **à toute ~** unfailing; **mettre à l'~** to put to the test
épris, e [epʀi, -iz] *pp de* **éprendre**
éprouver [epʀuve] *vt* (*tester*) to test; (*marquer, faire souffrir*) to afflict, distress; (*ressentir*) to experience
éprouvette [epʀuvɛt] *nf* test tube
épuisé, e [epɥize] *adj* exhausted; (*livre*) out of print; **épuisement** [epɥizmɑ̃] *nm* exhaustion
épuiser [epɥize] *vt* (*fatiguer*) to exhaust, wear *ou* tire out; (*stock, sujet*) to exhaust; **s'~** *vi* to wear *ou* tire o.s. out, exhaust o.s.; (*stock*) to run out
épurer [epyʀe] *vt* (*liquide*) to purify; (*parti etc*) to purge; (*langue, texte*) to refine
équateur [ekwatœʀ] *nm* equator; **(la république de) l'É~** Ecuador
équation [ekwasjɔ̃] *nf* equation
équerre [ekɛʀ] *nf* (*à dessin*) (set) square; (*pour fixer*) brace; **en ~** at right angles; **à l'~, d'~** straight
équilibre [ekilibʀ(ə)] *nm* balance; (*d'une balance*) equilibrium; **garder/perdre l'~** to keep/lose one's balance; **être en ~** to be balanced; **équilibré, e** *adj* (*fig*) well-balanced,

stable; **équilibrer** *vt* to balance; **s'~r** *vi* (*poids*) to balance; (*fig: défauts etc*) to balance each other out
équipage [ekipaʒ] *nm* crew
équipe [ekip] *nf* team; (*bande: parfois péj*) bunch
équipé, e [ekipe] *adj*: **bien/mal ~** well-/poorly-equipped
équipée [ekipe] *nf* escapade
équipement [ekipmɑ̃] *nm* equipment; **~s** *nmpl* (*installations*) amenities, facilities
équiper [ekipe] *vt* to equip; (*voiture, cuisine*) to equip, fit out; **~ qn/qch de** to equip sb/sth with
équipier, ière [ekipje, -jɛʀ] *nm/f* team member
équitable [ekitabl(ə)] *adj* fair
équitation [ekitɑsjɔ̃] *nf* (horse-) riding
équivalent, e [ekivalɑ̃, -ɑ̃t] *adj, nm* equivalent
équivaloir [ekivalwaʀ]: **~ à** *vt* to be equivalent to
équivoque [ekivɔk] *adj* equivocal, ambiguous; (*louche*) dubious
érable [eʀabl(ə)] *nm* maple
érafler [eʀɑfle] *vt* to scratch; **éraflure** *nf* scratch
éraillé, e [eʀɑje] *adj* (*voix*) rasping
ère [ɛʀ] *nf* era; **en l'an 1050 de notre ~** in the year 1050 A.D.
érection [eʀɛksjɔ̃] *nf* erection
éreinter [eʀɛ̃te] *vt* to exhaust, wear out
ériger [eʀiʒe] *vt* (*monument*) to erect
ermite [ɛʀmit] *nm* hermit
éroder [eʀɔde] *vt* to erode
érotique [eʀɔtik] *adj* erotic
errer [ɛʀe] *vi* to wander
erreur [ɛʀœʀ] *nf* mistake, error; (*morale*) error; **faire ~** to be mistaken; **par ~** by mistake; **~ judiciaire** miscarriage of justice
érudit, e [eʀydi, -it] *nm/f* scholar
éruption [eʀypsjɔ̃] *nf* eruption; (*MÉD*) rash
es *vb voir* être
ès [ɛs] *prép*: **licencié ~ lettres/sciences** ≈ Bachelor of Arts/Science

escabeau, x [ɛskabo] *nm* (*tabouret*) stool; (*échelle*) stepladder
escadre [ɛskadʀ(ə)] *nf* (*NAVIG*) squadron; (*AVIAT*) wing
escadron [ɛskadʀɔ̃] *nm* squadron
escalade [ɛskalad] *nf* climbing *no pl*; (*POL etc*) escalation
escalader [ɛskalade] *vt* to climb
escale [ɛskal] *nf* (*NAVIG*) call; port of call; (*AVIAT*) stop(over); **faire ~ à** to put in at; to stop over at
escalier [ɛskalje] *nm* stairs *pl*; **dans l'~** *ou* **les ~s** on the stairs; **~ roulant** escalator
escamoter [ɛskamɔte] *vt* (*esquiver*) to get round, evade; (*faire disparaître*) to conjure away
escapade [ɛskapad] *nf*: **faire une ~** to go on a jaunt; to run away *ou* off
escargot [ɛskaʀgo] *nm* snail
escarmouche [ɛskaʀmuʃ] *nf* skirmish
escarpé, e [ɛskaʀpe] *adj* steep
escient [esjɑ̃]*nm*: **à bon ~** advisedly
esclaffer [ɛsklafe] : **s'~** *vi* to guffaw
esclandre [ɛsklɑ̃dʀ(ə)] *nm* scene, fracas
esclavage [ɛsklavaʒ] *nm* slavery
esclave [ɛsklav] *nm/f* slave
escompter [ɛskɔ̃te] *vt* (*COMM*) to discount; (*espérer*) to expect, reckon upon
escorte [ɛskɔʀt(ə)] *nf* escort
escrime [ɛskʀim] *nf* fencing
escrimer [ɛskʀime]: **s'~** *vi* to wear o.s. out doing
escroc [ɛskʀo] *nm* swindler, conman
escroquer [ɛskʀɔke] *vt*: **~ qn (de qch)/qch (à qn)** to swindle sb (out of sth)/sth (out of sb); **escroquerie** *nf* swindle
espace [ɛspas] *nm* space
espacer [ɛspase] *vt* to space out; **s'~** *vi* (*visites etc*) to become less frequent
espadon [ɛspadɔ̃] *nm* swordfish *inv*
espadrille [ɛspadʀij] *nf* rope-soled sandal
Espagne [ɛspaɲ(ə)] *nf*: **l'~** Spain; **espagnol, e** *adj* Spanish ♦ *nm/f*: **Es-**

pagnol, e Spaniard ♦ *nm* (*LING*) Spanish

espèce [ɛspɛs] *nf* (*BIO, BOT, ZOOL*) species *inv*; (*gén*: *sorte*) sort, kind, type; (*péj*): ~ **de maladroit!** you clumsy oaf!; ~**s** *nfpl* (*COMM*) cash *sg*; **en** ~ in cash; **en l'**~ in the case in point

espérance [ɛspeʀɑ̃s] *nf* hope; ~ **de vie** life expectancy

espérer [ɛspeʀe] *vt* to hope for; **j'espère (bien)** I hope so; ~ **que/faire** to hope that/to do; ~ **en** to trust in

espiègle [ɛspjɛgl(ə)] *adj* mischievous

espion, ne [ɛspjɔ̃, -ɔn] *nm/f* spy

espionnage [ɛspjɔnaʒ] *nm* espionage, spying

espionner [ɛspjɔne] *vt* to spy (up)on

esplanade [ɛsplanad] *nf* esplanade

espoir [ɛspwaʀ] *nm* hope

esprit [ɛspʀi] *nm* (*pensée, intellect*) mind; (*humour, ironie*) wit; (*mentalité, d'une loi etc, fantôme etc*) spirit; **faire de l'**~ to try to be witty; **reprendre ses** ~**s** to come to; **perdre l'**~ to lose one's mind

esquimau, de, x [ɛskimo, -od] *adj, nm/f* Eskimo ♦ *nm* ice lolly (*BRIT*), popsicle (*US*)

esquinter [ɛskɛ̃te] (*fam*) *vt* to mess up

esquisse [ɛskis] *nf* sketch

esquisser [ɛskise] *vt* to sketch; **s'**~ *vi* (*amélioration*) to begin to be detectable; ~ **un sourire** to give a vague smile

esquiver [ɛskive] *vt* to dodge; **s'**~ *vi* to slip away

essai [esɛ] *nm* trying; testing; (*tentative*) attempt, try; (*RUGBY*) try; (*LITTÉRATURE*) essay; ~**s** *nmpl* (*AUTO*) trials; ~ **gratuit** (*COMM*) free trial; **à l'**~ on a trial basis

essaim [esɛ̃] *nm* swarm

essayer [eseje] *vt* (*gén*) to try; (*vêtement, chaussures*) to try (on); (*restaurant, méthode, voiture*) to try (out) ♦ *vi* to try; ~ **de faire** to try *ou* attempt to do

essence [esɑ̃s] *nf* (*de voiture*) petrol (*BRIT*), gas(oline) (*US*); (*extrait de plante, PHILOSOPHIE*) essence; (*espèce*: *d'arbre*) species

essentiel, le [esɑ̃sjɛl] *adj* essential; **c'est l'**~ (*ce qui importe*) that's the main thing; **l'**~ **de** the main part of

essieu, x [esjø] *nm* axle

essor [esɔʀ] *nm* (*de l'économie etc*) rapid expansion

essorer [esɔʀe] *vt* (*en tordant*) to wring (out); (*par la force centrifuge*) to spin-dry; **essoreuse** *nf* mangle, wringer; spin-dryer

essouffler [esufle] *vt* to make breathless; **s'**~ *vi* to get out of breath; (*fig*) to run out of steam

essuie-glace [esɥiglas] *nm inv* windscreen (*BRIT*) *ou* windshield (*US*) wiper

essuie-main [esɥimɛ̃] *nm* hand towel

essuyer [esɥije] *vt* to wipe; (*fig*: *subir*) to suffer; **s'**~ *vi* (*après le bain*) to dry o.s.; ~ **la vaisselle** to dry up

est[1] [ɛ] *vb voir* **être**

est[2] [ɛst] *nm* east ♦ *adj inv* east; (*région*) east(ern); **à l'est** in the east; (*direction*) to the east, east(wards); **à l'est de** (to the) east of

estampe [ɛstɑ̃p] *nf* print, engraving

est-ce que [ɛskə] *adv*: ~ **c'est cher/c'était bon?** is it expensive/was it good?; **quand est-ce qu'il part?** when does he leave?, when is he leaving?; *voir aussi* **que**

esthéticienne [ɛstetisjɛn] *nf* beautician

esthétique [ɛstetik] *adj* attractive; aesthetically pleasing

estimation [ɛstimasjɔ̃] *nf* valuation; assessment

estime [ɛstim] *nf* esteem, regard

estimer [ɛstime] *vt* (*respecter*) to esteem; (*expertiser*) to value; (*évaluer*) to assess, estimate; (*penser*): ~ **que/être** to consider that/o.s. to be

estival, e, aux [ɛstival, -o] *adj* summer *cpd*

estivant, e [ɛstivɑ̃, -ɑ̃t] *nm/f* (summer) holiday-maker

estomac [ɛstɔma] *nm* stomach

estomaqué, e [ɛstɔmake] *adj* flabbergasted

estomper [ɛstɔ̃pe] *vt* (*fig*) to blur, dim; s'~ *vi* to soften; to become blurred

estrade [ɛstʀad] *nf* platform, rostrum

estragon [ɛstʀagɔ̃] *nm* tarragon

estropier [ɛstʀɔpje] *vt* to cripple, maim; (*fig*) to twist, distort

et [e] *conj* and; ~ **lui?** what about him?; ~ **alors!** so what!

étable [etabl(ə)] *nf* cowshed

établi [etabli] *nm* (work)bench

établir [etabliʀ] *vt* (*papiers d'identité, facture*) to make out; (*liste, programme*) to draw up; (*entreprise, camp, gouvernement, artisan*) to set up; (*réputation, usage, fait, culpabilité*) to establish; **s'~** *vi* (*se faire*: *entente etc*) to be established; **s'~ (à son compte)** to set up in business; **s'~ à/près de** to settle in/near

établissement [etablismɑ̃] *nm* making out; drawing up; setting up, establishing; (*entreprise, institution*) establishment; ~ **scolaire** school, educational establishment

étage [etaʒ] *nm* (*d'immeuble*) storey, floor; (*de fusée*) stage; (*GÉO*: *de culture, végétation*) level; **à l'~** upstairs; **au 2ème ~** on the 2nd (*BRIT*) *ou* 3rd (*US*) floor; **de bas ~** low-born

étagère [etaʒɛʀ] *nf* (*rayon*) shelf; (*meuble*) shelves *pl*

étai [etɛ] *nm* stay, prop

étain [etɛ̃] *nm* tin; (*ORFÈVRERIE*) pewter *no pl*

étais *etc vb voir* être

étal [etal] *nm* stall

étalage [etalaʒ] *nm* display; display window; **faire ~ de** to show off, parade

étaler [etale] *vt* (*carte, nappe*) to spread (out); (*peinture, liquide*) to spread; (*échelonner*: *paiements, vacances*) to spread, stagger; (*marchandises*) to display; (*richesses, connaissances*) to parade; s'~ *vi* (*liquide*) to spread out; (*fam*) to fall flat on one's face; **s'~ sur** (*suj*: *paiements etc*) to be spread out over

étalon [etalɔ̃] *nm* (*mesure*) standard; (*cheval*) stallion

étamer [etame] *vt* (*casserole*) to tin(plate); (*glace*) to silver

étanche [etɑ̃ʃ] *adj* (*récipient*) watertight; (*montre, vêtement*) waterproof

étancher [etɑ̃ʃe] *vt*: ~ **sa soif** to quench one's thirst

étang [etɑ̃] *nm* pond

étant [etɑ̃] *vb voir* **être**; **donné**

étape [etap] *nf* stage; (*lieu d'arrivée*) stopping place; (: *CYCLISME*) staging point; **faire ~ à** to stop off at

état [eta] *nm* (*POL, condition*) state; (*liste*) inventory, statement; **en mauvais ~** in poor condition; **en ~ (de marche)** in (working) order; **remettre en ~** to repair; **hors d'~** out of order; **être en ~/hors d'~ de faire** to be in a/in no fit state to do; **en tout ~ de cause** in any event; **être dans tous ses ~s** to be in a state; **faire ~ de** (*alléguer*) to put forward; **en ~ d'arrestation** under arrest; ~ **civil** civil status; ~ **des lieux** inventory of fixtures; **étatiser** *vt* to bring under state control

état-major [etamaʒɔʀ] *nm* (*MIL*) staff

États-Unis [etazyni] *nmpl*: **les ~** the United States

étau, x [eto] *nm* vice (*BRIT*), vise (*US*)

étayer [eteje] *vt* to prop *ou* shore up

etc. *adv* etc

et c(a)etera [ɛtseteʀa] *adv* et cetera, and so on

été [ete] *pp de* **être** ♦ *nm* summer

éteindre [etɛ̃dʀ(ə)] *vt* (*lampe, lumière, radio*) to turn *ou* switch off; (*cigarette, incendie, bougie*) to put out, extinguish; (*JUR*: *dette*) to extinguish; s'~ *vi* to go out; to go off; (*mourir*) to pass away; **éteint, e** *adj*

(*fig*) lacklustre, dull; (*volcan*) extinct
étendard [etɑ̃daʀ] *nm* standard
étendre [etɑ̃dʀ(ə)] *vt* (*pâte, liquide*) to spread; (*carte etc*) to spread out; (*linge*) to hang up; (*bras, jambes, par terre: blessé*) to stretch out; (*diluer*) to dilute, thin; (*fig: agrandir*) to extend; s'~ *vi* (*augmenter, se propager*) to spread; (*terrain, forêt etc*) to stretch; (*s'allonger*) to stretch out; (*se coucher*) to lie down; (*fig: expliquer*) to elaborate
étendu, e [etɑ̃dy] *adj* extensive; **étendue** *nf* (*d'eau, de sable*) stretch, expanse; (*importance*) extent
éternel, le [etɛʀnɛl] *adj* eternal
éterniser [etɛʀnize]: s'~ *vi* to last for ages; to stay for ages
éternité [etɛʀnite] *nf* eternity
éternuer [etɛʀnɥe] *vi* to sneeze
êtes *vb voir* être
éthique [etik] *adj* ethical
ethnie [ɛtni] *nf* ethnic group
éthylisme [etilism(ə)] *nm* alcoholism
étiez *vb voir* être
étinceler [etɛ̃sle] *vi* to sparkle
étincelle [etɛ̃sɛl] *nf* spark
étioler [etjɔle]: s'~ *vi* to wilt
étiqueter [etikte] *vt* to label
étiquette [etikɛt] *nf* label; (*protocole*): l'~ etiquette
étirer [etiʀe] *vt* to stretch; s'~ *vi* (*personne*) to stretch; (*convoi, route*): s'~ **sur** to stretch out over
étoffe [etɔf] *nf* material, fabric
étoffer [etɔfe] *vt* to fill out; **s'etoffer** *vi* to fill out
étoile [etwal] *nf* star; **à la belle ~** in the open; **~ de mer** starfish; **~ filante** shooting star; **étoilé, e** *adj* starry
étole [etɔl] *nf* stole
étonnant, e [etɔnɑ̃, -ɑ̃t] *adj* amazing
étonner [etɔne] *vt* to surprise, amaze; s'~ **que/de** to be amazed that/at; **cela m'~ait (que)** (*j'en doute*) I'd be very surprised (if)
étouffée [etufe]: **à l'~** *adv* (*CULIN*) steamed; braised
étouffer [etufe] *vt* to suffocate; (*bruit*) to muffle; (*scandale*) to hush up ♦ *vi* to suffocate; s'~ *vi* (*en mangeant etc*) to choke
étourderie [etuʀdəʀi] *nf* heedlessness *no pl*; thoughtless blunder
étourdi, e [etuʀdi] *adj* (*distrait*) scatterbrained, heedless
étourdir [etuʀdiʀ] *vt* (*assommer*) to stun, daze; (*griser*) to make dizzy *ou* giddy; **étourdissement** *nm* dizzy spell
étourneau, x [etuʀno] *nm* starling
étrange [etʀɑ̃ʒ] *adj* strange
étranger, ère [etʀɑ̃ʒe, -ɛʀ] *adj* foreign; (*pas de la famille, non familier*) strange ♦ *nm/f* foreigner; stranger ♦ *nm*: **à l'~** abroad; **de l'~** from abroad; **~ à** (*fig*) unfamiliar to; irrelevant to
étranglement [etʀɑ̃gləmɑ̃] *nm* (*d'une vallée etc*) constriction
étrangler [etʀɑ̃gle] *vt* to strangle; s'~ *vi* (*en mangeant etc*) to choke
étrave [etʀav] *nf* stem

MOT-CLÉ

être [ɛtʀ(ə)] *nm* being; **~ humain** human being
♦ *vb +attrib* **1** (*état, description*) to be; **il est instituteur** he is *ou* he's a teacher; **vous êtes grand/intelligent/fatigué** you are *ou* you're tall/clever/tired
2 (*+à: appartenir*) to be; **le livre est à Paul** the book is Paul's *ou* belongs to Paul; **c'est à moi/eux** it is *ou* it's mine/theirs
3 (*+de: provenance*): **il est de Paris** he is from Paris; (*: appartenance*): **il est des nôtres** he is one of us
4 (*date*): **nous sommes le 10 janvier** it's the 10th of January (today)
♦ *vi* to be; **je ne serai pas ici demain** I won't be here tomorrow
♦ *vb aux* **1** to have; to be; **~ arrivé/allé** to have arrived/gone; **il est parti** he has left, he has gone

2 (*forme passive*) to be; ~ **fait par** to be made by; **il a été promu** he has been promoted
3 (+*à*: *obligation*): **c'est à réparer** it needs repairing; **c'est à essayer** it should be tried
♦ *vb impers* **1**: **il est** +*adjectif* it is +*adjective*; **il est impossible de le faire** it's impossible to do it
2 (*heure, date*): **il est 10 heures, c'est 10 heures** it is *ou* it's 10 o'clock
3 (*emphatique*): **c'est moi** it's me; **c'est à lui de le faire** it's up to him to do it

étreindre [etʀɛ̃dʀ(ə)] *vt* to clutch, grip; (*amoureusement, amicalement*) to embrace; **s'~** *vi* to embrace
étrenner [etʀene] *vt* to use (*ou* wear) for the first time; **étrennes** [etʀɛn] *nfpl* Christmas box *sg*
étrier [etʀije] *nm* stirrup
étriller [etʀije] *vt* (*cheval*) to curry; (*fam: battre*) to slaughter (*fig*)
étriqué, e [etʀike] *adj* skimpy
étroit, e [etʀwa, -wat] *adj* narrow; (*vêtement*) tight; (*fig: serré*) close, tight; **à l'~** cramped; **~ d'esprit** narrow-minded
étude [etyd] *nf* studying; (*ouvrage, rapport*) study; (*de notaire: bureau*) office; (: *charge*) practice; (*SCOL: salle de travail*) study room; **~s** *nfpl* studies; **être à l'~** (*projet etc*) to be under consideration; **faire des ~s** (**de droit/médecine**) to study (law/medicine)
étudiant, e [etydjɑ̃, -ɑ̃t] *nm/f* student
étudié, e [etydje] *adj* (*démarche*) studied; (*système*) carefully designed; (*prix*) keen
étudier [etydje] *vt, vi* to study
étui [etɥi] *nm* case
étuve [etyv] *nf* steamroom
étuvée [etyve]: **à l'~** *adv* braised
eu, eue [y] *pp de* **avoir**
euh [ø] *excl* er
Europe [øʀɔp] *nf*: **l'~** Europe; **européen, ne** *adj, nm/f* European
eus *etc vb voir* **avoir**
eux [ø] *pron* (*sujet*) they; (*objet*) them
évacuer [evakɥe] *vt* to evacuate
évader [evade]: **s'~** *vi* to escape
évangile [evɑ̃ʒil] *nm* gospel
évanouir [evanwiʀ]: **s'~** *vi* to faint; (*disparaître*) to vanish, disappear
évanouissement [evanwismɑ̃] *nm* (*syncope*) fainting fit; (*dans un accident*) loss of consciousness
évaporer [evapɔʀe]: **s'~** *vi* to evaporate
évaser [evɑze] *vt* (*tuyau*) to widen, open out; (*jupe, pantalon*) to flare
évasif, ive [evazif, -iv] *adj* evasive
évasion [evazjɔ̃] *nf* escape
évêché [eveʃe] *nm* bishopric; bishop's palace
éveil [evɛj] *nm* awakening; **être en ~** to be alert
éveillé, e [eveje] *adj* awake; (*vif*) alert, sharp
éveiller [eveje] *vt* to (a)waken; **s'~** *vi* to (a)waken; (*fig*) to be aroused
événement [evɛnmɑ̃] *nm* event
éventail [evɑ̃taj] *nm* fan; (*choix*) range
éventaire [evɑ̃tɛʀ] *nm* stall, stand
éventer [evɑ̃te] *vt* (*secret*) to uncover; **s'~** *vi* (*parfum*) to go stale
éventrer [evɑ̃tʀe] *vt* to disembowel; (*fig*) to tear *ou* rip open
éventualité [evɑ̃tɥalite] *nf* eventuality; possibility; **dans l'~ de** in the event of
éventuel, le [evɑ̃tɥɛl] *adj* possible; **éventuellement** *adv* possibly
évêque [evɛk] *nm* bishop
évertuer [evɛʀtɥe]: **s'~** *vi* to try very hard to do
éviction [eviksjɔ̃] *nf* ousting; (*de locataire*) eviction
évidemment [evidamɑ̃] *adv* obviously
évidence [evidɑ̃s] *nf* obviousness; obvious fact; **de toute ~** quite obviously *ou* evidently; **en ~** conspicuous; **mettre en ~** to highlight; to

bring to the fore; **évident, e** [evidɑ̃, -ɑ̃t] *adj* obvious, evident

évider [evide] *vt* to scoop out

évier [evje] *nm* (kitchen) sink

évincer [evɛ̃se] *vt* to oust

éviter [evite] *vt* to avoid; ~ **de faire/que qch ne se passe** to avoid doing/sth happening; ~ **qch à qn** to spare sb sth

évolué, e [evɔlɥe] *adj* advanced

évoluer [evɔlɥe] *vi (enfant, maladie)* to develop; *(situation, moralement)* to evolve, develop; *(aller et venir: danseur etc)* to move about, circle; **évolution** *nf* development; evolution

évoquer [evɔke] *vt* to call to mind, evoke; *(mentionner)* to mention

ex... [ɛks] *préfixe* ex-

exact, e [ɛgzakt] *adj (précis)* exact, accurate, precise; *(correct)* correct; *(ponctuel)* punctual; **l'heure ~e** the right *ou* exact time; **exactement** *adv* exactly, accurately, precisely; correctly; *(c'est cela même)* exactly

ex aequo [ɛgzeko] *adj* equally placed

exagéré, e [ɛgzaʒeʀe] *adj (prix etc)* excessive

exagérer [ɛgzaʒeʀe] *vt* to exaggerate ♦ *vi (abuser)* to go too far; to overstep the mark; *(déformer les faits)* to exaggerate

exalter [ɛgzalte] *vt (enthousiasmer)* to excite, elate; *(glorifier)* to exalt

examen [ɛgzamɛ̃] *nm* examination; *(SCOL)* exam, examination; **à l'~** under consideration; *(COMM)* on approval

examiner [ɛgzamine] *vt* to examine

exaspérant, e [ɛgzaspeʀɑ̃, -ɑ̃t] *adj* exasperating

exaspérer [ɛgzaspeʀe] *vt* to exasperate; to exacerbate

exaucer [ɛgzose] *vt (vœu)* to grant

excédent [ɛksedɑ̃] *nm* surplus; **en ~** surplus; **~ de bagages** excess luggage

excéder [ɛksede] *vt (dépasser)* to exceed; *(agacer)* to exasperate

excellence [ɛksɛlɑ̃s] *nf (titre)* Excellency

excellent, e [ɛksɛlɑ̃, -ɑ̃t] *adj* excellent

excentrique [ɛksɑ̃tʀik] *adj* eccentric; *(quartier)* outlying

excepté, e [ɛksɛpte] *adj, prép*: **les élèves ~s, ~ les élèves** except for the pupils; **~ si** except if

exception [ɛksɛpsjɔ̃] *nf* exception; **à l'~ de** except for, with the exception of; **d'~** *(mesure, loi)* special, exceptional; **exceptionnel, le** *adj* exceptional

excès [ɛksɛ] *nm* surplus ♦ *nmpl* excesses; **à l'~** to excess; **~ de vitesse** speeding *no pl*; **excessif, ive** *adj* excessive

excitant, e [ɛksitɑ̃, -ɑ̃t] *adj* exciting ♦ *nm* stimulant; **excitation** [ɛksitɑsjɔ̃] *nf (état)* excitement

exciter [ɛksite] *vt* to excite; *(suj: café etc)* to stimulate; **s'~** *vi* to get excited

exclamation [ɛksklamɑsjɔ̃] *nf* exclamation

exclamer [ɛksklame]: **s'~** *vi* to exclaim

exclure [ɛksklyʀ] *vt (faire sortir)* to expel; *(ne pas compter)* to exclude, leave out; *(rendre impossible)* to exclude, rule out; **il est exclu que** it's out of the question that ...; **il n'est pas exclu que ...**, it's not impossible that ...; **exclusif, ive** *adj* exclusive; **exclusion** *nf* expulsion; **à l'exclusion de** with the exclusion *ou* exception of; **exclusivité** *nf (COMM)* exclusive rights *pl*; **film passant en exclusivité à** film showing only at

excursion [ɛkskyʀsjɔ̃] *nf (en autocar)* excursion, trip; *(à pied)* walk, hike

excuse [ɛkskyz] *nf* excuse; **~s** *nfpl (regret)* apology *sg*, apologies

excuser [ɛkskyze] *vt* to excuse; **s'~ (de)** to apologize (for); **"excusez-moi"** "I'm sorry"; *(pour attirer l'attention)* "excuse me"

exécrable [ɛgzekʀabl(ə)] *adj* atrocious

exécrer [ɛgzekʀe] *vt* to loathe, abhor
exécuter [ɛgzekyte] *vt* (*prisonnier*) to execute; (*tâche etc*) to execute, carry out; (*MUS*: *jouer*) to perform, execute; (*INFORM*) to run; s'~ *vi* to comply; **exécutif, ive** *adj, nm* (*POL*) executive; **exécution** *nf* execution; carrying out; **mettre à exécution** to carry out
exemplaire [ɛgzɑ̃plɛʀ] *nm* copy
exemple [ɛgzɑ̃pl(ə)] *nm* example; **par ~** for instance, for example; **donner l'~** to set an example; **prendre ~ sur** to take as a model; **à l'~ de** just like
exempt, e [ɛgzɑ̃, -ɑ̃t] *adj*: **~ de** (*dispensé de*) exempt from; (*sans*) free from
exercer [ɛgzɛʀse] *vt* (*pratiquer*) to exercise, practise; (*prérogative*) to exercise; (*influence, contrôle*) to exert; (*former*) to exercise, train; s'~ *vi* (*sportif, musicien*) to practise; (*se faire sentir*: *pression etc*) to be exerted
exercice [ɛgzɛʀsis] *nm* (*tâche, travail*) exercise; **l'~** exercise; (*MIL*) drill; **en ~** (*juge*) in office; (*médecin*) practising
exhaustif, ive [ɛgzostif, -iv] *adj* exhaustive
exhiber [ɛgzibe] *vt* (*montrer*: *papiers, certificat*) to present, produce; (*péj*) to display, flaunt; s'~ *vi* to parade; (*suj*: *exhibitionniste*) to expose o.s.
exhorter [ɛgzɔʀte] *vt* to urge
exigeant, e [ɛgziʒɑ̃, -ɑ̃t] *adj* demanding; (*péj*) hard to please
exigence [ɛgziʒɑ̃s] *nf* demand, requirement
exiger [ɛgziʒe] *vt* to demand, require
exigu, ë [ɛgzigy] *adj* (*lieu*) cramped, tiny
exil [ɛgzil] *nm* exile; **exiler** *vt* to exile; s'~er *vi* to go into exile
existence [ɛgzistɑ̃s] *nf* existence
exister [ɛgziste] *vi* to exist; **il existe un/des** there is a/are (some)
exonérer [ɛgzɔneʀe] *vt*: **~ de** to exempt from
exorbitant, e [ɛgzɔʀbitɑ̃, -ɑ̃t] *adj* (*somme, nombre*) exorbitant
exorbité, e [ɛgzɔʀbite] *adj*: **yeux ~s** bulging eyes
exotique [ɛgzɔtik] *adj* exotic
expatrier [ɛkspatʀije] *vt*: **s'~** to leave one's country
expectative [ɛkspɛktativ] *nf*: **être dans l'~** to be still waiting
expédient [ɛkspedjɑ̃] (*péj*) *nm* expedient; **vivre d'~s** to live by one's wits
expédier [ɛkspedje] *vt* (*lettre, paquet*) to send; (*troupes*) to dispatch; (*péj*: *travail etc*) to dispose of, dispatch; **expéditeur, trice** *nm/f* sender
expédition [ɛkspedisjɔ̃] *nf* sending; (*scientifique, sportive, MIL*) expedition
expérience [ɛkspeʀjɑ̃s] *nf* (*de la vie*) experience; (*scientifique*) experiment
expérimenté, e [ɛkspeʀimɑ̃te] *adj* experienced
expérimenter [ɛkspeʀimɑ̃te] *vt* to test out, experiment with
expert, e [ɛkspɛʀ, -ɛʀt(ə)] *adj, nm* expert; **~ en assurances** insurance valuer; **expert-comptable** *nm* ≈ chartered accountant (*BRIT*), ≈ certified public accountant (*US*)
expertise [ɛkspɛʀtiz] *nf* valuation; assessment; valuer's (*ou* assessor's) report; (*JUR*) (forensic) examination
expertiser [ɛkspɛʀtize] *vt* (*objet de valeur*) to value; (*voiture accidentée etc*) to assess damage to
expier [ɛkspje] *vt* to expiate, atone for
expirer [ɛkspiʀe] *vi* (*prendre fin, mourir*) to expire; (*respirer*) to breathe out
explicatif, ive [ɛksplikatif, -iv] *adj* explanatory
explication [ɛksplikɑsjɔ̃] *nf* explanation; (*discussion*) discussion; argument; **~ de texte** (*SCOL*) critical analysis
explicite [ɛksplisit] *adj* explicit

expliquer [ɛksplike] *vt* to explain; s'~ to explain (o.s.); (*discuter*) to discuss things; to have it out; **son erreur s'explique** one can understand his mistake
exploit [ɛksplwa] *nm* exploit, feat
exploitation [ɛksplwatɑsjɔ̃] *nf* exploitation; running; ~ **agricole** farming concern; **exploiter** [ɛksplwate] *vt* (*mine*) to exploit, work; (*entreprise, ferme*) to run, operate; (*clients, ouvriers, erreur, don*) to exploit
explorer [ɛksplɔʀe] *vt* to explore
exploser [ɛksploze] *vi* to explode, blow up; (*engin explosif*) to go off; (*fig: joie, colère*) to burst out, explode; **explosif, ive** *adj, nm* explosive; **explosion** *nf* explosion
exportateur, trice [ɛkspɔʀtatœʀ, -tʀis] *adj* export *cpd*, exporting ♦ *nm* exporter
exportation [ɛkspɔʀtɑsjɔ̃] *nf* exportation; export
exporter [ɛkspɔʀte] *vt* to export
exposant [ɛkspozɑ̃] *nm* exhibitor
exposé, e [ɛkspoze] *nm* talk ♦ *adj*: ~ **au sud** facing south; **bien** ~ well situated
exposer [ɛkspoze] *vt* (*marchandise*) to display; (*peinture*) to exhibit, show; (*parler de*) to explain, set out; (*mettre en danger, orienter, PHOTO*) to expose; **exposition** *nf* (*manifestation*) exhibition; (*PHOTO*) exposure
exprès[1] [ɛkspʀɛ] *adv* (*délibérément*) on purpose; (*spécialement*) specially
exprès[2]**, esse** [ɛkspʀɛs] *adj* (*ordre, défense*) express, formal ♦ *adj inv* (*PTT*) express ♦ *adv* express
express [ɛkspʀɛs] *adj, nm*: **(café)** ~ espresso (coffee); **(train)** ~ fast train
expressément [ɛkspʀesemɑ̃] *adv* expressly; specifically
expression [ɛkspʀɛsjɔ̃] *nf* expression
exprimer [ɛkspʀime] *vt* (*sentiment, idée*) to express; (*jus, liquide*) to press out; s'~ *vi* (*personne*) to express o.s.
exproprier [ɛkspʀɔpʀije] *vt* to buy up by compulsory purchase, expropriate
expulser [ɛkspylse] *vt* to expel; (*locataire*) to evict; (*SPORT*) to send off
exquis, e [ɛkski, -iz] *adj* exquisite; delightful
exsangue [ɛksɑ̃g] *adj* bloodless, drained of blood
extase [ɛkstɑz] *nf* ecstasy: **s'extasier** *vi* to go into raptures over
extension [ɛkstɑ̃sjɔ̃] *nf* (*d'un muscle, ressort*) stretching; (*fig*) extension; expansion
exténuer [ɛkstenɥe] *vt* to exhaust
extérieur, e [ɛkstɛʀjœʀ] *adj* (*porte, mur etc*) outer, outside; (*au dehors: escalier, w.-c*) outside; (*commerce*) foreign; (*influences*) external; (*apparent: calme, gaieté etc*) surface *cpd* ♦ *nm* (*d'une maison, d'un récipient etc*) outside, exterior; (*apparence*) exterior; (*d'un groupe social*): l'~ the outside world; **à l'**~ outside; (*à l'étranger*) abroad; **extérieurement** *adv* on the outside; (*en apparence*) on the surface
exterminer [ɛkstɛʀmine] *vt* to exterminate, wipe out
externat [ɛkstɛʀna] *nm* day school
externe [ɛkstɛʀn(ə)] *adj* external, outer ♦ *nm/f* (*MED*) non-resident medical student (*BRIT*), extern (*US*); (*SCOL*) day pupil
extincteur [ɛkstɛ̃ktœʀ] *nm* (fire) extinguisher
extinction [ɛkstɛ̃ksjɔ̃] *nf*: ~ **de voix** loss of voice
extorquer [ɛkstɔʀke] *vt* to extort
extra [ɛkstʀa] *adj inv* first-rate; top-quality ♦ *nm inv* extra help
extrader [ɛkstʀade] *vt* to extradite
extraire [ɛkstʀɛʀ] *vt* to extract; **extrait** *nm* extract
extraordinaire [ɛkstʀaɔʀdinɛʀ] *adj* extraordinary; (*POL: mesures etc*) special
extravagant, e [ɛkstʀavagɑ̃, -ɑ̃t] *adj* extravagant; wild

extraverti, e [ɛkstʀavɛʀti] *adj* extrovert
extrême [ɛkstʀɛm] *adj, nm* extreme; **extrêmement** *adv* extremely; **extrême-onction** *nf* last rites *pl*; **Extrême-Orient** *nm* Far East
extrémité [ɛkstʀemite] *nf* end; (*situation*) straits *pl*, plight; (*geste désespéré*) extreme action; ~**s** *nfpl* (*pieds et mains*) extremities; **à la dernière** ~ on the point of death
exutoire [ɛgzytwaʀ] *nm* outlet, release

F

F *abr* = **franc**
fa [fa] *nm inv* (*MUS*) F; (*en chantant la gamme*) fa
fable [fabl(ə)] *nf* fable
fabricant [fabʀikɑ̃] *nm* manufacturer
fabrication [fabʀikasjɔ̃] *nf* manufacture
fabrique [fabʀik] *nf* factory
fabriquer [fabʀike] *vt* to make; (*industriellement*) to manufacture; (*fig*): **qu'est-ce qu'il fabrique?** what is he doing?
fabulation [fabylasjɔ̃] *nf* fantasizing
fac [fak] (*fam*) *abr f* (*SCOL*) = **faculté**
façade [fasad] *nf* front, façade
face [fas] *nf* face; (*fig*: *aspect*) side ♦ *adj*: **le côté** ~ heads; **perdre la** ~ to lose face; **en** ~ **de** opposite; (*fig*) in front of; **de** ~ from the front; face on; ~ **à** facing; (*fig*) faced with, in the face of; **faire** ~ **à** to face; ~ **à** ~ facing each other ♦ *nm inv* encounter
facétieux, euse [fasesjø, -øz] *adj* mischievous
fâché, e [faʃe] *adj* angry; (*désolé*) sorry
fâcher [faʃe] *vt* to anger; **se** ~ *vi* to get angry; **se** ~ **avec** (*se brouiller*) to fall out with
fâcheux, euse [faʃø, -øz] *adj* unfortunate, regrettable
facile [fasil] *adj* easy; (*accommodant*) easy-going; ~**ment** *adv* easily; **facilité** *nf* easiness; (*disposition, don*) aptitude; **facilités** *nfpl* (*possibilités*) facilities; **facilités de paiement** easy terms; **faciliter** *vt* to make easier
façon [fasɔ̃] *nf* (*manière*) way; (*d'une robe etc*) making-up; cut; ~**s** *nfpl* (*péj*) fuss *sg*; **de quelle** ~? (in) what way?; **de** ~ **à/à ce que** so as to/that; **de toute** ~ anyway, in any case; ~**ner** [fasɔne] *vt* (*fabriquer*) to manufacture; (*travailler*: *matière*) to shape, fashion; (*fig*) to mould, shape
facteur, trice [faktœʀ, -tʀis] *nm/f* postman(woman) (*BRIT*) (*Brit*), mailman(woman) (*US*) ♦ *nm* (*MATH, fig*: *élément*) factor; ~ **de pianos** piano maker
factice [faktis] *adj* artificial
faction [faksjɔ̃] *nf* faction; (*MIL*) guard *ou* sentry (duty); watch
facture [faktyʀ] *nf* (*à payer*: *gén*) bill; (: *COMM*) invoice; (*d'un artisan, artiste*) technique, workmanship; **facturer** *vt* to invoice
facultatif, ive [fakyltatif, -iv] *adj* optional; (*arrêt de bus*) request *cpd*
faculté [fakylte] *nf* (*intellectuelle, d'université*) faculty; (*pouvoir, possibilité*) power
fade [fad] *adj* insipid
fagot [fago] *nm* bundle of sticks
faible [fɛbl(ə)] *adj* weak; (*voix, lumière, vent*) faint; (*rendement, intensité, revenu etc*) low ♦ *nm* weak point; (*pour quelqu'un*) weakness, soft spot; ~ **d'esprit** feeble-minded; **faiblesse** *nf* weakness; **faiblir** *vi* to weaken; (*lumière*) to dim; (*vent*) to drop
faïence [fajɑ̃s] *nf* earthenware *no pl*; piece of earthenware
faignant, e [fɛɲɑ̃, -ɑ̃t] *nm/f* = **fainéant, e**
faille [faj] *vb voir* **falloir** ♦ *nf* (*GÉO*) fault; (*fig*) flaw, weakness
faillir [fajiʀ] *vi*: **j'ai failli tomber** I almost *ou* very nearly fell

faillite [fajit] *nf* bankruptcy
faim [fɛ̃] *nf* hunger; **avoir** ~ to be hungry; **rester sur sa** ~ (*aussi fig*) to be left wanting more
fainéant, e [fɛneɑ̃, -ɑ̃t] *nm/f* idler, loafer

MOT-CLÉ

faire [fɛʀ] *vt* **1** (*fabriquer, être l'auteur de*) to make; ~ **du vin/une offre/un film** to make wine/an offer/ a film; ~ **du bruit** to make a noise
2 (*effectuer: travail, opération*) to do; **que faites-vous?** (*quel métier etc*) what do you do?; (*quelle activité: au moment de la question*) what are you doing?; ~ **la lessive** to do the washing
3 (*études*) to do; (*sport, musique*) to play; ~ **du droit/du français** to do law/French; ~ **du rugby/piano** to play rugby/the piano
4 (*simuler*): ~ **le malade/ l'ignorant** to act the invalid/the fool
5 (*transformer, avoir un effet sur*): ~ **de qn un frustré/avocat** to make sb frustrated/a lawyer; **ça ne me fait rien** (*m'est égal*) I don't care *ou* mind; (*me laisse froid*) it has no effect on me; **ça ne fait rien** it doesn't matter; ~ **que** (*impliquer*) to mean that
6 (*calculs, prix, mesures*): **2 et 2 font** 4 2 and 2 are *ou* make 4; **ça fait 10 m/15F** it's 10 m/15F; **je vous le fais 10F** I'll let you have it for 10F
7: **qu'a-t-il fait de sa valise?** what has he done with his case?
8: **ne** ~ **que** (*sans cesse*) all he (ever) does is criticize; (*seulement*) he's only criticizing
9 (*dire*) to say; **vraiment? fit-il** really? he said
10 (*maladie*) to have; ~ **du diabète** to have diabetes *sg*
♦ *vi* **1** (*agir, s'y prendre*) to act, do; **il faut** ~ **vite** we (*ou* you *etc*) must act quickly; **comment a-t-il fait pour?** how did he manage to?; **faites comme chez vous** make yourself at home
2 (*paraître*) to look; ~ **vieux/ démodé** to look old/old-fashioned; **ça fait bien** it looks good
♦ *vb substitut* to do; **ne le casse pas comme je l'ai fait** don't break it as I did; **je peux le voir? - faites!** can I see it? - please do!
♦ *vb impers* **1**: **il fait beau** *etc* the weather is fine *etc*; *voir aussi* **jour froid** *etc*
2 (*temps écoulé, durée*): **ça fait 2 ans qu'il est parti** it's 2 years since he left; **ça fait 2 ans qu'il y est** he's been there for 2 years
♦ *vb semi-aux* **1**: ~ *+infinitif* (*action directe*) to make; ~ **tomber/bouger qch** to make sth fall/move; ~ **démarrer un moteur/chauffer de l'eau** to start up an engine/heat some water; **cela fait dormir** it makes you sleep; ~ **travailler les enfants** to make the children work *ou* get the children to work
2 (*indirectement, par un intermédiaire*): ~ **réparer qch** to get *ou* have sth repaired; ~ **punir les enfants** to have the children punished; **se** ~ *vi* **1** (*vin, fromage*) to mature
2: **cela se fait beaucoup/ne se fait pas** it's done a lot/not done
3: **se** ~ *+nom ou pron* to make o.s. a skirt; **se** ~ **des amis** to make friends; **se** ~ **du souci** to worry; **il ne s'en fait pas** he doesn't worry
4: **se** ~ *+adj* (*devenir*) to be getting old; (*délibérément*): **se** ~ **beau** to do o.s. up
5: **se** ~ **à** (*s'habituer*) to get used to; **je n'arrive pas à me** ~ **à la nourriture/au climat** I can't get used to the food/climate
6: **se** ~ *+infinitif* to have one's eyes tested/have an operation; **se** ~ **couper les cheveux** to get one's hair cut; **il va se** ~ **tuer/punir** he's going to get himself killed/get (himself) punished; **il s'est fait**

aider he got somebody to help him; **il s'est fait aider par Simon** he got Simon to help him; **se ~ ~ un vêtement** to get a garment made for o.s.

7 (*impersonnel*): **comment se fait-il/faisait-il que?** how is it/was it that?

faire-part [fɛʀpaʀ] *nm inv* announcement (*of birth, marriage etc*)

faisable [fəzabl(ə)] *adj* feasible

faisan, e [fəzɑ̃, -an] *nm/f* pheasant

faisandé, e [fəzɑ̃de] *adj* high (*bad*)

faisceau, x [fɛso] *nm* (*de lumière etc*) beam; (*de branches etc*) bundle

faisons *vb voir* **faire**

fait, e [fɛ, fɛt] *adj* (*mûr*: *fromage, melon*) ripe ♦ *nm* (*événement*) event, occurrence; (*réalité, donnée*) fact; **c'en est ~ de** that's the end of; **être le ~ de** (*causé par*) to be the work of; **être au ~ (de)** to be informed (of); **au ~** (*à propos*) by the way; **en venir au ~** to get to the point; **de ~** (*opposé à*: *de droit*) de facto ♦ *adv* in fact; **du ~ de ceci/ qu'il a menti** because of *ou* on account of this/his having lied; **de ce ~** for this reason; **en ~** in fact; **en ~ de repas** by way of a meal; **prendre ~ et cause pour qn** to support sb, side with sb; **prendre qn sur le ~** to catch sb in the act; **~ divers** news item; **~s et gestes**: **les ~s et gestes de qn** sb's actions *ou* doings

faîte [fɛt] *nm* top; (*fig*) pinnacle, height

faites *vb voir* **faire**

faitout [fɛtu] *nm* = **fait-tout**

fait-tout [fɛtu] *nm inv* stewpot

falaise [falɛz] *nf* cliff

fallacieux, euse [falasjø, -øz] *adj* fallacious; deceptive; illusory

falloir [falwaʀ] *vb impers*: **il va ~ 100 F** we'll (*ou* I'll) need 100 F; **s'en ~**: **il s'en est fallu de 100 F/5 minutes** we (*ou* they) were 100 F short/ 5 minutes late (*ou* early); **il s'en faut de beaucoup qu'il soit** he is far from being; **il s'en est fallu de peu que cela n'arrive** it very nearly happened; **ou peu s'en faut** or as good as; **il doit ~ du temps** that must take time; **il me faudrait 100 F** I would need 100 F; **il vous faut tourner à gauche après l'église** you have to turn left past the church; **nous avons ce qu'il (nous) faut** we have what we need; **il faut qu'il parte/a fallu qu'il parte** (*obligation*) he has to *ou* must leave/had to leave; **il a fallu le faire** it had to be done

falsifier [falsifje] *vt* to falsify; to doctor

famé, e [fame] *adj*: **mal ~** disreputable, of ill repute

famélique [famelik] *adj* half-starved

fameux, euse [famø, -øz] *adj* (*illustre*) famous; (*bon*: *repas, plat etc*) first-rate, first-class; (*valeur intensive*) real, downright

familial, e, aux [familjal, -o] *adj* family *cpd*; **familiale** *nf* (*AUTO*) estate car (*BRIT*), station wagon (*US*)

familiarité [familjaʀite] *nf* informality; familiarity; **~s** *nfpl* (*privautés*) familiarities

familier, ère [familje, -ɛʀ] *adj* (*connu, impertinent*) familiar; (*dénotant une certaine intimité*) informal, friendly; (*LING*) informal, colloquial ♦ *nm* regular (visitor)

famille [famij] *nf* family; **il a de la ~ à Paris** he has relatives in Paris

famine [famin] *nf* famine

fanatique [fanatik] *adj* fanatical ♦ *nm/f* fanatic; **fanatisme** *nm* fanaticism

faner [fane]: **se ~** *vi* to fade

fanfare [fɑ̃faʀ] *nf* (*orchestre*) brass band; (*musique*) fanfare

fanfaron, ne [fɑ̃faʀɔ̃, -ɔn] *nm/f* braggart

fange [fɑ̃ʒ] *nf* mire

fanion [fanjɔ̃] *nm* pennant

fantaisie [fɑ̃tezi] *nf* (*spontanéité*) fancy, imagination; (*caprice*) whim; extravagance ♦ *adj*: **bijou/pain (de)**

~ costume jewellery/fancy bread; **fantaisiste** *adj* (*péj*) unorthodox, eccentric ♦ *nm/f* (*de music-hall*) variety artist *ou* entertainer
fantasme [fɑ̃tasm(ə)] *nm* fantasy
fantasque [fɑ̃task(ə)] *adj* whimsical, capricious; fantastic
fantastique [fɑ̃tastik] *adj* fantastic
fantôme [fɑ̃tom] *nm* ghost, phantom
faon [fɑ̃] *nm* fawn
farce [faʀs(ə)] *nf* (*viande*) stuffing; (*blague*) (practical) joke; (*THÉÂTRE*) farce; **farcir** *vt* (*viande*) to stuff
fard [faʀ] *nm* make-up
fardeau, x [faʀdo] *nm* burden
farder [faʀde] *vt* to make up
farfelu, e [faʀfəly] *adj* hare-brained
farine [faʀin] *nf* flour; **farineux, euse** *adj* (*sauce, pomme*) floury ♦ *nmpl* (*aliments*) starchy foods
farouche [faʀuʃ] *adj* shy, timid; savage, wild; fierce
fart [faʀ(t)] *nm* (ski) wax
fascicule [fasikyl] *nm* volume
fasciner [fasine] *vt* to fascinate
fascisme [fasism(ə)] *nm* fascism
fasse *etc vb voir* **faire**
faste [fast(ə)] *nm* splendour ♦ *adj*: **c'est un jour** ~ it's his (*ou* our *etc*) lucky day
fastidieux, euse [fastidjø, -øz] *adj* tedious, tiresome
fastueux, euse [fastɥø, -øz] *adj* sumptuous, luxurious
fatal, e [fatal] *adj* fatal; (*inévitable*) inevitable; **fatalité** *nf* fate; fateful coincidence; inevitability
fatidique [fatidik] *adj* fateful
fatigant, e [fatigɑ̃, -ɑ̃t] *adj* tiring; (*agaçant*) tiresome
fatigue [fatig] *nf* tiredness, fatigue
fatigué, e [fatige] *adj* tired
fatiguer [fatige] *vt* to tire, make tired; (*TECH*) to put a strain on, strain; (*fig*: *importuner*) to wear out ♦ *vi* (*moteur*) to labour, strain; **se** ~ to get tired; to tire o.s. (out)
fatras [fatʀa] *nm* jumble, hotchpotch
fatuité [fatɥite] *nf* conceitedness, smugness
faubourg [fobuʀ] *nm* suburb
fauché, e [foʃe] (*fam*) *adj* broke
faucher [foʃe] *vt* (*herbe*) to cut; (*champs, blés*) to reap; (*fig*) to cut down; to mow down
faucille [fosij] *nf* sickle
faucon [fokɔ̃] *nm* falcon, hawk
faudra *vb voir* **falloir**
faufiler [fofile] *vt* to tack, baste; **se** ~ *vi*: **se** ~ **dans** to edge one's way into; **se** ~ **parmi/entre** to thread one's way among/between
faune [fon] *nf* (*ZOOL*) wildlife, fauna
faussaire [fosɛʀ] *nm* forger
fausse [fos] *adj voir* **faux**
faussement [fosmɑ̃] *adv* (*accuser*) wrongly, wrongfully; (*croire*) falsely
fausser [fose] *vt* (*objet*) to bend, buckle; (*fig*) to distort
fausseté [foste] *nf* wrongness; falseness
faut *vb voir* **falloir**
faute [fot] *nf* (*erreur*) mistake, error; (*péché, manquement*) misdemeanour; (*FOOTBALL etc*) offence; (*TENNIS*) fault; **c'est de sa/ma** ~ it's his/my fault; **être en** ~ to be in the wrong; ~ **de** (*temps, argent*) for *ou* through lack of; **sans** ~ without fail; ~ **de frappe** typing error; ~ **professionnelle** professional misconduct *no pl*
fauteuil [fotœj] *nm* armchair; ~ **d'orchestre** seat in the front stalls; ~ **roulant** wheelchair
fauteur [fotœʀ] *nm*: ~ **de troubles** trouble-maker
fautif, ive [fotif, -iv] *adj* (*incorrect*) incorrect, inaccurate; (*responsable*) at fault, in the wrong; guilty
fauve [fov] *nm* wildcat ♦ *adj* (*couleur*) fawn
faux[1] [fo] *nf* scythe
faux[2], **fausse** [fo, fos] *adj* (*inexact*) wrong; (*piano, voix*) out of tune; (*falsifié*) fake; forged; (*sournois, postiche*) false ♦ *adv* (*MUS*) out of tune ♦ *nm* (*copie*) fake, forgery; (*opposé au vrai*): **le faux** falsehood; **faire faux bond à qn** to stand sb

up; **fausse alerte** false alarm; **fausse couche** miscarriage; **faux frais** *nmpl* extras, incidental expenses; **faux pas** tripping *no pl*; (*fig*) faux pas; **faux témoignage** (*délit*) perjury; **faux-filet** *nm* sirloin; **faux-fuyant** *nm* equivocation; **faux-monnayeur** *nm* counterfeiter, forger
faveur [favœʀ] *nf* favour; **traitement de ~** preferential treatment; **à la ~ de** under cover of; thanks to; **en ~ de** in favour of
favorable [favɔʀabl(ə)] *adj* favourable
favori, te [favɔʀi, -it] *adj, nm/f* favourite; **~s** *nmpl* (*barbe*) sideboards (*BRIT*), sideburns
favoriser [favɔʀize] *vt* to favour
fax [faks] *nm* fax
fébrile [febʀil] *adj* feverish, febrile
fécond, e [fekɔ̃, -ɔ̃d] *adj* fertile; **~er** *vt* to fertilize; **~ité** *nf* fertility
fécule [fekyl] *nf* potato flour
féculent [fekylɑ̃] *nm* starchy food
fédéral, e, aux [fedeʀal, -o] *adj* federal
fée [fe] *nf* fairy; **~rie** *nf* enchantment; **~rique** *adj* magical, fairytale *cpd*
feignant, e [fɛɲɑ̃, -ɑ̃t] *nm/f* = **fainéant, e**
feindre [fɛ̃dʀ(ə)] *vt* to feign ♦ *vi* to dissemble; **~ de faire** to pretend to do
feinte [fɛ̃t] *nf* (*SPORT*) dummy
fêler [fele] *vt* to crack
félicitations [felisitɑsjɔ̃] *nfpl* congratulations
féliciter [felisite] *vt*: **~ qn (de)** to congratulate sb (on); **se ~ (de)** to congratulate o.s. (on)
félin, e [felɛ̃, -in] *adj* feline ♦ *nm* (big) cat
fêlure [felyʀ] *nf* crack
femelle [fəmɛl] *adj, nf* female
féminin, e [feminɛ̃, -in] *adj* feminine; (*sexe*) female; (*équipe, vêtements etc*) women's ♦ *nm* (*LING*) feminine; **féministe** *adj* feminist
femme [fam] *nf* woman; (*épouse*) wife; **~ au foyer** *nf* housewife; **~ de chambre** cleaning lady; **~ de ménage** = **femme de chambre**
fémur [femyʀ] *nm* femur, thighbone
fendre [fɑ̃dʀ(ə)] *vt* (*couper en deux*) to split; (*fissurer*) to crack; (*fig: traverser*) to cut through; to cleave through; **se ~** *vi* to crack
fenêtre [fənɛtʀ(ə)] *nf* window
fenouil [fənuj] *nm* fennel
fente [fɑ̃t] *nf* (*fissure*) crack; (*de boîte à lettres etc*) slit
féodal, e, aux [feɔdal, -o] *adj* feudal
fer [fɛʀ] *nm* iron; (*de cheval*) shoe; **~ à cheval** horseshoe; **~ (à repasser)** iron; **~ forgé** wrought iron
ferai *etc vb voir* **faire**
fer-blanc [fɛʀblɑ̃] *nm* tin(plate)
férié, e [feʀje] *adj*: **jour ~** public holiday
ferions *etc vb voir* **faire**
ferme [fɛʀm(ə)] *adj* firm ♦ *adv* (*travailler etc*) hard ♦ *nf* (*exploitation*) farm; (*maison*) farmhouse
fermé, e [fɛʀme] *adj* closed, shut; (*gaz, eau etc*) off; (*fig: personne*) uncommunicative; (*: milieu*) exclusive
fermenter [fɛʀmɑ̃te] *vi* to ferment
fermer [fɛʀme] *vt* to close, shut; (*cesser l'exploitation de*) to close down, shut down; (*eau, lumière, électricité, robinet*) to put off, turn off; (*aéroport, route*) to close ♦ *vi* to close, shut; to close down, shut down; **se ~** *vi* (*yeux*) to close, shut; (*fleur, blessure*) to close up
fermeté [fɛʀməte] *nf* firmness
fermeture [fɛʀmətyʀ] *nf* closing; shutting; closing *ou* shutting down; putting *ou* turning off; (*dispositif*) catch; fastening, fastener; **~ à glissière** = **fermeture éclair**; **~ éclair** zip (fastener) (*BRIT*), zipper (*US*)
fermier [fɛʀmje] *nm* farmer; **fermière** *nf* woman farmer; farmer's wife
fermoir [fɛʀmwaʀ] *nm* clasp
féroce [feʀɔs] *adj* ferocious, fierce

ferons *vb voir* **faire**
ferraille [fɛʀɑj] *nf* scrap iron; **mettre à la ~** to scrap
ferré, e [fɛʀe] *adj* hobnailed; steel-tipped; (*fam*): **~ en** well up on, hot at; **ferrer** [fɛʀe] *vt* (*cheval*) to shoe
ferronnerie [fɛʀɔnʀi] *nf* ironwork
ferroviaire [fɛʀɔvjɛʀ] *adj* rail(way) *cpd* (*BRIT*), rail(road) *cpd* (*US*)
ferry(boat) [fɛre(bot)] *nm* ferry
fertile [fɛʀtil] *adj* fertile; **~ en incidents** eventful, packed with incidents
féru, e [feʀy] *adj*: **~ de** with a keen interest in
férule [feʀyl] *nf*: **être sous la ~ de qn** to be under sb's (iron) rule
fervent, e [fɛʀvɑ̃, -ɑ̃t] *adj* fervent
fesse [fɛs] *nf* buttock; **fessée** *nf* spanking
festin [fɛstɛ̃] *nm* feast
festival [fɛstival] *nm* festival
festoyer [fɛstwaje] *vi* to feast
fêtard [fɛtaʀ] (*péj*) *nm* high liver, merry-maker
fête [fɛt] *nf* (*religieuse*) feast; (*publique*) holiday; (*en famille etc*) celebration; (*kermesse*) fête, fair, festival; (*du nom*) feast day, name day; **faire la ~** to live it up; **faire ~ à qn** to give sb a warm welcome; **les ~s (de fin d'année)** the festive season; **la salle/le comité des ~s** the village hall/festival committee; **~ foraine** (fun) fair; **la F~ Nationale** the national holiday; **fêter** *vt* to celebrate; (*personne*) to have a celebration for
fétu [fety] *nm*: **~ de paille** wisp of straw
feu, x [fø] *nm* (*gén*) fire; (*signal lumineux*) light; (*de cuisinière*) ring; (*sensation de brûlure*) burning (sensation) ♦ *adj inv*: **~ son père** his late father; **~x** *nmpl* (*éclat, lumière*) fire *sg*; (*AUTO*) (traffic) lights; **au ~!** (*incendie*) fire!; **à ~ doux/vif** over a slow/brisk heat; **à petit ~** (*CULIN*) over a gentle heat; (*fig*) slowly; **faire ~** to fire; **prendre ~** to catch fire; **mettre le ~ à** to set fire to; **faire du ~** to make a fire; **avez-vous du ~?** (*pour cigarette*) have you (got) a light?; **~ arrière** rear light; **~ d'artifice** firework; (*spectacle*) fireworks *pl*; **~ de joie** bonfire; **~ rouge/vert/orange** red/green/amber (*BRIT*) *ou* yellow (*US*) light; **~x de brouillard** fog-lamps; **~x de croisement** dipped (*BRIT*) *ou* dimmed (*US*) headlights; **~x de position** sidelights; **~x de route** headlights
feuillage [fœjaʒ] *nm* foliage, leaves *pl*
feuille [fœj] *nf* (*d'arbre*) leaf; (*de papier*) sheet; **~ d'impôts** tax form; **~ de maladie** *medical expenses claim form*; **~ de paie** pay slip; **~ de vigne** (*BOT*) vine leaf; (*sur statue*) fig leaf; **~ volante** loose sheet
feuillet [fœjɛ] *nm* leaf
feuilleté, e [fœjte] *adj* (*CULIN*) flaky; (*verre*) laminated
feuilleter [fœjte] *vt* (*livre*) to leaf through
feuilleton [fœjtɔ̃] *nm* serial
feuillu, e [fœjy] *adj* leafy ♦ *nm* broad-leaved tree
feutre [føtʀ(ə)] *nm* felt; (*chapeau*) felt hat; (*aussi*: *stylo-~*) felt-tip pen; **feutré, e** *adj* feltlike; (*pas, voix*) muffled
fève [fɛv] *nf* broad bean
février [fevʀije] *nm* February
fi [fi] *excl*: **faire ~ de** to snap one's fingers at
fiable [fjabl(ə)] *adj* reliable
fiacre [fjakʀ(ə)] *nm* (hackney) cab *ou* carriage
fiançailles [fjɑ̃saj] *nfpl* engagement *sg*
fiancé, e [fjɑ̃se] *nm/f* fiancé(fiancée) ♦ *adj*: **être ~ (à)** to be engaged (to)
fiancer [fjɑ̃se]: **se ~** *vi* to become engaged
fibre [fibʀ(ə)] *nf* fibre; **~ de verre** fibreglass, glass fibre
ficeler [fisle] *vt* to tie up
ficelle [fisɛl] *nf* string *no pl*; piece *ou*

length of string
fiche [fiʃ] *nf* (*pour fichier*) (index) card; (*formulaire*) form; (*ÉLEC*) plug
ficher [fiʃe] *vt* (*dans un fichier*) to file; (*POLICE*) to put on file; (*planter*) to stick, drive; (*fam*) to do; to give; to stick *ou* shove; **se ~ de** (*fam*) to make fun of; not to care about; **fiche-(moi) le camp** (*fam*) clear off; **fiche-moi la paix** leave me alone
fichier [fiʃje] *nm* file; card index
fichu, e [fiʃy] *pp de* **ficher** (*fam*) ♦ *adj* (*fam*: *fini, inutilisable*) bust, done for; (: *intensif*) wretched, darned ♦ *nm* (*foulard*) (head)scarf; **mal ~** (*fam*) feeling lousy; useless
fictif, ive [fiktif, -iv] *adj* fictitious
fiction [fiksjɔ̃] *nf* fiction; (*fait imaginé*) invention
fidèle [fidɛl] *adj* faithful ♦ *nm/f* (*REL*): **les ~s** the faithful *pl*; (*à l'église*) the congregation *sg*
fief [fjɛf] *nm* fief; (*fig*) preserve; stronghold
fier¹ [fje]: **se fier à** *vt* to trust
fier², fière [fjɛʀ] *adj* proud; **fierté** *nf* pride
fièvre [fjɛvʀ(ə)] *nf* fever; **avoir de la ~/39 de ~** to have a high temperature/a temperature of 39°C; **fiévreux, euse** *adj* feverish
figer [fiʒe] *vt* to congeal; (*fig*: *personne*) to freeze, root to the spot; **se ~** *vi* to congeal; to freeze; (*institutions etc*) to become set, stop evolving
figue [fig] *nf* fig; **figuier** *nm* fig tree
figurant, e [figyʀɑ̃, -ɑ̃t] *nm/f* (*THÉÂTRE*) walk-on; (*CINÉMA*) extra
figure [figyʀ] *nf* (*visage*) face; (*image, tracé, forme, personnage*) figure; (*illustration*) picture, diagram; **faire ~ de** to look like
figuré, e [figyʀe] *adj* (*sens*) figurative
figurer [figyʀe] *vi* to appear ♦ *vt* to represent; **se ~ que** to imagine that
fil [fil] *nm* (*brin, fig*: *d'une histoire*) thread; (*du téléphone*) cable, wire; (*textile de lin*) linen; (*d'un couteau*) edge; **au ~ des années** with the passing of the years; **au ~ de l'eau** with the stream *ou* current; **coup de ~** phone call; **~ à coudre** (sewing) thread; **~ à pêche** fishing line; **~ à plomb** plumbline; **~ de fer** wire; **~ de fer barbelé** barbed wire; **~ électrique** electric wire
filament [filamɑ̃] *nm* (*ÉLEC*) filament; (*de liquide*) trickle, thread
filandreux, euse [filɑ̃dʀø, -øz] *adj* stringy
filasse [filas] *adj inv* white blond
filature [filatyʀ] *nf* (*fabrique*) mill; (*policière*) shadowing *no pl*, tailing *no pl*
file [fil] *nf* line; (*AUTO*) lane; **en ~ indienne** in single file; **à la ~** (*d'affilée*) in succession; **~ (d'attente)** queue (*BRIT*), line (*US*)
filer [file] *vt* (*tissu, toile*) to spin; (*prendre en filature*) to shadow, tail; (*fam*: *donner*): **~ qch à qn** to slip sb sth ♦ *vi* (*bas, liquide, pâte*) to run; (*aller vite*) to fly past; (*fam*: *partir*) to make off; **~ doux** to toe the line
filet [filɛ] *nm* net; (*CULIN*) fillet; (*d'eau, de sang*) trickle; **~ (à provisions)** string bag
filiale [filjal] *nf* (*COMM*) subsidiary
filière [filjɛʀ] *nf*: **passer par la ~** to go through the (administrative) channels; **suivre la ~** (*dans sa carrière*) to work one's way up (through the hierarchy)
filiforme [filifɔʀm(ə)] *adj* spindly; threadlike
filigrane [filigʀan] *nm* (*d'un billet, timbre*) watermark; **en ~** (*fig*) showing just beneath the surface
fille [fij] *nf* girl; (*opposé à fils*) daughter; **vieille ~** old maid; **fillette** *nf* (little) girl
filleul, e [fijœl] *nm/f* godchild, godson/daughter
film [film] *nm* (*pour photo*) (roll of)

film; (*œuvre*) film, picture, movie; (*couche*) film; ~ **d'animation** animated film; ~ **policier** thriller

filon [filɔ̃] *nm* vein, lode; (*fig*) lucrative line, money spinner

fils [fis] *nm* son; ~ **à papa** daddy's boy

filtre [filtʀ(ə)] *nm* filter; ~ **à air** (*AUTO*) air filter; **filtrer** *vt* to filter; (*fig*: *candidats, visiteurs*) to screen ♦ *vi* to filter (through)

fin[1] [fɛ̃] *nf* end; **fins** *nfpl* (*but*) ends; **prendre fin** to come to an end; **mettre fin à** to put an end to; **à la fin** in the end, eventually; **sans fin** endless ♦ *adv* endlessly

fin[2], **e** [fɛ̃, fin] *adj* (*papier, couche, fil*) thin; (*cheveux, poudre, pointe, visage*) fine; (*taille*) neat, slim; (*esprit, remarque*) subtle; shrewd ♦ *adv* (*moudre, couper*) finely; **un fin tireur** a crack shot; **avoir la vue/l'ouïe fine** to have sharp *ou* keen eyes/ears; **vin fin** fine wine; **fin gourmet** gourmet; **fin prêt** quite ready; **fines herbes** mixed herbs

final, e [final] *adj* final ♦ *nm* (*MUS*) finale; **finale** *nf* final; **quarts de finale** quarter finals; **8èmes/16èmes de finale** 2nd/1st round (*in knock-out competition*); **finalement** *adv* finally, in the end; (*après tout*) after all

finance [finɑ̃s] *nf* finance; ~**s** *nfpl* (*situation*) finances; (*activités*) finance *sg*; **moyennant** ~ for a fee; **financer** *vt* to finance; **financier, ière** *adj* financial

finaud, e [fino, -od] *adj* wily

fine [fin] *nf* (*alcool*) liqueur brandy

finesse [finɛs] *nf* thinness; fineness; neatness, slimness; subtlety; shrewdness

fini, e [fini] *adj* finished; (*MATH*) finite; (*intensif*): **un menteur** ~ a liar through and through ♦ *nm* (*d'un objet manufacturé*) finish

finir [finiʀ] *vt* to finish ♦ *vi* to finish, end; ~ **quelque part/par faire** to end up *ou* finish up somewhere/doing; ~ **de faire** to finish doing; (*cesser*) to stop doing; **il finit par m'agacer** he's beginning to get on my nerves; ~ **en pointe/tragédie** to end in a point/in tragedy; **en** ~ **avec** to be *ou* have done with; **il va mal** ~ he will come to a bad end

finition [finisjɔ̃] *nf* finishing; finish

finlandais, e [fɛ̃lɑ̃dɛ, -ɛz] *adj* Finnish ♦ *nm/f*: **F~, e** Finn

Finlande [fɛ̃lɑ̃d] *nf*: **la** ~ Finland

fiole [fjɔl] *nf* phial

fioriture [fjɔʀityʀ] *nf* embellishment, flourish

firme [fiʀm(ə)] *nf* firm

fis *vb voir* **faire**

fisc [fisk] *nm* tax authorities *pl*; ~**al, e, aux** *adj* tax *cpd*, fiscal; ~**alité** *nf* tax system; (*charges*) taxation

fissure [fisyʀ] *nf* crack; ~**r** [fisyʀe] *vt* to crack; **se** ~**r** *vi* to crack

fiston [fistɔ̃] (*fam*) *nm* son, lad

fit *vb voir* **faire**

fixation [fiksɑsjɔ̃] *nf* fixing; fastening; setting; (*de ski*) binding; (*PSYCH*) fixation

fixe [fiks(ə)] *adj* fixed; (*emploi*) steady, regular ♦ *nm* (*salaire*) basic salary; **à heure** ~ at a set time; **menu à prix** ~ set menu

fixé, e [fikse] *adj*: **être** ~ **(sur)** (*savoir à quoi s'en tenir*) to have made up one's mind (about); to know for certain (about)

fixer [fikse] *vt* (*attacher*): ~ **qch (à/sur)** to fix *ou* fasten sth (to/onto); (*déterminer*) to fix, set; (*CHIMIE, PHOTO*) to fix; (*regarder*) to stare at; **se** ~ *vi* (*s'établir*) to settle down; **se** ~ **sur** (*suj*: *attention*) to focus on

flacon [flakɔ̃] *nm* bottle

flageller [flaʒele] *vt* to flog, scourge

flageoler [flaʒɔle] *vi* (*jambes*) to sag

flageolet [flaʒɔlɛ] *nm* (*MUS*) flageolet; (*CULIN*) dwarf kidney bean

flagrant, e [flagʀɑ̃, -ɑ̃t] *adj* flagrant, blatant; **en** ~ **délit** in the act

flair [flɛʀ] *nm* sense of smell; (*fig*) intuition; **flairer** *vt* (*humer*) to sniff (at); (*détecter*) to scent

flamand, e [flamɑ̃, -ɑ̃d] *adj* Flemish

♦ *nm* (*LING*) Flemish ♦ *nm/f*: **F~**, e Fleming; **les F~s** the Flemish
flamant [flamɑ̃] *nm* flamingo
flambant [flɑ̃bɑ̃] *adv*: ~ **neuf** brand new
flambé, e [flɑ̃be] *adj* (*CULIN*) flambé
flambeau, x [flɑ̃bo] *nm* (flaming) torch
flambée [flɑ̃be] *nf* blaze; (*fig*) flaring-up, explosion
flamber [flɑ̃be] *vi* to blaze (up)
flamboyer [flɑ̃bwaje] *vi* to blaze (up); to flame
flamme [flam] *nf* flame; (*fig*) fire, fervour; **en ~s** on fire, ablaze
flan [flɑ̃] *nm* (*CULIN*) custard tart *ou* pie
flanc [flɑ̃] *nm* side; (*MIL*) flank; **prêter le ~ à** (*fig*) to lay o.s. open to
flancher [flɑ̃ʃe] *vi* to fail, pack up; to quit
flanelle [flanɛl] *nf* flannel
flâner [flɑne] *vi* to stroll; **flânerie** *nf* stroll
flanquer [flɑ̃ke] *vt* to flank; (*fam*: *mettre*) to chuck, shove; (: *jeter*): ~ **par terre/à la porte** to fling to the ground/chuck out
flaque [flak] *nf* (*d'eau*) puddle; (*d'huile, de sang etc*) pool
flash [flaʃ] (*pl* **flashes**) *nm* (*PHOTO*) flash; ~ **(d'information)** newsflash
flasque [flask(ə)] *adj* flabby
flatter [flate] *vt* to flatter; **se ~ de qch** to pride o.s. on sth; **flatterie** *nf* flattery *no pl*; **flatteur, euse** *adj* flattering ♦ *nm/f* flatterer
fléau, x [fleo] *nm* scourge
flèche [flɛʃ] *nf* arrow; (*de clocher*) spire; (*de grue*) jib; **monter en ~** (*fig*) to soar, rocket; **partir en ~** to be off like a shot; **fléchette** *nf* dart; **fléchettes** *nfpl* (*jeu*) darts *sg*
fléchir [fleʃiʀ] *vt* (*corps, genou*) to bend; (*fig*) to sway, weaken ♦ *vi* (*poutre*) to sag, bend; (*fig*) to weaken, flag; to yield
flemmard, e [flemaʀ, -aʀd(ə)] *nm/f* lazybones *sg*, loafer
flétrir [fletʀiʀ] *vt* to wither; **se ~** *vi* to wither
fleur [flœʀ] *nf* flower; (*d'un arbre*) blossom; **en ~** (*arbre*) in blossom; **à ~ de terre** just above the ground
fleurer [flœʀe] *vt*: ~ **la lavande** to have the scent of lavender
fleuri, e [flœʀi] *adj* in flower *ou* bloom; surrounded by flowers; (*fig*) flowery; florid
fleurir [flœʀiʀ] *vi* (*rose*) to flower; (*arbre*) to blossom; (*fig*) to flourish ♦ *vt* (*tombe*) to put flowers on; (*chambre*) to decorate with flowers
fleuriste [flœʀist(ə)] *nm/f* florist
fleuron [flœʀɔ̃] *nm* (*fig*) jewel
fleuve [flœv] *nm* river
flexible [flɛksibl(ə)] *adj* flexible
flexion [flɛksjɔ̃] *nf* flexing, bending
flic [flik] (*fam: péj*) *nm* cop
flipper [flipœʀ] *nm* pinball (machine)
flirter [flœʀte] *vi* to flirt
flocon [flɔkɔ̃] *nm* flake
floraison [flɔʀɛzɔ̃] *nf* flowering; blossoming; flourishing
flore [flɔʀ] *nf* flora
florissant [flɔʀisɑ̃] *vb voir* **fleurir**
flot [flo] *nm* flood, stream; **~s** *nmpl* (*de la mer*) waves; **être à ~** (*NAVIG*) to be afloat; (*fig*) to be on an even keel; **entrer à ~s** to stream *ou* pour in
flotte [flɔt] *nf* (*NAVIG*) fleet; (*fam*) water; rain
flottement [flɔtmɑ̃] *nm* (*fig*) wavering, hesitation
flotter [flɔte] *vi* to float; (*nuage, odeur*) to drift; (*drapeau*) to fly; (*vêtements*) to hang loose; (*monnaie*) to float ♦ *vt* to float; **faire ~** to float; **flotteur** *nm* float
flou, e [flu] *adj* fuzzy, blurred; (*fig*) woolly, vague
flouer [flue] *vt* to swindle
fluctuation [flyktɥasjɔ̃] *nf* fluctuation
fluet, te [flyɛ, -ɛt] *adj* thin, slight
fluide [flɥid] *adj* fluid; (*circulation etc*) flowing freely ♦ *nm* fluid; (*force*) (mysterious) power

fluor [flyɔʀ] *nm* fluorine
fluorescent, e [flyɔʀesɑ̃, -ɑ̃t] *adj* fluorescent
flûte [flyt] *nf* flute; (*verre*) flute glass; (*pain*) long loaf; ~! drat it!; ~ à bec recorder
flux [fly] *nm* incoming tide; (*écoulement*) flow; **le ~ et le reflux** the ebb and flow
FM *sigle f* (= *fréquence modulée*) FM
foc [fɔk] *nm* jib
foi [fwa] *nf* faith; **sous la ~ du serment** under *ou* on oath; **ajouter ~ à** to lend credence to; **digne de ~** reliable; **sur la ~ de** on the word *ou* strength of; **être de bonne/mauvaise ~** to be sincere/insincere; **ma ~ ...** well ...
foie [fwa] *nm* liver
foin [fwɛ̃] *nm* hay; **faire du ~** (*fig: fam*) to kick up a row
foire [fwaʀ] *nf* fair; (*fête foraine*) (fun) fair; **faire la ~** (*fig: fam*) to whoop it up; **~ (exposition)** trade fair
fois [fwa] *nf* time; **une/deux ~** once/twice; 2 ~ 2 2 times 2; **quatre ~ plus grand (que)** four times as big (as); **une ~** (*passé*) once; (*futur*) sometime; **une ~ pour toutes** once and for all; **une ~ que** once; **des ~** (*parfois*) sometimes; **à la ~** (*ensemble*) at once
foison [fwazɔ̃] *nf*: **une ~ de** an abundance of; **à ~** in plenty
foisonner [fwazɔne] *vi* to abound
fol [fɔl] *adj voir* **fou**
folâtrer [fɔlɑtʀe] *vi* to frolic (about)
folie [fɔli] *nf* (*d'une décision, d'un acte*) madness, folly; (*état*) madness, insanity; (*acte*) folly; **la ~ des grandeurs** delusions of grandeur; **faire des ~s** (*en dépenses*) to be extravagant
folklorique [fɔlklɔʀik] *adj* folk *cpd*; (*fam*) weird
folle [fɔl] *adj, nf voir* **fou**; **follement** *adv* (*très*) madly, wildly
foncé, e [fɔ̃se] *adj* dark
foncer [fɔ̃se] *vi* to go darker; (*fam: aller vite*) to tear *ou* belt along; **~ sur** to charge at
foncier, ère [fɔ̃sje, -ɛʀ] *adj* (*honnêteté etc*) basic, fundamental; (*malhonnêteté*) deep-rooted; (*COMM*) real estate *cpd*
fonction [fɔ̃ksjɔ̃] *nf* (*rôle, MATH, LING*) function; (*emploi, poste*) post, position; **~s** *nfpl* (*professionnelles*) duties; **entrer en ~s** to take up one's post *ou* duties; to take up office; **voiture de ~** company car; **être ~ de** (*dépendre de*) to depend on; **en ~ de** (*par rapport à*) according to; **faire ~ de** to serve as; **la ~ publique** the state *ou* civil (*BRIT*) service; **fonctionnaire** [fɔ̃ksjɔnɛʀ] *nm/f* state employee, local authority employee; (*dans l'administration*) ≈ civil servant; **fonctionner** [fɔ̃ksjɔne] *vi* to work, function; (*entreprise*) to operate, function
fond [fɔ̃] *nm* (*d'un récipient, trou*) bottom; (*d'une salle, scène*) back; (*d'un tableau, décor*) background; (*opposé à la forme*) content; (*SPORT*): **le ~** long distance (running); **sans ~** bottomless; **au ~ de** at the bottom of; at the back of; **à ~** (*connaître, soutenir*) thoroughly; (*appuyer, visser*) right down *ou* home; **à ~ (de train)** (*fam*) full tilt; **dans le ~, au ~** (*en somme*) basically, really; **de ~ en comble** from top to bottom; *voir aussi* **fonds**; **~ de teint** (make-up) foundation; **~ sonore** background noise; background music
fondamental, e, aux [fɔ̃damɑ̃tal, -o] *adj* fundamental
fondant, e [fɔ̃dɑ̃, -ɑ̃t] *adj* (*neige*) melting; (*poire*) that melts in the mouth
fondateur, trice [fɔ̃datœʀ, -tʀis] *nm/f* founder
fondation [fɔ̃dɑsjɔ̃] *nf* founding; (*établissement*) foundation; **~s** *nfpl* (*d'une maison*) foundations
fondé, e [fɔ̃de] *adj* (*accusation etc*) well-founded ♦ *nm*: **~ de pouvoir** authorized representative; **être ~ à**

to have grounds for *ou* good reason to
fondement [fɔ̃dmɑ̃] *nm* (*derrière*) behind; ~**s** *nmpl* (*base*) foundations; **sans** ~ (*rumeur etc*) groundless, unfounded
fonder [fɔ̃de] *vt* to found; (*fig*) to base; **se** ~ **sur** (*suj*: *personne*) to base o.s. on
fonderie [fɔ̃dʀi] *nf* smelting works *sg*
fondre [fɔ̃dʀ(ə)] *vt* (*aussi*: *faire* ~) to melt; (*dans l'eau*) to dissolve; (*fig*: *mélanger*) to merge, blend ♦ *vi* to melt; to dissolve; (*fig*) to melt away; (*se précipiter*): ~ **sur** to swoop down on; ~ **en larmes** to burst into tears
fonds [fɔ̃] *nm* (*de bibliothèque*) collection; (*COMM*): ~ (**de commerce**) business ♦ *nmpl* (*argent*) funds; **à** ~ **perdus** with little or no hope of getting the money back
fondu, e [fɔ̃dy] *adj* (*beurre, neige*) melted; (*métal*) molten; **fondue** *nf* (*CULIN*) fondue
font *vb voir* **faire**
fontaine [fɔ̃tɛn] *nf* fountain; (*source*) spring
fonte [fɔ̃t] *nf* melting; (*métal*) cast iron; **la** ~ **des neiges** the (spring) thaw
foot [fut] (*fam*) *nm* football
football [futbol] *nm* football, soccer; **footballeur** *nm* footballer
footing [futiŋ] *nm* jogging; **faire du** ~ to go jogging
for [fɔʀ] *nm*: **dans son** ~ **intérieur** in one's heart of hearts
forain, e [fɔʀɛ̃, -ɛn] *adj* fairground *cpd* ♦ *nm* stallholder; fairground entertainer
forçat [fɔʀsa] *nm* convict
force [fɔʀs(ə)] *nf* strength; (*puissance*: *surnaturelle etc*) power; (*PHYSIQUE, MÉCANIQUE*) force; ~**s** *nfpl* (*physiques*) strength *sg*; (*MIL*) forces; **à** ~ **d'insister** by dint of insisting; as he (*ou* I *etc*) kept on insisting; **de** ~ forcibly, by force; **être de** ~ **à faire** to be up to doing; **de première** ~ first class; **les** ~**s de l'ordre** the police
forcé, e [fɔʀse] *adj* forced; unintended; inevitable
forcément [fɔʀsemɑ̃] *adv* necessarily; inevitably; (*bien sûr*) of course
forcené, e [fɔʀsəne] *nm/f* maniac
forcer [fɔʀse] *vt* (*porte, serrure, plante*) to force; (*moteur, voix*) to strain ♦ *vi* (*SPORT*) to overtax o.s.; ~ **la dose** to overdo it; ~ **l'allure** to increase the pace; **se** ~ (**pour faire**) to force o.s. (to do)
forcir [fɔʀsiʀ] *vi* (*grossir*) to broaden out; (*vent*) to freshen
forer [fɔʀe] *vt* to drill, bore
forestier, ère [fɔʀɛstje, -ɛʀ] *adj* forest *cpd*
forêt [fɔʀɛ] *nf* forest
forfait [fɔʀfɛ] *nm* (*COMM*) fixed *ou* set price; all-in deal *ou* price; (*crime*) infamy; **déclarer** ~ to withdraw; **travailler à** ~ to work for a lump sum; ~**aire** *adj* inclusive; set
forge [fɔʀʒ(ə)] *nf* forge, smithy
forger [fɔʀʒe] *vt* to forge; (*fig*: *personnalité*) to form; (: *prétexte*) to contrive, make up
forgeron [fɔʀʒəʀɔ̃] *nm* (black)smith
formaliser [fɔʀmalize] : **se** ~ *vi* to take offence (at)
formalité [fɔʀmalite] *nf* (*ADMIN, JUR*) formality; (*acte sans importance*): **simple** ~ mere formality
format [fɔʀma] *nm* size
formater [fɔʀmate] *vt* (*disque*) to format
formation [fɔʀmɑsjɔ̃] *nf* forming; training; (*MUS*) group; (*MIL, AVIAT, GÉO*) formation; ~ **permanente** continuing education; ~ **professionnelle** vocational training
forme [fɔʀm(ə)] *nf* (*gén*) form; (*d'un objet*) shape, form; ~**s** *nfpl* (*bonnes manières*) proprieties; (*d'une femme*) figure *sg*; **en** ~ **de poire** pear-shaped; **être en** ~ (*SPORT etc*) to be on form; **en bonne et due** ~ in due form
formel, le [fɔʀmɛl] *adj* (*preuve, dé-*

cision) definite, positive; (*logique*) formal; **formellement** *adv* (*absolument*) positively
former [fɔʀme] *vt* to form; (*éduquer*) to train; **se ~** *vi* to form
formidable [fɔʀmidabl(ə)] *adj* tremendous
formulaire [fɔʀmylɛʀ] *nm* form
formule [fɔʀmyl] *nf* (*gén*) formula; (*formulaire*) form; **~ de politesse** polite phrase; letter ending
formuler [fɔʀmyle] *vt* (*émettre*: *réponse, vœux*) to formulate; (*expliciter*: *sa pensée*) to express
fort, e [fɔʀ, fɔʀt(ə)] *adj* strong; (*intensité, rendement*) high, great; (*corpulent*) stout; (*doué*) good, able ♦ *adv* (*serrer, frapper*) hard; (*sonner*) loud(ly); (*beaucoup*) greatly, very much; (*très*) very ♦ *nm* (*édifice*) fort; (*point fort*) strong point, forte; **se faire ~ de ...** to claim one can ...; **au plus ~ de** (*au milieu de*) in the thick of; at the height of; **~e tête** rebel
fortifiant [fɔʀtifjɑ̃] *nm* tonic
fortifier [fɔʀtifje] *vt* to strengthen, fortify; (*MIL*) to fortify
fortiori [fɔʀtjɔʀi] : **à ~** *adv* all the more so
fortuit, e [fɔʀtɥi, -it] *adj* fortuitous, chance *cpd*
fortune [fɔʀtyn] *nf* fortune; **faire ~** to make one's fortune; **de ~** makeshift; chance *cpd*
fortuné, e [fɔʀtyne] *adj* wealthy
fosse [fos] *nf* (*grand trou*) pit; (*tombe*) grave; **~ (d'orchestre)** (orchestra) pit
fossé [fose] *nm* ditch; (*fig*) gulf, gap
fossette [fosɛt] *nf* dimple
fossile [fosil] *nm* fossil
fossoyeur [foswajœʀ] *nm* gravedigger
fou(fol), folle [fu, fɔl] *adj* mad; (*déréglé etc*) wild, erratic; (*fam*: *extrême, très grand*) terrific, tremendous ♦ *nm/f* madman(woman) ♦ *nm* (*du roi*) jester; **être fou de** to be mad *ou* crazy about; **avoir le fou rire** to have the giggles; **faire le fou** to act the fool
foudre [fudʀ(ə)] *nf*: **la ~** lightning
foudroyant, e [fudʀwajɑ̃, -ɑ̃t] *adj* lightning *cpd*, stunning; (*maladie, poison*) violent
foudroyer [fudʀwaje] *vt* to strike down; **être foudroyé** to be struck by lightning; **~ qn du regard** to glare at sb
fouet [fwɛ] *nm* whip; (*CULIN*) whisk; **de plein ~** (*se heurter*) head on; **fouetter** *vt* to whip; to whisk
fougère [fuʒɛʀ] *nf* fern
fougue [fug] *nf* ardour, spirit
fouille [fuj] *nf* search; **~s** *nfpl* (*archéologiques*) excavations
fouiller [fuje] *vt* to search; (*creuser*) to dig ♦ *vi* to rummage
fouillis [fuji] *nm* jumble, muddle
fouiner [fwine] (*péj*) *vi*: **~ dans** to nose around *ou* about in
foulard [fulaʀ] *nm* scarf
foule [ful] *nf* crowd; **les ~s** the masses; **la ~** crowds *pl*; **une ~ de** masses of
foulée [fule] *nf* stride
fouler [fule] *vt* to press; (*sol*) to tread upon; **se ~** *vi* (*fam*) to overexert o.s.; **se ~ la cheville** to sprain one's ankle; **~ aux pieds** to trample underfoot; **foulure** [fulyʀ] *nf* sprain
four [fuʀ] *nm* oven; (*de potier*) kiln; (*THEATRE*: *échec*) flop
fourbe [fuʀb(ə)] *adj* deceitful
fourbu, e [fuʀby] *adj* exhausted
fourche [fuʀʃ(ə)] *nf* pitchfork; (*de bicyclette*) fork
fourchette [fuʀʃɛt] *nf* fork; (*STATISTIQUE*) bracket, margin
fourgon [fuʀgɔ̃] *nm* van; (*RAIL*) wag(g)on
fourmi [fuʀmi] *nf* ant; **~s** *nfpl* (*fig*) pins and needles; **fourmilière** *nf* anthill
fourmiller [fuʀmije] *vi* to swarm
fournaise [fuʀnɛz] *nf* blaze; (*fig*) furnace, oven
fourneau, x [fuʀno] *nm* stove
fournée [fuʀne] *nf* batch

fourni, e [fuʀni] *adj* (*barbe, cheveux*) thick; (*magasin*): **bien ~ (en)** well stocked (with)
fournir [fuʀniʀ] *vt* to supply; (*preuve, exemple*) to provide, supply; (*effort*) to put in; **fournisseur, euse** *nm/f* supplier
fourniture [fuʀnityʀ] *nf* supply(ing); **~s** *nfpl* (*provisions*) supplies
fourrage [fuʀaʒ] *nm* fodder
fourrager[1], ère [fuʀaʒe, -ɛʀ] *adj* fodder *cpd*
fourrager[2] *vi*: **fourrager dans/parmi** (*fouiller*) to rummage through/among
fourré, e [fuʀe] *adj* (*bonbon etc*) filled; (*manteau etc*) fur-lined ♦ *nm* thicket
fourreau, x [fuʀo] *nm* sheath
fourrer [fuʀe] (*fam*) *vt* to stick, shove; **se ~ dans/sous** to get into/under
fourre-tout [fuʀtu] *nm inv* (*sac*) holdall; (*péj*) junk room (*ou* cupboard); (*fig*) rag-bag
fourrière [fuʀjɛʀ] *nf* pound
fourrure [fuʀyʀ] *nf* fur; (*sur l'animal*) coat
fourvoyer [fuʀvwaje]: **se ~** *vi* to go astray, stray
foutre [futʀ(ə)] (*fam!*) *vt* = **ficher**; **foutu, e** (*fam!*) *adj* = **fichu, e**
foyer [fwaje] *nm* (*de cheminée*) hearth; (*famille*) family; (*maison*) home; (*de jeunes etc*) (social) club; hostel; (*salon*) foyer; (*OPTIQUE, PHOTO*) focus *sg*; **lunettes à double ~** bi-focal glasses
fracas [fʀaka] *nm* din; crash; roar
fracasser [fʀakase] *vt* to smash
fraction [fʀaksjɔ̃] *nf* fraction; **fractionner** *vt* to divide (up), split (up)
fracture [fʀaktyʀ] *nf* fracture; **~ du crâne** fractured skull; **~r** [fʀaktyʀe] *vt* (*coffre, serrure*) to break open; (*os, membre*) to fracture
fragile [fʀaʒil] *adj* fragile, delicate; (*fig*) frail; **fragilité** *nf* fragility
fragment [fʀagmɑ̃] *nm* (*d'un objet*) fragment, piece; (*d'un texte*) passage, extract
fraîche [fʀɛʃ] *adj voir* **frais**; **fraîcheur** *nf* coolness; freshness; **fraîchir** *vi* to get cooler; (*vent*) to freshen
frais, fraîche [fʀɛ, fʀɛʃ] *adj* fresh; (*froid*) cool ♦ *adv* (*récemment*) newly, fresh(ly) ♦ *nm*: **mettre au ~** to put in a cool place ♦ *nmpl* (*débours*) expenses; (*COMM*) costs; (*facturés*) charges; **il fait ~** it's cool; **servir ~** serve chilled; **prendre le ~** to take a breath of cool air; **faire des ~** to spend; to go to a lot of expense; **faire les ~ de** to bear the brunt of; **~ de scolarité** school fees (*BRIT*), tuition (*US*); **~ généraux** overheads
fraise [fʀɛz] *nf* strawberry; (*TECH*) countersink (bit); (*de dentiste*) drill; **~ des bois** wild strawberry
framboise [fʀɑ̃bwaz] *nf* raspberry
franc, franche [fʀɑ̃, fʀɑ̃ʃ] *adj* (*personne*) frank, straightforward; (*visage*) open; (*net: refus, couleur*) clear; (*: coupure*) clean; (*intensif*) downright; (*exempt*): **~ de port** postage paid ♦ *adv*: **parler ~** to be frank *ou* candid ♦ *nm* franc
français, e [fʀɑ̃sɛ, -ɛz] *adj* French ♦ *nm/f*: **F~, e** Frenchman(woman) ♦ *nm* (*LING*) French; **les F~** the French
France [fʀɑ̃s] *nf*: **la ~** France
franche [fʀɑ̃ʃ] *adj voir* **franc**; **franchement** *adv* frankly; clearly; (*tout à fait*) downright
franchir [fʀɑ̃ʃiʀ] *vt* (*obstacle*) to clear, get over; (*seuil, ligne, rivière*) to cross; (*distance*) to cover
franchise [fʀɑ̃ʃiz] *nf* frankness; (*douanière, d'impôt*) exemption; (*ASSURANCES*) excess
franciser [fʀɑ̃size] *vt* to gallicize, Frenchify
franc-maçon [fʀɑ̃masɔ̃] *nm* freemason
franco [fʀɑ̃ko] *adv* (*COMM*): **~ (de port)** postage paid
francophone [fʀɑ̃kɔfɔn] *adj* French-speaking; **francophonie** *nf*

French-speaking communities
franc-parler [fʀɑ̃paʀle] *nm inv* outspokenness
franc-tireur [fʀɑ̃tiʀœʀ] *nm* (*MIL*) irregular; (*fig*) freelance
frange [fʀɑ̃ʒ] *nf* fringe
frangipane [fʀɑ̃ʒipan] *nf* almond paste
franquette [fʀɑ̃kɛt] : **à la bonne ~** *adv* without any fuss
frappe [fʀap] *nf* (*de pianiste, machine à écrire*) touch; (*BOXE*) punch
frappé, e [fʀape] *adj* iced
frapper [fʀape] *vt* to hit, strike; (*étonner*) to strike; (*monnaie*) to strike, stamp; **se ~** *vi* (*s'inquiéter*) to get worked up; **~ dans ses mains** to clap one's hands; **~ du poing sur** to bang one's fist on; **frappé de stupeur** dumbfounded
frasques [fʀask(ə)] *nfpl* escapades
fraternel, le [fʀatɛʀnɛl] *adj* brotherly, fraternal
fraternité [fʀatɛʀnite] *nf* brotherhood
fraude [fʀod] *nf* fraud; (*SCOL*) cheating; **passer qch en ~** to smuggle sth in (*ou* out); **~ fiscale** tax evasion; **frauder** *vi, vt* to cheat; **frauduleux, euse** *adj* fraudulent
frayer [fʀeje] *vt* to open up, clear ♦ *vi* to spawn; (*fréquenter*): **~ avec** to mix with
frayeur [fʀɛjœʀ] *nf* fright
fredonner [fʀədɔne] *vt* to hum
freezer [fʀizœʀ] *nm* freezing compartment
frein [fʀɛ̃] *nm* brake; **~ à main** handbrake; **~s à disques/tambour** disc/drum brakes
freiner [fʀene] *vi* to brake ♦ *vt* (*progrès etc*) to check
frelaté, e [fʀəlate] *adj* adulterated; (*fig*) tainted
frêle [fʀɛl] *adj* frail, fragile
frelon [fʀəlɔ̃] *nm* hornet
frémir [fʀemiʀ] *vi* to tremble, shudder; to shiver; to quiver
frêne [fʀɛn] *nm* ash
frénétique [fʀenetik] *adj* frenzied, frenetic
fréquemment [fʀekamɑ̃] *adv* frequently
fréquent, e [fʀekɑ̃, -ɑ̃t] *adj* frequent
fréquentation [fʀekɑ̃tɑsjɔ̃] *nf* frequenting; seeing; **~s** *nfpl* (*relations*) company *sg*
fréquenté, e [fʀekɑ̃te] *adj*: **très ~** (very) busy; **mal ~** patronized by disreputable elements
fréquenter [fʀekɑ̃te] *vt* (*lieu*) to frequent; (*personne*) to see; **se ~** to see each other
frère [fʀɛʀ] *nm* brother
fresque [fʀɛsk(ə)] *nf* (*ART*) fresco
fret [fʀɛ] *nm* freight
frétiller [fʀetije] *vi* to wriggle; to quiver; (*chien*) to wag its tail
fretin [fʀətɛ̃] *nm*: **menu ~** small fry
friable [fʀijabl(ə)] *adj* crumbly
friand, e [fʀijɑ̃, -ɑ̃d] *adj*: **~ de** very fond of
friandise [fʀijɑ̃diz] *nf* sweet
fric [fʀik] (*fam*) *nm* cash, bread
friche [fʀiʃ] : **en ~** *adj, adv* (lying) fallow
friction [fʀiksjɔ̃] *nf* (*massage*) rub, rub-down; (*TECH, fig*) friction; **frictionner** *vt* to rub (down); to massage
frigidaire [fʀiʒidɛʀ] (®) *nm* refrigerator
frigide [fʀiʒid] *adj* frigid
frigo [fʀigo] *nm* fridge
frigorifier [fʀigɔʀifje] *vt* to refrigerate; **frigorifique** *adj* refrigerating
frileux, euse [fʀilø, -øz] *adj* sensitive to (the) cold
frimer [fʀime] *vi* to put on an act
frimousse [fʀimus] *nf* (sweet) little face
fringale [fʀɛ̃gal] *nf*: **avoir la ~** to be ravenous
fringant, e [fʀɛ̃gɑ̃, -ɑ̃t] *adj* dashing
fringues [fʀɛ̃g] (*fam*) *nfpl* clothes
fripé, e [fʀipe] *adj* crumpled
fripon, ne [fʀipɔ̃, -ɔn] *adj* roguish, mischievous ♦ *nm/f* rascal, rogue
fripouille [fʀipuj] *nf* scoundrel
frire [fʀiʀ] *vt, vi*: **faire ~** to fry
frisé, e [fʀize] *adj* curly; curly-haired

frisson [fʀisɔ̃] *nm* shudder, shiver; quiver; **frissonner** *vi* to shudder, shiver; to quiver

frit, e [fʀi, fʀit] *pp de* **frire**; **frite** *nf*: **(pommes) frites** chips (*BRIT*), French fries; **friteuse** *nf* chip pan; **friture** *nf* (*huile*) (deep) fat; (*plat*): **friture (de poissons)** fried fish; (*RADIO*) crackle

frivole [fʀivɔl] *adj* frivolous

froid, e [fʀwa, fʀwad] *adj, nm* cold; **il fait ~** it's cold; **avoir/prendre ~** to be/catch cold; **être en ~ avec** to be on bad terms with; **~ement** *adv* (*accueillir*) coldly; (*décider*) coolly

froisser [fʀwase] *vt* to crumple (up), crease; (*fig*) to hurt, offend; **se ~** *vi* to crumple, crease; to take offence; **se ~ un muscle** to strain a muscle

frôler [fʀole] *vt* to brush against; (*suj: projectile*) to skim past; (*fig*) to come very close to

fromage [fʀɔmaʒ] *nm* cheese; **~ blanc** soft white cheese; **fromager, ère** *nm/f* cheese merchant

froment [fʀɔmɑ̃] *nm* wheat

froncer [fʀɔ̃se] *vt* to gather; **~ les sourcils** to frown

frondaisons [fʀɔ̃dɛzɔ̃] *nfpl* foliage *sg*

fronde [fʀɔ̃d] *nf* sling; (*fig*) rebellion, rebelliousness

front [fʀɔ̃] *nm* forehead, brow; (*MIL*) front; **de ~** (*se heurter*) head-on; (*rouler*) together (*i.e. 2 or 3 abreast*); (*simultanément*) at once; **faire ~ à** to face up to; **~ de mer** (sea) front

frontalier, ère [fʀɔ̃talje, -ɛʀ] *adj* border *cpd*, frontier *cpd* ♦ *nm/f*: **(travailleurs) ~s** commuters from across the border

frontière [fʀɔ̃tjɛʀ] *nf* frontier, border; (*fig*) frontier, boundary

fronton [fʀɔ̃tɔ̃] *nm* pediment

frotter [fʀɔte] *vi* to rub, scrape ♦ *vt* to rub; (*pour nettoyer*) to rub (up); to scrub; **~ une allumette** to strike a match

fructifier [fʀyktifje] *vi* to yield a profit; **faire ~** to turn to good account

fructueux, euse [fʀyktɥø, -øz] *adj* fruitful; profitable

fruit [fʀɥi] *nm* fruit *gen no pl*; **~s de mer** seafood(s); **~s secs** dried fruit *sg*; **~é, e** *adj* fruity; **~ier, ère** *adj*: **arbre ~ier** fruit tree ♦ *nm/f* fruiterer (*BRIT*), fruit merchant (*US*)

fruste [fʀyst(ə)] *adj* unpolished, uncultivated

frustrer [fʀystʀe] *vt* to frustrate

fuel(-oil) [fjul(ɔjl)] *nm* fuel oil; heating oil

fugace [fygas] *adj* fleeting

fugitif, ive [fyʒitif, -iv] *adj* (*lueur, amour*) fleeting; (*prisonnier etc*) fugitive, runaway ♦ *nm/f* fugitive

fugue [fyg] *nf*: **faire une ~** to run away, abscond

fuir [fɥiʀ] *vt* to flee from; (*éviter*) to shun ♦ *vi* to run away; (*gaz, robinet*) to leak

fuite [fɥit] *nf* flight; (*écoulement, divulgation*) leak; **être en ~** to be on the run; **mettre en ~** to put to flight

fulgurant, e [fylgyʀɑ̃, -ɑ̃t] *adj* lightning *cpd*, dazzling

fulminer [fylmine] *vi* to thunder forth

fumé, e [fyme] *adj* (*CULIN*) smoked; (*verre*) tinted

fume-cigarette [fymsigaʀɛt] *nm inv* cigarette holder

fumée [fyme] *nf* smoke

fumer [fyme] *vi* to smoke; (*soupe*) to steam ♦ *vt* to smoke; (*terre, champ*) to manure

fûmes *etc vb voir* **être**

fumet [fymɛ] *nm* aroma

fumeur, euse [fymœʀ, -øz] *nm/f* smoker

fumeux, euse [fymø, -øz] (*péj*) *adj* woolly, hazy

fumier [fymje] *nm* manure

fumiste [fymist(ə)] *nm/f* (*péj: paresseux*) shirker; (*charlatan*) phoney

fumisterie [fymistəʀi] (*péj*) *nf* fraud, con

funambule [fynɑ̃byl] *nm* tightrope walker

funèbre [fynɛbʀ(ə)] *adj* funeral *cpd*;

(*fig*) doleful; funereal
funérailles [fyneʀɑj] *nfpl* funeral *sg*
funeste [fynɛst(ə)] *adj* disastrous; deathly
fur [fyʀ] : **au ~ et à mesure** *adv* as one goes along; **au ~ et à mesure que** as
furet [fyʀɛ] *nm* ferret
fureter [fyʀte] (*péj*) *vi* to nose about
fureur [fyʀœʀ] *nf* fury; (*passion*): **~ de** passion for; **faire ~** to be all the rage
furibond, e [fyʀibɔ̃, -ɔ̃d] *adj* furious
furie [fyʀi] *nf* fury; (*femme*) shrew, vixen; **en ~** (*mer*) raging; **furieux, euse** *adj* furious
furoncle [fyʀɔ̃kl(ə)] *nm* boil
furtif, ive [fyʀtif, -iv] *adj* furtive
fus *vb voir* être
fusain [fyzɛ̃] *nm* (*ART*) charcoal
fuseau, x [fyzo] *nm* (*pour filer*) spindle; (*pantalon*) (ski) pants; **~ horaire** time zone
fusée [fyze] *nf* rocket; **~ éclairante** flare
fuselé, e [fyzle] *adj* slender; tapering
fuser [fyze] *vi* (*rires etc*) to burst forth
fusible [fyzibl(ə)] *nm* (*ÉLEC*: *fil*) fuse wire; (: *fiche*) fuse
fusil [fyzi] *nm* (*de guerre, à canon rayé*) rifle, gun; (*de chasse, à canon lisse*) shotgun, gun; **fusillade** *nf* gunfire *no pl*, shooting *no pl*; shooting battle; **fusiller** *vt* to shoot; **fusil-mitrailleur** *nm* machine gun
fusionner [fyzjɔne] *vi* to merge
fustiger [fystiʒe] *vt* to denounce
fut *vb voir* être
fût [fy] *vb voir* être ♦ *nm* (*tonneau*) barrel, cask
futaie [fytɛ] *nf* forest, plantation
futé, e [fyte] *adj* crafty
futile [fytil] *adj* futile; frivolous
futur, e [fytyʀ] *adj, nm* future
fuyant, e [fɥijɑ̃, -ɑ̃t] *vb voir* **fuir** ♦ *adj* (*regard etc*) evasive; (*lignes etc*) receding; (*perspective*) vanishing
fuyard, e [fɥijaʀ, -aʀd(ə)] *nm/f* runaway

G

gabarit [gabaʀi] *nm* (*fig*) size; calibre
gâcher [gɑʃe] *vt* (*gâter*) to spoil, ruin; (*gaspiller*) to waste
gâchette [gɑʃɛt] *nf* trigger
gâchis [gɑʃi] *nm* waste *no pl*
gadoue [gadu] *nf* sludge
gaffe [gaf] *nf* (*instrument*) boat hook; (*erreur*) blunder; **faire ~** (*fam*) to be careful
gage [gaʒ] *nm* (*dans un jeu*) forfeit; (*fig*: *de fidélité*) token; **~s** *nmpl* (*salaire*) wages; (*garantie*) guarantee *sg*; **mettre en ~** to pawn
gager [gaʒe] *vt* to bet, wager
gageure [gaʒyʀ] *nf*: **c'est une ~** it's attempting the impossible
gagnant, e [gɑɲɑ̃, -ɑ̃t] *nm/f* winner
gagne-pain [gɑɲpɛ̃] *nm inv* job
gagner [gɑɲe] *vt* to win; (*somme d'argent, revenu*) to earn; (*aller vers, atteindre*) to reach; (*envahir*) to overcome; to spread to ♦ *vi* to win; (*fig*) to gain; **~ du temps/de la place** to gain time/save space; **~ sa vie** to earn one's living
gai, e [ge] *adj* gay, cheerful; (*un peu ivre*) merry
gaieté [gete] *nf* cheerfulness; **de ~ de cœur** with a light heart
gaillard, e [gajaʀ, -aʀd(ə)] *adj* (*grivois*) bawdy, ribald ♦ *nm* (strapping) fellow
gain [gɛ̃] *nm* (*revenu*) earnings *pl*; (*bénéfice*: *gén pl*) profits *pl*; (*au jeu*) winnings *pl*; (*fig*: *de temps, place*) saving; **avoir ~ de cause** to win the case; (*fig*) to be proved right
gaine [gɛn] *nf* (*corset*) girdle; (*fourreau*) sheath
galant, e [galɑ̃, -ɑ̃t] *adj* (*courtois*) courteous, gentlemanly; (*entreprenant*) flirtatious, gallant; (*aventure, poésie*) amorous
galère [galɛʀ] *nf* galley

galérer [galeʀe] (*fam*) *vi* to slog away, work hard
galerie [galʀi] *nf* gallery; (*THÉATRE*) circle; (*de voiture*) roof rack; (*fig*: *spectateurs*) audience; ~ **de peinture** (private) art gallery; ~ **marchande** shopping arcade
galet [galɛ] *nm* pebble; (*TECH*) wheel
galette [galɛt] *nf* flat cake
Galles [gal] *nfpl*: **le pays de** ~ Wales
gallois, e [galwa, -waz] *adj* Welsh ♦ *nm* (*LING*) Welsh ♦ *nm/f*: **G~, e** Welshman(woman)
galon [galɔ̃] *nm* (*MIL*) stripe; (*décoratif*) piece of braid
galop [galo] *nm* gallop
galoper [galɔpe] *vi* to gallop
galopin [galɔpɛ̃] *nm* urchin, ragamuffin
galvauder [galvode] *vt* to debase
gambader [gɑ̃bade] *vi* (*animal, enfant*) to leap about
gamelle [gamɛl] *nf* mess tin; billy can
gamin, e [gamɛ̃, -in] *nm/f* kid ♦ *adj* mischievous, playful
gamme [gam] *nf* (*MUS*) scale; (*fig*) range
gammé, e [game] *adj*: **croix ~e** swastika
gant [gɑ̃] *nm* glove; ~ **de toilette** face flannel (*BRIT*), face cloth
garage [gaʀaʒ] *nm* garage; **garagiste** *nm/f* garage owner; garage mechanic
garant, e [gaʀɑ̃, -ɑ̃t] *nm/f* guarantor ♦ *nm* guarantee; **se porter** ~ **de** to vouch for; to be answerable for
garantie [gaʀɑ̃ti] *nf* guarantee; (*gage*) security, surety; **(bon de)** ~ guarantee *ou* warranty slip
garantir [gaʀɑ̃tiʀ] *vt* to guarantee; (*protéger*): ~ **de** to protect from
garçon [gaʀsɔ̃] *nm* boy; (*célibataire*) bachelor; (*serveur*): ~ **(de café)** waiter; ~ **de courses** messenger; **garçonnet** *nm* small boy; **garçonnière** *nf* bachelor flat
garde [gaʀd(ə)] *nm* (*de prisonnier*) guard; (*de domaine etc*) warden; (*soldat, sentinelle*) guardsman ♦ *nf* guarding; looking after; (*soldats, BOXE, ESCRIME*) guard; (*faction*) watch; (*TYPO*): **(page de)** ~ endpaper; flyleaf; **de** ~ on duty; **monter la** ~ to stand guard; **mettre en** ~ to warn; **prendre** ~ **(à)** to be careful (of); ~ **champêtre** *nm* rural policeman; ~ **du corps** *nm* bodyguard; ~ **des enfants** *nf* (*après divorce*) custody of the children; ~ **des Sceaux** *nm* ≈ Lord Chancellor (*BRIT*), ≈ Attorney General (*US*); ~ **à vue** *nf* (*JUR*) ≈ police custody; **~-à-vous** *nm*: **être/se mettre au ~-à-vous** to be at/stand to attention; **~-barrière** *nm/f* level-crossing keeper; **~-boue** *nm inv* mudguard; **~-chasse** *nm* gamekeeper; **~-fou** *nm* railing, parapet; **~-malade** *nf* home nurse; **~-manger** *nm inv* meat safe; pantry, larder
garder [gaʀde] *vt* (*conserver*) to keep; (*surveiller*: *enfants*) to look after; (: *immeuble, lieu, prisonnier*) to guard; **se** ~ *vi* (*aliment*: *se conserver*) to keep; **se** ~ **de faire** to be careful not to do; ~ **le lit/la chambre** to stay in bed/indoors; **pêche/chasse gardée** private fishing/hunting (ground)
garderie [gaʀdəʀi] *nf* day nursery, crèche
garde-robe [gaʀdəʀɔb] *nf* wardrobe
gardien, ne [gaʀdjɛ̃, -jɛn] *nm/f* (*garde*) guard; (*de prison*) warder; (*de domaine, réserve*) warden; (*de musée etc*) attendant; (*de phare, cimetière*) keeper; (*d'immeuble*) caretaker; (*fig*) guardian; ~ **de but** goalkeeper; ~ **de la paix** policeman; ~ **de nuit** night watchman
gare [gaʀ] *nf* (railway) station, train station (*US*) ♦ *excl* watch out!; ~ **routière** bus station
garer [gaʀe] *vt* to park; **se** ~ *vi* to park; (*pour laisser passer*) to draw into the side

gargariser [gaʀgaʀize] : se ~ *vi* to gargle; **gargarisme** *nm* gargling *no pl*; gargle
gargote [gaʀgɔt] *nf* cheap restaurant
gargouille [gaʀguj] *nf* gargoyle
gargouiller [gaʀguje] *vi* to gurgle
garnement [gaʀnəmɑ̃] *nm* rascal, scallywag
garni, e [gaʀni] *adj* (*plat*) served with vegetables (*and chips or rice etc*) ♦ *nm* furnished accommodation *no pl*
garnir [gaʀniʀ] *vt* (*orner*) to decorate; to trim; (*approvisionner*) to fill, stock; (*protéger*) to fit
garnison [gaʀnizɔ̃] *nf* garrison
garniture [gaʀnityʀ] *nf* (*CULIN*) vegetables *pl*; filling; (*décoration*) trimming; (*protection*) fittings *pl*; ~ **de frein** brake lining
garrot [gaʀo] *nm* (*MÉD*) tourniquet
gars [gɑ] *nm* lad; guy
Gascogne [gaskɔɲ] *nf* Gascony; **le golfe de ~** the Bay of Biscay
gas-oil [gɑzɔjl] *nm* diesel (oil)
gaspiller [gaspije] *vt* to waste
gastronomique [gastʀɔnɔmik] *adj* gastronomic
gâteau, x [gɑto] *nm* cake; ~ **sec** biscuit
gâter [gɑte] *vt* to spoil; **se ~** *vi* (*dent, fruit*) to go bad; (*temps, situation*) to change for the worse
gâterie [gɑtʀi] *nf* little treat
gâteux, euse [gɑtø, -øz] *adj* senile
gauche [goʃ] *adj* left, left-hand; (*maladroit*) awkward, clumsy ♦ *nf* (*POL*) left (wing); **à ~** on the left; (*direction*) (to the) left; **gaucher, ère** *adj* left-handed; **gauchiste** *nm/f* leftist
gaufre [gofʀ(ə)] *nf* waffle
gaufrette [gofʀɛt] *nf* wafer
gaulois, e [golwa, -waz] *adj* Gallic; (*grivois*) bawdy ♦ *nm/f*: **G~, e** Gaul
gausser [gose] : **se ~ de** *vt* to deride
gaver [gave] *vt* to force-feed; (*fig*): ~ **de** to cram with, fill up with
gaz [gɑz] *nm inv* gas
gaze [gɑz] *nf* gauze
gazéifié, e [gazeifje] *adj* aerated
gazette [gazɛt] *nf* news sheet
gazeux, euse [gɑzø, -øz] *adj* gaseous; (*boisson*) fizzy; (*eau*) sparkling
gazoduc [gɑzɔdyk] *nm* gas pipeline
gazon [gɑzɔ̃] *nm* (*herbe*) turf; grass; (*pelouse*) lawn
gazouiller [gazuje] *vi* to chirp; (*enfant*) to babble
geai [ʒɛ] *nm* jay
géant, e [ʒeɑ̃, -ɑ̃t] *adj* gigantic, giant; (*COMM*) giant-size ♦ *nm/f* giant
geindre [ʒɛ̃dʀ(ə)] *vi* to groan, moan
gel [ʒɛl] *nm* frost; freezing
gélatine [ʒelatin] *nf* gelatine
gelée [ʒəle] *nf* jelly; (*gel*) frost
geler [ʒəle] *vt, vi* to freeze; **il gèle** it's freezing
gélule [ʒelyl] *nf* (*MÉD*) capsule
gelures [ʒəlyʀ] *nfpl* frostbite *sg*
Gémeaux [ʒemo] *nmpl*: **les ~** Gemini
gémir [ʒemiʀ] *vi* to groan, moan
gemme [ʒɛm] *nf* gem(stone)
gênant, e [ʒɛnɑ̃, -ɑ̃t] *adj* annoying; embarrassing
gencive [ʒɑ̃siv] *nf* gum
gendarme [ʒɑ̃daʀm(ə)] *nm* gendarme; **~rie** *nf military police force in countryside and small towns; their police station or barracks*
gendre [ʒɑ̃dʀ(ə)] *nm* son-in-law
gêne [ʒɛn] *nf* (*à respirer, bouger*) discomfort, difficulty; (*dérangement*) bother, trouble; (*manque d'argent*) financial difficulties *pl ou* straits *pl*; (*confusion*) embarrassment
gêné, e [ʒene] *adj* embarrassed
gêner [ʒene] *vt* (*incommoder*) to bother; (*encombrer*) to hamper; to be in the way; (*embarrasser*): ~ **qn** to make sb feel ill-at-ease; **se ~** *vi* to put o.s. out
général, e, aux [ʒeneʀal, -o] *adj, nm* general; **en ~** usually, in general; **~e** *nf*: **(répétition) ~e** final

dress rehearsal; **~ement** *adv* generally
généraliser [ʒeneʀalize] *vt, vi* to generalize; **se ~** *vi* to become widespread
généraliste [ʒeneʀalist(ə)] *nm/f* general practitioner, G.P.
générateur, trice [ʒeneʀatœʀ, -tʀis] *adj*: **~ de** which causes
génération [ʒeneʀɑsjɔ̃] *nf* generation
généreux, euse [ʒeneʀø, -øz] *adj* generous
générique [ʒeneʀik] *nm* (*CINÉMA*) credits *pl*, credit titles *pl*
générosité [ʒeneʀozite] *nf* generosity
genêt [ʒənɛ] *nm* broom *no pl* (*shrub*)
génétique [ʒenetik] *adj* genetic
Genève [ʒənɛv] *n* Geneva
génial, e, aux [ʒenjal, -o] *adj* of genius; (*fam*: *formidable*) fantastic, brilliant
génie [ʒeni] *nm* genius; (*MIL*): **le ~** the Engineers *pl*; **~ civil** civil engineering
genièvre [ʒənjɛvʀ(ə)] *nm* juniper
génisse [ʒenis] *nf* heifer
genou, x [ʒnu] *nm* knee; **à ~x** on one's knees; **se mettre à ~x** to kneel down
genre [ʒɑ̃ʀ] *nm* kind, type, sort; (*allure*) manner; (*LING*) gender
gens [ʒɑ̃] *nmpl* (*f in some phrases*) people *pl*
gentil, le [ʒɑ̃ti, -ij] *adj* kind; (*enfant*: *sage*) good; (*endroit etc*) nice; **gentillesse** *nf* kindness; **gentiment** *adv* kindly
géographie [ʒeɔgʀafi] *nf* geography
geôlier [ʒolje] *nm* jailer
géologie [ʒeɔlɔʒi] *nf* geology
géomètre [ʒeɔmɛtʀ(ə)] *nm/f*: (**arpenteur-**)**~** (land) surveyor
géométrie [ʒeɔmetʀi] *nf* geometry; **géométrique** *adj* geometric
gérance [ʒeʀɑ̃s] *nf* management; **mettre en ~** to appoint a manager for
géranium [ʒeʀanjɔm] *nm* geranium
gérant, e [ʒeʀɑ̃, -ɑ̃t] *nm/f* manager(eress)
gerbe [ʒɛʀb(ə)] *nf* (*de fleurs*) spray; (*de blé*) sheaf; (*fig*) shower, burst
gercé, e [ʒɛʀse] *adj* chapped
gerçure [ʒɛʀsyʀ] *nf* crack
gérer [ʒeʀe] *vt* to manage
germain, e [ʒɛʀmɛ̃, -ɛn] *adj*: **cousin ~** first cousin
germe [ʒɛʀm(ə)] *nm* germ; **~r** [ʒɛʀme] *vi* to sprout; to germinate
geste [ʒɛst(ə)] *nm* gesture; move; motion
gestion [ʒɛstjɔ̃] *nf* management
gibecière [ʒibsjɛʀ] *nf* gamebag
gibet [ʒibɛ] *nm* gallows *pl*
gibier [ʒibje] *nm* (*animaux*) game; (*fig*) prey
giboulée [ʒibule] *nf* sudden shower
gicler [ʒikle] *vi* to spurt, squirt
gifle [ʒifl(ə)] *nf* slap (in the face); **gifler** *vt* to slap (in the face)
gigantesque [ʒigɑ̃tɛsk(ə)] *adj* gigantic
gigogne [ʒigɔɲ] *adj*: **lits ~s** truckle (*BRIT*) *ou* trundle beds
gigot [ʒigo] *nm* leg (of mutton *ou* lamb)
gigoter [ʒigɔte] *vi* to wriggle (about)
gilet [ʒilɛ] *nm* waistcoat; (*pull*) cardigan; (*de corps*) vest; **~ de sauvetage** life jacket
gingembre [ʒɛ̃ʒɑ̃bʀ(ə)] *nm* ginger
girafe [ʒiʀaf] *nf* giraffe
giratoire [ʒiʀatwaʀ] *adj*: **sens ~** roundabout
girofle [ʒiʀɔfl(e)] *nf*: **clou de ~** clove
girouette [ʒiʀwɛt] *nf* weather vane *ou* cock
gisait *etc vb voir* **gésir**
gisement [ʒizmɑ̃] *nm* deposit
gît *vb voir* **gésir**
gitan, e [ʒitɑ̃, -an] *nm/f* gipsy
gîte [ʒit] *nm* home; shelter; **~ (rural)** holiday cottage *ou* apartment
givre [ʒivʀ(ə)] *nm* (hoar) frost
glabre [glɑbʀ(ə)] *adj* hairless; clean-shaven
glace [glas] *nf* ice; (*crème glacée*)

ice cream; (*verre*) sheet of glass; (*miroir*) mirror; (*de voiture*) window
glacé, e [glase] *adj* icy; (*boisson*) iced
glacer [glase] *vt* to freeze; (*boisson*) to chill, ice; (*gâteau*) to ice; (*papier, tissu*) to glaze; (*fig*): ~ **qn** to chill sb; to make sb's blood run cold
glacial, e [glasjal] *adj* icy
glacier [glasje] *nm* (*GEO*) glacier; (*marchand*) ice-cream maker
glacière [glasjɛʀ] *nf* icebox
glaçon [glasɔ̃] *nm* icicle; (*pour boisson*) ice cube
glaise [glɛz] *nf* clay
gland [glɑ̃] *nm* acorn; (*décoration*) tassel
glande [glɑ̃d] *nf* gland
glaner [glane] *vt, vi* to glean
glapir [glapiʀ] *vi* to yelp
glas [glɑ] *nm* knell, toll
glauque [glok] *adj* dull blue-green
glissant, e [glisɑ̃, -ɑ̃t] *adj* slippery
glissement [glismɑ̃] *nm*: ~ **de terrain** landslide
glisser [glise] *vi* (*avancer*) to glide *ou* slide along; (*coulisser, tomber*) to slide; (*déraper*) to slip; (*être glissant*) to be slippery ♦ *vt* to slip; **se ~ dans** to slip into
global, e, aux [glɔbal, -o] *adj* overall
globe [glɔb] *nm* globe
globule [glɔbyl] *nm* (*du sang*) corpuscle
globuleux, euse [glɔbylø, -øz] *adj*: yeux ~ protruding eyes
gloire [glwaʀ] *nf* glory; (*mérite*) distinction, credit; (*personne*) celebrity; **glorieux, euse** *adj* glorious
glousser [gluse] *vi* to cluck; (*rire*) to chuckle
glouton, ne [glutɔ̃, -ɔn] *adj* gluttonous
gluant, e [glyɑ̃, -ɑ̃t] *adj* sticky, gummy
glycine [glisin] *nf* wisteria
go [go] : **tout de ~** *adv* straight out
G.O. *sigle* = **grandes ondes**
gobelet [gɔblɛ] *nm* tumbler; beaker; (*à dés*) cup
gober [gɔbe] *vt* to swallow
godasse [gɔdas] (*fam*) *nf* shoe
godet [gɔdɛ] *nm* pot
goéland [gɔelɑ̃] *nm* (sea)gull
goélette [gɔelɛt] *nf* schooner
goémon [gɔemɔ̃] *nm* wrack
gogo [gɔgo] : **à ~** *adv* galore
goguenard, e [gɔgnaʀ, -aʀd(ə)] *adj* mocking
goinfre [gwɛ̃fʀ(ə)] *nm* glutton
golf [gɔlf] *nm* golf; golf course
golfe [gɔlf(ə)] *nm* gulf; bay
gomme [gɔm] *nf* (*à effacer*) rubber (*BRIT*), eraser; **gommer** *vt* to rub out (*BRIT*), erase
gond [gɔ̃] *nm* hinge; **sortir de ses ~s** (*fig*) to fly off the handle
gondoler [gɔ̃dɔle] : **se ~** *vi* to warp; to buckle
gonflé, e [gɔ̃fle] *adj* swollen; bloated
gonfler [gɔ̃fle] *vt* (*pneu, ballon*) to inflate, blow up; (*nombre, importance*) to inflate ♦ *vi* to swell (up); (*CULIN*: *pâte*) to rise
gonzesse [gɔ̃zɛs] (*fam*) *nf* chick, bird (*BRIT*)
goret [gɔʀɛ] *nm* piglet
gorge [gɔʀʒ(ə)] *nf* (*ANAT*) throat; (*poitrine*) breast
gorgé, e [gɔʀʒe] *adj*: **~ de** filled with; (*eau*) saturated with; **gorgée** *nf* mouthful; sip; gulp
gorille [gɔʀij] *nm* gorilla; (*fam*) bodyguard
gosier [gozje] *nm* throat
gosse [gɔs] *nm/f* kid
goudron [gudʀɔ̃] *nm* tar; **goudronner** *vt* to tar(mac) (*BRIT*), asphalt (*US*)
gouffre [gufʀ(ə)] *nm* abyss, gulf
goujat [guʒa] *nm* boor
goulot [gulo] *nm* neck; **boire au ~** to drink from the bottle
goulu, e [guly] *adj* greedy
gourd, e [guʀ, guʀd(ə)] *adj* numb (with cold)
gourde [guʀd(ə)] *nf* (*récipient*) flask; (*fam*) (clumsy) clot *ou* oaf ♦ *adj* oafish

gourdin [guʀdɛ̃] *nm* club, bludgeon
gourmand, e [guʀmɑ̃, -ɑ̃d] *adj* greedy; **gourmandise** *nf* greed; (*bonbon*) sweet
gousse [gus] *nf*: ~ **d'ail** clove of garlic
goût [gu] *nm* taste; **de bon** ~ tasteful; **de mauvais** ~ tasteless; **prendre** ~ **à** to develop a taste *ou* a liking for
goûter [gute] *vt* (*essayer*) to taste; (*apprécier*) to enjoy ♦ *vi* to have (afternoon) tea ♦ *nm* (afternoon) tea
goutte [gut] *nf* drop; (*MÉD*) gout; (*alcool*) brandy
goutte-à-goutte [gutagut] *nm* (*MÉD*) drip; **tomber** ~ to drip
gouttière [gutjɛʀ] *nf* gutter
gouvernail [guvɛʀnaj] *nm* rudder; (*barre*) helm, tiller
gouvernante [guvɛʀnɑ̃t] *nf* governess
gouverne [guvɛʀn(ə)] *nf*: **pour sa** ~ for his guidance
gouvernement [guvɛʀnəmɑ̃] *nm* government; **gouvernemental, e, aux** *adj* government *cpd*; pro-government
gouverner [guvɛʀne] *vt* to govern
grâce [gʀɑs] *nf* grace; favour; (*JUR*) pardon; ~s *nfpl* (*REL*) grace *sg*; **faire** ~ **à qn de qch** to spare sb sth; **rendre** ~**(s) à** to give thanks to; **demander** ~ to beg for mercy; ~ **à** thanks to; **gracier** *vt* to pardon; **gracieux, euse** *adj* graceful
grade [gʀad] *nm* rank; **monter en** ~ to be promoted
gradé [gʀade] *nm* officer
gradin [gʀadɛ̃] *nm* tier; step; ~s *nmpl* (*de stade*) terracing *sg*
graduel, le [gʀadɥɛl] *adj* gradual; progressive
graduer [gʀadɥe] *vt* (*effort etc*) to increase gradually; (*règle, verre*) to graduate
grain [gʀɛ̃] *nm* (*gén*) grain; (*NAVIG*) squall; ~ **de beauté** beauty spot; ~ **de café** coffee bean; ~ **de poivre** peppercorn; ~ **de poussière** speck of dust; ~ **de raisin** grape
graine [gʀɛn] *nf* seed
graissage [gʀɛsaʒ] *nm* lubrication, greasing
graisse [gʀɛs] *nf* fat; (*lubrifiant*) grease; **graisser** *vt* to lubricate, grease; (*tacher*) to make greasy
grammaire [gʀamɛʀ] *nf* grammar; **grammatical, e, aux** *adj* grammatical
gramme [gʀam] *nm* gramme
grand, e [gʀɑ̃, gʀɑ̃d] *adj* (*haut*) tall; (*gros, vaste, large*) big, large; (*long*) long; (*sens abstraits*) great ♦ *adv*: ~ **ouvert** wide open; **au** ~ **air** in the open (air); **les** ~s **blessés** the severely injured; ~ **ensemble** housing scheme; ~ **magasin** department store; ~e **personne** grown-up; ~e **surface** hypermarket; ~es **écoles** *prestige schools of university level*; ~es **lignes** (*RAIL*) main lines; ~es **vacances** summer holidays; **grand-chose** *nm/f inv*: **pas grand-chose** not much; **Grande-Bretagne** *nf* (Great) Britain; **grandeur** *nf* (*dimension*) size; magnitude; (*fig*) greatness; ~**eur nature** life-size; **grandir** *vi* to grow ♦ *vt*: **grandir qn** (*suj*: *vêtement, chaussure*) to make sb look taller; ~**-mère** *nf* grandmother; ~**-messe** *nf* high mass; **à** ~**-peine** *adv* with difficulty; ~**-père** *nm* grandfather; ~**-route** *nf* main road; ~**s-parents** *nmpl* grandparents
grange [gʀɑ̃ʒ] *nf* barn
granit(e) [gʀanit] *nm* granite
graphique [gʀafik] *adj* graphic ♦ *nm* graph
grappe [gʀap] *nf* cluster; ~ **de raisin** bunch of grapes
grappiller [gʀapije] *vt* to glean
grappin [gʀapɛ̃] *nm* grapnel; **mettre le** ~ **sur** (*fig*) to get one's claws on
gras, se [gʀɑ, gʀɑs] *adj* (*viande, soupe*) fatty; (*personne*) fat; (*surface, main*) greasy; (*plaisanterie*) coarse; (*TYPO*) bold ♦ *nm* (*CULIN*) fat; **faire la** ~**se matinée** to have a lie-in (*BRIT*), sleep late (*US*); **gras-**

sement *adv*: grassement payé handsomely paid; **grassouillet, te** *adj* podgy, plump

gratifiant, e [gʀatifjɑ̃, -ɑ̃t] *adj* gratifying, rewarding

gratifier [gʀatifje] *vt*: ~ **qn de** to favour sb with; to reward sb with

gratiné, e [gʀatine] *adj* (*CULIN*) au gratin

gratis [gʀatis] *adv* free

gratitude [gʀatityd] *nf* gratitude

gratte-ciel [gʀatsjɛl] *nm inv* skyscraper

gratte-papier [gʀatpapje] (*péj*) *nm inv* penpusher

gratter [gʀate] *vt* (*frotter*) to scrape; (*enlever*) to scrape off; (*bras, bouton*) to scratch

gratuit, e [gʀatɥi, -ɥit] *adj* (*entrée, billet*) free; (*fig*) gratuitous

gravats [gʀavɑ] *nmpl* rubble *sg*

grave [gʀav] *adj* (*maladie, accident*) serious, bad; (*sujet, problème*) serious, grave; (*air*) grave, solemn; (*voix, son*) deep, low-pitched; **gravement** *adv* seriously; gravely

graver [gʀave] *vt* to engrave

gravier [gʀavje] *nm* gravel *no pl*; **gravillons** *nmpl* loose gravel *sg*

gravir [gʀaviʀ] *vt* to climb (up)

gravité [gʀavite] *nf* seriousness; gravity

graviter [gʀavite] *vi* to revolve

gravure [gʀavyʀ] *nf* engraving; (*reproduction*) print; plate

gré [gʀe] *nm*: **à son** ~ to his liking; as he pleases; **au** ~ **de** according to, following; **contre le** ~ **de qn** against sb's will; **de son (plein)** ~ of one's own free will; **bon** ~ **mal** ~ like it or not; **de** ~ **ou de force** whether one likes it or not; **savoir** ~ **à qn de qch** to be grateful to sb for sth

grec, grecque [gʀɛk] *adj* Greek; (*classique: vase etc*) Grecian ♦ *nm/f* Greek

Grèce [gʀɛs] *nf*: **la** ~ Greece

gréement [gʀemɑ̃] *nm* rigging

greffer [gʀefe] *vt* (*BOT, MED: tissu*) to graft; (*MÉD: organe*) to transplant

greffier [gʀefje] *nm* clerk of the court

grêle [gʀɛl] *adj* (very) thin ♦ *nf* hail

grêlé, e [gʀele] *adj* pockmarked

grêler [gʀele] *vb impers*: **il grêle** it's hailing; **grêlon** [gʀəlɔ̃] *nm* hailstone

grelot [gʀəlo] *nm* little bell

grelotter [gʀəlɔte] *vi* to shiver

grenade [gʀənad] *nf* (*explosive*) grenade; (*BOT*) pomegranate

grenat [gʀəna] *adj inv* dark red

grenier [gʀənje] *nm* attic; (*de ferme*) loft

grenouille [gʀənuj] *nf* frog

grès [gʀɛ] *nm* sandstone; (*poterie*) stoneware

grésiller [gʀezije] *vi* to sizzle; (*RADIO*) to crackle

grève [gʀɛv] *nf* (*d'ouvriers*) strike; (*plage*) shore; **se mettre en/faire** ~ to go on/be on strike; ~ **de la faim** hunger strike; ~ **du zèle** work-to-rule (*BRIT*), slowdown (*US*)

grever [gʀəve] *vt* to put a strain on

gréviste [grevist(ə)] *nm/f* striker

gribouiller [gʀibuje] *vt* to scribble, scrawl

grief [gʀijɛf] *nm* grievance; **faire** ~ **à qn de** to reproach sb for

grièvement [gʀijɛvmɑ̃] *adv* seriously

griffe [gʀif] *nf* claw; (*fig*) signature

griffer [gʀife] *vt* to scratch

griffonner [gʀifɔne] *vt* to scribble

grignoter [gʀiɲɔte] *vt* to nibble *ou* gnaw at

gril [gʀil] *nm* steak *ou* grill pan

grillade [gʀijad] *nf* grill

grillage [gʀijaʒ] *nm* (*treillis*) wire netting; wire fencing

grille [gʀij] *nf* (*clôture*) railings *pl*; (*portail*) (metal) gate; (*d'égout*) (metal) grate; (*fig*) grid

grille-pain [gʀijpɛ̃] *nm inv* toaster

griller [gʀije] *vt* (*aussi: faire* ~*: pain*) to toast; (*: viande*) to grill; (*fig: ampoule etc*) to burn out, blow

grillon [gʀijɔ̃] *nm* cricket

grimace [gʀimas] *nf* grimace; (*pour faire rire*): **faire des ~s** to pull *ou* make faces
grimer [gʀime] *vt* to make up
grimper [gʀɛ̃pe] *vi, vt* to climb
grincer [gʀɛ̃se] *vi* (*porte, roue*) to grate; (*plancher*) to creak; **~ des dents** to grind one's teeth
grincheux, euse [gʀɛ̃ʃø, -øz] *adj* grumpy
grippe [gʀip] *nf* flu, influenza; **grippé, e** *adj*: **etre grippé** to have flu
gris, e [gʀi, gʀiz] *adj* grey; (*ivre*) tipsy; **faire ~e mine** to pull a miserable *ou* wry face
grisaille [gʀizɑj] *nf* greyness, dullness
griser [gʀize] *vt* to intoxicate
grisonner [gʀizɔne] *vi* to be going grey
grisou [gʀizu] *nm* firedamp
grive [gʀiv] *nf* thrush
grivois, e [gʀivwa, -waz] *adj* saucy
Groenland [gʀɔɛnlɑ̃d] *nm* Greenland
grogner [gʀɔɲe] *vi* to growl; (*fig*) to grumble
groin [gʀwɛ̃] *nm* snout
grommeler [gʀɔmle] *vi* to mutter to o.s.
gronder [gʀɔ̃de] *vi* to rumble; (*fig: révolte*) to be brewing ♦ *vt* to scold
gros, se [gʀo, gʀos] *adj* big, large; (*obèse*) fat; (*travaux, dégâts*) extensive; (*large: trait, fil*) thick, heavy ♦ *adv*: **risquer/gagner ~** to risk/win a lot ♦ *nm* (*COMM*): **le ~** the wholesale business; **prix de ~** wholesale price; **par ~ temps/grosse mer** in rough weather/heavy seas; **le ~ de** the main body of; the bulk of; **en ~** roughly; (*COMM*) wholesale; **~ lot** jackpot; **~ mot** coarse word; **~ œuvre** *nm* (*CONSTR*) shell (of building); **~ plan** (*PHOTO*) close-up; **~ sel** cooking salt; **~se caisse** big drum
groseille [gʀozɛj] *nf*: **~ (rouge)/(blanche)** red/white currant; **~ à maquereau** gooseberry
gros: ~sesse *nf* pregnancy; **~seur** *nf* size; fatness; (*tumeur*) lump; **~sier, ière** *adj* coarse; (*travail*) rough; crude; (*évident: erreur*) gross
grosse [gʀos] *adj voir* **gros**
grossir [gʀosiʀ] *vi* (*personne*) to put on weight; (*fig*) to grow, get bigger; (*rivière*) to swell ♦ *vt* to increase; to exaggerate; (*au microscope*) to magnify; (*suj: vêtement*): **~ qn** to make sb look fatter
grossiste [gʀosist(ə)] *nm/f* wholesaler
grosso modo [gʀɔsomɔdo] *adv* roughly
grotte [gʀɔt] *nf* cave
grouiller [gʀuje] *vi* to mill about; to swarm about; **~ de** to be swarming with
groupe [gʀup] *nm* group; **le ~ des 7** Group of 7; **~ sanguin** *nm* blood group; **~ment** [gʀupmɑ̃] *nm* grouping; group
grouper [gʀupe] *vt* to group; **se ~** *vi* to get together
grue [gʀy] *nf* crane
grumeaux [gʀymo] *nmpl* lumps
gué [ge] *nm* ford; **passer à ~** to ford
guenilles [gənij] *nfpl* rags
guenon [gənɔ̃] *nf* female monkey
guépard [gepaʀ] *nm* cheetah
guêpe [gɛp] *nf* wasp
guêpier [gepje] *nm* (*fig*) trap
guère [gɛʀ] *adv* (*avec adjectif, adverbe*): **ne ... ~** hardly; (*avec verbe*): **ne ... ~** *tournure négative* +much; hardly ever; *tournure négative* +(very) long; **il n'y a ~ que/de** there's hardly anybody (*ou* anything) but/hardly any
guéridon [geʀidɔ̃] *nm* pedestal table
guérilla [geʀija] *nf* guerrilla warfare
guérir [geʀiʀ] *vt* (*personne, maladie*) to cure; (*membre, plaie*) to heal ♦ *vi* to recover, be cured; to heal; **guérison** *nf* curing; healing; recovery
guérite [geʀit] *nf* sentry box
guerre [gɛʀ] *nf* war; (*méthode*): **~ atomique** atomic warfare *no pl*; **en ~** at war; **faire la ~ à** to wage war against; **de ~ lasse** finally; **~**

d'usure war of attrition; **guerrier, ière** *adj* warlike ♦ *nm/f* warrior
guet [gɛ] *nm*: **faire le** ~ to be on the watch *ou* look-out
guet-apens [gɛtapɑ̃] *nm* ambush
guetter [gete] *vt* (*épier*) to watch (intently); (*attendre*) to watch (out) for; to be lying in wait for
gueule [gœl] *nf* mouth; (*fam*) face; mouth; **ta** ~! (*fam*) shut up!; ~ **de bois** (*fam*) hangover
gueuler [gœle] (*fam*) *vi* to bawl
gui [gi] *nm* mistletoe
guichet [giʃɛ] *nm* (*de bureau, banque*) counter, window; (*d'une porte*) wicket, hatch; **les** ~**s** (*à la gare, au théâtre*) the ticket office *sg*
guide [gid] *nm* guide
guider [gide] *vt* to guide
guidon [gidɔ̃] *nm* handlebars *pl*
guignol [giɲɔl] *nm* ≈ Punch and Judy show; (*fig*) clown
guillemets [gijmɛ] *nmpl*: **entre** ~ in inverted commas
guillotiner [gijɔtine] *vt* to guillotine
guindé, e [gɛ̃de] *adj* stiff, starchy
guirlande [giʀlɑ̃d] *nf* garland; (*de papier*) paper chain
guise [giz] *nf*: **à votre** ~ as you wish *ou* please; **en** ~ **de** by way of
guitare [gitaʀ] *nf* guitar
gymnase [ʒimnɑz] *nm* gym(nasium)
gymnastique [ʒimnastik] *nf* gymnastics *sg*; (*au réveil etc*) keep-fit exercises *pl*
gynécologie [ʒinekɔlɔʒi] *nf* gynaecology; **gynécologue** *nm/f* gynaecologist

H

habile [abil] *adj* skilful; (*malin*) clever; **habileté** *nf* skill, skilfulness; cleverness
habilité, e [abilite] *adj*: ~ **à faire** entitled to do, empowered to do
habillé, e [abije] *adj* dressed; (*chic*) dressy; (*TECH*): ~ **de** covered with; encased in
habillement [abijmɑ̃] *nm* clothes *pl*
habiller [abije] *vt* to dress; (*fournir en vêtements*) to clothe; **s'**~ *vi* to dress (o.s.); (*se déguiser, mettre des vêtements chic*) to dress up
habit [abi] *nm* outfit; ~**s** *nmpl* (*vêtements*) clothes; ~ **(de soirée)** tails *pl*; evening dress
habitant, e [abitɑ̃, -ɑ̃t] *nm/f* inhabitant; (*d'une maison*) occupant
habitation [abitɑsjɔ̃] *nf* living; residence, home; house; ~**s à loyer modéré** low-rent housing *sg*
habiter [abite] *vt* to live in; (*suj: sentiment*) to dwell in ♦ *vi*: ~ **à/dans** to live in *ou* at/in
habitude [abityd] *nf* habit; **avoir l'**~ **de faire** to be in the habit of doing; (*expérience*) to be used to doing; **d'**~ usually; **comme d'**~ as usual
habitué, e [abitɥe] *nm/f* regular visitor; regular (customer)
habituel, le [abitɥɛl] *adj* usual
habituer [abitɥe] *vt*: ~ **qn à** to get sb used to; **s'**~ **à** to get used to
'hache ['aʃ] *nf* axe
'hacher ['aʃe] *vt* (*viande*) to mince; (*persil*) to chop
'hachis ['aʃi] *nm* mince *no pl*
'hachoir ['aʃwaʀ] *nm* chopper; (meat) mincer; chopping board
'hagard, e ['agaʀ, -aʀd(ə)] *adj* wild, distraught
'haie ['ɛ] *nf* hedge; (*SPORT*) hurdle; (*fig: rang*) line, row
'haillons ['ɑjɔ̃] *nmpl* rags
'haine ['ɛn] *nf* hatred
'haïr ['aiʀ] *vt* to detest, hate
'hâlé, e ['ɑle] *adj* (sun)tanned, sunburnt
haleine [alɛn] *nf* breath; **hors d'**~ out of breath; **tenir en** ~ to hold spellbound; to keep in suspense; **de longue** ~ long-term
'haler ['ale] *vt* to haul in; to tow
'haleter ['alte] *vt* to pant
'hall ['ol] *nm* hall
'halle ['al] *nf* (covered) market; ~**s** *nfpl* (*d'une grande ville*) central food

market *sg*
hallucinant, e [alysinɑ̃, -ɑ̃t] *adj* staggering
hallucination [alysinɑsjɔ̃] *nf* hallucination
'halte ['alt(ə)] *nf* stop, break; stopping place; (*RAIL*) halt ♦ *excl* stop!; **faire** ~ to stop
haltère [altɛʀ] *nm* dumbbell, barbell; ~**s** *nmpl*: **(poids et)** ~**s** (*activité*) weight lifting *sg*
'hamac ['amak] *nm* hammock
'hameau, x ['amo] *nm* hamlet
hameçon [amsɔ̃] *nm* (fish) hook
'hanche ['ɑ̃ʃ] *nf* hip
'handicapé, e ['ɑ̃dikape] *nm/f* physically (*ou* mentally) handicapped person; ~ **moteur** spastic
'hangar ['ɑ̃gaʀ] *nm* shed; (*AVIAT*) hangar
'hanneton ['antɔ̃] *nm* cockchafer
'hanter ['ɑ̃te] *vt* to haunt
'hantise ['ɑ̃tiz] *nf* obsessive fear
'happer ['ape] *vt* to snatch; (*suj*: *train etc*) to hit
'haras ['aʀɑ] *nm* stud farm
'harassant, e ['aʀasɑ̃, -ɑ̃t] *adj* exhausting
'harceler ['aʀsəle] *vt* (*MIL, CHASSE*) to harass, harry; (*importuner*) to plague
'hardi, e ['aʀdi] *adj* bold, daring
'hareng ['aʀɑ̃] *nm* herring
'hargne ['aʀɲ(ə)] *nf* aggressiveness
'haricot ['aʀiko] *nm* bean; **haricot blanc** haricot bean; **haricot vert** green bean
harmonica [aʀmɔnika] *nm* mouth organ
harmonie [aʀmɔni] *nf* harmony
'harnacher ['aʀnaʃe] *vt* to harness
'harnais ['aʀnɛ] *nm* harness
'harpe ['aʀp(ə)] *nf* harp
'harponner ['aʀpɔne] *vt* to harpoon; (*fam*) to collar
'hasard ['azaʀ] *nm*: **le** ~ chance, fate; **un** ~ a coincidence; a stroke of luck; **au** ~ aimlessly; at random; haphazardly; **par** ~ by chance; **à tout** ~ just in case; on the off chance (*BRIT*); **'hasarder** ['azaʀde] *vt* (*mot*) to venture; (*fortune*) to risk
'hâte ['ɑt] *nf* haste; **à la** ~ hurriedly, hastily; **en** ~ posthaste, with all possible speed; **avoir** ~ **de** to be eager *ou* anxious to; ~ *vt* to hasten; **se** ~ *vi* to hurry
'hâtif, ive ['ɑtif, -iv] *adj* hurried; hasty; (*légume*) early
'hausse ['os] *nf* rise, increase
'hausser ['ose] *vt* to raise; ~ **les épaules** to shrug (one's shoulders)
'haut, e ['o, 'ot] *adj* high; (*grand*) tall; (*son, voix*) high(-pitched) ♦ *adv* high ♦ *nm* top (part); **de 3 m de** ~ 3 m high, 3 m in height; **des** ~**s et des bas** ups and downs; **en** ~ **lieu** in high places; **à** ~**e voix, (tout)** ~ aloud, out loud; **du** ~ **de** from the top of; **de** ~ **en bas** from top to bottom; downwards; **plus** ~ higher up, further up; (*dans un texte*) above; (*parler*) louder; **en** ~ up above; at (*ou* to) the top; (*dans une maison*) upstairs; **en** ~ **de** at the top of
'hautain, e ['otɛ̃, -ɛn] *adj* haughty
'hautbois ['obwɑ] *nm* oboe
'haut-de-forme ['odfɔʀm(ə)] *nm* top hat
'hauteur ['otœʀ] *nf* height; (*fig*) loftiness; haughtiness; **à la** ~ **de** (*sur la même ligne*) level with; by; (*fig*) equal to; **à la** ~ up to it
'haut-fond ['ofɔ̃] *nm* shallow, shoal
'haut-fourneau ['ofuʀno] *nm* blast *ou* smelting furnace
'haut-le-cœur ['olkœʀ] *nm inv* retch, heave
'haut-parleur ['opaʀlœʀ] *nm* (loud) speaker
'havre ['ɑvʀ(ə)] *nm* haven
'Haye ['ɛ] *n*: **la Haye** the Hague
hebdo [ɛbdɔ] (*fam*) *nm* weekly
hebdomadaire [ɛbdɔmadɛʀ] *adj, nm* weekly
héberger [ebɛʀʒe] *vt* to accommodate, lodge; (*réfugiés*) to take in
hébété, e [ebete] *adj* dazed
hébreu, x [ebʀø] *adj m, nm* Hebrew
hécatombe [ekatɔ̃b] *nf* slaughter

hectare [ɛktaʀ] *nm* hectare
'hein ['ɛ̃] *excl* eh?
hélas ['elɑs] *excl* alas! ♦ *adv* unfortunately
'héler ['ele] *vt* to hail
hélice [elis] *nf* propeller
hélicoptère [elikɔptɛʀ] *nm* helicopter
helvétique [ɛlvetik] *adj* Swiss
hémicycle [emisikl(ə)] *nm* semicircle; (*POL*): **l'~** ≈ the benches (of the Commons) (*BRIT*), ≈ the floor (of the House of Representatives) (*US*)
hémorragie [emɔʀaʒi] *nf* bleeding *no pl*, haemorrhage
hémorroïdes [emɔʀɔid] *nfpl* piles, haemorrhoids
'hennir ['eniʀ] *vi* to neigh, whinny
herbe [ɛʀb(ə)] *nf* grass; (*CULIN, MED*) herb; **en ~** unripe; (*fig*) budding; **herbicide** *nm* weed-killer; **herboriste** *nm/f* herbalist
'hère ['ɛʀ] *nm*: **pauvre hère** poor wretch
héréditaire [eʀeditɛʀ] *adj* hereditary
'hérisser ['eʀise] *vt*: **~ qn** (*fig*) to ruffle sb; **se ~** *vi* to bristle, bristle up
'hérisson ['eʀisɔ̃] *nm* hedgehog
héritage [eʀitaʒ] *nm* inheritance; (*fig*) heritage; legacy
hériter [eʀite] *vi*: **~ de qch (de qn)** to inherit sth (from sb); **héritier, ière** *nm/f* heir(ess)
hermétique [ɛʀmetik] *adj* airtight; watertight; (*fig*) abstruse; impenetrable
hermine [ɛʀmin] *nf* ermine
'hernie ['ɛʀni] *nf* hernia
héroïne [eʀɔin] *nf* heroine; (*drogue*) heroin
'héron ['eʀɔ̃] *nm* heron
'héros ['eʀo] *nm* hero
hésitation [ezitɑsjɔ̃] *nf* hesitation
hésiter [ezite] *vi*: **~ (à faire)** to hesitate (to do)
hétéroclite [eteʀɔklit] *adj* heterogeneous; (*objets*) sundry
'hêtre ['ɛtʀ(ə)] *nm* beech
heure [œʀ] *nf* hour; (*SCOL*) period; (*moment*) time; **c'est l'~** it's time; **quelle ~ est-il?** what time is it?; **2 ~s (du matin)** 2 o'clock (in the morning); **être à l'~** to be on time; (*montre*) to be right; **mettre à l'~** to set right; **à toute ~** at any time; **24 ~s sur 24** round the clock, 24 hours a day; **à l'~ qu'il est** at this time (of day); by now; **sur l'~** at once; **~ de pointe** *nf* rush hour; **~s supplémentaires** overtime *sg*
heureusement [œʀøzmɑ̃] *adv* (*par bonheur*) fortunately, luckily
heureux, euse [œʀø, -øz] *adj* happy; (*chanceux*) lucky, fortunate; (*judicieux*) felicitous, fortunate
'heurt ['œʀ] *nm* (*choc*) collision; **~s** *nmpl* (*fig*) clashes
'heurter ['œʀte] *vt* (*mur*) to strike, hit; (*personne*) to collide with; (*fig*) to go against, upset; **se ~ à** *vt* to come up against; **'heurtoir** *nm* door knocker
hexagone [ɛgzagɔn] *nm* hexagon; (*la France*) France (*because of its shape*)
hiberner [ibɛʀne] *vi* to hibernate
'hibou, x ['ibu] *nm* owl
'hideux, euse ['idø, -øz] *adj* hideous
hier [jɛʀ] *adv* yesterday; **toute la journée d'~** all day yesterday; **toute la matinée d'~** all yesterday morning
'hiérarchie ['jeʀaʀʃi] *nf* hierarchy
hilare [ilaʀ] *adj* mirthful
hippique [ipik] *adj* equestrian, horse *cpd*
hippodrome [ipɔdʀom] *nm* racecourse
hippopotame [ipɔpɔtam] *nm* hippopotamus
hirondelle [iʀɔ̃dɛl] *nf* swallow
hirsute [iʀsyt] *adj* hairy; shaggy; tousled
'hisser ['ise] *vt* to hoist, haul up
histoire [istwaʀ] *nf* (*science, événements*) history; (*anecdote, récit, mensonge*) story; (*affaire*) business

no pl; ~s *nfpl* (*chichis*) fuss *no pl*; (*ennuis*) trouble *sg*; **historique** *adj* historical; (*important*) historic

hiver [ivɛʀ] *nm* winter; **hivernal, e, aux** *adj* winter *cpd*; wintry; **hiverner** *vi* to winter

HLM *sigle m/f* = **habitation(s) à loyer modéré**

'hobby ['ɔbi] *nm* hobby

'hocher ['ɔʃe] *vt*: ~ **la tête** to nod; (*signe négatif ou dubitatif*) to shake one's head

'hochet ['ɔʃɛ] *nm* rattle

'hockey ['ɔkɛ] *nm*: ~ **(sur glace/ gazon)** (ice/field) hockey

'hold-up ['ɔldœp] *nm inv* hold-up

'hollandais, e ['ɔlɑ̃dɛ, -ɛz] *adj* Dutch ♦ *nm* (*LING*) Dutch ♦ *nm/f*: **Hollandais, e** Dutchman(woman); **les Hollandais** the Dutch

'Hollande ['ɔlɑ̃d] *nf*: **la** ~ Holland

'homard ['ɔmaʀ] *nm* lobster

homéopathique [ɔmeɔpatik] *adj* homoeopathic

homicide [ɔmisid] *nm* murder; ~ **involontaire** manslaughter

hommage [ɔmaʒ] *nm* tribute; ~s *nmpl*: **présenter ses** ~s to pay one's respects; **rendre** ~ **à** to pay tribute *ou* homage to

homme [ɔm] *nm* man; ~ **d'affaires** businessman; ~ **d'Etat** statesman; ~ **de main** hired man; ~ **de paille** stooge; ~**-grenouille** *nm* frogman

homo: ~**gène** *adj* homogeneous; ~**logue** *nm/f* counterpart, opposite number; ~**logué, e** *adj* (*SPORT*) officially recognized, ratified; (*tarif*) authorized; ~**nyme** *nm* (*LING*) homonym; (*d'une personne*) namesake; ~**sexuel, le** *adj* homosexual

'Hongrie ['ɔ̃gʀi] *nf*: **la Hongrie** Hungary; **'hongrois, e** *adj, nm/f* Hungarian

honnête [ɔnɛt] *adj* (*intègre*) honest; (*juste, satisfaisant*) fair; ~**ment** *adv* honestly; ~**té** *nf* honesty

honneur [ɔnœʀ] *nm* honour; (*mérite*) credit; **en l'**~ **de** in honour of; (*événement*) on the occasion of; **faire** ~ **à** (*engagements*) to honour; (*famille*) to be a credit to; (*fig: repas etc*) to do justice to

honorable [ɔnɔʀabl(ə)] *adj* worthy, honourable; (*suffisant*) decent

honoraire [ɔnɔʀɛʀ] *adj* honorary; **professeur** ~ professor emeritus; **honoraires** *nmpl* fees *pl*

honorer [ɔnɔʀe] *vt* to honour; (*estimer*) to hold in high regard; (*faire honneur à*) to do credit to; **s'**~ **de** *vt* to pride o.s. upon; **honorifique** *adj* honorary

'honte ['ɔ̃t] *nf* shame; **avoir** ~ **de** to be ashamed of; **faire** ~ **à qn** to make sb (feel) ashamed; **'honteux, euse** *adj* ashamed; (*conduite, acte*) shameful, disgraceful

hôpital, aux [ɔpital, -o] *nm* hospital

'hoquet ['ɔkɛ] *nm*: **avoir le hoquet** to have (the) hiccoughs; **'hoqueter** *vi* to hiccough

horaire [ɔʀɛʀ] *adj* hourly ♦ *nm* timetable, schedule; ~s *nmpl* (*d'employé*) hours; ~ **souple** flexitime

horizon [ɔʀizɔ̃] *nm* horizon; (*paysage*) landscape, view

horizontal, e, aux [ɔʀizɔ̃tal, -o] *adj* horizontal

horloge [ɔʀlɔʒ] *nf* clock; **horloger, ère** *nm/f* watchmaker; clockmaker; **horlogerie** *nf* watch-making; watchmaker's (shop); clockmaker's (shop)

'hormis ['ɔʀmi] *prép* save

horoscope [ɔʀɔskɔp] *nm* horoscope

horreur [ɔʀœʀ] *nf* horror; **avoir** ~ **de** to loathe *ou* detest; **horrible** *adj* horrible

horripiler [ɔʀipile] *vt* to exasperate

'hors ['ɔʀ] *prép* except (for); ~ **de** out of; ~ **pair** outstanding; ~ **de propos** inopportune; **être** ~ **de soi** to be beside o.s.; ~ **d'usage** out of service; ~**-bord** *nm inv* speedboat (with outboard motor); ~**-concours** *adj* ineligible to compete; ~**-d'œuvre** *nm inv* hors d'œuvre; ~**-jeu** *nm inv* offside; ~**-la-loi** *nm inv* outlaw; ~**-taxe** *adj* (*boutique, articles*) duty-free

hospice [ɔspis] *nm* (*de vieillards*) home
hospitalier, ière [ɔspitalje, -jɛʀ] *adj* (*accueillant*) hospitable; (*MED: service, centre*) hospital *cpd*
hospitalité [ɔspitalite] *nf* hospitality
hostie [ɔsti] *nf* host (*REL*)
hostile [ɔstil] *adj* hostile; **hostilité** *nf* hostility
hôte [ot] *nm* (*maître de maison*) host; (*invité*) guest
hôtel [otɛl] *nm* hotel; **aller à l'~** to stay in a hotel; **~ de ville** town hall; **~ (particulier)** (private) mansion; **hôtelier, ière** *adj* hotel *cpd* ♦ *nm/f* hotelier; **hôtellerie** *nf* hotel business; (*auberge*) inn
hôtesse [otɛs] *nf* hostess; **~ de l'air** air stewardess
'hotte ['ɔt] *nf* (*panier*) basket (*carried on the back*); (*de cheminée*) hood; **hotte aspirante** cooker hood
'houblon ['ublɔ̃] *nm* (*BOT*) hop; (*pour la bière*) hops *pl*
'houille ['uj] *nf* coal; **houille blanche** hydroelectric power
'houle ['ul] *nf* swell
'houlette ['ulɛt] *nf*: **sous la ~ de** under the guidance of
'houleux, euse ['ulø, -øz] *adj* heavy, swelling; (*fig*) stormy, turbulent
'houspiller ['uspije] *vt* to scold
'housse ['us] *nf* cover; dust cover; loose *ou* stretch cover
'houx ['u] *nm* holly
'hublot ['yblo] *nm* porthole
'huche ['yʃ] *nf*: **~ à pain** bread bin
'huer ['ɥe] *vt* to boo
huile [ɥil] *nf* oil; **huiler** *vt* to oil; **huileux, euse** *adj* oily
huis [ɥi] *nm*: **à ~ clos** in camera
huissier [ɥisje] *nm* usher; (*JUR*) ≈ bailiff
'huit ['ɥit] *num* eight; **samedi en huit** a week on Saturday; **'huitaine** *nf*: **une huitaine (de jours)** a week or so; **'huitième** *num* eighth
huître [ɥitʀ(ə)] *nf* oyster
humain, e [ymɛ̃, -ɛn] *adj* human; (*compatissant*) humane ♦ *nm* human (being); **humanité** *nf* humanity
humble [œ̃bl(ə)] *adj* humble
humecter [ymɛkte] *vt* to dampen
'humer ['yme] *vt* to smell; to inhale
humeur [ymœʀ] *nf* mood; (*tempérament*) temper; (*irritation*) bad temper; **de bonne/mauvaise ~** in a good/bad mood
humide [ymid] *adj* damp; (*main, yeux*) moist; (*climat, chaleur*) humid; (*saison, route*) wet
humilier [ymilje] *vt* to humiliate
humilité [ymilite] *nf* humility, humbleness
humoristique [ymɔʀistik] *adj* humorous; humoristic
humour [ymuʀ] *nm* humour; **avoir de l'~** to have a sense of humour; **~ noir** sick humour
'hurlement ['yʀləmɑ̃] *nm* howling *no pl*, howl, yelling *no pl*, yell
'hurler ['yʀle] *vi* to howl, yell
hurluberlu [yʀlybɛʀly] (*péj*) *nm* crank
'hutte ['yt] *nf* hut
hydratant, e [idʀatɑ̃, -ɑ̃t] *adj* (*crème*) moisturizing
hydrate [idʀat] *nm*: **~s de carbone** carbohydrates
hydraulique [idʀolik] *adj* hydraulic
hydravion [idʀavjɔ̃] *nm* seaplane
hydrogène [idʀɔʒɛn] *nm* hydrogen
hydroglisseur [idʀɔglisœʀ] *nm* hydroplane
hygiénique [iʒjenik] *adj* hygienic
hymne [imn(ə)] *nm* hymn; **~ national** national anthem
hypermarché [ipɛʀmaʀʃe] *nm* hypermarket
hypermétrope [ipɛʀmetʀɔp] *adj* long-sighted
hypnotiser [ipnɔtize] *vt* to hypnotize
hypocrite [ipɔkʀit] *adj* hypocritical
hypothèque [ipɔtɛk] *nf* mortgage
hypothèse [ipɔtɛz] *nf* hypothesis
hystérique [isteʀik] *adj* hysterical

I

iceberg [isbɛʀg] *nm* iceberg

ici [isi] *adv* here; **jusqu'~** as far as this; until now; **d'~ là** by then; in the meantime; **d'~ peu** before long

idéal, e, aux [ideal, -o] *adj* ideal ♦ *nm* ideal; ideals *pl*

idée [ide] *nf* idea; **avoir dans l'~ que** to have an idea that; **~s noires** black *ou* dark thoughts

identifier [idɑ̃tifje] *vt* to identify; **s'~ à** (*héros etc*) to identify with

identique [idɑ̃tik] *adj*: **~ (à)** identical (to)

identité [idɑ̃tite] *nf* identity

idiot, e [idjo, idjɔt] *adj* idiotic ♦ *nm/f* idiot

idole [idɔl] *nf* idol

if [if] *nm* yew

ignare [iɲaʀ] *adj* ignorant

ignoble [iɲɔbl(ə)] *adj* vile

ignorant, e [iɲɔʀɑ̃, -ɑ̃t] *adj* ignorant

ignorer [iɲɔʀe] *vt* (*ne pas connaître*) not to know, be unaware *ou* ignorant of; (*être sans expérience de*: *plaisir, guerre etc*) not to know about, have no experience of; (*bouder*: *personne*) to ignore

il [il] *pron* he; (*animal, chose, en tournure impersonnelle*) it; **~s** they; *voir aussi* **avoir**

île [il] *nf* island; **les ~s anglo-normandes** the Channel Islands; **les ~s Britanniques** the British Isles

illégal, e, aux [ilegal, -o] *adj* illegal

illégitime [ileʒitim] *adj* illegitimate

illettré, e [iletʀe] *adj, nm/f* illiterate

illimité, e [ilimite] *adj* unlimited

illisible [ilizibl(ə)] *adj* illegible; (*roman*) unreadable

illumination [ilyminɑsjɔ̃] *nf* illumination, floodlighting; (*idée*) flash of inspiration

illuminer [ilymine] *vt* to light up; (*monument, rue*: *pour une fête*) to illuminate, floodlight

illusion [ilyzjɔ̃] *nf* illusion; **se faire des ~s** to delude o.s.; **faire ~** to delude *ou* fool people; **illusionniste** *nm/f* conjuror

illustration [ilystʀɑsjɔ̃] *nf* illustration

illustre [ilystʀ(ə)] *adj* illustrious

illustré, e [ilystʀe] *adj* illustrated ♦ *nm* illustrated magazine; comic

illustrer [ilystʀe] *vt* to illustrate; **s'~** to become famous, win fame

îlot [ilo] *nm* small island, islet; (*de maisons*) block

ils [il] *pron voir* **il**

image [imaʒ] *nf* (*gén*) picture; (*comparaison, ressemblance, OPTIQUE*) image; **~ de marque** brand image; (*fig*) public image

imagination [imaʒinɑsjɔ̃] *nf* imagination; (*chimère*) fancy; **avoir de l'~** to be imaginative

imaginer [imaʒine] *vt* to imagine; (*inventer*: *expédient*) to devise, think up; **s'~** *vt* (*se figurer*: *scène etc*) to imagine, picture; **s'~ que** to imagine that

imbécile [ɛ̃besil] *adj* idiotic ♦ *nm/f* idiot

imberbe [ɛ̃bɛʀb(ə)] *adj* beardless

imbiber [ɛ̃bibe] *vt* to moisten, wet; **s'~ de** to become saturated with

imbu, e [ɛ̃by] *adj*: **~ de** full of

imitateur, trice [imitatœʀ, -tʀis] *nm/f* (*gén*) imitator; (*MUSIC-HALL*) impersonator

imitation [imitɑsjɔ̃] *nf* imitation; (*sketch*) imitation, impression; impersonation

imiter [imite] *vt* to imitate; (*contrefaire*) to forge; (*ressembler à*) to look like

immaculé, e [imakyle] *adj* spotless; immaculate

immatriculation [imatʀikylɑsjɔ̃] *nf* registration

immatriculer [imatʀikyle] *vt* to register; **faire/se faire ~** to register

immédiat, e [imedja, -at] *adj* immediate ♦ *nm*: **dans l'~** for the time being; **~ement** *adv* immediately

immense [imɑ̃s] *adj* immense

immerger [imɛʀʒe] *vt* to immerse, submerge

immeuble [imœbl(ə)] *nm* building; ~ **locatif** block of rented flats (*BRIT*), rental building (*US*)

immigration [imigʀɑsjɔ̃] *nf* immigration

immigré, e [imigʀe] *nm/f* immigrant

imminent, e [iminɑ̃, -ɑ̃t] *adj* imminent

immiscer [imise]: **s'**~ *vi* to interfere in *ou* with

immobile [imɔbil] *adj* still, motionless; (*fig*) unchanging

immobilier, ière [imɔbilje, -jɛʀ] *adj* property *cpd* ♦ *nm*: **l'**~ the property business

immobiliser [imɔbilize] *vt* (*gén*) to immobilize; (*circulation, véhicule, affaires*) to bring to a standstill; **s'**~ (*personne*) to stand still; (*machine, véhicule*) to come to a halt

immonde [imɔ̃d] *adj* foul

immondices [imɔ̃dis] *nmpl* refuse *sg*; filth *sg*

immoral, e, aux [imɔʀal, -o] *adj* immoral

immuable [imɥabl(ə)] *adj* immutable; unchanging

immunisé, e [imynize] *adj*: ~ **contre** immune to

immunité [imynite] *nf* immunity

impact [ɛ̃pakt] *nm* impact

impair, e [ɛ̃pɛʀ] *adj* odd ♦ *nm* faux pas, blunder

impardonnable [ɛ̃paʀdɔnabl(ə)] *adj* unpardonable, unforgivable

imparfait, e [ɛ̃paʀfɛ, -ɛt] *adj* imperfect

impartial, e, aux [ɛ̃paʀsjal, -o] *adj* impartial, unbiased

impartir [ɛ̃paʀtiʀ] *vt* to assign; to bestow

impasse [ɛ̃pɑs] *nf* dead-end, cul-de-sac; (*fig*) deadlock

impassible [ɛ̃pasibl(ə)] *adj* impassive

impatience [ɛ̃pasjɑ̃s] *nf* impatience

impatient, e [ɛ̃pasjɑ̃, -ɑ̃t] *adj* impatient

impayable [ɛ̃pɛjabl(ə)] *adj* (*drôle*) priceless

impeccable [ɛ̃pekabl(ə)] *adj* faultless, impeccable; spotlessly clean; impeccably dressed; (*fam*) smashing

impensable [ɛ̃pɑ̃sabl(ə)] *adj* unthinkable; unbelievable

impératif, ive [ɛ̃peʀatif, -iv] *adj* imperative ♦ *nm* (*LING*) imperative; ~s *nmpl* (*exigences*) requirements; demands

impératrice [ɛ̃peʀatʀis] *nf* empress

impérial, e, aux [ɛ̃peʀjal, -o] *adj* imperial; **impériale** *nf* top deck

impérieux, euse [ɛ̃peʀjø, -øz] *adj* (*caractère, ton*) imperious; (*obligation, besoin*) pressing, urgent

impérissable [ɛ̃peʀisabl(ə)] *adj* undying; imperishable

imperméable [ɛ̃pɛʀmeabl(ə)] *adj* waterproof; (*GEO*) impermeable; (*fig*): ~ **à** impervious to ♦ *nm* raincoat

impertinent, e [ɛ̃pɛʀtinɑ̃, -ɑ̃t] *adj* impertinent

impétueux, euse [ɛ̃petɥø, -øz] *adj* fiery

impie [ɛ̃pi] *adj* impious, ungodly

impitoyable [ɛ̃pitwajabl(ə)] *adj* pitiless, merciless

implanter [ɛ̃plɑ̃te] *vt* (*usine, industrie, usage*) to establish; (*colons etc*) to settle; (*idée, préjugé*) to implant

impliquer [ɛ̃plike] *vt* to imply; ~ **qn (dans)** to implicate sb (in)

impoli, e [ɛ̃pɔli] *adj* impolite, rude

importance [ɛ̃pɔʀtɑ̃s] *nf* importance; **sans** ~ unimportant

important, e [ɛ̃pɔʀtɑ̃, -ɑ̃t] *adj* important; (*en quantité*) considerable, sizeable; extensive; (*péj*: *airs, ton*) self-important ♦ *nm*: **l'**~ the important thing

importateur, trice [ɛ̃pɔʀtatœʀ, -tʀis] *nm/f* importer

importation [ɛ̃pɔʀtasjɔ̃] *nf* importation; introduction; (*produit*) import

importer [ɛ̃pɔʀte] *vt* (*COMM*) to import; (*maladies, plantes*) to introduce ♦ *vi* (*être important*) to matter; **il**

importe qu'il fasse it is important that he should do; **peu m'importe** I don't mind; I don't care; **peu importe (que)** it doesn't matter (if); *voir aussi* **n'importe**

importun, e [ɛ̃pɔʀtœ̃, -yn] *adj* irksome, importunate; (*arrivée, visite*) inopportune, ill-timed ♦ *nm* intruder; **importuner** *vt* to bother

imposable [ɛ̃pozabl(e)] *adj* taxable

imposant, e [ɛ̃pozɑ̃, -ɑ̃t] *adj* imposing

imposer [ɛ̃poze] *vt* (*taxer*) to tax; **s'~** (*être nécessaire*) to be imperative; (*montrer sa proéminence*) to stand out, emerge; (*artiste: se faire connaître*) to win recognition; **~ qch à qn** to impose sth on sb; **en ~ à** to impress; **imposition** [ɛ̃pozisjɔ̃] *nf* (*ADMIN*) taxation

impossible [ɛ̃pɔsibl(ə)] *adj* impossible; **il m'est ~ de le faire** it is impossible for me to do it, I can't possibly do it; **faire l'~** to do one's utmost

impôt [ɛ̃po] *nm* tax; (*taxes*) taxation; taxes *pl*; **~s** *nmpl* (*contributions*) (income) tax *sg*; **payer 1000 F d'~s** to pay 1,000 F in tax; **~ foncier** land tax; **~ sur le chiffre d'affaires** corporation (*BRIT*) *ou* corporate (*US*) tax; **~ sur le revenu** income tax

impotent, e [ɛ̃pɔtɑ̃, -ɑ̃t] *adj* disabled

impraticable [ɛ̃pʀatikabl(ə)] *adj* (*projet*) impracticable, unworkable; (*piste*) impassable

imprécis, e [ɛ̃pʀesi, -iz] *adj* imprecise

imprégner [ɛ̃pʀeɲe] *vt* (*tissu, tampon*) to soak, impregnate; (*lieu, air*) to fill; **s'~ de** (*fig*) to absorb

imprenable [ɛ̃pʀənabl(ə)] *adj* (*forteresse*) impregnable; **vue ~** unimpeded outlook

impression [ɛ̃pʀesjɔ̃] *nf* impression; (*d'un ouvrage, tissu*) printing; **faire bonne ~** to make a good impression

impressionnant, e [ɛ̃pʀesjɔnɑ̃, -ɑ̃t] *adj* impressive; upsetting

impressionner [ɛ̃pʀesjɔne] *vt* (*frapper*) to impress; (*troubler*) to upset

imprévisible [ɛ̃pʀevizibl(ə)] *adj* unforeseeable

imprévoyant, e [ɛ̃pʀevwajɑ̃, -ɑ̃t] *adj* lacking in foresight; (*en matière d'argent*) improvident

imprévu, e [ɛ̃pʀevy] *adj* unforeseen, unexpected ♦ *nm* unexpected incident; **en cas d'~** if anything unexpected happens

imprimante [ɛ̃pʀimɑ̃t] *nf* printer; **~ matricielle** dot-matrix printer

imprimé [ɛ̃pʀime] *nm* (*formulaire*) printed form; (*POSTES*) printed matter *no pl*

imprimer [ɛ̃pʀime] *vt* to print; (*empreinte etc*) to imprint; (*publier*) to publish; (*communiquer: mouvement, impulsion*) to impart, transmit; **imprimerie** *nf* printing; (*établissement*) printing works *sg*; **imprimeur** *nm* printer

impromptu, e [ɛ̃pʀɔ̃pty] *adj* impromptu; sudden

impropre [ɛ̃pʀɔpʀ(ə)] *adj* inappropriate; **~ à** unsuitable for

improviser [ɛ̃pʀɔvize] *vt, vi* to improvise

improviste [ɛ̃pʀɔvist(ə)]: **à l'~** *adv* unexpectedly, without warning

imprudence [ɛ̃pʀydɑ̃s] *nf* carelessness *no pl*; imprudence *no pl*

imprudent, e [ɛ̃pʀydɑ̃, -ɑ̃t] *adj* (*conducteur, geste, action*) careless; (*remarque*) unwise, imprudent; (*projet*) foolhardy

impudent, e [ɛ̃pydɑ̃, -ɑ̃t] *adj* impudent; brazen

impudique [ɛ̃pydik] *adj* shameless

impuissant, e [ɛ̃pɥisɑ̃, -ɑ̃t] *adj* helpless; (*sans effet*) ineffectual; (*sexuellement*) impotent; **~ à faire** powerless to do

impulsif, ive [ɛ̃pylsif, -iv] *adj* impulsive

impulsion [ɛ̃pylsjɔ̃] *nf* (*ÉLEC, instinct*) impulse; (*élan, influence*) impetus

impunément [ɛ̃pynemɑ̃] *adv* with impunity
imputer [ɛ̃pyte] *vt* (*attribuer*) to ascribe, impute; (*COMM*): ~ **à** *ou* **sur** to charge to
inabordable [inabɔʀdabl(ə)] *adj* (*cher*) prohibitive
inaccessible [inaksesibl(ə)] *adj* inaccessible; unattainable; (*insensible*): ~ **à** impervious to
inachevé, e [inaʃve] *adj* unfinished
inadapté, e [inadapte] *adj* (*gén*): ~ **à** not adapted to, unsuited to; (*PSYCH*) maladjusted
inadmissible [inadmisibl(ə)] *adj* inadmissible
inadvertance [inadvɛʀtɑ̃s] : **par** ~ *adv* inadvertently
inaltérable [inalteʀabl(ə)] *adj* (*matière*) stable; (*fig*) unchanging; ~ **à** unaffected by
inamovible [inamɔvibl(ə)] *adj* fixed; (*JUR*) irremovable
inanimé, e [inanime] *adj* (*matière*) inanimate; (*évanoui*) unconscious; (*sans vie*) lifeless
inanition [inanisjɔ̃] *nf*: **tomber d'~** to faint with hunger (and exhaustion)
inaperçu, e [inapɛʀsy] *adj*: **passer ~** to go unnoticed
inappréciable [inapʀesjabl(ə)] *adj* (*service*) invaluable
inapte [inapt(ə)] *adj*: ~ **à** incapable of; (*MIL*) unfit for
inattaquable [inatakabl(ə)] *adj* (*texte, preuve*) irrefutable
inattendu, e [inatɑ̃dy] *adj* unexpected
inattentif, ive [inatɑ̃tif, -iv] *adj* inattentive; ~ **à** (*dangers, détails*) heedless of; **inattention** *nf*: **faute d'inattention** careless mistake
inaugurer [inɔgyʀe] *vt* (*monument*) to unveil; (*exposition, usine*) to open; (*fig*) to inaugurate
inavouable [inavwabl(ə)] *adj* shameful; undisclosable
inavoué, e [inavwe] *adj* unavowed
incandescence [ɛ̃kɑ̃desɑ̃s] *nf*: **porter à ~** to heat white-hot
incapable [ɛ̃kapabl(ə)] *adj* incapable; ~ **de faire** incapable of doing; (*empêché*) unable to do
incapacité [ɛ̃kapasite] *nf* incapability; (*JUR*) incapacity
incarcérer [ɛ̃kaʀseʀe] *vt* to incarcerate, imprison
incarner [ɛ̃kaʀne] *vt* to embody, personify; (*THÉÂTRE*) to play
incartade [ɛ̃kaʀtad] *nf* prank
incassable [ɛ̃kɑsabl(ə)] *adj* unbreakable
incendiaire [ɛ̃sɑ̃djɛʀ] *adj* incendiary; (*fig: discours*) inflammatory ♦ *nm/f* fire-raiser, arsonist
incendie [ɛ̃sɑ̃di] *nm* fire; ~ **criminel** arson *no pl*; ~ **de forêt** forest fire; **~r** [ɛ̃sɑ̃dje] *vt* (*mettre le feu à*) to set fire to, set alight; (*brûler complètement*) to burn down
incertain, e [ɛ̃sɛʀtɛ̃, -ɛn] *adj* uncertain; (*temps*) uncertain, unsettled; (*imprécis: contours*) indistinct, blurred; **incertitude** *nf* uncertainty
incessamment [ɛ̃sesamɑ̃] *adv* very shortly
incidemment [ɛ̃sidamɑ̃] *adv* in passing
incident [ɛ̃sidɑ̃] *nm* incident; ~ **de parcours** minor hitch *ou* setback; ~ **technique** technical difficulties *pl*
incinérer [ɛ̃sineʀe] *vt* (*ordures*) to incinerate; (*mort*) to cremate
incisive [ɛ̃siziv] *nf* incisor
inciter [ɛ̃site] *vt*: ~ **qn à (faire) qch** to encourage sb to do sth; (*à la révolte etc*) to incite sb to do sth
inclinable [ɛ̃klinabl(ə)] *adj*: **siège à dossier ~** reclining seat
inclinaison [ɛ̃klinɛzɔ̃] *nf* (*déclivité: d'une route etc*) incline; (*: d'un toit*) slope; (*état penché*) tilt
inclination [ɛ̃klinɑsjɔ̃] *nf*: ~ **de (la) tête** nod (of the head); ~ **(de buste)** bow
incliner [ɛ̃kline] *vt* (*tête, bouteille*) to tilt ♦ *vi*: ~ **à qch/à faire** to incline towards sth/doing; **s'~ (devant)** to bow (before); (*céder*) to give in *ou* yield (to); ~ **la tête** *ou* **le front** to

give a slight bow
inclure [ɛ̃klyʀ] *vt* to include; (*joindre à un envoi*) to enclose; **jusqu'au 10 mars inclus** until 10th March inclusive
incoercible [ɛ̃kɔɛʀsibl(ə)] *adj* uncontrollable
incohérent, e [ɛ̃kɔeʀɑ̃, -ɑ̃t] *adj* inconsistent; incoherent
incollable [ɛ̃kɔlabl(ə)] *adj*: **il est ~** he's got all the answers
incolore [ɛ̃kɔlɔʀ] *adj* colourless
incomber [ɛ̃kɔ̃be] : **~ à** *vt* (*suj: devoirs, responsabilité*) to rest upon; (*: frais, travail*) to be the responsibility of
incommensurable [ɛ̃kɔmɑ̃syʀabl(ə)] *adj* immeasurable
incommode [ɛ̃kɔmɔd] *adj* inconvenient; (*posture, siège*) uncomfortable
incommoder [ɛ̃kɔmɔde] *vt*: **~ qn** to inconvenience sb; (*embarrasser*) to make sb feel uncomfortable
incompétent, e [ɛ̃kɔ̃petɑ̃, -ɑ̃t] *adj* incompetent
incompris, e [ɛ̃kɔ̃pʀi, -iz] *adj* misunderstood
inconcevable [ɛ̃kɔ̃svabl(ə)] *adj* incredible
inconciliable [ɛ̃kɔ̃siljabl(ə)] *adj* irreconcilable
inconditionnel, le [ɛ̃kɔ̃disjɔnɛl] *adj* unconditional; (*partisan*) unquestioning
incongru, e [ɛ̃kɔ̃gʀy] *adj* unseemly
inconnu, e [ɛ̃kɔny] *adj* unknown; new, strange ♦ *nm/f* stranger; unknown person (*ou* artist *etc*) ♦ *nm*: **l'~** the unknown; **~e** *nf* unknown
inconsciemment [ɛ̃kɔ̃sjamɑ̃] *adv* unconsciously
inconscient, e [ɛ̃kɔ̃sjɑ̃, -ɑ̃t] *adj* unconscious; (*irréfléchi*) thoughtless, reckless ♦ *nm* (*PSYCH*): **l'~** the unconscious; **~ de** unaware of
inconsidéré, e [ɛ̃kɔ̃sideʀe] *adj* ill-considered
inconsistant, e [ɛ̃kɔ̃sistɑ̃, -ɑ̃t] *adj* flimsy, weak; runny
incontestable [ɛ̃kɔ̃tɛstabl(ə)] *adj* indisputable
incontournable [ɛ̃kɔ̃tuʀnabl(ə)] *adj* unavoidable
inconvenant, e [ɛ̃kɔ̃vnɑ̃, -ɑ̃t] *adj* unseemly, improper
inconvénient [ɛ̃kɔ̃venjɑ̃] *nm* (*d'une situation, d'un projet*) disadvantage, drawback; (*d'un remède, changement etc*) inconvenience; **si vous n'y voyez pas d'~** if you have no objections
incorporer [ɛ̃kɔʀpɔʀe] *vt*: **~ (à)** to mix in (with); (*paragraphe etc*): **~ (dans)** to incorporate (in); (*MIL: appeler*) to recruit, call up
incorrect, e [ɛ̃kɔʀɛkt] *adj* (*impropre, inconvenant*) improper; (*défectueux*) faulty; (*inexact*) incorrect; (*impoli*) impolite; (*déloyal*) underhand
incrédule [ɛ̃kʀedyl] *adj* incredulous; (*REL*) unbelieving
increvable [ɛ̃kʀəvabl(ə)] (*fam*) *adj* tireless
incriminer [ɛ̃kʀimine] *vt* (*personne*) to incriminate; (*action, conduite*) to bring under attack; (*bonne foi, honnêteté*) to call into question
incroyable [ɛ̃kʀwajabl(ə)] *adj* incredible; unbelievable
incruster [ɛ̃kʀyste] *vt* (*ART*) to inlay; **s'~** *vi* (*invité*) to take root; (*radiateur etc*) to become coated with fur *ou* scale
inculpé, e [ɛ̃kylpe] *nm/f* accused
inculper [ɛ̃kylpe] *vt*: **~ (de)** to charge (with)
inculquer [ɛ̃kylke] *vt*: **~ qch à** to inculcate sth in *ou* instil sth into
inculte [ɛ̃kylt(ə)] *adj* uncultivated; (*esprit, peuple*) uncultured; (*barbe*) unkempt
Inde [ɛ̃d] *nf*: **l'~** India
indécis, e [ɛ̃desi, -iz] *adj* indecisive; (*perplexe*) undecided
indéfendable [ɛ̃defɑ̃dabl(ə)] *adj* indefensible
indéfini, e [ɛ̃defini] *adj* (*imprécis, incertain*) undefined; (*illimité, LING*) indefinite; **indéfiniment** *adv* indefi-

nitely; **indéfinissable** *adj* indefinable
indélébile [ɛ̃delebil] *adj* indelible
indélicat, e [ɛ̃delika, -at] *adj* tactless; dishonest
indemne [ɛ̃dɛmn(ə)] *adj* unharmed
indemniser [ɛ̃dɛmnize] *vt*: ~ **qn** (**de**) to compensate sb (for)
indemnité [ɛ̃dɛmnite] *nf* (*dédommagement*) compensation *no pl*; (*allocation*) allowance; ~ **de licenciement** redundancy payment
indépendamment [ɛ̃depɑ̃damɑ̃] *adv* independently; ~ **de** (*abstraction faite de*) irrespective of; (*en plus de*) over and above
indépendance [ɛ̃depɑ̃dɑ̃s] *nf* independence
indépendant, e [ɛ̃depɑ̃dɑ̃, -ɑ̃t] *adj* independent; ~ **de** independent of
indescriptible [ɛ̃dɛskʀiptibl(ə)] *adj* indescribable
indétermination [ɛ̃detɛʀminɑsjɔ̃] *nf* indecision; indecisiveness
indéterminé, e [ɛ̃detɛʀmine] *adj* unspecified; indeterminate
index [ɛ̃dɛks] *nm* (*doigt*) index finger; (*d'un livre etc*) index; **mettre à l'**~ to blacklist
indexé, e [ɛ̃dɛkse] *adj* (*ÉCON*): ~ (**sur**) index-linked (to)
indicateur [ɛ̃dikatœʀ] *nm* (*POLICE*) informer; (*livre*) guide; directory; (*TECH*) gauge; indicator; ~ **des chemins de fer** railway timetable
indicatif, ive [ɛ̃dikatif, -iv] *adj*: **à titre** ~ for (your) information ♦ *nm* (*LING*) indicative; (*RADIO*) theme *ou* signature tune; (*TÉL*) dialling code
indication [ɛ̃dikɑsjɔ̃] *nf* indication; (*renseignement*) information *no pl*; ~**s** *nfpl* (*directives*) instructions
indice [ɛ̃dis] *nm* (*marque, signe*) indication, sign; (*POLICE*: *lors d'une enquête*) clue; (*JUR*: *présomption*) piece of evidence; (*SCIENCE, ECON, TECH*) index
indicible [ɛ̃disibl(ə)] *adj* inexpressible
indien, ne [ɛ̃djɛ̃, -jɛn] *adj, nm/f* Indian
indifféremment [ɛ̃difeʀamɑ̃] *adv* (*sans distinction*) equally (well); indiscriminately
indifférence [ɛ̃difeʀɑ̃s] *nf* indifference; **indifférent, e** [ɛ̃difeʀɑ̃, -ɑ̃t] *adj* (*peu intéressé*) indifferent
indigence [ɛ̃diʒɑ̃s] *nf* poverty
indigène [ɛ̃diʒɛn] *adj* native, indigenous; local ♦ *nm/f* native
indigeste [ɛ̃diʒɛst(ə)] *adj* indigestible
indigestion [ɛ̃diʒɛstjɔ̃] *nf* indigestion *no pl*
indigne [ɛ̃diɲ] *adj* unworthy
indigner [ɛ̃diɲe] *vt*: **s'**~ (**de** *ou* **contre**) to be indignant (at)
indiqué, e [ɛ̃dike] *adj* (*date, lieu*) given; (*adéquat, conseillé*) suitable
indiquer [ɛ̃dike] *vt* (*désigner*): ~ **qch/qn à qn** to point sth/sb out to sb; (*suj*: *pendule, aiguille*) to show; (: *étiquette, plan*) to show, indicate; (*faire connaître*: *médecin, restaurant*): ~ **qch/qn à qn** to tell sb of sth/sb; (*renseigner sur*) to point out, tell; (*déterminer*: *date, lieu*) to give, state; (*dénoter*) to indicate, point to
indirect, e [ɛ̃diʀɛkt] *adj* indirect
indiscipline [ɛ̃disiplin] *nf* lack of discipline; **indiscipliné, e** *adj* undisciplined; (*fig*) unmanageable
indiscret, ète [ɛ̃diskʀɛ, -ɛt] *adj* indiscreet
indiscutable [ɛ̃diskytabl(ə)] *adj* indisputable
indispensable [ɛ̃dispɑ̃sabl(ə)] *adj* indispensable; essential
indisposé, e [ɛ̃dispoze] *adj* indisposed
indisposer [ɛ̃dispoze] *vt* (*incommoder*) to upset; (*déplaire à*) to antagonize
indistinct, e [ɛ̃distɛ̃, -ɛ̃kt(ə)] *adj* indistinct; **indistinctement** *adv* (*voir, prononcer*) indistinctly; (*sans distinction*) indiscriminately
individu [ɛ̃dividy] *nm* individual
individuel, le [ɛ̃dividɥɛl] *adj* (*gén*) individual; (*opinion, livret, contrôle,*

avantages) personal; **chambre ~le** single room; **maison ~le** detached house
indolore [ɛ̃dɔlɔʀ] *adj* painless
indomptable [ɛ̃dɔ̃tabl(ə)] *adj* untameable; (*fig*) invincible, indomitable
Indonésie [ɛ̃donezi] *nf* Indonesia
indu, e [ɛ̃dy] *adj*: **à des heures ~es** at some ungodly hour
induire [ɛ̃dɥiʀ] *vt*: **~ qn en erreur** to lead sb astray, mislead sb
indulgent, e [ɛ̃dylʒɑ̃, -ɑ̃t] *adj* (*parent, regard*) indulgent; (*juge, examinateur*) lenient
indûment [ɛ̃dymɑ̃] *adv* wrongfully; without due cause
industrie [ɛ̃dystʀi] *nf* industry; **industriel, le** *adj* industrial ♦ *nm* industrialist; manufacturer
inébranlable [inebʀɑ̃labl(ə)] *adj* (*masse, colonne*) solid; (*personne, certitude, foi*) steadfast, unwavering
inédit, e [inedi, -it] *adj* (*correspondance etc*) hitherto unpublished; (*spectacle, moyen*) novel, original
ineffaçable [inefasabl(ə)] *adj* indelible
inefficace [inefikas] *adj* (*remède, moyen*) ineffective; (*machine, employé*) inefficient
inégal, e, aux [inegal, -o] *adj* unequal; uneven; **inégalable** [inegalabl(e)] *adj* matchless; **inégalé, e** [inegale] *adj* unmatched, unequalled
inerte [inɛʀt(ə)] *adj* lifeless; inert
inestimable [inestimabl(e)] *adj* priceless; (*fig*: *bienfait*) invaluable
inévitable [inevitabl(ə)] *adj* unavoidable; (*fatal, habituel*) inevitable
inexact, e [inɛgzakt] *adj* inaccurate, inexact; unpunctual
in extremis [inɛkstʀemis] *adv* at the last minute ♦ *adj* last-minute
infaillible [ɛ̃fajibl(ə)] *adj* infallible
infâme [ɛ̃fɑm] *adj* vile
infanticide [ɛ̃fɑ̃tisid] *nm/f* child-murderer(eress) ♦ *nm* (*meurtre*) infanticide
infarctus [ɛ̃faʀktys] *nm*: **~ (du myocarde)** coronary (thrombosis)
infatigable [ɛ̃fatigabl(ə)] *adj* tireless
infect, e [ɛ̃fɛkt] *adj* vile; foul; (*repas, vin*) revolting
infecter [ɛ̃fɛkte] *vt* (*atmosphère, eau*) to contaminate; (*MÉD*) to infect; **s'~** to become infected *ou* septic; **infection** *nf* infection
inférieur, e [ɛ̃feʀjœʀ] *adj* lower; (*en qualité, intelligence*) inferior; **~ à** (*somme, quantité*) less *ou* smaller than; (*moins bon que*) inferior to
infernal, e, aux [ɛ̃fɛʀnal, -o] *adj* (*chaleur, rythme*) infernal; (*méchanceté, complot*) diabolical
infidèle [ɛ̃fidɛl] *adj* unfaithful
infiltrer [ɛ̃filtʀe] : **s'~** *vi* to penetrate into; (*liquide*) to seep into; (*fig*: *noyauter*) to infiltrate
infime [ɛ̃fim] *adj* minute, tiny; (*inférieur*) lowly
infini, e [ɛ̃fini] *adj* infinite ♦ *nm* infinity; **à l'~** (*MATH*) to infinity; (*agrandir, varier*) infinitely; (*interminablement*) endlessly; **infinité** *nf*: **une infinité de** an infinite number of
infinitif [ɛ̃finitif] *nm* infinitive
infirme [ɛ̃fiʀm(ə)] *adj* disabled ♦ *nm/f* disabled person; **~ de guerre** war cripple
infirmerie [ɛ̃fiʀməʀi] *nf* sick bay
infirmier, ière [ɛ̃fiʀmje, -jɛʀ] *nm/f* nurse; **infirmière chef** sister; **infirmière visiteuse** ≈ district nurse
infirmité [ɛ̃fiʀmite] *nf* disability
inflammable [ɛ̃flamabl(ə)] *adj* (in)flammable
inflation [ɛ̃flɑsjɔ̃] *nf* inflation
inflexion [ɛ̃flɛksjɔ̃] *nf* inflexion; **~ de la tête** slight nod (of the head)
infliger [ɛ̃fliʒe] *vt*: **~ qch (à qn)** to inflict sth (on sb); (*amende, sanction*) to impose sth (on sb)
influence [ɛ̃flyɑ̃s] *nf* influence; (*d'un médicament*) effect; **influencer** *vt* to influence; **influent, e** *adj* influential
influer [ɛ̃flye] : **~ sur** *vt* to have an influence upon
informaticien, ne [ɛ̃fɔʀmatisjɛ̃, -jɛn] *nm/f* computer scientist

information [ɛ̃fɔʀmasjɔ̃] *nf* (*renseignement*) piece of information; (*PRESSE, TV*: *nouvelle*) item of news; (*diffusion de renseignements, INFORM*) information; (*JUR*) inquiry, investigation; ~s *nfpl* (*TV*) news *sg*; **voyage d'~** fact-finding trip

informatique [ɛ̃fɔʀmatik] *nf* (*technique*) data processing; (*science*) computer science ♦ *adj* computer *cpd*; **informatiser** *vt* to computerize

informe [ɛ̃fɔʀm(ə)] *adj* shapeless

informer [ɛ̃fɔʀme] *vt*: ~ **qn (de)** to inform sb (of); **s'~ (de/si)** to inquire *ou* find out (about/whether *ou* if)

infortune [ɛ̃fɔʀtyn] *nf* misfortune

infraction [ɛ̃fʀaksjɔ̃] *nf* offence; ~ **à** violation *ou* breach of; **être en ~** to be in breach of the law

infranchissable [ɛ̃fʀɑ̃ʃisabl(ə)] *adj* impassable; (*fig*) insuperable

infrastructure [ɛ̃fʀastʀyktyʀ] *nf* (*AVIAT, MIL*) ground installations *pl*; (*ÉCON*: *touristique etc*) infrastructure

infuser [ɛ̃fyze] *vt, vi* (*thé*) to brew; (*tisane*) to infuse; **infusion** *nf* (*tisane*) herb tea

ingénier [ɛ̃ʒenje] : **s'~** *vi* to strive to do

ingénierie [ɛ̃ʒenjəʀi] *nf* engineering; ~ **génétique** genetic engineering

ingénieur [ɛ̃ʒenjœʀ] *nm* engineer; ~ **du son** sound engineer

ingénieux, euse [ɛ̃ʒenjø, -øz] *adj* ingenious, clever

ingénu, e [ɛ̃ʒeny] *adj* ingenuous, artless

ingérer [ɛ̃ʒeʀe] : **s'~** *vi* to interfere in

ingrat, e [ɛ̃gʀa, -at] *adj* (*personne*) ungrateful; (*sol*) poor; (*travail, sujet*) thankless; (*visage*) unprepossessing

ingrédient [ɛ̃gʀedjɑ̃] *nm* ingredient

ingurgiter [ɛ̃gyʀʒite] *vt* to swallow

inhabitable [inabitabl(ə)] *adj* uninhabitable

inhabituel, le [inabitɥɛl] *adj* unusual

inhérent, e [ineʀɑ̃, -ɑ̃t] *adj*: ~ **à** inherent in

inhibition [inibisjɔ̃] *nf* inhibition

inhumain, e [inymɛ̃, -ɛn] *adj* inhuman

inhumer [inyme] *vt* to inter, bury

inimitié [inimitje] *nf* enmity

initial, e, aux [inisjal, -o] *adj* initial; **initiale** *nf* initial

initiateur, trice [inisjatœʀ, -tʀis] *nm/f* initiator; (*d'une mode, technique*) innovator, pioneer

initiative [inisjativ] *nf* initiative

initier [inisje] *vt*: ~ **qn à** to initiate sb into; (*faire découvrir*: *art, jeu*) to introduce sb to

injecté, e [ɛ̃ʒɛkte] *adj*: **yeux ~s de sang** bloodshot eyes

injecter [ɛ̃ʒɛkte] *vt* to inject; **injection** *nf* injection; **à injection** (*AUTO*) fuel injection *cpd*

injure [ɛ̃ʒyʀ] *nf* insult, abuse *no pl*

injurier [ɛ̃ʒyʀje] *vt* to insult, abuse; **injurieux, euse** *adj* abusive, insulting

injuste [ɛ̃ʒyst(ə)] *adj* unjust, unfair; **injustice** *nf* injustice

inlassable [ɛ̃lasabl(ə)] *adj* tireless

inné, e [ine] *adj* innate, inborn

innocent, e [inɔsɑ̃, -ɑ̃t] *adj* innocent; **innocenter** *vt* to clear, prove innocent

innombrable [inɔ̃bʀabl(ə)] *adj* innumerable

innommable [inɔmabl(ə)] *adj* unspeakable

innover [inɔve] *vi* to break new ground

inoccupé, e [inɔkype] *adj* unoccupied

inoculer [inɔkyle] *vt* (*volontairement*) to inoculate; (*accidentellement*) to infect

inodore [inɔdɔʀ] *adj* (*gaz*) odourless; (*fleur*) scentless

inoffensif, ive [inɔfɑ̃sif, -iv] *adj* harmless, innocuous

inondation [inɔ̃dasjɔ̃] *nf* flooding *no pl*; flood; **inonder** [inɔ̃de] *vt* to flood;

(*fig*) to inundate, overrun

inopérant, e [inɔpeʀɑ̃, -ɑ̃t] *adj* inoperative, ineffective

inopiné, e [inɔpine] *adj* unexpected, sudden

inopportun, e [inɔpɔʀtœ̃, -yn] *adj* ill-timed, untimely; inappropriate

inoubliable [inublijabl(ə)] *adj* unforgettable

inouï, e [inwi] *adj* unheard-of, extraordinary

inox(ydable) [inɔks(idabl(ə))] *adj* stainless

inqualifiable [ɛ̃kalifjabl(ə)] *adj* unspeakable

inquiet, ète [ɛ̃kjɛ, -ɛt] *adj* anxious

inquiétant, e [ɛ̃kjetɑ̃, -ɑ̃t] *adj* worrying, disturbing

inquiéter [ɛ̃kjete] *vt* to worry; (*harceler*) to harass; **s'~** to worry; **s'~ de** to worry about; (*s'enquérir de*) to inquire about

inquiétude [ɛ̃kjetyd] *nf* anxiety

insaisissable [ɛ̃sezisabl(ə)] *adj* elusive

insatisfait, e [ɛ̃satisfɛ, -ɛt] *adj* (*non comblé*) unsatisfied; unfulfilled; (*mécontent*) dissatisfied

inscription [ɛ̃skʀipsjɔ̃] *nf* inscription; (*voir s'inscrire*) enrolment; registration

inscrire [ɛ̃skʀiʀ] *vt* (*marquer: sur son calepin etc*) to note *ou* write down; (: *sur un mur, une affiche etc*) to write; (: *dans la pierre, le métal*) to inscribe; (*mettre: sur une liste, un budget etc*) to put down; **s'~** (*pour une excursion etc*) to put one's name down; **s'~ (à)** (*club, parti*) to join; (*université*) to register *ou* enrol (at); (*examen, concours*) to register (for); **s'~ en faux contre** to challenge; **~ qn à** (*club, parti*) to enrol sb at

insecte [ɛ̃sɛkt(ə)] *nm* insect; **insecticide** *nm* insecticide

insensé, e [ɛ̃sɑ̃se] *adj* mad

insensibiliser [ɛ̃sɑ̃sibilize] *vt* to anaesthetize

insensible [ɛ̃sɑ̃sibl(ə)] *adj* (*nerf, membre*) numb; (*dur, indifférent*) insensitive; (*imperceptible*) imperceptible

insérer [ɛ̃seʀe] *vt* to insert; **s'~ dans** to fit into; to come within

insigne [ɛ̃siɲ] *nm* (*d'un parti, club*) badge ♦ *adj* distinguished

insignifiant, e [ɛ̃siɲifjɑ̃, -ɑ̃t] *adj* insignificant; trivial

insinuer [ɛ̃sinɥe] *vt* to insinuate, imply; **s'~ dans** (*fig*) to creep into

insister [ɛ̃siste] *vi* to insist; (*s'obstiner*) to keep on; **~ sur** (*détail, note*) to stress

insolation [ɛ̃sɔlɑsjɔ̃] *nf* (*MÉD*) sunstroke *no pl*

insolent, e [ɛ̃sɔlɑ̃, -ɑ̃t] *adj* insolent

insolite [ɛ̃sɔlit] *adj* strange, unusual

insomnie [ɛ̃sɔmni] *nf* insomnia *no pl*, sleeplessness *no pl*

insondable [ɛ̃sɔ̃dabl(ə)] *adj* unfathomable

insonoriser [ɛ̃sɔnɔʀize] *vt* to soundproof

insouciant, e [ɛ̃susjɑ̃, -ɑ̃t] *adj* carefree; (*imprévoyant*) heedless

insoumis, e [ɛ̃sumi, -iz] *adj* (*caractère, enfant*) rebellious, refractory; (*contrée, tribu*) unsubdued

insoupçonnable [ɛ̃supsɔnabl(ə)] *adj* unsuspected; (*personne*) above suspicion

insoupçonné, e [ɛ̃supsɔne] *adj* unsuspected

insoutenable [ɛ̃sutnabl(ə)] *adj* (*argument*) untenable; (*chaleur*) unbearable

inspecter [ɛ̃spɛkte] *vt* to inspect

inspecteur, trice [ɛ̃spɛktœʀ, -tʀis] *nm/f* inspector; **~ d'Académie** (regional) director of education; **~ des finances** ≈ tax inspector (*BRIT*), ≈ Internal Revenue Service agent (*US*)

inspection [ɛ̃spɛksjɔ̃] *nf* inspection

inspirer [ɛ̃spiʀe] *vt* (*gén*) to inspire ♦ *vi* (*aspirer*) to breathe in; **s'~ de** (*suj: artiste*) to draw one's inspiration from

instable [ɛ̃stabl(ə)] *adj* (*meuble, équilibre*) unsteady; (*population, temps*) unsettled; (*régime, carac-*

tère) unstable
installation [ɛ̃stalɑsjɔ̃] *nf* putting in *ou* up; fitting out; settling in; (*appareils etc*) fittings *pl*, installations *pl*; ~s *nfpl* (*appareils*) equipment; (*équipements*) facilities
installer [ɛ̃stale] *vt* (*loger*): ~ **qn** to get sb settled; (*placer*) to put, place; (*meuble, gaz, électricité*) to put in; (*rideau, étagère, tente*) to put up; (*appartement*) to fit out; s'~ (*s'établir*: *artisan, dentiste etc*) to set o.s. up; (*se loger*) to settle (o.s.); (*emménager*) to settle in; (*sur un siège, à un emplacement*) to settle (down); (*fig*: *maladie, grève*) to take a firm hold
instamment [ɛ̃stamɑ̃] *adv* urgently
instance [ɛ̃stɑ̃s] *nf* (*ADMIN*: *autorité*) authority; ~s *nfpl* (*prières*) entreaties; **affaire en** ~ matter pending; **être en** ~ **de divorce** to be awaiting a divorce
instant [ɛ̃stɑ̃] *nm* moment, instant; **dans un** ~ in a moment; **à l'**~ this instant; **à tout** *ou* **chaque** ~ at any moment; constantly; **pour l'**~ for the moment, for the time being; **par** ~s at times; **de tous les** ~s perpetual
instantané, e [ɛ̃stɑ̃tane] *adj* (*lait, café*) instant; (*explosion, mort*) instantaneous ♦ *nm* snapshot
instar [ɛ̃staʀ] : **à l'**~ **de** *prép* following the example of, like
instaurer [ɛ̃stɔʀe] *vt* to institute
instinct [ɛ̃stɛ̃] *nm* instinct
instituer [ɛ̃stitɥe] *vt* to set up
institut [ɛ̃stity] *nm* institute; ~ **de beauté** beauty salon; **I**~ **Universitaire de Technologie** ≈ polytechnic
instituteur, trice [ɛ̃stitytœʀ, -tʀis] *nm/f* (primary school) teacher
institution [ɛ̃stitysjɔ̃] *nf* institution; (*collège*) private school
instruction [ɛ̃stʀyksjɔ̃] *nf* (*enseignement, savoir*) education; (*JUR*) (preliminary) investigation and hearing; ~s *nfpl* (*ordres, mode d'emploi*) directions, instructions; ~ **civique** civics *sg*
instruire [ɛ̃stʀɥiʀ] *vt* (*élèves*) to teach; (*recrues*) to train; (*JUR*: *affaire*) to conduct the investigation for; s'~ to educate o.s.; **instruit, e** *adj* educated
instrument [ɛ̃stʀymɑ̃] *nm* instrument; ~ **à cordes/vent** stringed/wind instrument; ~ **de mesure** measuring instrument; ~ **de musique** musical instrument; ~ **de travail** (working) tool
insu [ɛ̃sy] *nm*: **à l'**~ **de qn** without sb knowing (it)
insubmersible [ɛ̃sybmɛʀsibl(ə)] *adj* unsinkable
insubordination [ɛ̃sybɔʀdinɑsjɔ̃] *nf* rebelliousness; (*MIL*) insubordination
insuccès [ɛ̃syksɛ] *nm* failure
insuffisant, e [ɛ̃syfizɑ̃, -ɑ̃t] *adj* insufficient; (*élève, travail*) inadequate
insuffler [ɛ̃syfle] *vt* to blow; to inspire
insulaire [ɛ̃sylɛʀ] *adj* island *cpd*; (*attitude*) insular
insuline [ɛ̃sylin] *nf* insulin
insulte [ɛ̃sylt(ə)] *nf* insult; **insulter** *vt* to insult
insupportable [ɛ̃sypɔʀtabl(ə)] *adj* unbearable
insurger [ɛ̃syʀʒe]: **s'**~ *vi* to rise up *ou* rebel (against)
insurmontable [ɛ̃syʀmɔ̃tabl(ə)] *adj* (*difficulté*) insuperable; (*aversion*) unconquerable
intact, e [ɛ̃takt] *adj* intact
intangible [ɛ̃tɑ̃ʒibl(ə)] *adj* intangible; (*principe*) inviolable
intarissable [ɛ̃taʀisabl(ə)] *adj* inexhaustible
intégral, e, aux [ɛ̃tegʀal, -o] *adj* complete
intégrant, e [ɛ̃tegʀɑ̃, -ɑ̃t] *adj*: **faire partie** ~**e de** to be an integral part of
intègre [ɛ̃tɛgʀ(ə)] *adj* upright
intégrer [ɛ̃tegʀe] *vt* to integrate; **s'**~ **à** *ou* **dans** to become integrated into
intégrisme [ɛ̃tegʀism(ə)] *nm* fundamentalism

intellectuel, le [ɛ̃telɛktɥɛl] *adj* intellectual ♦ *nm/f* intellectual; (*péj*) highbrow
intelligence [ɛ̃teliʒɑ̃s] *nf* intelligence; (*compréhension*): **l'~ de** the understanding of; (*complicité*): **regard d'~** glance of complicity; (*accord*): **vivre en bonne ~ avec qn** to be on good terms with sb
intelligent, e [ɛ̃teliʒɑ̃, -ɑ̃t] *adj* intelligent
intempéries [ɛ̃tɑ̃peʀi] *nfpl* bad weather *sg*
intempestif, ive [ɛ̃tɑ̃pɛstif, -iv] *adj* untimely
intenable [ɛ̃tnabl(ə)] *adj* (*chaleur*) unbearable
intendant, e [ɛ̃tɑ̃dɑ̃, -ɑ̃t] *nm/f* (*MIL*) quartermaster; (*SCOL*) bursar; (*d'une propriété*) steward
intense [ɛ̃tɑ̃s] *adj* intense; **intensif, ive** *adj* intensive
intenter [ɛ̃tɑ̃te] *vt*: **~ un procès contre** *ou* **à** to start proceedings against
intention [ɛ̃tɑ̃sjɔ̃] *nf* intention; (*JUR*) intent; **avoir l'~ de faire** to intend to do; **à l'~ de** for; (*renseignement*) for the benefit of; (*film, ouvrage*) aimed at; **à cette ~** with this aim in view; **intentionné, e** *adj*: **bien intentionné** well-meaning *ou* -intentioned; **mal intentionné** ill-intentioned
interactif, ive [ɛ̃tɛʀaktif, -iv] *adj* (*COMPUT*) interactive
intercaler [ɛ̃tɛʀkale] *vt* to insert
intercepter [ɛ̃tɛʀsɛpte] *vt* to intercept; (*lumière, chaleur*) to cut off
interchangeable [ɛ̃tɛʀʃɑ̃ʒabl(ə)] *adj* interchangeable
interclasse [ɛ̃tɛʀklɑs] *nm* (*SCOL*) break (between classes)
interdiction [ɛ̃tɛʀdiksjɔ̃] *nf* ban
interdire [ɛ̃tɛʀdiʀ] *vt* to forbid; (*ADMIN*) to ban, prohibit; (: *journal, livre*) to ban; **~ à qn de faire** to forbid sb to do, prohibit sb from doing; (*suj*: *empêchement*) to prevent sb from doing
interdit, e [ɛ̃tɛʀdi, -it] *adj* (*stupéfait*) taken aback ♦ *nm* prohibition
intéressant, e [ɛ̃teʀɛsɑ̃, -ɑ̃t] *adj* interesting
intéressé, e [ɛ̃teʀese] *adj* (*parties*) involved, concerned; (*amitié, motifs*) self-interested
intéresser [ɛ̃teʀese] *vt* (*captiver*) to interest; (*toucher*) to be of interest to; (*ADMIN*: *concerner*) to affect, concern; **s'~ à** to be interested in
intérêt [ɛ̃teʀɛ] *nm* (*aussi COMM*) interest; (*égoïsme*) self-interest; **avoir ~ à faire** to do well to do
intérieur, e [ɛ̃teʀjœʀ] *adj* (*mur, escalier, poche*) inside; (*commerce, politique*) domestic; (*cour, calme, vie*) inner; (*navigation*) inland ♦ *nm* (*d'une maison, d'un récipient etc*) inside; (*d'un pays, aussi*: *décor, mobilier*) interior; (*POL*): **l'I~** the Interior; **à l'~ (de)** inside; (*fig*) within
intérim [ɛ̃teʀim] *nm* interim period; **assurer l'~ (de)** to deputize (for); **par ~** interim
intérimaire [ɛ̃teʀimɛʀ] *nm/f* (*secrétaire*) temporary secretary, temp (*BRIT*); (*suppléant*) temporary replacement
intérioriser [ɛ̃teʀjɔʀize] *vt* to internalize
interlocuteur, trice [ɛ̃tɛʀlɔkytœʀ, -tʀis] *nm/f* speaker; **son ~** the person he was speaking to
interloquer [ɛ̃tɛʀlɔke] *vt* to take aback
intermède [ɛ̃tɛʀmɛd] *nm* interlude
intermédiaire [ɛ̃tɛʀmedjɛʀ] *adj* intermediate; middle; half-way ♦ *nm/f* intermediary; (*COMM*) middleman; **sans ~** directly; **par l'~ de** through
intermittence [ɛ̃tɛʀmitɑ̃s] *nf*: **par ~** sporadically, intermittently
internat [ɛ̃tɛʀna] *nm* (*SCOL*) boarding school
international, e, aux [ɛ̃tɛʀnasjɔnal, -o] *adj, nm/f* international
interne [ɛ̃tɛʀn(ə)] *adj* internal ♦ *nm/f* (*SCOL*) boarder; (*MÉD*) house-

man; r [ɛ̃tɛʀne] *vt* (*POL*) to intern; (*MED*) to confine to a mental institution
interpeller [ɛ̃tɛʀpele] *vt* (*appeler*) to call out to; (*apostropher*) to shout at; (*POLICE*) to take in for questioning; (*POL*) to question
interphone [ɛ̃tɛʀfɔn] *nm* intercom
interposer [ɛ̃tɛʀpoze] *vt* to interpose; s'~ *vi* to intervene; **par personnes interposées** through a third party
interprète [ɛ̃tɛʀpʀɛt] *nm/f* interpreter; (*porte-parole*) spokesperson
interpréter [ɛ̃tɛʀpʀete] *vt* to interpret
interrogateur, trice [ɛ̃teʀɔgatœʀ, -tʀis] *adj* questioning, inquiring
interrogatif, ive [ɛ̃teʀɔgatif, -iv] *adj* (*LING*) interrogative
interrogation [ɛ̃teʀɔgɑsjɔ̃] *nf* question; (*SCOL*) (written *ou* oral) test
interrogatoire [ɛ̃teʀɔgatwaʀ] *nm* (*POLICE*) questioning *no pl*; (*JUR*) cross-examination
interroger [ɛ̃teʀɔʒe] *vt* to question; (*INFORM*) to consult; (*SCOL*) to test
interrompre [ɛ̃teʀɔ̃pʀ(ə)] *vt* (*gén*) to interrupt; (*travail, voyage*) to break off, interrupt; s'~ to break off
interrupteur [ɛ̃teʀyptœʀ] *nm* switch
interruption [ɛ̃teʀypsjɔ̃] *nf* interruption; (*pause*) break
interstice [ɛ̃tɛʀstis] *nm* crack; slit
interurbain [ɛ̃tɛʀyʀbɛ̃] *nm* (*TEL*) long-distance call service ♦ *adj* long-distance
intervalle [ɛ̃tɛʀval] *nm* (*espace*) space; (*de temps*) interval; **dans l'~** in the meantime
intervenir [ɛ̃tɛʀvəniʀ] *vi* (*gén*) to intervene; (*survenir*) to take place; ~ **auprès de qn** to intervene with sb
intervention [ɛ̃tɛʀvɑ̃sjɔ̃] *nf* intervention; (*discours*) paper; ~ **chirurgicale** (surgical) operation
intervertir [ɛ̃tɛʀvɛʀtiʀ] *vt* to invert (the order of), reverse
interview [ɛ̃tɛʀvju] *nf* interview
intestin, e [ɛ̃tɛstɛ̃, -in] *adj* internal ♦ *nm* intestine
intime [ɛ̃tim] *adj* intimate; (*vie, journal*) private; (*conviction*) inmost; (*dîner, cérémonie*) quiet ♦ *nm/f* close friend
intimer [ɛ̃time] *vt* (*JUR*) to notify; ~ **à qn l'ordre de faire** to order sb to do
intimider [ɛ̃timide] *vt* to intimidate
intimité [ɛ̃timite] *nf*: **dans l'~** in private; (*sans formalités*) with only a few friends, quietly
intitulé, e [ɛ̃tityle] *adj* entitled
intolérable [ɛ̃tɔleʀabl(ə)] *adj* intolerable
intoxication [ɛ̃tɔksikɑsjɔ̃] *nf*: ~ **alimentaire** food poisoning
intoxiquer [ɛ̃tɔksike] *vt* to poison; (*fig*) to brainwash
intraduisible [ɛ̃tʀadɥizibl(ə)] *adj* untranslatable; (*fig*) inexpressible
intraitable [ɛ̃tʀɛtabl(ə)] *adj* inflexible, uncompromising
intransigeant, e [ɛ̃tʀɑ̃ziʒɑ̃, -ɑ̃t] *adj* intransigent; (*morale*) uncompromising
intransitif, ive [ɛ̃tʀɑ̃zitif, -iv] *adj* (*LING*) intransitive
intrépide [ɛ̃tʀepid] *adj* dauntless
intrigue [ɛ̃tʀig] *nf* (*scénario*) plot
intriguer [ɛ̃tʀige] *vi* to scheme ♦ *vt* to puzzle, intrigue
intrinsèque [ɛ̃tʀɛ̃sɛk] *adj* intrinsic
introduction [ɛ̃tʀɔdyksjɔ̃] *nf* introduction
introduire [ɛ̃tʀɔdɥiʀ] *vt* to introduce; (*visiteur*) to show in; (*aiguille, clef*): ~ **qch dans** to insert *ou* introduce sth into; s'~ **dans** to gain entry into; to get o.s. accepted into; (*eau, fumée*) to get into
introuvable [ɛ̃tʀuvabl(ə)] *adj* which cannot be found; (*COMM*) unobtainable
introverti, e [ɛ̃tʀɔvɛʀti] *nm/f* introvert
intrus, e [ɛ̃tʀy, -yz] *nm/f* intruder
intrusion [ɛ̃tʀyzjɔ̃] *nf* intrusion; interference
intuition [ɛ̃tɥisjɔ̃] *nf* intuition

inusable [inyzabl(ə)] *adj* hard-wearing
inusité, e [inyzite] *adj* rarely used
inutile [inytil] *adj* useless; (*superflu*) unnecessary; **inutilisable** *adj* unusable
invalide [ɛ̃valid] *adj* disabled ♦ *nm*: ~ de guerre disabled ex-serviceman
invasion [ɛ̃vɑzjɔ̃] *nf* invasion
invectiver [ɛ̃vɛktive] *vt* to hurl abuse at
invendable [ɛ̃vɑ̃dabl(ə)] *adj* unsaleable; unmarketable; **invendus** *nmpl* unsold goods
inventaire [ɛ̃vɑ̃tɛʀ] *nm* inventory; (*COMM*: *liste*) stocklist; (: *opération*) stocktaking *no pl*; (*fig*) survey
inventer [ɛ̃vɑ̃te] *vt* to invent; (*subterfuge*) to devise, invent; (*histoire, excuse*) to make up, invent; **inventeur** *nm* inventor; **inventif, ive** *adj* inventive; **invention** *nf* invention
inverse [ɛ̃vɛʀs(ə)] *adj* reverse; opposite; inverse ♦ *nm* inverse, reverse; **dans l'ordre** ~ in the reverse order; **en sens** ~ in (*ou* from) the opposite direction; **inversement** *adv* conversely; **inverser** *vt* to invert, reverse; (*ELEC*) to reverse
investir [ɛ̃vɛstiʀ] *vt* to invest; **investissement** *nm* investment; **investiture** *nf* investiture; (*à une élection*) nomination
invétéré, e [ɛ̃veteʀe] *adj* (*habitude*) ingrained; (*bavard, buveur*) inveterate
invisible [ɛ̃vizibl(ə)] *adj* invisible
invitation [ɛ̃vitɑsjɔ̃] *nf* invitation
invité, e [ɛ̃vite] *nm/f* guest
inviter [ɛ̃vite] *vt* to invite; ~ **qn à faire** (*suj*: *chose*) to induce *ou* tempt sb to do
involontaire [ɛ̃vɔlɔ̃tɛʀ] *adj* (*mouvement*) involuntary; (*insulte*) unintentional; (*complice*) unwitting
invoquer [ɛ̃vɔke] *vt* (*Dieu, muse*) to call upon, invoke; (*prétexte*) to put forward (as an excuse); (*loi, texte*) to refer to
invraisemblable [ɛ̃vʀɛsɑ̃blabl(ə)] *adj* unlikely, improbable; incredible
iode [jɔd] *nm* iodine
irai *etc vb voir* **aller**
Irak [iʀɑk] *nm* Iraq
Iran [iʀɑ̃] *nm* Iran
irions *etc vb voir* **aller**
irlandais, e [iʀlɑ̃dɛ, -ɛz] *adj* Irish ♦ *nm/f*: I~, e Irishman(woman); **les** I~ the Irish
Irlande [iʀlɑ̃d] *nf* Ireland; ~ **du Nord** Northern Ireland
ironie [iʀɔni] *nf* irony; **ironique** *adj* ironical; **ironiser** *vi* to be ironical
irons *etc vb voir* **aller**
irradier [iʀadje] *vi* to radiate ♦ *vt* (*aliment*) to irradiate
irraisonné, e [iʀɛzɔne] *adj* irrational, unreasoned
irrationnel, le [iʀasjɔnɛl] *adj* irrational
irréalisable [iʀealizabl(ə)] *adj* unrealizable; impracticable
irrécupérable [iʀekypeʀabl(ə)] *adj* unreclaimable, beyond repair; (*personne*) beyond redemption
irrécusable [iʀekyzabl(ə)] *adj* unimpeachable; incontestable
irréductible [iʀedyktibl(ə)] *adj* indomitable, implacable
irréel, le [iʀeɛl] *adj* unreal
irréfléchi, e [iʀefleʃi] *adj* thoughtless
irrégularité [iʀegylaʀite] *nf* irregularity; unevenness *no pl*
irrégulier, ière [iʀegylje, -jɛʀ] *adj* irregular; uneven; (*élève, athlète*) erratic
irrémédiable [iʀemedjabl(ə)] *adj* irreparable
irréprochable [iʀepʀɔʃabl(ə)] *adj* irreproachable, beyond reproach; (*tenue*) impeccable
irrésistible [iʀezistibl(ə)] *adj* irresistible; (*preuve, logique*) compelling
irrespectueux, euse [iʀɛspɛktyø, -øz] *adj* disrespectful
irriguer [iʀige] *vt* to irrigate
irritable [iʀitabl(ə)] *adj* irritable
irriter [iʀite] *vt* to irritate
irruption [iʀypsjɔ̃] *nf* irruption *no pl*; **faire** ~ **dans** to burst into

islamique [islamik] *adj* Islamic
Islande [islɑ̃d] *nf* Iceland
isolant, e [izɔlɑ̃, -ɑ̃t] *adj* insulating; (*insonorisant*) soundproofing
isolation [izɔlɑsjɔ̃] *nf* insulation
isolé, e [izɔle] *adj* isolated; insulated
isoler [izɔle] *vt* to isolate; (*prisonnier*) to put in solitary confinement; (*ville*) to cut off, isolate; (*ELEC*) to insulate; **isoloir** *nm* polling booth
Israël [isʀaɛl] *nm* Israel; **israélien, ne** *adj, nm/f* Israeli; **israélite** *adj* Jewish ♦ *nm/f* Jew(Jewess)
issu, e [isy] *adj*: ~ **de** descended from; (*fig*) stemming from; ~**e** *nf* (*ouverture, sortie*) exit; (*solution*) way out, solution; (*dénouement*) outcome; **à l'**~**e de** at the conclusion *ou* close of; **rue sans** ~**e** dead end
Italie [itali] *nf* Italy; **italien, ne** *adj, nm/f* Italian ♦ *nm* (*LING*) Italian
italique [italik] *nm*: **en** ~ in italics
itinéraire [itineʀɛʀ] *nm* itinerary, route
IUT *sigle m* = **Institut universitaire de technologie**
IVG *sigle f* (= *interruption volontaire de grossesse*) abortion
ivoire [ivwaʀ] *nm* ivory
ivre [ivʀ(ə)] *adj* drunk; ~ **de** (*colère, bonheur*) wild with; **ivresse** *nf* drunkenness; **ivrogne** *nm/f* drunkard

J

j' [ʒ] *pron* I
jachère [ʒaʃɛʀ] *nf*: (**être**) **en** ~ (to lie) fallow
jacinthe [ʒasɛ̃t] *nf* hyacinth
jack [ʒak] *nm* jack plug
jadis [ʒadis] *adv* in times past, formerly
jaillir [ʒajiʀ] *vi* (*liquide*) to spurt out; (*fig*) to burst out; to flood out
jais [ʒɛ] *nm* jet; (**d'un noir**) **de** ~ jet-black
jalon [ʒalɔ̃] *nm* range pole; (*fig*) milestone; **jalonner** *vt* to mark out; (*fig*) to mark, punctuate
jalousie [ʒaluzi] *nf* jealousy; (*store*) (Venetian) blind
jaloux, ouse [ʒalu, -uz] *adj* jealous
jamais [ʒamɛ] *adv* never; (*sans négation*) ever; **ne ...** ~ never; **à** ~ for ever
jambe [ʒɑ̃b] *nf* leg
jambon [ʒɑ̃bɔ̃] *nm* ham
jambonneau, x [ʒɑ̃bɔno] *nm* knuckle of ham
jante [ʒɑ̃t] *nf* (wheel) rim
janvier [ʒɑ̃vje] *nm* January
Japon [ʒapɔ̃] *nm* Japan; **japonais, e** *adj, nm/f* Japanese ♦ *nm* (*LING*) Japanese
japper [ʒape] *vi* to yap, yelp
jaquette [ʒakɛt] *nf* (*de cérémonie*) morning coat; (*de dame*) jacket
jardin [ʒaʀdɛ̃] *nm* garden; ~ **d'enfants** nursery school; **jardinage** *nm* gardening; **jardinier, ière** *nm/f* gardener; **jardinière** *nf* (*de fenêtre*) window box
jarre [ʒaʀ] *nf* (earthenware) jar
jarret [ʒaʀɛ] *nm* back of knee, ham; (*CULIN*) knuckle, shin
jarretelle [ʒaʀtɛl] *nf* suspender (*BRIT*), garter (*US*)
jarretière [ʒaʀtjɛʀ] *nf* garter
jaser [ʒaze] *vi* to chatter, prattle; (*indiscrètement*) to gossip
jatte [ʒat] *nf* basin, bowl
jauge [ʒoʒ] *nf* (*instrument*) gauge; **jauger** *vt* (*fig*) to size up
jaune [ʒon] *adj, nm* yellow ♦ *adv* (*fam*): **rire** ~ to laugh on the other side of one's face; ~ **d'œuf** (egg) yolk; **jaunir** *vi, vt* to turn yellow
jaunisse [ʒonis] *nf* jaundice
Javel [ʒavɛl] *nf voir* **eau**
javelot [ʒavlo] *nm* javelin
J.-C. *sigle* = **Jésus-Christ**
je(j') [ʒ(ə)] *pron* I
jean [dʒin] *nm* jeans *pl*
Jésus-Christ [ʒezykʀi(st)] *n* Jesus Christ; **600 avant/après** ~ *ou* **J.-C.** 600 B.C./A.D.
jet[1] [ʒɛ] *nm* (*lancer*) throwing *no pl*, throw; (*jaillissement*) jet; spurt; (*de tuyau*) nozzle; **du premier jet** at the

first attempt *or* shot; **jet d'eau** fountain; spray

jet[2] [dʒɛt] *nm* (*avion*) jet

jetable [ʒətabl(ə)] *adj* disposable

jetée [ʒəte] *nf* jetty; pier

jeter [ʒəte] *vt* (*gén*) to throw; (*se défaire de*) to throw away *ou* out; (*son, lueur etc*) to give out; **se ~ dans** to flow into; **~ qch à qn** to throw sth to sb; (*de façon agressive*) to throw sth at sb; **~ un coup d'œil (à)** to take a look (at); **~ un sort à qn** to cast a spell on sb

jeton [ʒətɔ̃] *nm* (*au jeu*) counter; (*de téléphone*) token

jette *etc vb voir* **jeter**

jeu, x [ʒø] *nm* (*divertissement, TECH: d'une pièce*) play; (*TENNIS: partie, FOOTBALL etc: façon de jouer*) game; (*THÉÂTRE etc*) acting; (*au casino*): **le ~** gambling; (*fonctionnement*) working, interplay; (*série d'objets, jouet*) set; (*CARTES*) hand; **en ~** at stake; at work; **remettre en ~** to throw in; **entrer/mettre en ~** to come/bring into play; **~ de cartes** pack of cards; **~ d'échecs** chess set; **~ de hasard** game of chance; **~ de mots** pun

jeudi [ʒødi] *nm* Thursday

jeun [ʒœ̃]: **à ~** *adv* on an empty stomach

jeune [ʒœn] *adj* young; **~ fille** girl; **~ homme** young man

jeûne [ʒøn] *nm* fast

jeunesse [ʒœnɛs] *nf* youth; (*aspect*) youthfulness; youngness

joaillerie [ʒɔajʀi] *nf* jewel trade; jewellery; **joaillier, ière** *nm/f* jeweller

joie [ʒwa] *nf* joy

joindre [ʒwɛ̃dʀ(ə)] *vt* to join; (*à une lettre*): **~ qch à** to enclose sth with; (*contacter*) to contact, get in touch with; **se ~ à** to join; **~ les mains** to put one's hands together

joint, e [ʒwɛ̃, ʒwɛ̃t] *adj*: **pièce ~e** enclosure ♦ *nm* joint; (*ligne*) join; **~ de culasse** cylinder head gasket; **~ de robinet** washer

joli, e [ʒɔli] *adj* pretty, attractive; **c'est du ~!** (*ironique*) that's very nice!; **c'est bien ~, mais ...** that's all very well but ...

jonc [ʒɔ̃] *nm* (bul)rush

joncher [ʒɔ̃ʃe] *vt* (*suj: choses*) to be strewed on

jonction [ʒɔ̃ksjɔ̃] *nf* joining; **(point de) ~** junction

jongleur, euse [ʒɔ̃glœʀ, -øz] *nm/f* juggler

jonquille [ʒɔ̃kij] *nf* daffodil

Jordanie [ʒɔʀdani] *nf*: **la ~** Jordan

joue [ʒu] *nf* cheek; **mettre en ~** to take aim at

jouer [ʒwe] *vt* to play; (*somme d'argent, réputation*) to stake, wager; (*pièce, rôle*) to perform; (*film*) to show; (*simuler: sentiment*) to affect, feign ♦ *vi* to play; (*THÉÂTRE, CINEMA*) to act, perform; (*bois, porte: se voiler*) to warp; (*clef, pièce: avoir du jeu*) to be loose; **se ~ de** (*difficultés*) to make light of; to deceive; **~ sur** (*miser*) to gamble on; **~ de** (*MUS*) to play; **~ des coudes** to use one's elbows; **~ à** (*jeu, sport, roulette*) to play; **~ avec** (*risquer*) to gamble with; **~ un tour à qn** to play a trick on sb; **~ serré** to play a close game; **~ de malchance** to be dogged with ill-luck

jouet [ʒwɛ] *nm* toy; **être le ~ de** (*illusion etc*) to be the victim of

joueur, euse [ʒwœʀ, -øz] *nm/f* player; **être beau ~** to be a good loser

joufflu, e [ʒufly] *adj* chubby-cheeked

joug [ʒu] *nm* yoke

jouir [ʒwiʀ] : **~ de** *vt* to enjoy; **jouissance** *nf* pleasure; (*JUR*) use

joujou [ʒuʒu] (*fam*) *nm* toy

jour [ʒuʀ] *nm* day; (*opposé à la nuit*) day, daytime; (*clarté*) daylight; (*fig: aspect*) light; (*ouverture*) opening; **au ~ le ~** from day to day; **de nos ~s** these days; **il fait ~** it's daylight; **au grand ~** (*fig*) in the open; **mettre au ~** to disclose; **mettre à ~** to update; **donner le ~ à** to give birth to; **voir le ~** to be born; **~ férié** *nm* public holiday

journal, aux [ʒuʀnal, -o] *nm* (news)paper; (*personnel*) journal, diary; ~ **de bord** log; ~ **parlé/télévisé** radio/television news *sg*
journalier, ière [ʒuʀnalje, -jɛʀ] *adj* daily; (*banal*) everyday
journalisme [ʒuʀnalism(ə)] *nm* journalism; **journaliste** *nm/f* journalist
journée [ʒuʀne] *nf* day; **la ~ continue** the 9 to 5 working day
journellement [ʒuʀnɛlmɑ̃] *adv* daily
joyau, x [ʒwajo] *nm* gem, jewel
joyeux, euse [ʒwajø, -øz] *adj* joyful, merry; ~ **Noël!** merry Christmas!; ~ **anniversaire**! happy birthday!
jubiler [ʒybile] *vi* to be jubilant, exult
jucher [ʒyʃe] *vt, vi* to perch
judas [ʒyda] *nm* (*trou*) spy-hole
judiciaire [ʒydisjɛʀ] *adj* judicial
judicieux, euse [ʒydisjø, -øz] *adj* judicious
judo [ʒydo] *nm* judo
juge [ʒyʒ] *nm* judge; ~ **d'instruction** examining (*BRIT*) *ou* committing (*US*) magistrate; ~ **de paix** justice of the peace
jugé [ʒyʒe] : **au ~** *adv* by guesswork
jugement [ʒyʒmɑ̃] *nm* judgment; (*JUR*: *au pénal*) sentence; (: *au civil*) decision
juger [ʒyʒe] *vt* to judge; ~ **qn/qch satisfaisant** to consider sb/sth (to be) satisfactory; ~ **bon de faire** to see fit to do; ~ **de** to appreciate
juif, ive [ʒɥif, -iv] *adj* Jewish ♦ *nm/f* Jew(Jewess)
juillet [ʒɥijɛ] *nm* July
juin [ʒɥɛ̃] *nm* June
jumeau, elle, x [ʒymo, -ɛl] *adj, nm/f* twin; *voir aussi* **jumelle**
jumeler [ʒymle] *vt* to twin
jumelle [ʒymɛl] *adj, nf voir* **jumeau**; **~s** *nfpl* (*appareil*) binoculars
jument [ʒymɑ̃] *nf* mare
jungle [ʒɔ̃gl(ə)] *nf* jungle
jupe [ʒyp] *nf* skirt
jupon [ʒypɔ̃] *nm* waist slip
juré, e [ʒyʀe] *nm/f* juror
jurer [ʒyʀe] *vt* (*obéissance etc*) to swear, vow ♦ *vi* (*dire des jurons*) to swear, curse; (*dissoner*): ~ **(avec)** to clash (with); (*s'engager*): ~ **de faire/que** to swear *ou* vow to do/that; (*affirmer*): ~ **que** to swear *ou* vouch that; ~ **de qch** (*s'en porter garant*) to swear to sth
juridique [ʒyʀidik] *adj* legal
juron [ʒyʀɔ̃] *nm* curse, swearword
jury [ʒyʀi] *nm* jury; board
jus [ʒy] *nm* juice; (*de viande*) gravy, (meat) juice; ~ **de fruit** fruit juice
jusque [ʒysk(ə)] : **jusqu'à** *prép* (*endroit*) as far as, (up) to; (*moment*) until, till; (*limite*) up to; ~ **sur/dans** up to; (*y compris*) even on/in; **jusqu'à ce que** until; **jusqu'à présent** until now
juste [ʒyst(ə)] *adj* (*équitable*) just, fair; (*légitime*) just, justified; (*exact, vrai*) right; (*étroit, insuffisant*) tight ♦ *adv* right; tight; (*chanter*) in tune; (*seulement*) just; ~ **assez/au-dessus** just enough/above; **au ~** exactly; **le ~ milieu** the happy medium; **justement** *adv* rightly; justly; (*précisément*) just, precisely; **justesse** *nf* (*précision*) accuracy; (*d'une remarque*) aptness; (*d'une opinion*) soundness; **de justesse** just
justice [ʒystis] *nf* (*équité*) fairness, justice; (*ADMIN*) justice; **rendre la ~** to dispense justice; **rendre ~ à qn** to do sb justice; **justicier, ière** [ʒystisje, -jɛʀ] *nm/f* judge, righter of wrongs
justificatif, ive [ʒystifikatif, -iv] *adj* (*document*) supporting; **pièce justificative** written proof
justifier [ʒystifje] *vt* to justify; ~ **de** to prove
juteux, euse [ʒytø, -øz] *adj* juicy
juvénile [ʒyvenil] *adj* young, youthful

K

K [ka] *nm* (*INFORM*) K
kaki [kaki] *adj inv* khaki
kangourou [kɑ̃guʀu] *nm* kangaroo
karaté [kaʀate] *nm* karate
karting [kaʀtiŋ] *nm* go-carting, karting
kermesse [kɛʀmɛs] *nf* bazaar, (charity) fête; village fair
kidnapper [kidnape] *vt* to kidnap
kilo [kilo] *nm* = **kilogramme**
kilo: ~**gramme** *nm* kilogramme; ~**métrage** *nm* number of kilometres travelled, ≈ mileage; ~**mètre** *nm* kilometre; ~**métrique** *adj* (*distance*) in kilometres
kinésithérapeute [kineziteʀapøt] *nm/f* physiotherapist
kiosque [kjɔsk(ə)] *nm* kiosk, stall
klaxon [klaksɔn] *nm* horn; **klaxonner** *vi, vt* to hoot (*BRIT*), honk (*US*)
km. *abr* = **kilomètre**; **km/h** (= *kilomètres/heure*) ≈ m.p.h.
Ko [kao] *abr* (*INFORM*: *kilooctet*) K
K.-O. [kao] *adj inv* (knocked) out
kyste [kist(ə)] *nm* cyst

L

l' [l] *dét voir* **le**
la [la] *dét* **le** ♦ *nm* (*MUS*) A; (*en chantant la gamme*) la
là [la] *adv* there; (*ici*) here; (*dans le temps*) then; **elle n'est pas** ~ she isn't here; **c'est** ~ **que** this is where; ~ **où** where; **de** ~ (*fig*) hence; **par** ~ by that; **tout est** ~ that's what it's all about; *voir aussi* **-ci**; **celui**; **là-bas** *adv* there
label [labɛl] *nm* stamp, seal
labeur [labœʀ] *nm* toil *no pl*, toiling *no pl*
labo [labo] *abr m* (= *laboratoire*) lab
laboratoire [labɔʀatwaʀ] *nm* laboratory; ~ **de langues** language laboratory
laborieux, euse [labɔʀjø, -øz] *adj* (*tâche*) laborious; **classes laborieuses** working classes
labour [labuʀ] *nm* ploughing *no pl*; ~**s** *nmpl* (*champs*) ploughed fields; **cheval de** ~ plough- *ou* cart-horse; **bœuf de** ~ ox
labourer [labuʀe] *vt* to plough; (*fig*) to make deep gashes *ou* furrows in
labyrinthe [labiʀɛ̃t] *nm* labyrinth, maze
lac [lak] *nm* lake
lacer [lase] *vt* to lace *ou* do up
lacérer [laseʀe] *vt* to tear to shreds
lacet [lasɛ] *nm* (*de chaussure*) lace; (*de route*) sharp bend; (*piège*) snare
lâche [lɑʃ] *adj* (*poltron*) cowardly; (*desserré*) loose, slack ♦ *nm/f* coward
lâcher [lɑʃe] *nm* (*de ballons, oiseaux*) release ♦ *vt* to let go of; (*ce qui tombe, abandonner*) to drop; (*oiseau, animal: libérer*) to release, set free; (*fig: mot, remarque*) to let slip, come out with; (*SPORT*: *distancer*) to leave behind ♦ *vi* (*fil, amarres*) to break, give way; (*freins*) to fail; ~ **les amarres** (*NAVIG*) to cast off (the moorings); ~ **les chiens** to unleash the dogs; ~ **prise** to let go
lâcheté [lɑʃte] *nf* cowardice; lowness
lacrymogène [lakʀimɔʒɛn] *adj*: **gaz** ~ teargas
lacté, e [lakte] *adj* (*produit, régime*) milk *cpd*
lacune [lakyn] *nf* gap
là-dedans [ladədɑ̃] *adv* inside (there), in it; (*fig*) in that
là-dessous [ladsu] *adv* underneath, under there; (*fig*) behind that
là-dessus [ladsy] *adv* on there; (*fig*) at that point; about that
ladite [ladit] *dét voir* **ledit**
lagune [lagyn] *nf* lagoon
là-haut [la'o] *adv* up there
laïc [laik] *adj, nm/f* = **laïque**
laid, e [lɛ, lɛd] *adj* ugly; **laideur** *nf* ugliness *no pl*
lainage [lɛnaʒ] *nm* woollen garment; woollen material

laine [lɛn] *nf* wool
laïque [laik] *adj* lay, civil; (*SCOL*) state *cpd* ♦ *nm/f* layman(woman)
laisse [lɛs] *nf* (*de chien*) lead, leash; **tenir en ~** to keep on a lead *ou* leash
laisser [lese] *vt* to leave ♦ *vb aux*: ~ **qn faire** to let sb do; **se ~ aller** to let o.s. go; **laisse-toi faire** let me (*ou* him) do it; **laisser-aller** *nm* carelessness, slovenliness; **laissez-passer** *nm inv* pass
lait [lɛ] *nm* milk; **frère/sœur de ~** foster brother/sister; **~ condensé/concentré** evaporated/condensed milk; **laiterie** *nf* dairy; **laitier, ière** *adj* dairy *cpd* ♦ *nm/f* milkman(dairywoman)
laiton [lɛtɔ̃] *nm* brass
laitue [lety] *nf* lettuce
laïus [lajys] (*péj*) *nm* spiel
lambeau, x [lɑ̃bo] *nm* scrap; **en ~x** in tatters, tattered
lambris [lɑ̃bʀi] *nm* panelling *no pl*
lame [lam] *nf* blade; (*vague*) wave; (*lamelle*) strip; **~ de fond** ground swell *no pl*; **~ de rasoir** razor blade
lamelle [lamɛl] *nf* thin strip *ou* blade
lamentable [lamɑ̃tabl(ə)] *adj* appalling; pitiful
lamenter [lamɑ̃te]: **se ~** *vi* to moan (over)
lampadaire [lɑ̃padɛʀ] *nm* (*de salon*) standard lamp; (*dans la rue*) street lamp
lampe [lɑ̃p(ə)] *nf* lamp; (*TECH*) valve; **~ à souder** blowlamp; **~ de poche** torch (*BRIT*), flashlight (*US*)
lampion [lɑ̃pjɔ̃] *nm* Chinese lantern
lance [lɑ̃s] *nf* spear; **~ d'incendie** fire hose
lancée [lɑ̃se] *nf*: **être/continuer sur sa ~** to be under way/keep going
lancement [lɑ̃smɑ̃] *nm* launching
lance-pierres [lɑ̃spjɛʀ] *nm inv* catapult
lancer [lɑ̃se] *nm* (*SPORT*) throwing *no pl*, throw ♦ *vt* to throw; (*émettre, projeter*) to throw out, send out; (*produit, fusée, bateau, artiste*) to launch; (*injure*) to hurl, fling; (*proclamation, mandat d'arrêt*) to issue; **se ~** *vi* (*prendre de l'élan*) to build up speed; (*se précipiter*): **se ~ sur** *ou* **contre** to rush at; **se ~ dans** (*discussion*) to launch into; (*aventure*) to embark on; **~ qch à qn** to throw sth to sb; (*de façon agressive*) to throw sth at sb; **~ du poids** *nm* putting the shot
lancinant, e [lɑ̃sinɑ̃, -ɑ̃t] *adj* (*regrets etc*) haunting; (*douleur*) shooting
landau [lɑ̃do] *nm* pram (*BRIT*), baby carriage (*US*)
lande [lɑ̃d] *nf* moor
langage [lɑ̃gaʒ] *nm* language
langer [lɑ̃ʒe] *vt* to change (the nappy (*BRIT*) *ou* diaper (*US*) of)
langouste [lɑ̃gust(ə)] *nf* crayfish *inv*; **langoustine** *nf* Dublin Bay prawn
langue [lɑ̃g] *nf* (*ANAT, CULIN*) tongue; (*LING*) language; **tirer la ~ (à)** to stick out one's tongue (at); **de ~ française** French-speaking; **~ maternelle** native language, mother tongue; **~ verte** slang; **~ vivante** modern language
langueur [lɑ̃gœʀ] *nf* languidness
languir [lɑ̃giʀ] *vi* to languish; (*conversation*) to flag; **faire ~ qn** to keep sb waiting
lanière [lanjɛʀ] *nf* (*de fouet*) lash; (*de valise, bretelle*) strap
lanterne [lɑ̃tɛʀn(ə)] *nf* (*portable*) lantern; (*électrique*) light, lamp; (*de voiture*) (side)light
laper [lape] *vt* to lap up
lapidaire [lapidɛʀ] *adj* stone *cpd*; (*fig*) terse
lapin [lapɛ̃] *nm* rabbit; (*peau*) rabbitskin; (*fourrure*) cony
Laponie [lapɔni] *nf* Lapland
laps [laps] *nm*: **~ de temps** space of time, time *no pl*
laque [lak] *nf* lacquer; (*brute*) shellac; (*pour cheveux*) hair spray
laquelle [lakɛl] *pron voir* **lequel**
larcin [laʀsɛ̃] *nm* theft

lard [laʀ] *nm* (*graisse*) fat; (*bacon*) (streaky) bacon
lardon [laʀdɔ̃] *nm*: ~**s** chopped bacon
large [laʀʒ(ə)] *adj* wide; broad; (*fig*) generous ♦ *adv*: **calculer/voir** ~ to allow extra/think big ♦ *nm* (*largeur*): **5 m de** ~ 5 m wide *ou* in width; (*mer*): **le** ~ the open sea; **au** ~ **de** off; ~ **d'esprit** broad-minded; **largement** *adv* widely; greatly; easily; generously; **largesse** *nf* generosity; ~**sses** *nfpl* (*dons*) liberalities; **largeur** *nf* (*qu'on mesure*) width; (*impression visuelle*) wideness, width; breadth; broadness
larguer [laʀge] *vt* to drop; ~ **les amarres** to cast off (the moorings)
larme [laʀm(ə)] *nf* tear; (*fig*) drop; **en** ~**s** in tears; **larmoyer** *vi* (*yeux*) to water; (*se plaindre*) to whimper
larvé, e [laʀve] *adj* (*fig*) latent
laryngite [laʀɛ̃ʒit] *nf* laryngitis
las, lasse [lɑ, lɑs] *adj* weary
laser [lazɛʀ] *nm*: **(rayon)** ~ laser (beam); **chaîne** ~ compact disc (player); **disque** ~ compact disc
lasse [lɑs] *adj voir* **las**
lasser [lɑse] *vt* to weary, tire; **se** ~ **de** *vt* to grow weary *ou* tired of
latéral, e, aux [lateʀal, -o] *adj* side *cpd*, lateral
latin, e [latɛ̃, -in] *adj, nm/f* Latin ♦ *nm* (*LING*) Latin
latitude [latityd] *nf* latitude
latte [lat] *nf* lath, slat; (*de plancher*) board
lauréat, e [lɔʀea, -at] *nm/f* winner
laurier [lɔʀje] *nm* (*BOT*) laurel; (*CULIN*) bay leaves *pl*; ~**s** *nmpl* (*fig*) laurels
lavable [lavabl(ə)] *adj* washable
lavabo [lavabo] *nm* washbasin; ~**s** *nmpl* (*toilettes*) toilet *sg*
lavage [lavaʒ] *nm* washing *no pl*, wash; ~ **de cerveau** brainwashing *no pl*
lavande [lavɑ̃d] *nf* lavender
lave [lav] *nf* lava *no pl*
lave-glace [lavglas] *nm* windscreen (*BRIT*) *ou* windshield (*US*) washer
lave-linge [lavlɛ̃ʒ] *nm inv* washing machine
laver [lave] *vt* to wash; (*tache*) to wash off; **se** ~ *vi* to have a wash, wash; **se** ~ **les mains/dents** to wash one's hands/clean one's teeth; ~ **qn de** (*accusation*) to clear sb of; **laverie** *nf*: **laverie (automatique)** launderette; **lavette** *nf* dish cloth; (*fam*) drip; **laveur, euse** *nm/f* cleaner; ~**-vaisselle** *nm inv* dishwasher; *lavoir nm* wash house
laxatif, ive [laksatif, -iv] *adj, nm* laxative

MOT-CLÉ

le(l'), la [l(ə)] (*pl* **les**) *art déf* **1** the; ~ **livre/la pomme/l'arbre** the book/the apple/the tree; **les étudiants** the students

2 (*noms abstraits*): ~ **courage/l'amour/la jeunesse** courage/love/youth

3 (*indiquant la possession*): **se casser la jambe** *etc* to break one's leg *etc*; **levez la main** put your hand up; **avoir les yeux gris/~ nez rouge** to have grey eyes/a red nose

4 (*temps*): **le matin/soir** in the morning/evening; mornings/evenings; ~ **jeudi** *etc* (*d'habitude*) on Thursdays *etc*; (*ce jeudi-là etc*) on (the) Thursday

5 (*distribution, évaluation*) a, an; **10F** ~ **mètre/kilo** 10F a *ou* per metre/kilo; ~ **tiers/quart de** a third/quarter of

♦ *pron* **1** (*personne: mâle*) him; (: *femelle*) her; (: *pluriel*) them; **je ~/la/les vois** I can see him/her/them

2 (*animal, chose: singulier*) it; (: *pluriel*) them; **je le** (*ou* **la**) **vois** I can see it; **je les vois** I can see them

3 (*remplaçant une phrase*): **je ne** ~ **savais pas** I didn't know (about it); **il était riche et ne l'est plus** he was once rich but no longer is

lécher [leʃe] *vt* to lick; (*laper*: *lait, eau*) to lick *ou* lap up; ~ **les vitrines** to go window-shopping
leçon [ləsɔ̃] *nf* lesson; **faire la ~ à** (*fig*) to give a lecture to; **~s de conduite** driving lessons
lecteur, trice [lɛktœʀ, -tʀis] *nm/f* reader; (*d'université*) foreign language assistant ♦ *nm* (*TECH*): ~ **de cassettes** cassette player; ~ **de disque compact** compact disc player; ~ **de disquette** disk drive
lecture [lɛktyʀ] *nf* reading
ledit, ladite [lədi] (*mpl* **lesdits**, *fpl* **lesdites**) *dét* the aforesaid
légal, e, aux [legal, -o] *adj* legal
légende [leʒɑ̃d] *nf* (*mythe*) legend; (*de carte, plan*) key; (*de dessin*) caption
léger, ère [leʒe, -ɛʀ] *adj* light; (*bruit, retard*) slight; (*superficiel*) thoughtless; (*volage*) free and easy; flighty; **à la légère** (*parler, agir*) rashly, thoughtlessly; **légèrement** *adv* lightly; thoughtlessly; slightly
législatif, ive [leʒislatif, -iv] *adj* legislative; **législatives** *nfpl* general election *sg*; **législature** [leʒislatyʀ] *nf* legislature; term (of office)
légitime [leʒitim] *adj* (*JUR*) lawful, legitimate; (*fig*) rightful, legitimate; **en état de ~ défense** in self-defence
legs [lɛg] *nm* legacy
léguer [lege] *vt*: ~ **qch à qn** (*JUR*) to bequeath sth to sb; (*fig*) to hand sth down *ou* pass sth on to sb
légume [legym] *nm* vegetable
lendemain [lɑ̃dmɛ̃] *nm*: **le ~** the next *ou* following day; **le ~ matin/soir** the next *ou* following morning/evening; **le ~ de** the day after; **sans ~** short-lived
lent, e [lɑ̃, lɑ̃t] *adj* slow; **lentement** *adv* slowly; **lenteur** *nf* slowness *no pl*
lentille [lɑ̃tij] *nf* (*OPTIQUE*) lens *sg*; (*CULIN*) lentil
léopard [leɔpaʀ] *nm* leopard
lèpre [lɛpʀ(ə)] *nf* leprosy

MOT-CLÉ

lequel, laquelle [ləkɛl, lakɛl] (*mpl* **lesquels**, *fpl* **lesquelles**; *à + lequel* = **auquel**, *de + lequel pron*) *pron* **1** (*interrogatif*) which, which one
2 (*relatif*: *personne*: *sujet*) who; (: *object, après préposition*) whom; (: *chose*) which ♦ *adj*
♦ *adj*: **auquel cas** in which case

les [le] *dét voir* **le**
lesbienne [lɛsbjɛn] *nf* lesbian
lesdites [ledit] *dét pl voir* **ledit**
lesdits [ledi] *dét pl* **ledit**
léser [leze] *vt* to wrong
lésiner [lezine] *vi*: ~ **(sur)** to skimp (on)
lésion [lezjɔ̃] *nf* lesion, damage *no pl*
lesquelles [lekɛl] *pron pl voir* **lequel**
lesquels [lekɛl] *pron pl voir* **lequel**
lessive [lesiv] *nf* (*poudre*) washing powder; (*linge*) washing *no pl*, wash
lessiver [lesive] *vt* to wash
lest [lɛst] *nm* ballast
leste [lɛst(ə)] *adj* sprightly, nimble
lettre [lɛtʀ(ə)] *nf* letter; **~s** *nfpl* (*littérature*) literature *sg*; (*SCOL*) arts (subjects); **à la ~** literally; **en toutes ~s** in full
lettré, e [letʀe] *adj* well-read
leucémie [løsemi] *nf* leukaemia

MOT-CLÉ

leur [lœʀ] *adj possessif* their; ~ **maison** their house; **~s amis** their friends
♦ *pron* **1** (*objet indirect*) (to) them; **je ~ ai dit la vérité** I told them the truth; **je le ~ ai donné** I gave it to them, I gave them it
2 (*possessif*): **le(la) ~, les ~s** theirs

leurre [lœʀ] *nm* (*appât*) lure; (*fig*) delusion; snare
leurrer [lœʀe] *vt* to delude, deceive
leurs [lœʀ] *dét voir* **leur**
levain [ləvɛ̃] *nm* leaven
levé, e [ləve] *adj*: **être ~** to be up

levée [ləve] *nf* (*POSTES*) collection; (*CARTES*) trick; ~ **de boucliers** general outcry
lever [ləve] *vt* (*vitre, bras etc*) to raise; (*soulever de terre, supprimer: interdiction, siège*) to lift; (*séance*) to close; (*impôts, armée*) to levy ♦ *vi* to rise ♦ *nm*: **au** ~ on getting up; **se** ~ *vi* to get up; (*soleil*) to rise; (*jour*) to break; (*brouillard*) to lift; ~ **de soleil** sunrise; ~ **du jour** daybreak
levier [ləvje] *nm* lever
lèvre [lɛvʀ(ə)] *nf* lip
lévrier [levʀije] *nm* greyhound
levure [ləvyʀ] *nf* yeast; ~ **chimique** baking powder
lexique [lɛksik] *nm* vocabulary; lexicon
lézard [lezaʀ] *nm* lizard
lézarde [lezaʀd(ə)] *nf* crack
liaison [ljɛzɔ̃] *nf* link; (*amoureuse*) affair; (*PHONÉTIQUE*) liaison; **entrer/être en** ~ **avec** to get/be in contact with
liane [ljan] *nf* creeper
liant, e [ljɑ̃, -ɑ̃t] *adj* sociable
liasse [ljas] *nf* wad, bundle
Liban [libɑ̃] *nm*: **le** ~ (the) Lebanon; **libanais, e** *adj, nm/f* Lebanese
libeller [libele] *vt* (*chèque, mandat*): ~ **(au nom de)** to make out (to); (*lettre*) to word
libellule [libelyl] *nf* dragonfly
libéral, e, aux [libeʀal, -o] *adj, nm/f* liberal
libérer [libeʀe] *vt* (*délivrer*) to free, liberate; (*: moralement, PSYCH*) to liberate; (*relâcher, dégager: gaz*) to release; to discharge; **se** ~ *vi* (*de rendez-vous*) to get out of previous engagements
liberté [libɛʀte] *nf* freedom; (*loisir*) free time; ~**s** *nfpl* (*privautés*) liberties; **mettre/être en** ~ to set/be free; **en** ~ **provisoire/surveillée/conditionnelle** on bail/probation/parole; ~**s individuelles** personal freedom *sg*
libraire [libʀɛʀ] *nm/f* bookseller
librairie [libʀɛʀi] *nf* bookshop
libre [libʀ(ə)] *adj* free; (*route*) clear; (*place etc*) vacant; empty; not engaged; not taken; (*SCOL*) non-state; **de** ~ (*place*) free; ~ **de qch/de faire** free from sth/to do; ~ **arbitre** free will; ~**-échange** *nm* free trade; ~**-service** *nm* self-service store
Libye [libi] *nf*: **la** ~ Libya
licence [lisɑ̃s] *nf* (*permis*) permit; (*diplôme*) degree; (*liberté*) liberty; licence (*BRIT*), license (*US*); licentiousness; **licencié, e** *nm/f* (*SCOL*): **licencié ès lettres/en droit** ≈ Bachelor of Arts/Law; (*SPORT*) *member of a sports federation*
licencier [lisɑ̃sje] *vt* (*renvoyer*) to dismiss; (*débaucher*) to make redundant; to lay off
licite [lisit] *adj* lawful
lie [li] *nf* dregs *pl*, sediment
lié, e [lje] *adj*: **très** ~ **avec** very friendly with *ou* close to; ~ **par** (*serment*) bound by
liège [ljɛʒ] *nm* cork
lien [ljɛ̃] *nm* (*corde, fig: affectif*) bond; (*rapport*) link, connection; ~ **de parenté** family tie
lier [lje] *vt* (*attacher*) to tie up; (*joindre*) to link up; (*fig: unir, engager*) to bind; (*CULIN*) to thicken; **se** ~ **avec** to make friends with; ~ **qch à** to tie *ou* link sth to; ~ **conversation avec** to strike up a conversation with
lierre [ljɛʀ] *nm* ivy
liesse [ljɛs] *nf*: **être en** ~ to be celebrating *ou* jubilant
lieu, x [ljø] *nm* place; ~x *nmpl* (*habitation*) premises; (*endroit: d'un accident etc*) scene *sg*; **en** ~ **sûr** in a safe place; **en premier** ~ in the first place; **en dernier** ~ lastly; **avoir** ~ to take place; **avoir** ~ **de faire** to have grounds for doing; **tenir** ~ **de** to take the place of; to serve as; **donner** ~ **à** to give rise to; **au** ~ **de** instead of
lieu-dit [ljødi] (*pl* **lieux-dits**) *nm* locality
lieutenant [ljøtnɑ̃] *nm* lieutenant

lièvre [ljɛvʀ(ə)] *nm* hare
ligament [ligamɑ̃] *nm* ligament
ligne [liɲ] *nf* (*gén*) line; (*TRANSPORTS*: *liaison*) service; (: *trajet*) route; (*silhouette*) figure; **entrer en ~ de compte** to come into it
lignée [liɲe] *nf* line; lineage; descendants *pl*
ligoter [ligɔte] *vt* to tie up
ligue [lig] *nf* league; **liguer** *vt*: **se liguer contre** (*fig*) to combine against
lilas [lila] *nm* lilac
limace [limas] *nf* slug
limaille [limaj] *nf*: **~ de fer** iron filings *pl*
limande [limɑ̃d] *nf* dab
lime [lim] *nf* file; **~ à ongles** nail file; **limer** *vt* to file
limier [limje] *nm* bloodhound; (*détective*) sleuth
limitation [limitasjɔ̃] *nf*: **~ de vitesse** speed limit
limite [limit] *nf* (*de terrain*) boundary; (*partie ou point extrême*) limit; **vitesse/charge ~** maximum speed/load; **cas ~** borderline case; **date ~** deadline
limiter [limite] *vt* (*restreindre*) to limit, restrict; (*délimiter*) to border
limitrophe [limitʀɔf] *adj* border *cpd*
limoger [limɔʒe] *vt* to dismiss
limon [limɔ̃] *nm* silt
limonade [limɔnad] *nf* lemonade
lin [lɛ̃] *nm* flax
linceul [lɛ̃sœl] *nm* shroud
linge [lɛ̃ʒ] *nm* (*serviettes etc*) linen; (*pièce de tissu*) cloth; (*aussi*: **~ de corps**) underwear; (: **~ de toilette**) towels *pl*; (*lessive*) washing
lingerie [lɛ̃ʒʀi] *nf* lingerie, underwear
lingot [lɛ̃go] *nm* ingot
linguistique [lɛ̃gɥistik] *adj* linguistic ♦ *nf* linguistics *sg*
lion, ne [ljɔ̃, ljɔn] *nm/f* lion(lioness); (*signe*): **le L~** Leo; **lionceau, x** *nm* lion cub
liqueur [likœʀ] *nf* liqueur
liquide [likid] *adj* liquid ♦ *nm* liquid; (*COMM*): **en ~** in ready money *ou* cash; **liquider** [likide] *vt* (*société, biens, témoin gênant*) to liquidate; (*compte, problème*) to settle; (*COMM*: *articles*) to clear, sell off; **liquidités** [likidite] *nfpl* (*COMM*) liquid assets
lire [liʀ] *nf* (*monnaie*) lira ♦ *vt, vi* to read
lis [lis] *nm* = **lys**
lisible [lizibl(ə)] *adj* legible
lisière [lizjɛʀ] *nf* (*de forêt*) edge; (*de tissu*) selvage
lisons *vb voir* **lire**
lisse [lis] *adj* smooth
liste [list(ə)] *nf* list; **faire la ~ de** to list; **~ électorale** electoral roll
listing [listiŋ] *nm* (*INFORM*) printout
lit [li] *nm* (*gén*) bed; **faire son ~** to make one's bed; **aller/se mettre au ~** to go to/get into bed; **~ de camp** campbed; **~ d'enfant** cot (*BRIT*), crib (*US*)
literie [litʀi] *nf* bedding, bedclothes *pl*
litière [litjɛʀ] *nf* litter
litige [litiʒ] *nm* dispute
litre [litʀ(ə)] *nm* litre; (*récipient*) litre measure
littéraire [liteʀɛʀ] *adj* literary
littéral, e, aux [liteʀal, -o] *adj* literal
littérature [liteʀatyʀ] *nf* literature
littoral, aux [litɔʀal, -o] *nm* coast
liturgie [lityʀʒi] *nf* liturgy
livide [livid] *adj* livid, pallid
livraison [livʀɛzɔ̃] *nf* delivery
livre [livʀ(ə)] *nm* book ♦ *nf* (*poids, monnaie*) pound; **~ de bord** logbook; **~ de poche** paperback (*pocket size*)
livré, e [livʀe] *adj*: **~ à soi-même** left to o.s. *ou* one's own devices; **livrée** *nf* livery
livrer [livʀe] *vt* (*COMM*) to deliver; (*otage, coupable*) to hand over; (*secret, information*) to give away; **se ~ à** (*se confier*) to confide in; (*se rendre, s'abandonner*) to give o.s. up to; (*faire*: *pratiques, actes*) to indulge in; (: *travail*) to engage in; (: *sport*) to practise; (*travail*: *enquête*)

to carry out

livret [livʀɛ] *nm* booklet; (*d'opéra*) libretto; ~ **de caisse d'épargne** (savings) bank-book; ~ **de famille** (official) family record book; ~ **scolaire** (school) report book

livreur, euse [livʀœʀ, -øz] *nm/f* delivery boy *ou* man/girl *ou* woman

local, e, aux [lɔkal, -o] *adj* local ♦ *nm* (*salle*) premises *pl*; *voir aussi* **locaux**

localiser [lɔkalize] *vt* (*repérer*) to locate, place; (*limiter*) to confine

localité [lɔkalite] *nf* locality

locataire [lɔkatɛʀ] *nm/f* tenant; (*de chambre*) lodger

location [lɔkɑsjɔ̃] *nf* (*par le locataire, le loueur*) renting; (*par le propriétaire*) renting out, letting; (*THÉÂTRE*) booking office; "~ **de voitures**" "car rental"

location-vente [lɔkɑsjɔ̃vɑ̃t] (*pl* ~**s**-~**s**) *nf* hire purchase (*BRIT*), instalment plan (*US*)

locaux [lɔko] *nmpl* premises

locomotive [lɔkɔmɔtiv] *nf* locomotive, engine; (*fig*) pacesetter, pacemaker

locution [lɔkysjɔ̃] *nf* phrase

loge [lɔʒ] *nf* (*THEATRE*: *d'artiste*) dressing room; (: *de spectateurs*) box; (*de concierge, franc-maçon*) lodge

logement [lɔʒmɑ̃] *nm* accommodation *no pl* (*BRIT*), accommodations *pl* (*US*); flat (*BRIT*), apartment (*US*); housing *no pl*

loger [lɔʒe] *vt* to accommodate ♦ *vi* to live; **se** ~ **dans** (*suj*: *balle, flèche*) to lodge itself in; **trouver à se** ~ to find accommodation; **logeur, euse** *nm/f* landlord(lady)

logiciel [lɔʒisjɛl] *nm* software

logique [lɔʒik] *adj* logical ♦ *nf* logic

logis [lɔʒi] *nm* home; abode, dwelling

loi [lwa] *nf* law; **faire la** ~ to lay down the law

loin [lwɛ̃] *adv* far; (*dans le temps*) a long way off; a long time ago; **plus** ~ further; ~ **de** far from; **au** ~ far off; **de** ~ from a distance; (*fig*: *de beaucoup*) by far; **il vient de** ~ he's come a long way

lointain, e [lwɛ̃tɛ̃, -ɛn] *adj* faraway, distant; (*dans le futur, passé*) distant, far-off; (*cause, parent*) remote, distant ♦ *nm*: **dans le** ~ in the distance

loir [lwaʀ] *nm* dormouse

loisir [lwaziʀ] *nm*: **heures de** ~ spare time; ~**s** *nmpl* leisure *sg*; leisure activities; **avoir le** ~ **de faire** to have the time *ou* opportunity to do; **à** ~ at leisure; at one's pleasure

londonien, ne [lɔ̃dɔnjɛ̃, -jɛn] *adj* London *cpd*, of London ♦ *nm/f*: **L**~**, ne** Londoner

Londres [lɔ̃dʀ(ə)] *n* London

long, longue [lɔ̃, lɔ̃g] *adj* long ♦ *adv*: **en savoir** ~ to know a great deal ♦ *nm*: **de 3 m de** ~ 3 m long, 3 m in length; **ne pas faire** ~ **feu** not to last long; (**tout**) **le** ~ **de** (all) along; **tout au** ~ **de** (*année, vie*) throughout; **de** ~ **en large** (*marcher*) to and fro, up and down; *voir aussi* **longue**

longer [lɔ̃ʒe] *vt* to go (*ou* walk *ou* drive) along(side); (*suj*: *mur, route*) to border

longiligne [lɔ̃ʒiliɲ] *adj* long-limbed

longitude [lɔ̃ʒityd] *nf* longitude

longitudinal, e, aux [lɔ̃ʒitydinal, -o] *adj* (running) lengthways

longtemps [lɔ̃tɑ̃] *adv* (for) a long time, (for) long; **avant** ~ before long; **pour** *ou* **pendant** ~ for a long time; **mettre** ~ **à faire** to take a long time to do

longue [lɔ̃g] *adj voir* **long** ♦ *nf*: **à la** ~ in the end; **longuement** *adv* for a long time

longueur [lɔ̃gœʀ] *nf* length; ~**s** *nfpl* (*fig*: *d'un film etc*) tedious parts; **en** ~ lengthwise; **tirer en** ~ to drag on; **à** ~ **de journée** all day long; ~ **d'onde** wavelength

longue-vue [lɔ̃gvy] *nf* telescope

lopin [lɔpɛ̃] *nm*: ~ **de terre** patch of land

loque [lɔk] *nf* (*personne*) wreck; ~s *nfpl* (*habits*) rags
loquet [lɔkɛ] *nm* latch
lorgner [lɔʀɲe] *vt* to eye; (*fig*) to have one's eye on
lors [lɔʀ] : ~ **de** *prép* at the time of; during; ~ **même que** even though
lorsque [lɔʀsk(ə)] *conj* when, as
losange [lɔzɑ̃ʒ] *nm* diamond; (*GÉOM*) lozenge
lot [lo] *nm* (*part*) share; (*de loterie*) prize; (*fig*: *destin*) fate, lot; (*COMM, INFORM*) batch
loterie [lɔtʀi] *nf* lottery; raffle
loti, e [lɔti] *adj*: **bien/mal** ~ well-/badly off
lotion [losjɔ̃] *nf* lotion
lotir [lɔtiʀ] *vt* (*terrain*) to divide into plots; to sell by lots; **lotissement** *nm* housing development; plot, lot
loto [lɔto] *nm* lotto; numerical lottery
louable [lwabl(ə)] *adj* commendable
louanges [lwɑ̃ʒ] *nfpl* praise *sg*
loubard [lubaʀ] (*fam*) *nm* lout
louche [luʃ] *adj* shady, fishy, dubious ♦ *nf* ladle
loucher [luʃe] *vi* to squint
louer [lwe] *vt* (*maison*: *suj*: *propriétaire*) to let, rent (out); (: *locataire*) to rent; (*voiture etc*: *entreprise*) to hire out (*BRIT*), rent (out); (: *locataire*) to hire, rent; (*réserver*) to book; (*faire l'éloge de*) to praise; "**à** ~" "to let" (*BRIT*), "for rent" (*US*)
loup [lu] *nm* wolf
loupe [lup] *nf* magnifying glass
louper [lupe] *vt* (*manquer*) to miss
lourd, e [luʀ, luʀd(ə)] *adj, adv* heavy; ~ **de** (*conséquences, menaces*) charged with; **lourdaud, e** (*péj*) *adj* clumsy
loutre [lutʀ(ə)] *nf* otter
louveteau, x [luvto] *nm* wolf-cub; (*scout*) cub (scout)
louvoyer [luvwaje] *vi* (*NAVIG*) to tack; (*fig*) to hedge, evade the issue
lover [lɔve] : **se** ~ *vi* to coil up
loyal, e, aux [lwajal, -o] *adj* (*fidèle*) loyal, faithful; (*fair-play*) fair; **loyauté** *nf* loyalty, faithfulness; fairness
loyer [lwaje] *nm* rent
lu, e [ly] *pp de* **lire**
lubie [lybi] *nf* whim, craze
lubrifiant [lybʀifjɑ̃] *nm* lubricant
lubrifier [lybʀifje] *vt* to lubricate
lubrique [lybʀik] *adj* lecherous
lucarne [lykaʀn(ə)] *nf* skylight
lucratif, ive [lykʀatif, -iv] *adj* lucrative; profitable; **à but non** ~ non profit-making
lueur [lɥœʀ] *nf* (*chatoyante*) glimmer *no pl*; (*métallique, mouillée*) gleam *no pl*; (*rougeoyante, chaude*) glow *no pl*; (*pâle*) (faint) light; (*fig*) glimmer; gleam
luge [lyʒ] *nf* sledge (*BRIT*), sled (*US*)
lugubre [lygybʀ(ə)] *adj* gloomy; dismal

MOT-CLÉ

lui [lɥi] *pron* **1** (*objet indirect*: *mâle*) (to) him; (: *femelle*) (to) her; (: *chose, animal*) (to) it; **je** ~ **ai parlé** I have spoken to him (*ou* to her); **il** ~ **a offert un cadeau** he gave him (*ou* her) a present
2 (*après préposition, comparatif*: *personne*) him; (: *chose, animal*) it; **elle est contente de** ~ she is pleased with him; **je la connais mieux que** ~ I know her better than he does; I know her better than him
3 (*sujet, forme emphatique*) he; ~, **il est à Paris** HE is in Paris
4: ~**-même** himself; itself

luire [lɥiʀ] *vi* to shine; to glow
lumière [lymjɛʀ] *nf* light; ~s *nfpl* (*d'une personne*) wisdom *sg*; **mettre en** ~ (*fig*) to highlight; ~ **du jour** daylight
luminaire [lyminɛʀ] *nm* lamp, light
lumineux, euse [lyminø, -øz] *adj* (*émettant de la lumière*) luminous; (*éclairé*) illuminated; (*ciel, couleur*) bright; (*relatif à la lumière*: *rayon etc*) of light, light *cpd*; (*fig*: *regard*) radiant

lunaire [lynɛʀ] *adj* lunar, moon *cpd*
lunatique [lynatik] *adj* whimsical, temperamental
lundi [lœ̃di] *nm* Monday; ~ **de Pâques** Easter Monday
lune [lyn] *nf* moon; ~ **de miel** honeymoon
lunette [lynɛt] *nf*: ~**s** *nfpl* glasses, spectacles; (*protectrices*) goggles; ~ **arrière** (*AUTO*) rear window; ~**s de soleil** sunglasses; ~**s noires** dark glasses
lus *etc vb voir* **lire**
lustre [lystʀ(ə)] *nm* (*de plafond*) chandelier; (*fig*: *éclat*) lustre
lustrer [lystʀe] *vt* to shine
lut *vb voir* **lire**
luth [lyt] *nm* lute
lutin [lytɛ̃] *nm* imp, goblin
lutte [lyt] *nf* (*conflit*) struggle; (*sport*) wrestling; **lutter** *vi* to fight, struggle
luxe [lyks(ə)] *nm* luxury; **de** ~ luxury *cpd*
Luxembourg [lyksɑ̃buʀ] *nm*: **le** ~ Luxembourg
luxer [lykse] *vt*: **se** ~ **l'épaule** to dislocate one's shoulder
luxueux, euse [lyksɥø, -øz] *adj* luxurious
luxure [lyksyʀ] *nf* lust
lycée [lise] *nm* secondary school; **lycéen, ne** *nm/f* secondary school pupil
lyrique [liʀik] *adj* lyrical; (*OPERA*) lyric; **artiste** ~ opera singer
lys [lis] *nm* lily

M

M *abr* = **Monsieur**
m' [m] *pron voir* **me**
ma [ma] *dét* **mon**
macaron [makaʀɔ̃] *nm* (*gâteau*) macaroon; (*insigne*) (round) badge
macaronis [makaʀɔni] *nmpl* macaroni *sg*
macédoine [masedwan] *nf*: ~ **de fruits** fruit salad; ~ **de légumes** *nf* mixed vegatables
macérer [maseʀe] *vi, vt* to macerate; (*dans du vinaigre*) to pickle
mâcher [mɑʃe] *vt* to chew; **ne pas** ~ **ses mots** not to mince one's words
machin [maʃɛ̃] (*fam*) *nm* thing(umajig)
machinal, e, aux [maʃinal, -o] *adj* mechanical, automatic
machination [maʃinɑsjɔ̃] *nf* scheming, frame-up
machine [maʃin] *nf* machine; (*locomotive*) engine; (*fig*: *rouages*) machinery; ~ **à écrire** typewriter; ~ **à laver/coudre** washing/sewing machine; ~ **à sous** fruit machine; ~ **à vapeur** steam engine; **machinerie** *nf* machinery, plant; (*d'un navire*) engine room; **machiniste** *nm* (*de bus, métro*) driver
mâchoire [mɑʃwaʀ] *nf* jaw; ~ **de frein** brake shoe
mâchonner [mɑʃɔne] *vt* to chew (at)
maçon [masɔ̃] *nm* bricklayer; builder; ~**nerie** [masɔnʀi] *nf* (*murs*) brickwork; masonry, stonework; (*activité*) bricklaying; building
maculer [makyle] *vt* to stain
Madame [madam] (*pl* **Mesdames**) *nf*: ~ X Mrs X; **occupez-vous de ~/Monsieur/Mademoiselle** please serve this lady/gentleman/(young) lady; **bonjour ~/Monsieur/Mademoiselle** good morning; (*ton déférent*) good morning Madam/Sir/Madam; (*le nom est connu*) good morning Mrs/Mr/Miss X; **~/Monsieur/Mademoiselle**! (*pour appeler*) Madam/Sir/Miss!; **~/Monsieur/Mademoiselle** (*sur lettre*) Dear Madam/Sir/Madam; **chère ~/cher Monsieur/chère Mademoiselle** Dear Mrs/Mr/Miss X; **Mesdames** Ladies
Mademoiselle [madmwazɛl] (*pl* **Mesdemoiselles**) *nf* Miss; *voir aussi* **Madame**
madère [madɛʀ] *nm* Madeira (wine)
magasin [magazɛ̃] *nm* (*boutique*)

shop; (*entrepôt*) warehouse; (*d'une arme*) magazine; **en** ~ (*COMM*) in stock

magazine [magazin] *nm* magazine

magicien, ne [maʒisjɛ̃, -jɛn] *nm/f* magician

magie [maʒi] *nf* magic; **magique** *adj* magic; (*enchanteur*) magical

magistral, e, aux [maʒistʀal, -o] *adj* (*œuvre, addresse*) masterly; (*ton*) authoritative; (*ex cathedra*): **enseignement** ~ lecturing, lectures *pl*

magistrat [maʒistʀa] *nm* magistrate

magnétique [maɲetik] *adj* magnetic

magnétiser [maɲetize] *vt* to magnetize; (*fig*) to mesmerize, hypnotize

magnétophone [maɲetɔfɔn] *nm* tape recorder; ~ **à cassettes** cassette recorder

magnétoscope [maɲetɔskɔp] *nm* video-tape recorder

magnifique [maɲifik] *adj* magnificent

magot [mago] *nm* (*argent*) pile (of money); nest egg

magouille [maguj] *nf* scheming

mai [mɛ] *nm* May

maigre [mɛgʀ(ə)] *adj* (very) thin, skinny; (*viande*) lean; (*fromage*) low-fat; (*végétation*) thin, sparse; (*fig*) poor, meagre, skimpy ♦ *adv*: **faire** ~ not to eat meat; **jours** ~**s** days of abstinence, fish days; **maigreur** *nf* thinness; **maigrir** *vi* to get thinner, lose weight

maille [mɑj] *nf* stitch; **avoir** ~ **à partir avec qn** to have a brush with sb; ~ **à l'endroit/à l'envers** plain/purl stitch

maillet [majɛ] *nm* mallet

maillon [mɑjɔ̃] *nm* link

maillot [majo] *nm* (*aussi*: ~ *de corps*) vest; (*de danseur*) leotard; (*de sportif*) jersey; ~ **de bain** swimsuit; (*d'homme*) bathing trunks *pl*

main [mɛ̃] *nf* hand; **à la** ~ in one's hand; **se donner la** ~ to hold hands; **donner** *ou* **tendre la** ~ **à qn** to hold out one's hand to sb; **se serrer la** ~ to shake hands; **serrer la** ~ **à qn** to shake hands with sb; **sous la** ~ to *ou* at hand; **attaque à** ~ **armée** armed attack; **à** ~ **droite/gauche** to the right/left; **à remettre en** ~**s propres** to be delivered personally; **de première** ~ (*COMM*: *voiture etc*) second-hand with only one previous owner; **mettre la dernière** ~ **à** to put the finishing touches to; **se faire/perdre la** ~ to get one's hand in/lose one's touch; **avoir qch bien en** ~ to have (got) the hang of sth

main-d'œuvre [mɛ̃dœvʀ(ə)] *nf* manpower, labour

main-forte [mɛ̃fɔʀt(ə)] *nf*: **prêter** ~ **à qn** to come to sb's assistance

mainmise [mɛ̃miz] *nf* seizure; (*fig*): ~ **sur** complete hold on

maint, e [mɛ̃, mɛ̃t] *adj* many a; ~**s** many; **à** ~**es reprises** time and (time) again

maintenant [mɛ̃tnɑ̃] *adv* now; (*actuellement*) nowadays

maintenir [mɛ̃tniʀ] *vt* (*retenir, soutenir*) to support; (*contenir*: *foule etc*) to hold back; (*conserver, affirmer*) to maintain; **se** ~ *vi* to hold; to keep steady; to persist

maintien [mɛ̃tjɛ̃] *nm* maintaining; (*attitude*) bearing

maire [mɛʀ] *nm* mayor

mairie [meʀi] *nf* (*bâtiment*) town hall; (*administration*) town council

mais [mɛ] *conj* but; ~ **non!** of course not!; ~ **enfin** but after all; (*indignation*) look here!; ~ **encore?** is that all?

maïs [mais] *nm* maize (*BRIT*), corn (*US*)

maison [mɛzɔ̃] *nf* house; (*chez-soi*) home; (*COMM*) firm ♦ *adj inv* (*CULIN*) home-made; made by the chef; (*fig*) in-house, own; **à la** ~ at home; (*direction*) home; ~ **close** *ou* **de passe** brothel; ~ **de correction** reformatory; ~ **de repos** convalescent home; ~ **de santé** mental home; ~ **des jeunes** ≈ youth club; ~ **mère**

parent company; **maisonnée** *nf* household, family; **maisonnette** *nf* small house, cottage

maître, esse [mɛtʀ(ə), mɛtʀɛs] *nm/f* master(mistress); (*SCOL*) teacher, schoolmaster(mistress) ♦ *nm* (*peintre etc*) master; (*titre*): **M~** Maître, *term of address gen for a barrister* ♦ *adj* (*principal, essentiel*) main; **être ~ de** (*soi-même, situation*) to be in control of; **une ~sse femme** a managing woman; **~ chanteur** blackmailer; **~/maîtresse d'école** schoolmaster(mistress); **~ d'hôtel** (*domestique*) butler; (*d'hôtel*) head waiter; **~ nageur** lifeguard; **maîtresse** *nf* (*amante*) mistress; **~sse de maison** hostess; housewife

maîtrise [metʀiz] *nf* (*aussi*: **~ de soi**) self-control, self-possession; (*habileté*) skill, mastery; (*suprématie*) mastery, command; (*diplôme*) ≈ master's degree

maîtriser [metʀize] *vt* (*cheval, incendie*) to (bring under) control; (*sujet*) to master; (*émotion*) to control, master; **se ~** to control o.s.

majestueux, euse [maʒɛstɥø, -øz] *adj* majestic

majeur, e [maʒœʀ] *adj* (*important*) major; (*JUR*) of age; (*fig*) adult ♦ *nm* (*doigt*) middle finger; **en ~e partie** for the most part

majorer [maʒɔʀe] *vt* to increase

majoritaire [maʒɔʀitɛʀ] *adj* majority *cpd*

majorité [maʒɔʀite] *nf* (*gén*) majority; (*parti*) party in power; **en ~** mainly

majuscule [maʒyskyl] *adj, nf*: **(lettre) ~** capital (letter)

mal [mal, mo] (*pl* **maux**) *nm* (*opposé au bien*) evil; (*tort, dommage*) harm; (*douleur physique*) pain, ache; (*maladie*) illness, sickness *no pl* ♦ *adv* badly ♦ *adj* bad, wrong; **être ~** to be uncomfortable; **être ~ avec qn** to be on bad terms with sb; **être au plus ~** (*malade*) to be at death's door; (*brouillé*) to be at daggers drawn; **il a ~ compris** he misunderstood; **dire/penser du ~ de** to speak/think ill of; **ne voir aucun ~ à** to see no harm in, see nothing wrong in; **craignant ~ faire** fearing he was doing the wrong thing; **faire du ~ à qn** to hurt sb; to harm sb; **se faire ~** to hurt o.s.; **se donner du ~ pour faire qch** to go to a lot of trouble to do sth; **ça fait ~** it hurts; **j'ai ~ au dos** my back hurts; **avoir ~ à la tête/à la gorge/aux dents** to have a headache/a sore throat/toothache; **avoir le ~ du pays** to be homesick; **prendre ~** to be taken ill, feel unwell; *voir aussi* **cœur; maux; ~ de mer** seasickness; **~ en point** *adj inv* in a bad state

malade [malad] *adj* ill, sick; (*poitrine, jambe*) bad; (*plante*) diseased ♦ *nm/f* invalid, sick person; (*à l'hôpital etc*) patient; **tomber ~** to fall ill; **être ~ du cœur** to have heart trouble *ou* a bad heart; **~ mental** mentally sick *ou* ill person

maladie [maladi] *nf* (*spécifique*) disease, illness; (*mauvaise santé*) illness, sickness; **~ d'Alzheimer** *nf* Alzheimer's (disease); **maladif, ive** *adj* sickly; (*curiosité, besoin*) pathological

maladresse [maladʀɛs] *nf* clumsiness *no pl*; (*gaffe*) blunder

maladroit, e [maladʀwa, -wat] *adj* clumsy

malaise [malɛz] *nm* (*MÉD*) feeling of faintness; feeling of discomfort; (*fig*) uneasiness, malaise

malaisé, e [maleze] *adj* difficult

malaria [malaʀja] *nf* malaria

malaxer [malakse] *vt* to knead; to mix

malchance [malʃɑ̃s] *nf* misfortune, ill luck *no pl*; **par ~** unfortunately

mâle [mɑl] *adj* (*aussi ELEC, TECH*) male; (*viril*: *voix, traits*) manly ♦ *nm* male

malédiction [malediksjɔ̃] *nf* curse

mal: **~encontreux, euse** *adj* unfortunate, untoward; **~-en-point** *adj inv* in a sorry state; **~entendu** *nm* misunderstanding; **~façon** *nf* fault; **~faisant, e** *adj* evil, harmful; **~faiteur** *nm* lawbreaker, criminal; burglar, thief; **~famé, e** *adj* disreputable

malgache [malgaʃ] *adj, nm/f* Madagascan, Malagasy ♦ *nm* (*LING*) Malagasy

malgré [malgʀe] *prép* in spite of, despite; ~ **tout** all the same

malheur [malœʀ] *nm* (*situation*) adversity, misfortune; (*événement*) misfortune; disaster, tragedy; **faire un** ~ to be a smash hit; **malheureusement** *adv* unfortunately; **malheureux, euse** *adj* (*triste*) unhappy, miserable; (*infortuné, regrettable*) unfortunate; (*malchanceux*) unlucky; (*insignifiant*) wretched ♦ *nm/f* poor soul; unfortunate creature; **les ~eux** the destitute

malhonnête [malɔnɛt] *adj* dishonest

malice [malis] *nf* mischievousness; (*méchanceté*): **par** ~ out of malice *ou* spite; **sans** ~ guileless; **malicieux, euse** *adj* mischievous

malin, igne [malɛ̃, -iɲ] *adj* (*futé*: *f gén*: *maline*) smart, shrewd; (*MED*) malignant

malingre [malɛ̃gʀ(ə)] *adj* puny

malle [mal] *nf* trunk

mallette [malɛt] *nf* (small) suitcase; overnight case; attaché case

malmener [malməne] *vt* to manhandle; (*fig*) to give a rough handling to

malodorant, e [malɔdɔʀɑ̃, -ɑ̃t] *adj* foul- *ou* ill-smelling

malotru [malɔtʀy] *nm* lout, boor

malpropre [malpʀɔpʀ(ə)] *adj* dirty

malsain, e [malsɛ̃, -ɛn] *adj* unhealthy

malt [malt] *nm* malt

Malte [malt(ə)] *nf* Malta

maltraiter [maltʀete] *vt* (*brutaliser*) to manhandle, ill-treat

malveillance [malvɛjɑ̃s] *nf* (*animosité*) ill will; (*intention de nuire*) malevolence; (*JUR*) malicious intent *no pl*

malversation [malvɛʀsɑsjɔ̃] *nf* embezzlement

maman [mamɑ̃] *nf* mum(my), mother

mamelle [mamɛl] *nf* teat

mamelon [mamlɔ̃] *nm* (*ANAT*) nipple; (*colline*) knoll, hillock

mamie [mami] (*fam*) *nf* granny

mammifère [mamifɛʀ] *nm* mammal

manche [mɑ̃ʃ] *nf* (*de vêtement*) sleeve; (*d'un jeu, tournoi*) round; (*GEO*): **la M~** the Channel ♦ *nm* (*d'outil, casserole*) handle; (*de pelle, pioche etc*) shaft; ~ **à balai** *nm* broomstick; (*AVIAT, INFORM*) joystick

manchette [mɑ̃ʃɛt] *nf* (*de chemise*) cuff; (*coup*) forearm blow; (*titre*) headline

manchon [mɑ̃ʃɔ̃] *nm* (*de fourrure*) muff

manchot [mɑ̃ʃo] *nm* one-armed man; armless man; (*ZOOL*) penguin

mandarine [mɑ̃daʀin] *nf* mandarin (orange), tangerine

mandat [mɑ̃da] *nm* (*postal*) postal *ou* money order; (*d'un député etc*) mandate; (*procuration*) power of attorney, proxy; (*POLICE*) warrant; ~ **d'amener** summons *sg*; ~ **d'arrêt** warrant for arrest; **mandataire** *nm/f* representative; proxy

manège [manɛʒ] *nm* riding school; (*à la foire*) roundabout, merry-go-round; (*fig*) game, ploy

manette [manɛt] *nf* lever, tap; ~ **de jeu** joystick

mangeable [mɑ̃ʒabl(ə)] *adj* edible, eatable

mangeoire [mɑ̃ʒwaʀ] *nf* trough, manger

manger [mɑ̃ʒe] *vt* to eat; (*ronger*: *suj*: *rouille etc*) to eat into *ou* away ♦ *vi* to eat

mangue [mɑ̃g] *nf* mango

maniable [manjabl(ə)] *adj* (*outil*) handy; (*voiture, voilier*) easy to handle

maniaque [manjak] *adj* finicky, fussy; suffering from a mania ♦ *nm/f* maniac
manie [mani] *nf* mania; (*tic*) odd habit
manier [manje] *vt* to handle
manière [manjɛʀ] *nf* (*façon*) way, manner; ~s *nfpl* (*attitude*) manners; (*chichis*) fuss *sg*; **de ~ à** so as to; **de telle ~ que** in such a way that; **de cette ~** in this way *ou* manner; **d'une certaine ~** in a way; **d'une ~ générale** generally speaking, as a general rule; **de toute ~** in any case
maniéré, e [manjeʀe] *adj* affected
manifestant, e [manifɛstɑ̃, -ɑ̃t] *nm/f* demonstrator
manifestation [manifɛstɑsjɔ̃] *nf* (*de joie, mécontentement*) expression, demonstration; (*symptôme*) outward sign; (*fête etc*) event; (*POL*) demonstration
manifeste [manifɛst(ə)] *adj* obvious, evident ♦ *nm* manifesto
manifester [manifɛste] *vt* (*volonté, intentions*) to show, indicate; (*joie, peur*) to express, show ♦ *vi* to demonstrate; **se ~** *vi* (*émotion*) to show *ou* express itself; (*difficultés*) to arise; (*symptômes*) to appear; (*témoin etc*) to come forward
manigance [manigɑ̃s] *nf* scheme
manigancer [manigɑ̃se] *vt* to plot
manipuler [manipyle] *vt* to handle; (*fig*) to manipulate
manivelle [manivɛl] *nf* crank
mannequin [mankɛ̃] *nm* (*COUTURE*) dummy; (*MODE*) model
manœuvre [manœvʀ(ə)] *nf* (*gén*) manœuvre (*BRIT*), maneuver (*US*) ♦ *nm* labourer; **~r** [manœvʀe] *vt* to manœuvre (*BRIT*), maneuver (*US*); (*levier, machine*) to operate ♦ *vi* to manœuvre
manoir [manwaʀ] *nm* manor *ou* country house
manque [mɑ̃k] *nm* (*insuffisance*): **~ de** lack of; (*vide*) emptiness, gap; (*MÉD*) withdrawal; ~s *nmpl* (*lacunes*) faults, defects
manqué, e [mɑ̃ke] *adj* failed; **garçon ~** tomboy
manquer [mɑ̃ke] *vi* (*faire défaut*) to be lacking; (*être absent*) to be missing; (*échouer*) to fail ♦ *vt* to miss ♦ *vb impers*: **il (nous) manque encore 100 F** we are still 100 F short; **il manque des pages (au livre)** there are some pages missing (from the book); **il/cela me manque** I miss him/this; **~ à** (*règles etc*) to be in breach of, fail to observe; **~ de** to lack; **il a manqué (de) se tuer** he very nearly got killed
mansarde [mɑ̃saʀd(ə)] *nf* attic
mansuétude [mɑ̃sɥetyd] *nf* leniency
manteau, x [mɑ̃to] *nm* coat
manucure [manykyʀ] *nf* manicurist
manuel, le [manɥɛl] *adj* manual ♦ *nm* (*ouvrage*) manual, handbook
manufacture [manyfaktyʀ] *nf* factory; **manufacturé, e** [manyfaktyʀe] *adj* manufactured
manuscrit, e [manyskʀi, -it] *adj* handwritten ♦ *nm* manuscript
manutention [manytɑ̃sjɔ̃] *nf* (*COMM*) handling; (*local*) storehouse
mappemonde [mapmɔ̃d] *nf* (*plane*) map of the world; (*sphère*) globe
maquereau, x [makʀo] *nm* (*ZOOL*) mackerel *inv*; (*fam*) pimp
maquette [makɛt] *nf* (*d'un décor, bâtiment, véhicule*) (scale) model; (*d'une page illustrée*) paste-up
maquillage [makijaʒ] *nm* making up; faking; (*crème etc*) make-up
maquiller [makije] *vt* (*personne, visage*) to make up; (*truquer: passeport, statistique*) to fake; (: *voiture volée*) to do over (*respray etc*); **se ~** *vi* to make up (one's face)
maquis [maki] *nm* (*GÉO*) scrub; (*MIL*) maquis, underground fighting *no pl*
maraîcher, ère [maʀeʃe, maʀeʃɛʀ] *adj*: **cultures maraîchères** market gardening *sg* ♦ *nm/f* market gardener
marais [maʀɛ] *nm* marsh, swamp
marasme [maʀasm(ə)] *nm* stagna-

tion, slump

marathon [maʀatɔ̃] *nm* marathon

marâtre [maʀɑtʀ(ə)] *nf* cruel mother

maraudeur [maʀodœʀ] *nm* prowler

marbre [maʀbʀ(ə)] *nm* (*pierre, statue*) marble; (*d'une table, commode*) marble top; **marbrer** *vt* to mottle, blotch

marc [maʀ] *nm* (*de raisin, pommes*) marc; ~ **de café** coffee grounds *pl ou* dregs *pl*

marchand, e [maʀʃɑ̃, -ɑ̃d] *nm/f* shopkeeper, tradesman(woman); (*au marché*) stallholder ♦ *adj*: **prix/valeur** ~**(e)** market price/value; ~/**e de fruits** fruiterer (*BRIT*), fruit seller (*US*); ~/**e de journaux** newsagent; ~/**e de légumes** greengrocer (*BRIT*), produce dealer (*US*); ~/**e de quatre saisons** costermonger (*BRIT*), street vendor (selling fresh fruit and vegetables) (*US*)

marchander [maʀʃɑ̃de] *vi* to bargain, haggle

marchandise [maʀʃɑ̃diz] *nf* goods *pl*, merchandise *no pl*

marche [maʀʃ(ə)] *nf* (*d'escalier*) step; (*activité*) walking; (*promenade, trajet, allure*) walk; (*démarche*) walk, gait; (*MIL etc, MUS*) march; (*fonctionnement*) running; (*progression*) progress; course; **ouvrir/fermer la** ~ to lead the way/bring up the rear; **dans le sens de la** ~ (*RAIL*) facing the engine; **en** ~ (*monter etc*) while the vehicle is moving *ou* in motion; **mettre en** ~ to start; **se mettre en** ~ (*personne*) to get moving; (*machine*) to start; ~ **à suivre** (correct) procedure; (*sur notice*) (step by step) instructions *pl*; ~ **arrière** reverse (gear); **faire** ~ **arrière** to reverse; (*fig*) to backtrack, back-pedal

marché [maʀʃe] *nm* (*lieu, COMM, ECON*) market; (*ville*) trading centre; (*transaction*) bargain, deal; **faire du** ~ **noir** to buy and sell on the black market; ~ **aux puces** flea market; **M**~ **commun** Common Market

marchepied [maʀʃəpje] *nm* (*RAIL*) step; (*fig*) stepping stone

marcher [maʀʃe] *vi* to walk; (*MIL*) to march; (*aller*: *voiture, train, affaires*) to go; (*prospérer*) to go well; (*fonctionner*) to work, run; (*fam*) to go along, agree; to be taken in; ~ **sur** to walk on; (*mettre le pied sur*) to step on *ou* in; (*MIL*) to march upon; ~ **dans** (*herbe etc*) to walk in *ou* on; (*flaque*) to step in; **faire** ~ **qn** to pull sb's leg; to lead sb up the garden path; **marcheur, euse** *nm/f* walker

mardi [maʀdi] *nm* Tuesday; **M**~ **gras** Shrove Tuesday

mare [maʀ] *nf* pond

marécage [maʀekaʒ] *nm* marsh, swamp

maréchal, aux [maʀeʃal, -o] *nm* marshal

marée [maʀe] *nf* tide; (*poissons*) fresh (sea) fish; ~ **haute/basse** high/low tide; ~ **montante/descendante** rising/ebb tide

marémotrice [maʀemɔtʀis] *adj f* tidal

margarine [maʀgaʀin] *nf* margarine

marge [maʀʒ(ə)] *nf* margin; **en** ~ **de** (*fig*) on the fringe of; cut off from; ~ **bénéficiaire** profit margin

marguerite [maʀgəʀit] *nf* marguerite, (oxeye) daisy; (*d'imprimante*) daisy-wheel

mari [maʀi] *nm* husband

mariage [maʀjaʒ] *nm* (*union, état, fig*) marriage; (*noce*) wedding; ~ **civil/religieux** registry office (*BRIT*) *ou* civil/church wedding

marié, e [maʀje] *adj* married ♦ *nm* (bride)groom; **les** ~**s** the bride and groom; **les (jeunes)** ~**s** the newly-weds; **mariée** *nf* bride

marier [maʀje] *vt* to marry; (*fig*) to blend; **se** ~ **(avec)** to marry

marin, e [maʀɛ̃, -in] *adj* sea *cpd*, marine ♦ *nm* sailor

marine [maʀin] *adj voir* **marin** ♦ *adj inv* navy (blue) ♦ *nm* (*MIL*) marine ♦ *nf* navy; ~ **de guerre** navy; ~ **marchande** merchant navy

marionnette [marjɔnɛt] *nf* puppet

maritime [maritim] *adj* sea *cpd*, maritime

mark [mark] *nm* mark

marmelade [marməlad] *nf* stewed fruit, compote; ~ **d'oranges** marmalade

marmite [marmit] *nf* (cooking-)pot

marmonner [marmɔne] *vt, vi* to mumble, mutter

marmotter [marmɔte] *vt* to mumble

Maroc [marɔk] *nm*: **le** ~ Morocco; **marocain, e** *adj, nm/f* Moroccan

maroquinerie [marɔkinri] *nf* leather craft; fine leather goods *pl*

marquant, e [markɑ̃, -ɑ̃t] *adj* outstanding

marque [mark(ə)] *nf* mark; (*SPORT, JEU*: *décompte des points*) score; (*COMM*: *de produits*) brand; make; (*de disques*) label; **de** ~ (*COMM*) brand-name *cpd*; proprietary; (*fig*) high-class; distinguished; ~ **de fabrique** trademark; ~ **déposée** registered trademark

marquer [marke] *vt* to mark; (*inscrire*) to write down; (*bétail*) to brand; (*SPORT*: *but etc*) to score; (: *joueur*) to mark; (*accentuer*: *taille etc*) to emphasize; (*manifester*: *refus, intérêt*) to show ♦ *vi* (*événement, personnalité*) to stand out, be outstanding; (*SPORT*) to score; ~ **les points** (*tenir la marque*) to keep the score

marqueterie [markətri] *nf* inlaid work, marquetry

marquis [marki] *nm* marquis *ou* marquess

marquise [markiz] *nf* marchioness; (*auvent*) glass canopy *ou* awning

marraine [marɛn] *nf* godmother

marrant, e [marɑ̃, -ɑ̃t] (*fam*) *adj* funny

marre [mar] (*fam*) *adv*: **en avoir** ~ **de** to be fed up with

marrer [mare] : **se** ~ (*fam*) *vi* to have a (good) laugh

marron [marɔ̃] *nm* (*fruit*) chestnut ♦ *adj inv* brown; **marronnier** *nm* chestnut (tree)

mars [mars] *nm* March

marsouin [marswɛ̃] *nm* porpoise

marteau, x [marto] *nm* hammer; (*de porte*) knocker; **marteau-piqueur** *nm* pneumatic drill

marteler [martəle] *vt* to hammer

martien, ne [marsjɛ̃, -jɛn] *adj* Martian, of *ou* from Mars

martinet [martinɛ] *nm* (*fouet*) small whip; (*ZOOL*) swift

martyr, e [martir] *nm/f* martyr

martyre [martir] *nm* martyrdom; (*fig*: *sens affaibli*) agony, torture

martyriser [martirize] *vt* (*REL*) to martyr; (*fig*) to bully; (*enfant*) to batter, beat

marxiste [marksist(ə)] *adj, nm/f* Marxist

masculin, e [maskylɛ̃, -in] *adj* masculine; (*sexe, population*) male; (*équipe, vêtements*) men's; (*viril*) manly ♦ *nm* masculine

masque [mask(ə)] *nm* mask; **~r** [maske] *vt* (*cacher*: *paysage, porte*) to hide, conceal; (*dissimuler*: *vérité, projet*) to mask, obscure

massacre [masakr(ə)] *nm* massacre, slaughter; **~r** [masakre] *vt* to massacre, slaughter; (*fig*: *texte etc*) to murder

massage [masaʒ] *nm* massage

masse [mas] *nf* mass; (*péj*): **la** ~ the masses *pl*; (*ELEC*) earth; (*maillet*) sledgehammer; **une** ~ **de** (*fam*) masses *ou* loads of; **en** ~ (*en bloc*) in bulk; (*en foule*) en masse ♦ *adj* (*exécutions, production*) mass *cpd*

masser [mase] *vt* (*assembler*) to gather; (*pétrir*) to massage; **se** ~ *vi* to gather; **masseur, euse** *nm/f* masseur(euse)

massif, ive [masif, -iv] *adj* (*porte*) solid, massive; (*visage*) heavy, large; (*bois, or*) solid; (*dose*) massive; (*déportations etc*) mass *cpd* ♦ *nm* (*montagneux*) massif; (*de fleurs*)

clump, bank
massue [masy] *nf* club, bludgeon
mastic [mastik] *nm* (*pour vitres*) putty; (*pour fentes*) filler
mastiquer [mastike] *vt* (*aliment*) to chew, masticate; (*fente*) to fill; (*vitre*) to putty
mat, e [mat] *adj* (*couleur, métal*) mat(t); (*bruit, son*) dull ♦ *adj inv* (*ÉCHECS*): **être ~** to be checkmate
mât [mɑ] *nm* (*NAVIG*) mast; (*poteau*) pole, post
match [matʃ] *nm* match; **faire ~ nul** to draw; **~ aller** first leg; **~ retour** second leg, return match
matelas [matla] *nm* mattress; **~ pneumatique** air bed *ou* mattress
matelassé, e [matlase] *adj* padded; quilted
matelot [matlo] *nm* sailor, seaman
mater [mate] *vt* (*personne*) to bring to heel, subdue; (*révolte*) to put down
matérialiste [mateʀjalist(ə)] *adj* materialistic
matériaux [mateʀjo] *nmpl* material(s)
matériel, le [mateʀjɛl] *adj* material ♦ *nm* equipment *no pl*; (*de camping etc*) gear *no pl*
maternel, le [matɛʀnɛl] *adj* (*amour, geste*) motherly, maternal; (*grand-père, oncle*) maternal; **maternelle** *nf* (*aussi: école maternelle*) (state) nursery school
maternité [matɛʀnite] *nf* (*établissement*) maternity hospital; (*état de mère*) motherhood, maternity; (*grossesse*) pregnancy
mathématique [matematik] *adj* mathematical; **mathématiques** *nfpl* (*science*) mathematics *sg*
matière [matjɛʀ] *nf* (*PHYSIQUE*) matter; (*COMM, TECH*) material, matter *no pl*; (*fig: d'un livre etc*) subject matter, material; (*SCOL*) subject; **en ~ de** as regards; **~s grasses** fat content *sg*; **~s premières** raw materials
matin [matɛ̃] *nm, adv* morning; **du ~ au soir** from morning till night; **de bon** *ou* **grand ~** early in the morning; **matinal, e, aux** *adj* (*toilette, gymnastique*) morning *cpd*; (*de bonne heure*) early; **être matinal** (*personne*) to be up early; to be an early riser
matinée [matine] *nf* morning; (*spectacle*) matinée
matou [matu] *nm* tom(cat)
matraque [matʀak] *nf* club; (*de policier*) truncheon (*BRIT*), billy (*US*)
matricule [matʀikyl] *nf* (*aussi: registre ~*) roll, register ♦ *nm* (*: numéro ~: MIL*) regimental number; (*: ADMIN*) reference number
matrimonial, e, aux [matʀimɔnjal, -o] *adj* marital, marriage *cpd*
maudire [modiʀ] *vt* to curse
maudit, e [modi, -it] (*fam*) *adj* (*satané*) blasted, confounded
maugréer [mogʀee] *vi* to grumble
maussade [mosad] *adj* sullen
mauvais, e [mɔvɛ, -ɛz] *adj* bad; (*faux*): **le ~ numéro/moment** the wrong number/moment; (*méchant, malveillant*) malicious, spiteful; **il fait ~** the weather is bad; **la mer est ~e** the sea is rough; **~ plaisant** hoaxer; **~e herbe** weed; **~e langue** gossip, scandalmonger (*BRIT*); **~e passe** difficult situation; bad patch; **~e tête** rebellious *ou* headstrong customer
maux [mo] *nmpl de* **mal**; **~ de ventre** stomachache *sg*
maximum [maksimɔm] *adj, nm* maximum; **au ~** (*le plus possible*) to the full; as much as one can; (*tout au plus*) at the (very) most *ou* maximum
mayonnaise [majɔnɛz] *nf* mayonnaise
mazout [mazut] *nm* (fuel) oil
Me *abr* = **Maître**
me(m') [m(ə)] *pron* me; (*réfléchi*) myself
mec [mɛk] (*fam*) *nm* bloke, guy
mécanicien, ne [mekanisjɛ̃, -jɛn] *nm/f* mechanic; (*RAIL*) (train *ou* engine) driver

mécanique [mekanik] *adj* mechanical ♦ *nf* (*science*) mechanics *sg*; (*technologie*) mechanical engineering; (*mécanisme*) mechanism; engineering; works *pl*; **ennui** ~ engine trouble *no pl*

mécanisme [mekanism(ə)] *nm* mechanism

méchamment [meʃamɑ̃] *adv* nastily, maliciously, spitefully

méchanceté [meʃɑ̃ste] *nf* nastiness, maliciousness; nasty *ou* spiteful *ou* malicious remark (*ou* action)

méchant, e [meʃɑ̃, -ɑ̃t] *adj* nasty, malicious, spiteful; (*enfant*: *pas sage*) naughty; (*animal*) vicious; (*avant le nom*: *valeur péjorative*) nasty; miserable; (: *intensive*) terrific

mèche [mɛʃ] *nf* (*de lampe, bougie*) wick; (*d'un explosif*) fuse; (*de vilebrequin, perceuse*) bit; (*de cheveux*) lock; **de ~ avec** in league with

mécompte [mekɔ̃t] *nm* miscalculation; (*déception*) disappointment

méconnaissable [mekɔnɛsabl(ə)] *adj* unrecognizable

méconnaître [mekɔnɛtʀ(ə)] *vt* (*ignorer*) to be unaware of; (*mésestimer*) to misjudge

mécontent, e [mekɔ̃tɑ̃, -ɑ̃t] *adj*: ~ (**de**) discontented *ou* dissatisfied *ou* displeased (with); (*contrarié*) annoyed (at); **mécontentement** *nm* dissatisfaction, discontent, displeasure; annoyance

médaille [medaj] *nf* medal

médaillon [medajɔ̃] *nm* (*portrait*) medallion; (*bijou*) locket

médecin [mɛdsɛ̃] *nm* doctor; ~ **légiste** forensic surgeon

médecine [mɛdsin] *nf* medicine; ~ **légale** forensic medicine

média [medja] *nmpl*: **les ~** the media

médiatique [medjatik] *adj* media *cpd*

médical, e, aux [medikal, -o] *adj* medical

médicament [medikamɑ̃] *nm* medicine, drug

médiéval, e, aux [medjeval, -o] *adj* medieval

médiocre [medjɔkʀ(ə)] *adj* mediocre, poor

médire [mediʀ] *vi*: ~ **de** to speak ill of; **médisance** *nf* scandalmongering (*BRIT*); piece of scandal *ou* of malicious gossip

méditer [medite] *vt* (*approfondir*) to meditate on, ponder (over); (*combiner*) to meditate ♦ *vi* to meditate

Méditerranée [mediteʀane] *nf*: **la (mer) ~** the Mediterranean (Sea); **méditerranéen, ne** *adj, nm/f* Mediterranean

méduse [medyz] *nf* jellyfish

meeting [mitiŋ] *nm* (*POL, SPORT*) rally

méfait [mefɛ] *nm* (*faute*) misdemeanour, wrongdoing; **~s** *nmpl* (*ravages*) ravages, damage *sg*

méfiance [mefjɑ̃s] *nf* mistrust, distrust; **méfiant, e** [mefjɑ̃, -ɑ̃t] *adj* mistrustful, distrustful

méfier [mefje]: **se ~** *vi* to be wary; to be careful; **se ~ de** to mistrust, distrust, be wary of; (*faire attention*) to be careful about

mégarde [megaʀd(ə)] *nf*: **par ~** accidentally; by mistake

mégère [meʒɛʀ] *nf* shrew

mégot [mego] *nm* cigarette end

meilleur, e [mɛjœʀ] *adj, adv* better; (*valeur superlative*) best ♦ *nm*: **le ~** (*celui qui ...*) the best (one); (*ce qui ...*) the best; **le ~ des deux** the better of the two; **de ~e heure** earlier; **~ marché** cheaper; **meilleure** *nf*: **la meilleure** the best (one)

mélancolie [melɑ̃kɔli] *nf* melancholy, gloom; **mélancolique** *adj* melancholic, melancholy

mélange [melɑ̃ʒ] *nm* mixture

mélanger [melɑ̃ʒe] *vt* (*substances*) to mix; (*vins, couleurs*) to blend; (*mettre en désordre*) to mix up, muddle (up)

mélasse [melas] *nf* treacle, molasses *sg*

mêlée [mele] *nf* mêlée, scramble; (*RUGBY*) scrum(mage)
mêler [mele] *vt* (*substances, odeurs, races*) to mix; (*embrouiller*) to muddle (up), mix up; **se** ~ *vi* to mix; to mingle; **se** ~ **à** (*suj: personne*) to join; to mix with; (*suj: odeurs etc*) to mingle with; **se** ~ **de** (: *personne*) to meddle with, interfere in; ~ **qn à** (*affaire*) to get sb mixed up *ou* involved in
mélodie [melɔdi] *nf* melody
melon [məlɔ̃] *nm* (*BOT*) (honeydew) melon; (*aussi: chapeau* ~) bowler (hat)
membre [mɑ̃bʀ(ə)] *nm* (*ANAT*) limb; (*personne, pays, élément*) member ♦ *adj* member *cpd*
mémé [meme] (*fam*) *nf* granny

MOT-CLÉ

même [mɛm] *adj* **1** (*avant le nom*) same; **en** ~ **temps** at the same time
2 (*après le nom: renforcement*): **il est la loyauté** ~ he is loyalty itself; **ce sont ses paroles/celles-là** ~ they are his very words/the very ones
♦ *pron*: **le(la)** ~ the same one
♦ *adv* **1** (*renforcement*): **il n'a** ~ **pas pleuré** he didn't even cry; ~ **lui l'a dit** even HE said it; **ici** ~ at this very place
2: **à** ~: **à** ~ **la bouteille** straight from the bottle; **à** ~ **la peau** next to the skin; **être à** ~ **de faire** to be in a position to do, be able to do
3: **de** ~ to do likewise; **lui de** ~ so does (*ou* did *ou* is) he; **de** ~ **que** just as; **il en va de** ~ **pour** the same goes for

mémento [memɛ̃to] *nm* (*agenda*) appointments diary; (*ouvrage*) summary
mémoire [memwaʀ] *nf* memory ♦ *nm* (*ADMIN, JUR*) memorandum; (*SCOL*) dissertation, paper; ~**s** *nmpl* (*souvenirs*) memoirs; **à la** ~ **de** to the *ou* in memory of; **pour** ~ for the record; **de** ~ from memory; ~ **morte/vive** (*INFORM*) ROM/RAM
menace [mənas] *nf* threat
menacer [mənase] *vt* to threaten
ménage [menaʒ] *nm* (*travail*) housekeeping, housework; (*couple*) (married) couple; (*famille, ADMIN*) household; **faire le** ~ to do the housework
ménagement [menaʒmɑ̃] *nm* care and attention; ~**s** *nmpl* (*égards*) consideration *sg*, attention *sg*
ménager, ère [menaʒe, -ɛʀ] *adj* household *cpd*, domestic ♦ *vt* (*traiter*) to handle with tact; to treat considerately; (*utiliser*) to use sparingly; to use with care; (*prendre soin de*) to take (great) care of, look after; (*organiser*) to arrange; (*installer*) to put in; to make; ~ **qch à qn** (*réserver*) to have sth in store for sb; **ménagère** *nf* housewife
mendiant, e [mɑ̃djɑ̃, -ɑ̃t] *nm/f* beggar; **mendier** [mɑ̃dje] *vi* to beg ♦ *vt* to beg (for)
mener [məne] *vt* to lead; (*enquête*) to conduct; (*affaires*) to manage ♦ *vi*: ~ (**à la marque**) to lead, be in the lead; ~ **à/dans** (*emmener*) to take to/into; ~ **qch à terme** *ou* **à bien** to see sth through (to a successful conclusion), complete sth successfully
meneur, euse [mənœʀ, -øz] *nm/f* leader; (*péj*) agitator; ~ **de jeu** host, quizmaster
méningite [menɛ̃ʒit] *nf* meningitis *no pl*
ménopause [menɔpoz] *nf* menopause
menottes [mənɔt] *nfpl* handcuffs
mensonge [mɑ̃sɔ̃ʒ] *nm* lie; lying *no pl*; **mensonger, ère** *adj* false
mensualité [mɑ̃sɥalite] *nf* monthly payment; monthly salary
mensuel, le [mɑ̃sɥɛl] *adj* monthly
mensurations [mɑ̃syʀasjɔ̃] *nfpl* measurements
mentalité [mɑ̃talite] *nf* mentality
menteur, euse [mɑ̃tœʀ, -øz] *nm/f*

liar
menthe [mɑ̃t] *nf* mint
mention [mɑ̃sjɔ̃] *nf* (*note*) note, comment; (*SCOL*): ~ **bien** *etc* ≈ grade B *etc* (*ou* upper 2nd class *etc*) pass (*BRIT*), ≈ pass with (high) honors (*US*); **mentionner** *vt* to mention
mentir [mɑ̃tiʀ] *vi* to lie; to be lying
menton [mɑ̃tɔ̃] *nm* chin
menu, e [məny] *adj* slim, slight; tiny; (*frais, difficulté*) minor ♦ *adv* (*couper, hacher*) very fine ♦ *nm* menu; **par le** ~ (*raconter*) in minute detail; ~**e monnaie** small change
menuiserie [mənɥizʀi] *nf* (*travail*) joinery, carpentry; woodwork; (*local*) joiner's workshop; (*ouvrage*) woodwork *no pl*; **menuisier** [mənɥizje] *nm* joiner, carpenter
méprendre [mepʀɑ̃dʀ(ə)] : **se** ~ *vi* to be mistaken (about)
mépris [mepʀi] *nm* (*dédain*) contempt, scorn; (*indifférence*): **le** ~ **de** contempt *ou* disregard for; **au** ~ **de** regardless of, in defiance of
méprisable [mepʀizabl(ə)] *adj* contemptible, despicable
méprise [mepʀiz] *nf* mistake, error; misunderstanding
mépriser [mepʀize] *vt* to scorn, despise; (*gloire, danger*) to scorn, spurn
mer [mɛʀ] *nf* sea; (*marée*) tide; **en** ~ at sea; **prendre la** ~ to put out to sea; **en haute** *ou* **pleine** ~ off shore, on the open sea; **la** ~ **du Nord/Rouge** the North/Red Sea
mercantile [mɛʀkɑ̃til] (*péj*) *adj* mercenary
mercenaire [mɛʀsənɛʀ] *nm* mercenary, hired soldier
mercerie [mɛʀsəʀi] *nf* haberdashery (*BRIT*), notions (*US*); haberdasher's shop (*BRIT*), notions store (*US*)
merci [mɛʀsi] *excl* thank you ♦ *nf*: **à la** ~ **de qn/qch** at sb's mercy/the mercy of sth; ~ **de** thank you for; **sans** ~ merciless(ly)
mercredi [mɛʀkʀədi] *nm* Wednesday
mercure [mɛʀkyʀ] *nm* mercury
merde [mɛʀd(ə)] (*fam!*) *nf* shit (*!*) ♦ *excl* (bloody) hell (*!*)
mère [mɛʀ] *nf* mother; ~ **célibataire** unmarried mother
méridional, e, aux [meʀidjɔnal, -o] *adj* southern ♦ *nm/f* Southerner
meringue [məʀɛ̃g] *nf* meringue
mérite [meʀit] *nm* merit; **le** ~ **(de ceci) lui revient** the credit (for this) is his
mériter [meʀite] *vt* to deserve
merlan [mɛʀlɑ̃] *nm* whiting
merle [mɛʀl(ə)] *nm* blackbird
merveille [mɛʀvɛj] *nf* marvel, wonder; **faire** ~ to work wonders; **à** ~ perfectly, wonderfully
merveilleux, euse [mɛʀvɛjø, -øz] *adj* marvellous, wonderful
mes [me] *dét voir* **mon**
mésange [mezɑ̃ʒ] *nf* tit(mouse)
mésaventure [mezavɑ̃tyʀ] *nf* misadventure, misfortune
Mesdames [medam] *nfpl de* **Madame**
Mesdemoiselles [medmwazɛl] *nfpl de* **Mademoiselle**
mésentente [mezɑ̃tɑ̃t] *nf* dissension, disagreement
mesquin, e [mɛskɛ̃, -in] *adj* mean, petty
message [mesaʒ] *nm* message; **messager, ère** *nm/f* messenger
messe [mɛs] *nf* mass; **aller à la** ~ to go to mass; ~ **de minuit** midnight mass
Messieurs [mesjø] *nmpl de* **Monsieur**
mesure [məzyʀ] *nf* (*évaluation, dimension*) measurement; (*étalon, récipient, contenu*) measure; (*MUS*: *cadence*) time, tempo; (*: division*) bar; (*retenue*) moderation; (*disposition*) measure, step; **sur** ~ (*costume*) made-to-measure; **à la** ~ **de** (*fig*) worthy of; on the same scale as; **dans la** ~ **où** insofar as, inasmuch as; **à** ~ **que** as; **être en** ~ **de** to be in a position to
mesurer [məzyʀe] *vt* to measure; (*juger*) to weigh up, assess; (*limiter*) to limit, ration; (*modérer*) to moder-

ate; se ~ **avec** to have a confrontation with; to tackle; **il mesure 1 m 80** he's 1 m 80 tall

met *vb voir* **mettre**

métal, aux [metal, -o] *nm* metal; **métallique** *adj* metallic

météo [meteo] *nf* weather report; ≈ Met Office (*BRIT*), ≈ National Weather Service (*US*)

météorologie [meteɔʀɔlɔʒi] *nf* meteorology

méthode [metɔd] *nf* method; (*livre, ouvrage*) manual, tutor

métier [metje] *nm* (*profession: gén*) job; (: *manuel*) trade; (*artisanal*) craft; (*technique, expérience*) (acquired) skill *ou* technique; (*aussi:* ~ *à tisser*) (weaving) loom

métis, se [metis] *adj, nm/f* half-caste, half-breed

métisser [metise] *vt* to cross

métrage [metʀaʒ] *nm* (*de tissu*) length, ≈ yardage; (*CINÉMA*) footage, length; **long/moyen/court** ~ full-length/medium-length/short film

mètre [mɛtʀ(ə)] *nm* metre; (*règle*) (metre) rule; (*ruban*) tape measure; **métrique** *adj* metric

métro [metʀo] *nm* underground (*BRIT*), subway

métropole [metʀɔpɔl] *nf* (*capitale*) metropolis; (*pays*) home country

mets [mɛ] *nm* dish

metteur [metœʀ] *nm*: ~ **en scène** (*THÉÂTRE*) producer; (*CINÉMA*) director; ~ **en ondes** producer

MOT-CLÉ

mettre [mɛtʀ(ə)] *vt* **1** (*placer*) to put; ~ **en bouteille/en sac** to bottle/put in bags *ou* sacks

2 (*vêtements: revêtir*) to put on; (: *porter*) to wear; **mets ton gilet** put your cardigan on; **je ne mets plus mon manteau** I no longer wear my coat

3 (*faire fonctionner: chauffage, électricité*) to put on; (: *reveil, minuteur*) to set; (*installer: gaz, eau*) to put in, to lay on; ~ **en marche** to start up

4 (*consacrer*): ~ **du temps à faire qch** to take time to do sth *ou* over sth

5 (*noter, écrire*) to say, put (down); **qu'est-ce qu'il a mis sur la carte?** what did he say *ou* write on the card?; **mettez au pluriel ...** put ... into the plural

6 (*supposer*): **mettons que ...** let's suppose *ou* say that ...

7: **y** ~ **du sien** to pull one's weight

se ~ *vi* **1** (*se placer*): **vous pouvez vous** ~ **là** you can sit (*ou* stand) there; **où ça se met?** where does it go?; **se** ~ **au lit** to get into bed; **se** ~ **au piano** to sit down at the piano; **se** ~ **de l'encre sur les doigts** to get ink on one's fingers

2 (*s'habiller*): **se** ~ **en maillot de bain** to get into *ou* put on a swimsuit; **n'avoir rien à se** ~ to have nothing to wear

3: **se** ~ **à** to begin, start; **se** ~ **à faire** to begin *ou* start doing *ou* to do; **se** ~ **au piano** to start learning the piano; **se** ~ **au travail/à l'étude** to get down to work/one's studies

meuble [mœbl(ə)] *nm* piece of furniture; furniture *no pl* ♦ *adj* (*terre*) loose, friable; **meublé** *nm* furnished flatlet (*BRIT*) *ou* room; **meubler** *vt* to furnish; (*fig*): **meubler qch (de)** to fill sth (with)

meugler [møgle] *vi* to low, moo

meule [møl] *nf* (*à broyer*) millstone; (*à aiguiser*) grindstone; (*de foin, blé*) stack; (*de fromage*) round

meunier [mønje] *nm* miller; **meunière** *nf* miller's wife

meure *etc vb voir* **mourir**

meurtre [mœʀtʀ(ə)] *nm* murder; **meurtrier, ière** *adj* (*arme etc*) deadly; (*fureur, instincts*) murderous ♦ *nm/f* murderer(eress); **meurtrière** *nf* (*ouverture*) loophole

meurtrir [mœʀtʀiʀ] *vt* to bruise; (*fig*) to wound; **meurtrissure** *nf* bruise; (*fig*) scar

meus *etc vb voir* **mouvoir**
meute [møt] *nf* pack
Mexico [mɛksiko] *n* Mexico City
Mexique [mɛksik] *nm*: **le** ~ Mexico
Mgr *abr* = **Monseigneur**
mi [mi] *nm* (*MUS*) E; (*en chantant la gamme*) mi ♦ *préfixe*: **~...** half(-); mid-; **à la ~-janvier** in mid-January; **à ~-jambes/-corps** (up *ou* down) to the knees/waist; **à ~-hauteur/-pente** halfway up *ou* down/up *ou* down the hill
miauler [mijole] *vi* to mew
miche [miʃ] *nf* round *ou* cob loaf
mi-chemin [miʃmɛ̃] : **à** ~ *adv* halfway, midway
mi-clos, e [miklo, -kloz] *adj* half-closed
micro [mikʀo] *nm* mike, microphone; (*INFORM*) micro
microbe [mikʀɔb] *nm* germ, microbe
micro: **~-onde** *nf*: **four à ~s** microwave oven; **~-ordinateur** *nm* microcomputer; **~scope** *nm* microscope
midi [midi] *nm* midday, noon; (*moment du déjeuner*) lunchtime; (*sud*) south; **à** ~ at 12 (o'clock) *ou* midday *ou* noon; **en plein** ~ (right) in the middle of the day; facing south; **le M~** the South (of France), the Midi
mie [mi] *nf* crumb (of the loaf)
miel [mjɛl] *nm* honey
mien, ne [mjɛ̃, mjɛn] *pron*: **le(la) ~(ne), les ~(ne)s** mine; **les ~s** my family
miette [mjɛt] *nf* (*de pain, gâteau*) crumb; (*fig*: *de la conversation etc*) scrap; **en ~s** in pieces *ou* bits

MOT-CLÉ

mieux [mjø] *adv* **1** (*d'une meilleure façon*): ~ **(que)** better (than); **elle travaille/mange** ~ she works/eats better; **elle va** ~ she is better
2 (*de la meilleure façon*) best; **ce que je sais le** ~ what I know best; **les livres les ~ faits** the best made books
3: **de ~ en ~** better and better
♦ *adj* **1** (*plus à l'aise, en meilleure forme*) better; **se sentir** ~ to feel better
2 (*plus satisfaisant*) better; **c'est ~ ainsi** it's better like this; **c'est le ~ des deux** it's the better of the two; **le(la) ~, les ~** the best; **demandez-lui, c'est le ~** ask him, it's the best thing
3 (*plus joli*) better-looking
4: **au** ~ at best; **au ~ avec** on the best of terms with; **pour le** ~ for the best
♦ *nm* **1** (*progrès*) improvement
2: **de mon/ton** ~ as best I/you can (*ou* could); **faire de son** ~ to do one's best

mièvre [mjɛvʀ(ə)] *adj* mawkish (*BRIT*), sickly sentimental
mignon, ne [miɲɔ̃, -ɔn] *adj* sweet, cute
migraine [migʀɛn] *nf* headache; migraine
mijoter [miʒɔte] *vt* to simmer; (*préparer avec soin*) to cook lovingly; (*affaire, projet*) to plot, cook up ♦ *vi* to simmer
mil [mil] *num* = **mille**
milieu, x [miljø] *nm* (*centre*) middle; (*fig*) middle course *ou* way; happy medium; (*BIO, GEO*) environment; (*entourage social*) milieu; background; circle; (*pègre*): **le** ~ the underworld; **au ~ de** in the middle of; **au beau** *ou* **en plein ~ (de)** right in the middle (of)
militaire [militɛʀ] *adj* military, army *cpd* ♦ *nm* serviceman
militant, e [militɑ̃, -ɑ̃t] *adj, nm/f* militant
militer [milite] *vi* to be a militant; ~ **pour/contre** (*suj*: *faits, raisons etc*) to militate in favour of/against
mille [mil] *num* a *ou* one thousand ♦ *nm* (*mesure*): ~ **(marin)** nautical mile; **mettre dans le** ~ to hit the bull's-eye; to be bang on target; **millefeuille** *nm* cream *ou* vanilla slice; **millénaire** *nm* millennium ♦ *adj* thousand-year-old; (*fig*) ancient;

mille-pattes *nm inv* centipede
millésime [milezim] *nm* year; **millésimé, e** *adj* vintage *cpd*
millet [mijɛ] *nm* millet
milliard [miljaʀ] *nm* milliard, thousand million (*BRIT*), billion (*US*); **milliardaire** *nm/f* multimillionaire (*BRIT*), billionaire (*US*)
millier [milje] *nm* thousand; **un ~ (de)** a thousand or so, about a thousand; **par ~s** in (their) thousands, by the thousand
milligramme [miligʀam] *nm* milligramme
millimètre [milimɛtʀ(ə)] *nm* millimetre
million [miljɔ̃] *nm* million; **deux ~s de** two million; **millionnaire** *nm/f* millionaire
mime [mim] *nm/f* (*acteur*) mime(r) ♦ *nm* (*art*) mime, miming
mimer [mime] *vt* to mime; (*singer*) to mimic, take off
mimique [mimik] *nf* (funny) face; (*signes*) gesticulations *pl*, sign language *no pl*
minable [minabl(ə)] *adj* shabby(-looking); pathetic
mince [mɛ̃s] *adj* thin; (*personne, taille*) slim, slender; (*fig: profit, connaissances*) slight, small, weak ♦ *excl*: **~ alors!** drat it!, darn it! (*US*); **minceur** *nf* thinness; slimness, slenderness
mine [min] *nf* (*physionomie*) expression, look; (*extérieur*) exterior, appearance; (*de crayon*) lead; (*gisement, exploitation, explosif, fig*) mine; **avoir bonne ~** (*personne*) to look well; (*ironique*) to look an utter idiot; **avoir mauvaise ~** to look unwell *ou* poorly; **faire ~ de faire** to make a pretence of doing; to make as if to do; **~ de rien** with a casual air; although you wouldn't think so
miner [mine] *vt* (*saper*) to undermine, erode; (*MIL*) to mine
minerai [minʀɛ] *nm* ore
minéral, e, aux [mineʀal, -o] *adj, nm* mineral
minéralogique [mineʀalɔʒik] *adj*: **numéro ~** registration number
minet, te [minɛ, -ɛt] *nm/f* (*chat*) pussy-cat; (*péj*) young trendy
mineur, e [minœʀ] *adj* minor ♦ *nm/f* (*JUR*) minor, person under age ♦ *nm* (*travailleur*) miner
miniature [minjatyʀ] *adj, nf* miniature
minibus [minibys] *nm* minibus
mini-cassette [minikasɛt] *nf* cassette (recorder)
minier, ière [minje, -jɛʀ] *adj* mining
mini-jupe [miniʒyp] *nf* mini-skirt
minime [minim] *adj* minor, minimal
minimiser [minimize] *vt* to minimize; (*fig*) to play down
minimum [minimɔm] *adj, nm* minimum; **au ~** (*au moins*) at the very least
ministère [ministɛʀ] *nm* (*aussi REL*) ministry; (*cabinet*) government; **~ public** (*JUR*) Prosecution, public prosecutor
ministre [ministʀ(ə)] *nm* (*aussi REL*) minister; **~ d'Etat** senior minister
Minitel [minitɛl] (®) *nm videotext terminal and service*
minorité [minɔʀite] *nf* minority; **être en ~** to be in the *ou* a minority; **mettre en ~** (*POL*) to defeat
minoterie [minɔtʀi] *nf* flour-mill
minuit [minɥi] *nm* midnight
minuscule [minyskyl] *adj* minute, tiny ♦ *nf*: **(lettre) ~** small letter
minute [minyt] *nf* minute; (*JUR: original*) minute, draft; **à la ~** (just) this instant; there and then; **minuter** *vt* to time; **minuterie** *nf* time switch
minutieux, euse [minysjø, -øz] *adj* meticulous; minutely detailed
mirabelle [miʀabɛl] *nf* (cherry) plum
miracle [miʀɑkl(ə)] *nm* miracle
mirage [miʀaʒ] *nm* mirage
mire [miʀ] *nf*: **point de ~** target; (*fig*) focal point; **ligne de ~** line of sight
miroir [miʀwaʀ] *nm* mirror

miroiter [mirwate] *vi* to sparkle, shimmer; **faire ~ qch à qn** to paint sth in glowing colours for sb, dangle sth in front of sb's eyes

mis, e [mi, miz] *pp de* **mettre** ♦ *adj*: **bien ~** well-dressed

mise [miz] *nf* (*argent: au jeu*) stake; (*tenue*) clothing; attire; **être de ~** to be acceptable *ou* in season; **~ à feu** blast-off; **~ au point** (*fig*) clarification; **~ de fonds** capital outlay; **~ en plis** set; **~ en scène** production

miser [mize] *vt* (*enjeu*) to stake, bet; **~ sur** (*cheval, numéro*) to bet on; (*fig*) to bank *ou* count on

misérable [mizerabl(ə)] *adj* (*lamentable, malheureux*) pitiful, wretched; (*pauvre*) poverty-stricken; (*insignifiant, mesquin*) miserable ♦ *nm/f* wretch; (*miséreux*) poor wretch

misère [mizɛr] *nf* (extreme) poverty, destitution; **~s** *nfpl* (*malheurs*) woes, miseries; (*ennuis*) little troubles; **salaire de ~** starvation wage

miséricorde [mizerikɔrd(ə)] *nf* mercy, forgiveness

missile [misil] *nm* missile

mission [misjɔ̃] *nf* mission; **partir en ~** (*ADMIN, POL*) to go on an assignment; **missionnaire** *nm/f* missionary

mit *vb voir* **mettre**

mité, e [mite] *adj* moth-eaten

mi-temps [mitɑ̃] *nf inv* (*SPORT: période*) half; (*: pause*) half-time; **à ~** part-time

mitigé, e [mitiʒe] *adj* lukewarm; mixed

mitonner [mitɔne] *vt* to cook with loving care; (*fig*) to cook up quietly

mitoyen, ne [mitwajɛ̃, -ɛn] *adj* common, party *cpd*

mitrailler [mitrɑje] *vt* to machine-gun; (*fig*) to pelt, bombard; (*: photographier*) to take shot after shot of; **mitraillette** *nf* submachine gun; **mitrailleuse** *nf* machine gun

mi-voix [mivwa]: **à ~** *adv* in a low *ou* hushed voice

mixage [miksaʒ] *nm* (*CINÉMA*) (sound) mixing

mixer [miksœr] *nm* (food) mixer

mixte [mikst(ə)] *adj* (*gén*) mixed; (*SCOL*) mixed, coeducational; **à usage ~** dual-purpose

mixture [mikstyr] *nf* mixture; (*fig*) concoction

MLF *sigle m* = Mouvement de Libération de la femme

Mlle (*pl* **~es**) *abr* = **Mademoiselle**

MM *abr* = **Messieurs**

Mme (*pl* **Mmes**) *abr* = **Madame**

Mo *abr* = **métro**

mobile [mɔbil] *adj* mobile; (*pièce de machine*) moving; (*élément de meuble etc*) movable ♦ *nm* (*motif*) motive; (*œuvre d'art*) mobile

mobilier, ière [mɔbilje, -jɛr] *adj* (*JUR*) personal ♦ *nm* furniture

mobiliser [mɔbilize] *vt* (*MIL, gén*) to mobilize

moche [mɔʃ] (*fam*) *adj* ugly; rotten

modalité [mɔdalite] *nf* form, mode; **~s** *nfpl* (*d'un accord etc*) clauses, terms

mode [mɔd] *nf* fashion ♦ *nm* (*manière*) form, mode; **à la ~** fashionable, in fashion; **~ d'emploi** directions *pl* (for use)

modèle [mɔdɛl] *adj, nm* model; (*qui pose: de peintre*) sitter; **~ déposé** registered design; **~ réduit** small-scale model; **modeler** [mɔdle] *vt* (*ART*) to model, mould; (*suj: vêtement, érosion*) to mould, shape

modem [mɔdɛm] *nm* modem

modéré, e [mɔdere] *adj, nm/f* moderate

modérer [mɔdere] *vt* to moderate; **se ~** *vi* to restrain o.s.

moderne [mɔdɛrn(ə)] *adj* modern ♦ *nm* modern style; modern furniture; **moderniser** *vt* to modernize

modeste [mɔdɛst(ə)] *adj* modest; **modestie** *nf* modesty

modifier [mɔdifje] *vt* to modify, alter; **se ~** *vi* to alter

modique [mɔdik] *adj* modest

modiste [mɔdist(ə)] *nf* milliner

modulation [mɔdylɑsjɔ̃] *nf*: ~ **de fréquence** frequency modulation
module [mɔdyl] *nm* module
moelle [mwal] *nf* marrow
moelleux, euse [mwalø, -øz] *adj* soft; (*au goût, à l'ouïe*) mellow
moellon [mwalɔ̃] *nm* rubble stone
mœurs [mœʀ] *nfpl* (*conduite*) morals; (*manières*) manners; (*pratiques sociales, mode de vie*) habits
mohair [mɔɛʀ] *nm* mohair
moi [mwa] *pron* me; (*emphatique*): ~, **je** ... for my part, I ..., I myself ...
moignon [mwaɲɔ̃] *nm* stump
moi-même [mwamɛm] *pron* myself; (*emphatique*) I myself
moindre [mwɛ̃dʀ(ə)] *adj* lesser; lower; **le(la)** ~, **les** ~**s** the least, the slightest
moine [mwan] *nm* monk, friar
moineau, x [mwano] *nm* sparrow

MOT-CLÉ

moins [mwɛ̃] *adv* **1** (*comparatif*): ~ **(que)** less (than); ~ **grand que** less tall than, not as tall as; ~ **je travaille, mieux je me porte** the less I work, the better I feel
2 (*superlatif*): **le** ~ (the) least; **c'est ce que j'aime le** ~ it's what I like (the) least; **le(la)** ~ **doué*(e)** the least gifted; **au** ~, **du** ~ at least; **pour le** ~ at the very least
3: ~ **de** (*quantité*) less (than); (*nombre*) fewer (than); ~ **de sable/d'eau** less sand/water; ~ **de livres/gens** fewer books/people; ~ **de 2 ans** less than 2 years; ~ **de midi** not yet midday
4: **de** ~, **en** ~ 100F/3 days less; **3 livres en** ~ 3 books fewer; 3 books too few; **de l'argent en** ~ less money; **le soleil en** ~ but for the sun, minus the sun; **de** ~ **en** ~ less and less
5: **à** ~ **de**, **à** ~ **que** unless; **à** ~ **de faire** unless we do (*ou* he does *etc*); **à** ~ **que tu ne fasses** unless you do; **à** ~ **d'un accident** barring any accident
♦ *prép*: 4 ~ 2 4 minus 2; **il est** ~ 5 it's 5 to; **il fait** ~ 5 it's 5 (degrees) below (freezing), it's minus 5

mois [mwa] *nm* month; ~ **double** (*COMM*) extra month's salary
moisi [mwazi] *nm* mould, mildew; **odeur de** ~ musty smell
moisir [mwaziʀ] *vi* to go mouldy; (*fig*) to rot; to hang about
moisissure [mwazisyʀ] *nf* mould *no pl*
moisson [mwasɔ̃] *nf* harvest; **moissonner** *vt* to harvest, reap; **moissonneuse** *nf* (*machine*) harvester
moite [mwat] *adj* sweaty, sticky
moitié [mwatje] *nf* half; **la** ~ half; **la** ~ **de** half (of); **la** ~ **du temps/des gens** half the time/the people; **à la** ~ **de** halfway through; **à** ~ (*avant le verbe*) half; (*avant l'adjectif*) half-; **de** ~ by half; ~ ~ half-and-half
mol [mɔl] *adj voir* **mou**
molaire [mɔlɛʀ] *nf* molar
molester [mɔlɛste] *vt* to manhandle, maul (about)
molle [mɔl] *adj voir* **mou**; **mollement** *adv* softly; (*péj*) sluggishly; (*protester*) feebly
mollet [mɔlɛ] *nm* calf ♦ *adj m*: **œuf** ~ soft-boiled egg
molletonné, e [mɔltɔne] *adj* fleece-lined
mollir [mɔliʀ] *vi* to give way; to relent; to go soft
môme [mom] (*fam*) *nm/f* (*enfant*) brat ♦ *nf* (*fille*) chick
moment [mɔmɑ̃] *nm* moment; **ce n'est pas le** ~ this is not the (right) time; **à un certain** ~ at some point; **à un** ~ **donné** at a certain point; **pour un bon** ~ for a good while; **pour le** ~ for the moment, for the time being; **au** ~ **de** at the time of; **au** ~ **où** as; at a time when; **à tout** ~ at any time *ou* moment; constantly, continually; **en ce** ~ at the moment; at present; **sur le** ~ at the

time; **par** ~**s** now and then, at times; **du** ~ **où** *ou* **que** seeing that, since; **momentané, e** *adj* temporary, momentary
momie [mɔmi] *nf* mummy
mon, ma [mɔ̃, ma] (*pl* **mes**) *dét* my
Monaco [mɔnako] *nm*: **le** ~ Monaco
monarchie [mɔnaʀʃi] *nf* monarchy
monastère [mɔnastɛʀ] *nm* monastery
monceau, x [mɔ̃so] *nm* heap
mondain, e [mɔ̃dɛ̃, -ɛn] *adj* society *cpd*; social; fashionable; ~**e** *nf*: **la M~e, la police** ~**e** ≈ the vice squad
monde [mɔ̃d] *nm* world; (*haute société*): **le** ~ (high) society; (*milieu*): **être du même** ~ to move in the same circles; (*gens*): **il y a du** ~ (*beaucoup de gens*) there are a lot of people; (*quelques personnes*) there are some people; **beaucoup/peu de** ~ many/few people; **le meilleur** *etc* **du** ~ the best *etc* in the world *ou* on earth; **mettre au** ~ to bring into the world; **pas le moins du** ~ not in the least; **se faire un** ~ **de qch** to make a great deal of fuss about sth; **mondial, e, aux** *adj* (*population*) world *cpd*; (*influence*) world-wide; **mondialement** *adv* throughout the world
monégasque [mɔnegask(ə)] *adj* Monegasque, of *ou* from Monaco
monétaire [mɔnetɛʀ] *adj* monetary
moniteur, trice [mɔnitœʀ, -tʀis] *nm/f* (*SPORT*) instructor(tress); (*de colonie de vacances*) supervisor ♦ *nm* (*écran*) monitor
monnaie [mɔnɛ] *nf* (*pièce*) coin; (*ÉCON, gén: moyen d'échange*) currency; (*petites pièces*): **avoir de la** ~ to have (some) change; **faire de la** ~ to get (some) change; **avoir/faire la** ~ **de 20 F** to have change of/get change for 20 F; **rendre à qn la** ~ **(sur 20 F)** to give sb the change (out of *ou* from 20 F); **monnayer** *vt* to convert into cash; (*talent*) to capitalize on
monologue [mɔnɔlɔg] *nm* monologue, soliloquy; **monologuer** *vi* to soliloquize
monopole [mɔnɔpɔl] *nm* monopoly
monotone [mɔnɔtɔn] *adj* monotonous
monseigneur [mɔ̃sɛɲœʀ] *nm* (*archevêque, évêque*) Your (*ou* His) Grace; (*cardinal*) Your (*ou* His) Eminence
Monsieur [məsjø] (*pl* **Messieurs**) *titre* Mr ♦ *nm* (*homme quelconque*): **un/le m~** a/the gentleman; *voir aussi* **Madame**
monstre [mɔ̃stʀ(ə)] *nm* monster ♦ *adj*: **un travail** ~ a fantastic amount of work; an enormous job
mont [mɔ̃] *nm*: **par** ~**s et par vaux** up hill and down dale; **le M~ Blanc** Mont Blanc
montage [mɔ̃taʒ] *nm* putting up; mounting, setting; assembly; (*PHOTO*) photomontage; (*CINÉMA*) editing
montagnard, e [mɔ̃taɲaʀ, -aʀd(ə)] *adj* mountain *cpd* ♦ *nm/f* mountain-dweller
montagne [mɔ̃taɲ] *nf* (*cime*) mountain; (*région*): **la** ~ the mountains *pl*; ~**s russes** big dipper *sg*, switchback *sg*; **montagneux, euse** [mɔ̃taɲø, -øz] *adj* mountainous; hilly
montant, e [mɔ̃tɑ̃, -ɑ̃t] *adj* rising; (*robe, corsage*) high-necked ♦ *nm* (*somme, total*) (sum) total, (total) amount; (*de fenêtre*) upright; (*de lit*) post
monte-charge [mɔ̃tʃaʀʒ(ə)] *nm inv* goods lift, hoist
montée [mɔ̃te] *nf* rising, rise; ascent, climb; (*chemin*) way up; (*côte*) hill; **au milieu de la** ~ halfway up
monter [mɔ̃te] *vt* (*escalier, côte*) to go (*ou* come) up; (*valise, paquet*) to take (*ou* bring) up; (*cheval*) to mount; (*étagère*) to raise; (*tente, échafaudage*) to put up; (*machine*) to assemble; (*bijou*) to mount, set; (*COUTURE*) to set in; to sew on; (*CINÉMA*) to edit; (*THÉÂTRE*) to put on, stage; (*société etc*) to set up

♦ *vi* to go (*ou* come) up; (*avion etc*) to climb, go up; (*chemin, niveau, température*) to go up, rise; (*passager*) to get on; (*à cheval*): ~ **bien/mal** to ride well/badly; **se ~ à** (*frais etc*) to add up to, come to; ~ **à pied** to walk up, go up on foot; ~ **à bicyclette/en voiture** to cycle/drive up, go up by bicycle/by car; ~ **dans le train/l'avion** to get into the train/plane, board the train/plane; ~ **sur** to climb up onto; ~ **à cheval** to get on *ou* mount a horse

monticule [mɔ̃tikyl] *nm* mound

montre [mɔ̃tʀ(ə)] *nf* watch; **faire ~ de** to show, display; **contre la ~** (*SPORT*) against the clock; **montre-bracelet** *nf* wristwatch

montrer [mɔ̃tʀe] *vt* to show; ~ **qch à qn** to show sb sth

monture [mɔ̃tyʀ] *nf* (*bête*) mount; (*d'une bague*) setting; (*de lunettes*) frame

monument [mɔnymɑ̃] *nm* monument; ~ **aux morts** war memorial

moquer [mɔke] : **se ~ de** *vt* to make fun of, laugh at; (*fam: se désintéresser de*) not to care about; (*tromper*): **se ~ de qn** to take sb for a ride

moquette [mɔkɛt] *nf* fitted carpet

moqueur, euse [mɔkœʀ, -øz] *adj* mocking

moral, e, aux [mɔʀal, -o] *adj* moral ♦ *nm* morale; **avoir le ~ à zéro** to be really down; **morale** *nf* (*conduite*) morals *pl*; (*règles*) moral code, ethic; (*valeurs*) moral standards *pl*, morality; (*science*) ethics *sg*, moral philosophy; (*conclusion: d'une fable etc*) moral; **faire la morale à** to lecture, preach at; **moralité** *nf* morality; (*conduite*) morals *pl*; (*conclusion, enseignement*) moral

morceau, x [mɔʀso] *nm* piece, bit; (*d'une œuvre*) passage, extract; (*MUS*) piece; (*CULIN: de viande*) cut; **mettre en ~x** to pull to pieces *ou* bits

morceler [mɔʀsəle] *vt* to break up, divide up

mordant, e [mɔʀdɑ̃, -ɑ̃t] *adj* scathing, cutting; biting

mordiller [mɔʀdije] *vt* to nibble at, chew at

mordre [mɔʀdʀ(ə)] *vt* to bite; (*suj: lime, vis*) to bite into ♦ *vi* (*poisson*) to bite; ~ **sur** (*fig*) to go over into, overlap into; ~ **à l'hameçon** to bite, rise to the bait

mordu, e [mɔʀdy] *nm/f*: **un ~ du jazz** a jazz fanatic

morfondre [mɔʀfɔ̃dʀ(ə)] : **se ~** *vi* to mope

morgue [mɔʀg(ə)] *nf* (*arrogance*) haughtiness; (*lieu: de la police*) morgue; (: *à l'hôpital*) mortuary

morne [mɔʀn(ə)] *adj* dismal, dreary

mors [mɔʀ] *nm* bit

morse [mɔʀs(ə)] *nm* (*ZOOL*) walrus; (*TÉL*) Morse (code)

morsure [mɔʀsyʀ] *nf* bite

mort[1] [mɔʀ] *nf* death

mort[2], e [mɔʀ, mɔʀt(ə)] *pp de* **mourir** ♦ *adj* dead ♦ *nm/f* (*défunt*) dead man(woman); (*victime*): **il y a eu plusieurs morts** several people were killed, there were several killed (*CARTES*) dummy; **mort ou vif** dead or alive; **mort de peur/fatigue** frightened to death/dead tired

mortalité [mɔʀtalite] *nf* mortality, death rate

mortel, le [mɔʀtɛl] *adj* (*poison etc*) deadly, lethal; (*accident, blessure*) fatal; (*REL*) mortal; (*fig*) deathly; deadly boring

mortier [mɔʀtje] *nm* (*gén*) mortar

mort-né, e [mɔʀne] *adj* (*enfant*) stillborn

mortuaire [mɔʀtɥɛʀ] *adj* funeral *cpd*

morue [mɔʀy] *nf* (*ZOOL*) cod *inv*

mosaïque [mɔzaik] *nf* (*ART*) mosaic; (*fig*) patchwork

Moscou [mɔsku] *n* Moscow

mosquée [mɔske] *nf* mosque

mot [mo] *nm* word; (*message*) line, note; (*bon mot etc*) saying; sally; ~ **à ~** word for word; ~ **d'ordre** watchword; ~ **de passe** password;

~s croisés crossword (puzzle) *sg*
motard [mɔtaʀ] *nm* biker; (*policier*) motorcycle cop
motel [mɔtɛl] *nm* motel
moteur, trice [mɔtœʀ, -tʀis] *adj* (*ANAT, PHYSIOL*) motor; (*TECH*) driving; (*AUTO*): **à 4 roues motrices** 4-wheel drive ♦ *nm* engine, motor; **à ~** power-driven, motor *cpd*
motif [mɔtif] *nm* (*cause*) motive; (*décoratif*) design, pattern, motif; (*d'un tableau*) subject, motif; **~s** *nmpl* (*JUR*) grounds *pl*; **sans ~** groundless
motiver [mɔtive] *vt* (*justifier*) to justify, account for; (*ADMIN, JUR, PSYCH*) to motivate
moto [mɔto] *nf* (motor)bike; **motocycliste** *nm/f* motorcyclist
motorisé, e [mɔtɔʀize] *adj* (*troupe*) motorized; (*personne*) having transport *ou* a car
motrice [mɔtʀis] *adj voir* **moteur**
motte [mɔt] *nf*: **~ de terre** lump of earth, clod (of earth); **~ de beurre** lump of butter; **~ de gazon** turf, sod
mou(mol), molle [mu, mɔl] *adj* soft; (*péj*) flabby; sluggish ♦ *nm* (*abats*) lights *pl*, lungs *pl*; (*de la corde*): **avoir du mou** to be slack
mouche [muʃ] *nf* fly
moucher [muʃe] *vt* (*enfant*) to blow the nose of; (*chandelle*) to snuff (out); **se ~** *vi* to blow one's nose
moucheron [muʃʀɔ̃] *nm* midge
moucheté, e [muʃte] *adj* dappled; flecked
mouchoir [muʃwaʀ] *nm* handkerchief, hanky; **~ en papier** tissue, paper hanky
moudre [mudʀ(ə)] *vt* to grind
moue [mu] *nf* pout; **faire la ~** to pout; (*fig*) to pull a face
mouette [mwɛt] *nf* (sea)gull
moufle [mufl(ə)] *nf* (*gant*) mitt(en)
mouillé, e [muje] *adj* wet
mouiller [muje] *vt* (*humecter*) to wet, moisten; (*tremper*): **~ qn/qch** to make sb/sth wet; (*couper, diluer*) to water down; (*mine etc*) to lay (*NAVIG*) to lie *ou* be at anchor; **se ~** to get wet; (*fam*) to commit o.s.; to get o.s. involved
moule [mul] *nf* mussel ♦ *nm* (*creux, CULIN*) mould; (*modèle plein*) cast; **~ à gâteaux** *nm* cake tin (*BRIT*) *ou* pan (*US*)
moulent *vb voir* **moudre; mouler**
mouler [mule] *vt* (*suj*: *vêtement*) to hug, fit closely round; **~ qch sur** (*fig*) to model sth on
moulin [mulɛ̃] *nm* mill; **~ à café/à poivre** coffee/pepper mill; **~ à légumes** (vegetable) shredder; **~ à paroles** (*fig*) chatterbox; **~ à vent** windmill
moulinet [mulinɛ] *nm* (*de treuil*) winch; (*de canne à pêche*) reel; (*mouvement*): **faire des ~s avec qch** to whirl sth around
moulinette [mulinɛt] *nf* (vegetable) shredder
moulu, e [muly] *pp de* **moudre**
moulure [mulyʀ] *nf* (*ornement*) moulding
mourant, e [muʀɑ̃, -ɑ̃t] *adj* dying
mourir [muʀiʀ] *vi* to die; (*civilisation*) to die out; **~ de froid/faim** to die of exposure/hunger; **~ de faim/d'ennui** (*fig*) to be starving/be bored to death; **~ d'envie de faire** to be dying to do
mousse [mus] *nf* (*BOT*) moss; (*écume*: *sur eau, bière*) froth, foam; (: *shampooing*) lather; (*CULIN*) mousse ♦ *nm* (*NAVIG*) ship's boy; **bas ~** stretch stockings; **~ à raser** shaving foam; **~ carbonique** (fire-fighting) foam
mousseline [muslin] *nf* muslin; chiffon
mousser [muse] *vi* to foam; to lather
mousseux, euse [musø, -øz] *adj* frothy ♦ *nm*: **(vin) ~** sparkling wine
mousson [musɔ̃] *nf* monsoon
moustache [mustaʃ] *nf* moustache; **~s** *nfpl* (*du chat*) whiskers *pl*
moustiquaire [mustikɛʀ] *nf* mosquito net (*ou* screen)

moustique [mustik] *nm* mosquito
moutarde [mutaʀd(ə)] *nf* mustard
mouton [mutɔ̃] *nm* (*ZOOL, péj*) sheep *inv*; (*peau*) sheepskin; (*CULIN*) mutton
mouvant, e [muvɑ̃, -ɑ̃t] *adj* unsettled; changing; shifting
mouvement [muvmɑ̃] *nm* (*gén, aussi: mécanisme*) movement; (*fig*) activity; impulse; gesture; (*MUS: rythme*) tempo; **en** ~ in motion; on the move; **mouvementé, e** *adj* (*vie, poursuite*) eventful; (*réunion*) turbulent
mouvoir [muvwaʀ] *vt* (*levier, membre*) to move; **se** ~ *vi* to move
moyen, ne [mwajɛ̃, -ɛn] *adj* average; (*tailles, prix*) medium; (*de grandeur moyenne*) medium-sized ♦ *nm* (*façon*) means *sg*, way; **~s** *nmpl* (*capacités*) means; **au** ~ **de** by means of; **par tous les ~s** by every possible means, every possible way; **par ses propres ~s** all by oneself; ~ **âge** Middle Ages; ~ **de transport** means of transport
moyennant [mwajɛnɑ̃] *prép* (*somme*) for; (*service, conditions*) in return for; (*travail, effort*) with
moyenne [mwajɛn] *nf* average; (*MATH*) mean; (*SCOL: à l'examen*) pass mark; (*AUTO*) average speed; **en** ~ on (an) average; ~ **d'âge** average age
Moyen-Orient [mwajɛnɔʀjɑ̃] *nm*: **le** ~ the Middle East
moyeu, x [mwajø] *nm* hub
MST *sigle f* (= *maladie sexuellement transmissible*) STD
mû, mue [my] *pp de* **mouvoir**
muer [mɥe] *vi* (*oiseau, mammifère*) to moult; (*serpent*) to slough; (*jeune garçon*): **il mue** his voice is breaking; **se** ~ **en** to transform into
muet, te [mɥɛ, -ɛt] *adj* dumb; (*fig*): ~ **d'admiration** *etc* speechless with admiration *etc*; (*joie, douleur, CINÉMA*) silent; (*carte*) blank mute
mufle [myfl(ə)] *nm* muzzle; (*goujat*) boor
mugir [myʒiʀ] *vi* (*taureau*) to bellow; (*vache*) to low; (*fig*) to howl
muguet [mygɛ] *nm* lily of the valley
mule [myl] *nf* (*ZOOL*) (she-)mule
mulet [mylɛ] *nm* (*ZOOL*) (he-)mule
multiple [myltipl(ə)] *adj* multiple, numerous; (*varié*) many, manifold ♦ *nm* (*MATH*) multiple
multiplication [myltiplikasjɔ̃] *nf* multiplication
multiplier [myltiplije] *vt* to multiply; **se** ~ *vi* to multiply; to increase in number
municipal, e, aux [mynisipal, -o] *adj* municipal; town *cpd*, ≈ borough *cpd*
municipalité [mynisipalite] *nf* (*corps municipal*) town council, corporation
munir [myniʀ] *vt*: ~ **qn/qch de** to equip sb/sth with
munitions [mynisjɔ̃] *nfpl* ammunition *sg*
mur [myʀ] *nm* wall; ~ **du son** sound barrier
mûr, e [myʀ] *adj* ripe; (*personne*) mature
muraille [myʀaj] *nf* (high) wall
mural, e, aux [myʀal, -o] *adj* wall *cpd*; mural
mûre [myʀ] *nf* blackberry; mulberry
murer [myʀe] *vt* (*enclos*) to wall (in); (*porte, issue*) to wall up; (*personne*) to wall up *ou* in
muret [myʀɛ] *nm* low wall
mûrir [myʀiʀ] *vi* (*fruit, blé*) to ripen; (*abcès, furoncle*) to come to a head; (*fig: idée, personne*) to mature ♦ *vt* to ripen; to (make) mature
murmure [myʀmyʀ] *nm* murmur; **~s** *nmpl* (*plaintes*) murmurings, mutterings; **murmurer** *vi* to murmur; (*se plaindre*) to mutter, grumble
muscade [myskad] *nf* (*aussi: noix* ~) nutmeg
muscat [myska] *nm* muscat grape; muscatel (wine)
muscle [myskl(ə)] *nm* muscle; **musclé, e** *adj* muscular; (*fig*) strong-arm
museau, x [myzo] *nm* muzzle

musée [myze] *nm* museum; art gallery

museler [myzle] *vt* to muzzle; **muselière** *nf* muzzle

musette [myzɛt] *nf* (*sac*) lunchbag ♦ *adj inv* (*orchestre etc*) accordion *cpd*

musical, e, aux [myzikal, -o] *adj* musical

music-hall [myzikol] *nm* variety theatre; (*genre*) variety

musicien, ne [myzisjɛ̃, -jɛn] *adj* musical ♦ *nm/f* musician

musique [myzik] *nf* music; (*fanfare*) band; ~ **de chambre** chamber music

musulman, e [myzylmɑ̃, -an] *adj, nm/f* Moslem, Muslim

mutation [mytɑsjɔ̃] *nf* (*ADMIN*) transfer

mutilé, e [mytile] *nm/f* disabled person (*through loss of limbs*)

mutiler [mytile] *vt* to mutilate, maim

mutin, e [mytɛ̃, -in] *adj* (*air, ton*) mischievous, impish ♦ *nm/f* (*MIL, NAVIG*) mutineer

mutinerie [mytinʀi] *nf* mutiny

mutisme [mytism(ə)] *nm* silence

mutuel, le [mytɥɛl] *adj* mutual; **mutuelle** *nf* mutual benefit society

myope [mjɔp] *adj* short-sighted

myosotis [mjozɔtis] *nm* forget-me-not

myrtille [miʀtij] *nf* bilberry

mystère [mistɛʀ] *nm* mystery; **mystérieux, euse** *adj* mysterious

mystifier [mistifje] *vt* to fool; to mystify

mythe [mit] *nm* myth

mythologie [mitɔlɔʒi] *nf* mythology

N

n' [n] *adv voir* **ne**

nacre [nakʀ(ə)] *nf* mother-of-pearl

nage [naʒ] *nf* swimming; style of swimming, stroke; **traverser/s'éloigner à la** ~ to swim across/away; **en** ~ bathed in perspiration

nageoire [naʒwaʀ] *nf* fin

nager [naʒe] *vi* to swim; **nageur, euse** *nm/f* swimmer

naguère [nagɛʀ] *adv* formerly

naïf, ïve [naif, naiv] *adj* naïve

nain, e [nɛ̃, nɛn] *nm/f* dwarf

naissance [nɛsɑ̃s] *nf* birth; **donner** ~ **à** to give birth to; (*fig*) to give rise to

naître [nɛtʀ(ə)] *vi* to be born; (*fig*): ~ **de** to arise from, be born out of; **il est né en 1960** he was born in 1960; **faire** ~ (*fig*) to give rise to, arouse

naïve [naiv] *adj voir* **naïf**

nana [nana] (*fam*) *nf* (*fille*) chick, bird (*BRIT*)

nantir [nɑ̃tiʀ] *vt*: ~ **qn de** to provide sb with; **les nantis** (*péj*) the well-to-do

nappe [nap] *nf* tablecloth; (*fig*) sheet; layer; **napperon** *nm* table-mat

naquit *etc vb voir* **naître**

narguer [naʀge] *vt* to taunt

narine [naʀin] *nf* nostril

narquois, e [naʀkwa, -waz] *adj* derisive, mocking

naseau, x [nazo] *nm* nostril

natal, e [natal] *adj* native

natalité [natalite] *nf* birth rate

natation [natɑsjɔ̃] *nf* swimming

natif, ive [natif, -iv] *adj* native

nation [nɑsjɔ̃] *nf* nation

national, e, aux [nasjɔnal, -o] *adj* national; **nationale** *nf*: **(route) nationale** ≈ A road (*BRIT*), ≈ state highway (*US*); **nationaliser** *vt* to nationalize; **nationalité** *nf* nationality

natte [nat] *nf* (*tapis*) mat; (*cheveux*) plait

naturaliser [natyʀalize] *vt* to naturalize

nature [natyʀ] *nf* nature ♦ *adj, adv* (*CULIN*) plain, without seasoning or sweetening; (*café, thé*) black, without sugar; **payer en** ~ to pay in kind; ~ **morte** still-life; **naturel, le** *adj* (*gén, aussi*: *enfant*) natural ♦ *nm* naturalness; disposition, nature; (*autochtone*) native; **naturellement** *adv* naturally; (*bien sûr*) of course

naufrage [nofʀaʒ] *nm* (ship)wreck; (*fig*) wreck; **faire** ~ to be shipwrecked
nauséabond, e [nozeabɔ̃, -ɔ̃d] *adj* foul, nauseous
nausée [noze] *nf* nausea
nautique [notik] *adj* nautical, water *cpd*
nautisme [notism(ə)] *nm* water sports
navet [navɛ] *nm* turnip
navette [navɛt] *nf* shuttle; **faire la** ~ **(entre)** to go to and fro *ou* shuttle (between)
navigateur [navigatœʀ] *nm* (*NAVIG*) seafarer, sailor; (*AVIAT*) navigator
navigation [navigɑsjɔ̃] *nf* navigation, sailing; shipping
naviguer [navige] *vi* to navigate, sail
navire [naviʀ] *nm* ship
navrer [navʀe] *vt* to upset, distress; **je suis navré** I'm so sorry
ne(n') [n(ə)] *adv voir* **pas; plus; jamais** *etc*; (*explétif*) *non traduit*
né, e [ne] *pp* (*voir naître*): ~ **en 1960** born in 1960; **~e Scott** née Scott
néanmoins [neɑ̃mwɛ̃] *adv* nevertheless
néant [neɑ̃] *nm* nothingness; **réduire à** ~ to bring to nought; (*espoir*) to dash
nécessaire [nesesɛʀ] *adj* necessary ♦ *nm* necessary; (*sac*) kit; ~ **de couture** sewing kit; ~ **de toilette** toilet bag; **nécessité** *nf* necessity; **nécessiter** *vt* to require; **nécessiteux, euse** *adj* needy
nécrologique [nekʀɔlɔʒik] *adj*: **article** ~ obituary; **rubrique** ~ obituary column
nectar [nɛktaʀ] *nm* (*sucré*) nectar; (*boisson*) *sweetened, diluted fruit juice*
néerlandais, e [neɛʀlɑ̃dɛ, -ɛz] *adj* Dutch
nef [nɛf] *nf* (*d'église*) nave
néfaste [nefast(ə)] *adj* baneful; ill-fated
négatif, ive [negatif, -iv] *adj* negative ♦ *nm* (*PHOTO*) negative
négligé, e [negliʒe] *adj* (*en désordre*) slovenly ♦ *nm* (*tenue*) negligee
négligent, e [negliʒɑ̃, -ɑ̃t] *adj* careless; negligent
négliger [negliʒe] *vt* (*épouse, jardin*) to neglect; (*tenue*) to be careless about; (*avis, précautions*) to disregard; ~ **de faire** to fail to do, not bother to do
négoce [negɔs] *nm* trade
négociant [negɔsjɑ̃] *nm* merchant
négociation [negɔsjɑsjɔ̃] *nf* negotiation
négocier [negɔsje] *vi, vt* to negotiate
nègre [nɛgʀ(ə)] *nm* Negro; ghost (writer)
négresse [negʀɛs] *nf* Negro woman
neige [nɛʒ] *nf* snow; **neiger** *vi* to snow
nénuphar [nenyfaʀ] *nm* water-lily
néon [neɔ̃] *nm* neon
néophyte [neɔfit] *nm/f* novice
néo-zélandais, e [neozelɑ̃dɛ, -ɛz] *adj* New Zealand *cpd* ♦ *nm/f*: **N~, e** New Zealander
nerf [nɛʀ] *nm* nerve; (*fig*) spirit; stamina; **nerveux, euse** *adj* nervous; (*voiture*) nippy, responsive; (*tendineux*) sinewy; **nervosité** *nf* excitability; state of agitation; nervousness
nervure [nɛʀvyʀ] *nf* vein
n'est-ce pas [nɛspɑ] *adv* isn't it?, won't you? *etc, selon le verbe qui précède*
net, nette [nɛt] *adj* (*sans équivoque, distinct*) clear; (*évident*) definite; (*propre*) neat, clean; (*COMM*: *prix, salaire*) net ♦ *adv* (*refuser*) flatly ♦ *nm*: **mettre au** ~ to copy out; **s'arrêter** ~ to stop dead; **nettement** *adv* clearly, distinctly; **netteté** *nf* clearness
nettoyage [nɛtwajaʒ] *nm* cleaning; ~ **à sec** dry cleaning
nettoyer [nɛtwaje] *vt* to clean; (*fig*) to clean out
neuf[1] [nœf] *num* nine

neuf[2]**, neuve** [nœf, nœv] *adj* new ♦ *nm*: **repeindre à ~** to redecorate; **remettre à ~** to do up (as good as new), refurbish
neutre [nøtʀ(ə)] *adj* neutral; (*LING*) neuter ♦ *nm* neuter
neuve [nœv] *adj voir* **neuf**[2]
neuvième [nœvjɛm] *num* ninth
neveu, x [nəvø] *nm* nephew
névrosé, e [nevʀoze] *adj, nm/f* neurotic
nez [ne] *nm* nose; **~ à ~ avec** face to face with; **avoir du ~** to have flair
ni [ni] *conj*: **~ l'un ~ l'autre ne sont** neither one nor the other are; **il n'a rien dit ~ fait** he hasn't said or done anything
niais, e [njɛ, -ɛz] *adj* silly, thick
niche [niʃ] *nf* (*du chien*) kennel; (*de mur*) recess, niche
nicher [niʃe] *vi* to nest
nid [ni] *nm* nest; **~ de poule** pothole
nièce [njɛs] *nf* niece
nier [nje] *vt* to deny
nigaud, e [nigo, -od] *nm/f* booby, fool
Nil [nil] *nm*: **le ~** the Nile
n'importe [nɛ̃pɔʀt(ə)] *adv*: **~ qui/quoi/où** anybody/anything/anywhere; **~ quand** any time; **~ quel/quelle** any; **~ lequel/laquelle** any (one); **~ comment** (*sans soin*) carelessly
niveau, x [nivo] *nm* level; (*des élèves, études*) standard; **de ~ (avec)** level (with); **le ~ de la mer** sea level; **~ de vie** standard of living
niveler [nivle] *vt* to level
NN *abr* (= *nouvelle norme*) *revised standard of hotel classification*
noble [nɔbl(ə)] *adj* noble; **noblesse** *nf* nobility; (*d'une action etc*) nobleness
noce [nɔs] *nf* wedding; (*gens*) wedding party (*ou* guests *pl*); **faire la ~** (*fam*) to go on a binge; **~s d'or/d'argent** golden/silver wedding
nocif, ive [nɔsif, -iv] *adj* harmful, noxious
noctambule [nɔktɑ̃byl] *nm* night-bird
nocturne [nɔktyʀn(ə)] *adj* nocturnal ♦ *nf* late-night opening
Noël [nɔɛl] *nm* Christmas
nœud [nø] *nm* (*de corde, du bois, NAVIG*) knot; (*ruban*) bow; (*fig: liens*) bond, tie; **~ papillon** bow tie
noir, e [nwaʀ] *adj* black; (*obscur, sombre*) dark ♦ *nm/f* black man(woman), Negro ♦ *nm*: **dans le ~** in the dark; **travail au ~** moonlighting; **noirceur** *nf* blackness; darkness; **noircir** *vt, vi* to blacken; **noire** *nf* (*MUS*) crotchet (*BRIT*), quarter note (*US*)
noisette [nwazɛt] *nf* hazelnut
noix [nwa] *nf* walnut; (*CULIN*): **une ~ de beurre** a knob of butter; **~ de cajou** cashew nut; **~ de coco** coconut
nom [nɔ̃] *nm* name; (*LING*) noun; **~ d'emprunt** assumed name; **~ de famille** surname; **~ de jeune fille** maiden name; **~ déposé** *nm* trade name; **~ propre** *nm* proper noun
nombre [nɔ̃bʀ(ə)] *nm* number; **venir en ~** to come in large numbers; **depuis ~ d'années** for many years; **ils sont au ~ de 3** there are 3 of them; **au ~ de mes amis** among my friends
nombreux, euse [nɔ̃bʀø, -øz] *adj* many, numerous; (*avec nom sg: foule etc*) large; **peu ~** few; small
nombril [nɔ̃bʀi] *nm* navel
nommer [nɔme] *vt* (*baptiser, mentionner*) to name; (*qualifier*) to call; (*élire*) to appoint, nominate; **se ~**: **il se nomme Pascal** his name's Pascal, he's called Pascal
non [nɔ̃] *adv* (*réponse*) no; (*avec loin, sans, seulement*) not; **~ pas que = non que**; **~ que** not that; **moi ~ plus** neither do I, I don't either
non: ~-alcoolisé, e *adj* non-alcoholic; **~-fumeur** *nm* non-smoker; **~-lieu** *nm*: **il y a eu ~** the case was dismissed; **~-sens** *nm* absurdity

nord [nɔʀ] *nm* North ♦ *adj* northern; north; **au ~** (*situation*) in the north; (*direction*) to the north; **au ~ de** (to the) north of; **nord-est** *nm* North-East; **nord-ouest** *nm* North-West

normal, e, aux [nɔʀmal, -o] *adj* normal; **normale** *nf*: **la normale** the norm, the average; **normalement** *adv* (*en général*) normally; **normaliser** *vt* (*COMM, TECH*) to standardize

normand, e [nɔʀmɑ̃, -ɑ̃d] *adj* of Normandy

Normandie [nɔʀmɑ̃di] *nf* Normandy

norme [nɔʀm(ə)] *nf* norm; (*TECH*) standard

Norvège [nɔʀvɛʒ] *nf* Norway; **norvégien, ne** *adj, nm/f* Norwegian ♦ *nm* (*LING*) Norwegian

nos [no] *dét voir* **notre**

nostalgie [nɔstalʒi] *nf* nostalgia

notable [nɔtabl(ə)] *adj* notable, noteworthy; (*marqué*) noticeable, marked ♦ *nm* prominent citizen

notaire [nɔtɛʀ] *nm* notary; solicitor

notamment [nɔtamɑ̃] *adv* in particular, among others

note [nɔt] *nf* (*écrite, MUS*) note; (*SCOL*) mark (*BRIT*), grade; (*facture*) bill; **~ de service** memorandum

noté, e [nɔte] *adj*: **être bien/mal ~** (*employé etc*) to have a good/bad record

noter [nɔte] *vt* (*écrire*) to write down; (*remarquer*) to note, notice

notice [nɔtis] *nf* summary, short article; (*brochure*) leaflet, instruction book

notifier [nɔtifje] *vt*: **~ qch à qn** to notify sb of sth, notify sth to sb

notion [nosjɔ̃] *nf* notion, idea

notoire [nɔtwaʀ] *adj* widely known; (*en mal*) notorious

notre [nɔtʀ(ə), no] (*pl* **nos**) *dét* our

nôtre [notʀ(ə)] *pron*: **le ~, la ~, les ~s** ours ♦ *adj* ours; **les ~s** ours; (*alliés etc*) our own people; **soyez des ~s** join us

nouer [nwe] *vt* to tie, knot; (*fig*: *alliance etc*) to strike up

noueux, euse [nwø, -øz] *adj* gnarled

nouilles [nuj] *nfpl* noodles; pasta *sg*

nourrice [nuʀis] *nf* wet-nurse

nourrir [nuʀiʀ] *vt* to feed; (*fig*: *espoir*) to harbour, nurse; **logé nourri** with board and lodging; **nourrissant, e** *adj* nourishing, nutritious

nourrisson [nuʀisɔ̃] *nm* (unweaned) infant

nourriture [nuʀityʀ] *nf* food

nous [nu] *pron* (*sujet*) we; (*objet*) us; **nous-mêmes** *pron* ourselves

nouveau(nouvel), elle, x [nuvo, -ɛl] *adj* new ♦ *nm/f* new pupil (*ou* employee); **de ~, à ~** again; **~ venu, nouvelle venue** newcomer; **~-né, e** *nm/f* newborn baby; **~té** *nf* novelty; (*COMM*) new film (*ou* book *ou* creation *etc*)

nouvel [nuvɛl] *adj voir* **nouveau**; **N~ An** New Year

nouvelle [nuvɛl] *adj voir* **nouveau** ♦ *nf* (piece of) news *sg*; (*LITTERATURE*) short story; **je suis sans ~s de lui** I haven't heard from him; **N~-Calédonie** *nf* New Caledonia; **N~-Zélande** *nf* New Zealand

novembre [nɔvɑ̃bʀ(ə)] *nm* November

novice [nɔvis] *adj* inexperienced

noyade [nwajad] *nf* drowning *no pl*

noyau, x [nwajo] *nm* (*de fruit*) stone; (*BIO, PHYSIQUE*) nucleus; (*ELEC, GEO, fig*: *centre*) core; **noyauter** *vt* (*POL*) to infiltrate

noyer [nwaje] *nm* walnut (tree); (*bois*) walnut ♦ *vt* to drown; (*fig*) to flood; to submerge; **se ~** *vi* to be drowned, drown; (*suicide*) to drown o.s.

nu, e [ny] *adj* naked; (*membres*) naked, bare; (*chambre, fil, plaine*) bare ♦ *nm* (*ART*) nude; **se mettre ~** to strip; **mettre à ~** to bare

nuage [nɥaʒ] *nm* cloud; **nuageux, euse** *adj* cloudy

nuance [nɥɑ̃s] *nf* (*de couleur, sens*) shade; **il y a une ~ (entre)** there's a slight difference (between); **nuan-**

cer *vt* (*opinion*) to bring some reservations *ou* qualifications to
nucléaire [nykleɛʀ] *adj* nuclear
nudiste [nydist(ə)] *nm/f* nudist
nuée [nɥe] *nf*: **une ~ de** a cloud *ou* host *ou* swarm of
nues [ny] *nfpl*: **tomber des ~** to be taken aback; **porter qn aux ~** to praise sb to the skies
nuire [nɥiʀ] *vi* to be harmful; **~ à** to harm, do damage to; **nuisible** *adj* harmful; **animal nuisible** pest
nuit [nɥi] *nf* night; **il fait ~** it's dark; **cette ~** last night; tonight; **~ blanche** sleepless night; **~ de noces** wedding night
nul, nulle [nyl] *adj* (*aucun*) no; (*minime*) nil, non-existent; (*non valable*) null; (*péj*) useless, hopeless ♦ *pron* none, no one; **match ~** draw; **résultat ~** = **match nul**; **~le part** nowhere; **nullement** *adv* by no means
numérique [nymeʀik] *adj* numerical
numéro [nymeʀo] *nm* number; (*spectacle*) act, turn; **~ de téléphone** (tele)phone number; **~ vert** *nm* ≈ freefone (®) number (*BRIT*), ≈ toll-free number (*US*); **numéroter** *vt* to number
nu-pieds [nypje] *adj inv* barefoot
nuque [nyk] *nf* nape of the neck
nu-tête [nytɛt] *adj inv* bareheaded
nutritif, ive [nytʀitif, -iv] *adj* nutritional; (*aliment*) nutritious
nylon [nilɔ̃] *nm* nylon

O

oasis [ɔazis] *nf* oasis
obéir [ɔbeiʀ] *vi* to obey; **~ à** to obey; (*suj: moteur, véhicule*) to respond to; **obéissant, e** *adj* obedient
objecter [ɔbʒɛkte] *vt* (*prétexter*) to plead, put forward as an excuse; **~ (à qn) que** to object (to sb) that
objecteur [ɔbʒɛktœʀ] *nm*: **~ de conscience** conscientious objector
objectif, ive [ɔbʒɛktif, -iv] *adj* objective ♦ *nm* (*OPTIQUE, PHOTO*) lens *sg*, objective; (*MIL, fig*) objective; **~ à focale variable** zoom lens
objection [ɔbʒɛksjɔ̃] *nf* objection
objet [ɔbʒɛ] *nm* object; (*d'une discussion, recherche*) subject; **être** *ou* **faire l'~ de** (*discussion*) to be the subject of; (*soins*) to be given *ou* shown; **sans ~** purposeless; groundless; **~ d'art** objet d'art; **~s personnels** personal items; **~s trouvés** lost property *sg* (*BRIT*), lost-and-found *sg* (*US*)
obligation [ɔbligasjɔ̃] *nf* obligation; (*COMM*) bond, debenture; **obligatoire** *adj* compulsory, obligatory
obligé, e [ɔbliʒe] *adj* (*redevable*): **être très ~ à qn** to be most obliged to sb
obligeance [ɔbliʒɑ̃s] *nf*: **avoir l'~ de ...** to be kind *ou* good enough to ...; **obligeant, e** *adj* obliging; kind
obliger [ɔbliʒe] *vt* (*contraindre*): **~ qn à faire** to force *ou* oblige sb to do; (*JUR: engager*) to bind; (*rendre service à*) to oblige; **je suis bien obligé** I have to
oblique [ɔblik] *adj* oblique; **regard ~** sidelong glance; **en ~** diagonally; **obliquer** *vi*: **obliquer vers** to turn off towards
oblitérer [ɔbliteʀe] *vt* (*timbre-poste*) to cancel
obscène [ɔpsɛn] *adj* obscene
obscur, e [ɔpskyʀ] *adj* dark; (*fig*) obscure; lowly; **~cir** *vt* to darken; (*fig*) to obscure; **s'~cir** *vi* to grow dark; **~ité** *nf* darkness; **dans l'~ité** in the dark, in darkness
obséder [ɔpsede] *vt* to obsess, haunt
obsèques [ɔpsɛk] *nfpl* funeral *sg*
observateur, trice [ɔpsɛʀvatœʀ, -tʀis] *adj* observant, perceptive ♦ *nm/f* observer
observation [ɔpsɛʀvasjɔ̃] *nf* observation; (*d'un règlement etc*) observance; (*reproche*) reproof
observatoire [ɔpsɛʀvatwaʀ] *nm* observatory; (*lieu élevé*) observation post, vantage point

observer [ɔpsɛʀve] *vt* (*regarder*) to observe, watch; (*examiner*) to examine; (*scientifiquement, aussi: règlement, jeûne etc*) to observe; (*surveiller*) to watch; (*remarquer*) to observe, notice; **faire ~ qch à qn** (*dire*) to point out sth to sb

obstacle [ɔpstakl(ə)] *nm* obstacle; (*ÉQUITATION*) jump, hurdle; **faire ~ à** (*lumière*) to block out; (*projet*) to hinder, put obstacles in the path of

obstiné, e [ɔpstine] *adj* obstinate

obstiner [ɔpstine]: **s'~** *vi* to insist, dig one's heels in; **s'~ à faire** to persist (obstinately) in doing; **s'~ sur qch** to keep working at sth, labour away at sth

obstruer [ɔpstʀye] *vt* to block, obstruct

obtempérer [ɔptɑ̃peʀe] *vi* to obey

obtenir [ɔptəniʀ] *vt* to obtain, get; (*total, résultat*) to arrive at, reach; to achieve, obtain; **~ de pouvoir faire** to obtain permission to do; **~ de qn qu'il fasse** to get sb to agree to do; **obtention** *nf* obtaining

obturateur [ɔptyʀatœʀ] *nm* (*PHOTO*) shutter

obturer [ɔptyʀe] *vt* to close (up); (*dent*) to fill

obus [ɔby] *nm* shell

occasion [ɔkazjɔ̃] *nf* (*aubaine, possibilité*) opportunity; (*circonstance*) occasion; (*COMM: article non neuf*) secondhand buy; (*: acquisition avantageuse*) bargain; **à plusieurs ~s** on several occasions; **être l'~ de** to occasion, give rise to; **à l'~** sometimes, on occasions; some time; **d'~** secondhand; **occasionnel, le** *adj* (*fortuit*) chance *cpd*; (*non régulier*) occasional; casual

occasionner [ɔkazjɔne] *vt* to cause, bring about; **~ qch à qn** to cause sb sth

occident [ɔksidɑ̃] *nm*: **l'O~** the West; **occidental, e, aux** *adj* western; (*POL*) Western

occupation [ɔkypasjɔ̃] *nf* occupation

occupé, e [ɔkype] *adj* (*MIL, POL*) occupied; (*personne: affairé, pris*) busy; (*place, sièges*) taken; (*toilettes*) engaged; (*ligne*) engaged (*BRIT*), busy (*US*)

occuper [ɔkype] *vt* to occupy; (*main-d'œuvre*) to employ; **s'~ de** (*être responsable de*) to be in charge of; (*se charger de: affaire*) to take charge of, deal with; (*: clients etc*) to attend to; (*s'intéresser à, pratiquer*) to be involved in; **s'~ (à qch)** to occupy o.s. *ou* keep o.s. busy (with sth); **ça occupe trop de place** it takes up too much room

occurrence [ɔkyʀɑ̃s] *nf*: **en l'~** in this case

océan [ɔseɑ̃] *nm* ocean; **l'~ Indien** the Indian Ocean

octet [ɔktɛt] *nm* byte

octobre [ɔktɔbʀ(ə)] *nm* October

octroyer [ɔktʀwaje] *vt*: **~ qch à qn** to grant sth to sb, grant sb sth

oculiste [ɔkylist(ə)] *nm/f* eye specialist

odeur [ɔdœʀ] *nf* smell

odieux, euse [ɔdjø, -øz] *adj* hateful

odorant, e [ɔdɔʀɑ̃, -ɑ̃t] *adj* sweet-smelling, fragrant

odorat [ɔdɔʀa] *nm* (sense of) smell

œil [œj] (*pl* **yeux**) *nm* eye; **à l'~** (*fam*) for free; **à l'~ nu** with the naked eye; **tenir qn à l'~** to keep an eye *ou* a watch on sb; **avoir l'~ à** to keep an eye on; **fermer les yeux (sur)** (*fig*) to turn a blind eye (to)

œillade [œjad] *nf*: **lancer une ~ à qn** to wink at sb, give sb a wink; **faire des ~s à** to make eyes at

œillères [œjɛʀ] *nfpl* blinkers (*BRIT*), blinders (*US*)

œillet [œjɛ] *nm* (*BOT*) carnation

œuf [œf, *pl* ø] *nm* egg; **~ à la coque** *nm* boiled egg; **~ au plat** fried egg; **~ de Pâques** Easter egg; **~ dur** hard-boiled egg; **~s brouillés** scrambled eggs

œuvre [œvʀ(ə)] *nf* (*tâche*) task, undertaking; (*ouvrage achevé, livre, tableau etc*) work; (*ensemble de la production artistique*) works *pl*; (*or-*

ganisation charitable) charity ♦ *nm* (*d'un artiste*) works *pl*; (*CONSTR*): **le gros** ~ the shell; **être à l'**~ to be at work; **mettre en** ~ (*moyens*) to make use of; ~ **d'art** work of art
offense [ɔfɑ̃s] *nf* insult
offenser [ɔfɑ̃se] *vt* to offend, hurt; (*principes, Dieu*) to offend against; **s'**~ **de** to take offence at
offert, e [ɔfɛʀ, -ɛʀt(ə)] *pp de* **offrir**
office [ɔfis] *nm* (*charge*) office; (*agence*) bureau, agency; (*REL*) service ♦ *nm ou nf* (*pièce*) pantry; **faire** ~ **de** to act as; to do duty as; **d'**~ automatically; ~ **du tourisme** tourist bureau
officiel, le [ɔfisjɛl] *adj, nm/f* official
officier [ɔfisje] *nm* officer ♦ *vi* to officiate; ~ **de l'état-civil** registrar
officieux, euse [ɔfisjø, -øz] *adj* unofficial
officinal, e, aux [ɔfisinal, -o] *adj*: **plantes** ~**es** medicinal plants
officine [ɔfisin] *nf* (*de pharmacie*) dispensary; (*bureau*) agency, office
offrande [ɔfʀɑ̃d] *nf* offering
offre [ɔfʀ(ə)] *nf* offer; (*aux enchères*) bid; (*ADMIN*: *soumission*) tender; (*ECON*): **l'**~ supply; **"**~**s d'emploi"** "situations vacant"; ~ **d'emploi** job advertised; ~ **publique d'achat** takeover bid
offrir [ɔfʀiʀ] *vt*: ~ **(à qn)** to offer (to sb); (*faire cadeau de*) to give (to sb); **s'**~ *vi* (*occasion, paysage*) to present itself ♦ *vt* (*vacances, voiture*) to treat o.s. to; ~ **(à qn) de faire qch** to offer to do sth (for sb); ~ **à boire à qn** to offer sb a drink; **s'**~ **comme guide/en otage** to offer one's services as (a) guide/offer o.s. as hostage
offusquer [ɔfyske] *vt* to offend
ogive [ɔʒiv] *nf*: ~ **nucléaire** nuclear warhead
oie [wa] *nf* (*ZOOL*) goose
oignon [ɔɲɔ̃] *nm* (*BOT, CULIN*) onion; (*de tulipe etc*: *bulbe*) bulb; (*MÉD*) bunion
oiseau, x [wazo] *nm* bird; ~ **de proie** bird of prey
oiseux, euse [wazø, -øz] *adj* pointless; trivial
oisif, ive [wazif, -iv] *adj* idle ♦ *nm/f* (*péj*) man(woman) of leisure
oléoduc [ɔleɔdyk] *nm* (oil) pipeline
olive [ɔliv] *nf* (*BOT*) olive; **olivier** *nm* olive (tree)
olympique [ɔlɛ̃pik] *adj* Olympic
ombrage [ɔ̃bʀaʒ] *nm* (*ombre*) (leafy) shade; **ombragé, e** *adj* shaded, shady; **ombrageux, euse** *adj* (*cheval*) skittish, nervous; (*personne*) touchy, easily offended
ombre [ɔ̃bʀ(ə)] *nf* (*espace non ensoleillé*) shade; (~ *portée, tache*) shadow; **à l'**~ in the shade; **tu me fais de l'**~ you're in my light; **ça nous donne de l'**~ it gives us (some) shade; **dans l'**~ (*fig*) in obscurity; in the dark; ~ **à paupières** eyeshadow; **ombrelle** [ɔ̃bʀɛl] *nf* parasol, sunshade
omelette [ɔmlɛt] *nf* omelette
omettre [ɔmɛtʀ(ə)] *vt* to omit, leave out
omnibus [ɔmnibys] *nm* slow *ou* stopping train
omoplate [ɔmɔplat] *nf* shoulder blade

MOT-CLÉ

on [ɔ̃] *pron* **1** (*indéterminé*) you, one; ~ **peut le faire ainsi** you *ou* one can do it like this, it can be done like this
2 (*quelqu'un*): ~ **les a attaqués** they were attacked; ~ **vous demande au téléphone** there's a phone call for you, you're wanted on the phone
3 (*nous*) we; ~ **va y aller demain** we're going tomorrow
4 (*les gens*) they; **autrefois,** ~ **croyait ...** they used to believe ...
5: ~ **ne peut plus** *adv*: ~ **ne peut plus stupide** as stupid as can be

oncle [ɔ̃kl(ə)] *nm* uncle
onctueux, euse [ɔ̃ktɥø, -øz] *adj* creamy, smooth; (*fig*) smooth, unc-

tuous

onde [ɔ̃d] *nf* (*PHYSIQUE*) wave; **sur les ~s** on the radio; **mettre en ~s** to produce for the radio; **sur ~s courtes** on short wave *sg*; **moyennes/longues ~s** medium/long wave *sg*

ondée [ɔ̃de] *nf* shower

on-dit [ɔ̃di] *nm inv* rumour

ondoyer [ɔ̃dwaje] *vi* to ripple, wave

onduler [ɔ̃dyle] *vi* to undulate; (*cheveux*) to wave

onéreux, euse [ɔneʀø, -øz] *adj* costly; **à titre ~** in return for payment

ongle [ɔ̃gl(ə)] *nm* (*ANAT*) nail; **se faire les ~s** to do one's nails

onguent [ɔ̃gɑ̃] *nm* ointment

ont *vb voir* **avoir**

O.N.U. [ɔny] *sigle f* = **Organisation des Nations Unies**

onze [ɔ̃z] *num* eleven; **onzième** *num* eleventh

O.P.A. *sigle f* = **offre publique d'achat**

opaque [ɔpak] *adj* opaque

opéra [ɔpeʀa] *nm* opera; (*édifice*) opera house

opérateur, trice [ɔpeʀatœʀ, -tʀis] *nm/f* operator; **~ (de prise de vues)** cameraman

opération [ɔpeʀɑsjɔ̃] *nf* operation; (*COMM*) dealing

opératoire [ɔpeʀatwaʀ] *adj* operating; (*choc etc*) post-operative

opérer [ɔpeʀe] *vt* (*MÉD*) to operate on; (*faire, exécuter*) to carry out, make ♦ *vi* (*remède*: *faire effet*) to act, work; (*procéder*) to proceed; (*MÉD*) to operate; **s'~** *vi* (*avoir lieu*) to occur, take place; **se faire ~** to have an operation

opiner [ɔpine] *vi*: **~ de la tête** to nod assent

opinion [ɔpinjɔ̃] *nf* opinion; **l'~ (publique)** public opinion

opportun, e [ɔpɔʀtœ̃, -yn] *adj* timely, opportune; **en temps ~** at the appropriate time; **~iste** [ɔpɔʀtynist(ə)] *nm/f* opportunist

opposant, e [ɔpozɑ̃, -ɑ̃t] *adj* opposing; **opposants** *nmpl* opponents

opposé, e [ɔpoze] *adj* (*direction, rive*) opposite; (*faction*) opposing; (*couleurs*) contrasting; (*opinions, intérêts*) conflicting; (*contre*): **~ à** opposed to, against ♦ *nm*: **l'~** the other *ou* opposite side (*ou* direction); (*contraire*) the opposite; **à l'~** (*fig*) on the other hand; **à l'~ de** on the other *ou* opposite side from; (*fig*) contrary to, unlike

opposer [ɔpoze] *vt* (*personnes, armées, équipes*) to oppose; (*couleurs, termes, tons*) to contrast; **s'~** (*sens réciproque*) to conflict; to clash; to contrast; **s'~ à** (*interdire, empêcher*) to oppose; (*tenir tête à*) to rebel against; **~ qch à** (*comme obstacle, défense*) to set sth against; (*comme objection*) to put sth forward against

opposition [ɔpozisjɔ̃] *nf* opposition; **par ~ à** as opposed to, in contrast with; **entrer en ~ avec** to come into conflict with; **être en ~ avec** (*idées, conduite*) to be at variance with; **faire ~ à un chèque** to stop a cheque

oppresser [ɔpʀese] *vt* to oppress; **oppression** *nf* oppression; (*malaise*) feeling of suffocation

opprimer [ɔpʀime] *vt* to oppress; (*liberté, opinion*) to suppress, stifle; (*suj*: *chaleur etc*) to suffocate, oppress

opter [ɔpte] *vi*: **~ pour** to opt for; **~ entre** to choose between

opticien, ne [ɔptisjɛ̃, -ɛn] *nm/f* optician

optimiste [ɔptimist(ə)] *nm/f* optimist ♦ *adj* optimistic

option [ɔpsjɔ̃] *nf* option; **matière à ~** (*SCOL*) optional subject

optique [ɔptik] *adj* (*nerf*) optic; (*verres*) optical ♦ *nf* (*PHOTO*: *lentilles etc*) optics *pl*; (*science, industrie*) optics *sg*; (*fig*: *manière de voir*) perspective

opulent, e [ɔpylɑ̃, -ɑ̃t] *adj* wealthy,

opulent; (*formes, poitrine*) ample, generous

or [ɔʀ] *nm* gold ♦ *conj* now, but; **en** ~ gold *cpd*; (*fig*) golden, marvellous

orage [ɔʀaʒ] *nm* (thunder)storm; **orageux, euse** *adj* stormy

oraison [ɔʀɛzɔ̃] *nf* orison, prayer; ~ **funèbre** funeral oration

oral, e, aux [ɔʀal, -o] *adj, nm* oral

orange [ɔʀɑ̃ʒ] *nf* orange ♦ *adj inv* orange; **oranger** *nm* orange tree

orateur [ɔʀatœʀ] *nm* speaker; orator

orbite [ɔʀbit] *nf* (*ANAT*) (eye-)socket; (*PHYSIQUE*) orbit

orchestre [ɔʀkɛstʀ(ə)] *nm* orchestra; (*de jazz, danse*) band; (*places*) stalls *pl* (*BRIT*), orchestra (*US*); **orchestrer** *vt* (*MUS*) to orchestrate; (*fig*) to mount, stage-manage

orchidée [ɔʀkide] *nf* orchid

ordinaire [ɔʀdinɛʀ] *adj* ordinary; everyday; standard ♦ *nm* ordinary; (*menus*) everyday fare ♦ *nf* (*essence*) ≈ two-star (petrol) (*BRIT*) (*gas*), ≈ regular gas (*US*); **d'**~ usually, normally; **à l'**~ usually, ordinarily

ordinateur [ɔʀdinatœʀ] *nm* computer; ~ **domestique** home computer; ~ **individuel** personal computer

ordonnance [ɔʀdɔnɑ̃s] *nf* organization; layout; (*MÉD*) prescription; (*JUR*) order; (*MIL*) orderly, batman (*BRIT*)

ordonné, e [ɔʀdɔne] *adj* tidy, orderly; (*MATH*) ordered

ordonner [ɔʀdɔne] *vt* (*agencer*) to organize, arrange; (*donner un ordre*): ~ **à qn de faire** to order sb to do; (*REL*) to ordain; (*MÉD*) to prescribe

ordre [ɔʀdʀ(ə)] *nm* order; (*propreté et soin*) orderliness, tidiness; (*nature*): **d'**~ **pratique** of a practical nature; ~**s** *nmpl* (*REL*) holy orders; **mettre en** ~ to tidy (up), put in order; **à l'**~ **de qn** payable to sb; **être aux** ~**s de qn/sous les** ~**s de qn** to be at sb's disposal/under sb's command; **jusqu'à nouvel** ~ until further notice; **dans le même** ~ **d'idées** in this connection; **donnez-nous un** ~ **de grandeur** give us some idea as regards size (*ou* the amount); **de premier** ~ first-rate; ~ **du jour** (*d'une réunion*) agenda; (*MIL*) order of the day; **à l'ordre du jour** (*fig*) topical

ordure [ɔʀdyʀ] *nf* filth *no pl*; ~**s** *nfpl* (*balayures, déchets*) rubbish *sg*, refuse *sg*; ~**s ménagères** household refuse

oreille [ɔʀɛj] *nf* (*ANAT*) ear; (*de marmite, tasse*) handle; **avoir de l'**~ to have a good ear (for music)

oreiller [ɔʀeje] *nm* pillow

oreillons [ɔʀɛjɔ̃] *nmpl* mumps *sg*

ores [ɔʀ] : **d'**~ **et déjà** *adv* already

orfèvrerie [ɔʀfɛvʀəʀi] *nf* goldsmith's (*ou* silversmith's) trade; (*ouvrage*) gold (*ou* silver) plate

organe [ɔʀgan] *nm* organ; (*porte-parole*) representative, mouthpiece

organigramme [ɔʀganigʀam] *nm* organization chart; flow chart

organique [ɔʀganik] *adj* organic

organisateur, trice [ɔʀganizatœʀ, -tʀis] *nm/f* organizer

organisation [ɔʀganizɑsjɔ̃] *nf* organization; **O**~ **des Nations Unies** United Nations (Organization); **O**~ **du traité de l'Atlantique Nord** North Atlantic Treaty Organization

organiser [ɔʀganize] *vt* to organize; (*mettre sur pied: service etc*) to set up; **s'**~ to get organized

organisme [ɔʀganism(ə)] *nm* (*BIO*) organism; (*corps, ADMIN*) body

organiste [ɔʀganist(ə)] *nm/f* organist

orgasme [ɔʀgasm(ə)] *nm* orgasm, climax

orge [ɔʀʒ(ə)] *nf* barley

orgie [ɔʀʒi] *nf* orgy

orgue [ɔʀg(ə)] *nm* organ; ~**s** *nfpl* (*MUS*) organ *sg*

orgueil [ɔʀgœj] *nm* pride; **orgueilleux, euse** *adj* proud

Orient [ɔʀjɑ̃] *nm*: **l'**~ the East, the Orient

oriental, e, aux [ɔʀjɑ̃tal, -o] *adj*

oriental, eastern; (*frontière*) eastern
orientation [ɔʀjɑ̃tɑsjɔ̃] *nf* positioning; orientation; (*d'une maison etc*) aspect; (*d'un journal*) leanings *pl*; **avoir le sens de l'~** to have a (good) sense of direction; **~ professionnelle** careers advising; careers advisory service
orienté, e [ɔʀjɑ̃te] *adj* (*fig*: *article, journal*) slanted; **bien/mal ~** (*appartement*) well/badly positioned; **~ au sud** facing south, with a southern aspect
orienter [ɔʀjɑ̃te] *vt* (*placer, disposer*: *pièce mobile*) to adjust, position; (*tourner*) to direct, turn; (*voyageur, touriste, recherches*) to direct; (*fig*: *élève*) to orientate; **s'~** (*se repérer*) to find one's bearings; **s'~ vers** (*fig*) to turn towards
origan [ɔʀigɑ̃] *nm* (*BOT*) oregano
originaire [ɔʀiʒinɛʀ] *adj*: **être ~ de** to be a native of
original, e, aux [ɔʀiʒinal, -o] *adj* original; (*bizarre*) eccentric ♦ *nm/f* eccentric ♦ *nm* (*document etc, ART*) original; (*dactylographie*) top copy
origine [ɔʀiʒin] *nf* origin; **dès l'~** at *ou* from the outset; **à l'~** originally;
originel, le *adj* original
O.R.L. *sigle nm/f* = **oto-rhino-laryngologiste**
orme [ɔʀm(ə)] *nm* elm
ornement [ɔʀnəmɑ̃] *nm* ornament; (*fig*) embellishment, adornment
orner [ɔʀne] *vt* to decorate, adorn
ornière [ɔʀnjɛʀ] *nf* rut
orphelin, e [ɔʀfəlɛ̃, -in] *adj* orphan(ed) ♦ *nm/f* orphan; **~ de père/mère** fatherless/motherless; **orphelinat** *nm* orphanage
orteil [ɔʀtɛj] *nm* toe; **gros ~** big toe
orthographe [ɔʀtɔgʀaf] *nf* spelling; **orthographier** *vt* to spell
orthopédiste [ɔʀtɔpedist(ə)] *nm/f* orthopaedic specialist
ortie [ɔʀti] *nf* (stinging) nettle
os [ɔs, *pl* o] *nm* bone
osciller [ɔsile] *vi* (*pendule*) to swing; (*au vent etc*) to rock; (*TECH*) to oscillate; (*fig*): **~ entre** to waver *ou* fluctuate between
osé, e [oze] *adj* daring, bold
oseille [ozɛj] *nf* sorrel
oser [oze] *vi, vt* to dare; **~ faire** to dare (to) do
osier [ozje] *nm* willow; **d'~** wicker(work); **en ~** = **d'osier**
ossature [ɔsatyʀ] *nf* (*ANAT*) frame, skeletal structure; (*fig*) framework
osseux, euse [ɔsø, -øz] *adj* bony; (*tissu, maladie, greffe*) bone *cpd*
ostensible [ɔstɑ̃sibl(ə)] *adj* conspicuous
otage [ɔtaʒ] *nm* hostage; **prendre qn comme ~** to take sb hostage
O.T.A.N. [ɔtɑ̃] *sigle f* = **Organisation du traité de l'Atlantique Nord**
otarie [ɔtaʀi] *nf* sea-lion
ôter [ote] *vt* to remove; (*soustraire*) to take away; **~ qch à qn** to take sth (away) from sb; **~ qch de** to remove sth from
otite [ɔtit] *nf* ear infection
oto-rhino(-laryngologiste) [ɔtɔʀinɔ(laʀɛ̃gɔlɔʒist(ə))] *nm/f* ear nose and throat specialist
ou [u] *conj* or; **~ ... ~** either ... or; **~ bien** or (else)

MOT-CLÉ

où [u] *pron relatif* **1** (*position, situation*) where, that (*souvent omis*); **la chambre ~ il était** the room (that) he was in, the room where he was; **la ville ~ je l'ai rencontré** the town where I met him; **la pièce d'~ il est sorti** the room he came out of; **le village d'~ je viens** the village I come from; **les villes par ~ il est passé** the towns he went through
2 (*temps, état*) that (*souvent omis*); **le jour ~ il est parti** the day (that) he left; **au prix ~ c'est** at the price it is
♦ *adv* **1** (*interrogation*) where; **~ est-il/va-t-il?** where is he/is he going?; **par ~?** which way?; **d'~ vient que ...?** how come ...?
2 (*position*) where; **je sais ~ il est**

I know where he is; ~ **que l'on aille** wherever you go

ouate [wat] *nf* cotton wool (*BRIT*), cotton (*US*); (*bourre*) padding, wadding

oubli [ubli] *nm* (*acte*): **l'~ de** forgetting; (*étourderie*) forgetfulness *no pl*; (*négligence*) omission, oversight; (*absence de souvenirs*) oblivion

oublier [ublije] *vt* (*gén*) to forget; (*ne pas voir*: *erreurs etc*) to miss; (*ne pas mettre*: *virgule, nom*) to leave out; (*laisser quelque part*: *chapeau etc*) to leave behind; **s'~** to forget o.s.

oubliettes [ublijɛt] *nfpl* dungeon *sg*

ouest [wɛst] *nm* west ♦ *adj inv* west; (*région*) western; **à l'~** in the west; (to the) west, westwards; **à l'~ de** (to the) west of

ouf [uf] *excl* phew!

oui [wi] *adv* yes

ouï-dire [widiʀ]: **par ~** *adv* by hearsay

ouïe [wi] *nf* hearing; **~s** *nfpl* (*de poisson*) gills

ouïr [wiʀ] *vt* to hear; **avoir ouï dire que** to have heard it said that

ouragan [uʀagɑ̃] *nm* hurricane

ourlet [uʀlɛ] *nm* hem

ours [uʀs] *nm* bear; **~ brun/blanc** brown/polar bear; **~ (en peluche)** teddy (bear)

oursin [uʀsɛ̃] *nm* sea urchin

ourson [uʀsɔ̃] *nm* (bear-)cub

ouste [ust(ə)] *excl* hop it!

outil [uti] *nm* tool

outiller [utije] *vt* (*ouvrier, usine*) to equip

outrage [utʀaʒ] *nm* insult; **faire subir les derniers ~s à** (*femme*) to ravish; **~ à la pudeur** indecent conduct *no pl*; **~r** [utʀaʒe] *vt* to offend gravely

outrance [utʀɑ̃s]: **à ~** *adv* excessively, to excess

outre [utʀ(ə)] *nf* goatskin, water skin ♦ *prép* besides ♦ *adv*: **passer ~ à** to disregard, take no notice of; **en ~** besides, moreover; **~ que** apart from the fact that; **~ mesure** immoderately; unduly; **~-Atlantique** *adv* across the Atlantic; **~-Manche** *adv* across the Channel; **~mer** *adj inv* ultramarine; **~-mer** *adv* overseas; **~passer** *vt* to go beyond, exceed

ouvert, e [uvɛʀ, -ɛʀt(ə)] *pp de* **ouvrir** ♦ *adj* open; (*robinet, gaz etc*) on; **ouvertement** *adv* openly

ouverture [uvɛʀtyʀ] *nf* opening; (*MUS*) overture; (*PHOTO*): **~ (du diaphragme)** aperture; **~s** *nfpl* (*propositions*) overtures; **~ d'esprit** open-mindedness

ouvrable [uvʀabl(ə)] *adj*: **jour ~** working day, weekday

ouvrage [uvʀaʒ] *nm* (*tâche, de tricot etc, MIL*) work *no pl*; (*texte, livre*) work

ouvragé, e [uvʀaʒe] *adj* finely embroidered (*ou* worked *ou* carved)

ouvre-boîte(s) [uvʀəbwat] *nm inv* tin (*BRIT*) *ou* can opener

ouvre-bouteille(s) [uvʀəbutɛj] *nm inv* bottle-opener

ouvreuse [uvʀøz] *nf* usherette

ouvrier, ière [uvʀije, -jɛʀ] *nm/f* worker ♦ *adj* working-class; industrial, labour *cpd*; **classe ouvrière** working class

ouvrir [uvʀiʀ] *vt* (*gén*) to open; (*brèche, passage, MED*: *abcès*) to open up; (*commencer l'exploitation de, créer*) to open (up); (*eau, électricité, chauffage, robinet*) to turn on ♦ *vi* to open; to open up; **s'~** *vi* to open; **s'~ à qn** to open one's heart to sb; **~ l'appétit à qn** to whet sb's appetite

ovaire [ɔvɛʀ] *nm* ovary

ovale [ɔval] *adj* oval

ovni [ɔvni] *sigle m* (= *objet volant non identifié*) UFO

oxyder [ɔkside]: **s'~** *vi* to become oxidized

oxygène [ɔksiʒɛn] *nm* oxygen; (*fig*): **cure d'~** fresh air cure

oxygéné, e [ɔksiʒene] *adj*: **eau ~e** hydrogen peroxide

P

pacifique [pasifik] *adj* peaceful ♦ *nm*: **le P~, l'océan P~** the Pacific (Ocean)
pacte [pakt(ə)] *nm* pact, treaty
pactiser [paktize] *vi*: **~ avec** to come to terms with
pagaie [pagɛ] *nf* paddle
pagaille [pagaj] *nf* mess, shambles *sg*
page [paʒ] *nf* page ♦ *nm* page (boy); **à la ~** (*fig*) up-to-date
paiement [pɛmɑ̃] *nm* payment
païen, ne [pajɛ̃, -jɛn] *adj, nm/f* pagan, heathen
paillard, e [pajaʀ, -aʀd(ə)] *adj* bawdy
paillasson [pɑjasɔ̃] *nm* doormat
paille [pɑj] *nf* straw; (*défaut*) flaw
paillettes [pajɛt] *nfpl* (*décoratives*) sequins, spangles; **lessive en ~** soapflakes *pl*
pain [pɛ̃] *nm* (*substance*) bread; (*unité*) loaf (of bread); (*morceau*): **~ de cire** *etc* bar of wax *etc*; **~ bis/complet** brown/wholemeal (*BRIT*) *ou* wholewheat (*US*) bread; **~ d'épice** gingerbread; **~ de mie** sandwich loaf; **~ de sucre** sugar loaf; **~ grillé** toast
pair, e [pɛʀ] *adj* (*nombre*) even ♦ *nm* peer; **aller de ~** to go hand in hand *ou* together; **jeune fille au ~** au pair
paire [pɛʀ] *nf* pair
paisible [pezibl(ə)] *adj* peaceful, quiet
paître [pɛtʀ(ə)] *vi* to graze
paix [pɛ] *nf* peace; (*fig*) peacefulness, peace; **faire/avoir la ~** to make/have peace
Pakistan [pakistɑ̃] *nm*: **le ~** Pakistan
palace [palas] *nm* luxury hotel
palais [palɛ] *nm* palace; (*ANAT*) palate
pale [pal] *nf* (*d'hélice, de rame*) blade
pâle [pɑl] *adj* pale; **bleu ~** pale blue
Palestine [palɛstin] *nf*: **la ~** Palestine
palet [palɛ] *nm* disc; (*HOCKEY*) puck
palette [palɛt] *nf* (*de peintre*) palette; (*produits*) range
pâleur [pɑlœʀ] *nf* paleness
palier [palje] *nm* (*d'escalier*) landing; (*fig*) level, plateau; (*TECH*) bearing; **par ~s** in stages
pâlir [pɑliʀ] *vi* to turn *ou* go pale; (*couleur*) to fade
palissade [palisad] *nf* fence
palliatif [paljatif] *nm* palliative; (*expédient*) stopgap measure
pallier [palje] : **~ à** *vt* to offset, make up for
palmarès [palmaʀɛs] *nm* record (of achievements); (*SCOL*) prize list; (*SPORT*) list of winners
palme [palm(ə)] *nf* (*symbole*) palm; (*de plongeur*) flipper; **palmé, e** *adj* (*pattes*) webbed
palmier [palmje] *nm* palm tree
palombe [palɔ̃b] *nf* woodpigeon
pâlot, te [pɑlo, -ɔt] *adj* pale, peaky
palourde [paluʀd(ə)] *nf* clam
palper [palpe] *vt* to feel, finger
palpitant, e [palpitɑ̃, -ɑ̃t] *adj* thrilling
palpiter [palpite] *vi* (*cœur, pouls*) to beat; (: *plus fort*) to pound, throb
paludisme [palydism(ə)] *nm* malaria
pamphlet [pɑ̃flɛ] *nm* lampoon, satirical tract
pamplemousse [pɑ̃pləmus] *nm* grapefruit
pan [pɑ̃] *nm* section, piece ♦ *excl* bang!
panachage [panaʃaʒ] *nm* blend, mix
panache [panaʃ] *nm* plume; (*fig*) spirit, panache
panaché, e [panaʃe] *adj*: **glace ~e** mixed-flavour ice cream; **bière ~e** shandy
pancarte [pɑ̃kaʀt(ə)] *nf* sign, notice; (*dans un défilé*) placard
pancréas [pɑ̃kʀeas] *nm* pancreas

pané, e [pane] *adj* fried in breadcrumbs
panier [panje] *nm* basket; **mettre au ~** to chuck away; **~ à provisions** shopping basket
panique [panik] *nf, adj* panic; **paniquer** *vi* to panic
panne [pan] *nf* (*d'un mécanisme, moteur*) breakdown; **être/tomber en ~** to have broken down/break down; **être en ~ d'essence** *ou* **sèche** to have run out of petrol (*BRIT*) *ou* gas (*US*); **~ d'électricité** *ou* **de courant** power *ou* electrical failure
panneau, x [pano] *nm* (*écriteau*) sign, notice; (*de boiserie, de tapisserie etc*) panel; **~ d'affichage** notice board; **~ de signalisation** roadsign
panonceau, x [panɔ̃so] *nm* sign
panoplie [panɔpli] *nf* (*jouet*) outfit; (*d'armes*) display; (*fig*) array
panorama [panɔʀama] *nm* panorama
panse [pɑ̃s] *nf* paunch
pansement [pɑ̃smɑ̃] *nm* dressing, bandage; **~ adhésif** sticking plaster
panser [pɑ̃se] *vt* (*plaie*) to dress, bandage; (*bras*) to put a dressing on, bandage; (*cheval*) to groom
pantalon [pɑ̃talɔ̃] *nm* (*aussi*: **~s**, *paire de* **~s**) trousers *pl*, pair of trousers; **~ de ski** ski pants *pl*
pantelant, e [pɑ̃tlɑ̃, -ɑ̃t] *adj* gasping for breath, panting
panthère [pɑ̃tɛʀ] *nf* panther
pantin [pɑ̃tɛ̃] *nm* jumping jack; (*péj*) puppet
pantois [pɑ̃twa] *adj m*: **rester ~** to be flabbergasted
pantomime [pɑ̃tɔmim] *nf* mime; (*pièce*) mime show
pantoufle [pɑ̃tufl(ə)] *nf* slipper
paon [pɑ̃] *nm* peacock
papa [papa] *nm* dad(dy)
pape [pap] *nm* pope
paperasse [papʀas] (*péj*) *nf* bumf *no pl*, papers *pl*; **paperasserie** (*péj*) *nf* red tape *no pl*; paperwork *no pl*
papeterie [papetʀi] *nf* (*usine*) paper mill; (*magasin*) stationer's (shop)
papier [papje] *nm* paper; (*article*) article; **~s** *nmpl* (*aussi*: **~s** *d'identité*) (identity) papers; **~ à lettres** writing paper, notepaper; **~ buvard** blotting paper; **~ carbone** carbon paper; **~ (d')aluminium** aluminium (*BRIT*) *ou* aluminum (*US*) foil, tinfoil; **~ de verre** sandpaper; **~ hygiénique** toilet paper; **~ journal** newsprint; (*pour emballer*) newspaper; **~ peint** wallpaper
papillon [papijɔ̃] *nm* butterfly; (*fam: contravention*) (parking) ticket; (*TECH: écrou*) wing nut; **~ de nuit** moth
papilloter [papijɔte] *vi* to blink, flicker
paquebot [pakbo] *nm* liner
pâquerette [pɑkʀɛt] *nf* daisy
Pâques [pɑk] *nm, nfpl* Easter
paquet [pakɛ] *nm* packet; (*colis*) parcel; (*fig: tas*): **~ de** pile *ou* heap of; **paquet-cadeau** *nm* gift-wrapped parcel
par [paʀ] *prép* by; **finir** *etc* **~** to end *etc* with; **~ amour** out of love; **passer ~ Lyon/la côte** to go via *ou* through Lyons/along by the coast; **~ la fenêtre** (*jeter, regarder*) out of the window; 3 **~ jour/personne** 3 a *ou* per day/head; 2 **~** 2 two at a time; in twos; **~ ici** this way; (*dans le coin*) round here; **~-ci, ~-là** here and there
parabole [paʀabɔl] *nf* (*REL*) parable
parachever [paʀaʃve] *vt* to perfect
parachute [paʀaʃyt] *nm* parachute
parachutiste [paʀaʃytist(ə)] *nm/f* parachutist; (*MIL*) paratrooper
parade [paʀad] *nf* (*spectacle, défilé*) parade; (*ESCRIME, BOXE*) parry
paradis [paʀadi] *nm* heaven, paradise
paradoxe [paʀadɔks(ə)] *nm* paradox
paraffine [paʀafin] *nf* paraffin
parages [paʀaʒ] *nmpl*: **dans les ~ (de)** in the area *ou* vicinity (of)
paragraphe [paʀagʀaf] *nm* paragraph

paraître [paʀɛtʀ(ə)] *vb +attrib* to seem, look, appear ♦ *vi* to appear; (*être visible*) to show; (*PRESSE, EDITION*) to be published, come out, appear; (*briller*) to show off ♦ *vb impers*: **il paraît que ...** it seems *ou* appears that ..., they say that ...; **il me paraît que ...** it seems to me that ...

parallèle [paʀalɛl] *adj* parallel; (*police, marché*) unofficial ♦ *nm* (*comparaison*): **faire un ~ entre** to draw a parallel between; (*GÉO*) parallel ♦ *nf* parallel (line)

paralyser [paʀalize] *vt* to paralyse

paramédical, e, aux [paʀamedikal] *adj*: **personnel ~** paramedics *pl*, paramedical workers *pl*

parapet [paʀapɛ] *nm* parapet

parapher [paʀafe] *vt* to initial; to sign

paraphrase [paʀafʀɑz] *nf* paraphrase

parapluie [paʀaplɥi] *nm* umbrella

parasite [paʀazit] *nm* parasite; **~s** *nmpl* (*TÉL*) interference *sg*

parasol [paʀasɔl] *nm* parasol, sunshade

paratonnerre [paʀatɔnɛʀ] *nm* lightning conductor

paravent [paʀavɑ̃] *nm* folding screen

parc [paʀk] *nm* (public) park, gardens *pl*; (*de château etc*) grounds *pl*; (*pour le bétail*) pen, enclosure; (*d'enfant*) playpen; (*MIL: entrepôt*) depot; (*ensemble d'unités*) stock; (*de voitures etc*) fleet; **~ automobile** (*d'un pays*) number of cars on the roads; **~ (d'attractions) à thème** theme park; **~ de stationnement** car park

parcelle [paʀsɛl] *nf* fragment, scrap; (*de terrain*) plot, parcel

parce que [paʀsk(ə)] *conj* because

parchemin [paʀʃəmɛ̃] *nm* parchment

parc(o)mètre [paʀk(ɔ)mɛtʀ(ə)] *nm* parking meter

parcourir [paʀkuʀiʀ] *vt* (*trajet, distance*) to cover; (*article, livre*) to skim *ou* glance through; (*lieu*) to go all over, travel up and down; (*suj: frisson, vibration*) to run through

parcours [paʀkuʀ] *nm* (*trajet*) journey; (*itinéraire*) route; (*SPORT: terrain*) course; (: *tour*) round; run; lap

par-dessous [paʀdəsu] *prép, adv* under(neath)

pardessus [paʀdəsy] *nm* overcoat

par-dessus [paʀdəsy] *prép* over (the top of) ♦ *adv* over (the top); **~ le marché** on top of all that

par-devant [paʀdəvɑ̃] *prép* in the presence of, before ♦ *adv* at the front; round the front

pardon [paʀdɔ̃] *nm* forgiveness *no pl* ♦ *excl* sorry!; (*pour interpeller etc*) excuse me!; **demander ~ à qn (de)** to apologize to sb (for); **je vous demande ~** I'm sorry; excuse me

pardonner [paʀdɔne] *vt* to forgive; **~ qch à qn** to forgive sb for sth

pare: ~-balles *adj inv* bulletproof; **~-boue** *nm inv* mudguard; **~-brise** *nm inv* windscreen (*BRIT*), windshield (*US*); **~-chocs** *nm inv* bumper

pareil, le [paʀɛj] *adj* (*identique*) the same, alike; (*similaire*) similar; (*tel*): **un courage/livre ~** such courage/a book, courage/a book like this; **de ~s livres** such books; **ses ~s** one's fellow men; one's peers; **ne pas avoir son(sa) ~(le)** to be second to none; **~ à** the same as; similar to; **sans ~** unparalleled, unequalled

parent, e [paʀɑ̃, -ɑ̃t] *nm/f*: **un/une ~/e** a relative *ou* relation ♦ *adj*: **être ~ de** to be related to; **~s** *nmpl* (*père et mère*) parents; **parenté** *nf* (*lien*) relationship

parenthèse [paʀɑ̃tɛz] *nf* (*ponctuation*) bracket, parenthesis; (*MATH*) bracket; (*digression*) parenthesis, digression; **ouvrir/fermer la ~** to open/close the brackets; **entre ~s** in brackets; (*fig*) incidentally

parer [paʀe] *vt* to adorn; (*CULIN*) to

dress, trim; (*éviter*) to ward off
paresse [parɛs] *nf* laziness; **paresseux, euse** *adj* lazy; (*fig*) slow, sluggish
parfaire [parfɛr] *vt* to perfect
parfait, e [parfɛ, -ɛt] *adj* perfect ♦ *nm* (*LING*) perfect (tense); **parfaitement** *adv* perfectly ♦ *excl* (most) certainly
parfois [parfwa] *adv* sometimes
parfum [parfœ̃] *nm* (*produit*) perfume, scent; (*odeur: de fleur*) scent, fragrance; (: *de tabac, vin*) aroma; (*goût*) flavour; **parfumé, e** *adj* (*fleur, fruit*) fragrant; (*femme*) perfumed; **parfumé au café** coffee-flavoured; **parfumer** *vt* (*suj: odeur, bouquet*) to perfume; (*mouchoir*) to put scent *ou* perfume on; (*crème, gâteau*) to flavour; **parfumerie** *nf* (*commerce*) perfumery; (*produits*) perfumes *pl*; (*boutique*) perfume shop
pari [pari] *nm* bet, wager; (*SPORT*) bet
paria [parja] *nm* outcast
parier [parje] *vt* to bet
Paris [pari] *n* Paris; **parisien, ne** *adj* Parisian; (*GÉO, ADMIN*) Paris *cpd* ♦ *nm/f*: **Parisien, ne** Parisian
paritaire [paritɛr] *adj* joint
parjure [parʒyr] *nm* perjury
parking [parkiŋ] *nm* (*lieu*) car park
parlant, e [parlɑ̃, -ɑ̃t] *adj* (*fig*) graphic, vivid; eloquent; (*CINÉMA*) talking
parlement [parləmɑ̃] *nm* parliament; **parlementaire** *adj* parliamentary ♦ *nm/f* member of parliament
parlementer [parləmɑ̃te] *vi* to negotiate, parley
parler [parle] *vi* to speak, talk; (*avouer*) to talk; ~ **(à qn) de** to talk *ou* speak (to sb) about; ~ **le/en français** to speak French/in French; ~ **affaires** to talk business; ~ **en dormant** to talk in one's sleep; **sans** ~ **de** (*fig*) not to mention, to say nothing of; **tu parles!** you must be joking!
parloir [parlwar] *nm* (*de prison, d'hôpital*) visiting room; (*REL*) parlour
parmi [parmi] *prép* among(st)
paroi [parwa] *nf* wall; (*cloison*) partition; ~ **rocheuse** rock face
paroisse [parwas] *nf* parish
parole [parɔl] *nf* (*faculté*): **la** ~ speech; (*mot, promesse*) word; ~**s** *nfpl* (*MUS*) words, lyrics; **tenir** ~ to keep one's word; **prendre la** ~ to speak; **demander la** ~ to ask for permission to speak; **je le crois sur** ~ I'll take his word for it
parquer [parke] *vt* (*voiture, matériel*) to park; (*bestiaux*) to pen (in *ou* up)
parquet [parkɛ] *nm* (parquet) floor; (*JUR*): **le** ~ the Public Prosecutor's department
parrain [parɛ̃] *nm* godfather; (*d'un nouvel adhérent*) sponsor, proposer
parrainer [parene] *vt* (*suj: entreprise*) to sponsor
pars *vb voir* **partir**
parsemer [parsəme] *vt* (*suj: feuilles, papiers*) to be scattered over; ~ **qch de** to scatter sth with
part [par] *nf* (*qui revient à qn*) share; (*fraction, partie*) part; (*FINANCE*) (non-voting) share; **prendre** ~ **à** (*débat etc*) to take part in; (*soucis, douleur de qn*) to share in; **faire** ~ **de qch à qn** to announce sth to sb, inform sb of sth; **pour ma** ~ as for me, as far as I'm concerned; **à** ~ **entière** full; **de la** ~ **de** (*au nom de*) on behalf of; (*donné par*) from; **de toute(s)** ~**(s)** from all sides *ou* quarters; **de** ~ **et d'autre** on both sides, on either side; **de** ~ **en** ~ right through; **d'une** ~ ... **d'autre** ~ on the one hand ... on the other hand; **à** ~ separately; (*de côté*) aside ♦ *prép* apart from, except for ♦ *adj* exceptional, special; **faire la** ~ **des choses** to make allowances
partage [partaʒ] *nm* dividing up; sharing (out) *no pl*, share-out; sharing; **recevoir qch en** ~ to receive

sth as one's share (*ou* lot)
partager [paʀtaʒe] *vt* to share; (*distribuer, répartir*) to share (out); (*morceler, diviser*) to divide (up); **se** ~ *vt* (*héritage etc*) to share between themselves (*ou* ourselves)
partance [paʀtɑ̃s]: **en** ~ *adv* outbound, due to leave; **en** ~ **pour** (bound) for
partant [paʀtɑ̃] *vb voir* **partir** ♦ *nm* (*SPORT*) starter; (*HIPPISME*) runner
partenaire [paʀtənɛʀ] *nm/f* partner
parterre [paʀtɛʀ] *nm* (*de fleurs*) (flower) bed; (*THÉÂTRE*) stalls *pl*
parti [paʀti] *nm* (*POL*) party; (*décision*) course of action; (*personne à marier*) match; **tirer** ~ **de** to take advantage of, turn to good account; **prendre le** ~ **de qn** to stand up for sb, side with sb; **prendre** ~ **(pour/contre)** to take sides *ou* a stand (for/against); **prendre son** ~ **de** to come to terms with; ~ **pris** bias
partial, e, aux [paʀsjal, -o] *adj* biased, partial
participant, e [paʀtisipɑ̃, -ɑ̃t] *nm/f* participant; (*à un concours*) entrant
participation [paʀtisipɑsjɔ̃] *nf* participation; sharing; (*COMM*) interest; **la** ~ **aux bénéfices** profit-sharing
participe [paʀtisip] *nm* participle
participer [paʀtisipe]: ~ **à** *vt* (*course, réunion*) to take part in; (*profits etc*) to share in; (*frais etc*) to contribute to; (*chagrin, succès de qn*) to share (in)
particularité [paʀtikylaʀite] *nf* particularity; (*distinctive*) characteristic
particule [paʀtikyl] *nf* particle
particulier, ière [paʀtikylje, -jɛʀ] *adj* (*personnel, privé*) private; (*spécial*) special, particular; (*caractéristique*) characteristic, distinctive; (*spécifique*) particular ♦ *nm* (*individu*: *ADMIN*) private individual; ~ **à** peculiar to; **en** ~ (*surtout*) in particular, particularly; (*en privé*) in private; **particulièrement** *adv* particularly

partie [paʀti] *nf* (*gén*) part; (*profession, spécialité*) field, subject; (*JUR etc*: *protagonistes*) party; (*de cartes, tennis etc*) game; **une** ~ **de campagne/de pêche** an outing in the country/a fishing party *ou* trip; **en** ~ partly, in part; **faire** ~ **de** to belong to; (*suj*: *chose*) to be part of; **prendre qn à** ~ to take sb to task; (*malmener*) to set on sb; **en grande** ~ largely, in the main; ~ **civile** (*JUR*) *party claiming damages in a criminal case*
partiel, le [paʀsjɛl] *adj* partial ♦ *nm* (*SCOL*) class exam
partir [paʀtiʀ] *vi* (*gén*) to go; (*quitter*) to go, leave; (*s'éloigner*) to go (*ou* drive *etc*) away *ou* off; (*moteur*) to start; ~ **de** (*lieu*: *quitter*) to leave; (: *commencer à*) to start from; (*date*) to run *ou* start from; **à** ~ **de** from
partisan, e [paʀtizɑ̃, -an] *nm/f* partisan ♦ *adj*: **être** ~ **de qch/de faire** to be in favour of sth/doing
partition [paʀtisjɔ̃] *nf* (*MUS*) score
partout [paʀtu] *adv* everywhere; ~ **où il allait** everywhere *ou* wherever he went; **trente** ~ (*TENNIS*) thirty all
paru *pp de* **paraître**
parure [paʀyʀ] *nf* (*bijoux etc*) finery *no pl*; jewellery *no pl*; (*assortiment*) set
parution [paʀysjɔ̃] *nf* publication, appearance
parvenir [paʀvəniʀ]: ~ **à** *vt* (*atteindre*) to reach; (*réussir*): ~ **à faire** to manage to do, succeed in doing; **faire** ~ **qch à qn** to have sth sent to sb
parvis [paʀvi] *nm* (*in front of a church*) square
pas¹ [pɑ] *nm* (*allure, mesure*) pace; (*démarche*) tread; (*enjambée, DANSE*) step; (*bruit*) (foot)step; (*trace*) footprint; (*TECH*: *de vis, d'écrou*) thread; ~ **à** ~ step by step; **au** ~ at walking pace; **à** ~ **de loup** stealthily; **faire les cent** ~ to pace

up and down; **faire les premiers ~** to make the first move; **sur le ~ de la porte** on the doorstep

MOT-CLÉ

pas² [pɑ] *adv* **1** (*en corrélation avec ne, non etc*) not; **il ne pleure ~** he does not *ou* doesn't cry; he's not *ou* isn't crying; **il n'a ~ pleuré/ne pleura ~** he did not *ou* didn't/will not *ou* won't cry; **ils n'ont ~ de voiture/d'enfants** they haven't got a car/any children, they have no car/children; **il m'a dit de ne ~ le faire** he told me not to do it; **non ~ que ...** not that ...
2 (*employé sans ne etc*): **~ moi** not me; not I, I don't (*ou* can't *etc*); **une pomme ~ mûre** an apple which isn't ripe; **~ plus tard qu'hier** only yesterday; **~ du tout** not at all
3: **~ mal** not bad; not badly; **~ mal de** quite a lot of

passage [pɑsaʒ] *nm* (*fait de passer*) *voir* **passer**; (*lieu, prix de la traversée, extrait*) passage; (*chemin*) way; **de ~** (*touristes*) passing through; (*amants etc*) casual; **~ à niveau** level crossing; **~ clouté** pedestrian crossing; "**~ interdit**" "no entry"; "**~ protégé**" *right of way over secondary road(s) on your right*; **~ souterrain** subway (*BRIT*), underpass

passager, ère [pɑsaʒe, -ɛʀ] *adj* passing ♦ *nm/f* passenger; **~ clandestin** stowaway

passant, e [pɑsɑ̃, -ɑ̃t] *adj* (*rue, endroit*) busy ♦ *nm/f* passer-by; **en ~** in passing

passe [pɑs] *nf* (*SPORT, magnétique, NAVIG*) pass ♦ *nm* (*passe-partout*) master *ou* skeleton key; **être en ~ de faire** to be on the way to doing

passé, e [pɑse] *adj* (*événement, temps*) past; (*couleur, tapisserie*) faded ♦ *prép* after ♦ *nm* past; (*LING*) past (tense); **~ de mode** out of fashion; **~ composé** perfect (tense); **~ simple** past historic

passe: ~-droit *nm* special privilege; **~-montagne** *nm* balaclava; **~-partout** *nm inv* master *ou* skeleton key ♦ *adj inv* all-purpose; **~-~** *nm*: **tour de ~** trick, sleight of hand *no pl*

passeport [pɑspɔʀ] *nm* passport

passer [pɑse] *vi* (*se rendre, aller*) to go; (*voiture, piétons: défiler*) to pass (by), go by; (*faire une halte rapide: facteur, laitier etc*) to come, call; (*: pour rendre visite*) to call *ou* drop in; (*air, lumière; franchir un obstacle etc*) to get through; (*accusé, projet de loi*): **~ devant** to come before; (*film, émission*) to be on; (*temps, jours*) to pass, go by; (*couleur, papier*) to fade; (*mode*) to die out; (*douleur*) to pass, go away; (*CARTES*) to pass; (*SCOL*) to go up (to the next class) ♦ *vt* (*frontière, rivière etc*) to cross; (*douane*) to go through; (*examen*) to sit, take; (*visite médicale etc*) to have; (*journée, temps*) to spend; (*donner*): **~ qch à qn** to pass sth to sb; to give sb sth; (*transmettre*): **~ qch à qn** to pass sth on to sb; (*enfiler: vêtement*) to slip on; (*faire entrer, mettre*): **(faire) ~ qch dans/par** to get sth into/through; (*café*) to pour the water on; (*thé, soupe*) to strain; (*film, pièce*) to show, put on; (*disque*) to play, put on; (*marché, accord*) to agree on; (*tolérer*): **~ qch à qn** to let sb get away with sth; **se ~** *vi* (*avoir lieu: scène, action*) to take place; (*se dérouler: entretien etc*) to go; (*s'écouler: semaine etc*) to pass; (*arriver*): **que s'est-il passé?** what happened?; **se ~** *vi* (*s'écouler: semaine etc*), go by; **se ~ de** to go *ou* do without; **se ~ les mains sous l'eau/de l'eau sur le visage** to put one's hands under the tap/run water over one's face; **~ par** to go through; **~ sur** (*faute, détail inutile*) to pass over; **~ avant qch/qn** (*fig*) to come before sth/sb; **laisser ~** (*air, lumière, personne*) to let through; (*occasion*) to let slip, miss;

(*erreur*) to overlook; ~ **à la radio/télévision** to be on the radio/on television; ~ **pour riche** to be taken for a rich man; ~ **en seconde,** ~ **la seconde** (*AUTO*) to change into second; ~ **le balai/l'aspirateur** to sweep up/hoover; **je vous passe M. X** (*je vous mets en communication avec lui*) I'm putting you through to Mr X; (*je lui passe l'appareil*) here is Mr X, I'll hand you over to Mr X
passerelle [pɑsʀɛl] *nf* footbridge; (*de navire, avion*) gangway
passe-temps [pɑstɑ̃] *nm inv* pastime
passeur, euse [pɑsœʀ, -øz] *nm/f* smuggler
passible [pasibl(ə)] *adj*: ~ **de** liable to
passif, ive [pasif, -iv] *adj* passive ♦ *nm* (*LING*) passive; (*COMM*) liabilities *pl*
passion [pɑsjɔ̃] *nf* passion; **passionnant, e** *adj* fascinating; **passionné, e** *adj* passionate; impassioned; **passionner** *vt* (*personne*) to fascinate, grip; **se** ~**ner pour** to take an avid interest in; to have a passion for
passoire [pɑswaʀ] *nf* sieve; (*à légumes*) colander; (*à thé*) strainer
pastèque [pastɛk] *nf* watermelon
pasteur [pastœʀ] *nm* (*protestant*) minister, pastor
pastille [pastij] *nf* (*à sucer*) lozenge, pastille; (*de papier etc*) (small) disc
patate [patat] *nf*: ~ **douce** sweet potato
patauger [patoʒe] *vi* (*pour s'amuser*) to splash about; (*avec effort*) to wade about
pâte [pɑt] *nf* (*à tarte*) pastry; (*à pain*) dough; (*à frire*) batter; (*substance molle*) paste; cream; ~**s** *nfpl* (*macaroni etc*) pasta *sg*; ~ **à modeler** modelling clay, Plasticine (®); ~ **brisée** shortcrust pastry; ~ **d'amandes** almond paste; ~ **de fruits** crystallized fruit *no pl*
pâté [pɑte] *nm* (*charcuterie*) pâté; (*tache*) ink blot; (*de sable*) sandpie; ~ **de maisons** block (of houses); ~ **en croûte** ≈ pork pie
pâtée [pɑte] *nf* mash, feed
patente [patɑ̃t] *nf* (*COMM*) trading licence
paternel, le [patɛʀnɛl] *adj* (*amour, soins*) fatherly; (*ligne, autorité*) paternal
pâteux, euse [pɑtø, -øz] *adj* thick; pasty
pathétique [patetik] *adj* moving
patience [pasjɑ̃s] *nf* patience
patient, e [pasjɑ̃, -ɑ̃t] *adj, nm/f* patient
patienter [pasjɑ̃te] *vi* to wait
patin [patɛ̃] *nm* skate; (*sport*) skating; ~**s** (**à glace**) (ice) skates; ~**s à roulettes** roller skates
patinage [patinaʒ] *nm* skating
patiner [patine] *vi* to skate; (*embrayage*) to slip; (*roue, voiture*) to spin; **se** ~ *vi* (*meuble, cuir*) to acquire a sheen; **patineur, euse** *nm/f* skater; **patinoire** *nf* skating rink, (ice) rink
pâtir [pɑtiʀ]: ~ **de** *vt* to suffer because of
pâtisserie [pɑtisʀi] *nf* (*boutique*) cake shop; (*métier*) confectionery; (*à la maison*) pastry- *ou* cake-making, baking; ~**s** *nfpl* (*gâteaux*) pastries, cakes; **pâtissier, ière** *nm/f* pastrycook; confectioner
patois [patwa] *nm* dialect, patois
patrie [patʀi] *nf* homeland
patrimoine [patʀimwan] *nm* inheritance, patrimony; (*culture*) heritage
patriotique [patʀijɔtik] *adj* patriotic
patron, ne [patʀɔ̃, -ɔn] *nm/f* boss; (*REL*) patron saint ♦ *nm* (*COUTURE*) pattern
patronat [patʀɔna] *nm* employers *pl*
patronner [patʀɔne] *vt* to sponsor, support
patrouille [patʀuj] *nf* patrol
patte [pat] *nf* (*jambe*) leg; (*pied: de chien, chat*) paw; (*: d'oiseau*) foot; (*languette*) strap
pâturage [pɑtyʀaʒ] *nm* pasture
pâture [pɑtyʀ] *nf* food

paume [pom] *nf* palm
paumé, e [pome] (*fam*) *nm/f* drop-out
paumer [pome] (*fam*) *vt* to lose
paupière [popjɛʀ] *nf* eyelid
pause [poz] *nf* (*arrêt*) break; (*en parlant, MUS*) pause
pauvre [povʀ(ə)] *adj* poor; **pauvreté** *nf* (*état*) poverty
pavaner [pavane]: **se** ~ *vi* to strut about
pavé, e [pave] *adj* paved; cobbled ♦ *nm* (*bloc*) paving stone; cobblestone; (*pavage*) paving
pavillon [pavijɔ̃] *nm* (*de banlieue*) small (detached) house; (*kiosque*) lodge; pavilion; (*drapeau*) flag
pavoiser [pavwaze] *vi* to put out flags; (*fig*) to rejoice, exult
pavot [pavo] *nm* poppy
payant, e [pɛjɑ̃, -ɑ̃t] *adj* (*spectateurs etc*) paying; (*fig*: *entreprise*) profitable; **c'est** ~ you have to pay, there is a charge
paye [pɛj] *nf* pay, wages *pl*
payer [peje] *vt* (*créancier, employé, loyer*) to pay; (*achat, réparations, fig*: *faute*) to pay for ♦ *vi* to pay; (*métier*) to be well-paid; (*tactique etc*) to pay off; **il me l'a fait** ~ **10 F** he charged me 10 F for it; ~ **qch à qn** to buy sth for sb, buy sb sth; **cela ne paie pas de mine** it doesn't look much
pays [pei] *nm* country; land; region; village; **du** ~ local
paysage [peizaʒ] *nm* landscape
paysan, ne [peizɑ̃, -an] *nm/f* countryman(woman); farmer; (*péj*) peasant ♦ *adj* country *cpd*, farming; farmers'
Pays-Bas [peiba] *nmpl*: **les** ~ the Netherlands
PC *nm* (*INFORM*) PC
PDG *sigle m* = **président directeur général**
péage [peaʒ] *nm* toll; (*endroit*) tollgate; **pont à** ~ toll bridge
peau, x [po] *nf* skin; **gants de** ~ fine leather gloves; ~ **de chamois** (*chiffon*) chamois leather, shammy;
Peau-Rouge *nm/f* Red Indian, redskin
péché [peʃe] *nm* sin
pêche [pɛʃ] *nf* (*sport, activité*) fishing; (*poissons pêchés*) catch; (*fruit*) peach; ~ **à la ligne** (*en rivière*) angling
pécher [peʃe] *vi* (*REL*) to sin; (*fig*: *personne*) to err; (: *chose*) to be flawed
pêcher [peʃe] *nm* peach tree ♦ *vi* to go fishing ♦ *vt* to catch; to fish for
pécheur, eresse [peʃœʀ, peʃʀɛs] *nm/f* sinner
pêcheur [pɛʃœʀ] *nm* fisherman; angler
pécule [pekyl] *nm* savings *pl*, nest egg
pécuniaire [pekynjɛʀ] *adj* financial
pédagogie [pedagɔʒi] *nf* educational methods *pl*, pedagogy; **pédagogique** *adj* educational
pédale [pedal] *nf* pedal
pédalo [pedalo] *nm* pedal-boat
pédant, e [pedɑ̃, -ɑ̃t] (*péj*) *adj* pedantic
pédestre [pedɛstʀ(ə)] *adj*: **tourisme** ~ hiking
pédiatre [pedjatʀ(ə)] *nm/f* paediatrician, child specialist
pédicure [pedikyʀ] *nm/f* chiropodist
pègre [pɛgʀ(ə)] *nf* underworld
peignais *etc vb voir* **peindre**; **peigner**
peigne [pɛɲ] *nm* comb
peigner [peɲe] *vt* to comb (the hair of); **se** ~ *vi* to comb one's hair
peignoir [pɛɲwaʀ] *nm* dressing gown; ~ **de bain** bathrobe
peindre [pɛ̃dʀ(ə)] *vt* to paint; (*fig*) to portray, depict
peine [pɛn] *nf* (*affliction*) sorrow, sadness *no pl*; (*mal, effort*) trouble *no pl*, effort; (*difficulté*) difficulty; (*punition, châtiment*) punishment; (*JUR*) sentence; **faire de la** ~ **à qn** to distress *ou* upset sb; **prendre la** ~ **de faire** to go to the trouble of doing; **se donner de la** ~ to make

an effort; **ce n'est pas la ~ de faire** there's no point in doing, it's not worth doing; **à ~** scarcely, hardly, barely; **à ~ ... que** hardly ... than; **défense d'afficher sous ~ d'amende** billposters will be fined; **~ capital** *ou* **de mort** capital punishment, death sentence; **peiner** *vi* to work hard; to struggle; (*moteur, voiture*) to labour ♦ *vt* to grieve, sadden

peintre [pɛ̃tʀ(ə)] *nm* painter; **~ en bâtiment** house painter

peinture [pɛ̃tyʀ] *nf* painting; (*couche de couleur, couleur*) paint; (*surfaces peintes: aussi*: **~s**) paintwork; **"~ fraîche"** "wet paint"; **~ mate/brillante** matt/gloss paint

péjoratif, ive [peʒɔʀatif, -iv] *adj* pejorative, derogatory

pelage [pəlaʒ] *nm* coat, fur

pêle-mêle [pɛlmɛl] *adv* higgledy-piggledy

peler [pəle] *vt, vi* to peel

pèlerin [pɛlʀɛ̃] *nm* pilgrim

pelle [pɛl] *nf* shovel; (*d'enfant, de terrassier*) spade; **~ mécanique** mechanical digger

pellicule [pelikyl] *nf* film; **~s** *nfpl* (*MÉD*) dandruff *sg*

pelote [pəlɔt] *nf* (*de fil, laine*) ball; (*d'épingles*) pin cushion; **~ basque** pelota

peloton [pəlɔtɔ̃] *nm* group, squad; (*CYCLISME*) pack; **~ d'exécution** firing squad

pelotonner [pəlɔtɔne]: **se ~** *vi* to curl (o.s.) up

pelouse [pəluz] *nf* lawn

peluche [pəlyʃ] *nf*: **animal en ~** fluffy animal, soft toy

pelure [pəlyʀ] *nf* peeling, peel *no pl*

pénal, e, aux [penal, -o] *adj* penal

pénalité [penalite] *nf* penalty

penaud, e [pəno, -od] *adj* sheepish, contrite

penchant [pɑ̃ʃɑ̃] *nm* tendency, propensity; liking, fondness

pencher [pɑ̃ʃe] *vi* to tilt, lean over ♦ *vt* to tilt; **se ~** *vi* to lean over; (*se baisser*) to bend down; **se ~ sur** to bend over; (*fig: problème*) to look into; **se ~ au dehors** to lean out; **~ pour** to be inclined to favour

pendaison [pɑ̃dɛzɔ̃] *nf* hanging

pendant [pɑ̃dɑ̃] *nm*: **faire ~ à** to match; to be the counterpart of during; **~ que** while

pendentif [pɑ̃dɑ̃tif] *nm* pendant

penderie [pɑ̃dʀi] *nf* wardrobe

pendre [pɑ̃dʀ(ə)] *vt, vi* to hang; **se ~ (à)** (*se suicider*) to hang o.s. (on); **~ à** to hang (down) from; **~ qch à** to hang sth (up) on

pendule [pɑ̃dyl] *nf* clock ♦ *nm* pendulum

pénétrer [penetʀe] *vi, vt* to penetrate; **~ dans** to enter; (*suj: projectile*) to penetrate; (: *air, eau*) to come into, get into

pénible [penibl(ə)] *adj* (*astreignant*) hard; (*affligeant*) painful; (*personne, caractère*) tiresome; **~ment** *adv* with difficulty

péniche [peniʃ] *nf* barge

pénicilline [penisilin] *nf* penicillin

péninsule [penɛ̃syl] *nf* peninsula

pénis [penis] *nm* penis

pénitence [penitɑ̃s] *nf* (*repentir*) penitence; (*peine*) penance

pénitencier [penitɑ̃sje] *nm* penitentiary

pénombre [penɔ̃bʀ(ə)] *nf* half-light; darkness

pensée [pɑ̃se] *nf* thought; (*démarche, doctrine*) thinking *no pl*; (*BOT*) pansy; **en ~** in one's mind

penser [pɑ̃se] *vi* to think ♦ *vt* to think; (*concevoir: problème, machine*) to think out; **~ à** to think of; (*songer à: ami, vacances*) to think of *ou* about; (*réfléchir à: problème, offre*): **~ à qch** to think about sth *ou* think sth over; **faire ~ à** to remind one of; **~ faire qch** to be thinking of doing sth, intend to do sth

pensif, ive [pɑ̃sif, -iv] *adj* pensive, thoughtful

pension [pɑ̃sjɔ̃] *nf* (*allocation*) pension; (*prix du logement*) board and lodgings, bed and board; (*maison* *particulière*) boarding house; (*hôtel*) guesthouse, hotel; (*école*) boarding school; **prendre qn en ~** to take sb (in) as a lodger; **mettre en ~** to send to boarding school; **~ alimentaire** (*d'étudiant*) living allowance; (*de divorcée*) maintenance allowance; alimony; **~ complète** full board; **~ de famille** boarding house, guesthouse; **pensionnaire** *nm/f* boarder; guest; **pensionnat** *nm* boarding school

pente [pɑ̃t] *nf* slope; **en ~** sloping

Pentecôte [pɑ̃tkot] *nf*: **la ~** Whitsun (*BRIT*), Pentecost

pénurie [penyʀi] *nf* shortage

pépé [pepe] (*fam*) *nm* grandad

pépin [pepɛ̃] *nm* (*BOT*: *graine*) pip; (*ennui*) snag, hitch

pépinière [pepinjɛʀ] *nf* nursery

perçant, e [pɛʀsɑ̃, -ɑ̃t] *adj* sharp, keen; piercing, shrill

percée [pɛʀse] *nf* (*trouée*) opening; (*MIL, technologique*) breakthrough; (*SPORT*) break

perce-neige [pɛʀsənɛʒ] *nf inv* snowdrop

percepteur [pɛʀsɛptœʀ] *nm* tax collector

perception [pɛʀsɛpsjɔ̃] *nf* perception; (*d'impôts etc*) collection; (*bureau*) tax office

percer [pɛʀse] *vt* to pierce; (*ouverture etc*) to make; (*mystère, énigme*) to penetrate ♦ *vi* to come through; to break through; **~ une dent** to cut a tooth; **perceuse** *nf* drill

percevoir [pɛʀsəvwaʀ] *vt* (*distinguer*) to perceive, detect; (*taxe, impôt*) to collect; (*revenu, indemnité*) to receive

perche [pɛʀʃ(ə)] *nf* (*bâton*) pole

percher [pɛʀʃe] *vt, vi* to perch; **se ~** *vi* to perch; **perchoir** *nm* perch

perçois *etc vb voir* **percevoir**

percolateur [pɛʀkɔlatœʀ] *nm* percolator

perçu, e *pp de* **percevoir**

percussion [pɛʀkysjɔ̃] *nf* percussion

percuter [pɛʀkyte] *vt* to strike; (*suj*: *véhicule*) to crash into

perdant, e [pɛʀdɑ̃, -ɑ̃t] *nm/f* loser

perdition [pɛʀdisjɔ̃] *nf*: **en ~** (*NAVIG*) in distress; **lieu de ~** den of vice

perdre [pɛʀdʀ(ə)] *vt* to lose; (*gaspiller*: *temps, argent*) to waste; (*personne*: *moralement etc*) to ruin ♦ *vi* to lose; (*sur une vente etc*) to lose out; **se ~** *vi* (*s'égarer*) to get lost, lose one's way; (*fig*) to go to waste; to disappear, vanish

perdrix [pɛʀdʀi] *nf* partridge

perdu, e [pɛʀdy] *pp de* **perdre** ♦ *adj* (*isolé*) out-of-the-way; (*COMM*: *emballage*) non-returnable; (*malade*): **il est ~** there's no hope left for him; **à vos moments ~s** in your spare time

père [pɛʀ] *nm* father; **~s** *nmpl* (*ancêtres*) forefathers; **~ de famille** father; family man; **le ~ Noël** Father Christmas

perfectionné, e [pɛʀfɛksjɔne] *adj* sophisticated

perfectionner [pɛʀfɛksjɔne] *vt* to improve, perfect

perforatrice [pɛʀfɔʀatʀis] *nf* (*pour cartes*) card-punch; (*de bureau*) punch

perforer [pɛʀfɔʀe] *vt* to perforate; to punch a hole (*ou* holes) in; (*ticket, bande, carte*) to punch

performant, e [pɛʀfɔʀmɑ̃, -ɑ̃t] *adj*: **très ~** high-performance *cpd*

perfusion [pɛʀfyzjɔ̃] *nf*: **faire une ~ à qn** to put sb on a drip

péril [peʀil] *nm* peril

périmé, e [peʀime] *adj* (out)dated; (*ADMIN*) out-of-date, expired

périmètre [peʀimɛtʀ(ə)] *nm* perimeter

période [peʀjɔd] *nf* period; **périodique** *adj* (*phases*) periodic; (*publication*) periodical ♦ *nm* periodical

péripéties [peʀipesi] *nfpl* events, episodes

périphérique [peʀifeʀik] *adj* (*quartiers*) outlying; (*ANAT, TECH*) peripheral; (*station de radio*) operating

from outside France ♦ *nm* (*AUTO*) ring road; (*INFORM*) peripheral
périple [peʀipl(ə)] *nm* journey
périr [peʀiʀ] *vi* to die, perish
périssable [peʀisabl(ə)] *adj* perishable
perle [pɛʀl(ə)] *nf* pearl; (*de plastique, métal, sueur*) bead
perlé, e [pɛʀle] *adj*: **grève ~e** go-slow
perler [pɛʀle] *vi* to form in droplets
permanence [pɛʀmanɑ̃s] *nf* permanence; (*local*) (duty) office; emergency service; **assurer une ~** (*service public, bureaux*) to operate *ou* maintain a basic service; **être de ~** to be on call *ou* duty; **en ~** permanently; continuously
permanent, e [pɛʀmanɑ̃, -ɑ̃t] *adj* permanent; (*spectacle*) continuous; **permanente** *nf* perm
perméable [pɛʀmeabl(ə)] *adj* (*terrain*) permeable; **~ à** (*fig*) receptive *ou* open to
permettre [pɛʀmɛtʀ(ə)] *vt* to allow, permit; **~ à qn de faire/qch** to allow sb to do/sth; **se ~ de faire** to take the liberty of doing; **permettez!** excuse me!
permis [pɛʀmi] *nm* permit, licence; **~ de chasse** hunting permit; **~ (de conduire)** (driving) licence (*BRIT*), (driver's) license (*US*); **~ de construire** planning permission (*BRIT*), building permit (*US*); **~ de séjour** residence permit; **~ de travail** work permit
permission [pɛʀmisjɔ̃] *nf* permission; (*MIL*) leave; **avoir la ~ de faire** to have permission to do; **en ~** on leave
permuter [pɛʀmyte] *vt* to change around, permutate ♦ *vi* to change, swap
Pérou [peʀu] *nm* Peru
perpétuel, le [pɛʀpetɥɛl] *adj* perpetual; (*ADMIN etc*) permanent; for life
perpétuité [pɛʀpetɥite] *nf*: **à ~** *adj, adv* for life; **être condamné à ~** to receive a life sentence
perplexe [pɛʀplɛks(ə)] *adj* perplexed, puzzled
perquisitionner [pɛʀkizisjɔne] *vi* to carry out a search
perron [pɛʀɔ̃] *nm* steps *pl* (*in front of mansion etc*)
perroquet [pɛʀɔkɛ] *nm* parrot
perruche [peʀyʃ] *nf* budgerigar (*BRIT*), budgie (*BRIT*), parakeet (*US*)
perruque [peʀyk] *nf* wig
persan, e [pɛʀsɑ̃, -an] *adj* Persian
persécuter [pɛʀsekyte] *vt* to persecute
persévérer [pɛʀseveʀe] *vi* to persevere
persiennes [pɛʀsjɛn] *nfpl* (metal) shutters
persiflage [pɛʀsiflaʒ] *nm* mockery *no pl*
persil [pɛʀsi] *nm* parsley
Persique [pɛʀsik] *adj*: **le golfe ~** the (Persian) Gulf
persistant, e [pɛʀsistɑ̃, -ɑ̃t] *adj* persistent; (*feuilles*) evergreen
persister [pɛʀsiste] *vi* to persist; **~ à faire qch** to persist in doing sth
personnage [pɛʀsɔnaʒ] *nm* (*notable*) personality; figure; (*individu*) character, individual; (*THÉÂTRE*) character; (*PEINTURE*) figure
personnalité [pɛʀsɔnalite] *nf* personality; (*personnage*) prominent figure
personne [pɛʀsɔn] *nf* person ♦ *pron* nobody, no one; (*quelqu'un*) anybody, anyone; **~s** *nfpl* (*gens*) people *pl*; **il n'y a ~** there's nobody there, there isn't anybody there; **~ âgée** elderly person; **personnel, le** *adj* personal ♦ *nm* staff, personnel; **personnellement** *adv* personally
perspective [pɛʀspɛktiv] *nf* (*ART*) perspective; (*vue, coup d'œil*) view; (*point de vue*) viewpoint, angle; (*chose escomptée, envisagée*) prospect; **en ~** in prospect
perspicace [pɛʀspikas] *adj* clear-sighted, gifted with (*ou* showing) in-

sight

persuader [pɛʀsɥade] *vt*: ~ **qn (de/de faire)** to persuade sb (of/to do)

perte [pɛʀt(ə)] *nf* loss; (*de temps*) waste; (*fig*: *morale*) ruin; **à** ~ (*COMM*) at a loss; **à ~ de vue** as far as the eye can (*ou* could) see; ~ **sèche** dead loss; **~s blanches** (vaginal) discharge *sg*

pertinemment [pɛʀtinamɑ̃] *adv* to the point; full well

pertinent, e [pɛʀtinɑ̃, -ɑ̃t] *adj* apt, relevant

perturbation [pɛʀtyʀbɑsjɔ̃] *nf* disruption; perturbation; ~ **(atmosphérique)** atmospheric disturbance

perturber [pɛʀtyʀbe] *vt* to disrupt; (*PSYCH*) to perturb, disturb

pervers, e [pɛʀvɛʀ, -ɛʀs(ə)] *adj* perverted, depraved; perverse

pervertir [pɛʀvɛʀtiʀ] *vt* to pervert

pesant, e [pəzɑ̃, -ɑ̃t] *adj* heavy; (*fig*) burdensome

pesanteur [pəzɑ̃tœʀ] *nf* gravity

pèse-personne [pɛzpɛʀsɔn] *nm* (bathroom) scales *pl*

peser [pəze] *vt* to weigh ♦ *vi* to be heavy; (*fig*) to carry weight; ~ **sur** to lie heavy on; to influence

pessimiste [pesimist(ə)] *adj* pessimistic ♦ *nm/f* pessimist

peste [pɛst(ə)] *nf* plague

pester [pɛste] *vi*: ~ **contre** to curse

pétale [petal] *nm* petal

pétanque [petɑ̃k] *nf type of* bowls

pétarader [petaʀade] *vi* to backfire

pétard [petaʀ] *nm* banger (*BRIT*), firecracker

péter [pete] *vi* (*fam*: *casser, sauter*) to burst; to bust; (*fam!*) to fart (*!*)

pétillant, e [petijɑ̃, -ɑ̃t] *adj* (*eau etc*) sparkling

pétiller [petije] *vi* (*flamme, bois*) to crackle; (*mousse, champagne*) to bubble; (*yeux*) to sparkle

petit, e [pəti, -it] *adj* (*gén*) small; (*main, objet, colline, en âge*: *enfant*) small, little; (*voyage*) short, little; (*bruit etc*) faint, slight; (*mesquin*) mean; **~s** *nmpl* (*d'un animal*) young *pl*; **faire des ~s** to have kittens (*ou* puppies *etc*); **les tout-petits** the little ones, the tiny tots; ~ **à** ~ bit by bit, gradually; **~(e) ami(e)** boyfriend/girlfriend; ~ **déjeuner** breakfast; ~ **pain** (bread) roll; **les ~es annonces** the small ads; **~s pois** garden peas; **~-bourgeois** (*f* **~-bourgeoise**: *péj*) *adj* middle-class; **~-fille** *nf* granddaughter; **~-fils** *nm* grandson

pétition [petisjɔ̃] *nf* petition

petits-enfants [pətizɑ̃fɑ̃] *nmpl* grandchildren

petit-suisse [pətisɥis] (*pl* **petits-suisses**) *nm small individual pot of cream cheese*

pétrin [petʀɛ̃] *nm* kneading-trough; (*fig*): **dans le** ~ in a jam *ou* fix

pétrir [petʀiʀ] *vt* to knead

pétrole [petʀɔl] *nm* oil; (*pour lampe, réchaud etc*) paraffin (oil); **pétrolier, ière** *adj* oil *cpd* ♦ *nm* oil tanker

MOT-CLÉ

peu [pø] *adv* **1** (*modifiant verbe, adjectif, adverbe*): **il boit** ~ he doesn't drink (very) much; **il est ~ bavard** he's not very talkative; ~ **avant/après** shortly before/afterwards

2 (*modifiant nom*): ~ **de**: ~ **de gens/d'arbres** few *ou* not (very) many people/trees; **il a ~ d'espoir** he hasn't (got) much hope, he has little hope; **pour ~ de temps** for (only) a short while

3: ~ **à** ~ little by little; **à ~ près** just about, more or less; **à ~ près 10 kg/10F** approximately 10 kg/10F

♦ *nm* **1**: **le ~ de gens qui** the few people who; **le ~ de sable qui** what little sand, the little sand which

2: **un** ~ a little; **un petit** ~ a little bit; **un ~ d'espoir** a little hope

♦ *pron*: ~ **le savent** few know (it); **avant** *ou* **sous** ~ shortly, before long; **de** ~ (only) just

peuple [pœpl(ə)] *nm* people

peupler [pœple] *vt* (*pays, région*) to populate; (*étang*) to stock; (*suj: hommes, poissons*) to inhabit; (*fig: imagination, rêves*) to fill
peuplier [pøplije] *nm* poplar (tree)
peur [pœʀ] *nf* fear; **avoir ~ (de/de faire/que)** to be frightened *ou* afraid (of/of doing/that); **faire ~ à** to frighten; **de ~ de/que** for fear of/that; **peureux, euse** *adj* fearful, timorous
peut *vb voir* **pouvoir**
peut-être [pøtɛtʀ(ə)] *adv* perhaps, maybe; **~ que** perhaps, maybe; **~ bien qu'il fera/est** he may well do/be
peux *etc vb voir* **pouvoir**
phare [faʀ] *nm* (*en mer*) lighthouse; (*de véhicule*) headlight; **mettre ses ~s** to put on one's headlights; **~s de recul** reversing lights
pharmacie [faʀmasi] *nf* (*magasin*) chemist's (*BRIT*), pharmacy; (*officine*) pharmacy; (*de salle de bain*) medicine cabinet; **pharmacien, ne** *nm/f* pharmacist, chemist (*BRIT*)
phénomène [fenɔmɛn] *nm* phenomenon; (*monstre*) freak
philanthrope [filɑ̃tʀɔp] *nm/f* philanthropist
philatélie [filateli] *nf* philately, stamp collecting
philosophe [filɔzɔf] *nm/f* philosopher ♦ *adj* philosophical
philosophie [filɔzɔfi] *nf* philosophy
phobie [fɔbi] *nf* phobia
phonétique [fɔnetik] *nf* phonetics *sg*
phoque [fɔk] *nm* seal; (*fourrure*) sealskin
phosphorescent, e [fɔsfɔʀesɑ̃, -ɑ̃t] *adj* luminous
photo [fɔto] *nf* photo(graph); **en ~** in *ou* on a photograph; **prendre en ~** to take a photo of; **aimer la/faire de la ~** to like taking/take photos; **~ d'identité** passport photograph; **~copie** *nf* photocopying; photocopy; **~copier** *vt* to photocopy; **~copieuse** [fɔtɔkɔpjøz] *nf* photocopier; **~graphe** *nm/f* photographer; **~graphie** *nf* (*procédé, technique*) photography; (*cliché*) photograph; **~graphier** *vt* to photograph
phrase [fʀɑz] *nf* (*LING*) sentence; (*propos, MUS*) phrase
physicien, ne [fizisjɛ̃, -ɛn] *nm/f* physicist
physionomie [fizjɔnɔmi] *nf* face
physique [fizik] *adj* physical ♦ *nm* physique ♦ *nf* physics *sg*; **au ~** physically; **~ment** *adv* physically
piaffer [pjafe] *vi* to stamp
piailler [pjɑje] *vi* to squawk
pianiste [pjanist(ə)] *nm/f* pianist
piano [pjano] *nm* piano
pianoter [pjanɔte] *vi* to tinkle away (at the piano); (*tapoter*): **~ sur** to drum one's fingers on
pic [pik] *nm* (*instrument*) pick(axe); (*montagne*) peak; (*ZOOL*) woodpecker; **à ~** vertically; (*fig*) just at the right time
pichet [piʃɛ] *nm* jug
picorer [pikɔʀe] *vt* to peck
picoter [pikɔte] *vt* (*suj: oiseau*) to peck ♦ *vi* (*irriter*) to smart, prickle
pie [pi] *nf* magpie; (*fig*) chatterbox
pièce [pjɛs] *nf* (*d'un logement*) room; (*THEATRE*) play; (*de mécanisme, machine*) part; (*de monnaie*) coin; (*COUTURE*) patch; (*document*) document; (*de drap, fragment, de collection*) piece; **dix francs ~** ten francs each; **vendre à la ~** to sell separately; **travailler/payer à la ~** to do piecework/pay piece rate; **un maillot une ~** a one-piece swimsuit; **un deux-pièces cuisine** a two-room(ed) flat (*BRIT*) *ou* apartment (*US*) with kitchen; **~ à conviction** exhibit; **~ d'eau** ornamental lake *ou* pond; **~ d'identité: avez-vous une ~ d'identité?** have you got any (means of) identification?; **~ montée** tiered cake; **~s détachées** spares, (spare) parts; **~s justificatives** supporting documents
pied [pje] *nm* foot; (*de verre*) stem; (*de table*) leg; (*de lampe*) base; (*plante*) plant; **à ~** on foot; **à ~ sec**

without getting one's feet wet; **au ~ de la lettre** literally; **de ~ en cap** from head to foot; **en ~** (*portrait*) full-length; **avoir ~** to be able to touch the bottom, not to be out of one's depth; **avoir le ~ marin** to be a good sailor; **sur ~** (*debout, rétabli*) up and about; **mettre sur ~** (*entreprise*) to set up; **mettre à ~** to dismiss; to lay off; **~ de vigne** vine

piédestal, aux [pjedɛstal, -o] *nm* pedestal

pied-noir [pjenwaʀ] *nm Algerian-born Frenchman*

piège [pjɛʒ] *nm* trap; **prendre au ~** to trap; **piéger** *vt* (*avec une bombe*) to booby-trap; **lettre/voiture piégée** letter-/car-bomb

pierraille [pjɛʀɑj] *nf* loose stones *pl*

pierre [pjɛʀ] *nf* stone; **~ à briquet** flint; **~ fine** semiprecious stone; **~ tombale** tombstone; **pierreries** [pjɛʀʀi] *nfpl* gems, precious stones

piétiner [pjetine] *vi* (*trépigner*) to stamp (one's foot); (*marquer le pas*) to stand about; (*fig*) to be at a standstill ♦ *vt* to trample on

piéton, ne [pjetɔ̃, -ɔn] *nm/f* pedestrian; **piétonnier, ière** *adj*: **rue** *ou* **zone piétonnière** pedestrian precinct

pieu, x [pjø] *nm* post; (*pointu*) stake

pieuvre [pjœvʀ(ə)] *nf* octopus

pieux, euse [pjø, -øz] *adj* pious

piffer [pife] (*fam*) *vt*: **je ne peux pas le ~** I can't stand him

pigeon [piʒɔ̃] *nm* pigeon

piger [piʒe] (*fam*) *vi, vt* to understand

pigiste [piʒist(ə)] *nm/f* freelance(r)

pignon [piɲɔ̃] *nm* (*de mur*) gable; (*d'engrenage*) cog(wheel), gearwheel

pile [pil] *nf* (*tas*) pile; (*ELEC*) battery ♦ *adv* (*s'arrêter etc*) dead; **à deux heures ~** at two on the dot; **jouer à ~ ou face** to toss up (for it); **~ ou face?** heads or tails?

piler [pile] *vt* to crush, pound

pileux, euse [pilø, -øz] *adj*: système ~ (body) hair

pilier [pilje] *nm* pillar

piller [pije] *vt* to pillage, plunder, loot

pilon [pilɔ̃] *nm* pestle

pilote [pilɔt] *nm* pilot; (*de char, voiture*) driver ♦ *adj* pilot *cpd*; **~ de course** racing driver; **~ de ligne/d'essai/de chasse** airline/test/fighter pilot; **~r** [pilɔte] *vt* to pilot, fly; to drive

pilule [pilyl] *nf* pill; **prendre la ~** to be on the pill

piment [pimɑ̃] *nm* (*BOT*) pepper, capsicum; (*fig*) spice, piquancy

pimpant, e [pɛ̃pɑ̃, -ɑ̃t] *adj* spruce

pin [pɛ̃] *nm* pine (tree); (*bois*) pine(wood)

pinard [pinaʀ] (*fam*) *nm* (cheap) wine, plonk (*BRIT*)

pince [pɛ̃s] *nf* (*outil*) pliers *pl*; (*de homard, crabe*) pincer, claw; (*COUTURE*: *pli*) dart; **~ à épiler** tweezers *pl*; **~ à linge** clothes peg (*BRIT*) *ou* pin (*US*); **~ à sucre** sugar tongs *pl*

pincé, e [pɛ̃se] *adj* (*air*) stiff

pinceau, x [pɛ̃so] *nm* (paint)brush

pincée [pɛ̃se] *nf*: **une ~ de** a pinch of

pincer [pɛ̃se] *vt* to pinch; (*MUS*: *cordes*) to pluck; (*fam*) to nab

pincettes [pɛ̃sɛt] *nfpl* (*pour le feu*) (fire) tongs

pinède [pinɛd] *nf* pinewood, pine forest

pingouin [pɛ̃gwɛ̃] *nm* penguin

ping-pong [piŋpɔ̃g] ® *nm* table tennis

pingre [pɛ̃gʀ(ə)] *adj* niggardly

pinson [pɛ̃sɔ̃] *nm* chaffinch

pintade [pɛ̃tad] *nf* guinea-fowl

pioche [pjɔʃ] *nf* pickaxe; **piocher** *vt* to dig up (with a pickaxe)

piolet [pjɔlɛ] *nm* ice axe

pion [pjɔ̃] *nm* (*ÉCHECS*) pawn; (*DAMES*) piece

pionnier [pjɔnje] *nm* pioneer

pipe [pip] *nf* pipe

pipeau, x [pipo] *nm* (reed-)pipe

piquant, e [pikɑ̃, -ɑ̃t] *adj* (*barbe,*

rosier etc) prickly; (*saveur, sauce*) hot, pungent; (*fig*) racy; biting ♦ *nm* (*épine*) thorn, prickle; (*fig*) spiciness, spice

pique [pik] *nf* pike; (*fig*) cutting remark ♦ *nm* (*CARTES*: *couleur*) spades *pl*; (: *carte*) spade

pique-nique [piknik] *nm* picnic

piquer [pike] *vt* (*percer*) to prick; (*planter*): ~ **qch dans** to stick sth into; (*MÉD*) to give a jab to; (: *animal blessé etc*) to put to sleep; (*suj*: *insecte, fumée, ortie*) to sting; (: *poivre*) to burn; (: *froid*) to bite; (*COUTURE*) to machine (stitch); (*intérêt etc*) to arouse; (*fam*) to pick up; (: *voler*) to pinch; (: *arrêter*) to nab ♦ *vi* (*avion*) to go into a dive; **se ~ de faire** to pride o.s. on doing; **~ un galop/un cent mètres** to break into a gallop/put on a sprint

piquet [pikɛ] *nm* (*pieu*) post, stake; (*de tente*) peg; **~ de grève** (strike-) picket; **~ d'incendie** fire-fighting squad

piqûre [pikyʀ] *nf* (*d'épingle*) prick; (*d'ortie*) sting; (*de moustique*) bite; (*MÉD*) injection, shot (*US*); (*COUTURE*) (straight) stitch; straight stitching; **faire une ~ à qn** to give sb an injection

pirate [piʀat] *nm, adj* pirate; **~ de l'air** hijacker

pire [piʀ] *adj* worse; (*superlatif*): **le(la) ~ ...** the worst ... ♦ *nm*: **le ~ (de)** the worst (of)

pis [pi] *nm* (*de vache*) udder; (*pire*): **le ~** the worst ♦ *adj, adv* worse; **~-aller** *nm inv* stopgap

piscine [pisin] *nf* (swimming) pool; **~ couverte** indoor (swimming) pool

pissenlit [pisɑ̃li] *nm* dandelion

pistache [pistaʃ] *nf* pistachio (nut)

piste [pist(ə)] *nf* (*d'un animal, sentier*) track, trail; (*indice*) lead; (*de stade, de magnétophone*) track; (*de cirque*) ring; (*de danse*) floor; (*de patinage*) rink; (*de ski*) run; (*AVIAT*) runway; **~ cyclable** cycle track

pistolet [pistɔlɛ] *nm* (*arme*) pistol, gun; (*à peinture*) spray gun; **~ à air comprimé** airgun; **~-mitrailleur** *nm* submachine gun

piston [pistɔ̃] *nm* (*TECH*) piston; **pistonner** *vt* (*candidat*) to pull strings for

piteux, euse [pitø, -øz] *adj* pitiful (*avant le nom*), sorry (*avant le nom*)

pitié [pitje] *nf* pity; **faire ~** to inspire pity; **avoir ~ de** (*compassion*) to pity, feel sorry for; (*merci*) to have pity *ou* mercy on

piton [pitɔ̃] *nm* (*clou*) peg; **~ rocheux** rocky outcrop

pitoyable [pitwajabl(ə)] *adj* pitiful

pitre [pitʀ(ə)] *nm* clown; **pitrerie** *nf* tomfoolery *no pl*

pittoresque [pitɔʀɛsk(ə)] *adj* picturesque

pivot [pivo] *nm* pivot; **pivoter** *vi* to swivel; to revolve

P.J. *sigle f* (= *police judiciaire*) ≈ CID (*BRIT*), ≈ FBI (*US*)

placard [plakaʀ] *nm* (*armoire*) cupboard; (*affiche*) poster, notice; **~er** *vt* (*affiche*) to put up

place [plas] *nf* (*emplacement, situation, classement*) place; (*de ville, village*) square; (*espace libre*) room, space; (*de parking*) space; (*siège*: *de train, cinéma, voiture*) seat; (*emploi*) job; **en ~** (*mettre*) in its place; **sur ~** on the spot; **faire ~ à** to give way to; **faire de la ~ à** to make room for; **ça prend de la ~** it takes up a lot of room *ou* space; **à la ~ de** in place of, instead of; **il y a 20 ~s assises/debout** there are 20 seats/there is standing room for 20

placement [plasmɑ̃] *nm* placing; (*FINANCE*) investment; **bureau de ~** employment agency

placer [plase] *vt* to place; (*convive, spectateur*) to seat; (*capital, argent*) to place, invest; (*dans la conversation*) to put *ou* get in; **se ~ au premier rang** to go and stand (*ou* sit) in the first row

plafond [plafɔ̃] *nm* ceiling

plafonner [plafɔne] *vi* to reach one's (*ou* a) ceiling
plage [plaʒ] *nf* beach; (*fig*) band, bracket; (*de disque*) track, band; ~ **arrière** (*AUTO*) parcel *ou* back shelf
plagiat [plaʒja] *nm* plagiarism
plaider [plede] *vi* (*avocat*) to plead; (*plaignant*) to go to court, litigate ♦ *vt* to plead; ~ **pour** (*fig*) to speak for; **plaidoyer** *nm* (*JUR*) speech for the defence; (*fig*) plea
plaie [plɛ] *nf* wound
plaignant, e [plɛɲɑ̃, -ɑ̃t] *nm/f* plaintiff
plaindre [plɛ̃dʀ(ə)] *vt* to pity, feel sorry for; **se** ~ *vi* (*gémir*) to moan; (*protester, rouspéter*): **se** ~ **(à qn) (de)** to complain (to sb) (about); **se** ~ *vi;* (*souffrir*): **se** ~ **de** to complain of
plaine [plɛn] *nf* plain
plain-pied [plɛ̃pje] *adv*: **de** ~ **(avec)** on the same level (as)
plainte [plɛ̃t] *nf* (*gémissement*) moan, groan; (*doléance*) complaint; **porter** ~ to lodge a complaint
plaire [plɛʀ] *vi* to be a success, be successful; to please; ~ **à**: **cela me plaît** I like it; **se** ~ **quelque part** to like being somewhere *ou* like it somewhere; **s'il vous plaît** please
plaisance [plɛzɑ̃s] *nf* (*aussi*: *navigation de* ~) (pleasure) sailing, yachting
plaisant, e [plɛzɑ̃, -ɑ̃t] *adj* pleasant; (*histoire, anecdote*) amusing
plaisanter [plɛzɑ̃te] *vi* to joke; **plaisanterie** *nf* joke; joking *no pl*
plaise *etc vb voir* **plaire**
plaisir [pleziʀ] *nm* pleasure; **faire** ~ **à qn** (*délibérément*) to be nice to sb, please sb; (*suj*: *cadeau, nouvelle etc*): **ceci me fait** ~ I'm delighted *ou* very pleased with this; **pour le** *ou* **par** ~ for pleasure
plaît *vb voir* **plaire**
plan, e [plɑ̃, -an] *adj* flat ♦ *nm* plan; (*GEOM*) plane; (*fig*) level, plane; (*CINEMA*) shot; **au premier/second** ~ in the foreground/middle distance; **à l'arrière** ~ in the background; ~ **d'eau** lake; pond
planche [plɑ̃ʃ] *nf* (*pièce de bois*) plank, (wooden) board; (*illustration*) plate; **les** ~**s** *nfpl* (*THÉÂTRE*) the stage *sg*, the boards; ~ **à repasser** ironing board; ~ **à roulettes** skateboard; ~ **de salut** (*fig*) sheet anchor
plancher [plɑ̃ʃe] *nm* floor; floorboards *pl*; (*fig*) minimum level ♦ *vi* to work hard
planer [plane] *vi* to glide; ~ **sur** (*fig*) to hang over; to hover above
planète [planɛt] *nf* planet
planeur [planœʀ] *nm* glider
planification [planifikasjɔ̃] *nf* (economic) planning
planifier [planifje] *vt* to plan
planning [planiŋ] *nm* programme, schedule; ~ **familial** family planning
planque [plɑ̃k] (*fam*) *nf* (*emploi peu fatigant*) cushy (*BRIT*) *ou* easy number; (*cachette*) hiding place
plant [plɑ̃] *nm* seedling, young plant
plante [plɑ̃t] *nf* plant; ~ **d'appartement** house *ou* pot plant; ~ **du pied** sole (of the foot)
planter [plɑ̃te] *vt* (*plante*) to plant; (*enfoncer*) to hammer *ou* drive in; (*tente*) to put up, pitch; (*fam*) to dump; to ditch; **se** ~ (*fam*: *se tromper*) to get it wrong
plantureux, euse [plɑ̃tyʀø, -øz] *adj* copious, lavish; (*femme*) buxom
plaque [plak] *nf* plate; (*de verglas, d'eczéma*) patch; (*avec inscription*) plaque; ~ **chauffante** hotplate; ~ **de chocolat** bar of chocolate; ~ **(minéralogique** *ou* **d'immatriculation)** number (*BRIT*) *ou* license (*US*) plate; ~ **tournante** (*fig*) centre
plaqué, e [plake] *adj*: ~ **or/argent** gold-/silver-plated; ~ **acajou** veneered in mahogany
plaquer [plake] *vt* (*aplatir*): ~ **qch sur** *ou* **contre** to make sth stick *ou* cling to; (*RUGBY*) to bring down; (*fam*: *laisser tomber*) to drop
plaquette [plakɛt] *nf* (*de chocolat*)

bar; (*beurre*) pack(et)
plastic [plastik] *nm* plastic explosive
plastique [plastik] *adj, nm* plastic
plastiquer [plastike] *vt* to blow up (*with a plastic bomb*)
plat, e [pla, -at] *adj* flat; (*cheveux*) straight; (*personne, livre*) dull ♦ *nm* (*récipient, CULIN*) dish; (*d'un repas*): **le premier ~** the first course; **à ~ ventre** face down; **à ~** (*pneu, batterie*) flat; (*personne*) dead beat; **~ cuisiné** pre-cooked meal; **~ de résistance** main course; **~ du jour** dish of the day
platane [platan] *nm* plane tree
plateau, x [plato] *nm* (*support*) tray; (*GÉO*) plateau; (*de tourne-disques*) turntable; (*CINÉMA*) set; **~ à fromages** cheeseboard
plate-bande [platbɑ̃d] *nf* flower bed
plate-forme [platfɔʀm(ə)] *nf* platform; **~ de forage/pétrolière** drilling/oil rig
platine [platin] *nm* platinum ♦ *nf* (*d'un tourne-disque*) turntable
plâtras [plɑtʀa] *nm* rubble *no pl*
plâtre [plɑtʀ(ə)] *nm* (*matériau*) plaster; (*statue*) plaster statue; (*MÉD*) (plaster) cast; **avoir un bras dans le ~** to have an arm in plaster
plein, e [plɛ̃, -ɛn] *adj* full; (*porte, roue*) solid; (*chienne, jument*) big (with young) ♦ *nm*: **faire le ~ (d'essence)** to fill up (with petrol); **à ~es mains** (*ramasser*) in handfuls; (*empoigner*) firmly; **à ~ régime** at maximum revs; (*fig*) full steam; **à ~ temps** full-time; **en ~ air** in the open air; **en ~ soleil** in direct sunlight; **en ~e nuit/rue** in the middle of the night/street; **en ~ jour** in broad daylight; **en ~ sur** right on; **plein-emploi** *nm* full employment
plénitude [plenityd] *nf* fullness
pleurer [plœʀe] *vi* to cry; (*yeux*) to water ♦ *vt* to mourn (for); **~ sur** to lament (over), to bemoan
pleurnicher [plœʀniʃe] *vi* to snivel, whine
pleurs [plœʀ] *nmpl*: **en ~** in tears
pleut *vb voir* **pleuvoir**
pleuvoir [pløvwaʀ] *vb impers* to rain ♦ *vi* (*fig*): **~ (sur)** to shower down (upon); to be showered upon; **il pleut** it's raining
pli [pli] *nm* fold; (*de jupe*) pleat; (*de pantalon*) crease; (*aussi*: *faux ~*) crease; (*enveloppe*) envelope; (*lettre*) letter; (*CARTES*) trick
pliant, e [plijɑ̃, -ɑ̃t] *adj* folding ♦ *nm* folding stool, campstool
plier [plije] *vt* to fold; (*pour ranger*) to fold up; (*table pliante*) to fold down; (*genou, bras*) to bend ♦ *vi* to bend; (*fig*) to yield; **se ~ à** to submit to
plinthe [plɛ̃t] *nf* skirting board
plisser [plise] *vt* (*rider, chiffonner*) to crease; (*jupe*) to put pleats in
plomb [plɔ̃] *nm* (*métal*) lead; (*d'une cartouche*) (lead) shot; (*PÊCHE*) sinker; (*sceau*) (lead) seal; (*ÉLEC*) fuse; **sans ~** (*essence etc*) unleaded
plombage [plɔ̃baʒ] *nm* (*de dent*) filling
plomber [plɔ̃be] *vt* (*canne, ligne*) to weight (with lead); (*dent*) to fill
plomberie [plɔ̃bʀi] *nf* plumbing
plombier [plɔ̃bje] *nm* plumber
plongeant, e [plɔ̃ʒɑ̃, -ɑ̃t] *adj* (*vue*) from above; (*tir, décolleté*) plunging
plongée [plɔ̃ʒe] *nf* (*SPORT*) diving *no pl*; (*: sans scaphandre*) skin diving
plongeoir [plɔ̃ʒwaʀ] *nm* diving board
plongeon [plɔ̃ʒɔ̃] *nm* dive
plonger [plɔ̃ʒe] *vi* to dive ♦ *vt*: **~ qch dans** to plunge sth into
ployer [plwaje] *vt* to bend ♦ *vi* to sag; to bend
plu *pp de* **plaire; pleuvoir**
pluie [plɥi] *nf* rain; (*fig*): **~ de** shower of
plume [plym] *nf* feather; (*pour écrire*) (pen) nib; (*fig*) pen; **~r** [plyme] *vt* to pluck; **plumier** [plymje] *nm* pencil box
plupart [plypaʀ] : **la ~** *pron* the ma-

jority, most (of them); **la ~ des** most, the majority of; **la ~ du temps/d'entre nous** most of the time/of us; **pour la ~** for the most part, mostly

pluriel [plyʀjɛl] *nm* plural

plus¹ *vb voir* **plaire**

MOT-CLÉ

plus² [ply] *adv* **1** (*forme négative*): **ne ... ~** no more, no longer; **je n'ai ~ d'argent** I've got no more money *ou* no money left; **il ne travaille ~** he's no longer working, he doesn't work any more

2 [ply, plyz, + *voyelle*] (*comparatif*) more, ...+er; (*superlatif*): **le ~** the most, the ...+est; **~ grand/intelligent (que)** bigger/more intelligent (than); **le ~ grand/intelligent** the biggest/most intelligent; **tout au ~** at the very most

3 [plys] (*davantage*) more; **il travaille ~ (que)** he works more (than); **~ il travaille, ~ il est heureux** the more he works, the happier he is; **~ de pain** more bread; **~ de 10 personnes** more than 10 people, over 10 people; **3 heures de ~ que** 3 hours more than; **de ~** what's more, moreover; **3 kilos en ~** 3 kilos more; **en ~ de** in addition to; **de ~ en ~** more and more; **~ ou moins** more or less; **ni ~ ni moins** no more, no less

♦ *prép* [plys]: **4 ~ 2** 4 plus 2

plusieurs [plyzjœʀ] *dét, pron* several; **ils sont ~** there are several of them

plus-que-parfait [plyskəpaʀfɛ] *nm* pluperfect, past perfect

plus-value [plyvaly] *nf* appreciation; capital gain; surplus

plut *vb voir* **plaire**

plutôt [plyto] *adv* rather; **je ferais ~ ceci** I'd rather *ou* sooner do this; **fais ~ comme ça** try this way instead, you'd better try this way; **~ que (de) faire** rather than *ou* instead of doing

pluvieux, euse [plyvjø, -øz] *adj* rainy, wet

PMU *sigle m* (= *pari mutuel urbain*) *system of betting on horses*; (*café*) betting agency

pneu [pnø] *nm* tyre (*BRIT*), tire (*US*)

pneumatique [pnømatik] *nm* tyre (*BRIT*), tire (*US*)

pneumonie [pnømɔni] *nf* pneumonia

poche [pɔʃ] *nf* pocket; (*déformation*): **faire une** *ou* **des ~(s)** to bag; (*sous les yeux*) bag, pouch; **de ~** pocket *cpd*

pocher [pɔʃe] *vt* (*CULIN*) to poach

pochette [pɔʃɛt] *nf* (*de timbres*) wallet, envelope; (*d'aiguilles etc*) case; (*mouchoir*) breast pocket handkerchief; **~ de disque** record sleeve

poêle [pwal] *nm* stove ♦ *nf*: **~ (à frire)** frying pan

poêlon [pwalɔ̃] *nm* casserole

poème [pɔɛm] *nm* poem

poésie [pɔezi] *nf* (*poème*) poem; (*art*): **la ~** poetry

poète [pɔɛt] *nm* poet

poids [pwa] *nm* weight; (*SPORT*) shot; **vendre au ~** to sell by weight; **prendre du ~** to put on weight; **~ lourd** (*camion*) lorry (*BRIT*), truck (*US*)

poignard [pwaɲaʀ] *nm* dagger; **~er** *vt* to stab, knife

poigne [pwaɲ] *nf* grip; (*fig*): **à ~** firm-handed

poignée [pwaɲe] *nf* (*de sel etc, fig*) handful; (*de couvercle, porte*) handle; **~ de main** handshake

poignet [pwaɲɛ] *nm* (*ANAT*) wrist; (*de chemise*) cuff

poil [pwal] *nm* (*ANAT*) hair; (*de pinceau, brosse*) bristle; (*de tapis*) strand; (*pelage*) coat; **à ~** (*fam*) starkers; **au ~** hunky-dory; **poilu, e** *adj* hairy

poinçon [pwɛ̃sɔ̃] *nm* awl; bodkin; (*marque*) hallmark; **poinçonner** *vt* to stamp; to hallmark; (*billet*) to punch

poing [pwɛ̃] *nm* fist

point [pwɛ̃] *nm* (*marque, signe*) dot; (: *de ponctuation*) full stop, period (*US*); (*moment, de score etc, fig: question*) point; (*endroit*) spot; (*COUTURE, TRICOT*) stitch ♦ *adv* = **pas**; **faire le ~** (*NAVIG*) to take a bearing; (*fig*) to take stock (of the situation); **en tout ~** in every respect; **sur le ~ de faire** (just) about to do; **à tel ~ que** so much so that; **mettre au ~** (*mécanisme, procédé*) to develop; (*appareil-photo*) to focus; (*affaire*) to settle; **à ~** (*CULIN*) medium; just right; **à ~ (nommé)** just at the right time; **~ (de côté)** stitch (*pain*); **~ d'eau** spring; water point; **~ d'exclamation** exclamation mark; **~ d'interrogation** question mark; **~ de repère** landmark; (*dans le temps*) point of reference; **~ de vente** retail outlet; **~ de vue** viewpoint; (*fig: opinion*) point of view; **~ faible** weak point; **~ final** full stop, period; **~ mort** (*AUTO*): **au ~ mort** in neutral; **~s de suspension** suspension points

pointe [pwɛ̃t] *nf* point; (*fig*): **une ~ de** a hint of; **être à la ~ de** to be in the forefront of; **sur la ~ des pieds** on tiptoe; **en ~** (*tailler*) into a point ♦ *adj* pointed, tapered; **de ~** (*technique etc*) leading; **heures/jours de ~** peak hours/days; **~ de vitesse** burst of speed

pointer [pwɛ̃te] *vt* (*cocher*) to tick off; (*employés etc*) to check in; (*diriger: canon, doigt*): **~ vers qch** to point at sth ♦ *vi* (*employé*) to clock in

pointillé [pwɛ̃tije] *nm* (*trait*) dotted line

pointilleux, euse [pwɛ̃tijø, -øz] *adj* particular, pernickety

pointu, e [pwɛ̃ty] *adj* pointed; (*clou*) sharp; (*voix*) shrill; (*analyse*) precise

pointure [pwɛ̃tyʀ] *nf* size

point-virgule [pwɛ̃viʀgyl] *nm* semicolon

poire [pwaʀ] *nf* pear; (*fam: péj*) mug

poireau, x [pwaʀo] *nm* leek

poirier [pwaʀje] *nm* pear tree

pois [pwa] *nm* (*BOT*) pea; (*sur une étoffe*) dot, spot; **à ~** (*cravate etc*) spotted, polka-dot *cpd*

poison [pwazɔ̃] *nm* poison

poisse [pwas] *nf* rotten luck

poisseux, euse [pwasø, -øz] *adj* sticky

poisson [pwasɔ̃] *nm* fish *gén inv*; **les P~s** (*signe*) Pisces; **~ d'avril!** April fool!; **~ rouge** goldfish; **poissonnerie** *nf* fish-shop; **poissonnier, ière** *nm/f* fishmonger (*BRIT*), fish merchant (*US*)

poitrine [pwatʀin] *nf* chest; (*seins*) bust, bosom; (*CULIN*) breast; **~ de bœuf** brisket

poivre [pwavʀ(ə)] *nm* pepper; **poivrier** *nm* (*ustensile*) pepperpot

poivron [pwavʀɔ̃] *nm* pepper, capsicum

pôle [pol] *nm* (*GÉO, ÉLEC*) pole

poli, e [pɔli] *adj* polite; (*lisse*) smooth; polished

police [pɔlis] *nf* police; **peine de simple ~** *sentence given by magistrates' or police court*; **~ d'assurance** insurance policy; **~ des mœurs** ≈ vice squad; **~ judiciaire** ≈ Criminal Investigation Department (*BRIT*), ≈ Federal Bureau of Investigation (*US*); **~ secours** ≈ emergency services *pl* (*BRIT*), ≈ paramedics *pl* (*US*)

policier, ière [pɔlisje, -jɛʀ] *adj* police *cpd* ♦ *nm* policeman; (*aussi: roman ~*) detective novel

polio [pɔljo] *nf* polio

polir [pɔliʀ] *vt* to polish

polisson, ne [pɔlisɔ̃, -ɔn] *adj* naughty

politesse [pɔlitɛs] *nf* politeness

politicien, ne [pɔlitisjɛ̃, -ɛn] *nm/f* politician

politique [pɔlitik] *adj* political ♦ *nf* (*science, pratique, activité*) politics *sg*; (*mesures, méthode*) policies *pl*;

politiser *vt* to politicize
pollen [pɔlɛn] *nm* pollen
pollution [pɔlysjɔ̃] *nf* pollution
polo [pɔlo] *nm* polo shirt
Pologne [pɔlɔɲ] *nf*: **la ~** Poland; **polonais, e** *adj, nm (LING)* Polish; **Polonais, e** *nm/f* Pole
poltron, ne [pɔltʀɔ̃, -ɔn] *adj* cowardly
polycopier [pɔlikɔpje] *vt* to duplicate
Polynésie [pɔlinezi] *nf*: **la ~** Polynesia
polyvalent, e [pɔlivalɑ̃, -ɑ̃t] *adj* versatile; multi-purpose
pommade [pɔmad] *nf* ointment, cream
pomme [pɔm] *nf (BOT)* apple; **tomber dans les ~s** *(fam)* to pass out; **~ d'Adam** Adam's apple; **~ d'arrosoir** (sprinkler) rose; **~ de pin** pine *ou* fir cone; **~ de terre** potato
pommeau, x [pɔmo] *nm (boule)* knob; *(de selle)* pommel
pommette [pɔmɛt] *nf* cheekbone
pommier [pɔmje] *nm* apple tree
pompe [pɔ̃p] *nf* pump; *(faste)* pomp (and ceremony); **~ à essence** petrol pump; **~s funèbres** funeral parlour *sg*, undertaker's *sg*
pomper [pɔ̃pe] *vt* to pump; *(évacuer)* to pump out; *(aspirer)* to pump up; *(absorber)* to soak up
pompeux, euse [pɔ̃pø, -øz] *adj* pompous
pompier [pɔ̃pje] *nm* fireman
pompiste [pɔ̃pist(ə)] *nm/f* petrol *(BRIT) ou* gas *(US)* pump attendant
poncer [pɔ̃se] *vt* to sand (down)
ponctuation [pɔ̃ktɥasjɔ̃] *nf* punctuation
ponctuel, le [pɔ̃ktɥɛl] *adj (à l'heure, aussi TECH)* punctual; *(fig: opération etc)* one-off, single; *(scrupuleux)* punctilious, meticulous
ponctuer [pɔ̃ktɥe] *vt* to punctuate
pondéré, e [pɔ̃deʀe] *adj* level-headed, composed
pondre [pɔ̃dʀ(ə)] *vt* to lay; *(fig)* to produce
poney [pɔnɛ] *nm* pony
pont [pɔ̃] *nm* bridge; *(AUTO)* axle; *(NAVIG)* deck; **faire le ~** to take the extra day off; **~ de graissage** ramp *(in garage)*; **~ suspendu** suspension bridge; **P~s et Chaussées** highways department
pont-levis [pɔ̃lvi] *nm* drawbridge
pop [pɔp] *adj inv* pop
populace [pɔpylas] *(péj) nf* rabble
populaire [pɔpylɛʀ] *adj* popular; *(manifestation)* mass *cpd*; *(milieux, clientèle)* working-class
population [pɔpylɑsjɔ̃] *nf* population; **~ active** *nf* working population
populeux, euse [pɔpylø, -øz] *adj* densely populated
porc [pɔʀ] *nm (ZOOL)* pig; *(CULIN)* pork; *(peau)* pigskin
porcelaine [pɔʀsəlɛn] *nf* porcelain, china; piece of china(ware)
porc-épic [pɔʀkepik] *nm* porcupine
porche [pɔʀʃ(ə)] *nm* porch
porcherie [pɔʀʃəʀi] *nf* pigsty
pore [pɔʀ] *nm* pore
porno [pɔʀno] *adj abr* pornographic, porno
port [pɔʀ] *nm (NAVIG)* harbour, port; *(ville)* port; *(de l'uniforme etc)* wearing; *(pour lettre)* postage; *(pour colis, aussi: posture)* carriage; **~ d'arme** *(JUR)* carrying of a firearm
portable [pɔʀtabl(ə)] *nm (COMPUT)* laptop (computer)
portail [pɔʀtaj] *nm* gate; *(de cathédrale)* portal
portant, e [pɔʀtɑ̃, -ɑ̃t] *adj*: **bien/mal ~** in good/poor health
portatif, ive [pɔʀtatif, -iv] *adj* portable
porte [pɔʀt(ə)] *nf* door; *(de ville, forteresse, SKI)* gate; **mettre à la ~** to throw out; **~ à ~** *nm* door-to-door selling; **~ d'entrée** front door; **~-à-faux** *nm*: **en ~-à-faux** cantilevered; *(fig)* in an awkward position; **~-avions** *nm inv* aircraft carrier; **~-bagages** *nm inv* luggage rack; **~-clefs** *nm inv* key ring; **~-documents** *nm inv* attaché *ou* document case

portée [pɔʀte] *nf* (*d'une arme*) range; (*fig*) impact, import; scope, capability; (*de chatte etc*) litter; (*MUS*) stave, staff; **à/hors de ~ (de)** within/out of reach (of); **à ~ de (la) main** within (arm's) reach; **à ~ de voix** within earshot; **à la ~ de qn** (*fig*) at sb's level, within sb's capabilities

porte: **~-fenêtre** *nf* French window; **~feuille** *nm* wallet; (*POL, BOURSE*) portfolio; **~-jarretelles** *nm inv* suspender belt; **~manteau, x** *nm* coat hanger; coat rack; **~-mine** *nm* propelling (*BRIT*) *ou* mechanical (*US*) pencil; **~-monnaie** *nm inv* purse; **~-parole** *nm inv* spokesman

porter [pɔʀte] *vt* to carry; (*sur soi: vêtement, barbe, bague*) to wear; (*fig: responsabilité etc*) to bear, carry; (*inscription, marque, titre, patronyme: suj: arbre, fruits, fleurs*) to bear; (*apporter*): **~ qch quelque part/à qn** to take sth somewhere/to sb ♦ *vi* (*voix, regard, canon*) to carry; (*coup, argument*) to hit home; **se ~** *vi* (*se sentir*): **se ~ bien/mal** to be well/unwell; **~ sur** (*peser*) to rest on; (*accent*) to fall on; (*conférence etc*) to concern; (*heurter*) to strike; **être porté à faire** to be apt *ou* inclined to do; **se faire ~ malade** to report sick; **~ la main à son chapeau** to raise one's hand to one's hat; **~ son effort sur** to direct one's efforts towards; **~ à croire** to lead one to believe

porte-serviettes [pɔʀtsɛʀvjɛt] *nm inv* towel rail

porteur [pɔʀtœʀ] *nm* (*de bagages*) porter; (*de chèque*) bearer

porte-voix [pɔʀtəvwa] *nm inv* megaphone

portier [pɔʀtje] *nm* doorman

portière [pɔʀtjɛʀ] *nf* door

portillon [pɔʀtijɔ̃] *nm* gate

portion [pɔʀsjɔ̃] *nf* (*part*) portion, share; (*partie*) portion, section

portique [pɔʀtik] *nm* (*RAIL*) gantry

porto [pɔʀto] *nm* port (wine)

portrait [pɔʀtʀɛ] *nm* portrait; photograph; **portrait-robot** *nm* Identikit (®) *ou* photo-fit (®) picture

portuaire [pɔʀtɥɛʀ] *adj* port *cpd*, harbour *cpd*

portugais, e [pɔʀtygɛ, -ɛz] *adj, nm/f* Portuguese

Portugal [pɔʀtygal] *nm*: **le ~** Portugal

pose [poz] *nf* laying; hanging; (*attitude, d'un modèle*) pose; (*PHOTO*) exposure

posé, e [poze] *adj* serious

poser [poze] *vt* (*déposer*): **~ qch (sur)/qn à** to put sth down (on)/ drop sb at; (*placer*): **~ qch sur/ quelque part** to put sth on/ somewhere; (*installer: moquette, carrelage*) to lay; (*rideaux, papier peint*) to hang; (*question*) to ask; (*principe, conditions*) to lay *ou* set down; (*problème*) to formulate; (*difficulté*) to pose ♦ *vi* (*modèle*) to pose; **se ~** *vi* (*oiseau, avion*) to land; (*question*) to arise

positif, ive [pozitif, -iv] *adj* positive

position [pozisjɔ̃] *nf* position; **prendre ~** (*fig*) to take a stand

posologie [pɔsɔlɔʒi] *nf* directions for use, dosage

posséder [pɔsede] *vt* to own, possess; (*qualité, talent*) to have, possess; (*bien connaître: métier, langue*) to have mastered, have a thorough knowledge of; (*sexuellement, aussi: suj: colère etc*) to possess; **possession** *nf* ownership *no pl*; possession

possibilité [pɔsibilite] *nf* possibility; **~s** *nfpl* (*moyens*) means; (*potentiel*) potential *sg*

possible [pɔsibl(ə)] *adj* possible; (*projet, entreprise*) feasible ♦ *nm*: **faire son ~** to do all one can, do one's utmost; **le plus/moins de livres ~** as many/few books as possible; **le plus/moins d'eau ~** as much/little water as possible; **dès que ~** as soon as possible

postal, e, aux [pɔstal, -o] *adj* postal

poste [pɔst(ə)] *nf* (*service*) post, postal service; (*administration, bureau*) post office ♦ *nm* (*fonction, MIL*) post; (*TÉL*) extension; (*de radio etc*) set; **mettre à la ~** to post; **P~s, Télécommunications et Télédiffusion** *postal and telecommunications service*; **~ d'essence** *nm* petrol *ou* filling station; **~ d'incendie** *nm* fire point; **~ de pilotage** *nm* cockpit; **~ (de police)** *nm* police station; **~ de secours** *nm* first-aid post; **~ de travail** *nm* work station; **poste restante** *nf* poste restante (*BRIT*), general delivery (*US*)
poster[1] [pɔste] *vt* to post
poster[2] [pɔstɛʀ] *nm* poster
postérieur, e [pɔsteʀjœʀ] *adj* (*date*) later; (*partie*) back ♦ *nm* (*fam*) behind
posthume [pɔstym] *adj* posthumous
postiche [pɔstiʃ] *nm* hairpiece
postuler [pɔstyle] *vt* (*emploi*) to apply for, put in for
posture [pɔstyʀ] *nf* posture; position
pot [po] *nm* jar, pot; (*en plastique, carton*) carton; (*en métal*) tin; **boire** *ou* **prendre un ~** (*fam*) to have a drink; **~ (de chambre)** (chamber)pot; **~ d'échappement** exhaust pipe; **~ de fleurs** plant pot, flowerpot; (*plante*) pot plant
potable [pɔtabl(ə)] *adj*: **eau (non) ~** (non-)drinking water
potage [pɔtaʒ] *nm* soup; soup course
potager, ère [pɔtaʒe, -ɛʀ] *adj* (*plante*) edible, vegetable *cpd*; **(jardin) ~** kitchen *ou* vegetable garden
pot-au-feu [pɔtofø] *nm inv* (beef) stew
pot-de-vin [podvɛ̃] *nm* bribe
pote [pɔt] (*fam*) *nm* pal
poteau, x [pɔto] *nm* post; **~ indicateur** signpost
potelé, e [pɔtle] *adj* plump, chubby
potence [pɔtɑ̃s] *nf* gallows *sg*
potentiel, le [pɔtɑ̃sjɛl] *adj, nm* potential
poterie [pɔtʀi] *nf* pottery; piece of pottery
potier [pɔtje] *nm* potter
potins [pɔtɛ̃] *nmpl* gossip *sg*
potiron [pɔtiʀɔ̃] *nm* pumpkin
pou, x [pu] *nm* louse
poubelle [pubɛl] *nf* (dust)bin
pouce [pus] *nm* thumb
poudre [pudʀ(ə)] *nf* powder; (*fard*) (face) powder; (*explosif*) gunpowder; **en ~**: **café en ~** instant coffee; **lait en ~** dried *ou* powdered milk; **poudrier** *nm* (powder) compact
pouffer [pufe] *vi*: **~ (de rire)** to snigger; to giggle
pouilleux, euse [pujø, -øz] *adj* flea-ridden; (*fig*) grubby; seedy
poulailler [pulaje] *nm* henhouse
poulain [pulɛ̃] *nm* foal; (*fig*) protégé
poule [pul] *nf* (*ZOOL*) hen; (*CULIN*) (boiling) fowl
poulet [pulɛ] *nm* chicken; (*fam*) cop
poulie [puli] *nf* pulley; block
pouls [pu] *nm* pulse; **prendre le ~ de qn** to feel sb's pulse
poumon [pumɔ̃] *nm* lung
poupe [pup] *nf* stern; **en ~** astern
poupée [pupe] *nf* doll
poupon [pupɔ̃] *nm* babe-in-arms; **pouponnière** *nf* crèche, day nursery
pour [puʀ] *prép* for ♦ *nm*: **le ~ et le contre** the pros and cons; **~ faire** (so as) to do, in order to do; **~ avoir fait** for having done; **~ que** so that, in order that; **~ 100 francs d'essence** 100 francs' worth of petrol; **~ cent** per cent; **~ ce qui est de** as for
pourboire [puʀbwaʀ] *nm* tip
pourcentage [puʀsɑ̃taʒ] *nm* percentage
pourchasser [puʀʃase] *vt* to pursue
pourparlers [puʀpaʀle] *nmpl* talks, negotiations
pourpre [puʀpʀ(ə)] *adj* crimson
pourquoi [puʀkwa] *adv, conj* why ♦ *nm inv*: **le ~ (de)** the reason (for)
pourrai *etc vb voir* **pouvoir**
pourri, e [puʀi] *adj* rotten
pourrir [puʀiʀ] *vi* to rot; (*fruit*) to go rotten *ou* bad ♦ *vt* to rot; (*fig*) to spoil thoroughly; **pourriture** *nf* rot

pourrons *etc vb voir* **pouvoir**

poursuite [puʀsɥit] *nf* pursuit, chase; ~s *nfpl* (*JUR*) legal proceedings

poursuivre [puʀsɥivʀ(ə)] *vt* to pursue, chase (after); (*relancer*) to hound, harry; (*obséder*) to haunt; (*JUR*) to bring proceedings against, prosecute; (: *au civil*) to sue; (*but*) to strive towards; (*voyage, études*) to carry on with, continue ♦ *vi* to carry on, go on; **se** ~ *vi* to go on, continue

pourtant [puʀtɑ̃] *adv* yet; **c'est ~ facile** (and) yet it's easy

pourtour [puʀtuʀ] *nm* perimeter

pourvoir [puʀvwaʀ] *vt*: ~ **qch/qn de** to equip sth/sb with ♦ *vi*: ~ **à** to provide for; (*emploi*) to fill; **se** ~ *vi* (*JUR*): **se ~ en cassation** to take one's case to the Court of Appeal

pourvoyeur [puʀvwajœʀ] *nm* supplier

pourvu, e [puʀvy] *adj*: ~ **de** equipped with; ~ **que** (*si*) provided that, so long as; (*espérons que*) let's hope (that)

pousse [pus] *nf* growth; (*bourgeon*) shoot

poussé, e [puse] *adj* exhaustive

poussée [puse] *nf* thrust; (*coup*) push; (*MED*) eruption; (*fig*) upsurge

pousser [puse] *vt* to push; (*inciter*): ~ **qn à** to urge *ou* press sb to +*infin*; (*acculer*): ~ **qn à** to drive sb to; (*émettre*: *cri etc*) to give; (*stimuler*) to urge on; to drive hard; (*poursuivre*) to carry on (further) ♦ *vi* to push; (*croître*) to grow; **se** ~ *vi* to move over; **faire** ~ (*plante*) to grow

poussette [pusɛt] *nf* (*voiture d'enfant*) push chair (*BRIT*), stroller (*US*)

poussière [pusjɛʀ] *nf* dust; (*grain*) speck of dust; **poussiéreux, euse** *adj* dusty

poussin [pusɛ̃] *nm* chick

poutre [putʀ(ə)] *nf* beam; (*en fer, ciment armé*) girder

MOT-CLÉ

pouvoir [puvwaʀ] *nm* power; (*POL*: *dirigeants*): **le** ~ those in power; **les ~s publics** the authorities; ~ **d'achat** purchasing power

♦ *vb semi-aux* **1** (*être en état de*) can, be able to; **je ne peux pas le réparer** I can't *ou* I am not able to repair it; **déçu de ne pas ~ le faire** disappointed not to be able to do it

2 (*avoir la permission*) can, may, be allowed to; **vous pouvez aller au cinéma** you can *ou* may go to the pictures

3 (*probabilité, hypothèse*) may, might, could; **il a pu avoir un accident** he may *ou* might *ou* could have had an accident; **il aurait pu le dire!** he might *ou* could have said (so)!

♦ *vb impers* may, might, could; **il peut arriver que** it may *ou* might *ou* could happen that

♦ *vt* can, be able to; **j'ai fait tout ce que j'ai pu** I did all I could; **je n'en peux plus** (*épuisé*) I'm exhausted; (*à bout*) I can't take any more

se ~ *vi*: **il se peut que** it may *ou* might be that; **cela se pourrait** that's quite possible

prairie [pʀeʀi] *nf* meadow

praline [pʀalin] *nf* sugared almond

praticable [pʀatikabl(ə)] *adj* passable, practicable

praticien, ne [pʀatisjɛ̃, -jɛn] *nm/f* practitioner

pratique [pʀatik] *nf* practice ♦ *adj* practical

pratiquement [pʀatikmɑ̃] *adv* (*pour ainsi dire*) practically, virtually

pratiquer [pʀatike] *vt* to practise; (*SPORT etc*) to go in for; to play; (*intervention, opération*) to carry out; (*ouverture, abri*) to make

pré [pʀe] *nm* meadow

préalable [pʀealabl(ə)] *adj* preliminary; **condition ~ (de)** precondition (for), prerequisite (for); **au** ~ beforehand

préambule [pʀeɑ̃byl] *nm* preamble; (*fig*) prelude; **sans** ~ straight away

préavis [pʀeavi] *nm* notice; **communication avec** ~ (*TÉL*) personal *ou* person to person call

précaution [pʀekosjɔ̃] *nf* precaution; **avec** ~ cautiously; **par** ~ as a precaution

précédemment [pʀesedamɑ̃] *adv* before, previously

précédent, e [pʀesedɑ̃, -ɑ̃t] *adj* previous ♦ *nm* precedent; **le jour** ~ the day before, the previous day; **sans** ~ unprecedented

précéder [pʀesede] *vt* to precede; (*marcher ou rouler devant*) to be in front of

précepteur, trice [pʀesɛptœʀ, -tʀis] *nm/f* (private) tutor

prêcher [pʀeʃe] *vt* to preach

précieux, euse [pʀesjø, -øz] *adj* precious; invaluable; (*style, écrivain*) précieux, precious

précipice [pʀesipis] *nm* drop, chasm; (*fig*) abyss

précipitamment [pʀesipitamɑ̃] *adv* hurriedly, hastily

précipitation [pʀesipitɑsjɔ̃] *nf* (*hâte*) haste; ~**s** *nfpl* (*pluie*) rain *sg*

précipité, e [pʀesipite] *adj* hurried, hasty

précipiter [pʀesipite] *vt* (*faire tomber*): ~ **qn/qch du haut de** to throw *ou* hurl sb/sth off *ou* from; (*hâter: marche*) to quicken; (*: départ*) to hasten; **se** ~ *vi* to speed up; **se** ~ **sur/vers** to rush at/towards

précis, e [pʀesi, -iz] *adj* precise; (*tir, mesures*) accurate, precise ♦ *nm* handbook; **précisément** *adv* precisely; **préciser** *vt* (*expliquer*) to be more specific about, clarify; (*spécifier*) to state, specify; **se** ~**er** *vi* to become clear(er); **précision** *nf* precision; accuracy; point *ou* detail (*being or to be clarified*)

précoce [pʀekɔs] *adj* early; (*enfant*) precocious; (*calvitie*) premature

préconiser [pʀekɔnize] *vt* to advocate

prédécesseur [pʀedesesœʀ] *nm* predecessor

prédilection [pʀedilɛksjɔ̃] *nf*: **avoir une** ~ **pour** to be partial to; **de** ~ favourite

prédire [pʀediʀ] *vt* to predict

prédominer [pʀedɔmine] *vi* to predominate; (*avis*) to prevail

préface [pʀefas] *nf* preface

préfecture [pʀefɛktyʀ] *nf* prefecture; ~ **de police** police headquarters *pl*

préférable [pʀefeʀabl(ə)] *adj* preferable

préféré, e [pʀefeʀe] *adj, nm/f* favourite

préférence [pʀefeʀɑ̃s] *nf* preference; **de** ~ preferably

préférer [pʀefeʀe] *vt*: ~ **qn/qch (à)** to prefer sb/sth (to), like sb/sth better (than); ~ **faire** to prefer to do; **je** ~**ais du thé** I would rather have tea, I'd prefer tea

préfet [pʀefɛ] *nm* prefect

préfixe [pʀefiks(ə)] *nm* prefix

préhistorique [pʀeistɔʀik] *adj* prehistoric

préjudice [pʀeʒydis] *nm* (*matériel*) loss; (*moral*) harm *no pl*; **porter** ~ **à** to harm, be detrimental to; **au** ~ **de** at the expense of

préjugé [pʀeʒyʒe] *nm* prejudice; **avoir un** ~ **contre** to be prejudiced *ou* biased against

préjuger [pʀeʒyʒe]: ~ **de** *vt* to prejudge

prélasser [pʀelɑse]: **se** ~ *vi* to lounge

prélèvement [pʀelɛvmɑ̃] *nm*: **faire un** ~ **de sang** to take a blood sample

prélever [pʀelve] *vt* (*échantillon*) to take; (*argent*): ~ **(sur)** to deduct (from); (*: sur son compte*): ~ **(sur)** to withdraw (from)

prématuré, e [pʀematyʀe] *adj* premature; (*retraite*) early ♦ *nm* premature baby

premier, ière [pʀəmje, -jɛʀ] *adj* first; (*branche, marche*) bottom; (*fig*) basic; prime; initial; **le ~ venu** the first person to come along; **P~ Ministre** Prime Minister; **première** *nf* (*THÉÂTRE*) first night; (*AUTO*) first (gear); (*AVIAT, RAIL etc*) first class; (*CINÉMA*) première; (*exploit*) first; **premièrement** *adv* firstly

prémonition [pʀemɔnisjɔ̃] *nf* premonition

prémunir [pʀemyniʀ]: **se ~** *vi* to guard against

prenant, e [pʀənɑ̃, -ɑ̃t] *adj* absorbing, engrossing

prénatal, e [pʀenatal] *adj* (*MÉD*) antenatal

prendre [pʀɑ̃dʀ(ə)] *vt* to take; (*ôter*): **~ qch à** to take sth from; (*aller chercher*) to get, fetch; (*se procurer*) to get; (*malfaiteur, poisson*) to catch; (*passager*) to pick up; (*personnel, aussi: couleur, goût*) to take on; (*locataire*) to take in; (*élève etc: traiter*) to handle; (*voix, ton*) to put on; (*coincer*): **se ~ les doigts dans** to get one's fingers caught in ♦ *vi* (*liquide, ciment*) to set; (*greffe, vaccin*) to take; (*feu: foyer*) to go; (*: incendie*) to start; (*allumette*) to light; (*se diriger*): **~ à gauche** to turn (to the) left; **à tout ~** on the whole, all in all; **se ~ pour** to think one is; **s'en ~ à** to attack; **se ~ d'amitié/d'affection pour** to befriend/become fond of; **s'y ~** (*procéder*) to set about it

preneur [pʀənœʀ] *nm*: **être/trouver ~** to be willing to buy/find a buyer

preniez *vb voir* **prendre**

prenne *etc vb voir* **prendre**

prénom [pʀenɔ̃] *nm* first *ou* Christian name

prénuptial, e, aux [pʀenypsjal, -o] *adj* premarital

préoccupation [pʀeɔkypasjɔ̃] *nf* (*souci*) concern; (*idée fixe*) preoccupation

préoccuper [pʀeɔkype] *vt* to concern; to preoccupy

préparatifs [pʀepaʀatif] *nmpl* preparations

préparation [pʀepaʀasjɔ̃] *nf* preparation; (*SCOL*) piece of homework

préparer [pʀepaʀe] *vt* to prepare; (*café*) to make; (*examen*) to prepare for; (*voyage, entreprise*) to plan; **se ~** *vi* (*orage, tragédie*) to brew, be in the air; **se ~ (à qch/faire)** to prepare (o.s.) *ou* get ready (for sth/to do); **~ qch à qn** (*surprise etc*) to have sth in store for sb

prépondérant, e [pʀepɔ̃deʀɑ̃, -ɑ̃t] *adj* major, dominating

préposé, e [pʀepoze] *adj*: **~ à** in charge of ♦ *nm/f* employee; official; attendant

préposition [pʀepozisjɔ̃] *nf* preposition

près [pʀɛ] *adv* near, close; **~ de** near (to), close to; (*environ*) nearly, almost; **de ~** closely; **à 5 kg ~** to within about 5 kg; **à cela ~ que** apart from the fact that

présage [pʀezaʒ] *nm* omen

présager [pʀezaʒe] *vt* to foresee

presbyte [pʀɛsbit] *adj* long-sighted

presbytère [pʀɛsbitɛʀ] *nm* presbytery

prescription [pʀɛskʀipsjɔ̃] *nf* (*instruction*) order, instruction; (*MÉD, JUR*) prescription

prescrire [pʀɛskʀiʀ] *vt* to prescribe

préséance [pʀeseɑ̃s] *nf* precedence *no pl*

présence [pʀezɑ̃s] *nf* presence; (*au bureau etc*) attendance; **~ d'esprit** presence of mind

présent, e [pʀezɑ̃, -ɑ̃t] *adj, nm* present; **à ~ (que)** now (that)

présentation [pʀezɑ̃tasjɔ̃] *nf* introduction; presentation; (*allure*) appearance

présenter [pʀezɑ̃te] *vt* to present; (*sympathie, condoléances*) to offer; (*soumettre*) to submit; (*invité, conférencier*): **~ qn (à)** to introduce sb (to) ♦ *vi*: **~ mal/bien** to have an unattractive/a pleasing appearance; **se ~** *vi* (*sur convocation*) to report, come; (*à une élection*) to stand; (*occasion*) to arise; **se ~ bien/mal** to look good/not too good; **se ~ à** (*examen*) to sit

préservatif [pʀezɛʀvatif] *nm* sheath, condom

préserver [pʀezɛʀve] *vt*: **~ de** to protect from; to save from

président [pʀezidɑ̃] *nm* (*POL*) president; (*d'une assemblée, COMM*) chairman; **~ directeur général** chairman and managing director

présider [pʀezide] *vt* to preside over; (*dîner*) to be the guest of honour at; **~ à** to direct; to govern

présomptueux, euse [pʀezɔ̃ptɥø, -øz] *adj* presumptuous

presque [pʀɛsk(ə)] *adv* almost, nearly; **~ rien** hardly anything; **~ pas** hardly (at all); **~ pas de** hardly any

presqu'île [pʀɛskil] *nf* peninsula

pressant, e [pʀɛsɑ̃, -ɑ̃t] *adj* urgent; **se faire ~** to become insistent

presse [pʀɛs] *nf* press; (*affluence*): **heures de ~** busy times

pressé, e [pʀese] *adj* in a hurry; (*air*) hurried; (*besogne*) urgent; **orange ~e** fresh orange juice

pressentiment [pʀesɑ̃timɑ̃] *nm* foreboding, premonition

pressentir [pʀesɑ̃tiʀ] *vt* to sense; (*prendre contact avec*) to approach

presse-papiers [pʀɛspapje] *nm inv* paperweight

presser [pʀese] *vt* (*fruit, éponge*) to squeeze; (*bouton*) to press; (*allure, affaire*) to speed up; (*inciter*): **~ qn de faire** to urge *ou* press sb to do ♦ *vi* to be urgent; **se ~** *vi* (*se hâter*) to hurry (up); **se ~ contre qn** to squeeze up against sb; **rien ne presse** there's no hurry

pressing [pʀesiŋ] *nm* steam-pressing; (*magasin*) dry-cleaner's

pression [pʀɛsjɔ̃] *nf* pressure; **faire ~ sur** to put pressure on; **~ artérielle** blood pressure

pressoir [pʀɛswaʀ] *nm* (wine *ou* oil *etc*) press

prestance [pʀɛstɑ̃s] *nf* presence, imposing bearing

prestataire [pʀɛstatɛʀ] *nm/f* supplier

prestation [pʀɛstɑsjɔ̃] *nf* (*allocation*) benefit; (*d'une entreprise*) service provided; (*d'un artiste*) performance

prestidigitateur, trice [pʀɛstidiʒitatœʀ, -tʀis] *nm/f* conjurer

prestigieux, euse [pʀɛstiʒjø, -øz] *adj* prestigious

présumer [pʀezyme] *vt*: **~ que** to presume *ou* assume that; **~ de** to overrate

présupposer [pʀesypoze] *vt* to presuppose

prêt, e [pʀɛ, pʀɛt] *adj* ready ♦ *nm* lending *no pl*; loan; **prêt-à-porter** *nm* ready-to-wear *ou* off-the-peg (*BRIT*) clothes *pl*

prétendant [pʀetɑ̃dɑ̃] *nm* pretender; (*d'une femme*) suitor

prétendre [pʀetɑ̃dʀ(ə)] *vt* (*affirmer*): **~ que** to claim that; (*avoir l'intention de*): **~ faire qch** to mean *ou* intend to do sth; **~ à** (*droit, titre*) to lay claim to; **prétendu, e** *adj* (*supposé*) so-called

prête-nom [pʀɛtnɔ̃] (*péj*) *nm* figurehead

prétentieux, euse [pʀetɑ̃sjø, -øz] *adj* pretentious

prétention [pʀetɑ̃sjɔ̃] *nf* claim; pretentiousness

prêter [pʀete] *vt* (*livres, argent*): **~ qch (à)** to lend sth (to); (*supposer*): **~ à qn** (*caractère, propos*) to attribute to sb ♦ *vi* (*aussi*: *se ~*: *tissu, cuir*) to give; **se ~ à** to lend o.s. (*ou* itself) to; (*manigances etc*) to go along with; **~ à** (*commentaires etc*) to be open to, give rise to; **~ assistance à** to give help to; **~ attention à** to pay attention to; **~ serment** to take the oath; **~ l'oreille** to listen

prétexte [pʀetɛkst(ə)] *nm* pretext, excuse; **sous aucun ~** on no account; **prétexter** *vt* to give as a pretext *ou* an excuse

prêtre [pʀɛtʀ(ə)] *nm* priest

preuve [pʀœv] *nf* proof; (*indice*)

proof, evidence *no pl*; **faire ~ de** to show; **faire ses ~s** to prove o.s. (*ou* itself)
prévaloir [pʀevalwaʀ] *vi* to prevail; **se ~ de** *vt* to take advantage of; to pride o.s. on
prévenant, e [pʀevnɑ̃, -ɑ̃t] *adj* thoughtful, kind
prévenir [pʀevniʀ] *vt* (*avertir*): **~ qn (de)** to warn sb (about); (*informer*): **~ qn (de)** to tell *ou* inform sb (about); (*éviter*) to avoid, prevent; (*anticiper*) to forestall; to anticipate
prévention [pʀevɑ̃sjɔ̃] *nf* prevention; **~ routière** road safety
prévenu, e [pʀevny] *nm/f* (*JUR*) defendant, accused
prévision [pʀevizjɔ̃] *nf*: **~s** predictions; forecast *sg*; **en ~ de** in anticipation of; **~s météorologiques** weather forecast *sg*
prévoir [pʀevwaʀ] *vt* (*deviner*) to foresee; (*s'attendre à*) to expect, reckon on; (*prévenir*) to anticipate; (*organiser*) to plan; (*préparer, réserver*) to allow; **prévu pour 10h** scheduled for 10 o'clock
prévoyance [pʀevwajɑ̃s] *nf*: **caisse de ~** contingency fund
prévoyant, e [pʀevwajɑ̃, -ɑ̃t] *adj* gifted with (*ou* showing) foresight
prévu, e [pʀevy] *pp de* **prévoir**
prier [pʀije] *vi* to pray ♦ *vt* (*Dieu*) to pray to; (*implorer*) to beg; (*demander*): **~ qn de faire** to ask sb to do; **se faire ~** to need coaxing *ou* persuading; **je vous en prie** (*allez-y*) please do; (*de rien*) don't mention it
prière [pʀijɛʀ] *nf* prayer; "**~ de faire ...**" "please do ..."
primaire [pʀimɛʀ] *adj* primary; (*péj*) simple-minded; simplistic ♦ *nm* (*SCOL*) primary education
prime [pʀim] *nf* (*bonification*) bonus; (*subside*) premium; allowance; (*COMM: cadeau*) free gift; (*ASSURANCES, BOURSE*) premium ♦ *adj*: **de ~ abord** at first glance
primer [pʀime] *vt* (*l'emporter sur*) to prevail over; (*récompenser*) to award a prize to ♦ *vi* to dominate; to prevail
primeurs [pʀimœʀ] *nfpl* early fruits and vegetables
primevère [pʀimvɛʀ] *nf* primrose
primitif, ive [pʀimitif, -iv] *adj* primitive; (*originel*) original
prince [pʀɛ̃s] *nm* prince; **princesse** *nf* princess
principal, e, aux [pʀɛ̃sipal, -o] *adj* principal, main ♦ *nm* (*SCOL*) principal, head(master); (*essentiel*) main thing
principe [pʀɛ̃sip] *nm* principle; **pour le ~** on principle; **de ~** (*accord, hostilité*) automatic; **par ~** on principle; **en ~** (*habituellement*) as a rule; (*théoriquement*) in principle
printemps [pʀɛ̃tɑ̃] *nm* spring
priorité [pʀijɔʀite] *nf* (*AUTO*): **avoir la ~ (sur)** to have right of way (over); **~ à droite** right of way to vehicles coming from the right
pris, e [pʀi, pʀiz] *pp de* **prendre** ♦ *adj* (*place*) taken; (*journée, mains*) full; (*billets*) sold; (*personne*) busy; **avoir le nez/la gorge ~(e)** to have a stuffy nose/a hoarse throat; **être ~ de panique** to be panic-stricken
prise [pʀiz] *nf* (*d'une ville*) capture; (*PÊCHE, CHASSE*) catch; (*point d'appui ou pour empoigner*) hold; (*ÉLEC: fiche*) plug; (*: femelle*) socket; **être aux ~s avec** to be grappling with; **~ de contact** *nf* (*rencontre*) initial meeting, first contact; **~ de courant** power point; **~ de sang** blood test; **~ de terre** earth; **~ de vue** (*photo*) shot; **~ multiple** adaptor
priser [pʀize] *vt* (*tabac, héroïne*) to take; (*estimer*) to prize, value ♦ *vi* to take snuff
prison [pʀizɔ̃] *nf* prison; **aller/être en ~** to go to/be in prison *ou* jail; **faire de la ~** to serve time; **prisonnier, ière** *nm/f* prisoner ♦ *adj* captive
prit *vb voir* **prendre**
privé, e [pʀive] *adj* private; **en ~** in private

priver [pʀive] *vt*: ~ **qn de** to deprive sb of; se ~ **de** to go *ou* do without
privilège [pʀivilɛʒ] *nm* privilege
prix [pʀi] *nm* (*valeur*) price; (*récompense, SCOL*) prize; **hors de** ~ exorbitantly priced; **à aucun** ~ not at any price; **à tout** ~ at all costs; ~ **d'achat/de vente/de revient** purchasing/selling/cost price
probable [pʀɔbabl(ə)] *adj* likely, probable; ~**ment** *adv* probably
probant, e [pʀɔbɑ̃, -ɑ̃t] *adj* convincing
problème [pʀɔblɛm] *nm* problem
procédé [pʀɔsede] *nm* (*méthode*) process; (*comportement*) behaviour *no pl*
procéder [pʀɔsede] *vi* to proceed; to behave; ~ **à** to carry out
procès [pʀɔsɛ] *nm* trial; (*poursuites*) proceedings *pl*; **être en** ~ **avec** to be involved in a lawsuit with
processus [pʀɔsesys] *nm* process
procès-verbal, aux [pʀɔsɛvɛʀbal, -o] *nm* (*constat*) statement; (*aussi: P.V.*): **avoir un** ~ to get a parking ticket; to be booked; (*de réunion*) minutes *pl*
prochain, e [pʀɔʃɛ̃, -ɛn] *adj* next; (*proche*) impending; near ♦ *nm* fellow man; **la** ~**e fois/semaine** ~**e** next time/week; **prochainement** *adv* soon, shortly
proche [pʀɔʃ] *adj* nearby; (*dans le temps*) imminent; (*parent, ami*) close; ~**s** *nmpl* (*parents*) close relatives; **être** ~ **(de)** to be near, be close (to); **de** ~ **en** ~ gradually; **le P**~ **Orient** the Middle East
proclamer [pʀɔklame] *vt* to proclaim
procuration [pʀɔkyʀɑsjɔ̃] *nf* proxy; power of attorney
procurer [pʀɔkyʀe] *vt*: ~ **qch à qn** (*fournir*) to obtain sth for sb; (*causer: plaisir etc*) to bring sb sth; **se** ~ *vt* to get
procureur [pʀɔkyʀœʀ] *nm* public prosecutor
prodige [pʀɔdiʒ] *nm* marvel, wonder; (*personne*) prodigy
prodigue [pʀɔdig] *adj* generous; extravagant; **fils** ~ prodigal son
prodiguer [pʀɔdige] *vt* (*argent, biens*) to be lavish with; (*soins, attentions*): ~ **qch à qn** to give sb sth
producteur, trice [pʀɔdyktœʀ, -tʀis] *nm/f* producer
production [pʀɔdyksjɔ̃] *nf* (*gén*) production; (*rendement*) output
produire [pʀɔdɥiʀ] *vt* to produce; **se** ~ *vi* (*acteur*) to perform, appear; (*événement*) to happen, occur
produit [pʀɔdɥi] *nm* (*gén*) product; ~ **d'entretien** cleaning product; ~ **national brut** gross national product; ~**s agricoles** farm produce *sg*; ~**s alimentaires** *nmpl* foodstuffs
prof [pʀɔf] (*fam*) *nm* teacher
profane [pʀɔfan] *adj* (*REL*) secular ♦ *nm/f* layman(woman)
proférer [pʀɔfeʀe] *vt* to utter
professeur [pʀɔfɛsœʀ] *nm* teacher; (*titulaire d'une chaire*) professor; ~ **(de faculté)** (university) lecturer
profession [pʀɔfɛsjɔ̃] *nf* profession; **sans** ~ unemployed; **professionnel, le** *adj, nm/f* professional
profil [pʀɔfil] *nm* profile; (*d'une voiture*) line, contour; **de** ~ in profile; **profiler** *vt* to streamline
profit [pʀɔfi] *nm* (*avantage*) benefit, advantage; (*COMM, FINANCE*) profit; **au** ~ **de** in aid of; **tirer** ~ **de** to profit from
profitable [pʀɔfitabl(ə)] *adj* beneficial; profitable
profiter [pʀɔfite] *vi*: ~ **de** to take advantage of; to make the most of; ~ **à** to benefit; to be profitable to
profond, e [pʀɔfɔ̃, -ɔ̃d] *adj* deep; (*méditation, mépris*) profound; **profondeur** *nf* depth
progéniture [pʀɔʒenityʀ] *nf* offspring *inv*
programme [pʀɔgʀam] *nm* programme; (*TV, RADIO*) programmes *pl*; (*SCOL*) syllabus, curriculum; (*INFORM*) program; **programmer** *vt* (*TV, RADIO*) to put on, show;

(*INFORM*) to program; **programmeur, euse** *nm/f* programmer
progrès [pʀɔgʀɛ] *nm* progress *no pl*; **faire des ~** to make progress
progresser [pʀɔgʀese] *vi* to progress; (*troupes etc*) to make headway *ou* progress; **progressif, ive** *adj* progressive
prohiber [pʀɔibe] *vt* to prohibit, ban
proie [pʀwa] *nf* prey *no pl*
projecteur [pʀɔʒɛktœʀ] *nm* projector; (*de théâtre, cirque*) spotlight
projectile [pʀɔʒɛktil] *nm* missile
projection [pʀɔʒɛksjɔ̃] *nf* projection; showing; **conférence avec ~s** lecture with slides (*ou* a film)
projet [pʀɔʒɛ] *nm* plan; (*ébauche*) draft; **~ de loi** bill
projeter [pʀɔʒte] *vt* (*envisager*) to plan; (*film, photos*) to project; (*passer*) to show; (*ombre, lueur*) to throw, cast; (*jeter*) to throw up (*ou* off *ou* out)
prolixe [pʀɔliks(ə)] *adj* verbose
prolongement [pʀɔlɔ̃ʒmɑ̃] *nm* extension; **~s** *nmpl* (*fig*) repercussions, effects; **dans le ~ de** running on from
prolonger [pʀɔlɔ̃ʒe] *vt* (*débat, séjour*) to prolong; (*délai, billet, rue*) to extend; (*suj*: *chose*) to be a continuation *ou* an extension of; **se ~** *vi* to go on
promenade [pʀɔmnad] *nf* walk (*ou* drive *ou* ride); **faire une ~** to go for a walk; **une ~ en voiture/à vélo** a drive/(bicycle) ride
promener [pʀɔmne] *vt* (*chien*) to take out for a walk; (*doigts, regard*): **~ qch sur** to run sth over; **se ~** *vi* to go for (*ou* be out for) a walk
promesse [pʀɔmɛs] *nf* promise
promettre [pʀɔmɛtʀ(ə)] *vt* to promise ♦ *vi* to be *ou* look promising; **~ à qn de faire** to promise sb that one will do
promiscuité [pʀɔmiskɥite] *nf* crowding; lack of privacy
promontoire [pʀɔmɔ̃twaʀ] *nm* headland
promoteur, trice [pʀɔmɔtœʀ, -tʀis] *nm/f* (*instigateur*) instigator, promoter; **~ (immobilier)** property developer (*BRIT*), real estate promoter (*US*)
promotion [pʀɔmosjɔ̃] *nf* promotion
promouvoir [pʀɔmuvwaʀ] *vt* to promote
prompt, e [pʀɔ̃, pʀɔ̃t] *adj* swift, rapid
prôner [pʀone] *vt* to advocate
pronom [pʀɔnɔ̃] *nm* pronoun
prononcer [pʀɔnɔ̃se] *vt* (*son, mot, jugement*) to pronounce; (*dire*) to utter; (*allocution*) to deliver; **se ~** *vi* to reach a decision, give a verdict; **se ~ sur** to give an opinion on; **se ~ contre** to come down against; **prononciation** *nf* pronunciation
pronostic [pʀɔnɔstik] *nm* (*MÉD*) prognosis; (*fig*: *aussi*: **~s**) forecast
propagande [pʀɔpagɑ̃d] *nf* propaganda
propager [pʀɔpaʒe] *vt* to spread; **se ~** *vi* to spread
prophète [pʀɔfɛt] *nm* prophet
prophétie [pʀɔfesi] *nf* prophecy
propice [pʀɔpis] *adj* favourable
proportion [pʀɔpɔʀsjɔ̃] *nf* proportion; **toute(s) ~(s) gardée(s)** making due allowance(s)
propos [pʀɔpo] *nm* (*paroles*) talk *no pl*, remark; (*intention*) intention, aim; (*sujet*): **à quel ~?** what about?; **à ~ de** about, regarding; **à tout ~** for no reason at all; **à ~** by the way; (*opportunément*) at the right moment
proposer [pʀɔpoze] *vt* (*suggérer*): **~ qch (à qn)/de faire** to suggest sth (to sb)/doing, propose sth (to sb)/ to do; (*offrir*): **~ qch à qn/de faire** to offer sb sth/to do; (*candidat*) to put forward; (*loi, motion*) to propose; **se ~** to offer one's services; **se ~ de faire** to intend *ou* propose to do; **proposition** *nf* suggestion; proposal; offer; (*LING*) clause
propre [pʀɔpʀ(ə)] *adj* clean; (*net*) neat, tidy; (*possessif*) own; (*sens*)

literal; (*particulier*): ~ **à** peculiar to; (*approprié*): ~ **à** suitable for; (*de nature à*): ~ **à faire** likely to do ♦ *nm*: **recopier au** ~ to make a fair copy of; **proprement** *adv* cleanly; neatly, tidily; **le village proprement dit** the village itself; **à proprement parler** strictly speaking; **propreté** *nf* cleanliness; neatness; tidiness

propriétaire [pʀɔpʀijetɛʀ] *nm/f* owner; (*pour le locataire*) landlord(lady)

propriété [pʀɔpʀijete] *nf* (*gén*) property; (*droit*) ownership; (*objet, immeuble, terres*) property *gén no pl*

propulser [pʀɔpylse] *vt* (*missile*) to propel; (*projeter*) to hurl, fling

proroger [pʀɔʀɔʒe] *vt* to put back, defer; (*prolonger*) to extend

proscrire [pʀɔskʀiʀ] *vt* (*bannir*) to banish; (*interdire*) to ban, prohibit

prose [proz] *nf* (*style*) prose

prospecter [pʀɔspɛkte] *vt* to prospect; (*COMM*) to canvass

prospectus [pʀɔspɛktys] *nm* leaflet

prospère [pʀɔspɛʀ] *adj* prosperous

prosterner [pʀɔstɛʀne] : **se** ~ *vi* to bow low, prostrate o.s.

prostituée [pʀɔstitɥe] *nf* prostitute

protecteur, trice [pʀɔtɛktœʀ, -tʀis] *adj* protective; (*air, ton*: *péj*) patronizing ♦ *nm/f* protector

protection [pʀɔtɛksjɔ̃] *nf* protection; (*d'un personnage influent*: *aide*) patronage

protéger [pʀɔteʒe] *vt* to protect; **se** ~ **de** *ou* **contre** to protect o.s. from

protéine [pʀɔtein] *nf* protein

protestant, e [pʀɔtɛstɑ̃, -ɑ̃t] *adj, nm/f* Protestant

protestation [pʀɔtɛstasjɔ̃] *nf* (*plainte*) protest

protester [pʀɔtɛste] *vi*: ~ **(contre)** to protest (against *ou* about); ~ **de** (*son innocence, sa loyauté*) to protest

prothèse [pʀɔtɛz] *nf* artificial limb, prosthesis; ~ **dentaire** denture

protocole [pʀɔtɔkɔl] *nm* (*fig*) etiquette

proue [pʀu] *nf* bow(s *pl*), prow

prouesse [pʀuɛs] *nf* feat

prouver [pʀuve] *vt* to prove

provenance [pʀɔvnɑ̃s] *nf* origin; (*de mot, coutume*) source; **avion en** ~ **de** plane (arriving) from

provenir [pʀɔvniʀ] : ~ **de** *vt* to come from; (*résulter de*) to be the result of

proverbe [pʀɔvɛʀb(ə)] *nm* proverb

province [pʀɔvɛ̃s] *nf* province

proviseur [pʀɔvizœʀ] *nm* ≈ head(teacher) (*BRIT*), ≈ principal (*US*)

provision [pʀɔvizjɔ̃] *nf* (*réserve*) stock, supply; (*avance*: *à un avocat, avoué*) retainer, retaining fee; (*COMM*) funds *pl* (in account); reserve; ~**s** *nfpl* (*vivres*) provisions, food *no pl*

provisoire [pʀɔvizwaʀ] *adj* temporary; (*JUR*) provisional

provoquer [pʀɔvɔke] *vt* (*inciter*): ~ **qn à** to incite sb to; (*défier*) to provoke; (*causer*) to cause, bring about

proxénète [pʀɔksenɛt] *nm* procurer

proximité [pʀɔksimite] *nf* nearness, closeness; (*dans le temps*) imminence, closeness; **à** ~ near *ou* close by; **à** ~ **de** near (to), close to

prude [pʀyd] *adj* prudish

prudemment [pʀydamɑ̃] *adv* carefully, cautiously; wisely, sensibly

prudence [pʀydɑ̃s] *nf* carefulness; caution; **avec** ~ carefully; cautiously; **par (mesure de)** ~ as a precaution

prudent, e [pʀydɑ̃, -ɑ̃t] *adj* (*pas téméraire*) careful, cautious; (: *en général*) safety-conscious; (*sage, conseillé*) wise, sensible; (*réservé*) cautious

prune [pʀyn] *nf* plum

pruneau, x [pʀyno] *nm* prune

prunelle [pʀynɛl] *nf* pupil; eye

prunier [pʀynje] *nm* plum tree

psaume [psom] *nm* psalm

pseudonyme [psødɔnim] *nm* (*gén*) fictitious name; (*d'écrivain*) pseudonym, pen name; (*de comédien*) stage

name
psychiatre [psikjatʀ(ə)] *nm/f* psychiatrist
psychiatrique [psikjatʀik] *adj* psychiatric
psychique [psiʃik] *adj* psychological
psychologie [psikɔlɔʒi] *nf* psychology; **psychologique** *adj* psychological; **psychologue** *nm/f* psychologist
P.T.T. *sigle fpl* = **Postes, Télécommunications et Télédiffusion**
pu *pp de* **pouvoir**
puanteur [pɥɑ̃tœʀ] *nf* stink, stench
pub [pyb] (*fam*) *abr f* (= *publicité*): **la ~** advertising
public, ique [pyblik] *adj* public; (*école, instruction*) state *cpd* ♦ *nm* public; (*assistance*) audience; **en ~** in public
publicitaire [pyblisitɛʀ] *adj* advertising *cpd*; (*film, voiture*) publicity *cpd*
publicité [pyblisite] *nf* (*méthode, profession*) advertising; (*annonce*) advertisement; (*révélations*) publicity
publier [pyblije] *vt* to publish
publique [pyblik] *adj voir* **public**
puce [pys] *nf* flea; (*INFORM*) chip; **~s** *nfpl* (*marché*) flea market *sg*
pudeur [pydœʀ] *nf* modesty
pudique [pydik] *adj* (*chaste*) modest; (*discret*) discreet
puer [pɥe] (*péj*) *vi* to stink
puéricultrice [pɥeʀikyltʀis] *nf* p(a)ediatric nurse
puériculture [pɥeʀikyltyʀ] *nf* p(a)ediatric nursing; infant care
puéril, e [pɥeʀil] *adj* childish
puis [pɥi] *vb voir* **pouvoir** ♦ *adv* then
puiser [pɥize] *vt*: **~ (dans)** to draw (from)
puisque [pɥisk(ə)] *conj* since
puissance [pɥisɑ̃s] *nf* power; **en ~** potential
puissant, e [pɥisɑ̃, -ɑ̃t] *adj* powerful
puisse *etc vb voir* **pouvoir**
puits [pɥi] *nm* well; **~ de mine** mine shaft
pull(-over) [pul(ɔvœʀ)] *nm* sweater
pulluler [pylyle] *vi* to swarm
pulpe [pylp(ə)] *nf* pulp
pulvérisateur [pylveʀizatœʀ] *nm* spray
pulvériser [pylveʀize] *vt* to pulverize; (*liquide*) to spray
punaise [pynɛz] *nf* (*ZOOL*) bug; (*clou*) drawing pin (*BRIT*), thumbtack (*US*)
punch[1] [pɔ̃ʃ] *nm* (*boisson*) punch
punch[2] [pœnʃ] *nm* (*BOXE, fig*) punch
punir [pyniʀ] *vt* to punish; **punition** *nf* punishment
pupille [pypij] *nf* (*ANAT*) pupil ♦ *nm/f* (*enfant*) ward; **~ de l'Etat** child in care
pupitre [pypitʀ(ə)] *nm* (*SCOL*) desk; (*REL*) lectern; (*de chef d'orchestre*) rostrum
pur, e [pyʀ] *adj* pure; (*vin*) undiluted; (*whisky*) neat; **en ~e perte** to no avail
purée [pyʀe] *nf*: **~ (de pommes de terre)** mashed potatoes *pl*; **~ de marrons** chestnut purée
purger [pyʀʒe] *vt* (*radiateur*) to drain; (*circuit hydraulique*) to bleed; (*MÉD, POL*) to purge; (*JUR: peine*) to serve
purin [pyʀɛ̃] *nm* liquid manure
pur-sang [pyʀsɑ̃] *nm inv* thoroughbred
pusillanime [pyzilanim] *adj* fainthearted
putain [pytɛ̃] (*fam!*) *nf* whore (*!*)
puzzle [pœzl(ə)] *nm* jigsaw (puzzle)
P.V. *sigle m* = **procès-verbal**
pyjama [piʒama] *nm* pyjamas *pl* (*BRIT*), pajamas *pl* (*US*)
pyramide [piʀamid] *nf* pyramid
Pyrénées [piʀene] *nfpl*: **les ~** the Pyrenees

Q

QG [kyʒe] *sigle m* (= *quartier général*) HQ
QI [kyi] *sigle m* (= *quotient intellectuel*) IQ
quadragénaire [kadʀaʒenɛʀ] *nm/f* man/woman in his/her forties
quadriller [kadʀije] *vt* (*papier*) to mark out in squares; (*POLICE*) to keep under tight control
quadruple [k(w)adʀypl(ə)] *nm*: **le ~ de** four times as much as; **quadruplés, ées** *nm/fpl* quadruplets, quads
quai [ke] *nm* (*de port*) quay; (*de gare*) platform; **être à ~** (*navire*) to be alongside; (*train*) to be in the station
qualifier [kalifje] *vt* to qualify; **se ~** *vi* to qualify; **~ qch/qn de** to describe sth/sb as
qualité [kalite] *nf* quality; (*titre, fonction*) position
quand [kɑ̃] *conj, adv* when; **~ je serai riche** when I'm rich; **~ même** all the same; really; **~ bien même** even though
quant [kɑ̃] : **~ à** *prép* as for, as to; regarding
quant-à-soi [kɑ̃taswa] *nm*: **rester sur son ~** to remain aloof
quantité [kɑ̃tite] *nf* quantity, amount; (*SCIENCE*) quantity; (*grand nombre*): **une** *ou* **des ~(s) de** a great deal of
quarantaine [kaʀɑ̃tɛn] *nf* (*MÉD*) quarantine; **avoir la ~** (*âge*) to be around forty; **une ~ (de)** forty or so, about forty
quarante [kaʀɑ̃t] *num* forty
quart [kaʀ] *nm* (*fraction, partie*) quarter; (*surveillance*) watch; **un ~ de beurre** a quarter kilo of butter; **un ~ de vin** a quarter litre of wine; **une livre un ~** *ou* **et ~** one and a quarter pounds; **le ~ de** a quarter of; **~ d'heure** quarter of an hour
quartier [kaʀtje] *nm* (*de ville*) district, area; (*de bœuf*) quarter; (*de fruit, fromage*) piece; **~s** *nmpl* (*MIL, BLASON*) quarters; **cinéma de ~** local cinema; **avoir ~ libre** (*fig*) to be free; **~ général** headquarters *pl*
quartz [kwaʀts] *nm* quartz
quasi [kazi] *adv* almost, nearly; **quasiment** *adv* almost, nearly
quatorze [katɔʀz(ə)] *num* fourteen
quatre [katʀ(ə)] *num* four; **à ~ pattes** on all fours; **tiré à ~ épingles** dressed up to the nines; **faire les ~ cent coups** to get a bit wild; **se mettre en ~ pour qn** to go out of one's way for sb; **~ à ~** (*monter, descendre*) four at a time; **quatre-vingt-dix** *num* ninety; **quatre-vingts** *num* eighty; **quatrième** *num* fourth
quatuor [kwatɥɔʀ] *nm* quartet(te)

MOT-CLÉ

que [kə] *conj* **1** (*introduisant complétive*) that; **il sait ~ tu es là** he knows (that) you're here; **je veux ~ tu acceptes** I want you to accept; **il a dit ~ oui** he said he would (*ou* it was *etc*)

2 (*reprise d'autres conjonctions*): **quand il rentrera et qu'il aura mangé** when he gets back and (when) he has eaten; **si vous y allez ou ~ vous ...** if you go there or if you ...

3 (*en tête de phrase*: *hypothèse, souhait etc*): **qu'il le veuille ou non** whether he likes it or not let him do as he pleases!

4 (*après comparatif*) than; as; *voir aussi* **plus; aussi; autant** *etc*

5 (*seulement*): **ne ... ~** only; **il ne boit ~ de l'eau** he only drinks water

♦ *adv* (*exclamation*): **qu'il** *ou* **qu'est-ce qu'il est bête/court vite!** he's so silly!/he runs so fast!; **~ de livres!** what a lot of books!

♦ *pron* **1** (*relatif*: *personne*) whom; (: *chose*) that, which; **l'homme ~ je vois** the man (whom) I see; **le livre ~ tu vois** the book (that *ou*

which) you see; **un jour ~ j'étais** ... a day when I was ...
2 (*interrogatif*) what; **~ fais-tu?**, **qu'est-ce ~ tu fais?** what are you doing?; **qu'est-ce ~ c'est?** what is it?, what's that?; **~ faire?** what can one do?

MOT-CLÉ

quel, quelle [kɛl] *adj* **1** (*interrogatif: personne*) who; (*: chose*) what; which; **~ est cet homme?** who is this man?; **~ est ce livre?** what is this book?; **~ livre/homme?** what book/man?; (*parmi un certain choix*) which book/man?; **~s acteurs préférez-vous?** which actors do you prefer?; **dans ~s pays êtes-vous allé** which *ou* what countries did you go to?
2 (*exclamatif*): **quelle surprise!** what a surprise!
3: **quel(le) que soit coupable** whoever is guilty; **~ que soit votre avis** whatever your opinion

quelconque [kɛlkɔ̃k] *adj* (*médiocre*) indifferent, poor; (*sans attrait*) ordinary, plain; (*indéfini*): **un ami/pretexte ~** some friend/pretext or other

MOT-CLÉ

quelque [kɛlkə] *adj* **1** some; a few; (*tournure interrogative*) any; **~ espoir** some hope; **il a ~s amis** he has a few *ou* some friends; **a-t-il ~s amis?** has he any friends?; **les ~s livres qui** the few books which; **20 kg et ~(s)** a bit over 20 kg
2: **~ ... que** whatever (*ou* whichever) book he chooses
3: **~ chose** something; (*tournure interrogative*) anything; **~ chose d'autre** something else; anything else; **~ part** somewhere; anywhere; **en ~ sorte** as it were
♦ *adv* **1** (*environ*): **~ 100 mètres** some 100 metres
2: **~ peu** rather, somewhat

quelquefois [kɛlkəfwa] *adv* sometimes
quelques-uns, -unes [kɛlkəzœ̃, -yn] *pron* a few, some
quelqu'un [kɛlkœ̃] *pron* someone, somebody, *tournure interrogative* +anyone *ou* anybody; **~ d'autre** someone *ou* somebody else; anybody else
quémander [kemɑ̃de] *vt* to beg for
qu'en dira-t-on [kɑ̃diʀatɔ̃] *nm inv*: **le ~** gossip, what people say
querelle [kəʀɛl] *nf* quarrel
quereller [kəʀele]: **se ~** *vi* to quarrel
qu'est-ce que [kɛskə] *voir* **que**
qu'est-ce qui [kɛski] *voir* **qui**
question [kɛstjɔ̃] *nf* (*gén*) question; (*fig*) matter; issue; **il a été ~ de** we (*ou* they) spoke about; **de quoi est-il ~?** what is it about?; **il n'en est pas ~** there's no question of it; **hors de ~** out of the question; **remettre en ~** to question; **~naire** [kɛstjɔnɛʀ] *nm* questionnaire; **~ner** [kɛstjɔne] *vt* to question
quête [kɛt] *nf* collection; (*recherche*) quest, search; **faire la ~** (*à l'église*) to take the collection; (*artiste*) to pass the hat round; **quêter** *vi* (*à l'église*) to take the collection
quetsche [kwɛtʃ(ə)] *nf* damson
queue [kø] *nf* tail; (*fig: du classement*) bottom; (*: de poêle*) handle; (*: de fruit, feuille*) stalk; (*: de train, colonne, file*) rear; **faire la ~** to queue (up) (*BRIT*), line up (*US*); **~ de cheval** ponytail; **queue-de-pie** *nf* (*habit*) tails *pl*, tail coat
qui [ki] *pron* (*personne*) who, *prép* +whom; (*chose, animal*) which, that; **qu'est-ce ~ est sur la table?** what is on the table?; **~ est-ce ~?** who?; **~ est-ce que?** who?; whom?; **à ~ est ce sac?** whose bag is this?; **à ~ parlais-tu?** who were you talking to?, to whom were you talking?; **amenez ~ vous voulez** bring who

you like; ~ **que ce soit** whoever it may be

quiconque [kikɔ̃k] *pron* (*celui qui*) whoever, anyone who; (*personne*) anyone, anybody

quiétude [kjetyd] *nf* (*d'un lieu*) quiet, tranquillity; **en toute ~** in complete peace

quille [kij] *nf*: **(jeu de) ~s** skittles *sg* (*BRIT*), bowling (*US*)

quincaillerie [kɛ̃kɑjʀi] *nf* (*ustensiles*) hardware; (*magasin*) hardware shop; **quincaillier, ière** *nm/f* hardware dealer

quinquagénaire [kɛ̃kaʒenɛʀ] *nm/f* man/woman in his/her fifties

quintal, aux [kɛ̃tal, -o] *nm* quintal (*100 kg*)

quinte [kɛ̃t] *nf*: **~ (de toux)** coughing fit

quintuple [kɛ̃typl(ə)] *nm*: **le ~ de** five times as much as; **quintuplés, ées** *nm/fpl* quintuplets, quins

quinzaine [kɛ̃zɛn] *nf*: **une ~ (de)** about fifteen, fifteen or so; **une ~ (de jours)** a fortnight (*BRIT*), two weeks

quinze [kɛ̃z] *num* fifteen; **demain en ~** a fortnight *ou* two weeks tomorrow; **dans ~ jours** in a fortnight('s time), in two weeks (' time)

quiproquo [kipʀɔko] *nm* misunderstanding

quittance [kitɑ̃s] *nf* (*reçu*) receipt; (*facture*) bill

quitte [kit] *adj*: **être ~ envers qn** to be no longer in sb's debt; (*fig*) to be quits with sb; **être ~ de** (*obligation*) to be clear of; **en être ~ à bon compte** to have got off lightly; **~ à faire** even if it means doing

quitter [kite] *vt* to leave; (*espoir, illusion*) to give up; (*vêtement*) to take off; **se ~** *vi* (*couples, interlocuteurs*) to part; **ne quittez pas** (*au téléphone*) hold the line

qui-vive [kiviv] *nm*: **être sur le ~** to be on the alert

quoi [kwa] *pron* (*interrogatif*) what; **~ de neuf?** what's the news?; **as-tu de ~ écrire?** have you anything to write with?; **il n'a pas de ~ se l'acheter** he can't afford it; **~ qu'il arrive** whatever happens; **~ qu'il en soit** be that as it may; **~ que ce soit** anything at all; **"il n'y a pas de ~"** "(please) don't mention it"; **à ~ bon?** what's the use?; **en ~ puis-je vous aider?** how can I help you?

quoique [kwak(ə)] *conj* (al)though

quolibet [kɔlibɛ] *nm* gibe, jeer

quote-part [kɔtpaʀ] *nf* share

quotidien, ne [kɔtidjɛ̃, -ɛn] *adj* daily; (*banal*) everyday ♦ *nm* (*journal*) daily (paper)

R

r. *abr* = **route; rue**

rab [ʀab] (*fam*) *abr m* = **rabiot**

rabâcher [ʀabɑʃe] *vt* to keep on repeating

rabais [ʀabɛ] *nm* reduction, discount

rabaisser [ʀabese] *vt* (*rabattre*) to reduce; (*dénigrer*) to belittle

rabattre [ʀabatʀ(ə)] *vt* (*couvercle, siège*) to pull down; (*gibier*) to drive; **se ~** *vi* (*bords, couvercle*) to fall shut; (*véhicule, coureur*) to cut in; **se ~ sur** to fall back on

rabbin [ʀabɛ̃] *nm* rabbi

rabiot [ʀabjo] (*fam*) *nm* extra, more

râblé, e [ʀɑble] *adj* stocky

rabot [ʀabo] *nm* plane

rabougri, e [ʀabugʀi] *adj* stunted

rabrouer [ʀabʀue] *vt* to snub

racaille [ʀakɑj] (*péj*) *nf* rabble, riffraff

raccommoder [ʀakɔmɔde] *vt* to mend, repair; (*chaussette etc*) to darn

raccompagner [ʀakɔ̃paɲe] *vt* to take *ou* see back

raccord [ʀakɔʀ] *nm* link

raccorder [ʀakɔʀde] *vt* to join (up), link up; (*suj: pont etc*) to connect, link

raccourci [ʀakuʀsi] *nm* short cut

raccourcir [ʀakuʀsiʀ] *vt* to shorten

raccrocher [ʀakʀɔʃe] *vt* (*tableau*) to hang back up; (*récepteur*) to put down ♦ *vi* (*TEL*) to hang up, ring off; se ~ à *vt* to cling to, hang on to
race [ʀas] *nf* race; (*d'animaux, fig*) breed; (*ascendance*) stock, race; **de** ~ purebred, pedigree
rachat [ʀaʃa] *nm* buying; buying back
racheter [ʀaʃte] *vt* (*article perdu*) to buy another; (*davantage*): ~ **du lait/3 œufs** to buy more milk/another 3 eggs *ou* 3 more eggs; (*après avoir vendu*) to buy back; (*d'occasion*) to buy; (*COMM: part, firme*) to buy up; (: *pension, rente*) to redeem; se ~ *vi* (*fig*) to make amends
racial, e, aux [ʀasjal, -o] *adj* racial
racine [ʀasin] *nf* root; ~ **carrée/cubique** square/cube root
raciste [ʀasist(ə)] *adj, nm/f* raci(al)ist
racket [ʀakɛt] *nm* racketeering *no pl*
racler [ʀɑkle] *vt* (*surface*) to scrape; (*tache, boue*) to scrape off
racoler [ʀakɔle] *vt* (*attirer: suj: prostituée*) to solicit; (: *parti, marchand*) to tout for
racontars [ʀakɔ̃taʀ] *nmpl* gossip *sg*
raconter [ʀakɔ̃te] *vt*: ~ **(à qn)** (*décrire*) to relate (to sb), tell (sb) about; (*dire*) to tell (sb)
racorni, e [ʀakɔʀni] *adj* hard(ened)
radar [ʀadaʀ] *nm* radar
rade [ʀad] *nf* (natural) harbour; **rester en** ~ (*fig*) to be left stranded
radeau, x [ʀado] *nm* raft
radiateur [ʀadjatœʀ] *nm* radiator, heater; (*AUTO*) radiator; ~ **électrique/à gaz** electric/gas heater *ou* fire
radiation [ʀadjɑsjɔ̃] *nf* (*voir radier*) striking off *no pl*; (*PHYSIQUE*) radiation
radical, e, aux [ʀadikal, -o] *adj* radical
radier [ʀadje] *vt* to strike off
radieux, euse [ʀadjø, -øz] *adj* radiant; brilliant, glorious
radin, e [ʀadɛ̃, -in] (*fam*) *adj* stingy
radio [ʀadjo] *nf* radio; (*MÉD*) X-ray ♦ *nm* radio operator; **à la** ~ on the radio; **radioactif, ive** *adj* radioactive; **radiodiffuser** *vt* to broadcast; **radiographie** *nf* radiography; (*photo*) X-ray photograph; **radiophonique** *adj* radio *cpd*; **radio-réveil** (*pl* **radios-réveils**) *nm* radio alarm clock; **radiotélévisé, e** *adj* broadcast on radio and television
radis [ʀadi] *nm* radish
radoter [ʀadɔte] *vi* to ramble on
radoucir [ʀadusiʀ] : **se** ~ *vi* (*se réchauffer*) to become milder; (*se calmer*) to calm down; to soften
rafale [ʀafal] *nf* (*vent*) gust (of wind); (*tir*) burst of gunfire
raffermir [ʀafɛʀmiʀ] *vt* to firm up; (*fig*) to strengthen
raffiner [ʀafine] *vt* to refine; **raffinerie** *nf* refinery
raffoler [ʀafɔle]: ~ **de** *vt* to be very keen on
rafle [ʀɑfl(ə)] *nf* (*de police*) raid
rafler [ʀɑfle] (*fam*) *vt* to swipe, nick
rafraîchir [ʀafʀeʃiʀ] *vt* (*atmosphère, température*) to cool (down); (*aussi: mettre à* ~) to chill; (*fig: rénover*) to brighten up; **se** ~ *vi* to grow cooler; to freshen up; to refresh o.s.; **rafraîchissant, e** *adj* refreshing; **rafraîchissement** *nm* cooling; (*boisson*) cool drink; **rafraîchissements** *nmpl* (*boissons, fruits etc*) refreshments
rage [ʀaʒ] *nf* (*MÉD*): **la** ~ rabies; (*fureur*) rage, fury; **faire** ~ to rage; ~ **de dents** (raging) toothache
ragot [ʀago] (*fam*) *nm* malicious gossip *no pl*
ragoût [ʀagu] *nm* (*plat*) stew
raide [ʀɛd] *adj* (*tendu*) taut, tight; (*escarpé*) steep; (*droit: cheveux*) straight; (*ankylosé, dur, guindé*) stiff; (*fam*) steep, stiff; flat broke ♦ *adv* (*en pente*) steeply; ~ **mort** stone dead; **raidir** *vt* (*muscles*) to stiffen; (*câble*) to pull taut; **se raidir** *vi* to stiffen; to become taut; (*personne*) to tense up; to brace o.s.
raie [ʀɛ] *nf* (*ZOOL*) skate, ray;

(*rayure*) stripe; (*des cheveux*) parting
raifort [ʀɛfɔʀ] *nm* horseradish
rail [ʀɑj] *nm* rail; (*chemins de fer*) railways *pl*; **par** ~ by rail
railler [ʀɑje] *vt* to scoff at, jeer at
rainure [ʀenyʀ] *nf* groove; slot
raisin [ʀɛzɛ̃] *nm* (*aussi*: ~*s*) grapes *pl*; ~**s secs** raisins
raison [ʀɛzɔ̃] *nf* reason; **avoir** ~ to be right; **donner** ~ **à qn** to agree with sb; to prove sb right; **se faire une** ~ to learn to live with it; **perdre la** ~ to become insane; to take leave of one's senses; ~ **de plus** all the more reason; **à plus forte** ~ all the more so; **en** ~ **de** because of; according to; in proportion to; **à** ~ **de** at the rate of; ~ **sociale** corporate name; **raisonnable** *adj* reasonable, sensible
raisonnement [ʀɛzɔnmɑ̃] *nm* reasoning; arguing; argument
raisonner [ʀɛzɔne] *vi* (*penser*) to reason; (*argumenter, discuter*) to argue ♦ *vt* (*personne*) to reason with
rajeunir [ʀaʒœniʀ] *vt* (*suj*: *coiffure, robe*): ~ **qn** to make sb look younger; (: *cure etc*) to rejuvenate; (*fig*) to give a new look to; to inject new blood into ♦ *vi* to become (*ou* look) younger
rajouter [ʀaʒute] *vt*: ~ **du sel/un œuf** to add some more salt/another egg
rajuster [ʀaʒyste] *vt* (*vêtement*) to straighten, tidy; (*salaires*) to adjust; (*machine*) to readjust
ralenti [ʀalɑ̃ti] *nm*: **au** ~ (*AUTO*) to tick over (*AUTO*), idle; **au** ~ (*CINÉMA*) in slow motion; (*fig*) at a slower pace
ralentir [ʀalɑ̃tiʀ] *vt* to slow down
râler [ʀɑle] *vi* to groan; (*fam*) to grouse, moan (and groan)
rallier [ʀalje] *vt* (*rassembler*) to rally; (*rejoindre*) to rejoin; (*gagner à sa cause*) to win over; **se** ~ **à** (*avis*) to come over *ou* round to
rallonge [ʀalɔ̃ʒ] *nf* (*de table*) (extra) leaf; (*argent etc*) extra *no pl*
rallonger [ʀalɔ̃ʒe] *vt* to lengthen
rallye [ʀali] *nm* rally; (*POL*) march
ramassage [ʀamɑsaʒ] *nm*: ~ **scolaire** school bus service
ramassé, e [ʀamɑse] *adj* (*trapu*) squat
ramasser [ʀamɑse] *vt* (*objet tombé ou par terre, fam*) to pick up; (*recueillir*) to collect; (*récolter*) to gather; **se** ~ *vi* (*sur soi-même*) to huddle up; to crouch; **ramassis** (*péj*) *nm* bunch; jumble
rambarde [ʀɑ̃baʀd(ə)] *nf* guardrail
rame [ʀam] *nf* (*aviron*) oar; (*de métro*) train; (*de papier*) ream
rameau, x [ʀamo] *nm* (small) branch; **les R~x** (*REL*) Palm Sunday *sg*
ramener [ʀamne] *vt* to bring back; (*reconduire*) to take back; (*rabattre*: *couverture, visière*): ~ **qch sur** to pull sth back over; ~ **qch à** (*réduire à, aussi MATH*) to reduce sth to
ramer [ʀame] *vi* to row
ramollir [ʀamɔliʀ] *vt* to soften; **se** ~ *vi* to go soft
ramoner [ʀamɔne] *vt* to sweep
rampe [ʀɑ̃p] *nf* (*d'escalier*) banister(s *pl*); (*dans un garage, d'un terrain*) ramp; (*THÉÂTRE*): **la** ~ the footlights *pl*; ~ **de lancement** launching pad
ramper [ʀɑ̃pe] *vi* to crawl
rancard [ʀɑ̃kaʀ] (*fam*) *nm* date; tip
rancart [ʀɑ̃kaʀ] *nm*: **mettre au** ~ to scrap
rance [ʀɑ̃s] *adj* rancid
rancœur [ʀɑ̃kœʀ] *nf* rancour
rançon [ʀɑ̃sɔ̃] *nf* ransom; (*fig*) price
rancune [ʀɑ̃kyn] *nf* grudge, rancour; **garder** ~ **à qn (de qch)** to bear sb a grudge (for sth); **sans** ~! no hard feelings!; **rancunier, ière** *adj* vindictive, spiteful
randonnée [ʀɑ̃dɔne] *nf* ride; (*à pied*) walk, ramble; hike, hiking *no pl*
rang [ʀɑ̃] *nm* (*rangée*) row; (*grade, classement*) rank; ~**s** *nmpl* (*MIL*)

ranks; **se mettre en ~s/sur un ~** to get into *ou* form rows/a line; **au premier ~** in the first row; (*fig*) ranking first

rangé, e [ʀɑ̃ʒe] *adj* (*sérieux*) orderly, steady

rangée [ʀɑ̃ʒe] *nf* row

ranger [ʀɑ̃ʒe] *vt* (*classer, grouper*) to order, arrange; (*mettre à sa place*) to put away; (*voiture dans la rue*) to park; (*mettre de l'ordre dans*) to tidy up; (*arranger*) to arrange; (*fig: classer*): **~ qn/qch parmi** to rank sb/sth among; **se ~** *vi* (*véhicule, conducteur*) to pull over *ou* in; (*piéton*) to step aside; (*s'assagir*) to settle down; **se ~ à** (*avis*) to come round to

ranimer [ʀanime] *vt* (*personne*) to bring round; (*forces, courage*) to restore; (*troupes etc*) to kindle new life in; (*douleur, souvenir*) to revive; (*feu*) to rekindle

rap [ʀap] *nm* rap (music)

rapace [ʀapas] *nm* bird of prey

râpe [ʀɑp] *nf* (*CULIN*) grater

râpé, e [ʀɑpe] *adj* (*tissu*) threadbare

râper [ʀɑpe] *vt* (*CULIN*) to grate

rapetisser [ʀaptise] *vt* to shorten

rapide [ʀapid] *adj* fast; (*prompt*) quick ♦ *nm* express (train); (*de cours d'eau*) rapid; **rapidement** *adv* fast; quickly

rapiécer [ʀapjese] *vt* to patch

rappel [ʀapɛl] *nm* (*THÉÂTRE*) curtain call; (*MÉD: vaccination*) booster; (*ADMIN: de salaire*) back pay *no pl*; (*d'une aventure, d'un nom*) reminder

rappeler [ʀaple] *vt* to call back; (*ambassadeur, MIL*) to recall; (*faire se souvenir*): **~ qch à qn** to remind sb of sth; **se ~** *vt* (*se souvenir de*) to remember, recall

rapport [ʀapɔʀ] *nm* (*compte rendu*) report; (*profit*) yield, return; revenue; (*lien, analogie*) relationship; (*MATH, TECH*) ratio; **~s** *nmpl* (*entre personnes, pays*) relations; **avoir ~ à** to have something to do with; **être en ~ avec** (*idée de corrélation*) to be related to; **être/se mettre en ~ avec qn** to be/get in touch with sb; **par ~ à** in relation to; **~ qualité-prix** *nm* value (for money); **~s (sexuels)** (sexual) intercourse *sg*

rapporter [ʀapɔʀte] *vt* (*rendre, ramener*) to bring back; (*apporter davantage*) to bring more; (*suj: investissement*) to yield; (*: activité*) to bring in; (*relater*) to report ♦ *vi* (*investissement*) to give a good return *ou* yield; (*: activité*) to be very profitable; **se ~ à** (*correspondre à*) to relate to; **s'en ~ à** to rely on; **~ qch à** (*fig: rattacher*) to relate sth to; **rapporteur, euse** *nm/f* (*de procès, commission*) reporter; (*péj*) telltale ♦ *nm* (*GÉOM*) protractor

rapprochement [ʀapʀɔʃmɑ̃] *nm* (*de nations, familles*) reconciliation; (*analogie, rapport*) parallel

rapprocher [ʀapʀɔʃe] *vt* (*chaise d'une table*): **~ qch (de)** to bring sth closer (to); (*deux objets*) to bring closer together; (*réunir*) to bring together; (*comparer*) to establish a parallel between; **se ~** *vi* to draw closer *ou* nearer; **se ~ de** to come closer to; (*présenter une analogie avec*) to be close to

rapt [ʀapt] *nm* abduction

raquette [ʀakɛt] *nf* (*de tennis*) racket; (*de ping-pong*) bat; (*à neige*) snowshoe

rare [ʀɑʀ] *adj* rare; (*main-d'œuvre, denrées*) scarce; (*cheveux, herbe*) sparse

rarement [ʀɑʀmɑ̃] *adv* rarely, seldom

ras, e [ʀɑ, ʀɑz] *adj* (*tête, cheveux*) close-cropped; (*poil, herbe*) short ♦ *adv* short; **en ~e campagne** in open country; **à ~ bords** to the brim; **au ~ de** level with; **en avoir ~ le bol** (*fam*) to be fed up; **~ du cou** *adj* (*pull, robe*) crew-neck

rasade [ʀazad] *nf* glassful

raser [ʀɑze] *vt* (*barbe, cheveux*) to shave off; (*menton, personne*) to

shave; (*fam*: *ennuyer*) to bore; (*démolir*) to raze (to the ground); (*frôler*) to graze, skim; se ~ *vi* to shave; (*fam*) to be bored (to tears);
rasoir *nm* razor
rassasier [rasazje] *vt* to satisfy
rassemblement [rasɑ̃bləmɑ̃] *nm* (*groupe*) gathering; (*POL*) union
rassembler [rasɑ̃ble] *vt* (*réunir*) to assemble, gather; (*regrouper, amasser*) to gather together, collect; se ~ *vi* to gather
rassis, e [rasi, -iz] *adj* (*pain*) stale
rassurer [rasyre] *vt* to reassure; se ~ *vi* to be reassured; **rassure-toi** don't worry
rat [ra] *nm* rat
rate [rat] *nf* spleen
raté, e [rate] *adj* (*tentative*) unsuccessful, failed ♦ *nm/f* failure ♦ *nm* misfiring *no pl*
râteau, x [rɑto] *nm* rake
râtelier [rɑtəlje] *nm* rack; (*fam*) false teeth *pl*
rater [rate] *vi* (*affaire, projet etc*) to go wrong, fail ♦ *vt* (*cible, train, occasion*) to miss; (*démonstration, plat*) to spoil; (*examen*) to fail
ration [rɑsjɔ̃] *nf* ration; (*fig*) share
ratisser [ratise] *vt* (*allée*) to rake; (*feuilles*) to rake up; (*suj*: *armée, police*) to comb
R.A.T.P. *sigle f* (= *Régie autonome des transports parisiens*) *Paris transport authority*
rattacher [rataʃe] *vt* (*animal, cheveux*) to tie up again; (*incorporer*: *ADMIN etc*): ~ **qch à** to join sth to; (*fig*: *relier*): ~ **qch à** to link sth with; (: *lier*): ~ **qn à** to bind *ou* tie sb to
rattraper [ratrape] *vt* (*fugitif*) to recapture; (*empêcher de tomber*) to catch (hold of); (*atteindre, rejoindre*) to catch up with; (*réparer*: *imprudence, erreur*) to make up for; se ~ *vi* to make good one's losses; to make up for it; se ~ **(à)** (*se raccrocher*) to stop o.s. falling (by catching hold of)
rature [ratyr] *nf* deletion, erasure
rauque [rok] *adj* raucous; hoarse
ravages [ravaʒ] *nmpl*: **faire des ~** to wreak havoc
ravaler [ravale] *vt* (*mur, façade*) to restore; (*déprécier*) to lower
ravi, e [ravi] *adj*: **être ~ de/que** to be delighted with/that
ravin [ravɛ̃] *nm* gully, ravine
ravir [ravir] *vt* (*enchanter*) to delight; (*enlever*): ~ **qch à qn** to rob sb of sth; **à ~** beautifully
raviser [ravize] : **se ~** *vi* to change one's mind
ravissant, e [ravisɑ̃, -ɑ̃t] *adj* delightful
ravisseur, euse [ravisœr, -øz] *nm/f* abductor, kidnapper
ravitailler [ravitɑje] *vt* to resupply; (*véhicule*) to refuel; **se ~** *vi* to get fresh supplies
raviver [ravive] *vt* (*feu, douleur*) to revive; (*couleurs*) to brighten up
rayé, e [reje] *adj* (*à rayures*) striped
rayer [reje] *vt* (*érafler*) to scratch; (*barrer*) to cross out; (*d'une liste*) to cross off
rayon [rɛjɔ̃] *nm* (*de soleil etc*) ray; (*GÉOM*) radius; (*de roue*) spoke; (*étagère*) shelf; (*de grand magasin*) department; **dans un ~ de** within a radius of; **~ d'action** range; **~ de soleil** sunbeam; **~s X** X-rays
rayonnement [rɛjɔnmɑ̃] *nm* radiation; (*fig*) radiance; influence
rayonner [rɛjɔne] *vi* (*chaleur, énergie*) to radiate; (*fig*) to shine forth; to be radiant; (*touriste*) to go touring (*from one base*)
rayure [rɛjyr] *nf* (*motif*) stripe; (*éraflure*) scratch; (*rainure, d'un fusil*) groove
raz-de-marée [rɑdmare] *nm inv* tidal wave
ré [re] *nm* (*MUS*) D; (*en chantant la gamme*) re
réacteur [reaktœr] *nm* jet engine
réaction [reaksjɔ̃] *nf* reaction; **moteur à ~** jet engine
réadapter [readapte] *vt* to readjust;

(*MÉD*) to rehabilitate; se ~ (à) to readjust (to)
réagir [ʀeaʒiʀ] *vi* to react
réalisateur, trice [ʀealizatœʀ, -tʀis] *nm/f* (*TV, CINÉMA*) director
réalisation [ʀealizɑsjɔ̃] *nf* carrying out; realization; fulfilment; achievement; production; (*œuvre*) production; creation; work
réaliser [ʀealize] *vt* (*projet, opération*) to carry out, realize; (*rêve, souhait*) to realize, fulfil; (*exploit*) to achieve; (*achat, vente*) to make; (*film*) to produce; (*se rendre compte de, COMM: bien, capital*) to realize; se ~ *vi* to be realized
réaliste [ʀealist(ə)] *adj* realistic
réalité [ʀealite] *nf* reality; en ~ in (actual) fact; **dans la** ~ in reality; ~ **virtuelle** (*COMPUT*) virtual reality
réanimation [ʀeanimɑsjɔ̃] *nf* resuscitation; **service de** ~ intensive care unit
réarmer [ʀeaʀme] *vt* (*arme*) to reload ♦ *vi* (*état*) to rearm
rébarbatif, ive [ʀebaʀbatif, -iv] *adj* forbidding
rebattu, e [ʀəbaty] *adj* hackneyed
rebelle [ʀəbɛl] *nm/f* rebel ♦ *adj* (*troupes*) rebel; (*enfant*) rebellious; (*mèche etc*) unruly; ~ **à** unamenable to
rebeller [ʀəbele]: se ~ *vi* to rebel
rebondi, e [ʀəbɔ̃di] *adj* rounded; chubby
rebondir [ʀəbɔ̃diʀ] *vi* (*ballon: au sol*) to bounce; (: *contre un mur*) to rebound; (*fig*) to get moving again; **rebondissement** *nm* new development
rebord [ʀəbɔʀ] *nm* edge
rebours [ʀəbuʀ]: à ~ *adv* the wrong way
rebrousse-poil [ʀəbʀuspwal] : à ~ *adv* the wrong way
rebrousser [ʀəbʀuse] *vt*: ~ **chemin** to turn back
rebut [ʀəby] *nm*: **mettre au** ~ to scrap; ~**er** [ʀəbyte] *vt* to put off
récalcitrant, e [ʀekalsitʀɑ̃, -ɑ̃t] *adj* refractory
recaler [ʀəkale] *vt* (*SCOL*) to fail
récapituler [ʀekapityle] *vt* to recapitulate; to sum up
receler [ʀəsəle] *vt* (*produit d'un vol*) to receive; (*malfaiteur*) to harbour; (*fig*) to conceal; **receleur, euse** *nm/f* receiver
récemment [ʀesamɑ̃] *adv* recently
recenser [ʀəsɑ̃se] *vt* (*population*) to take a census of; (*inventorier*) to list
récent, e [ʀesɑ̃, -ɑ̃t] *adj* recent
récépissé [ʀesepise] *nm* receipt
récepteur [ʀesɛptœʀ] *nm* receiver; ~ **(de radio)** radio set *ou* receiver
réception [ʀesɛpsjɔ̃] *nf* receiving *no pl*; (*accueil*) reception, welcome; (*bureau*) reception desk; (*réunion mondaine*) reception, party; **réceptionniste** *nm/f* receptionist
recette [ʀəsɛt] *nf* (*CULIN*) recipe; (*fig*) formula, recipe; (*COMM*) takings *pl*; ~s *nfpl*(: *rentrées*) receipts
receveur, euse [ʀəsvœʀ, -øz] *nm/f* (*des contributions*) tax collector; (*des postes*) postmaster(mistress); (*d'autobus*) conductor(tress)
recevoir [ʀəsvwaʀ] *vt* to receive; (*client, patient*) to see ♦ *vi* to receive visitors; to give parties; to see patients *etc*; se ~ *vi* (*athlète*) to land; **être reçu** (*à un examen*) to pass
rechange [ʀəʃɑ̃ʒ]: **de** ~ *adj* (*pièces, roue*) spare; (*fig: solution*) alternative; **des vêtements de** ~ a change of clothes
rechaper [ʀəʃape] *vt* to remould, retread
réchapper [ʀeʃape]: ~ **de** *ou* **à** *vt* (*accident, maladie*) to come through
recharge [ʀəʃaʀʒ(ə)] *nf* refill
recharger [ʀəʃaʀʒe] *vt* (*camion, fusil, appareil-photo*) to reload; (*briquet, stylo*) to refill; (*batterie*) to recharge
réchaud [ʀeʃo] *nm* (portable) stove; plate-warmer
réchauffer [ʀeʃofe] *vt* (*plat*) to reheat; (*mains, personne*) to warm; se

~ *vi* (*température*) to get warmer
rêche [ʀɛʃ] *adj* rough
recherche [ʀəʃɛʀʃ(ə)] *nf* (*action*): **la ~ de** the search for; (*raffinement*) affectedness, studied elegance; (*scientifique etc*): **la ~** research; **~s** *nfpl* (*de la police*) investigations; (*scientifiques*) research *sg*; **se mettre à la ~ de** to go in search of
recherché, e [ʀəʃɛʀʃe] *adj* (*rare, demandé*) much sought-after; (*raffiné*) studied, affected
rechercher [ʀəʃɛʀʃe] *vt* (*objet égaré, personne*) to look for; (*causes, nouveau procédé*) to try to find; (*bonheur, amitié*) to seek
rechute [ʀəʃyt] *nf* (*MÉD*) relapse
récidiver [ʀesidive] *vi* to commit a subsequent offence; (*fig*) to do it again
récif [ʀesif] *nm* reef
récipient [ʀesipjɑ̃] *nm* container
réciproque [ʀesipʀɔk] *adj* reciprocal
récit [ʀesi] *nm* story
récital [ʀesital] *nm* recital
réciter [ʀesite] *vt* to recite
réclamation [ʀeklamɑsjɔ̃] *nf* complaint; **~s** *nfpl* (*bureau*) complaints department *sg*
réclame [ʀeklam] *nf* ad, advert(isement); **article en ~** special offer
réclamer [ʀeklame] *vt* (*aide, nourriture etc*) to ask for; (*revendiquer*) to claim, demand; (*nécessiter*) to demand, require ♦ *vi* to complain
réclusion [ʀeklyzjɔ̃] *nf* imprisonment
recoin [ʀəkwɛ̃] *nm* nook, corner; (*fig*) hidden recess
reçois *etc vb voir* **recevoir**
récolte [ʀekɔlt(ə)] *nf* harvesting; gathering; (*produits*) harvest, crop; (*fig*) crop, collection
récolter [ʀekɔlte] *vt* to harvest, gather (in); (*fig*) to collect; to get
recommandé [ʀəkɔmɑ̃de] *nm* (*POSTES*): **en ~** by registered mail
recommander [ʀəkɔmɑ̃de] *vt* to recommend; (*suj*: *qualités etc*) to commend; (*POSTES*) to register; **se ~ de qn** to give sb's name as a reference
recommencer [ʀəkɔmɑ̃se] *vt* (*reprendre*: *lutte, séance*) to resume, start again; (*refaire*: *travail, explications*) to start afresh, start (over) again; (*récidiver*: *erreur*) to make again ♦ *vi* to start again; (*récidiver*) to do it again
récompense [ʀekɔ̃pɑ̃s] *nf* reward; (*prix*) award; **récompenser** *vt*: **récompenser qn (de** *ou* **pour)** to reward sb (for)
réconcilier [ʀekɔ̃silje] *vt* to reconcile; **se ~ (avec)** to be reconciled (with)
reconduire [ʀəkɔ̃dɥiʀ] *vt* (*raccompagner*) to take *ou* see back; (*JUR, POL*: *renouveler*) to renew
réconfort [ʀekɔ̃fɔʀ] *nm* comfort
réconforter [ʀekɔ̃fɔʀte] *vt* (*consoler*) to comfort; (*revigorer*) to fortify
reconnaissance [ʀəkɔnɛsɑ̃s] *nf* recognition; acknowledgement; (*gratitude*) gratitude, gratefulness; (*MIL*) reconnaissance, recce; **reconnaissant, e** [ʀəkɔnɛsɑ̃, -ɑ̃t] *adj* grateful
reconnaître [ʀəkɔnɛtʀ(ə)] *vt* to recognize; (*MIL*: *lieu*) to reconnoitre; (*JUR*: *enfant, dette, droit*) to acknowledge; **~ que** to admit *ou* acknowledge that; **~ qn/qch à** to recognize sb/sth by
reconnu, e [ʀ(ə)kɔny] *adj* (*indiscuté, connu*) recognized
reconstituant, e [ʀəkɔ̃stitɥɑ̃, -ɑ̃t] *adj* (*aliment, régime*) strength-building
reconstituer [ʀəkɔ̃stitɥe] *vt* (*monument ancien*) to recreate; (*fresque, vase brisé*) to piece together, reconstitute; (*événement, accident*) to reconstruct; (*fortune, patrimoine*) to rebuild
reconstruire [ʀəkɔ̃stʀɥiʀ] *vt* to rebuild
reconvertir [ʀəkɑ̃vɛʀtiʀ]: **se ~** *vr* (*un métier, une branche*) to go into
record [ʀəkɔʀ] *nm, adj* record
recoupement [ʀəkupmɑ̃] *nm*: **par**

~ by cross-checking
recouper [ʀəkupe]: **se ~** *vi* (*témoignages*) to tie *ou* match up
recourbé, e [ʀəkuʀbe] *adj* curved; hooked; bent
recourir [ʀəkuʀiʀ]: **~ à** *vt* (*ami, agence*) to turn *ou* appeal to; (*force, ruse, emprunt*) to resort to
recours [ʀəkuʀ] *nm* (*JUR*) appeal; **avoir ~ à = recourir à; en dernier ~** as a last resort; **~ en grâce** plea for clemency
recouvrer [ʀəkuvʀe] *vt* (*vue, santé etc*) to recover, regain; (*impôts*) to collect; (*créance*) to recover
recouvrir [ʀəkuvʀiʀ] *vt* (*couvrir à nouveau*) to re-cover; (*couvrir entièrement, aussi fig*) to cover; (*cacher, masquer*) to conceal, hide; **se ~** *vi* (*se superposer*) to overlap
récréation [ʀekʀeasjɔ̃] *nf* recreation, entertainment; (*SCOL*) break
récrier [ʀekʀije]: **se ~** *vi* to exclaim
récriminations [ʀekʀiminasjɔ̃] *nfpl* remonstrations, complaints
recroqueviller [ʀəkʀɔkvije]: **se ~** *vi* (*feuilles*) to curl *ou* shrivel up; (*personne*) to huddle up
recrudescence [ʀəkʀydesɑ̃s] *nf* fresh outbreak
recrue [ʀəkʀy] *nf* recruit
recruter [ʀəkʀyte] *vt* to recruit
rectangle [ʀɛktɑ̃gl(ə)] *nm* rectangle; **rectangulaire** *adj* rectangular
recteur [ʀɛktœʀ] *nm* ≈ (regional) director of education (*BRIT*), ≈ state superintendent of education (*US*)
rectificatif [ʀɛktifikatif, -iv] *nm* correction
rectifier [ʀɛktifje] *vt* (*tracé, virage*) to straighten; (*calcul, adresse*) to correct; (*erreur, faute*) to rectify
rectiligne [ʀɛktiliɲ] *adj* straight; (*GEOM*) rectilinear
reçu, e [ʀəsy] *pp de* **recevoir** ♦ *adj* (*admis, consacré*) accepted ♦ *nm* (*COMM*) receipt
recueil [ʀəkœj] *nm* collection
recueillir [ʀəkœjiʀ] *vt* to collect; (*voix, suffrages*) to win; (*accueillir: réfugiés, chat*) to take in; **se ~** *vi* to gather one's thoughts; to meditate
recul [ʀəkyl] *nm* retreat; recession; decline; (*d'arme à feu*) recoil, kick; **avoir un mouvement de ~** to recoil; **prendre du ~** to stand back
reculé, e [ʀəkyle] *adj* remote
reculer [ʀəkyle] *vi* to move back, back away; (*AUTO*) to reverse, back (up); (*fig*) to (be on the) decline; to be losing ground; (: *se dérober*) to shrink back ♦ *vt* to move back; to reverse, back (up); (*fig: possibilités, limites*) to extend; (: *date, décision*) to postpone
reculons [ʀəkylɔ̃]: **à ~** *adv* backwards
récupérer [ʀekypeʀe] *vt* to recover, get back; (*heures de travail*) to make up; (*déchets*) to salvage; (*délinquant etc*) to rehabilitate ♦ *vi* to recover
récurer [ʀekyʀe] *vt* to scour
récuser [ʀekyze] *vt* to challenge; **se ~** *vi* to decline to give an opinion
reçut *vb voir* **recevoir**
recycler [ʀəsikle] *vt* (*SCOL*) to reorientate; (*employés*) to retrain; (*TECH*) to recycle
rédacteur, trice [ʀedaktœʀ, -tʀis] *nm/f* (*journaliste*) writer; subeditor; (*d'ouvrage de référence*) editor, compiler; **~ en chef** chief editor; **~ publicitaire** copywriter
rédaction [ʀedaksjɔ̃] *nf* writing; (*rédacteurs*) editorial staff; (*bureau*) editorial office(s); (*SCOL: devoir*) essay, composition
reddition [ʀedisjɔ̃] *nf* surrender
redemander [ʀədmɑ̃de] *vt* to ask again for; to ask for more of
redescendre [ʀədesɑ̃dʀ(ə)] *vi* to go back down ♦ *vt* (*pente etc*) to go down
redevable [ʀədvabl(ə)] *adj*: **être ~ de qch à qn** (*somme*) to owe sb sth; (*fig*) to be indebted to sb for sth
redevance [ʀədvɑ̃s] *nf* (*TÉL*) rental charge; (*TV*) licence fee
rédiger [ʀediʒe] *vt* to write; (*con-*

trat) to draw up
redire [RədiR] *vt* to repeat; **trouver à ~ à** to find fault with
redoublé, e [Rəduble] *adj*: **à coups ~s** even harder, twice as hard
redoubler [Rəduble] *vi* (*tempête, violence*) to intensify; (*SCOL*) to repeat a year; **~ de** to be twice as *+adjectif*
redoutable [Rədutabl(ə)] *adj* formidable, fearsome
redouter [Rədute] *vt* to fear; (*appréhender*) to dread
redresser [RədRese] *vt* (*arbre, mât*) to set upright; (*pièce tordue*) to straighten out; (*situation, économie*) to put right; **se ~** *vi* (*objet penché*) to right itself; (*personne*) to sit (*ou* stand) up (straight)
réduction [Redyksjõ] *nf* reduction
réduire [RedɥiR] *vt* to reduce; (*prix, dépenses*) to cut, reduce; (*MÉD: fracture*) to set; **se ~ à** (*revenir à*) to boil down to; **se ~ en** (*se transformer en*) to be reduced to
réduit [Redɥi] *nm* tiny room; recess
rééducation [Reedykasjõ] *nf* (*d'un membre*) re-education; (*de délinquants, d'un blessé*) rehabilitation
réel, le [Reɛl] *adj* real
réellement [Reɛlmɑ̃] *adv* really
réévaluer [Reevalɥe] *vt* to revalue
réexpédier [Reɛkspedje] *vt* (*à l'envoyeur*) to return, send back; (*au destinataire*) to send on, forward
refaire [RəfɛR] *vt* (*faire de nouveau, recommencer*) to do again; (*réparer, restaurer*) to do up
réfection [Refɛksjõ] *nf* repair
réfectoire [RefɛktwaR] *nm* refectory
référence [Referɑ̃s] *nf* reference; **~s** *nfpl* (*recommandations*) reference *sg*
référer [Refere] : **se ~ à** *vt* to refer to; **en ~ à qn** to refer the matter to sb
réfléchi, e [Refleʃi] *adj* (*caractère*) thoughtful; (*action*) well-thought-out; (*LING*) reflexive
réfléchir [RefleʃiR] *vt* to reflect ♦ *vi* to think; **~ à** *ou* **sur** to think about
reflet [Rəflɛ] *nm* reflection; (*sur l'eau etc*) sheen *no pl*, glint
refléter [Rəflete] *vt* to reflect; **se ~** *vi* to be reflected
réflexe [Reflɛks(ə)] *nm, adj* reflex
réflexion [Reflɛksjõ] *nf* (*de la lumière etc, pensée*) reflection; (*fait de penser*) thought; (*remarque*) remark; **~ faite, à la ~** on reflection
refluer [Rəflye] *vi* to flow back; (*foule*) to surge back
reflux [Rəfly] *nm* (*de la mer*) ebb
réforme [RefɔRm(ə)] *nf* reform; (*REL*): **la R~** the Reformation
réformer [RefɔRme] *vt* to reform; (*MIL*) to declare unfit for service
refouler [Rəfule] *vt* (*envahisseurs*) to drive back; (*liquide*) to force back; (*fig*) to suppress; (*PSYCH*) to repress
réfractaire [RefRaktɛR] *adj*: **être ~ à** to resist
refrain [RəfRɛ̃] *nm* (*MUS*) refrain, chorus; (*air, fig*) tune
refréner [RəfRene] *vt* to curb, check
réfréner [RefRene] *vt* = **refréner**
réfrigérateur [RefRiʒeRatœR] *nm* refrigerator, fridge
refroidir [RəfRwadiR] *vt* to cool ♦ *vi* to cool (down); **se ~** *vi* (*prendre froid*) to catch a chill; (*temps*) to get cooler *ou* colder; (*fig*) to cool (off);
refroidissement *nm* (*grippe etc*) chill
refuge [Rəfyʒ] *nm* refuge; (*pour piétons*) (traffic) island
réfugié, e [Refyʒje] *adj, nm/f* refugee
réfugier [Refyʒje]: **se ~** *vi* to take refuge
refus [Rəfy] *nm* refusal; **ce n'est pas de ~** I won't say no, it's welcome
refuser [Rəfyze] *vt* to refuse; (*SCOL: candidat*) to fail; **~ qch à qn** to refuse sb sth; **~ du monde** to have to turn people away; **se ~ à faire** to refuse to do
réfuter [Refyte] *vt* to refute
regagner [Rəgaɲe] *vt* (*argent, faveur*) to win back; (*lieu*) to get back to; **~ le temps perdu** to make up

(for) lost time
regain [ʀəgɛ̃] *nm* (*renouveau*): **un** ~ de renewed *+nom*
régal [ʀegal] *nm* treat
régaler [ʀegale] : **se** ~ *vi* to have a delicious meal; (*fig*) to enjoy o.s.
regard [ʀəgaʀ] *nm* (*coup d'œil*) look, glance; (*expression*) look (in one's eye); **au** ~ **de** (*loi, morale*) from the point of view of; **en** ~ (*vis à vis*) opposite; **en** ~ **de** in comparison with
regardant, e [ʀəgaʀdɑ̃, -ɑ̃t] *adj*: **très/peu** ~ **(sur)** quite fussy/very free (about); (*économe*) very tight-fisted/quite generous (with)
regarder [ʀəgaʀde] *vt* (*examiner, observer, lire*) to look at; (*film, télévision, match*) to watch; (*envisager*: *situation, avenir*) to view; (*considérer*: *son intérêt etc*) to be concerned with; (*être orienté vers*): ~ **(vers)** to face; (*concerner*) to concern ♦ *vi* to look; ~ **à** (*dépense*) to be fussy with *ou* over; ~ **qn/qch comme** to regard sb/sth as
régie [ʀeʒi] *nf* (*COMM, INDUSTRIE*) state-owned company; (*THÉATRE, CINÉMA*) production; (*RADIO, TV*) control room
regimber [ʀəʒɛ̃be] *vi* to balk, jib
régime [ʀeʒim] *nm* (*POL*) régime; (*ADMIN*: *carcéral, fiscal etc*) system; (*MÉD*) diet; (*TECH*) (engine) speed; (*fig*) rate, pace; (*de bananes, dattes*) bunch; **se mettre au/suivre un** ~ to go on/be on a diet
régiment [ʀeʒimɑ̃] *nm* regiment; (*fig*: *fam*): **un** ~ **de** an army of
région [ʀeʒjɔ̃] *nf* region; **régional, e, aux** *adj* regional
régir [ʀeʒiʀ] *vt* to govern
régisseur [ʀeʒisœʀ] *nm* (*d'un domaine*) steward; (*CINÉMA, TV*) assistant director; (*THÉATRE*) stage manager
registre [ʀəʒistʀ(ə)] *nm* (*livre*) register; logbook; ledger; (*MUS, LING*) register
réglage [ʀeglaʒ] *nm* adjustment; tuning
règle [ʀɛgl(ə)] *nf* (*instrument*) ruler; (*loi, prescription*) rule; ~**s** *nfpl* (*PHYSIOL*) period *sg*; **en** ~ (*papiers d'identité*) in order; **en** ~ **générale** as a (general) rule
réglé, e [ʀegle] *adj* well-ordered; steady; (*papier*) ruled; (*arrangé*) settled
règlement [ʀɛgləmɑ̃] *nm* (*paiement*) settlement; (*arrêté*) regulation; (*règles, statuts*) regulations *pl*, rules *pl*; ~ **de compte(s)** *nm* settling of old scores; **réglementaire** *adj* conforming to the regulations; (*tenue*) regulation *cpd*; **réglementer** [ʀɛgləmɑ̃te] *vt* to regulate
régler [ʀegle] *vt* (*mécanisme, machine*) to regulate, adjust; (*moteur*) to tune; (*thermostat etc*) to set, adjust; (*conflit, facture*) to settle; (*fournisseur*) to settle up with
réglisse [ʀeglis] *nf* liquorice
règne [ʀɛɲ] *nm* (*d'un roi etc, fig*) reign; (*BIO*): **le** ~ **végétal/animal** the vegetable/animal kingdom
régner [ʀeɲe] *vi* (*roi*) to rule, reign; (*fig*) to reign
regorger [ʀəgɔʀʒe] *vi*: ~ **de** to overflow with, be bursting with
regret [ʀəgʀɛ] *nm* regret; **à** ~ with regret; **avec** ~ regretfully; **être au** ~ **de devoir faire** to regret having to do
regrettable [ʀəgʀɛtabl(ə)] *adj* regrettable
regretter [ʀəgʀete] *vt* to regret; (*personne*) to miss; **je regrette** I'm sorry
regrouper [ʀəgʀupe] *vt* (*grouper*) to group together; (*contenir*) to include, comprise; **se** ~ *vi* to gather (together)
régulier, ière [ʀegylje, -jɛʀ] *adj* (*gén*) regular; (*vitesse, qualité*) steady; (*répartition, pression, paysage*) even; (*TRANSPORTS*: *ligne, service*) scheduled, regular; (*légal, réglementaire*) lawful, in order; (*fam*: *correct*) straight, on the level; **régulièrement** *adv* regularly; stea-

dily; evenly; normally

rehausser [ʀəose] *vt* to heighten, raise

rein [ʀɛ̃] *nm* kidney; ~**s** *nmpl* (*dos*) back *sg*

reine [ʀɛn] *nf* queen

reine-claude [ʀɛnklod] *nf* greengage

réintégrer [ʀeɛ̃tegʀe] *vt* (*lieu*) to return to; (*fonctionnaire*) to reinstate

rejaillir [ʀəʒajiʀ] *vi* to splash up; ~ **sur** to splash up onto; (*fig*) to rebound on; to fall upon

rejet [ʀəʒɛ] *nm* (*action, aussi MÉD*) rejection

rejeter [ʀəʒte] *vt* (*relancer*) to throw back; (*vomir*) to bring *ou* throw up; (*écarter*) to reject; (*déverser*) to throw out, discharge; ~ **la responsabilité de qch sur qn** to lay the responsibility for sth at sb's door

rejoindre [ʀəʒwɛ̃dʀ(ə)] *vt* (*famille, régiment*) to rejoin, return to; (*lieu*) to get (back) to; (*suj: route etc*) to meet, join; (*rattraper*) to catch up (with); **se** ~ *vi* to meet; **je te rejoins au café** I'll see *ou* meet you at the café

réjouir [ʀeʒwiʀ] *vt* to delight; **se** ~ *vi* to be delighted; to rejoice; **réjouissances** *nfpl* (*joie*) rejoicing *sg*; (*fête*) festivities

relâche [ʀəlɑʃ]: **sans** ~ without respite *ou* a break

relâché, e [ʀəlɑʃe] *adj* loose, lax

relâcher [ʀəlɑʃe] *vt* to release; (*étreinte*) to loosen; **se** ~ *vi* to loosen; (*discipline*) to become slack *ou* lax; (*élève etc*) to slacken off

relais [ʀəlɛ] *nm* (*SPORT*): (**course de**) ~ relay (race); **équipe de** ~ shift team; (*SPORT*) relay team; **prendre le** ~ (**de**) to take over (from); ~ **routier** ≈ transport café (*BRIT*), ≈ truck stop (*US*)

relancer [ʀəlɑ̃se] *vt* (*balle*) to throw back; (*moteur*) to restart; (*fig*) to boost, revive; (*personne*): ~ **qn** to pester sb

relater [ʀəlate] *vt* to relate, recount

relatif, ive [ʀəlatif, -iv] *adj* relative

relation [ʀəlɑsjɔ̃] *nf* (*récit*) account, report; (*rapport*) relation(ship); ~**s** *nfpl* (*rapports*) relations; relationship *sg*; (*connaissances*) connections; **être/entrer en** ~(**s**) **avec** to be/get in contact with

relaxer [ʀəlakse] *vt* to relax; (*JUR*) to discharge; **se** ~ *vi* to relax

relayer [ʀəleje] *vt* (*collaborateur, coureur etc*) to relieve; **se** ~ *vi* (*dans une activité*) to take it in turns

reléguer [ʀəlege] *vt* to relegate

relent(s) [ʀəlɑ̃] *nm(pl)* (foul) smell

relevé, e [ʀəlve] *adj* (*manches*) rolled-up; (*sauce*) highly-seasoned ♦ *nm* (*lecture*) reading; (*liste*) statement; list; (*facture*) account; ~ **de compte** bank statement

relève [ʀəlɛv] *nf* relief; relief team (*ou* troops *pl*); **prendre la** ~ to take over

relever [ʀəlve] *vt* (*statue, meuble*) to stand up again; (*personne tombée*) to help up; (*vitre, niveau de vie*) to raise; (*col*) to turn up; (*style, conversation*) to elevate; (*plat, sauce*) to season; (*sentinelle, équipe*) to relieve; (*fautes, points*) to pick out; (*constater: traces etc*) to find, pick up; (*répliquer à: remarque*) to react to, reply to; (*: défi*) to accept, take up; (*noter: adresse etc*) to take down, note; (*: plan*) to sketch; (*: cotes etc*) to plot; (*compteur*) to read; (*ramasser: cahiers*) to collect, take in; **se** ~ *vi* (*se remettre debout*) to get up; ~ **de** (*maladie*) to be recovering from; (*être du ressort de*) to be a matter for; (*ADMIN: dépendre de*) to come under; (*fig*) to pertain to; ~ **qn de** (*fonctions*) to relieve sb of; ~ **la tête** to look up; to hold up one's head

relief [ʀəljɛf] *nm* relief; ~**s** *nmpl* (*restes*) remains; **mettre en** ~ (*fig*) to bring out, highlight

relier [ʀəlje] *vt* to link up; (*livre*) to bind; ~ **qch à** to link sth to

religieuse [ʀəliʒjøz] *nf* nun; (*gâteau*) cream bun

religieux, euse [ʀəliʒjø, -øz] *adj* religious ♦ *nm* monk
religion [ʀəliʒjɔ̃] *nf* religion; (*piété, dévotion*) faith
relire [ʀəliʀ] *vt* (*à nouveau*) to reread, read again; (*vérifier*) to read over
reliure [ʀəljyʀ] *nf* binding
reluire [ʀəlɥiʀ] *vi* to gleam
remanier [ʀəmanje] *vt* to reshape, recast; (*POL*) to reshuffle
remarquable [ʀəmaʀkabl(ə)] *adj* remarkable
remarque [ʀəmaʀk(ə)] *nf* remark; (*écrite*) note
remarquer [ʀəmaʀke] *vt* (*voir*) to notice; se ~ *vi* to be noticeable; **faire ~ (à qn) que** to point out (to sb) that; **faire ~ qch (à qn)** to point sth out (to sb); **remarquez, ...** mind you ...
remblai [ʀɑ̃blɛ] *nm* embankment
rembourrer [ʀɑ̃buʀe] *vt* to stuff; (*dossier, vêtement, souliers*) to pad
remboursement [ʀɑ̃buʀsəmɑ̃] *nm* repayment; **envoi contre ~** cash on delivery; **rembourser** [ʀɑ̃buʀse] *vt* to pay back, repay
remède [ʀəmɛd] *nm* (*médicament*) medicine; (*traitement, fig*) remedy, cure
remémorer [ʀəmemɔʀe]: **se ~** *vt* to recall, recollect
remerciements [ʀəmɛʀsimɑ̃] *nmpl* thanks
remercier [ʀəmɛʀsje] *vt* to thank; (*congédier*) to dismiss; **~ qn de/d'avoir fait** to thank sb for/for having done
remettre [ʀəmɛtʀ(ə)] *vt* (*vêtement*): **~ qch** to put sth back on; (*replacer*): **~ qch quelque part** to put sth back somewhere; (*ajouter*): **~ du sel/un sucre** to add more salt/another lump of sugar; (*ajourner*): **~ qch (à)** to postpone sth (until); **se ~** *vi* to get better, recover; **se ~ de** to recover from, get over; **s'en ~ à** to leave it (up) to; **~ qch à qn** (*rendre, restituer*) to give sth back to sb; (*donner, confier*: *paquet, argent*) to hand over sth to sb, deliver sth to sb; (: *prix, décoration*) to present sb with sth
remise [ʀəmiz] *nf* delivery; presentation; (*rabais*) discount; (*local*) shed; **~ de peine** reduction of sentence; **~ en jeu** (*FOOTBALL*) throw-in
remontant [ʀəmɔ̃tɑ̃] *nm* tonic, pick-me-up
remonte-pente [ʀəmɔ̃tpɑ̃t] *nm* ski-lift
remonter [ʀəmɔ̃te] *vi* to go back up; (*jupe*) to ride up ♦ *vt* (*pente*) to go up; (*fleuve*) to sail (*ou* swim *etc*) up; (*manches, pantalon*) to roll up; (*col*) to turn up; (*niveau, limite*) to raise; (*fig*: *personne*) to buck up; (*moteur, meuble*) to put back together, reassemble; (*montre, mécanisme*) to wind up; **~ le moral à qn** to raise sb's spirits; **~ à** (*dater de*) to date *ou* go back to
remontrance [ʀəmɔ̃tʀɑ̃s] *nf* reproof, reprimand
remontrer [ʀəmɔ̃tʀe] *vt* (*fig*): **en ~ à** to prove one's superiority over
remords [ʀəmɔʀ] *nm* remorse *no pl*; **avoir des ~** to feel remorse
remorque [ʀəmɔʀk(ə)] *nf* trailer; **être en ~** to be on tow; **remorquer** *vt* to tow; **remorqueur** *nm* tug(boat)
remous [ʀəmu] *nm* (*d'un navire*) (back)wash *no pl*; (*de rivière*) swirl, eddy ♦ *nmpl* (*fig*) stir *sg*
remparts [ʀɑ̃paʀ] *nmpl* walls, ramparts
remplaçant, e [ʀɑ̃plasɑ̃, -ɑ̃t] *nm/f* replacement, stand-in; (*THÉATRE*) understudy; (*SCOL*) supply teacher
remplacement [ʀɑ̃plasmɑ̃] *nm* replacement; (*job*) replacement work *no pl*
remplacer [ʀɑ̃plase] *vt* to replace; (*tenir lieu de*) to take the place of; **~ qch/qn par** to replace sth/sb with
rempli, e [ʀɑ̃pli] *adj* (*emploi du temps*) full, busy; **~ de** full of, filled with
remplir [ʀɑ̃pliʀ] *vt* to fill (up); (*ques-*

tionnaire) to fill out *ou* up; (*obligations, fonction, condition*) to fulfil; se ~ *vi* to fill up
remporter [ʀɑ̃pɔʀte] *vt* (*marchandise*) to take away; (*fig*) to win, achieve
remuant, e [ʀəmɥɑ̃, -ɑ̃t] *adj* restless
remue-ménage [ʀəmymenaʒ] *nm inv* commotion
remuer [ʀəmɥe] *vt* to move; (*café, sauce*) to stir ♦ *vi* to move; se ~ *vi* to move
rémunérer [ʀemyneʀe] *vt* to remunerate
renard [ʀənaʀ] *nm* fox
renchérir [ʀɑ̃ʃeʀiʀ] *vi* (*fig*): ~ **(sur)** to add something (to)
rencontre [ʀɑ̃kɔ̃tʀ(ə)] *nf* meeting; (*imprévue*) encounter; **aller à la ~ de qn** to go and meet sb
rencontrer [ʀɑ̃kɔ̃tʀe] *vt* to meet; (*mot, expression*) to come across; (*difficultés*) to meet with; **se ~** *vi* to meet; (*véhicules*) to collide
rendement [ʀɑ̃dmɑ̃] *nm* (*d'un travailleur, d'une machine*) output; (*d'une culture*) yield; (*d'un investissement*) return; **à plein ~** at full capacity
rendez-vous [ʀɑ̃devu] *nm* (*rencontre*) appointment; (: *d'amoureux*) date; (*lieu*) meeting place; **donner ~ à qn** to arrange to meet sb; **avoir/prendre ~ (avec)** to have/make an appointment (with)
rendre [ʀɑ̃dʀ(ə)] *vt* (*livre, argent etc*) to give back, return; (*otages, visite etc*) to return; (*sang, aliments*) to bring up; (*exprimer, traduire*) to render; (*faire devenir*): **~ qn célèbre/qch possible** to make sb famous/sth possible; **se ~** *vi* (*capituler*) to surrender, give o.s. up; (*aller*): **se ~ quelque part** to go somewhere; **se ~ compte de qch** to realize sth
rênes [ʀɛn] *nfpl* reins
renfermé, e [ʀɑ̃fɛʀme] *adj* (*fig*) withdrawn ♦ *nm*: **sentir le ~** to smell stuffy
renfermer [ʀɑ̃fɛʀme] *vt* to contain
renflement [ʀɑ̃fləmɑ̃] *nm* bulge
renflouer [ʀɑ̃flue] *vt* to refloat; (*fig*) to set back on its (*ou* his/her *etc*) feet
renfoncement [ʀɑ̃fɔ̃smɑ̃] *nm* recess
renforcer [ʀɑ̃fɔʀse] *vt* to reinforce
renfort [ʀɑ̃fɔʀ] : **~s** *nmpl* reinforcements; **à grand ~ de** with a great deal of
renfrogné, e [ʀɑ̃fʀɔɲe] *adj* sullen
rengaine [ʀɑ̃gɛn] (*péj*) *nf* old tune
renier [ʀənje] *vt* (*parents*) to disown, repudiate; (*foi*) to renounce
renifler [ʀənifle] *vi, vt* to sniff
renne [ʀɛn] *nm* reindeer *inv*
renom [ʀənɔ̃] *nm* reputation; (*célébrité*) renown; **renommé, e** *adj* celebrated, renowned; **renommée** *nf* fame
renoncer [ʀənɔ̃se]: **~ à** *vt* to give up; **~ à faire** to give up the idea of doing
renouer [ʀənwe] *vt*: **~ avec** (*tradition*) to revive; (*habitude*) to take up again; **~ avec qn** to take up with sb again
renouvelable [ʀ(ə)nuvlabl(ə)] *adj* (*énergie etc*) renewable
renouveler [ʀənuvle] *vt* to renew; (*exploit, méfait*) to repeat; **se ~** *vi* (*incident*) to recur, happen again; **renouvellement** *nm* renewal; recurrence
rénover [ʀenɔve] *vt* (*immeuble*) to renovate, do up; (*enseignement*) to reform; (*quartier*) to redevelop
renseignement [ʀɑ̃sɛɲmɑ̃] *nm* information *no pl*, piece of information; **(guichet des) ~s** information desk
renseigner [ʀɑ̃seɲe] *vt*: **~ qn (sur)** to give information to sb (about); **se ~** *vi* to ask for information, make inquiries
rentabilité [ʀɑ̃tabilite] *nf* profitablity
rentable [ʀɑ̃tabl(ə)] *adj* profitable
rente [ʀɑ̃t] *nf* income; pension; government stock *ou* bond; **rentier, ière** *nm/f* person of private means
rentrée [ʀɑ̃tʀe] *nf*: **~ (d'argent)** cash *no pl* coming in; **la ~ (des**

classes) the start of the new school year

rentrer [Rɑ̃tRe] *vi* (*entrer de nouveau*) to go (*ou* come) back in; (*entrer*) to go (*ou* come) in; (*revenir chez soi*) to go (*ou* come) (back) home; (*air, clou: pénétrer*) to go in; (*revenu, argent*) to come in ♦ *vt* (*foins*) to bring in; (*véhicule*) to put away; (*chemise dans pantalon etc*) to tuck in; (*griffes*) to draw in; (*fig: larmes, colère etc*) to hold back; ~ **le ventre** to pull in one's stomach; ~ **dans** (*heurter*) to crash into; ~ **dans l'ordre** to be back to normal; ~ **dans ses frais** to recover one's expenses

renversant, e [Rɑ̃vɛRsɑ̃, -ɑ̃t] *adj* astounding

renverse [Rɑ̃vɛRs(ə)]: **à la** ~ *adv* backwards

renverser [Rɑ̃vɛRse] *vt* (*faire tomber: chaise, verre*) to knock over, overturn; (*piéton*) to knock down; (*liquide, contenu*) to spill, upset; (*retourner*) to turn upside down; (*: ordre des mots etc*) to reverse; (*fig: gouvernement etc*) to overthrow; (*stupéfier*) to bowl over; **se** ~ *vi* to fall over; to overturn; to spill

renvoi [Rɑ̃vwa] *nm* (*référence*) cross-reference; (*éructation*) belch

renvoyer [Rɑ̃vwaje] *vt* to send back; (*congédier*) to dismiss; (*lumière*) to reflect; (*son*) to echo; (*ajourner*): ~ **qch** (**à**) to put sth off *ou* postpone sth (until); ~ **qn à** (*fig*) to refer sb to

repaire [RəpɛR] *nm* den

répandre [Repɑ̃dR(ə)] *vt* (*renverser*) to spill; (*étaler, diffuser*) to spread; (*lumière*) to shed; (*chaleur, odeur*) to give off; **se** ~ *vi* to spill; to spread; **répandu, e** *adj* (*opinion, usage*) widespread

réparation [RepaRɑsjɔ̃] *nf* repair

réparer [RepaRe] *vt* to repair; (*fig: offense*) to make up for, atone for; (*: oubli, erreur*) to put right

repartie [RəpaRti] *nf* retort; **avoir de la** ~ to be quick at repartee

repartir [RəpaRtiR] *vi* to set off again; to leave again; (*fig*) to get going again; ~ **à zéro** to start from scratch (again)

répartir [RepaRtiR] *vt* (*pour attribuer*) to share out; (*pour disperser, disposer*) to divide up; (*poids, chaleur*) to distribute; **se** ~ *vt* (*travail, rôles*) to share out between themselves; **répartition** *nf* sharing out; dividing up; distribution

repas [Rəpɑ] *nm* meal

repasser [Rəpɑse] *vi* to come (*ou* go) back ♦ *vt* (*vêtement, tissu*) to iron; (*examen*) to retake, resit; (*film*) to show again; (*leçon, rôle: revoir*) to go over (again)

repêcher [Rəpeʃe] *vt* (*noyé*) to recover the body of; (*candidat*) to pass (*by inflating marks*)

repentir [Rəpɑ̃tiR] *nm* repentance; **se** ~ *vi* to repent; **se** ~ **de** to repent of

répercussions *nfpl* (*fig*) repercussions

répercuter [RepɛRkyte] *vt* (*information, hausse des prix*) to pass on; **se** ~ *vi* (*bruit*) to reverberate; (*fig*): **se** ~ **sur** to have repercussions on

repère [RəpɛR] *nm* mark; (*monument etc*) landmark

repérer [RəpeRe] *vt* (*erreur, connaissance*) to spot; (*abri, ennemi*) to locate; **se** ~ *vi* to find one's way about

répertoire [RepɛRtwaR] *nm* (*liste*) (alphabetical) list; (*carnet*) index notebook; (*d'un artiste*) repertoire

répéter [Repete] *vt* to repeat; (*préparer: leçon: aussi vi*) to learn, go over; (*THÉÂTRE*) to rehearse; **se** ~ *vi* (*redire*) to repeat o.s.; (*se reproduire*) to be repeated, recur

répétition [Repetisjɔ̃] *nf* repetition; (*THÉÂTRE*) rehearsal; ~ **générale** final dress rehearsal

répit [Repi] *nm* respite

replet, ète [Rəplɛ, -ɛt] *adj* chubby

replier [Rəplije] *vt* (*rabattre*) to fold down *ou* over; **se** ~ *vi* (*troupes, armée*) to withdraw, fall back

réplique [ʀeplik] *nf* (*repartie, fig*) reply; (*THÉÂTRE*) line; (*copie*) replica; **~r** [ʀeplike] *vi* to reply; (*riposter*) to retaliate

répondeur *nm*: **~ automatique** (*TÉL*) answering machine

répondre [ʀepɔ̃dʀ(ə)] *vi* to answer, reply; (*freins, mécanisme*) to respond; **~ à** to reply to, answer; (*affection, salut*) to return; (*provocation, suj*: *mécanisme etc*) to respond to; (*correspondre à*: *besoin*) to answer; (: *conditions*) to meet; (: *description*) to match; (*avec impertinence*): **~ à qn** to answer sb back; **~ de** to answer for

réponse [ʀepɔ̃s] *nf* answer, reply; **en ~ à** in reply to

reportage [ʀəpɔʀtaʒ] *nm* (*bref*) report; (*écrit*: *documentaire*) story; article; (*en direct*) commentary; (*genre, activité*): **le ~** reporting

reporter¹ [ʀəpɔʀtɛʀ] *nm* reporter

reporter² [ʀəpɔʀte] *vt* (*total*): **~ qch sur** to carry sth forward *ou* over to; (*ajourner*): **~ qch (à)** to postpone sth (until); (*transférer*): **~ qch sur** to transfer sth to; **se ~ à** (*époque*) to think back to; (*document*) to refer to

repos [ʀəpo] *nm* rest; (*fig*) peace (and quiet); peace of mind; (*MIL*): **~!** stand at ease!; **en ~** at rest; **de tout ~** safe

reposant, e [ʀəpozɑ̃, -ɑ̃t] *adj* restful

reposer [ʀəpoze] *vt* (*verre, livre*) to put down; (*délasser*) to rest; (*problème*) to reformulate ♦ *vi* (*liquide, pâte*) to settle, rest; **se ~** *vi* to rest; **se ~ sur qn** to rely on sb; **~ sur** to be built on; (*fig*) to rest on

repoussant, e [ʀəpusɑ̃, -ɑ̃t] *adj* repulsive

repousser [ʀəpuse] *vi* to grow again ♦ *vt* to repel, repulse; (*offre*) to turn down, reject; (*tiroir, personne*) to push back; (*différer*) to put back

reprendre [ʀəpʀɑ̃dʀ(ə)] *vt* (*prisonnier, ville*) to recapture; (*objet prêté, donné*) to take back; (*chercher*): **je viendrai te ~ à 4h** I'll come and fetch you at 4; (*se resservir de*): **~ du pain/un œuf** to take (*ou* eat) more bread/another egg; (*firme, entreprise*) to take over; (*travail, promenade*) to resume; (*emprunter*: *argument, idée*) to take up, use; (*refaire*: *article etc*) to go over again; (*jupe etc*) to alter; (*émission, pièce*) to put on again; (*réprimander*) to tell off; (*corriger*) to correct ♦ *vi* (*classes, pluie*) to start (up) again; (*activités, travaux, combats*) to resume, start (up) again; (*affaires, industrie*) to pick up; (*dire*): **reprit-il** he went on; **se ~** *vi* (*se ressaisir*) to recover; **s'y ~** to make another attempt; **~ des forces** to recover one's strength; **~ courage** to take new heart; **~ la route** to set off again; **~ haleine** *ou* **son souffle** to get one's breath back

représailles [ʀəpʀezaj] *nfpl* reprisals

représentant, e [ʀəpʀezɑ̃tɑ̃, -ɑ̃t] *nm/f* representative

représentation [ʀəpʀezɑ̃tasjɔ̃] *nf* (*symbole, image*) representation; (*spectacle*) performance

représenter [ʀəpʀezɑ̃te] *vt* to represent; (*donner*: *pièce, opéra*) to perform; **se ~** *vt* (*se figurer*) to imagine; to visualize

répression [ʀepʀesjɔ̃] *nf* (*voir réprimer*) suppression; repression

réprimer [ʀepʀime] *vt* (*émotions*) to suppress; (*peuple etc*) to repress

repris [ʀəpʀi] *nm*: **~ de justice** ex-prisoner, ex-convict

reprise [ʀəpʀiz] *nf* (*recommencement*) resumption; recovery; (*TV*) repeat; (*CINÉMA*) rerun; (*AUTO*) acceleration *no pl*; (*COMM*) trade-in, part exchange; **à plusieurs ~s** on several occasions

repriser [ʀəpʀize] *vt* to darn; to mend

reproche [ʀəpʀɔʃ] *nm* (*remontrance*) reproach; **faire des ~s à qn** to reproach sb; **sans ~(s)** beyond

reproach
reprocher [ʀəpʀɔʃe] *vt*: ~ **qch à qn** to reproach *ou* blame sb for sth; ~ **qch à** (*machine, théorie*) to have sth against
reproduction [ʀəpʀɔdyksjɔ̃] *nf* reproduction
reproduire [ʀəpʀɔdɥiʀ] *vt* to reproduce; **se** ~ *vi* (*BIO*) to reproduce; (*recommencer*) to recur, re-occur
reptile [ʀɛptil] *nm* reptile
repu, e [ʀəpy] *adj* satisfied, sated
républicain, e [ʀepyblikɛ̃, -ɛn] *adj, nm/f* republican
république [ʀepyblik] *nf* republic
répugnant, e [ʀepyɲɑ̃, -ɑ̃t] *adj* repulsive; loathsome
répugner [ʀepyɲe]: ~ **à** *vt* to repel *ou* disgust sb; ~ **à faire** to be loath *ou* reluctant to do
réputation [ʀepytasjɔ̃] *nf* reputation; **réputé, e** *adj* renowned
requérir [ʀəkeʀiʀ] *vt* (*nécessiter*) to require, call for; (*JUR*: *peine*) to call for, demand
requête [ʀəkɛt] *nf* request; (*JUR*) petition
requin [ʀəkɛ̃] *nm* shark
requis, e [ʀəki, -iz] *adj* required
R.E.R. *sigle m* (= *réseau express régional*) *Greater Paris high-speed train service*
rescapé, e [ʀɛskape] *nm/f* survivor
rescousse [ʀɛskus] *nf*: **aller à la** ~ **de qn** to go to sb's aid *ou* rescue
réseau, x [ʀezo] *nm* network
réservation [ʀezɛʀvasjɔ̃] *nf* booking, reservation
réserve [ʀezɛʀv(ə)] *nf* (*retenue*) reserve; (*entrepôt*) storeroom; (*restriction, d'Indiens*) reservation; (*de pêche, chasse*) preserve; **sous** ~ **de** subject to; **sans** ~ unreservedly; **de** ~ (*provisions etc*) in reserve
réservé, e [ʀezɛʀve] *adj* (*discret*) reserved; (*chasse, pêche*) private
réserver [ʀezɛʀve] *vt* (*gén*) to reserve; (*chambre, billet etc*) to book, reserve; (*garder*): ~ **qch pour/à** to keep *ou* save sth for; ~ **qch à qn** to reserve (*ou* book) sth for sb
réservoir [ʀezɛʀvwaʀ] *nm* tank
résidence [ʀezidɑ̃s] *nf* residence; (**en**) ~ **surveillée** (under) house arrest; ~ **secondaire** second home
résidentiel, le [ʀezidɑ̃sjɛl] *adj* residential
résider [ʀezide] *vi*: ~ **à/dans/en** to reside in; ~ **dans** (*fig*) to lie in
résidu [ʀezidy] *nm* residue *no pl*
résigner [ʀeziɲe]: **se** ~ *vi* to resign o.s. (to sth/to doing)
résilier [ʀezilje] *vt* to terminate
résistance [ʀezistɑ̃s] *nf* resistance; (*de réchaud, bouilloire*: *fil*) element
résistant, e [ʀezistɑ̃, -ɑ̃t] *adj* (*personne*) robust, tough; (*matériau*) strong, hard-wearing
résister [ʀeziste] *vi* to resist; ~ **à** (*assaut, tentation*) to resist; (*effort, souffrance*) to withstand; (*désobéir à*) to stand up to, oppose
résolu, e [ʀezɔly] *pp de* **résoudre** ♦ *adj*: **être** ~ **à qch/faire** to be set upon sth/doing
résolution [ʀezɔlysjɔ̃] *nf* solving; (*fermeté, décision*) resolution
résolve *etc vb voir* **résoudre**
résonner [ʀezɔne] *vi* (*cloche, pas*) to reverberate, resound; (*salle*) to be resonant; ~ **de** to resound with
résorber [ʀezɔʀbe]: **se** ~ *vi* (*fig*) to be reduced; to be absorbed
résoudre [ʀezudʀ(ə)] *vt* to solve; **se** ~ **à faire** to bring o.s. to do
respect [ʀɛspɛ] *nm* respect; **tenir en** ~ to keep at bay
respecter [ʀɛspɛkte] *vt* to respect
respectueux, euse [ʀɛspɛktɥø, -øz] *adj* respectful; ~ **de** respectful of
respiration [ʀɛspiʀasjɔ̃] *nf* breathing *no pl*; ~ **artificielle** artificial respiration
respirer [ʀɛspiʀe] *vi* to breathe; (*fig*) to get one's breath; to breathe again ♦ *vt* to breathe (in), inhale; (*manifester*: *santé, calme etc*) to exude
resplendir [ʀɛsplɑ̃diʀ] *vi* to shine; (*fig*): ~ (**de**) to be radiant (with)
responsabilité [ʀɛspɔ̃sabilite] *nf* re-

sponsibility; (*légale*) liability
responsable [ʀɛspɔ̃sabl(ə)] *adj* responsible ♦ *nm/f* (*du ravitaillement etc*) person in charge; (*de parti, syndicat*) official; ~ **de** responsible for; (*chargé de*) in charge of, responsible for
ressaisir [ʀəseziʀ] : **se** ~ *vi* to regain one's self-control
ressasser [ʀəsase] *vt* to keep going over
ressemblance [ʀəsɑ̃blɑ̃s] *nf* resemblance, similarity, likeness
ressemblant, e [ʀəsɑ̃blɑ̃, -ɑ̃t] *adj* (*portrait*) lifelike, true to life
ressembler [ʀəsɑ̃ble]: ~ **à** *vt* to be like; to resemble; (*visuellement*) to look like; **se** ~ *vi* to be (*ou* look) alike
ressemeler [ʀəsəmle] *vt* to (re)sole
ressentiment [ʀəsɑ̃timɑ̃] *nm* resentment
ressentir [ʀəsɑ̃tiʀ] *vt* to feel; **se** ~ **de** to feel (*ou* show) the effects of
resserrer [ʀəseʀe] *vt* (*nœud, boulon*) to tighten (up); (*fig*: *liens*) to strengthen; **se** ~ *vi* (*vallée*) to narrow
resservir [ʀəsɛʀviʀ] *vi* to do *ou* serve again ♦ *vt*: ~ **qn (d'un plat)** to give sb a second helping (of a dish)
ressort [ʀəsɔʀ] *nm* (*pièce*) spring; (*force morale*) spirit; (*recours*): **en dernier** ~ as a last resort; (*compétence*): **être du** ~ **de** to fall within the competence of
ressortir [ʀəsɔʀtiʀ] *vi* to go (*ou* come) out (again); (*contraster*) to stand out; ~ **de** to emerge from; **faire** ~ (*fig*: *souligner*) to bring out
ressortissant, e [ʀəsɔʀtisɑ̃, -ɑ̃t] *nm/f* national
ressource [ʀəsuʀs(ə)] *nf*: **avoir la** ~ **de** to have the possibility of; ~**s** *nfpl* (*moyens*) resources; **leur seule** ~ **était de** the only course open to them was to
ressusciter [ʀesysite] *vt* (*fig*) to revive, bring back ♦ *vi* to rise (from the dead)
restant, e [ʀɛstɑ̃, -ɑ̃t] *adj* remaining ♦ *nm*: **le** ~ **(de)** the remainder (of); **un** ~ **de** (*de trop*) some left-over
restaurant [ʀɛstɔʀɑ̃] *nm* restaurant
restauration [ʀɛstɔʀɑsjɔ̃] *nf* restoration; (*hôtellerie*) catering; ~ **rapide** fast food
restaurer [ʀɛstɔʀe] *vt* to restore; **se** ~ *vi* to have something to eat
reste [ʀɛst(ə)] *nm* (*restant*): **le** ~ **(de)** the rest (of); (*de trop*): **un** ~ **(de)** some left-over; (*vestige*): **un** ~ **de** a remnant *ou* last trace of; (*MATH*) remainder; ~**s** *nmpl* (*nourriture*) left-overs; (*d'une cité etc, dépouille mortelle*) remains; **du** ~, **au** ~ besides, moreover
rester [ʀɛste] *vi* to stay, remain; (*subsister*) to remain, be left; (*durer*) to last, live on ♦ *vb impers*: **il reste du pain/2 œufs** there's some bread/there are 2 eggs left (over); **il me reste assez de temps** I have enough time left; **ce qui reste à faire** what remains to be done; **restons-en là** let's leave it at that
restituer [ʀɛstitɥe] *vt* (*objet, somme*): ~ **qch (à qn)** to return sth (to sb); (*TECH*) to release; (: *son*) to reproduce
restoroute [ʀɛstɔʀut] *nm* motorway (*BRIT*) *ou* highway (*US*) restaurant
restreindre [ʀɛstʀɛ̃dʀ(ə)] *vt* to restrict, limit
restriction [ʀɛstʀiksjɔ̃] *nf* restriction
résultat [ʀezylta] *nm* result; (*d'élection etc*) results *pl*
résulter [ʀezylte] : ~ **de** *vt* to result from, be the result of
résumé [ʀezyme] *nm* summary, résumé
résumer [ʀezyme] *vt* (*texte*) to summarize; (*récapituler*) to sum up; **se** ~ **à** to come down to
résurrection [ʀezyʀɛksjɔ̃] *nf* resurrection; (*fig*) revival
rétablir [ʀetabliʀ] *vt* to restore, reestablish; **se** ~ *vi* (*guérir*) to recover; (*silence, calme*) to return, be re-

stored; **rétablissement** *nm* restoring; recovery; (*SPORT*) pull-up

retaper [ʀətape] *vt* (*maison, voiture etc*) to do up; (*fam*: *revigorer*) to buck up; (*redactylographier*) to retype

retard [ʀətaʀ] *nm* (*d'une personne attendue*) lateness *no pl*; (*sur l'horaire, un programme*) delay; (*fig*: *scolaire, mental etc*) backwardness; **en ~ (de 2 heures)** (2 hours) late; **avoir du ~** to be late; (*sur un programme*) to be behind (schedule); **prendre du ~** (*train, avion*) to be delayed; (*montre*) to lose (time); **sans ~** without delay

retardement [ʀətaʀdəmɑ̃] : **à ~** *adj* delayed action *cpd*; **bombe à ~** time bomb

retarder [ʀətaʀde] *vt* (*sur un horaire*): **~ qn (d'une heure)** to delay sb (an hour); (*départ, date*): **~ qch (de 2 jours)** to put sth back (2 days), delay sth (for *ou* by 2 days); (*horloge*) to put back ♦ *vi* (*montre*) to be slow; to lose (time)

retenir [ʀətniʀ] *vt* (*garder, retarder*) to keep, detain; (*maintenir*: *objet qui glisse, fig*: *colère, larmes*) to hold back; (: *objet suspendu*) to hold; (*fig*: *empêcher d'agir*): **~ qn (de faire)** to hold sb back (from doing); (*se rappeler*) to retain; (*réserver*) to reserve; (*accepter*) to accept; (*prélever*): **~ qch (sur)** to deduct sth (from); **se ~** *vi* (*se raccrocher*): **se ~ à** to hold onto; **se ~** *vi;* (*se contenir*): **se ~ de faire** to restrain o.s. from doing; **~ son souffle** to hold one's breath

retentir [ʀətɑ̃tiʀ] *vi* to ring out; (*salle*): **~ de** to ring *ou* resound with

retentissant, e [ʀətɑ̃tisɑ̃, -ɑ̃t] *adj* resounding; (*fig*) impact-making

retentissement [ʀətɑ̃tismɑ̃] *nm* repercussion; effect, impact; stir

retenu, e *adj* (*place*) reserved; (*personne*: *empêché*) held up

retenue [ʀətny] *nf* (*prélèvement*) deduction; (*SCOL*) detention; (*modération*) (self-)restraint; (*réserve*) reserve, reticence

réticence [ʀetisɑ̃s] *nf* hesitation, reluctance *no pl*

rétine [ʀetin] *nf* retina

retiré, e [ʀətiʀe] *adj* secluded; remote

retirer [ʀətiʀe] *vt* to withdraw; (*vêtement, lunettes*) to take off, remove; (*extraire*): **~ qch de** to take sth out of, remove sth from; (*reprendre*: *bagages, billets*) to collect, pick up

retombées [ʀətɔ̃be] *nfpl* (*radioactives*) fallout *sg*; (*fig*) fallout; spin-offs

retomber [ʀətɔ̃be] *vi* (*à nouveau*) to fall again; (*atterrir*: *après un saut etc*) to land; (*tomber, redescendre*) to fall back; (*pendre*) to fall, hang (down); (*échoir*): **~ sur qn** to fall on sb

rétorquer [ʀetɔʀke] *vt*: **~ (à qn) que** to retort (to sb) that

retors, e [ʀətɔʀ, -ɔʀs(ə)] *adj* wily

retoucher [ʀətuʃe] *vt* (*photographie*) to touch up; (*texte, vêtement*) to alter

retour [ʀətuʀ] *nm* return; **au ~** when we (*ou* they *etc*) get (*ou* got) back; (*en route*) on the way back; **être de ~ (de)** to be back (from); **par ~ du courrier** by return of post

retourner [ʀətuʀne] *vt* (*dans l'autre sens*: *matelas, crêpe, foin, terre*) to turn (over); (: *caisse*) to turn upside down; (: *sac, vêtement*) to turn inside out; (*émouvoir*: *personne*) to shake; (*renvoyer, restituer*): **~ qch à qn** to return sth to sb ♦ *vi* (*aller, revenir*): **~ quelque part/à** to go back *ou* return somewhere/to; **se ~** *vi* to turn over; (*tourner la tête*) to turn round; **~ à** (*état, activité*) to return to, go back to; **se ~ contre** (*fig*) to turn against; **savoir de quoi il retourne** to know what it is all about

retracer [ʀətʀase] *vt* to relate, recount

retrait [Rətrɛ] *nm* (*voir retirer*) withdrawal; collection; **en ~** set back; **~ du permis (de conduire)** disqualification from driving (*BRIT*), revocation of driver's license (*US*)

retraite [Rətrɛt] *nf* (*d'une armée, REL, refuge*) retreat; (*d'un employé*) retirement; (*revenu*) pension; **prendre sa ~** to retire; **~ anticipée** early retirement; **retraité, e** *adj* retired ♦ *nm/f* pensioner

retrancher [Rətrɑ̃ʃe] *vt* (*passage, détails*) to take out, remove; (*nombre, somme*): **~ qch de** to take *ou* deduct sth from; (*couper*) to cut off; **se ~ derrière/dans** to take refuge behind/in

retransmettre [Rətrɑ̃smɛtR(ə)] *vt* (*RADIO*) to broadcast; (*TV*) to show

rétrécir [RetResiR] *vt* (*vêtement*) to take in ♦ *vi* to shrink; **se ~** *vi* to narrow

rétribution [RetRibysjɔ̃] *nf* payment

rétro [RetRo] *adj inv*: **la mode ~** the nostalgia vogue

rétrograde [RetRɔgRad] *adj* reactionary, backward-looking

rétrograder [RetRɔgRade] *vi* (*économie*) to regress; (*AUTO*) to change down

rétroprojecteur [RetRɔpRɔʒɛktœR] *nm* overhead projector

rétrospective [RetRɔspɛktiv] *nf* retrospective exhibition/season; **rétrospectivement** *adv* in retrospect

retrousser [RətRuse] *vt* to roll up

retrouvailles [RətRuvɑj] *nfpl* reunion *sg*

retrouver [RətRuve] *vt* (*fugitif, objet perdu*) to find; (*occasion*) to find again; (*calme, santé*) to regain; (*revoir*) to see again; (*rejoindre*) to meet (again), join; **se ~** *vi* to meet; (*s'orienter*) to find one's way; **se ~ quelque part** to find o.s. somewhere; **s'y ~** (*rentrer dans ses frais*) to break even

rétroviseur [RetRɔvizœR] *nm* (rear-view) mirror

réunion [Reynjɔ̃] *nf* bringing together; joining; (*séance*) meeting

réunir [ReyniR] *vt* (*convoquer*) to call together; (*rassembler*) to gather together; (*cumuler*) to combine; (*rapprocher*) to bring together (again), reunite; (*rattacher*) to join (together); **se ~** *vi* (*se rencontrer*) to meet

réussi, e [Reysi] *adj* successful

réussir [ReysiR] *vi* to succeed, be successful; (*à un examen*) to pass; (*plante, culture*) to thrive, do well ♦ *vt* to make a success of; **~ à faire** to succeed in doing; **~ à qn** to go right for sb; (*aliment*) to agree with sb

réussite [Reysit] *nf* success; (*CARTES*) patience

revaloir [RəvalwaR] *vt*: **je vous revaudrai cela** I'll repay you some day; (*en mal*) I'll pay you back for this

revaloriser [RəvalɔRize] *vt* (*monnaie*) to revalue; (*salaires*) to raise the level of

revanche [Rəvɑ̃ʃ] *nf* revenge; **en ~** on the other hand

rêve [Rɛv] *nm* dream; (*activité psychique*): **le ~** dreaming

revêche [Rəvɛʃ] *adj* surly, sour-tempered

réveil [Revɛj] *nm* (*d'un dormeur*) waking up *no pl*; (*fig*) awakening; (*pendule*) alarm (clock); (*MIL*) reveille; **au ~** on waking (up)

réveille-matin [Revɛjmatɛ̃] *nm inv* alarm clock

réveiller [Reveje] *vt* (*personne*) to wake up; (*fig*) to awaken, revive; **se ~** *vi* to wake up; (*fig*) to reawaken

réveillon [Revɛjɔ̃] *nm* Christmas Eve; (*de la Saint-Sylvestre*) New Year's Eve; **réveillonner** *vi* to celebrate Christmas Eve (*ou* New Year's Eve)

révélateur, trice [RevelatœR, -tRis] *adj*: **~ (de qch)** revealing (sth) ♦ *nm* (*PHOTO*) developer

révéler [Revele] *vt* (*gén*) to reveal; (*faire connaître au public*): **~ qn/**

qch to make sb/sth widely known, bring sb/sth to the public's notice; **se ~** *vi* to be revealed, reveal itself ♦ *vb +attrib* to prove (to be), to be revealed, reveal itself

revenant, e [Rəvnɑ̃, -ɑ̃t] *nm/f* ghost

revendeur, euse [Rəvɑ̃dœR, -øz] *nm/f* (*détaillant*) retailer; (*d'occasions*) secondhand dealer

revendication [Rəvɑ̃dikasjɔ̃] *nf* claim, demand; **journée de ~** day of action

revendiquer [Rəvɑ̃dike] *vt* to claim, demand; (*responsabilité*) to claim

revendre [Rəvɑ̃dR(ə)] *vt* (*d'occasion*) to resell; (*détailler*) to sell; **à ~** (*en abondance*) to spare

revenir [RəvniR] *vi* to come back; (*CULIN*): **faire ~** to brown; (*coûter*): **~ cher/à 100 F (à qn)** to cost (sb) a lot/100 F; **~ à** (*études, projet*) to return to, go back to; (*équivaloir à*) to amount to; **~ à qn** (*part, honneur*) to go to sb, be sb's; (*souvenir, nom*) to come back to sb; **~ de** (*fig*: *maladie, étonnement*) to recover from; **~ sur** (*question, sujet*) to go back over; (*engagement*) to go back on; **~ à la charge** to return to the attack; **~ à soi** to come round; **n'en pas ~**: **je n'en reviens pas** I can't get over it; **~ sur ses pas** to retrace one's steps; **cela revient à dire que/au même** it amounts to saying that/the same thing

revenu [Rəvny] *nm* income; (*de l'État*) revenue; (*d'un capital*) yield; **~s** *nmpl* income *sg*

rêver [Reve] *vi, vt* to dream; **~ de/à** to dream of

réverbère [RevɛRbɛR] *nm* street lamp *ou* light

réverbérer [RevɛRbeRe] *vt* to reflect

révérence [ReveRɑ̃s] *nf* (*salut*) bow; (: *de femme*) curtsey

rêverie [RɛvRi] *nf* daydreaming *no pl*, daydream

revers [RəvɛR] *nm* (*de feuille, main*) back; (*d'étoffe*) wrong side; (*de pièce, médaille*) back, reverse; (*TENNIS, PING-PONG*) backhand; (*de veston*) lapel; (*de pantalon*) turn-up; (*fig*: *échec*) setback

revêtement [Rəvɛtmɑ̃] *nm* (*de paroi*) facing; (*des sols*) flooring; (*de chaussée*) surface; (*de tuyau etc*: *enduit*) coating

revêtir [RəvetiR] *vt* (*habit*) to don, put on; (*fig*) to take on; **~ qn de** to endow *ou* invest sb with; **~ qch de** to cover sth with; (*fig*) to cloak sth in

rêveur, euse [RɛvœR, -øz] *adj* dreamy ♦ *nm/f* dreamer

revient [Rəvjɛ̃] *vb voir* **revenir**

revigorer [RəvigɔRe] *vt* to invigorate, brace up; to revive, buck up

revirement [RəviRmɑ̃] *nm* change of mind; (*d'une situation*) reversal

réviser [Revize] *vt* (*texte, SCOL*: *matière*) to revise; (*machine, installation, moteur*) to overhaul, service; (*JUR*: *procès*) to review

révision [Revizjɔ̃] *nf* revision; auditing *no pl*; overhaul; servicing *no pl*; review; **la ~ des 10000 km** (*AUTO*) the 10,000 km service

revivre [RəvivR(ə)] *vi* (*reprendre des forces*) to come alive again; (*traditions*) to be revived ♦ *vt* (*épreuve, moment*) to relive

revoir [RəvwaR] *vt* to see again; (*réviser*) to revise ♦ *nm*: **au ~** goodbye

révoltant, e [Revɔltɑ̃, -ɑ̃t] *adj* revolting; appalling

révolte [Revɔlt(ə)] *nf* rebellion, revolt

révolter [Revɔlte] *vt* to revolt; to outrage, appal; **se ~ (contre)** to rebel (against)

révolu, e [Revɔly] *adj* past; (*ADMIN*): **âgé de 18 ans ~s** over 18 years of age; **après 3 ans ~s** when 3 full years have passed

révolution [Revɔlysjɔ̃] *nf* revolution; **révolutionnaire** *adj, nm/f* revolutionary

revolver [RevɔlvɛR] *nm* gun; (*à barillet*) revolver

révoquer [Revɔke] *vt* (*fonctionnaire*) to dismiss; (*arrêt, contrat*) to revoke

revue [Rəvy] *nf* (*inventaire, examen, MIL*) review; (*périodique*) review, magazine; (*de music-hall*) variety show; **passer en** ~ to review; to go through
rez-de-chaussée [RedʃOse] *nm inv* ground floor
RF *sigle* = **République Française**
Rhin [Rɛ̃] *nm*: **le** ~ the Rhine
rhinocéros [RinɔseRɔs] *nm* rhinoceros
Rhône [Ron] *nm*: **le** ~ the Rhone
rhubarbe [RybaRb(ə)] *nf* rhubarb
rhum [Rɔm] *nm* rum
rhumatisme [Rymatism(ə)] *nm* rheumatism *no pl*
rhume [Rym] *nm* cold; ~ **de cerveau** head cold; **le** ~ **des foins** hay fever
ri [Ri] *pp de* **rire**
riant, e [Rjɑ̃, -ɑ̃t] *adj* smiling, cheerful
ricaner [Rikane] *vi* (*avec méchanceté*) to snigger; (*bêtement*) to giggle
riche [Riʃ] *adj* (*gén*) rich; (*personne, pays*) rich, wealthy; ~ **en** rich in; ~ **de** full of; rich in; **richesse** *nf* wealth; (*fig*) richness; ~**sses** *nfpl* (*ressources, argent*) wealth *sg*; (*fig: trésors*) treasures
ricin [Risɛ̃] *nm*: **huile de** ~ castor oil
ricocher [Rikɔʃe] *vi*: ~ **(sur)** to rebound (off); (*sur l'eau*) to bounce (on *ou* off)
ricochet [Rikɔʃɛ] *nm*: **faire des** ~**s** to skip stones; **par** ~ on the rebound; (*fig*) as an indirect result
rictus [Riktys] *nm* grin; (snarling) grimace
ride [Rid] *nf* wrinkle; (*fig*) ripple
rideau, x [Rido] *nm* curtain; (*POL*): **le** ~ **de fer** the Iron Curtain
rider [Ride] *vt* to wrinkle; (*eau*) to ripple; **se** ~ *vi* to become wrinkled
ridicule [Ridikyl] *adj* ridiculous ♦ *nm*: **le** ~ ridicule: **se ridiculiser** *vi* to make a fool of o.s.

MOT-CLÉ

rien [Rjɛ̃] *pron* **1**: **(ne) ...** ~ nothing; *tournure negative* + anything; **qu'est-ce que vous avez? -** ~ what have you got? - nothing; **il n'a** ~ **dit/fait** he said/did nothing; he hasn't said/done anything; **il n'a** ~ (*n'est pas blessé*) he's all right; **de** ~! not at all!
2 (*quelque chose*): **a-t-il jamais** ~ **fait pour nous?** has he ever done anything for us?
3: ~ **de** nothing interesting; ~ **d'autre** nothing else; ~ **du tout** nothing at all
4: ~ **que** just, only; nothing but; ~ **que pour lui faire plaisir** only *ou* just to please him; ~ **que la vérité** nothing but the truth; ~ **que cela** that alone
♦ *nm*: **un petit** ~ (*cadeau*) a little something; **des** ~**s** trivia *pl*; **un** ~ **de** a hint of; **en un** ~ **de temps** in no time at all

rieur, euse [RjœR, -øz] *adj* cheerful
rigide [Riʒid] *adj* stiff; (*fig*) rigid; strict
rigole [Rigɔl] *nf* (*conduit*) channel; (*filet d'eau*) rivulet
rigoler [Rigɔle] *vi* (*rire*) to laugh; (*s'amuser*) to have (some) fun; (*plaisanter*) to be joking *ou* kidding
rigolo, ote [Rigɔlo, -ɔt] (*fam*) *adj* funny ♦ *nm/f* comic; (*péj*) fraud, phoney
rigoureux, euse [RiguRø, -øz] *adj* (*morale*) rigorous, strict; (*personne*) stern, strict; (*climat, châtiment*) rigorous, harsh; (*interdiction, neutralité*) strict
rigueur [RigœR] *nf* rigour; strictness; harshness; **être de** ~ to be the rule; **à la** ~ at a pinch; possibly; **tenir** ~ **à qn de qch** to hold sth against sb
rime [Rim] *nf* rhyme
rinçage [Rɛ̃saʒ] *nm* rinsing (out); (*opération*) rinse
rincer [Rɛ̃se] *vt* to rinse; (*récipient*) to rinse out
ring [Riŋ] *nm* (boxing) ring
ringard, e [Rɛ̃gaR, -aRd(ə)] *adj* old-

fashioned
rions *vb voir* **rire**
riposter [ripɔste] *vi* to retaliate ♦ *vt*: ~ **que** to retort that; ~ **à** to counter; to reply to
rire [RiR] *vi* to laugh; (*se divertir*) to have fun ♦ *nm* laugh; **le** ~ laughter; ~ **de** to laugh at; **pour** ~ (*pas sérieusement*) for a joke *ou* a laugh
risée [Rize] *nf*: **être la** ~ **de** to be the laughing stock of
risible [Rizibl(ə)] *adj* laughable
risque [Risk(ə)] *nm* risk; **le** ~ danger; **à ses** ~**s et périls** at his own risk
risqué, e [Riske] *adj* risky; (*plaisanterie*) risqué, daring
risquer [Riske] *vt* to risk; (*allusion, question*) to venture, hazard; **ça ne risque rien** it's quite safe; ~ **de**: **il risque de se tuer** he could get himself killed; **ce qui risque de se produire** what might *ou* could well happen; **il ne risque pas de recommencer** there's no chance of him doing that again; **se** ~ **à faire** (*tenter*) to venture *ou* dare to do
rissoler [Risɔle] *vi, vt*: **(faire)** ~ to brown
ristourne [RistuRn(ə)] *nf* rebate
rite [Rit] *nm* rite; (*fig*) ritual
rivage [Rivaʒ] *nm* shore
rival, e, aux [Rival, -o] *adj, nm/f* rival
rivaliser [Rivalize] *vi*: ~ **avec** to rival, vie with; (*être comparable*) to hold its own against, compare with
rivalité [Rivalite] *nf* rivalry
rive [Riv] *nf* shore; (*de fleuve*) bank
river [Rive] *vt* (*clou, pointe*) to clinch; (*plaques*) to rivet together
riverain, e [RivRɛ̃, -ɛn] *nm/f* riverside (*ou* lakeside) resident; local resident
rivet [Rivɛ] *nm* rivet
rivière [RivjɛR] *nf* river
rixe [Riks(ə)] *nf* brawl, scuffle
riz [Ri] *nm* rice
R.N. *sigle f* = **route nationale**
robe [Rɔb] *nf* dress; (*de juge, d'ecclésiastique*) robe; (*de professeur*) gown; (*pelage*) coat; ~ **de chambre** dressing gown; ~ **de grossesse** maternity dress; ~ **de soirée/de mariée** evening/wedding dress
robinet [Rɔbinɛ] *nm* tap
robot [Rɔbo] *nm* robot
robuste [Rɔbyst(ə)] *adj* robust, sturdy
roc [Rɔk] *nm* rock
rocaille [Rɔkɑj] *nf* loose stones *pl*; rocky *ou* stony ground; (*jardin*) rockery, rock garden
roche [Rɔʃ] *nf* rock
rocher [Rɔʃe] *nm* rock
rocheux, euse [Rɔʃø, -øz] *adj* rocky
rodage [Rɔdaʒ] *nm*: **en** ~ running in
roder [Rɔde] *vt* (*AUTO*) to run in
rôder [Rode] *vi* to roam about; (*de façon suspecte*) to lurk (about *ou* around); **rôdeur, euse** *nm/f* prowler
rogne [Rɔɲ] *nf*: **être en** ~ to be in a temper
rogner [Rɔɲe] *vt* to clip; ~ **sur** (*fig*) to cut down *ou* back on
rognons [Rɔɲɔ̃] *nmpl* kidneys
roi [Rwa] *nm* king; **le jour** *ou* **la fête des R~s, les R~s** Twelfth Night
roitelet [Rwatlɛ] *nm* wren
rôle [Rol] *nm* role; (*contribution*) part
romain, e [Rɔmɛ̃, -ɛn] *adj, nm/f* Roman
roman, e [Rɔmɑ̃, -an] *adj* (*ARCHIT*) Romanesque ♦ *nm* novel; ~ **d'espionnage** spy novel *ou* story; ~ **photo** romantic picture story
romance [Rɔmɑ̃s] *nf* ballad
romancer [Rɔmɑ̃se] *vt* to make into a novel; to romanticize
romancier, ière [Rɔmɑ̃sje, -jɛR] *nm/f* novelist
romanesque [Rɔmanɛsk(ə)] *adj* (*fantastique*) fantastic; storybook *cpd*; (*sentimental*) romantic
roman-feuilleton [Rɔmɑ̃fœjtɔ̃] *nm* serialized novel
romanichel, le [Rɔmaniʃɛl] *nm/f* gipsy
romantique [Rɔmɑ̃tik] *adj* romantic

romarin [ʀɔmaʀɛ̃] *nm* rosemary
rompre [ʀɔ̃pʀ(ə)] *vt* to break; (*entretien, fiançailles*) to break off ♦ *vi* (*fiancés*) to break it off; **se** ~ *vi* to break; (*MÉD*) to burst, rupture
rompu, e [ʀɔ̃py] *adj*: ~ **à** with wide experience of; inured to
ronces [ʀɔ̃s] *nfpl* brambles
ronchonner [ʀɔ̃ʃɔne] (*fam*) *vi* to grouse, grouch
rond, e [ʀɔ̃, ʀɔ̃d] *adj* round; (*joues, mollets*) well-rounded; (*fam: ivre*) tight ♦ *nm* (*cercle*) ring; (*fam: sou*): **je n'ai plus un** ~ I haven't a penny left; **en** ~ (*s'asseoir, danser*) in a ring; **ronde** *nf* (*gén: de surveillance*) rounds *pl*, patrol; (*danse*) round (dance); (*MUS*) semibreve (*BRIT*), whole note (*US*); **à la ronde** (*alentour*): **à la ronde à 10 km** for 10 km round; **rondelet, te** *adj* plump
rondelle [ʀɔ̃dɛl] *nf* (*TECH*) washer; (*tranche*) slice, round
rondement [ʀɔ̃dmɑ̃] *adv* briskly; frankly
rondin [ʀɔ̃dɛ̃] *nm* log
rond-point [ʀɔ̃pwɛ̃] *nm* roundabout
ronflant, e [ʀɔ̃flɑ̃, -ɑ̃t] (*péj*) *adj* high-flown, grand
ronfler [ʀɔ̃fle] *vi* to snore; (*moteur, poêle*) to hum; to roar
ronger [ʀɔ̃ʒe] *vt* to gnaw (at); (*suj: vers, rouille*) to eat into; **se** ~ **les sangs** to worry o.s. sick; **se** ~ **les ongles** to bite one's nails; **rongeur** *nm* rodent
ronronner [ʀɔ̃ʀɔne] *vi* to purr
roquet [ʀɔkɛ] *nm* nasty little lap-dog
rosace [ʀozas] *nf* (*vitrail*) rose window
rosbif [ʀɔsbif] *nm*: **du** ~ roasting beef; (*cuit*) roast beef; **un** ~ a joint of beef
rose [ʀoz] *nf* rose ♦ *adj* pink
rosé, e [ʀoze] *adj* pinkish; **(vin)** ~ rosé
roseau, x [ʀozo] *nm* reed
rosée [ʀoze] *nf* dew
roseraie [ʀozʀɛ] *nf* rose garden
rosier [ʀozje] *nm* rosebush, rose tree
rosse [ʀɔs] *nf* (*péj: cheval*) nag ♦ *adj* nasty, vicious
rossignol [ʀɔsiɲɔl] *nm* (*ZOOL*) nightingale
rot [ʀo] *nm* belch; (*de bébé*) burp
rotatif, ive [ʀɔtatif, -iv] *adj* rotary
rotation [ʀɔtɑsjɔ̃] *nf* rotation; (*fig*) rotation, swap-around; turnover
roter [ʀɔte] (*fam*) *vi* to burp, belch
rôti [ʀoti] *nm*: **du** ~ roasting meat; (*cuit*) roast meat; ~ **de bœuf/porc** joint of beef/pork
rotin [ʀɔtɛ̃] *nm* rattan (cane); **fauteuil en** ~ cane (arm)chair
rôtir [ʀotiʀ] *vi, vt* (*aussi: faire* ~) to roast; **rôtisserie** *nf* steakhouse; roast meat counter (*ou* shop); **rôtissoire** *nf* (roasting) spit
rotule [ʀɔtyl] *nf* kneecap, patella
roturier, ière [ʀɔtyʀje, -jɛʀ] *nm/f* commoner
rouage [ʀwaʒ] *nm* cog(wheel), gearwheel; (*de montre*) part; (*fig*) cog
roucouler [ʀukule] *vi* to coo
roue [ʀu] *nf* wheel; ~ **dentée** cogwheel; ~ **de secours** spare wheel
roué, e [ʀwe] *adj* wily
rouer [ʀwe] *vt*: ~ **qn de coups** to give sb a thrashing
rouet [ʀwɛ] *nm* spinning wheel
rouge [ʀuʒ] *adj, nm/f* red ♦ *nm* red; (*fard*) rouge; **(vin)** ~ red wine; **sur la liste** ~ ex-directory (*BRIT*), unlisted (*US*); **passer au** ~ (*signal*) to go red; (*automobiliste*) to go through a red light; ~ **(à lèvres)** lipstick; **rouge-gorge** *nm* robin (redbreast)
rougeole [ʀuʒɔl] *nf* measles *sg*
rougeoyer [ʀuʒwaje] *vi* to glow red
rouget [ʀuʒɛ] *nm* mullet
rougeur [ʀuʒœʀ] *nf* redness
rougir [ʀuʒiʀ] *vi* (*de honte, timidité*) to blush, flush; (*de plaisir, colère*) to flush; (*fraise, tomate*) to go *ou* turn red; (*ciel*) to redden
rouille [ʀuj] *nf* rust
rouillé, e [ʀuje] *adj* rusty
rouiller [ʀuje] *vt* to rust ♦ *vi* to rust, go rusty; **se** ~ *vi* to rust

roulant, e [rulɑ̃, -ɑ̃t] *adj* (*meuble*) on wheels; (*surface, trottoir*) moving

rouleau, x [rulo] *nm* (*de papier, tissu, SPORT*) roll; (*de machine à écrire*) roller, platen; (*à mise en plis, à peinture, vague*) roller; ~ **compresseur** steamroller; ~ **à pâtisserie** rolling pin

roulement [rulmɑ̃] *nm* (*bruit*) rumbling *no pl*, rumble; (*rotation*) rotation; turnover; **par ~** on a rota (*BRIT*) *ou* rotation (*US*) basis; ~ **(à billes)** ball bearings *pl*; ~ **de tambour** drum roll

rouler [rule] *vt* to roll; (*papier, tapis*) to roll up; (*CULIN*: *pâte*) to roll out; (*fam*) to do, con ♦ *vi* (*bille, boule*) to roll; (*voiture, train*) to go, run; (*automobiliste*) to drive; (*cycliste*) to ride; (*bateau*) to roll; (*tonnerre*) to rumble, roll; **se ~ dans** (*boue*) to roll in; (*couverture*) to roll o.s. (up) in

roulette [rulɛt] *nf* (*de table, fauteuil*) castor; (*de pâtissier*) pastry wheel; (*jeu*): **la ~** roulette; **à ~s** on castors

roulis [ruli] *nm* roll(ing)

roulotte [rulɔt] *nf* caravan

Roumanie [rumani] *nf* Rumania

rouquin, e [rukɛ̃, -in] (*péj*) *nm/f* redhead

rouspéter [ruspete] (*fam*) *vi* to moan

rousse [rus] *adj voir* **roux**

roussi [rusi] *nm*: **ça sent le ~** there's a smell of burning; (*fig*) I can smell trouble

roussir [rusir] *vt* to scorch ♦ *vi* (*feuilles*) to go *ou* turn brown; (*CULIN*): **faire ~** to brown

route [rut] *nf* road; (*fig*: *chemin*) way; (*itinéraire, parcours*) route; (*fig*: *voie*) road, path; **par (la) ~** by road; **il y a 3h de ~** it's a 3-hour ride *ou* journey; **en ~** on the way; **mettre en ~** to start up; **se mettre en ~** to set off; **faire ~ vers** to head towards; ~ **nationale** ≈ A road (*BRIT*), ≈ state highway (*US*); **routier, ière** *adj* road *cpd* ♦ *nm* (*camionneur*) (long-distance) lorry (*BRIT*) *ou* truck (*US*) driver; (*restaurant*) ≈ transport café (*BRIT*), ≈ truck stop (*US*); **routière** *nf* (*voiture*) touring car

routine [rutin] *nf* routine; **routinier, ière** (*péj*) *adj* humdrum; addicted to routine

rouvrir [ruvrir] *vt, vi* to reopen, open again; **se ~** *vi* to reopen, open again

roux, rousse [ru, rus] *adj* red; (*personne*) red-haired ♦ *nm/f* redhead

royal, e, aux [rwajal, -o] *adj* royal; (*fig*) princely

royaume [rwajom] *nm* kingdom; (*fig*) realm; **le R~-Uni** the United Kingdom

royauté [rwajote] *nf* (*dignité*) kingship; (*régime*) monarchy

ruban [rybɑ̃] *nm* (*gén*) ribbon; (*d'acier*) strip; ~ **adhésif** adhesive tape

rubéole [rybeɔl] *nf* German measles *sg*, rubella

rubis [rybi] *nm* ruby

rubrique [rybrik] *nf* (*titre, catégorie*) heading; (*PRESSE*: *article*) column

ruche [ryʃ] *nf* hive

rude [ryd] *adj* (*barbe, toile*) rough; (*métier, tâche*) hard, tough; (*climat*) severe, harsh; (*bourru*) harsh, rough; (*fruste*) rugged, tough; (*fam*) jolly good

rudement [rydmɑ̃] (*fam*) *adv* (*très*) terribly; (*beaucoup*) terribly hard

rudimentaire [rydimɑ̃tɛr] *adj* rudimentary, basic

rudoyer [rydwaje] *vt* to treat harshly

rue [ry] *nf* street

ruée [rɥe] *nf* rush

ruelle [rɥɛl] *nf* alley(-way)

ruer [rɥe] *vi* (*cheval*) to kick out; **se ~** *vi*: **se ~ sur** to pounce on; **se ~ vers/dans/hors de** to rush *ou* dash towards/into/out of

rugby [rygbi] *nm* rugby (football)

rugir [ʀyʒiʀ] *vi* to roar
rugueux, euse [ʀygø, -øz] *adj* rough
ruine [ʀɥin] *nf* ruin; **~s** *nfpl* (*de château etc*) ruins
ruiner [ʀɥine] *vt* to ruin
ruineux, euse *adj* ruinous
ruisseau, x [ʀɥiso] *nm* stream, brook
ruisseler [ʀɥisle] *vi* to stream
rumeur [ʀymœʀ] *nf* (*bruit confus*) rumbling; hubbub *no pl*; murmur(ing); (*nouvelle*) rumour
ruminer [ʀymine] *vt* (*herbe*) to ruminate; (*fig*) to ruminate on *ou* over, chew over
rupture [ʀyptyʀ] *nf* (*de câble, digue*) breaking; (*de tendon*) rupture, tearing; (*de négociations etc*) breakdown; (*de contrat*) breach; (*séparation, désunion*) break-up, split
rural, e, aux [ʀyʀal, -o] *adj* rural, country *cpd*
ruse [ʀyz] *nf*: **la** ~ cunning, craftiness; trickery; **une** ~ a trick, a ruse; **rusé, e** *adj* cunning, crafty
russe [ʀys] *adj, nm/f* Russian ♦ *nm* (*LING*) Russian
Russie [ʀysi] *nf*: **la** ~ Russia
rustique [ʀystik] *adj* rustic
rustre [ʀystʀ(ə)] *nm* boor
rutilant, e [ʀytilɑ̃, -ɑ̃t] *adj* gleaming
rythme [ʀitm(ə)] *nm* rhythm; (*vitesse*) rate; (: *de la vie*) pace, tempo

S

s' [s] *pron voir* se
sa [sa] *dét voir* **son**[1]
S.A. *sigle* (= *société anonyme*) ≈ Ltd (*BRIT*), ≈ Inc. (*US*)
sable [sɑbl(ə)] *nm* sand; **~s mouvants** quicksand(s)
sablé [sɑble] *nm* shortbread biscuit
sabler [sɑble] *vt* to sand; (*contre le verglas*) to grit; ~ **le champagne** to drink champagne
sablier [sɑblije] *nm* hourglass; (*de cuisine*) egg timer
sablonneux, euse [sɑblɔnø, -øz] *adj* sandy
saborder [sabɔʀde] *vt* (*navire*) to scuttle; (*fig*) to wind up, shut down
sabot [sabo] *nm* clog; (*de cheval, bœuf*) hoof; ~ **de frein** brake shoe
saboter [sabɔte] *vt* to sabotage
sac [sak] *nm* bag; (*à charbon etc*) sack; **mettre à** ~ to sack; ~ **à dos** rucksack; ~ **à main** handbag; ~ **à provisions/de voyage** shopping/travelling bag; ~ **de couchage** sleeping bag
saccade [sakad] *nf* jerk
saccager [sakaʒe] *vt* (*piller*) to sack; (*dévaster*) to create havoc in
saccharine [sakaʀin] *nf* saccharin
sacerdoce [sasɛʀdɔs] *nm* priesthood; (*fig*) calling, vocation
sache *etc vb voir* **savoir**
sachet [saʃɛ] *nm* (small) bag; (*de lavande, poudre, shampooing*) sachet; ~ **de thé** tea bag
sacoche [sakɔʃ] *nf* (*gén*) bag; (*de bicyclette*) saddlebag
sacre [sakʀ(ə)] *nm* coronation; consecration
sacré, e [sakʀe] *adj* sacred; (*fam*: *satané*) blasted; (: *fameux*): **un** ~ ... a heck of a ...
sacrement [sakʀəmɑ̃] *nm* sacrament
sacrifice [sakʀifis] *nm* sacrifice
sacrifier [sakʀifje] *vt* to sacrifice; ~ à to conform to
sacristie [sakʀisti] *nf* sacristy; (*culte protestant*) vestry
sadique [sadik] *adj* sadistic
sage [saʒ] *adj* wise; (*enfant*) good ♦ *nm* wise man; sage
sage-femme [saʒfam] *nf* midwife
sagesse [saʒɛs] *nf* wisdom
Sagittaire [saʒitɛʀ] *nm*: **le** ~ Sagittarius
Sahara [saaʀa] *nm*: **le** ~ the Sahara (desert)
saignant, e [sɛɲɑ̃, -ɑ̃t] *adj* (*viande*) rare
saignée [seɲe] *nf* (*fig*) heavy losses *pl*
saigner [seɲe] *vi* to bleed ♦ *vt* to

bleed; (*animal*) to kill (by bleeding); ~ **du nez** to have a nosebleed

saillie [saji] *nf* (*sur un mur etc*) projection; (*trait d'esprit*) witticism

saillir [sajiʀ] *vi* to project, stick out; (*veine, muscle*) to bulge

sain, e [sɛ̃, sɛn] *adj* healthy; (*lectures*) wholesome; ~ **d'esprit** sound in mind, sane; ~ **et sauf** safe and sound, unharmed

saindoux [sɛ̃du] *nm* lard

saint, e [sɛ̃, sɛ̃t] *adj* holy; (*fig*) saintly ♦ *nm/f* saint; **S~-Esprit** the Holy Spirit *ou* Ghost; **la S~e Vierge** the Blessed Virgin; **sainteté** *nf* holiness; **la S~-Sylvestre** New Year's Eve

sais *etc vb voir* **savoir**

saisie [sezi] *nf* seizure; ~ **(de données)** (data) capture

saisir [seziʀ] *vt* to take hold of, grab; (*fig: occasion*) to seize; (*comprendre*) to grasp; (*entendre*) to get, catch; (*données*) to capture; (*suj: émotions*) to take hold of, come over; (*CULIN*) to fry quickly; (*JUR: biens, publication*) to seize; (: *juridiction*): ~ **un tribunal d'une affaire** to submit *ou* refer a case to a court; **se ~ de** *vt* to seize; **saisissant, e** *adj* startling, striking

saison [sɛzɔ̃] *nf* season; **morte ~** slack season; **saisonnier, ière** *adj* seasonal

sait *vb voir* **savoir**

salade [salad] *nf* (*BOT*) lettuce *etc*; (*CULIN*) (green) salad; (*fam*) tangle, muddle; ~ **de fruits** fruit salad; **saladier** *nm* (salad) bowl

salaire [salɛʀ] *nm* (*annuel, mensuel*) salary; (*hebdomadaire, journalier*) pay, wages *pl*; (*fig*) reward; ~ **de base** basic salary (*ou* wage); ~ **minimum interprofessionnel de croissance** *index-linked guaranteed minimum wage*

salarié, e [salaʀje] *nm/f* salaried employee; wage-earner

salaud [salo] (*fam!*) *nm* sod (*!*), bastard (*!*)

sale [sal] *adj* dirty, filthy

salé, e [sale] *adj* (*liquide, saveur*) salty; (*CULIN*) salted; (*fig*) spicy; steep

saler [sale] *vt* to salt

saleté [salte] *nf* (*état*) dirtiness; (*crasse*) dirt, filth; (*tache etc*) dirt *no pl*; (*fig*) dirty trick; rubbish *no pl*; filth *no pl*

salière [saljɛʀ] *nf* saltcellar

salin, e [salɛ̃, -in] *adj* saline; **saline** *nf* saltworks *sg*; salt marsh

salir [saliʀ] *vt* to (make) dirty; (*fig*) to soil the reputation of; **se ~** *vi* to get dirty; **salissant, e** *adj* (*tissu*) which shows the dirt; (*métier*) dirty, messy

salle [sal] *nf* room; (*d'hôpital*) ward; (*de restaurant*) dining room; (*d'un cinéma*) auditorium; (: *public*) audience; **faire ~ comble** to have a full house; ~ **à manger** dining room; ~ **commune** (*d'hôpital*) ward; ~ **d'attente** waiting room; ~ **de bain(s)** bathroom; ~ **de classe** classroom; ~ **de concert** concert hall; ~ **de consultation** consulting room; ~ **d'eau** shower-room; ~ **d'embarquement** (*à l'aéroport*) departure lounge; ~ **de jeux** games room; playroom; ~ **d'opération** (*d'hôpital*) operating theatre; ~ **de séjour** living room; ~ **de spectacle** theatre; cinema; ~ **des ventes** saleroom

salon [salɔ̃] *nm* lounge, sitting room; (*mobilier*) lounge suite; (*exposition*) exhibition, show; ~ **de thé** tearoom

salopard [salɔpaʀ] (*fam!*) *nm* bastard (*!*)

salope [salɔp] (*fam!*) *nf* bitch (*!*)

saloperie [salɔpʀi] (*fam!*) *nf* filth *no pl*; dirty trick; rubbish *no pl*

salopette [salɔpɛt] *nf* dungarees *pl*; (*d'ouvrier*) overall(s)

salsifis [salsifi] *nm* salsify

salubre [salybʀ(ə)] *adj* healthy, salubrious

saluer [salɥe] *vt* (*pour dire bonjour, fig*) to greet; (*pour dire au revoir*) to take one's leave; (*MIL*) to salute

salut [saly] *nm* (*sauvegarde*) safety; (*REL*) salvation; (*geste*) wave; (*parole*) greeting; (*MIL*) salute ♦ *excl* (*fam*) hi (there)
salutations [salytɑsjɔ̃] *nfpl* greetings; **recevez mes ~ distinguées** *ou* **respectueuses** yours faithfully
samedi [samdi] *nm* Saturday
SAMU [samy] *sigle m* (= *service d'assistance médicale d'urgence*) ≈ ambulance (service) (*BRIT*), ≈ paramedics *pl* (*US*)
sanction [sɑ̃ksjɔ̃] *nf* sanction; (*fig*) penalty; **sanctionner** *vt* (*loi, usage*) to sanction; (*punir*) to punish
sandale [sɑ̃dal] *nf* sandal
sandwich [sɑ̃dwitʃ] *nm* sandwich
sang [sɑ̃] *nm* blood; **en ~** covered in blood; **se faire du mauvais ~** to fret, get in a state
sang-froid [sɑ̃fʀwa] *nm* calm, sangfroid; **de ~** in cold blood
sanglant, e [sɑ̃glɑ̃, -ɑ̃t] *adj* bloody, covered in blood; (*combat*) bloody
sangle [sɑ̃gl(ə)] *nf* strap
sanglier [sɑ̃glije] *nm* (wild) boar
sanglot [sɑ̃glo] *nm* sob
sangsue [sɑ̃sy] *nf* leech
sanguin, e [sɑ̃gɛ̃, -in] *adj* blood *cpd*; (*fig*) fiery; **sanguinaire** [sɑ̃ginɛʀ] *adj* bloodthirsty; bloody
sanisette [sanizɛt] *nf* (automatic) public toilet
sanitaire [sanitɛʀ] *adj* health *cpd*; **~s** *nmpl* (*lieu*) bathroom *sg*
sans [sɑ̃] *prép* without; **~ qu'il s'en aperçoive** without him *ou* his noticing; **~-abri** *nmpl* homeless; **~-emploi** [sɑ̃zɑ̃plwa] *n inv* unemployed person; **les ~-emploi** the unemployed; **~-façon** *adj inv* fuss-free; free and easy; **~-gêne** *adj inv* inconsiderate; **~-logis** *nmpl* homeless
santé [sɑ̃te] *nf* health; **en bonne ~** in good health; **boire à la ~ de qn** to drink (to) sb's health; **"à la ~ de"** "here's to"; **à ta/votre ~!** cheers!
saoudien, ne [saudjɛ̃, -jɛn] *adj* Saudi Arabian ♦ *nm/f*: **S~(ne)** Saudi Arabian
saoul, e [su, sul] *adj* = soûl
saper [sape] *vt* to undermine, sap
sapeur-pompier [sapœʀpɔ̃pje] *nm* fireman
saphir [safiʀ] *nm* sapphire
sapin [sapɛ̃] *nm* fir (tree); (*bois*) fir; **~ de Noël** Christmas tree
sarcastique [saʀkastik] *adj* sarcastic
sarcler [saʀkle] *vt* to weed
Sardaigne [saʀdɛɲ] *nf*: **la ~** Sardinia
sardine [saʀdin] *nf* sardine
SARL *sigle* (= *société à responsabilité limitée*) ≈ plc (*BRIT*), ≈ Inc. (*US*)
sas [sas] *nm* (*de sous-marin, d'engin spatial*) airlock; (*d'écluse*) lock
satané, e [satane] *adj* confounded
satellite [satelit] *nm* satellite
satin [satɛ̃] *nm* satin
satire [satiʀ] *nf* satire; **satirique** *adj* satirical
satisfaction [satisfaksjɔ̃] *nf* satisfaction
satisfaire [satisfɛʀ] *vt* to satisfy; **~ à** (*engagement*) to fulfil; (*revendications, conditions*) to satisfy, meet; to comply with; **satisfaisant, e** *adj* satisfactory; (*qui fait plaisir*) satisfying; **satisfait, e** *adj* satisfied; **satisfait de** happy *ou* satisfied with
saturer [satyʀe] *vt* to saturate
sauce [sos] *nf* sauce; (*avec un rôti*) gravy; **saucière** *nf* sauceboat
saucisse [sosis] *nf* sausage
saucisson [sosisɔ̃] *nm* (slicing) sausage
sauf, sauve [sof, sov] *adj* unharmed, unhurt; (*fig: honneur*) intact, saved ♦ *prép* except; **laisser la vie sauve à qn** to spare sb's life; **~ si** (*à moins que*) unless; **~ erreur** if I'm not mistaken; **~ avis contraire** unless you hear to the contrary
sauge [soʒ] *nf* sage
saugrenu, e [sogʀəny] *adj* preposterous
saule [sol] *nm* willow (tree)
saumon [somɔ̃] *nm* salmon *inv*
saumure [somyʀ] *nf* brine

saupoudrer [sopudʀe] *vt*: ~ **qch de** to sprinkle sth with
saur [sɔʀ] *adj m*: **hareng** ~ smoked *ou* red herring, kipper
saurai *etc vb voir* **savoir**
saut [so] *nm* jump; (*discipline sportive*) jumping; **faire un** ~ **chez qn** to pop over to sb's (place); **au** ~ **du lit** on getting out of bed; ~ **à la corde** skipping; ~ **à la perche** pole vaulting; ~ **en hauteur/longueur** high/long jump; ~ **périlleux** somersault
saute [sot] *nf* sudden change
saute-mouton [sotmutɔ̃] *nm*: **jouer à** ~ to play leapfrog
sauter [sote] *vi* to jump, leap; (*exploser*) to blow up, explode; (: *fusibles*) to blow; (*se rompre*) to snap, burst; (*se détacher*) to pop out (*ou* off) ♦ *vt* to jump (over), leap (over); (*fig*: *omettre*) to skip, miss (out); **faire** ~ to blow up; to burst open; (*CULIN*) to sauté; ~ **au cou de qn** to fly into sb's arms
sauterelle [sotʀɛl] *nf* grasshopper
sautiller [sotije] *vi* to hop; to skip
sautoir [sotwaʀ] *nm*: ~ **(de perles)** string of pearls
sauvage [sovaʒ] *adj* (*gén*) wild; (*peuplade*) savage; (*farouche*) unsociable; (*barbare*) wild, savage; (*non officiel*) unauthorized, unofficial ♦ *nm/f* savage; (*timide*) unsociable type
sauve [sov] *adj f voir* **sauf**
sauvegarde [sovgaʀd(ə)] *nf* safeguard; **sauvegarder** *vt* to safeguard; (*INFORM*: *enregistrer*) to save; (: *copier*) to back up
sauve-qui-peut [sovkipø] *excl* run for your life!
sauver [sove] *vt* to save; (*porter secours à*) to rescue; (*récupérer*) to salvage, rescue; **se** ~ *vi* (*s'enfuir*) to run away; (*fam*: *partir*) to be off; **sauvetage** *nm* rescue; **sauveteur** *nm* rescuer; **sauvette**: **à la sauvette** *adv* (*vendre*) without authorization; (*se marier etc*) hastily, hurriedly; **sauveur** *nm* saviour (*BRIT*), savior (*US*)
savais *etc vb voir* **savoir**
savamment [savamɑ̃] *adv* (*avec érudition*) learnedly; (*habilement*) skilfully, cleverly
savant, e [savɑ̃, -ɑ̃t] *adj* scholarly, learned; (*calé*) clever ♦ *nm* scientist
saveur [savœʀ] *nf* flavour; (*fig*) savour
savoir [savwaʀ] *vt* to know; (*être capable de*): **il sait nager** he can swim ♦ *nm* knowledge; **se** ~ *vi* (*être connu*) to be known; **à** ~ that is, namely; **faire** ~ **qch à qn** to let sb know sth; **pas que je sache** not as far as I know
savon [savɔ̃] *nm* (*produit*) soap; (*morceau*) bar of soap; (*fam*): **passer un** ~ **à qn** to give sb a good dressing-down; **savonnette** *nf* bar of soap; **savonneux, euse** *adj* soapy
savons *vb voir* **savoir**
savourer [savuʀe] *vt* to savour
savoureux, euse [savuʀø, -øz] *adj* tasty; (*fig*) spicy, juicy
saxo(phone) [saksɔ(fɔn)] *nm* sax(ophone)
scabreux, euse [skabʀø, -øz] *adj* risky; (*indécent*) improper, shocking
scandale [skɑ̃dal] *nm* scandal; (*tapage*): **faire du** ~ to make a scene, create a disturbance; **faire** ~ to scandalize people; **scandaleux, euse** *adj* scandalous, outrageous
scandinave [skɑ̃dinav] *adj, nm/f* Scandinavian
Scandinavie [skɑ̃dinavi] *nf* Scandinavia
scaphandre [skafɑ̃dʀ(ə)] *nm* (*de plongeur*) diving suit; (*de cosmonaute*) space-suit
scarabée [skaʀabe] *nm* beetle
sceau, x [so] *nm* seal; (*fig*) stamp, mark
scélérat, e [seleʀa, -at] *nm/f* villain
sceller [sele] *vt* to seal
scénario [senaʀjo] *nm* (*CINÉMA*) scenario; script; (*fig*) scenario
scène [sɛn] *nf* (*gén*) scene; (*estrade,*

fig: *théâtre*) stage; **entrer en** ~ to come on stage; **mettre en** ~ (*THÉÂTRE*) to stage; (*CINÉMA*) to direct; (*fig*) to present, introduce; ~ **de ménage** *nf* domestic scene
sceptique [sɛptik] *adj* sceptical
schéma [ʃema] *nm* (*diagramme*) diagram, sketch; (*fig*) outline; pattern; ~**tique** *adj* diagrammatic(al), schematic; (*fig*) oversimplified
sciatique [sjatik] *nf* sciatica
scie [si] *nf* saw; ~ **à découper** fretsaw; ~ **à métaux** hacksaw
sciemment [sjamɑ̃] *adv* knowingly
science [sjɑ̃s] *nf* science; (*savoir*) knowledge; (*savoir-faire*) art, skill; ~**s naturelles** (*SCOL*) natural science *sg*, biology *sg*; ~**s po** *nfpl* political science *ou* studies *pl*; **scientifique** *adj* scientific ♦ *nm/f* scientist; science student
scier [sje] *vt* to saw; (*retrancher*) to saw off; **scierie** *nf* sawmill
scinder [sɛ̃de] *vt* to split up; **se** ~ *vi* to split up
scintiller [sɛ̃tije] *vi* to sparkle
scission [sisjɔ̃] *nf* split
sciure [sjyʀ] *nf*: ~ **(de bois)** sawdust
sclérose [skleʀoz] *nf*: ~ **en plaques** multiple sclerosis
scolaire [skɔlɛʀ] *adj* school *cpd*; (*péj*) schoolish; **scolariser** *vt* to provide with schooling (*ou* schools); **scolarité** *nf* schooling
scooter [skutœʀ] *nm* (motor) scooter
score [skɔʀ] *nm* score
scorpion [skɔʀpjɔ̃] *nm* (*signe*): **le S**~ Scorpio
Scotch [skɔtʃ] (®) *nm* adhesive tape
scout, e [skut] *adj, nm* scout
script [skʀipt] *nm* printing; (*CINÉMA*) (shooting) script
script-girl [skʀiptgœʀl] *nf* continuity girl
scrupule [skʀypyl] *nm* scruple
scruter [skʀyte] *vt* to scrutinize; (*l'obscurité*) to peer into
scrutin [skʀytɛ̃] *nm* (*vote*) ballot; (*ensemble des opérations*) poll

sculpter [skylte] *vt* to sculpt; (*suj*: *érosion*) to carve; **sculpteur** *nm* sculptor
sculpture [skyltyʀ] *nf* sculpture; ~ **sur bois** wood carving

MOT-CLÉ

se(s') [s(ə)] *pron* **1** (*emploi réfléchi*) oneself; (: *masc*) himself; (: *fém*) herself; (: *sujet non humain*) itself; (: *pl*) themselves; **se voir comme l'on est** to see o.s. as one is
2 (*réciproque*) one another, each other; **ils s'aiment** they love one another *ou* each other
3 (*passif*): **cela se répare facilement** it is easily repaired
4 (*possessif*): **se casser la jambe/laver les mains** to break one's leg/wash one's hands

séance [seɑ̃s] *nf* (*d'assemblée, récréative*) meeting, session; (*de tribunal*) sitting, session; (*musicale, CINÉMA, THÉÂTRE*) performance; ~ **tenante** forthwith
seau, x [so] *nm* bucket, pail
sec, sèche [sɛk, sɛʃ] *adj* dry; (*raisins, figues*) dried; (*cœur, personne*: *insensible*) hard, cold ♦ *nm*: **tenir au** ~ to keep in a dry place ♦ *adv* hard; **je le bois** ~ I drink it straight *ou* neat; **à** ~ dried up
sécateur [sekatœʀ] *nm* secateurs *pl* (*BRIT*), shears *pl*
sèche [sɛʃ] *adj f voir* sec
sèche-cheveux [sɛʃʃəvø] *nm inv* hair-drier
sèche-linge [sɛʃlɛ̃ʒ] *nm inv* tumble dryer
sécher [seʃe] *vt* to dry; (*dessécher*: *peau, blé*) to dry (out); (: *étang*) to dry up ♦ *vi* to dry; to dry out; to dry up; (*fam*: *candidat*) to be stumped; **se** ~ (*après le bain*) to dry o.s.
sécheresse [seʃʀɛs] *nf* dryness; (*absence de pluie*) drought
séchoir [seʃwaʀ] *nm* drier
second, e [səgɔ̃, -ɔ̃d] *adj* second ♦ *nm* (*assistant*) second in command;

(*NAVIG*) first mate; **voyager en ~e** to travel second-class; **de ~e main** second-hand; **secondaire** *adj* secondary; **seconde** *nf* second; **seconder** *vt* to assist

secouer [s(ə)kwe] *vt* to shake; (*passagers*) to rock; (*traumatiser*) to shake (up)

secourir [səkuʀiʀ] *vt* (*aller sauver*) to (go and) rescue; (*prodiguer des soins à*) to help, assist; (*venir en aide à*) to assist, aid; **secourisme** *nm* first aid; life saving

secours [səkuʀ] *nm* help, aid, assistance ♦ *nmpl* aid *sg*; **au ~!** help!; **appeler au ~** to shout *ou* call for help; **porter ~ à qn** to give sb assistance, help sb; **les premiers ~** first aid *sg*

secousse [səkus] *nf* jolt, bump; (*électrique*) shock; (*fig*: *psychologique*) jolt, shock; **~ sismique** *ou* **tellurique** earth tremor

secret, ète [səkʀɛ, -ɛt] *adj* secret; (*fig*: *renfermé*) reticent, reserved ♦ *nm* secret; (*discrétion absolue*): **le ~** secrecy; **au ~** in solitary confinement

secrétaire [səkʀetɛʀ] *nm/f* secretary ♦ *nm* (*meuble*) writing desk; **~ de direction** private *ou* personal secretary; **~ d'Etat** junior minister; **~ général** *nm* (*COMM*) company secretary; **secrétariat** *nm* (*profession*) secretarial work; (*bureau*) office; (: *d'organisation internationale*) secretariat

secteur [sɛktœʀ] *nm* sector; (*ADMIN*) district; (*ÉLEC*): **branché sur le ~** plugged into the mains (supply)

section [sɛksjɔ̃] *nf* section; (*de parcours d'autobus*) fare stage; (*MIL*: *unité*) platoon; **sectionner** *vt* to sever

Sécu [seky] *abr f* = **sécurité sociale**

séculaire [sekylɛʀ] *adj* secular; (*très vieux*) age-old

sécuriser [sekyʀize] *vt* to give (a feeling of) security to

sécurité [sekyʀite] *nf* safety; security; **système de ~** safety system; **être en ~** to be safe; **la ~ routière** road safety; **la ~ sociale** ≈ (the) Social Security (*BRIT*), ≈ Welfare (*US*)

sédition [sedisjɔ̃] *nf* insurrection; sedition

séduction [sedyksjɔ̃] *nf* seduction; (*charme, attrait*) appeal, charm

séduire [sedɥiʀ] *vt* to charm; (*femme*: *abuser de*) to seduce; **séduisant, e** *adj* (*femme*) seductive; (*homme, offre*) very attractive

ségrégation [segʀegasjɔ̃] *nf* segregation

seigle [sɛgl(ə)] *nm* rye

seigneur [sɛɲœʀ] *nm* lord

sein [sɛ̃] *nm* breast; (*entrailles*) womb; **au ~ de** (*équipe, institution*) within; (*flots, bonheur*) in the midst of

séisme [seism(ə)] *nm* earthquake

seize [sɛz] *num* sixteen; **seizième** *num* sixteenth

séjour [seʒuʀ] *nm* stay; (*pièce*) living room; **séjourner** *vi* to stay

sel [sɛl] *nm* salt; (*fig*) wit; spice; **~ de cuisine/de table** cooking/table salt

sélection [selɛksjɔ̃] *nf* selection; **sélectionner** *vt* to select

self-service [sɛlfsɛʀvis] *adj, nm* self-service

selle [sɛl] *nf* saddle; **~s** *nfpl* (*MÉD*) stools; **seller** *vt* to saddle

sellette [sɛlɛt] *nf*: **être sur la ~** to be on the carpet

selon [səlɔ̃] *prép* according to; (*en se conformant à*) in accordance with; **~ que** according to whether; **~ moi** as I see it

semaine [s(ə)mɛn] *nf* week; **en ~** during the week, on weekdays

semblable [sɑ̃blabl(ə)] *adj* similar; (*de ce genre*): **de ~s mésaventures** such mishaps ♦ *nm* fellow creature *ou* man; **~ à** similar to, like

semblant [sɑ̃blɑ̃] *nm*: **un ~ de vérité** a semblance of truth; **faire ~**

(de faire) to pretend (to do)
sembler [sɑ̃ble] *vb +attrib* to seem ♦ *vb impers*: **il semble (bien) que/ inutile de** it (really) seems *ou* appears that/useless to; **il me semble que** it seems to me that; I think (that); **comme bon lui semble** as he sees fit
semelle [səmɛl] *nf* sole; (*intérieure*) insole, inner sole
semence [səmɑ̃s] *nf* (*graine*) seed
semer [səme] *vt* to sow; (*fig*: *éparpiller*) to scatter; (: *confusion*) to spread; (: *poursuivants*) to lose, shake off; **semé de** (*difficultés*) riddled with
semestre [səmɛstʀ(ə)] *nm* half-year; (*SCOL*) semester
séminaire [seminɛʀ] *nm* seminar
semi-remorque [səmiʀəmɔʀk(ə)] *nm* articulated lorry (*BRIT*), semi(trailer) (*US*)
semonce [səmɔ̃s] *nf*: **un coup de ~** a shot across the bows
semoule [səmul] *nf* semolina
sempiternel, le [sɛ̃pitɛʀnɛl] *adj* eternal, never-ending
sénat [sena] *nm* Senate; **sénateur** *nm* Senator
sens [sɑ̃s] *nm* (*PHYSIOL, instinct*) sense; (*signification*) meaning, sense; (*direction*) direction; **à mon ~** to my mind; **reprendre ses ~** to regain consciousness; **dans le ~ des aiguilles d'une montre** clockwise; **~ commun** common sense; **~ dessus dessous** upside down; **~ interdit** one-way street; **~ unique** one-way street
sensass [sɑ̃sas] (*fam*) *adj* fantastic
sensation [sɑ̃sɑsjɔ̃] *nf* sensation sensation; **à ~** (*péj*) sensational
sensé, e [sɑ̃se] *adj* sensible
sensibiliser [sɑ̃sibilize] *vt*: **~ qn à** to make sb sensitive to
sensibilité [sɑ̃sibilite] *nf* sensitivity
sensible [sɑ̃sibl(ə)] *adj* sensitive; (*aux sens*) perceptible; (*appréciable*: *différence, progrès*) appreciable, noticeable; **sensiblement** *adv* (*notablement*) appreciably, noticeably; (*à peu près*): **ils ont sensiblement le même poids** they weigh approximately the same; **sensiblerie** *nf* sentimentality; squeamishness
sensuel, le [sɑ̃sɥɛl] *adj* sensual; sensuous
sentence [sɑ̃tɑ̃s] *nf* (*jugement*) sentence; (*adage*) maxim
sentier [sɑ̃tje] *nm* path
sentiment [sɑ̃timɑ̃] *nm* feeling; **recevez mes ~s respectueux** yours faithfully; **sentimental, e, aux** *adj* sentimental; (*vie, aventure*) love *cpd*
sentinelle [sɑ̃tinɛl] *nf* sentry
sentir [sɑ̃tiʀ] *vt* (*par l'odorat*) to smell; (*par le goût*) to taste; (*au toucher, fig*) to feel; (*répandre une odeur de*) to smell of; (: *ressemblance*) to smell like; (*avoir la saveur de*) to taste of; to taste like ♦ *vi* to smell; **~ mauvais** to smell bad; **se ~ bien** to feel good; **se ~ mal** (*être indisposé*) to feel unwell *ou* ill; **se ~ le courage/la force de faire** to feel brave/strong enough to do; **il ne peut pas le ~** (*fam*) he can't stand him
séparation [sepaʀɑsjɔ̃] *nf* separation; (*cloison*) division, partition; **~ de corps** legal separation
séparé, e [sepaʀe] *adj* (*appartements, pouvoirs*) separate; (*époux*) separated; **~ment** *adv* separately
séparer [sepaʀe] *vt* (*gén*) to separate; (*suj*: *divergences etc*) to divide; to drive apart; (*suj*: *différences, obstacles*) to stand between; (*détacher*): **~ qch de** to pull sth (off) from; (*diviser*): **~ qch par** to divide sth (up) with; **se ~** *vi* (*époux, amis, adversaires*) to separate, part; (*se diviser*: *route, tige etc*) to divide; (*se détacher*): **se ~ (de)** to split off (from); to come off; **se ~ de** (*époux*) to separate *ou* part from; (*employé, objet personnel*) to part with; **~ une pièce en deux** to divide a room into two
sept [sɛt] *num* seven

septembre [sɛptɑ̃bʀ(ə)] *nm* September

septennat [sɛpetena] *nm seven year term of office* (*of French President*)

septentrional, e, aux [sɛptɑ̃tʀijɔnal, -o] *adj* northern

septicémie [sɛptisemi] *nf* blood poisoning, septicaemia

septième [sɛtjɛm] *num* seventh

septique [sɛptik] *adj*: **fosse** ~ septic tank

sépulture [sepyltyʀ] *nf* burial; burial place, grave

séquelles [sekɛl] *nfpl* after-effects; (*fig*) aftermath *sg*; consequences

séquestrer [sekɛstʀe] *vt* (*personne*) to confine illegally; (*biens*) to impound

serai *etc vb voir* **être**

serein, e [səʀɛ̃, -ɛn] *adj* serene; (*jugement*) dispassionate

serez *vb voir* **être**

sergent [sɛʀʒɑ̃] *nm* sergeant

série [seʀi] *nf* (*de questions, d'accidents*) series *inv*; (*de clés, casseroles, outils*) set; (*catégorie*: *SPORT*) rank; class; **en** ~ in quick succession; (*COMM*) mass *cpd*; **de** ~ standard; **hors** ~ (*COMM*) custom-built; (*fig*) outstanding

sérieusement [seʀjøzmɑ̃] *adv* seriously; reliably; responsibly

sérieux, euse [seʀjø, -øz] *adj* serious; (*élève, employé*) reliable, responsible; (*client, maison*) reliable, dependable ♦ *nm* seriousness; reliability; **garder son** ~ to keep a straight face; **prendre qch/qn au** ~ to take sth/sb seriously

serin [səʀɛ̃] *nm* canary

seringue [səʀɛ̃g] *nf* syringe

serions *vb voir* **être**

serment [sɛʀmɑ̃] *nm* (*juré*) oath; (*promesse*) pledge, vow

sermon [sɛʀmɔ̃] *nm* sermon

séro-positif, ive [sero-] *adj* (*MED*) HIV-positive

serpent [sɛʀpɑ̃] *nm* snake

serpenter [sɛʀpɑ̃te] *vi* to wind

serpentin [sɛʀpɑ̃tɛ̃] *nm* (*tube*) coil; (*ruban*) streamer

serpillière [sɛʀpijɛʀ] *nf* floorcloth

serre [sɛʀ] *nf* (*AGR*) greenhouse; ~**s** *nfpl* (*griffes*) claws, talons

serré, e [seʀe] *adj* (*réseau*) dense; (*écriture*) close; (*habits*) tight; (*fig*: *lutte, match*) tight, close-fought; (*passagers etc*) (tightly) packed

serrer [seʀe] *vt* (*tenir*) to grip *ou* hold tight; (*comprimer, coincer*) to squeeze; (*poings, mâchoires*) to clench; (*suj*: *vêtement*) to be too tight for; to fit tightly; (*rapprocher*) to close up, move closer together; (*ceinture, nœud, frein, vis*) to tighten ♦ *vi*: ~ **à droite** to keep *ou* get over to the right; **se** ~ *vi* (*se rapprocher*) to squeeze up; **se** ~ **contre qn** to huddle up to sb; ~ **la main à qn** to shake sb's hand; ~ **qn dans ses bras** to hug sb, clasp sb in one's arms

serrure [seʀyʀ] *nf* lock

serrurier [seʀyʀje] *nm* locksmith

sert *etc vb voir* **servir**

sertir [sɛʀtiʀ] *vt* (*pierre*) to set

servante [sɛʀvɑ̃t] *nf* (maid)servant

serveur, euse [sɛʀvœʀ, -øz] *nm/f* waiter(waitress)

serviable [sɛʀvjabl(ə)] *adj* obliging, willing to help

service [sɛʀvis] *nm* (*gén*) service; (*série de repas*): **premier** ~ first sitting; (*assortiment de vaisselle*) set, service; (*bureau*: *de la vente etc*) department, section; (*travail*): **pendant le** ~ on duty; ~**s** *nmpl* (*travail, ECON*) services; **faire le** ~ to serve; **rendre** ~ **à** to help; **rendre un** ~ **à qn** to do sb a favour; **mettre en** ~ to put into service *ou* operation; **hors** ~ out of order; ~ **après vente** after-sales service; ~ **d'ordre** police (*ou* stewards) in charge of maintaining order; ~ **militaire** military service; ~**s secrets** secret service *sg*

serviette [sɛʀvjɛt] *nf* (*de table*) (table) napkin, serviette; (*de toilette*) towel; (*porte-documents*) briefcase;

~ **hygiénique** sanitary towel

servir [sɛʀviʀ] *vt* (*gén*) to serve; (*au restaurant*) to wait on; (*au magasin*) to serve, attend to; (*fig*: *aider*): ~ **qn** to aid sb; to serve sb's interests; (*COMM*: *rente*) to pay (*TENNIS*) to serve; (*CARTES*) to deal; **se** ~ *vi* (*prendre d'un plat*) to help o.s.; **se** ~ **de** (*plat*) to help o.s. to; (*voiture, outil, relations*) to use; **vous êtes servi?** are you being served?; ~ **à qn** (*diplôme, livre*) to be of use to sb; ~ **à qch/faire** (*outil etc*) to be used for sth/doing; **à quoi cela sert-il (de faire)?** what's the use (of doing)?; **cela ne sert à rien** it's no use; ~ **(à qn) de** to serve as (for sb); ~ **à dîner (à qn)** to serve dinner (to sb)

serviteur [sɛʀvitœʀ] *nm* servant

servitude [sɛʀvityd] *nf* servitude; (*fig*) constraint

ses [se] *dét voir* **son**[1]

seuil [sœj] *nm* doorstep; (*fig*) threshold

seul, e [sœl] *adj* (*sans compagnie*) alone; (*avec nuance affective*: *isolé*) lonely; (*unique*): **un** ~ **livre** only one book, a single book (*vivre*) alone, on one's own ♦ *nm, nf*: **il en reste un(e)** ~**(e)** there's only one left; **le** ~ **livre** the only book; ~ **ce livre, ce livre** ~ this book alone, only this book; **parler tout** ~ to talk to oneself; **faire qch (tout)** ~ to do sth (all) on one's own *ou* (all) by oneself; **à lui (tout)** ~ single-handed, on his own

seulement [sœlmɑ̃] *adv* only; **non** ~ **... mais aussi** *ou* **encore** not only ... but also

sève [sɛv] *nf* sap

sévère [sevɛʀ] *adj* severe

sévices [sevis] *nmpl* (physical) cruelty *sg*, ill treatment *sg*

sévir [seviʀ] *vi* (*punir*) to use harsh measures, crack down; (*suj*: *fléau*) to rage, be rampant

sevrer [səvʀe] *vt* (*enfant etc*) to wean

sexe [sɛks(ə)] *nm* sex; (*organe mâle*) member

sexuel, le [sɛksɥɛl] *adj* sexual

seyant, e [sɛjɑ̃, -ɑ̃t] *adj* becoming

shampooing [ʃɑ̃pwɛ̃] *nm* shampoo; **se faire un** ~ to shampoo one's hair

short [ʃɔʀt] *nm* (pair of) shorts *pl*

MOT-CLÉ

si [si] *nm* (*MUS*) B; (*en chantant la gamme*) ti

♦ *adv* **1** (*oui*) yes

2 (*tellement*) so; ~ **gentil/rapidement** so kind/fast; **(tant et)** ~ **bien que** so much so that; ~ **rapide qu'il soit** however fast he may be

♦ *conj* if; ~ **tu veux** if you want; **je me demande** ~ I wonder if *ou* whether; ~ **seulement** if only

Sicile [sisil] *nf*: **la** ~ Sicily

SIDA [sida] *sigle m* (= *syndrome immuno-déficitaire acquis*) AIDS *sg*

sidéré, e [sideʀe] *adj* staggered

sidérurgie [sideʀyʀʒi] *nf* steel industry

siècle [sjɛkl(ə)] *nm* century; (*époque*) age

siège [sjɛʒ] *nm* seat; (*d'entreprise*) head office; (*d'organisation*) headquarters *pl*; (*MIL*) siege; ~ **social** registered office

siéger [sjeʒe] *vi* to sit

sien, ne [sjɛ̃, sjɛn] *pron*: **le(la)** ~**(ne), les** ~**(ne)s** his; hers; its; **les** ~**s** (*sa famille*) one's family; **faire des** ~**nes** (*fam*) to be up to one's (usual) tricks

sieste [sjɛst(ə)] *nf* (afternoon) snooze *ou* nap, siesta; **faire la** ~ to have a snooze *ou* nap

sifflement [sifləmɑ̃] *nm* whistle, whistling *no pl*; wheezing *no pl*; hissing *no pl*

siffler [sifle] *vi* (*gén*) to whistle; (*en respirant*) to wheeze; (*serpent, vapeur*) to hiss ♦ *vt* (*chanson*) to whistle; (*chien etc*) to whistle for; (*fille*) to whistle at; (*pièce, orateur*) to hiss, boo; (*faute*) to blow one's whistle at;

(*fin du match, départ*) to blow one's whistle for; (*fam: verre*) to guzzle
sifflet [siflɛ] *nm* whistle; **coup de ~** whistle
siffloter [siflɔte] *vi, vt* to whistle
sigle [sigl(ə)] *nm* acronym
signal, aux [siɲal, -o] *nm* (*signe convenu, appareil*) signal; (*indice, écriteau*) sign; **donner le ~ de** to give the signal for; **~ d'alarme** alarm signal; **signaux (lumineux)** (*AUTO*) traffic signals
signalement [siɲalmɑ̃] *nm* description, particulars *pl*
signaler [siɲale] *vt* to indicate; to announce; to report; (*faire remarquer*): **~ qch à qn/(à qn) que** to point out sth to sb/(to sb) that; **se ~ (par)** to distinguish o.s. (by)
signature [siɲatyʀ] *nf* signature (*action*), signing
signe [siɲ] *nm* sign; (*TYPO*) mark; **faire un ~ de la main** to give a sign with one's hand; **faire ~ à qn** (*fig*) to get in touch with sb; **faire ~ à qn d'entrer** to motion (to) sb to come in; **~s particuliers** *nmpl* distinguishing marks
signer [siɲe] *vt* to sign; **se ~** *vi* to cross o.s.
signet [siɲɛ] *nm* bookmark
significatif, ive [siɲifikatif, -iv] *adj* significant
signification [siɲifikɑsjɔ̃] *nf* meaning
signifier [siɲifje] *vt* (*vouloir dire*) to mean; (*faire connaître*): **~ qch (à qn)** to make sth known (to sb); (*JUR*): **~ qch à qn** to serve notice of sth on sb
silence [silɑ̃s] *nm* silence; (*MUS*) rest; **garder le ~** to keep silent, say nothing; **passer sous ~** to pass over (in silence); **silencieux, euse** *adj* quiet, silent ♦ *nm* silencer
silex [silɛks] *nm* flint
silhouette [silwɛt] *nf* outline, silhouette; (*lignes, contour*) outline; (*figure*) figure
silicium [silisjɔm] *nm* silicon; **plaquette de ~** silicon chip
sillage [sijaʒ] *nm* wake; (*fig*) trail
sillon [sijɔ̃] *nm* furrow; (*de disque*) groove; **sillonner** *vt* to criss-cross
simagrées [simagʀe] *nfpl* fuss *sg*; airs and graces
similaire [similɛʀ] *adj* similar; **similicuir** *nm* imitation leather; **similitude** *nf* similarity
simple [sɛ̃pl(ə)] *adj* (*gén*) simple; (*non multiple*) single; **~s** *nmpl* (*MÉD*) medicinal plants; **~ d'esprit** *nm/f* simpleton; **~ messieurs** *nm* (*TENNIS*) men's singles *sg*; **un ~ particulier** an ordinary citizen; **~ soldat** private
simulacre [simylakʀ(ə)] *nm* (*péj*): **un ~ de** a pretence of
simuler [simyle] *vt* to sham, simulate
simultané, e [simyltane] *adj* simultaneous
sincère [sɛ̃sɛʀ] *adj* sincere; genuine; **sincérité** *nf* sincerity
sine qua non [sinekwanɔn] *adj*: **condition ~** indispensable condition
singe [sɛ̃ʒ] *nm* monkey; (*de grande taille*) ape; **~r** [sɛ̃ʒe] *vt* to ape, mimic
singeries [sɛ̃ʒʀi] *nfpl* antics; (*simagrées*) airs and graces
singulariser [sɛ̃gylaʀize] *vt* to mark out; **se ~** *vi* to call attention to o.s.
singularité [sɛ̃gylaʀite] *nf* peculiarity
singulier, ière [sɛ̃gylje, -jɛʀ] *adj* remarkable, singular ♦ *nm* singular
sinistre [sinistʀ(ə)] *adj* sinister ♦ *nm* (*incendie*) blaze; (*catastrophe*) disaster; (*ASSURANCES*) damage (*giving rise to a claim*); **sinistré, e** *adj* disaster-stricken ♦ *nm/f* disaster victim
sinon [sinɔ̃] *conj* (*autrement, sans quoi*) otherwise, or else; (*sauf*) except, other than; (*si ce n'est*) if not
sinueux, euse [sinɥø, -øz] *adj* winding; (*fig*) tortuous
sinus [sinys] *nm* (*ANAT*) sinus; (*GÉOM*) sine; **sinusite** *nf* sinusitis
siphon [sifɔ̃] *nm* (*tube, d'eau ga-*

zeuse) siphon; (*d'évier etc*) U-bend

sirène [siʀɛn] *nf* siren; ~ **d'alarme** air-raid siren; fire alarm

sirop [siʀo] *nm* (*à diluer*: *de fruit etc*) syrup; (*boisson*) fruit drink; (*pharmaceutique*) syrup, mixture

siroter [siʀɔte] *vt* to sip

sismique [sismik] *adj* seismic

site [sit] *nm* (*paysage, environnement*) setting; (*d'une ville etc*: *emplacement*) site; ~ **(pittoresque)** beauty spot; ~**s touristiques** places of interest

sitôt [sito] *adv*: ~ **parti** as soon as he *etc* had left; ~ **après** straight after; **pas de** ~ not for a long time

situation [sitɥasjɔ̃] *nf* (*gén*) situation; (*d'un édifice, d'une ville*) situation, position; location; ~ **de famille** *nf* marital status

situé, e [sitɥe] *adj*: **bien** ~ well situated; ~ **à** situated at

situer [sitɥe] *vt* to site, situate; (*en pensée*) to set, place; **se** ~ *vi*: **se** ~ **à/près de** to be situated at/near

six [sis] *num* six; **sixième** *num* sixth

ski [ski] *nm* (*objet*) ski; (*sport*) skiing; **faire du** ~ to ski; ~ **de fond** cross-country skiing; ~ **nautique** water-skiing; ~ **de piste** downhill skiing; ~ **de randonnée** cross-country skiing; **skier** *vi* to ski; **skieur, euse** *nm/f* skier

slip [slip] *nm* (*sous-vêtement*) pants *pl*, briefs *pl*; (*de bain*: *d'homme*) trunks *pl*; (: *du bikini*) (bikini) briefs *pl*

slogan [slɔgɑ̃] *nm* slogan

S.M.I.C. [smik] *sigle m* = **salaire minimum interprofessionnel de croissance**

smicard, e [smikaʀ, -aʀd(ə)] (*fam*) *nm/f* minimum wage earner

smoking [smɔkiŋ] *nm* dinner *ou* evening suit

S.N.C.F. *sigle f* (= *société nationale des chemins de fer français*) *French railways*

snob [snɔb] *adj* snobbish ♦ *nm/f* snob

sobre [sɔbʀ(ə)] *adj* temperate, abstemious; (*élégance, style*) sober; ~ **de** (*gestes, compliments*) sparing of

sobriquet [sɔbʀikɛ] *nm* nickname

social, e, aux [sɔsjal, -o] *adj* social

socialisme [sɔsjalism(ə)] *nm* socialism; **socialiste** *nm/f* socialist

société [sɔsjete] *nf* society; (*sportive*) club; (*COMM*) company; **la** ~ **d'abondance/de consommation** the affluent/consumer society; ~ **à responsabilité limitée** *type of limited liability company*; ~ **anonyme** ≈ limited (*BRIT*) *ou* incorporated (*US*) company

sociologie [sɔsjɔlɔʒi] *nf* sociology

socle [sɔkl(ə)] *nm* (*de colonne, statue*) plinth, pedestal; (*de lampe*) base

socquette [sɔkɛt] *nf* ankle sock

sœur [sœʀ] *nf* sister; (*religieuse*) nun, sister

soi [swa] *pron* oneself; **cela va de** ~ that *ou* it goes without saying; **soi-disant** *adj inv* so-called ♦ *adv* supposedly

soie [swa] *nf* silk; (*de porc, sanglier*: *poil*) bristle; **soierie** *nf* (*tissu*) silk

soif [swaf] *nf* thirst; **avoir** ~ to be thirsty; **donner** ~ **à qn** to make sb thirsty

soigné, e [swaɲe] *adj* (*tenue*) well-groomed, neat; (*travail*) careful, meticulous; (*fam*) whopping; stiff

soigner [swaɲe] *vt* (*malade, maladie*: *suj*: *docteur*) to treat; (*suj*: *infirmière, mère*) to nurse, look after; (*blessé*) to tend; (*travail, détails*) to take care over; (*jardin, chevelure, invités*) to look after

soigneux, euse [swaɲø, -øz] *adj* (*propre*) tidy, neat; (*méticuleux*) painstaking, careful; ~ **de** careful with

soi-même [swamɛm] *pron* oneself

soin [swɛ̃] *nm* (*application*) care; (*propreté, ordre*) tidiness, neatness; ~**s** *nmpl* (*à un malade, blessé*) treatment *sg*, medical attention *sg*; (*attentions, prévenance*) care and attention *sg*; (*hygiène*) care *sg*; **prendre**

~ de to take care of, look after; **prendre ~ de faire** to take care to do; **les premiers ~s** first aid *sg*; **aux bons ~s de** c/o, care of
soir [swaʀ] *nm* evening; **ce ~** this evening, tonight; **demain ~** tomorrow evening, tomorrow night
soirée [swaʀe] *nf* evening; (*réception*) party
soit [swa] *vb voir* **être** ♦ *conj* (*à savoir*) namely; (*ou*): **~ ... ~** either ... or ♦ *adv* so be it, very well; **~ que ... ~ que** *ou* **ou que** whether ... or whether
soixantaine [swasɑ̃tɛn] *nf*: **une ~ (de)** sixty or so, about sixty; **avoir la ~** (*âge*) to be around sixty
soixante [swasɑ̃t] *num* sixty; **soixante-dix** *num* seventy
soja [sɔʒa] *nm* soya; (*graines*) soya beans *pl*
sol [sɔl] *nm* ground; (*de logement*) floor; (*revêtement*) flooring *no pl*; (*territoire, AGR, GÉO*) soil; (*MUS*) G; (: *en chantant la gamme*) so(h)
solaire [sɔlɛʀ] *adj* solar, sun *cpd*
soldat [sɔlda] *nm* soldier
solde [sɔld(ə)] *nf* pay ♦ *nm* (*COMM*) balance; **~s** *nm ou f pl* sale goods; sales; **en ~** at sale price
solder [sɔlde] *vt* (*compte*) to settle; (*marchandise*) to sell at sale price, sell off; **se ~ par** (*fig*) to end in; **article soldé (à) 10 F** item reduced to 10 F
sole [sɔl] *nf* sole *inv* (*fish*)
soleil [sɔlɛj] *nm* sun; (*lumière*) sun(light); (*temps ensoleillé*) sun(shine); (*BOT*) sunflower; **il fait du ~** it's sunny; **au ~** in the sun
solennel, le [sɔlanɛl] *adj* solemn; ceremonial; **solennité** *nf* (*d'une fête*) solemnity
solfège [sɔlfɛʒ] *nm* rudiments *pl* of music; (*exercices*) ear training *no pl*
solidaire [sɔlidɛʀ] *adj* (*personnes*) who stand together, who show solidarity; (*pièces mécaniques*) interdependent; **être ~ de** (*collègues*) to stand by; **solidarité** *nf* solidarity; interdependence; **par solidarité (avec)** in sympathy (with)
solide [sɔlid] *adj* solid; (*mur, maison, meuble*) solid, sturdy; (*connaissances, argument*) sound; (*personne, estomac*) robust, sturdy ♦ *nm* solid
soliste [sɔlist(ə)] *nm/f* soloist
solitaire [sɔlitɛʀ] *adj* (*sans compagnie*) solitary, lonely; (*lieu*) lonely ♦ *nm/f* recluse; loner
solitude [sɔlityd] *nf* loneliness; (*paix*) solitude
solive [sɔliv] *nf* joist
sollicitations [sɔlisitɑsjɔ̃] *nfpl* entreaties, appeals; enticements; (*TECH*) stress *sg*
solliciter [sɔlisite] *vt* (*personne*) to appeal to; (*emploi, faveur*) to seek; (*suj: occupations, attractions etc*): **~ qn** to appeal to sb's curiosity *etc*; to entice sb; to make demands on sb's time
sollicitude [sɔlisityd] *nf* concern
soluble [sɔlybl(ə)] *adj* soluble
solution [sɔlysjɔ̃] *nf* solution; **~ de facilité** easy way out
solvable [sɔlvabl(ə)] *adj* solvent
sombre [sɔ̃bʀ(ə)] *adj* dark; (*fig*) gloomy
sombrer [sɔ̃bʀe] *vi* (*bateau*) to sink; **~ dans** (*misère, désespoir*) to sink into
sommaire [sɔmɛʀ] *adj* (*simple*) basic; (*expéditif*) summary ♦ *nm* summary
sommation [sɔmɑsjɔ̃] *nf* (*JUR*) summons *sg*; (*avant de faire feu*) warning
somme [sɔm] *nf* (*MATH*) sum; (*fig*) amount; (*argent*) sum, amount ♦ *nm*: **faire un ~** to have a (short) nap; **en ~** all in all; **~ toute** all in all
sommeil [sɔmɛj] *nm* sleep; **avoir ~** to be sleepy; **sommeiller** *vi* to doze; (*fig*) to lie dormant
sommelier [sɔməlje] *nm* wine waiter
sommer [sɔme] *vt*: **~ qn de faire** to command *ou* order sb to do; (*JUR*) to summon sb to do

sommes *vb voir* être
sommet [sɔmɛ] *nm* top; (*d'une montagne*) summit, top; (*fig: de la perfection, gloire*) height
sommier [sɔmje] *nm* (bed) base
sommité [sɔmite] *nf* prominent person, leading light
somnambule [sɔmnɑ̃byl] *nm/f* sleepwalker
somnifère [sɔmnifɛʀ] *nm* sleeping drug *no pl* (*ou* pill)
somnoler [sɔmnɔle] *vi* to doze
somptueux, euse [sɔ̃ptɥø, -øz] *adj* sumptuous; lavish
son[1], sa [sɔ̃, sa] (*pl* **ses**) *dét* (*antécédent humain: mâle*) his; (*: femelle*) her; (*: valeur indéfinie*) one's, his/her; (*antécédent non humain*) its
son[2] [sɔ̃] *nm* sound; (*de blé*) bran
sondage [sɔ̃daʒ] *nm*: ~ **(d'opinion)** (opinion) poll
sonde [sɔ̃d] *nf* (*NAVIG*) lead *ou* sounding line; (*MÉD*) probe; catheter; feeding tube; (*TECH*) borer, driller; (*pour fouiller etc*) probe
sonder [sɔ̃de] *vt* (*NAVIG*) to sound; (*atmosphère, plaie, bagages etc*) to probe; (*TECH*) to bore, drill; (*fig*) to sound out; to probe
songe [sɔ̃ʒ] *nm* dream
songer [sɔ̃ʒe] *vi*: ~ **à** (*penser à*) to think of; ~ **que** to consider that; to think that; **songeur, euse** *adj* pensive
sonnant, e [sɔnɑ̃, -ɑ̃t] *adj*: **à 8 heures ~es** on the stroke of 8
sonné, e [sɔne] *adj* (*fam*) cracked; **il est midi** ~ it's gone twelve
sonner [sɔne] *vi* to ring ♦ *vt* (*cloche*) to ring; (*glas, tocsin*) to sound; (*portier, infirmière*) to ring for; (*messe*) to ring the bell for; ~ **faux** (*instrument*) to sound out of tune; (*rire*) to ring false; ~ **les heures** to strike the hours
sonnerie [sɔnʀi] *nf* (*son*) ringing; (*sonnette*) bell; (*mécanisme d'horloge*) striking mechanism; ~ **d'alarme** alarm bell
sonnette [sɔnɛt] *nf* bell; ~ **d'alarme** alarm bell
sono [sɔno] *abr f* = sonorisation
sonore [sɔnɔʀ] *adj* (*voix*) sonorous, ringing; (*salle, métal*) resonant; (*ondes, film, signal*) sound *cpd*
sonorisation [sɔnɔʀizɑsjɔ̃] *nf* (*installations*) public address system, P.A. system
sonorité [sɔnɔʀite] *nf* (*de piano, violon*) tone; (*de voix, mot*) sonority; (*d'une salle*) resonance; acoustics *pl*
sont *vb voir* être
sophistiqué, e [sɔfistike] *adj* sophisticated
sorbet [sɔʀbɛ] *nm* water ice, sorbet
sorcellerie [sɔʀsɛlʀi] *nf* witchcraft *no pl*
sorcier [sɔʀsje] *nm* sorcerer; **sorcière** *nf* witch *ou* sorceress
sordide [sɔʀdid] *adj* sordid; squalid
sornettes [sɔʀnɛt] *nfpl* twaddle *sg*
sort [sɔʀ] *nm* (*fortune, destinée*) fate; (*condition, situation*) lot; (*magique*) curse, spell; **tirer au** ~ to draw lots
sorte [sɔʀt(ə)] *nf* sort, kind; **de la ~** in that way; **de (telle) ~ que, en ~ que** so that; so much so that; **faire en ~ que** to see to it that
sortie [sɔʀti] *nf* (*issue*) way out, exit; (*MIL*) sortie; (*fig: verbale*) outburst; sally; (*promenade*) outing; (*le soir: au restaurant etc*) night out; (*COMM: somme*): **~s** items of expenditure; outgoings *sans sg*; ~ **de bain** (*vêtement*) bathrobe; ~ **de secours** emergency exit
sortilège [sɔʀtilɛʒ] *nm* (magic) spell
sortir [sɔʀtiʀ] *vi* (*gén*) to come out; (*partir, se promener, aller au spectacle*) to go out; (*numéro gagnant*) to come up ♦ *vt* (*gén*) to take out; (*produit, ouvrage, modèle*) to bring out; (*INFORM*) to output; (*: sur papier*) to print out; (*fam: expulser*) to throw out; **se ~ de** (*affaire, situation*) to get out of; **s'en ~** (*malade*) to pull through; (*d'une difficulté etc*) to get through; ~ **de** (*gén*) to leave; (*endroit*) to go (*ou* come) out of,

leave; (*rainure etc*) to come out of; (*cadre, compétence*) to be outside

sosie [sozi] *nm* double

sot, sotte [so, sɔt] *adj* silly, foolish ♦ *nm/f* fool; **sottise** *nf* silliness, foolishness; silly *ou* foolish thing

sou [su] *nm*: **près de ses ~s** tight-fisted; **sans le ~** penniless

soubresaut [subʀəso] *nm* start; jolt

souche [suʃ] *nf* (*d'arbre*) stump; (*de carnet*) counterfoil (*BRIT*), stub; **de vieille ~** of old stock

souci [susi] *nm* (*inquiétude*) worry; (*préoccupation*) concern; (*BOT*) marigold; **se faire du ~** to worry

soucier [susje] : **se ~ de** *vt* to care about

soucieux, euse [susjø, -øz] *adj* concerned, worried

soucoupe [sukup] *nf* saucer; **~ volante** flying saucer

soudain, e [sudɛ̃, -ɛn] *adj* (*douleur, mort*) sudden ♦ *adv* suddenly, all of a sudden

soude [sud] *nf* soda

souder [sude] *vt* (*avec fil à souder*) to solder; (*par soudure autogène*) to weld; (*fig*) to bind together

soudoyer [sudwaje] (*péj*) *vt* to bribe

soudure [sudyʀ] *nf* soldering; welding; (*joint*) soldered joint; weld

souffert, e [sufɛʀ, -ɛʀt(ə)] *pp de* souffrir

souffle [sufl(ə)] *nm* (*en expirant*) breath; (*en soufflant*) puff, blow; (*respiration*) breathing; (*d'explosion, de ventilateur*) blast; (*du vent*) blowing; **être à bout de ~** to be out of breath; **un ~ d'air** *ou* **de vent** a breath of air; **un ~ d'air** *ou* **de vent**, a puff of wind

soufflé, e [sufle] *adj* (*fam*: *stupéfié*) staggered ♦ *nm* (*CULIN*) soufflé

souffler [sufle] *vi* (*gén*) to blow; (*haleter*) to puff (and blow) ♦ *vt* (*feu, bougie*) to blow out; (*chasser*: *poussière etc*) to blow away; (*TECH*: *verre*) to blow; (*suj*: *explosion*) to destroy (with its blast); (*dire*): **~ qch à qn** to whisper sth to sb; (*fam*: *voler*): **~ qch à qn** to pinch sth from sb

soufflet [suflɛ] *nm* (*instrument*) bellows *pl*; (*gifle*) slap (in the face)

souffleur [suflœʀ] *nm* (*THÉATRE*) prompter

souffrance [sufʀɑ̃s] *nf* suffering; **en ~** (*marchandise*) awaiting delivery; (*affaire*) pending

souffrant, e [sufʀɑ̃, -ɑ̃t] *adj* unwell

souffre-douleur [sufʀədulœʀ] *nm inv* butt, underdog

souffrir [sufʀiʀ] *vi* to suffer; to be in pain ♦ *vt* to suffer, endure; (*supporter*) to bear, stand; (*admettre*: *exception etc*) to allow *ou* admit of; **~ de** (*maladie, froid*) to suffer from

soufre [sufʀ(ə)] *nm* sulphur

souhait [swɛ] *nm* wish; **tous nos ~s de** good wishes *ou* our best wishes for; **riche** *etc* **à ~** as rich *etc* as one could wish; **à vos ~s!** bless you!; **~able** [swɛtabl(ə)] *adj* desirable

souhaiter [swete] *vt* to wish for; **~ la bonne année à qn** to wish sb a happy New Year

souiller [suje] *vt* to dirty, soil; (*fig*) to sully, tarnish

soûl, e [su, sul] *adj* drunk ♦ *nm*: **tout son ~** to one's heart's content

soulagement [sulaʒmɑ̃] *nm* relief

soulager [sulaʒe] *vt* to relieve

soûler [sule] *vt*: **~ qn** to get sb drunk; (*suj*: *boisson*) to make sb drunk; (*fig*) to make sb's head spin *ou* reel; **se ~** *vi* to get drunk

soulever [sulve] *vt* to lift; (*vagues, poussière*) to send up; (*peuple*) to stir up (to revolt); (*enthousiasme*) to arouse; (*question, débat*) to raise; **se ~** *vi* (*peuple*) to rise up; (*personne couchée*) to lift o.s. up; **cela me soulève le cœur** it makes me feel sick

soulier [sulje] *nm* shoe

souligner [suliɲe] *vt* to underline; (*fig*) to emphasize; to stress

soumettre [sumɛtʀ(ə)] *vt* (*pays*) to subject, subjugate; (*rebelle*) to put down, subdue; **se ~ (à)** to submit (to); ~ qn/qch à to subject sb/sth to; ~ qch à qn (*projet etc*) to submit sth to sb

soumis, e [sumi, -iz] *adj* submissive; **revenus ~ à l'impôt** taxable income; **soumission** [sumisjɔ̃] *nf* submission; (*docilité*) submissiveness; (*COMM*) tender

soupape [supap] *nf* valve

soupçon [supsɔ̃] *nm* suspicion; (*petite quantité*): **un ~ de** a hint *ou* touch of; **soupçonner** *vt* to suspect; **soupçonneux, euse** *adj* suspicious

soupe [sup] *nf* soup; ~ **au lait** *adj inv* quick-tempered

souper [supe] *vi* to have supper ♦ *nm* supper

soupeser [supəze] *vt* to weigh in one's hand(s); (*fig*) to weigh up

soupière [supjɛʀ] *nf* (soup) tureen

soupir [supiʀ] *nm* sigh; (*MUS*) crotchet rest

soupirail, aux [supiʀaj, -o] *nm* (small) basement window

soupirer [supiʀe] *vi* to sigh; ~ **après qch** to yearn for sth

souple [supl(ə)] *adj* supple; (*fig: règlement, caractère*) flexible; (: *démarche, taille*) lithe, supple

source [suʀs(ə)] *nf* (*point d'eau*) spring; (*d'un cours d'eau, fig*) source; **de bonne ~** on good authority

sourcil [suʀsij] *nm* (eye)brow

sourciller [suʀsije] *vi*: **sans ~** without turning a hair *ou* batting an eyelid

sourcilleux, euse [suʀsijø, -øz] *adj* pernickety

sourd, e [suʀ, suʀd(ə)] *adj* deaf; (*bruit, voix*) muffled; (*douleur*) dull; (*lutte*) silent, hidden ♦ *nm/f* deaf person

sourdine [suʀdin] *nf* (*MUS*) mute; **en ~** softly, quietly

sourd-muet, sourde-muette [suʀmyɛ, suʀdmyɛt] *adj* deaf-and-dumb ♦ *nm/f* deaf-mute

souriant, e [suʀjɑ̃, -ɑ̃t] *adj* cheerful

souricière [suʀisjɛʀ] *nf* mousetrap; (*fig*) trap

sourire [suʀiʀ] *nm* smile ♦ *vi* to smile; ~ **à qn** to smile at sb; (*fig*) to appeal to sb; to smile on sb; **garder le ~** to keep smiling

souris [suʀi] *nf* mouse

sournois, e [suʀnwa, -waz] *adj* deceitful, underhand

sous [su] *prép* (*gén*) under; ~ **la pluie/le soleil** in the rain/sunshine; ~ **terre** underground; ~ **peu** shortly, before long

sous-bois [subwa] *nm inv* undergrowth

souscrire [suskʀiʀ]: ~ **à** *vt* to subscribe to

sous: ~-directeur, trice *nm/f* assistant manager(manageress); **~-entendre** *vt* to imply, infer; **~-entendu, e** *adj* implied; (*LING*) understood ♦ *nm* innuendo, insinuation; **~-estimer** *vt* to under-estimate; **~-jacent, e** *adj* underlying; **~-louer** *vt* to sublet; **~-main** *nm inv* desk blotter; **en ~-main** secretly; **~-marin, e** *adj* (*flore, volcan*) submarine; (*navigation, pêche, explosif*) underwater ♦ *nm* submarine; **~-officier** *nm* ≈ non-commissioned officer (N.C.O.); **~-produit** *nm* by-product; (*fig: péj*) pale imitation; **~-signé, e** *adj*: **je ~signé** I the undersigned; **~-sol** *nm* basement; **~-titre** *nm* subtitle

soustraction [sustʀaksjɔ̃] *nf* subtraction

soustraire [sustʀɛʀ] *vt* to subtract, take away; (*dérober*): ~ **qch à qn** to remove sth from sb; **se ~ à** (*autorité etc*) to elude, escape from; ~ **qn à** (*danger*) to shield sb from

sous-traitant [sutʀɛtɑ̃] *nm* subcontractor

sous-vêtements [suvɛtmɑ̃] *nmpl* underwear *sg*

soutane [sutan] *nf* cassock, soutane

soute [sut] *nf* hold

soutènement [sutɛnmɑ̃] *nm*: **mur de ~** retaining wall

souteneur [sutnœʀ] *nm* procurer

soutenir [sutniʀ] *vt* to support; (*as-*

saut, choc) to stand up to, withstand; (*intérêt, effort*) to keep up; (*assurer*): ~ **que** to maintain that; ~ **la comparaison avec** to bear *ou* stand comparison with; **soutenu, e** *adj* (*efforts*) sustained, unflagging; (*style*) elevated

souterrain, e [suterɛ̃, -ɛn] *adj* underground ♦ *nm* underground passage

soutien [sutjɛ̃] *nm* support; ~ **de famille** breadwinner; ~**-gorge** [sutjɛ̃gɔʀʒ(ə)] *nm* bra

soutirer [sutiʀe] *vt*: ~ **qch à qn** to squeeze *ou* get sth out of sb

souvenir [suvniʀ] *nm* (*réminiscence*) memory; (*objet*) souvenir ♦ *vb*: **se** ~ **de** *vt* to remember; **se** ~ **que** to remember that; **en** ~ **de** in memory *ou* remembrance of

souvent [suvɑ̃] *adv* often; **peu** ~ seldom, infrequently

souverain, e [suvʀɛ̃, -ɛn] *adj* sovereign; (*fig*: *mépris*) supreme ♦ *nm/f* sovereign, monarch

soviétique [sɔvjetik] *nm/f*: **Soviétique** Soviet citizen

soyeux, euse [swajø, øz] *adj* silky

soyons *etc vb voir* **être**

spacieux, euse [spasjø, -øz] *adj* spacious; roomy

spaghettis [spageti] *nmpl* spaghetti *sg*

sparadrap [spaʀadʀa] *nm* sticking plaster (*BRIT*), bandaid (®)

spatial, e, aux [spasjal, -o] *adj* (*AVIAT*) space *cpd*

speaker, ine [spikœʀ, -kʀin] *nm/f* announcer

spécial, e, aux [spesjal, -o] *adj* special; (*bizarre*) peculiar; **spécialement** *adv* especially, particularly; (*tout exprès*) specially

spécialiser [spesjalize] : **se** ~ *vi* to specialize

spécialiste [spesjalist(ə)] *nm/f* specialist

spécialité [spesjalite] *nf* speciality; (*SCOL*) special field

spécifier [spesifje] *vt* to specify, state

spécimen [spesimɛn] *nm* specimen; (*revue etc*) specimen *ou* sample copy

spectacle [spɛktakl(ə)] *nm* (*tableau, scène*) sight; (*représentation*) show; (*industrie*) show business; **spectaculaire** *adj* spectacular

spectateur, trice [spɛktatœʀ, -tʀis] *nm/f* (*CINÉMA etc*) member of the audience; (*SPORT*) spectator; (*d'un événement*) onlooker, witness

spéculer [spekyle] *vi* to speculate; ~ **sur** (*COMM*) to speculate in; (*réfléchir*) to speculate on

spéléologie [speleɔlɔʒi] *nf* potholing

sperme [spɛʀm(ə)] *nm* semen, sperm

sphère [sfɛʀ] *nf* sphere

spirale [spiʀal] *nf* spiral

spirituel, le [spiʀitɥɛl] *adj* spiritual; (*fin, piquant*) witty

spiritueux [spiʀitɥø] *nm* spirit

splendide [splɑ̃did] *adj* splendid; magnificent

spontané, e [spɔ̃tane] *adj* spontaneous

sport [spɔʀ] *nm* sport ♦ *adj inv* (*vêtement*) casual; **faire du** ~ to do sport; **sportif, ive** *adj* (*journal, association, épreuve*) sports *cpd*; (*allure, démarche*) athletic; (*attitude, esprit*) sporting; ~**s d'hiver** winter sports

spot [spɔt] *nm* (*lampe*) spot(light); (*annonce*): ~ **(publicitaire)** commercial (break)

square [skwaʀ] *nm* public garden(s)

squelette [skəlɛt] *nm* skeleton; **squelettique** *adj* scrawny; (*fig*) skimpy

stabiliser [stabilize] *vt* to stabilize; (*terrain*) to consolidate

stable [stabl(ə)] *adj* stable, steady

stade [stad] *nm* (*SPORT*) stadium; (*phase, niveau*) stage

stage [staʒ] *nm* training period; training course; **stagiaire** *nm/f, adj* trainee

stalle [stal] *nf* stall, box

stand [stɑ̃d] *nm* (*d'exposition*) stand; (*de foire*) stall; ~ **de tir** (*à la foire, SPORT*) shooting range

standard [stɑ̃daʀ] *adj inv* standard ♦ *nm* switchboard; **standardiste** *nm/f* switchboard operator
standing [stɑ̃diŋ] *nm* standing; **immeuble de grand ~** block of luxury flats (*BRIT*), condo(minium) (*US*)
starter [staʀtɛʀ] *nm* (*AUTO*) choke
station [stasjɔ̃] *nf* station; (*de bus*) stop; (*de villégiature*) resort; (*posture*): **la ~ debout** standing, an upright posture; **~ de ski** ski resort; **~ de taxis** taxi rank (*BRIT*) *ou* stand (*US*)
stationnement [stasjɔnmɑ̃] *nm* parking; **stationner** [stasjɔne] *vi* to park
station-service [stasjɔ̃sɛʀvis] *nf* service station
statistique [statistik] *nf* (*science*) statistics *sg*; (*rapport, étude*) statistic ♦ *adj* statistical
statue [staty] *nf* statue
statuer [statɥe] *vi*: **~ sur** to rule on, give a ruling on
statut [staty] *nm* status; **~s** *nmpl* (*JUR, ADMIN*) statutes; **statutaire** *adj* statutory
Sté *abr* = société
steak [stɛk] *nm* steak
sténo(dactylo) [stenɔ(daktilo)] *nf* shorthand typist (*BRIT*), stenographer (*US*)
sténo(graphie) [stenɔ(gʀafi)] *nf* shorthand
stéréo(phonique) [steʀeɔ(fɔnik)] *adj* stereo(phonic)
stérile [steʀil] *adj* sterile; (*terre*) barren; (*fig*) fruitless, futile
stérilet [steʀilɛ] *nm* coil, loop
stériliser [steʀilize] *vt* to sterilize
stigmates [stigmat] *nmpl* scars, marks
stimulant [stimylɑ̃] *nm* (*fig*) stimulus, incentive
stimuler [stimyle] *vt* to stimulate
stipuler [stipyle] *vt* to stipulate
stock [stɔk] *nm* stock; **~ d'or** (*FINANCE*) gold reserves *pl*; **stocker** *vt* to stock
stop [stɔp] *nm* (*AUTO*: *écriteau*) stop sign; (: *signal*) brake-light; **~per** [stɔpe] *vt* to stop, halt; (*COUTURE*) to mend ♦ *vi* to stop, halt
store [stɔʀ] *nm* blind; (*de magasin*) shade, awning
strabisme [stʀabism(ə)] *nm* squinting
strapontin [stʀapɔ̃tɛ̃] *nm* jump *ou* foldaway seat
stratégie [stʀateʒi] *nf* strategy; **stratégique** *adj* strategic
stressant, e [stʀɛsɑ̃, -ɑ̃t] *adj* stressful
strict, e [stʀikt(ə)] *adj* strict; (*tenue, décor*) severe, plain; **son droit le plus ~** his most basic right; **le ~ nécessaire/minimum** the bare essentials/minimum
strie [stʀi] *nf* streak
strophe [stʀɔf] *nf* verse, stanza
structure [stʀyktyʀ] *nf* structure; **~s d'accueil** reception facilities
studieux, euse [stydjø, -øz] *adj* studious; devoted to study
studio [stydjo] *nm* (*logement*) (one-roomed) flatlet (*BRIT*) *ou* apartment (*US*); (*d'artiste, TV etc*) studio
stupéfait, e [stypefɛ, -ɛt] *adj* astonished
stupéfiant [stypefjɑ̃] *nm* (*MÉD*) drug, narcotic
stupéfier [stypefje] *vt* to stupefy; (*étonner*) to stun, astonish
stupeur [stypœʀ] *nf* astonishment
stupide [stypid] *adj* stupid; **stupidité** *nf* stupidity; stupid thing (to do *ou* say)
style [stil] *nm* style; **meuble de ~** piece of period furniture
stylé, e [stile] *adj* well-trained
styliste [stilist(ə)] *nm/f* designer
stylo [stilo] *nm*: **~ (à encre)** (fountain) pen; **~ (à) bille** ball-point pen
su, e [sy] *pp de* **savoir** ♦ *nm*: **au ~ de** with the knowledge of
suave [sɥav] *adj* sweet; (*goût*) mellow
subalterne [sybaltɛʀn(ə)] *adj* (*employé, officier*) junior; (*rôle*) subordinate, subsidiary ♦ *nm/f* subordinate

subconscient [sypkɔ̃sjɑ̃] *nm* subconscious

subir [sybiʀ] *vt* (*affront, dégâts*) to suffer; (*influence, charme*) to be under; (*opération, châtiment*) to undergo

subit, e [sybi, -it] *adj* sudden; **subitement** *adv* suddenly, all of a sudden

subjectif, ive [sybʒɛktif, -iv] *adj* subjective

subjonctif [sybʒɔ̃ktif] *nm* subjunctive

submerger [sybmɛʀʒe] *vt* to submerge; (*fig*) to overwhelm

subordonné, e [sybɔʀdɔne] *adj*, *nm/f* subordinate; ~ **à** subordinate to; subject to, depending on

subornation [sybɔʀnɑsjɔ̃] *nf* bribing

subrepticement [sybʀɛptismɑ̃] *adv* surreptitiously

subside [sypsid] *nm* grant

subsidiaire [sypsidjɛʀ] *adj*: **question** ~ deciding question

subsister [sybziste] *vi* (*rester*) to remain, subsist; (*vivre*) to live; (*survivre*) to live on

substance [sypstɑ̃s] *nf* substance

substituer [sypstitɥe] *vt*: ~ **qn/qch à** to substitute sb/sth for; **se** ~ **à qn** (*évincer*) to substitute o.s. for sb

substitut [sypstity] *nm* (*JUR*) deputy public prosecutor; (*succédané*) substitute

subterfuge [syptɛʀfyʒ] *nm* subterfuge

subtil, e [syptil] *adj* subtle

subtiliser [syptilize] *vt*: ~ **qch** (**à qn**) to spirit sth away (from sb)

subvenir [sybvəniʀ]: ~ **à** *vt* to meet

subvention [sybvɑ̃sjɔ̃] *nf* subsidy, grant; **subventionner** *vt* to subsidize

suc [syk] *nm* (*BOT*) sap; (*de viande, fruit*) juice

succédané [syksedane] *nm* substitute

succéder [syksede]: ~ **à** *vt* (*directeur, roi etc*) to succeed; (*venir après: dans une série*) to follow, succeed; **se** ~ *vi* (*accidents, années*) to follow one another

succès [syksɛ] *nm* success; **avoir du** ~ to be a success, be successful; **à** ~ successful; ~ **de librairie** bestseller; ~ (**féminins**) conquests

succession [syksesjɔ̃] *nf* (*série, POL*) succession; (*JUR: patrimoine*) estate, inheritance

succomber [sykɔ̃be] *vi* to die, succumb; (*fig*): ~ **à** to give way to, succumb to

succursale [sykyʀsal] *nf* branch

sucer [syse] *vt* to suck

sucette [sysɛt] *nf* (*bonbon*) lollipop; (*de bébé*) dummy (*BRIT*), pacifier (*US*)

sucre [sykʀ(ə)] *nm* (*substance*) sugar; (*morceau*) lump of sugar, sugar lump *ou* cube; ~ **d'orge** barley sugar; ~ **en morceaux/cristallisé/en poudre** lump/granulated/caster sugar; **sucré, e** *adj* (*produit alimentaire*) sweetened; (*au goût*) sweet; (*péj*) sugary, honeyed; **sucrer** *vt* (*thé, café*) to sweeten, put sugar in; **sucreries** *nfpl* (*bonbons*) sweets, sweet things; **sucrier** *nm* (*récipient*) sugar bowl

sud [syd] *nm*: **le** ~ the south ♦ *adj inv* south; (*côte*) south, southern; **au** ~ (*situation*) in the south; (*direction*) to the south; **au** ~ **de** (to the) south of; **sud-africain, e** *adj*, *nm/f* South African; **sud-américain, e** *adj*, *nm/f* South American; **sud-est** [sydɛst] *nm* south-east ♦ *adj inv* south-east; **sud-ouest** [sydwɛst] *nm* south-west ♦ *adj inv* south-west

Suède [sɥɛd] *nf*: **la** ~ Sweden; **suédois, e** *adj* Swedish ♦ *nm/f*: **Suédois, e** Swede ♦ *nm* (*LING*) Swedish

suer [sɥe] *vi* to sweat; (*suinter*) to ooze

sueur [sɥœʀ] *nf* sweat; **en** ~ sweating, in a sweat

suffire [syfiʀ] *vi* (*être assez*): ~ (**à qn/pour qch/pour faire**) to be enough *ou* sufficient (for sb/for sth/to do); **cela suffit pour les irriter/qu'ils se fâchent** it's enough to annoy them/for them to get angry; **il**

suffit d'une négligence ... it only takes one act of carelessness ...; **il suffit qu'on oublie pour que ...** one only needs to forget for ...

suffisamment [syfizamɑ̃] *adv* sufficiently, enough; ~ **de** sufficient, enough

suffisant, e [syfizɑ̃, -ɑ̃t] *adj* (*temps, ressources*) sufficient; (*résultats*) satisfactory; (*vaniteux*) self-important, bumptious

suffixe [syfiks(ə)] *nm* suffix

suffoquer [syfɔke] *vt* to choke, suffocate; (*stupéfier*) to stagger, astound ♦ *vi* to choke, suffocate

suffrage [syfʀaʒ] *nm* (*POL: voix*) vote; (*du public etc*) approval *no pl*

suggérer [sygʒeʀe] *vt* to suggest; **suggestion** *nf* suggestion

suicide [sɥisid] *nm* suicide

suicider [sɥiside]: **se** ~ *vi* to commit suicide

suie [sɥi] *nf* soot

suinter [sɥɛ̃te] *vi* to ooze

suis *vb voir* **être; suivre**

suisse [sɥis] *adj* Swiss ♦ *nm*: S~ Swiss *pl inv* ♦ *nf*: **la** S~ Switzerland; **la** S~ **romande/allemande** French-speaking/German-speaking Switzerland; **Suissesse** *nf* Swiss (woman *ou* girl)

suite [sɥit] *nf* (*continuation: d'énumération etc*) rest, remainder; (: *de feuilleton*) continuation; (: *film etc sur le même thème*) sequel; (*série: de maisons, succès*): **une** ~ **de** a series *ou* succession of; (*MATH*) series *sg*; (*conséquence*) result; (*ordre, liaison logique*) coherence; (*appartement, MUS*) suite; (*escorte*) retinue, suite; ~s *nfpl* (*d'une maladie etc*) effects; **prendre la** ~ **de** (*directeur etc*) to succeed, take over from; **donner** ~ **à** (*requête, projet*) to follow up; **faire** ~ **à** to follow; **(faisant)** ~ **à votre lettre du** further to your letter of the; **de** ~ (*d'affilée*) in succession; (*immédiatement*) at once; **par la** ~ afterwards, subsequently; **à la** ~ one after the other; **à la** ~ **de** (*derrière*) behind; (*en conséquence de*) following; **par** ~ **de** owing to, as a result of

suivant, e [sɥivɑ̃, -ɑ̃t] *adj* next, following; (*ci-après*): **l'exercice** ~ the following exercise ♦ *prép* (*selon*) according to; **au** ~! next!

suivi, e [sɥivi] *adj* (*régulier*) regular; (*cohérent*) consistent; coherent; **très/peu** ~ (*cours*) well-/poorly-attended

suivre [sɥivʀ(ə)] *vt* (*gén*) to follow; (*SCOL: cours*) to attend; (: *programme*) to keep up with; (*COMM: article*) to continue to stock ♦ *vi* to follow; (*élève*) to attend; to keep up; **se** ~ *vi* (*accidents etc*) to follow one after the other; (*raisonnement*) to be coherent; **faire** ~ (*lettre*) to forward; ~ **son cours** (*suj: enquête etc*) to run *ou* take its course; **"à ~"** "to be continued"

sujet, te [syʒɛ, -ɛt] *adj*: **être** ~ **à** (*vertige etc*) to be liable *ou* subject to ♦ *nm/f* (*d'un souverain*) subject ♦ *nm* subject; **au** ~ **de** about; ~ **à caution** questionable; ~ **de conversation** topic *ou* subject of conversation; ~ **d'examen** (*SCOL*) examination question; examination paper

summum [sɔmɔm] *nm*: **le** ~ **de** the height of

superbe [sypɛʀb(ə)] *adj* magnificent, superb

super(carburant) [sypɛʀ(kaʀbyʀɑ̃)] *nm* ≈ 4-star petrol (*BRIT*), ≈ high-octane gasoline (*US*)

supercherie [sypɛʀʃəʀi] *nf* trick

supérette [sypeʀɛt] *nf* (*COMM*) minimarket, superette (*US*)

superficie [sypɛʀfisi] *nf* (surface) area; (*fig*) surface

superficiel, le [sypɛʀfisjɛl] *adj* superficial

superflu, e [sypɛʀfly] *adj* superfluous

supérieur, e [sypeʀjœʀ] *adj* (*lèvre, étages, classes*) upper; (*plus élevé: température, niveau*): ~ **(à)** higher (than); (*meilleur: qualité, produit*):

~ (à) superior (to); (*excellent, hautain*) superior ♦ *nm, nf* superior; à l'étage ~ on the next floor up; **supériorité** *nf* superiority

superlatif [sypɛʀlatif] *nm* superlative

supermarché [sypɛʀmaʀʃe] *nm* supermarket

superposer [sypɛʀpoze] *vt* (*faire chevaucher*) to superimpose; **lits superposés** bunk beds

superproduction [sypɛʀpʀɔdyksjɔ̃] *nf* (*film*) spectacular

superpuissance [sypɛʀpɥisɑ̃s] *nf* super-power

superstitieux, euse [sypɛʀstisjø, -øz] *adj* superstitious

superviser [sypɛʀvize] *vt* to supervise

suppléant, e [sypleɑ̃, -ɑ̃t] *adj* (*juge, fonctionnaire*) deputy *cpd*; (*professeur*) supply *cpd* ♦ *nm/f* deputy; supply teacher

suppléer [syplee] *vt* (*ajouter: mot manquant etc*) to supply, provide; (*compenser: lacune*) to fill in; (*: défaut*) to make up for; (*remplacer*) to stand in for; ~ **à** to make up for; to substitute for

supplément [syplemɑ̃] *nm* supplement; (*de frites etc*) extra portion; **un ~ de travail** extra *ou* additional work; **ceci est en ~** (*au menu etc*) this is extra, there is an extra charge for this; **~aire** *adj* additional, further; (*train, bus*) relief *cpd*, extra

supplications [syplikɑsjɔ̃] *nfpl* pleas, entreaties

supplice [syplis] *nm* (*peine corporelle*) torture *no pl*; form of torture; (*douleur physique, morale*) torture, agony

supplier [syplije] *vt* to implore, beseech

supplique [syplik] *nf* petition

support [sypɔʀ] *nm* support; (*pour livre, outils*) stand

supportable [sypɔʀtabl(ə)] *adj* (*douleur*) bearable

supporter¹ [sypɔʀtɛʀ] *nm* supporter, fan

supporter² [sypɔʀte] *vt* (*poids, poussée*) to support; (*conséquences, épreuve*) to bear, endure; (*défauts, personne*) to put up with; (*suj: chose: chaleur etc*) to withstand; (*: personne: chaleur, vin*) to be able to take

supposé, e [sypoze] *adj* (*nombre*) estimated; (*auteur*) supposed

supposer [sypoze] *vt* to suppose; (*impliquer*) to presuppose; **à ~ que** supposing (that)

suppositoire [sypozitwaʀ] *nm* suppository

suppression [sypʀesjɔ̃] *nf* (*voir supprimer*) removal; deletion; cancellation; suppression

supprimer [sypʀime] *vt* (*cloison, cause, anxiété*) to remove; (*clause, mot*) to delete; (*congés, service d'autobus etc*) to cancel; (*emplois, privilèges, témoin gênant*) to do away with

supputer [sypyte] *vt* to calculate

suprême [sypʀɛm] *adj* supreme

MOT-CLÉ

sur *prép* **1** (*position*) on; (*pardessus*) over; (*au-dessus*) above; **pose-le ~ la table** put it on the table; **je n'ai pas d'argent ~ moi** I haven't any money on me

2 (*direction*) towards; **en allant ~ Paris** going towards Paris; **~ votre droite** on *ou* to your right

3 (*à propos de*) on, about; **un livre/ une conférence ~ Balzac** a book/ lecture on *ou* about Balzac

4 (*proportion, mesures*) out of; by; **un ~ 10** one in 10; (*SCOL*) one out of 10; **4 m ~ 2** 4 m by 2

sur ce *adv* hereupon

sûr, e [syʀ] *adj* sure, certain; (*digne de confiance*) reliable; (*sans danger*) safe; **le plus ~ est de** the safest thing is to; **~ de soi** self-confident; **~ et certain** absolutely certain

suranné, e [syʀane] *adj* outdated, outmoded

surcharge [syʀʃaʀʒ(ə)] *nf* (*de passagers, marchandises*) excess load; (*correction*) alteration
surcharger [syʀʃaʀʒe] *vt* to overload
surchoix [syʀʃwa] *adj inv* top-quality
surclasser [syʀklɑse] *vt* to outclass
surcroît [syʀkʀwa] *nm*: **un ~ de** additional *+nom*; **par** *ou* **de ~** moreover; **en ~** in addition
surdité [syʀdite] *nf* deafness
surélever [syʀɛlve] *vt* to raise, heighten
sûrement [syʀmɑ̃] *adv* reliably; safely, securely; (*certainement*) certainly
surenchère [syʀɑ̃ʃɛʀ] *nf* (*aux enchères*) higher bid; (*sur prix fixe*) overbid; (*fig*) overstatement; outbidding tactics *pl*; **surenchérir** *vi* to bid higher; (*fig*) to try and outbid each other
surent *vb voir* **savoir**
surestimer [syʀɛstime] *vt* to overestimate
sûreté [syʀte] *nf* (*voir sûr*) reliability; safety; (*JUR*) guaranty; surety; **mettre en ~** to put in a safe place; **pour plus de ~** as an extra precaution; to be on the safe side
surf [syʀf] *nm* surfing
surface [syʀfas] *nf* surface; (*superficie*) surface area; **faire ~** to surface; **en ~** near the surface; (*fig*) superficially
surfait, e [syʀfɛ, -ɛt] *adj* overrated
surfin, e [syʀfɛ̃, -in] *adj* superfine
surgelé, e [syʀʒəle] *adj* (deep-) frozen
surgir [syʀʒiʀ] *vi* to appear suddenly; (*jaillir*) to shoot up; (*fig: problème, conflit*) to arise
sur: ~humain, e *adj* superhuman; **~impression** *nf* (*PHOTO*) double exposure; **en ~** superimposed; **~-le-champ** *adv* immediately; **~lendemain** *nm*: **le ~ (soir)** two days later (in the evening); **le ~ de** two days after; **~mener** *vt* to overwork; **se ~** *vi* to overwork
surmonter [syʀmɔ̃te] *vt* (*suj: coupole etc*) to top; (*vaincre*) to overcome
surnager [syʀnaʒe] *vi* to float
surnaturel, le [syʀnatyʀɛl] *adj, nm* supernatural
surnom [syʀnɔ̃] *nm* nickname
surnombre [syʀnɔ̃bʀ(ə)] *nm*: **être en ~** to be too many (*ou* one too many)
surpeuplé, e [syʀpœple] *adj* overpopulated
sur-place [syʀplas] *nm*: **faire du ~** to mark time
surplomber [syʀplɔ̃be] *vi* to be overhanging ♦ *vt* to overhang; to tower above
surplus [syʀply] *nm* (*COMM*) surplus; (*reste*): **~ de bois** wood left over
surprenant, e [syʀpʀənɑ̃, -ɑ̃t] *adj* amazing
surprendre [syʀpʀɑ̃dʀ(ə)] *vt* (*étonner, prendre à l'improviste*) to surprise; (*tomber sur: intrus etc*) to catch; (*fig*) to detect; to chance upon; to overhear
surpris, e [syʀpʀi, -iz] *adj*: **~ (de/que)** surprised (at/that)
surprise [syʀpʀiz] *nf* surprise; **faire une ~ à qn** to give sb a surprise; **~-partie** [syʀpʀizpaʀti] *nf* party
sursaut [syʀso] *nm* start, jump; **~ de** (*énergie, indignation*) sudden fit *ou* burst of; **en ~** with a start; **sursauter** *vi* to (give a) start, jump
surseoir [syʀswaʀ] : **~ à** *vt* to defer
sursis [syʀsi] *nm* (*JUR: gén*) suspended sentence; (*à l'exécution capitale, aussi fig*) reprieve; (*MIL*) deferment
surtaxe [syʀtaks(ə)] *nf* surcharge
surtout [syʀtu] *adv* (*avant tout, d'abord*) above all; (*spécialement, particulièrement*) especially; **~, ne dites rien!** whatever you do don't say anything!; **~ pas!** certainly *ou* definitely not!; **~ que ...** especially as ...
surveillance [syʀvɛjɑ̃s] *nf* watch; (*POLICE, MIL*) surveillance; **sous ~**

médicale under medical supervision
surveillant, e [syʀvɛjɑ̃, -ɑ̃t] *nm/f* (*de prison*) warder; (*SCOL*) monitor; (*de travaux*) supervisor, overseer
surveiller [syʀveje] *vt* (*enfant, élèves, bagages*) to watch, keep an eye on; (*malade*) to watch over; (*prisonnier, suspect*) to keep (a) watch on; (*territoire, bâtiment*) to (keep) watch over; (*travaux, cuisson*) to supervise; (*SCOL: examen*) to invigilate; **se** ~ *vi* to keep a check *ou* watch on o.s.; ~ **son langage/sa ligne** to watch one's language/figure
survenir [syʀvəniʀ] *vi* (*incident, retards*) to occur, arise; (*événement*) to take place; (*personne*) to appear, arrive
survêt(ement) [syʀvɛt(mɑ̃)] *nm* tracksuit
survie [syʀvi] *nf* survival; (*REL*) afterlife
survivant, e [syʀvivɑ̃, -ɑ̃t] *nm/f* survivor
survivre [syʀvivʀ(ə)] *vi* to survive; ~ **à** (*accident etc*) to survive; (*personne*) to outlive
survoler [syʀvɔle] *vt* to fly over; (*fig: livre*) to skim through
survolté, e [syʀvɔlte] *adj* (*fig*) worked up
sus [sy(s)]: **en** ~ **de** *prép* in addition to, over and above; **en** ~ in addition; ~ **à**: ~ **au tyran!** at the tyrant!
susceptible [sysɛptibl(ə)] *adj* touchy, sensitive; ~ **d'amélioration** that can be improved, open to improvement; ~ **de faire** able to do; liable to do
susciter [sysite] *vt* (*admiration*) to arouse; (*obstacles, ennuis*): ~ (**à qn**) to create (for sb)
suspect, e [syspɛ(kt), -ɛkt(ə)] *adj* suspicious; (*témoignage, opinions*) suspect ♦ *nm/f* suspect
suspecter [syspɛkte] *vt* to suspect; (*honnêteté de qn*) to question, have one's suspicions about
suspendre [syspɑ̃dʀ(ə)] *vt* (*accrocher: vêtement*): ~ **qch** (**à**) to hang sth up (on); (*fixer: lustre etc*): ~ **qch à** to hang sth from; (*interrompre, démettre*) to suspend; (*remettre*) to defer; **se** ~ **à** to hang from
suspendu, e [syspɑ̃dy] *adj* (*accroché*): ~ **à** hanging on (*ou* from); (*perché*): ~ **au-dessus de** suspended over
suspens [syspɑ̃]: **en** ~ *adv* (*affaire*) in abeyance; **tenir en** ~ to keep in suspense
suspense [syspɑ̃s] *nm* suspense
suspension [syspɑ̃sjɔ̃] *nf* suspension; ~ **d'audience** adjournment
sut *vb voir* **savoir**
suture [sytyʀ] *nf* (*MÉD*): **point de** ~ stitch
svelte [svɛlt(ə)] *adj* slender, svelte
S.V.P. *sigle* (= *s'il vous plaît*) please
syllabe [silab] *nf* syllable
sylviculture [silvikyltyʀ] *nf* forestry
symbole [sɛ̃bɔl] *nm* symbol; **symbolique** *adj* symbolic(al); (*geste, offrande*) token *cpd*; (*salaire, dommage-intérêts*) nominal; **symboliser** *vt* to symbolize
symétrique [simetʀik] *adj* symmetrical
sympa [sɛ̃pa] *adj abr* = **sympathique**
sympathie [sɛ̃pati] *nf* (*inclination*) liking; (*affinité*) fellow feeling; (*condoléances*) sympathy; **accueillir avec** ~ (*projet*) to receive favourably; **croyez à toute ma** ~ you have my deepest sympathy
sympathique [sɛ̃patik] *adj* nice, friendly; likeable; pleasant
sympathisant, e [sɛ̃patizɑ̃, -ɑ̃t] *nm/f* sympathizer
sympathiser [sɛ̃patize] *vi* (*voisins etc: s'entendre*) to get on (*BRIT*) *ou* along (*US*) (well)
symphonie [sɛ̃fɔni] *nf* symphony
symptôme [sɛ̃ptom] *nm* symptom
synagogue [sinagɔg] *nf* synagogue
syncope [sɛ̃kɔp] *nf* (*MÉD*) blackout; **tomber en** ~ to faint, pass out
syndic [sɛ̃dik] *nm* managing agent

syndical, e, aux [sɛ̃dikal, -o] *adj* (trade-)union *cpd*; **syndicaliste** *nm/f* trade unionist
syndicat [sɛ̃dika] *nm* (*d'ouvriers, employés*) (trade) union; (*autre association d'intérêts*) union, association; ~ **d'initiative** tourist office
syndiqué, e [sɛ̃dike] *adj* belonging to a (trade) union; **non** ~ non-union
syndiquer [sɛ̃dike]: **se** ~ *vi* to form a trade union; (*adhérer*) to join a trade union
synonyme [sinɔnim] *adj* synonymous ♦ *nm* synonym; ~ **de** synonymous with
syntaxe [sɛ̃taks(ə)] *nf* syntax
synthèse [sɛ̃tɛz] *nf* synthesis
synthétique [sɛ̃tetik] *adj* synthetic
Syrie [siʀi] *nf*: **la** ~ Syria
systématique [sistematik] *adj* systematic
système [sistɛm] *nm* system; ~ **D** resourcefulness

T

t' [t(ə)] *pron voir* te
ta [ta] *dét* **ton**[1]
tabac [taba] *nm* tobacco; tobacconist's (shop); ~ **blond/brun** light/dark tobacco
tabagie [tabaʒi] *nf*: ~ **passive** passive smoking
table [tabl(ə)] *nf* table; **à** ~! dinner *etc* is ready!; **se mettre à** ~ to sit down to eat; (*fig*: *fam*) to come clean; **mettre la** ~ to lay the table; **faire** ~ **rase de** to make a clean sweep of; ~ **de cuisson** *nf* (*à l'électricité*) hotplate; (*au gaz*) gas ring; ~ **de nuit** *ou* **de chevet** bedside table; ~ **des matières** (table of) contents *pl*
tableau, x [tablo] *nm* painting; (*reproduction, fig*) picture; (*panneau*) board; (*schéma*) table, chart; ~ **d'affichage** notice board; ~ **de bord** dashboard; (*AVIAT*) instrument panel; ~ **noir** blackboard
tabler [table] *vi*: ~ **sur** to bank on
tablette [tablɛt] *nf* (*planche*) shelf; ~ **de chocolat** bar of chocolate
tableur [tablœʀ] *nm* spreadsheet
tablier [tablije] *nm* apron
tabouret [tabuʀɛ] *nm* stool
tac [tak] *nm*: **du** ~ **au** ~ tit for tat
tache [taʃ] *nf* (*saleté*) stain, mark; (*ART, de couleur, lumière*) spot; splash, patch; ~ **de rousseur** *nf* freckle
tâche [tɑʃ] *nf* task; **travailler à la** ~ to do piecework
tacher [taʃe] *vt* to stain, mark; (*fig*) to sully, stain
tâcher [tɑʃe] *vi*: ~ **de faire** to try *ou* endeavour to do
tacot [tako] (*péj*) *nm* banger (*BRIT*), (old) heap
tact [takt] *nm* tact; **avoir du** ~ to be tactful
tactique [taktik] *adj* tactical ♦ *nf* (*technique*) tactics *sg*; (*plan*) tactic
taie [tɛ] *nf*: ~ **(d'oreiller)** pillowslip, pillowcase
taille [tɑj] *nf* cutting; pruning; (*milieu du corps*) waist; (*hauteur*) height; (*grandeur*) size; **de** ~ **à faire** capable of doing; **de** ~ sizeable
taille-crayon(s) [tɑjkʀɛjɔ̃] *nm* pencil sharpener
tailler [tɑje] *vt* (*pierre, diamant*) to cut; (*arbre, plante*) to prune; (*vêtement*) to cut out; (*crayon*) to sharpen
tailleur [tɑjœʀ] *nm* (*couturier*) tailor; (*vêtement*) suit; **en** ~ (*assis*) cross-legged
taillis [taji] *nm* copse
taire [tɛʀ] *vt* to keep to o.s., conceal ♦ *vi*: **faire** ~ **qn** to make sb be quiet; (*fig*) to silence sb; **se** ~ *vi* to be silent *ou* quiet
talc [talk] *nm* talc, talcum powder
talent [talɑ̃] *nm* talent
talon [talɔ̃] *nm* heel; (*de chèque, billet*) stub, counterfoil (*BRIT*); ~**s plats/aiguilles** flat/stiletto heels
talonner [talɔne] *vt* to follow hard behind; (*fig*) to hound

talus [taly] *nm* embankment
tambour [tɑ̃buʀ] *nm* (*MUS, aussi TECH*) drum; (*musicien*) drummer; (*porte*) revolving door(s *pl*)
tamis [tami] *nm* sieve
Tamise [tamiz] *nf*: **la ~** the Thames
tamisé, e [tamize] *adj* (*fig*) subdued, soft
tamiser [tamize] *vt* to sieve, sift
tampon [tɑ̃pɔ̃] *nm* (*de coton, d'ouate*) wad, pad; (*amortisseur*) buffer; (*bouchon*) plug, stopper; (*cachet, timbre*) stamp; (**mémoire**) **~** (*INFORM*) buffer; **~ (hygiénique)** tampon; **tamponner** *vt* (*timbres*) to stamp; (*heurter*) to crash *ou* ram into; **tamponneuse** *adj*: **autos tamponneuses** dodgems
tandis [tɑ̃di] : **~ que** *conj* while
tanguer [tɑ̃ge] *vi* to pitch (and toss)
tanière [tanjɛʀ] *nf* lair, den
tanné, e [tane] *adj* weather-beaten
tanner [tane] *vt* to tan
tant [tɑ̃] *adv* so much; **~ de** (*sable, eau*) so much; (*gens, livres*) so many; **~ que** as long as; (*comparatif*) as much as; **~ mieux** that's great; so much the better; **~ pis** never mind; too bad
tante [tɑ̃t] *nf* aunt
tantôt [tɑ̃to] *adv* (*parfois*): **~ ... ~** now ... now; (*cet après-midi*) this afternoon
tapage [tapaʒ] *nm* uproar, din
tapageur, euse [tapaʒœʀ, -øz] *adj* loud, flashy; noisy
tape [tap] *nf* slap
tape-à-l'œil [tapalœj] *adj inv* flashy, showy
taper [tape] *vt* (*porte*) to bang, slam; (*dactylographier*) to type (out); (*fam: emprunter*): **~ qn de 10 F** to touch sb for 10 F ♦ *vi* (*soleil*) to beat down; **~ sur qn** to thump sb; (*fig*) to run sb down; **~ sur qch** to hit sth; to bang on sth; **~ à** (*porte etc*) to knock on; **~ dans** (*se servir*) to dig into; **~ des mains/pieds** to clap one's hands/stamp one's feet; **~ (à la machine)** to type; **se ~ un travail** to land o.s. with a job
tapi, e [tapi] *adj* crouching, cowering; hidden away
tapis [tapi] *nm* carpet; (*de table*) cloth; **mettre sur le ~** (*fig*) to bring up for discussion; **~ de sol** (*de tente*) groundsheet; **~ roulant** conveyor belt
tapisser [tapise] *vt* (*avec du papier peint*) to paper; (*recouvrir*): **~ qch (de)** to cover sth (with)
tapisserie [tapisʀi] *nf* (*tenture, broderie*) tapestry; (*papier peint*) wallpaper
tapissier, ière [tapisje, -jɛʀ] *nm/f*: **~(-décorateur)** upholsterer (and decorator)
tapoter [tapɔte] *vt* to pat, tap
taquiner [takine] *vt* to tease
tarabiscoté, e [taʀabiskɔte] *adj* over-ornate, fussy
tard [taʀ] *adv* late; **plus ~** later (on); **au plus ~** at the latest; **sur le ~** late in life
tarder [taʀde] *vi* (*chose*) to be a long time coming; (*personne*): **~ à faire** to delay doing; **il me tarde d'être** I am longing to be; **sans (plus) ~** without (further) delay
tardif, ive [taʀdif, -iv] *adj* late
targuer [taʀge] : **se ~ de** *vt* to boast about
tarif [taʀif] *nm* (*liste*) price list; tariff; (*barème*) rates *pl*; fares *pl*; tariff; (*prix*) rate; fare
tarir [taʀiʀ] *vi* to dry up, run dry
tarte [taʀt(ə)] *nf* tart
tartine [taʀtin] *nf* slice of bread; **~ de miel** slice of bread and honey; **tartiner** *vt* to spread; **fromage à tartiner** cheese spread
tartre [taʀtʀ(ə)] *nm* (*des dents*) tartar; (*de chaudière*) fur, scale
tas [tɑ] *nm* heap, pile; (*fig*): **un ~ de** heaps of, lots of; **en ~** in a heap *ou* pile; **formé sur le ~** trained on the job
tasse [tɑs] *nf* cup; **~ à café** coffee cup
tassé, e [tɑse] *adj*: **bien ~** (*café*

etc) strong

tasser [tase] *vt* (*terre, neige*) to pack down; (*entasser*): ~ **qch dans** to cram sth into; **se** ~ *vi* (*terrain*) to settle; (*fig*) to sort itself out, settle down

tâter [tate] *vt* to feel; (*fig*) to try out; **se** ~ (*hésiter*) to be in two minds; ~ **de** (*prison etc*) to have a taste of

tatillon, ne [tatijɔ̃, -ɔn] *adj* pernickety

tâtonnement [tatɔnmɑ̃] *nm*: **par ~s** (*fig*) by trial and error

tâtonner [tatɔne] *vi* to grope one's way along

tâtons [tatɔ̃] : **à** ~ *adv* to grope around for/grope one's way forward

tatouer [tatwe] *vt* to tattoo

taudis [todi] *nm* hovel, slum

taule [tol] (*fam*) *nf* nick (*fam*), prison

taupe [top] *nf* mole

taureau, x [tɔʀo] *nm* bull; (*signe*): **le T~** Taurus

tauromachie [tɔʀɔmaʃi] *nf* bullfighting

taux [to] *nm* rate; (*d'alcool*) level; ~ **d'intérêt** interest rate

taxe [taks] *nf* tax; (*douanière*) duty; ~ **à la valeur ajoutée** value added tax; ~ **de séjour** tourist tax

taxer [takse] *vt* (*personne*) to tax; (*produit*) to put a tax on, tax; (*fig*): ~ **qn de** to call sb *+attrib*; to accuse sb of, tax sb with

taxi [taksi] *nm* taxi

Tchécoslovaquie [tʃekɔslɔvaki] *nf* Czechoslovakia; **tchèque** *adj, nm/f* Czech ♦ *nm* (*LING*) Czech

te(t') [t(ə)] *pron* you; (*réfléchi*) yourself

technicien, ne [tɛknisjɛ̃, -jɛn] *nm/f* technician

technique [tɛknik] *adj* technical ♦ *nf* technique; **techniquement** *adv* technically

technologie [tɛknɔlɔʒi] *nf* technology; **technologique** *adj* technological

teck [tɛk] *nm* teak

teignais *etc vb voir* **teindre**

teindre [tɛ̃dʀ(ə)] *vt* to dye

teint, e [tɛ̃, tɛ̃t] *adj* dyed ♦ *nm* (*du visage*) complexion; colour ♦ *nf* shade; **grand** ~ colourfast

teinté, e [tɛ̃te] *adj*: ~ **de** (*fig*) tinged with

teinter [tɛ̃te] *vt* to tint; (*bois*) to stain; **teinture** *nf* dyeing; (*substance*) dye; (*MÉD*) tincture

teinturerie [tɛ̃tyʀʀi] *nf* dry cleaner's

teinturier [tɛ̃tyʀje] *nm* dry cleaner

tel, telle [tɛl] *adj* (*pareil*) such; (*comme*): ~ **un/des** ... like a/like ...; (*indéfini*) such-and-such a, a given; (*intensif*): **un ~/de ~s** ... such (a)/such ...; **rien de** ~ nothing like it, no such thing; ~ **que** like, such as; ~ **quel** as it is *ou* stands (*ou* was *etc*)

télé [tele] *abr f* (= *télévision*) TV, telly (*BRIT*); (*poste*) TV (set), telly; **à la** ~ on TV, on telly

télécabine [telekabin] *nf* (*benne*) cable car

télécarte [telekaʀt(ə)] *nf* phonecard

télé: **~commande** *nf* remote control; **~copie** *nf* fax; **envoyer qch par ~copie** to fax sth; **~distribution** *nf* cable TV; **~férique** *nm* = **téléphérique**; **~gramme** *nm* telegram; **~graphier** *vt* to telegraph, cable; **~guider** *vt* to operate by remote control, radio-control; **~journal** *nm TV news magazine programme*; **~matique** *nf* telematics *sg*; **~objectif** *nm* telephoto lens *sg*

téléphérique [telefeʀik] *nm* cable car

téléphone [telefɔn] *nm* telephone; **avoir le** ~ to be on the (tele)phone; **au** ~ on the phone; ~ **de voiture** car phone; **téléphoner** *vi* to telephone, ring; to make a phone call; **téléphoner à** to phone, call up; **téléphonique** *adj* (tele)phone *cpd*

télescope [telɛskɔp] *nm* telescope

télescoper [telɛskɔpe] *vt* to smash up; **se** ~ (*véhicules*) to concertina

télé: **~scripteur** *nm* teleprinter;

~**siège** *nm* chairlift; ~**ski** *nm* ski-tow; ~**spectateur, trice** *nm/f* (television) viewer; ~**viseur** *nm* television set; ~**vision** *nf* television; **à la ~vision** on television

télex [telɛks] *nm* telex

telle [tɛl] *adj voir* tel

tellement [tɛlmɑ̃] *adv* (*tant*) so much; (*si*) so; ~ **de** (*sable, eau*) so much; (*gens, livres*) so many; **il s'est endormi ~ il était fatigué** he was so tired (that) he fell asleep; **pas ~** not (all) that much; not (all) that *+adjectif*

téméraire [temeʀɛʀ] *adj* reckless, rash; **témérité** *nf* recklessness, rashness

témoignage [temwaɲaʒ] *nm* (*JUR*: *déclaration*) testimony *no pl*, evidence *no pl*; (: *faits*) evidence *no pl*; (*rapport, récit*) account; (*fig*: *d'affection etc*) token, mark; expression

témoigner [temwaɲe] *vt* (*intérêt, gratitude*) to show ♦ *vi* (*JUR*) to testify, give evidence; ~ **de** to bear witness to, testify to

témoin [temwɛ̃] *nm* witness; (*fig*) testimony ♦ *adj* control *cpd*, test *cpd*; **appartement ~** show flat (*BRIT*); **être ~ de** to witness; **~ oculaire** eyewitness

tempe [tɑ̃p] *nf* temple

tempérament [tɑ̃peʀamɑ̃] *nm* temperament, disposition; **à ~** (*vente*) on deferred (payment) terms; (*achat*) by instalments, hire purchase *cpd*

température [tɑ̃peʀatyʀ] *nf* temperature; **avoir** *ou* **faire de la ~** to be running *ou* have a temperature

tempéré, e [tɑ̃peʀe] *adj* temperate

tempête [tɑ̃pɛt] *nf* storm; **~ de sable/neige** sand/snowstorm

temple [tɑ̃pl(ə)] *nm* temple; (*protestant*) church

temporaire [tɑ̃pɔʀɛʀ] *adj* temporary

temps [tɑ̃] *nm* (*atmosphérique*) weather; (*durée*) time; (*époque*) time, times *pl*; (*LING*) tense; (*MUS*) beat; (*TECH*) stroke; **il fait beau/mauvais ~** the weather is fine/bad; **avoir le ~/tout le ~** to have time/plenty of time; **en ~ de paix/guerre** in peacetime/wartime; **en ~ utile** *ou* **voulu** in due time *ou* course; **de ~ en ~, de ~ à autre** from time to time; **à ~** (*partir, arriver*) in time; **à ~ partiel** part-time; **dans le ~** at one time; **de tout ~** always; **~ d'arrêt** pause, halt; **~ mort** (*COMM*) slack period

tenable [tənabl(ə)] *adj* bearable

tenace [tənas] *adj* tenacious, persistent

tenailler [tənɑje] *vt* (*fig*) to torment

tenailles [tənɑj] *nfpl* pincers

tenais *etc vb voir* **tenir**

tenancier, ière [tənɑ̃sje, -jɛʀ] *nm/f* manager/manageress

tenant, e [tənɑ̃, -ɑ̃t] *nm/f* (*SPORT*): **~ du titre** title-holder

tendance [tɑ̃dɑ̃s] *nf* (*opinions*) leanings *pl*, sympathies *pl*; (*inclination*) tendency; (*évolution*) trend; **avoir ~ à** to have a tendency to, tend to

tendeur [tɑ̃dœʀ] *nm* (*attache*) elastic strap

tendre [tɑ̃dʀ(ə)] *adj* tender; (*bois, roche, couleur*) soft ♦ *vt* (*élastique, peau*) to stretch, draw tight; (*muscle*) to tense; (*donner*): **~ qch à qn** to hold sth out to sb; to offer sb sth; (*fig*: *piège*) to set, lay; **se ~** *vi* (*corde*) to tighten; (*relations*) to become strained; **~ à qch/à faire** to tend towards sth/to do; **~ l'oreille** to prick up one's ears; **~ la main/le bras** to hold out one's hand/stretch out one's arm; **tendrement** *adv* tenderly; **tendresse** *nf* tenderness

tendu, e [tɑ̃dy] *pp de* **tendre** ♦ *adj* tight; tensed; strained

ténèbres [tenɛbʀ(ə)] *nfpl* darkness *sg*

teneur [tənœʀ] *nf* content; (*d'une lettre*) terms *pl*, content

tenir [təniʀ] *vt* to hold; (*magasin, hôtel*) to run; (*promesse*) to keep ♦ *vi* to hold; (*neige, gel*) to last; **se ~**

vi (*avoir lieu*) to be held, take place; (*être*: *personne*) to stand; **se ~ droit** to stand (*ou* sit) up straight; **bien se ~** to behave well; **se ~ à qch** to hold on to sth; **s'en ~ à qch** to confine o.s. to sth; to stick to sth; **~ à** to be attached to; to care about; to depend on; to stem from; **~ à faire** to want to do; **~ de** to partake of; to take after; **ça ne tient qu'à lui** it is entirely up to him; **~ qn pour** to take sb for; **~ qch de qn** (*histoire*) to have heard *ou* learnt sth from sb; (*qualité, défaut*) to have inherited *ou* got sth from sb; **~ les comptes** to keep the books; **~ le coup** to hold out; **~ au chaud** to keep hot; **tiens/tenez, voilà le stylo** there's the pen!; **tiens, Alain!** look, here's Alain!; **tiens?** (*surprise*) really?

tennis [tenis] *nm* tennis; (*court*) tennis court ♦ *nm ou f pl* (*aussi*: *chaussures de ~*) tennis *ou* gym shoes; **~ de table** table tennis; **tennisman** *nm* tennis player

tension [tɑ̃sjɔ̃] *nf* tension; (*fig*) tension; strain; (*MÉD*) blood pressure; **faire** *ou* **avoir de la ~** to have high blood pressure

tentation [tɑ̃tɑsjɔ̃] *nf* temptation

tentative [tɑ̃tativ] *nf* attempt, bid

tente [tɑ̃t] *nf* tent

tenter [tɑ̃te] *vt* (*éprouver, attirer*) to tempt; (*essayer*): **~ qch/de faire** to attempt *ou* try sth/to do; **~ sa chance** to try one's luck

tenture [tɑ̃tyʀ] *nf* hanging

tenu, e [təny] *pp de* **tenir** ♦ *adj* (*maison, comptes*): **bien ~** well-kept; (*obligé*): **~ de faire** under an obligation to do (*action de tenir*) running; keeping; holding; (*vêtements*) clothes *pl*, gear; (*allure*) dress *no pl*, appearance; (*comportement*) manners *pl*, behaviour; **en petite tenue** scantily dressed *ou* clad; **~e de route** (*AUTO*) road-holding; **~e de soirée** evening dress

ter [tɛʀ] *adj*: 16 ~ 16b *ou* B

térébenthine [teʀebɑ̃tin] *nf*: (essence de) ~ (oil of) turpentine

terme [tɛʀm(ə)] *nm* term; (*fin*) end; **à court/long ~** short-/long-term *ou* -range ♦ *adv* in the short/long term; **avant ~** (*MÉD*) prematurely; **mettre un ~ à** to put an end *ou* a stop to

terminaison [tɛʀminɛzɔ̃] *nf* (*LING*) ending

terminal, e, aux [tɛʀminal, -o] *adj* final ♦ *nm* terminal; **terminale** *nf* (*SCOL*) ≈ sixth form *ou* year (*BRIT*), ≈ twelfth grade (*US*)

terminer [tɛʀmine] *vt* to end; (*travail, repas*) to finish; **se ~** *vi* to end

terne [tɛʀn(ə)] *adj* dull

ternir [tɛʀniʀ] *vt* to dull; (*fig*) to sully, tarnish; **se ~** *vi* to become dull

terrain [tɛʀɛ̃] *nm* (*sol, fig*) ground; (*COMM*) land *no pl*, plot (of land); site; **sur le ~** (*fig*) on the field; **~ d'aviation** airfield; **~ de camping** campsite; **~ de football/rugby** football/rugby pitch (*BRIT*) *ou* field (*US*); **~ de golf** golf course; **~ de jeu** games field; playground; **~ de sport** sports ground; **~ vague** waste ground *no pl*

terrasse [tɛʀas] *nf* terrace; **à la ~** (*café*) outside; **~ment** [tɛʀasmɑ̃] *nm* earth-moving, earthworks *pl*; embankment; **~r** [tɛʀase] *vt* (*adversaire*) to floor; (*suj*: *maladie etc*) to lay low

terre [tɛʀ] *nf* (*gén, aussi ÉLEC*) earth; (*substance*) soil, earth; (*opposé à mer*) land *no pl*; (*contrée*) land; **~s** *nfpl* (*terrains*) lands, land *sg*; **en ~** (*pipe, poterie*) clay *cpd*; **à ~** *ou* **par ~** (*mettre, être*) on the ground (*ou* floor); (*jeter, tomber*) to the ground, down; **~ à ~** *adj inv* down-to-earth; **~ cuite** earthenware; terracotta; **la ~ ferme** dry land; **~ glaise** clay

terreau [tɛʀo] *nm* compost

terre-plein [tɛʀplɛ̃] *nm* platform

terrer [tɛʀe] : **se ~** *vi* to hide away; to go to ground

terrestre [tɛʀɛstʀ(ə)] *adj* (*surface*)

earth's, of the earth; (*BOT, ZOOL, MIL*) land *cpd*; (*REL*) earthly, worldly

terreur [tɛʀœʀ] *nf* terror *no pl*

terrible [tɛʀibl(ə)] *adj* terrible, dreadful; (*fam*) terrific

terrien, ne [tɛʀjɛ̃, -jɛn] *adj*: **propriétaire ~** landowner ♦ *nm/f* (*non martien etc*) earthling

terrier [tɛʀje] *nm* burrow, hole; (*chien*) terrier

terril [tɛʀil] *nm* slag heap

terrine [tɛʀin] *nf* (*récipient*) terrine; (*CULIN*) pâté

territoire [tɛʀitwaʀ] *nm* territory

terroir [tɛʀwaʀ] *nm* (*AGR*) soil; region

terrorisme [tɛʀɔʀism(ə)] *nm* terrorism; **terroriste** *nm/f* terrorist

tertiaire [tɛʀsjɛʀ] *adj* tertiary ♦ *nm* (*ÉCON*) service industries *pl*

tertre [tɛʀtʀ(ə)] *nm* hillock, mound

tes [te] *dét voir* **ton**[1]

tesson [tesɔ̃] *nm*: **~ de bouteille** piece of broken bottle

test [tɛst] *nm* test

testament [tɛstamɑ̃] *nm* (*JUR*) will; (*REL*) Testament; (*fig*) legacy

tester [tɛste] *vt* to test

testicule [tɛstikyl] *nm* testicle

tétanos [tetanos] *nm* tetanus

têtard [tɛtaʀ] *nm* tadpole

tête [tɛt] *nf* head; (*cheveux*) hair *no pl*; (*visage*) face; **de ~** (*wagon etc*) front *cpd* ♦ *adv* (*calculer*) in one's head, mentally; **tenir ~ à qn** to stand up to sb; **la ~ en bas** with one's head down; **la ~ la première** (*tomber*) headfirst; **faire une ~** (*FOOTBALL*) to head the ball; **faire la ~** (*fig*) to sulk; **en ~** (*SPORT*) in the lead; at the front; **en ~ à ~** in private, alone together; **de la ~ aux pieds** from head to toe; **~ de lecture** (playback) head; **~ de liste** (*POL*) chief candidate; **~ de série** (*TENNIS*) seeded player, seed

tête-à-queue [tɛtakø] *nm inv*: **faire un ~** to spin round

téter [tete] *vt*: **~ (sa mère)** to suck at one's mother's breast, feed

tétine [tetin] *nf* teat; (*sucette*) dummy (*BRIT*), pacifier (*US*)

têtu, e [tety] *adj* stubborn, pigheaded

texte [tɛkst(ə)] *nm* text

textile [tɛkstil] *adj* textile *cpd* ♦ *nm* textile; textile industry

texture [tɛkstyʀ] *nf* texture

TGV *sigle m* (= *train à grande vitesse*) high-speed train

thé [te] *nm* tea; **prendre le ~** to have tea; **faire le ~** to make the tea

théâtral, e, aux [teɑtʀal, -o] *adj* theatrical

théâtre [teɑtʀ(ə)] *nm* theatre; (*œuvres*) plays *pl*, dramatic works *pl*; (*fig: lieu*): **le ~ de** the scene of; (*péj*) histrionics *pl*, playacting; **faire du ~** to be on the stage; to do some acting

théière [tejɛʀ] *nf* teapot

thème [tɛm] *nm* theme; (*SCOL: traduction*) prose (composition)

théologie [teɔlɔʒi] *nf* theology

théorie [teɔʀi] *nf* theory; **théorique** *adj* theoretical

thérapie [teʀapi] *nf* therapy

thermal, e, aux [tɛʀmal, -o] *adj*: **station ~e** spa; **cure ~e** water cure

thermes [tɛʀm(ə)] *nmpl* thermal baths

thermomètre [tɛʀmɔmɛtʀ(ə)] *nm* thermometer

thermos [tɛʀmos] (®) *nm ou nf*: **(bouteille) ~** vacuum *ou* Thermos (®) flask

thermostat [tɛʀmɔsta] *nm* thermostat

thèse [tɛz] *nf* thesis

thon [tɔ̃] *nm* tuna (fish)

thym [tɛ̃] *nm* thyme

tibia [tibja] *nm* shinbone, tibia; shin

tic [tik] *nm* tic, (nervous) twitch; (*de langage etc*) mannerism

ticket [tikɛ] *nm* ticket; **~ de caisse** *nm* receipt; **~ de quai** platform ticket

tiède [tjɛd] *adj* lukewarm; tepid; (*vent, air*) mild, warm; **tiédir** *vi* to cool; to grow warmer

tien, ne [tjɛ̃, tjɛn] *pron*: **le(la) ~(ne), les ~(ne)s** yours; **à la ~ne!** cheers!
tiens [tjɛ̃] *vb, excl voir* **tenir**
tierce [tjɛʀs(ə)] *adj voir* **tiers**
tiercé [tjɛʀse] *nm system of forecast betting giving first 3 horses*
tiers, tierce [tjɛʀ, tjɛʀs(ə)] *adj* third ♦ *nm* (*JUR*) third party; (*fraction*) third; **le ~ monde** the Third World
tige [tiʒ] *nf* stem; (*baguette*) rod
tignasse [tiɲas] (*péj*) *nf* mop of hair
tigre [tigʀ(ə)] *nm* tiger
tigré, e [tigʀe] *adj* striped; spotted
tilleul [tijœl] *nm* lime (tree), linden (tree); (*boisson*) lime(-blossom) tea
timbale [tɛ̃bal] *nf* (metal) tumbler; **~s** *nfpl* (*MUS*) timpani, kettledrums
timbre [tɛ̃bʀ(ə)] *nm* (*tampon*) stamp; (*aussi*: *~-poste*) (postage) stamp; (*MUS*: *de voix, instrument*) timbre, tone
timbré, e [tɛ̃bʀe] (*fam*) *adj* daft
timide [timid] *adj* shy; timid; (*timoré*) timid, timorous; **timidement** *adv* shyly; timidly; **timidité** *nf* shyness; timidity
tins *etc vb voir* **tenir**
tintamarre [tɛ̃tamaʀ] *nm* din, uproar
tinter [tɛ̃te] *vi* to ring, chime; (*argent, clefs*) to jingle
tir [tiʀ] *nm* (*sport*) shooting; (*fait ou manière de tirer*) firing *no pl*; (*stand*) shooting gallery; **~ à l'arc** archery; **~ au pigeon** clay pigeon shooting
tirage [tiʀaʒ] *nm* (*action*) printing; (*PHOTO*) print; (*de journal*) circulation; (*de livre*) (print-)run; edition; (*de loterie*) draw; **~ au sort** drawing lots
tirailler [tiʀɑje] *vt* to pull at, tug at ♦ *vi* to fire at random
tirant [tiʀɑ̃] *nm*: **~ d'eau** draught
tire [tiʀ] *nf*: **vol à la ~** pickpocketing
tiré, e [tiʀe] *adj* (*traits*) drawn ♦ *nm* (*COMM*) drawee; **~ par les cheveux** far-fetched
tire-au-flanc [tiʀoflɑ̃] (*péj*) *nm inv* skiver
tire-bouchon [tiʀbuʃɔ̃] *nm* corkscrew
tirelire [tiʀliʀ] *nf* moneybox
tirer [tiʀe] *vt* (*gén*) to pull; (*extraire*): **~ qch de** to take *ou* pull sth out of; to get sth out of; to extract sth from; (*tracer*: *ligne, trait*) to draw, trace; (*fermer*: *rideau*) to draw, close; (*choisir*: *carte, conclusion, aussi COMM*: *chèque*) to draw; (*en faisant feu*: *balle, coup*) to fire; (: *animal*) to shoot; (*journal, livre, photo*) to print; (*FOOTBALL*: *corner etc*) to take ♦ *vi* (*faire feu*) to fire; (*faire du tir, FOOTBALL*) to shoot; (*cheminée*) to draw; **se ~** *vi* (*fam*) to push off; **s'en ~** to pull through, get off; **~ sur** to pull on *ou* at; to shoot *ou* fire at; (*pipe*) to draw on; (*fig*: *avoisiner*) to verge *ou* border on; **~ qn de** (*embarras etc*) to help *ou* get sb out of; **~ à l'arc/la carabine** to shoot with a bow and arrow/with a rifle
tiret [tiʀɛ] *nm* dash
tireur, euse [tiʀœʀ, -øz] *nm/f* (*COMM*) drawer ♦ *nm* gunman; **~ d'élite** marksman
tiroir [tiʀwaʀ] *nm* drawer; **tiroir-caisse** *nm* till
tisane [tizan] *nf* herb tea
tisonnier [tizɔnje] *nm* poker
tisser [tise] *vt* to weave; **tisserand** *nm* weaver
tissu [tisy] *nm* fabric, material, cloth *no pl*; (*ANAT, BIO*) tissue
tissu-éponge [tisyepɔ̃ʒ] *nm* (terry) towelling *no pl*
titre [titʀ(ə)] *nm* (*gén*) title; (*de journal*) headline; (*diplôme*) qualification; (*COMM*) security; **en ~** (*champion*) official; **à juste ~** with just cause, rightly; **à quel ~?** on what grounds?; **à aucun ~** on no account; **au même ~ (que)** in the same way (as); **à ~ d'information** for (your) information; **à ~ gracieux** free of charge; **à ~ d'essai** on a trial basis; **à ~ privé** in a private capacity; **~ de propriété** title deed; **~ de trans-**

port ticket
tituber [titybe] *vi* to stagger (along)
titulaire [titylɛʀ] *adj* (*ADMIN*) appointed, with tenure ♦ *nm/f* incumbent; **être ~ de** (*poste*) to hold; (*permis*) to be the holder of
toast [tost] *nm* slice *ou* piece of toast; (*de bienvenue*) (welcoming) toast; **porter un ~ à qn** to propose *ou* drink a toast to sb
toboggan [tɔbɔgɑ̃] *nm* toboggan; (*jeu*) slide
tocsin [tɔksɛ̃] *nm* alarm (bell)
toge [tɔʒ] *nf* toga; (*de juge*) gown
toi [twa] *pron* you
toile [twal] *nf* (*matériau*) cloth *no pl*; (*bâche*) piece of canvas; (*tableau*) canvas; **~ cirée** oilcloth; **~ d'araignée** cobweb; **~ de fond** (*fig*) backdrop
toilette [twalɛt] *nf* wash; (*habits*) outfit; dress *no pl*; **~s** *nfpl* (*w.-c.*) toilet *sg*; **faire sa ~** to have a wash, get washed; **articles de ~** toiletries
toi-même [twamɛm] *pron* yourself
toiser [twaze] *vt* to eye up and down
toison [twazɔ̃] *nf* (*de mouton*) fleece; (*cheveux*) mane
toit [twa] *nm* roof; **~ ouvrant** sunroof
toiture [twatyʀ] *nf* roof
tôle [tol] *nf* (*plaque*) steel *ou* iron sheet; **~ ondulée** corrugated iron
tolérable [tɔleʀabl(ə)] *adj* tolerable, bearable
tolérant, e [tɔleʀɑ̃, -ɑ̃t] *adj* tolerant
tolérer [tɔleʀe] *vt* to tolerate; (*ADMIN: hors taxe etc*) to allow
tollé [tɔle] *nm* outcry
tomate [tɔmat] *nf* tomato
tombe [tɔ̃b] *nf* (*sépulture*) grave; (*avec monument*) tomb
tombeau, x [tɔ̃bo] *nm* tomb
tombée [tɔ̃be] *nf*: **à la ~ de la nuit** at the close of day, at nightfall
tomber [tɔ̃be] *vi* to fall; **laisser ~** to drop; **~ sur** (*rencontrer*) to come across; (*attaquer*) to set about; **~ de fatigue/sommeil** to drop from exhaustion/be falling asleep on one's feet; **ça tombe bien** that's come at the right time; **il est bien tombé** he's been lucky
tome [tɔm] *nm* volume
ton[1], ta [tɔ̃, ta] (*pl* **tes**) *dét* your
ton[2] [tɔ̃] *nm* (*gén*) tone; (*MUS*) key; (*couleur*) shade, tone; **de bon ton** in good taste
tonalité [tɔnalite] *nf* (*au téléphone*) dialling tone; (*MUS*) key; (*fig*) tone
tondeuse [tɔ̃døz] *nf* (*à gazon*) (lawn)mower; (*du coiffeur*) clippers *pl*; (*pour la tonte*) shears *pl*
tondre [tɔ̃dʀ(ə)] *vt* (*pelouse, herbe*) to mow; (*haie*) to cut, clip; (*mouton, toison*) to shear; (*cheveux*) to crop
tonifier [tɔnifje] *vt* (*peau, organisme*) to tone up
tonique [tɔnik] *adj* fortifying ♦ *nm* tonic
tonne [tɔn] *nf* metric ton, tonne
tonneau, x [tɔno] *nm* (*à vin, cidre*) barrel; (*NAVIG*) ton; **faire des ~x** (*voiture, avion*) to roll over
tonnelle [tɔnɛl] *nf* bower, arbour
tonner [tɔne] *vi* to thunder; **il tonne** it is thundering, there's some thunder
tonnerre [tɔnɛʀ] *nm* thunder
tonus [tɔnys] *nm* dynamism
top [tɔp] *nm*: **au 3ème ~** at the 3rd stroke
topinambour [tɔpinɑ̃buʀ] *nm* Jerusalem artichoke
toque [tɔk] *nf* (*de fourrure*) fur hat; **~ de cuisinier** chef's hat; **~ de jockey/juge** jockey's/judge's cap
toqué, e [tɔke] (*fam*) *adj* cracked
torche [tɔʀʃ(ə)] *nf* torch
torchon [tɔʀʃɔ̃] *nm* cloth, duster; (*à vaisselle*) tea towel *ou* cloth
tordre [tɔʀdʀ(ə)] *vt* (*chiffon*) to wring; (*barre, fig: visage*) to twist; **se ~** *vi* (*barre*) to bend; (*roue*) to twist, buckle; (*ver, serpent*) to writhe; **se ~ le pied/bras** to twist one's foot/arm; **tordu, e** [tɔʀdy] *adj* (*fig*) warped, twisted
tornade [tɔʀnad] *nf* tornado
torpille [tɔʀpij] *nf* torpedo
torréfier [tɔʀefje] *vt* to roast

torrent [tɔʀɑ̃] *nm* torrent
torse [tɔʀs(ə)] *nm* (*ANAT*) torso; chest
torsion [tɔʀsjɔ̃] *nf* twisting; torsion
tort [tɔʀ] *nm* (*défaut*) fault; (*préjudice*) wrong *no pl*; ~**s** *nmpl* (*JUR*) fault *sg*; **avoir** ~ to be wrong; **être dans son** ~ to be in the wrong; **donner** ~ **à qn** to lay the blame on sb; (*fig*) to prove sb wrong; **causer du** ~ **à** to harm; to be harmful *ou* detrimental to; **à** ~ wrongly; **à** ~ **et à travers** wildly
torticolis [tɔʀtikɔli] *nm* stiff neck
tortiller [tɔʀtije] *vt* to twist; to twiddle; **se** ~ *vi* to wriggle, squirm
tortionnaire [tɔʀsjɔnɛʀ] *nm* torturer
tortue [tɔʀty] *nf* tortoise
tortueux, euse [tɔʀtɥø, -øz] *adj* (*rue*) twisting; (*fig*) tortuous
torture [tɔʀtyʀ] *nf* torture; **torturer** *vt* to torture; (*fig*) to torment
tôt [to] *adv* early; ~ **ou tard** sooner or later; **si** ~ so early; (*déjà*) so soon; **au plus** ~ at the earliest; **il eut** ~ **fait de faire** he soon did
total, e, aux [tɔtal, -o] *adj, nm* total; **au** ~ in total *ou* all; **faire le** ~ to work out the total, add up; **totalement** *adv* totally, completely; **totaliser** *vt* to total (up)
totalité [tɔtalite] *nf*: **la** ~ **de** all of, the total amount (*ou* number) of; the whole +*sg*; **en** ~ entirely
toubib [tubib] (*fam*) *nm* doctor
touchant, e [tuʃɑ̃, -ɑ̃t] *adj* touching
touche [tuʃ] *nf* (*de piano, de machine à écrire*) key; (*PEINTURE etc*) stroke, touch; (*fig: de nostalgie*) touch, hint; (*FOOTBALL: aussi: remise en* ~) throw-in; (*aussi: ligne de* ~) touch-line
toucher [tuʃe] *nm* touch ♦ *vt* to touch; (*palper*) to feel; (*atteindre: d'un coup de feu etc*) to hit; (*concerner*) to concern, affect; (*contacter*) to reach, contact; (*recevoir: récompense*) to receive, get; (: *salaire*) to draw, get; (: *chèque*) to cash; **se** ~ (*être en contact*) to touch; **au** ~ to the touch; ~ **à** to touch; (*concerner*) to have to do with, concern; **je vais lui en** ~ **un mot** I'll have a word with him about it; ~ **à sa fin** to be drawing to a close
touffe [tuf] *nf* tuft
touffu, e [tufy] *adj* thick, dense
toujours [tuʒuʀ] *adv* always; (*encore*) still; (*constamment*) forever; ~ **plus** more and more; **pour** ~ forever; ~ **est-il que** the fact remains that; **essaie** ~ (you can) try anyway
toupet [tupɛ] (*fam*) *nm* cheek
toupie [tupi] *nf* (spinning) top
tour [tuʀ] *nf* tower; (*immeuble*) high-rise block (*BRIT*) *ou* building (*US*); (*ÉCHECS*) castle, rook ♦ *nm* (*excursion*) stroll, walk; run, ride; trip; (*SPORT: aussi:* ~ *de piste*) lap; (*d'être servi ou de jouer etc*) turn; (*de roue etc*) revolution; (*circonférence*): **de 3 m de** ~ 3 m round, with a circumference *ou* girth of 3 m; (*POL: aussi:* ~ *de scrutin*) ballot; (*ruse, de prestidigitation*) trick; (*de potier*) wheel; (*à bois, métaux*) lathe; **faire le** ~ **de** to go round; (*à pied*) to walk round; **c'est au** ~ **de Renée** it's Renée's turn; **à** ~ **de rôle,** ~ **à** ~ in turn; ~ **de chant** song recital; ~ **de contrôle** *nf* control tower; ~ **de garde** spell of duty; ~ **d'horizon** (*fig*) general survey; ~ **de taille/tête** waist/head measurement
tourbe [tuʀb(ə)] *nf* peat
tourbillon [tuʀbijɔ̃] *nm* whirlwind; (*d'eau*) whirlpool; (*fig*) whirl, swirl; **tourbillonner** *vi* to whirl (round)
tourelle [tuʀɛl] *nf* turret
tourisme [turism(ə)] *nm* tourism; **agence de** ~ tourist agency; **faire du** ~ to go sightseeing; to go touring; **touriste** *nm/f* tourist; **touristique** *adj* tourist *cpd*; (*région*) touristic
tourment [tuʀmɑ̃] *nm* torment
tourmenter [tuʀmɑ̃te] *vt* to torment; **se** ~ *vi* to fret, worry o.s.
tournant [tuʀnɑ̃] *nm* (*de route*)

bend; (*fig*) turning point

tournebroche [tuʀnəbʀɔʃ] *nm* roasting spit

tourne-disque [tuʀnədisk(ə)] *nm* record player

tournée [tuʀne] *nf* (*du facteur etc*) round; (*d'artiste, politicien*) tour; (*au café*) round (of drinks)

tournemain [tuʀnəmɛ̃] : **en un ~** *adv* (as) quick as a flash

tourner [tuʀne] *vt* to turn; (*sauce, mélange*) to stir; (*contourner*) to get round; (*CINEMA*) to shoot; to make ♦ *vi* to turn; (*moteur*) to run; (*compteur*) to tick away; (*lait etc*) to turn (sour); **se ~** *vi* to turn round; **se ~ vers** to turn to; to turn towards; **bien ~** to turn out well; **~ autour de** to go round; (*péj*) to hang round; **~ à/en** to turn into; **~ le dos à** to turn one's back on; to have one's back to; **~ de l'œil** to pass out

tournesol [tuʀnəsɔl] *nm* sunflower

tournevis [tuʀnəvis] *nm* screwdriver

tourniquet [tuʀnikɛ] *nm* (*pour arroser*) sprinkler; (*portillon*) turnstile; (*présentoir*) revolving stand, spinner

tournoi [tuʀnwa] *nm* tournament

tournoyer [tuʀnwaje] *vi* to whirl round; to swirl round

tournure [tuʀnyʀ] *nf* (*LING*) turn of phrase; form; phrasing; (*évolution*): **la ~ de qch** the way sth is developing; (*aspect*): **la ~ de** the look of; **~ d'esprit** turn *ou* cast of mind; **la ~ des événements** the turn of events

tourte [tuʀt(ə)] *nf* pie

tous [*adj* tu, *pron* tus] *adj, pron voir* tout

Toussaint [tusɛ̃] *nf*: **la ~** All Saints' Day

tousser [tuse] *vi* to cough

MOT-CLÉ

tout, e [tu, tut] (*mpl* **tous**, *fpl* **toutes**) *adj* **1** (*avec article singulier*) all; **~ le lait** all the milk; **~e la nuit** all night, the whole night; **~ le livre** the whole book; **~ un pain** a whole loaf; **~ le temps** all the time; the whole time; **c'est ~ le contraire** it's quite the opposite

2 (*avec article pluriel*) every; all; **tous les livres** all the books; **~es les nuits** every night; **~es les fois** every time; **~es les trois/deux semaines** every third/other *ou* second week, every three/two weeks; **tous les deux** both *ou* each of us (*ou* them *ou* you); **~es les trois** all three of us (*ou* them *ou* you)

3 (*sans article*): **à ~ âge** at any age; **pour ~e nourriture, il avait** ... his only food was ...

♦ *pron* everything, all; **il a ~ fait** he's done everything; **je les vois tous** I can see them all *ou* all of them; **nous y sommes tous allés** all of us went, we all went; **en ~** in all; **~ ce qu'il sait** all he knows

♦ *nm* whole; **le ~** all of it (*ou* them); **le ~ est de ...** the main thing is to ...; **pas du ~** not at all

♦ *adv* **1** (*très, complètement*) very; **~ près** very near; **le ~ premier** the very first; **~ seul** all alone; **le livre ~ entier** the whole book; **~ en haut** right at the top; **~ droit** straight ahead

2: **~ en** while; **~ en travaillant** while working, as he *etc* works

3 ~ d'abord first of all; **~ à coup** suddenly; **~ à fait** absolutely; **~ à l'heure** a short while ago; (*futur*) in a short while, shortly; **à ~ à l'heure!** see you later!; **~ de même** all the same; **~ le monde** everybody; **~ de suite** immediately, straight away; **~ terrain** *ou* **tous terrains** all-terrain

toutefois [tutfwa] *adv* however

toutes [tut] *adj, pron voir* **tout**

toux [tu] *nf* cough

toxicomane [tɔksikɔman] *nm/f* drug addict

trac [tʀak] *nm* nerves *pl*

tracasser [tʀakase] *vt* to worry, bother; to harass; **tracasseries** [tʀakasʀi] *nfpl* (*chicanes*) annoyances

trace [tʀas] *nf* (*empreintes*) tracks *pl*; (*marques, aussi fig*) mark; (*restes, vestige*) trace; (*indice*) sign; **~s de pas** footprints
tracé [tʀase] *nm* line; layout
tracer [tʀase] *vt* to draw; (*mot*) to trace; (*piste*) to open up
tract [tʀakt] *nm* tract, pamphlet
tractations [tʀaktɑsjɔ̃] *nfpl* dealings, bargaining *sg*
tracteur [tʀaktœʀ] *nm* tractor
traction [tʀaksjɔ̃] *nf*: **~ avant/arrière** front-wheel/rear-wheel drive
tradition [tʀadisjɔ̃] *nf* tradition; **traditionnel, le** *adj* traditional
traducteur, trice [tʀadyktœʀ, -tʀis] *nm/f* translator
traduction [tʀadyksjɔ̃] *nf* translation
traduire [tʀadɥiʀ] *vt* to translate; (*exprimer*) to render, convey
trafic [tʀafik] *nm* traffic; **~ d'armes** arms dealing; **trafiquant, e** *nm/f* trafficker; dealer; **trafiquer** (*péj*) *vt* to doctor, tamper with
tragédie [tʀaʒedi] *nf* tragedy
tragique [tʀaʒik] *adj* tragic
trahir [tʀaiʀ] *vt* to betray; (*fig*) to give away, reveal; **trahison** *nf* betrayal; (*JUR*) treason
train [tʀɛ̃] *nm* (*RAIL*) train; (*allure*) pace; (*fig: ensemble*) set; **mettre qch en ~** to get sth under way; **mettre qn en ~** to put sb in good spirits; **se mettre en ~** to get started; to warm up; **se sentir en ~** to feel in good form; **~ d'atterrissage** undercarriage; **~ de vie** style of living; **~ électrique** (*jouet*) (electric) train set; **~-autos-couchettes** car-sleeper train
traîne [tʀɛn] *nf* (*de robe*) train; **être à la ~** to be in tow; to lag behind
traîneau, x [tʀɛno] *nm* sleigh, sledge
traînée [tʀene] *nf* streak, trail; (*péj*) slut
traîner [tʀene] *vt* (*remorque*) to pull; (*enfant, chien*) to drag *ou* trail along ♦ *vi* (*être en désordre*) to lie around; (*marcher*) to dawdle (along); (*vagabonder*) to hang about; (*agir lentement*) to idle about; (*durer*) to drag on; **se ~** *vi* to drag o.s. along; **~ les pieds** to drag one's feet
train-train [tʀɛ̃tʀɛ̃] *nm* humdrum routine
traire [tʀɛʀ] *vt* to milk
trait [tʀɛ] *nm* (*ligne*) line; (*de dessin*) stroke; (*caractéristique*) feature, trait; **~s** *nmpl* (*du visage*) features; **d'un ~** (*boire*) in one gulp; **de ~** (*animal*) draught; **avoir ~ à** to concern; **~ d'union** hyphen; (*fig*) link
traitant, e [tʀɛtɑ̃, -ɑ̃t] *adj*: **votre médecin ~** your usual *ou* family doctor; **crème ~e** conditioning cream
traite [tʀɛt] *nf* (*COMM*) draft; (*AGR*) milking; **d'une ~** without stopping; **la ~ des noirs** the slave trade
traité [tʀete] *nm* treaty
traitement [tʀɛtmɑ̃] *nm* treatment; processing; (*salaire*) salary; **~ de données/texte** data/word processing
traiter [tʀete] *vt* (*gén*) to treat; (*TECH, INFORM*) to process; (*affaire*) to deal with, handle; (*qualifier*): **~ qn d'idiot** to call sb a fool ♦ *vi* to deal; **~ de** to deal with
traiteur [tʀɛtœʀ] *nm* caterer
traître, esse [tʀɛtʀ(ə), -tʀɛs] *adj* (*dangereux*) treacherous ♦ *nm* traitor
trajectoire [tʀaʒɛktwaʀ] *nf* path
trajet [tʀaʒɛ] *nm* journey; (*itinéraire*) route; (*fig*) path, course
trame [tʀam] *nf* (*de tissu*) weft; (*fig*) framework; texture
tramer [tʀame] *vt* to plot, hatch
tramway [tʀamwɛ] *nm* tram(way); tram(car) (*BRIT*), streetcar (*US*)
tranchant, e [tʀɑ̃ʃɑ̃, -ɑ̃t] *adj* sharp; (*fig*) peremptory ♦ *nm* (*d'un couteau*) cutting edge; (*de la main*) edge
tranche [tʀɑ̃ʃ] *nf* (*morceau*) slice; (*arête*) edge; (*partie*) section; (*série*) block; issue; bracket
tranché, e [tʀɑ̃ʃe] *adj* (*couleurs*) distinct, sharply contrasted; (*opi-*

nions) clear-cut, definite; **tranchée** *nf* trench

trancher [tʀɑ̃ʃe] *vt* to cut, sever; (*fig*: *résoudre*) to settle ♦ *vi* to take a decision; ~ **avec** to contrast sharply with

tranquille [tʀɑ̃kil] *adj* calm, quiet; (*enfant, élève*) quiet; (*rassuré*) easy in one's mind, with one's mind at rest; **se tenir** ~ (*enfant*) to be quiet; **laisse-moi/laisse-ça** ~ leave me/it alone; **tranquillité** *nf* quietness; peace (and quiet)

transat [tʀɑ̃zat] *nm* deckchair

transborder [tʀɑ̃sbɔʀde] *vt* to tran(s)ship

trans: ~**férer** *vt* to transfer; ~**fert** *nm* transfer; ~**figurer** *vt* to transform; ~**formation** *nf* transformation; (*RUGBY*) conversion

transformer [tʀɑ̃sfɔʀme] *vt* to transform, alter; (*matière première, appartement, RUGBY*) to convert; ~ **en** to transform into; to turn into; to convert into

transfusion [tʀɑ̃sfyzjɔ̃] *nf*: ~ **sanguine** blood transfusion

transgresser [tʀɑ̃sgʀese] *vt* to contravene, disobey

transi, e [tʀɑ̃zi] *adj* numb (with cold), chilled to the bone

transiger [tʀɑ̃ziʒe] *vi* to compromise

transit [tʀɑ̃zit] *nm* transit; **transiter** *vi* to pass in transit

transitif, ive [tʀɑ̃zitif, -iv] *adj* transitive

transition [tʀɑ̃zisjɔ̃] *nf* transition; **transitoire** *adj* transitional; transient

translucide [tʀɑ̃slysid] *adj* translucent

transmetteur [tʀɑ̃smetœʀ] *nm* transmitter

transmettre [tʀɑ̃smetʀ(ə)] *vt* (*passer*): ~ **qch à qn** to pass sth on to sb; (*TECH, TÉL, MÉD*) to transmit; (*TV, RADIO*: *re*~) to broadcast

trans: ~**mission** *nf* transmission; ~**paraître** *vi* to show (through); ~**parence** *nf* transparence; **par** ~ (*regarder*) against the light; (*voir*) showing through; ~**parent, e** *adj* transparent; ~**percer** *vt* to go through, pierce; ~**piration** *nf* perspiration; ~**pirer** *vi* to perspire; ~**planter** *vt* (*MÉD, BOT*) to transplant; (*personne*) to uproot; ~**port** *nm* transport; ~**s en commun** public transport *sg*

transporter [tʀɑ̃spɔʀte] *vt* to carry, move; (*COMM*) to transport, convey; **transporteur** *nm* haulage contractor (*BRIT*), trucker (*US*)

transversal, e, aux [tʀɑ̃svɛʀsal, -o] *adj* transverse, cross(-); cross-country; running at right angles

trapèze [tʀapɛz] *nm* (*au cirque*) trapeze

trappe [tʀap] *nf* trap door

trapu, e [tʀapy] *adj* squat, stocky

traquenard [tʀaknaʀ] *nm* trap

traquer [tʀake] *vt* to track down; (*harceler*) to hound

traumatiser [tʀomatize] *vt* to traumatize

travail, aux [tʀavaj, -o] *nm* (*gén*) work; (*tâche, métier*) work *no pl*, job; (*ECON, MÉD*) labour; **être sans** ~ (*employé*) to be out of work *ou* unemployed; *voir aussi* **travaux**; ~ **(au) noir** moonlighting

travailler [tʀavaje] *vi* to work; (*bois*) to warp ♦ *vt* (*bois, métal*) to work; (*objet d'art, discipline, fig*: *influencer*) to work on; **cela le travaille** it is on his mind; ~ **à** to work on; (*fig*: *contribuer à*) to work towards; **travailleur, euse** *adj* hard-working ♦ *nm/f* worker; **travailliste** *adj* ≈ Labour *cpd*

travaux [tʀavo] *nmpl* (*de réparation, agricoles etc*) work *sg*; (*sur route*) roadworks *pl*; (*de construction*) building (work); ~ **des champs** farmwork *sg*; ~ **dirigés** (*SCOL*) supervised practical work *sg*; ~ **forcés** hard labour *sg*; ~ **manuels** (*SCOL*) handicrafts; ~ **ménagers** housework *sg*

travée [tʀave] *nf* row; (*ARCHIT*) bay; span

travers [tRavɛR] *nm* fault, failing; en ~ (de) across; **au** ~ (de) through; **de** ~ askew ♦ *adv* sideways; (*fig*) the wrong way; à ~ through; **regarder de** ~ (*fig*) to look askance at

traverse [tRavɛRs(ə)] *nf* (*de voie ferrée*) sleeper; **chemin de** ~ shortcut

traversée [tRavɛRse] *nf* crossing

traverser [tRavɛRse] *vt* (*gén*) to cross; (*ville, tunnel, aussi: percer, fig*) to go through; (*suj: ligne, trait*) to run across

traversin [tRavɛRsɛ̃] *nm* bolster

travestir [tRavɛstiR] *vt* (*vérité*) to misrepresent; **se** ~ *vi* to dress up; to dress as a woman

trébucher [tRebyʃe] *vi*: ~ (**sur**) to stumble (over), trip (against)

trèfle [tRɛfl(ə)] *nm* (*BOT*) clover; (*CARTES: couleur*) clubs *pl*; (: *carte*) club

treille [tRɛj] *nf* vine arbour; climbing vine

treillis [tReji] *nm* (*métallique*) wire-mesh

treize [tRɛz] *num* thirteen; **treizième** *num* thirteenth

tréma [tRema] *nm* diaeresis

tremblement [tRɑ̃bləmɑ̃] *nm*: ~ **de terre** earthquake

trembler [tRɑ̃ble] *vi* to tremble, shake; ~ **de** (*froid, fièvre*) to shiver *ou* tremble with; (*peur*) to shake *ou* tremble with; ~ **pour qn** to fear for sb

trémousser [tRemuse] : **se** ~ *vi* to jig about, wriggle about

trempe [tRɑ̃p] *nf* (*fig*): **de cette/sa** ~ of this/his calibre

trempé, e [tRɑ̃pe] *adj* soaking (wet), drenched; (*TECH*) tempered

tremper [tRɑ̃pe] *vt* to soak, drench; (*aussi: faire ~, mettre à ~*) to soak; (*plonger*): ~ **qch dans** to dip sth in(to) ♦ *vi* to soak; (*fig*): ~ **dans** to be involved *ou* have a hand in; **se** ~ *vi* to have a quick dip; **trempette** *nf*: **faire trempette** to go paddling

tremplin [tRɑ̃plɛ̃] *nm* springboard; (*SKI*) ski-jump

trentaine [tRɑ̃tɛn] *nf*: **une** ~ (**de**) thirty or so, about thirty; **avoir la** ~ (*âge*) to be around thirty

trente [tRɑ̃t] *num* thirty; **trentième** *num* thirtieth

trépidant, e [tRepidɑ̃, -ɑ̃t] *adj* (*fig: rythme*) pulsating; (: *vie*) hectic

trépied [tRepje] *nm* tripod

trépigner [tRepiɲe] *vi* to stamp (one's feet)

très [tRɛ] *adv* very; much +*pp*, highly +*pp*

trésor [tRezɔR] *nm* treasure; (*ADMIN*) finances *pl*; funds *pl*; **T~ (public)** public revenue

trésorerie [tRezɔRRi] *nf* (*gestion*) accounts *pl*; (*bureaux*) accounts department; **difficultés de** ~ cash problems, shortage of cash *ou* funds

trésorier, ière [tRezɔRje, -jɛR] *nm/f* treasurer

tressaillir [tResajiR] *vi* to shiver, shudder; to quiver

tressauter [tResote] *vi* to start, jump

tresse [tRɛs] *nf* braid, plait

tresser [tRese] *vt* (*cheveux*) to braid, plait; (*fil, jonc*) to plait; (*corbeille*) to weave; (*corde*) to twist

tréteau, x [tReto] *nm* trestle

treuil [tRœj] *nm* winch

trêve [tRɛv] *nf* (*MIL, POL*) truce; (*fig*) respite; ~ **de ...** enough of this ...

tri [tRi] *nm* sorting out *no pl*; selection; (*POSTES*) sorting; sorting office

triangle [tRijɑ̃gl(ə)] *nm* triangle

tribord [tRibɔR] *nm*: **à** ~ to starboard, on the starboard side

tribu [tRiby] *nf* tribe

tribunal, aux [tRibynal, -o] *nm* (*JUR*) court; (*MIL*) tribunal

tribune [tRibyn] *nf* (*estrade*) platform, rostrum; (*débat*) forum; (*d'église, de tribunal*) gallery; (*de stade*) stand

tribut [tRiby] *nm* tribute

tributaire [tRibytɛR] *adj*: **être** ~ **de** to be dependent on

tricher [tRiʃe] *vi* to cheat

tricolore [tʀikɔlɔʀ] *adj* three-coloured; (*français*) red, white and blue
tricot [tʀiko] *nm* (*technique, ouvrage*) knitting *no pl*; (*tissu*) knitted fabric; (*vêtement*) jersey, sweater
tricoter [tʀikɔte] *vt* to knit
trictrac [tʀiktʀak] *nm* backgammon
tricycle [tʀisikl(ə)] *nm* tricycle
triennal, e, aux [tʀiɛnal, -o] *adj* three-yearly; three-year
trier [tʀije] *vt* to sort out; (*POSTES, fruits*) to sort
trimestre [tʀimɛstʀ(ə)] *nm* (*SCOL*) term; (*COMM*) quarter; **trimestriel, le** *adj* quarterly; (*SCOL*) end-of-term
tringle [tʀɛ̃gl(ə)] *nf* rod
trinquer [tʀɛ̃ke] *vi* to clink glasses
triomphe [tʀijɔ̃f] *nm* triumph
triompher [tʀijɔ̃fe] *vi* to triumph, win; ~ **de** to triumph over, overcome
tripes [tʀip] *nfpl* (*CULIN*) tripe *sg*
triple [tʀipl(ə)] *adj* triple; treble ♦ *nm*: **le** ~ **(de)** (*comparaison*) three times as much (as); **en** ~ **exemplaire** in triplicate; **tripler** *vi, vt* to triple, treble
triplés, ées [tʀiple] *nm/fpl* triplets
tripoter [tʀipɔte] *vt* to fiddle with
trique [tʀik] *nf* cudgel
triste [tʀist(ə)] *adj* sad; (*péj*): ~ **personnage/affaire** sorry individual/affair; **tristesse** *nf* sadness
trivial, e, aux [tʀivjal, -o] *adj* coarse, crude; (*commun*) mundane
troc [tʀɔk] *nm* barter
trognon [tʀɔɲɔ̃] *nm* (*de fruit*) core; (*de légume*) stalk
trois [tʀwɑ] *num* three; **troisième** *num* third; **trois-quarts** *nmpl*: **les trois-quarts de** three-quarters of
trombe [tʀɔ̃b] *nf*: **des ~s d'eau** a downpour; **en** ~ like a whirlwind
trombone [tʀɔ̃bɔn] *nm* (*MUS*) trombone; (*de bureau*) paper clip
trompe [tʀɔ̃p] *nf* (*d'éléphant*) trunk; (*MUS*) trumpet, horn
tromper [tʀɔ̃pe] *vt* to deceive; (*vigilance, poursuivants*) to elude; **se** ~ *vi* to make a mistake, be mistaken; **se** ~ **de voiture/jour** to take the wrong car/get the day wrong; **se** ~ **de 3 cm/20 F** to be out by 3 cm/20 F; **~ie** *nf* deception, trickery *no pl*
trompette [tʀɔ̃pɛt] *nf* trumpet; **en** ~ (*nez*) turned-up
tronc [tʀɔ̃] *nm* (*BOT, ANAT*) trunk; (*d'église*) collection box
tronçon [tʀɔ̃sɔ̃] *nm* section
tronçonner [tʀɔ̃sɔne] *vt* to saw up
trône [tʀon] *nm* throne
trop [tʀo] *adv* (*+vb*) too much; (*+adjectif, adverbe*) too; ~ **(nombreux)** too many; ~ **peu (nombreux)** too few; ~ **(souvent)** too often; ~ **(longtemps)** (for) too long; ~ **de** (*nombre*) too many; (*quantité*) too much; **de** ~, **en** ~: **des livres en** ~ a few books too many; **du lait en** ~ too much milk; **3 livres/3 F de** ~ 3 books too many/3 F too much
tropical, e, aux [tʀɔpikal, -o] *adj* tropical
tropique [tʀɔpik] *nm* tropic
trop-plein [tʀoplɛ̃] *nm* (*tuyau*) overflow *ou* outlet (pipe); (*liquide*) overflow
troquer [tʀɔke] *vt*: ~ **qch contre** to barter *ou* trade sth for; (*fig*) to swap sth for
trot [tʀo] *nm* trot; **~ter** [tʀɔte] *vi* to trot; (*fig*) to scamper along (*ou* about)
trottiner [tʀɔtine] *vi* (*fig*) to scamper along (*ou* about); **trottinette** [tʀɔtinɛt] *nf* (child's) scooter
trottoir [tʀɔtwaʀ] *nm* pavement; **faire le** ~ (*péj*) to walk the streets; ~ **roulant** moving walkway, travellator
trou [tʀu] *nm* hole; (*fig*) gap; (*COMM*) deficit; ~ **d'air** air pocket; ~ **d'ozone** ozone hole; **le** ~ **de la serrure** the keyhole; ~ **de mémoire** blank, lapse of memory
trouble [tʀubl(ə)] *adj* (*liquide*) cloudy; (*image, mémoire*) indistinct, hazy; (*affaire*) shady, murky ♦ *nm* (*désarroi*) agitation; (*embarras*) confusion; (*zizanie*) unrest, discord; ~s

nmpl (*POL*) disturbances, troubles, unrest *sg*; (*MÉD*) trouble *sg*, disorders
troubler [tʀuble] *vt* (*embarrasser*) to confuse, disconcert; (*émouvoir*) to agitate; to disturb; (*perturber*: *ordre etc*) to disrupt; (*liquide*) to make cloudy; **se ~** *vi* (*personne*) to become flustered *ou* confused
trouée [tʀue] *nf* gap; (*MIL*) breach
trouer [tʀue] *vt* to make a hole (*ou* holes) in; (*fig*) to pierce
trouille [tʀuj] (*fam*) *nf*: **avoir la ~** to be scared to death
troupe [tʀup] *nf* troop; **~ (de théâtre)** (theatrical) company
troupeau, x [tʀupo] *nm* (*de moutons*) flock; (*de vaches*) herd
trousse [tʀus] *nf* case, kit; (*d'écolier*) pencil case; (*de docteur*) instrument case; **aux ~s de** (*fig*) on the heels *ou* tail of; **~ à outils** toolkit; **~ de toilette** toilet bag
trousseau, x [tʀuso] *nm* (*de mariée*) trousseau; **~ de clefs** bunch of keys
trouvaille [tʀuvaj] *nf* find
trouver [tʀuve] *vt* to find; (*rendre visite*): **aller/venir ~ qn** to go/come and see sb; **se ~** *vi* (*être*) to be; (*être soudain*) to find o.s.; **il se trouve que** it happens that, it turns out that; **se ~ bien** to feel well; **se ~ mal** to pass out; **je trouve que** I find *ou* think that; **~ à boire/critiquer** to find something to drink/criticize
truand [tʀyɑ̃] *nm* villain, crook
truander [tʀyɑ̃de] *vt* to cheat
truc [tʀyk] *nm* (*astuce*) way, device; (*de cinéma, prestidigitateur*) trick effect; (*chose*) thing, thingumajig; **avoir le ~** to have the knack
truchement [tʀyʃmɑ̃] *nm*: **par le ~ de qn** through (the intervention of) sb
truelle [tʀyɛl] *nf* trowel
truffe [tʀyf] *nf* truffle; (*nez*) nose
truffé, e [tʀyfe] *adj*: **~ de** (*fig*) peppered with; bristling with
truie [tʀɥi] *nf* sow
truite [tʀɥit] *nf* trout *inv*
truquer [tʀyke] *vt* (*élections, serrure, dés*) to fix; (*CINÉMA*) to use special effects in
T.S.V.P. *sigle* (= *tournez s.v.p.*) P.T.O.
T.T.C. *sigle* = **toutes taxes comprises**
tu[1] [ty] *pron* you
tu[2], **e** [ty] *pp de* **taire**
tuba [tyba] *nm* (*MUS*) tuba; (*SPORT*) snorkel
tube [tyb] *nm* tube; pipe; (*chanson, disque*) hit song *ou* record
tuer [tɥe] *vt* to kill; **se ~** *vi* to be killed; (*suicide*) to kill o.s.; **tuerie** *nf* slaughter *no pl*
tue-tête [tytɛt] : **à ~** *adv* at the top of one's voice
tueur [tɥœʀ] *nm* killer; **~ à gages** hired killer
tuile [tɥil] *nf* tile; (*fam*) spot of bad luck, blow
tulipe [tylip] *nf* tulip
tuméfié, e [tymefje] *adj* puffy, swollen
tumeur [tymœʀ] *nf* growth, tumour
tumulte [tymylt(ə)] *nm* commotion
tumultueux, euse [tymyltɥø, -øz] *adj* stormy, turbulent
tunique [tynik] *nf* tunic
Tunisie [tynizi] *nf*: **la ~** Tunisia; **tunisien, ne** *adj, nm/f* Tunisian
tunnel [tynɛl] *nm* tunnel
turbulences [tyʀbylɑ̃s] *nfpl* (*AVIAT*) turbulence *sg*
turbulent, e [tyʀbylɑ̃, -ɑ̃t] *adj* boisterous, unruly
turc, turque [tyʀk(ə)] *adj* Turkish ♦ *nm/f*: **T~, Turque** Turk/Turkish woman ♦ *nm* (*LING*) Turkish
turf [tyʀf] *nm* racing; **turfiste** *nm/f* racegoer
Turquie [tyʀki] *nf*: **la ~** Turkey
turquoise [tyʀkwaz] *nf* turquoise ♦ *adj inv* turquoise
tus *etc vb voir* **taire**
tutelle [tytɛl] *nf* (*JUR*) guardianship; (*POL*) trusteeship; **sous la ~ de**

(*fig*) under the supervision of
tuteur [tytœʀ] *nm* (*JUR*) guardian; (*de plante*) stake, support
tutoyer [tytwaje] *vt*: ~ **qn** to address sb as "tu"
tuyau, x [tɥijo] *nm* pipe; (*flexible*) tube; (*fam*) tip; gen *no pl*; ~ **d'arrosage** hosepipe; ~ **d'échappement** exhaust pipe; ~**terie** *nf* piping *no pl*
T.V.A. *sigle f* (= *taxe à la valeur ajoutée*) VAT
tympan [tɛ̃pɑ̃] *nm* (*ANAT*) eardrum
type [tip] *nm* type; (*fam*) chap, guy ♦ *adj* typical, standard
typé, e [tipe] *adj* ethnic
typhoïde [tifɔid] *nf* typhoid
typique [tipik] *adj* typical
tyran [tiʀɑ̃] *nm* tyrant
tzigane [dzigan] *adj* gipsy, tzigane

U

ulcère [ylsɛʀ] *nm* ulcer; **ulcérer** [ylseʀe] *vt* (*fig*) to sicken, appal
ultérieur, e [ylteʀjœʀ] *adj* later, subsequent; **remis à une date** ~**e** postponed to a later date
ultime [yltim] *adj* final
ultra... [yltʀa] *préfixe*: **ultramoderne/-rapide** ultra-modern/-fast

MOT-CLÉ

un, une [œ̃, yn] *art indéf* a ♦ *art indef;* (*devant voyelle*) an; ~ **garçon /vieillard** a boy/an old man; **une fille** a girl
♦ *pron* one; **l'**~ **des meilleurs** one of the best; **l'**~ **..., l'autre** (the) one ..., the other; **les** ~**s ..., les autres** some ..., others; **l'**~ **et l'autre** both (of them); **l'**~ **ou l'autre** either (of them); **l'**~ **l'autre, les** ~**s les autres** each other, one another; **pas** ~ **seul** not a single one; ~ **par** ~ one by one
♦ *num* one; **une pomme seulement** one apple only

unanime [ynanim] *adj* unanimous; **unanimité** *nf*: **à l'unanimité** unanimously
uni, e [yni] *adj* (*ton, tissu*) plain; (*surface*) smooth, even; (*famille*) close(-knit); (*pays*) united
unifier [ynifje] *vt* to unite, unify
uniforme [ynifɔʀm(ə)] *adj* (*mouvement*) regular, uniform; (*surface, ton*) even; (*objets, maisons*) uniform ♦ *nm* uniform; **uniformiser** *vt* to make uniform; (*systèmes*) to standardize
union [ynjɔ̃] *nf* union; ~ **de consommateurs** consumers' association; **l'U**~ **soviétique** the Soviet Union
unique [ynik] *adj* (*seul*) only; (*le même*): **un prix/système** ~ a single price/system; (*exceptionnel*) unique; **fils/fille** ~ only son/daughter, only child; **uniquement** *adv* only, solely; (*juste*) only, merely
unir [yniʀ] *vt* (*nations*) to unite; (*éléments, couleurs*) to combine; (*en mariage*) to unite, join together; **s'**~ to unite; (*en mariage*) to be joined together; ~ **qch à** to unite sth with; to combine sth with
unité [ynite] *nf* (*harmonie, cohésion*) unity; (*COMM, MIL, de mesure, MATH*) unit
univers [ynivɛʀ] *nm* universe
universel, le [ynivɛʀsɛl] *adj* universal; (*esprit*) all-embracing
universitaire [ynivɛʀsitɛʀ] *adj* university *cpd*; (*diplôme, études*) academic, university *cpd* ♦ *nm/f* academic
université [ynivɛʀsite] *nf* university
urbain, e [yʀbɛ̃, -ɛn] *adj* urban, city *cpd*, town *cpd*; (*poli*) urbane; **urbanisme** *nm* town planning
urgence [yʀʒɑ̃s] *nf* urgency; (*MÉD etc*) emergency; **d'**~ emergency *cpd* ♦ *adv* as a matter of urgency
urgent, e [yʀʒɑ̃, -ɑ̃t] *adj* urgent
urine [yʀin] *nf* urine; **urinoir** *nm* (public) urinal
urne [yʀn(ə)] *nf* (*électorale*) ballot box; (*vase*) urn
urticaire [yʀtikɛʀ] *nf* nettle rash
us [ys] *nmpl*: ~ **et coutumes** (habits

and) customs
USA *sigle mpl*: **les ~** the USA
usage [yzaʒ] *nm* (*emploi, utilisation*) use; (*coutume*) custom; (*LING*): **l'~** usage; **à l'~ de** (*pour*) for (use of); **en ~** in use; **hors d'~** out of service; wrecked; **à ~ interne** to be taken; **à ~ externe** for external use only; **usagé, e** [yzaʒe] *adj* (*usé*) worn; (*d'occasion*) used; **usager, ère** [yzaʒe, -ɛʀ] *nm/f* user
usé, e [yze] *adj* worn; (*banal*) hackneyed
user [yze] *vt* (*outil*) to wear down; (*vêtement*) to wear out; (*matière*) to wear away; (*consommer*: *charbon etc*) to use; **s'~** *vi* to wear; to wear out; (*fig*) to decline; **~ de** (*moyen, procédé*) to use, employ; (*droit*) to exercise
usine [yzin] *nf* factory; **~ marémotrice** tidal power station
usité, e [yzite] *adj* common
ustensile [ystɑ̃sil] *nm* implement; **~ de cuisine** kitchen utensil
usuel, le [yzɥɛl] *adj* everyday, common
usure [yzyʀ] *nf* wear; worn state
ut [yt] *nm* (*MUS*) C
utérus [yteʀys] *nm* uterus, womb
utile [ytil] *adj* useful
utilisation [ytilizɑsjɔ̃] *nf* use
utiliser [ytilize] *vt* to use
utilitaire [ytilitɛʀ] *adj* utilitarian; (*objets*) practical
utilité [ytilite] *nf* usefulness *no pl*; use; **reconnu d'~ publique** state-approved

V

va *vb voir* **aller**
vacance [vakɑ̃s] *nf* (*ADMIN*) vacancy; **~s** *nfpl* holiday(s *pl*), vacation *sg*; **prendre des/ses ~s** to take a holiday/one's holiday(s); **aller en ~s** to go on holiday; **vacancier, ière** *nm/f* holiday-maker
vacant, e [vakɑ̃, -ɑ̃t] *adj* vacant
vacarme [vakaʀm(ə)] *nm* row, din
vaccin [vaksɛ̃] *nm* vaccine; (*opération*) vaccination; **vaccination** *nf* vaccination; **vacciner** *vt* to vaccinate; (*fig*) to make immune
vache [vaʃ] *nf* (*ZOOL*) cow; (*cuir*) cowhide ♦ *adj* (*fam*) rotten, mean; **~ment** (*fam*) *adv* damned, hellish
vaciller [vasije] *vi* to sway, wobble; (*bougie, lumière*) to flicker; (*fig*) to be failing, falter
va-et-vient [vaevjɛ̃] *nm inv* (*de personnes, véhicules*) comings and goings *pl*, to-ings and fro-ings *pl*
vagabond [vagabɔ̃] *nm* (*rôdeur*) tramp, vagrant; (*voyageur*) wanderer; **~er** [vagabɔ̃de] *vi* to roam, wander
vagin [vaʒɛ̃] *nm* vagina
vague [vag] *nf* wave ♦ *adj* vague; (*regard*) faraway; (*manteau, robe*) loose(-fitting); (*quelconque*): **un ~ bureau/cousin** some office/cousin or other; **~ de fond** ground swell
vaillant, e [vajɑ̃, -ɑ̃t] *adj* (*courageux*) gallant; (*robuste*) hale and hearty
vaille *vb voir* **valoir**
vain, e [vɛ̃, vɛn] *adj* vain; **en ~** in vain
vaincre [vɛ̃kʀ(ə)] *vt* to defeat; (*fig*) to conquer, overcome; **vaincu, e** *nm/f* defeated party; **vainqueur** *nm* victor; (*SPORT*) winner
vais *vb voir* **aller**
vaisseau, x [vɛso] *nm* (*ANAT*) vessel; (*NAVIG*) ship, vessel; **~ spatial** spaceship
vaisselier [vɛsəlje] *nm* dresser
vaisselle [vɛsɛl] *nf* (*service*) crockery; (*plats etc à laver*) (dirty) dishes *pl*; (*lavage*) washing-up (*BRIT*), dishes *pl*
val [val] (*pl* **vaux** *ou* **~s**) *nm* valley
valable [valabl(ə)] *adj* valid; (*acceptable*) decent, worthwhile
valent *etc vb voir* **valoir**
valet [valɛ] *nm* valet; (*CARTES*) jack
valeur [valœʀ] *nf* (*gén*) value; (*mé-*

rite) worth, merit; (*COMM*: *titre*) security; **mettre en** ~ (*terrain, région*) to develop; (*fig*) to highlight; to show off to advantage; **avoir de la** ~ to be valuable; **sans** ~ worthless; **prendre de la** ~ to go up *ou* gain in value
valide [valid] *adj* (*en bonne santé*) fit; (*valable*) valid; **valider** *vt* to validate
valions *vb voir* **valoir**
valise [valiz] *nf* (suit)case
vallée [vale] *nf* valley
vallon [valɔ̃] *nm* small valley
valoir [valwaʀ] *vi* (*être valable*) to hold, apply ♦ *vt* (*prix, valeur, effort*) to be worth; (*causer*): ~ **qch à qn** to earn sb sth; **se** ~ *vi* to be of equal merit; (*péj*) to be two of a kind; **faire** ~ (*droits, prérogatives*) to assert; **faire** ~ **que** to point out that; **à** ~ **sur** to be deducted from; **vaille que vaille** somehow or other; **cela ne me dit rien qui vaille** I don't like the look of it at all; **ce climat ne me vaut rien** this climate doesn't suit me; ~ **la peine** to be worth the trouble *ou* worth it; ~ **mieux**: **il vaut mieux se taire** it's better to say nothing; **ça ne vaut rien** it's worthless; **que vaut ce candidat?** how good is this applicant?
valoriser [valɔʀize] *vt* (*ÉCON*) to develop (the economy of); (*PSYCH*) to increase the standing of
valse [vals(ə)] *nf* waltz
valu, e [valy] *pp de* **valoir**
vandalisme [vɑ̃dalism(ə)] *nm* vandalism
vanille [vanij] *nf* vanilla
vanité [vanite] *nf* vanity; **vaniteux, euse** *adj* vain, conceited
vanne [van] *nf* gate; (*fig*) joke
vannerie [vanʀi] *nf* basketwork
vantard, e [vɑ̃taʀ, -aʀd(ə)] *adj* boastful
vanter [vɑ̃te] *vt* to speak highly of, vaunt; **se** ~ *vi* to boast, brag; **se** ~ **de** to pride o.s. on; (*péj*) to boast of
vapeur [vapœʀ] *nf* steam; (*émanation*) vapour, fumes *pl*; ~**s** *nfpl* (*bouffées*) vapours; **à** ~ steam-powered, steam *cpd*; **cuit à la** ~ steamed
vaporeux, euse [vapɔʀø, -øz] *adj* (*flou*) hazy, misty; (*léger*) filmy
vaporisateur [vapɔʀizatœʀ] *nm* spray; **vaporiser** [vapɔʀize] *vt* (*parfum etc*) to spray
varappe [vaʀap] *nf* rock climbing
vareuse [vaʀøz] *nf* (*blouson*) pea jacket; (*d'uniforme*) tunic
variable [vaʀjabl(ə)] *adj* variable; (*temps, humeur*) changeable; (*divers*: *résultats*) varied, various
varice [vaʀis] *nf* varicose vein
varicelle [vaʀisɛl] *nf* chickenpox
varié, e [vaʀje] *adj* varied; (*divers*) various
varier [vaʀje] *vi* to vary; (*temps, humeur*) to change ♦ *vt* to vary
variété [vaʀjete] *nf* variety; ~**s** *nfpl*: **spectacle/émission de** ~**s** variety show
variole [vaʀjɔl] *nf* smallpox
vas *vb voir* **aller**
vase [vɑz] *nm* vase ♦ *nf* silt, mud
vaseux, euse [vɑzø, -øz] *adj* silty, muddy; (*fig*: *confus*) woolly, hazy; (: *fatigué*) peaky; woozy
vasistas [vazistɑs] *nm* fanlight
vaste [vast(ə)] *adj* vast, immense
vaudrai *etc vb voir* **valoir**
vaurien, ne [voʀjɛ̃, -ɛn] *nm/f* good-for-nothing, guttersnipe
vaut *vb voir* **valoir**
vautour [votuʀ] *nm* vulture
vautrer [votʀe]: **se** ~ *vi* to wallow in/sprawl on
vaux [vo] *nmpl de* **val** ♦ *vb voir* **valoir**
va-vite [vavit]: **à la** ~ *adv* in a rush *ou* hurry
veau, x [vo] *nm* (*ZOOL*) calf; (*CULIN*) veal; (*peau*) calfskin
vécu, e [veky] *pp de* **vivre**
vedette [vədɛt] *nf* (*artiste etc*) star; (*canot*) patrol boat; launch
végétal, e, aux [veʒetal, -o] *adj* vegetable ♦ *nm* vegetable, plant

végétarien, ne [veʒetaʀjɛ̃, -ɛn] *adj, nm/f* vegetarian
végétation [veʒetasjɔ̃] *nf* vegetation; ~s *nfpl* (*MED*) adenoids
véhicule [veikyl] *nm* vehicle; ~ **utilitaire** commercial vehicle
veille [vɛj] *nf* (*garde*) watch; (*PSYCH*) wakefulness; (*jour*): **la** ~ (**de**) the day before; **la** ~ **au soir** the previous evening; **à la** ~ **de** on the eve of
veillée [veje] *nf* (*soirée*) evening; (*réunion*) evening gathering; ~ (**mortuaire**) watch
veiller [veje] *vi* to stay up; to be awake; to be on watch ♦ *vt* (*malade, mort*) to watch over, sit up with; ~ **à** to attend to, see to; ~ **à ce que** to make sure that; ~ **sur** to keep a watch on; **veilleur de nuit** *nm* night watchman
veilleuse [vɛjøz] *nf* (*lampe*) night light; (*AUTO*) sidelight; (*flamme*) pilot light; **en** ~ (*lampe*) dimmed
veine [vɛn] *nf* (*ANAT, du bois etc*) vein; (*filon*) vein, seam; (*fam: chance*): **avoir de la** ~ to be lucky
véliplanchiste [veliplɑ̃ʃist(ə)] *nm/f* windsurfer
velléités [veleite] *nfpl* vague impulses
vélo [velo] *nm* bike, cycle; **faire du** ~ to go cycling; ~ **tout-terrain** mountain bike
vélomoteur [velɔmɔtœʀ] *nm* moped
velours [vəluʀ] *nm* velvet; ~ **côtelé** corduroy
velouté, e [vəlute] *adj* (*au toucher*) velvety; (*à la vue*) soft, mellow; (*au goût*) smooth, mellow
velu, e [vəly] *adj* hairy
venais *etc vb voir* **venir**
venaison [vənɛzɔ̃] *nf* venison
vendange [vɑ̃dɑ̃ʒ] *nf* (*opération, période: aussi:* ~*s*) grape harvest; (*raisins*) grape crop, grapes *pl*; ~**r** [vɑ̃dɑ̃ʒe] *vi* to harvest the grapes
vendeur, euse [vɑ̃dœʀ, -øz] *nm/f* (*de magasin*) shop assistant; (*COMM*) salesman(woman) ♦ *nm* (*JUR*) vendor, seller; ~ **de journaux** newspaper seller
vendre [vɑ̃dʀ(ə)] *vt* to sell; ~ **qch à qn** to sell sb sth; **"à ~"** "for sale"
vendredi [vɑ̃dʀədi] *nm* Friday; **V~ saint** Good Friday
vendu, e [vɑ̃dy] *adj* (*péj: corrompu*) corrupt
vénéneux, euse [venenø, -øz] *adj* poisonous
vénérien, ne [veneʀjɛ̃, -ɛn] *adj* venereal
vengeance [vɑ̃ʒɑ̃s] *nf* vengeance *no pl*, revenge *no pl*
venger [vɑ̃ʒe] *vt* to avenge; **se** ~ *vi* to avenge o.s.; **se** ~ **de qch** to avenge o.s. for sth; to take one's revenge for sth; **se** ~ **de qn** to take revenge on sb; **se** ~ **sur** to take revenge on; to take it out on
venimeux, euse [vənimø, -øz] *adj* poisonous, venomous; (*fig: haineux*) venomous, vicious
venin [vənɛ̃] *nm* venom, poison
venir [vəniʀ] *vi* to come; ~ **de** to come from; ~ **de faire**: **je viens d'y aller/de le voir** I've just been there/seen him; **s'il vient à pleuvoir** if it should rain; **j'en viens à croire que** I have come to believe that; **faire** ~ (*docteur, plombier*) to call (out)
vent [vɑ̃] *nm* wind; **il y a du** ~ it's windy; **c'est du** ~ it's all hot air; **au** ~ to windward; **sous le** ~ to leeward; **avoir le** ~ **debout/arrière** to head into the wind/have the wind astern; **dans le** ~ (*fam*) trendy
vente [vɑ̃t] *nf* sale; **la** ~ (*activité*) selling; (*secteur*) sales *pl*; **mettre en** ~ to put on sale; (*objets personnels*) to put up for sale; ~ **aux enchères** auction sale; ~ **de charité** jumble sale
venteux, euse [vɑ̃tø, -øz] *adj* windy
ventilateur [vɑ̃tilatœʀ] *nm* fan
ventiler [vɑ̃tile] *vt* to ventilate; (*total, statistiques*) to break down
ventouse [vɑ̃tuz] *nf* (*de caoutchouc*)

suction pad; (*ZOOL*) sucker
ventre [vɑ̃tʀ(ə)] *nm* (*ANAT*) stomach; (*fig*) belly; **avoir mal au ~** to have stomach ache (*BRIT*) *ou* a stomach ache (*US*)
ventriloque [vɑ̃tʀilɔk] *nm/f* ventriloquist
venu, e [vəny] *pp de* **venir** ♦ *adj*: **être mal ~ à** *ou* **de faire** to have no grounds for doing, be in no position to do coming
ver [vɛʀ] *nm* worm; (*des fruits etc*) maggot; (*du bois*) woodworm *no pl*; *voir aussi* **vers**; **~ à soie** silkworm; **~ de terre** earthworm; **~ luisant** glow-worm; **~ solitaire** tapeworm
verbaliser [vɛʀbalize] *vi* (*POLICE*) to book *ou* report an offender
verbe [vɛʀb(ə)] *nm* verb
verdeur [vɛʀdœʀ] *nf* (*vigueur*) vigour, vitality; (*crudité*) forthrightness
verdict [vɛʀdik(t)] *nm* verdict
verdir [vɛʀdiʀ] *vi, vt* to turn green
verdure [vɛʀdyʀ] *nf* greenery
véreux, euse [veʀø, -øz] *adj* worm-eaten; (*malhonnête*) shady, corrupt
verge [vɛʀʒ(ə)] *nf* (*ANAT*) penis; (*baguette*) stick, cane
verger [vɛʀʒe] *nm* orchard
verglacé, e [vɛʀglase] *adj* icy, iced-over
verglas [vɛʀgla] *nm* (black) ice
vergogne [vɛʀgɔɲ]: **sans ~** *adv* shamelessly
véridique [veʀidik] *adj* truthful
vérification [veʀifikɑsjɔ̃] *nf* checking *no pl*, check
vérifier [veʀifje] *vt* to check; (*corroborer*) to confirm, bear out
véritable [veʀitabl(ə)] *adj* real; (*ami, amour*) true
vérité [veʀite] *nf* truth; (*d'un portrait romanesque*) lifelikeness; (*sincérité*) truthfulness, sincerity
vermeil, le [vɛʀmɛj] *adj* ruby red
vermine [vɛʀmin] *nf* vermin *pl*
vermoulu, e [vɛʀmuly] *adj* worm-eaten, with woodworm
verni, e [vɛʀni] *adj* (*fam*) lucky; **cuir ~** patent leather
vernir [vɛʀniʀ] *vt* (*bois, tableau, ongles*) to varnish; (*poterie*) to glaze
vernis [vɛʀni] *nm* (*enduit*) varnish; glaze; (*fig*) veneer; **~ à ongles** nail polish *ou* varnish; **~sage** [vɛʀnisaʒ] *nm* varnishing; glazing; (*d'une exposition*) preview
vérole [veʀɔl] *nf* (*variole*) smallpox
verrai *etc vb voir* **voir**
verre [vɛʀ] *nm* glass; (*de lunettes*) lens *sg*; **boire** *ou* **prendre un ~** to have a drink; **~s de contact** contact lenses; **verrerie** [vɛʀʀi] *nf* (*fabrique*) glassworks *sg*; (*activité*) glass-making; (*objets*) glassware; **verrière** [vɛʀjɛʀ] *nf* (*grand vitrage*) window; (*toit vitré*) glass roof
verrons *etc vb voir* **voir**
verrou [vɛʀu] *nm* (*targette*) bolt; (*fig*) constriction; **mettre qn sous les ~s** to put sb behind bars; **verrouillage** *nm* locking; **verrouiller** *vt* to bolt; to lock
verrue [vɛʀy] *nf* wart
vers [vɛʀ] *nm* line ♦ *nmpl* (*poésie*) verse *sg* ♦ *prép* (*en direction de*) toward(s); (*près de*) around (about); (*temporel*) about, around
versant [vɛʀsɑ̃] *nm* slopes *pl*, side
versatile [vɛʀsatil] *adj* fickle, changeable
verse [vɛʀs(ə)]: **à ~** *adv* it's pouring (with rain)
Verseau [vɛʀso] *nm*: **le ~** Aquarius
versement [vɛʀsəmɑ̃] *nm* payment; **en 3 ~s** in 3 instalments
verser [vɛʀse] *vt* (*liquide, grains*) to pour; (*larmes, sang*) to shed; (*argent*) to pay ♦ *vi* (*véhicule*) to overturn; (*fig*): **~ dans** to lapse into
verset [vɛʀsɛ] *nm* verse
version [vɛʀsjɔ̃] *nf* version; (*SCOL*) translation (*into the mother tongue*)
verso [vɛʀso] *nm* back; **voir au ~** see over (leaf)
vert, e [vɛʀ, vɛʀt(ə)] *adj* green; (*vin*) young; (*vigoureux*) sprightly; (*cru*) forthright ♦ *nm* green
vertèbre [vɛʀtɛbʀ(ə)] *nf* vertebra
vertement [vɛʀtəmɑ̃] *adv* (*répri-*

mander) sharply

vertical, e, aux [vɛʀtikal, -o] *adj* vertical; **~e** *nf* vertical; **à la ~e** vertically; **~ement** *adv* vertically

vertige [vɛʀtiʒ] *nm* (*peur du vide*) vertigo; (*étourdissement*) dizzy spell; (*fig*) fever; **vertigineux, euse** *adj* breathtaking

vertu [vɛʀty] *nf* virtue; **en ~ de** in accordance with; **vertueux, euse** *adj* virtuous

verve [vɛʀv(ə)] *nf* witty eloquence; **être en ~** to be in brilliant form

verveine [vɛʀvɛn] *nf* (*BOT*) verbena, vervain; (*infusion*) verbena tea

vésicule [vezikyl] *nf* vesicle; **~ biliaire** gall-bladder

vessie [vesi] *nf* bladder

veste [vɛst(ə)] *nf* jacket; **~ droite/croisée** single-/double-breasted jacket

vestiaire [vɛstjɛʀ] *nm* (*au théâtre etc*) cloakroom; (*de stade etc*) changing-room (*BRIT*), locker-room (*US*)

vestibule [vɛstibyl] *nm* hall

vestige [vɛstiʒ] *nm* relic; (*fig*) vestige; **~s** *nmpl* remains

vestimentaire [vɛstimɑ̃tɛʀ] *adj* (*détail*) of dress; (*élégance*) sartorial; **dépenses ~s** spending on clothes

veston [vɛstɔ̃] *nm* jacket

vêtement [vɛtmɑ̃] *nm* garment, item of clothing; **~s** *nmpl* clothes

vétérinaire [veteʀinɛʀ] *nm/f* vet, veterinary surgeon

vêtir [vetiʀ] *vt* to clothe, dress

veto [veto] *nm* veto; **opposer un ~ à** to veto

vêtu, e [vety] *pp de* **vêtir**

vétuste [vetyst(ə)] *adj* ancient, timeworn

veuf, veuve [vœf, vœv] *adj* widowed ♦ *nm* widower

veuille *vb voir* **vouloir**

veuillez *vb voir* **vouloir**

veule [vøl] *adj* spineless

veuve [vœv] *nf* widow

veux *vb voir* **vouloir**

vexations [vɛksɑsjɔ̃] *nfpl* humiliations

vexer [vɛkse] *vt* to hurt, upset; **se ~** *vi* to be hurt, get upset

viabiliser [vjabilize] *vt* to provide with services (*water etc*)

viable [vjabl(ə)] *adj* viable; (*économie, industrie etc*) sustainable

viager, ère [vjaʒe, -ɛʀ] *adj*: **rente viagère** life annuity

viande [vjɑ̃d] *nf* meat

vibrer [vibʀe] *vi* to vibrate; (*son, voix*) to be vibrant; (*fig*) to be stirred; **faire ~** to (cause to) vibrate; to stir, thrill

vice [vis] *nm* vice; (*défaut*) fault ♦ *préfixe*: **~ ...** vice-; **~ de forme** legal flaw *ou* irregularity

vichy [viʃi] *nm* (*toile*) gingham

vicié, e [visje] *adj* (*air*) polluted, tainted; (*JUR*) invalidated

vicieux, euse [visjø, -øz] *adj* (*pervers*) dirty(-minded); nasty; (*fautif*) incorrect, wrong

vicinal, e, aux [visinal, -o] *adj*: **chemin ~** by-road, byway

victime [viktim] *nf* victim; (*d'accident*) casualty

victoire [viktwaʀ] *nf* victory

victuailles [viktɥɑj] *nfpl* provisions

vidange [vidɑ̃ʒ] *nf* (*d'un fossé, réservoir*) emptying; (*AUTO*) oil change; (*de lavabo*: *bonde*) waste outlet; **~s** *nfpl* (*matières*) sewage *sg*; **vidanger** *vt* to empty

vide [vid] *adj* empty ♦ *nm* (*PHYSIQUE*) vacuum; (*espace*) (empty) space, gap; (*futilité, néant*) void; **avoir peur du ~** to be afraid of heights; **emballé sous ~** vacuum packed; **à ~** (*sans occupants*) empty; (*sans charge*) unladen

vidéo [video] *nf* video ♦ *adj*: **cassette ~** video cassette

vide-ordures [vidɔʀdyʀ] *nm inv* (rubbish) chute

vide-poches [vidpɔʃ] *nm inv* tidy; (*AUTO*) glove compartment

vider [vide] *vt* to empty; (*CULIN*: *volaille, poisson*) to gut, clean out; **se ~** *vi* to empty; **~ les lieux** to quit

ou vacate the premises; **videur** *nm* (*de boîte de nuit*) bouncer
vie [vi] *nf* life; **être en ~** to be alive; sans ~ lifeless; **à ~** for life
vieil [vjɛj] *adj m voir* **vieux**
vieillard [vjɛjaʀ] *nm* old man; **les ~s** old people, the elderly
vieille [vjɛj] *adj, nf voir* **vieux**
vieilleries [vjɛjʀi] *nfpl* old things
vieillesse [vjɛjɛs] *nf* old age
vieillir [vjejiʀ] *vi* (*prendre de l'âge*) to grow old; (*population, vin*) to age; (*doctrine, auteur*) to become dated ♦ *vt* to age; **vieillissement** *nm* growing old; ageing
Vienne [vjɛn] *nf* Vienna
viens *vb voir* **venir**
vierge [vjɛʀʒ(ə)] *adj* virgin; (*page*) clean, blank ♦ *nf* virgin; (*signe*): **la V~** Virgo; **~ de** (*sans*) free from, unsullied by
Vietnam [vjɛtnam] *nm* = **Viêt-nam**
Viêt-nam [vjɛtnam] *nm* Vietnam
vietnamien, ne [vjɛtnamjɛ̃, -jɛn] *adj, nm/f* Vietnamese
vieux(vieil), vieille [vjø, vjɛj] *adj* old ♦ *nm/f* old man(woman) ♦ *nmpl* old people; **mon vieux/ma vieille** (*fam*) old man/girl; **prendre un coup de vieux** to put years on; **vieux garçon** bachelor; **vieux jeu** *adj inv* old-fashioned
vif, vive [vif, viv] *adj* (*animé*) lively; (*alerte, brusque, aigu*) sharp; (*lumière, couleur*) brilliant; (*air*) crisp; (*vent, émotion*) keen; (*fort: regret, déception*) great, deep; (*vivant*): **brûlé ~** burnt alive; **de vive voix** personally; **piquer qn au ~** to cut sb to the quick; **à ~** (*plaie*) open; **avoir les nerfs à ~** to be on edge
vigie [viʒi] *nf* look-out; look-out post
vigne [viɲ] *nf* (*plante*) vine; (*plantation*) vineyard
vigneron [viɲʀɔ̃] *nm* wine grower
vignette [viɲɛt] *nf* (*motif*) vignette; (*de marque*) manufacturer's label *ou* seal; (*ADMIN*) ≈ (road) tax disc (*BRIT*), ≈ license plate sticker (*US*); price label (*used for reimbursement*)
vignoble [viɲɔbl(ə)] *nm* (*plantation*) vineyard; (*vignes d'une région*) vineyards *pl*
vigoureux, euse [viguʀø, -øz] *adj* vigorous, robust
vigueur [vigœʀ] *nf* vigour; **entrer en ~** to come into force; **en ~** current
vil, e [vil] *adj* vile, base; **à ~ prix** at a very low price
vilain, e [vilɛ̃, -ɛn] *adj* (*laid*) ugly; (*affaire, blessure*) nasty; (*pas sage: enfant*) naughty
villa [vila] *nf* (detached) house; **~ en multipropriété** time-share villa
village [vilaʒ] *nm* village; **villageois, e** *adj* village *cpd* ♦ *nm/f* villager
ville [vil] *nf* town; (*importante*) city; (*administration*): **la ~** ≈ the Corporation; ≈ the (town) council
villégiature [vileʒiatyʀ] *nf* holiday; (holiday) resort
vin [vɛ̃] *nm* wine; **avoir le ~ gai** to get happy after a few drinks; **~ d'honneur** reception (*with wine and snacks*); **~ de pays** local wine; **~ ordinaire** table wine
vinaigre [vinɛgʀ(ə)] *nm* vinegar; **vinaigrette** *nf* vinaigrette, French dressing
vindicatif, ive [vɛ̃dikatif, -iv] *adj* vindictive
vineux, euse [vinø, -øz] *adj* win(e)y
vingt [vɛ̃, vɛ̃t] *num* twenty; **~aine** *nf*: **une ~aine (de)** about twenty, twenty or so; **~ième** *num* twentieth
vinicole [vinikɔl] *adj* wine *cpd*, wine-growing
vins *etc vb voir* **venir**
vinyle [vinil] *nm* vinyl
viol [vjɔl] *nm* (*d'une femme*) rape; (*d'un lieu sacré*) violation
violacé, e [vjɔlase] *adj* purplish, mauvish
violemment [vjɔlamɑ̃] *adv* violently
violence [vjɔlɑ̃s] *nf* violence
violent, e [vjɔlɑ̃, -ɑ̃t] *adj* violent; (*remède*) drastic
violer [vjɔle] *vt* (*femme*) to rape;

(*sépulture, loi, traité*) to violate
violet, te [vjɔlɛ, -ɛt] *adj, nm* purple, mauve; **violette** *nf* (*fleur*) violet
violon [vjɔlɔ̃] *nm* violin; (*fam*: *prison*) lock-up
violoncelle [vjɔlɔ̃sɛl] *nm* cello
violoniste [vjɔlɔnist(ə)] *nm/f* violinist
vipère [vipɛʀ] *nf* viper, adder
virage [viʀaʒ] *nm* (*d'un véhicule*) turn; (*d'une route, piste*) bend; (*fig*: *POL*) about-turn
virée [viʀe] *nf* (*courte*) run; (: *à pied*) walk; (*longue*) trip; hike, walking tour
virement [viʀmɑ̃] *nm* (*COMM*) transfer
virent *vb voir* **voir**
virer [viʀe] *vt* (*COMM*): ~ **qch (sur)** to transfer sth (into) ♦ *vi* to turn; (*CHIMIE*) to change colour; ~ **de bord** to tack
virevolter [viʀvɔlte] *vi* to twirl around
virgule [viʀgyl] *nf* comma; (*MATH*) point
viril, e [viʀil] *adj* (*propre à l'homme*) masculine; (*énergique, courageux*) manly, virile
virtuel, le [viʀtɥɛl] *adj* potential; (*théorique*) virtual
virtuose [viʀtɥoz] *nm/f* (*MUS*) virtuoso; (*gén*) master
virus [viʀys] *nm* (*aussi*: *COMPUT*) virus
vis[1] [vi] *vb voir* **voir; vivre**
vis[2] [vis] *nf* screw
visa [viza] *nm* (*sceau*) stamp; (*validation de passeport*) visa
visage [vizaʒ] *nm* face
vis-à-vis [vizavi] *adv* face to face ♦ *nm* person opposite; house *etc* opposite; ~ **de** opposite; (*fig*) vis-à-vis; **en** ~ facing each other
viscéral, e, aux [viseʀal, -o] *adj* (*fig*) deep-seated, deep-rooted
visée [vize] : ~**s** *nfpl* (*intentions*) designs
viser [vize] *vi* to aim ♦ *vt* to aim at; (*concerner*) to be aimed *ou* directed at; (*apposer un visa sur*) to stamp, visa; ~ **à qch/faire** to aim at sth/at doing *ou* to do; **viseur** [vizœʀ] *nm* (*d'arme*) sights *pl*; (*PHOTO*) viewfinder
visibilité [vizibilite] *nf* visibility
visible [vizibl(ə)] *adj* visible; (*disponible*): **est-il** ~? can he see me?, will he see visitors?
visière [vizjɛʀ] *nf* (*de casquette*) peak; (*qui s'attache*) eyeshade
vision [vizjɔ̃] *nf* vision; (*sens*) (eye)sight, vision; (*fait de voir*): **la** ~ **de** the sight of
visionneuse [vizjɔnøz] *nf* viewer
visite [vizit] *nf* visit; (*visiteur*) visitor; (*médicale, à domicile*) visit, call; **la** ~ (*MED*) medical examination; **faire une** ~ **à qn** to call on sb, pay sb a visit; **rendre** ~ **à qn** to visit sb, pay sb a visit; **être en** ~ **(chez qn)** to be visiting (sb); **heures de** ~ (*hôpital, prison*) visiting hours
visiter [vizite] *vt* to visit; (*musée, ville*) to visit, go round; **visiteur, euse** *nm/f* visitor
vison [vizɔ̃] *nm* mink
visser [vise] *vt*: ~ **qch** (*fixer, serrer*) to screw sth on
visuel, le [vizɥɛl] *adj* visual
vit *vb voir* **voir; vivre**
vital, e, aux [vital, -o] *adj* vital
vitamine [vitamin] *nf* vitamin
vite [vit] *adv* (*rapidement*) quickly, fast; (*sans délai*) quickly; soon; **faire** ~ to act quickly; to be quick
vitesse [vitɛs] *nf* speed; (*AUTO*: *dispositif*) gear; **prendre qn de** ~ to outstrip sb; get ahead of sb; **prendre de la** ~ to pick up *ou* gather speed; **à toute** ~ at full *ou* top speed
viticole [vitikɔl] *adj* wine *cpd*, wine-growing
viticulteur [vitikyltœʀ] *nm* wine grower
vitrage [vitʀaʒ] *nm* glass *no pl*; (*rideau*) net curtain
vitrail, aux [vitʀaj, -o] *nm* stained-glass window
vitre [vitʀ(ə)] *nf* (window) pane; (*de*

portière, voiture) window
vitré, e [vitʀe] *adj* glass *cpd*
vitrer [vitʀe] *vt* to glaze
vitreux, euse [vitʀø, -øz] *adj* (*terne*) glassy
vitrine [vitʀin] *nf* (*devanture*) (shop) window; (*étalage*) display; (*petite armoire*) display cabinet; ~ **publicitaire** display case, showcase
vitupérer [vitypeʀe] *vi* to rant and rave
vivace [vivas] *adj* (*arbre, plante*) hardy; (*fig*) indestructible, inveterate
vivacité [vivasite] *nf* liveliness, vivacity; sharpness; brilliance
vivant, e [vivɑ̃, -ɑ̃t] *adj* (*qui vit*) living, alive; (*animé*) lively; (*preuve, exemple*) living ♦ *nm*: **du ~ de qn** in sb's lifetime
vivats [viva] *nmpl* cheers
vive [viv] *adj voir* **vif** ♦ *vb* **vivre** ♦ *excl*: ~ **le roi**! long live the king!; **vivement** *adv* vivaciously; sharply ♦ *excl*: **vivement les vacances**! roll on the holidays!
viveur [vivœʀ] (*péj*) *nm* high liver, pleasure-seeker
vivier [vivje] *nm* fish tank; fishpond
vivifiant, e [vivifjɑ̃, -ɑ̃t] *adj* invigorating
vivions *vb voir* **vivre**
vivoter [vivɔte] *vi* (*personne*) to scrape a living, get by; (*fig: affaire etc*) to struggle along
vivre [vivʀ(ə)] *vi, vt* to live; **il vit encore** he is still alive; **se laisser ~** to take life as it comes; **ne plus ~** (*être anxieux*) to live on one's nerves; **il a vécu** (*eu une vie aventureuse*) he has seen life; **être facile à ~** to be easy to get on with; **faire ~ qn** (*pourvoir à sa subsistance*) to provide (a living) for sb; **vivres** *nmpl* provisions, food supplies
vlan [vlɑ̃] *excl* wham!, bang!
vocable [vɔkabl(ə)] *nm* term
vocabulaire [vɔkabylɛʀ] *nm* vocabulary
vocation [vɔkɑsjɔ̃] *nf* vocation, calling
vociférer [vɔsifeʀe] *vi, vt* to scream
vœu, x [vø] *nm* wish; (*à Dieu*) vow; **faire ~ de** to take a vow of; **~x de bonne année** best wishes for the New Year
vogue [vɔg] *nf* fashion, vogue
voguer [vɔge] *vi* to sail
voici [vwasi] *prép* (*pour introduire, désigner*) here is *+sg*, here are *+pl*; **et ~ que** ... and now it (*ou* he) ...; *voir aussi* **voilà**
voie [vwa] *nf* way; (*RAIL*) track, line; (*AUTO*) lane; **être en bonne ~** to be going well; **mettre qn sur la ~** to put sb on the right track; **être en ~ d'achèvement/de renovation** to be nearing completion/in the process of renovation; **par ~ buccale** *ou* **orale** orally; **à ~ étroite** narrow-gauge; **~ d'eau** (*NAVIG*) leak; **~ de garage** (*RAIL*) siding; **~ ferrée** track; railway line
voilà [vwala] *prép* (*en désignant*) there is *+sg*, there are *+pl*; **les ~** *ou* **voici** here *ou* there they are; **en ~** *ou* **voici un** here's one, there's one; **~** *ou* **voici deux ans** two years ago; **~** *ou* **voici deux ans que** it's two years since; **et ~!** there we are!; **~ tout** that's all; "**~** *ou* **voici**" (*en offrant etc*) "there *ou* here you are"
voile [vwal] *nm* veil; (*tissu léger*) net ♦ *nf* sail; (*sport*) sailing
voiler [vwale] *vt* to veil; (*fausser: roue*) to buckle; (*: bois*) to warp; **se ~** *vi* (*lune, regard*) to mist over; (*voix*) to become husky; (*roue, disque*) to buckle; (*planche*) to warp
voilier [vwalje] *nm* sailing ship; (*de plaisance*) sailing boat
voilure [vwalyʀ] *nf* (*de voilier*) sails *pl*
voir [vwaʀ] *vi, vt* to see; **se ~** *vt*: **se ~ critiquer/transformer** to be criticized/transformed; **cela se voit** (*cela arrive*) it happens; (*c'est visible*) that's obvious, it shows; **~ venir** (*fig*) to wait and see; **faire ~ qch à qn** to show sb sth; **en faire ~ à qn** (*fig*) to give sb a hard time; **ne**

pas pouvoir voir qn not to be able to stand sb; **voyons!** let's see now; (*indignation etc*) come (along) now!; **avoir quelque chose à voir avec** to have something to do with

voire [vwaʀ] *adv* indeed; nay; or even

voisin, e [vwazɛ̃, -in] *adj* (*proche*) neighbouring; (*contigu*) next; (*ressemblant*) connected ♦ *nm/f* neighbour; **voisinage** *nm* (*proximité*) proximity; (*environs*) vicinity; (*quartier, voisins*) neighbourhood

voiture [vwatyʀ] *nf* car; (*wagon*) coach, carriage; ~ **d'enfant** pram (*BRIT*), baby carriage (*US*); ~ **de sport** sports car; ~**-lit** *nf* sleeper

voix [vwa] *nf* voice; (*POL*) vote; **à haute** ~ aloud; **à** ~ **basse** in a low voice; **à 2/4** ~ (*MUS*) in 2/4 parts; **avoir** ~ **au chapitre** to have a say in the matter

vol [vɔl] *nm* (*mode de locomotion*) flying; (*trajet, voyage, groupe d'oiseaux*) flight; (*larcin*) theft; **à** ~ **d'oiseau** as the crow flies; **au** ~: **attraper qch au** ~ to catch sth as it flies past; **en** ~ in flight; ~ **à main armée** armed robbery; ~ **à voile** gliding; ~ **libre** hang-gliding

volage [vɔlaʒ] *adj* fickle

volaille [vɔlaj] *nf* (*oiseaux*) poultry *pl*; (*viande*) poultry *no pl*; (*oiseau*) fowl

volant, e [vɔlɑ̃, -ɑ̃t] *adj voir* **feuille** *etc* ♦ *nm* (*d'automobile*) (steering) wheel; (*de commande*) wheel; (*objet lancé*) shuttlecock; (*bande de tissu*) flounce

volcan [vɔlkɑ̃] *nm* volcano

volée [vɔle] *nf* (*TENNIS*) volley; **à la** ~: **rattraper à la** ~ to catch in mid-air; **à toute** ~ (*sonner les cloches*) vigorously; (*lancer un projectile*) with full force; ~ **de coups/de flèches** volley of blows/arrows

voler [vɔle] *vi* (*avion, oiseau, fig*) to fly; (*voleur*) to steal ♦ *vt* (*objet*) to steal; (*personne*) to rob; ~ **qch à qn** to steal sth from sb

volet [vɔlɛ] *nm* (*de fenêtre*) shutter; (*de feuillet, document*) section

voleur, euse [vɔlœʀ, -øz] *nm/f* thief ♦ *adj* thieving

volontaire [vɔlɔ̃tɛʀ] *adj* voluntary; (*caractère, personne: décidé*) self-willed ♦ *nm/f* volunteer

volonté [vɔlɔ̃te] *nf* (*faculté de vouloir*) will; (*énergie, fermeté*) will(power); (*souhait, désir*) wish; **à** ~ as much as one likes; **bonne** ~ goodwill, willingness; **mauvaise** ~ lack of goodwill, unwillingness

volontiers [vɔlɔ̃tje] *adv* (*de bonne grâce*) willingly; (*avec plaisir*) willingly, gladly; (*habituellement, souvent*) readily, willingly

volt [vɔlt] *nm* volt

volte-face [vɔltəfas] *nf inv* about-turn

voltige [vɔltiʒ] *nf* (*ÉQUITATION*) trick riding; (*au cirque*) acrobatics *sg*; ~**r** [vɔltiʒe] *vi* to flutter (about)

volume [vɔlym] *nm* volume; (*GÉOM: solide*) solid; **volumineux, euse** *adj* voluminous, bulky

volupté [vɔlypte] *nf* sensual delight *ou* pleasure

vomir [vɔmiʀ] *vi* to vomit, be sick ♦ *vt* to vomit, bring up; (*fig*) to belch out, spew out; (*exécrer*) to loathe, abhor

vont [vɔ̃] *vb voir* **aller**

vos [vo] *dét voir* **votre**

vote [vɔt] *nm* vote; ~ **par correspondance/procuration** postal /proxy vote

voter [vɔte] *vi* to vote ♦ *vt* (*loi, décision*) to vote for

votre [vɔtʀ(ə)] (*pl* **vos**) *dét* your

vôtre [votʀ(ə)] *pron*: **le** ~, **la** ~, **les** ~**s** yours; **les** ~**s** (*fig*) your family *ou* folks; **à la** ~ (*toast*) your (good) health!

voudrai *etc vb voir* **vouloir**

voué, e [vwe] *adj*: ~ **à** doomed to

vouer [vwe] *vt*: ~ **qch à** (*Dieu/un saint*) to dedicate sth to; ~ **sa vie à** (*étude, cause etc*) to devote one's life to; ~ **une amitié éternelle à qn** to vow undying friendship to sb

MOT-CLÉ

vouloir [vulwaʀ] *nm*: **le bon ~ de qn** sb's goodwill; sb's pleasure
♦ *vt* **1** (*exiger, désirer*) to want; **~ faire/que qn fasse** to want to do/sb to do; **voulez-vous du thé** would you like *ou* do you want some tea?; **que me veut-il?** what does he want with me?; **sans le ~** (*involontairement*) without meaning to, unintentionally; **je voudrais ceci/faire** I would *ou* I'd like this/to do
2 (*consentir*): **je veux bien** (*bonne volonté*) I'll be happy to; (*concession*) fair enough, that's fine; **oui, si on veut** (*en quelque sorte*) yes, if you like; **veuillez attendre** please wait; **veuillez agréer ...** (*formule épistolaire*) yours faithfully
3: **en ~ à** to bear sb a grudge; **s'en ~ (de)** to be annoyed with o.s. (for); **il en veut à mon argent** he's after my money
4: **~ de** the firm doesn't want him any more; **elle ne veut pas de son aide** she doesn't want his help
5: **~ dire** to mean

voulu, e [vuly] *adj* (*requis*) required, requisite; (*délibéré*) deliberate, intentional; *voir aussi* **vouloir**
vous [vu] *pron* you; (*objet indirect*) (to) you; (*réfléchi*: *sg*) yourself; (: *pl*) yourselves; (*réciproque*) each other; **~-même** yourself; **~-mêmes** yourselves
voûte [vut] *nf* vault
voûter [vute] *vt*: **se ~** *vi* (*dos, personne*) to become stooped
vouvoyer [vuvwaje] *vt*: **~ qn** to address sb as "vous"
voyage [vwajaʒ] *nm* journey, trip; (*fait de voyager*): **le ~** travel(ling); **partir/être en ~** to go off/be away on a journey *ou* trip; **faire bon ~** to have a good journey; **~ d'agrément/d'affaires** pleasure/business trip; **~ de noces** honeymoon; **~ organisé** package tour
voyager [vwajaʒe] *vi* to travel; **voyageur, euse** *nm/f* traveller; (*passager*) passenger
voyant, e [vwajɑ̃, -ɑ̃t] *adj* (*couleur*) loud, gaudy ♦ *nm* (*signal*) (warning) light; **voyante** *nf* clairvoyant
voyelle [vwajɛl] *nf* vowel
voyons *etc vb voir* **voir**
voyou [vwaju] *nm* lout, hoodlum; (*enfant*) guttersnipe
vrac [vʀak] : **en ~** *adv* higgledy-piggledy; (*COMM*) in bulk
vrai, e [vʀɛ] *adj* (*véridique*: *récit, faits*) true; (*non factice, authentique*) real; **à ~ dire** to tell the truth
vraiment [vʀɛmɑ̃] *adv* really
vraisemblable [vʀɛsɑ̃blabl(ə)] *adj* likely, probable
vraisemblance [vʀɛsɑ̃blɑ̃s] *nf* likelihood; (*romanesque*) verisimilitude
vrille [vʀij] *nf* (*de plante*) tendril; (*outil*) gimlet; (*spirale*) spiral; (*AVIAT*) spin
vrombir [vʀɔ̃biʀ] *vi* to hum
vu, e [vy] *pp de* **voir** ♦ *adj*: **bien/mal ~** (*fig*) well/poorly thought of; good/bad form (*en raison de*) in view of; **~ que** in view of the fact that
vue [vy] *nf* (*fait de voir*): **la ~ de** the sight of; (*sens, faculté*) (eye)sight; (*panorama, image, photo*) view; **~s** *nfpl* (*idées*) views; (*dessein*) designs; **hors de ~** out of sight; **tirer à ~** to shoot on sight; **à ~ d'œil** visibly; at a quick glance; **en ~** (*visible*) in sight; (*COMM*) in the public eye; **en ~ de faire** with a view to doing
vulgaire [vylgɛʀ] *adj* (*grossier*) vulgar, coarse; (*trivial*) commonplace, mundane; (*péj*: *quelconque*): **de ~s touristes** common tourists; (*BOT, ZOOL*: *non latin*) common; **vulgariser** *vt* to popularize
vulnérable [vylneʀabl(ə)] *adj* vulnerable

W, X, Y, Z

wagon [vagɔ̃] *nm* (*de voyageurs*) carriage; (*de marchandises*) truck, wagon; **wagon-lit** *nm* sleeper, sleeping car; **wagon-restaurant** *nm* restaurant *ou* dining car
wallon, ne [walɔ̃, -ɔn] *adj* Walloon
waters [watɛʀ] *nmpl* toilet *sg*
watt [wat] *nm* watt
w.-c. [vese] *nmpl* toilet *sg*, lavatory *sg*
week-end [wikɛnd] *nm* weekend
western [wɛstɛʀn] *nm* western
whisky [wiski] (*pl* **whiskies**) *nm* whisky
xérès [gzeʀɛs] *nm* sherry
xylophone [ksilɔfɔn] *nm* xylophone
y [i] *adv* (*à cet endroit*) there; (*dessus*) on it (*ou* them); (*dedans*) in it (*ou* them) ♦ *pron* (about *ou* on *ou* of) it (*d'après le verbe employé*); **j'~ pense** I'm thinking about it; *voir aussi* **aller; avoir**
yacht [jɔt] *nm* yacht
yaourt [jauʀt] *nm* yoghourt
yeux [jø] *nmpl de* **œil**
yoghourt [jɔguʀt] *nm* = **yaourt**
yougoslave [jugɔslav] *nm/f* Yugoslav(ian)
Yougoslavie [jugɔslavi] *nf* Yugoslavia
zèbre [zɛbʀ(ə)] *nm* (*ZOOL*) zebra
zébré, e [zebʀe] *adj* striped, streaked
zèle [zɛl] *nm* zeal; **faire du ~** (*péj*) to be over-zealous
zéro [zeʀo] *nm* zero, nought (*BRIT*); **au-dessous de ~** below zero (Centigrade) *ou* freezing; **partir de ~** to start from scratch; **trois (buts) à ~** 3 (goals to) nil
zeste [zɛst(ə)] *nm* peel, zest
zézayer [zezeje] *vi* to have a lisp
zigzag [zigzag] *nm* zigzag
zinc [zɛ̃g] *nm* (*CHIMIE*) zinc; (*comptoir*) bar, counter
zizanie [zizani] *nf*: **semer la ~** to stir up ill-feeling
zodiaque [zɔdjak] *nm* zodiac
zona [zona] *nm* shingles *sg*
zone [zon] *nf* zone, area; (*quartiers*): **la ~** the slum belt; **~ bleue** ≈ restricted parking area; **~ industrielle** *nf* industrial estate
zoo [zoo] *nm* zoo
zoologie [zɔɔlɔʒi] *nf* zoology; **zoologique** *adj* zoological
zut [zyt] *excl* dash (it)! (*BRIT*), nuts! (*US*)

ENGLISH - FRENCH
ANGLAIS - FRANÇAIS
A

A [eɪ] *n* (*MUS*) la *m*

KEYWORD

a [eɪ, ə] (*before vowel or silent h: an*) *indef art* **1** un(e); ~ **book** un livre; **an apple** une pomme; **she's ~ doctor** elle est médecin
2 (*instead of the number 'one'*) un(e); ~ **year ago** il y a un an; ~ **hundred/thousand** *etc* **pounds** cent/mille *etc* livres
3 (*in expressing ratios, prices etc*): **3 ~ day/week** 3 par jour/semaine; **10 km ~n hour** 10 km à l'heure; **30p ~ kilo** 30p le kilo

A.A. *n abbr* = **Alcoholics Anonymous**; (*BRIT*: = *Automobile Association*) ≈ TCF *m*
A.A.A. (*US*) *n abbr* (= *American Automobile Association*) ≈ TCF *m*
aback [ə'bæk] *adv*: **to be taken ~** être stupéfait(e), être décontenancé(e)
abandon [ə'bændən] *vt* abandonner ♦ *n*: **with ~** avec désinvolture
abate [ə'beɪt] *vi* s'apaiser, se calmer
abbey ['æbɪ] *n* abbaye *f*
abbot ['æbət] *n* père supérieur
abbreviation [əbri:vɪ'eɪʃən] *n* abréviation *f*
abdicate ['æbdɪkeɪt] *vt, vi* abdiquer
abdomen ['æbdəmən] *n* abdomen *m*
abduct [æb'dʌkt] *vt* enlever
aberration [æbə'reɪʃən] *n* anomalie *f*
abet [ə'bet] *vt see* **aid**
abeyance [ə'beɪəns] *n*: **in ~** (*law*) tombé(e) en désuétude; (*matter*) en suspens
abide [ə'baɪd] *vt*: **I can't ~ it/him** je ne peux pas le souffrir *or* supporter; ~ **by** *vt fus* observer, respecter
ability [ə'bɪlɪtɪ] *n* compétence *f*; capacité *f*; (*skill*) talent *m*
abject ['æbdʒekt] *adj* (*poverty*) sordide; (*apology*) plat(e)
ablaze [ə'bleɪz] *adj* en feu, en flammes
able ['eɪbl] *adj* capable, compétent(e); **to be ~ to do sth** être capable de faire qch, pouvoir faire qch; **~-bodied** *adj* robuste; **ably** ['eɪblɪ] *adv* avec compétence *or* talent, habilement
abnormal [æb'nɔ:məl] *adj* anormal(e)
aboard [ə'bɔ:d] *adv* à bord ♦ *prep* à bord de
abode [ə'bəud] *n* (*LAW*): **of no fixed ~** sans domicile fixe
abolish [ə'bɒlɪʃ] *vt* abolir
aborigine [æbə'rɪdʒɪni:] *n* aborigène *m/f*
abort [ə'bɔ:t] *vt* faire avorter; **~ion** [ə'bɔ:ʃən] *n* avortement *m*; **to have an ~ion** se faire avorter; **~ive** *adj* manqué(e)
abound [ə'baund] *vi* abonder; **to ~ in** *or* **with** abonder en, regorger de

KEYWORD

about [ə'baut] *adv* **1** (*approximately*) environ, à peu près; ~ **a hundred/thousand** *etc* environ cent/mille *etc*, une centaine/un millier *etc*; **it takes ~ 10 hours** ça prend environ *or* à peu près 10 heures; **at ~ 2 o'clock** vers 2 heures; **I've just ~ finished** j'ai presque fini
2 (*referring to place*) çà et là, de côté et d'autre; **to run ~** courir çà et là; **to walk ~** se promener, aller et venir
3: **to be ~ to do sth** être sur le point de faire qch
♦ *prep* **1** (*relating to*) au sujet de, à propos de; **a book ~ London** un livre sur Londres; **what is it ~?** de

quoi s'agit-il?; **we talked ~ it** nous en avons parlé; **what** *or* **how ~ doing this?** et si nous faisions ceci? **2** (*referring to place*) dans; **to walk ~ the town** se promener dans la ville

about-face [ə'baut'feɪs] *n* demi-tour *m*
about-turn [ə'baut'tɜːn] *n* (*MIL*) demi-tour *m*; (*fig*) volte-face *f*
above [ə'bʌv] *adv* au-dessus ♦ *prep* au-dessus de; (*more*) plus de; **mentioned ~** mentionné ci-dessus; **~ all** par-dessus tout, surtout; **~board** *adj* franc(franche); honnête
abrasive [ə'breɪzɪv] *adj* abrasif(ive); (*fig*) caustique, agressif(ive)
abreast [ə'brest] *adv* de front; **to keep ~ of** se tenir au courant de
abridge [ə'brɪdʒ] *vt* abréger
abroad [ə'brɔːd] *adv* à l'étranger
abrupt [ə'brʌpt] *adj* (*steep, blunt*) abrupt(e); (*sudden, gruff*) brusque; **~ly** *adv* (*speak, end*) brusquement
abscess ['æbsɪs] *n* abcès *m*
abscond [əb'skɒnd] *vi* disparaître, s'enfuir
absence ['æbsəns] *n* absence *f*
absent ['æbsənt] *adj* absent(e); **~ee** [æbsən'tiː] *n* absent(e); (*habitual*) absentéiste *m/f*; **~-minded** *adj* distrait(e)
absolute ['æbsəluːt] *adj* absolu(e); **~ly** [æbsə'luːtlɪ] *adv* absolument
absolve [əb'zɒlv] *vt*: **to ~ sb (from)** (*blame, responsibility, sin*) absoudre qn (de)
absorb [əb'zɔːb] *vt* absorber; **to be ~ed in a book** être plongé(e) dans un livre; **~ent cotton** (*US*) *n* coton *m* hydrophile; **absorption** [əb'zɔːpʃən] *n* absorption *f*; (*fig*) concentration *f*
abstain [əb'steɪn] *vi*: **to ~ (from)** s'abstenir (de)
abstract ['æbstrækt] *adj* abstrait(e)
absurd [əb'sɜːd] *adj* absurde
abuse [*n* ə'bjuːs, *vb* ə'bjuːz] *n* abus *m*; (*insults*) insultes *fpl*, injures *fpl* ♦ *vt* abuser de; (*insult*) insulter; **abusive** [ə'bjuːsɪv] *adj* grossier(ère), injurieux(euse)
abysmal [ə'bɪzməl] *adj* exécrable; (*ignorance etc*) sans bornes
abyss [ə'bɪs] *n* abîme *m*, gouffre *m*
AC *abbr* (= *alternating current*) courant alternatif
academic [ækə'demɪk] *adj* universitaire; (*person*: *scholarly*) intellectuel(le); (*pej*: *issue*) oiseux(euse), purement théorique ♦ *n* universitaire *m/f*; **~ year** *n* année *f* universitaire
academy [ə'kædəmɪ] *n* (*learned body*) académie *f*; (*school*) collège *m*; **~ of music** conservatoire *m*
accelerate [æk'seləreɪt] *vt, vi* accélérer; **accelerator** [ək'seləreɪtə*] *n* accélérateur *m*
accent ['æksent] *n* accent *m*
accept [ək'sept] *vt* accepter; **~able** *adj* acceptable; **~ance** *n* acceptation *f*
access ['ækses] *n* accès *m*; (*JUR*: *in divorce*) droit *m* de visite; **~ible** [æk'sesɪbl] *adj* accessible
accessory [æk'sesərɪ] *n* accessoire *m*; (*LAW*): **~ to** complice de
accident ['æksɪdənt] *n* accident *m*; (*chance*) hasard *m*; **by ~** accidentellement; par hasard; **~al** [æksɪ'dentl] *adj* accidentel(le); **~ally** [æksɪ'dentəlɪ] *adv* accidentellement; **~-prone** *adj* sujet(te) aux accidents
acclaim [ə'kleɪm] *n* acclamations *fpl* ♦ *vt* acclamer
accommodate [ə'kɒmədeɪt] *vt* loger, recevoir; (*oblige, help*) obliger; (*car etc*) contenir; **accommodating** [ə'kɒmədeɪtɪŋ] *adj* obligeant(e), arrangeant(e); **accommodation** [əkɒmə'deɪʃən] (*US* **~s**) *n* logement *m*
accompany [ə'kʌmpənɪ] *vt* accompagner
accomplice [ə'kʌmplɪs] *n* complice *m/f*
accomplish [ə'kʌmplɪʃ] *vt* accomplir; **~ment** *n* accomplissement *m*; réussite *f*; (*skill*: *gen pl*) talent *m*
accord [ə'kɔːd] *n* accord *m* ♦ *vt* accorder; **of his own ~** de son plein

gré; **~ance** *n*: **in ~ance with** conformément à; **~ing**: **~ing to** *prep* selon; **~ingly** *adv* en conséquence

accordion [ə'kɔːdɪən] *n* accordéon *m*

accost [ə'kɒst] *vt* aborder

account [ə'kaunt] *n* (*COMM*) compte *m*; (*report*) compte rendu; récit *m*; **~s** *npl* (*COMM*) comptabilité *f*, comptes; **of no ~** sans importance; **on ~** en acompte; **on no ~** en aucun cas; **on ~ of** à cause de; **to take into ~**, **take ~ of** tenir compte de; **~ for** *vt fus* expliquer, rendre compte de; **~able** *adj*: **~able (to)** responsable (devant); **~ancy** [ə'kauntənsɪ] *n* comptabilité *f*; **~ant** [ə'kauntənt] *n* comptable *m/f*; **~ number** *n* (*at bank etc*) numéro *m* de compte

accrued interest [əkruːd] *n* intérêt *m* cumulé

accumulate [ə'kjuːmjuleɪt] *vt* accumuler, amasser ♦ *vi* s'accumuler, s'amasser

accuracy ['ækjurəsɪ] *n* exactitude *f*, précision *f*

accurate ['ækjurɪt] *adj* exact(e), précis(e); **~ly** *adv* avec précision

accusation [ækjuː'zeɪʃən] *n* accusation *f*

accuse [ə'kjuːz] *vt*: **to ~ sb (of sth)** accuser qn (de qch); **~d** *n*: **the ~d** l'accusé(e)

accustom [ə'kʌstəm] *vt* accoutumer, habituer; **~ed** *adj* (*usual*) habituel(le); (*in the habit*): **~ed to** habitué(e) *or* accoutumé(e) à

ace [eɪs] *n* as *m*

ache [eɪk] *n* mal *m*, douleur *f* ♦ *vi* (*yearn*): **to ~ to do sth** mourir d'envie de faire qch; **my head ~s** j'ai mal à la tête

achieve [ə'tʃiːv] *vt* (*aim*) atteindre; (*victory, success*) remporter, obtenir; **~ment** *n* exploit *m*, réussite *f*

acid ['æsɪd] *adj* acide ♦ *n* acide *m*; **~ rain** *n* pluies *fpl* acides

acknowledge [ək'nɒlɪdʒ] *vt* (*letter*: *also*: **~** *receipt of*) accuser réception de; (*fact*) reconnaître; **~ment** *n* (*of letter*) accusé *m* de réception

acne ['æknɪ] *n* acné *m*

acorn ['eɪkɔːn] *n* gland *m*

acoustic [ə'kuːstɪk] *adj* acoustique; **~s** *n, npl* acoustique *f*

acquaint [ə'kweɪnt] *vt*: **to ~ sb with sth** mettre qn au courant de qch; **to be ~ed with** connaître; **~ance** *n* connaissance *f*

acquiesce [ækwɪ'ɛs] *vi*: **to ~ to** acquiescer *or* consentir à

acquire [ə'kwaɪə*] *vt* acquérir

acquit [ə'kwɪt] *vt* acquitter; **to ~ o.s. well** bien se comporter, s'en tirer très honorablement

acre ['eɪkə*] *n* acre *f* (*= 4047 m²*)

acrid ['ækrɪd] *adj* âcre

acrobat ['ækrəbæt] *n* acrobate *m/f*

across [ə'krɒs] *prep* (*on the other side*) de l'autre côté de; (*crosswise*) en travers de ♦ *adv* de l'autre côté; en travers; **to run/swim ~** traverser en courant/à la nage; **~ from** en face de

acrylic [ə'krɪlɪk] *adj* acrylique

act [ækt] *n* acte *m*, action *f*; (*of play*) acte; (*in music-hall etc*) numéro *m*; (*LAW*) loi *f* ♦ *vi* agir; (*THEATRE*) jouer; (*pretend*) jouer la comédie ♦ *vt* (*part*) jouer, tenir; **in the ~ of** en train de; **to ~ as** servir de; **~ing** *adj* suppléant(e), par intérim ♦ *n* (*activity*): **to do some ~ing** faire du théâtre (*or* du cinéma)

action ['ækʃən] *n* action *f*; (*MIL*) combat(s) *m(pl)*; (*LAW*) procès *m*, action en justice; **out of ~** hors de combat; (*machine*) hors d'usage; **to take ~** agir, prendre des mesures; **~ replay** *n* (*TV*) ralenti *m*

activate ['æktɪveɪt] *vt* (*mechanism*) actionner, faire fonctionner

active ['æktɪv] *adj* actif(ive); (*volcano*) en activité; **~ly** *adv* activement

activity [æk'tɪvɪtɪ] *n* activité *f*

actor ['æktə*] *n* acteur *m*

actress ['æktrɪs] *n* actrice *f*

actual ['æktjuəl] *adj* réel(le), véritable; **~ly** *adv* (*really*) réellement, vé-

ritablement; (*in fact*) en fait
acumen ['ækjʊmen] *n* perspicacité *f*
acute [ə'kju:t] *adj* aigu(ë); (*mind, observer*) pénétrant(e), perspicace
ad [æd] *n abbr* = **advertisement**
A.D. *adv abbr* (= *anno Domini*) ap. J.-C.
adamant ['ædəmənt] *adj* inflexible
adapt [ə'dæpt] *vt* adapter ♦ *vi*: to ~ (to) s'adapter (à); **~able** *adj* (*device*) adaptable; (*person*) qui s'adapte facilement; **~er**, **~or** *n* (*ELEC*) adapteur *m*, adaptateur *m*
add [æd] *vt* ajouter; (*figures*: *also*: *to ~ up*) additionner ♦ *vi*: to ~ to (*increase*) ajouter à, accroître
adder ['ædə*] *n* vipère *f*
addict ['ædɪkt] *n* intoxiqué(e); (*fig*) fanatique *m/f*; **~ed** [ə'dɪktɪd] *adj*: to be ~ed to (*drugs, drink etc*) être adonné(e) à; (*fig*: *football etc*) être un(e) fanatique de; **~ion** [ə'dɪkʃən] *n* (*MED*) dépendance *f*; **~ive** *adj* qui crée une dépendance
addition [ə'dɪʃən] *n* addition *f*; (*thing added*) ajout *m*; **in** ~ de plus; de surcroît; **in** ~ to en plus de; **~al** *adj* supplémentaire
additive ['ædɪtɪv] *n* additif *m*
address [ə'dres] *n* adresse *f*; (*talk*) discours *m*, allocution *f* ♦ *vt* adresser; (*speak to*) s'adresser à; **to ~ (o.s. to) a problem** s'attaquer à un problème
adept ['ædept] *adj*: ~ **at** expert(e) à *or* en
adequate ['ædɪkwɪt] *adj* adéquat(e); suffisant(e)
adhere [əd'hɪə*] *vi*: to ~ to adhérer à; (*fig*: *rule, decision*) se tenir à
adhesive [əd'hi:zɪv] *n* adhésif *m*; ~ **tape** *n* (*BRIT*) ruban adhésif; (*US*: *MED*) sparadrap *m*
ad hoc [æd'hɔk] *adj* improvisé(e), ad hoc
adjective ['ædʒəktɪv] *n* adjectif *m*
adjoining [ə'dʒɔɪnɪŋ] *adj* voisin(e), adjacent(e), attenant(e)
adjourn [ə'dʒɜ:n] *vt* ajourner ♦ *vi* suspendre la séance; lever la séance; clore la session
adjust [ə'dʒʌst] *vt* ajuster, régler; rajuster ♦ *vi*: to ~ (to) s'adapter (à); **~able** *adj* réglable; **~ment** *n* (*PSYCH*) adaptation *f*; (*to machine*) ajustage *m*, réglage *m*; (*of prices, wages*) rajustement *m*
ad-lib [æd'lɪb] *vt, vi* improviser; **ad lib** *adv* à volonté, à loisir
administer [æd'mɪnɪstə*] *vt* administrer; (*justice*) rendre
administration [ədmɪnɪs'treɪʃən] *n* administration *f*
administrative [əd'mɪnɪstrətɪv] *adj* administratif(ive)
admiral ['ædmərəl] *n* amiral *m*; **A~ty** ['ædmərəltɪ] (*BRIT*) *n* (*also*: *A~ty Board*): **the A~ty** ministère *m* de la Marine
admire [əd'maɪə*] *vt* admirer
admission [əd'mɪʃən] *n* admission *f*; (*to exhibition, night club etc*) entrée *f*; (*confession*) aveu *m*
admit [əd'mɪt] *vt* laisser entrer; admettre; (*agree*) reconnaître, admettre; ~ **to** *vt fus* reconnaître, avouer; **~tance** *n* admission *f*, (droit *m* d')entrée *f*; **~tedly** *adv* il faut en convenir
admonish [əd'mɒnɪʃ] *vt* donner un avertissement à; réprimander
ad nauseam [æd'nɔ:sɪæm] *adv* (*repeat, talk*) à n'en plus finir
ado [ə'du:] *n*: **without (any) more** ~ sans plus de cérémonies
adolescence [ædə'lesns] *n* adolescence *f*; **adolescent** [ædə'lesnt] *adj, n* adolescent(e)
adopt [ə'dɒpt] *vt* adopter; **~ed** *adj* adoptif(ive), adopté(e); **~ion** [ə'dɒpʃən] *n* adoption *f*
adore [ə'dɔ:*] *vt* adorer
adorn [ə'dɔ:n] *vt* orner
Adriatic (Sea) [eɪdrɪ'ætɪk-] *n* Adriatique *f*
adrift [ə'drɪft] *adv* à la dérive
adult ['ædʌlt] *n* adulte *m/f* ♦ *adj* adulte; (*literature, education*) pour adultes
adultery [ə'dʌltərɪ] *n* adultère *m*

advance [əd'vɑ:ns] *n* avance *f* ♦ *adj*: ~ **booking** réservation *f* ♦ *vt* avancer ♦ *vi* avancer, s'avancer; ~ **notice** avertissement *m*; **to make ~s (to sb)** faire des propositions (à qn); (*amorously*) faire des avances (à qn); **in** ~ à l'avance, d'avance; **~d** *adj* avancé(e); (*SCOL*: *studies*) supérieur(e)
advantage [əd'vɑ:ntɪdʒ] *n* (*also TENNIS*) avantage *m*; **to take ~ of** (*person*) exploiter
advent ['ædvent] *n* avènement *m*, venue *f*; **A~** Avent *m*
adventure [əd'ventʃə*] *n* aventure *f*
adverb ['ædvɜ:b] *n* adverbe *m*
adverse ['ædvɜ:s] *adj* défavorable, contraire
advert ['ædvɜ:t] (*BRIT*) *n abbr* = **advertisement**
advertise ['ædvətaɪz] *vi(vt)* faire de la publicité (pour); mettre une annonce (pour vendre); **to ~ for** (*staff, accommodation*) faire paraître une annonce pour trouver; **~ment** [əd'vɜ:tɪsmənt] *n* (*COMM*) réclame *f*, publicité *f*; (*in classified ads*) annonce *f*; **~r** ['ædvətaɪzə*] *n* (*in newspaper etc*) annonceur *m*; **advertising** ['ædvətaɪzɪŋ] *n* publicité *f*
advice [əd'vaɪs] *n* conseils *mpl*; (*notification*) avis *m*; **piece of ~** conseil; **to take legal ~** consulter un avocat
advisable [əd'vaɪzəbl] *adj* conseillé(e), indiqué(e)
advise [əd'vaɪz] *vt* conseiller; **to ~ sb of sth** aviser *or* informer qn de qch; **to ~ against sth/doing sth** déconseiller qch/conseiller de ne pas faire qch; **~dly** [əd'vaɪzədlɪ] *adv* (*deliberately*) délibérément; **~r** *n* conseiller(ère); **advisor** *n* = **~r**; **advisory** [əd'vaɪzərɪ] *adj* consultatif(ive)
advocate [*vb* 'ædvəkeɪt, *n* 'ædvəkət] *n* (*upholder*) défenseur *m*, avocat(e), partisan(e); (*LAW*) avocat(e) ♦ *vt* recommander, prôner
aerial ['ɛərɪəl] *n* antenne *f* ♦ *adj* aérien(ne)
aerobics [ɛər'əubɪks] *n* aérobic *f*
aeroplane ['ɛərəpleɪn] (*BRIT*) *n* avion *m*
aerosol ['ɛərəsɔl] *n* aérosol *m*
aesthetic [ɪs'θetɪk] *adj* esthétique
afar [ə'fɑ:*] *adv*: **from ~** de loin
affair [ə'fɛə*] *n* affaire *f*; (*also*: *love ~*) liaison *f*; aventure *f*
affect [ə'fekt] *vt* affecter; (*disease*) atteindre; **~ed** *adj* affecté(e)
affection [ə'fekʃən] *n* affection *f*; **~ate** [ə'fekʃənɪt] *adj* affectueux(euse)
affinity [ə'fɪnɪtɪ] *n* (*bond, rapport*): **to have an ~ with/for** avoir une affinité avec/pour; (*resemblance*): **to have an ~ with** avoir une ressemblance avec
afflict [ə'flɪkt] *vt* affliger
affluence ['æfluəns] *n* abondance *f*, opulence *f*
affluent ['æfluənt] *adj* (*person, family, surroundings*) aisé(e), riche; **the ~ society** la société d'abondance
afford [ə'fɔ:d] *vt* se permettre; avoir les moyens d'acheter *or* d'entretenir; (*provide*) fournir, procurer
afield [ə'fi:ld] *adv*: **(from) far ~** (de) loin
afloat [ə'fləut] *adj, adv* à flot; **to stay ~** surnager
afoot [ə'fut] *adv*: **there is something ~** il se prépare quelque chose
afraid [ə'freɪd] *adj* effrayé(e); **to be ~ of** *or* **to** avoir peur de; **I am ~ that ...** je suis désolé(e), mais ...; **I am ~ so/not** hélas oui/non
afresh [ə'freʃ] *adv* de nouveau
Africa ['æfrɪkə] *n* Afrique *f*; **~n** *adj* africain(e) ♦ *n* Africain(e)
aft [ɑ:ft] *adv* à l'arrière, vers l'arrière
after ['ɑ:ftə*] *prep, adv* après ♦ *conj* après que, après avoir *or* être +*pp*; **what/who are you ~?** que/qui cherchez-vous?; **~ he left/having done** après qu'il fut parti/après avoir fait; **ask ~ him** demandez de ses nouvelles; **to name sb ~ sb** donner à qn le nom de qn; **twenty ~ eight**

(*US*) huit heures vingt; ~ **all** après tout; ~ **you!** après vous, Monsieur (*or* Madame *etc*); ~**-effects** *npl* (*of disaster, radiation, drink etc*) répercussions *fpl*; (*of illness*) séquelles *fpl*, suites *fpl*; ~**math** *n* conséquences *fpl*, suites *fpl*; ~**noon** *n* après-midi *m or f*; ~**s** (*inf*) *n* (*dessert*) dessert *m*; ~**-sales service** (*BRIT*) *n* (*for car, washing machine etc*) service *m* après-vente; ~**-shave (lotion)** *n* after-shave *m*; ~**thought** *n*: **I had an** ~**thought** il m'est venu une idée après coup; ~**wards** (*US* ~**ward**) *adv* après

again [ə'gen] *adv* de nouveau; encore (une fois); **to do sth** ~ refaire qch; **not ...** ~ ne ... plus; ~ **and** ~ à plusieurs reprises

against [ə'genst] *prep* contre; (*compared to*) par rapport à

age [eɪdʒ] *n* âge *m* ♦ *vt, vi* vieillir; **it's been** ~**s since** ça fait une éternité que ... ne; **he is 20 years of** ~ il a 20 ans; **to come of** ~ atteindre sa majorité; ~**d**[1] *adj*: ~**d 10** âgé(e) de 10 ans; ~**d**[2] ['eɪdʒɪd] *npl*: **the** ~**d** les personnes âgées; ~ **group** *n* tranche *f* d'âge; ~ **limit** *n* limite *f* d'âge

agency ['eɪdʒənsɪ] *n* agence *f*; (*government body*) organisme *m*, office *m*

agenda [ə'dʒendə] *n* ordre *m* du jour

agent ['eɪdʒənt] *n* agent *m*, représentant *m*; (*firm*) concessionnaire *m*

aggravate ['ægrəveɪt] *vt* aggraver; (*annoy*) exaspérer

aggregate ['ægrɪgɪt] *n* ensemble *m*, total *m*

aggressive [ə'gresɪv] *adj* agressif(ive)

aggrieved [ə'gri:vd] *adj* chagriné(e), affligé(e)

aghast [ə'gɑ:st] *adj* consterné(e), atterré(e)

agitate ['ædʒɪteɪt] *vt* (*person*) agiter, émouvoir, troubler ♦ *vi*: **to** ~ **for/against** faire campagne pour/contre

AGM *n abbr* (= *annual general meeting*) AG *f*, assemblée générale

ago [ə'gəʊ] *adv*: **2 days** ~ il y a deux jours; **not long** ~ il n'y a pas longtemps; **how long** ~? il y a combien de temps (de cela)?

agog [ə'gɒg] *adj* en émoi

agonizing ['ægənaɪzɪŋ] *adj* angoissant(e); déchirant(e)

agony ['ægənɪ] *n* (*pain*) douleur *f* atroce; **to be in** ~ souffrir le martyre

agree [ə'gri:] *vt* (*price*) convenir de ♦ *vi*: **to** ~ **with** (*person*) être d'accord avec; (*statements etc*) concorder avec; (*LING*) s'accorder avec; **to** ~ **to do** accepter de *or* consentir à faire; **to** ~ **to sth** consentir à qch; **to** ~ **that** (*admit*) convenir *or* reconnaître que; **garlic doesn't** ~ **with me** je ne supporte pas l'ail; ~**able** *adj* agréable; (*willing*) consentant(e), d'accord; ~**d** *adj* (*time, place*) convenu(e); ~**ment** *n* accord *m*; **in** ~**ment** d'accord

agricultural [ægrɪ'kʌltʃərəl] *adj* agricole

agriculture ['ægrɪkʌltʃə*] *n* agriculture *f*

aground [ə'graʊnd] *adv*: **to run** ~ échouer, s'échouer

ahead [ə'hed] *adv* (*in front: of position, place*) devant; (: *at the head*) en avant; (*look, plan, think*) en avant; ~ **of** devant; (*fig: schedule etc*) en avance sur; ~ **of time** en avance; **go right** *or* **straight** ~ allez tout droit; **go** ~! (*fig: permission*) allez-y!

aid [eɪd] *n* aide *f*; (*device*) appareil *m* ♦ *vt* aider; **in** ~ **of** en faveur de; **to** ~ **and abet** (*LAW*) se faire le complice de; *see also* **hearing**

aide [eɪd] *n* (*person*) aide *mf*, assistant(e)

AIDS [eɪdz] *n abbr* (= *acquired immune deficiency syndrome*) SIDA *m*

ailing ['eɪlɪŋ] *adj* malade

ailment ['eɪlmənt] *n* affection *f*

aim [eɪm] *vt*: **to** ~ **sth (at)** (*gun, camera*) braquer *or* pointer qch (sur); (*missile*) lancer qch (à *or* contre *or* en direction de); (*blow*) allonger qch (à); (*remark*) destiner *or* adresser qch (à) ♦ *vi* (*also*: *to take* ~) viser ♦ *n* but *m*; (*skill*): **his ~ is bad** il vise mal; **to ~ at** viser; (*fig*) viser (à); **to ~ to do** avoir l'intention de faire; **~less** *adj* sans but

ain't [eɪnt] (*inf*) = **am not; aren't; isn't**

air [ɛə*] *n* air *m* ♦ *vt* (*room, bed, clothes*) aérer; (*grievances, views, ideas*) exposer, faire connaître ♦ *cpd* (*currents, attack etc*) aérien(ne); **to throw sth into the ~** jeter qch en l'air; **by ~** (*travel*) par avion; **to be on the ~** (*RADIO, TV*: *programme*) être diffusé(e); (: *station*) diffuser; **~bed** *n* matelas *m* pneumatique; **~borne** *adj* en vol; **~-conditioned** *adj* climatisé(e); **~ conditioning** *n* climatisation *f*; **~craft** *n inv* avion *m*; **~craft carrier** *n* porte-avions *m inv*; **~field** *n* terrain *m* d'aviation; **A~ Force** *n* armée *f* de l'air; **~ freshener** *n* désodorisant *m*; **~gun** *n* fusil *m* à air comprimé; **~ hostess** *n* (*BRIT*) hôtesse *f* de l'air; **~ letter** *n* (*BRIT*) aérogramme *m*; **~lift** *n* pont aérien; **~line** *n* ligne aérienne, compagnie *f* d'aviation; **~liner** *n* avion *m* de ligne; **~mail** *n*: **by ~mail** par avion; **~plane** *n* (*US*) avion *m*; **~port** *n* aéroport *m*; **~ raid** *n* attaque *or* raid aérien(ne); **~sick** *adj*: **to be ~sick** avoir le mal de l'air; **~ terminal** *n* aérogare *f*; **~tight** *adj* hermétique; **~-traffic controller** *n* aiguilleur *m* du ciel; **~y** *adj* bien aéré(e); (*manners*) dégagé(e)

aisle [aɪl] *n* (*of church*) allée centrale; nef latérale; (*of theatre etc*) couloir *m*, passage *m*, allée

ajar [ə'dʒɑː*] *adj* entrouvert(e)

akin [ə'kɪn] *adj*: **~ to** (*similar*) qui tient de *or* ressemble à

alarm [ə'lɑːm] *n* alarme *f* ♦ *vt* alarmer; **~ call** *n* coup de fil *m* pour réveiller; **~ clock** *n* réveille-matin *m inv*, réveil *m*

alas [ə'læs] *excl* hélas!

albeit [ɔːl'biːɪt] *conj* (*although*) bien que +*sub*, encore que +*sub*

album ['ælbəm] *n* album *m*

alcohol ['ælkəhɒl] *n* alcool *m*; **~ic** [ælkə'hɒlɪk] *adj* alcoolique ♦ *n* alcoolique *m/f*; **A~ics Anonymous** Alcooliques anonymes

ale [eɪl] *n* bière *f*

alert [ə'lɜːt] *adj* alerte, vif(vive); vigilant(e) ♦ *n* alerte *f* ♦ *vt* alerter; **on the ~** sur le qui-vive; (*MIL*) en état d'alerte

algebra ['ældʒɪbrə] *n* algèbre *m*

Algeria [æl'dʒɪərɪə] *n* Algérie *f*

alias ['eɪlɪəs] *adv* alias ♦ *n* faux nom, nom d'emprunt; (*writer*) pseudonyme *m*

alibi ['ælɪbaɪ] *n* alibi *m*

alien ['eɪlɪən] *n* étranger(ère); (*from outer space*) extraterrestre *mf* ♦ *adj*: **~ (to)** étranger(ère) (à); **~ate** *vt* aliéner; s'aliéner

alight [ə'laɪt] *adj*, *adv* en feu ♦ *vi* mettre pied à terre; (*passenger*) descendre; (*bird*) se poser

alike [ə'laɪk] *adj* semblable, pareil(le) ♦ *adv* de même; **to look ~** se ressembler

alimony ['ælɪmənɪ] *n* (*payment*) pension *f* alimentaire

alive [ə'laɪv] *adj* vivant(e); (*lively*) plein(e) de vie

KEYWORD

all [ɔːl] *adj* (*singular*) tout(e); (*plural*) tous(toutes); **~ day** tout le jour; **~ night** toute la nuit; **~ men** tous les hommes; **~ five** tous les cinq; **~ the food** toute la nourriture; **~ the books** tous les livres; **~ the time** tous le temps; **~ his life** toute sa vie

♦ *pron* **1** tout; **I ate it ~, I ate ~ of it** j'ai tout mangé; **~ of us went** nous y sommes tous allés; **~ of the boys went** tous les garçons y sont allés

2 (*in phrases*): **above ~** surtout, par-dessus tout; **after ~** après tout; **at ~**: **not at ~** (*in answer to ques-*

tion) pas du tout; (*in answer to thanks*) je vous en prie!; **I'm not at ~ tired** je ne suis pas du tout fatigué(e); **anything at ~ will do** n'importe quoi fera l'affaire; **~ in ~** tout bien considéré, en fin de compte
♦ *adv*: **~ alone** tout(e) seul(e); **it's not as hard as ~ that** ce n'est pas si difficile que ça; **~ the more/the better** d'autant plus/mieux; **~ but** presque, pratiquement; **the score is 2 ~** le score est 2 partout

allay [ə'leɪ] *vt* (*fears*) apaiser, calmer
allege [ə'ledʒ] *vt* alléguer, prétendre; **~dly** [ə'ledʒɪdlɪ] *adv* à ce que l'on prétend, paraît-il
allegiance [ə'li:dʒəns] *n* allégeance *f*, fidélité *f*, obéissance *f*
allergic [ə'lɜ:dʒɪk] *adj*: **~ to** allergique à; **allergy** ['ælədʒɪ] *n* allergie *f*
alleviate [ə'li:vɪeɪt] *vt* soulager, adoucir
alley ['ælɪ] *n* ruelle *f*
alliance [ə'laɪəns] *n* alliance *f*
allied ['ælaɪd] *adj* allié(e)
all-in ['ɔ:lɪn] (*BRIT*) *adj* (*also adv*: *charge*) tout compris; **~ wrestling** *n* lutte *f* libre
all-night ['ɔ:l'naɪt] *adj* ouvert(e) *or* qui dure toute la nuit
allocate ['æləkeɪt] *vt* (*share out*) répartir, distribuer; (*duties*): **to ~ sth to** assigner *or* attribuer qch à; (*sum, time*): **to ~ sth to** allouer qch à
allot [ə'lɒt] *vt*: **to ~ (to)** (*money*) répartir (entre), distribuer (à); (*time*) allouer (à); **~ment** *n* (*share*) part *f*; (*garden*) lopin *m* de terre (*loué à la municipalité*)
all-out ['ɔ:l'aʊt] *adj* (*effort etc*) total(e) ♦ *adv*: **all out** à fond
allow [ə'laʊ] *vt* (*practice, behaviour*) permettre, autoriser; (*sum to spend etc*) accorder; allouer; (*sum, time estimated*) compter, prévoir; (*claim, goal*) admettre; (*concede*): **to ~ that** convenir que; **to ~ sb to do** permettre à qn de faire, autoriser qn à faire; **he is ~ed to ...** on lui permet de ...; **~ for** *vt fus* tenir compte de; **~ance** *n* (*money received*) allocation *f*; subside *m*; indemnité *f*; (*TAX*) somme *f* déductible du revenu imposable, abattement *m*; **to make ~ances for** tenir compte de
alloy ['ælɔɪ] *n* alliage *m*
all: **~ right** *adv* (*feel, work*) bien; (*as answer*) d'accord; **~-rounder** *n*: **to be a good ~-rounder** être doué(e) en tout; **~-time** *adj* (*record*) sans précédent, absolu(e)
allude [ə'lu:d] *vi*: **to ~ to** faire allusion à
alluring [ə'ljʊərɪŋ] *adj* séduisant(e)
ally [*n* 'ælaɪ, *vb* ə'laɪ] *n* allié *m* ♦ *vt*: **to ~ o.s. with** s'allier avec
almighty [ɔ:l'maɪtɪ] *adj* tout-puissant; (*tremendous*) énorme
almond ['ɑ:mənd] *n* amande *f*
almost ['ɔ:lməʊst] *adv* presque
alms [ɑ:mz] *npl* aumône *f*
aloft [ə'lɒft] *adv* en l'air
alone [ə'ləʊn] *adj, adv* seul(e); **to leave sb ~** laisser qn tranquille; **to leave sth ~** ne pas toucher à qch; **let ~ ...** sans parler de ...; encore moins ...
along [ə'lɒŋ] *prep* le long de ♦ *adv*: **is he coming ~ with us?** vient-il avec nous?; **he was hopping/limping ~** il avançait en sautillant/boitant; **~ with** (*together with*: *person*) en compagnie de; (: *thing*) avec, en plus de; **all ~** (*all the time*) depuis le début; **~side** *prep* le long de; à côté de ♦ *adv* bord à bord
aloof [ə'lu:f] *adj* distant(e) ♦ *adv*: **to stand ~** se tenir à distance *or* à l'écart
aloud [ə'laʊd] *adv* à haute voix
alphabet ['ælfəbet] *n* alphabet *m*; **~ical** [ælfə'betɪkl] *adj* alphabétique
alpine ['ælpaɪn] *adj* alpin(e), alpestre
Alps [ælps] *npl*: **the ~** les Alpes *fpl*
already [ɔ:l'redɪ] *adv* déjà
alright ['ɔ:l'raɪt] (*BRIT*) *adv* = **all right**
Alsatian [æl'seɪʃən] (*BRIT*) *n* (*dog*)

berger allemand
also ['ɔ:lsəu] *adv* aussi
altar ['ɔ:ltə*] *n* autel *m*
alter ['ɔ:ltə*] *vt, vi* changer
alternate [*adj* ɒl'tɜ:nɪt, *vb* 'ɒltɜ:neɪt] *adj* alterné(e), alternant(e), alternatif(ive) ♦ *vi* alterner; **on ~ days** un jour sur deux, tous les deux jours; **alternating current** *n* courant alternatif
alternative [ɒl'tɜ:nətɪv] *adj* (*solutions*) possible, au choix; (*plan*) autre, de rechange; (*lifestyle, medicine*) parallèle ♦ *n* (*choice*) alternative *f*; (*other possibility*) solution *f* de remplacement *or* de rechange, autre possibilité *f*; **an ~ comedian** un nouveau comique; **~ly** *adv*: **~ly one could** une autre *or* l'autre solution serait de, on pourrait aussi
alternator ['ɒltɜ:neɪtə*] *n* (*AUT*) alternateur *m*
although [ɔ:l'ðəu] *conj* bien que +*sub*
altitude ['æltɪtju:d] *n* altitude *f*
alto ['æltəu] *n* (*female*) contralto *m*; (*male*) haute-contre *f*
altogether [ɔ:ltə'geðə*] *adv* entièrement, tout à fait; (*on the whole*) tout compte fait; (*in all*) en tout
aluminium [ælju'mɪnɪəm] (*BRIT*), **aluminum** [ə'lu:mɪnəm] (*US*) *n* aluminium *m*
always ['ɔ:lweɪz] *adv* toujours
Alzheimer's (disease) [ælts'haɪməz] *n* maladie *f* d'Alzheimer
am [æm] *vb see* **be**
a.m. *adv abbr* (= *ante meridiem*) du matin
amalgamate [ə'mælgəmeɪt] *vt, vi* fusionner
amateur ['æmətɜ:*] *n* amateur *m*; **~ish** (*pej*) *adj* d'amateur
amaze [ə'meɪz] *vt* stupéfier; **to be ~d (at)** être stupéfait(e) (de); **~ment** *n* stupéfaction *f*, stupeur *f*; **amazing** [ə'meɪzɪŋ] *adj* étonnant(e); exceptionnel(le)
ambassador [æm'bæsədə*] *n* ambassadeur *m*
amber ['æmbə*] *n* ambre *m*; **at ~** (*BRIT*: *AUT*) à l'orange
ambiguous [æm'bɪgjuəs] *adj* ambigu(ë)
ambition [æm'bɪʃən] *n* ambition *f*
ambitious [æm'bɪʃəs] *adj* ambitieux(euse)
amble ['æmbl] *vi* (*also*: *to ~ along*) aller d'un pas tranquille
ambulance ['æmbjuləns] *n* ambulance *f*
ambush ['æmbuʃ] *n* embuscade *f* ♦ *vt* tendre une embuscade à
amenable [ə'mi:nəbl] *adj*: **~ to** (*advice etc*) disposé(e) à écouter
amend [ə'mend] *vt* (*law*) amender; (*text*) corriger; **to make ~s** réparer ses torts, faire amende honorable
amenities [ə'mi:nɪtɪz] *npl* aménagements *mpl*, équipements *mpl*
America [ə'merɪkə] *n* Amérique *f*; **~n** *adj* américain(e) ♦ *n* Américain(e)
amiable ['eɪmɪəbl] *adj* aimable, affable
amicable ['æmɪkəbl] *adj* amical(e); (*JUR*) à l'amiable
amid(st) [ə'mɪd(st)] *prep* parmi, au milieu de
amiss [ə'mɪs] *adj, adv*: **there's something ~** il y a quelque chose qui ne va pas *or* qui cloche; **to take sth ~** prendre qch mal *or* de travers
ammonia [ə'məunɪə] *n* (*gas*) ammoniac *m*; (*liquid*) ammoniaque *f*
ammunition [æmju'nɪʃən] *n* munitions *fpl*
amok [ə'mɔk] *adv*: **to run ~** être pris(e) d'un accès de folie furieuse
among(st) [ə'mʌŋ(st)] *prep* parmi, entre
amorous ['æmərəs] *adj* amoureux(euse)
amount [ə'maunt] *n* (*sum*) somme *f*, montant *m*; (*quantity*) quantité *f*, nombre *m* ♦ *vi*: **to ~ to** (*total*) s'élever à; (*be same as*) équivaloir à, revenir à
amp(ere) ['æmp(εə*)] *n* ampère *m*
ample ['æmpl] *adj* ample; spa-

cieux(euse); (*enough*): **this is** ~ c'est largement suffisant; **to have** ~ **time/room** avoir bien assez de temps/place

amplifier ['æmplɪfaɪə*] *n* amplificateur *m*

amuse [ə'mju:z] *vt* amuser, divertir; **~ment** *n* amusement *m*; **~ment arcade** *n* salle *f* de jeu

an [æn] *indef art see* **a**

anaemic [ə'ni:mɪk] (*US* **anemic**) *adj* anémique

anaesthetic [ænɪs'θetɪk] *n* anesthésique *m*

analog(ue) ['ænəlɒg] *adj* (*watch, computer*) analogique

analyse ['ænəlaɪz] (*US* **analyze**) *vt* analyser; **analysis** [ə'næləsɪs] (*pl* **analyses**) *n* analyse *f*; **analyst** ['ænəlɪst] *n* (*POL etc*) spécialiste *m/f*; (*US*) psychanalyste *m/f*

analyze ['ænəlaɪz] (*US*) *vt* = **analyse**

anarchist ['ænəkɪst] *n* anarchiste *m/f*

anarchy ['ænəkɪ] *n* anarchie *f*

anatomy [ə'nætəmɪ] *n* anatomie *f*

ancestor ['ænsestə*] *n* ancêtre *m*, aïeul *m*

anchor ['æŋkə*] *n* ancre *f* ♦ *vi* (*also: to drop* ~) jeter l'ancre, mouiller ♦ *vt* mettre à l'ancre; (*fig*): **to ~ sth to** fixer qch à; **to weigh** ~ lever l'ancre

anchovy ['æntʃəvɪ] *n* anchois *m*

ancient ['eɪnʃənt] *adj* ancien(ne), antique; (*person*) d'un âge vénérable; (*car*) antédiluvien(ne)

ancillary [æn'sɪlərɪ] *adj* auxiliaire

and [ænd] *conj* et; ~ **so on** et ainsi de suite; **try** ~ **come** tâchez de venir; **he talked** ~ **talked** il n'a pas arrêté de parler; **better** ~ **better** de mieux en mieux

anew [ə'nju:] *adv* à nouveau

angel ['eɪndʒəl] *n* ange *m*

anger ['æŋgə*] *n* colère *f*

angina [æn'dʒaɪnə] *n* angine *f* de poitrine

angle ['æŋgl] *n* angle *m*; **from their** ~ de leur point de vue

angler ['æŋglə*] *n* pêcheur(euse) à la ligne

Anglican ['æŋglɪkən] *adj, n* anglican(e)

angling ['æŋglɪŋ] *n* pêche *f* à la ligne

Anglo- ['æŋgləʊ] *prefix* anglo(-)

angrily ['æŋgrɪlɪ] *adv* avec colère

angry ['æŋgrɪ] *adj* en colère, furieux(euse); (*wound*) enflammé(e); **to be** ~ **with sb/at sth** être furieux contre qn/de qch; **to get** ~ se fâcher, se mettre en colère

anguish ['æŋgwɪʃ] *n* (*physical*) supplice *m*; (*mental*) angoisse *f*

angular ['æŋgjʊlə*] *adj* anguleux(euse)

animal ['ænɪməl] *n* animal *m* ♦ *adj* animal(e)

animate [*vb* 'ænɪmeɪt, *adj* 'ænɪmət] *adj* animé(e), vivant(e); **~d** *adj* animé(e)

aniseed ['ænɪsi:d] *n* anis *m*

ankle ['æŋkl] *n* cheville *f*; ~ **sock** *n* socquette *f*

annex [*n* 'æneks, *vb* ə'neks] *n* (*also: BRIT*: ~*e*) annexe *f* ♦ *vt* annexer

anniversary [ænɪ'vɜ:sərɪ] *n* anniversaire *m*

announce [ə'naʊns] *vt* annoncer; (*birth, death*) faire part de; **~ment** *n* annonce *f*; (*for births etc*: *in newspaper*) avis *m* de faire-part; (: *letter, card*) faire-part *m*; **~r** *n* (*RADIO, TV*: *between programmes*) speaker(ine)

annoy [ə'nɔɪ] *vt* agacer, ennuyer, contrarier; **don't get ~ed!** ne vous fâchez pas!; **~ance** *n* mécontentement *m*, contrariété *f*; **~ing** *adj* agaçant(e), contrariant(e)

annual ['ænjʊəl] *adj* annuel(le) ♦ *n* (*BOT*) plante annuelle; (*children's book*) album *m*

annul [ə'nʌl] *vt* annuler

annum ['ænəm] *n see* **per**

anonymous [ə'nɒnɪməs] *adj* anonyme

anorak ['ænəræk] *n* anorak *m*

another [ə'nʌðə*] *adj*: ~ **book** (*one more*) un autre livre, encore un livre, un livre de plus; (*a different one*) un autre livre ♦ *pron* un(e) autre, encore un(e), un(e) de plus; *see also* **one**

answer ['ɑːnsə*] *n* réponse *f*; (*to problem*) solution *f* ♦ *vi* répondre ♦ *vt* (*reply to*) répondre à; (*problem*) résoudre; (*prayer*) exaucer; **in ~ to your letter** en réponse à votre lettre; **to ~ the phone** répondre (au téléphone); **to ~ the bell** *or* **the door** aller *or* venir ouvrir (la porte); **~ back** *vi* répondre, répliquer; **~ for** *vt fus* (*person*) répondre de, se porter garant de; (*crime, one's actions*) être responsable de; **~ to** *vt fus* (*description*) répondre *or* correspondre à; **~able** *adj*: **~able (to sb/for sth)** responsable (devant qn/de qch); **~ing machine** *n* répondeur *m* automatique

ant [ænt] *n* fourmi *f*

antagonism [æn'tægənɪzəm] *n* antagonisme *m*

antagonize [æn'tægənaɪz] *vt* éveiller l'hostilité de, contrarier

Antarctic [ænt'ɑːktɪk] *n*: **the ~** l'Antarctique *m*

antenatal [æntɪ'neɪtl] *adj* prénatal(e); **~ clinic** *n* service *m* de consultation prénatale

anthem ['ænθəm] *n*: **national ~** hymne national

anti: **~-aircraft** [æntɪ'ɛəkrɑːft] *adj* (*missile*) anti-aérien(ne); **~biotic** ['æntɪbaɪ'ɒtɪk] *n* antibiotique *m*; **~body** ['æntɪbɒdɪ] *n* anticorps *m*

anticipate [æn'tɪsɪpeɪt] *vt* s'attendre à; prévoir; (*wishes, request*) aller au devant de, devancer

anticipation [æntɪsɪ'peɪʃən] *n* attente *f*; **with ~** impatiemment

anticlimax ['æntɪ'klaɪmæks] *n* déception *f*, douche froide (*col*)

anticlockwise ['æntɪ'klɒkwaɪz] *adj, adv* dans le sens inverse des aiguilles d'une montre

antics ['æntɪks] *npl* singeries *fpl*

antifreeze ['æntɪfriːz] *n* antigel *m*

antihistamine [æntɪ'hɪstəmiːn] *n* antihistaminique *m*

antiquated ['æntɪkweɪtɪd] *adj* vieilli(e), suranné(e), vieillot(te)

antique [æn'tiːk] *n* objet *m* d'art ancien, meuble ancien *or* d'époque, antiquité *f* ♦ *adj* ancien(ne); **~ dealer** *n* antiquaire *m*; **~ shop** *n* magasin *m* d'antiquités

anti: **~-Semitism** [æntɪ'semɪtɪzəm] *n* antisémitisme *m*; **~-septic** [æntɪ'septɪk] *n* antiseptique *m*; **~-social** [æntɪ'səʊʃl] *adj* peu liant(e), sauvage, insociable; (*against society*) antisocial(e)

antlers ['æntləz] *npl* bois *mpl*, ramure *f*

anvil ['ænvɪl] *n* enclume *f*

anxiety [æŋ'zaɪətɪ] *n* anxiété *f*; (*keenness*): **~ to do** grand désir *or* impatience *f* de faire

anxious ['æŋkʃəs] *adj* anxieux(euse), angoissé(e); (*worrying*: *time, situation*) inquiétant(e); (*keen*): **~ to do/that** qui tient beaucoup à faire/à ce que; impatient(e) de faire/que

KEYWORD

any ['enɪ] *adj* **1** (*in questions etc*: *singular*) du, de l', de la; (*in questions etc*: *plural*) des; **have you ~ butter/children/ink?** avez-vous du beurre/des enfants/de l'encre?

2 (*with negative*) de, d'; **I haven't ~ money/books** je n'ai pas d'argent/de livres

3 (*no matter which*) n'importe quel(le); **choose ~ book you like** vous pouvez choisir n'importe quel livre

4 (*in phrases*): **in ~ case** de toute façon; **~ day now** d'un jour à l'autre; **at ~ moment** à tout moment, d'un instant à l'autre; **at ~ rate** en tout cas

♦ *pron* **1** (*in questions etc*) en; **have you got ~?** est-ce que vous en avez?; **can ~ of you sing?** est-ce que parmi vous il y en a qui chantent?

2 (*with negative*) en; **I haven't ~ (of them)** je n'en ai pas, je n'en ai

aucun
3 (*no matter which one(s)*) n'importe lequel (*or* laquelle); **take ~ of those books (you like)** vous pouvez prendre n'importe lequel de ces livres
♦ *adv* **1** (*in questions etc*): **do you want ~ more soup/sandwiches?** voulez-vous encore de la soupe/des sandwichs?; **are you feeling ~ better?** est-ce que vous vous sentez mieux?
2 (*with negative*): **I can't hear him ~ more** je ne l'entends plus; **don't wait ~ longer** n'attendez pas plus longtemps

any: ~body ['enıbɒdı] *pron* n'importe qui; (*in interrogative sentences*) quelqu'un; (*in negative sentences*): **I don't see ~** je ne vois personne; **~how** *adv* (*at any rate*) de toute façon, quand même; (*haphazard*) n'importe comment; **~one** [-wʌn] *pron* = **anybody**; **~thing** *pron* n'importe quoi, quelque chose, ne ... rien; **~way** *adv* de toute façon; **~where** *adv* n'importe où, quelque part; **I don't see him ~** je ne le vois nulle part
apart [ə'pɑ:t] *adv* (*to one side*) à part; de côté; à l'écart; (*separately*) séparément; **10 miles ~** à 10 miles l'un de l'autre; **to take ~** démonter; **~ from** à part, excepté
apartheid [ə'pɑ:teıt] *n* apartheid *m*
apartment [ə'pɑ:tmənt] *n* (*US*) appartement *m*, logement *m*; (*room*) chambre *f*; **~ building** (*US*) *n* immeuble *m*; maison divisée en appartements
ape [eıp] *n* (grand) singe ♦ *vt* singer
apéritif [ə'perıti:f] *n* apéritif *m*
aperture ['æpətjuə*] *n* orifice *m*, ouverture *f*; (*PHOT*) ouverture (du diaphragme)
apex ['eıpeks] *n* sommet *m*
apiece [ə'pi:s] *adv* chacun(e)
apologetic [əpɒlə'dʒetık] *adj* (*tone, letter*) d'excuse; (*person*): **to be ~** s'excuser
apologize [ə'pɒlədʒaız] *vi*: **to ~ (for sth to sb)** s'excuser (de qch auprès de qn), présenter des excuses (à qn pour qch)
apology [ə'pɒlədʒı] *n* excuses *fpl*
apostrophe [ə'pɒstrəfı] *n* apostrophe *f*
appal [ə'pɔ:l] *vt* consterner; **~ling** [ə'pɔ:lıŋ] *adj* épouvantable; (*stupidity*) consternant(e)
apparatus [æpə'reıtəs] *n* appareil *m*, dispositif *m*; (*in gymnasium*) agrès *mpl*; (*of government*) dispositif *m*
apparel [ə'pærəl] (*US*) *n* habillement *m*
apparent [ə'pærənt] *adj* apparent(e); **~ly** *adv* apparemment
appeal [ə'pi:l] *vi* (*LAW*) faire *or* interjeter appel ♦ *n* appel *m*; (*request*) prière *f*; appel *m*; (*charm*) attrait *m*, charme *m*; **to ~ for** lancer un appel pour; **to ~ to** (*beg*) faire appel à; (*be attractive*) plaire à; **it doesn't ~ to me** cela ne m'attire pas; **~ing** *adj* (*attractive*) attrayant(e)
appear [ə'pıə*] *vi* apparaître, se montrer; (*LAW*) comparaître; (*publication*) paraître, sortir, être publié(e); (*seem*) paraître, sembler; **it would ~ that** il semble que; **to ~ in Hamlet** jouer dans Hamlet; **to ~ on TV** passer à la télé; **~ance** *n* apparition *f*; parution *f*; (*look, aspect*) apparence *f*, aspect *m*
appease [ə'pi:z] *vt* apaiser, calmer
appendicitis [əpendı'saıtıs] *n* appendicite *f*; **appendix** [ə'pendıks] (*pl* **appendices**) *n* appendice *m*
appetite ['æpıtaıt] *n* appétit *m*
appetizer ['æpətaızə*] *n* amuse-gueule *m*; (*drink*) apéritif *m*
applaud [ə'plɔ:d] *vt, vi* applaudir
applause [ə'plɔ:z] *n* applaudissements *mpl*
apple ['æpl] *n* pomme *f*; **~ tree** *n* pommier *m*
appliance [ə'plaıəns] *n* appareil *m*
applicable [ə'plıkəbl] *adj* (*revelant*): **to be ~ to** valoir pour
applicant ['æplıkənt] *n*: **~ (for)**

candidat(e) (à)
application [æplɪ'keɪʃən] *n* application *f*; (*for a job, a grant etc*) demande *f*; candidature *f*; ~ **form** *n* formulaire *m* de demande
applied [ə'plaɪd] *adj* appliqué(e)
apply [ə'plaɪ] *vt* (*paint, ointment*): to ~ (to) appliquer (sur); (*law etc*): to ~ (to) appliquer (à) ♦ *vi*: to ~ to (*be suitable for, relevant to*) s'appliquer à; (*ask*) s'adresser à; to ~ (for) (*permit, grant*) faire une demande (en vue d'obtenir); (*job*) poser sa candidature (pour), faire une demande d'emploi (concernant); to ~ o.s. to s'appliquer à
appoint [ə'pɔɪnt] *vt* nommer, engager; **~ed** *adj*: at the ~ed time à l'heure dite; **~ment** *n* nomination *f*; (*meeting*) rendez-vous *m*; to make an ~ment (with) prendre rendez-vous (avec)
appraisal [ə'preɪzl] *n* évaluation *f*
appreciate [ə'pri:ʃɪeɪt] *vt* (*like*) apprécier; (*be grateful for*) être reconnaissant(e) de; (*understand*) comprendre; se rendre compte de ♦ *vi* (*FINANCE*) prendre de la valeur
appreciation [əpri:ʃɪ'eɪʃən] *n* appréciation *f*; (*gratitude*) reconnaissance *f*; (*COMM*) hausse *f*, valorisation *f*
appreciative [ə'pri:ʃɪətɪv] *adj* (*person*) sensible; (*comment*) élogieux(euse)
apprehensive [æprɪ'hensɪv] *adj* inquiet(ète), appréhensif(ive)
apprentice [ə'prentɪs] *n* apprenti *m*; **~ship** *n* apprentissage *m*
approach [ə'prəutʃ] *vi* approcher ♦ *vt* (*come near*) approcher de; (*ask, apply to*) s'adresser à; (*situation, problem*) aborder ♦ *n* approche *f*; (*access*) accès *m*; **~able** *adj* accessible
appropriate [*adj* ə'prəuprɪət, *vb* ə'prəuprɪeɪt] *adj* (*moment, remark*) opportun(e); (*tool etc*) approprié(e) ♦ *vt* (*take*) s'approprier
approval [ə'pru:vəl] *n* approbation *f*; on ~ (*COMM*) à l'examen
approve [ə'pru:v] *vt* approuver; ~ of *vt fus* approuver
approximate [*adj* ə'prɒksɪmɪt, *vb* ə'prɒksɪmeɪt] *adj* approximatif(ive) ♦ *vt* se rapprocher de, être proche de; **~ly** *adv* approximativement
apricot ['eɪprɪkɒt] *n* abricot *m*
April ['eɪprəl] *n* avril *m*; ~ Fool's Day le premier avril
apron ['eɪprən] *n* tablier *m*
apt [æpt] *adj* (*suitable*) approprié(e); (*likely*): ~ to do susceptible de faire; qui a tendance à faire
Aquarius [ə'kwεərɪəs] *n* le Verseau
Arab ['ærəb] *adj* arabe ♦ *n* Arabe *m/f*; **~ian** [ə'reɪbɪən] *adj* arabe; **~ic** ['ærəbɪk] *adj* arabe ♦ *n* arabe *m*
arbitrary ['ɑ:bɪtrərɪ] *adj* arbitraire
arbitration [ɑ:bɪ'treɪʃən] *n* arbitrage *m*
arcade [ɑ:'keɪd] *n* arcade *f*; (*passage with shops*) passage *m*, galerie marchande
arch [ɑ:tʃ] *n* arc *m*; (*of foot*) cambrure *f*, voûte *f* plantaire ♦ *vt* arquer, cambrer
archaeologist [ɑ:kɪ'ɒlədʒɪst] *n* archéologue *m/f*; **archaeology** [ɑ:kɪ'ɒlədʒɪ] *n* archéologie *f*
archbishop ['ɑ:tʃ'bɪʃəp] *n* archevêque *m*
archenemy ['ɑ:tʃ'enəmɪ] *n* ennemi *m* de toujours *or* juré
archeology *etc* (*US*) = **archaeology** *etc*
archery [ɑ:tʃərɪ] *n* tir *m* à l'arc
architect ['ɑ:kɪtekt] *n* architecte *m*; **~ure** *n* architecture *f*
archives ['ɑ:kaɪvz] *npl* archives *fpl*
Arctic ['ɑ:ktɪk] *adj* arctique ♦ *n*: the ~ l'Arctique *m*
ardent ['ɑ:dənt] *adj* fervent(e)
are [ɑ:*] *vb see* **be**
area ['εərɪə] *n* (*GEOM*) superficie *f*; (*zone*) région *f*; (: *smaller*) secteur *m*, partie *f*; (*in room*) coin *m*; (*knowledge, research*) domaine *m*
aren't [ɑ:nt] = are not
Argentina [ɑ:dʒən'ti:nə] *n* Argentine *f*; **Argentinian** [ɑ:dʒən'tɪnɪən] *adj* ar-

gentin(e) ♦ *n* Argentin(e)
arguably ['ɑ:gjuəblɪ] *adv*: **it is ~ ...** on peut soutenir que c'est ...
argue ['ɑ:gju:] *vi* (*quarrel*) se disputer; (*reason*) argumenter; **to ~ that** objecter *or* alléguer que
argument ['ɑ:gjumənt] *n* (*reasons*) argument *m*; (*quarrel*) dispute *f*; **~ative** [ɑ:gju'mentətɪv] *adj* ergoteur(euse), raisonneur(euse)
Aries ['ɛəri:z] *n* le Bélier
arise [ə'raɪz] (*pt* **arose**, *pp* **arisen**) *vi* survenir, se présenter
aristocrat ['ærɪstəkræt] *n* aristocrate *m/f*
arithmetic [ə'rɪθmətɪk] *n* arithmétique *f*
ark [ɑ:k] *n*: **Noah's A~** l'Arche *f* de Noé
arm [ɑ:m] *n* bras *m* ♦ *vt* armer; **~s** *npl* (*weapons, HERALDRY*) armes *fpl*; **~ in ~** bras dessus bras dessous
armaments ['ɑ:məmənts] *npl* armement *m*
arm: **~chair** *n* fauteuil *m*; **~ed** *adj* armé(e); **~ed robbery** *n* vol *m* à main armée
armour ['ɑ:mə*] (*US* **armor**) *n* armure *f*; (*MIL: tanks*) blindés *mpl*; **~ed car** *n* véhicule blindé
armpit ['ɑ:mpɪt] *n* aisselle *f*
armrest ['ɑ:mrest] *n* accoudoir *m*
army ['ɑ:mɪ] *n* armée *f*
aroma [ə'rəumə] *n* arôme *m*
arose [ə'rəuz] *pt of* **arise**
around [ə'raund] *adv* autour; (*nearby*) dans les parages ♦ *prep* autour de; (*near*) près de; (*fig: about*) environ; (*: date, time*) vers
arouse [ə'rauz] *vt* (*sleeper*) éveiller; (*curiosity, passions*) éveiller, susciter; (*anger*) exciter
arrange [ə'reɪndʒ] *vt* arranger; **to ~ to do sth** prévoir de faire qch; **~ment** *n* arrangement *m*; **~ments** *npl* (*plans etc*) arrangements *mpl*, dispositions *fpl*
array [ə'reɪ] *n*: **~ of** déploiement *m* *or* étalage *m* de
arrears [ə'rɪəz] *npl* arriéré *m*; **to be in ~ with one's rent** devoir un arriéré de loyer
arrest [ə'rest] *vt* arrêter; (*sb's attention*) retenir, attirer ♦ *n* arrestation *f*; **under ~** en état d'arrestation
arrival [ə'raɪvəl] *n* arrivée *f*; **new ~** nouveau venu, nouvelle venue; (*baby*) nouveau-né(e)
arrive [ə'raɪv] *vi* arriver
arrogant ['ærəgənt] *adj* arrogant(e)
arrow ['ærəu] *n* flèche *f*
arse [ɑ:s] (*BRIT: inf!*) *n* cul *m* (*!*)
arson ['ɑ:sn] *n* incendie criminel
art [ɑ:t] *n* art *m*; **A~s** *npl* (*SCOL*) les lettres *fpl*
artery ['ɑ:tərɪ] *n* artère *f*
artful ['a:tful] *adj* astucieux(euse), rusé(e)
art gallery *n* musée *m* d'art; (*small and private*) galerie *f* de peinture
arthritis [ɑ:'θraɪtɪs] *n* arthrite *f*
artichoke ['ɑ:tɪtʃəuk] *n* (*also*: *globe ~*) artichaut *m*; (*: Jerusalem ~*) topinambour *m*
article ['ɑ:tɪkl] *n* article *m*; **~s** *npl* (*BRIT*: *LAW*: *training*) ≈ stage *m*; **~ of clothing** vêtement *m*
articulate [*adj* ɑ:'tɪkjulɪt, *vb* ɑ:'tɪkjuleɪt] *adj* (*person*) qui s'exprime bien; (*speech*) bien articulé(e), prononcé(e) clairement ♦ *vt* exprimer; **~d lorry** (*BRIT*) *n* (camion *m*) semi-remorque *m*
artificial [ɑ:tɪ'fɪʃəl] *adj* artificiel(le)
artist ['ɑ:tɪst] *n* artiste *m/f*; **~ic** [ɑ:'tɪstɪk] *adj* artistique; **~ry** *n* art *m*, talent *m*
art school *n* ≈ école *f* des beaux-arts

KEYWORD

as [æz] *conj* **1** (*referring to time*) comme, alors que; à mesure que; **he came in ~ I was leaving** il est arrivé comme je partais; **~ the years went by** à mesure que les années passaient; **~ from tomorrow** à partir de demain
2 (*in comparisons*): **~ big ~** aussi grand que; **twice ~ big ~** deux fois

plus grand que; ~ **much** *or* **many** ~ autant que; ~ **much money/many books** autant d'argent/de livres que; ~ **soon** ~ dès que

3 (*since, because*) comme, puisque; ~ **he had to be home by 10 ...** comme il *or* puisqu'il devait être de retour avant 10h ...

4 (*referring to manner, way*) comme; **do** ~ **you wish** faites comme vous voudrez

5 (*concerning*): ~ **for** *or* **to that** quant à cela, pour ce qui est de cela

6: ~ **for** *or* **though** comme si; **he looked** ~ **if he was ill** il avait l'air d'être malade; *see also* **long; such; well**

♦ *prep*: **he works** ~ **a driver** il travaille comme chauffeur; ~ **chairman of the company, he ...** en tant que président de la compagnie, il ...; **dressed up** ~ **a cowboy** déguisé en cowboy; **he gave me it** ~ **a present** il me l'a offert, il m'en a fait cadeau

a.s.a.p. *abbr* (= *as soon as possible*) dès que possible

asbestos [æz'bɛstəs] *n* amiante *f*

ascend [ə'sɛnd] *vt* gravir; (*throne*) monter sur

ascent [ə'sɛnt] *n* ascension *f*

ascertain [æsə'teɪn] *vt* vérifier

ascribe [ə'skraɪb] *vt*: **to** ~ **sth to** attribuer qch à

ash [æʃ] *n* (*dust*) cendre *f*; (*also*: ~ *tree*) frêne *m*

ashamed [ə'ʃeɪmd] *adj* honteux(euse), confus(e); **to be** ~ **of** avoir honte de

ashen ['æʃən] *adj* (*pale*) cendreux(euse), blême

ashore [ə'ʃɔː*] *adv* à terre

ashtray ['æʃtreɪ] *n* cendrier *m*

Ash Wednesday *n* mercredi *m* des cendres

Asia ['eɪʃə] *n* Asie *f*; ~**n** *n* Asiatique *m/f* ♦ *adj* asiatique

aside [ə'saɪd] *adv* de côté; à l'écart ♦ *n* aparté *m*

ask [ɑːsk] *vt* demander; (*invite*) inviter; **to** ~ **sb sth/to do sth** demander qch à qn/à qn de faire qch; **to** ~ **sb about sth** questionner qn sur qch; se renseigner auprès de qn sur qch; **to** ~ **(sb) a question** poser une question (à qn); **to** ~ **sb out to dinner** inviter qn au restaurant; ~ **after** *vt fus* demander des nouvelles de; ~ **for** *vt fus* demander; (*trouble*) chercher

askance [əs'kɑːns] *adv*: **to look** ~ **at sb** regarder qn de travers *or* d'un œil désapprobateur

asking price ['ɑːskɪŋ] *n*: **the** ~ le prix de départ

asleep [ə'sliːp] *adj* endormi(e); **to fall** ~ s'endormir

asparagus [əs'pærəgəs] *n* asperges *fpl*

aspect ['æspɛkt] *n* aspect *m*; (*direction in which a building etc faces*) orientation *f*, exposition *f*

aspersions [əs'pɜːʃənz] *npl*: **to cast** ~ **on** dénigrer

aspire [əs'paɪə*] *vi*: **to** ~ **to** aspirer à

aspirin ['æsprɪn] *n* aspirine *f*

ass [æs] *n* âne *m*; (*inf*) imbécile *m/f*; (*US*: *inf!*) cul *m* (*!*)

assailant [ə'seɪlənt] *n* agresseur *m*; assaillant *m*

assassinate [ə'sæsɪneɪt] *vt* assassiner; **assassination** [əsæsɪ'neɪʃən] *n* assassinat *m*

assault [ə'sɔːlt] *n* (*MIL*) assaut *m*; (*gen*: *attack*) agression *f* ♦ *vt* attaquer; (*sexually*) violenter

assemble [ə'sɛmbl] *vt* assembler ♦ *vi* s'assembler, se rassembler

assembly [ə'sɛmblɪ] *n* assemblée *f*, réunion *f*; (*institution*) assemblée; (*construction*) assemblage *m*; ~ **line** *n* chaîne *f* de montage

assent [ə'sɛnt] *n* assentiment *m*, consentement *m*

assert [ə'sɜːt] *vt* affirmer, déclarer; (*one's authority*) faire valoir; (*one's innocence*) protester de

assess [ə'sɛs] *vt* évaluer; (*tax, pay-*

ment) établir *or* fixer le montant de; (*property etc*: *for tax*) calculer la valeur imposable de; (*person*) juger la valeur de; **~ment** *n* évaluation *f*, fixation *f*, calcul *m* de la valeur imposable de, jugement *m*; **~or** *n* expert *m* (*impôt et assurance*)

asset ['æset] *n* avantage *m*, atout *m*; ~s *npl* (*FINANCE*) capital *m*; avoir(s) *m(pl)*; actif *m*

assign [ə'saɪn] *vt* (*date*) fixer; (*task*) assigner à; (*resources*) affecter à; **~ment** [ə'saɪnmənt] *n* tâche *f*, mission *f*

assist [ə'sɪst] *vt* aider, assister; **~ance** *n* aide *f*, assistance *f*; **~ant** *n* assistant(e), adjoint(e); (*BRIT*: *also*: *shop ~ant*) vendeur(euse)

associate [*adj*, *n* ə'səʊʃɪɪt, *vb* ə'səʊʃɪeɪt] *adj*, *n* associé(e) ♦ *vt* associer ♦ *vi*: **to ~ with sb** fréquenter qn; **association** [əsəʊsɪ'eɪʃən] *n* association *f*

assorted [ə'sɔːtɪd] *adj* assorti(e)

assortment [ə'sɔːtmənt] *n* assortiment *m*

assume [ə'sjuːm] *vt* supposer; (*responsibilities etc*) assumer; (*attitude, name*) prendre, adopter; **~d name** *n* nom *m* d'emprunt; **assumption** [ə'sʌmpʃən] *n* supposition *f*, hypothèse *f*; (*of power*) assomption *f*, prise *f*

assurance [ə'ʃʊərəns] *n* assurance *f*

assure [ə'ʃʊə*] *vt* assurer

asthma ['æsmə] *n* asthme *m*

astonish [əs'tɒnɪʃ] *vt* étonner, stupéfier; **~ment** *n* étonnement *m*

astound [əs'taʊnd] *vt* stupéfier, sidérer

astray [əs'treɪ] *adv*: **to go ~** s'égarer; (*fig*) quitter le droit chemin; **to lead ~** détourner du droit chemin

astride [əs'traɪd] *prep* à cheval sur

astrology [əs'trɒlədʒɪ] *n* astrologie *f*

astronaut ['æstrənɔːt] *n* astronaute *m/f*

astronomy [əs'trɒnəmɪ] *n* astronomie *f*

astute [əs'tjuːt] *adj* astucieux(euse)

asylum [ə'saɪləm] *n* asile *m*

KEYWORD

at [æt] *prep* **1** (*referring to position, direction*) à; **~ the top** au sommet; **~ home/school** à la maison *or* chez soi/à l'école; **~ the baker's** à la boulangerie, chez le boulanger; **to look ~ sth** regarder qch

2 (*referring to time*): **~ 4 o'clock** à 4 heures; **~ Christmas** à Noël; **~ night** la nuit; **~ times** par moments, parfois

3 (*referring to rates, speed etc*) à; **~ £1 a kilo** une livre le kilo; **two ~ a time** deux à la fois; **~ 50 km/h** à 50 km/h

4 (*referring to manner*): **~ a stroke** d'un seul coup; **~ peace** en paix

5 (*referring to activity*): **to be ~ work** être à l'œuvre, travailler; **to play ~ cowboys** jouer aux cowboys; **to be good ~ sth** être bon en qch

6 (*referring to cause*): **shocked/surprised/annoyed ~ sth** choqué par/étonné de/agacé par qch; **I went ~ his suggestion** j'y suis allé sur son conseil

ate [et, eɪt] *pt of* **eat**

atheist ['eɪθɪɪst] *n* athée *m/f*

Athens ['æθɪnz] *n* Athènes

athlete ['æθliːt] *n* athlète *m/f*

athletic [æθ'letɪk] *adj* athlétique; **~s** *n* athlétisme *m*

Atlantic [ət'læntɪk] *adj* atlantique ♦ *n*: **the ~ (Ocean)** l'Atlantique *m*, l'océan *m* Atlantique

atlas ['ætləs] *n* atlas *m*

atmosphere ['ætməsfɪə*] *n* atmosphère *f*

atom ['ætəm] *n* atome *m*; **~ic** [ə'tɒmɪk] *adj* atomique; **~(ic) bomb** *n* bombe *f* atomique; **~izer** ['ætəmaɪzə*] *n* atomiseur *m*

atone [ə'təʊn] *vi*: **to ~ for** expier, racheter

atrocious [ə'trəʊʃəs] *adj* (*very bad*) atroce, exécrable

attach [ə'tætʃ] *vt* attacher; (*document, letter*) joindre; **to be ~ed**

to sb/sth être attaché à qn/qch
attaché case [ə'tæʃeɪ-] *n* mallette *f*, attaché-case *m*
attachment [ə'tætʃmənt] *n* (*tool*) accessoire *m*; (*love*): ~ **(to)** affection *f* (pour), attachement *m* (à)
attack [ə'tæk] *vt* attaquer; (*task etc*) s'attaquer à ♦ *n* attaque *f*; (*also*: *heart* ~) crise *f* cardiaque
attain [ə'teɪn] *vt* (*also*: *to* ~ *to*) parvenir à, atteindre; (: *knowledge*) acquérir; ~**ments** *npl* connaissances *fpl*, résultats *mpl*
attempt [ə'tempt] *n* tentative *f* ♦ *vt* essayer, tenter; **to make an** ~ **on sb's life** attenter à la vie de qn; ~**ed** *adj*: ~**ed murder/suicide** tentative *f* de meurtre/suicide
attend [ə'tend] *vt* (*course*) suivre; (*meeting, talk*) assister à; (*school, church*) aller à, fréquenter; (*patient*) soigner, s'occuper de; ~ **to** *vt fus* (*needs, affairs etc*) s'occuper de; (*customer, patient*) s'occuper de; ~**ance** *n* (*being present*) présence *f*; (*people present*) assistance *f*; ~**ant** *n* employé(e) ♦ *adj* (*dangers*) inhérent(e), concomitant(e)
attention [ə'tenʃən] *n* attention *f*; ~! (*MIL*) garde-à-vous!; **for the** ~ **of** (*ADMIN*) à l'attention de
attentive [ə'tentɪv] *adj* attentif(ive); (*kind*) prévenant(e)
attest [ə'test] *vi*: to ~ to (*demonstrate*) démontrer; (*confirm*) témoigner
attic ['ætɪk] *n* grenier *m*
attitude ['ætɪtju:d] *n* attitude *f*; pose *f*, maintien *m*
attorney [ə'tɜ:nɪ] *n* (*US*: *lawyer*) avoué *m*; **A~ General** *n* (*BRIT*) ≈ procureur général; (*US*) ≈ garde *m* des Sceaux, ministre *m* de la Justice
attract [ə'trækt] *vt* attirer; ~**ion** [ə'trækʃən] *n* (*gen pl*: *pleasant things*) attraction *f*, attrait *m*; (*PHYSICS*) attraction *f*; (*fig*: *towards sb or sth*) attirance *f*; ~**ive** *adj* attrayant(e); (*person*) séduisant(e)
attribute [*n* 'ætrɪbju:t, *vb* ə'trɪbju:t] *n* attribut *m* ♦ *vt*: to ~ **sth** to attribuer qch à
attrition [ə'trɪʃən] *n*: **war of** ~ guerre *f* d'usure
aubergine ['əubəʒi:n] *n* aubergine *f*
auction ['ɔ:kʃən] *n* (*also*: *sale by* ~) vente *f* aux enchères ♦ *vt* (: *to sell by* ~) vendre aux enchères; (: *to put up for* ~) mettre aux enchères; ~**eer** [ɔ:kʃə'nɪə*] *n* commissaire-priseur *m*
audience ['ɔ:dɪəns] *n* (*people*) assistance *f*; public *m*; spectateurs *mpl*; (*interview*) audience *f*
audiovisual ['ɔ:dɪəu'vɪzjuəl] *adj* audiovisuel(le); ~ **aids** *npl* supports *or* moyens audiovisuels
audit ['ɔ:dɪt] *vt* vérifier
audition [ɔ:'dɪʃən] *n* audition *f*
auditor ['ɔ:dɪtə*] *n* vérificateur *m* des comptes
augur ['ɔ:gə*] *vi*: **it** ~**s well** c'est bon signe *or* de bon augure
August ['ɔ:gəst] *n* août *m*
aunt [ɑ:nt] *n* tante *f*; ~**ie** *n dimin of* **aunt**; ~**y** *n dimin of* **aunt**
au pair ['əu'pɛə*] *n* (*also*: ~ *girl*) jeune fille *f* au pair
auspicious [ɔ:s'pɪʃəs] *adj* de bon augure, propice
Australia [ɒs'treɪlɪə] *n* Australie *f*; ~**n** *adj* australien(ne) ♦ *n* Australien(ne)
Austria ['ɒstrɪə] *n* Autriche *f*; ~**n** *adj* autrichien(ne) ♦ *n* Autrichien(ne)
authentic [ɔ:'θentɪk] *adj* authentique
author ['ɔ:θə*] *n* auteur *m*
authoritarian [ɔ:θɒrɪ'tɛərɪən] *adj* autoritaire
authoritative [ɔ:'θɒrɪtətɪv] *adj* (*account*) digne de foi; (*study, treatise*) qui fait autorité; (*person, manner*) autoritaire
authority [ɔ:'θɒrɪtɪ] *n* autorité *f*; (*permission*) autorisation (formelle); **the authorities** *npl* (*ruling body*) les autorités *fpl*, l'administration *f*
authorize ['ɔ:θəraɪz] *vt* autoriser
auto ['ɔ:təu] (*US*) *n* auto *f*, voiture *f*
auto: ~**biography** [ɔ:təubaɪ'ɒgrəfɪ]

autobiographie *f*; ~**graph** ['ɔːtəgrɑːf] *n* autographe *m* ♦ *vt* signer, dédicacer; ~**mated** ['ɔːtəmeɪtɪd] *adj* automatisé(e), automatique; ~**matic** [ɔːtə'mætɪk] *adj* automatique ♦ *n* (*gun*) automatique *m*; (*washing machine*) machine *f* à laver automatique; (*BRIT*: *AUT*) voiture *f* à transmission automatique; ~**matically** *adv* automatiquement; ~**mation** [ɔːtə'meɪʃən] *n* automatisation *f* (électronique); ~**mobile** ['ɔːtəməbiːl] (*US*) *n* automobile *f*; ~**nomy** [ɔː'tɒnəmɪ] *n* autonomie *f*

autumn ['ɔːtəm] *n* automne *m*; **in** ~ en automne

auxiliary [ɔːg'zɪlɪərɪ] *adj* auxiliaire ♦ *n* auxiliaire *m/f*

avail [ə'veɪl] *vt*: **to** ~ **o.s. of** profiter de ♦ *n*: **to no** ~ sans résultat, en vain, en pure perte

availability [əveɪlə'bɪlɪtɪ] *n* disponibilité *f*

available [ə'veɪləbl] *adj* disponible

avalanche ['ævəlɑːnʃ] *n* avalanche *f*

Ave *abbr* = avenue

avenge [ə'vendʒ] *vt* venger

avenue ['ævənjuː] *n* avenue *f*; (*fig*) moyen *m*

average ['ævərɪdʒ] *n* moyenne *f*; (*fig*) moyen *m* ♦ *adj* moyen(ne) ♦ *vt* (*a certain figure*) atteindre *or* faire *etc* en moyenne; **on** ~ en moyenne; ~ **out** *vi*: **to** ~ **out at** représenter en moyenne, donner une moyenne de

averse [ə'vɜːs] *adj*: **to be** ~ **to sth/doing sth** éprouver une forte répugnance envers qch/à faire qch

avert [ə'vɜːt] *vt* prévenir, écarter; (*one's eyes*) détourner

aviary ['eɪvɪərɪ] *n* volière *f*

avocado [ævə'kɑːdəʊ] *n* (*also*: *BRIT*: ~ *pear*) avocat *m*

avoid [ə'vɔɪd] *vt* éviter

await [ə'weɪt] *vt* attendre

awake [ə'weɪk] (*pt* **awoke**, *pp* **awoken**) *adj* éveillé(e) ♦ *vt* éveiller ♦ *vi* s'éveiller; ~ **to** (*dangers, possibilities*) conscient(e) de; **to be** ~ être réveillé(e); **he was still** ~ il ne dormait pas encore; ~**ning** *n* réveil *m*

award [ə'wɔːd] *n* récompense *f*, prix *m*; (*LAW*: *damages*) dommages-intérêts *mpl* ♦ *vt* (*prize*) décerner; (*LAW*: *damages*) accorder

aware [ə'wɛə*] *adj*: ~ **(of)** (*conscious*) conscient(e) (de); (*informed*) au courant (de); **to become** ~ **of/that** prendre conscience de/que; se rendre compte de/que; ~**ness** *n* conscience *f*, connaissance *f*

awash [ə'wɒʃ] *adj*: ~ **(with)** inondé(e) (de)

away [ə'weɪ] *adj, adv* (au) loin; absent(e); **two kilometres** ~ à (une distance de) deux kilomètres, à deux kilomètres de distance; **two hours** ~ **by car** à deux heures de voiture *or* de route; **the holiday was two weeks** ~ il restait deux semaines jusqu'aux vacances; ~ **from** loin de; **he's** ~ **for a week** il est parti (pour) une semaine; **to pedal/work/laugh** ~ être en train de pédaler/travailler/rire; **to fade** ~ (*sound*) s'affaiblir; (*colour*) s'estomper; **to wither** ~ (*plant*) se dessécher; **to take** ~ emporter; (*subtract*) enlever; ~ **game** *n* (*SPORT*) match *m* à l'extérieur

awe [ɔː] *n* respect mêlé de crainte; ~**-inspiring** *adj* impressionnant(e); ~**some** *adj* impressionnant(e)

awful ['ɔːfʊl] *adj* affreux(euse); **an** ~ **lot (of)** un nombre incroyable (de); ~**ly** *adv* (*very*) terriblement, vraiment

awhile [ə'waɪl] *adv* un moment, quelque temps

awkward ['ɔːkwəd] *adj* (*clumsy*) gauche, maladroit(e); (*inconvenient*) peu pratique; (*embarrassing*) gênant(e), délicat(e)

awning ['ɔːnɪŋ] *n* (*of tent*) auvent *m*; (*of shop*) store *m*; (*of hotel etc*) marquise *f*

awoke [ə'wəʊk] *pt of* **awake**; ~**n** [ə'wəʊkən] *pp of* **awake**

awry [ə'raɪ] *adj, adv* de travers; **to**

go ~ mal tourner
axe [æks] (*US* ax) *n* hache *f* ♦ *vt* (*project etc*) abandonner; (*jobs*) supprimer; **axes** ['æksɪz] *npl of* axe
axis ['æksɪs, *pl* -si:z] (*pl* axes) *n* axe *m*
axle ['æksl] *n* (*also*: *~-tree*: *AUT*) essieu *m*
ay(e) [aɪ] *excl* (*yes*) oui

B

B [bi:] *n* (*MUS*) si *m*
B.A. *abbr* = **Bachelor of Arts**
babble ['bæbl] *vi* bredouiller; (*baby, stream*) gazouiller
baby ['beɪbɪ] *n* bébé *m*; (*US*: *inf*: *darling*): **come on, ~!** viens ma belle/mon gars!; ~ **carriage** (*US*) *n* voiture *f* d'enfant; **~-sit** *vi* garder les enfants; **~-sitter** *n* baby-sitter *m/f*
bachelor ['bætʃələ*] *n* célibataire *m*; **B~ of Arts/Science** ≈ licencié(e) ès *or* en lettres/sciences
back [bæk] *n* (*of person, horse, book*) dos *m*; (*of hand*) dos, revers *m*; (*of house*) derrière *m*; (*of car, train*) arrière *m*; (*of chair*) dossier *m*; (*of page*) verso *m*; (*of room, audience*) fond *m*; (*FOOTBALL*) arrière *m* ♦ *vt* (*candidate*: *also*: *~ up*) soutenir, appuyer; (*horse*: *at races*) parier *or* miser sur; (*car*) (faire) reculer ♦ *vi* (*also*: *~ up*) reculer; (: *car etc*) faire marche arrière ♦ *adj* (*in compounds*) de derrière, à l'arrière ♦ *adv* (*not forward*) en arrière; (*returned*): **he's ~** il est rentré, il est de retour; (*restitution*): **throw the ball ~** renvoie la balle; (*again*): **he called ~** il a rappelé; ~ **seat/wheels** (*AUT*) sièges *mpl*/roues *fpl* arrières; ~ **payments/rent** arriéré *m* de paiements/loyer; **he ran ~** il est revenu en courant; ~ **down** *vi* rabattre de ses prétentions; ~ **out** *vi* (*of promise*) se dédire; ~ **up** *vt* (*candidate etc*) soutenir, appuyer; (*COMPUT*) sauvegarder; **~bencher** (*BRIT*) *n* membre du parlement sans portefeuille; **~bone** *n* colonne vertébrale, épine dorsale; **~cloth** (*BRIT*) *n* toile *f* de fond; **~date** *vt* (*letter*) antidater; **~dated pay rise** augmentation *f* avec effet rétroactif; **~drop** *n* = **backcloth**; **~fire** *vi* (*AUT*) pétarader; (*plans*) mal tourner; **~ground** *n* arrière-plan *m*; (*of events*) situation *f*, conjoncture *f*; (*basic knowledge*) éléments *mpl* de base; (*experience*) formation *f*; **family ~ground** milieu familial; **~hand** *n* (*TENNIS*: *also*: *~hand stroke*) revers *m*; **~hander** (*BRIT*) *n* (*bribe*) pot-de-vin *m*; **~ing** *n* (*fig*) soutien *m*, appui *m*; **~lash** *n* contrecoup *m*, répercussion *f*; **~log** *n*: **~log of work** travail *m* en retard; ~ **number** *n* (*of magazine etc*) vieux numéro; **~pack** *n* sac *m* à dos; ~ **pay** *n* rappel *m* de salaire; **~side** (*inf*) *n* derrière *m*, postérieur *m*; **~stage** *adv* derrière la scène, dans la coulisse; **~stroke** *n* dos crawlé; **~up** *adj* (*train, plane*) supplémentaire, de réserve; (*COMPUT*) de sauvegarde ♦ *n* (*support*) appui *m*, soutien *m*; (*also*: *~up disk/file*) sauvegarde *f*; **~ward** *adj* (*movement*) en arrière; (*person, country*) arriéré(e); attardé(e); **~wards** *adv* (*move, go*) en arrière; (*read a list*) à l'envers, à rebours; (*fall*) à la renverse; (*walk*) à reculons; **~water** *n* (*fig*) coin reculé; bled perdu (*péj*); **~yard** *n* arrière-cour *f*
bacon ['beɪkən] *n* bacon *m*, lard *m*
bacteria [bæk'tɪərɪə] *npl* bactéries *fpl*
bad [bæd] *adj* mauvais(e); (*child*) vilain(e); (*mistake, accident etc*) grave; (*meat, food*) gâté(e), avarié(e); **his ~ leg** sa jambe malade; **to go ~** (*meat, food*) se gâter
bade [bæd] *pt of* **bid**
badge [bædʒ] *n* insigne *m*; (*of policeman*) plaque *f*
badger ['bædʒə*] *n* blaireau *m*
badly ['bædlɪ] *adv* (*work, dress etc*) mal; ~ **wounded** grièvement blessé;

he needs it ~ il en a absolument besoin; ~ **off** *adj, adv* dans la gêne

badminton ['bædmɪntən] *n* badminton *m*

bad-tempered ['bæd'tempəd] *adj* (*person*: *by nature*) ayant mauvais caractère; (: *on one occasion*) de mauvaise humeur

baffle ['bæfl] *vt* (*puzzle*) déconcerter

bag [bæg] *n* sac *m* ♦ *vt* (*inf*: *take*) empocher; s'approprier; ~**s of** (*inf*: *lots of*) des masses de; ~**gage** *n* bagages *mpl*; ~**gy** *adj* avachi(e), qui fait des poches; ~**pipes** *npl* cornemuse *f*

bail [beɪl] *n* (*payment*) caution *f*; (*release*) mise *f* en liberté sous caution ♦ *vt* (*prisoner*: *also*: *grant* ~ *to*) mettre en liberté sous caution; (*boat*: also: ~ *out*) écoper; **on** ~ (*prisoner*) sous caution; *see also* **bale**; ~ **out** *vt* (*prisoner*) payer la caution de

bailiff ['beɪlɪf] *n* (*BRIT*) ≈ huissier *m*; (*US*) ≈ huissier-audiencier *m*

bait [beɪt] *n* appât *m* ♦ *vt* appâter; (*fig*: *tease*) tourmenter

bake [beɪk] *vt* (faire) cuire au four ♦ *vi* (*bread etc*) cuire (au four); (*make cakes etc*) faire de la pâtisserie; ~**d beans** *npl* haricots blancs à la sauce tomate; ~**r** *n* boulanger *m*; ~**ry** *n* boulangerie *f*; boulangerie industrielle; **baking** *n* cuisson *f*; **baking powder** *n* levure *f* (chimique)

balance ['bæləns] *n* équilibre *m*; (*COMM*: *sum*) solde *m*; (*remainder*) reste *m*; (*scales*) balance *f* ♦ *vt* mettre *or* faire tenir en équilibre; (*pros and cons*) peser; (*budget*) équilibrer; (*account*) balancer; ~ **of trade/payments** balance commerciale/des comptes *or* paiements; ~**d** *adj* (*personality, diet*) équilibré(e); (*report*) objectif(ive); ~ **sheet** *n* bilan *m*

balcony ['bælkənɪ] *n* balcon *m*; (*in theatre*) deuxième balcon

bald [bɔːld] *adj* chauve; (*tyre*) lisse

bale [beɪl] *n* balle *f*, ballot *m*; ~ **out** *vi* (*of a plane*) sauter en parachute

ball [bɔːl] *n* boule *f*; (*football*) ballon *m*; (*for tennis, golf*) balle *f*; (*of wool*) pelote *f*; (*of string*) bobine *f*; (*dance*) bal *m*; **to play** ~ **(with sb)** (*fig*) coopérer (avec qn)

ballast ['bæləst] *n* lest *m*

ball bearings *npl* roulement *m* à billes

ballerina [bælə'riːnə] *n* ballerine *f*

ballet ['bæleɪ] *n* ballet *m*; (*art*) danse *f* (classique); ~ **dancer** *n* danseur(euse) *m/f* de ballet

balloon [bə'luːn] *n* ballon *m*; (*in comic strip*) bulle *f*

ballot ['bælət] *n* scrutin *m*; ~ **paper** *n* bulletin *m* de vote

ballpoint (pen) ['bɔːlpɔɪnt-] *n* stylo *m* à bille

ballroom ['bɔːlrum] *n* salle *f* de bal

balm [bɑːm] *n* baume *m*

ban [bæn] *n* interdiction *f* ♦ *vt* interdire

banana [bə'nɑːnə] *n* banane *f*

band [bænd] *n* bande *f*; (*at a dance*) orchestre *m*; (*MIL*) musique *f*, fanfare *f*; ~ **together** *vi* se liguer

bandage ['bændɪdʒ] *n* bandage *m*, pansement *m* ♦ *vt* bander

Bandaid ['bændeɪd] (*US* ®) *n* pansement adhésif

bandwagon ['bændwægən] *n*: **to jump on the** ~ (*fig*) monter dans *or* prendre le train en marche

bandy ['bændɪ] *vt* (*jokes, insults, ideas*) échanger

bandy-legged ['bændɪ'legɪd] *adj* aux jambes arquées

bang [bæŋ] *n* détonation *f*; (*of door*) claquement *m*; (*blow*) coup (violent) ♦ *vt* frapper (violemment); (*door*) claquer ♦ *vi* détoner; claquer ♦ *excl* pan!

bangs [bæŋz] (*US*) *npl* (*fringe*) frange *f*

banish ['bænɪʃ] *vt* bannir

banister(s) ['bænɪstə(z)] *n(pl)* rampe *f* (d'escalier)

bank [bæŋk] *n* banque *f*; (*of river, lake*) bord *m*, rive *f*; (*of earth*) talus *m*, remblai *m* ♦ *vi* (*AVIAT*) virer sur l'aile; ~ **on** *vt fus* miser *or* ta-

bler sur; ~ **account** *n* compte *m* en banque; ~ **card** *n* carte *f* d'identité bancaire; ~**er** *n* banquier *m*; ~**er's card** (*BRIT*) *n* = **bank card**; ~ **holiday** (*BRIT*) *n* jour férié (*les banques sont fermées*); ~**ing** *n* opérations *fpl* bancaires; profession *f* de banquier; ~**note** *n* billet *m* de banque; ~ **rate** *n* taux *m* de l'escompte
bankrupt ['bæŋkrʌpt] *adj* en faillite; to go ~ faire faillite; ~**cy** *n* faillite *f*
bank statement *n* relevé *m* de compte
banner ['bænə*] *n* bannière *f*
bannister(s) ['bænɪstə(z)] *n(pl)* = banister(s)
banns [bænz] *npl* bans *mpl*
baptism ['bæptɪzəm] *n* baptême *m*
bar [bɑː*] *n* (*pub*) bar *m*; (*counter: in pub*) comptoir *m*, bar; (*rod: of metal etc*) barre *f*; (*on window etc*) barreau *m*; (*of chocolate*) tablette *f*, plaque *f*; (*fig*) obstacle *m*; (*prohibition*) mesure *f* d'exclusion; (*MUS*) mesure *f* ♦ *vt* (*road*) barrer; (*window*) munir de barreaux; (*person*) exclure; (*activity*) interdire; ~ **of soap** savonnette *f*; **the B~** (*LAW*) le barreau; **behind ~s** (*prisoner*) sous les verrous; ~ **none** sans exception
barbaric [bɑː'bærɪk] *adj* barbare
barbecue ['bɑːbɪkjuː] *n* barbecue *m*
barbed wire ['bɑːbd-] *n* fil *m* de fer barbelé
barber ['bɑːbə*] *n* coiffeur *m* (pour hommes)
bar code *n* (*on goods*) code *m* à barres
bare [bɛə*] *adj* nu(e) ♦ *vt* mettre à nu, dénuder; (*teeth*) montrer; **the ~ necessities** le strict nécessaire; ~**back** *adv* à cru, sans selle; ~**faced** *adj* impudent(e), effronté(e); ~**foot** *adj*, *adv* nu-pieds, (les) pieds nus; ~**ly** *adv* à peine
bargain ['bɑːgɪn] *n* (*transaction*) marché *m*; (*good buy*) affaire *f*, occasion *f* ♦ *vi* (*haggle*) marchander; (*negotiate*): **to ~ (with sb)** négocier (avec qn), traiter (avec qn); **into the ~** par-dessus le marché; ~ **for** *vt fus*: **he got more than he ~ed for** il ne s'attendait pas à un coup pareil
barge [bɑːdʒ] *n* péniche *f*; ~ **in** *vi* (*walk in*) faire irruption; (*interrupt talk*) intervenir mal à propos
bark [bɑːk] *n* (*of tree*) écorce *f*; (*of dog*) aboiement *m* ♦ *vi* aboyer
barley ['bɑːlɪ] *n* orge *f*; ~ **sugar** *n* sucre *m* d'orge
barmaid ['bɑːmeɪd] *n* serveuse *f* (*de bar*), barmaid *f*
barman ['bɑːmən] (*irreg*) *n* barman *m*
barn [bɑːn] *n* grange *f*
barometer [bə'rɒmɪtə*] *n* baromètre *m*
baron ['bærən] *n* baron *m*; ~**ess** *n* baronne *f*
barracks ['bærəks] *npl* caserne *f*
barrage ['bærɑːʒ] *n* (*MIL*) tir *m* de barrage; (*dam*) barrage *m*; (*fig*) pluie *f*
barrel ['bærəl] *n* tonneau *m*; (*of oil*) baril *m*; (*of gun*) canon *m*
barren ['bærən] *adj* stérile
barricade [bærɪ'keɪd] *n* barricade *f*
barrier ['bærɪə*] *n* barrière *f*; (*fig: to progress etc*) obstacle *m*
barring ['bɑːrɪŋ] *prep* sauf
barrister ['bærɪstə*] (*BRIT*) *n* avocat (plaidant)
barrow ['bærəʊ] *n* (*wheel~*) charrette *f* à bras
bartender ['bɑːtendə*] (*US*) *n* barman *m*
barter ['bɑːtə*] *vt*: **to ~ sth for** échanger qch contre
base [beɪs] *n* base *f*; (*of tree, post*) pied *m* ♦ *vt*: **to ~ sth on** baser *or* fonder qch sur ♦ *adj* vil(e), bas(se)
baseball ['beɪsbɔːl] *n* base-ball *m*
basement ['beɪsmənt] *n* sous-sol *m*
bases[1] ['beɪsɪz] *npl of* **base**
bases[2] ['beɪsiːz] *npl of* **basis**
bash [bæʃ] (*inf*) *vt* frapper, cogner
bashful ['bæʃful] *adj* timide; modeste
basic ['beɪsɪk] *adj* fondamental(e), de

base; (*minimal*) rudimentaire; **~ally** *adv* fondamentalement, à la base; (*in fact*) en fait, au fond; **~s** *npl*: **the ~s** l'essentiel *m*
basil ['bæzl] *n* basilic *m*
basin ['beɪsn] *n* (*vessel, also GEO*) cuvette *f*, bassin *m*; (*also: wash~*) lavabo *m*
basis ['beɪsɪs] (*pl* **bases**) *n* base *f*; **on a trial ~** à titre d'essai; **on a part-time ~** à temps partiel
bask [bɑːsk] *vi*: **to ~ in the sun** se chauffer au soleil
basket ['bɑːskɪt] *n* corbeille *f*; (*with handle*) panier *m*; **~ball** *n* basket-ball *m*
bass [beɪs] *n* (*MUS*) basse *f*
bassoon [bə'suːn] *n* (*MUS*) basson *m*
bastard ['bɑːstəd] *n* enfant naturel(le), bâtard(e); (*inf!*) salaud *m* (*!*)
bat [bæt] *n* chauve-souris *f*; (*for baseball etc*) batte *f*; (*BRIT*: *for table tennis*) raquette *f* ♦ *vt*: **he didn't ~ an eyelid** il n'a pas sourcillé *or* bronché
batch [bætʃ] *n* (*of bread*) fournée *f*; (*of papers*) liasse *f*
bated ['beɪtɪd] *adj*: **with ~ breath** en retenant son souffle
bath [bɑːθ, *pl* bɑːðz] *n* bain *m*; (*~tub*) baignoire *f* ♦ *vt* baigner, donner un bain à; **to have a ~** prendre un bain; *see also* **baths**
bathe [beɪð] *vi* se baigner ♦ *vt* (*wound*) laver
bathing ['beɪðɪŋ] *n* baignade *f*; **~ cap** *n* bonnet *m* de bain; **~ costume** (*US* **~ suit**) *n* maillot *m* (de bain)
bath: ~robe *n* peignoir *m* de bain; **~room** *n* salle *f* de bains; **~s** [bɑːðz] *npl* (*also*: *swimming ~*) piscine *f*; **~ towel** *n* serviette *f* de bain
baton ['bætən] *n* bâton *m*; (*MUS*) baguette *f*; (*club*) matraque *f*
batter ['bætə*] *vt* battre ♦ *n* pâte *f* à frire; **~ed** *adj* (*hat, pan*) cabossé(e)
battery ['bætərɪ] *n* batterie *f*; (*of torch*) pile *f*
battle ['bætl] *n* bataille *f*, combat *m* ♦ *vi* se battre, lutter; **~field** *n* champ *m* de bataille; **~ship** *n* cuirassé *m*
bawdy ['bɔːdɪ] *adj* paillard(e)
bawl [bɔːl] *vi* hurler; (*child*) brailler
bay [beɪ] *n* (*of sea*) baie *f*; **to hold sb at ~** tenir qn à distance *or* en échec; **~ leaf** *n* laurier *m*; **~ window** *n* baie vitrée
bazaar [bə'zɑː*] *n* bazar *m*; vente *f* de charité
B & B *n abbr* = **bed and breakfast**
BBC *n abbr* (= *British Broadcasting Corporation*) *office de la radiodiffusion et télévision britannique*
B.C. *adv abbr* (= *before Christ*) av. J.-C.

KEYWORD

be [biː] (*pt* **was, were,** *pp* **been**) *aux vb* **1** (*with present participle*: *forming continuous tenses*): **what are you doing?** que faites-vous?; **they're coming tomorrow** ils viennent demain; **I've been waiting for you for 2 hours** je t'attends depuis 2 heures
2 (*with pp*: *forming passives*) être; **to ~ killed** être tué(e); **he was nowhere to ~ seen** on ne le voyait nulle part
3 (*in tag questions*): **it was fun, wasn't it?** c'était drôle, n'est-ce-pas?; **she's back, is she?** elle est rentrée, n'est-ce pas *or* alors?
4 (*+to +infinitive*): **the house is to ~ sold** la maison doit être vendue; **he's not to open it** il ne doit pas l'ouvrir
♦ *vb + complement* **1** (*gen*) être; **I'm English** je suis anglais(e); **I'm tired** je suis fatigué(e); **I'm hot/cold** j'ai chaud/froid; **he's a doctor** il est médecin; **2 and 2 are 4** 2 et 2 font 4
2 (*of health*) aller; **how are you?** comment allez-vous?; **he's fine now** il va bien maintenant; **he's very ill** il est très malade

3 (*of age*) avoir; **how old are you?** quel âge avez-vous?; **I'm sixteen (years old)** j'ai seize ans
4 (*cost*) coûter; **how much was the meal?** combien a coûté le repas?; **that'll ~ £5, please** ça fera 5 livres, s'il vous plaît
♦ *vi* **1** (*exist, occur etc*) être, exister; **the prettiest girl that ever was** la fille la plus jolie qui ait jamais existé; **~ that as it may** quoi qu'il en soit; **so ~ it** soit
2 (*referring to place*) être, se trouver; **I won't ~ here tomorrow** je ne serai pas là demain; **Edinburgh is in Scotland** Edimbourg est *or* se trouve en Ecosse
3 (*referring to movement*) aller; **where have you been?** où êtes-vous allé(s)?
♦ *impers vb* **1** (*referring to time, distance*) être; **it's 5 o'clock** il est 5 heures; **it's the 28th of April** c'est le 28 avril; **it's 10 km to the village** le village est à 10 km
2 (*referring to the weather*) faire; **it's too hot/cold** il fait trop chaud/froid; **it's windy** il y a du vent
3 (*emphatic*): **it's me/the postman** c'est moi/le facteur

beach [biːtʃ] *n* plage *f* ♦ *vt* échouer
beacon ['biːkən] *n* (*lighthouse*) fanal *m*; (*marker*) balise *f*
bead [biːd] *n* perle *f*
beak [biːk] *n* bec *m*
beaker ['biːkə*] *n* gobelet *m*
beam [biːm] *n* poutre *f*; (*of light*) rayon *m* ♦ *vi* rayonner
bean [biːn] *n* haricot *m*; (*of coffee*) grain *m*; **runner ~** haricot *m* (à rames); **broad ~** fève *f*; **~sprouts** *npl* germes *mpl* de soja
bear [bɛə*] (*pt* **bore**, *pp* **borne**) *n* ours *m* ♦ *vt* porter; (*endure*) supporter ♦ *vi*: **to ~ right/left** obliquer à droite/gauche, se diriger vers la droite/gauche; **~ out** *vt* corroborer, confirmer; **~ up** *vi* (*person*) tenir le coup
beard [bɪəd] *n* barbe *f*; **~ed** *adj* barbu(e)
bearer ['bɛərə*] *n* porteur *m*; (*of passport*) titulaire *m/f*
bearing ['bɛərɪŋ] *n* maintien *m*, allure *f*; (*connection*) rapport *m*; **~s** *npl* (*also*: *ball* **~s**) roulement *m* (à billes); **to take a ~** faire le point
beast [biːst] *n* bête *f*; (*inf*: *person*) brute *f*; **~ly** *adj* infect(e)
beat [biːt] (*pt* **beat**, *pp* **beaten**) *n* battement *m*; (*MUS*) temps *m*, mesure *f*; (*of policeman*) ronde *f* ♦ *vt, vi* battre; **off the ~en track** hors des chemins *or* sentiers battus; **~ it!** (*inf*) fiche(-moi) le camp!; **~ off** *vt* repousser; **~ up** *vt* (*inf*: *person*) tabasser; (*eggs*) battre; **~ing** *n* raclée *f*
beautiful ['bjuːtɪful] *adj* beau(belle); **~ly** *adv* admirablement
beauty ['bjuːtɪ] *n* beauté *f*; **~ salon** *n* institut *m* de beauté; **~ spot** (*BRIT*) *n* (*TOURISM*) site naturel (d'une grande beauté)
beaver ['biːvə*] *n* castor *m*
became [bɪ'keɪm] *pt of* **become**
because [bɪ'kɒz] *conj* parce que; **~ of** *prep* à cause de
beck [bek] *n*: **to be at sb's ~ and call** être à l'entière disposition de qn
beckon ['bekən] *vt* (*also*: *~ to*) faire signe (de venir) à
become [bɪ'kʌm] (*irreg: like* **come**) *vi* devenir; **to ~ fat/thin** grossir/maigrir
becoming [bɪ'kʌmɪŋ] *adj* (*behaviour*) convenable, bienséant(e); (*clothes*) seyant(e)
bed [bed] *n* lit *m*; (*of flowers*) parterre *m*; (*of coal, clay*) couche *f*; (*of sea*) fond *m*; **to go to ~** aller se coucher; **~ and breakfast** *n* (*terms*) chambre et petit déjeuner; (*place*) ≈ chambre *f* d'hôte; **~clothes** *npl* couvertures *fpl* et draps *mpl*; **~ding** *n* literie *f*
bedraggled [bɪ'drægld] *adj* (*person, clothes*) débraillé(e); (*hair*: *wet*) trempé(e)

bed: **~ridden** *adj* cloué(e) au lit; **~room** *n* chambre *f* (à coucher); **~side** *n*: at sb's **~side** au chevet de qn; **~sit(ter)** (*BRIT*) *n* chambre meublée, studio *m*; **~spread** *n* couvre-lit *m*, dessus-de-lit *m inv*; **~time** *n* heure *f* du coucher

bee [bi:] *n* abeille *f*

beech [bi:tʃ] *n* hêtre *m*

beef [bi:f] *n* boeuf *m*; **roast ~** rosbif *m*; **~burger** *n* hamburger *m*; **~eater** *n hallebardier de la Tour de Londres*

beehive ['bi:haɪv] *n* ruche *f*

beeline ['bi:laɪn] *n*: **to make a ~ for** se diriger tout droit vers

been [bi:n] *pp of* **be**

beer [bɪə*] *n* bière *f*

beet [bi:t] *n* (*vegetable*) betterave *f*; (*US*: *also*: *red* ~) betterave (potagère)

beetle ['bi:tl] *n* scarabée *m*

beetroot ['bi:tru:t] (*BRIT*) *n* betterave *f*

before [bɪ'fɔ:*] *prep* (*in time*) avant; (*in space*) devant ♦ *conj* avant que *+sub*; avant de ♦ *adv* avant; devant; **~ going** avant de partir; **~ she goes** avant qu'elle ne parte; **the week ~** la semaine précédente *or* d'avant; **I've seen it ~** je l'ai déjà vu; **~hand** *adv* au préalable, à l'avance

beg [beg] *vi* mendier ♦ *vt* mendier; (*forgiveness, mercy etc*) demander; (*entreat*) supplier; *see also* **pardon**

began [bɪ'gæn] *pt of* **begin**

beggar ['begə*] *n* mendiant(e)

begin [bɪ'gɪn] (*pt* **began**, *pp* **begun**) *vt, vi* commencer; **to ~ doing** *or* **to do sth** commencer à *or* de faire qch; **~ner** *n* débutant(e); **~ning** *n* commencement *m*, début *m*

behalf [bɪ'hɑ:f] *n*: **on ~ of**, (*US*) **in ~ of** (*representing*) de la part de; (*for benefit of*) pour le compte de; **on my/his ~** pour moi/lui

behave [bɪ'heɪv] *vi* se conduire, se comporter; (*well*: *also*: ~ *o.s.*) se conduire bien *or* comme il faut

behaviour [bɪ'heɪvjə*] (*US* **behavior**) *n* comportement *m*, conduite *f*

behead [bɪ'hed] *vt* décapiter

beheld [bɪ'held] *pt, pp of* **behold**

behind [bɪ'haɪnd] *prep* derrière; (*time, progress*) en retard sur; (*work, studies*) en retard dans ♦ *adv* derrière ♦ *n* derrière *m*; **to be ~ (schedule)** avoir du retard; **~ the scenes** dans les coulisses

behold [bɪ'həʊld] (*irreg*: *like* **hold**) *vt* apercevoir, voir

beige [beɪʒ] *adj* beige

Beijing ['beɪ'dʒɪŋ] *n* Bei-jing, Pékin

being ['bi:ɪŋ] *n* être *m*

Beirut [beɪ'ru:t] *n* Beyrouth

belated [bɪ'leɪtɪd] *adj* tardif(ive)

belch [beltʃ] *vi* avoir un renvoi, roter ♦ *vt* (*also*: ~ *out*: *smoke etc*) vomir, cracher

belfry ['belfrɪ] *n* beffroi *m*

Belgian ['beldʒən] *adj* belge, de Belgique ♦ *n* Belge *m/f*

Belgium ['beldʒəm] *n* Belgique *f*

belie [bɪ'laɪ] *vt* démentir

belief [bɪ'li:f] *n* (*opinion*) conviction *f*; (*trust, faith*) foi *f*

believe [bɪ'li:v] *vt, vi* croire; **to ~ in** (*God*) croire en; (*method, ghosts*) croire à; **~r** *n* (*in idea, activity*): **~r in** partisan(e) de; (*REL*) croyant(e)

belittle [bɪ'lɪtl] *vt* déprécier, rabaisser

bell [bel] *n* cloche *f*; (*small*) clochette *f*, grelot *m*; (*on door*) sonnette *f*; (*electric*) sonnerie *f*

belligerent [bɪ'lɪdʒərənt] *adj* (*person, attitude*) agressif(ive)

bellow ['beləʊ] *vi* (*bull*) meugler; (*person*) brailler

belly ['belɪ] *n* ventre *m*

belong [bɪ'lɒŋ] *vi*: **to ~ to** appartenir à; (*club etc*) faire partie de; **this book ~s here** ce livre va ici; **~ings** *npl* affaires *fpl*, possessions *fpl*

beloved [bɪ'lʌvɪd] *adj* (bien-)aimé(e)

below [bɪ'ləʊ] *prep* sous, au-dessous de ♦ *adv* en dessous; **see ~** voir plus bas *or* plus loin *or* ci-dessous

belt [belt] *n* ceinture *f*; (*of land*) région *f*; (*TECH*) courroie *f* ♦ *vt* (*thrash*) donner une raclée à; ~**way** (*US*) *n* (*AUT*) route *f* de ceinture; (: *motorway*) périphérique *m*

bemused [bɪ'mju:zd] *adj* stupéfié(e)

bench [bentʃ] *n* (*gen, also BRIT: POL*) banc *m*; (*in workshop*) établi *m*; **the B~** (*LAW: judge*) le juge; (: *judges collectively*) la magistrature, la Cour

bend [bend] (*pt, pp* **bent**) *vt* courber; (*leg, arm*) plier ♦ *vi* se courber ♦ *n* (*BRIT: in road*) virage *m*, tournant *m*; (*in pipe, river*) coude *m*; ~ **down** *vi* se baisser; ~ **over** *vi* se pencher

beneath [bɪ'ni:θ] *prep* sous, au-dessous de; (*unworthy of*) indigne de ♦ *adv* dessous, au-dessous, en bas

benefactor ['benɪfæktə*] *n* bienfaiteur *m*

beneficial [benɪ'fɪʃl] *adj* salutaire; avantageux(euse); ~ **to the health** bon(ne) pour la santé

benefit ['benɪfɪt] *n* avantage *m*, profit *m*; (*allowance of money*) allocation *f* ♦ *vt* faire du bien à, profiter à ♦ *vi*: **he'll ~ from it** cela lui fera du bien, il y gagnera *or* s'en trouvera bien

Benelux ['benɪlʌks] *n* Bénélux *m*

benevolent [bɪ'nevələnt] *adj* bienveillant(e); (*organization*) bénévole

benign [bɪ'naɪn] *adj* (*person, smile*) bienveillant(e), affable; (*MED*) bénin(igne)

bent [bent] *pt, pp of* **bend** ♦ *n* inclination *f*, penchant *m*; **to be ~ on** être résolu(e) à

bequest [bɪ'kwest] *n* legs *m*

bereaved [bɪ'ri:vd] *n*: **the ~** la famille du disparu

beret ['bereɪ] *n* béret *m*

Berlin [bə:lɪn] *n* Berlin

berm [bɜ:m] (*US*) *n* (*AUT*) accotement *m*

berry ['berɪ] *n* baie *f*

berserk [bə'sɜ:k] *adj*: to go ~ (*madman, crowd*) se déchaîner

berth [bɜ:θ] *n* (*bed*) couchette *f*; (*for ship*) poste *m* d'amarrage, mouillage *m* ♦ *vi* (*in harbour*) venir à quai; (*at anchor*) mouiller

beseech [bɪ'si:tʃ] (*pt, pp* **besought**) *vt* implorer, supplier

beset [bɪ'set] (*pt, pp* **beset**) *vt* assaillir

beside [bɪ'saɪd] *prep* à côté de; **to be ~ o.s. (with anger)** être hors de soi; **that's ~ the point** cela n'a rien à voir; **~s** [-z] *adv* en outre, de plus; (*in any case*) d'ailleurs ♦ *prep* (*as well as*) en plus de

besiege [bɪ'si:dʒ] *vt* (*town*) assiéger; (*fig*) assaillir

besought [bɪ'sɔ:t] *pt, pp of* **beseech**

best [best] *adj* meilleur(e) ♦ *adv* le mieux; **the ~ part of** (*quantity*) le plus clair de, la plus grande partie de; **at ~** au mieux; **to make the ~ of sth** s'accommoder de qch (du mieux que l'on peut); **to do one's ~** faire de son mieux; **to the ~ of my knowledge** pour autant que je sache; **to the ~ of my ability** du mieux que je pourrai; **~ man** *n* garçon *m* d'honneur

bestow [bɪ'stəʊ] *vt*: **to ~ sth on sb** accorder qch à qn; (*title*) conférer qch à qn

bet [bet] (*pt, pp* **bet** *or* **betted**) *n* pari *m* ♦ *vt, vi* parier

betray [bɪ'treɪ] *vt* trahir; **~al** *n* trahison *f*

better ['betə*] *adj* meilleur(e) ♦ *adv* mieux ♦ *vt* améliorer ♦ *n*: **to get the ~ of** triompher de, l'emporter sur; **you had ~ do it** vous feriez mieux de le faire; **he thought ~ of it** il s'est ravisé; **to get ~** aller mieux; s'améliorer; **~ off** *adj* plus à l'aise financièrement; (*fig*): **you'd be ~ off this way** vous vous en trouveriez mieux ainsi

betting ['betɪŋ] *n* paris *mpl*; **~ shop** (*BRIT*) *n* bureau *m* de paris

between [bɪ'twi:n] *prep* entre ♦ *adv*: **(in) ~** au milieu; dans l'intervalle; (*in time*) dans l'intervalle

beverage ['bevərɪdʒ] *n* boisson *f* (*gén sans alcool*)

beware [bɪ'wɛə*] *vi*: to ~ (of) prendre garde (à); "~ of the dog" "(attention) chien méchant"
bewildered [bɪ'wɪldəd] *adj* dérouté(e), ahuri(e)
beyond [bɪ'jɒnd] *prep* (*in space, time*) au-delà de; (*exceeding*) au-dessus de ♦ *adv* au-delà; ~ **doubt** hors de doute; ~ **repair** irréparable
bias ['baɪəs] *n* (*prejudice*) préjugé *m*, parti pris; **~(s)ed** *adj* partial(e), montrant un parti pris
bib [bɪb] *n* bavoir *m*, bavette *f*
Bible ['baɪbl] *n* Bible *f*
bicarbonate of soda [baɪ'kɑ:bənɪt-] *n* bicarbonate *m* de soude
bicker ['bɪkə*] *vi* se chamailler
bicycle ['baɪsɪkl] *n* bicyclette *f*
bid [bɪd] (*pt* **bid** *or* **bade**, *pp* **bid(den)**) *n* offre *f*; (*at auction*) enchère *f*; (*attempt*) tentative *f* ♦ *vi* faire une enchère *or* offre ♦ *vt* faire une enchère *or* offre de; **to ~ sb good day** souhaiter le bonjour à qn; **~der** *n*: **the highest ~der** le plus offrant; **~ding** *n* enchères *fpl*
bide [baɪd] *vt*: **to ~ one's time** attendre son heure
bifocals [baɪ'fəʊkəlz] *npl* verres *mpl* à double foyer, lunettes bifocales
big [bɪg] *adj* grand(e); gros(se)
bigheaded ['bɪg'hedɪd] *adj* prétentieux(euse)
bigot ['bɪgət] *n* fanatique *m/f*, sectaire *m/f*; **~ed** *adj* fanatique, sectaire; **~ry** *n* fanatisme *m*, sectarisme *m*
big top *n* grand chapiteau
bike [baɪk] *n* vélo *m*, bécane *f*
bikini [bɪ'ki:nɪ] *n* bikini *m*
bilingual [baɪ'lɪŋgwəl] *adj* bilingue
bill [bɪl] *n* note *f*, facture *f*; (*POL*) projet *m* de loi; (*US*: *banknote*) billet *m* (de banque); (*of bird*) bec *m*; (*THEATRE*): **on the ~** à l'affiche; **"post no ~s"** "défense d'afficher"; **to fit** *or* **fill the ~** (*fig*) faire l'affaire; **~board** *n* panneau *m* d'affichage
billet ['bɪlɪt] *n* cantonnement *m* (chez l'habitant)
billfold ['bɪlfəʊld] (*US*) *n* portefeuille *m*
billiards ['bɪljədz] *n* (jeu *m* de) billard *m*
billion ['bɪljən] *n* (*BRIT*) billion *m* (*million de millions*); (*US*) milliard *m*
bin [bɪn] *n* boîte *f*; (*also*: *dust~*) poubelle *f*; (*for coal*) coffre *m*
bind [baɪnd] (*pt*, *pp* **bound**) *vt* attacher; (*book*) relier; (*oblige*) obliger, contraindre ♦ *n* (*inf*: *nuisance*) scie *f*; **~ing** *adj* (*contract*) constituant une obligation
binge [bɪndʒ] (*inf*) *n*: **to go on a/the ~** (*inf*) aller faire la bringue
bingo ['bɪŋgəʊ] *n jeu de loto pratiqué dans des établissements publics*
binoculars [bɪ'nɒkjʊləz] *npl* jumelles *fpl*
bio... *prefix*: **~chemistry** *n* biochimie *f*; **~graphy** *n* biographie *f*; **~logical** *adj* biologique; **~logy** *n* biologie *f*
birch [bɜ:tʃ] *n* bouleau *m*
bird [bɜ:d] *n* oiseau *m*; (*BRIT*: *inf*: *girl*) nana *f*; **~'s-eye view** *n* vue *f* à vol d'oiseau; (*fig*) vue d'ensemble *or* générale; **~-watcher** *n* ornithologue *m/f* amateur
Biro ['baɪrəʊ] (®) *n* stylo *m* à bille
birth [bɜ:θ] *n* naissance *f*; **to give ~ to** (*subj*: *woman*) donner naissance à; (: *animal*) mettre bas; **~ certificate** *n* acte *m* de naissance; **~ control** *n* (*policy*) limitation *f* des naissances; (*method*) méthode(s) contraceptive(s); **~day** *n* anniversaire *m* ♦ *cpd* d'anniversaire; **~place** *n* lieu *m* de naissance; (*fig*) berceau *m*; **~ rate** *n* (taux *m* de) natalité *f*
biscuit ['bɪskɪt] *n* (*BRIT*) biscuit *m*; (*US*) petit pain au lait
bisect [baɪ'sekt] *vt* couper *or* diviser en deux
bishop ['bɪʃəp] *n* évêque *m*; (*CHESS*) fou *m*
bit [bɪt] *pt of* **bite** ♦ *n* morceau *m*; (*of tool*) mèche *f*; (*of horse*) mors *m*; (*COMPUT*) élément *m* binaire; **a ~ of** un peu de; **a ~ mad** un peu fou; **~ by ~** petit à petit

bitch [bɪtʃ] *n* (*dog*) chienne *f*; (*inf!*) salope *f* (*!*), garce *f*
bite [baɪt] (*pt* **bit**, *pp* **bitten**) *vt, vi* mordre; (*insect*) piquer ♦ *n* (*insect* ~) piqûre *f*; (*mouthful*) bouchée *f*; **let's have a ~ (to eat)** (*inf*) mangeons un morceau; **to ~ one's nails** se ronger les ongles
bitter ['bɪtə*] *adj* amer(ère); (*weather, wind*) glacial(e); (*criticism*) cinglant(e); (*struggle*) acharné(e) ♦ *n* (*BRIT*: *beer*) bière *f* (*forte*); **~ness** *n* amertume *f*; (*taste*) goût amer
blab [blæb] *vi* jaser, trop parler
black [blæk] *adj* noir(e) ♦ *n* (*colour*) noir *m*; (*person*): **B~** noir(e) ♦ *vt* (*BRIT*: *INDUSTRY*) boycotter; **to give sb a ~ eye** pocher l'œil à qn, faire un œil au beurre noir à qn; **~ and blue** couvert(e) de bleus; **to be in the ~** (*in credit*) être créditeur(trice); **~berry** *n* mûre *f*; **~bird** *n* merle *m*; **~board** *n* tableau noir; **~ coffee** *n* café noir; **~currant** *n* cassis *m*; **~en** *vt* noircir; **~ ice** *n* verglas *m*; **~leg** (*BRIT*) *n* briseur *m* de grève, jaune *m*; **~list** *n* liste noire; **~mail** *n* chantage *m* ♦ *vt* faire chanter, soumettre au chantage; **~ market** *n* marché noir; **~out** *n* panne *f* d'électricité; (*TV etc*) interruption *f* d'émission; (*fainting*) syncope *f*; **B~ Sea** *n*: **the B~ Sea** la mer Noire; **~ sheep** *n* brebis galeuse; **~smith** *n* forgeron *m*; **~ spot** *n* (*AUT*) point noir
bladder ['blædə*] *n* vessie *f*
blade [bleɪd] *n* lame *f*; (*of propeller*) pale *f*; **~ of grass** brin *m* d'herbe
blame [bleɪm] *n* faute *f*, blâme *m* ♦ *vt*: **to ~ sb/sth for sth** attribuer à qn/qch la responsabilité de qch; reprocher qch à qn/qch; **who's to ~?** qui est le fautif *or* coupable *or* responsable?; **~less** *adj* irréprochable
bland [blænd] *adj* (*taste, food*) doux(douce), fade
blank [blæŋk] *adj* blanc(blanche); (*look*) sans expression, dénué(e) d'expression ♦ *n* espace *m* vide, blanc *m*; (*cartridge*) cartouche *f* à blanc; **his mind was a ~** il avait la tête vide; **~ cheque** *n* chèque *m* en blanc
blanket ['blæŋkɪt] *n* couverture *f*; (*of snow, cloud*) couche *f*
blare [blɛə*] *vi* beugler
blast [blɑːst] *n* souffle *m*; (*of explosive*) explosion *f* ♦ *vt* faire sauter *or* exploser; **~-off** *n* (*SPACE*) lancement *m*
blatant ['bleɪtənt] *adj* flagrant(e), criant(e)
blaze [bleɪz] *n* (*fire*) incendie *m*; (*fig*) flamboiement *m* ♦ *vi* (*fire*) flamber; (*fig*: *eyes*) flamboyer; (: *guns*) crépiter ♦ *vt*: **to ~ a trail** (*fig*) montrer la voie
blazer ['bleɪzə*] *n* blazer *m*
bleach [bliːtʃ] *n* (*also*: *household ~*) eau *f* de Javel ♦ *vt* (*linen etc*) blanchir; **~ed** *adj* (*hair*) oxygéné(e), décoloré(e); **~ers** ['bliːʃəz] (*US*) *npl* (*SPORT*) gradins *mpl* (*en plein soleil*)
bleak [bliːk] *adj* morne; (*countryside*) désolé(e)
bleary-eyed ['blɪərɪ'aɪd] *adj* aux yeux pleins de sommeil
bleat [bliːt] *vi* bêler
bleed [bliːd] (*pt, pp* **bled**) *vt, vi* saigner; **my nose is ~ing** je saigne du nez
bleeper ['bliːpə*] *n* (*device*) bip *m*
blemish ['blemɪʃ] *n* défaut *m*; (*on fruit, reputation*) tache *f*
blend [blend] *n* mélange *m* ♦ *vt* mélanger ♦ *vi* (*colours etc*: *also*: *~ in*) se mélanger, se fondre
bless [bles] (*pt, pp* **blessed** *or* **blest**) *vt* bénir; **~ you!** (*after sneeze*) à vos souhaits!; **~ing** *n* bénédiction *f*; (*godsend*) bienfait *m*
blew [bluː] *pt of* **blow**
blight [blaɪt] *vt* (*hopes etc*) anéantir; (*life*) briser
blimey ['blaɪmɪ] (*BRIT*: *inf*) *excl* mince alors!
blind [blaɪnd] *adj* aveugle ♦ *n* (*for*

window) store *m* ♦ *vt* aveugler; ~ **alley** *n* impasse *f*; ~ **corner** (*BRIT*) *n* virage *m* sans visibilité; **~fold** *n* bandeau *m* ♦ *adj, adv* les yeux bandés ♦ *vt* bander les yeux à; **~ly** *adv* aveuglément; **~ness** *n* cécité *f*; ~ **spot** *n* (*AUT etc*) angle mort; **that is her ~ spot** (*fig*) elle refuse d'y voir clair sur ce point

blink [blɪŋk] *vi* cligner des yeux; (*light*) clignoter; **~ers** *npl* œillères *fpl*

bliss [blɪs] *n* félicité *f*, bonheur *m* sans mélange

blister ['blɪstə*] *n* (*on skin*) ampoule *f*, cloque *f*; (*on paintwork, rubber*) boursouflure *f* ♦ *vi* (*paint*) se boursoufler, se cloquer

blithely ['blaɪðlɪ] *adv* (*unconcernedly*) tranquillement

blizzard ['blɪzəd] *n* blizzard *m*, tempête *f* de neige

bloated ['bləutɪd] *adj* (*face*) bouffi(e); (*stomach, person*) gonflé(e)

blob [blɒb] *n* (*drop*) goutte *f*; (*stain, spot*) tache *f*

block [blɒk] *n* bloc *m*; (*in pipes*) obstruction *f*; (*toy*) cube *m*; (*of buildings*) pâté *m* (de maisons) ♦ *vt* bloquer; (*fig*) faire obstacle à; **mental ~** trou *m* de mémoire; **~ade** *n* blocus *m*; **~age** *n* obstruction *f*; **~buster** *n* (*film, book*) grand succès; **~ letters** *npl* majuscules *fpl*; **~ of flats** (*BRIT*) *n* immeuble (locatif)

bloke [bləuk] (*BRIT: inf*) *n* type *m*

blond(e) [blɒnd] *adj, n* blond(e)

blood [blʌd] *n* sang *m*; ~ **donor** *n* donneur(euse) de sang; ~ **group** *n* groupe sanguin; **~hound** *n* limier *m*; ~ **poisoning** *n* empoisonnement *m* du sang; ~ **pressure** *n* tension *f* (artérielle); **~shed** *n* effusion *f* de sang, carnage *m*; **~shot** *adj*: **~shot eyes** yeux injectés de sang; **~stream** *n* sang *m*, système sanguin; ~ **test** *n* prise *f* de sang; **~thirsty** *adj* sanguinaire; ~ **vessel** *n* vaisseau sanguin; **~y** *adj* sanglant(e); (*nose*) en sang; (*BRIT: inf!*): **this ~y ...** ce foutu ... (*!*), ce putain de ... (*!*); **~y strong/good** vachement *or* sacrément fort/bon; **~y-minded** (*BRIT: inf*) *adj* contrariant(e), obstiné(e)

bloom [blu:m] *n* fleur *f* ♦ *vi* être en fleur

blossom ['blɒsəm] *n* fleur(s) *f(pl)* ♦ *vi* être en fleurs; (*fig*) s'épanouir; **to ~ into** devenir

blot [blɒt] *n* tache *f* ♦ *vt* tacher; ~ **out** *vt* (*memories*) effacer; (*view*) cacher, masquer

blotchy ['blɒtʃɪ] *adj* (*complexion*) couvert(e) de marbrures

blotting paper ['blɒtɪŋ-] *n* buvard *m*

blouse [blauz] *n* chemisier *m*, corsage *m*

blow [bləu] (*pt* **blew**, *pp* **blown**) *n* coup *m* ♦ *vi* souffler ♦ *vt* souffler; (*fuse*) faire sauter; (*instrument*) jouer de; **to ~ one's nose** se moucher; **to ~ a whistle** siffler; ~ **away** *vt* chasser, faire s'envoler; ~ **down** *vt* faire tomber, renverser; ~ **off** *vt* emporter; ~ **out** *vi* (*fire, flame*) s'éteindre; ~ **over** *vi* s'apaiser; ~ **up** *vt* faire sauter; (*tyre*) gonfler; (*PHOT*) agrandir ♦ *vi* exploser, sauter; **~-dry** *n* brushing *m*; **~lamp** (*BRIT*) *n* chalumeau *m*; **~-out** *n* (*of tyre*) éclatement *m*; **~-torch** *n* = **blowlamp**

blue [blu:] *adj* bleu(e); (*fig*) triste; **~s** *n* (*MUS*): **the ~s** le blues; ~ **film/joke** film *m*/histoire *f* pornographique; **to come out of the ~** (*fig*) être complètement inattendu; **~bell** *n* jacinthe *f* des bois; **~bottle** *n* mouche *f* à viande; **~print** *n* (*fig*) projet *m*, plan directeur

bluff [blʌf] *vi* bluffer ♦ *n* bluff *m*; **to call sb's ~** mettre qn au défi d'exécuter ses menaces

blunder ['blʌndə*] *n* gaffe *f*, bévue *f* ♦ *vi* faire une gaffe *or* une bévue

blunt [blʌnt] *adj* (*person*) brusque, ne mâchant pas ses mots; (*knife*) émoussé(e), peu tranchant(e); (*pen-

cil) mal taillé
blur [blɜː*] *n* tache *or* masse floue *or* confuse ♦ *vt* brouiller
blurb [blɜːb] *n* notice *f* publicitaire; (*for book*) texte *m* de présentation
blurt out [blɛːt] *vt* (*reveal*) lâcher
blush [blʌʃ] *vi* rougir ♦ *n* rougeur *f*
blustery ['blʌstərɪ] *adj* (*weather*) à bourrasques
boar [bɔː*] *n* sanglier *m*
board [bɔːd] *n* planche *f*; (*on wall*) panneau *m*; (*for chess*) échiquier *m*; (*cardboard*) carton *m*; (*committee*) conseil *m*, comité *m*; (*in firm*) conseil d'administration; (*NAUT, AVIAT*): **on** ~ à bord ♦ *vt* (*ship*) monter à bord de; (*train*) monter dans; **full** ~ (*BRIT*) pension complète; **half** ~ demi-pension *f*; ~ **and lodging** chambre *f* avec pension; **which goes by the** ~ (*fig*) qu'on laisse tomber, qu'on abandonne; ~ **up** *vt* (*door, window*) boucher; **~er** *n* (*SCOL*) interne *m/f*, pensionnaire; **~ing card** *n* = **boarding pass**; **~ing house** *n* pension *f*; **~ing pass** *n* (*AVIAT, NAUT*) carte *f* d'embarquement; **~ing school** *n* internat *m*, pensionnat *m*; ~ **room** *n* salle *f* du conseil d'administration
boast [bəʊst] *vi*: **to** ~ **(about** *or* **of)** se vanter (de)
boat [bəʊt] *n* bateau *m*; (*small*) canot *m*; barque *f*; **~er** *n* (*hat*) canotier *m*
bob [bɒb] *vi* (*boat, cork on water*: *also*: ~ *up and down*) danser, se balancer
bobby ['bɒbɪ] (*BRIT*: *inf*) *n* ≈ agent *m* (de police)
bobsleigh ['bɒbsleɪ] *n* bob *m*
bode [bəʊd] *vi*: **to** ~ **well/ill (for)** être de bon/mauvais augure (pour)
bodily ['bɒdɪlɪ] *adj* corporel(le) ♦ *adv* dans ses bras
body ['bɒdɪ] *n* corps *m*; (*of car*) carrosserie *f*; (*of plane*) fuselage *m*; (*fig*: *society*) organe *m*, organisme *m*; (: *quantity*) ensemble *m*, masse *f*; (*of wine*) corps; **~-building** *n* culturisme *m*; **~guard** *n* garde *m* du corps; **~work** *n* carrosserie *f*
bog [bɒg] *n* tourbière *f* ♦ *vt*: **to get ~ged down** (*fig*) s'enliser
boggle ['bɒgl] *vi*: **the mind** ~s c'est incroyable, on en reste sidéré
bogus ['bəʊgəs] *adj* bidon *inv*; fantôme
boil [bɔɪl] *vt* (faire) bouillir ♦ *vi* bouillir ♦ *n* (*MED*) furoncle *m*; **to come to the** (*BRIT*) ~ *or* **a** (*US*) ~ bouillir; ~ **down to** *vt fus* (*fig*) se réduire *or* ramener à; ~ **over** *vi* déborder; **~ed egg** *n* œuf *m* à la coque; **~ed potatoes** *npl* pommes *fpl* à l'anglaise *or* à l'eau; **~er** *n* chaudière *f*; **~ing point** *n* point *m* d'ébullition
boisterous ['bɔɪstərəs] *adj* bruyant(e), tapageur(euse)
bold [bəʊld] *adj* hardi(e), audacieux(euse); (*pej*) effronté(e); (*outline, colour*) franc(franche), tranché(e), marqué(e); (*pattern*) grand(e)
bollard ['bɒləd] (*BRIT*) *n* (*AUT*) borne lumineuse *or* de signalisation
bolster ['bəʊlstə*]: ~ **up** *vt* soutenir
bolt [bəʊlt] *n* (*lock*) verrou *m*; (*with nut*) boulon *m* ♦ *adv*: ~ **upright** droit(e) comme un piquet ♦ *vt* verrouiller; (*TECH*: *also*: ~ *on*, ~ *together*) boulonner; (*food*) engloutir ♦ *vi* (*horse*) s'emballer
bomb [bɒm] *n* bombe *f* ♦ *vt* bombarder
bombastic [bəm'bæstɪk] *adj* pompeux(euse)
bomb: ~ **disposal unit** *n* section *f* de déminage; **~er** *n* (*AVIAT*) bombardier *m*; **~shell** *n* (*fig*) bombe *f*
bona fide ['bəʊnə'faɪdɪ] *adj* (*traveller*) véritable
bond [bɒnd] *n* lien *m*; (*binding promise*) engagement *m*, obligation *f*; (*COMM*) obligation; **in** ~ (*of goods*) en douane
bondage ['bɒndɪdʒ] *n* esclavage *m*
bone [bəʊn] *n* os *m*; (*of fish*) arête *f* ♦ *vt* désosser; ôter les arêtes de; ~ **idle** *adj* fainéant(e)

bonfire ['bɒnfaɪə*] *n* feu *m* (de joie); (*for rubbish*) feu
bonnet ['bɒnɪt] *n* bonnet *m*; (*BRIT*: *of car*) capot *m*
bonus ['bəunəs] *n* prime *f*, gratification *f*
bony ['bəunɪ] *adj* (*arm, face, MED*: *tissue*) osseux(euse); (*meat*) plein(e) d'os; (*fish*) plein d'arêtes
boo [bu:] *excl* hou!, peuh! ♦ *vt* huer
booby trap ['bu:bɪ-] *n* engin piégé
book [buk] *n* livre *m*; (*of stamps, tickets*) carnet *m* ♦ *vt* (*ticket*) prendre; (*seat, room*) réserver; (*driver*) dresser un procès-verbal à; (*football player*) prendre le nom de; ~s *npl* (*accounts*) comptes *mpl*, comptabilité *f*; **~case** *n* bibliothèque *f* (*meuble*); **~ing office** (*BRIT*) *n* bureau *m* de location; **~-keeping** *n* comptabilité *f*; **~let** *n* brochure *f*; **~maker** *n* bookmaker *m*; **~seller** *n* libraire *m/f*; **~shop** *n* librairie *f*; **~store** *n* librairie *f*
boom [bu:m] *n* (*noise*) grondement *m*; (*in prices, population*) forte augmentation ♦ *vi* gronder; prospérer
boon [bu:n] *n* bénédiction *f*, grand avantage
boost [bu:st] *n* stimulant *m*, remontant *m* ♦ *vt* stimuler; **~er** *n* (*MED*) rappel *m*
boot [bu:t] *n* botte *f*; (*for hiking*) chaussure *f* (de marche); (*for football etc*) soulier *m*; (*BRIT*: *of car*) coffre *m* ♦ *vt* (*COMPUT*) amorcer, initialiser; **to ~** (*in addition*) pardessus le marché
booth [bu:ð] *n* (*at fair*) baraque (foraine); (*telephone etc*) cabine *f*; (*also*: *voting* ~) isoloir *m*
booty ['bu:tɪ] *n* butin *m*
booze [bu:z] (*inf*) *n* boissons *fpl* alcooliques, alcool *m*
border ['bɔ:də*] *n* bordure *f*; bord *m*; (*of a country*) frontière *f* ♦ *vt* border; (*also*: ~ *on*: *country*) être limitrophe de; **B~s** *n* (*GEO*): **the B~s** *la région frontière entre l'Ecosse et l'Angleterre*; **~ on** *vt fus* être voisin(e) de, toucher à; **~line** *n* (*fig*) ligne *f* de démarcation; **~line case** *n* cas *m* limite
bore [bɔ:*] *pt of* **bear** ♦ *vt* (*hole*) percer; (*oil well, tunnel*) creuser; (*person*) ennuyer, raser ♦ *n* raseur(euse); (*of gun*) calibre *m*; **to be ~d** s'ennuyer; **~dom** *n* ennui *m*; **boring** *adj* ennuyeux(euse)
born [bɔ:n] *adj*: **to be ~** naître; **I was ~ in 1960** je suis né en 1960
borne [bɔ:n] *pp of* **bear**
borough ['bʌrə] *n* municipalité *f*
borrow ['bɒrəu] *vt*: **to ~ sth (from sb)** emprunter qch (à qn)
Bosnia (and) Herzegovina [bɔ:snɪə (ənd) hɛrzəgəuvi:nə] *n* Bosnie-Herzégovine *f*
bosom ['buzəm] *n* poitrine *f*; (*fig*) sein *m*; **~ friend** *n* ami(e) intime
boss [bɒs] *n* patron(ne) ♦ *vt* (*also*: ~ *around/about*) commander; **~y** *adj* autoritaire
bosun ['bəusn] *n* maître *m* d'équipage
botany ['bɒtənɪ] *n* botanique *f*
botch [bɒtʃ] *vt* (*also*: ~ *up*) saboter, bâcler
both [bəuθ] *adj* les deux, l'un(e) et l'autre ♦ *pron*: ~ **(of them)** les deux, tous(toutes) (les) deux, l'un(e) et l'autre: **they sell ~ the fabric and the finished curtains** ils vendent (et) le tissu et les rideaux (finis), ils vendent à la fois le tissu et les rideaux (finis); **~ of us went, we ~ went** nous y sommes allés (tous) les deux
bother ['bɒðə*] *vt* (*worry*) tracasser; (*disturb*) déranger ♦ *vi* (*also*: ~ *o.s.*) se tracasser, se faire du souci ♦ *n*: **it is a ~ to have to do** c'est vraiment ennuyeux d'avoir à faire; **it's no ~** aucun problème; **to ~ doing** prendre la peine de faire
bottle ['bɒtl] *n* bouteille *f*; (*baby's*) biberon *m* ♦ *vt* mettre en bouteille(s); **~ up** *vt* refouler, contenir; **~ bank** *n* conteneur *m* à verre; **~neck** *n* étranglement *m*; **~-opener**

n ouvre-bouteille *m*

bottom ['bɒtəm] *n* (*of container, sea etc*) fond *m*; (*buttocks*) derrière *m*; (*of page, list*) bas *m* ♦ *adj* du fond; du bas; **the ~ of the class** le dernier de la classe; **~less** *adj* (*funds*) inépuisable

bough [baʊ] *n* branche *f*, rameau *m*

bought [bɔːt] *pt, pp of* **buy**

boulder ['bəʊldə*] *n* gros rocher

bounce [baʊns] *vi* (*ball*) rebondir; (*cheque*) être refusé(e) (*étant sans provision*) ♦ *vt* faire rebondir ♦ *n* (*rebound*) rebond *m*; **~r** (*inf*) *n* (*at dance, club*) videur *m*

bound [baʊnd] *pt, pp of* **bind** ♦ *n* (*gen pl*) limite *f*; (*leap*) bond *m* ♦ *vi* (*leap*) bondir ♦ *vt* (*limit*) borner ♦ *adj*: **to be ~ to do sth** (*obliged*) être obligé(e) *or* avoir obligation de faire qch; **he's ~ to fail** (*likely*) il est sûr d'échouer, son échec est inévitable *or* assuré; **~ by** (*law, regulation*) engagé(e) par; **~ for** à destination de; **out of ~s** dont l'accès est interdit

boundary ['baʊndərɪ] *n* frontière *f*

boundless ['baʊndlɪs] *adj* sans bornes

bout [baʊt] *n* période *f*; (*of malaria etc*) accès *m*, crise *f*, attaque *f*; (*BOXING etc*) combat *m*, match *m*

bow[1] [bəʊ] *n* nœud *m*; (*weapon*) arc *m*; (*MUS*) archet *m*

bow[2] [baʊ] *n* (*with body*) révérence *f*, inclination *f* (du buste *or* corps); (*NAUT*: *also*: **~s**) proue *f* ♦ *vi* faire une révérence, s'incliner; (*yield*): **to ~ to** *or* **before** s'incliner devant, se soumettre à

bowels ['baʊəlz] *npl* intestins *mpl*; (*fig*) entrailles *fpl*

bowl [bəʊl] *n* (*for eating*) bol *m*; (*ball*) boule *f* ♦ *vi* (*CRICKET, BASEBALL*) lancer (la balle)

bow-legged ['bəʊ'legɪd] *adj* aux jambes arquées

bowler ['bəʊlə*] *n* (*CRICKET, BASEBALL*) lanceur *m* (de la balle); (*BRIT*: *also*: **~ hat**) (chapeau *m*) melon *m*

bowling ['bəʊlɪŋ] *n* (*game*) jeu *m* de boules; jeu *m* de quilles; **~ alley** *n* bowling *m*; **~ green** *n* terrain *m* de boules (*gazonné et carré*)

bowls [bəʊlz] *n* (*game*) (jeu *m* de) boules *fpl*

bow tie ['bəʊ-] *n* nœud *m* papillon

box [bɒks] *n* boîte *f*; (*also*: *cardboard* **~**) carton *m*; (*THEATRE*) loge *f* ♦ *vt* mettre en boîte; (*SPORT*) boxer avec ♦ *vi* boxer, faire de la boxe; **~er** *n* (*person*) boxeur *m*; **~ing** *n* (*SPORT*) boxe *f*; **B~ing Day** (*BRIT*) *n* le lendemain de Noël; **~ing gloves** *npl* gants *mpl* de boxe; **~ing ring** *n* ring *m*; **~ office** *n* bureau *m* de location; **~room** *n* débarras *m*; chambrette *f*

boy [bɔɪ] *n* garçon *m*

boycott ['bɔɪkɒt] *n* boycottage *m* ♦ *vt* boycotter

boyfriend ['bɔɪfrend] *n* (petit) ami

boyish ['bɔɪɪʃ] *adj* (*behaviour*) de garçon; (*girl*) garçonnier(ière)

BR *abbr* = **British Rail**

bra [brɑː] *n* soutien-gorge *m*

brace [breɪs] *n* (*on teeth*) appareil *m* (dentaire); (*tool*) vilbrequin *m* ♦ *vt* (*knees, shoulders*) appuyer; **~s** *npl* (*BRIT*: *for trousers*) bretelles *fpl*; **to ~ o.s.** (*lit*) s'arc-bouter; (*fig*) se préparer mentalement

bracelet ['breɪslɪt] *n* bracelet *m*

bracing ['breɪsɪŋ] *adj* tonifiant(e), tonique

bracket ['brækɪt] *n* (*TECH*) tasseau *m*, support *m*; (*group*) classe *f*, tranche *f*; (*also*: *brace* **~**) accolade *f*; (: *round* **~**) parenthèse *f*; (: *square* **~**) crochet *m* ♦ *vt* mettre entre parenthèse(s); (*fig*: *also*: **~ together**) regrouper

brag [bræg] *vi* se vanter

braid [breɪd] *n* (*trimming*) galon *m*; (*of hair*) tresse *f*

brain [breɪn] *n* cerveau *m*; **~s** *npl* (*intellect, CULIN*) cervelle *f*; **he's got ~s** il est intelligent; **~child** *n* invention personnelle; **~wash** *vt* faire subir un lavage de cerveau à; **~wave** *n* idée géniale; **~y** *adj* intelligent(e), doué(e)

braise [breɪz] *vt* braiser

brake [breɪk] *n* (*on vehicle, also fig*) frein *m* ♦ *vi* freiner; ~ **fluid** *n* liquide *m* de freins; ~ **light** *n* feu *m* de stop

bran [bræn] *n* son *m*

branch [brɑːntʃ] *n* branche *f*; (*COMM*) succursale *f* ♦ *vi* bifurquer; ~ **out** *vi* (*fig*): **to** ~ **out into** étendre ses activités à

brand [brænd] *n* marque (commerciale) ♦ *vt* (*cattle*) marquer (au fer rouge); **~-new** *adj* tout(e) neuf(neuve), flambant neuf(neuve)

brandy ['brændɪ] *n* cognac *m*, fine *f*

brash [bræʃ] *adj* effronté(e)

brass [brɑːs] *n* cuivre *m* (jaune), laiton *m*; **the** ~ (*MUS*) les cuivres; ~ **band** *n* fanfare *f*

brassière ['bræsɪə*] *n* soutien-gorge *m*

brat [bræt] (*pej*) *n* mioche *m/f*, môme *m/f*

brave [breɪv] *adj* courageux(euse), brave ♦ *n* guerrier indien ♦ *vt* braver, affronter; **~ry** *n* bravoure *f*, courage *m*

brawl [brɔːl] *n* rixe *f*, bagarre *f*

bray [breɪ] *vi* braire

brazen ['breɪzn] *adj* impudent(e), effronté(e) ♦ *vt*: **to** ~ **it out** payer d'effronterie, crâner

brazier ['breɪzɪə*] *n* brasero *m*

Brazil [brə'zɪl] *n* Brésil *m*

breach [briːtʃ] *vt* ouvrir une brèche dans ♦ *n* (*gap*) brèche *f*; (*breaking*): ~ **of contract** rupture *f* de contrat; ~ **of the peace** attentat *m* à l'ordre public

bread [bred] *n* pain *m*; ~ **and butter** *n* tartines (beurrées); (*fig*) subsistance *f*; **~bin** (*BRIT*) *n* boîte *f* à pain; (*bigger*) huche *f* à pain; **~box** (*US*) *n* = **~bin**; **~crumbs** *npl* miettes *fpl* de pain; (*CULIN*) chapelure *f*, panure *f*; **~line** *n*: **to be on the ~line** être sans le sou *or* dans l'indigence

breadth [bretθ] *n* largeur *f*; (*fig*) ampleur *f*

breadwinner ['bredwɪnə*] *n* soutien *m* de famille

break [breɪk] (*pt* **broke**, *pp* **broken**) *vt* casser, briser; (*promise*) rompre; (*law*) violer ♦ *vi* (se) casser, se briser; (*weather*) tourner; (*story, news*) se répandre; (*day*) se lever ♦ *n* (*gap*) brèche *f*; (*fracture*) cassure *f*; (*pause, interval*) interruption *f*, arrêt *m*; (: *short*) pause *f*; (: *at school*) récréation *f*; (*chance*) chance *f*, occasion *f* favorable; **to** ~ **one's leg** *etc* se casser la jambe *etc*; **to** ~ **a record** battre un record; **to** ~ **the news to sb** annoncer la nouvelle à qn; ~ **even** rentrer dans ses frais; ~ **free** *or* **loose** se dégager, s'échapper; ~ **open** (*door etc*) forcer, fracturer; ~ **down** *vt* (*figures, data*) décomposer, analyser ♦ *vi* s'effondrer; (*MED*) faire une dépression (nerveuse); (*AUT*) tomber en panne; ~ **in** *vt* (*horse etc*) dresser ♦ *vi* (*burglar*) entrer par effraction; (*interrupt*) interrompre; ~ **into** *vt fus* (*house*) s'introduire *or* pénétrer par effraction dans; ~ **off** *vi* (*speaker*) s'interrompre; (*branch*) se rompre; ~ **out** *vi* éclater, se déclarer; (*prisoner*) s'évader; **to** ~ **out in spots** *or* **a rash** avoir une éruption de boutons; ~ **up** *vi* (*ship*) se disloquer; (*crowd, meeting*) se disperser, se séparer; (*marriage*) se briser; (*SCOL*) entrer en vacances ♦ *vt* casser; (*fight etc*) interrompre, faire cesser; **~age** *n* casse *f*; **~down** *n* (*AUT*) panne *f*; (*in communications, marriage*) rupture *f*; (*MED*: *also*: *nervous* ~) dépression (nerveuse); (*of statistics*) ventilation *f*; **~down van** (*BRIT*) *n* dépanneuse *f*; **~er** *n* brisant *m*

breakfast ['brekfəst] *n* petit déjeuner

break: **~-in** *n* cambriolage *m*; **~ing and entering** *n* (*LAW*) effraction *f*; **~through** *n* percée *f*; **~water** *n* brise-lames *m inv*, digue *f*

breast [brest] *n* (*of woman*) sein *m*; (*chest, of meat*) poitrine *f*; **~-feed**

(*irreg: like* **feed**) *vt, vi* allaiter; ~**stroke** *n* brasse *f*
breath [breθ] *n* haleine *f*; **out of** ~ à bout de souffle, essoufflé(e)
Breathalyser ['breθəlaɪzə*] (®) *n* Alcootest *m* (®)
breathe [bri:ð] *vt, vi* respirer; ~ **in** *vt, vi* aspirer, inspirer; ~ **out** *vt, vi* expirer; ~**r** *n* moment *m* de repos *or* de répit; **breathing** ['bri:ðɪŋ] *n* respiration *f*; **breathing space** *n* (*fig*) (moment *m* de) répit *m*
breathless ['breθlɪs] *adj* essoufflé(e), haletant(e); oppressé(e)
breathtaking ['breθteɪkɪŋ] *adj* stupéfiant(e), à vous couper le souffle
breed [bri:d] (*pt, pp* **bred**) *vt* élever, faire l'élevage de ♦ *vi* se reproduire ♦ *n* race *f*, variété *f*; ~**ing** *n* (*upbringing*) éducation *f*
breeze [bri:z] *n* brise *f*; **breezy** ['bri:zɪ] *adj* frais(fraîche); aéré(e); (*manner etc*) désinvolte, jovial(e)
brevity ['brevɪtɪ] *n* brièveté *f*
brew [bru:] *vt* (*tea*) faire infuser; (*beer*) brasser ♦ *vi* (*fig*) se préparer, couver; ~**ery** *n* brasserie *f* (*fabrique*)
bribe ['braɪb] *n* pot-de-vin *m* ♦ *vt* acheter; soudoyer; ~**ry** *n* corruption *f*
brick [brɪk] *n* brique *f*; ~**layer** *n* maçon *m*
bridal ['braɪdl] *adj* nuptial(e)
bride [braɪd] *n* mariée *f*, épouse *f*; ~**groom** *n* marié *m*, époux *m*; ~**smaid** *n* demoiselle *f* d'honneur
bridge [brɪdʒ] *n* pont *m*; (*NAUT*) passerelle *f* (de commandement); (*of nose*) arête *f*; (*CARDS, DENTISTRY*) bridge *m* ♦ *vt* (*fig*: *gap, gulf*) combler
bridle ['braɪdl] *n* bride *f*; ~ **path** *n* piste *or* allée cavalière
brief [bri:f] *adj* bref(brève) ♦ *n* (*LAW*) dossier *m*, cause *f*; (*gen*) tâche *f* ♦ *vt* mettre au courant; ~s *npl* (*undergarment*) slip *m*; ~**case** *n* serviette *f*; porte-documents *m inv*; ~**ly** *adv* brièvement
bright [braɪt] *adj* brillant(e); (*room, weather*) clair(e); (*clever*: *person, idea*) intelligent(e); (*cheerful*: *colour, person*) vif(vive)
brighten (*also* ~ **up**) *vt* (*room*) éclaircir, égayer; (*event*) égayer ♦ *vi* s'éclaircir; (*person*) retrouver un peu de sa gaieté; (*face*) s'éclairer; (*prospects*) s'améliorer
brilliance ['brɪljəns] *n* éclat *m*
brilliant ['brɪljənt] *adj* brillant(e); (*sunshine, light*) éclatant(e); (*inf*: *holiday etc*) super
brim [brɪm] *n* bord *m*
brine [braɪn] *n* (*CULIN*) saumure *f*
bring [brɪŋ] (*pt, pp* **brought**) *vt* apporter; (*person*) amener; ~ **about** *vt* provoquer, entraîner; ~ **back** *vt* rapporter; ramener; (*restore*: *hanging*) réinstaurer; ~ **down** *vt* (*price*) faire baisser; (*enemy plane*) descendre; (*government*) faire tomber; ~ **forward** *vt* avancer; ~ **off** *vt* (*task, plan*) réussir, mener à bien; ~ **out** *vt* (*meaning*) faire ressortir; (*book*) publier; (*object*) sortir; ~ **round** *vt* (*unconscious person*) ranimer; ~ **to** *vt* = ~ **round**; ~ **up** *vt* (*child*) élever; (*carry up*) monter; (*question*) soulever; (*food*: *vomit*) vomir, rendre
brink [brɪŋk] *n* bord *m*
brisk [brɪsk] *adj* vif(vive)
bristle ['brɪsl] *n* poil *m* ♦ *vi* se hérisser
Britain ['brɪtən] *n* (*also*: *Great* ~) Grande-Bretagne *f*
British ['brɪtɪʃ] *adj* britannique ♦ *npl*: **the** ~ les Britanniques *mpl*; ~ **Isles** *npl*: **the** ~ **Isles** les Iles *fpl* Britanniques; ~ **Rail** *n compagnie ferroviaire britannique*
Briton ['brɪtən] *n* Britannique *m/f*
Brittany ['brɪtənɪ] *n* Bretagne *f*
brittle ['brɪtl] *adj* cassant(e), fragile
broach [brəʊtʃ] *vt* (*subject*) aborder
broad [brɔ:d] *adj* large; (*general*: *outlines*) grand(e); (: *distinction*) général(e); (*accent*) prononcé(e); **in** ~ **daylight** en plein jour; ~**cast** (*pt, pp*

~cast) *n* émission *f* ♦ *vt* radiodiffuser; téléviser ♦ *vi* émettre; **~en** *vt* élargir ♦ *vi* s'élargir; **to ~en one's mind** élargir ses horizons; **~ly** *adv* en gros, généralement; **~-minded** *adj* large d'esprit

broccoli ['brɒkəlɪ] *n* brocoli *m*

brochure ['brəʊʃuə*] *n* prospectus *m*, dépliant *m*

broil [brɔɪl] *vt* griller

broke [brəʊk] *pt of* **break** ♦ *adj* (*inf*) fauché(e)

broken ['brəukən] *pp of* **break** ♦ *adj* cassé(e); (*machine*: *also*: ~ *down*) fichu(e); **in ~ English/French** dans un anglais/français approximatif *or* hésitant; **~ leg** *etc* jambe *etc* cassée; **~-hearted** *adj* (ayant) le cœur brisé

broker ['brəukə*] *n* courtier *m*

brolly ['brɒlɪ] (*BRIT*: *inf*) *n* pépin *m*, parapluie *m*

bronchitis [brɒŋ'kaɪtɪs] *n* bronchite *f*

bronze [brɒnz] *n* bronze *m*

brooch [brəʊtʃ] *n* broche *f*

brood [bru:d] *n* couvée *f* ♦ *vi* (*person*) méditer (sombrement), ruminer

broom [bru:m] *n* balai *m*; (*BOT*) genêt *m*; **~stick** *n* manche *m* à balai

Bros. *abbr* = **Brothers**

broth [brɒθ] *n* bouillon *m* de viande et de légumes

brothel ['brɒθl] *n* maison close, bordel *m*

brother ['brʌðə*] *n* frère *m*; **~-in-law** *n* beau-frère *m*

brought [brɔ:t] *pt, pp of* **bring**

brow [brau] *n* front *m*; (*eye~*) sourcil *m*; (*of hill*) sommet *m*

brown [braun] *adj* brun(e), marron *inv*; (*hair*) châtain *inv*; brun; (*eyes*) marron *inv*; (*tanned*) bronzé(e) ♦ *n* (*colour*) brun *m* ♦ *vt* (*CULIN*) faire dorer; **~ bread** *n* pain *m* bis; **B~ie** ['braunɪ] *n* (*also*: ~ *Guide*) jeannette *f*, éclaireuse (cadette); **~ie** ['braunɪ] (*US*) *n* (*cake*) gâteau *m* au chocolat et aux noix; **~ paper** *n* papier *m* d'emballage; **~ sugar** *n* cassonade *f*

browse [brauz] *vi* (*among books*) bouquiner, feuilleter les livres; **to ~ through a book** feuilleter un livre

bruise [bru:z] *n* bleu *m*, contusion *f* ♦ *vt* contusionner, meurtrir

brunette [bru:'net] *n* (femme) brune

brunt [brʌnt] *n*: **the ~ of** (*attack, criticism etc*) le plus gros de

brush [brʌʃ] *n* brosse *f*; (*painting*) pinceau *m*; (*shaving*) blaireau *m*; (*quarrel*) accrochage *m*, prise *f* de bec ♦ *vt* brosser; (*also*: ~ *against*) effleurer, frôler; **~ aside** *vt* écarter, balayer; **~ up** *vt* (*knowledge*) rafraîchir, réviser; **~wood** *n* broussailles *fpl*, taillis *m*

Brussels ['brʌslz] *n* Bruxelles; **~ sprout** *n* chou *m* de Bruxelles

brutal ['bru:tl] *adj* brutal(e)

brute [bru:t] *n* brute *f* ♦ *adj*: **by ~ force** par la force

BSc *abbr* = **Bachelor of Science**

bubble ['bʌbl] *n* bulle *f* ♦ *vi* bouillonner, faire des bulles; (*sparkle*) pétiller; **~ bath** *n* bain moussant; **~ gum** *n* bubblegum *m*

buck [bʌk] *n* mâle *m* (*d'un lapin, daim etc*); (*US*: *inf*) dollar *m* ♦ *vi* ruer, lancer une ruade; **to pass the ~ (to sb)** se décharger de la responsabilité (sur qn); **~ up** *vi* (*cheer up*) reprendre du poil de la bête, se remonter

bucket ['bʌkɪt] *n* seau *m*

buckle ['bʌkl] *n* boucle *f* ♦ *vt* (*belt etc*) boucler, attacher ♦ *vi* (*warp*) tordre, gauchir; (: *wheel*) se voiler; se déformer

bud [bʌd] *n* bourgeon *m*; (*of flower*) bouton *m* ♦ *vi* bourgeonner; (*flower*) éclore

Buddhism ['budɪzəm] *n* bouddhisme *m*

budding ['bʌdɪŋ] *adj* (*poet etc*) en herbe; (*passion etc*) naissant(e)

buddy ['bʌdɪ] (*US*) *n* copain *m*

budge [bʌdʒ] *vt* faire bouger; (*fig*: *person*) faire changer d'avis ♦ *vi* bouger; changer d'avis

budgerigar ['bʌdʒərɪgɑ:*] (*BRIT*) *n* perruche *f*

budget ['bʌdʒɪt] *n* budget *m* ♦ *vi*: to ~ for sth inscrire qch au budget
budgie ['bʌdʒɪ] (*BRIT*) *n* = **budgerigar**
buff [bʌf] *adj* (couleur *f*) chamois *m* ♦ *n* (*inf*: *enthusiast*) mordu(e)
buffalo ['bʌfələu] (*pl* ~ *or* ~**es**) *n* buffle *m*; (*US*) bison *m*
buffer ['bʌfə*] *n* tampon *m*; (*COMPUT*) mémoire *f* tampon
buffet[1] ['bʌfɪt] *vt* secouer, ébranler
buffet[2] ['bufeɪ] *n* (*food*, *BRIT*: *bar*) buffet *m*; ~ **car** (*BRIT*) *n* (*RAIL*) voiture-buffet *f*
bug [bʌg] *n* (*insect*) punaise *f*; (: *gen*) insecte *m*, bestiole *f*; (*fig*: *germ*) virus *m*, microbe *m*; (*COMPUT*) erreur *f*; (*fig*: *spy device*) dispositif *m* d'écoute (électronique) ♦ *vt* garnir de dispositifs d'écoute; (*inf*: *annoy*) embêter
bugle ['bju:gl] *n* clairon *m*
build [bɪld] (*pt*, *pp* **built**) *n* (*of person*) carrure *f*, charpente *f* ♦ *vt* construire, bâtir; ~ **up** *vt* accumuler, amasser; accroître; ~**er** *n* entrepreneur *m*; ~**ing** *n* (*trade*) construction *f*; (*house*, *structure*) bâtiment *m*, construction; (*offices*, *flats*) immeuble *m*; ~**ing society** (*BRIT*) *n* société *f* de crédit immobilier
built [bɪlt] *pt*, *pp of* **build**; ~**-in** *adj* (*cupboard*, *oven*) encastré(e); (*device*) incorporé(e); intégré(e); ~**-up area** *n* zone urbanisée
bulb [bʌlb] *n* (*BOT*) bulbe *m*, oignon *m*; (*ELEC*) ampoule *f*
bulge [bʌldʒ] *n* renflement *m*, gonflement *m* ♦ *vi* (*pocket*, *file etc*) être plein(e) à craquer; (*cheeks*) être gonflé(e)
bulk [bʌlk] *n* masse *f*, volume *m*; (*of person*) corpulence *f*; **in** ~ (*COMM*) en vrac; **the** ~ **of** la plus grande *or* grosse partie de; ~**y** *adj* volumineux(euse), encombrant(e)
bull [bul] *n* taureau *m*; (*male elephant/whale*) mâle *m*; ~**dog** *n* bouledogue *m*
bulldozer ['buldəuzə*] *n* bulldozer *m*
bullet ['bulɪt] *n* balle *f* (*de fusil etc*)
bulletin ['bulɪtɪn] *n* bulletin *m*, communiqué *m*; (*news* ~) (bulletin d')informations *fpl*
bulletproof ['bulɪtpru:f] *adj* (*car*) blindé(e); (*vest etc*) pare-balles *inv*
bullfight ['bulfaɪt] *n* corrida *f*, course *f* de taureaux; ~**er** *n* torero *m*; ~**ing** *n* tauromachie *f*
bullion ['bulɪən] *n* or *m or* argent *m* en lingots
bull: ~**ock** ['bulək] *n* bœuf *m*; ~**ring** ['bulrɪŋ] *n* arènes *fpl*; ~**'s-eye** ['bulzaɪ] *n* centre *m* (*de la cible*)
bully ['bulɪ] *n* brute *f*, tyran *m* ♦ *vt* tyranniser, rudoyer
bum [bʌm] *n* (*inf*: *backside*) derrière *m*; (*esp US*: *tramp*) vagabond(e), traîne-savates *m/f inv*
bumblebee ['bʌmblbi:] *n* bourdon *m*
bump [bʌmp] *n* (*in car*: *minor accident*) accrochage *m*; (*jolt*) cahot *m*; (*on road etc*, *on head*) bosse *f* ♦ *vt* heurter, cogner; ~ **into** *vt fus* rentrer dans, tamponner; (*meet*) tomber sur; ~**er** *n* pare-chocs *m inv* ♦ *adj*: ~**er crop/harvest** récolte/moisson exceptionnelle; ~**er cars** *npl* autos tamponneuses
bumpy ['bʌmpɪ] *adj* cahoteux(euse)
bun [bʌn] *n* petit pain au lait; (*of hair*) chignon *m*
bunch [bʌntʃ] *n* (*of flowers*) bouquet *m*; (*of keys*) trousseau *m*; (*of bananas*) régime *m*; (*of people*) groupe *m*; ~**es** *npl* (*in hair*) couettes *fpl*; ~ **of grapes** grappe *f* de raisin
bundle ['bʌndl] *n* paquet *m* ♦ *vt* (*also*: ~ *up*) faire un paquet de; (*put*): to ~ **sth/sb into** fourrer *or* enfourner qch/qn dans
bungalow ['bʌŋgələu] *n* bungalow *m*
bungle ['bʌŋgl] *vt* bâcler, gâcher
bunion ['bʌnjən] *n* oignon *m* (*au pied*)
bunk [bʌŋk] *n* couchette *f*; ~ **beds** *npl* lits superposés
bunker ['bʌŋkə*] *n* (*coal store*) soute *f* à charbon; (*MIL*, *GOLF*) bunker *m*
bunny ['bʌnɪ] *n* (*also*: ~ *rabbit*)

Jeannot *m* lapin

bunting ['bʌntɪŋ] *n* pavoisement *m*, drapeaux *mpl*

buoy [bɔɪ] *n* bouée *f*; ~ **up** *vt* faire flotter; (*fig*) soutenir, épauler; ~**ant** *adj* capable de flotter; (*carefree*) gai(e), plein(e) d'entrain; (*economy*) ferme, actif

burden ['bɜːdn] *n* fardeau *m* ♦ *vt* (*trouble*) accabler, surcharger

bureau ['bjʊərəʊ] (*pl* ~x) *n* (*BRIT*: *writing desk*) bureau *m*, secrétaire *m*; (*US*: *chest of drawers*) commode *f*; (*office*) bureau, office *m*; ~**cracy** [bjʊ'rɒkrəsɪ] *n* bureaucratie *f*

burglar ['bɜːglə*] *n* cambrioleur *m*; ~ **alarm** *n* sonnerie *f* d'alarme; ~**y** *n* cambriolage *m*

Burgundy ['bɜːgəndɪ] *n* Bourgogne *f*

burial ['berɪəl] *n* enterrement *m*

burly ['bɜːlɪ] *adj* de forte carrure, costaud(e)

Burma ['bɜːmə] *n* Birmanie *f*

burn [bɜːn] (*pt, pp* **burned** *or* **burnt**) *vt, vi* brûler ♦ *n* brûlure *f*; ~ **down** *vt* incendier, détruire par le feu; ~**er** *n* brûleur *m*; ~**ing** *adj* brûlant(e); (*house*) en flammes; (*ambition*) dévorant(e)

burrow ['bʌrəʊ] *n* terrier *m* ♦ *vt* creuser

bursary ['bɜːsərɪ] (*BRIT*) *n* bourse *f* (d'études)

burst [bɜːst] (*pt, pp* **burst**) *vt* crever; faire éclater; (*subj*: *river*: *banks etc*) rompre ♦ *vi* éclater; (*tyre*) crever ♦ *n* (*of gunfire*) rafale *f* (de tir); (*also*: ~ *pipe*) rupture *f*; fuite *f*; **a** ~ **of enthusiasm/energy** un accès d'enthousiasme/d'énergie; **to** ~ **into flames** s'enflammer soudainement; **to** ~ **out laughing** éclater de rire; **to** ~ **into tears** fondre en larmes; **to be** ~**ing with** être plein (à craquer) de; (*fig*) être débordant(e) de; ~ **into** *vt fus* (*room etc*) faire irruption dans

bury ['berɪ] *vt* enterrer

bus [bʌs, *pl* '-ɪz] (*pl* ~es) *n* autobus *m*

bush [bʊʃ] *n* buisson *m*; (*scrubland*) brousse *f*; **to beat about the** ~ tourner autour du pot; ~**y** ['bʊʃɪ] *adj* broussailleux(euse), touffu(e)

busily ['bɪzɪlɪ] *adv* activement

business ['bɪznɪs] *n* (*matter, firm*) affaire *f*; (*trading*) affaires *fpl*; (*job, duty*) travail *m*; **to be away on** ~ être en déplacement d'affaires; **it's none of my** ~ cela ne me regarde pas, ce ne sont pas mes affaires; **he means** ~ il ne plaisante pas, il est sérieux; ~**like** *adj* sérieux(euse); efficace; ~**man** (*irreg*) *n* homme *m* d'affaires; ~ **trip** *n* voyage *m* d'affaires; ~**woman** (*irreg*) *n* femme *f* d'affaires

busker ['bʌskə*] (*BRIT*) *n* musicien ambulant

bus stop *n* arrêt *m* d'autobus

bust [bʌst] *n* buste *m*; (*measurement*) tour *m* de poitrine ♦ *adj* (*inf*: *broken*) fichu(e), fini(e); **to go** ~ faire faillite

bustle ['bʌsl] *n* remue-ménage *m*, affairement *m* ♦ *vi* s'affairer, se démener; **bustling** *adj* (*town*) bruyant(e), affairé(e)

busy ['bɪzɪ] *adj* occupé(e); (*shop, street*) très fréquenté(e) ♦ *vt*: **to** ~ **o.s.** s'occuper; ~**body** *n* mouche *f* du coche, âme *f* charitable; ~ **signal** (*US*) *n* (*TEL*) tonalité *f* occupé inv

KEYWORD

but [bʌt] *conj* mais; **I'd love to come,** ~ **I'm busy** j'aimerais venir mais je suis occupé

♦ *prep* (*apart from, except*) sauf, excepté; **we've had nothing** ~ **trouble** nous n'avons eu que des ennuis; **no-one** ~ **him can do it** lui seul peut le faire; ~ **for you/your help** sans toi/ton aide; **anything** ~ **that** tout sauf *or* excepté ça, tout mais pas ça

♦ *adv* (*just, only*) ne ... que; **she's** ~ **a child** elle n'est qu'une enfant; **had I** ~ **known** si seulement j'avais su; **all** ~ **finished** pratiquement terminé

butcher ['butʃə*] *n* boucher *m* ♦ *vt* massacrer; (*cattle etc for meat*) tuer; **~'s (shop)** *n* boucherie *f*
butler ['bʌtlə*] *n* maître *m* d'hôtel
butt [bʌt] *n* (*large barrel*) gros tonneau; (*of gun*) crosse *f*; (*of cigarette*) mégot *m*; (*BRIT*: *fig*: *target*) cible *f* ♦ *vt* donner un coup de tête à; **~ in** *vi* (*interrupt*) s'immiscer dans la conversation
butter ['bʌtə*] *n* beurre *m* ♦ *vt* beurrer; **~cup** *n* bouton *m* d'or; **~fly** *n* papillon *m*; (*SWIMMING*: *also*: *~fly stroke*) brasse *f* papillon
buttocks ['bʌtəks] *npl* fesses *fpl*
button ['bʌtn] *n* bouton *m*; (*US*: *badge*) pin *m* ♦ *vt* (*also*: *~ up*) boutonner ♦ *vi* se boutonner
buttress ['bʌtrɪs] *n* contrefort *m*
buxom ['bʌksəm] *adj* aux formes avantageuses *or* épanouies
buy [baɪ] (*pt, pp* **bought**) *vt* acheter ♦ *n* achat *m*; **to ~ sb sth/sth from sb** acheter qch à qn; **to ~ sb a drink** offrir un verre *or* à boire à qn; **~er** *n* acheteur(euse)
buzz [bʌz] *n* bourdonnement *m*; (*inf*: *phone call*): **to give sb a ~** passer un coup *m* de fil à qn ♦ *vi* bourdonner; **~er** ['bʌzə*] *n* timbre *m* électrique; **~ word** (*inf*) *n* mot *m* à la mode

KEYWORD

by [baɪ] *prep* **1** (*referring to cause, agent*) par, de; **killed ~ lightning** tué par la foudre; **surrounded ~ a fence** entouré d'une barrire; **a painting ~ Picasso** un tableau de Picasso
2 (*referring to method, manner, means*): **~ bus/car** en autobus/voiture; **~ train** par le *or* en train; **to pay ~ cheque** payer par chque; **~ saving hard, he ...** à force d'économiser, il ...
3 (*via, through*) par; **we came ~ Dover** nous sommes venus par Douvres
4 (*close to, past*) à côté de; **the house ~ the school** la maison à côté de l'école; **a holiday ~ the sea** des vacances au bord de la mer; **she sat ~ his bed** elle était assise à son chevet; **she went ~ me** elle est passée à côté de moi; **I go ~ the post office every day** je passe devant la poste tous les jours
5 (*with time*: *not later than*) avant; (: *during*): **~ daylight** à la lumière du jour; **~ night** la nuit, de nuit; **~ 4 o'clock** avant 4 heures; **~ this time tomorrow** d'ici demain à la même heure; **~ the time I got here it was too late** lorsque je suis arrivé c'était déjà trop tard
6 (*amount*) à; **~ the kilo/metre** au kilo/au mètre; **paid ~ the hour** payé à l'heure
7 (*MATH, measure*): **to divide/multiply ~ 3** diviser/multiplier par 3; **a room 3 metres ~ 4** une pièce de 3 mètres sur 4; **it's broader ~ a metre** c'est plus large d'un mètre; **one ~ one** un à un; **little ~ little** petit à petit, peu à peu
8 (*according to*) d'après, selon; **it's 3 o'clock ~ my watch** il est 3 heures d'après ma montre; **it's all right ~ me** je n'ai rien contre
9: **(all) ~ oneself** *etc* tout(e) seul(e)
10: **~ the way** au fait, à propos
♦ *adv* **1** *see* **go**; **pass** *etc*
2: **~ and ~** un peu plus tard, bientôt; **~ and large** dans l'ensemble

bye(-bye) ['baɪ('baɪ)] *excl* au revoir!, salut!
by(e)-law ['baɪlɔː] *n* arrêté municipal
by: ~-election (*BRIT*) *n* élection (législative) partielle; **~gone** *adj* passé(e) ♦ *n*: **let ~s be ~s** passons l'éponge, oublions le passé; **~pass** *n* (route *f* de) contournement *m*; (*MED*) pontage *m* ♦ *vt* éviter; **~-product** *n* sous-produit *m*, dérivé *m*; (*fig*) conséquence *f* secondaire, retombée *f*; **~stander** ['baɪstændə*] *n*

spectateur(trice), badaud(e)
byte [baɪt] *n* (*COMPUT*) octet *m*
byword ['baɪwɜːd] *n*: to be a ~ for être synonyme de (*fig*)
by-your-leave ['baɪjɔː'liːv] *n*: without so much as a ~ sans même demander la permission

C

C [siː] *n* (*MUS*) do *m*
CA *abbr* = chartered accountant
cab [kæb] *n* taxi *m*; (*of train, truck*) cabine *f*
cabaret ['kæbəreɪ] *n* (*show*) spectacle *m* de cabaret
cabbage ['kæbɪdʒ] *n* chou *m*
cabin ['kæbɪn] *n* (*house*) cabane *f*, hutte *f*; (*on ship*) cabine *f*; (*on plane*) compartiment *m*; ~ **cruiser** *n* cruiser *m*
cabinet ['kæbɪnɪt] *n* (*POL*) cabinet *m*; (*furniture*) petit meuble à tiroirs et rayons; (*also*: *display* ~) vitrine *f*, petite armoire vitrée
cable ['keɪbl] *n* câble *m* ♦ *vt* câbler, télégraphier; **~-car** *n* téléphérique *m*; ~ **television** *n* télévision *f* par câble
cache [kæʃ] *n* stock *m*
cackle ['kækl] *vi* caqueter
cactus ['kæktəs, *pl* -taɪ] (*pl* **cacti**) *n* cactus *m*
cadet [kə'det] *n* (*MIL*) élève *m* officier
cadge [kædʒ] (*inf*) *vt*: to ~ (from *or* off) se faire donner (par)
café ['kæfeɪ] *n* ≈ café(-restaurant) *m* (*sans alcool*)
cage [keɪdʒ] *n* cage *f*
cagey ['keɪdʒɪ] (*inf*) *adj* réticent(e); méfiant(e)
cagoule [kə'guːl] *n* K-way *m* (®)
cajole [kə'dʒəʊl] *vt* couvrir de flatteries *or* de gentillesses
cake [keɪk] *n* gâteau *m*; ~ of soap savonnette *f*; **~d** *adj*: ~d with raidi(e) par, couvert(e) d'une croûte de
calculate ['kælkjʊleɪt] *vt* calculer; (*estimate*: *chances, effect*) évaluer; **calculation** [kælkjʊ'leɪʃən] *n* calcul *m*; **calculator** *n* machine *f* à calculer, calculatrice *f*; (*pocket*) calculette *f*
calendar ['kælɪndə*] *n* calendrier *m*; ~ **year** *n* année civile
calf [kɑːf] (*pl* **calves**) *n* (*of cow*) veau *m*; (*of other animals*) petit *m*; (*also*: *~skin*) veau *m*, vachette *f*; (*ANAT*) mollet *m*
calibre ['kælɪbə*] (*US* **caliber**) *n* calibre *m*
call [kɔːl] *vt* appeler; (*meeting*) convoquer ♦ *vi* appeler; (*visit*: *also*: ~ *in*, ~ *round*) passer ♦ *n* (*shout*) appel *m*, cri *m*; (*also*: *telephone* ~) coup *m* de téléphone; (*visit*) visite *f*; **she's ~ed Suzanne** elle s'appelle Suzanne; **to be on** ~ être de permanence; ~ **back** *vi* (*return*) repasser; (*TEL*) rappeler; ~ **for** *vt fus* (*demand*) demander; (*fetch*) passer prendre; ~ **off** *vt* annuler; ~ **on** *vt fus* (*visit*) rendre visite à, passer voir; (*request*): **to ~ on sb to do** inviter qn à faire; ~ **out** *vi* pousser un cri *or* des cris; ~ **up** *vt* (*MIL*) appeler, mobiliser; (*TEL*) appeler; **~box** (*BRIT*) *n* (*TEL*) cabine *f* téléphonique; **~er** *n* (*TEL*) personne *f* qui appelle; (*visitor*) visiteur *m*; ~ **girl** *n* call-girl *f*; **~-in** (*US*) *n* (*RADIO, TV*: *phone-in*) programme *m* à ligne ouverte; **~ing** *n* vocation *f*; (*trade, occupation*) état *m*; **~ing card** (*US*) *n* carte *f* de visite
callous ['kæləs] *adj* dur(e), insensible
calm [kɑːm] *adj* calme ♦ *n* calme *m* ♦ *vt* calmer, apaiser; ~ **down** *vi* se calmer ♦ *vt* calmer, apaiser
Calor gas ['kælə-] (®) *n* butane *m*, butagaz *m* (®)
calorie ['kælərɪ] *n* calorie *f*
calves [kɑːvz] *npl of* **calf**
camber ['kæmbə*] *n* (*of road*) bombement *m*
Cambodia [kæm'bəʊdjə] *n* Cambodge *m*
camcorder ['kæmkɔːdə*] *n* camesco-

pe *m*

came [keɪm] *pt of* come

camel ['kæməl] *n* chameau *m*

camera ['kæmərə] *n* (*PHOT*) appareil-photo *m*; (*also*: *cine-~*, *movie ~*) caméra *f*; **in ~** à huis clos; **~man** (*irreg*) *n* caméraman *m*

camouflage ['kæməflɑːʒ] *n* camouflage *m* ♦ *vt* camoufler

camp [kæmp] *n* camp *m* ♦ *vi* camper ♦ *adj* (*man*) efféminé(e)

campaign [kæm'peɪn] *n* (*MIL, POL etc*) campagne *f* ♦ *vi* faire campagne

camp: ~bed (*BRIT*) *n* lit *m* de camp; **~er** *n* campeur(euse); (*vehicle*) camping-car *m*; **~ing** *n* camping *m*; **to go ~ing** faire du camping; **~site** ['kæmpsaɪt] *n* campement *m*, (terrain *m* de) camping *m*

campus ['kæmpəs] *n* campus *m*

can[1] [kæn] *n* (*of milk, oil, water*) bidon *m*; (*tin*) boîte *f* de conserve ♦ *vt* mettre en conserve

KEYWORD

can[2] [kæn] (*negative* **cannot, can't**; *conditional and pt* **could**) *aux vb* **1** (*be able to*) pouvoir; **you ~ do it if you try** vous pouvez le faire si vous essayez; **I ~'t hear you** je ne t'entends pas

2 (*know how to*) savoir; **I ~ swim/play tennis/drive** je sais nager/jouer au tennis/conduire; **~ you speak French?** parlez-vous français?

3 (*may*) pouvoir; **~ I use your phone?** puis-je me servir de votre téléphone?

4 (*expressing disbelief, puzzlement etc*): **it ~'t be true!** ce n'est pas possible!; **what CAN he want?** qu'est-ce qu'il peut bien vouloir?

5 (*expressing possibility, suggestion etc*): **he could be in the library** il est peut-être dans la bibliothèque; **she could have been delayed** il se peut qu'elle ait été retardée

Canada ['kænədə] *n* Canada *m*; **Canadian** [kə'neɪdɪən] *adj* canadien(ne) ♦ *n* Canadien(ne)

canal [kə'næl] *n* canal *m*

canary [kə'nɛərɪ] *n* canari *m*, serin *m*

cancel ['kænsəl] *vt* annuler; (*train*) supprimer; (*party, appointment*) décommander; (*cross out*) barrer, rayer; **~lation** [kænsə'leɪʃən] *n* annulation *f*; suppression *f*

cancer ['kænsə*] *n* (*MED*) cancer *m*; C~ (*ASTROLOGY*) le Cancer

candid ['kændɪd] *adj* (très) franc(franche), sincère

candidate ['kændɪdeɪt] *n* candidat(e)

candle ['kændl] *n* bougie *f*; (*of tallow*) chandelle *f*; (*in church*) cierge *m*; **~light** *n*: **by ~light** à la lumière d'une bougie; (*dinner*) aux chandelles; **~stick** *n* (*also*: *~ holder*) bougeoir *m*; (*bigger, ornate*) chandelier *m*

candour ['kændə*] (*US* **candor**) *n* (grande) franchise *or* sincérité

candy ['kændɪ] *n* sucre candi; (*US*) bonbon *m*; **~-floss** (*BRIT*) *n* barbe *f* à papa

cane [keɪn] *n* canne *f*; (*for furniture, baskets etc*) rotin *m* ♦ *vt* (*BRIT*: *SCOL*) administrer des coups de bâton à

canister ['kænɪstə*] *n* boîte *f*; (*of gas, pressurized substance*) bombe *f*

cannabis ['kænəbɪs] *n* (*drug*) cannabis *m*

canned [kænd] *adj* (*food*) en boîte, en conserve

cannon ['kænən] (*pl* ~ *or* **~s**) *n* (*gun*) canon *m*

cannot ['kænɒt] = **can not**

canoe [kə'nuː] *n* pirogue *f*; (*SPORT*) canoë *m*

canon ['kænən] *n* (*clergyman*) chanoine *m*; (*standard*) canon *m*

can-opener [-'əʊpnə*] *n* ouvre-boîte *m*

canopy ['kænəpɪ] *n* baldaquin *m*; dais *m*

can't [kɑːnt] = **can't**

cantankerous [kæn'tæŋkərəs] *adj* querelleur(euse), acariâtre

canteen [kæn'tiːn] *n* cantine *f*; (*BRIT*: *of cutlery*) ménagère *f*
canter ['kæntə*] *vi* (*horse*) aller au petit galop
canvas ['kænvəs] *n* toile *f*
canvass ['kænvəs] *vi* (*POL*): **to ~ for** faire campagne pour ♦ *vt* (*investigate*: *opinions etc*) sonder
canyon ['kænjən] *n* cañon *m*, gorge (profonde)
cap [kæp] *n* casquette *f*; (*of pen*) capuchon *m*; (*of bottle*) capsule *f*; (*contraceptive*: *also*: *Dutch ~*) diaphragme *m*; (*for toy gun*) amorce *f* ♦ *vt* (*outdo*) surpasser; (*put limit on*) plafonner
capability [keɪpə'bɪlɪtɪ] *n* aptitude *f*, capacité *f*
capable ['keɪpəbl] *adj* capable
capacity [kə'pæsɪtɪ] *n* capacité *f*; (*capability*) aptitude *f*; (*of factory*) rendement *m*
cape [keɪp] *n* (*garment*) cape *f*; (*GEO*) cap *m*
caper ['keɪpə*] *n* (*CULIN*: *gen*: *~s*) câpre *f*; (*prank*) farce *f*
capital ['kæpɪtl] *n* (*also*: *~ city*) capitale *f*; (*money*) capital *m*; (*also*: *~ letter*) majuscule *f*; **~ gains tax** *n* (*COMM*) impôt *m* sur les plus-values; **~ism** *n* capitalisme *m*; **~ist** *adj* capitaliste ♦ *n* capitaliste *m/f*; **~ize** *vi*: **to ~ize on** tirer parti de; **~ punishment** *n* peine capitale
Capricorn ['kæprɪkɔːn] *n* (*ASTROLOGY*) le Capricorne
capsize [kæp'saɪz] *vt* faire chavirer ♦ *vi* chavirer
capsule ['kæpsjuːl] *n* capsule *f*
captain ['kæptɪn] *n* capitaine *m*
caption ['kæpʃən] *n* légende *f*
captive ['kæptɪv] *adj, n* captif(ive)
capture ['kæptʃə*] *vt* capturer, prendre; (*attention*) capter; (*COMPUT*) saisir ♦ *n* capture *f*; (*data ~*) saisie *f* de données
car [kɑː*] *n* voiture *f*, auto *f*; (*RAIL*) wagon *m*, voiture
caramel ['kærəməl] *n* caramel *m*
caravan ['kærəvæn] *n* caravane *f*; **~ site** (*BRIT*) *n* camping *m* pour caravanes
carbohydrate [kɑːbəʊ'haɪdreɪt] *n* hydrate *m* de carbone; (*food*) féculent *m*
carbon ['kɑːbən] *n* carbone *m*; **~ dioxide** *n* gaz *m* carbonique; **~ monoxide** *n* oxyde *m* de carbone; **~ paper** *n* papier *m* carbone
carburettor ['kɑːbjʊretə*] (*US* **carburetor**) *n* carburateur *m*
card [kɑːd] *n* carte *f*; (*material*) carton *m*; **~board** *n* carton *m*; **~ game** *n* jeu *m* de cartes
cardiac ['kɑːdɪæk] *adj* cardiaque
cardigan ['kɑːdɪgən] *n* cardigan *m*
cardinal ['kɑːdɪnl] *adj* cardinal(e) ♦ *n* cardinal *m*
card index *n* fichier *m*
care [kɛə*] *n* soin *m*, attention *f*; (*worry*) souci *m*; (*charge*) charge *f*, garde *f* ♦ *vi*: **to ~ about** se soucier de, s'intéresser à; (*person*) être attaché(e) à; **~ of** chez, aux bons soins de; **in sb's ~** à la garde de qn, confié(e) à qn; **to take ~ (to do)** faire attention (à faire); **to take ~ of** s'occuper de; **I don't ~** ça m'est bien égal; **I couldn't ~ less** je m'en fiche complètement (*inf*); **~ for** *vt fus* s'occuper de; (*like*) aimer
career [kə'rɪə*] *n* carrière *f* ♦ *vi* (*also*: *~ along*) aller à toute allure; **~ woman** (*irreg*) *n* femme ambitieuse
care: **~free** ['kɛəfriː] *adj* sans souci, insouciant(e); **~ful** ['kɛəfʊl] *adj* (*thorough*) soigneux(euse); (*cautious*) prudent(e); **(be) ~ful!** (fais) attention!; **~fully** *adv* avec soin, soigneusement; prudemment; **~less** ['kɛəlɪs] *adj* négligent(e); (*heedless*) insouciant(e); **~r** [kɛərə*] *n* (*MED*) aide *f*
caress [kə'res] *n* caresse *f* ♦ *vt* caresser
caretaker ['kɛəteɪkə*] *n* gardien(ne), concierge *m/f*
car-ferry ['kɑːferɪ] *n* (*on sea*) ferry(-boat) *m*
cargo ['kɑːgəʊ] (*pl* **~es**) *n* cargaison

f, chargement *m*
car hire *n* location *f* de voitures
Caribbean [kærɪ'biːən] *adj*: **the ~ (Sea)** la mer des Antilles *or* Caraïbes
caring ['kɛərɪŋ] *adj* (*person*) bienveillant(e); (*society, organization*) humanitaire
carnal ['kɑːnl] *adj* charnel(le)
carnation [kɑː'neɪʃən] *n* œillet *m*
carnival ['kɑːnɪvəl] *n* (*public celebration*) carnaval *m*; (*US*: *funfair*) fête foraine
carol ['kærl] *n*: **(Christmas) ~** chant *m* de Noël
carp [kɑːp] *n* (*fish*) carpe *f*; **~ at** *vt fus* critiquer
car park (*BRIT*) *n* parking *m*, parc *m* de stationnement
carpenter ['kɑːpɪntə*] *n* charpentier *m*; **carpentry** ['kɑːpɪntrɪ] *n* menuiserie *f*
carpet ['kɑːpɪt] *n* tapis *m* ♦ *vt* recouvrir d'un tapis; **~ slippers** *npl* pantoufles *fpl*; **~ sweeper** *n* balai *m* mécanique
car phone *n* (*TEL*) téléphone *m* de voiture
carriage ['kærɪdʒ] *n* voiture *f*; (*of goods*) transport *m*; (: *cost*) port *m*; **~way** (*BRIT*) *n* (*part of road*) chaussée *f*
carrier ['kærɪə*] *n* transporteur *m*, camionneur *m*; (*company*) entreprise *f* de transport; (*MED*) porteur(euse); **~ bag** (*BRIT*) *n* sac *m* (en papier *or* en plastique)
carrot ['kærət] *n* carotte *f*
carry ['kærɪ] *vt* (*subj*: *person*) porter; (: *vehicle*) transporter; (*involve*: *responsibilities etc*) comporter, impliquer ♦ *vi* (*sound*) porter; **to get carried away** (*fig*) s'emballer, s'enthousiasmer; **~ on** *vi*: **to ~ on with sth/doing** continuer qch/de faire ♦ *vt* poursuivre; **~ out** *vt* (*orders*) exécuter; (*investigation*) mener; **~cot** (*BRIT*) *n* porte-bébé *m*; **~-on** (*inf*) *n* (*fuss*) histoires *fpl*
cart [kɑːt] *n* charrette *f* ♦ *vt* (*inf*) transporter, trimballer (*inf*)
carton ['kɑːtən] *n* (*box*) carton *m*; (*of yogurt*) pot *m*; (*of cigarettes*) cartouche *f*
cartoon [kɑː'tuːn] *n* (*PRESS*) dessin *m* (humoristique), caricature *f*; (*BRIT*: *comic strip*) bande dessinée; (*CINEMA*) dessin animé
cartridge ['kɑːtrɪdʒ] *n* cartouche *f*
carve [kɑːv] *vt* (*meat*) découper; (*wood, stone*) tailler, sculpter; **~ up** *vt* découper; (*fig*: *country*) morceler; **carving** ['kɑːvɪŋ] *n* sculpture *f*; **carving knife** *n* couteau *m* à découper
car wash *n* station *f* de lavage (de voitures)
case [keɪs] *n* cas *m*; (*LAW*) affaire *f*, procès *m*; (*box*) caisse *f*, boîte *f*, étui *m*; (*BRIT*: *also*: *suit~*) valise *f*; **in ~ of** en cas de; **in ~ he ...** au cas où il ...; **just in ~** à tout hasard; **in any ~** en tout cas, de toute façon
cash [kæʃ] *n* argent *m*; (*COMM*) argent liquide, espèces *fpl* ♦ *vt* encaisser; **to pay (in) ~** payer comptant; **~ on delivery** payable *or* paiement à la livraison; **~-book** *n* livre *m* de caisse; **~ card** (*BRIT*) *n* carte *f* de retrait; **~ desk** (*BRIT*) *n* caisse *f*; **~ dispenser** (*BRIT*) *n* distributeur *m* automatique de billets, billeterie *f*
cashew [kæ'ʃuː] *n* (*also*: *~ nut*) noix *f* de cajou
cashier [kæ'ʃɪə*] *n* caissier(ère)
cashmere ['kæʃmɪə*] *n* cachemire *m*
cash register *n* caisse (enregistreuse)
casing ['keɪsɪŋ] *n* revêtement (protecteur), enveloppe (protectrice)
casino [kə'siːnəʊ] *n* casino *m*
casket ['kɑːskɪt] *n* coffret *m*; (*US*: *coffin*) cercueil *m*
casserole ['kæsərəʊl] *n* (*container*) cocotte *f*; (*food*) ragoût *m* (en cocotte)
cassette [kæ'set] *n* cassette *f*, musicassette *f*; **~ player** *n* lecteur *m* de cassettes; **~ recorder** *n* magnétophone *m* à cassettes
cast [kɑːst] (*pt, pp* **cast**) *vt* (*throw*)

jeter; (*shed*) perdre; se dépouiller de; (*statue*) mouler; (*THEATRE*): to ~ sb as Hamlet attribuer à qn le rôle de Hamlet ♦ *n* (*THEATRE*) distribution *f*; (*also*: *plaster* ~) plâtre *m*; to ~ one's vote voter; ~ **off** *vi* (*NAUT*) larguer les amarres; (*KNITTING*) arrêter les mailles; ~ **on** *vi* (*KNITTING*) monter les mailles

castaway ['kɑːstəweɪ] *n* naufragé(e)

caster sugar ['kɑːstə-] (*BRIT*) *n* sucre *m* semoule

casting vote ['kɑːstɪŋ-] (*BRIT*) *n* voix prépondérante (*pour départager*)

cast iron *n* fonte *f*

castle ['kɑːsl] *n* château (fort); (*CHESS*) tour *f*

castor ['kɑːstə*] *n* (*wheel*) roulette *f*; ~ **oil** *n* huile *f* de ricin

castrate [kæs'treɪt] *vt* châtrer

casual ['kæʒjʊl] *adj* (*by chance*) de hasard, fait(e) au hasard, fortuit(e); (*irregular*: *work etc*) temporaire; (*unconcerned*) désinvolte; ~**ly** *adv* avec désinvolture, négligemment; (*dress*) décontracté

casualty ['kæʒjʊltɪ] *n* accidenté(e), blessé(e); (*dead*) victime *f*, mort(e); (*MED*: *department*) urgences *fpl*

casual wear *n* vêtements *mpl* décontractés

cat [kæt] *n* chat *m*

catalogue ['kætəlɒg] (*US* **catalog**) *n* catalogue *m* ♦ *vt* cataloguer

catalyst ['kætəlɪst] *n* catalyseur *m*

catalytic convertor [kætə'lɪtɪk kən'vɜːtə*] *n* catalyseur *m*

catapult ['kætəpʌlt] (*BRIT*) *n* (*sling*) lance-pierres *m inv*, fronde *m*

catarrh [kə'tɑː*] *n* rhume *m* chronique, catarrhe *m*

catastrophe [kə'tæstrəfɪ] *n* catastrophe *f*

catch [kætʃ] (*pt, pp* **caught**) *vt* attraper; (*person*: *by surprise*) prendre, surprendre; (*understand, hear*) saisir ♦ *vi* (*fire*) prendre; (*become trapped*) se prendre, s'accrocher ♦ *n* prise *f*; (*trick*) attrape *f*; (*of lock*) loquet *m*; to ~ sb's attention *or* eye attirer l'attention de qn; to ~ one's breath retenir son souffle; to ~ fire prendre feu; to ~ sight of apercevoir; ~ **on** *vi* saisir; (*grow popular*) prendre; ~ **up** *vi* se rattraper, combler son retard ♦ *vt* (*also*: ~ *up with*) rattraper; ~**ing** *adj* (*MED*) contagieux(euse); ~**ment area** ['kætʃmənt-] (*BRIT*) *n* (*SCOL*) secteur *m* de recrutement; (*of hospital*) circonscription hospitalière; ~ **phrase** *n* slogan *m*; expression *f* (à la mode); ~**y** *adj* (*tune*) facile à retenir

category ['kætɪgərɪ] *n* catégorie *f*

cater ['keɪtə*] *vi* (*provide food*): to ~ (for) préparer des repas (pour), se charger de la restauration (pour); ~ **for** (*BRIT*) *vt fus* (*needs*) satisfaire, pourvoir à; (*readers, consumers*) s'adresser à, pourvoir aux besoins de; ~**er** *n* traiteur *m*; fournisseur *m*; ~**ing** *n* restauration *f*; approvisionnement *m*, ravitaillement *m*

caterpillar ['kætəpɪlə*] *n* chenille *f*; ~ **track** ® *n* chenille *f*

cathedral [kə'θiːdrəl] *n* cathédrale *f*

catholic ['kæθəlɪk] *adj* (*tastes*) éclectique, varié(e); **C**~ *adj* catholique ♦ *n* catholique *m/f*

Catseye ['kætsaɪ] (®: *BRIT*) *n* (*AUT*) catadioptre *m*

cattle ['kætl] *npl* bétail *m*

catty ['kætɪ] *adj* méchant(e)

caucus ['kɔːkəs] *n* (*POL*: *group*) comité local d'un parti politique; (*US*: *POL*) comité électoral (pour désigner des candidats)

caught [kɔːt] *pt, pp of* **catch**

cauliflower ['kɒlɪflaʊə*] *n* chou-fleur *m*

cause [kɔːz] *n* cause *f* ♦ *vt* causer

caution ['kɔːʃən] *n* prudence *f*; (*warning*) avertissement *m* ♦ *vt* avertir, donner un avertissement à

cautious ['kɔːʃəs] *adj* prudent(e)

cavalry ['kævəlrɪ] *n* cavalerie *f*

cave [keɪv] *n* caverne *f*, grotte *f*; ~ **in** *vi* (*roof etc*) s'effondrer; ~**man**

(*irreg*) *n* homme *m* des cavernes
caviar(e) ['kævɪɑː*] *n* caviar *m*
cavort [kə'vɔːt] *vi* cabrioler, faire des cabrioles
CB *n abbr* (= *Citizens' Band (Radio)*) CB *f*
CBI *n abbr* (= *Confederation of British Industries*) *groupement du patronat*
cc *abbr* = **carbon copy; cubic centimetres**
CD *n abbr* (= *compact disc (player)*) CD *m*; **~-ROM** *n abbr* (= *compact disc read-only memory*) CD-ROM *m*
cease [siːs] *vt, vi* cesser; **~fire** *n* cessez-le-feu *m*; **~less** *adj* incessant(e), continuel(le)
cedar ['siːdə*] *n* cèdre *m*
ceiling ['siːlɪŋ] *n* plafond *m*
celebrate ['selɪbreɪt] *vt, vi* célébrer; **~d** *adj* célèbre; **celebration** [selɪ'breɪʃən] *n* célébration *f*
celery ['selərɪ] *n* céleri *m* (à côtes)
cell [sel] *n* cellule *f*; (*ELEC*) élément *m* (*de pile*)
cellar ['selə*] *n* cave *f*
cello *n* violoncelle *m*
cellphone [sel'fəʊn] *n* téléphone *m* cellulaire; téléphone *m* sans fil
Celt [kelt, selt] *n* Celte *m/f*; **~ic** ['keltɪk, 'seltɪk] *adj* celte
cement [sɪ'ment] *n* ciment *m*; **~ mixer** *n* bétonnière *f*
cemetery ['semɪtrɪ] *n* cimetière *m*
censor ['sensə*] *n* censeur *m* ♦ *vt* censurer; **~ship** *n* censure *f*
censure ['senʃə*] *vt* blâmer, critiquer
census ['sensəs] *n* recensement *m*
cent [sent] *n* (*US etc*: *coin*) cent *m* (= *un centième du dollar*); *see also* **per**
centenary [sen'tiːnərɪ] *n* centenaire *m*
center ['sentə*] (*US*) *n* = **centre**
centigrade ['sentɪgreɪd] *adj* centigrade
centimetre ['sentɪmiːtə*] (*US* **centimeter**) *n* centimètre *m*
centipede ['sentɪpiːd] *n* mille-pattes *m inv*
central ['sentrəl] *adj* central(e); **C~ America** *n* Amérique centrale; **~ heating** *n* chauffage central; **~ reservation** (*BRIT*) *n* (*AUT*) terre-plein central
centre ['sentə*] (*US* **center**) *n* centre *m* ♦ *vt* centrer; **~-forward** *n* (*SPORT*) avant-centre *m*; **~-half** *n* (*SPORT*) demi-centre *m*
century ['sentjʊrɪ] *n* siècle *m*; **20th ~** XXe siècle
ceramic [sɪ'ræmɪk] *adj* céramique
cereal ['sɪərɪəl] *n* céréale *f*
ceremony ['serɪmənɪ] *n* cérémonie *f*; **to stand on ~** faire des façons
certain ['sɜːtən] *adj* certain(e); **for ~** certainement, sûrement; **~ly** *adv* certainement; **~ty** *n* certitude *f*
certificate [sə'tɪfɪkɪt] *n* certificat *m*
certified mail ['sɜːtɪfaɪd-] (*US*) *n*: **by ~** en recommandé, avec avis de réception
certified public accountant (*US*) *n* expert-comptable *m*
certify ['sə'tɪfaɪ] *vt* certifier; (*award diploma to*) conférer un diplôme *etc* à; (*declare insane*) déclarer malade mental(e)
cervical ['sɜːvɪkl] *adj*: **~ cancer** cancer *m* du col de l'utérus; **~ smear** frottis vaginal
cervix ['sɜːvɪks] *n* col *m* de l'utérus
cf. *abbr* (= *compare*) cf., voir
CFC *n abbr* (= *chlorofluorocarbon*) CFC *m* (*gen pl*)
ch. *abbr* (= *chapter*) chap.
chafe [tʃeɪf] *vt* irriter, frotter contre
chain [tʃeɪn] *n* chaîne *f* ♦ *vt* (*also*: **~ up**) enchaîner, attacher (avec une chaîne); **~ reaction** *n* réaction *f* en chaîne; **~-smoke** *vi* fumer cigarette sur cigarette; **~ store** *n* magasin *m* à succursales multiples
chair [tʃeə*] *n* chaise *f*; (*arm~*) fauteuil *m*; (*of university*) chaire *f*; (*of meeting, committee*) présidence *f* ♦ *vt* (*meeting*) présider; **~lift** *n* télésiège *m*; **~man** (*irreg*) *n* président *m*

chalet ['ʃæleɪ] *n* chalet *m*
chalice ['tʃælɪs] *n* calice *m*
chalk ['tʃɔːk] *n* craie *f*
challenge ['tʃælɪndʒ] *n* défi *m* ♦ *vt* défier; (*statement, right*) mettre en question, contester; **to ~ sb to do** mettre qn au défi de faire; **challenging** ['tʃælɪndʒɪŋ] *adj* (*tone, look*) de défi, provocateur(trice); (*task, career*) qui représente un défi *or* une gageure
chamber ['tʃeɪmbə*] *n* chambre *f*; **~ of commerce** chambre de commerce; **~maid** *n* femme *f* de chambre; **~ music** *n* musique *f* de chambre
champagne [ʃæm'peɪn] *n* champagne *m*
champion ['tʃæmpɪən] *n* champion(ne); **~ship** *n* championnat *m*
chance [tʃɑːns] *n* (*opportunity*) occasion *f*, possibilité *f*; (*hope, likelihood*) chance *f*; (*risk*) risque *m* ♦ *vt*: **to ~ it** risquer (le coup), essayer ♦ *adj* fortuit(e), de hasard; **to take a ~** prendre un risque; **by ~** par hasard
chancellor ['tʃɑːnsələ*] *n* chancelier *m*; **C~ of the Exchequer** (*BRIT*) *n* chancelier *m* de l'Echiquier, ≈ ministre *m* des Finances
chandelier [ʃændɪ'lɪə*] *n* lustre *m*
change [tʃeɪndʒ] *vt* (*alter, replace, COMM: money*) changer; (*hands, trains, clothes, one's name*) changer de; (*transform*): **to ~ sb into** changer *or* transformer qn en ♦ *vi* (*gen*) changer; (*one's clothes*) se changer; (*be transformed*): **to ~ into** se changer *or* transformer en ♦ *n* changement *m*; (*money*) monnaie *f*; **to ~ gear** (*AUT*) changer de vitesse; **to ~ one's mind** changer d'avis; **a ~ of clothes** des vêtements de rechange; **for a ~** pour changer; **~able** *adj* (*weather*) variable; **~ machine** *n* distributeur *m* de monnaie; **~over** *n* (*to new system*) changement *m*, passage *m*
changing ['tʃeɪndʒɪŋ] *adj* changeant(e); **~ room** (*BRIT*) *n* (*in shop*) salon *m* d'essayage; (*SPORT*) vestiaire *m*
channel ['tʃænl] *n* (*TV*) chaîne *f*; (*navigable passage*) chenal *m*; (*irrigation*) canal *m* ♦ *vt* canaliser; **the (English) C~** la Manche; **the C~ Islands** les îles de la Manche, les îles anglo-normandes
chant [tʃɑːnt] *n* chant *m*; (*REL*) psalmodie *f* ♦ *vt* chanter, scander
chaos ['keɪɒs] *n* chaos *m*
chap [tʃæp] (*BRIT: inf*) *n* (*man*) type *m*
chapel ['tʃæpəl] *n* chapelle *f*; (*BRIT: nonconformist ~*) église *f*
chaplain ['tʃæplɪn] *n* aumônier *m*
chapped ['tʃæpt] *adj* (*skin, lips*) gercé(e)
chapter ['tʃæptə*] *n* chapitre *m*
char [tʃɑː*] *vt* (*burn*) carboniser
character ['kærɪktə*] *n* caractère *m*; (*in novel, film*) personnage *m*; (*eccentric*) numéro *m*, phénomène *m*; **~istic** [kærɪktə'rɪstɪk] *adj* caractéristique ♦ *n* caractéristique *m*
charcoal ['tʃɑːkəʊl] *n* charbon *m* de bois; (*for drawing*) charbon *m*
charge [tʃɑːdʒ] *n* (*cost*) prix (demandé); (*accusation*) accusation *f*; (*LAW*) inculpation *f* ♦ *vt*: **to ~ sb (with)** inculper qn (de); (*battery, enemy*) charger; (*customer, sum*) faire payer ♦ *vi* foncer; **~s** *npl* (*costs*) frais *mpl*; **to reverse the ~s** (*TEL*) téléphoner en P.C.V.; **to take ~ of** se charger de; **to be in ~ of** être responsable de, s'occuper de; **how much do you ~?** combien prenez-vous?; **to ~ an expense (up) to sb** mettre une dépense sur le compte de qn; **~ card** *n* carte *f* de client
charity ['tʃærɪtɪ] *n* charité *f*; (*organization*) institution *f* charitable *or* de bienfaisance, œuvre *f* (de charité)
charm [tʃɑːm] *n* charme *m*; (*on bracelet*) breloque *f* ♦ *vt* charmer, enchanter; **~ing** *adj* charmant(e)
chart [tʃɑːt] *n* tableau *m*, diagramme *m*; graphique *m*; (*map*) carte marine ♦ *vt* dresser *or* établir la carte

de; ~s *npl* (*hit parade*) hit-parade *m*

charter ['tʃɑ:tə*] *vt* (*plane*) affréter ♦ *n* (*document*) charte *f*; **~ed accountant** (*BRIT*) *n* expert-comptable *m*; **~ flight** *n* charter *m*

chase [tʃeɪs] *vt* poursuivre, pourchasser; (*also*: **~ away**) chasser ♦ *n* poursuite *f*, chasse *f*

chasm ['kæzəm] *n* gouffre *m*, abîme *m*

chat [tʃæt] *vi* (*also*: *have a* **~**) bavarder, causer ♦ *n* conversation *f*; **~ show** (*BRIT*) *n* causerie télévisée

chatter ['tʃætə*] *vi* (*person*) bavarder; (*animal*) jacasser ♦ *n* bavardage *m*; jacassement *m*; **my teeth are ~ing** je claque des dents; **~box** (*inf*) *n* moulin *m* à paroles

chatty ['tʃætɪ] *adj* (*style*) familier(ère); (*person*) bavard(e)

chauffeur ['ʃəufə*] *n* chauffeur *m* (de maître)

chauvinist ['ʃəuvɪnɪst] *n* (*male* **~**) phallocrate *m*; (*nationalist*) chauvin(e)

cheap [tʃi:p] *adj* bon marché *inv*, pas cher(chère); (*joke*) facile, d'un goût douteux; (*poor quality*) à bon marché, de qualité médiocre ♦ *adv* à bon marché, pour pas cher; **~er** *adj* moins cher(chère); **~ly** *adv* à bon marché, à bon compte

cheat [tʃi:t] *vi* tricher ♦ *vt* tromper, duper; (*rob*): **to ~ sb out of sth** escroquer qch à qn ♦ *n* tricheur(euse); escroc *m*

check [tʃek] *vt* vérifier; (*passport, ticket*) contrôler; (*halt*) arrêter; (*restrain*) maîtriser ♦ *n* vérification *f*; contrôle *m*; (*curb*) frein *m*; (*US*: *bill*) addition *f*; (*pattern*: *gen pl*) carreaux *mpl*; (*US*) = **cheque** ♦ *adj* (*pattern, cloth*) à carreaux; **~ in** *vi* (*in hotel*) remplir sa fiche (d'hôtel); (*at airport*) se présenter à l'enregistrement ♦ *vt* (*luggage*) (faire) enregistrer; **~ out** *vi* (*in hotel*) régler sa note; **~ up** *vi*: **to ~ up (on sth)** vérifier (qch); **to ~ up on sb** se renseigner sur le compte de qn; **~ered** (*US*) *adj* = **chequered**; **~ers** (*US*) *npl* jeu *m* de dames; **~-in (desk)** *n* enregistrement *m*; **~ing account** (*US*) *n* (*current account*) compte courant; **~mate** *n* échec et mat *m*; **~out** *n* (*in shop*) caisse *f*; **~point** *n* contrôle *m*; **~room** (*US*) *n* (*left-luggage office*) consigne *f*; **~up** *n* (*MED*) examen médical, check-up *m*

cheek [tʃi:k] *n* joue *f*; (*impudence*) toupet *m*, culot *m*; **~bone** *n* pommette *f*; **~y** *adj* effronté(e), culotté(e)

cheep [tʃi:p] *vi* piauler

cheer [tʃɪə*] *vt* acclamer, applaudir; (*gladden*) réjouir, réconforter ♦ *vi* applaudir ♦ *n* (*gen pl*) acclamations *fpl*, applaudissements *mpl*; bravos *mpl*, hourras *mpl*; **~s!** à la vôtre!; **~ up** *vi* se dérider, reprendre courage ♦ *vt* remonter le moral à *or* de, dérider; **~ful** *adj* gai(e), joyeux(euse)

cheerio ['tʃɪərɪ'əu] (*BRIT*) *excl* salut!, au revoir!

cheese [tʃi:z] *n* fromage *m*; **~board** *n* plateau *m* de fromages

cheetah ['tʃi:tə] *n* guépard *m*

chef [ʃef] *n* chef (cuisinier)

chemical ['kemɪkəl] *adj* chimique ♦ *n* produit *m* chimique

chemist ['kemɪst] *n* (*BRIT*: *pharmacist*) pharmacien(ne); (*scientist*) chimiste *m/f*; **~ry** *n* chimie *f*; **~'s (shop)** (*BRIT*) *n* pharmacie *f*

cheque [tʃek] (*BRIT*) *n* chèque *m*; **~book** *n* chéquier *m*, carnet *m* de chèques; **~ card** *n* carte *f* (d'identité) bancaire

chequered ['tʃekəd] (*US* **checkered**) *adj* (*fig*) varié(e)

cherish ['tʃerɪʃ] *vt* chérir; **~ed** *adj* (*dream, memory*) cher(chère)

cherry ['tʃerɪ] *n* cerise *f*; (*also*: **~** *tree*) cerisier *m*

chess [tʃes] *n* échecs *mpl*; **~board** *n* échiquier *m*

chest [tʃest] *n* poitrine *f*; (*box*) coffre *m*, caisse *f*; **~ of drawers** *n* commode *f*

chestnut ['tʃesnʌt] *n* châtaigne *f*; (*also*: ~ *tree*) châtaignier *m*
chew [tʃu:] *vt* mâcher; **~ing gum** *n* chewing-gum *m*
chic [ʃi:k] *adj* chic *inv*, élégant(e)
chick [tʃɪk] *n* poussin *m*; (*inf*) nana *f*
chicken ['tʃɪkɪn] *n* poulet *m*; (*inf*: *coward*) poule mouillée; ~ **out** (*inf*) *vi* se dégonfler; **~pox** ['tʃɪkɪnpɔks] *n* varicelle *f*
chicory ['tʃɪkərɪ] *n* (*for coffee*) chicorée *f*; (*salad*) endive
chief [tʃi:f] *n* chef ♦ *adj* principal(e); ~ **executive** (*US* **chief executive officer**) *n* directeur(trice) général(e); **~ly** *adv* principalement, surtout
chiffon ['ʃɪfɒn] *n* mousseline *f* de soie
chilblain ['tʃɪlbleɪn] *n* engelure *f*
child [tʃaɪld] (*pl* **~ren**) *n* enfant *m/f*; **~birth** *n* accouchement *m*; **~hood** *n* enfance *f*; **~ish** *adj* puéril(e), enfantin(e); **~like** *adj* d'enfant, innocent(e); ~ **minder** (*BRIT*) *n* garde *f* d'enfants
Chile ['tʃɪlɪ] *n* Chili *m*
chill [tʃɪl] *n* (*of water*) froid *m*; (*of air*) fraîcheur *f*; (*MED*) refroidissement *m*, coup *m* de froid ♦ *vt* (*person*) faire frissonner; (*CULIN*) mettre au frais, rafraîchir
chil(l)i ['tʃɪlɪ] *n* piment *m* (rouge)
chilly ['tʃɪlɪ] *adj* froid(e), glacé(e); (*sensitive to cold*) frileux(euse); **to feel** ~ avoir froid
chime [tʃaɪm] *n* carillon *m* ♦ *vi* carillonner, sonner
chimney ['tʃɪmnɪ] *n* cheminée *f*; ~ **sweep** *n* ramonneur *m*
chimpanzee [tʃɪmpæn'zi:] *n* chimpanzé *m*
chin [tʃɪn] *n* menton *m*
China ['tʃaɪnə] *n* Chine *f*
china ['tʃaɪnə] *n* porcelaine *f*; (*crockery*) (vaisselle *f* en) porcelaine
Chinese [tʃaɪ'ni:z] *adj* chinois(e) ♦ *n inv* (*person*) Chinois(e); (*LING*) chinois *m*
chink [tʃɪŋk] *n* (*opening*) fente *f*, fissure *f*; (*noise*) tintement *m*
chip [tʃɪp] *n* (*gen pl*: *CULIN*: *BRIT*) frite *f*; (: *US*: *potato* ~) chip *m*; (*of wood*) copeau *m*; (*of glass, stone*) éclat *m*; (*also*: *micro*~) puce *f* ♦ *vt* (*cup, plate*) ébrécher; ~ **in** *vi* mettre son grain de sel; (*contribute*) contribuer
chiropodist [kɪ'rɒpədɪst] (*BRIT*) *n* pédicure *m/f*
chirp [tʃɜ:p] *vi* pépier, gazouiller
chisel ['tʃɪzl] *n* ciseau *m*
chit [tʃɪt] *n* mot *m*, note *f*
chitchat ['tʃɪttʃæt] *n* bavardage *m*
chivalry ['ʃɪvəlrɪ] *n* esprit *m* chevaleresque, galanterie *f*
chives [tʃaɪvz] *npl* ciboulette *f*, civette *f*
chock-a-block ['tʃɔkə'blɔk], **chockful** [tʃɔk'ful] *adj* plein(e) à craquer
chocolate ['tʃɒklɪt] *n* chocolat *m*
choice [tʃɔɪs] *n* choix *m* ♦ *adj* de choix
choir ['kwaɪə*] *n* chœur *m*, chorale *f*; **~boy** *n* jeune choriste *m*
choke [tʃəuk] *vi* étouffer ♦ *vt* étrangler; étouffer ♦ *n* (*AUT*) starter *m*; **street ~d with traffic** rue engorgée *or* embouteillée
cholesterol [kə'lɛstərɔl] *n* cholestérol *m*
choose [tʃu:z] (*pt* **chose**, *pp* **chosen**) *vt* choisir; **to** ~ **to do** décider de faire, juger bon de faire
choosy ['tʃu:zɪ] *adj*: **(to be)** ~ (faire le/la) difficile
chop [tʃɒp] *vt* (*wood*) couper (à la hache); (*CULIN*: *also*: ~ *up*) couper (fin), émincer, hacher (en morceaux) ♦ *n* (*CULIN*) côtelette *f*; **~s** *npl* (*jaws*) mâchoires *fpl*
chopper ['tʃɒpə*] *n* (*helicopter*) hélicoptère *m*, hélico *m*
choppy ['tʃɒpɪ] *adj* (*sea*) un peu agité(e)
chopsticks ['tʃɒpstɪks] *npl* baguettes *fpl*
chord [kɔ:d] *n* (*MUS*) accord *m*
chore [tʃɔ:*] *n* travail *m* de routine; **household ~s** travaux *mpl* du ménage

chortle ['tʃɔ:tl] *vi* glousser
chorus ['kɔ:rəs] *n* chœur *m*; (*repeated part of song*: *also*: *fig*) refrain *m*
chose [tʃəuz] *pt of* choose
chosen ['tʃəuzn] *pp of* choose
Christ [kraɪst] *n* Christ *m*
christen ['krɪsn] *vt* baptiser
Christian ['krɪstɪən] *adj, n* chrétien(ne); **~ity** [krɪstɪ'ænɪtɪ] *n* christianisme *m*; **~ name** *n* prénom *m*
Christmas ['krɪsməs] *n* Noël *m or f*; **Happy** *or* **Merry** ~! joyeux Noël!; **~ card** *n* carte *f* de Noël; **~ Day** *n* le jour de Noël; **~ Eve** *n* la veille de Noël; la nuit de Noël; **~ tree** *n* arbre *m* de Noël
chrome [krəum] *n* chrome *m*
chromium ['krəumɪəm] *n* chrome *m*
chronic ['krɒnɪk] *adj* chronique
chronicle ['krɒnɪkl] *n* chronique *f*
chronological [krɒnə'lɒdʒɪkəl] *adj* chronologique
chrysanthemum [krɪ'sænθəməm] *n* chrysanthème *m*
chubby ['tʃʌbɪ] *adj* potelé(e), rondelet(te)
chuck [tʃʌk] (*inf*) *vt* (*throw*) lancer, jeter; (*BRIT*: *also*: ~ *up*: *job*) lâcher; (: *person*) plaquer; **~ out** *vt* flanquer dehors *or* à la porte; (*rubbish*) jeter
chuckle ['tʃʌkl] *vi* glousser
chug [tʃʌg] *vi* faire teuf-teuf; (*also*: ~ *along*) avancer en faisant teuf-teuf
chum [tʃʌm] *n* copain(copine)
chunk [tʃʌŋk] *n* gros morceau
church [tʃɜ:tʃ] *n* église *f*; **~yard** *n* cimetière *m*
churn [tʃɜ:n] *n* (*for butter*) baratte *f*; (*also*: *milk* ~) (grand) bidon à lait; **~ out** *vt* débiter
chute [ʃu:t] *n* glissoire *f*; (*also*: *rubbish* ~) vide-ordures *m inv*
chutney ['tʃʌtnɪ] *n* condiment *m* à base de fruits au vinaigre
CIA (*US*) *n abbr* (= *Central Intelligence Agency*) CIA *f*
CID (*BRIT*) *n abbr* = *Criminal Investigation Department*) ≈ P.J. *f*
cider ['saɪdə*] *n* cidre *m*
cigar [sɪ'gɑ:*] *n* cigare *m*
cigarette [sɪgə'ret] *n* cigarette *f*; **~ case** *n* étui *m* à cigarettes; **~ end** *n* mégot *m*
Cinderella [sɪndə'relə] *n* Cendrillon
cinders ['sɪndəz] *npl* cendres *fpl*
cine-camera ['sɪnɪ'kæmərə] (*BRIT*) *n* caméra *f*
cinema ['sɪnəmə] *n* cinéma *m*
cinnamon ['sɪnəmən] *n* cannelle *f*
circle ['sɜ:kl] *n* cercle *m*; (*in cinema, theatre*) balcon *m* ♦ *vi* faire *or* décrire des cercles ♦ *vt* (*move round*) faire le tour de, tourner autour de; (*surround*) entourer, encercler
circuit ['sɜ:kɪt] *n* circuit *m*; **~ous** [sɜ:'kju:ɪtəs] *adj* indirect(e), qui fait un détour
circular ['sɜ:kjʊlə*] *adj* circulaire ♦ *n* circulaire *f*
circulate ['sɜ:kjʊleɪt] *vi* circuler ♦ *vt* faire circuler; **circulation** [sɜ:kjʊ'leɪʃən] *n* circulation *f*; (*of newspaper*) tirage *m*
circumflex ['sɜ:kəmfleks] *n* (*also*: ~ *accent*) accent *m* circonflexe
circumstances ['sɜ:kəmstənsəz] *npl* circonstances *fpl*; (*financial condition*) moyens *mpl*, situation financière
circumvent [sɜ:kəm'vent] *vt* (*rule, difficulty*) tourner
circus ['sɜ:kəs] *n* cirque *m*
CIS *n abbr* (= *Commonwealth of Independent States*) CEI *f*
cistern ['sɪstən] *n* réservoir *m* (d'eau); (*in toilet*) réservoir de la chasse d'eau
citizen ['sɪtɪzn] *n* citoyen(ne); (*resident*): **the ~s of this town** les habitants de cette ville; **~ship** *n* citoyenneté *f*
citrus fruit ['sɪtrəs-] *n* agrume *m*
city ['sɪtɪ] *n* ville *f*, cité *f*; **the C~** la Cité de Londres (*centre des affaires*)
civic ['sɪvɪk] *adj* civique; (*authorities*) municipal(e); **~ centre** (*BRIT*) *n* centre administratif (municipal)
civil ['sɪvɪl] *adj* civil(e); (*polite*) poli(e), courtois(e); (*disobedience, defence*) passif(ive); **~ engineer** *n*

ingénieur *m* des travaux publics; **~ian** [sɪ'vɪlɪən] *adj, n* civil(e)

civilization [sɪvɪlaɪ'zeɪʃən] *n* civilisation *f*

civilized ['sɪvɪlaɪzd] *adj* civilisé(e); (*fig*) où règnent les bonnes manières

civil: ~ **law** *n* code civil; (*study*) droit civil; ~ **servant** *n* fonctionnaire *m/f*; **C~ Service** *n* fonction publique, administration *f*; ~ **war** *n* guerre civile

clad [klæd] *adj*: ~ (**in**) habillé(e) (de)

claim [kleɪm] *vt* revendiquer; (*rights, inheritance*) demander, prétendre à; (*assert*) déclarer, prétendre ♦ *vi* (*for insurance*) faire une déclaration de sinistre ♦ *n* revendication *f*; demande *f*; prétention *f*, déclaration *f*; (*right*) droit *m*, titre *m*; **~ant** *n* (*ADMIN, LAW*) requérant(e)

clairvoyant [klɛə'vɔɪənt] *n* voyant(e), extra-lucide *m/f*

clam [klæm] *n* palourde *f*

clamber ['klæmbə*] *vi* grimper, se hisser

clammy ['klæmɪ] *adj* humide (et froid(e)), moite

clamour ['klæmə*] (*US* **clamor**) *vi*: to ~ for réclamer à grands cris

clamp [klæmp] *n* agrafe *f*, crampon *m* ♦ *vt* serrer; (*sth to sth*) fixer; ~ **down on** *vt fus* sévir *or* prendre des mesures draconiennes contre

clan [klæn] *n* clan *m*

clang [klæŋ] *vi* émettre un bruit *or* fracas métallique

clap [klæp] *vi* applaudir; **~ping** *n* applaudissements *mpl*

claret ['klærɪt] *n* (vin *m* de) bordeaux *m* (rouge)

clarinet [klærɪ'net] *n* clarinette *f*

clarity ['klærɪtɪ] *n* clarté *f*

clash [klæʃ] *n* choc *m*; (*fig*) conflit *m* ♦ *vi* se heurter; être *or* entrer en conflit; (*colours*) jurer; (*two events*) tomber en même temps

clasp [klɑːsp] *n* (*of necklace, bag*) fermoir *m*; (*hold, embrace*) étreinte *f* ♦ *vt* serrer, étreindre

class [klɑːs] *n* classe *f* ♦ *vt* classer, classifier

classic ['klæsɪk] *adj* classique ♦ *n* (*author, work*) classique *m*; **~al** *adj* classique

classified ['klæsɪfaɪd] *adj* (*information*) secret(ète); ~ **advertisement** *n* petite annonce

classmate ['klɑːsmeɪt] *n* camarade *m/f* de classe

classroom ['klɑːsrʊm] *n* (salle *f* de) classe *f*

clatter ['klætə*] *n* cliquetis *m* ♦ *vi* cliqueter

clause [klɔːz] *n* clause *f*; (*LING*) proposition *f*

claw [klɔː] *n* griffe *f*; (*of bird of prey*) serre *f*; (*of lobster*) pince *f*; ~ **at** *vt fus* essayer de s'agripper à *or* griffer

clay [kleɪ] *n* argile *f*

clean [kliːn] *adj* propre; (*clear, smooth*) net(te); (*record, reputation*) sans tache; (*joke, story*) correct(e) ♦ *vt* nettoyer; ~ **out** *vt* nettoyer (à fond); ~ **up** *vt* nettoyer; (*fig*) remettre de l'ordre dans; **~-cut** *adj* (*person*) net(te), soigné(e); **~er** *n* (*person*) nettoyeur(euse), femme *f* de ménage; (*product*) détachant *m*; **~er's** *n* (*also*: *dry ~er's*) teinturier *m*; **~ing** *n* nettoyage *m*; **~liness** ['klenlɪnɪs] *n* propreté *f*

cleanse [klenz] *vt* nettoyer; (*purify*) purifier; **~r** *n* (*for face*) démaquillant *m*

clean-shaven ['kliːn'ʃeɪvn] *adj* rasé(e) de près

cleansing department ['klenzɪŋ-] (*BRIT*) *n* service *m* de voirie

clear ['klɪə*] *adj* clair(e); (*glass, plastic*) transparent(e); (*road, way*) libre, dégagé(e); (*conscience*) net(te) ♦ *vt* (*room*) débarrasser; (*of people*) faire évacuer; (*cheque*) compenser; (*LAW*: *suspect*) innocenter; (*obstacle*) franchir *or* sauter sans heurter ♦ *vi* (*weather*) s'éclaircir; (*fog*) se dissiper ♦ *adv*: ~ **of** à distance de, à l'écart de; **to ~ the table** débarrasser la table, desservir; ~ **up** *vt* ranger, mettre en ordre; (*mystery*) éclaircir, résoudre; ~**ance** ['klɪərns] *n* (*removal*) déblaiement *m*; (*permission*) autorisation *f*; ~**-cut** *adj* clair(e), nettement défini(e); ~**ing** *n* (*in forest*) clairière *f*; ~**ing bank** (*BRIT*) *n banque qui appartient à une chambre de compensation*; ~**ly** *adv* clairement; (*evidently*) de toute évidence; ~**way** (*BRIT*) *n* route *f* à stationnement interdit

clef [klef] *n* (*MUS*) clé *f*

cleft [kleft] *n* (*in rock*) crevasse *f*, fissure *f*

clench [klentʃ] *vt* serrer

clergy ['klɜːdʒɪ] *n* clergé *m*; ~**man** (*irreg*) *n* ecclésiastique *m*

clerical ['klerɪkəl] *adj* de bureau, d'employé de bureau; (*REL*) clérical(e), du clergé

clerk [klɑːk, (*US*) klɜːk] *n* employé(e) de bureau; (*US*: *salesperson*) vendeur(euse)

clever ['klevə*] *adj* (*mentally*) intelligent(e); (*deft, crafty*) habile, adroit(e); (*device, arrangement*) ingénieux(euse), astucieux(euse)

clew [kluː] (*US*) *n* = **clue**

click [klɪk] *vi* faire un bruit sec *or* un déclic ♦ *vt*: **to ~ one's tongue** faire claquer sa langue; **to ~ one's heels** claquer des talons

client ['klaɪənt] *n* client(e)

cliff [klɪf] *n* falaise *f*

climate ['klaɪmɪt] *n* climat *m*

climax ['klaɪmæks] *n* apogée *m*, point culminant; (*sexual*) orgasme *m*

climb [klaɪm] *vi* grimper, monter ♦ *vt* gravir, escalader, monter sur ♦ *n* montée *f*, escalade *f*; ~**-down** *n* reculade *f*, dérobade *f*; ~**er** *n* (*mountaineer*) grimpeur(euse), varappeur(euse); (*plant*) plante grimpante; ~**ing** *n* (*mountaineering*) escalade *f*, varappe *f*

clinch [klɪntʃ] *vt* (*deal*) conclure, sceller

cling [klɪŋ] (*pt, pp* **clung**) *vi*: **to ~ (to)** se cramponner (à), s'accrocher (à); (*of clothes*) coller (à)

clinic ['klɪnɪk] *n* centre médical; ~**al** *adj* clinique; (*attitude*) froid(e), détaché(e)

clink [klɪŋk] *vi* tinter, cliqueter

clip [klɪp] *n* (*for hair*) barrette *f*; (*also*: *paper* ~) trombone *m* ♦ *vt* (*fasten*) attacher; (*hair, nails*) couper; (*hedge*) tailler; ~**pers** *npl* (*for hedge*) sécateur *m*; (*also*: *nail* ~*pers*) coupe-ongles *m inv*; ~**ping** *n* (*from newspaper*) coupure *f* de journal

cloak [kləʊk] *n* grande cape ♦ *vt* (*fig*) masquer, cacher; ~**room** *n* (*for coats etc*) vestiaire *m*; (*BRIT*: *WC*) toilettes *fpl*

clock [klɒk] *n* (*large*) horloge *f*; (*small*) pendule *f*; ~ **in** (*BRIT*) *vi* pointer (en arrivant); ~ **off** (*BRIT*) *vi* pointer (en partant); ~ **on** (*BRIT*) *vi* = **clock in**; ~ **out** (*BRIT*) *vi* = **clock off**; ~**wise** *adv* dans le sens des aiguilles d'une montre; ~**work** *n* rouages *mpl*, mécanisme *m*; (*of clock*) mouvement *m* (d'horlogerie) ♦ *adj* mécanique

clog [klɒg] *n* sabot *m* ♦ *vt* boucher ♦ *vi* (*also*: ~ *up*) se boucher

cloister ['klɔɪstə*] *n* cloître *m*

close[1] [kləʊs] *adj* (*near*): ~ **(to)** près (de), proche (de); (*contact, link*) étroit(e); (*contest*) très serré(e); (*watch*) étroit(e), strict(e); (*examination*) attentif(ive), minutieux(euse); (*weather*) lourd(e), étouffant(e) ♦ *adv* près, à proximité; ~ **to** près de; ~ **by** *adj* proche ♦ *adv* tout(e) près; ~ **at hand** = ~ **by**; **a ~ friend** un ami intime; **to have a ~ shave** (*fig*) l'échapper belle

close[2] [kləʊz] *vt* fermer ♦ *vi* (*shop etc*) fermer; (*lid, door etc*) se fermer; (*end*) se terminer, se conclure ♦ *n* (*end*) conclusion *f*, fin *f*; ~ **down** *vt, vi* fermer (*définitivement*)

closed [kləʊzd] *adj* fermé(e); ~ **shop** *n* organisation *f* qui n'admet que des travailleurs syndiqués

close-knit [kləus'nɪt] *adj* (*family, community*) très uni(e)
closely ['kləuslɪ] *adv* (*examine, watch*) de près
closet ['klɒzɪt] *n* (*cupboard*) placard *m*, réduit *m*
close-up ['kləusʌp] *n* gros plan
closure ['kləuʒə*] *n* fermeture *f*
clot [klɒt] *n* (*gen*: *blood* ~) caillot *m*; (*inf*: *person*) ballot *m* ♦ *vi* (*blood*) se coaguler
cloth [klɒθ] *n* (*material*) tissu *m*, étoffe *f*; (*also*: *tea*~) torchon *m*; lavette *f*
clothe [kləuð] *vt* habiller, vêtir; **~s** *npl* vêtements *mpl*, habits *mpl*; **~s brush** *n* brosse *f* à habits; **~s line** *n* corde *f* (à linge); **~s peg** (*US* **~s pin**) *n* pince *f* à linge
clothing ['kləuðɪŋ] *n* = **clothes**
cloud [klaud] *n* nuage *m*; **~burst** *n* grosse averse; **~y** *adj* nuageux(euse), couvert(e); (*liquid*) trouble
clout [klaut] *vt* flanquer une taloche à
clove [kləuv] *n* (*CULIN*: *spice*) clou *m* de girofle; ~ **of garlic** gousse *f* d'ail
clover ['kləuvə*] *n* trèfle *m*
clown [klaun] *n* clown *m* ♦ *vi* (*also*: ~ *about*, ~ *around*) faire le clown
cloying ['klɔɪɪŋ] *adj* (*taste, smell*) écœurant(e)
club [klʌb] *n* (*society, place*: *also*: *golf* ~) club *m*; (*weapon*) massue *f*, matraque *f* ♦ *vt* matraquer ♦ *vi*: to ~ **together** s'associer; **~s** *npl* (*CARDS*) trèfle *m*; ~ **car** (*US*) *n* (*RAIL*) wagon-restaurant *m*; **~house** *n* club *m*
cluck [klʌk] *vi* glousser
clue [klu:] *n* indice *m*; (*in crosswords*) définition *f*; **I haven't a** ~ je n'en ai pas la moindre idée
clump [klʌmp] *n*: ~ **of trees** bouquet *m* d'arbres; **a** ~ **of buildings** un ensemble de bâtiments
clumsy ['klʌmzɪ] *adj* gauche, maladroit(e)
clung [klʌŋ] *pt, pp of* **cling**
cluster ['klʌstə*] *n* (*of people*) (petit) groupe; (*of flowers*) grappe *f*; (*of stars*) amas *m* ♦ *vi* se rassembler
clutch [klʌtʃ] *n* (*grip, grasp*) étreinte *f*, prise *f*; (*AUT*) embrayage *m* ♦ *vt* (*grasp*) agripper; (*hold tightly*) serrer fort; (*hold on to*) se cramponner à
clutter ['klʌtə*] *vt* (*also*: ~ *up*) encombrer
CND *n abbr* (= *Campaign for Nuclear Disarmament*) *mouvement pour le désarmement nucléaire*
Co. *abbr* = **county; company**
c/o *abbr* (= *care of*) c/o, aux bons soins de
coach [kəutʃ] *n* (*bus*) autocar *m*; (*horse-drawn*) diligence *f*; (*of train*) voiture *f*, wagon *m*; (*SPORT*: *trainer*) entraîneur(euse); (*SCOL*: *tutor*) répétiteur(trice) ♦ *vt* entraîner; (*student*) faire travailler; ~ **trip** *n* excursion *f* en car
coal [kəul] *n* charbon *m*; ~ **face** *n* front *m* de taille; **~field** *n* bassin houiller
coalition [kəuə'lɪʃən] *n* coalition *f*
coal: **~man** ['kəulmən] (*irreg*) *n* charbonnier *m*, marchand *m* de charbon; ~ **merchant** *n* = **~man**; **~mine** ['kəulmaɪn] *n* mine *f* de charbon
coarse [kɔ:s] *adj* grossier(ère), rude
coast [kəust] *n* côte *f* ♦ *vi* (*car, cycle etc*) descendre en roue libre; **~al** *adj* côtier(ère); **~guard** *n* garde-côte *m*; (*service*) gendarmerie *f* maritime; **~line** *n* côte *f*, littoral *m*
coat [kəut] *n* manteau *m*; (*of animal*) pelage *m*, poil *m*; (*of paint*) couche *f* ♦ *vt* couvrir; ~ **hanger** *n* cintre *m*; **~ing** *n* couche *f*, revêtement *m*; ~ **of arms** *n* blason *m*, armoiries *fpl*
coax [kəuks] *vt* persuader par des cajoleries
cob [kɒb] *n see* **corn**
cobbler ['kɒblə*] *n* cordonnier *m*
cobbles ['kɒblz] (*also*: **cobblestones**) *npl* pavés (ronds)

cobweb ['kɒbweb] *n* toile *f* d'araignée
cocaine [kə'keɪn] *n* cocaïne *f*
cock [kɒk] *n* (*rooster*) coq *m*; (*male bird*) mâle *m* ♦ *vt* (*gun*) armer; ~**erel** *n* jeune coq *m*; ~**-eyed** *adj* (*idea, method*) absurde, qui ne tient pas debout
cockle ['kɒkl] *n* coque *f*
cockney ['kɒknɪ] *n* cockney *m*, *habitant des quartiers populaires de l'East End de Londres*, ≈ faubourien(ne)
cockpit ['kɒkpɪt] *n* (*in aircraft*) poste *m* de pilotage, cockpit *m*
cockroach ['kɒkrəutʃ] *n* cafard *m*
cocktail ['kɒkteɪl] *n* cocktail *m* (*fruit ~ etc*) salade *f*; ~ **cabinet** *n* (meuble-)bar *m*; ~ **party** *n* cocktail *m*
cocoa ['kəukəu] *n* cacao *m*
coconut ['kəukənʌt] *n* noix *f* de coco
COD *abbr* = **cash on delivery**
cod [kɒd] *n* morue fraîche, cabillaud *m*
code [kəud] *n* code *m*
cod-liver oil ['kɒdlɪvər-] *n* huile *f* de foie de morue
coercion [kəu'ɜːʃən] *n* contrainte *f*
coffee ['kɒfɪ] *n* café *m*; ~ **bar** (*BRIT*) *n* café *m*; ~ **bean** *n* grain *m* de café; ~ **break** *n* pause-café *f*; ~**pot** *n* cafetière *f*; ~ **table** *n* (petite) table basse
coffin ['kɒfɪn] *n* cercueil *m*
cog [kɒg] *n* dent *f* (d'engrenage); (*wheel*) roue dentée
cogent ['kəudʒənt] *adj* puissant(e), convaincant(e)
coil [kɔɪl] *n* rouleau *m*, bobine *f*; (*contraceptive*) stérilet *m* ♦ *vt* enrouler
coin [kɔɪn] *n* pièce *f* de monnaie ♦ *vt* (*word*) inventer; ~**age** *n* monnaie *f*, système *m* monétaire; ~ **box** (*BRIT*) *n* cabine *f* téléphonique
coincide [kəuɪn'saɪd] *vi* coïncider; ~**nce** [kəu'ɪnsɪdəns] *n* coïncidence *f*
Coke [kəuk] (®) *n* coca *m*
coke [kəuk] *n* coke *m*
colander ['kʌləndə*] *n* passoire *f*
cold [kəuld] *adj* froid(e) ♦ *n* froid *m*; (*MED*) rhume *m*; **it's** ~ il fait froid; **to be** *or* **feel** ~ (*person*) avoir froid; **to catch** ~ prendre *or* attraper froid; **to catch a** ~ attraper un rhume; **in** ~ **blood** de sang-froid; ~**-shoulder** *vt* se montrer froid(e) envers, snober; ~ **sore** *n* bouton *m* de fièvre
coleslaw ['kəulslɔː] *n sorte de salade de chou cru*
colic ['kɒlɪk] *n* colique(s) *f(pl)*
collapse [kə'læps] *vi* s'effondrer, s'écrouler ♦ *n* effondrement *m*, écroulement *m*; **collapsible** [kə'læpsəbl] *adj* pliant(e); télescopique
collar ['kɒlə*] *n* (*of coat, shirt*) col *m*; (*for animal*) collier *m*; ~**bone** *n* clavicule *f*
collateral [kɒ'lætərəl] *n* nantissement *m*
colleague ['kɒliːg] *n* collègue *m/f*
collect [kə'lekt] *vt* rassembler; ramasser; (*as a hobby*) collectionner; (*BRIT: call and pick up*) (passer) prendre; (*mail*) faire la levée de, ramasser; (*money owed*) encaisser; (*donations, subscriptions*) recueillir ♦ *vi* (*people*) se rassembler; (*things*) s'amasser; **to call** ~ (*US: TEL*) téléphoner en P.C.V.; ~**ion** [kə'lekʃən] *n* collection *f*; (*of mail*) levée *f*; (*for money*) collecte *f*, quête *f*; ~**or** [kə'lektə*] *n* collectionneur *m*
college ['kɒlɪdʒ] *n* collège *m*
collide [kə'laɪd] *vi* entrer en collision
collie ['kɒlɪ] *n* (*dog*) colley *m*
colliery ['kɒlɪərɪ] (*BRIT*) *n* mine *f* de charbon, houillère *f*
collision [kə'lɪʒən] *n* collision *f*
colloquial [kə'ləukwɪəl] *adj* familier(ère)
colon ['kəulɒn] *n* (*sign*) deux-points *m inv*; (*MED*) côlon *m*
colonel ['kɜːnl] *n* colonel *m*
colony ['kɒlənɪ] *n* colonie *f*
colour ['kʌlə*] (*US* **color**) *n* couleur *f* ♦ *vt* (*paint*) peindre; (*dye*) teindre;

(*news*) fausser, exagérer ♦ *vi* (*blush*) rougir; ~s *npl* (*of party, club*) couleurs *fpl*; ~ **in** *vt* colorier; ~ **bar** *n* discrimination raciale (*dans un établissement*); ~-**blind** *adj* daltonien(ne); ~**ed** *adj* (*person*) de couleur; (*illustration*) en couleur; ~ **film** *n* (*for camera*) pellicule *f* (en) couleur; ~**ful** *adj* coloré(e), vif(vive); (*personality*) pittoresque, haut(e) en couleurs; ~**ing** *n* colorant *m*; (*complexion*) teint *m*; ~ **scheme** *n* combinaison *f* de(s) couleurs; ~ **television** *n* télévision *f* (en) couleur

colt [kəult] *n* poulain *m*

column ['kɒləm] *n* colonne *f*; ~**ist** ['kɒləmnɪst] *n* chroniqueur(euse)

coma ['kəumə] *n* coma *m*

comb [kəum] *n* peigne *m* ♦ *vt* (*hair*) peigner; (*area*) ratisser, passer au peigne fin

combat ['kɒmbæt] *n* combat *m* ♦ *vt* combattre, lutter contre

combination [kɒmbɪ'neɪʃən] *n* combinaison *f*

combine [*vb* kəm'baɪn, *n* 'kɒmbaɪn] *vt*: to ~ sth with sth combiner qch avec qch; (*one quality with another*) joindre *or* allier qch à qch ♦ *vi* s'associer; (*CHEM*) se combiner ♦ *n* (*ECON*) trust *m*; ~ **(harvester)** *n* moissonneuse-batteuse(-lieuse) *f*

come [kʌm] (*pt* came, *pp* come) *vi* venir, arriver; to ~ to (*decision etc*) parvenir *or* arriver à; to ~ **undone/loose** se défaire/desserrer; ~ **about** *vi* se produire, arriver; ~ **across** *vt fus* rencontrer par hasard, tomber sur; ~ **along** *vi* = to come on; ~ **away** *vi* partir, s'en aller, se détacher; ~ **back** *vi* revenir; ~ **by** *vt fus* (*acquire*) obtenir, se procurer; ~ **down** *vi* descendre; (*prices*) baisser; (*buildings*) s'écrouler, être démoli(e); ~ **forward** *vi* s'avancer, se présenter, s'annoncer; ~ **from** *vt fus* être originaire de, venir de; ~ **in** *vi* entrer; ~ **in for** *vi* (*criticism etc*) être l'objet de; ~ **into** *vt fus* (*money*) hériter de; ~ **off** *vi* (*button*) se détacher; (*stain*) s'enlever; (*attempt*) réussir; ~ **on** *vi* (*pupil, work, project*) faire des progrès, s'avancer; (*lights, electricity*) s'allumer; (*central heating*) se mettre en marche; ~ **on!** viens!, allons!, allez!; ~ **out** *vi* sortir; (*book*) paraître; (*strike*) cesser le travail, se mettre en grève; ~ **round** *vi* (*after faint, operation*) revenir à soi, reprendre connaissance; ~ **to** *vi* revenir à soi; ~ **up** *vi* monter; ~ **up against** *vt fus* (*resistance, difficulties*) rencontrer; ~ **up with** *vt fus*: **he came up with an idea** il a eu une idée, il a proposé quelque chose; ~ **upon** *vt fus* tomber sur; ~**back** ['kʌmbæk] *n* (*THEATRE etc*) rentrée *f*

comedian [kə'mi:dɪən] *n* (*in music hall etc*) comique *m*; (*THEATRE*) comédien *m*

comedy ['kɒmədɪ] *n* comédie *f*

comeuppance [kʌm'ʌpəns] *n*: **to get one's** ~ recevoir ce qu'on mérite

comfort ['kʌmfət] *n* confort *m*, bien-être *m*; (*relief*) soulagement *m*, réconfort *m* ♦ *vt* consoler, réconforter; **the** ~**s of home** les commodités *fpl* de la maison; ~**able** *adj* confortable; (*person*) à l'aise; (*patient*) dont l'état est stationnaire; (*walk etc*) facile; ~**ably** *adv* (*sit*) confortablement; (*live*) à l'aise; ~ **station** (*US*) *n* toilettes *fpl*

comic ['kɒmɪk] *adj* (*also*: ~*al*) comique ♦ *n* comique *m*; (*BRIT*: *magazine*) illustré *m*; ~ **strip** *n* bande dessinée

coming ['kʌmɪŋ] *n* arrivée *f* ♦ *adj* prochain(e), à venir; ~**(s) and going(s)** *n(pl)* va-et-vient *m inv*

comma ['kɒmə] *n* virgule *f*

command [kə'mɑ:nd] *n* ordre *m*, commandement *m*; (*MIL*: *authority*) commandement; (*mastery*) maîtrise *f* ♦ *vt* (*troops*) commander; to ~ sb to do ordonner à qn de faire; ~**eer** [kɒmən'dɪə*] *vt* réquisitionner; ~**er** *n* (*MIL*) commandant *m*

commando [kə'mɑ:ndəu] *n* com-

mando *m*; membre *m* d'un commando
commemorate [kə'meməreɪt] *vt* commémorer
commence [kə'mens] *vt, vi* commencer
commend [kə'mend] *vt* louer; (*recommend*) recommander
commensurate [kə'mensjʊrɪt] *adj*: ~ **with** *or* **to** en proportion de, proportionné(e) à
comment ['kɒment] *n* commentaire *m* ♦ *vi*: **to** ~ **(on)** faire des remarques (sur); **"no** ~**"** "je n'ai rien à dire"; ~**ary** ['kɒməntrɪ] *n* commentaire *m*; (*SPORT*) reportage *m* (en direct); ~**ator** ['kɒmənteɪtə*] *n* commentateur *m*; reporter *m*
commerce ['kɒmɜːs] *n* commerce *m*
commercial [kə'mɜːʃəl] *adj* commercial(e) ♦ *n* (*TV, RADIO*) annonce *f* publicitaire, spot *m* (publicitaire); ~ **radio** *n* radio privée; ~ **television** *n* télévision privée
commiserate [kə'mɪzəreɪt] *vi*: **to** ~ **with sb** témoigner de la sympathie pour qn
commission [kə'mɪʃən] *n* (*order for work*) commande *f*; (*committee, fee*) commission *f* ♦ *vt* (*work of art*) commander, charger un artiste de l'exécution de; **out of** ~ (*not working*) hors service; ~**aire** [kəmɪʃə'nɛə*] (*BRIT*) *n* (*at shop, cinema etc*) portier *m* (en uniforme); ~**er** *n* (*POLICE*) préfet *m* (de police)
commit [kə'mɪt] *vt* (*act*) commettre; (*resources*) consacrer; (*to sb's care*) confier (à); **to** ~ **o.s. (to do)** s'engager (à faire); **to** ~ **suicide** se suicider; ~**ment** *n* engagement *m*; (*obligation*) responsabilité(s) *f(pl)*
committee [kə'mɪtɪ] *n* comité *m*
commodity [kə'mɒdɪtɪ] *n* produit *m*, marchandise *f*, article *m*
common ['kɒmən] *adj* commun(e); (*usual*) courant(e) ♦ *n* terrain communal; **the C~s** *npl* la chambre des Communes; **in** ~ en commun; ~**er** *n* roturier(ière); ~ **law** *n* droit coutumier; ~**ly** *adv* communément, généralement; couramment; **C~ Market** *n*: **the C~ Market** le Marché commun; ~**place** *adj* banal(e), ordinaire; ~ **room** *n* salle commune; ~ **sense** *n* bon sens; **C~wealth** (*BRIT*) *n*: **the C~wealth** le Commonwealth
commotion [kə'məʊʃən] *n* désordre *m*, tumulte *m*
communal ['kɒmjuːnl] *adj* (*life*) communautaire; (*for common use*) commun(e)
commune [*n* 'kɒmjuːn, *vb* kə'mjuːn] *n* (*group*) communauté *f* ♦ *vi*: **to** ~ **with** communier avec
communicate [kə'mjuːnɪkeɪt] *vt, vi* communiquer
communication [kəmjuːnɪ'keɪʃən] *n* communication *f*; ~ **cord** (*BRIT*) *n* sonnette *f* d'alarme
communion [kə'mjuːnɪən] *n* (*also: Holy C~*) communion *f*
communism ['kɒmjʊnɪzəm] *n* communisme *m*; **communist** ['kɒmjʊnɪst] *adj* communiste ♦ *n* communiste *m/f*
community [kə'mjuːnɪtɪ] *n* communauté *f*; ~ **centre** *n* centre *m* de loisirs; ~ **chest** (*US*) *n* fonds commun; ~ **home** *n* (*school*) centre *m* d'éducation surveillée
commutation ticket [kɒmjʊ'teɪʃən-] (*US*) *n* carte *f* d'abonnement
commute [kə'mjuːt] *vi* faire un trajet journalier (de son domicile à son bureau) ♦ *vt* (*LAW*) commuer; ~**r** *n* banlieusard(e) (qui ... *see vi*)
compact [*adj* kəm'pækt, *n* 'kɒmpækt] *adj* compact(e) ♦ *n* (*also: powder* ~) poudrier *m*; ~ **disc** *n* disque compact; ~ **disk player** *n* lecteur *m* de disque compact
companion [kəm'pænɪən] *n* compagnon(compagne); ~**ship** *n* camaraderie *f*
company ['kʌmpənɪ] *n* compagnie *f*; **to keep sb** ~ tenir compagnie à qn; ~ **secretary** (*BRIT*) *n* (*COMM*) secrétaire général (*d'une société*)

comparative [kəm'pærətɪv] *adj* (*study*) comparatif(ive); (*relative*) relatif(ive); **~ly** *adv* (*relatively*) relativement

compare [kəm'pɛə*] *vt*: **to ~ sth/sb with/to** comparer qch/qn avec *or* et/à ♦ *vi*: **to ~ (with)** se comparer (à); être comparable (à); **comparison** [kəm'pærɪsn] *n* comparaison *f*

compartment [kəm'pɑːtmənt] *n* compartiment *m*

compass ['kʌmpəs] *n* boussole *f*; **~es** *npl* (*GEOM*: *also*: *pair of ~es*) compas *m*

compassion [kəm'pæʃən] *n* compassion *f*; **~ate** *adj* compatissant(e)

compatible [kəm'pætɪbl] *adj* compatible

compel [kəm'pel] *vt* contraindre, obliger; **~ling** *adj* (*fig*: *argument*) irrésistible

compensate ['kɒmpenseɪt] *vt* indemniser, dédommager ♦ *vi*: **to ~ for** compenser; **compensation** [kɒmpen'seɪʃn] *n* compensation *f*; (*money*) dédommagement *m*, indemnité *f*

compère ['kɔmpɛə*] *n* (*TV*) animateur(trice)

compete [kəm'piːt] *vi*: **to ~ (with)** rivaliser (avec), faire concurrence (à)

competent ['kɒmpɪtənt] *adj* compétent(e), capable

competition [kɒmpɪ'tɪʃən] *n* (*contest*) compétition *f*, concours *m*; (*ECON*) concurrence *f*

competitive [kəm'petɪtɪv] *adj* (*ECON*) concurrentiel(le); (*sport*) de compétition; (*person*) qui a l'esprit de compétition

competitor [kəm'petɪtə*] *n* concurrent(e)

complacency [kəm'pleɪsnsɪ] *n* suffisance *f*, vaine complaisance

complain [kəm'pleɪn] *vi*: **to ~ (about)** se plaindre (de); (*in shop etc*) réclamer (au sujet de); **to ~ of** (*pain*) se plaindre de; **~t** *n* plainte *f*; réclamation *f*; (*MED*) affection *f*

complement [*n* 'kɒmplɪmənt, *vb* 'kɒmplɪment] *n* complément *m*; (*especially of ship's crew etc*) effectif complet ♦ *vt* (*enhance*) compléter; **~ary** [kɒmplɪ'mentərɪ] *adj* complémentaire

complete [kəm'pliːt] *adj* complet(ète) ♦ *vt* achever, parachever; (*set, group*) compléter; (*a form*) remplir; **~ly** *adv* complètement; **completion** [kəm'pliːʃən] *n* achèvement *m*; (*of contract*) exécution *f*

complex ['kɒmpleks] *adj* complexe ♦ *n* complexe *m*

complexion [kəm'plekʃən] *n* (*of face*) teint *m*

compliance [kəm'plaɪəns] *n* (*submission*) docilité *f*; (*agreement*): **~ with** le fait de se conformer à; **in ~ with** en accord avec

complicate ['kɒmplɪkeɪt] *vt* compliquer; **~d** *adj* compliqué(e); **complication** [kɒmplɪ'keɪʃn] *n* complication *f*

compliment [*n* 'kɒmplɪmənt, *vb* 'kɒmplɪment] *n* compliment *m* ♦ *vt* complimenter; **~s** *npl* (*respects*) compliments *mpl*, hommages *mpl*; **to pay sb a ~** faire *or* adresser un compliment à qn; **~ary** [kɒmplɪ'mentərɪ] *adj* flatteur(euse); (*free*) (offert(e)) à titre gracieux; **~ary ticket** *n* billet *m* de faveur

comply [kəm'plaɪ] *vi*: **to ~ with** se soumettre à, se conformer à

component [kəm'pəʊnənt] *n* composant *m*, élément *m*

compose [kəm'pəʊz] *vt* composer; (*form*): **to be ~d of** se composer de; **to ~ o.s.** se calmer, se maîtriser; prendre une contenance; **~d** *adj* calme, posé(e); **~r** *n* (*MUS*) compositeur *m*; **composition** [kɒmpə'zɪʃən] *n* composition *f*; **composure** [kəm'pəʊʒə*] *n* calme *m*, maîtrise *f* de soi

compound ['kɒmpaʊnd] *n* composé *m*; (*enclosure*) enclos *m*, enceinte *f*; **~ fracture** *n* fracture compliquée; **~ interest** *n* intérêt composé

comprehend [kɒmprɪ'hend] *vt*

comprendre; **comprehension** [kɒmprɪ'henʃən] *n* compréhension *f*

comprehensive [kɒmprɪ'hensɪv] *adj* (très) complet(ète); ~ **policy** *n* (*INSURANCE*) assurance *f* tous risques; ~ **(school)** (*BRIT*) *n* école secondaire polyvalente, ≈ C.E.S. *m*

compress [*vb* kəm'pres, *n* 'kɒmpres] *vt* comprimer; (*text, information*) condenser ♦ *n* (*MED*) compresse *f*

comprise [kəm'praɪz] *vt* (*also: be ~d of*) comprendre; (*constitute*) constituer, représenter

compromise ['kɒmprəmaɪz] *n* compromis *m* ♦ *vt* compromettre ♦ *vi* transiger, accepter un compromis

compulsion [kəm'pʌlʃən] *n* contrainte *f*, force *f*

compulsive [kəm'pʌlsɪv] *adj* (*PSYCH*) compulsif(ive); (*book, film etc*) captivant(e)

compulsory [kəm'pʌlsərɪ] *adj* obligatoire

computer [kəm'pju:tə*] *n* ordinateur *m*; ~ **game** *n* jeu *m* vidéo; **~ize** *vt* informatiser; ~ **programmer** *n* programmeur(euse); ~ **programming** *n* programmation *f*; ~ **science** *n* informatique *f*; **computing** *n* = ~ science

comrade ['kɒmrɪd] *n* camarade *m/f*

con [kɒn] *vt* duper; (*cheat*) escroquer ♦ *n* escroquerie *f*

conceal [kən'si:l] *vt* cacher, dissimuler

conceit [kən'si:t] *n* vanité *f*, suffisance *f*, prétention *f*; **~ed** *adj* vaniteux(euse), suffisant(e)

conceive [kən'si:v] *vt, vi* concevoir

concentrate ['kɒnsəntreɪt] *vi* se concentrer ♦ *vt* concentrer

concentration [kɒnsən'treɪʃən] *n* concentration *f*; ~ **camp** *n* camp *m* de concentration

concept ['kɒnsept] *n* concept *m*

concern [kən'sɜ:n] *n* affaire *f*; (*COMM*) entreprise *f*, firme *f*; (*anxiety*) inquiétude *f*, souci *m* ♦ *vt* concerner; **to be ~ed (about)** s'inquiéter (de), être inquiet(e) (au sujet de); **~ing** *prep* en ce qui concerne, à propos de

concert ['kɒnsət] *n* concert *m*; **~ed** *adj* concerté(e); ~ **hall** *n* salle *f* de concert

concerto [kən'tʃɜ:təʊ] *n* concerto *m*

concession [kən'seʃən] *n* concession *f*; tax ~ dégrèvement fiscal

conclude [kən'klu:d] *vt* conclure; **conclusion** [kən'klu:ʒən] *n* conclusion *f*; **conclusive** [kən'klu:sɪv] *adj* concluant(e), définitif(ive)

concoct [kən'kɒkt] *vt* confectionner, composer; (*fig*) inventer; **~ion** [kən'kɔkʃən] *n* mélange *m*

concourse ['kɒŋkɔ:s] *n* (*hall*) hall *m*, salle *f* des pas perdus

concrete ['kɒŋkri:t] *n* béton *m* ♦ *adj* concret(ète); (*floor etc*) en béton

concur [kən'kɜ:*] *vi* (*agree*) être d'accord

concurrently [kən'kʌrəntlɪ] *adv* simultanément

concussion [kɒn'kʌʃən] *n* (*MED*) commotion (cérébrale)

condemn [kən'dem] *vt* condamner

condensation [kɒnden'seɪʃən] *n* condensation *f*

condense [kən'dens] *vi* se condenser ♦ *vt* condenser; **~d milk** *n* lait concentré (sucré)

condition [kən'dɪʃən] *n* condition *f*; (*MED*) état *m* ♦ *vt* déterminer, conditionner; **on ~ that** à condition que +*sub*, à condition de; **~al** *adj* conditionnel(le); **~er** *n* (*for hair*) baume après-shampooing *m*; (*for fabrics*) assouplissant *m*

condolences [kən'dəʊlənsɪz] *npl* condoléances *fpl*

condom ['kɒndəm] *n* préservatif *m*

condominium [kɒndə'mɪnɪəm] (*US*) *n* (*building*) immeuble *m* (en copropriété)

condone [kən'dəʊn] *vt* fermer les yeux sur, approuver (tacitement)

conducive [kən'dju:sɪv] *adj*: ~ **to** favorable à, qui contribue à

conduct [*n* 'kɒndʌkt, *vb* kən'dʌkt] *n* conduite *f* ♦ *vt* conduire; (*MUS*) diriger; to ~ o.s. se conduire, se comporter; **~ed tour** *n* voyage organisé; (*of building*) visite guidée; **~or** [kən'dʌktə*] *n* (*of orchestra*) chef *m* d'orchestre; (*on bus*) receveur *m*; (*US: on train*) chef *m* de train; (*ELEC*) conducteur *m*; **~ress** [kən'dʌktrɪs] *n* (*on bus*) receveuse *f*

cone [kəʊn] *n* cône *m*; (*for ice-cream*) cornet *m*; (*BOT*) pomme *f* de pin, cône

confectioner [kən'fekʃənə*] *n* confiseur(euse); **~'s (shop)** *n* confiserie *f*; **~y** *n* confiserie *f*

confer [kən'fɜː*] *vt*: **to ~ sth on** conférer qch à ♦ *vi* conférer, s'entretenir

conference ['kɒnfərəns] *n* conférence *f*

confess [kən'fes] *vt* confesser, avouer ♦ *vi* se confesser; **~ion** [kən'feʃən] *n* confession *f*

confetti [kən'fetɪ] *n* confettis *mpl*

confide [kən'faɪd] *vi*: **to ~ in** se confier à

confidence ['kɒnfɪdəns] *n* confiance *f*; (*also: self-~*) assurance *f*, confiance en soi; (*secret*) confidence *f*; **in ~** (*speak, write*) en confidence, confidentiellement; **~ trick** *n* escroquerie *f*; **confident** ['kɒnfɪdənt] *adj* sûr(e), assuré(e); **confidential** [kɒnfɪ'denʃəl] *adj* confidentiel(le)

confine [kən'faɪn] *vt* limiter, borner; (*shut up*) confiner, enfermer; **~d** *adj* (*space*) restreint(e), réduit(e); **~ment** *n* emprisonnement *m*, détention *f*; **~s** ['kɒnfaɪnz] *npl* confins *mpl*, bornes *fpl*

confirm [kən'fɜːm] *vt* confirmer; (*appointment*) ratifier; **~ation** [kɒnfə'meɪʃən] *n* confirmation *f*; **~ed** *adj* invétéré(e), incorrigible

confiscate ['kɒnfɪskeɪt] *vt* confisquer

conflict [*n* 'kɒnflɪkt, *vb* kən'flɪkt] *n* conflit *m*, lutte *f* ♦ *vi* être *or* entrer en conflit; (*opinions*) s'opposer, se heurter; **~ing** [kən'flɪktɪŋ] *adj* contradictoire

conform [kən'fɔːm] *vi*: **to ~ (to)** se conformer (à)

confound [kən'faʊnd] *vt* confondre

confront [kən'frʌnt] *vt* confronter, mettre en présence; (*enemy, danger*) affronter, faire face à; **~ation** [kɒnfrən'teɪʃən] *n* confrontation *f*

confuse [kən'fjuːz] *vt* (*person*) troubler; (*situation*) embrouiller; (*one thing with another*) confondre; **~d** *adj* (*person*) dérouté(e), désorienté(e); **confusing** *adj* peu clair(e), déroutant(e); **confusion** [kən'fjuːʒən] *n* confusion *f*

congeal [kən'dʒiːl] *vi* (*blood*) se coaguler; (*oil etc*) se figer

congenial [kən'dʒiːnɪəl] *adj* sympathique, agréable

congested [kən'dʒestɪd] *adj* (*MED*) congestionné(e); (*area*) surpeuplé(e); (*road*) bloqué(e)

congestion [kən'dʒestʃən] *n* congestion *f*; (*fig*) encombrement *m*

congratulate [kən'grætjʊleɪt] *vt*: **to ~ sb (on)** féliciter qn (de); **congratulations** [kəngrætjʊ'leɪʃənz] *npl* félicitations *fpl*

congregate ['kɒŋgrɪgeɪt] *vi* se rassembler, se réunir

congregation [kɒŋgrɪ'geɪʃən] *n* assemblée *f* (des fidèles)

congress ['kɒŋgres] *n* congrès *m*; **~man** (*irreg: US*) *n* membre *m* du Congrès

conjunction [kən'dʒʌŋkʃən] *n* (*LING*) conjonction *f*

conjunctivitis [kəndʒʌŋktɪ'vaɪtɪs] *n* conjonctivite *f*

conjure ['kʌndʒə*] *vi* faire des tours de passe-passe; **~ up** *vt* (*ghost, spirit*) faire apparaître; (*memories*) évoquer; **~r** *n* prestidigitateur *m*, illusionniste *m/f*

conk out [kɒŋk-] (*inf*) *vi* tomber *or* rester en panne

con man (*irreg*) *n* escroc *m*

connect [kə'nekt] *vt* joindre, relier; (*ELEC*) connecter; (*TEL: caller*) mettre en connection (*with* avec); (*: new subscriber*) brancher; (*fig*) établir un rapport entre, faire un rapprochement entre ♦ *vi* (*train*): to ~ with assurer la correspondance avec; to be ~ed with (*fig*) avoir un rapport avec; avoir des rapports avec, être en relation avec; ~**ion** [kəˈnekʃən] *n* relation *f*, lien *m*; (*ELEC*) connexion *f*; (*train, plane etc*) correspondance *f*; (*TEL*) branchement *m*, communication *f*

connive [kəˈnaɪv] *vi*: to ~ at se faire le complice de

conquer [ˈkɒŋkə*] *vt* conquérir; (*feelings*) vaincre, surmonter

conquest [ˈkɒŋkwest] *n* conquête *f*

cons [kɒnz] *npl see* **convenience; pro**

conscience [ˈkɒnʃəns] *n* conscience *f*; **conscientious** [kɒnʃɪˈenʃəs] *adj* consciencieux(euse)

conscious [ˈkɒnʃəs] *adj* conscient(e); ~**ness** *n* conscience *f*; (*MED*) connaissance *f*

conscript [ˈkɒnskrɪpt] *n* conscrit *m*

consent [kənˈsent] *n* consentement *m* ♦ *vi*: to ~ (to) consentir (à)

consequence [ˈkɒnsɪkwəns] *n* conséquence *f*, suites *fpl*; (*significance*) importance *f*

consequently [ˈkɒnsɪkwəntlɪ] *adv* par conséquent, donc

conservation [kɒnsəˈveɪʃən] *n* préservation *f*, protection *f*

conservative [kənˈsɜːvətɪv] *adj* conservateur(trice); at a ~ estimate au bas mot; **C~** (*BRIT*) *adj, n* (*POL*) conservateur(trice)

conservatory [kənˈsɜːvətrɪ] *n* (*greenhouse*) serre *f*

conserve [kənˈsɜːv] *vt* conserver, préserver; (*supplies, energy*) économiser ♦ *n* confiture *f*

consider [kənˈsɪdə*] *vt* (*study*) considérer, réfléchir à; (*take into account*) penser à, prendre en considération; (*regard, judge*) considérer, estimer; to ~ doing sth envisager de faire qch; ~**able** [kənˈsɪdərəbl] *adj* considérable; ~**ably** *adv* nettement; ~**ate** [kənˈsɪdərɪt] *adj* prévenant(e), plein(e) d'égards; ~**ation** [kənsɪdəˈreɪʃən] *n* considération *f*; ~**ing** [kənˈsɪdərɪŋ] *prep* étant donné

consign [kənˈsaɪn] *vt* expédier; (*to sb's care*) confier; (*fig*) livrer; ~**ment** *n* arrivage *m*, envoi *m*

consist [kənˈsɪst] *vi*: to ~ of consister en, se composer de

consistency [kənˈsɪstənsɪ] *n* consistance *f*; (*fig*) cohérence *f*

consistent [kənˈsɪstənt] *adj* logique, cohérent(e)

consolation [kɒnsəˈleɪʃən] *n* consolation *f*

console [ˈkɔnsəul] *n* (*COMPUT*) console *f*

consonant [ˈkɒnsənənt] *n* consonne *f*

conspicuous [kənˈspɪkjuəs] *adj* voyant(e), qui attire l'attention

conspiracy [kənˈspɪrəsɪ] *n* conspiration *f*, complot *m*

constable [ˈkʌnstəbl] (*BRIT*) *n* ≈ agent *m* de police, gendarme *m*; chief ~ ≈ préfet *m* de police

constabulary [kənˈstæbjulərɪ] (*BRIT*) *n* ≈ police *f*, gendarmerie *f*

constant [ˈkɒnstənt] *adj* constant(e); incessant(e); ~**ly** *adv* constamment, sans cesse

constipated [ˈkɒnstɪpeɪtəd] *adj* constipé(e); **constipation** [kɒnstɪˈpeɪʃən] *n* constipation *f*

constituency [kənˈstɪtjuənsɪ] *n* circonscription électorale

constituent [kənˈstɪtjuənt] *n* (*POL*) électeur(trice); (*part*) élément constitutif, composant *m*

constitution [kɒnstɪˈtjuːʃən] *n* constitution *f*; ~**al** *adj* constitutionnel(le)

constraint [kənˈstreɪnt] *n* contrainte *f*

construct [kənˈstrʌkt] *vt* construire; ~**ion** [kənˈstrʌkʃən] *n* construction *f*; ~**ive** *adj* constructif(ive)

construe [kənˈstruː] *vt* interpréter, expliquer

consul [ˈkɒnsl] *n* consul *m*; ~**ate** [ˈkɒnsjulət] *n* consulat *m*

consult [kənˈsʌlt] *vt* consulter; ~**ant** *n* (*MED*) médecin consultant; (*other*

specialist) consultant *m*, (expert-) conseil *m*; **~ing room** (*BRIT*) *n* cabinet *m* de consultation
consume [kən'sjuːm] *vt* consommer; **~r** *n* consommateur(trice); **~r goods** *npl* biens *mpl* de consommation; **~r society** *n* société *f* de consommation
consummate ['kɒnsʌmeɪt] *vt* consommer
consumption [kən'sʌmpʃən] *n* consommation *f*
cont. *abbr* (= **continued**) suite
contact ['kɒntækt] *n* contact *m*; (*person*) connaissance *f*, relation *f* ♦ *vt* contacter, se mettre en contact *or* en rapport avec; **~ lenses** *npl* verres *mpl* de contact, lentilles *fpl*
contagious [kən'teɪdʒəs] *adj* contagieux(euse)
contain [kən'teɪn] *vt* contenir; **to ~ o.s.** se contenir, se maîtriser; **~er** *n* récipient *m*; (*for shipping etc*) container *m*
contaminate [kən'tæmɪneɪt] *vt* contaminer
cont'd *abbr* (= **continued**) suite
contemplate ['kɒntəmpleɪt] *vt* contempler; (*consider*) envisager
contemporary [kən'tempərərɪ] *adj* contemporain(e); (*design, wallpaper*) moderne ♦ *n* contemporain(e)
contempt [kən'tempt] *n* mépris *m*, dédain *m*; **~ of court** (*LAW*) outrage *m* à l'autorité de la justice; **~uous** *adj* dédaigneux(euse), méprisant(e)
contend [kən'tend] *vt*: **to ~ that** soutenir *or* prétendre que ♦ *vi*: **to ~ with** (*compete*) rivaliser avec; (*struggle*) lutter avec; **~er** *n* concurrent(e); (*POL*) candidat(e)
content [*adj, vb* kən'tent, *n* 'kɒntent] *adj* content(e), satisfait(e) ♦ *vt* contenter, satisfaire ♦ *n* contenu *m*; (*of fat, moisture*) teneur *f*; **~s** *npl* (*of container etc*) contenu *m*; **(table of) ~s** table *f* des matières; **~ed** *adj* content(e), satisfait(e)
contention [kən'tenʃən] *n* dispute *f*, contestation *f*; (*argument*) assertion *f*, affirmation *f*
contest [*n* 'kɒntest, *vb* kən'test] *n* combat *m*, lutte *f*; (*competition*) concours *m* ♦ *vt* (*decision, statement*) contester, discuter; (*compete for*) disputer; **~ant** [kən'testənt] *n* concurrent(e); (*in fight*) adversaire *m/f*
context ['kɒntekst] *n* contexte *m*
continent ['kɒntɪnənt] *n* continent *m*; **the C~** (*BRIT*) l'Europe continentale; **~al** [kɒntɪ'nentl] *adj* continental(e); **~al quilt** (*BRIT*) *n* couette *f*
contingency [kən'tɪndʒənsɪ] *n* éventualité *f*, événement imprévu
continual [kən'tɪnjuəl] *adj* continuel(le)
continuation [kəntɪnju'eɪʃən] *n* continuation *f*; (*after interruption*) reprise *f*; (*of story*) suite *f*
continue [kən'tɪnjuː] *vi, vt* continuer; (*after interruption*) reprendre, poursuivre
continuity [kɒntɪ'njuːɪtɪ] *n* continuité *f*; (*TV etc*) enchaînement *m*
continuous [kən'tɪnjuəs] *adj* continu(e); (*LING*) progressif(ive); **~ stationery** *n* papier *m* en continu
contort [kən'tɔːt] *vt* tordre, crisper
contour ['kɒntuə*] *n* contour *m*, profil *m*; (*on map*: *also*: **~ line**) courbe *f* de niveau
contraband ['kɒntrəbænd] *n* contrebande *f*
contraceptive [kɒntrə'septɪv] *adj* contraceptif(ive), anticonceptionnel(le) ♦ *n* contraceptif *m*
contract [*n* 'kɒntrækt, *vb* kən'trækt] *n* contrat *m* ♦ *vi* (*become smaller*) se contracter, se resserrer; (*COMM*): **to ~ to do sth** s'engager (par contrat) à faire qch; **~ion** [kən'trækʃən] *n* contraction *f*; **~or** [kən'træktə*] *n* entrepreneur *m*
contradict [kɒntrə'dɪkt] *vt* contredire
contraption [kən'træpʃən] (*pej*) *n* machin *m*, truc *m*

contrary[1] ['kɒntrərɪ] *adj* contraire, opposé(e) ♦ *n* contraire *m*; **on the ~** au contraire; **unless you hear to the ~** sauf avis contraire
contrary[2] [kən'trɛərɪ] *adj* (*perverse*) contrariant(e), entêté(e)
contrast [*n* 'kɒntrɑːst, *vb* kən'trɑːst] *n* contraste *m* ♦ *vt* mettre en contraste, contraster; **in ~ to** *or* **with** contrairement à
contravene [kɔntrə'viːn] *vt* enfreindre, violer, contrevenir à
contribute [kən'trɪbjuːt] *vi* contribuer ♦ *vt*: **to ~ £10/an article to** donner 10 livres/un article à; **to ~ to** contribuer à; (*newspaper*) collaborer à; **contribution** [kɒntrɪ'bjuːʃən] *n* contribution *f*; **contributor** [kən'trɪbjutə*] *n* (*to newspaper*) collaborateur(trice)
contrive [kən'traɪv] *vi*: **to ~ to do** s'arranger pour faire, trouver le moyen de faire
control [kən'trəul] *vt* maîtriser, commander; (*check*) contrôler ♦ *n* contrôle *m*, autorité *f*; maîtrise *f*; **~s** *npl* (*of machine etc*) commandes *fpl*; (*on radio, TV*) boutons *mpl* de réglage; **everything is under ~** tout va bien, j'ai (*or* il a *etc*) la situation en main; **to be in ~ of** être maître de, maîtriser; **the car went out of ~** j'ai (*or* il a *etc*) perdu le contrôle du véhicule; **~ panel** *n* tableau *m* de commande; **~ room** *n* salle *f* des commandes; **~ tower** *n* (*AVIAT*) tour *f* de contrôle
controversial [kɒntrə'vɜːʃəl] *adj* (*topic*) discutable, controversé(e); (*person*) qui fait beaucoup parler de lui; **controversy** ['kɒntrəvɜːsɪ] *n* controverse *f*, polémique *f*
convalesce [kɒnvə'les] *vi* relever de maladie, se remettre (d'une maladie)
convector [kən'vektə*] *n* (*heater*) radiateur *m* (à convexion)
convene [kən'viːn] *vt* convoquer, assembler ♦ *vi* se réunir, s'assembler
convenience [kən'viːnɪəns] *n* commodité *f*; **at your ~** quand *or* comme cela vous convient; **all modern ~s**, (*BRIT*) **all mod cons** avec tout le confort moderne, tout confort
convenient [kən'viːnɪənt] *adj* commode
convent ['kɒnvənt] *n* couvent *m*
convention [kən'venʃən] *n* convention *f*; **~al** *adj* conventionnel(le)
conversant [kən'vɜːsənt] *adj*: **to be ~ with** s'y connaître en; être au courant de
conversation [kɒnvə'seɪʃən] *n* conversation *f*
converse [*n* 'kɒnvɜːs, *vb* kən'vɜːs] *n* contraire *m*, inverse *m* ♦ *vi* s'entretenir; **~ly** [kɒn'vɜːslɪ] *adv* inversement, réciproquement
convert [*vb* kən'vɜːt, *n* 'kɒnvɜːt] *vt* (*REL, COMM*) convertir; (*alter*) transformer; (*house*) aménager ♦ *n* converti(e); **~ible** *n* (voiture *f*) décapotable *f*
convey [kən'veɪ] *vt* transporter; (*thanks*) transmettre; (*idea*) communiquer; **~or belt** *n* convoyeur *m*, tapis roulant
convict [*vb* kən'vɪkt, *n* 'kɒnvɪkt] *vt* déclarer (*or* reconnaître) coupable ♦ *n* forçat *m*, détenu *m*; **~ion** [kən'vɪkʃən] *n* (*LAW*) condamnation *f*; (*belief*) conviction *f*
convince [kən'vɪns] *vt* convaincre, persuader; **convincing** *adj* persuasif(ive), convaincant(e)
convoluted [kɒnvə'luːtɪd] *adj* (*argument*) compliqué(e)
convulse [kən'vʌls] *vt*: **to be ~d with laughter/pain** se tordre de rire/douleur
coo [kuː] *vi* roucouler
cook [kuk] *vt* (faire) cuire ♦ *vi* cuire; (*person*) faire la cuisine ♦ *n* cuisinier(ière); **~book** *n* livre *m* de cuisine; **~er** *n* cuisinière *f*; **~ery** *n* cuisine *f*; **~ery book** (*BRIT*) *n* = **cookbook**; **~ie** (*US*) *n* biscuit *m*, petit gâteau sec; **~ing** *n* cuisine *f*
cool [kuːl] *adj* frais(fraîche); (*calm, unemotional*) calme; (*unfriendly*) froid(e) ♦ *vt, vi* rafraîchir, refroidir

coop [ku:p] *n* poulailler *m*; (*for rabbits*) clapier *m* ♦ *vt*: **to ~ up** (*fig*) cloîtrer, enfermer
cooperate [kəʊ'ɒpəreɪt] *vi* coopérer, collaborer; **cooperation** [kəʊɒpə'reɪʃən] *n* coopération *f*, collaboration *f*; **cooperative** [kəʊ'ɒpərətɪv] *adj* coopératif(ive) ♦ *n* coopérative *f*
coordinate [*vb* kəʊ'ɔ:dɪneɪt, *n* kəʊ'ɔ:dɪnət] *vt* coordonner ♦ *n* (*MATH*) coordonnée *f*; **~s** *npl* (*clothes*) ensemble *m*, coordonnés *mpl*
co-ownership ['kəu'əunəʃɪp] *n* copropriété *f*
cop [kɒp] (*inf*) *n* flic *m*
cope [kəʊp] *vi*: **to ~ with** faire face à; (*solve*) venir à bout de
copper ['kɒpə*] *n* cuivre *m*; (*BRIT*: *inf*: *policeman*) flic *m*; **~s** *npl* (*coins*) petite monnaie; **~ sulphate** *n* sulfate *m* de cuivre
copy ['kɒpɪ] *n* copie *f*; (*of book etc*) exemplaire *m* ♦ *vt* copier; **~right** *n* droit *m* d'auteur, copyright *m*
coral ['kɒrəl] *n* corail *m*; **~ reef** *n* récif *m* de corail
cord [kɔ:d] *n* corde *f*; (*fabric*) velours côtelé; (*ELEC*) cordon *m*, fil *m*
cordial ['kɔ:dɪəl] *adj* cordial(e), chaleureux(euse) ♦ *n* cordial *m*
cordon ['kɔ:dn] *n* cordon *m*; **~ off** *vt* boucler (*par cordon de police*)
corduroy ['kɔ:dərɔɪ] *n* velours côtelé
core [kɔ:*] *n* noyau *m*; (*of fruit*) trognon *m*, cœur *m*; (*of building, problem*) cœur ♦ *vt* enlever le trognon *or* le cœur de
cork [kɔ:k] *n* liège *m*; (*of bottle*) bouchon *m*; **~screw** *n* tire-bouchon *m*
corn [kɔ:n] *n* (*BRIT*: *wheat*) blé *m*; (*US*: *maize*) maïs *m*; (*on foot*) cor *m*; **~ on the cob** (*CULIN*) épi *m* de maïs; **~ed beef** ['kɔ:nd-] *n* corned-beef *m*
corner ['kɔ:nə*] *n* coin *m*; (*AUT*) tournant *m*, virage *m*; (*FOOTBALL*: *also*: *~ kick*) corner *m* ♦ *vt* acculer, mettre au pied du mur; coincer; (*COMM*: *market*) accaparer ♦ *vi* prendre un virage; **~stone** *n* pierre *f* angulaire
cornet ['kɔ:nɪt] *n* (*MUS*) cornet *m* à pistons; (*BRIT*: *of ice-cream*) cornet (de glace)
cornflakes ['kɔ:nfleɪks] *npl* cornflakes *mpl*
cornflour (*BRIT*), **cornstarch** (*US*) ['kɔ:nflaʊə*] *n* farine *f* de maïs, maïzena *f* (®)
Cornwall ['kɔ:nwəl] *n* Cornouailles *f*
corny ['kɔ:nɪ] (*inf*) *adj* rebattu(e)
coronary ['kɒrənərɪ] *n* (*also*: *~ thrombosis*) infarctus *m* (du myocarde), thrombose *f* coronarienne
coronation [kɒrə'neɪʃən] *n* couronnement *m*
coroner ['kɔrənə*] *n* *officiel chargé de déterminer les causes d'un décès*
corporal ['kɔ:pərəl] *n* caporal *m*, brigadier *m* ♦ *adj*: **~ punishment** châtiment corporel
corporate ['kɔ:pərɪt] *adj* en commun, collectif(ive); (*COMM*) de l'entreprise
corporation [kɔ:pə'reɪʃən] *n* (*of town*) municipalité *f*, conseil municipal; (*COMM*) société *f*
corps [kɔ:*, *pl* kɔ:z] (*pl* **corps**) *n* corps *m*
corpse [kɔ:ps] *n* cadavre *m*
correct [kə'rekt] *adj* (*accurate*) correct(e), exact(e); (*proper*) correct, convenable ♦ *vt* corriger; **~ion** [kə'rekʃən] *n* correction *f*
correspond [kɒrɪs'pɒnd] *vi* correspondre; **~ence** *n* correspondance *f*; **~ence course** *n* cours *m* par correspondance; **~ent** *n* correspondant(e)
corridor ['kɒrɪdɔ:*] *n* couloir *m*, corridor *m*
corrode [kə'rəʊd] *vt* corroder, ronger ♦ *vi* se corroder
corrugated ['kɒrəgeɪtɪd] *adj* plissé(e); ondulé(e); **~ iron** *n* tôle ondulée
corrupt [kə'rʌpt] *adj* corrompu(e) ♦ *vt* corrompre; **~ion** [kə'rʌpʃən] *n* corruption *f*
Corsica ['kɔ:sɪkə] *n* Corse *f*
cosmetic [kɒz'metɪk] *n* produit *m* de

beauté, cosmétique *m*
cosset ['kɒsɪt] *vt* choyer, dorloter
cost [kɒst] (*pt, pp* **cost**) *n* coût *m* ♦ *vi* coûter ♦ *vt* établir *or* calculer le prix de revient de; ~**s** *npl* (*COMM*) frais *mpl*; (*LAW*) dépens *mpl*; **it ~s £5/too much** cela coûte cinq livres/c'est trop cher; **at all ~s** coûte que coûte, à tout prix
co-star ['kəʊstɑː*] *n* partenaire *m/f*
cost-effective ['kɒstɪ'fektɪv] *adj* rentable
costly ['kɒstlɪ] *adj* coûteux(euse)
cost-of-living ['kɒstəv'lɪvɪŋ] *adj*: ~ **allowance** indemnité *f* de vie chère; ~ **index** index *m* du coût de la vie
cost price (*BRIT*) *n* prix coûtant *or* de revient
costume ['kɒstjuːm] *n* costume *m*; (*lady's suit*) tailleur *m*; (*BRIT*: *also*: *swimming* ~) maillot *m* (de bain); ~ **jewellery** *n* bijoux *mpl* fantaisie
cosy ['kəʊzɪ] (*US* **cozy**) *adj* douillet(te); (*person*) à l'aise, au chaud
cot [kɒt] *n* (*BRIT*: *child's*) lit *m* d'enfant, petit lit; (*US*: *campbed*) lit de camp
cottage ['kɒtɪdʒ] *n* petite maison (à la campagne), cottage *m*; ~ **cheese** *n* fromage blanc (*maigre*)
cotton ['kɒtn] *n* coton *m*; ~ **on** (*inf*) *vi*: **to ~ on to** piger; ~ **candy** (*US*) *n* barbe *f* à papa; ~ **wool** (*BRIT*) *n* ouate *f*, coton *m* hydrophile
couch [kaʊtʃ] *n* canapé *m*; divan *m*
couchette [kuː'ʃet] *n* couchette *f*
cough [kɒf] *vi* tousser ♦ *n* toux *f*; ~ **drop** *n* pastille *f* pour *or* contre la toux
could [kʊd] *pt of* **can**[2]; ~**n't** = **could not**
council ['kaʊnsl] *n* conseil *m*; **city** *or* **town** ~ conseil municipal; ~ **estate** (*BRIT*) *n* (zone *f* de) logements loués à/par la municipalité; ~ **house** (*BRIT*) *n* maison *m* (à loyer modéré) louée par la municipalité; ~**lor** ['kaʊnsɪlə*] *n* conseiller(ère)
counsel ['kaʊnsl] *n* (*lawyer*) avocat(e); (*advice*) conseil *m*, consultation *f*; ~**lor** *n* conseiller(ère); (*US*: *lawyer*) avocat(e)
count [kaʊnt] *vt, vi* compter ♦ *n* compte *m*; (*nobleman*) comte *m*; ~ **on** *vt fus* compter sur; ~**down** *n* compte *m* à rebours
countenance ['kaʊntɪnəns] *n* expression *f* ♦ *vt* approuver
counter ['kaʊntə*] *n* comptoir *m*; (*in post office, bank*) guichet *m*; (*in game*) jeton *m* ♦ *vt* aller à l'encontre de, opposer ♦ *adv*: ~ **to** contrairement à; ~**act** [kaʊntə'rækt] *vt* neutraliser, contrebalancer; ~**feit** ['kaʊntəfiːt] *n* faux *m*, contrefaçon *f* ♦ *vt* contrefaire ♦ *adj* faux(fausse); ~**foil** ['kaʊntəfɔɪl] *n* talon *m*, souche *f*; ~**mand** ['kaʊntəmɑːnd] *vt* annuler; ~**part** ['kaʊntəpɑːt] *n* (*of person etc*) homologue *m/f*
countess ['kaʊntɪs] *n* comtesse *f*
countless ['kaʊntlɪs] *adj* innombrable
country ['kʌntrɪ] *n* pays *m*; (*native land*) patrie *f*; (*as opposed to town*) campagne *f*; (*region*) région *f*, pays; ~ **dancing** (*BRIT*) *n* danse *f* folklorique; ~ **house** *n* manoir *m*, (petit) château; ~**man** (*irreg*) *n* (*compatriot*) compatriote *m*; (*country dweller*) habitant *m* de la campagne, campagnard *m*; ~**side** *n* campagne *f*
county ['kaʊntɪ] *n* comté *m*
coup [kuː] (*pl* ~s) *n* beau coup; (*also*: ~ *d'état*) coup d'État
couple ['kʌpl] *n* couple *m*; **a ~ of** deux; (*a few*) quelques
coupon ['kuːpɒn] *n* coupon *m*, bon-prime *m*, bon-réclame *m*; (*COMM*) coupon
courage ['kʌrɪdʒ] *n* courage *m*
courier ['kʊrɪə*] *n* messager *m*, courrier *m*; (*for tourists*) accompagnateur(trice), guide *m/f*
course [kɔːs] *n* cours *m*; (*of ship*) route *f*; (*for golf*) terrain *m*; (*part of meal*) plat *m*; **first** ~ entrée *f*; **of** ~ bien sûr; ~ **of action** parti *m*, ligne *f* de conduite; ~ **of treatment** (*MED*) traitement *m*

court [kɔːt] *n* cour *f*; (*LAW*) cour, tribunal *m*; (*TENNIS*) court *m* ♦ *vt* (*woman*) courtiser, faire la cour à; **to take to ~** actionner *or* poursuivre en justice

courteous ['kɜːtɪəs] *adj* courtois(e), poli(e)

courtesy ['kɜːtəsɪ] *n* courtoisie *f*, politesse *f*; **(by) ~ of** avec l'aimable autorisation de

court: ~-house ['kɔːthaʊs] (*US*) *n* palais *m* de justice; **~ier** ['kɔːtɪə*] *n* courtisan *m*, dame *f* de la cour; **~ martial** (*pl* **~s martial**) *n* cour martiale, conseil *m* de guerre; **~room** ['kɔːtrʊm] *n* salle *f* de tribunal; **~yard** ['kɔːtjɑːd] *n* cour *f*

cousin ['kʌzn] *n* cousin(e); **first ~** cousin(e) germain(e)

cove [kəʊv] *n* petite baie, anse *f*

covenant ['kʌvənənt] *n* engagement *m*

cover ['kʌvə*] *vt* couvrir ♦ *n* couverture *f*; (*of pan*) couvercle *m*; (*over furniture*) housse *f*; (*shelter*) abri *m*; **to take ~** se mettre à l'abri; **under ~** à l'abri; **under ~ of darkness** à la faveur de la nuit; **under separate ~** (*COMM*) sous pli séparé; **to ~ up for sb** couvrir qn; **~age** *n* (*TV, PRESS*) reportage *m*; **~ charge** *n* couvert *m* (*supplément à payer*); **~ing** *n* couche *f*; **~ing letter** (*US* **~ letter**) *n* lettre explicative; **~ note** *n* (*INSURANCE*) police *f* provisoire

covert ['kʌvət] *adj* (*threat*) voilé(e), caché(e); (*glance*) furtif(ive)

cover-up ['kʌvərʌp] *n* tentative *f* pour étouffer une affaire

covet ['kʌvɪt] *vt* convoiter

cow [kaʊ] *n* vache *f* ♦ *vt* effrayer, intimider

coward ['kaʊəd] *n* lâche *m/f*; **~ice** ['kaʊədɪs] *n* lâcheté *f*; **~ly** *adj* lâche

cowboy ['kaʊbɔɪ] *n* cow-boy *m*

cower ['kaʊə*] *vi* se recroqueviller

coy [kɔɪ] *adj* faussement effarouché(e) *or* timide

cozy ['kəʊzɪ] (*US*) *adj* = **cosy**

CPA (*US*) *n abbr* = **certified public accountant**

crab [kræb] *n* crabe *m*; **~ apple** *n* pomme *f* sauvage

crack [kræk] *n* fente *f*, fissure *f*; fêlure *f*; lézarde *f*; (*noise*) craquement *m*, coup (sec); (*drug*) crack *m* ♦ *vt* fendre, fissurer; fêler; lézarder; (*whip*) faire claquer; (*nut*) casser; (*code*) déchiffrer; (*problem*) résoudre ♦ *adj* (*athlete*) de première classe, d'élite; **~ down on** *vt fus* mettre un frein à; **~ up** *vi* être au bout du rouleau, s'effondrer; **~er** *n* (*Christmas ~er*) pétard *m*; (*biscuit*) biscuit (salé)

crackle ['krækl] *vi* crépiter, grésiller

cradle ['kreɪdl] *n* berceau *m*

craft [krɑːft] *n* métier (artisanal); (*pl inv*: *boat*) embarcation *f*, barque *f*; (: *plane*) appareil *m*; **~sman** (*irreg*) *n* artisan *m*, ouvrier (qualifié); **~smanship** *n* travail *m*; **~y** *adj* rusé(e), malin(igne)

crag [kræg] *n* rocher escarpé

cram [kræm] *vt* (*fill*): **to ~ sth with** bourrer qch de; (*put*): **to ~ sth into** fourrer qch dans ♦ *vi* (*for exams*) bachoter

cramp [kræmp] *n* crampe *f* ♦ *vt* gêner, entraver; **~ed** *adj* à l'étroit, très serré(e)

cranberry ['krænbərɪ] *n* canneberge *f*

crane [kreɪn] *n* grue *f*

crank [kræŋk] *n* manivelle *f*; (*person*) excentrique *m/f*; **~shaft** *n* vilebrequin *m*

cranny ['krænɪ] *n see* **nook**

crash [kræʃ] *n* fracas *m*; (*of car*) collision *f*; (*of plane*) accident *m* ♦ *vt* avoir un accident avec ♦ *vi* (*plane*) s'écraser; (*two cars*) se percuter, s'emboutir; (*COMM*) s'effondrer; **to ~ into** se jeter *or* se fracasser contre; **~ course** *n* cours intensif; **~ helmet** *n* casque (protecteur); **~ landing** *n* atterrissage forcé *or* en catastrophe

crate [kreɪt] *n* cageot *m*; (*for bottles*) caisse *f*

cravat(e) [krə'væt] *n* foulard (noué

autour du cou)
crave [kreɪv] *vt, vi*: to ~ **(for)** avoir une envie irrésistible de
crawl [krɔ:l] *vi* ramper; (*vehicle*) avancer au pas ♦ *n* (*SWIMMING*) crawl *m*
crayfish ['kreɪfɪʃ] *n inv* (*freshwater*) écrevisse *f*; (*saltwater*) langoustine *f*
crayon ['kreɪən] *n* crayon *m* (de couleur)
craze [kreɪz] *n* engouement *m*
crazy ['kreɪzɪ] *adj* fou(folle)
creak [kri:k] *vi* grincer; craquer
cream [kri:m] *n* crème *f* ♦ *adj* (*colour*) crème *inv*; ~ **cake** *n* (petit) gâteau à la crème; ~ **cheese** *n* fromage *m* à la crème, fromage blanc; **~y** *adj* crémeux(euse)
crease [kri:s] *n* pli *m* ♦ *vt* froisser, chiffonner ♦ *vi* se froisser, se chiffonner
create [krɪ'eɪt] *vt* créer; **creation** [krɪ'eɪʃən] *n* création *f*; **creative** [krɪ'eɪtɪv] *adj* (*artistic*) créatif(ive); (*ingenious*) ingénieux(euse)
creature ['kri:tʃə*] *n* créature *f*
crèche [kreʃ] *n* garderie *f*, crèche *f*
credence ['kri:dəns] *n*: to **lend** *or* give ~ to ajouter foi à
credentials [krɪ'denʃəlz] *npl* (*references*) références *fpl*; (*papers of identity*) pièce *f* d'identité
credit ['kredɪt] *n* crédit *m*; (*recognition*) honneur *m* ♦ *vt* (*COMM*) créditer; (*believe*: *also*: *give* ~ *to*) ajouter foi à, croire; **~s** *npl* (*CINEMA, TV*) générique *m*; **to be in** ~ (*person, bank account*) être créditeur(trice); **to ~ sb with** (*fig*) prêter *or* attribuer à qn; ~ **card** *n* carte *f* de crédit; **~or** *n* créancier(ière)
creed [kri:d] *n* croyance *f*; credo *m*
creek [kri:k] *n* crique *f*, anse *f*; (*US*: *stream*) ruisseau *m*, petit cours d'eau
creep [kri:p] (*pt, pp* **crept**) *vi* ramper; **~er** *n* plante grimpante; **~y** *adj* (*frightening*) qui fait frissonner, qui donne la chair de poule
cremate [krɪ'meɪt] *vt* incinérer
crematorium [kremə'tɔ:rɪəm] (*pl* **~ia**) *n* four *m* crématoire
crêpe [kreɪp] *n* crêpe *m*; ~ **bandage** (*BRIT*) *n* bande *f* Velpeau (®)
crept [krept] *pt, pp of* **creep**
crescent ['kresnt] *n* croissant *m*; (*street*) rue *f* (*en arc de cercle*)
cress [kres] *n* cresson *m*
crest [krest] *n* crête *f*; **~fallen** *adj* déconfit(e), découragé(e)
crevice ['krevɪs] *n* fissure *f*, lézarde *f*, fente *f*
crew [kru:] *n* équipage *m*; (*CINEMA*) équipe *f*; **~-cut** *n*: **to have a ~-cut** avoir les cheveux en brosse; **~-neck** *n* col ras du cou
crib [krɪb] *n* lit *m* d'enfant; (*for baby*) berceau *m* ♦ *vt* (*inf*) copier
crick [krɪk] *n*: ~ **in the neck** torticolis *m*; ~ **in the back** tour *m* de reins
cricket ['krɪkɪt] *n* (*insect*) grillon *m*, cri-cri *m inv*; (*game*) cricket *m*
crime [kraɪm] *n* crime *m*; **criminal** ['krɪmɪnl] *adj, n* criminel(le)
crimson ['krɪmzn] *adj* cramoisi(e)
cringe [krɪndʒ] *vi* avoir un mouvement de recul
crinkle ['krɪŋkl] *vt* froisser, chiffonner
cripple ['krɪpl] *n* boiteux(euse), infirme *m/f* ♦ *vt* estropier
crisis ['kraɪsɪs] (*pl* **crises**) *n* crise *f*
crisp [krɪsp] *adj* croquant(e); (*weather*) vif(vive); (*manner etc*) brusque; **~s** (*BRIT*) *npl* (pommes) chips *fpl*
crisscross ['krɪskrɒs] *adj* entrecroisé(e)
criterion [kraɪ'tɪərɪən] (*pl* **~ia**) *n* critère *m*
critic ['krɪtɪk] *n* critique *m*; **~al** *adj* critique; **~ally** *adv* (*examine*) d'un œil critique; (*speak etc*) sévèrement; **~ally ill** gravement malade; **~ism** ['krɪtɪsɪzəm] *n* critique *f*; **~ize** ['krɪtɪsaɪz] *vt* critiquer
croak [krəʊk] *vi* (*frog*) coasser; (*raven*) croasser; (*person*) parler d'une voix rauque
Croatia [krəʊ'e:ʃə] *n* Croatie *f*

crochet ['krəuʃeɪ] *n* travail *m* au crochet
crockery ['krɒkərɪ] *n* vaisselle *f*
crocodile ['krɒkədaɪl] *n* crocodile *m*
crocus ['krəukəs] *n* crocus *m*
croft [krɒft] (*BRIT*) *n* petite ferme
crony ['krəunɪ] (*inf: pej*) *n* copain(copine)
crook [kruk] *n* escroc *m*; (*of shepherd*) houlette *f*; **~ed** ['krukɪd] *adj* courbé(e), tordu(e); (*action*) malhonnête
crop [krɒp] *n* (*produce*) culture *f*; (*amount produced*) récolte *f*; (*riding* ~) cravache *f* ♦ *vt* (*hair*) tondre; **~ up** *vi* surgir, se présenter, survenir
cross [krɒs] *n* croix *f*; (*BIO etc*) croisement *m* ♦ *vt* (*street etc*) traverser; (*arms, legs, BIO*) croiser; (*cheque*) barrer ♦ *adj* en colère, fâché(e); **~ out** *vt* barrer, biffer; **~ over** *vi* traverser; **~bar** *n* barre (transversale); **~-country (race)** *n* cross(-country) *m*; **~-examine** *vt* (*LAW*) faire subir un examen contradictoire à; **~-eyed** *adj* qui louche; **~fire** *n* feux croisés; **~ing** *n* (*sea passage*) traversée *f*; (*also: pedestrian ~ing*) passage clouté; **~ing guard** (*US*) *n contractuel(le) qui fait traverser la rue aux enfants*; **~ purposes** *npl*: **to be at ~ purposes with sb** comprendre qn de travers; **~-reference** *n* renvoi *m*, référence *f*; **~roads** *n* carrefour *m*; **~ section** *n* (*of object*) coupe transversale; (*in population*) échantillon *m*; **~walk** (*US*) *n* passage clouté; **~wind** *n* vent *m* de travers; **~word** *n* mots croisés *mpl*
crotch [krɒtʃ] *n* (*ANAT, of garment*) entre-jambes *m inv*
crouch [krautʃ] *vi* s'accroupir; se tapir
crow [krəu] *n* (*bird*) corneille *f*; (*of cock*) chant *m* du coq, cocorico *m* ♦ *vi* (*cock*) chanter
crowbar ['krəubɑ:*] *n* levier *m*
crowd [kraud] *n* foule *f* ♦ *vt* remplir ♦ *vi* affluer, s'attrouper, s'entasser; **to ~ in** entrer en foule; **~ed** *adj* bondé(e), plein(e)
crown [kraun] *n* couronne *f*; (*of head*) sommet *m* de la tête; (*of hill*) sommet ♦ *vt* couronner; **~ jewels** *npl* joyaux *mpl* de la Couronne; **~ prince** *n* prince héritier
crow's-feet ['krəuzfi:t] *npl* pattes *fpl* d'oie
crucial ['kru:ʃəl] *adj* crucial(e), décisif(ive)
crucifix ['kru:sɪfɪks] *n* (*REL*) crucifix *m*; **~ion** [kru:sɪ'fɪkʃən] *n* (*REL*) crucifixion *f*
crude [kru:d] *adj* (*materials*) brut(e); non raffiné(e); (*fig: basic*) rudimentaire, sommaire; (*: vulgar*) cru(e), grossier(ère); **~ (oil)** *n* (pétrole) brut *m*
cruel ['kruəl] *adj* cruel(le); **~ty** *n* cruauté *f*
cruise [kru:z] *n* croisière *f* ♦ *vi* (*ship*) croiser; (*car*) rouler; **~r** *n* croiseur *m*; (*motorboat*) yacht *m* de croisière
crumb [krʌm] *n* miette *f*
crumble ['krʌmbl] *vt* émietter ♦ *vi* (*plaster etc*) s'effriter; (*land, earth*) s'ébouler; (*building*) s'écrouler, crouler; (*fig*) s'effondrer; **crumbly** ['krʌmblɪ] *adj* friable
crumpet ['krʌmpɪt] *n* petite crêpe (épaisse)
crumple ['krʌmpl] *vt* froisser, friper
crunch [krʌntʃ] *vt* croquer; (*underfoot*) faire craquer *or* crisser, écraser ♦ *n* (*fig*) instant *m or* moment *m* critique, moment de vérité; **~y** *adj* croquant(e), croustillant(e)
crusade [kru:'seɪd] *n* croisade *f*
crush [krʌʃ] *n* foule *f*, cohue *f*; (*love*): **to have a ~ on sb** avoir le béguin pour qn (*inf*); (*drink*): **lemon ~** citron pressé ♦ *vt* écraser; (*crumple*) froisser; (*fig: hopes*) anéantir
crust [krʌst] *n* croûte *f*
crutch [krʌtʃ] *n* béquille *f*
crux [krʌks] *n* point crucial
cry [kraɪ] *vi* pleurer; (*shout: also: ~ out*) crier ♦ *n* cri *m*; **~ off** (*inf*) *vi*

se dédire; se décommander
cryptic ['krɪptɪk] *adj* énigmatique
crystal ['krɪstl] *n* cristal *m*; **~-clear** *adj* clair(e) comme de l'eau de roche
cub [kʌb] *n* petit *m* (*d'un animal*); (*also*: *C~ scout*) louveteau *m*
Cuba ['kju:bə] *n* Cuba *m*
cubbyhole ['kʌbɪhəʊl] *n* cagibi *m*
cube [kju:b] *n* cube *m* ♦ *vt* (*MATH*) élever au cube; **cubic** ['kju:bɪk] *adj* cubique; **cubic metre** *etc* mètre *m etc* cube; **cubic capacity** *n* cylindrée *f*
cubicle ['kju:bɪkl] *n* (*in hospital*) box *m*; (*at pool*) cabine *f*
cuckoo ['kʊku:] *n* coucou *m*; **~ clock** *n* (pendule *f* à) coucou *m*
cucumber ['kju:kʌmbə*] *n* concombre *m*
cuddle ['kʌdl] *vt* câliner, caresser ♦ *vi* se blottir l'un contre l'autre
cue [kju:] *n* (*snooker ~*) queue *f* de billard; (*THEATRE etc*) signal *m*
cuff [kʌf] *n* (*BRIT*: *of shirt, coat etc*) poignet *m*, manchette *f*; (*US*: *of trousers*) revers *m*; (*blow*) tape *f*; **off the ~** à l'improviste; **~ links** *npl* boutons *mpl* de manchette
cul-de-sac ['kʌldəsæk] *n* cul-de-sac *m*, impasse *f*
cull [kʌl] *vt* sélectionner ♦ *n* (*of animals*) massacre *m*
culminate ['kʌlmɪneɪt] *vi*: **to ~ in** finir *or* se terminer par; (*end in*) mener à; **culmination** [kʌlmɪ'neɪʃən] *n* point culminant
culottes [kju'lɒts] *npl* jupe-culotte *f*
culprit ['kʌlprɪt] *n* coupable *m/f*
cult [kʌlt] *n* culte *m*
cultivate ['kʌltɪveɪt] *vt* cultiver; **cultivation** [kʌltɪ'veɪʃən] *n* culture *f*
cultural ['kʌltʃərəl] *adj* culturel(le)
culture ['kʌltʃə*] *n* culture *f*; **~d** *adj* (*person*) cultivé(e)
cumbersome ['kʌmbəsəm] *adj* encombrant(e), embarrassant(e)
cunning ['kʌnɪŋ] *n* ruse *f*, astuce *f* ♦ *adj* rusé(e), malin(igne); (*device, idea*) astucieux(euse)
cup [kʌp] *n* tasse *f*; (*as prize*) coupe *f*; (*of bra*) bonnet *m*
cupboard ['kʌbəd] *n* armoire *f*; (*built-in*) placard *m*
cup tie (*BRIT*) *n* match *m* de coupe
curate ['kjʊərɪt] *n* vicaire *m*
curator [kjʊ'reɪtə*] *n* conservateur *m* (*d'un musée etc*)
curb [kɜ:b] *vt* refréner, mettre un frein à ♦ *n* (*fig*) frein *m*, restriction *f*; (*US*: *kerb*) bord *m* du trottoir
curdle ['kɜ:dl] *vi* se cailler
cure [kjʊə*] *vt* guérir; (*CULIN*: *salt*) saler; (: *smoke*) fumer; (: *dry*) sécher ♦ *n* remède *m*
curfew ['kɜ:fju:] *n* couvre-feu *m*
curio ['kjʊərɪəʊ] *n* bibelot *m*, curiosité *f*
curiosity [kjʊərɪ'ɒsɪtɪ] *n* curiosité *f*
curious ['kjʊərɪəs] *adj* curieux(euse)
curl [kɜ:l] *n* boucle *f* (de cheveux) ♦ *vt, vi* boucler; (*tightly*) friser; **~ up** *vi* s'enrouler; se pelotonner; **~er** *n* bigoudi *m*, rouleau *m*; **~y** *adj* bouclé(e); frisé(e)
currant ['kʌrənt] *n* (*dried*) raisin *m* de Corinthe, raisin sec; (*bush*) groseiller *m*; (*fruit*) groseille *f*
currency ['kʌrənsɪ] *n* monnaie *f*; **to gain ~** (*fig*) s'accréditer
current ['kʌrənt] *n* courant *m* ♦ *adj* courant(e); **~ account** (*BRIT*) *n* compte courant; **~ affairs** *npl* (questions *fpl* d')actualité *f*; **~ly** *adv* actuellement
curriculum [kə'rɪkjʊləm] (*pl* **~s** *or* **curricula**) *n* programme *m* d'études; **~ vitae** *n* curriculum vitae *m*
curry ['kʌrɪ] *n* curry *m* ♦ *vt*: **to ~ favour with** chercher à s'attirer les bonnes grâces de
curse [kɜ:s] *vi* jurer, blasphémer ♦ *vt* maudire ♦ *n* (*spell*) malédiction *f*; (*problem, scourge*) fléau *m*; (*swearword*) juron *m*
cursor ['kɜ:sə*] *n* (*COMPUT*) curseur *m*
cursory ['kɜ:sərɪ] *adj* superficiel(le), hâtif(ive)
curt [kɜ:t] *adj* brusque, sec(sèche)
curtail [kɜ:'teɪl] *vt* (*visit etc*) écour-

ter; (*expenses, freedom etc*) réduire
curtain ['kɜ:tn] *n* rideau *m*
curts(e)y ['kɜ:tsɪ] *vi* faire une révérence
curve [kɜ:v] *n* courbe *f*; (*in the road*) tournant *m*, virage *m* ♦ *vi* se courber; (*road*) faire une courbe
cushion ['kʊʃən] *n* coussin *m* ♦ *vt* (*fall, shock*) amortir
custard ['kʌstəd] *n* (*for pouring*) crème anglaise
custody ['kʌstədɪ] *n* (*of child*) garde *f*; **to take sb into ~** (*suspect*) placer qn en détention préventive
custom ['kʌstəm] *n* coutume *f*, usage *m*; (*COMM*) clientèle *f*; **~ary** *adj* habituel(le)
customer ['kʌstəmə*] *n* client(e)
customized ['kʌstəmaɪzd] *adj* (*car etc*) construit(e) sur commande
custom-made ['kʌstəm'meɪd] *adj* (*clothes*) fait(e) sur mesure; (*other goods*) hors série, fait(e) sur commande
customs ['kʌstəmz] *npl* douane *f*; **~ officer** *n* douanier(ière)
cut [kʌt] (*pt, pp* **cut**) *vt* couper; (*meat*) découper; (*reduce*) réduire ♦ *vi* couper ♦ *n* coupure *f*; (*of clothes*) coupe *f*; (*in salary etc*) réduction *f*; (*of meat*) morceau *m*; **to ~ one's hand** se couper la main; **to ~ a tooth** percer une dent; **~ down** *vt fus* (*tree etc*) couper, abattre; (*consumption*) réduire; **~ off** *vt* couper; (*fig*) isoler; **~ out** *vt* découper; (*stop*) arrêter; (*remove*) ôter; **~ up** *vt* (*paper, meat*) découper; **~back** *n* réduction *f*
cute [kju:t] *adj* mignon(ne), adorable
cuticle remover ['kju:tɪkl-] *n* (*on nail*) repousse-peaux *m inv*
cutlery ['kʌtlərɪ] *n* couverts *mpl*
cutlet ['kʌtlɪt] *n* côtelette *f*
cut: ~out *n* (*switch*) coupe-circuit *m inv*; (*cardboard ~out*) découpage *m*; **~-price** (*US* **~-rate**) *adj* au rabais, à prix réduit; **~throat** *n* assassin *m* ♦ *adj* acharné(e)
cutting ['kʌtɪŋ] *adj* tranchant(e), coupant(e); (*fig*) cinglant(e), mordant(e) ♦ *n* (*BRIT: from newspaper*) coupure *f* (de journal); (*from plant*) bouture *f*
CV *n abbr* = **curriculum vitae**
cwt *abbr* = **hundredweight(s)**
cyanide ['saɪənaɪd] *n* cyanure *m*
cycle ['saɪkl] *n* cycle *m*; (*bicycle*) bicyclette *f*, vélo *m* ♦ *vi* faire de la bicyclette; **cycling** ['saɪklɪŋ] *n* cyclisme *m*; **cyclist** ['saɪklɪst] *n* cycliste *m/f*
cygnet ['sɪgnɪt] *n* jeune cygne *m*
cylinder ['sɪlɪndə*] *n* cylindre *m*; **~-head gasket** *n* joint *m* de culasse
cymbals ['sɪmbəlz] *npl* cymbales *fpl*
cynic ['sɪnɪk] *n* cynique *m/f*; **~al** *adj* cynique; **~ism** ['sɪnɪsɪzəm] *n* cynisme *m*
Cypriot ['sɪprɪət] *adj* cypriote, chypriote ♦ *n* Cypriote *m/f*, Chypriote *m/f*
Cyprus ['saɪprəs] *n* Chypre *f*
cyst [sɪst] *n* kyste *m*
cystitis [sɪs'taɪtɪs] *n* cystite *f*
czar [zɑ:*] *n* tsar *m*
Czech [tʃɛk] *adj* tchèque ♦ *n* Tchèque *m/f*; (*LING*) tchèque *m*
Czechoslovak [tʃɛkə'sləuvæk] *adj, n* = **Czechoslovakian**
Czechoslovakia [tʃɛkəslə'vækɪə] *n* Tchécoslovaquie *f*; **~n** *adj* tchécoslovaque ♦ *n* Tchécoslovaque *m/f*

D

D [di:] *n* (*MUS*) ré *m*
dab [dæb] *vt* (*eyes, wound*) tamponner; (*paint, cream*) appliquer (par petites touches *or* rapidement)
dabble ['dæbl] *vi*: **to ~ in** faire *or* se mêler *or* s'occuper un peu de
dad [dæd] *n* papa *m*
daddy ['dædɪ] *n* papa *m*
daffodil ['dæfədɪl] *n* jonquille *f*
daft [dɑ:ft] *adj* idiot(e), stupide
dagger ['dægə*] *n* poignard *m*
daily ['deɪlɪ] *adj* quotidien(ne), journalier(ère) ♦ *n* quotidien *m* ♦ *adv*

tous les jours
dainty ['deɪntɪ] *adj* délicat(e), mignon(ne)
dairy ['dɛərɪ] *n* (*BRIT*: *shop*) crémerie *f*, laiterie *f*; (*on farm*) laiterie; ~ **products** *npl* produits laitiers; ~ **store** (*US*) *n* crémerie *f*, laiterie *f*
dais ['deɪɪs] *n* estrade *f*
daisy ['deɪzɪ] *n* pâquerette *f*; ~ **wheel** *n* (*on printer*) marguerite *f*
dale [deɪl] *n* vallon *m*
dam [dæm] *n* barrage *m* ♦ *vt* endiguer
damage ['dæmɪdʒ] *n* dégâts *mpl*, dommages *mpl*; (*fig*) tort *m* ♦ *vt* endommager, abîmer; (*fig*) faire du tort à; ~**s** *npl* (*LAW*) dommages-intérêts *mpl*
damn [dæm] *vt* condamner; (*curse*) maudire ♦ *n* (*inf*): **I don't give a ~** je m'en fous ♦ *adj* (*inf*: *also*: ~*ed*): **this ~ ...** ce sacré *or* foutu ...; ~ **(it)!** zut!; ~**ing** *adj* accablant(e)
damp [dæmp] *adj* humide ♦ *n* humidité *f* ♦ *vt* (*also*: ~*en*: *cloth, rag*) humecter; (: *enthusiasm*) refroidir
damson ['dæmzən] *n* prune *f* de Damas
dance [dɑːns] *n* danse *f*; (*social event*) bal *m* ♦ *vi* danser; ~ **hall** *n* salle *f* de bal, dancing *m*; ~**r** *n* danseur(euse); **dancing** ['dɑːnsɪŋ] *n* danse *f*
dandelion ['dændɪlaɪən] *n* pissenlit *m*
dandruff ['dændrəf] *n* pellicules *fpl*
Dane [deɪn] *n* Danois(e)
danger ['deɪndʒə*] *n* danger *m*; **there is a ~ of fire** il y a (un) risque d'incendie; **in ~** en danger; **he was in ~ of falling** il risquait de tomber; ~**ous** *adj* dangereux(euse)
dangle ['dæŋgl] *vt* balancer ♦ *vi* pendre
Danish ['deɪnɪʃ] *adj* danois(e) ♦ *n* (*LING*) danois *m*
dapper ['dæpə*] *adj* pimpant(e)
dare [dɛə*] *vt*: **to ~ sb to do** défier qn de faire ♦ *vi*: **to ~ (to) do sth** oser faire qch; **I ~ say** (*I suppose*) il est probable (que); ~**devil** *n* casse-cou *m inv*; **daring** ['dɛərɪŋ] *adj* hardi(e), audacieux(euse); (*dress*) osé(e) ♦ *n* audace *f*, hardiesse *f*
dark [dɑːk] *adj* (*night, room*) obscur(e), sombre; (*colour, complexion*) foncé(e), sombre ♦ *n*: **in the ~** dans le noir; **in the ~ about** (*fig*) ignorant tout de; **after ~** après la tombée de la nuit; ~**en** *vt* obscurcir, assombrir ♦ *vi* s'obscurcir, s'assombrir; ~ **glasses** *npl* lunettes noires; ~**ness** *n* obscurité *f*; ~**room** *n* chambre noire
darling ['dɑːlɪŋ] *adj* chéri(e) ♦ *n* chéri(e); (*favourite*): **to be the ~ of** être la coqueluche de
darn [dɑːn] *vt* repriser, raccommoder
dart [dɑːt] *n* fléchette *f*; (*sewing*) pince *f* ♦ *vi*: **to ~ towards** (*also*: *make a ~ towards*) se précipiter *or* s'élancer vers; ~**s** *n* (jeu *m* de) fléchettes *fpl*; **to ~ away/along** partir/passer comme une flèche; ~**board** *n* cible *f* (de jeu de fléchettes)
dash [dæʃ] *n* (*sign*) tiret *m*; (*small quantity*) goutte *f*, larme *f* ♦ *vt* (*missile*) jeter *or* lancer violemment; (*hopes*) anéantir ♦ *vi*: **to ~ towards** (*also*: *make a ~ towards*) se précipiter *or* se ruer vers; ~ **away** *vi* partir à toute allure, filer; ~ **off** *vi* = ~ away
dashboard ['dæʃbɔːd] *n* (*AUT*) tableau *m* de bord
dashing ['dæʃɪŋ] *adj* fringant(e)
data ['deɪtə] *npl* données *fpl*; ~**base** *n* (*COMPUT*) base *f* de données; ~ **processing** *n* traitement *m* de données
date [deɪt] *n* date *f*; (*with sb*) rendez-vous *m*; (*fruit*) datte *f* ♦ *vt* dater; (*person*) sortir avec; ~ **of birth** date de naissance; **to ~** (*until now*) à ce jour; **out of ~** (*passport*) périmé; (*theory etc*) dépassé(e); (*clothes etc*) démodé(e); **up to ~** moderne; (*news*) très récent; ~**d** *adj* démodé(e)
daub [dɔːb] *vt* barbouiller

daughter ['dɔːtə*] *n* fille *f*; **~-in-law** *n* belle-fille *f*, bru *f*
daunting ['dɔːntɪŋ] *adj* décourageant(e)
dawdle ['dɔːdl] *vi* traîner, lambiner
dawn [dɔːn] *n* aube *f*, aurore *f* ♦ *vi* (*day*) se lever, poindre; (*fig*): **it ~ed on him that ...** il lui vint à l'esprit que ...
day [deɪ] *n* jour *m*; (*as duration*) journée *f*; (*period of time, age*) époque *f*, temps *m*; **the ~ before** la veille, le jour précédent; **the ~ after, the following ~** le lendemain, le jour suivant; **the ~ after tomorrow** après-demain; **the ~ before yesterday** avant-hier; **by ~** de jour; **~break** *n* point *m* du jour; **~dream** *vi* rêver (tout éveillé); **~light** *n* (lumière *f* du) jour *m*; **~ return** (*BRIT*) *n* billet *m* d'aller-retour (valable pour la journée); **~time** *n* jour *m*, journée *f*; **~-to-day** *adj* quotidien(ne); (*event*) journalier(ère)
daze [deɪz] *vt* (*stun*) étourdir ♦ *n*: **in a ~** étourdi(e), hébété(e)
dazzle ['dæzl] *vt* éblouir, aveugler
DC *abbr* (= *direct current*) courant continu
D-day ['diːdeɪ] *n* le jour J
dead [ded] *adj* mort(e); (*numb*) engourdi(e), insensible; (*battery*) à plat; (*telephone*): **the line is ~** la ligne est coupée ♦ *adv* absolument, complètement ♦ *npl*: **the ~** les morts; **he was shot ~** il a été tué d'un coup de revolver; **~ on time** à l'heure pile; **~ tired** éreinté(e), complètement fourbu(e); **to stop ~** s'arrêter pile *or* net; **~en** *vt* (*blow, sound*) amortir; (*pain*) calmer; **~ end** *n* impasse *f*; **~ heat** *n* (*SPORT*): **to finish in a ~ heat** terminer exæquo; **~line** *n* date *f or* heure *f* limite; **~lock** *n* (*fig*) impasse *f*; **~ loss** *n*: **to be a ~ loss** (*inf*: *person*) n'être bon(ne) à rien; **~ly** *adj* mortel(le); (*weapon*) meurtrier(ère); (*accuracy*) extrême; **~pan** *adj* impassible; **D~ Sea** *n*: **the D~ Sea** la mer Morte
deaf [def] *adj* sourd(e); **~en** *vt* rendre sourd; **~-mute** *n* sourd(e)-muet(te); **~ness** *n* surdité *f*
deal [diːl] (*pt, pp* **dealt**) *n* affaire *f*, marché *m* ♦ *vt* (*blow*) porter; (*cards*) donner, distribuer; **a great ~ (of)** beaucoup (de); **~ in** *vt fus* faire le commerce de; **~ with** *vt fus* (*person, problem*) s'occuper *or* se charger de; (*be about*: *book etc*) traiter de; **~er** *n* marchand *m*; **~ings** *npl* (*COMM*) transactions *fpl*; (*relations*) relations *fpl*, rapports *mpl*
dean [diːn] *n* (*REL, BRIT*: *SCOL*) doyen *m*; (*US*) conseiller(ère) (principal(e)) d'éducation
dear [dɪə*] *adj* cher(chère); (*expensive*) cher, coûteux(euse) ♦ *n*: **my ~** mon cher/ma chère; **~ me!** mon Dieu!; **D~ Sir/Madam** (*in letter*) Monsieur/Madame; **D~ Mr/Mrs X** Cher Monsieur/Chère Madame; **~ly** *adv* (*love*) tendrement; (*pay*) cher
death [deθ] *n* mort *f*; (*fatality*) mort *m*; (*ADMIN*) décès *m*; **~ certificate** *n* acte *m* de décès; **~ly** *adj* de mort; **~ penalty** *n* peine *f* de mort; **~ rate** *n* (taux *m* de) mortalité *f*; **~ toll** *n* nombre *m* de morts
debar [dɪ'bɑː*] *vt*: **to ~ sb from doing** interdire à qn de faire
debase [dɪ'beɪs] *vt* (*value*) déprécier, dévaloriser
debatable [dɪ'beɪtəbl] *adj* discutable
debate [dɪ'beɪt] *n* discussion *f*, débat *m* ♦ *vt* discuter, débattre
debit ['debɪt] *n* débit *m* ♦ *vt*: **to ~ a sum to sb** *or* **to sb's account** porter une somme au débit de qn, débiter qn d'une somme; *see also* **direct**
debt [det] *n* dette *f*; **to be in ~** avoir des dettes, être endetté(e); **~or** *n* débiteur(trice)
debunk [diː'bʌŋk] *vt* (*theory, claim*) montrer le ridicule de
decade ['dekeɪd] *n* décennie *f*, décade *f*
decadence ['dekədəns] *n* décadence

f

decaffeinated [di:'kæfineitid] *adj* décaféiné(e)

decanter [dɪ'kæntə*] *n* carafe *f*

decay [dɪ'keɪ] *n* (*of building*) délabrement *m*; (*also*: *tooth* ~) carie *f* (dentaire) ♦ *vi* (*rot*) se décomposer, pourrir; (: *teeth*) se carier

deceased [dɪ'si:st] *n* défunt(e)

deceit [dɪ'si:t] *n* tromperie *f*, supercherie *f*; **~ful** *adj* trompeur(euse);

deceive [dɪ'si:v] *vt* tromper

December [dɪ'sembə*] *n* décembre *m*

decent ['di:sənt] *adj* décent(e), convenable; **they were very ~ about it** ils se sont montrés très chic

deception [dɪ'sepʃən] *n* tromperie *f*

deceptive [dɪ'septɪv] *adj* trompeur(euse)

decide [dɪ'saɪd] *vt* (*person*) décider; (*question, argument*) trancher, régler ♦ *vi* se décider, décider; **to ~ to do/that** décider de faire/que; **to ~ on** décider, se décider pour; **~d** *adj* (*resolute*) résolu(e), décidé(e); (*clear, definite*) net(te), marqué(e); **~dly** [dɪ'saɪdɪdlɪ] *adv* résolument; (*distinctly*) incontestablement, nettement

deciduous [dɪ'sɪdjuəs] *adj* à feuilles caduques

decimal ['desɪməl] *adj* décimal(e) ♦ *n* décimale *f*; **~ point** *n* ≈ virgule *f*

decipher [dɪ'saɪfə*] *vt* déchiffrer

decision [dɪ'sɪʒən] *n* décision *f*

decisive [dɪ'saɪsɪv] *adj* décisif(ive); (*person*) décidé(e)

deck [dek] *n* (*NAUT*) pont *m*; (*of bus*): **top ~** impériale *f*; (*of cards*) jeu *m*; (*record* ~) platine *f*; **~chair** *n* chaise longue

declare [dɪ'kleə*] *vt* déclarer

decline [dɪ'klaɪn] *n* (*decay*) déclin *m*; (*lessening*) baisse *f* ♦ *vt* refuser, décliner ♦ *vi* décliner; (*business*) baisser

decoder [di:'kəudə*] *n* (*TV*) décodeur *m*

decorate ['dekəreɪt] *vt* (*adorn, give a medal to*) décorer; (*paint and paper*) peindre et tapisser; **decoration** [dekə'reɪʃən] *n* (*medal etc, adornment*) décoration *f*; **decorator** ['dekəreɪtə*] *n* peintre-décorateur *m*

decoy ['di:kɔɪ] *n* piège *m*; (*person*) compère *m*

decrease [*n* 'di:kri:s, *vb* di:'kri:s] *n*: **~ (in)** diminution *f* (de) ♦ *vt, vi* diminuer

decree [dɪ'kri:] *n* (*POL, REL*) décret *m*; (*LAW*) arrêt *m*, jugement *m*; **~ nisi** [-'naɪsaɪ] *n* jugement *m* provisoire de divorce

dedicate ['dedɪkeɪt] *vt* consacrer; (*book etc*) dédier; **dedication** [dedɪ'keɪʃən] *n* (*devotion*) dévouement *m*; (*in book*) dédicace *f*

deduce [dɪ'dju:s] *vt* déduire, conclure

deduct [dɪ'dʌkt] *vt*: **to ~ sth (from)** déduire qch (de), retrancher qch (de); **~ion** [dɪ'dʌkʃən] *n* (*deducting, deducing*) déduction *f*; (*from wage etc*) prélèvement *m*, retenue *f*

deed [di:d] *n* action *f*, acte *m*; (*LAW*) acte notarié, contrat *m*

deem [di:m] *vt* (*formal*) juger

deep [di:p] *adj* profond(e); (*voice*) grave ♦ *adv*: **spectators stood 20 ~** il y avait 20 rangs de spectateurs; **4 metres ~** de 4 mètres de profondeur; **~en** *vt* approfondir ♦ *vi* (*fig*) s'épaissir; **~freeze** *n* congélateur *m*; **~-fry** *vt* faire frire (en friteuse); **~ly** *adv* profondément; (*interested*) vivement; **~-sea diver** *n* sous-marin(e); **~-sea diving** *n* plongée sous-marine; **~-sea fishing** *n* grande pêche; **~-seated** *adj* profond(e), profondément enraciné(e)

deer [dɪə*] *n inv*: **(red) ~** cerf *m*, biche *f*; **(fallow) ~** daim *m*; **(roe) ~** chevreuil *m*; **~skin** *n* daim

deface [dɪ'feɪs] *vt* dégrader; (*notice, poster*) barbouiller

default [dɪ'fɔ:lt] *n* (*COMPUT*: *also*: **~** *value*) valeur *f* par défaut; **by ~** (*LAW*) par défaut, par contumace; (*SPORT*) par forfait

defeat [dɪ'fi:t] *n* défaite *f* ♦ *vt* (*team, opponents*) battre

defect [*n* 'di:fekt, *vb* dɪ'fekt] *n* défaut *m* ♦ *vi*: **to ~ to the enemy/the West** passer à l'ennemi/à l'Ouest; **~ive** [dɪ'fektɪv] *adj* défectueux(euse)

defence [dɪ'fens] (*US* **defense**) *n* défense *f*; **~less** *adj* sans défense

defend [dɪ'fend] *vt* défendre; **~ant** *n* défendeur(deresse); (*in criminal case*) accusé(e), prévenu(e); **~er** *n* défenseur *m*

defer [dɪ'fɜ:*] *vt* (*postpone*) différer, ajourner

defiance [dɪ'faɪəns] *n* défi *m*; **in ~ of** au mépris de; **defiant** [dɪ'faɪənt] *adj* provocant(e), de défi; (*person*) rebelle, intraitable

deficiency [dɪ'fɪʃənsɪ] *n* insuffisance *f*, déficience *f*; **deficient** *adj* (*inadequate*) insuffisant(e); **to be deficient in** manquer de

deficit ['defɪsɪt] *n* déficit *m*

defile [*vb* dɪ'faɪl, *n* 'di:faɪl] *vt* souiller, profaner

define [dɪ'faɪn] *vt* définir

definite ['defɪnɪt] *adj* (*fixed*) défini(e), (bien) déterminé(e); (*clear, obvious*) net(te), manifeste; (*certain*) sûr(e); **he was ~ about it** il a été catégorique; **~ly** *adv* sans aucun doute

definition [defɪ'nɪʃən] *n* définition *f*; (*clearness*) netteté *f*

deflate [di:'fleɪt] *vt* dégonfler

deflect [dɪ'flekt] *vt* détourner, faire dévier

deformed [dɪ'fɔ:md] *adj* difforme

defraud [dɪ'frɔ:d] *vt* frauder; **to ~ sb of sth** escroquer qch à qn

defrost [di:'frɒst] *vt* dégivrer; (*food*) décongeler; **~er** (*US*) *n* (*demister*) dispositif *m* anti-buée *inv*

deft [deft] *adj* adroit(e), preste

defunct [dɪ'fʌŋkt] *adj* défunt(e)

defuse [di:'fju:z] *vt* désamorcer

defy [dɪ'faɪ] *vt* défier; (*efforts etc*) résister à

degenerate [*vb* dɪ'dʒenəreɪt, *adj* dɪ'dʒenərɪt] *vi* dégénérer ♦ *adj* dégénéré(e)

degree [dɪ'gri:] *n* degré *m*; (*SCOL*) diplôme *m* (universitaire); **a (first) ~ in maths** une licence en maths; **by ~s** (*gradually*) par degrés; **to some ~, to a certain ~** jusqu'à un certain point, dans une certaine mesure

dehydrated [di:haɪ'dreɪtɪd] *adj* déshydraté(e); (*milk, eggs*) en poudre

de-ice [di:'aɪs] *vt* (*windscreen*) dégivrer

deign [deɪn] *vi*: **to ~ to do** daigner faire

dejected [dɪ'dʒektɪd] *adj* abattu(e), déprimé(e)

delay [dɪ'leɪ] *vt* retarder ♦ *vi* s'attarder ♦ *n* délai *m*, retard *m*; **to be ~ed** être en retard

delectable [dɪ'lektəbl] *adj* délicieux(euse)

delegate [*n* 'delɪgɪt, *vb* 'delɪgeɪt] *n* délégué(e) ♦ *vt* déléguer

delete [dɪ'li:t] *vt* rayer, supprimer

deliberate [*adj* dɪ'lɪbərɪt, *vb* dɪ'lɪbəreɪt] *adj* (*intentional*) délibéré(e); (*slow*) mesuré(e) ♦ *vi* délibérer, réfléchir; **~ly** *adv* (*on purpose*) exprès, délibérément

delicacy ['delɪkəsɪ] *n* délicatesse *f*; (*food*) mets fin *or* délicat, friandise *f*

delicate ['delɪkɪt] *adj* délicat(e)

delicatessen [delɪkə'tesn] *n* épicerie fine

delicious [dɪ'lɪʃəs] *adj* délicieux(euse)

delight [dɪ'laɪt] *n* (grande) joie, grand plaisir ♦ *vt* enchanter; **to take (a) ~ in** prendre grand plaisir à; **~ed** *adj*: **~ed (at *or* with/to do)** ravi(e) (de/de faire); **~ful** *adj* (*person*) adorable; (*meal, evening*) merveilleux(euse)

delinquent [dɪ'lɪŋkwənt] *adj, n* délinquant(e)

delirious [dɪ'lɪrɪəs] *adj*: **to be ~** délirer

deliver [dɪ'lɪvə*] *vt* (*mail*) distribuer; (*goods*) livrer; (*message*) remettre; (*speech*) prononcer; (*MED*:

baby) mettre au monde; **~y** *n* distribution *f*; livraison *f*; (*of speaker*) élocution *f*; (*MED*) accouchement *m*; to take ~y of prendre livraison de

delude [dɪ'lu:d] *vt* tromper, leurrer

delusion [dɪ'lu:ʒən] *n* illusion *f*

delve [delv] *vi*: to ~ **into** fouiller dans; (*subject*) approfondir

demand [dɪ'mɑ:nd] *vt* réclamer, exiger ♦ *n* exigence *f*; (*claim*) revendication *f*; (*ECON*) demande *f*; **in** ~ demandé(e), recherché(e); **on** ~ sur demande; **~ing** *adj* (*person*) exigeant(e); (*work*) astreignant(e)

demean [dɪ'mi:n] *vt*: to ~ o.s. s'abaisser

demeanour [dɪ'mi:nə*] (*US* **demeanor**) *n* comportement *m*; maintien *m*

demented [dɪ'mentɪd] *adj* dément(e), fou(folle)

demise [dɪ'maɪz] *n* mort *f*

demister [di:'mɪstə*] (*BRIT*) *n* (*AUT*) dispositif *m* anti-buée *inv*

demo ['deməʊ] (*inf*) *n abbr* (= *demonstration*) manif *f*

democracy [dɪ'mɒkrəsɪ] *n* démocratie *f*; **democrat** ['deməkræt] *n* démocrate *m/f*; **democratic** [demə'krætɪk] *adj* démocratique

demolish [dɪ'mɒlɪʃ] *vt* démolir

demonstrate ['demənstreɪt] *vt* démontrer, prouver; (*show*) faire une démonstration de ♦ *vi*: to ~ (**for/against**) manifester (en faveur de/contre); **demonstration** [demən'streɪʃən] *n* démonstration *f*, manifestation *f*; **demonstrator** ['demənstreɪtə*] *n* (*POL*) manifestant(e)

demote [dɪ'məʊt] *vt* rétrograder

demure [dɪ'mjʊə*] *adj* sage, réservé(e)

den [den] *n* tanière *f*, antre *m*

denatured alcohol [di:'neɪtʃəd-] (*US*) *n* alcool *m* à brûler

denial [dɪ'naɪəl] *n* démenti *m*; (*refusal*) dénégation *f*

denim ['denɪm] *n* jean *m*; **~s** *npl* (*jeans*) (blue-)jean(s) *m(pl)*

Denmark ['denmɑ:k] *n* Danemark *m*

denomination [dɪnɒmɪ'neɪʃən] *n* (*of money*) valeur *f*; (*REL*) confession *f*

denounce [dɪ'naʊns] *vt* dénoncer

dense [dens] *adj* dense; (*stupid*) obtus(e), bouché(e); **~ly** *adv*: **~ly populated** à forte densité de population

density ['densɪtɪ] *n* densité *f*; **double/high-~ diskette** disquette *f* double densité/haute densité

dent [dent] *n* bosse *f* ♦ *vt* (*also*: *make a ~ in*) cabosser

dental ['dentl] *adj* dentaire; **~ surgeon** *n* (chirurgien(ne)) dentiste

dentist ['dentɪst] *n* dentiste *m/f*

dentures ['dentʃəz] *npl* dentier *m sg*

deny [dɪ'naɪ] *vt* nier; (*refuse*) refuser

deodorant [di:'əʊdərənt] *n* déodorant *m*, désodorisant *m*

depart [dɪ'pɑ:t] *vi* partir; to ~ **from** (*fig*: *differ from*) s'écarter de

department [dɪ'pɑ:tmənt] *n* (*COMM*) rayon *m*; (*SCOL*) section *f*; (*POL*) ministère *m*, département *m*; **~ store** *n* grand magasin

departure [dɪ'pɑ:tʃə*] *n* départ *m*; **a new ~** une nouvelle voie; **~ lounge** *n* (*at airport*) salle *f* d'embarquement

depend [dɪ'pend] *vi*: to ~ **on** dépendre de; (*rely on*) compter sur; **it ~s** cela dépend; **~ing on the result** selon le résultat; **~able** *adj* (*person*) sérieux(euse), sûr(e); (*car, watch*) solide, fiable; **~ant** *n* personne *f* à charge; **~ent** *adj*: **to be ~ent (on)** dépendre (de) ♦ *n* = **dependant**

depict [dɪ'pɪkt] *vt* (*in picture*) représenter; (*in words*) (dé)peindre, décrire

depleted [dɪ'pli:tɪd] *adj* (considérablement) réduit(e) *or* diminué(e)

deport [dɪ'pɔ:t] *vt* expulser

deposit [dɪ'pɒzɪt] *n* (*CHEM, COMM, GEO*) dépôt *m*; (*of ore, oil*) gisement *m*; (*part payment*) arrhes *fpl*, acompte *m*; (*on bottle etc*) consigne *f*; (*for hired goods etc*) cautionnement *m*, garantie *f* ♦ *vt* déposer; **~ account** *n* compte *m* sur livret

depot ['depəʊ] *n* dépôt *m*; (*US*:

RAIL) gare *f*
depress [dɪ'pres] *vt* déprimer; (*press down*) appuyer sur, abaisser; (*prices, wages*) faire baisser; **~ed** *adj* (*person*) déprimé(e); (*area*) en déclin, touché(e) par le sous-emploi; **~ing** *adj* déprimant(e); **~ion** [dɪ'preʃən] *n* dépression *f*; (*hollow*) creux *m*
deprivation [deprɪ'veɪʃən] *n* privation *f*; (*loss*) perte *f*
deprive [dɪ'praɪv] *vt*: **to ~ sb of** priver qn de; **~d** *adj* déshérité(e)
depth [depθ] *n* profondeur *f*; **in the ~s of despair** au plus profond du désespoir; **to be out of one's ~** avoir perdu pied, nager
deputize ['depjʊtaɪz] *vi*: **to ~ for** assurer l'intérim de
deputy ['depjʊtɪ] *adj* adjoint(e) ♦ *n* (*second in command*) adjoint(e); (*US*: *also* ~ *sheriff*) shérif adjoint; **~ head** directeur adjoint, sous-directeur *m*
derail [dɪ'reɪl] *vt*: **to be ~ed** dérailler
deranged [dɪ'reɪndʒd] *adj*: **to be (mentally) ~** avoir le cerveau dérangé
derby ['dɑːbɪ] (*US*) *n* (*bowler hat*) (chapeau *m*) melon *m*
derelict ['derɪlɪkt] *adj* abandonné(e), à l'abandon
derisory [dɪ'raɪsərɪ] *adj* (*sum*) dérisoire; (*smile, person*) moqueur(euse)
derive [dɪ'raɪv] *vt*: **to ~ sth from** tirer qch de; trouver qch dans: **to ~ from** provenir de, dériver de
derogatory [dɪ'rɒgətərɪ] *adj* désobligeant(e); péjoratif(ive)
descend [dɪ'send] *vt, vi* descendre; **to ~ from** descendre de, être issu(e) de; **to ~ to (doing) sth** s'abaisser à (faire) qch; **descent** [dɪ'sent] *n* descente *f*; (*origin*) origine *f*
describe [dɪs'kraɪb] *vt* décrire; **description** [dɪs'krɪpʃən] *n* description *f*; (*sort*) sorte *f*, espèce *f*
desecrate ['desɪkreɪt] *vt* profaner
desert [*n* 'dezət, *vb* dɪ'zɜːt] *n* désert *m* ♦ *vt* déserter, abandonner ♦ *vi* (*MIL*) déserter; **~s** *npl*: **to get one's just ~s** n'avoir que ce qu'on mérite; **~er** *n* déserteur *m*; **~ion** [dɪ'zɜːʃən] *n* (*MIL*) désertion *f*; (*LAW*: *of spouse*) abandon *m* du domicile conjugal; **~ island** *n* île déserte
deserve [dɪ'zɜːv] *vt* mériter; **deserving** [dɪ'zɜːvɪŋ] *adj* (*person*) méritant(e); (*action, cause*) méritoire
design [dɪ'zaɪn] *n* (*sketch*) plan *m*, dessin *m*; (*layout, shape*) conception *f*, ligne *f*; (*pattern*) dessin *m*, motif(s) *m(pl)*; (*COMM, art*) design *m*, stylisme *m*; (*intention*) dessein *m* ♦ *vt* dessiner; élaborer; **~er** [dɪ'zaɪnə*] *n* (*TECH*) concepteur-projeteur *m*; (*ART*) dessinateur(trice), designer *m*; (*fashion*) styliste *m/f*
desire [dɪ'zaɪə*] *n* désir *m* ♦ *vt* désirer
desk [desk] *n* (*in office*) bureau *m*; (*for pupil*) pupitre *m*; (*BRIT*: *in shop, restaurant*) caisse *f*; (*in hotel, at airport*) réception *f*
desolate ['desəlɪt] *adj* désolé(e); (*person*) affligé(e)
despair [dɪs'pɛə*] *n* désespoir *m* ♦ *vi*: **to ~ of** désespérer de
despatch [dɪs'pætʃ] *n, vt* = **dispatch**
desperate ['despərɪt] *adj* désespéré(e); (*criminal*) prêt(e) à tout; **to be ~ for sth/to do sth** avoir désespérement besoin de qch/de faire qch; **~ly** ['despərɪtlɪ] *adv* désespérément; (*very*) terriblement, extrêmement
desperation [despə'reɪʃən] *n* désespoir *m*; **in (sheer) ~** en désespoir de cause
despicable [dɪs'pɪkəbl] *adj* méprisable
despise [dɪs'paɪz] *vt* mépriser
despite [dɪs'paɪt] *prep* malgré, en dépit de
despondent [dɪs'pɒndənt] *adj* découragé(e), abattu(e)
dessert [dɪ'zɜːt] *n* dessert *m*; **~spoon** *n* cuiller *f* à dessert
destination [destɪ'neɪʃən] *n* destina-

tion *f*
destined ['dɛstɪnd] *adj*: to be ~ to do/for sth être destiné(e) à faire/à qch
destiny ['dɛstɪnɪ] *n* destinée *f*, destin *m*
destitute ['dɛstɪtjuːt] *adj* indigent(e)
destroy [dɪs'trɔɪ] *vt* détruire; (*injured horse*) abattre; (*dog*) faire piquer; **~er** *n* (*NAUT*) contre-torpilleur *m*
destruction [dɪs'trʌkʃən] *n* destruction *f*
detach [dɪ'tætʃ] *vt* détacher; **~ed** *adj* (*attitude, person*) détaché(e); **~ed house** *n* pavillon *m*, maison(nette) (individuelle); **~ment** *n* (*MIL*) détachement *m*; (*fig*) détachement, indifférence *f*
detail ['diːteɪl] *n* détail *m* ♦ *vt* raconter en détail, énumérer; **in** ~ en détail; **~ed** *adj* détaillé(e)
detain [dɪ'teɪn] *vt* retenir; (*in captivity*) détenir; (*in hospital*) hospitaliser
detect [dɪ'tɛkt] *vt* déceler, percevoir; (*MED, POLICE*) dépister; (*MIL, RADAR, TECH*) détecter; **~ion** [dɪ'tɛkʃən] *n* découverte *f*; **~ive** *n* agent *m* de la sûreté, policier *m*; **private ~ive** détective privé; **~ive story** *n* roman policier
detention [dɪ'tɛnʃən] *n* détention *f*; (*SCOL*) retenue *f*, consigne *f*
deter [dɪ'tɜː*] *vt* dissuader
detergent [dɪ'tɜːdʒənt] *n* détergent *m*, détersif *m*
deteriorate [dɪ'tɪərɪəreɪt] *vi* se détériorer, se dégrader
determine [dɪ'tɜːmɪn] *vt* déterminer; to ~ to do résoudre de faire, se déterminer à faire; **~d** *adj* (*person*) déterminé(e), décidé(e)
deterrent [dɪ'tɛrənt] *n* effet *m* de dissuasion; force *f* de dissuasion
detonate ['dɛtəneɪt] *vt* faire détoner *or* exploser
detour ['diːtʊə*] *n* détour *m*; (*US: AUT: diversion*) déviation *f*
detract [dɪ'trækt] *vt*: to ~ from (*quality, pleasure*) diminuer; (*reputation*) porter atteinte à
detriment ['dɛtrɪmənt] *n*: **to the ~ of** au détriment de, au préjudice de; **~al** [dɛtrɪ'mɛntl] *adj*: **~al to** préjudiciable *or* nuisible à
devaluation [dɪvælju'eɪʃən] *n* dévaluation *f*
devastate ['dɛvəsteɪt] *vt* (*also fig*) dévaster; **devastating** *adj* dévastateur(trice); (*news*) accablant(e)
develop [dɪ'vɛləp] *vt* (*gen*) développer; (*disease*) commencer à souffrir de; (*resources*) mettre en valeur, exploiter ♦ *vi* se développer; (*situation, disease: evolve*) évoluer; (*facts, symptoms: appear*) se manifester, se produire; **~ing country** pays *m* en voie de développement; **the machine has ~ed a fault** un problème s'est manifesté dans cette machine; **~er** *n* (*also: property ~er*) promoteur *m*; **~ment** *n* développement *m*; (*of affair, case*) rebondissement *m*, fait(s) nouveau(x)
device [dɪ'vaɪs] *n* (*apparatus*) engin *m*, dispositif *m*
devil ['dɛvl] *n* diable *m*; démon *m*
devious ['diːvɪəs] *adj* (*person*) sournois(e), dissimulé(e)
devise [dɪ'vaɪz] *vt* imaginer, concevoir
devoid [dɪ'vɔɪd] *adj*: ~ of dépourvu(e) de, dénué(e) de
devolution [diːvə'luːʃən] *n* (*POL*) décentralisation *f*
devote [dɪ'vəʊt] *vt*: **to ~ sth to** consacrer qch à; **~d** *adj* dévoué(e); **to be ~d to** (*book etc*) être consacré(e) à; (*person*) être très attaché(e) à; **~e** [dɛvəʊ'tiː] *n* (*REL*) adepte *m/f*; (*MUS, SPORT*) fervent(e)
devotion [dɪ'vəʊʃən] *n* dévouement *m*, attachement *m*; (*REL*) dévotion *f*, piété *f*
devour [dɪ'vaʊə*] *vt* dévorer
devout [dɪ'vaʊt] *adj* pieux(euse), dévot(e)
dew [djuː] *n* rosée *f*

diabetes [daɪə'biːtiːz] *n* diabète *m*; **diabetic** [daɪə'betɪk] *adj* diabétique ♦ *n* diabétique *m/f*

diabolical [daɪə'bɒlɪkl] (*inf*) *adj* (*weather*) atroce; (*behaviour*) infernal(e)

diagnosis [daɪəg'nəusɪs, *pl* daɪəg'nəusiːz] (*pl* **diagnoses**) *n* diagnostic *m*

diagonal [daɪ'ægənl] *adj* diagonal(e) ♦ *n* diagonale *f*

diagram ['daɪəgræm] *n* diagramme *m*, schéma *m*

dial ['daɪəl] *n* cadran *m* ♦ *vt* (*number*) faire, composer; ~ **code** (*US*) *n* = **dialling code**

dialect ['daɪəlekt] *n* dialecte *m*

dialling code ['daɪəlɪŋ-] (*BRIT*) *n* indicatif *m* (téléphonique)

dialling tone ['daɪəlɪŋ-] (*BRIT*) *n* tonalité *f*

dialogue ['daɪəlɒg] *n* dialogue *m*

dial tone (*US*) *n* = **dialling tone**

diameter [daɪ'æmɪtə*] *n* diamètre *m*

diamond ['daɪəmənd] *n* diamant *m*; (*shape*) losange *m*; ~**s** *npl* (*CARDS*) carreau *m*

diaper ['daɪəpə*] (*US*) *n* couche *f*

diaphragm ['daɪəfræm] *n* diaphragme *m*

diarrhoea [daɪə'riːə] (*US* **diarrhea**) *n* diarrhée *f*

diary ['daɪərɪ] *n* (*daily account*) journal *m*; (*book*) agenda *m*

dice [daɪs] *n inv* dé *m* ♦ *vt* (*CULIN*) couper en dés *or* en cubes

dictate [*vb* dɪk'teɪt, *n* 'dɪkteɪt] *vt* dicter

dictation [dɪk'teɪʃən] *n* dictée *f*

dictator [dɪk'teɪtə*] *n* dictateur *m*; ~**ship** *n* dictature *f*

dictionary ['dɪkʃənrɪ] *n* dictionnaire *m*

did [dɪd] *pt of* **do**; ~**n't** = **did not**

die [daɪ] *vi* mourir; **to be dying for sth** avoir une envie folle de qch; **to be dying to do sth** mourir d'envie de faire qch; ~ **away** *vi* s'éteindre; ~ **down** *vi* se calmer, s'apaiser; ~ **out** *vi* disparaître

die-hard ['daɪhɑːd] *n* réactionnaire *m/f*, jusqu'au-boutiste *m/f*

diesel ['diːzəl] *n* (*vehicle*) diesel *m*; (*also*: ~ *oil*) carburant *m* diesel, gas-oil *m*; ~ **engine** *n* moteur *m* diesel

diet ['daɪət] *n* alimentation *f*; (*restricted food*) régime *m* ♦ *vi* (*also*: *be on a* ~) suivre un régime

differ ['dɪfə*] *vi* (*be different*): **to** ~ **(from)** être différent (de); différer (de); (*disagree*): **to** ~ **(from sb over sth)** ne pas être d'accord (avec qn au sujet de qch); ~**ence** *n* différence *f*; (*quarrel*) différend *m*, désaccord *m*; ~**ent** *adj* différent(e); ~**entiate** [dɪfə'renʃɪeɪt] *vi*: **to** ~**entiate (between)** faire une différence (entre)

difficult ['dɪfɪkəlt] *adj* difficile; ~**y** *n* difficulté *f*

diffident ['dɪfɪdənt] *adj* qui manque de confiance *or* d'assurance

dig [dɪg] (*pt, pp* **dug**) *vt* (*hole*) creuser; (*garden*) bêcher ♦ *n* (*prod*) coup *m* de coude; (*fig*) coup de griffe *or* de patte; (*archeological*) fouilles *fpl*; ~ **in** *vi* (*MIL*: *also*: ~ *o.s. in*) se retrancher; ~ **into** *vt fus* (*savings*) puiser dans; **to** ~ **one's nails into sth** enfoncer ses ongles dans qch; ~ **up** *vt* déterrer

digest [*vb* daɪ'dʒest, *n* 'daɪdʒest] *vt* digérer ♦ *n* sommaire *m*, résumé *m*; ~**ion** *n* digestion *f*

digit ['dɪdʒɪt] *n* (*number*) chiffre *m*; (*finger*) doigt *m*; ~**al** *adj* digital(e), à affichage numérique *or* digital; ~**al computer** calculateur *m* numérique

dignified ['dɪgnɪfaɪd] *adj* digne

dignity ['dɪgnɪtɪ] *n* dignité *f*

digress [daɪ'gres] *vi*: **to** ~ **from** s'écarter de, s'éloigner de

digs [dɪgz] (*BRIT*: *inf*) *npl* piaule *f*, chambre meublée

dilapidated [dɪ'læpɪdeɪtɪd] *adj* délabré(e)

dilemma [daɪ'lemə] *n* dilemme *m*

diligent ['dɪlɪdʒənt] *adj* appliqué(e), assidu(e)

dilute [daɪ'lu:t] *vt* diluer
dim [dɪm] *adj* (*light*) faible; (*memory, outline*) vague, indécis(e); (*figure*) vague, indistinct(e); (*room*) sombre; (*stupid*) borné(e), obtus(e) ♦ *vt* (*light*) réduire, baisser; (*US*: *AUT*) mettre en code
dime [daɪm] (*US*) *n* = 10 cents
dimension [dɪ'menʃən] *n* dimension *f*
diminish [dɪ'mɪnɪʃ] *vt, vi* diminuer
diminutive [dɪ'mɪnjʊtɪv] *adj* minuscule, tout(e) petit(e)
dimmers ['dɪməz] (*US*) *npl* (*AUT*) phares *mpl* code *inv*; feux *mpl* de position
dimple ['dɪmpl] *n* fossette *f*
din [dɪn] *n* vacarme *m*
dine [daɪn] *vi* dîner; **~r** *n* (*person*) dîneur(euse); (*US*: *restaurant*) petit restaurant
dinghy ['dɪŋgɪ] *n* youyou *m*; (*also*: *rubber ~*) canot *m* pneumatique; (: *sailing ~*) voilier *m*, dériveur *m*
dingy ['dɪndʒɪ] *adj* miteux(euse), minable
dining car ['daɪnɪŋ-] (*BRIT*) *n* wagon-restaurant *m*
dining room ['daɪnɪŋ-] *n* salle *f* à manger
dinner ['dɪnə*] *n* dîner *m*; (*lunch*) déjeuner *m*; (*public*) banquet *m*; **~ jacket** *n* smoking *m*; **~ party** *n* dîner *m*; **~ time** *n* heure *f* du dîner; (*midday*) heure du déjeuner
dint [dɪnt] *n*: **by ~ of (doing)** à force de (faire)
dip [dɪp] *n* déclivité *f*; (*in sea*) baignade *f*, bain *m*; (*CULIN*) ≈ sauce *f* ♦ *vt* tremper, plonger; (*BRIT*: *AUT*: *lights*) mettre en code, baisser ♦ *vi* plonger
diploma [dɪ'pləʊmə] *n* diplôme *m*
diplomacy [dɪ'pləʊməsɪ] *n* diplomatie *f*
diplomat ['dɪpləmæt] *n* diplomate *m*; **~ic** [dɪplə'mætɪk] *adj* diplomatique
dipstick ['dɪpstɪk] *n* (*AUT*) jauge *f* de niveau d'huile
dipswitch ['dɪpswɪtʃ] (*BRIT*) *n* (*AUT*) interrupteur *m* de lumière réduite
dire [daɪə*] *adj* terrible, extrême, affreux(euse)
direct [daɪ'rekt] *adj* direct(e) ♦ *vt* diriger, orienter (*letter, remark*) adresser; (*film, programme*) réaliser; (*play*) mettre en scène; (*order*): **to ~ sb to do sth** ordonner à qn de faire qch ♦ *adv* directement; **can you ~ me to ...?** pouvez-vous m'indiquer le chemin de ...?; **~ debit** (*BRIT*) *n* prélèvement *m* automatique
direction [dɪ'rekʃən] *n* direction *f*; **~s** *npl* (*advice*) indications *fpl*; **sense of ~** sens *m* de l'orientation; **~s for use** mode *m* d'emploi
directly [dɪ'rektlɪ] *adv* (*in a straight line*) directement, tout droit; (*at once*) tout de suite, immédiatement
director [dɪ'rektə*] *n* directeur *m*; (*THEATRE*) metteur *m* en scène; (*CINEMA, TV*) réalisateur(trice)
directory [dɪ'rektərɪ] *n* annuaire *m*; (*COMPUT*) répertoire *m*
dirt [dɜ:t] *n* saleté *f*; crasse *f*; (*earth*) terre *f*, boue *f*; **~-cheap** *adj* très bon marché *inv*; **~y** *adj* sale ♦ *vt* salir; **~y trick** coup tordu
disability [dɪsə'bɪlɪtɪ] *n* invalidité *f*, infirmité *f*
disabled [dɪs'eɪbld] *adj* infirme, invalide ♦ *npl*: **the ~** les handicapés
disadvantage [dɪsəd'vɑ:ntɪdʒ] *n* désavantage *m*, inconvénient *m*
disagree [dɪsə'gri:] *vi* (*be different*) ne pas concorder; (*be against, think otherwise*): **to ~ (with)** ne pas être d'accord (avec); **~able** *adj* désagréable; **~ment** *n* désaccord *m*, différend *m*
disallow ['dɪsə'laʊ] *vt* rejeter
disappear [dɪsə'pɪə*] *vi* disparaître; **~ance** *n* disparition *f*
disappoint [dɪsə'pɔɪnt] *vt* décevoir; **~ed** *adj* déçu(e); **~ing** *adj* décevant(e); **~ment** *n* déception *f*
disapproval [dɪsə'pru:vəl] *n* désap-

probation *f*
disapprove [dɪsəˈpruːv] *vi*: **to ~ (of)** désapprouver
disarmament [dɪsˈɑːməmənt] *n* désarmement *m*
disarray [ˈdɪsəˈreɪ] *n*: **in ~** (*army*) en déroute; (*organization*) en désarroi; (*hair, clothes*) en désordre
disaster [dɪˈzɑːstə*] *n* catastrophe *f*, désastre *m*
disband [dɪsˈbænd] *vt* démobiliser; disperser ♦ *vi* se séparer; se disperser
disbelief [ˈdɪsbəˈliːf] *n* incrédulité *f*
disc [dɪsk] *n* disque *m*; (*COMPUT*) = disk
discard [ˈdɪskɑːd] *vt* (*old things*) se débarrasser de; (*fig*) écarter, renoncer à
discern [dɪˈsɜːn] *vt* discerner, distinguer; **~ing** *adj* perspicace
discharge [*vb* dɪsˈtʃɑːdʒ, *n* ˈdɪstʃɑːdʒ] *vt* décharger; (*duties*) s'acquitter de; (*patient*) renvoyer (chez lui); (*employee*) congédier, licencier; (*soldier*) rendre à la vie civile, réformer; (*defendant*) relaxer, élargir ♦ *n* décharge *f*; (*dismissal*) renvoi *m*; licenciement *m*; élargissement *m*; (*MED*) écoulement *m*
discipline [ˈdɪsɪplɪn] *n* discipline *f*
disc jockey *n* disc-jockey *m*
disclaim [dɪsˈkleɪm] *vt* nier
disclose [dɪsˈkləʊz] *vt* révéler, divulguer; **disclosure** [dɪsˈkləʊʒə*] *n* révélation *f*
disco [ˈdɪskəʊ] *n abbr* = **discotheque**
discomfort [dɪsˈkʌmfət] *n* malaise *m*, gêne *f*; (*lack of comfort*) manque *m* de confort
disconcert [dɪskənˈsɜːt] *vt* déconcerter
disconnect [ˈdɪskəˈnekt] *vt* (*ELEC, RADIO, pipe*) débrancher; (*TEL, water*) couper
discontent [dɪskənˈtent] *n* mécontentement *m*; **~ed** *adj* mécontent(e)
discontinue [ˈdɪskənˈtɪnjuː] *vt* cesser, interrompre; **"~d"** (*COMM*) "fin de série"
discord [ˈdɪskɔːd] *n* discorde *f*, dissension *f*; (*MUS*) dissonance *f*
discotheque [ˈdɪskəʊtek] *n* discothèque *f*
discount [*n* ˈdɪskaʊnt, *vb* dɪsˈkaʊnt] *n* remise *f*, rabais *m* ♦ *vt* (*sum*) faire une remise de; (*fig*) ne pas tenir compte de
discourage [dɪsˈkʌrɪdʒ] *vt* décourager
discover [dɪsˈkʌvə*] *vt* découvrir; **~y** *n* découverte *f*
discredit [dɪsˈkredɪt] *vt* (*idea*) mettre en doute; (*person*) discréditer
discreet [dɪsˈkriːt] *adj* discret(ète)
discrepancy [dɪsˈkrepənsɪ] *n* divergence *f*, contradiction *f*
discretion [dɪˈskreʃən] *n* discretion *f*; **use your own ~** à vous de juger
discriminate [dɪsˈkrɪmɪneɪt] *vi*: **to ~ between** établir une distinction entre, faire la différence entre; **to ~ against** pratiquer une discrimination contre; **discriminating** *adj* qui a du discernement; **discrimination** [dɪskrɪmɪˈneɪʃən] *n* discrimination *f*; (*judgment*) discernement *m*
discuss [dɪsˈkʌs] *vt* discuter de; (*debate*) discuter; **~ion** [dɪsˈkʌʃən] *n* discussion *f*
disdain [dɪsˈdeɪn] *n* dédain *m*
disease [dɪˈziːz] *n* maladie *f*
disembark [dɪsɪmˈbɑːk] *vt, vi* débarquer
disengage [dɪsɪnˈgeɪdʒ] *vt*: **to ~ the clutch** (*AUT*) débrayer
disentangle [dɪsɪnˈtæŋgl] *vt* (*wool, wire*) démêler, débrouiller; (*from wreckage*) dégager
disfigure [dɪsˈfɪgə*] *vt* défigurer
disgrace [dɪsˈgreɪs] *n* honte *f*; (*disfavour*) disgrâce *f* ♦ *vt* déshonorer, couvrir de honte; **~ful** *adj* scandaleux(euse), honteux(euse)
disgruntled [dɪsˈgrʌntld] *adj* mécontent(e)
disguise [dɪsˈgaɪz] *n* déguisement *m* ♦ *vt* déguiser; **in ~** déguisé(e)
disgust [dɪsˈgʌst] *n* dégoût *m*, aversion *f* ♦ *vt* dégoûter, écœurer; **~ing**

adj dégoûtant(e); révoltant(e)
dish [dɪʃ] *n* plat *m*; **to do** *or* **wash the ~es** faire la vaisselle; **~ out** *vt* servir, distribuer; **~ up** *vt* servir; **~cloth** *n* (*for washing*) lavette *f*
dishearten [dɪs'hɑːtn] *vt* décourager
dishevelled [dɪ'ʃevəld] (*US* **disheveled**) *adj* ébouriffé(e); décoiffé(e); débraillé(e)
dishonest [dɪs'ɒnɪst] *adj* malhonnête
dishonour [dɪs'ɒnə*] (*US* **dishonor**) *n* déshonneur *m*; **~able** *adj* (*behaviour*) déshonorant(e); (*person*) peu honorable
dishtowel ['dɪʃtaʊəl] (*US*) *n* torchon *m*
dishwasher ['dɪʃwɒʃə*] *n* lave-vaisselle *m*
disillusion [dɪsɪ'luːʒən] *vt* désabuser, désillusionner
disincentive ['dɪsɪn'sentɪv] *n*: **to be a ~** être démotivant(e)
disinfect [dɪsɪn'fekt] *vt* désinfecter; **~ant** *n* désinfectant *m*
disintegrate [dɪs'ɪntɪgreɪt] *vi* se désintégrer
disinterested [dɪs'ɪntrɪstɪd] *adj* désintéressé(e)
disjointed [dɪs'dʒɔɪntɪd] *adj* décousu(e), incohérent(e)
disk [dɪsk] *n* (*COMPUT*) disque *m*; (: *floppy* ~) disquette *f*; **single-/double-sided ~** disquette simple/double face; **~ drive** *n* lecteur *m* de disquettes; **~ette** [dɪs'ket] *n* disquette *f*, disque *m* souple
dislike [dɪs'laɪk] *n* aversion *f*, antipathie *f* ♦ *vt* ne pas aimer
dislocate ['dɪsləʊkeɪt] *vt* disloquer; déboiter
dislodge [dɪs'lɒdʒ] *vt* déplacer, faire bouger
disloyal ['dɪs'lɔɪəl] *adj* déloyal(e)
dismal ['dɪzməl] *adj* lugubre, maussade
dismantle [dɪs'mæntl] *vt* démonter
dismay [dɪs'meɪ] *n* consternation *f*
dismiss [dɪs'mɪs] *vt* congédier, renvoyer; (*soldiers*) faire rompre les rangs à; (*idea*) écarter; (*LAW*): **to ~ a case** rendre une fin de non-recevoir; **~al** *n* renvoi *m*
dismount [dɪs'maʊnt] *vi* mettre pied à terre, descendre
disobedient [dɪsə'biːdɪənt] *adj* désobéissant(e)
disobey ['dɪsə'beɪ] *vt* désobéir à
disorder [dɪs'ɔːdə*] *n* désordre *m*; (*rioting*) désordres *mpl*; (*MED*) troubles *mpl*; **~ly** [dɪs'ɔːdəlɪ] *adj* en désordre; désordonné(e)
disorientated [dɪs'ɔːrɪenteɪtɪd] *adj* désorienté(e)
disown [dɪs'əʊn] *vt* renier
disparaging [dɪs'pærɪdʒɪŋ] *adj* désobligeant(e)
dispassionate [dɪs'pæʃnɪt] *adj* calme, froid(e); impartial(e), objectif(ive)
dispatch [dɪs'pætʃ] *vt* expédier, envoyer ♦ *n* envoi *m*, expédition *f*; (*MIL, PRESS*) dépêche *f*
dispel [dɪs'pel] *vt* dissiper, chasser
dispense [dɪs'pens] *vt* distribuer, administrer; **~ with** *vt fus* se passer de; **~r** *n* (*machine*) distributeur *m*; **dispensing chemist** (*BRIT*) *n* pharmacie *f*
disperse [dɪs'pɜːs] *vt* disperser ♦ *vi* se disperser
dispirited [dɪs'pɪrɪtɪd] *adj* découragé(e), déprimé(e)
displace [dɪs'pleɪs] *vt* déplacer
display [dɪs'pleɪ] *n* étalage *m*; déploiement *m*; affichage *m*; (*screen*) écran *m*, visuel *m*; (*of feeling*) manifestation *f* ♦ *vt* montrer; (*goods*) mettre à l'étalage, exposer; (*results, departure times*) afficher; (*pej*) faire étalage de
displease [dɪs'pliːz] *vt* mécontenter, contrarier; **~d** *adj*: **~d with** mécontent(e) de; **displeasure** [dɪs'pleʒə*] *n* mécontentement *m*
disposable [dɪs'pəʊzəbl] *adj* (*pack etc*) jetable, à jeter; (*income*) disponible; **~ nappy** (*BRIT*) *n* couche *f* à jeter, couche-culotte *f*
disposal [dɪs'pəʊzəl] *n* (*of goods for sale*) vente *f*; (*of property*) disposi-

tion *f*, cession *f*; (*of rubbish*) enlèvement *m*; destruction *f*; **at one's ~** à sa disposition

dispose [dɪs'pəʊz] *vt* disposer; **~ of** *vt fus* (*unwanted goods etc*) se débarrasser de, se défaire de; (*problem*) expédier; **~d** [dɪs'pəʊzd] *adj*: **to be ~d to do sth** être disposé(e) à faire qch; **disposition** [dɪspə'zɪʃən] *n* disposition *f*; (*temperament*) naturel *m*

disprove [dɪs'pru:v] *vt* réfuter

dispute [dɪs'pju:t] *n* discussion *f*; (*also*: *industrial ~*) conflit *m* ♦ *vt* contester; (*matter*) discuter; (*victory*) disputer

disqualify [dɪs'kwɒlɪfaɪ] *vt* (*SPORT*) disqualifier; **to ~ sb for sth/from doing** rendre qn inapte à qch/à faire

disquiet [dɪs'kwaɪət] *n* inquiétude *f*, trouble *m*

disregard [dɪsrɪ'gɑ:d] *vt* ne pas tenir compte de

disrepair ['dɪsrɪ'pɛə*] *n*: **to fall into ~** (*building*) tomber en ruine

disreputable [dɪs'repjʊtəbl] *adj* (*person*) de mauvaise réputation; (*behaviour*) déshonorant(e)

disrespectful [dɪsrɪ'spɛktful] *adj* irrespectueux(euse)

disrupt [dɪs'rʌpt] *vt* (*plans*) déranger; (*conversation*) interrompre

dissatisfied [dɪs'sætɪsfaɪd] *adj*: **~ (with)** insatisfait(e) (de)

dissect [dɪ'sekt] *vt* disséquer

dissent [dɪ'sent] *n* dissentiment *m*, différence *f* d'opinion

dissertation [dɪsə'teɪʃən] *n* mémoire *m*

disservice [dɪs'sɜ:vɪs] *n*: **to do sb a ~** rendre un mauvais service à qn

dissimilar ['dɪ'sɪmɪlə*] *adj*: **~ (to)** dissemblable (à), différent(e) (de)

dissipate ['dɪsɪpeɪt] *vt* dissiper; (*money, efforts*) disperser

dissolute ['dɪsəlu:t] *adj* débauché(e), dissolu(e)

dissolve [dɪ'zɒlv] *vt* dissoudre ♦ *vi* se dissoudre, fondre; **to ~ in(to) tears** fondre en larmes

distance ['dɪstəns] *n* distance *f*; **in the ~** au loin

distant ['dɪstənt] *adj* lointain(e), éloigné(e); (*manner*) distant(e), froid(e)

distaste ['dɪs'teɪst] *n* dégoût *m*; **~ful** *adj* déplaisant(e), désagréable

distended [dɪs'tendɪd] *adj* (*stomach*) dilaté(e)

distil [dɪs'tɪl] *vt* distiller; **~lery** *n* distillerie *f*

distinct [dɪs'tɪŋkt] *adj* distinct(e); (*clear*) marqué(e); **as ~ from** par opposition à; **~ion** [dɪs'tɪŋkʃən] *n* distinction *f*; (*in exam*) mention *f* très bien; **~ive** *adj* distinctif(ive)

distinguish [dɪs'tɪŋgwɪʃ] *vt* distinguer; **~ed** *adj* (*eminent*) distingué(e); **~ing** *adj* (*feature*) distinctif(ive), caractéristique

distort [dɪs'tɔ:t] *vt* déformer

distract [dɪs'trækt] *vt* distraire, déranger; **~ed** *adj* distrait(e); (*anxious*) éperdu(e), égaré(e); **~ion** [dɪs'trækʃən] *n* distraction *f*; égarement *m*

distraught [dɪs'trɔ:t] *adj* éperdu(e)

distress [dɪs'tres] *n* détresse *f* ♦ *vt* affliger; **~ing** *adj* douloureux(euse), pénible

distribute [dɪs'trɪbju:t] *vt* distribuer; **distribution** [dɪstrɪ'bju:ʃn] *n* distribution *f*; **distributor** [dɪs'trɪbjʊtə*] *n* distributeur *m*

district ['dɪstrɪkt] *n* (*of country*) région *f*; (*of town*) quartier *m*; (*ADMIN*) district *m*; **~ attorney** (*US*) *n* ≈ procureur *m* de la République; **~ nurse** (*BRIT*) *n* infirmière visiteuse

distrust [dɪs'trʌst] *n* méfiance *f* ♦ *vt* se méfier de

disturb [dɪs'tɜ:b] *vt* troubler; (*inconvenience*) déranger; **~ance** *n* dérangement *m*; (*violent event, political etc*) troubles *mpl*; **~ed** *adj* (*worried, upset*) agité(e), troublé(e); **to be emotionally ~ed** avoir des problèmes affectifs; **~ing** *adj* troublant(e), inquiétant(e)

disuse ['dɪs'ju:s] *n*: **to fall into ~** tomber en désuétude

disused ['dɪs'ju:zd] *adj* désaffecté(e)

ditch [dɪtʃ] *n* fossé *m*; (*irrigation*) ri-

gole *f* ♦ *vt* (*inf*) abandonner; (*person*) plaquer
dither ['dɪðə*] *vi* hésiter
ditto ['dɪtəu] *adv* idem
dive [daɪv] *n* plongeon *m*; (*of submarine*) plongée *f* ♦ *vi* plonger; **to ~ into** (*bag, drawer etc*) plonger la main dans; (*shop, car etc*) se précipiter dans; **~r** *n* plongeur *m*
diversion [daɪ'vɜːʃən] *n* (*BRIT*: *AUT*) déviation *f*; (*distraction, MIL*) diversion *f*
divert [daɪ'vɜːt] *vt* (*funds, BRIT*: *traffic*) dévier; (*river, attention*) détourner
divide [dɪ'vaɪd] *vt* diviser; (*separate*) séparer ♦ *vi* se diviser; **~d highway** (*US*) *n* route *f* à quatre voies
dividend ['dɪvɪdend] *n* dividende *m*
divine [dɪ'vaɪn] *adj* divin(e)
diving ['daɪvɪŋ] *n* plongée (sous-marine); **~ board** *n* plongeoir *m*
divinity [dɪ'vɪnɪtɪ] *n* divinité *f*; (*SCOL*) théologie *f*
division [dɪ'vɪʒən] *n* division *f*
divorce [dɪ'vɔːs] *n* divorce *m* ♦ *vt* divorcer d'avec; (*dissociate*) séparer; **~d** *adj* divorcé(e); **~e** [dɪvɔː'siː] *n* divorcé(e)
D.I.Y. (*BRIT*) *n abbr* = **do-it-yourself**
dizzy ['dɪzɪ] *adj*: **to make sb ~** donner le vertige à qn; **to feel ~** avoir la tête qui tourne
DJ *n abbr* = **disc jockey**

KEYWORD

do [duː] (*pt* **did**, *pp* **done**) *n* (*inf*: *party etc*) soirée *f*, fête *f*
♦ *vb* **1** (*in negative constructions*) *non traduit*; **I ~n't understand** je ne comprends pas
2 (*to form questions*) *non traduit*; **didn't you know?** vous ne le saviez pas?; **why didn't you come?** pourquoi n'êtes-vous pas venu?
3 (*for emphasis, in polite expressions*): **she does seem rather late** je trouve qu'elle est bien en retard; **~ sit down/help yourself** asseyez-vous/servez-vous je vous en prie
4 (*used to avoid repeating vb*): **she swims better than I ~** elle nage mieux que moi; **~ you agree? - yes, I ~/no, I ~n't** vous êtes d'accord? - oui/non; **she lives in Glasgow - so ~ I** elle habite Glasgow - moi aussi; **who broke it? - I did** qui l'a cassé? - c'est moi
5 (*in question tags*): **he laughed, didn't he?** il a ri, n'est-ce pas?; **I ~n't know him, ~ I?** je ne le connais pas, je crois
♦ *vt* (*gen*: *carry out, perform etc*) faire; **what are you ~ing tonight?** qu'est-ce que vous faites ce soir?; **to ~ the cooking/washing-up** faire la cuisine/la vaisselle; **to ~ one's teeth/hair/nails** se brosser les dents/se coiffer/se faire les ongles; **the car was ~ing 100** la voiture faisait du 100 (à l'heure)
♦ *vi* **1** (*act, behave*) faire; **~ as I ~** faites comme moi
2 (*get on, fare*) marcher; **the firm is ~ing well** l'entreprise marche bien; **how ~ you ~?** comment allez-vous?; (*on being introduced*) enchanté(e)!
3 (*suit*) aller; **will it ~?** est-ce que ça ira?
4 (*be sufficient*) suffire, aller; **will £10 ~?** est-ce que 10 livres suffiront?; **that'll ~** ça suffit, ça ira; **that'll ~!** (*in annoyance*) ça va *ou* suffit comme ça!; **to make ~ (with)** se contenter (de)
do away with *vt fus* supprimer
do up *vt* (*laces, dress*) attacher; (*buttons*) boutonner; (*zip*) fermer; (*renovate*: *room*) refaire; (: *house*) remettre à neuf
do with *vt fus* (*need*): **I could do with a drink/some help** quelque chose à boire/un peu d'aide ne serait pas de refus; (*be connected*): **that has nothing to ~ with you** cela ne vous concerne pas; **I won't have anything to ~ with it** je ne veux pas m'en mêler

do without *vi* s'en passer ♦ *vt fus* se passer de

dock [dɒk] *n* dock *m*; (*LAW*) banc *m* des accusés ♦ *vi* se mettre à quai; (*SPACE*) s'arrimer; **~er** *n* docker *m*; **~yard** *n* chantier *m* de construction navale
doctor ['dɒktə*] *n* médecin *m*, docteur *m*; (*PhD etc*) docteur ♦ *vt* (*drink*) frelater; **D~ of Philosophy** *n* (*degree*) doctorat *m*; (*person*) Docteur *m* en Droit *or* Lettres *etc*, titulaire *m/f* d'un doctorat
document ['dɒkjumənt] *n* document *m*; **~ary** [dɒkju'mentərı] *adj* documentaire ♦ *n* documentaire *m*
dodge [dɒdʒ] *n* truc *m*; combine *f* ♦ *vt* esquiver, éviter
dodgems ['dɔdʒəmz] (*BRIT*) *npl* autos tamponneuses
doe [dəu] *n* (*deer*) biche *f*; (*rabbit*) lapine *f*
does [dʌz] *vb see* **do**; **~n't = does not**
dog [dɒg] *n* chien(ne) ♦ *vt* suivre de près; poursuivre, harceler; **~ collar** *n* collier *m* de chien; (*fig*) faux-col *m* d'ecclésiastique; **~-eared** *adj* corné(e)
dogged ['dɒgıd] *adj* obstiné(e), opiniâtre
dogsbody ['dɒgzbɒdı] *n* bonne *f* à tout faire, tâcheron *m*
doings ['du:ıŋz] *npl* activités *fpl*
do-it-yourself ['du:ıtjə'self] *n* bricolage *m*
doldrums ['dɒldrəmz] *npl*: **to be in the ~** avoir le cafard; (*business*) être dans le marasme
dole [dəul] *n* (*BRIT*: *payment*) allocation *f* de chômage; **on the ~** au chômage; **~ out** *vt* donner au compte-goutte
doleful ['dəulful] *adj* plaintif(ive), lugubre
doll [dɒl] *n* poupée *f*
dollar ['dɒlə*] *n* dollar *m*
dolled up ['dɒld-] (*inf*) *adj*: **(all) ~** sur son trente et un
dolphin ['dɒlfın] *n* dauphin *m*
dome [dəum] *n* dôme *m*
domestic [də'mestık] *adj* (*task, appliances*) ménager(ère); (*of country: trade, situation etc*) intérieur(e); (*animal*) domestique; **~ated** *adj* (*animal*) domestiqué(e); (*husband*) pantouflard(e)
dominate ['dɒmıneıt] *vt* dominer
domineering [dɒmı'nıərıŋ] *adj* dominateur(trice), autoritaire
dominion [də'mınıən] *n* (*territory*) territoire *m*; **to have ~ over** contrôler
domino ['dɒmınəu] (*pl* **~es**) *n* domino *m*; **~es** *n* (*game*) dominos *mpl*
don [dɒn] (*BRIT*) *n* professeur *m* d'université
donate [də'neıt] *vt* faire don de, donner
done [dʌn] *pp of* **do**
donkey ['dɒŋkı] *n* âne *m*
donor ['dəunə*] *n* (*of blood etc*) donneur(euse); (*to charity*) donateur(trice)
don't [dəunt] *vb* = **do not**
donut (*US*) *n* = **doughnut**
doodle ['du:dl] *vi* griffonner, gribouiller
doom [du:m] *n* destin *m* ♦ *vt*: **to be ~ed (to failure)** être voué(e) à l'échec; **~sday** *n* le Jugement dernier
door [dɔ:*] *n* porte *f*; (*RAIL, car*) portière *f*; **~bell** *n* sonnette *f*; **~handle** *n* poignée *f* de la porte; (*car*) poignée de portière; **~man** (*irreg*) *n* (*in hotel*) portier *m*; **~mat** *n* paillasson *m*; **~step** *n* pas *m* de (la) porte, seuil *m*; **~way** *n* (embrasure *f* de la) porte *f*
dope [dəup] *n* (*inf*: *drug*) drogue *f*; (: *person*) andouille *f* ♦ *vt* (*horse etc*) doper
dopey ['dəupı] (*inf*) *adj* à moitié endormi(e)
dormant ['dɔ:mənt] *adj* assoupi(e), en veilleuse
dormitory ['dɔ:mıtrı] *n* dortoir *m*; (*US*: *building*) résidence *f* universi-

taire
dormouse ['dɔːmaus, *pl* 'dɔːmaɪs] (*pl* **dormice**) *n* loir *m*
dose [dəus] *n* dose *f*
doss house ['dɒs-] (*BRIT*) *n* asile *m* de nuit
dot [dɒt] *n* point *m*; (*on material*) pois *m* ♦ *vt*: **~ted with** parsemé(e) de; **on the ~** à l'heure tapante *or* pile
dote [dəut]: **to ~ on** *vt fus* être fou(folle) de
dot-matrix printer [dɒt'meɪtrɪks-] *n* imprimante matricielle
dotted line *n* pointillé(s) *m(pl)*
double ['dʌbl] *adj* double ♦ *adv* (*twice*): **to cost ~ (sth)** coûter le double (de qch) *or* deux fois plus (que qch) ♦ *n* double *m* ♦ *vt* doubler; (*fold*) plier en deux ♦ *vi* doubler; **~s** *n* (*TENNIS*) double *m*; **on** *or* (*BRIT*) **at the ~** au pas de course; **~ bass** (*BRIT*) *n* contrebasse *f*; **~ bed** *n* grand lit; **~ bend** (*BRIT*) *n* virage *m* en S; **~-breasted** *adj* croisé(e); **~cross** *vt* doubler, trahir; **~decker** *n* autobus *m* à impériale; **~ glazing** (*BRIT*) *n* double vitrage *m*; **~ room** *n* chambre *f* pour deux personnes; **doubly** ['dʌblɪ] *adv* doublement, deux fois plus
doubt [daut] *n* doute *m* ♦ *vt* douter de; **to ~ that** douter que; **~ful** *adj* douteux(euse); (*person*) incertain(e); **~less** *adv* sans doute, sûrement
dough [dəu] *n* pâte *f*; **~nut** (*US* **donut**) *n* beignet *m*
douse [dauz] *vt* (*drench*) tremper, inonder; (*extinguish*) éteindre
dove [dʌv] *n* colombe *f*
Dover ['dəuvə*] *n* Douvres
dovetail ['dʌvteɪl] *vi* (*fig*) concorder
dowdy ['daudɪ] *adj* démodé(e); mal fagoté(e) (*inf*)
down [daun] *n* (*soft feathers*) duvet *m* ♦ *adv* en bas, vers le bas; (*on the ground*) par terre ♦ *prep* en bas de; (*along*) le long de ♦ *vt* (*inf*: *drink, food*) s'envoyer; **~ with X!** à bas X!; **~-and-out** *n* clochard(e); **~-at-heel** *adj* éculé(e); (*fig*) miteux(euse); **~cast** *adj* démoralisé(e); **~fall** *n* chute *f*; ruine *f*; **~hearted** *adj* découragé(e); **~hill** *adv*: **to go ~hill** descendre; (*fig*) péricliter; **~ payment** *n* acompte *m*; **~pour** *n* pluie torrentielle, déluge *m*; **~right** *adj* (*lie etc*) effronté(e); (*refusal*) catégorique
Down's syndrome [daunz-] *n* (*MED*) trisomie *f*
down: **~stairs** *adv* au rez-de-chaussée; à l'étage inférieur; **~stream** *adv* en aval; **~-to-earth** *adj* terre à terre *inv*; **~town** *adv* en ville; **~ under** *adv* en Australie (*or* Nouvelle-Zélande); **~ward** *adj, adv* vers le bas; **~wards** *adv* vers le bas
dowry ['daurɪ] *n* dot *f*
doz. *abbr* = **dozen**
doze [dəuz] *vi* sommeiller; **~ off** *vi* s'assoupir
dozen ['dʌzn] *n* douzaine *f*; **a ~ books** une douzaine de livres; **~s of** des centaines de
Dr. *abbr* = **doctor; drive.**
drab [dræb] *adj* terne, morne
draft [drɑːft] *n* ébauche *f*; (*of letter, essay etc*) brouillon *m*; (*COMM*) traite *f*; (*US*: *call-up*) conscription *f* ♦ *vt* faire le brouillon *or* un projet de; (*MIL*: *send*) détacher; *see also* **draught**
draftsman ['drɑːftsmən] (*irreg*: *US*) *n* = **draughtsman**
drag [dræg] *vt* traîner; (*river*) draguer ♦ *vi* traîner ♦ *n* (*inf*) casse-pieds *m/f*; (*women's clothing*): **in ~** (en) travesti; **~ on** *vi* s'éterniser
dragon ['drægən] *n* dragon *m*
dragonfly ['drægənflaɪ] *n* libellule *f*
drain [dreɪn] *n* égout *m*, canalisation *f*; (*on resources*) saignée *f* ♦ *vt* (*land, marshes etc*) drainer, assécher; (*vegetables*) égoutter; (*glass*) vider ♦ *vi* (*water*) s'écouler; **~age** *n* drainage *m*; système *m* d'égouts *or* de canalisations; **~ing board** (*US* **~board**) *n* égouttoir *m*; **~pipe** *n* tuyau *m* d'écoulement

drama ['drɑːmə] *n* (*art*) théâtre *m*, art *m* dramatique; (*play*) pièce *f* (de théâtre); (*event*) drame *m*; **~tic** [drə'mætɪk] *adj* dramatique; spectaculaire; **~tist** ['dræmətɪst] *n* auteur *m* dramatique; **~tize** *vt* (*events*) dramatiser; (*adapt*: *for TV/cinema*) adapter pour la télévision/pour l'écran

drank [dræŋk] *pt of* **drink**

drape [dreɪp] *vt* draper; **~s** (*US*) *npl* rideaux *mpl*

drastic ['dræstɪk] *adj* sévère; énergique; (*change*) radical(e)

draught [drɑːft] (*US* **draft**) *n* courant *m* d'air; (*NAUT*) tirant *m* d'eau; **on ~** (*beer*) à la pression; **~board** (*BRIT*) *n* damier *m*; **~s** (*BRIT*) *n* (jeu *m* de) dames *fpl*

draughtsman ['drɑːftsmən] (*irreg*) *n* dessinateur(trice) (industriel(le))

draw [drɔː] (*pt* **drew**, *pp* **drawn**) *vt* tirer; (*tooth*) arracher, extraire; (*attract*) attirer; (*picture*) dessiner; (*line, circle*) tracer; (*money*) retirer; (*wages*) toucher ♦ *vi* (*SPORT*) faire match nul ♦ *n* match nul; (*lottery*) tirage *m* au sort; loterie *f*; **to ~ near** s'approcher; approcher; **~ out** *vi* (*lengthen*) s'allonger ♦ *vt* (*money*) retirer; **~ up** *vi* (*stop*) s'arrêter ♦ *vt* (*chair*) approcher; (*document*) établir, dresser; **~back** *n* inconvénient *m*, désavantage *m*; **~bridge** *n* pont-levis *m*; **~er** [drɔː*] *n* tiroir *m*

drawing ['drɔːɪŋ] *n* dessin *m*; **~ board** *n* planche *f* à dessin; **~ pin** (*BRIT*) *n* punaise *f*; **~ room** *n* salon *m*

drawl [drɔːl] *n* accent traînant

drawn [drɔːn] *pp of* **draw**

dread [dred] *n* terreur *f*, effroi *m* ♦ *vt* redouter, appréhender; **~ful** *adj* affreux(euse)

dream [driːm] (*pt, pp* **dreamed** *or* **dreamt**) *n* rêve *m* ♦ *vt, vi* rêver; **~y** *adj* rêveur(euse); (*music*) langoureux(euse)

dreary ['drɪərɪ] *adj* morne; monotone

dredge [dredʒ] *vt* draguer

dregs [dregz] *npl* lie *f*

drench [drentʃ] *vt* tremper

dress [dres] *n* robe *f*; (*no pl*: *clothing*) habillement *m*, tenue *f* ♦ *vi* s'habiller ♦ *vt* habiller; (*wound*) panser; **to get ~ed** s'habiller; **~ up** *vi* s'habiller; (*in fancy ~*) se déguiser; **~ circle** (*BRIT*) *n* (*THEATRE*) premier balcon; **~er** *n* (*furniture*) vaisselier *m*; (: *US*) coiffeuse *f*, commode *f*; **~ing** *n* (*MED*) pansement *m*; (*CULIN*) sauce *f*, assaisonnement *m*; **~ing gown** (*BRIT*) *n* robe *f* de chambre; **~ing room** *n* (*THEATRE*) loge *f*; (*SPORT*) vestiaire *m*; **~ing table** *n* coiffeuse *f*; **~maker** *n* couturière *f*; **~ rehearsal** *n* (répétition) générale

drew [druː] *pt of* **draw**

dribble ['drɪbl] *vi* (*baby*) baver ♦ *vt* (*ball*) dribbler

dried [draɪd] *adj* (*fruit, beans*) sec(sèche); (*eggs, milk*) en poudre

drier ['draɪə*] *n* = **dryer**

drift [drɪft] *n* (*of current etc*) force *f*; direction *f*, mouvement *m*; (*of snow*) rafale *f*; (: *on ground*) congère *f*; (*general meaning*) sens (général) ♦ *vi* (*boat*) aller à la dérive, dériver; (*sand, snow*) s'amonceler, s'entasser; **~wood** *n* bois flotté

drill [drɪl] *n* perceuse *f*; (*~ bit*) foret *m*, mèche *f*; (*of dentist*) roulette *f*, fraise *f*; (*MIL*) exercice *m* ♦ *vt* percer; (*troops*) entraîner ♦ *vi* (*for oil*) faire un *or* des forage(s)

drink [drɪŋk] (*pt* **drank**, *pp* **drunk**) *n* boisson *f*; (*alcoholic*) verre *m* ♦ *vt, vi* boire; **to have a ~** boire quelque chose, boire un verre; prendre l'apéritif; **a ~ of water** un verre d'eau; **~er** *n* buveur(euse); **~ing water** *n* eau *f* potable

drip [drɪp] *n* goutte *f*; (*MED*) goutte-à-goutte *m inv*; perfusion *f* ♦ *vi* tomber goutte à goutte; (*tap*) goutter; **~-dry** *adj* (*shirt*) sans repassage; **~ping** *n* graisse *f* (de rôti)

drive [draɪv] (*pt* **drove**, *pp* **driven**) *n* promenade *f or* trajet *m* en voiture;

(*also*: ~*way*) allée *f*; (*energy*) dynamisme *m*, énergie *f*; (*push*) effort (concerté), campagne *f* (*also*: *disk* ~) lecteur *m* de disquettes ♦ *vt* conduire; (*push*) chasser, pousser; (*TECH*: *motor, wheel*) faire fonctionner; entraîner; (*nail, stake etc*): to ~ **sth into sth** enfoncer qch dans qch ♦ *vi* (*AUT*: *at controls*) conduire; (: *travel*) aller en voiture; **left-/right-hand** ~ conduite *f* à gauche/droite; **to ~ sb mad** rendre qn fou(folle); **to ~ sb home/to the airport** reconduire qn chez lui/conduire qn à l'aéroport

drivel ['drɪvl] (*inf*) *n* idioties *fpl*

driver ['draɪvə*] *n* conducteur(trice); (*of taxi, bus*) chauffeur *m*; **~'s license** (*US*) *n* permis *m* de conduire

driveway ['draɪvweɪ] *n* allée *f*

driving ['draɪvɪŋ] *n* conduite *f*; ~ **instructor** *n* moniteur *m* d'auto-école; ~ **lesson** *n* leçon *f* de conduite; ~ **licence** (*BRIT*) *n* permis *m* de conduire; ~ **school** *n* auto-école *f*; ~ **test** *n* examen *m* du permis de conduire

drizzle ['drɪzl] *n* bruine *f*, crachin *m*

drone [drəun] *n* bourdonnement *m*; (*male bee*) faux bourdon

drool [dru:l] *vi* baver

droop [dru:p] *vi* (*shoulders*) tomber; (*head*) pencher; (*flower*) pencher la tête

drop [drɒp] *n* goutte *f*; (*fall*) baisse *f*; (*also*: *parachute* ~) saut *m* ♦ *vt* laisser tomber; (*voice, eyes, price*) baisser; (*set down from car*) déposer ♦ *vi* tomber; ~s *npl* (*MED*) gouttes; ~ **off** *vi* (*sleep*) s'assoupir ♦ *vt* (*passenger*) déposer; ~ **out** *vi* (*withdraw*) se retirer; (*student etc*) abandonner, décrocher; **~out** *n* marginal(e); **~per** *n* compte-gouttes *m inv*; **~pings** *npl* crottes *fpl*

drought [draut] *n* sécheresse *f*

drove [drəuv] *pt of* **drive**

drown [draun] *vt* noyer ♦ *vi* se noyer

drowsy ['drauzɪ] *adj* somnolent(e)

drudgery ['drʌdʒərɪ] *n* corvée *f*

drug [drʌg] *n* médicament *m*; (*narcotic*) drogue *f* ♦ *vt* droguer; **to be on ~s** se droguer; ~ **addict** *n* toxicomane *m/f*; **~gist** (*US*) *n* pharmacien(ne)-droguiste; **~store** (*US*) *n* pharmacie-droguerie *f*, drugstore *m*

drum [drʌm] *n* tambour *m*; (*for oil, petrol*) bidon *m*; ~s *npl* (*kit*) batterie *f*; **~mer** *n* (joueur *m* de) tambour *m*

drunk [drʌŋk] *pp of* **drink** ♦ *adj* ivre, soûl(e) ♦ *n* (*also*: ~*ard*) ivrogne *m/f*; **~en** *adj* (*person*) ivre, soûl(e); (*rage, stupor*) ivrogne, d'ivrogne

dry [draɪ] *adj* sec(sèche); (*day*) sans pluie; (*humour*) pince-sans-rire *inv*; (*lake, riverbed, well*) à sec ♦ *vt* sécher; (*clothes*) faire sécher ♦ *vi* sécher; ~ **up** *vi* tarir; **~-cleaner's** *n* teinturerie *f*; **~er** *n* séchoir *m*; (*US*: *spin-~er*) essoreuse *f*; **~ness** *n* sécheresse *f*; ~ **rot** *n* pourriture sèche (*du bois*)

dual ['djuəl] *adj* double; ~ **carriageway** (*BRIT*) *n* route *f* à quatre voies *or* à chaussées séparées; ~ **purpose** *adj* à double usage

dubbed [dʌbd] *adj* (*CINEMA*) doublé(e)

dubious ['dju:bɪəs] *adj* hésitant(e), incertain(e); (*reputation, company*) douteux(euse)

duchess ['dʌtʃɪs] *n* duchesse *f*

duck [dʌk] *n* canard *m* ♦ *vi* se baisser vivement, baisser subitement la tête; **~ling** *n* caneton *m*

duct [dʌkt] *n* conduite *f*, canalisation *f*; (*ANAT*) conduit *m*

dud [dʌd] *n* (*object, tool*): **it's a ~** c'est de la camelote, ça ne marche pas ♦ *adj* ~ **cheque** (*BRIT*) chèque sans provision

due [dju:] *adj* dû(due); (*expected*) attendu(e); (*fitting*) qui convient ♦ *n*: **to give sb his** (*or* **her**) ~ être juste envers qn ♦ *adv*: ~ **north** droit vers le nord; ~s *npl* (*for club, union*) cotisation *f*; (*in harbour*) droits *mpl* (de port); **in ~ course** en temps utile *or*

voulu; finalement; ~ **to** dû(due) à; causé(e) par; **he's ~ to finish tomorrow** normalement il doit finir demain
duet [dju:'et] *n* duo *m*
duffel bag [dʌtl] *n* sac *m* marin
duffel coat *n* duffel-coat *m*
dug [dʌg] *pt, pp of* **dig**
duke [dju:k] *n* duc *m*
dull [dʌl] *adj* terne, morne; (*boring*) ennuyeux(euse); (*sound, pain*) sourd(e); (*weather, day*) gris(e), maussade ♦ *vt* (*pain, grief*) atténuer; (*mind, senses*) engourdir
duly ['dju:lɪ] *adv* (*on time*) en temps voulu; (*as expected*) comme il se doit
dumb [dʌm] *adj* muet(te); (*stupid*) bête; **~founded** [dʌm'faundɪd] *adj* sidéré(e)
dummy ['dʌmɪ] *n* (*tailor's model*) mannequin *m*; (*mock-up*) factice *m*, maquette *f*; (*BRIT*: *for baby*) tétine *f* ♦ *adj* faux(fausse), factice
dump [dʌmp] *n* (*also*: *rubbish dump*) décharge (publique); (*pej*) trou *m* ♦ *vt* (*put down*) déposer; déverser; (*get rid of*) se débarrasser de; (*COMPUT*: *data*) vider, transférer
dumpling ['dʌmplɪŋ] *n* boulette *f* (de pâte)
dumpy ['dʌmpɪ] *adj* boulot(te)
dunce [dʌns] *n* âne *m*, cancre *m*
dune [dju:n] *n* dune *f*
dung [dʌŋ] *n* fumier *m*
dungarees [dʌŋgə'ri:z] *npl* salopette *f*; bleu(s) *m(pl)*
dungeon ['dʌndʒən] *n* cachot *m*
duplex ['dju:pleks] (*US*) *n* maison jumelée; (*apartment*) duplex *m*
duplicate [*n* 'dju:plɪkɪt, *vb* 'dju:plɪkeɪt] *n* double *m* ♦ *vt* faire un double de; (*on machine*) polycopier; photocopier; **in ~** en deux exemplaires
durable ['djuərəbl] *adj* durable; (*clothes, metal*) résistant(e), solide
duration [djuə'reɪʃən] *n* durée *f*
duress [djuə'res] *n*: **under ~** sous la contrainte
during ['djuərɪŋ] *prep* pendant, au cours de
dusk [dʌsk] *n* crépuscule *m*
dust [dʌst] *n* poussière *f* ♦ *vt* (*furniture*) épousseter, essuyer; (*cake etc*): **to ~ with** saupoudrer de; **~bin** (*BRIT*) *n* poubelle *f*; **~er** *n* chiffon *m*; **~man** (*BRIT irreg*) *n* boueux *m*, éboueur *m*; **~y** *adj* poussiéreux(euse)
Dutch [dʌtʃ] *adj* hollandais(e), néerlandais(e) ♦ *n* (*LING*) hollandais *m* ♦ *adv* (*inf*): **to go ~** partager les frais; **the ~** *npl* (*people*) les Hollandais; **~man** (*irreg*) *n* Hollandais; **~woman** (*irreg*) *n* Hollandaise *f*
dutiful ['dju:tɪful] *adj* (*child*) respectueux(euse)
duty ['dju:tɪ] *n* devoir *m*; (*tax*) droit *m*, taxe *f*; **on ~** de service; (*at night etc*) de garde; **off ~** libre, pas de service *or* de garde; **~-free** *adj* exempté(e) de douane, hors taxe *inv*
duvet ['du:veɪ] (*BRIT*) *n* couette *f*
dwarf [dwɔ:f] (*pl* **dwarves**) *n* nain(e) ♦ *vt* écraser
dwell [dwel] (*pt, pp* **dwelt**) *vi* demeurer; **~ on** *vt fus* s'appesantir sur; **~ing** *n* habitation *f*, demeure *f*
dwindle ['dwɪndl] *vi* diminuer, décroître
dye [daɪ] *n* teinture *f* ♦ *vt* teindre
dying ['daɪɪŋ] *adj* mourant(e), agonisant(e)
dyke [daɪk] (*BRIT*) *n* digue *f*
dynamic [daɪ'næmɪk] *adj* dynamique
dynamite ['daɪnəmaɪt] *n* dynamite *f*
dynamo ['daɪnəməu] *n* dynamo *f*
dyslexia [dɪs'leksɪə] *n* dyslexie *f*

E

E [i:] *n* (*MUS*) mi *m*
each [i:tʃ] *adj* chaque ♦ *pron* chacun(e); **~ other** l'un(e) l'autre; **they hate ~ other** ils se détestent (mutuellement); **you are jealous of ~ other** vous êtes jaloux l'un de l'autre; **they have 2 books ~** ils ont 2

livres chacun
eager ['i:gə*] *adj* (*keen*) avide; **to be ~ to do sth** avoir très envie de faire qch; **to be ~ for** désirer vivement, être avide de
eagle ['i:gl] *n* aigle *m*
ear [ɪə*] *n* oreille *f*; (*of corn*) épi *m*; **~ache** *n* mal *m* aux oreilles; **~drum** *n* tympan *m*
earl [ɜ:l] (*BRIT*) *n* comte *m*
earlier ['ɜ:lɪə*] *adj* (*date etc*) plus rapproché(e); (*edition, fashion etc*) plus ancien(ne), antérieur(e) ♦ *adv* plus tôt
early ['ɜ:lɪ] *adv* tôt, de bonne heure; (*ahead of time*) en avance; (*near the beginning*) au début ♦ *adj* qui se manifeste (*or* se fait) tôt *or* de bonne heure; (*work*) de jeunesse; (*settler, Christian*) premier(ère); (*reply*) rapide; (*death*) prématuré(e); **to have an ~ night** se coucher tôt *or* de bonne heure; **in the ~** *or* **~ in the spring/19th century** au début du printemps/19ème siècle; **~ retirement** *n*: **to take ~ retirement** prendre sa retraite anticipée
earmark ['ɪəmɑ:k] *vt*: **to ~ sth for** réserver *or* destiner qch à
earn [ɜ:n] *vt* gagner; (*COMM*: *yield*) rapporter
earnest ['ɜ:nɪst] *adj* sérieux(euse); **in ~** *adv* sérieusement
earnings ['ɜ:nɪŋz] *npl* salaire *m*; (*of company*) bénéfices *mpl*
earphones ['ɪəfəunz] *npl* écouteurs *mpl*
earring ['ɪərɪŋ] *n* boucle *f* d'oreille
earshot ['ɪəʃɒt] *n*: **within ~** à portée de voix
earth [ɜ:θ] *n* (*gen, also BRIT*: *ELEC*) terre *f* ♦ *vt* relier à la terre; **~enware** *n* poterie *f*; faïence *f*; **~quake** *n* tremblement *m* de terre, séisme *m*; **~y** ['ɜ:θɪ] *adj* (*vulgar*: *humour*) truculent(e)
ease [i:z] *n* facilité *f*, aisance *f*; (*comfort*) bien-être *m* ♦ *vt* (*soothe*) calmer; (*loosen*) relâcher, détendre; **to ~ sth in/out** faire pénétrer/sortir qch délicatement *or* avec douceur; faciliter la pénétration/la sortie de qch; **at ~!** (*MIL*) repos!; **~ off** *vi* diminuer; (*slow down*) ralentir; **~ up** *vi* = **ease off**
easel ['i:zl] *n* chevalet *m*
easily ['i:zɪlɪ] *adv* facilement
east [i:st] *n* est *m* ♦ *adj* (*wind*) d'est; (*side*) est *inv* ♦ *adv* à l'est, vers l'est; **the E~** l'Orient *m*; (*POL*) les pays *mpl* de l'Est
Easter ['i:stə*] *n* Pâques *fpl*; **~ egg** *n* œuf *m* de Pâques
east: ~erly ['i:stəlɪ] *adj* (*wind*) d'est; (*direction*) est *inv*; (*point*) à l'est; **~ern** ['i:stən] *adj* de l'est, oriental(e); **~ward(s)** ['i:stwəd(z)] *adv* vers l'est, à l'est
easy ['i:zɪ] *adj* facile; (*manner*) aisé(e) ♦ *adv*: **to take it** *or* **things ~** ne pas se fatiguer; (*not worry*) ne pas (trop) s'en faire; **~ chair** *n* fauteuil *m*; **~-going** *adj* accommodant(e), facile à vivre
eat [i:t] (*pt* **ate**, *pp* **eaten**) *vt, vi* manger; **~ away at** *vt fus* ronger, attaquer; (*savings*) entamer; **~ into** *vt fus* = **eat away at**
eaves [i:vz] *npl* avant-toit *m*
eavesdrop ['i:vzdrɒp] *vi*: **to ~ (on a conversation)** écouter (une conversation) de façon indiscrète
ebb [eb] *n* reflux *m* ♦ *vi* refluer; (*fig*: *also*: **~ away**) décliner
ebony ['ebənɪ] *n* ébène *f*
EC *n abbr* (= *European Community*) C.E. *f*
eccentric [ɪk'sentrɪk] *adj* excentrique ♦ *n* excentrique *m/f*
echo ['ekəu] (*pl* **~es**) *n* écho *m* ♦ *vt* répéter ♦ *vi* résonner, faire écho
eclipse [ɪ'klɪps] *n* éclipse *f*
ecology [ɪ'kɒlədʒɪ] *n* écologie *f*
economic [i:kə'nɒmɪk] *adj* économique; (*business etc*) rentable; **~al** *adj* économique; (*person*) économe; **~s** *n* économie *f* politique ♦ *npl* (*of project, situation*) aspect *m* financier
economize [ɪ'kɒnəmaɪz] *vi* économiser, faire des économies

economy [ɪ'kɒnəmɪ] *n* économie *f*; ~ **class** *n* classe *f* touriste; ~ **size** *n* format *m* économique

ecstasy ['ekstəsɪ] *n* extase *f*; **ecstatic** *adj* extatique

ECU [eɪ:kju] *n abbr* (= *European Currency Unit*) ECU *m*

eczema ['eksɪmə] *n* eczéma *m*

edge [edʒ] *n* bord *m*; (*of knife etc*) tranchant *m*, fil *m* ♦ *vt* border; **on** ~ (*fig*) crispé(e), tendu(e); **to** ~ **away from** s'éloigner furtivement de; ~**ways** *adv*: **he couldn't get a word in** ~ways il ne pouvait pas placer un mot

edgy ['edʒɪ] *adj* crispé(e), tendu(e)

edible ['edɪbl] *adj* comestible

edict ['i:dɪkt] *n* décret *m*

Edinburgh ['edɪnbərə] *n* Édimbourg

edit ['edɪt] *vt* (*text, book*) éditer; (*report*) préparer; (*film*) monter; (*broadcast*) réaliser; ~**ion** [ɪ'dɪʃən] *n* édition *f*; ~**or** *n* (*of column*) rédacteur(trice); (*of newspaper*) rédacteur(trice) en chef; (*of sb's work*) éditeur(trice); ~**orial** [edɪ'tɔ:rɪəl] *adj* de la rédaction, éditorial(e) ♦ *n* éditorial *m*

educate ['edjukeɪt] *vt* (*teach*) instruire; (*instruct*) éduquer

education [edju'keɪʃən] *n* éducation *f*; (*studies*) études *fpl*; (*teaching*) enseignement *m*, instruction *f*; ~**al** *adj* (*experience, toy*) pédagogique; (*institution*) scolaire; (*policy*) d'éducation

eel [i:l] *n* anguille *f*

eerie ['ɪərɪ] *adj* inquiétant(e)

effect [ɪ'fekt] *n* effet *m* ♦ *vt* effectuer; **to take** ~ (*law*) entrer en vigueur, prendre effet; (*drug*) agir, faire son effet; **in** ~ en fait; ~**ive** *adj* efficace; (*actual*) véritable; ~**ively** *adv* efficacement; (*in reality*) effectivement; ~**iveness** *n* efficacité *f*

effeminate [ɪ'femɪnɪt] *adj* efféminé(e)

effervescent [efə'vesnt] *adj* (*drink*) gazeux(euse)

efficiency [ɪ'fɪʃənsɪ] *n* efficacité *f*; (*of machine*) rendement *m*

efficient [ɪ'fɪʃənt] *adj* efficace; (*machine*) qui a un bon rendement

effort ['efət] *n* effort *m*; ~**less** *adj* (*style*) aisé(e); (*achievement*) facile

effusive [ɪ'fju:sɪv] *adj* chaleureux(euse)

e.g. *adv abbr* (= *exempli gratia*) par exemple, p. ex.

egg [eg] *n* œuf *m*; **hard-boiled/soft-boiled** ~ œuf dur/à la coque; ~ **on** *vt* pousser; ~**cup** *n* coquetier *m*; ~**plant** *n* (*esp US*) aubergine *f*; ~**shell** *n* coquille *f* d'œuf

ego ['i:gəʊ] *n* (*self-esteem*) amour-propre *m*

egotism ['egəʊtɪzəm] *n* égotisme *m*

egotist ['egəʊtɪst] *n* égocentrique *m/f*

Egypt ['i:dʒɪpt] *n* Égypte *f*; ~**ian** [ɪ'dʒɪpʃən] *adj* égyptien(ne) ♦ *n* Égyptien(ne)

eiderdown ['aɪdədaʊn] *n* édredon *m*

eight [eɪt] *num* huit; ~**een** *num* dix-huit; ~**h** [eɪtθ] *num* huitième; ~**y** *num* quatre-vingt(s)

Eire ['ɛərə] *n* République *f* d'Irlande

either ['aɪðə*] *adj* l'un ou l'autre; (*both, each*) chaque ♦ *pron*: ~ **(of them)** l'un ou l'autre ♦ *adv* non plus ♦ *conj*: ~ **good or bad** ou bon ou mauvais, soit bon soit mauvais; **on** ~ **side** de chaque côté; **I don't like** ~ je n'aime ni l'un ni l'autre; **no, I don't** ~ moi non plus

eject [ɪ'dʒekt] *vt* (*tenant etc*) expulser; (*object*) éjecter

eke [i:k] : **to** ~ **out** *vt* faire durer

elaborate [*adj* ɪ'læbərɪt, *vb* ɪ'læbəreɪt] *adj* compliqué(e), recherché(e) ♦ *vt* élaborer ♦ *vi*: **to** ~ **(on)** entrer dans les détails (de)

elapse [ɪ'læps] *vi* s'écouler, passer

elastic [ɪ'læstɪk] *adj* élastique ♦ *n* élastique *m*; ~ **band** *n* élastique *m*

elated [ɪ'leɪtɪd] *adj* transporté(e) de joie

elation [ɪ'leɪʃən] *n* allégresse *f*

elbow ['elbəʊ] *n* coude *m*

elder ['eldə*] *adj* aîné(e) ♦ *n* (*tree*) sureau *m*; **one's** ~**s** ses aînés; ~**ly**

adj âgé(e) ♦ *npl*: **the ~ly** les personnes âgées
eldest [ˈeldɪst] *adj, n*: **the ~ (child)** l'aîné(e) (des enfants)
elect [ɪˈlekt] *vt* élire ♦ *adj*: **the president ~** le président désigné; **to ~ to do** choisir de faire; **~ion** [ɪˈlekʃən] *n* élection *f*; **~ioneering** [ɪlekʃəˈnɪərɪŋ] *n* propagande électorale, manœuvres électorales; **~or** *n* électeur(trice); **~orate** *n* électorat *m*
electric [ɪˈlektrɪk] *adj* électrique; **~al** *adj* électrique; **~ blanket** *n* couverture chauffante; **~ fire** (*BRIT*) *n* radiateur *m* électrique; **~ian** [ɪlekˈtrɪʃən] *n* électricien *m*
electricity [ɪlekˈtrɪsɪtɪ] *n* électricité *f*
electrify [ɪˈlektrɪfaɪ] *vt* (*RAIL, fence*) électrifier; (*audience*) électriser
electronic [ɪlekˈtrɒnɪk] *adj* électronique; **~s** *n* électronique *f*
elegant [ˈelɪgənt] *adj* élégant(e)
element [ˈelɪmənt] *n* (*gen*) élément *m*; (*of heater, kettle etc*) résistance *f*; **~ary** [elɪˈmentərɪ] *adj* élémentaire; (*school, education*) primaire
elephant [ˈelɪfənt] *n* éléphant *m*
elevation [elɪˈveɪʃən] *n* (*raising, promotion*) avancement *m*, promotion *f*; (*height*) hauteur *f*
elevator [ˈelɪveɪtə*] *n* (*in warehouse etc*) élévateur *m*, monte-charge *m inv*; (*US*: *lift*) ascenseur *m*
eleven [ɪˈlevn] *num* onze; **~ses** *npl* ≈ pause-café *f*; **~th** *num* onzième
elicit [ɪˈlɪsɪt] *vt*: **to ~ (from)** obtenir (de), arracher (à)
eligible [ˈelɪdʒəbl] *adj*: **to be ~ for** remplir les conditions requises pour; **an ~ young man/woman** un beau parti
elm [elm] *n* orme *m*
elongated [ˈiːlɒŋgeɪtɪd] *adj* allongé(e)
elope [ɪˈləʊp] *vi* (*lovers*) s'enfuir (ensemble); **~ment** [ɪˈləʊpmənt] *n* fugue amoureuse
eloquent [ˈeləkwənt] *adj* éloquent(e)
else [els] *adv* d'autre; **something ~** quelque chose d'autre, autre chose; **somewhere ~** ailleurs, autre part; **everywhere ~** partout ailleurs; **nobody ~** personne d'autre; **where ~?** à quel autre endroit?; **little ~** pas grand-chose d'autre; **~where** *adv* ailleurs, autre part
elude [ɪˈluːd] *vt* échapper à
elusive [ɪˈluːsɪv] *adj* insaisissable
emaciated [ɪˈmeɪsɪeɪtɪd] *adj* émacié(e), décharné(e)
emancipate [ɪˈmænsɪpeɪt] *vt* émanciper
embankment [ɪmˈbæŋkmənt] *n* (*of road, railway*) remblai *m*, talus *m*; (*of river*) berge *f*, quai *m*
embark [ɪmˈbɑːk] *vi* embarquer; **to ~ on** (*journey*) entreprendre; (*fig*) se lancer *or* s'embarquer dans; **~ation** [embɑːˈkeɪʃən] *n* embarquement *m*
embarrass [ɪmˈbærəs] *vt* embarrasser, gêner; **~ed** *adj* gêné(e); **~ing** *adj* gênant(e), embarrassant(e); **~ment** *n* embarras *m*, gêne *f*
embassy [ˈembəsɪ] *n* ambassade *f*
embedded [ɪmˈbedɪd] *adj* enfoncé(e)
embellish [ɪmˈbelɪʃ] *vt* orner, décorer; (*fig*: *account*) enjoliver
embers [ˈembəz] *npl* braise *f*
embezzle [ɪmˈbezl] *vt* détourner
embezzlement [ɪmˈbezlmənt] *n* détournement *m* de fonds
embitter [ɪmˈbɪtə*] *vt* (*person*) aigrir; (*relations*) envenimer
embody [ɪmˈbɒdɪ] *vt* (*features*) réunir, comprendre; (*ideas*) formuler, exprimer
embossed [ɪmˈbɒst] *adj* (*metal*) estampé(e); (*leather*) frappé(e); **~ wallpaper** papier gaufré
embrace [ɪmˈbreɪs] *vt* embrasser, étreindre; (*include*) embrasser ♦ *vi* s'étreindre, s'embrasser ♦ *n* étreinte *f*
embroider [ɪmˈbrɔɪdə*] *vt* broder; **~y** *n* broderie *f*
emerald [ˈemərəld] *n* émeraude *f*
emerge [ɪˈmɜːdʒ] *vi* apparaître; (*from room, car*) surgir; (*from*

sleep, imprisonment) sortir
emergency [ɪ'mɜːdʒənsɪ] *n* urgence *f*; **in an ~** en cas d'urgence; **~ cord** *n* sonnette *f* d'alarme; **~ exit** *n* sortie *f* de secours; **~ landing** *n* atterrissage forcé; **~ services** *npl*: **the ~ services** (*fire, police, ambulance*) les services *mpl* d'urgence
emergent [ɪ'mɜːdʒənt] *adj* (*nation*) en voie de développement; (*group*) en développement
emery board ['emərɪ-] *n* lime *f* à ongles (*en carton émerisé*)
emigrate ['emɪgreɪt] *vi* émigrer
eminent ['emɪnənt] *adj* éminent(e)
emissions [ɪn'æməd] *npl* émissions *fpl*
emit [ɪ'mɪt] *vt* émettre
emotion [ɪ'məʊʃən] *n* émotion *f*; **~al** *adj* (*person*) émotif(ive), très sensible; (*needs, exhaustion*) affectif(ive); (*scene*) émouvant(e); (*tone, speech*) qui fait appel aux sentiments
emotive [ɪ'məʊtɪv] *adj* chargé(e) d'émotion; (*subject*) sensible
emperor ['empərə*] *n* empereur *m*
emphasis ['emfəsɪs] (*pl* **-ases**) *n* (*stress*) accent *m*; (*importance*) insistance *f*
emphasize ['emfəsaɪz] *vt* (*syllable, word, point*) appuyer *or* insister sur; (*feature*) souligner, accentuer
emphatic [ɪm'fætɪk] *adj* (*strong*) énergique, vigoureux(euse); (*unambiguous, clear*) catégorique; **~ally** [ɪm'fætɪkəlɪ] *adv* avec vigueur *or* énergie; catégoriquement
empire ['empaɪə*] *n* empire *m*
employ [ɪm'plɔɪ] *vt* employer; **~ee** *n* employé(e); **~er** *n* employeur(euse); **~ment** *n* emploi *m*; **~ment agency** *n* agence *f or* bureau *m* de placement
empower [ɪm'paʊə*] *vt*: **to ~ sb to do** autoriser *or* habiliter qn à faire
empress ['emprɪs] *n* impératrice *f*
emptiness ['emptɪnəs] *n* (*of area, region*) aspect *m* désertique *m*; (*of life*) vide *m*, vacuité *f*
empty ['emptɪ] *adj* vide; (*threat, promise*) en l'air, vain(e) ♦ *vt* vider ♦ *vi* se vider; (*liquid*) s'écouler; **~-handed** *adj* les mains vides
emulate ['emjʊleɪt] *vt* rivaliser avec, imiter
emulsion [ɪ'mʌlʃən] *n* émulsion *f*; **~ (paint)** *n* peinture mate
enable [ɪ'neɪbl] *vt*: **to ~ sb to do** permettre à qn de faire
enact [ɪn'ækt] *vt* (*law*) promulguer; (*play*) jouer
enamel [ɪ'næməl] *n* émail *m*; (*also*: **~ paint**) peinture laquée
enamoured [ɪn'æməd] *adj*: **to be ~ of** être entiché(e) de
encased [ɪn'keɪst] *adj*: **~ in** enfermé(e) *or* enchassé(e) dans
enchant [ɪn'tʃɑːnt] *vt* enchanter; **~ing** *adj* ravissant(e), enchanteur(teresse)
encl. *abbr* = **enclosed**
enclose [ɪn'kləʊz] *vt* (*land*) clôturer; (*space, object*) entourer; (*letter etc*): **to ~ (with)** joindre (à); **please find ~d** veuillez trouver ci-joint
enclosure [ɪn'kləʊʒə*] *n* enceinte *f*
encompass [ɪn'kʌmpəs] *vt* (*include*) contenir, inclure
encore ['ɒŋkɔː*] *excl* bis ♦ *n* bis *m*
encounter [ɪn'kaʊntə*] *n* rencontre *f* ♦ *vt* rencontrer
encourage [ɪn'kʌrɪdʒ] *vt* encourager; **~ment** *n* encouragement *m*
encroach [ɪn'krəʊtʃ] *vi*: **to ~ (up)on** empiéter sur
encyclop(a)edia [ensaɪkləʊ'piːdɪə] *n* encyclopédie *f*
end [end] *n* (*gen, also*: *aim*) fin *f*; (*of table, street, rope etc*) bout *m*, extrémité *f* ♦ *vt* terminer; (*also*: *bring to an ~, put an ~ to*) mettre fin à ♦ *vi* se terminer, finir; **in the ~** finalement; **on ~** (*object*) debout, dressé(e); **to stand on ~** (*hair*) se dresser sur la tête; **for hours on ~** pendant des heures et des heures; **~ up** *vi*: **to ~ up in** (*condition*) finir *or* se terminer par; (*place*) finir *or* aboutir à
endanger [ɪn'deɪndʒə*] *vt* mettre en

danger
endearing [ɪn'dɪərɪŋ] *adj* attachant(e)
endeavour [ɪn'devə*] (*US* **endeavor**) *n* tentative *f*, effort *m* ♦ *vi*: **to ~ to do** tenter *or* s'efforcer de faire
ending ['endɪŋ] *n* dénouement *m*, fin *f*; (*LING*) terminaison *f*
endive ['endaɪv] *n* chicorée *f*; (*smooth*) endive *f*
endless ['endlɪs] *adj* sans fin, interminable
endorse [ɪn'dɔːs] *vt* (*cheque*) endosser; (*approve*) appuyer, approuver, sanctionner; **~ment** *n* (*approval*) appui *m*, aval *m*; (*BRIT*: *on driving licence*) *contravention portée au permis de conduire*
endow [ɪn'daʊ] *vt*: **to ~ (with)** doter (de)
endure [ɪn'djʊə*] *vt* supporter, endurer ♦ *vi* durer
enemy ['enɪmɪ] *adj*, *n* ennemi(e)
energetic [enə'dʒetɪk] *adj* énergique; (*activity*) qui fait se dépenser (physiquement)
energy ['enədʒɪ] *n* énergie *f*
enforce [ɪn'fɔːs] *vt* (*LAW*) appliquer, faire respecter
engage [ɪn'geɪdʒ] *vt* engager; (*attention etc*) retenir ♦ *vi* (*TECH*) s'enclencher, s'engrener; **to ~ in** se lancer dans; **~d** *adj* (*BRIT*: *busy, in use*) occupé(e); (*betrothed*) fiancé(e); **to get ~d** se fiancer; **~d tone** *n* (*TEL*) tonalité *f* occupé *inv or* pas libre; **~ment** *n* obligation *f*, engagement *m*; rendez-vous *m inv*; (*to marry*) fiançailles *fpl*; **~ment ring** *n* bague *f* de fiançailles
engaging [ɪn'geɪdʒɪŋ] *adj* engageant(e), attirant(e)
engender [ɪn'dʒendə*] *vt* produire, causer
engine ['endʒɪn] *n* (*AUT*) moteur *m*; (*RAIL*) locomotive *f*; **~ driver** *n* mécanicien *m*
engineer [endʒɪ'nɪə*] *n* ingénieur *m*; (*BRIT*: *repairer*) dépanneur *m*; (*NAVY, US RAIL*) mécanicien *m*; **~ing** [-'nɪərɪŋ] *n* engineering *m*, ingénierie *f*; (*of bridges, ships*) génie *m*; (*of machine*) mécanique *f*
England ['ɪŋglənd] *n* Angleterre *f*
English ['ɪŋglɪʃ] *adj* anglais(e) ♦ *n* (*LING*) anglais *m*; **the ~** *npl* (*people*) les Anglais; **the ~ Channel** la Manche; **~man** (*irreg*) *n* Anglais; **~woman** (*irreg*) *n* Anglaise *f*
engraving [ɪn'greɪvɪŋ] *n* gravure *f*
engrossed [ɪn'grəʊst] *adj*: **~ in** absorbé(e) par, plongé(e) dans
engulf [ɪn'gʌlf] *vt* engloutir
enhance [ɪn'hɑːns] *vt* rehausser, mettre en valeur
enjoy [ɪn'dʒɔɪ] *vt* aimer, prendre plaisir à; (*have*: *health, fortune*) jouir de; (: *success*) connaître; **to ~ o.s.** s'amuser; **~able** *adj* agréable; **~ment** *n* plaisir *m*
enlarge [ɪn'lɑːdʒ] *vt* accroître; (*PHOT*) agrandir ♦ *vi*: **to ~ on** (*subject*) s'étendre sur; **~ment** *n* (*PHOT*) agrandissement *m*
enlighten [ɪn'laɪtn] *vt* éclairer; **~ed** *adj* éclairé(e); **~ment** *n*: **the E~ment** (*HISTORY*) ≈ le Siècle des lumières
enlist [ɪn'lɪst] *vt* recruter; (*support*) s'assurer ♦ *vi* s'engager
enmity ['enmɪtɪ] *n* inimitié *f*
enormous [ɪ'nɔːməs] *adj* énorme
enough [ɪ'nʌf] *adj*, *pron*: **~ time/books** assez *or* suffisamment de temps/livres ♦ *adv*: **big ~** assez *or* suffisamment grand; **have you got ~?** en avez-vous assez?; **he has not worked ~** il n'a pas assez *or* suffisamment travaillé; **~ to eat** assez à manger; **~!** assez!, ça suffit!; **that's ~, thanks** cela suffit *or* c'est assez, merci; **I've had ~ of him** j'en ai assez de lui; **... which, funnily** *or* **oddly ~** ... qui, chose curieuse
enquire [ɪn'kwaɪə*] *vt*, *vi* = **inquire**
enrage [ɪn'reɪdʒ] *vt* mettre en fureur *or* en rage, rendre furieux(euse)
enrol [ɪn'rəʊl] (*US* **~l**) *vt* inscrire ♦ *vi* s'inscrire; **~ment** (*US* **~lment**) *n*

inscription *f*
ensue [ɪn'sjuː] *vi* s'ensuivre, résulter
ensure [ɪn'ʃʊə*] *vt* assurer; garantir; to ~ **that** s'assurer que
entail [ɪn'teɪl] *vt* entraîner, occasionner
entangled [ɪn'tæŋgld] *adj*: **to become ~ (in)** s'empêtrer (dans)
enter ['entə*] *vt* (*room*) entrer dans, pénétrer dans; (*club, army*) entrer à; (*competition*) s'inscrire à *or* pour; (*sb for a competition*) (faire) inscrire; (*write down*) inscrire, noter; (*COMPUT*) entrer, introduire ♦ *vi* entrer; **~ for** *vt fus* s'inscrire à, se présenter pour *or* à; **~ into** *vt fus* (*explanation*) se lancer dans; (*discussion, negotiations*) entamer; (*agreement*) conclure
enterprise ['entəpraɪz] *n* entreprise *f*; (*initiative*) (esprit *m* d')initiative *f*; **free ~** libre entreprise; **private ~** entreprise privée
enterprising ['entəpraɪzɪŋ] *adj* entreprenant(e), dynamique; (*scheme*) audacieux(euse)
entertain [entə'teɪn] *vt* amuser, distraire; (*invite*) recevoir (à dîner); (*idea, plan*) envisager; **~er** *n* artiste *m/f* de variétés; **~ing** *adj* amusant(e), distrayant(e); **~ment** *n* (*amusement*) divertissement *m*, amusement *m*; (*show*) spectacle *m*
enthralled [ɪn'θrɔːld] *adj* captivé(e)
enthusiasm [ɪn'θuːzɪæzəm] *n* enthousiasme *m*
enthusiast [ɪn'θuːzɪæst] *n* enthousiaste *m/f*; **~ic** [ɪnθuːzɪ'æstɪk] *adj* enthousiaste; **to be ~ic about** être enthousiasmé(e) par
entice [ɪn'taɪs] *vt* attirer, séduire
entire [ɪn'taɪə*] *adj* (tout) entier(ère); **~ly** *adv* entièrement, complètement; **~ty** [ɪn'taɪərətɪ] *n*: **in its ~ty** dans sa totalité
entitle [ɪn'taɪtl] *vt*: **to ~ sb to sth** donner droit à qch à qn; **~d** *adj* (*book*) intitulé(e); **to be ~d to do** avoir le droit de *or* être habilité à faire
entrance [*n* 'entrəns, *vb* ɪn'trɑːns] *n* entrée *f* ♦ *vt* enchanter, ravir; **to gain ~ to** (*university etc*) être admis à; **~ examination** *n* examen *m* d'entrée; **~ fee** *n* (*to museum etc*) prix *m* d'entrée; (*to join club etc*) droit *m* d'inscription; **~ ramp** (*US*) *n* (*AUT*) bretelle *f* d'accès
entrant ['entrənt] *n* participant(e); concurrent(e); (*BRIT*: *in exam*) candidat(e)
entrenched [ɪn'trentʃt] *adj* retranché(e); (*ideas*) arrêté(e)
entrepreneur [ɒntrəprə'nɜː*] *n* entrepreneur *m*
entrust [ɪn'trʌst] *vt*: **to ~ sth to** confier qch à
entry ['entrɪ] *n* entrée *f*; (*in register*) inscription *f*; **no ~** défense d'entrer, entrée interdite; (*AUT*) sens interdit; **~ form** *n* feuille *f* d'inscription; **~ phone** (*BRIT*) *n* interphone *m*
enunciate [ɪ'nʌnsɪeɪt] *vt* énoncer; (*word*) articuler, prononcer
envelop [ɪn'veləp] *vt* envelopper
envelope ['envələʊp] *n* enveloppe *f*
envious ['envɪəs] *adj* envieux(euse)
environment [ɪn'vaɪərənmənt] *n* environnement *m*; (*social, moral*) milieu *m*; **~al** [ɪnvaɪərən'mentl] *adj* écologique; du milieu; **~-friendly** *adj* écologique
envisage [ɪn'vɪzɪdʒ] *vt* (*foresee*) prévoir
envoy ['envɔɪ] *n* (*diplomat*) ministre *m* plénipotentiaire
envy ['envɪ] *n* envie *f* ♦ *vt* envier; **to ~ sb sth** envier qch à qn
epic ['epɪk] *n* épopée *f* ♦ *adj* épique
epidemic [epɪ'demɪk] *n* épidémie *f*
epilepsy ['epɪlepsɪ] *n* épilepsie *f*
episode ['epɪsəʊd] *n* épisode *m*
epitome [ɪ'pɪtəmɪ] *n* modèle *m*; **epitomize** [ɪ'pɪtəmaɪz] *vt* incarner
equable ['ekwəbl] *adj* égal(e); de tempérament égal
equal ['iːkwl] *adj* égal(e) ♦ *n* égal(e) ♦ *vt* égaler; **~ to** (*task*) à la hauteur de; **~ity** [ɪ'kwɒlɪtɪ] *n* égalité *f*; **~ize** *vi* (*SPORT*) égaliser; **~ly** *adv* égale-

ment; (*just as*) tout aussi

equanimity [ekwə'nɪmɪtɪ] *n* égalité *f* d'humeur

equate [ɪ'kweɪt] *vt*: **to ~ sth with** comparer qch à; assimiler qch à; **equation** [ɪ'kweɪʒən] *n* (*MATH*) équation *f*

equator [ɪ'kweɪtə*] *n* équateur *m*

equilibrium [iːkwɪ'lɪbrɪəm] *n* équilibre *m*

equip [ɪ'kwɪp] *vt*: **to ~ (with)** équiper (de); **to be well ~ped** (*office etc*) être bien équipé(e); **he is well ~ped for the job** il a les compétences requises pour ce travail; **~ment** *n* équipement *m*; (*electrical etc*) appareillage *m*, installation *f*

equities ['ekwɪtɪz] (*BRIT*) *npl* (*COMM*) actions cotées en Bourse

equivalent [ɪ'kwɪvələnt] *adj*: **~ (to)** équivalent(e) (à) ♦ *n* équivalent *m*

equivocal [ɪ'kwɪvəkəl] *adj* équivoque; (*open to suspicion*) douteux (euse)

era ['ɪərə] *n* ère *f*, époque *f*

eradicate [ɪ'rædɪkeɪt] *vt* éliminer

erase [ɪ'reɪz] *vt* effacer; **~r** *n* gomme *f*

erect [ɪ'rekt] *adj* droit(e) ♦ *vt* construire; (*monument*) ériger; élever; (*tent etc*) dresser; **~ion** [ɪ'rekʃən] *n* érection *f*

ERM *n abbr* (= *Exchange Rate Mechanism*) SME *m*

erode [ɪ'rəʊd] *vt* éroder; (*metal*) ronger

erotic [ɪ'rɒtɪk] *adj* érotique

err [ɜː*] *vi* (*formal*: *make a mistake*) se tromper

errand ['erənd] *n* course *f*, commission *f*

erratic [ɪ'rætɪk] *adj* irrégulier(ère); inconstant(e)

error ['erə*] *n* erreur *f*

erupt [ɪ'rʌpt] *vi* entrer en éruption; (*fig*) éclater; **~ion** [ɪ'rʌpʃən] *n* éruption *f*

escalate ['eskəleɪt] *vi* s'intensifier

escalator ['eskəleɪtə*] *n* escalier roulant

escapade [eskə'peɪd] *n* fredaine *f*; équipée *f*

escape [ɪs'keɪp] *n* fuite *f*; (*from prison*) évasion *f* ♦ *vi* s'échapper, fuir; (*from jail*) s'évader; (*fig*) s'en tirer; (*leak*) s'échapper ♦ *vt* échapper à; **to ~ from** (*person*) échapper à; (*place*) s'échapper de; (*fig*) fuir; **escapism** [-ɪzəm] *n* (*fig*) évasion *f*

escort [*n* 'eskɔːt, *vb* ɪs'kɔːt] *n* escorte *f* ♦ *vt* escorter

Eskimo ['eskɪməʊ] *n* Esquimau(de)

esophagus [iː'sɒfəgəs] (*US*) *n* = oesophagus

especially [ɪs'peʃəlɪ] *adv* (*particularly*) particulièrement; (*above all*) surtout

espionage ['espɪənɑːʒ] *n* espionnage *m*

Esquire [ɪs'kwaɪə*] *n*: **J Brown, ~** Monsieur J. Brown

essay ['eseɪ] *n* (*SCOL*) dissertation *f*; (*LITERATURE*) essai *m*

essence ['esəns] *n* essence *f*

essential [ɪ'senʃəl] *adj* essentiel(le); (*basic*) fondamental(e) ♦ *n*: **~s** éléments essentiels; **~ly** *adv* essentiellement

establish [ɪs'tæblɪʃ] *vt* établir; (*business*) fonder, créer; (*one's power etc*) asseoir, affermir; **~ed** *adj* bien établi(e); **~ment** *n* établissement *m*; (*founding*) création *f*; **the E~ment** les pouvoirs établis; l'ordre établi; les milieux dirigeants

estate [ɪs'teɪt] *n* (*land*) domaine *m*, propriété *f*; (*LAW*) biens *mpl*, succession *f*; (*BRIT*: *also*: *housing ~*) lotissement *m*, cité *f*; **~ agent** *n* agent immobilier; **~ car** (*BRIT*) *n* break *m*

esteem [ɪs'tiːm] *n* estime *f*

esthetic [ɪs'θetɪk] (*US*) *adj* = aesthetic

estimate [*n* 'estɪmət, *vb* 'estɪmeɪt] *n* estimation *f*; (*COMM*) devis *m* ♦ *vt* estimer; **estimation** [estɪ'meɪʃən] *n* opinion *f*; (*calculation*) estimation *f*

estranged [ɪ'streɪndʒd] *adj* séparé(e); dont on s'est séparé(e)

etc. *abbr* (= *et cetera*) etc
etching ['etʃɪŋ] *n* eau-forte *f*
eternal [ɪ'tɜːnl] *adj* éternel(le)
eternity [ɪ'tɜːnɪtɪ] *n* éternité *f*
ethical ['eθɪkəl] *adj* moral(e); **ethics** ['eθɪks] *n* éthique *f* ♦ *npl* moralité *f*
Ethiopia [iːθɪ'əʊpɪə] *n* Ethiopie *f*
ethnic ['eθnɪk] *adj* ethnique; (*music etc*) folklorique
ethos ['iːθɒs] *n* génie *m*
etiquette ['etɪket] *n* convenances *fpl*, étiquette *f*
Eurocheque ['jʊərəʊ'tʃek] *n* eurochèque *m*
Europe ['jʊərəp] *n* Europe *f*; **~an** [jʊərə'piːən] *adj* européen(ne) ♦ *n* Européen(ne)
evacuate [ɪ'vækjʊeɪt] *vt* évacuer
evade [ɪ'veɪd] *vt* échapper à; (*question etc*) éluder; (*duties*) se dérober à; **to ~ tax** frauder le fisc
evaporate [ɪ'væpəreɪt] *vi* s'évaporer; **~d milk** *n* lait condensé non sucré
evasion [ɪ'veɪʒən] *n* dérobade *f*; **tax ~** fraude fiscale
eve [iːv] *n*: **on the ~ of** à la veille de
even ['iːvən] *adj* (*level, smooth*) régulier(ère); (*equal*) égal(e); (*number*) pair(e) ♦ *adv* même; **~ if** même si +*indic*; **~ though** alors même que +*cond*; **~ more** encore plus; **~ so** quand même; **not ~** pas même; **to get ~ with sb** prendre sa revanche sur qn; **~ out** *vi* s'égaliser
evening ['iːvnɪŋ] *n* soir *m*; (*as duration, event*) soirée *f*; **in the ~** le soir; **~ class** *n* cours *m* du soir; **~ dress** *n* tenue *f* de soirée
event [ɪ'vent] *n* événement *m*; (*SPORT*) épreuve *f*; **in the ~ of** en cas de; **~ful** *adj* mouvementé(e)
eventual [ɪ'ventʃʊəl] *adj* final(e); **~ity** [ɪventʃʊ'ælɪtɪ] *n* possibilité *f*, éventualité *f*; **~ly** *adv* finalement
ever ['evə*] *adv* jamais; (*at all times*) toujours; **the best ~** le meilleur qu'on ait jamais vu; **have you ~ seen it?** l'as-tu déjà vu?, as-tu eu l'occasion *or* t'est-il arrivé de le voir?; **why ~ not?** mais enfin, pourquoi pas?; **~ since** *adv* depuis ♦ *conj* depuis que; **~green** *n* arbre *m* à feuilles persistantes; **~lasting** *adj* éternel(le)
every ['evrɪ] *adj* chaque; **~ day** tous les jours, chaque jour; **~ other/third day** tous les deux/trois jours; **~ other car** une voiture sur deux; **~ now and then** de temps en temps; **~body** *pron* tout le monde, tous *pl*; **~day** *adj* quotidien(ne); de tous les jours; **~one** *pron* = **everybody**; **~thing** *pron* tout; **~where** *adv* partout
evict [ɪ'vɪkt] *vt* expulser; **~ion** [ɪ'vɪkʃən] *n* expulsion *f*
evidence ['evɪdəns] *n* (*proof*) preuve(s) *f(pl)*; (*of witness*) témoignage *m*; (*sign*): **to show ~ of** présenter des signes de; **to give ~** témoigner, déposer
evident ['evɪdənt] *adj* évident(e); **~ly** *adv* de toute évidence; (*apparently*) apparamment
evil ['iːvl] *adj* mauvais(e) ♦ *n* mal *m*
evoke [ɪ'vəʊk] *vt* évoquer
evolution [iːvə'luːʃən] *n* évolution *f*
evolve [ɪ'vɒlv] *vt* élaborer ♦ *vi* évoluer
ewe [juː] *n* brebis *f*
ex- [eks] *prefix* ex-
exact [ɪg'zækt] *adj* exact(e) ♦ *vt*: **to ~ sth (from)** extorquer qch (à); exiger qch (de); **~ing** *adj* exigeant(e); (*work*) astreignant(e); **~ly** *adv* exactement
exaggerate [ɪg'zædʒəreɪt] *vt, vi* exagérer; **exaggeration** [ɪgzædʒə'reɪʃən] *n* exagération *f*
exalted [ɪg'zɔːltɪd] *adj* (*prominent*) élevé(e); (: *person*) haut placé(e)
exam [ɪg'zæm] *n abbr* (*SCOL*) = **examination**
examination [ɪgzæmɪ'neɪʃən] *n* (*SCOL, MED*) examen *m*
examine [ɪg'zæmɪn] *vt* (*gen*) examiner; (*SCOL: person*) interroger; **~r** *n* examinateur(trice)
example [ɪg'zɑːmpl] *n* exemple *m*;

for ~ par exemple
exasperate [ɪg'zɑːspəreɪt] *vt* exaspérer; **exasperation** [ɪgzɑːspə'reɪʃən] *n* exaspération *f*, irritation *f*
excavate ['ekskəveɪt] *vt* excaver; **excavation** [ekskə'veɪʃən] *n* fouilles *fpl*
exceed [ɪk'siːd] *vt* dépasser; (*one's powers*) outrepasser; **~ingly** *adv* extrêmement
excellent ['eksələnt] *adj* excellent(e)
except [ɪk'sept] *prep* (*also*: ~ *for*, *~ing*) sauf, excepté ♦ *vt* excepter; **~ if/when** sauf si/quand; **~ that** sauf que, si ce n'est que; **~ion** [ɪk'sepʃən] *n* exception *f*; **to take ~ion to** s'offusquer de; **~ional** [ɪk'sepʃənl] *adj* exceptionnel(le)
excerpt ['eksɜːpt] *n* extrait *m*
excess [ek'ses] *n* excès *m*; **~ baggage** *n* excédent *m* de bagages; **~ fare** (*BRIT*) *n* supplément *m*; **~ive** *adj* excessif(ive)
exchange [ɪks'tʃeɪndʒ] *n* échange *m*; (*also*: *telephone* ~) central *m* ♦ *vt*: **to ~ (for)** échanger (contre); **~ rate** *n* taux *m* de change
Exchequer [ɪks'tʃekə*] (*BRIT*) *n*: **the ~** l'Echiquier *m*, ≈ le ministère des Finances
excise [*n* 'eksaɪz, *vb* ek'saɪz] *n* taxe *f* ♦ *vt* exciser
excite [ɪk'saɪt] *vt* exciter; **to get ~d** s'exciter; **~ment** *n* excitation *f*; **exciting** *adj* passionnant(e)
exclaim [ɪks'kleɪm] *vi* s'exclamer; **exclamation** [ekskləˈmeɪʃən] *n* exclamation *f*; **exclamation mark** *n* point *m* d'exclamation
exclude [ɪks'kluːd] *vt* exclure
exclusive [ɪks'kluːsɪv] *adj* exclusif(ive); (*club, district*) sélect(e); (*item of news*) en exclusivité; **~ of VAT** TVA non comprise; **mutually ~** qui s'excluent l'un(e) l'autre
excruciating [ɪks'kruːʃɪeɪtɪŋ] *adj* atroce
excursion [ɪks'kɜːʃən] *n* excursion *f*
excuse [*n* ɪks'kjuːs, *vb* ɪks'kjuːz] *n* excuse *f* ♦ *vt* excuser; **to ~ sb from** (*activity*) dispenser qn de; **~ me!** excusez-moi!, pardon!; **now if you will ~ me, ...** maintenant, si vous (le) permettez ...
ex-directory ['eksdaɪ'rektərɪ] (*BRIT*) *adj* sur la liste rouge
execute ['eksɪkjuːt] *vt* exécuter
execution [eksɪ'kjuːʃən] *n* exécution *f*; **~er** *n* bourreau *m*
executive [ɪg'zekjʊtɪv] *n* (*COMM*) cadre *m*; (*of organization, political party*) bureau *m* ♦ *adj* exécutif(ive)
exemplify [ɪg'zemplɪfaɪ] *vt* illustrer; (*typify*) incarner
exempt [ɪg'zempt] *adj*: **~ from** exempté(e) *or* dispensé(e) de ♦ *vt*: **to ~ sb from** exempter *or* dispenser qn de
exercise ['eksəsaɪz] *n* exercice *m* ♦ *vt* exercer; (*patience etc*) faire preuve de; (*dog*) promener ♦ *vi* prendre de l'exercice; **~ bike** *n* vélo *m* d'appartement; **~ book** *n* cahier *m*
exert [ɪg'zɜːt] *vt* exercer, employer; **to ~ o.s.** se dépenser; **~ion** [ɪg'zɜːʃən] *n* effort *m*
exhale [eks'heɪl] *vt* exhaler ♦ *vi* expirer
exhaust [ɪg'zɔːst] *n* (*also*: ~ *fumes*) gaz *mpl* d'échappement; (: ~ *pipe*) tuyau *m* d'échappement ♦ *vt* épuiser; **~ed** *adj* épuisé(e); **~ion** [ɪg'zɔːstʃən] *n* épuisement *m*; **nervous ~ion** fatigue nerveuse; surmenage mental; **~ive** *adj* très complet(ète)
exhibit [ɪg'zɪbɪt] *n* (*ART*) pièce exposée, objet exposé; (*LAW*) pièce à conviction ♦ *vt* exposer; (*courage, skill*) faire preuve de; **~ion** [eksɪ'bɪʃən] *n* exposition *f*; (*of ill-temper, talent etc*) démonstration *f*
exhilarating [ɪg'zɪləreɪtɪŋ] *adj* grisant(e); stimulant(e)
exile ['eksaɪl] *n* exil *m*; (*person*) exilé(e) ♦ *vt* exiler
exist [ɪg'zɪst] *vi* exister; **~ence** *n* existence *f*; **~ing** *adj* actuel(le)
exit ['eksɪt] *n* sortie *f* ♦ *vi* (*COMPUT, THEATRE*) sortir; **~ ramp** *n* (*AUT*)

bretelle *f* d'accès
exodus ['eksədəs] *n* exode *m*
exonerate [ɪg'zɒnəreɪt] *vt*: to ~ from disculper de
exotic [ɪg'zɒtɪk] *adj* exotique
expand [ɪks'pænd] *vt* agrandir; accroître ♦ *vi* (*trade etc*) se développer, s'accroître; (*gas, metal*) se dilater
expanse [ɪks'pæns] *n* étendue *f*
expansion [ɪks'pænʃən] *n* développement *m*, accroissement *m*
expect [ɪks'pekt] *vt* (*anticipate*) s'attendre à, s'attendre à ce que +*sub*; (*count on*) compter sur, escompter; (*require*) demander, exiger; (*suppose*) supposer; (*await, also baby*) attendre ♦ *vi*: to be ~**ing** être enceinte; ~**ancy** *n* (*anticipation*) attente *f*; **life ~ancy** espérance *f* de vie; **~ant mother** *n* future maman; **~ation** [ekspek'teɪʃən] *n* attente *f*; espérance(s) *f(pl)*
expedient [ɪks'pi:dɪənt] *adj* indiqué(e), opportun(e) ♦ *n* expédient *m*
expedition [ekspɪ'dɪʃən] *n* expédition *f*
expel [ɪks'pel] *vt* chasser, expulser; (*SCOL*) renvoyer
expend [ɪks'pend] *vt* consacrer; (*money*) dépenser; **~able** *adj* remplaçable; **~iture** [ɪk'spendɪtʃə*] *n* dépense *f*; dépenses *fpl*
expense [ɪks'pens] *n* dépense *f*, frais *mpl*; (*high cost*) coût *m*; ~**s** *npl* (*COMM*) frais *mpl*; **at the ~ of** aux dépens de; ~ **account** *n* (note *f* de) frais *mpl*
expensive [ɪks'pensɪv] *adj* cher(chère), coûteux(euse); **to be ~** coûter cher
experience [ɪks'pɪərɪəns] *n* expérience *f* ♦ *vt* connaître, faire l'expérience de; (*feeling*) éprouver; **~d** *adj* expérimenté(e)
experiment [*n* ɪks'perɪmənt, *vb* ɪks'perɪment] *n* expérience *f* ♦ *vi* faire une expérience; **to ~ with** expérimenter
expert ['ekspɜ:t] *adj* expert(e) ♦ *n* expert *m*; **~ise** [ekspə'ti:z] *n* (grande) compétence
expire [ɪks'paɪə*] *vi* expirer; **expiry** *n* expiration *f*
explain [ɪks'pleɪn] *vt* expliquer; **explanation** [eksplə'neɪʃən] *n* explication *f*; **explanatory** [ɪks'plænətərɪ] *adj* explicatif(ive)
explicit [ɪks'plɪsɪt] *adj* explicite; (*definite*) formel(le)
explode [ɪks'pləʊd] *vi* exploser
exploit [*n* 'eksplɔɪt, *vb* ɪks'plɔɪt] *n* exploit *m* ♦ *vt* exploiter; **~ation** [eksplɔɪ'teɪʃən] *n* exploitation *f*
exploratory [eks'plɒrətərɪ] *adj* (*expedition*) d'exploration; (*fig*: *talks*) préliminaire; ~ **operation** *n* (*MED*) sondage *m*
explore [ɪks'plɔ:*] *vt* explorer; (*possibilities*) étudier, examiner; **~r** *n* explorateur(trice)
explosion [ɪks'pləʊʒən] *n* explosion *f*; **explosive** [ɪks'pləʊzɪv] *adj* explosif(ive) ♦ *n* explosif *m*
exponent [eks'pəʊnənt] *n* (*of school of thought etc*) interprète *m*, représentant *m*
export [*vb* eks'pɔ:t, *n* 'ekspɔ:t] *vt* exporter ♦ *n* exportation *f* ♦ *cpd* d'exportation; **~er** *n* exportateur *m*
expose [ɪks'pəʊz] *vt* exposer; (*unmask*) démasquer, dévoiler; **~d** [ɪks'pəʊzd] *adj* (*position, house*) exposé(e)
exposure [ɪks'pəʊʒə*] *n* exposition *f*; (*publicity*) couverture *f*; (*PHOT*) (temps *m* de) pose *f*; (: *shot*) pose; **to die from ~** (*MED*) mourir de froid; ~ **meter** *n* posemètre *m*
express [ɪks'pres] *adj* (*definite*) formel(le), exprès(esse); (*BRIT*: *letter etc*) exprès *inv* ♦ *n* (*train*) rapide *m*; (*bus*) car *m* express ♦ *vt* exprimer; **~ion** [ɪks'preʃən] *n* expression *f*; **~ly** *adv* expressément, formellement; **~way** (*US*) *n* (*urban motorway*) voie *f* express (à plusieurs files)
exquisite [eks'kwɪzɪt] *adj* exquis(e)
extend [ɪks'tend] *vt* (*visit, street*) prolonger; (*building*) agrandir; (*of-

fer) présenter, offrir; (*hand, arm*) tendre ♦ *vi* s'étendre

extension [ɪks'tenʃən] *n* prolongation *f*; agrandissement *m*; (*building*) annexe *f*; (*to wire, table*) rallonge *f*; (*telephone*: *in offices*) poste *m*; (: *in private house*) téléphone *m* supplémentaire

extensive [ɪks'tensɪv] *adj* étendu(e), vaste; (*damage, alterations*) considérable; (*inquiries*) approfondi(e); **~ly** *adv*: **he's travelled ~ly** il a beaucoup voyagé

extent [ɪks'tent] *n* étendue *f*; **to some ~** dans une certaine mesure; **to what ~?** dans quelle mesure?, jusqu'à quel point?; **to the ~ of ...** au point de ...; **to such an ~ that ...** à tel point que ...

extenuating [eks'tenjʊeɪtɪŋ] *adj*: **~ circumstances** circonstances atténuantes

exterior [eks'tɪərɪə*] *adj* extérieur(e) ♦ *n* extérieur *m*; dehors *m*

external [eks'tɜ:nl] *adj* externe

extinct [ɪks'tɪŋkt] *adj* éteint(e)

extinguish [ɪks'tɪŋgwɪʃ] *vt* éteindre; **~er** *n* (*also*: *fire ~er*) extincteur *m*

extort [ɪks'tɔ:t] *vt*: **to ~ sth (from)** extorquer qch (à); **~ionate** [ɪks'tɔ:ʃənɪt] *adj* exorbitant(e)

extra ['ekstrə] *adj* supplémentaire, de plus ♦ *adv* (*in addition*) en plus ♦ *n* supplément *m*; (*perk*) à-côté *m*; (*THEATRE*) figurant(e) ♦ *prefix* extra...

extract [*vb* ɪks'trækt, *n* 'ekstrækt] *vt* extraire; (*tooth*) arracher; (*money, promise*) soutirer ♦ *n* extrait *m*

extracurricular ['ekstrəkə'rɪkjʊlə*] *adj* parascolaire

extradite ['ekstrədaɪt] *vt* extrader

extra: **~marital** [ekstrə'mærɪtl] *adj* extra-conjugal(e); **~mural** [ekstrə'mjʊərl] *adj* hors faculté *inv*; (*lecture*) public(que); **~ordinary** [ɪks'trɔ:dnrɪ] *adj* extraordinaire

extravagance [ɪks'trævəgəns] *n* prodigalités *fpl*; (*thing bought*) folie *f*, dépense excessive; **extravagant** [ɪks'trævəgənt] *adj* extravagant(e); (*in spending*: *person*) prodigue, dépensier(ère); (: *tastes*) dispendieux(euse)

extreme [ɪks'tri:m] *adj* extrême ♦ *n* extrême *m*; **~ly** *adv* extrêmement

extricate ['ekstrɪkeɪt] *vt*: **to ~ sth (from)** dégager qch (de)

extrovert ['ekstrəʊvɜ:t] *n* extraverti(e)

eye [aɪ] *n* œil *m* (*pl yeux*); (*of needle*) trou *m*, chas *m* ♦ *vt* examiner; **to keep an ~ on** surveiller; **~ball** *n* globe *m* oculaire; **~bath** (*BRIT*) *n* œillère *f* (*pour bains d'œil*); **~brow** *n* sourcil *m*; **~brow pencil** *n* crayon *m* à sourcils; **~drops** *npl* gouttes *fpl* pour les yeux; **~lash** *n* cil *m*; **~lid** *n* paupière *f*; **~liner** *n* eye-liner *m*; **~-opener** *n* révélation *f*; **~shadow** *n* ombre *f* à paupières; **~sight** *n* vue *f*; **~sore** *n* horreur *f*; **~ witness** *n* témoin *m* oculaire

F

F [ef] *n* (*MUS*) fa *m* ♦ *abbr* = Fahrenheit

fable ['feɪbl] *n* fable *f*

fabric ['fæbrɪk] *n* tissu *m*

fabrication [fæbrɪ'keɪʃən] *n* (*lies*) invention(s) *f(pl)*, fabulation *f*; (*making*) fabrication *f*

fabulous ['fæbjʊləs] *adj* fabuleux(euse); (*inf*: *super*) formidable

face [feɪs] *n* visage *m*, figure *f*; (*expression*) expression *f*; (*of clock*) cadran *m*; (*of cliff*) paroi *f*; (*of mountain*) face *f*; (*of building*) façade *f* ♦ *vt* faire face à; **~ down** (*person*) à plat ventre; (*card*) face en dessous; **to lose/save ~** perdre/sauver la face; **to make** *or* **pull a ~** faire une grimace; **in the ~ of** (*difficulties etc*) face à, devant; **on the ~ of it** à première vue; **~ to ~** face à face; **~ up to** *vt fus* faire face à, affronter; **~ cloth** (*BRIT*) *n* gant *m* de toilette; **~ cream** *n* crème *f* pour le visage; **~ lift** *n* lifting *m*; (*of building etc*) ravalement *m*, retapage *m*; ~ **powder** *n* poudre *f* de riz; ~ **value** *n* (*of coin*) valeur nominale; **to take sth at ~ value** (*fig*) prendre qch pour argent comptant

facilities [fə'sılıtız] *npl* installations *fpl*, équipement *m*; **credit ~** facilités *fpl* de paiement

facing ['feısıŋ] *prep* face à, en face de

facsimile [fæk'sımılı] *n* (*exact replica*) fac-similé *m*; (*fax*) télécopie *f*

fact [fækt] *n* fait *m*; **in ~** en fait

factor ['fæktə*] *n* facteur *m*

factory ['fæktərı] *n* usine *f*, fabrique *f*

factual ['fæktjuəl] *adj* basé(e) sur les faits

faculty ['fækəltı] *n* faculté *f*; (*US: teaching staff*) corps enseignant

fad [fæd] *n* (*craze*) engouement *m*

fade [feıd] *vi* se décolorer, passer; (*light, sound*) s'affaiblir; (*flower*) se faner

fag [fæg] (*BRIT: inf*) *n* (*cigarette*) sèche *f*

fail [feıl] *vt* (*exam*) échouer à; (*candidate*) recaler; (*subj: courage, memory*) faire défaut à ♦ *vi* échouer; (*brakes*) lâcher; (*eyesight, health, light*) baisser, s'affaiblir; **to ~ to do sth** (*neglect*) négliger de faire qch; (*be unable*) ne pas arriver *or* parvenir à faire qch; **without ~** à coup sûr; sans faute; **~ing** *n* défaut *m* ♦ *prep* faute de; **~ure** *n* échec *m*; (*person*) raté(e); (*mechanical etc*) défaillance *f*

faint [feınt] *adj* faible; (*recollection*) vague; (*mark*) à peine visible ♦ *n* évanouissement *m* ♦ *vi* s'évanouir; **to feel ~** défaillir

fair [fɛə*] *adj* équitable, juste, impartial(e); (*hair*) blond(e); (*skin, complexion*) pâle, blanc(blanche); (*weather*) beau(belle); (*good enough*) assez bon(ne); (*sizeable*) considérable ♦ *adv*: **to play ~** jouer franc-jeu ♦ *n* foire *f*; (*BRIT: fun~*) fête (foraine); **~ly** *adv* équitablement; (*quite*) assez; **~ness** *n* justice *f*, équité *f*, impartialité *f*

fairy ['fɛərı] *n* fée *f*; **~ tale** *n* conte *m* de fées

faith [feıθ] *n* foi *f*; (*trust*) confiance *f*; (*specific religion*) religion *f*; **~ful** *adj* fidèle; **~fully** *adv see* **yours**

fake [feık] *n* (*painting etc*) faux *m*; (*person*) imposteur *m* ♦ *adj* faux(fausse) ♦ *vt* simuler; (*painting*) faire un faux de

falcon ['fɔːlkən] *n* faucon *m*

fall [fɔːl] (*pt* **fell**, *pp* **fallen**) *n* chute *f*; (*US: autumn*) automne *m* ♦ *vi* tomber; (*price, temperature, dollar*) baisser; **~s** *npl* (*waterfall*) chute *f* d'eau, cascade *f*; **to ~ flat** (*on one's face*) tomber de tout son long, s'étaler; (*joke*) tomber à plat; (*plan*) échouer; **~ back** *vi* reculer, se retirer; **~ back on** *vt fus* se rabattre sur; **~ behind** *vi* prendre du retard; **~ down** *vi* (*person*) tomber; (*building*) s'effondrer, s'écrouler; **~ for** *vt fus* (*trick, story etc*) se laisser prendre à; (*person*) tomber amoureux de; **~ in** *vi* s'effondrer; (*MIL*) se mettre en rangs; **~ off** *vi* tomber; (*diminish*) baisser, diminuer; **~ out** *vi* (*hair, teeth*) tomber; (*MIL*) rompre les rangs; (*friends etc*) se brouiller; **~ through** *vi* (*plan, project*) tomber à l'eau

fallacy ['fæləsı] *n* erreur *f*, illusion *f*

fallout ['fɔːlaut] *n* retombées (radioactives); **~ shelter** *n* abri *m* antiatomique

fallow ['fæləu] *adj* en jachère; en friche

false [fɔːls] *adj* faux(fausse); **~ alarm** *n* fausse alerte; **~ pretences** *npl*: **under ~ pretences** sous un faux prétexte; **~ teeth** (*BRIT*) *npl* fausses dents

falter ['fɔːltə*] *vi* chanceler, vaciller

fame [feım] *n* renommée *f*, renom *m*

familiar [fə'mılıə*] *adj* familier(ère); **to be ~ with** (*subject*) connaître

family ['fæmılı] *n* famille *f* ♦ *cpd* (*business, doctor etc*) de famille; **has he any ~?** (*children*) a-t-il des enfants?

famine ['fæmɪn] *n* famine *f*

famished ['fæmɪʃt] (*inf*) *adj* affamé(e)

famous ['feɪməs] *adj* célèbre; **~ly** *adv* (*get on*) fameusement, à merveille

fan [fæn] *n* (*folding*) éventail *m*; (*ELEC*) ventilateur *m*; (*of person*) fan *m*, admirateur(trice); (*of team, sport etc*) supporter *m/f* ♦ *vt* éventer; (*fire, quarrel*) attiser; ~ **out** *vi* se déployer (en éventail)

fanatic [fə'nætɪk] *n* fanatique *m/f*

fan belt *n* courroie *f* de ventilateur

fanciful ['fænsɪfʊl] *adj* fantaisiste

fancy ['fænsɪ] *n* fantaisie *f*, envie *f*; imagination *f* ♦ *adj* (de) fantaisie *inv* ♦ *vt* (*feel like, want*) avoir envie de; (*imagine, think*) imaginer; **to take a ~ to** se prendre d'affection pour; s'enticher de; **he fancies her** (*inf*) elle lui plaît; ~ **dress** *n* déguisement *m*, travesti *m*; **~-dress ball** *n* bal masqué *or* costumé

fang [fæŋ] *n* croc *m*; (*of snake*) crochet *m*

fantastic [fæn'tæstɪk] *adj* fantastique

fantasy ['fæntəzɪ] *n* imagination *f*, fantaisie *f*; (*dream*) chimère *f*

far [fɑ:*] *adj* lointain(e), éloigné(e) ♦ *adv* loin; ~ **away** *or* **off** au loin, dans le lointain; **at the ~ side/end** à l'autre côté/bout; ~ **better** beaucoup mieux; ~ **from** loin de; **by ~** de loin, de beaucoup; **go as ~ as the ~m** allez jusqu'à la ferme; **as ~ as I know** pour autant que je sache; **how ~ is it to ...?** combien y a-t-il jusqu'à ...?; **how ~ have you got?** où en êtes-vous?; **~away** *adj* lointain(e); (*look*) distrait(e)

farce [fɑ:s] *n* farce *f*

farcical ['fɑ:sɪkəl] *adj* grotesque

fare [fɛə*] *n* (*on trains, buses*) prix *m* du billet; (*in taxi*) prix de la course; (*food*) table *f*, chère *f*; **half ~** demi-tarif; **full ~** plein tarif

Far East *n*: **the ~** l'Extrême-Orient *m*

farewell [fɛə'wel] *excl* adieu ♦ *n* adieu

farm [fɑ:m] *n* ferme *f* ♦ *vt* cultiver; **~er** *n* fermier(ère); cultivateur(trice); **~hand** *n* ouvrier(ère) agricole; **~house** *n* (maison *f* de) ferme *f*; **~ing** *n* agriculture *f*; (*of animals*) élevage *m*; **~land** *n* terres cultivées; ~ **worker** *n* = **farmhand**; **~yard** *n* cour *f* de ferme

far-reaching ['fɑ:'ri:tʃɪŋ] *adj* d'une grande portée

fart [fɑ:t] (*inf!*) *vi* péter

farther ['fɑ:ðə*] *adv* plus loin ♦ *adj* plus éloigné(e), plus lointain(e)

farthest ['fɑ:ðɪst] *superl of* **far**

fascinate ['fæsɪneɪt] *vt* fasciner; **fascinating** *adj* fascinant(e)

fascism ['fæʃɪzəm] *n* fascisme *m*

fashion ['fæʃən] *n* mode *f*; (*manner*) façon *f*, manière *f* ♦ *vt* façonner; **in ~** à la mode; **out of ~** démodé(e); **~able** *adj* à la mode; ~ **show** *n* défilé *m* de mannequins *or* de mode

fast [fɑ:st] *adj* rapide; (*clock*): **to be ~** avancer; (*dye, colour*) grand *or* bon teint *inv* ♦ *adv* vite, rapidement; (*stuck, held*) solidement ♦ *n* jeûne *m* ♦ *vi* jeûner; ~ **asleep** profondément endormi

fasten ['fɑ:sn] *vt* attacher, fixer; (*coat*) attacher, fermer ♦ *vi* se fermer, s'attacher; **~er** *n* attache *f*; **~ing** *n* = **fastener**

fast food *n* fast food *m*, restauration *f* rapide

fastidious [fæs'tɪdɪəs] *adj* exigeant(e), difficile

fat [fæt] *adj* gros(se) ♦ *n* graisse *f*; (*on meat*) gras *m*; (*for cooking*) matière grasse

fatal ['feɪtl] *adj* (*injury etc*) mortel(le); (*mistake*) fatal(e); **~ity** [fə'tælɪtɪ] *n* (*road death etc*) victime *f*, décès *m*

fate [feɪt] *n* destin *m*; (*of person*) sort *m*; **~ful** *adj* fatidique

father ['fɑ:ðə*] *n* père *m*; **~-in-law** *n* beau-père *m*; **~ly** *adj* paternel(le)

fathom ['fæðəm] *n* brasse *f* (= 1828

mm) ♦ *vt* (*mystery*) sonder, pénétrer

fatigue [fə'ti:g] *n* fatigue *f*

fatten ['fætn] *vt, vi* engraisser

fatty ['fætɪ] *adj* (*food*) gras(se) ♦ *n* (*inf*) gros(se)

fatuous ['fætjuəs] *adj* stupide

faucet ['fɔ:sɪt] (*US*) *n* robinet *m*

fault [fɔ:lt] *n* faute *f*; (*defect*) défaut *m*; (*GEO*) faille *f* ♦ *vt* trouver des défauts à; **it's my** ~ c'est de ma faute; **to find** ~ **with** trouver à redire *or* à critiquer à; **at** ~ fautif(ive), coupable; **~y** *adj* défectueux(euse)

fauna ['fɔ:nə] *n* faune *f*

faux pas ['fəʊ'pɑ:] *n inv* impair *m*, bévue *f*, gaffe *f*

favour ['feɪvə*] (*US* **favor**) *n* faveur *f*; (*help*) service *m* ♦ *vt* (*proposition*) être en faveur de; (*pupil etc*) favoriser; (*team, horse*) donner gagnant; **to do sb a** ~ rendre un service à qn; **to find** ~ **with** trouver grâce aux yeux de; **in** ~ **of** en faveur de; **~able** *adj* favorable; **~ite** ['feɪvərɪt] *adj, n* favori(te)

fawn [fɔ:n] *n* faon *m* ♦ *adj* (*also*: **~-coloured**) fauve ♦ *vi*: **to** ~ **(up)on** flatter servilement

fax [fæks] *n* (*document*) télécopie *f*; (*machine*) télécopieur *m* ♦ *vt* envoyer par télécopie

FBI ['efbi:'aɪ] *n abbr* (*US*: = *Federal Bureau of Investigation*) F.B.I. *m*

fear [fɪə*] *n* crainte *f*, peur *f* ♦ *vt* craindre; **for** ~ **of** de peur que *+sub*, de peur de *+infin*; **~ful** *adj* craintif(ive); (*sight, noise*) affreux(euse), épouvantable; **~less** *adj* intrépide

feasible ['fi:zəbl] *adj* faisable, réalisable

feast [fi:st] *n* festin *m*, banquet *m*; (*REL*: *also*: ~ *day*) fête *f* ♦ *vi* festoyer

feat [fi:t] *n* exploit *m*, prouesse *f*

feather ['feðə*] *n* plume *f*

feature ['fi:tʃə*] *n* caractéristique *f*; (*article*) chronique *f*, rubrique *f* ♦ *vt* (*subj*: *film*) avoir pour vedette(s) ♦ *vi*: **to** ~ **in** figurer (en bonne place) dans; (*in film*) jouer dans; **~s** *npl* (*of face*) traits *mpl*; ~ **film** *n* long métrage

February ['februərɪ] *n* février *m*

fed [fed] *pt, pp of* **feed**

federal ['fedərəl] *adj* fédéral(e)

fed up *adj*: **to be** ~ en avoir marre, en avoir plein le dos

fee [fi:] *n* rémunération *f*; (*of doctor, lawyer*) honoraires *mpl*; (*for examination*) droits *mpl*; **school ~s** frais *mpl* de scolarité

feeble ['fi:bl] *adj* faible; (*pathetic*: *attempt, excuse*) pauvre; (*: joke*) piteux(euse)

feed [fi:d] (*pt, pp* **fed**) *n* (*of baby*) tétée *f*; (*of animal*) fourrage *m*; pâture *f*; (*on printer*) mécanisme *m* d'alimentation ♦ *vt* (*person*) nourrir; (*BRIT*: *baby*) allaiter; (*: with bottle*) donner le biberon à; (*horse etc*) donner à manger à; (*machine*) alimenter; (*data, information*): **to** ~ **sth into** fournir qch à; ~ **on** *vt fus* se nourrir de; **~back** *n* feed-back *m inv*; **~ing bottle** (*BRIT*) *n* biberon *m*

feel [fi:l] (*pt, pp* **felt**) *n* sensation *f*; (*impression*) impression *f* ♦ *vt* toucher; (*explore*) tâter, palper; (*cold, pain*) sentir; (*grief, anger*) ressentir, éprouver; (*think, believe*) trouver; **to** ~ **hungry/cold** avoir faim/froid; **to** ~ **lonely/better** se sentir seul/mieux; **I don't** ~ **well** je ne me sens pas bien; **it ~s soft** c'est doux(douce) au toucher; **to** ~ **like** (*want*) avoir envie de; ~ **about** *vi* fouiller, tâtonner; **~er** *n* (*of insect*) antenne *f*; **to put out ~ers** *or* **a ~er** tâter le terrain; **~ing** *n* (*physical*) sensation *f*; (*emotional*) sentiment *m*

feet [fi:t] *npl of* **foot**

feign [feɪn] *vt* feindre, simuler

fell [fel] *pt of* **fall** ♦ *vt* (*tree, person*) abattre

fellow ['feləʊ] *n* type *m*; (*comrade*) compagnon *m*; (*of learned society*) membre *m* ♦ *cpd*: **their ~ prisoners/students** leurs camarades prisonniers/d'étude; **~ citizen** *n* concitoyen(ne) *m/f*; **~ countryman** (*irreg*) *n* compatriote *m*; **~ men** *npl* semblables *mpl*; **~ship** *n* (*society*) association *f*; (*comradeship*) amitié *f*, camaraderie *f*; (*grant*) *sorte de bourse universitaire*

felony ['felənı] *n* crime *m*, forfait *m*

felt [felt] *pt, pp of* **feel** ♦ *n* feutre *m*; **~-tip pen** *n* stylo-feutre *m*

female ['fi:meıl] *n* (*ZOOL*) femelle *f*; (*pej*: *woman*) bonne femme ♦ *adj* (*BIO*) femelle; (*sex, character*) féminin(e); (*vote etc*) des femmes

feminine ['femının] *adj* féminin(e)

feminist ['femınıst] *n* féministe *m/f*

fence [fens] *n* barrière *f* ♦ *vt* (*also*: **~ in**) clôturer ♦ *vi* faire de l'escrime; **fencing** ['fensıŋ] *n* escrime *m*

fend [fend] *vi*: **to ~ for o.s.** se débrouiller (tout seul); **~ off** *vt* (*attack etc*) parer

fender ['fendə*] *n* garde-feu *m inv*; (*on boat*) défense *f*; (*US*: *of car*) aile *f*

ferment [*vb* fə'ment, *n* 'fɜ:ment] *vi* fermenter ♦ *n* agitation *f*, effervescence *f*

fern [fɜ:n] *n* fougère *f*

ferocious [fə'rəʊʃəs] *adj* féroce

ferret ['ferıt] *n* furet *m*

ferry ['ferı] *n* (*small*) bac *m*; (*large*: *also*: **~boat**) ferry(-boat) *m* ♦ *vt* transporter

fertile ['fɜ:taıl] *adj* fertile; (*BIO*) fécond(e); **fertilizer** ['fɜ:tılaızə*] *n* engrais *m*

fester ['festə*] *vi* suppurer

festival ['festıvəl] *n* (*REL*) fête *f*; (*ART, MUS*) festival *m*

festive ['festıv] *adj* de fête; **the ~ season** (*BRIT*: *Christmas*) la période des fêtes; **festivities** [fes'tıvıtız] *npl* réjouissances *fpl*

festoon [fes'tu:n] *vt*: **to ~ with** orner de

fetch [fetʃ] *vt* aller chercher; (*sell for*) se vendre

fetching ['fetʃıŋ] *adj* charmant(e)

fête [feıt] *n* fête *f*, kermesse *f*

fetish ['fetıʃ] *n*: **to make a ~ of** être obsédé(e) par

feud [fju:d] *n* dispute *f*, dissension *f*

fever ['fi:və*] *n* fièvre *f*; **~ish** *adj* fiévreux(euse), fébrile

few [fju:] *adj* (*not many*) peu de; **a ~** *adj* quelques ♦ *pron* quelques-uns(unes); **~er** *adj* moins de; moins (nombreux); **~est** *adj* le moins (de)

fiancé, e [fı'ɑ̃:nseı] *n* fiancé(e) *m/f*

fib [fıb] *n* bobard *m*

fibre ['faıbə*] (*US* **fiber**) *n* fibre *f*; **~-glass** (®) *n* fibre de verre

fickle ['fıkl] *adj* inconstant(e), volage, capricieux(euse)

fiction ['fıkʃən] *n* romans *mpl*, littérature *f* romanesque; (*invention*) fiction *f*; **~al** *adj* fictif(ive)

fictitious [fık'tıʃəs] *adj* fictif(ive), imaginaire

fiddle ['fıdl] *n* (*MUS*) violon *m*; (*cheating*) combine *f*; escroquerie *f* ♦ *vt* (*BRIT*: *accounts*) falsifier, maquiller; **~ with** *vt fus* tripoter

fidget ['fıdʒıt] *vi* se trémousser, remuer

field [fi:ld] *n* champ *m*; (*fig*) domaine *m*, champ; (*SPORT*: *ground*) terrain *m*; **~ marshal** *n* maréchal *m*; **~work** *n* travaux *mpl* pratiques (sur le terrain)

fiend [fi:nd] *n* démon *m*; **~ish** *adj* diabolique, abominable

fierce [fıəs] *adj* (*look, animal*) féroce, sauvage; (*wind, attack, person*) (très) violent(e); (*fighting, enemy*) acharné(e)

fiery ['faıərı] *adj* ardent(e), brûlant(e); (*temperament*) fougueux(euse)

fifteen [fıf'ti:n] *num* quinze

fifth [fıfθ] *num* cinquième

fifty ['fıftı] *num* cinquante; **~-fifty** *adj*: **a ~-fifty chance** *etc* une chance *etc* sur deux ♦ *adv* moitié-moitié

fig [fıg] *n* figue *f*

fight [faıt] (*pt, pp* **fought**) *n* (*MIL*)

combat *m*; (*between persons*) bagarre *f*; (*against cancer etc*) lutte *f* ♦ *vt* se battre contre; (*cancer, alcoholism, emotion*) combattre, lutter contre; (*election*) se présenter à ♦ *vi* se battre; ~**er** *n* (*fig*) lutteur *m*; (*plane*) chasseur *m*; ~**ing** *n* combats *mpl* (*brawl*) bagarres *fpl*

figment ['fɪgmənt] *n*: **a ~ of the imagination** une invention

figurative ['fɪgərətɪv] *adj* figuré(e)

figure ['fɪgə*] *n* figure *f*; (*number, cipher*) chiffre *m*; (*body, outline*) silhouette *f*; (*shape*) ligne *f*, formes *fpl* ♦ *vt* (*think: esp US*) supposer ♦ *vi* (*appear*) figurer; ~ **out** *vt* (*work out*) calculer; ~**head** *n* (*NAUT*) figure *f* de proue; (*pej*) prête-nom *m*; ~ **of speech** *n* figure *f* de rhétorique

file [faɪl] *n* (*dossier*) dossier *m*; (*folder*) dossier, chemise *f*; (: *with hinges*) classeur *m*; (*COMPUT*) fichier *m*; (*row*) file *f*; (*tool*) lime *f* ♦ *vt* (*nails, wood*) limer; (*papers*) classer; (*LAW: claim*) faire enregistrer; déposer ♦ *vi*: **to ~ in/out** entrer/sortir l'un derrière l'autre; **to ~ for divorce** faire une demande en divorce; **filing cabinet** *n* classeur *m* (*meuble*)

fill [fɪl] *vt* remplir; (*need*) répondre à ♦ *n*: **to eat one's ~** manger à sa faim; **to ~ with** remplir de; ~ **in** *vt* (*hole*) boucher; (*form*) remplir; ~ **up** *vt* remplir; ~ **it up, please** (*AUT*) le plein, s'il vous plaît

fillet ['fɪlɪt] *n* filet *m*; ~ **steak** *n* filet *m* de bœuf, tournedos *m*

filling ['fɪlɪŋ] *n* (*CULIN*) garniture *f*, farce *f*; (*for tooth*) plombage *m*; ~ **station** *n* station-service *f*

film [fɪlm] *n* film *m*; (*PHOT*) pellicule *f*, film; (*of powder, liquid*) couche *f*, pellicule ♦ *vt* (*scene*) filmer ♦ *vi* tourner; ~ **star** *n* vedette *f* de cinéma

filter ['fɪltə*] *n* filtre *m* ♦ *vt* filtrer; ~ **lane** *n* (*AUT*) voie *f* de sortie; ~-**tipped** *adj* à bout filtre

filth [fɪlθ] *n* saleté *f*; ~**y** *adj* sale, dégoûtant(e); (*language*) ordurier(ère)

fin [fɪn] *n* (*of fish*) nageoire *f*

final ['faɪnl] *adj* final(e); (*definitive*) définitif(ive) ♦ *n* (*SPORT*) finale *f*; ~**s** *npl* (*SCOL*) examens *mpl* de dernière année; ~**e** [fɪ'nɑːlɪ] *n* finale *m*; ~**ize** *vt* mettre au point; ~**ly** *adv* (*eventually*) enfin, finalement; (*lastly*) en dernier lieu

finance [faɪ'næns] *n* finance *f* ♦ *vt* financer; ~**s** *npl* (*financial position*) finances *fpl*; **financial** [faɪ'nænʃəl] *adj* financier(ère)

find [faɪnd] (*pt, pp* **found**) *vt* trouver; (*lost object*) retrouver ♦ *n* trouvaille *f*, découverte *f*; **to ~ sb guilty** (*LAW*) déclarer qn coupable; ~ **out** *vt* (*truth, secret*) découvrir; (*person*) démasquer ♦ *vi*: **to ~ out about** (*make enquiries*) se renseigner; (*by chance*) apprendre; ~**ings** *npl* (*LAW*) conclusions *fpl*, verdict *m*; (*of report*) conclusions

fine [faɪn] *adj* (*excellent*) excellent(e); (*thin, not coarse, subtle*) fin(e); (*weather*) beau(belle) ♦ *adv* (*well*) très bien ♦ *n* (*LAW*) amende *f*; contravention *f* ♦ *vt* (*LAW*) condamner à une amende; donner une contravention à; **to be ~** (*person*) aller bien; (*weather*) être beau; ~ **arts** *npl* beaux-arts *mpl*

finery ['faɪnərɪ] *n* parure *f*

finger ['fɪŋgə*] *n* doigt *m* ♦ *vt* palper, toucher; **little ~** auriculaire *m*, petit doigt; **index ~** index *m*; ~**nail** *n* ongle *m* (de la main); ~**print** *n* empreinte digitale; ~**tip** *n* bout *m* du doigt

finicky ['fɪnɪkɪ] *adj* tatillon(ne), méticuleux(euse); minutieux(euse)

finish ['fɪnɪʃ] *n* fin *f*; (*SPORT*) arrivée *f*; (*polish etc*) finition *f* ♦ *vt* finir, terminer ♦ *vi* finir, se terminer; **to ~ doing sth** finir de faire qch; **to ~ third** arriver *or* terminer troisième; ~ **off** *vt* finir, terminer; (*kill*) achever; ~ **up** *vi, vt* finir; ~**ing line** *n* ligne *f* d'arrivée; ~**ing school** *n* institution privée (*pour jeunes filles*)

finite ['faınaıt] *adj* fini(e); (*verb*) conjugué(e)

Finland ['fınlənd] *n* Finlande *f*

Finn [fın] *n* Finnois(e); Finlandais(e); **~ish** *adj* finnois(e); finlandais(e) ♦ *n* (*LING*) finnois *m*

fir [fɜ:*] *n* sapin *m*

fire [faıə*] *n* feu *m*; (*accidental*) incendie *m*; (*heater*) radiateur *m* ♦ *vt* (*discharge*): **to ~ a gun** tirer un coup de feu; (*fig*) enflammer, animer; (*inf*: *dismiss*) mettre à la porte, renvoyer ♦ *vi* (*shoot*) tirer, faire feu; **on ~** en feu; **~ alarm** *n* avertisseur *m* d'incendie; **~arm** *n* arme *f* à feu; **~ brigade** *n* (sapeurs-)pompiers *mpl*; **~ department** (*US*) *n* = **fire brigade**; **~ engine** *n* (*vehicle*) voiture *f* des pompiers; **~ escape** *n* escalier *m* de secours; **~ extinguisher** *n* extincteur *m*; **~man** *n* pompier *m*; **~place** *n* cheminée *f*; **~side** *n* foyer *m*, coin *m* du feu; **~ station** *n* caserne *f* de pompiers; **~wood** *n* bois *m* de chauffage; **~works** *npl* feux *mpl* d'artifice; (*display*) feu(x) d'artifice

firing squad ['faıərıŋ-] *n* peloton *m* d'exécution

firm [fɜ:m] *adj* ferme ♦ *n* compagnie *f*, firme *f*

first [fɜ:st] *adj* premier(ère) ♦ *adv* (*before all others*) le premier, la première; (*before all other things*) en premier, d'abord; (*when listing reasons etc*) en premier lieu, premièrement ♦ *n* (*person*: *in race*) premier(ère); (*BRIT*: *SCOL*) mention *f* très bien; (*AUT*) première *f*; **at ~** au commencement, au début; **~ of all** tout d'abord, pour commencer; **~-aid** *n* premiers secours *or* soins; **~-aid kit** *n* trousse *f* à pharmacie; **~-class** *adj* de première classe; (*excellent*) excellent(e), exceptionnel(le); **~-hand** *adj* de première main; **~ lady** (*US*) *n* femme *f* du président; **~ly** *adv* premièrement, en premier lieu; **~ name** *n* prénom *m*; **~-rate** *adj* excellent(e)

fish [fıʃ] *n inv* poisson *m* ♦ *vt, vi* pêcher; **to go ~ing** aller à la pêche; **~erman** *n* pêcheur *m*; **~ farm** *n* établissement *m* piscicole; **~ fingers** (*BRIT*) *npl* bâtonnets de poisson (congelés); **~ing boat** *n* barque *f or* bateau *m* de pêche; **~ing line** *n* ligne *f* (de pêche); **~ing rod** *n* canne *f* à pêche; **~monger's (shop)** *n* poissonnerie *f*; **~ sticks** (*US*) *npl* = **fish fingers**; **~y** (*inf*) *adj* suspect(e), louche

fist [fıst] *n* poing *m*

fit [fıt] *adj* (*healthy*) en (bonne) forme; (*proper*) convenable; approprié(e) ♦ *vt* (*subj*: *clothes*) aller à; (*put in, attach*) installer, poser; adapter; (*equip*) équiper, garnir, munir; (*suit*) convenir à ♦ *vi* (*clothes*) aller; (*parts*) s'adapter; (*in space, gap*) entrer, s'adapter ♦ *n* (*MED*) accès *m*, crise *f*; (*of anger*) accès; (*of hysterics, jealousy*) crise; **~ to** en état de; **~ for** digne de; apte à; **~ of coughing** quinte *f* de toux; **a ~ of giggles** le fou rire; **this dress is a good ~** cette robe (me) va très bien; **by ~s and starts** par à-coups; **~ in** *vi* s'accorder; s'adapter; **~ful** *adj* (*sleep*) agité(e); **~ment** *n* meuble encastré, élément *m*; **~ness** *n* (*MED*) forme *f* physique; **~ted carpet** *n* moquette *f*; **~ted kitchen** (*BRIT*) *n* cuisine équipée; **~ter** *n* monteur *m*; **~ting** *adj* approprié(e) ♦ *n* (*of dress*) essayage *m*; (*of piece of equipment*) pose *f*, installation *f*; **~tings** *npl* (*in building*) installations *fpl*; **~ting room** *n* cabine *f* d'essayage

five [faıv] *num* cinq; **~r** (*BRIT*) *n* billet *m* de cinq livres; (*US*) billet de cinq dollars

fix [fıks] *vt* (*date, amount etc*) fixer; (*organize*) arranger; (*mend*) réparer; (*meal, drink*) préparer ♦ *n*: **to be in a ~** être dans le pétrin; **~ up** *vt* (*meeting*) arranger; **to ~ sb up with sth** faire avoir qch à qn; **~ation** [fık'seıʃən] *n* (*PSYCH*) fixation *f*; (*fig*) obsession *f*; **~ed** [fɪkst] *adj* (*prices etc*) fixe; (*smile*) figé(e); **~ture** ['fɪkstʃə*] *n* installation *f* (fixe); (*SPORT*) rencontre *f* (au programme)

fizzle ['fɪzl-] *vi*: ~ **out** *vi* (*interest*) s'estomper; (*strike, film*) se terminer en queue de poisson

fizzy ['fɪzɪ] *adj* pétillant(e); gazeux(euse)

flabbergasted ['flæbəgɑːstɪd] *adj* sidéré(e), ahuri(e)

flabby ['flæbɪ] *adj* mou(molle)

flag [flæg] *n* drapeau *m*; (*also*: *~stone*) dalle *f* ♦ *vi* faiblir; fléchir; ~ **down** *vt* héler, faire signe (de s'arrêter) à; **~pole** ['flægpəul] *n* mât *m*; **~ship** *n* vaisseau *m* amiral; (*fig*) produit *m* vedette

flair [flɛə*] *n* flair *m*

flak [flæk] *n* (*MIL*) tir antiaérien; (*inf*: *criticism*) critiques *fpl*

flake [fleɪk] *n* (*of rust, paint*) écaille *f*; (*of snow, soap powder*) flocon *m* ♦ *vi* (*also*: ~ *off*) s'écailler

flamboyant [flæm'bɔɪənt] *adj* flamboyant(e), éclatant(e); (*person*) haut(e) en couleur

flame [fleɪm] *n* flamme *f*

flamingo [flə'mɪŋgəu] *n* flamant *m* (rose)

flammable ['flæməbl] *adj* inflammable

flan [flæn] (*BRIT*) *n* tarte *f*

flank [flæŋk] *n* flanc *m* ♦ *vt* flanquer

flannel ['flænl] *n* (*fabric*) flanelle *f*; (*BRIT*: *also*: *face* ~) gant *m* de toilette; ~s *npl* (*trousers*) pantalon *m* de flanelle

flap [flæp] *n* (*of pocket, envelope*) rabat *m* ♦ *vt* (*wings*) battre (de) ♦ *vi* (*sail, flag*) claquer; (*inf*: *also*: *be in a* ~) paniquer

flare [flɛə*] *n* (*signal*) signal lumineux; (*in skirt etc*) évasement *m*; ~ **up** *vi* s'embraser; (*fig*: *person*) se mettre en colère, s'emporter; (: *revolt etc*) éclater

flash [flæʃ] *n* éclair *m*; (*also*: *news* ~) flash *m* (d'information); (*PHOT*) flash ♦ *vt* (*light*) projeter; (*send*: *message*) câbler; (*look*) jeter; (*smile*) lancer ♦ *vi* (*light*) clignoter; **a ~ of lightning** un éclair; **in a ~** en un clin d'œil; **to ~ one's headlights** faire un appel de phares; **to ~ by** *or* **past** (*person*) passer comme un éclair (devant); **~bulb** *n* ampoule *f* de flash; **~cube** *n* cube-flash *m*; **~light** *n* lampe *f* de poche

flashy ['flæʃɪ] (*pej*) *adj* tape-à-l'œil *inv*, tapageur(euse)

flask [flɑːsk] *n* flacon *m*, bouteille *f*; **(vacuum) ~ thermos** *m or f* (®)

flat [flæt] *adj* plat(e); (*tyre*) dégonflé(e), à plat; (*beer*) éventé(e); (*denial*) catégorique; (*MUS*) bémol *inv*; (: *voice*) faux(fausse); (*fee, rate*) fixe ♦ *n* (*BRIT*: *apartment*) appartement *m*; (*AUT*) crevaison *f*; (*MUS*) bémol *m*; **to work ~ out** travailler d'arrache-pied; **~ly** *adv* catégoriquement; **~ten** *vt* (*also*: *~ten out*) aplatir; (*crop*) coucher; (*building(s)*) raser

flatter ['flætə*] *vt* flatter; **~ing** *adj* flatteur(euse); **~y** *n* flatterie *f*

flaunt [flɔːnt] *vt* faire étalage de

flavour ['fleɪvə*] (*US* **flavor**) *n* goût *m*, saveur *f*; (*of ice cream etc*) parfum *m* ♦ *vt* parfumer; **vanilla-flavoured** à l'arôme de vanille, à la vanille; **~ing** *n* arôme *m*

flaw [flɔː] *n* défaut *m*; **~less** *adj* sans défaut

flax [flæks] *n* lin *m*; **~en** *adj* blond(e)

flea [fliː] *n* puce *f*

fleck [flek] *n* tacheture *f*; moucheture *f*

flee [fliː] (*pt, pp* **fled**) *vt* fuir ♦ *vi* fuir, s'enfuir

fleece [fliːs] *n* toison *f* ♦ *vt* (*inf*) voler, filouter

fleet [fliːt] *n* flotte *f*; (*of lorries etc*) parc *m*, convoi *m*

fleeting ['fliːtɪŋ] *adj* fugace, fugitif(ive); (*visit*) très bref(brève)

Flemish ['flemɪʃ] *adj* flamand(e)

flesh [fleʃ] *n* chair *f*; ~ **wound** *n* blessure superficielle

flew [flu:] *pt of* **fly**
flex [flɛks] *n* fil *m or* câble *m* électrique ♦ *vt* (*knee*) fléchir; (*muscles*) tendre
flexible *adj* flexible
flick [flɪk] *n* petite tape; chiquenaude *f*; (*of duster*) petit coup ♦ *vt* donner un petit coup à; (*switch*) appuyer sur; ~ **through** *vt fus* feuilleter
flicker ['flɪkə*] *vi* (*light*) vaciller; **his eyelids ~ed** il a cillé
flier ['flaɪə*] *n* aviateur *m*
flight [flaɪt] *n* vol *m*; (*escape*) fuite *f*; (*also*: ~ *of steps*) escalier *m*; ~ **attendant** (*US*) *n* steward *m*, hôtesse *f* de l'air; ~ **deck** *n* (*AVIAT*) poste *m* de pilotage; (*NAUT*) pont *m* d'envol
flimsy ['flɪmzɪ] *adj* peu solide; (*clothes*) trop léger(ère); (*excuse*) pauvre, mince
flinch [flɪntʃ] *vi* tressaillir; **to ~ from** se dérober à, reculer devant
fling [flɪŋ] (*pt, pp* **flung**) *vt* jeter, lancer
flint [flɪnt] *n* silex *m*; (*in lighter*) pierre *f* (à briquet)
flip [flɪp] *vt* (*throw*) lancer (d'une chiquenaude); **to ~ a coin** jouer à pile ou face; **to ~ sth over** retourner qch
flippant ['flɪpənt] *adj* désinvolte, irrévérencieux(euse)
flipper ['flɪpə*] *n* (*of seal etc*) nageoire *f*; (*for swimming*) palme *f*
flirt [flɜ:t] *vi* flirter ♦ *n* flirteur(euse) *m/f*
flit [flɪt] *vi* voleter
float [fləʊt] *n* flotteur *m*; (*in procession*) char *m*; (*money*) réserve *f* ♦ *vi* flotter
flock [flɒk] *n* troupeau *m*; (*of birds*) vol *m*; (*REL*) ouailles *fpl* ♦ *vi*: **to ~ to** se rendre en masse à
flog [flɒg] *vt* fouetter
flood [flʌd] *n* inondation *f*; (*of letters, refugees etc*) flot *m* ♦ *vt* inonder ♦ *vi* (*people*): **to ~ into** envahir; **~ing** *n* inondation *f*; **~light** *n* projecteur *m*
floor [flɔ:*] *n* sol *m*; (*storey*) étage *m*; (*of sea, valley*) fond *m* ♦ *vt* (*subj*: *question*) décontenancer; (: *blow*) terrasser; **on the ~** par terre; **ground ~**, (*US*) **first ~** rez-de-chaussée *m inv*; **first ~**, (*US*) **second ~** premier étage; **~board** *n* planche *f* (*du plancher*); **~ show** *n* spectacle *m* de variétés
flop [flɒp] *n* fiasco *m* ♦ *vi* être un fiasco; (*fall*: *into chair*) s'affaler, s'effondrer
floppy ['flɒpɪ] *adj* lâche, flottant(e); **~ (disk)** *n* (*COMPUT*) disquette *f*
flora ['flɔ:rə] *n* flore *f*
floral ['flɔ:rəl] *adj* (*dress*) à fleurs
florid ['flɒrɪd] *adj* (*complexion*) coloré(e); (*style*) plein(e) de fioritures
florist ['flɒrɪst] *n* fleuriste *m/f*
flounce [flaʊns]: **to ~ out** *vi* sortir dans un mouvement d'humeur
flounder ['flaʊndə*] *vi* patauger ♦ *n* (*ZOOL*) flet *m*
flour ['flaʊə*] *n* farine *f*
flourish ['flʌrɪʃ] *vi* prospérer ♦ *n* (*gesture*) moulinet *m*
flout [flaʊt] *vt* se moquer de, faire fi de
flow [fləʊ] *n* (*ELEC, of river*) courant *m*; (*of blood in veins*) circulation *f*; (*of tide*) flux *m*; (*of orders, data*) flot *m* ♦ *vi* couler; (*traffic*) s'écouler; (*robes, hair*) flotter; **the ~ of traffic** l'écoulement *m* de la circulation; **~ chart** *n* organigramme *m*
flower ['flaʊə*] *n* fleur *f* ♦ *vi* fleurir; **~ bed** *n* plate-bande *f*; **~pot** *n* pot *m* (de fleurs); **~y** *adj* fleuri(e)
flown [fləʊn] *pp of* **fly**
flu [flu:] *n* grippe *f*
fluctuate ['flʌktjʊeɪt] *vi* varier, fluctuer
fluent ['flu:ənt] *adj* (*speech*) coulant(e), aisé(e); **he speaks ~ French, he's ~ in French** il parle couramment le français
fluff [flʌf] *n* duvet *m*; (*on jacket, carpet*) peluche *f*; **~y** *adj* duveteux(euse); (*toy*) en peluche
fluid ['flu:ɪd] *adj* fluide ♦ *n* fluide *m*
fluke [flu:k] (*inf*) *n* (*luck*) coup *m* de

veine

flung [flʌŋ] *pt, pp of* **fling**

fluoride ['fluəraɪd] *n* fluorure *f*; ~ **toothpaste** *n* dentifrice *m* au fluor

flurry ['flʌrɪ] *n* (*of snow*) rafale *f*, bourrasque *f*; ~ **of activity/excitement** affairement *m*/excitation *f* soudain(e)

flush [flʌʃ] *n* (*on face*) rougeur *f*; (*fig*: *of youth, beauty etc*) éclat *m* ♦ *vt* nettoyer à grande eau ♦ *vi* rougir ♦ *adj*: ~ **with** au ras de, de niveau avec; **to** ~ **the toilet** tirer la chasse (d'eau); ~ **out** *vt* (*game, birds*) débusquer; ~**ed** *adj* (tout(e)) rouge

flustered ['flʌstəd] *adj* énervé(e)

flute [flu:t] *n* flûte *f*

flutter ['flʌtə*] *n* (*of panic, excitement*) agitation *f*; (*of wings*) battement *m* ♦ *vi* (*bird*) battre des ailes, voleter

flux [flʌks] *n*: **in a state of** ~ fluctuant sans cesse

fly [flaɪ] (*pt* **flew**, *pp* **flown**) *n* (*insect*) mouche *f*; (*on trousers*: *also*: *flies*) braguette *f* ♦ *vt* piloter; (*passengers, cargo*) transporter (par avion); (*distances*) parcourir ♦ *vi* voler; (*passengers*) aller en avion; (*escape*) s'enfuir, fuir; (*flag*) se déployer; ~ **away** *vi* (*bird, insect*) s'envoler; ~ **off** *vi* = **fly away**; ~**ing** *n* (*activity*) aviation *f*; (*action*) vol *m* ♦ *adj*: **a** ~**ing visit** une visite éclair; **with** ~**ing colours** haut la main; ~**ing saucer** *n* soucoupe volante; ~**ing start** *n*: **to get off to a** ~**ing start** prendre un excellent départ; ~**over** (*BRIT*) *n* (*bridge*) saut-de-mouton *m*; ~**sheet** *n* (*for tent*) double toit *m*

foal [fəul] *n* poulain *m*

foam [fəum] *n* écume *f*; (*on beer*) mousse *f*; (*also*: ~ *rubber*) caoutchouc *m* mousse ♦ *vi* (*liquid*) écumer; (*soapy water*) mousser

fob [fɒb] *vt*: **to** ~ **sb off** se débarrasser de qn

focal point ['fəukəl-] *n* (*fig*) point central

focus ['fəukəs] (*pl* ~**es**) *n* foyer *m*; (*of interest*) centre *m* ♦ *vt* (*field glasses etc*) mettre au point ♦ *vi*: **to** ~ **(on)** (*with camera*) régler la mise au point (sur); (*person*) fixer son regard (sur); **out of/in** ~ (*picture*) flou(e)/net(te); (*camera*) pas au point/au point

fodder ['fɒdə*] *n* fourrage *m*

foe [fəu] *n* ennemi *m*

fog [fɒg] *n* brouillard *m*; ~**gy** *adj*: **it's** ~**gy** il y a du brouillard; ~ **lamp** *n* (*AUT*) phare *m* antibrouillard; ~ **light** (*US*) *n* = **fog lamp**

foil [fɔɪl] *vt* déjouer, contrecarrer ♦ *n* feuille *f* de métal; (*kitchen* ~) papier *m* d'alu(minium); (*complement*) repoussoir *m*; (*FENCING*) fleuret *m*

fold [fəuld] *n* (*bend, crease*) pli *m*; (*AGR*) parc *m* à moutons; (*fig*) bercail *m* ♦ *vt* plier; (*arms*) croiser; ~ **up** *vi* (*map, table etc*) se plier; (*business*) fermer boutique ♦ *vt* (*map, clothes*) plier; ~**er** *n* (*for papers*) chemise *f*; (: *with hinges*) classeur *m*; ~**ing** *adj* (*chair, bed*) pliant(e)

foliage ['fəulɪɪdʒ] *n* feuillage *m*

folk [fəuk] *npl* gens *mpl* ♦ *cpd* folklorique; ~**s** *npl* (*parents*) parents *mpl*; ~**lore** ['fəuklɔ:*] *n* folklore *m*; ~ **song** *n* chanson *f* folklorique

follow ['fɒləu] *vt* suivre ♦ *vi* suivre; (*result*) s'ensuivre; **to** ~ **suit** (*fig*) faire de même; ~ **up** *vt* (*letter, offer*) donner suite à; (*case*) suivre; ~**er** *n* disciple *m/f*, partisan(e); ~**ing** *adj* suivant(e) ♦ *n* partisans *mpl*, disciples *mpl*

folly ['fɒlɪ] *n* inconscience *f*; folie *f*

fond [fɒnd] *adj* (*memory, look*) tendre; (*hopes, dreams*) un peu fou(folle); **to be** ~ **of** aimer beaucoup

fondle ['fɒndl] *vt* caresser

font [fɒnt] *n* (*in church*: *for baptism*) fonts baptismaux; (*TYP*) fonte *f*

food [fu:d] *n* nourriture *f*; ~ **mixer** *n* mixer *m*; ~ **poisoning** *n* intoxication *f* alimentaire; ~ **processor** *n* robot *m* de cuisine; ~**stuffs** *npl* denrées *fpl* alimentaires

fool [fu:l] *n* idiot(e); (*CULIN*) mousse *f* de fruits ♦ *vt* berner, duper ♦ *vi* faire l'idiot *or* l'imbécile; **~hardy** *adj* téméraire, imprudent(e); **~ish** *adj* idiot(e), stupide; (*rash*) imprudent(e); insensé; **~proof** *adj* (*plan etc*) infaillible

foot [fʊt] (*pl* **feet**) *n* pied *m*; (*of animal*) patte *f*; (*measure*) pied (= *30,48 cm; 12 inches*) ♦ *vt* (*bill*) payer; **on ~** à pied; **~age** *n* (*CINEMA*: *length*) ≈ métrage *m*; (: *material*) séquences *fpl*; **~ball** *n* ballon *m* (de football); (*sport*: *BRIT*) football *m*; (: *US*) football américain; **~ball player** (*BRIT*) *n* (*also*: *footballer*) joueur *m* de football; **~brake** *n* frein *m* à pédale; **~bridge** *n* passerelle *f*; **~hills** *npl* contreforts *mpl*; **~hold** *n* prise *f* (de pied); **~ing** *n* (*fig*) position *f*; **to lose one's ~ing** perdre pied; **~lights** *npl* rampe *f*; **~man** (*irreg*) *n* valet *m* de pied; **~note** *n* note *f* (en bas de page); **~path** *n* sentier *m*; (*in street*) trottoir *m*; **~print** *n* trace *f* (de pas); **~step** *n* pas *m*; **~wear** *n* chaussure(s) *f(pl)*

KEYWORD

for [fɔ:*] *prep* **1** (*indicating destination, intention, purpose*) pour; **the train ~ London** le train pour *or* (à destination) de Londres; **he went ~ the paper** il est allé chercher le journal; **it's time ~ lunch** c'est l'heure du déjeuner; **what's it ~?** ça sert à quoi?; **what ~?** (*why*) pourquoi?

2 (*on behalf of, representing*) pour; **the MP ~ Hove** le député de Hove; **to work ~ sb/sth** travailler pour qn/qch; **G ~ George** G comme Georges

3 (*because of*) pour; **~ this reason** pour cette raison; **~ fear of being criticized** de peur d'être critiqué

4 (*with regard to*) pour; **it's cold ~ July** il fait froid pour juillet; **a gift ~ languages** un don pour les langues

5 (*in exchange for*): **I sold it ~ £5** je l'ai vendu 5 livres; **to pay 50 pence ~ a ticket** payer 50 pence un billet

6 (*in favour of*) pour; **are you ~ or against us?** êtes-vous pour ou contre nous?

7 (*referring to distance*) pendant (*referring to distance*), sur; **there are roadworks ~ 5 km** il y a des travaux sur *or* pendant 5 km; **we walked ~ miles** nous avons marché pendant des kilomètres

8 (*referring to time*) pendant; depuis; pour; **he was away ~ 2 years** il a été absent pendant 2 ans; **she will be away ~ a month** elle sera absente (pendant) un mois; **I have known her ~ years** je la connais depuis des années; **can you do it ~ tomorrow?** est-ce que tu peux le faire pour demain?

9 (*with infinitive clauses*): **it is not ~ me to decide** ce n'est pas à moi de décider; **it would be best ~ you to leave** le mieux serait que vous partiez; **there is still time ~ you to do it** vous avez encore le temps de le faire; **~ this to be possible ...** pour que cela soit possible ...

10 (*in spite of*): **~ all his work/efforts** malgré tout son travail/tous ses efforts; **~ all his complaints, he's very fond of her** il a beau se plaindre, il l'aime beaucoup

♦ *conj* (*since, as*: *rather formal*) car

forage ['fɒrɪdʒ] *vi* fourrager

foray ['fɒreɪ] *n* incursion *f*

forbid [fə'bɪd] (*pt* **forbad(e)**, *pp* **forbidden**) *vt* défendre, interdire; **to ~ sb to do** défendre *or* interdire à qn de faire; **~ding** *adj* sévère, sombre

force [fɔ:s] *n* force *f* ♦ *vt* forcer; (*push*) pousser (de force); **the F~s** *npl* (*MIL*) l'armée *f*; **in ~** en vigueur; **~-feed** *vt* nourrir de force; **~ful** *adj* énergique, volontaire

forcibly ['fɔ:səblɪ] *adv* par la force,

de force; (*express*) énergiquement

ford [fɔːd] *n* gué *m*

fore [fɔː*] *n*: to come to the ~ se faire remarquer

fore: ~**arm** ['fɔːrɑːm] *n* avant-bras *m inv*; ~**boding** [fɔː'bəudɪŋ] *n* pressentiment *m* (néfaste); ~**cast** ['fɔːkɑːst] (*irreg: like* **cast**) *n* prévision *f* ♦ *vt* prévoir; ~**court** ['fɔːkɔːt] *n* (*of garage*) devant *m*; ~**fathers** ['fɔːfɑːðəz] *npl* ancêtres *mpl*; ~**finger** ['fɔːfɪŋgə*] *n* index *m*

forefront ['fɔːfrʌnt] *n*: **in the** ~ **of** au premier rang *or* plan de

forego [fɔː'gəu] (*irreg: like* **go**) *vt* renoncer à; ~**ne** ['fɔːgɒn] *adj*: **it's a** ~**ne conclusion** c'est couru d'avance

foreground ['fɔːgraund] *n* premier plan

forehead ['fɒrɪd] *n* front *m*

foreign ['fɒrɪn] *adj* étranger(ère); (*trade*) extérieur(e); ~**er** *n* étranger(ère); ~ **exchange** *n* change *m*; **F**~ **Office** (*BRIT*) *n* ministère *m* des affaires étrangères; **F**~ **Secretary** (*BRIT*) *n* ministre *m* des affaires étrangères

foreleg ['fɔːleg] *n* (*cat, dog*) patte *f* de devant; (*horse*) jambe antérieure

foreman ['fɔːmən] (*irreg*) *n* (*factory, building site*) contremaître *m*, chef *m* d'équipe

foremost ['fɔːməust] *adj* le(la) plus en vue; premier(ère) ♦ *adv*: **first and** ~ avant tout, tout d'abord

forensic [fə'rensɪk] *adj*: ~ **medicine** médecine légale; ~ **scientist** *n* médecin *m* légiste

forerunner ['fɔːrʌnə*] *n* précurseur *m*

foresee [fɔː'siː] (*irreg: like* **see**) *vt* prévoir; ~**able** *adj* prévisible

foreshadow [fɔː'ʃædəu] *vt* présager, annoncer, laisser prévoir

foresight ['fɔːsaɪt] *n* prévoyance *f*

forest ['fɒrɪst] *n* forêt *f*

forestall [fɔː'stɔːl] *vt* devancer

forestry ['fɒrɪstrɪ] *n* sylviculture *f*

foretaste ['fɔːteɪst] *n* avant-goût *m*

foretell [fɔː'tel] (*irreg: like* **tell**) *vt* prédire

foretold [fɔː'təuld] *pt, pp of* **foretell**

forever [fə'revə*] *adv* pour toujours; (*fig*) continuellement

forewent [fɔː'went] *pt of* **forego**

foreword ['fɔːwɜːd] *n* avant-propos *m inv*

forfeit ['fɔːfɪt] *vt* (*lose*) perdre

forgave [fə'geɪv] *pt of* **forgive**

forge [fɔːdʒ] *n* forge *f* ♦ *vt* (*signature*) contrefaire; (*wrought iron*) forger; **to** ~ **money** (*BRIT*) fabriquer de la fausse monnaie; ~ **ahead** *vi* pousser de l'avant, prendre de l'avance; ~**r** *n* faussaire *m*; ~**ry** *n* faux *m*, contrefaçon *f*

forget [fə'get] (*pt* **forgot**, *pp* **forgotten**) *vt, vi* oublier; ~**ful** *adj* distrait(e), étourdi(e); ~**-me-not** *n* myosotis *m*

forgive [fə'gɪv] (*pt* **forgave**, *pp* **forgiven**) *vt* pardonner; **to** ~ **sb for sth/for doing sth** pardonner qch à qn/à qn de faire qch; ~**ness** *n* pardon *m*

forgo [fɔː'gəu] (*pt* **forwent**, *pp* **forgone**) *vt* = **forego**

fork [fɔːk] *n* (*for eating*) fourchette *f*; (*for gardening*) fourche *f*; (*of roads*) bifurcation *f*; (*of railways*) embranchement *m* ♦ *vi* (*road*) bifurquer; ~ **out** *vt* (*inf*) allonger; ~**-lift truck** *n* chariot élévateur

forlorn [fə'lɔːn] *adj* (*deserted*) abandonné(e); (*attempt, hope*) désespéré(e)

form [fɔːm] *n* forme *f*; (*SCOL*) classe *f*; (*questionnaire*) formulaire *m* ♦ *vt* former; (*habit*) contracter; **in top** ~ en pleine forme

formal ['fɔːməl] *adj* (*offer, receipt*) en bonne et due forme; (*person*) cérémonieux(euse); (*dinner*) officiel(le); (*clothes*) de soirée; (*garden*) à la française; (*education*) à proprement parler; ~**ly** *adv* officiellement; cérémonieusement

format ['fɔːmæt] *n* format *m* ♦ *vt* (*COMPUT*) formater

formative ['fɔːmətɪv] *adj*: ~ years années *fpl* d'apprentissage *or* de formation

former ['fɔːmə*] *adj* ancien(ne) (*before n*), précédent(e); **the ~ ... the latter** le premier ... le second, celui-là ... celui-ci; **~ly** *adv* autrefois

formidable ['fɔːmɪdəbl] *adj* redoutable

formula ['fɔːmjʊlə] (*pl* **~s** *or* **formulae**) *n* formule *f*

forsake [fə'seɪk] (*pt* **forsook**, *pp* **forsaken**) *vt* abandonner

fort [fɔːt] *n* fort *m*

forte ['fɔːtɪ] *n* (point) fort *m*

forth [fɔːθ] *adv* en avant; **to go back and ~** aller et venir; **and so ~** et ainsi de suite; **~coming** *adj* (*event*) qui va avoir lieu prochainement; (*character*) ouvert(e), communicatif(ive); (*available*) disponible; **~right** *adj* franc(franche), direct(e); **~with** *adv* sur-le-champ

fortify ['fɔːtɪfaɪ] *vt* fortifier

fortitude ['fɔːtɪtjuːd] *n* courage *m*

fortnight ['fɔːtnaɪt] (*BRIT*) *n* quinzaine *f*, quinze jours *mpl*; **~ly** (*BRIT*) *adj* bimensuel(le) ♦ *adv* tous les quinze jours

fortunate ['fɔːtʃənɪt] *adj* heureux(euse); (*person*) chanceux(euse); **it is ~ that** c'est une chance que; **~ly** *adv* heureusement

fortune ['fɔːtʃən] *n* chance *f*; (*wealth*) fortune *f*; **~-teller** *n* diseuse *f* de bonne aventure

forty ['fɔːtɪ] *num* quarante

forward ['fɔːwəd] *adj* (*ahead of schedule*) en avance; (*movement, position*) en avant, vers l'avant; (*not shy*) direct(e); effronté(e) ♦ *n* (*SPORT*) avant *m* ♦ *vt* (*letter*) faire suivre; (*parcel, goods*) expédier; (*fig*) promouvoir, favoriser; **~(s)** *adv* en avant; **to move ~** avancer

fossil ['fɒsl] *n* fossile *m*

foster ['fɒstə*] *vt* encourager, favoriser; (*child*) élever (*sans obligation d'adopter*); **~ child** *n* enfant adoptif(ive)

fought [fɔːt] *pt, pp of* **fight**

foul [faʊl] *adj* (*weather, smell, food*) infect(e); (*language*) ordurier(ère) ♦ *n* (*SPORT*) faute *f* ♦ *vt* (*dirty*) salir, encrasser; **he's got a ~ temper** il a un caractère de chien; **~ play** *n* (*LAW*) acte criminel

found [faʊnd] *pt, pp of* **find** ♦ *vt* (*establish*) fonder; **~ation** [faʊn'deɪʃən] *n* (*act*) fondation *f*; (*base*) fondement *m*; (*also*: **~ation cream**) fond *m* de teint; **~ations** *npl* (*of building*) fondations *fpl*

founder ['faʊndə*] *n* fondateur *m* ♦ *vi* couler, sombrer

foundry ['faʊndrɪ] *n* fonderie *f*

fountain ['faʊntɪn] *n* fontaine *f*; **~ pen** *n* stylo *m* (à encre)

four [fɔː*] *num* quatre; **on all ~s** à quatre pattes; **~-poster** *n* (*also*: **~-poster bed**) lit *m* à baldaquin; **~some** *n* (*game*) partie *f* à quatre; (*outing*) sortie *f* à quatre

fourteen [fɔː'tiːn] *num* quatorze

fourth [fɔːθ] *num* quatrième

fowl [faʊl] *n* volaille *f*

fox [fɒks] *n* renard *m* ♦ *vt* mystifier

foyer ['fɔɪeɪ] *n* (*hotel*) hall *m*; (*THEATRE*) foyer *m*

fraction ['frækʃən] *n* fraction *f*

fracture ['fræktʃə*] *n* fracture *f*

fragile ['frædʒaɪl] *adj* fragile

fragment ['frægmənt] *n* fragment *m*

fragrant ['freɪgrənt] *adj* parfumé(e), odorant(e)

frail [freɪl] *adj* fragile, délicat(e)

frame [freɪm] *n* charpente *f*; (*of picture, bicycle*) cadre *m*; (*of door, window*) encadrement *m*, chambranle *m*; (*of spectacles*: *also*: **~s**) monture *f* ♦ *vt* encadrer; **~ of mind** disposition *f* d'esprit; **~work** *n* structure *f*

France [frɑːns] *n* France *f*

franchise ['fræntʃaɪz] *n* (*POL*) droit *m* de vote; (*COMM*) franchise *f*

frank [fræŋk] *adj* franc(franche) ♦ *vt* (*letter*) affranchir; **~ly** *adv* franchement

frantic ['fræntɪk] *adj* (*hectic*) frénétique; (*distraught*) hors de soi

fraternity [frə'tɜ:nɪtɪ] *n* (*spirit*) fraternité *f*; (*club*) communauté *f*, confrérie *f*
fraud [frɔ:d] *n* supercherie *f*, fraude *f*, tromperie *f*; (*person*) imposteur *m*
fraught [frɔ:t] *adj*: ~ **with** chargé(e) de, plein(e) de
fray [freɪ] *n* bagarre *f* ♦ *vi* s'effilocher; **tempers were ~ed** les gens commençaient à s'énerver
freak [fri:k] *n* (*also cpd*) phénomène *m*, *créature ou* événement exceptionnel(le) par sa rareté
freckle ['frekl] *n* tache *f* de rousseur
free [fri:] *adj* libre; (*gratis*) gratuit(e) ♦ *vt* (*prisoner etc*) libérer; (*jammed object or person*) dégager; ~ **(of charge), for** ~ gratuitement; **~dom** ['fri:dəm] *n* liberté *f*; **~-for-all** *n* mêlée générale; ~ **gift** *n* prime *f*; **~hold** *n* propriété foncière libre; ~ **kick** *n* coup franc; **~lance** *adj* indépendant(e); **~ly** *adv* librement; (*liberally*) libéralement; **F~mason** *n* franc-maçon *m*; **F~post** (®) *n* port payé; **~-range** *adj* (*hen, eggs*) de ferme; ~ **trade** *n* libre-échange *m*; **~way** (*US*) *n* autoroute *f*; ~ **will** *n* libre arbitre *m*; **of one's own ~ will** de son plein gré
freeze [fri:z] (*pt* **froze**, *pp* **frozen**) *vi* geler ♦ *vt* geler; (*food*) congeler; (*prices, salaries*) bloquer, geler ♦ *n* gel *m*; (*fig*) blocage *m*; **~-dried** *adj* lyophilisé(e); **~r** *n* congélateur *m*
freezing ['fri:zɪŋ] *adj*: ~ **(cold)** (*weather, water*) glacial(e) ♦ *n* **3 degrees below ~** 3 degrés au-dessous de zéro; ~ **point** *n* point *m* de congélation
freight [freɪt] *n* (*goods*) fret *m*, cargaison *f*; (*money charged*) fret, prix *m* du transport; ~ **train** *n* train *m* de marchandises
French [frentʃ] *adj* français(e) ♦ *n* (*LING*) français *m*; **the** ~ *npl* (*people*) les Français; ~ **bean** *n* haricot vert; ~ **fried (potatoes),** ~ **fries** (*US*) *npl* (pommes de terre *fpl*) frites *fpl*; **~man** (*irreg*) *n* Français *m*; ~ **window** *n* porte-fenêtre *f*; **~woman** (*irreg*) *n* Française *f*
frenzy ['frenzɪ] *n* frénésie *f*
frequency ['fri:kwənsɪ] *n* fréquence *f*
frequent [*adj* 'fri:kwənt, *vb* fri:'kwent] *adj* fréquent(e) ♦ *vt* fréquenter; **~ly** *adv* fréquemment
fresh [freʃ] *adj* frais(fraîche); (*new*) nouveau(nouvelle); (*cheeky*) familier(ère), culotté(e); **~en** *vi* (*wind, air*) fraîchir; **~en up** *vi* faire un brin de toilette; **~er** (*BRIT: inf*) *n* (*SCOL*) bizuth *m*, étudiant(e) de 1ère année; **~ly** *adv* nouvellement, récemment; **~man** (*US: irreg*) *n* = **fresher**; **~ness** *n* fraîcheur *f*; **~water** *adj* (*fish*) d'eau douce
fret [fret] *vi* s'agiter, se tracasser
friar ['fraɪə*] *n* moine *m*, frère *m*
friction ['frɪkʃən] *n* friction *f*
Friday ['fraɪdeɪ] *n* vendredi *m*
fridge [frɪdʒ] (*BRIT*) *n* frigo *m*, frigidaire *m* (®)
fried [fraɪd] *adj* frit(e); ~ **egg** œuf *m* sur le plat
friend [frend] *n* ami(e); **~ly** *adj* amical(e); gentil(le); (*place*) accueillant(e); **~ship** *n* amitié *f*
frieze [fri:z] *n* frise *f*
fright [fraɪt] *n* peur *f*, effroi *m*; **to take ~** prendre peur, s'effrayer; **~en** *vt* effrayer, faire peur à; **~ened** *adj*: **to be ~ened (of)** avoir peur (de); **~ening** *adj* effrayant(e); **~ful** *adj* affreux(euse)
frigid ['frɪdʒɪd] *adj* (*woman*) frigide
frill [frɪl] *n* (*of dress*) volant *m*; (*of shirt*) jabot *m*
fringe [frɪndʒ] *n* (*BRIT: of hair*) frange *f*; (*edge: of forest etc*) bordure *f*; ~ **benefits** *npl* avantages sociaux *or* en nature
frisk [frɪsk] *vt* fouiller
fritter ['frɪtə*] *n* beignet *m*; ~ **away** *vt* gaspiller
frivolous ['frɪvələs] *adj* frivole
frizzy ['frɪzɪ] *adj* crépu(e)
fro [frəʊ] *adv*: **to go to and ~** aller et venir
frock [frɒk] *n* robe *f*

frog [frɒg] *n* grenouille *f*; **~man** *n* homme-grenouille *m*

frolic ['frɒlɪk] *vi* folâtrer, batifoler

KEYWORD

from [frɒm] *prep* **1** (*indicating starting place, origin etc*) de; **where do you come ~?**, **where are you ~?** d'où venez-vous?; **~ London to Paris** de Londres à Paris; **a letter ~ my sister** une lettre de ma sœur; **to drink ~ the bottle** boire à (même) la bouteille

2 (*indicating time*) (à partir) de; **~ one o'clock to** *or* **until** *or* **till two** d'une heure à deux heures; **~ January (on)** à partir de janvier

3 (*indicating distance*) de; **the hotel is one kilometre ~ the beach** l'hôtel est à un kilomtre de la plage

4 (*indicating price, number etc*) de; **the interest rate was increased ~ 9% to 10%** le taux d'intérêt a augmenté de 9 à 10%

5 (*indicating difference*) de; **he can't tell red ~ green** il ne peut pas distinguer le rouge du vert

6 (*because of, on the basis of*): **~ what he says** d'après ce qu'il dit; **weak ~ hunger** affaibli par la faim

front [frʌnt] *n* (*of house, dress*) devant *m*; (*of coach, train*) avant *m*; (*promenade*: *also*: *sea ~*) bord *m* de mer; (*MIL, METEOROLOGY*) front *m*; (*fig*: *appearances*) contenance *f*, façade *f* ♦ *adj* de devant; (*seat*) avant *inv*; **in ~ (of)** devant; **~age** ['frʌntɪdʒ] *n* (*of building*) façade *f*; **~ door** *n* porte *f* d'entrée; (*of car*) portière *f* avant; **~ier** ['frʌntɪə*] *n* frontière *f*; **~ page** *n* première page; **~ room** (*BRIT*) *n* pièce *f* de devant, salon *m*; **~-wheel drive** *n* traction *f* avant

frost [frɒst] *n* gel *m*, gelée *f*; (*also*: *hoar~*) givre *m*; **~bite** *n* gelures *fpl*; **~ed** *adj* (*glass*) dépoli(e); **~y** *adj* (*weather, welcome*) glacial(e)

froth [frɒθ] *n* mousse *f*; écume *f*

frown [fraʊn] *vi* froncer les sourcils

froze [frəʊz] *pt of* **freeze**

frozen ['frəʊzn] *pp of* **freeze**

fruit [fru:t] *n inv* fruit *m*; **~erer** *n* fruitier *m*, marchand(e) de fruits; **~ful** *adj* (*fig*) fructueux(euse); **~ion** [fru:'ɪʃən] *n*: **to come to ~ion** se réaliser; **~ juice** *n* jus *m* de fruit; **~ machine** (*BRIT*) *n* machine *f* à sous; **~ salad** *n* salade *f* de fruits

frustrate [frʌs'treɪt] *vt* frustrer

fry [fraɪ] (*pt, pp* **fried**) *vt* (faire) frire; *see also* **small**; **~ing pan** *n* poêle *f* (à frire)

ft. *abbr* = **foot; feet**

fuddy-duddy ['fʌdɪdʌdɪ] (*pej*) *n* vieux schnock

fudge [fʌdʒ] *n* (*CULIN*) caramel *m*

fuel [fjʊəl] *n* (*for heating*) combustible *m*; (*for propelling*) carburant *m*; **~ oil** *n* mazout *m*; **~ tank** *n* (*in vehicle*) réservoir *m*

fugitive ['fju:dʒɪtɪv] *n* fugitif(ive)

fulfil [fʊl'fɪl] (*US* **~l**) *vt* (*function, condition*) remplir; (*order*) exécuter; (*wish, desire*) satisfaire, réaliser; **~ment** *n* (*of wishes etc*) réalisation *f*; (*feeling*) contentement *m*

full [fʊl] *adj* plein(e); (*details, information*) complet(ète); (*skirt*) ample, large ♦ *adv*: **to know ~ well that** savoir fort bien que; **I'm ~ (up)** j'ai bien mangé; **a ~ two hours** deux bonnes heures; **at ~ speed** à toute vitesse; **in ~** (*reproduce, quote*) intégralement; (*write*) en toutes lettres; **~ employment** plein emploi; **to pay in ~** tout payer; **~-length** *adj* (*film*) long métrage; (*portrait, mirror*) en pied; (*coat*) long(ue); **~ moon** *n* pleine lune; **~-scale** *adj* (*attack, war*) complet(ète), total(e); (*model*) grandeur nature *inv*; **~ stop** *n* point *m*; **~-time** *adj, adv* (*work*) à plein temps; **~y** *adv* entièrement, complètement; (*at least*) au moins; **~y-fledged** *adj* (*teacher, barrister*) diplômé(e); (*citizen, member*) à part entière

fumble ['fʌmbl] *vi*: **~ with** tripoter

fume [fju:m] *vi* rager; ~**s** *npl* vapeurs *fpl*, émanations *fpl*, gaz *mpl*
fun [fʌn] *n* amusement *m*, divertissement *m*; **to have** ~ s'amuser; **for** ~ pour rire; **to make** ~ **of** se moquer de
function ['fʌŋkʃən] *n* fonction *f*; (*social occasion*) cérémonie *f*, soirée officielle ♦ *vi* fonctionner; ~**al** *adj* fonctionnel(le)
fund [fʌnd] *n* caisse *f*, fonds *m*; (*source, store*) source *f*, mine *f*; ~**s** *npl* (*money*) fonds *mpl*
fundamental [fʌndə'mentl] *adj* fondamental(e)
funeral ['fju:nərəl] *n* enterrement *m*, obsèques *fpl*; ~ **parlour** *n* entreprise *f* de pompes funèbres; ~ **service** *n* service *m* funèbre
funfair ['fʌnfεə*] (*BRIT*) *n* fête (foraine)
fungus ['fʌŋgəs] (*pl* **fungi**) *n* champignon *m*; (*mould*) moisissure *f*
funnel ['fʌnl] *n* entonnoir *m*; (*of ship*) cheminée *f*
funny ['fʌnɪ] *adj* amusant(e), drôle; (*strange*) curieux(euse), bizarre
fur [fɜ:*] *n* fourrure *f*; (*BRIT*: *in kettle etc*) (dépôt *m* de) tartre *m*; ~ **coat** *n* manteau *m* de fourrure
furious ['fjʊərɪəs] *adj* furieux(euse); (*effort*) acharné(e)
furlong ['fɜ:lɒŋ] *n* = *201,17 m*
furlough ['fɜ:ləʊ] *n* permission *f*, congé *m*
furnace ['fɜ:nɪs] *n* fourneau *m*
furnish ['fɜ:nɪʃ] *vt* meubler; (*supply*): **to** ~ **sb with sth** fournir qch à qn; ~**ings** *npl* mobilier *m*, ameublement *m*
furniture ['fɜ:nɪtʃə*] *n* meubles *mpl*, mobilier *m*; **piece of** ~ meuble *m*
furrow ['fʌrəʊ] *n* sillon *m*
furry ['fɜ:rɪ] *adj* (*animal*) à fourrure; (*toy*) en peluche
further ['fɜ:ðə*] *adj* (*additional*) supplémentaire, autre; nouveau (nouvelle) ♦ *adv* plus loin; (*more*) davantage; (*moreover*) de plus ♦ *vt* faire avancer *or* progresser, promouvoir; ~ **education** *n* enseignement *m* postscolaire; ~**more** *adv* de plus, en outre
furthest ['fɜ:ðɪst] *superl of* **far**
fury ['fjʊərɪ] *n* fureur *f*
fuse [fju:z] (*US* **fuze**) *n* fusible *m*; (*for bomb etc*) amorce *f*, détonateur *m* ♦ *vt*, *vi* (*metal*) fondre; **to** ~ **the lights** (*BRIT*) faire sauter les plombs; ~ **box** *n* boîte *f* à fusibles
fuss [fʌs] *n* (*excitement*) agitation *f*; (*complaining*) histoire(s) *f(pl)*; **to make a** ~ faire des histoires; **to make a** ~ **of sb** être aux petits soins pour qn; ~**y** *adj* (*person*) tatillon(ne), difficile; (*dress, style*) tarabiscoté(e)
future ['fju:tʃə*] *adj* futur(e) ♦ *n* avenir *m*; (*LING*) futur *m*; **in** ~ à l'avenir
fuze [fju:z] (*US*) *n*, *vt*, *vi* = **fuse**
fuzzy ['fʌzɪ] *adj* (*PHOT*) flou(e); (*hair*) crépu(e)

G

G [dʒi:] *n* (*MUS*) sol *m*
G7 *n abbr* (= *Group of 7*) le groupe des 7
gabble ['gæbl] *vi* bredouiller
gable ['geɪbl] *n* pignon *m*
gadget ['gædʒɪt] *n* gadget *m*
Gaelic ['geɪlɪk] *adj* gaélique ♦ *n* (*LING*) gaélique *m*
gag [gæg] *n* (*on mouth*) bâillon *m*; (*joke*) gag *m* ♦ *vt* bâillonner
gaiety ['geɪətɪ] *n* gaieté *f*
gain [geɪn] *n* (*improvement*) gain *m*; (*profit*) gain, profit *m*; (*increase*): ~ (**in**) augmentation *f* (de) ♦ *vt* gagner ♦ *vi* (*watch*) avancer; **to** ~ **3 lbs (in weight)** prendre 3 livres; **to** ~ **on sb** (*catch up*) rattraper qn; **to** ~ **from/by** gagner de/à
gait [geɪt] *n* démarche *f*
gal. *abbr* = **gallon**
gale [geɪl] *n* rafale *f* de vent; coup *m* de vent
gallant ['gælənt] *adj* vaillant(e),

brave; (*towards ladies*) galant
gall bladder ['gɔ:l-] *n* vésicule *f* biliaire
gallery ['gæləri] *n* galerie *f*; (*also*: *art* ~) musée *m*; (: *private*) galerie
galley ['gæli] *n* (*ship's kitchen*) cambuse *f*
gallon ['gælən] *n* gallon *m* (*BRIT* = *4,5 l*; *US* = *3,8 l*)
gallop ['gæləp] *n* galop *m* ♦ *vi* galoper
gallows ['gæləuz] *n* potence *f*
gallstone ['gɔ:lstəun] *n* calcul *m* biliaire
galore [gə'lɔ:*] *adv* en abondance, à gogo
Gambia *n*: (**The**) ~ la Gambie
gambit ['gæmbit] *n* (*fig*): (**opening**) ~ manœuvre *f* stratégique
gamble ['gæmbl] *n* pari *m*, risque calculé ♦ *vt, vi* jouer; **to** ~ **on** (*fig*) miser sur; ~**r** *n* joueur *m*; **gambling** ['gæmbliŋ] *n* jeu *m*
game [geim] *n* jeu *m*; (*match*) match *m*; (*strategy, scheme*) plan *m*; projet *m*; (*HUNTING*) gibier *m* ♦ *adj* (*willing*): **to be** ~ (**for**) être prêt(e) (à *or* pour); **big** ~ gros gibier; ~**keeper** *n* garde-chasse *m*
gammon ['gæmən] *n* (*bacon*) quartier *m* de lard fumé; (*ham*) jambon fumé
gamut ['gæmət] *n* gamme *f*
gang [gæŋ] *n* bande *f*; (*of workmen*) équipe *f*; ~ **up** *vi*: **to** ~ **up on sb** se liguer contre qn; ~**ster** ['gæŋstə*] *n* gangster *m*; ~**way** *n* passerelle *f*; (*BRIT*: *of bus, plane*) couloir central; (: *in cinema*) allée centrale
gaol [dʒeil] (*BRIT*) *n* = **jail**
gap [gæp] *n* trou *m*; (*in time*) intervalle *m*; (*difference*): ~ **between** écart *m* entre
gape [geip] *vi* (*person*) être *or* rester bouche bée; (*hole, shirt*) être ouvert(e); **gaping** ['geipiŋ] *adj* (*hole*) béant(e)
garage ['gærɑ:ʒ] *n* garage *m*
garbage ['gɑ:bidʒ] *n* (*US*: *rubbish*) ordures *fpl*, détritus *mpl*; (*inf*: *nonsense*) foutaises *fpl*; ~ **can** (*US*) *n* poubelle *f*, boîte *f* à ordures
garbled ['gɑ:bld] *adj* (*account, message*) embrouillé(e)
garden ['gɑ:dn] *n* jardin *m*; ~**s** *npl* jardin public; ~**er** *n* jardinier *m*; ~**ing** *n* jardinage *m*
gargle ['gɑ:gl] *vi* se gargariser
garish ['gɛəriʃ] *adj* criard(e), voyant(e); (*light*) cru(e)
garland ['gɑ:lənd] *n* guirlande *f*; couronne *f*
garlic ['gɑ:lik] *n* ail *m*
garment ['gɑ:mənt] *n* vêtement *m*
garrison ['gærisən] *n* garnison *f*
garrulous ['gærulәs] *adj* volubile, loquace
garter ['gɑ:tə*] *n* jarretière *f*; (*US*) jarretelle *f*
gas [gæs] *n* gaz *m*; (*US*: ~*oline*) essence *f* ♦ *vt* asphyxier; ~ **cooker** (*BRIT*) *n* cuisinière *f* à gaz; ~ **cylinder** *n* bouteille *f* de gaz; ~ **fire** (*BRIT*) *n* radiateur *m* à gaz
gash [gæʃ] *n* entaille *f*; (*on face*) balafre *f*
gasket ['gæskit] *n* (*AUT*) joint *m* de culasse
gas mask *n* masque *m* à gaz
gas meter *n* compteur *m* à gaz
gasoline ['gæsəli:n] (*US*) *n* essence *f*
gasp [gɑ:sp] *vi* haleter; ~ **out** *vt* (*say*) dire dans un souffle *or* d'une voix entrecoupée
gas station (*US*) *n* station-service *f*
gas tap *n* bouton *m* (de cuisinière à gaz); (*on pipe*) robinet *m* à gaz
gastric *adj* gastrique; ~ **flu** grippe *f* intestinale
gate [geit] *n* (*of garden*) portail *m*; (*of field*) barrière *f*; (*of building, at airport*) porte *f*; ~**crash** *vt* s'introduire sans invitation dans; ~**way** *n* porte *f*
gather ['gæðə*] *vt* (*flowers, fruit*) cueillir; (*pick up*) ramasser; (*assemble*) rassembler, réunir; recueillir; (*understand*) comprendre; (*SEWING*) froncer ♦ *vi* (*assemble*) se rassembler; **to** ~ **speed** prendre de la

vitesse; ~**ing** *n* rassemblement *m*
gaudy ['gɔ:dɪ] *adj* voyant(e)
gauge [geɪdʒ] *n* (*instrument*) jauge *f* ♦ *vt* jauger
gaunt [gɔ:nt] *adj* (*thin*) décharné(e); (*grim, desolate*) désolé(e)
gauntlet ['gɔ:ntlɪt] *n* (*glove*) gant *m*; (*fig*): **to run the ~ through an angry crowd** se frayer un passage à travers une foule hostile; **to throw down the ~** jeter le gant
gauze [gɔ:z] *n* gaze *f*
gave [geɪv] *pt of* **give**
gay [geɪ] *adj* (*homosexual*) homosexuel(le); (*cheerful*) gai(e), réjoui(e); (*colour etc*) gai, vif(vive)
gaze [geɪz] *n* regard *m* fixe ♦ *vi*: **to ~ at** fixer du regard
gazump (*BRIT*) *vi revenir sur une promesse de vente (pour accepter une offre plus intéressante)*
GB *abbr* = **Great Britain**
GCE *n abbr* (*BRIT*) = **General Certificate of Education**
GCSE *n abbr* (*BRIT*) = **General Certificate of Secondary Education**
gear [gɪə*] *n* matériel *m*, équipement *m*; attirail *m*; (*TECH*) engrenage *m*; (*AUT*) vitesse *f* ♦ *vt* (*fig*: *adapt*): **to ~ sth to** adapter qch à; **top** (*or US* **high**) ~ quatrième (*or* cinquième) vitesse; **low ~** première vitesse; **in ~** en prise; **~ box** *n* boîte *f* de vitesses; **~ lever** (*US* **~ shift**) *n* levier *m* de vitesse
geese [gi:s] *npl of* **goose**
gel [dʒel] *n* gel *m*
gelignite ['dʒelɪgnaɪt] *n* plastic *m*
gem [dʒem] *n* pierre précieuse
Gemini ['dʒemɪni:] *n* les Gémeaux *mpl*
gender ['dʒendə*] *n* genre *m*
general ['dʒenərəl] *n* général *m* ♦ *adj* général(e); **in ~** en général; **~ delivery** *n* poste restante; **~ election** *n* élection(s) législative(s); **~ly** *adv* généralement; **~ practitioner** *n* généraliste *m/f*
generate ['dʒenəreɪt] *vt* engendrer; (*electricity etc*) produire
generation [dʒenə'reɪʃən] *n* génération *f*; (*of electricity etc*) production *f*
generator ['dʒenəreɪtə*] *n* générateur *m*
generosity [dʒenə'rɒsɪtɪ] *n* générosité *f*; **generous** ['dʒenərəs] *adj* généreux(euse); (*copious*) copieux(euse)
genetic engineering [dʒɪ'netɪk-] *n* ingéniérie *f* génétique
genetics [dʒɪ'netɪks] *n* génétique *f*
Geneva [dʒɪ'ni:və] *n* Genève
genial ['dʒi:nɪəl] *adj* cordial(e), chaleureux(euse)
genitals ['dʒenɪtlz] *npl* organes génitaux
genius ['dʒi:nɪəs] *n* génie *m*
genteel [dʒen'ti:l] *adj* de bon ton, distingué(e)
gentle ['dʒentl] *adj* doux(douce)
gentleman ['dʒentlmən] *n* monsieur *m*; (*well-bred man*) gentleman *m*
gently ['dʒentlɪ] *adv* doucement
gentry ['dʒentrɪ] *n inv*: **the ~** la petite noblesse
gents [dʒents] *n* W.-C. *mpl* (pour hommes)
genuine ['dʒenjuɪn] *adj* véritable, authentique; (*person*) sincère
geography [dʒɪ'ɒgrəfɪ] *n* géographie *f*
geology [dʒɪ'ɒlədʒɪ] *n* géologie *f*
geometric(al) [dʒɪə'metrik(l)] *adj* géométrique
geometry [dʒɪ'ɒmɪtrɪ] *n* géométrie *f*
geranium [dʒɪ'reɪnɪəm] *n* géranium *m*
geriatric [dʒerɪ'ætrɪk] *adj* gériatrique
germ [dʒɜ:m] *n* (*MED*) microbe *m*
German ['dʒɜ:mən] *adj* allemand(e) ♦ *n* Allemand(e); (*LING*) allemand *m*; **~ measles** (*BRIT*) *n* rubéole *f*
Germany ['dʒɜ:mənɪ] *n* Allemagne *f*
gesture ['dʒestʃə*] *n* geste *m*

KEYWORD

get [get] (*pt, pp* **got**, *pp* **gotten** *(US)*) *vi* **1** (*become, be*) devenir; **to ~ old/tired** devenir vieux/fatigué,

vieillir/se fatiguer; to ~ **drunk** s'enivrer; to ~ **killed** se faire tuer; **when do I ~ paid?** quand est-ce que je serai payé?; **it's ~ting late** il se fait tard
2 (*go*): to ~ **to/from** aller à/de; to ~ **home** rentrer chez soi; **how did you ~ here?** comment es-tu arrivé ici?
3 (*begin*) commencer *or* se mettre à; **I'm ~ting to like him** je commence à l'apprécier; **let's ~ going** *or* **started** allons-y
4 (*modal aux vb*): **you've got to do it** il faut que vous le fassiez; **I've got to tell the police** je dois le dire à la police
♦ *vt* 1: to ~ **sth done** (*do*) faire qch; (*have done*) faire faire qch; to ~ **one's hair cut** se faire couper les cheveux; to ~ **sb to do sth** faire faire qch à qn; to ~ **sb drunk** enivrer qn
2 (*obtain*: *money, permission, results*) obtenir, avoir; (*find*: *job, flat*) trouver; (*fetch*: *person, doctor, object*) aller chercher; to ~ **sth for sb** procurer qch à qn; ~ **me Mr Jones, please** (*on phone*) passez-moi Mr Jones, s'il vous plaît; **can I ~ you a drink?** est-ce que je peux vous servir à boire?
3 (*receive*: *present, letter*) recevoir, avoir; (*acquire*: *reputation*) avoir; (: *prize*) obtenir; **what did you ~ for your birthday?** qu'est-ce que tu as eu pour ton anniversaire?
4 (*catch*) prendre, saisir, attraper; (*hit*: *target etc*) atteindre; to ~ **sb by the arm/throat** prendre *or* saisir *or* attraper qn par le bras/à la gorge; ~ **him!** arrête-le!
5 (*take, move*) faire parvenir; **do you think we'll ~ it through the door?** on arrivera à le faire passer par la porte?; **I'll ~ you there somehow** je me débrouillerai pour t'y emmener
6 (*catch, take*: *plane, bus etc*) prendre
7 (*understand*) comprendre, saisir; (*hear*) entendre; **I've got it!** j'ai compris!; **I didn't ~ your name** je n'ai pas entendu votre nom
8 (*have, possess*): **to have got** avoir; **how many have you got?** vous en avez combien?

get about *vi* se déplacer; (*news*) se répandre
get along *vi* (*agree*) s'entendre; (*depart*) s'en aller; (*manage*) = **get by**
get at *vt fus* (*attack*) s'en prendre à; (*reach*) attraper, atteindre
get away *vi* partir, s'en aller, s'en aller; (*escape*) s'échapper
get away with *vt fus* en être quitte pour; se faire passer *or* pardonner
get back *vi* (*return*) rentrer ♦ *vt* récupérer, recouvrer
get by *vi* (*pass*) passer; (*manage*) se débrouiller
get down *vi*, *vt fus* descendre ♦ *vt* descendre; (*depress*) déprimer
get down to *vt fus* (*work*) se mettre à (faire)
get in *vi* rentrer; (*train*) arriver;
get into *vt fus* entrer dans; (*car, train etc*) monter dans; (*clothes*) mettre, enfiler, endosser; **to get into bed/a rage** se mettre au lit/en colère
get off *vi* (*from train etc*) descendre; (*depart*: *person, car*) s'en aller; (*escape*) s'en tirer ♦ *vt* (*remove*: *clothes, stain*) enlever ♦ *vt fus* (*train, bus*) descendre de
get on *vi* (*at exam etc*) se débrouiller; (*agree*): **to get on (with)** s'entendre (avec) ♦ *vt fus* monter dans; (*horse*) monter sur
get out *vi* sortir; (*of vehicle*) descendre ♦ *vt* sortir
get out of *vt fus* sortir de; (*duty etc*) échapper à, se soustraire à
get over *vt fus* (*illness*) se remettre de
get round *vt fus* contourner; (*fig*: *person*) entortiller
get through *vi* (*TEL*) avoir la communication; **to get through to sb** atteindre qn

get together *vi* se réunir ♦ *vt* assembler
get up *vi* (*rise*) se lever ♦ *vt fus* monter
get up to *vt fus* (*reach*) arriver à; (*prank etc*) faire

getaway ['getəweɪ] *n*: **to make one's ~** filer
geyser ['gi:zə*] *n* (*GEO*) geyser *m*; (*BRIT*: *water heater*) chauffe-eau *m inv*
Ghana ['gɑ:nə] *n* Ghana *m*
ghastly ['gɑ:stlɪ] *adj* atroce, horrible; (*pale*) livide, blême
gherkin ['gɜ:kɪn] *n* cornichon *m*
ghetto blaster ['getəʊ-] *n* stéréo *f* portable
ghost [gəʊst] *n* fantôme *m*, revenant *m*
giant ['dʒaɪənt] *n* géant(e) ♦ *adj* géant(e), énorme
gibberish ['dʒɪbərɪʃ] *n* charabia *m*
giblets ['dʒɪblɪts] *npl* abats *mpl*
Gibraltar [dʒɪ'brɔ:ltə*] *n* Gibraltar
giddy ['gɪdɪ] *adj* (*dizzy*): **to be** *or* **feel ~** avoir le vertige
gift [gɪft] *n* cadeau *m*; (*donation, ability*) don *m*; **~ed** *adj* doué(e); **~ token** *n* chèque-cadeau *m*
gigantic [dʒaɪ'gæntɪk] *adj* gigantesque
giggle ['gɪgl] *vi* pouffer (de rire), rire sottement
gill [dʒɪl] *n* (*measure*) = *0.25 pints* (*BRIT = 0.15 l, US = 0.12 l*)
gills [gɪlz] *npl* (*of fish*) ouïes *fpl*, branchies *fpl*
gilt [gɪlt] *adj* doré(e) ♦ *n* dorure *f*; **~-edged** *adj* (*COMM*) de premier ordre
gimmick ['gɪmɪk] *n* truc *m*
gin [dʒɪn] *n* (*liquor*) gin *m*
ginger ['dʒɪndʒə*] *n* gingembre *m*; **~ ale** *n boisson gazeuse au gingembre*; **~ beer** *n* = **ginger ale**; **~bread** *n* pain *m* d'épices
gingerly ['dʒɪndʒəlɪ] *adv* avec précaution
gipsy ['dʒɪpsɪ] *n* = **gypsy**
giraffe [dʒɪ'rɑ:f] *n* girafe *f*
girder ['gɜ:də*] *n* poutrelle *f*
girdle ['gɜ:dl] *n* (*corset*) gaine *f*
girl [gɜ:l] *n* fille *f*, fillette *f*; (*young unmarried woman*) jeune fille; (*daughter*) fille; **an English ~** une jeune Anglaise; **~friend** *n* (*of girl*) amie *f*; (*of boy*) petite amie; **~ish** *adj* de petite *or* de jeune fille; (*for a boy*) efféminé(e)
giro ['dʒaɪrəʊ] *n* (*bank ~*) virement *m* bancaire; (*post office ~*) mandat *m*; (*BRIT*: *welfare cheque*) mandat d'allocation chômage
girth [gɜ:θ] *n* circonférence *f*; (*of horse*) sangle *f*
gist [dʒɪst] *n* essentiel *m*
give [gɪv] (*pt* **gave**, *pp* **given**) *vt* donner ♦ *vi* (*break*) céder; (*stretch: fabric*) se prêter; **to ~ sb sth, ~ sth to sb** donner qch à qn; **to ~ a cry/sigh** pousser un cri/un soupir; **~ away** *vt* donner; (*~ free*) faire cadeau de; (*betray*) donner, trahir; (*disclose*) révéler; (*bride*) conduire à l'autel; **~ back** *vt* rendre; **~ in** *vi* céder ♦ *vt* donner; **~ off** *vt* dégager; **~ out** *vt* distribuer; annoncer; **~ up** *vi* renoncer ♦ *vt* renoncer à; **to ~ up smoking** arrêter de fumer; **to ~ o.s. up** se rendre; **~ way** (*BRIT*) *vi* céder; (*AUT*) céder la priorité
glacier ['glæsɪə*] *n* glacier *m*
glad [glæd] *adj* content(e); **~ly** *adv* volontiers
glamorous ['glæmərəs] *adj* (*person*) séduisant(e); (*job*) prestigieux (euse)
glamour ['glæmə*] *n* éclat *m*, prestige *m*
glance [glɑ:ns] *n* coup *m* d'œil ♦ *vi*: **to ~ at** jeter un coup d'œil à; **~ off** *vt fus* (*bullet*) ricocher sur; **glancing** ['glɑ:nsɪŋ] *adj* (*blow*) oblique
gland [glænd] *n* glande *f*
glare [glɛə*] *n* (*of anger*) regard furieux; (*of light*) lumière éblouissante; (*of publicity*) feux *mpl* ♦ *vi* briller d'un éclat aveuglant; **to ~ at** lancer un regard furieux à; **glaring** ['glɛərɪŋ] *adj* (*mistake*) criant(e), qui

saute aux yeux
glass [glɑːs] *n* verre *m*; **~es** *npl* (*spectacles*) lunettes *fpl*; **~house** (*BRIT*) *n* (*for plants*) serre *f*; **~ware** *n* verrerie *f*
glaze [gleɪz] *vt* (*door, window*) vitrer; (*pottery*) vernir ♦ *n* (*on pottery*) vernis *m*; **~d** *adj* (*pottery*) verni(e); (*eyes*) vitreux(euse); **glazier** ['gleɪzɪə*] *n* vitrier *m*
gleam [gliːm] *vi* luire, briller
glean [gliːn] *vt* (*information*) glaner
glee [gliː] *n* joie *f*
glib [glɪb] *adj* (*person*) qui a du bagou; (*response*) désinvolte, facile
glide [glaɪd] *vi* glisser; (*AVIAT, birds*) planer; **~r** *n* (*AVIAT*) planeur *m*; **gliding** ['glaɪdɪŋ] *n* (*SPORT*) vol *m* à voile
glimmer ['glɪmə*] *n* lueur *f*
glimpse [glɪmps] *n* vision passagère, aperçu *m* ♦ *vt* entrevoir, apercevoir
glint [glɪnt] *vi* étinceler
glisten ['glɪsn] *vi* briller, luire
glitter ['glɪtə*] *vi* scintiller, briller
gloat [gləʊt] *vi*: **to ~ (over)** jubiler (à propos de)
global ['gləʊbl] *adj* mondial(e)
globe [gləʊb] *n* globe *m*
gloom [gluːm] *n* obscurité *f*; (*sadness*) tristesse *f*, mélancolie *f*; **~y** *adj* sombre, triste, lugubre
glorious ['glɔːrɪəs] *adj* glorieux(euse); splendide
glory ['glɔːrɪ] *n* gloire *f*; (*splendour*) splendeur *f*
gloss [glɒs] *n* (*shine*) brillant *m*, vernis *m*; (*also*: **~ paint**) peinture brillante *or* laquée; **~ over** *vt fus* glisser sur
glossary ['glɒsərɪ] *n* glossaire *m*
glossy ['glɒsɪ] *adj* brillant(e); **~ magazine** magazine *m* de luxe
glove [glʌv] *n* gant *m*; **~ compartment** *n* (*AUT*) boîte *f* à gants, vide-poches *m inv*
glow [gləʊ] *vi* rougeoyer; (*face*) rayonner; (*eyes*) briller
glower ['glaʊə*] *vi*: **to ~ (at)** lancer des regards mauvais (à)
glucose ['gluːkəʊz] *n* glucose *m*
glue [gluː] *n* colle *f* ♦ *vt* coller
glum [glʌm] *adj* sombre, morne
glut [glʌt] *n* surabondance *f*
glutton ['glʌtn] *n* glouton(ne); **a ~ for work** un bourreau de travail; **a ~ for punishment** un masochiste (*fig*)
gnarled [nɑːld] *adj* noueux(euse)
gnat [næt] *n* moucheron *m*
gnaw [nɔː] *vt* ronger
go [gəʊ] (*pt* **went**, *pp* **gone**; *pl* **~es**) *vi* aller; (*depart*) partir, s'en aller; (*work*) marcher; (*be sold*): **to ~ for £10** se vendre 10 livres; (*fit, suit*): **to ~ with** aller avec; (*become*): **to ~ pale/mouldy** pâlir/moisir; (*break etc*) céder ♦ *n*: **to have a ~ (at)** essayer (de faire); **to be on the ~** être en mouvement; **whose ~ is it?** à qui est-ce de jouer?; **he's ~ing to do** il va faire, il est sur le point de faire; **to ~ for a walk** aller se promener; **to ~ dancing** aller danser; **how did it ~?** comment est-ce que ça s'est passé?; **to ~ round the back/by the shop** passer par derrière/devant le magasin; **~ about** *vi* (*rumour*) se répandre ♦ *vt fus*: **how do I ~ about this?** comment dois-je m'y prendre (pour faire ceci)?; **~ ahead** *vi* (*make progress*) avancer; (*get going*) y aller; **~ along** *vi* aller, avancer ♦ *vt fus* longer, parcourir; **~ away** *vi* partir, s'en aller; **~ back** *vi* rentrer; revenir; (*go again*) retourner; **~ back on** *vt fus* (*promise*) revenir sur; **~ by** *vi* (*years, time*) passer, s'écouler ♦ *vt fus* s'en tenir à; en croire; **~ down** *vi* descendre; (*ship*) couler; (*sun*) se coucher ♦ *vt fus* descendre; **~ for** *vt fus* (*fetch*) aller chercher; (*like*) aimer; (*attack*) s'en prendre à, attaquer; **~ in** *vi* entrer; **~ in for** *vt fus* (*competition*) se présenter à; (*like*) aimer; **~ into** *vt fus* entrer dans; (*investigate*) étudier, examiner; (*embark on*) se lancer dans; **~ off** *vi* partir, s'en aller; (*food*) se

gâter; (*explode*) sauter; (*event*) se dérouler ♦ *vt fus* ne plus aimer; **the gun went off** le coup est parti; ~ **on** *vi* continuer; (*happen*) se passer; **to ~ on doing** continuer à faire; ~ **out** *vi* sortir; (*fire, light*) s'éteindre; ~ **over** *vt fus* (*check*) revoir, vérifier; ~ **through** *vt fus* (*town etc*) traverser; ~ **up** *vi* monter; (*price*) augmenter ♦ *vt fus* gravir; ~ **without** *vt fus* se passer de

goad [gəud] *vt* aiguillonner

go-ahead ['gəuəhed] *adj* dynamique, entreprenant(e) ♦ *n* feu vert

goal [gəul] *n* but *m*; **~keeper** *n* gardien *m* de but; **~post** *n* poteau *m* de but

goat [gəut] *n* chèvre *f*

gobble ['gɒbl] *vt* (*also*: ~ *down*, ~ *up*) engloutir

go-between ['gəu-] *n* intermédiaire *m/f*

god [gɒd] *n* dieu *m*; **G~** *n* Dieu *m*; **~child** *n* filleul(e); **~daughter** *n* filleule *f*; **~dess** *n* déesse *f*; **~father** *n* parrain *m*; **~-forsaken** *adj* maudit(e); **~mother** *n* marraine *f*; **~send** *n* aubaine *f*; **~son** *n* filleul *m*

goggles ['gɒglz] *npl* (*for skiing etc*) lunettes protectrices

going ['gəuɪŋ] *n* (*conditions*) état *m* du terrain ♦ *adj*: **the ~ rate** le tarif (en vigueur)

gold [gəuld] *n* or *m* ♦ *adj* en or; (*reserves*) d'or; **~en** *adj* (*made of gold*) en or; (*gold in colour*) doré(e); **~fish** *n* poisson *m* rouge; **~-plated** *adj* plaqué(e or *inv*); **~smith** *n* orfèvre *m*

golf [gɒlf] *n* golf *m*; ~ **ball** *n* balle *f* de golf; (*on typewriter*) boule *m*; ~ **club** *n* club *m* de golf; (*stick*) club *m*, crosse *f* de golf; ~ **course** *n* (terrain *m* de) golf *m*; **~er** *n* joueur(euse) de golf

gone [gɒn] *pp of* go

gong [gɒŋ] *n* gong *m*

good [gud] *adj* bon(ne); (*kind*) gentil(le); (*child*) sage ♦ *n* bien *m*; **~s** *npl* (*COMM*) marchandises *fpl*, articles *mpl*; **~!** bon!, très bien!; **to be ~ at** être bon en; **to be ~ for** être bon pour; **would you be ~ enough to ...?** auriez-vous la bonté *or* l'amabilité de ...?; **a ~ deal (of)** beaucoup (de); **a ~ many** beaucoup (de); **to make ~** *vi* (*succeed*) faire son chemin, réussir ♦ *vt* (*deficit*) combler; (*losses*) compenser; **it's no ~ complaining** cela ne sert à rien de se plaindre; **for ~** pour de bon, une fois pour toutes; **~ morning/afternoon!** bonjour!; **~ evening!** bonsoir!; **~ night!** bonsoir!; (*on going to bed*) bonne nuit!; **~bye** *excl* au revoir!; **G~ Friday** *n* Vendredi saint; **~-looking** *adj* beau(belle), bien *inv*; **~-natured** *adj* (*person*) qui a un bon naturel; **~ness** *n* (*of person*) bonté *f*; **for ~ness sake!** je vous en prie!; **~ness gracious!** mon Dieu!; **~s train** (*BRIT*) *n* train *m* de marchandises; **~will** *n* bonne volonté

goose [gu:s] (*pl* **geese**) *n* oie *f*

gooseberry ['guzbərɪ] *n* groseille *f* à maquereau; **to play ~** (*BRIT*) tenir la chandelle

gooseflesh ['gu:sfleʃ] *n*, **goose pimples** *npl* chair *f* de poule

gore [gɔ:*] *vt* encorner ♦ *n* sang *m*

gorge [gɔ:dʒ] *n* gorge *f* ♦ *vt*: **to ~ o.s. (on)** se gorger (de)

gorgeous ['gɔ:dʒəs] *adj* splendide, superbe

gorilla [gə'rɪlə] *n* gorille *m*

gorse [gɔ:s] *n* ajoncs *mpl*

gory ['gɔ:rɪ] *adj* sanglant(e); (*details*) horrible

go-slow ['gəu'sləu] (*BRIT*) *n* grève perlée

gospel ['gɒspəl] *n* évangile *m*

gossip ['gɒsɪp] *n* (*chat*) bavardages *mpl*; commérage *m*, cancans *mpl*; (*person*) commère *f* ♦ *vi* bavarder; (*maliciously*) cancaner, faire des commérages

got [gɒt] *pt, pp of* get

gotten ['gɒtn] (*US*) *pp of* get

gout [gaut] *n* goutte *f*

govern ['gʌvən] *vt* gouverner; **~ess** ['gʌvənɪs] *n* gouvernante *f*; **~ment**

['gʌvnmənt] *n* gouvernement *m*; (*BRIT*: *ministers*) ministère *m*; **~or** ['gʌvənə*] *n* (*of state, bank*) gouverneur *m*; (*of school, hospital*) ≈ membre *m/f* du conseil d'établissement; (*BRIT*: *of prison*) directeur(trice)

gown [gaʊn] *n* robe *f*; (*of teacher, BRIT*: *of judge*) toge *f*

GP *n abbr* = **general practitioner**

grab [græb] *vt* saisir, empoigner ♦ *vi*: to ~ at essayer de saisir

grace [greɪs] *n* grâce *f* ♦ *vt* honorer; (*adorn*) orner; 5 **days'** ~ cinq jours de répit; **~ful** *adj* gracieux(euse), élégant(e); **gracious** ['greɪʃəs] *adj* bienveillant(e)

grade [greɪd] *n* (*COMM*) qualité; *f* (*in hierarchy*) catégorie *f*, grade *m*, échelon *m*; (*SCOL*) note *f*; (*US*: *school class*) classe *f* ♦ *vt* classer; ~ **crossing** (*US*) *n* passage *m* à niveau; ~ **school** (*US*) *n* école *f* primaire

gradient ['greɪdɪənt] *n* inclinaison *f*, pente *f*

gradual ['grædjʊəl] *adj* graduel(le), progressif(ive); **~ly** *adv* peu à peu, graduellement

graduate [*n* 'grædjʊɪt, *vb* 'grædjʊeɪt] *n* diplômé(e), licencié(e); (*US*: *of high school*) bachelier(ère) ♦ *vi* obtenir son diplôme; (*US*) obtenir son baccalauréat; **graduation** [grædʊ'eɪʃən] *n* (cérémonie *f* de) remise *f* des diplômes

graffiti [grə'fi:tɪ] *npl* graffiti *mpl*

graft [grɑ:ft] *n* (*AGR, MED*) greffe *f*; (*bribery*) corruption *f* ♦ *vt* greffer; **hard** ~ (*BRIT*: *inf*) boulot acharné

grain [greɪn] *n* grain *m*

gram [græm] *n* gramme *m*

grammar ['græmə*] *n* grammaire *f*; ~ **school** (*BRIT*) *n* ≈ lycée *m*; **grammatical** [grə'mætɪkl] *adj* grammatical(e)

gramme [græm] *n* = **gram**

grand [grænd] *adj* magnifique, splendide; (*gesture etc*) noble; **~children** *npl* petits-enfants *mpl*; **~dad** (*inf*) *n* grand-papa *m*; **~daughter** *n* petite-fille *f*; **~father** *n* grand-père *m*; **~ma** (*inf*) *n* grand-maman *f*; **~mother** *n* grand-mère *f*; **~pa** (*inf*) *n* = **~dad**; **~parents** *npl* grands-parents *mpl*; ~ **piano** *n* piano *m* à queue; **~son** *n* petit-fils *m*; **~stand** *n* (*SPORT*) tribune *f*

granite ['grænɪt] *n* granit *m*

granny ['grænɪ] (*inf*) *n* grand-maman *f*

grant [grɑ:nt] *vt* accorder; (*a request*) accéder à; (*admit*) concéder ♦ *n* (*SCOL*) bourse *f*; (*ADMIN*) subside *m*, subvention *f*; **to take it for ~ed that** trouver tout naturel que +*sub*; **to take sb for ~ed** considérer qn comme faisant partie du décor

granulated sugar ['grænjʊleɪtɪd-] *n* sucre *m* en poudre

grape [greɪp] *n* raisin *m*; **~fruit** ['greɪpfru:t] *n* pamplemousse *m*

graph [grɑ:f] *n* graphique *m*; **~ic** ['græfɪk] *adj* graphique; (*account, description*) vivant(e); **~ics** *n* arts *mpl* graphiques; graphisme *m* ♦ *npl* représentations *fpl* graphiques

grapple ['græpl] *vi*: to ~ **with** être aux prises avec

grasp [grɑ:sp] *vt* saisir ♦ *n* (*grip*) prise *f*; (*understanding*) compréhension *f*, connaissance *f*; **~ing** *adj* cupide

grass [grɑ:s] *n* herbe *f*; (*lawn*) gazon *m*; **~hopper** *n* sauterelle *f*; **~-roots** *adj* de la base, du peuple

grate [greɪt] *n* grille *f* de cheminée ♦ *vi* grincer ♦ *vt* (*CULIN*) râper

grateful ['greɪtfʊl] *adj* reconnaissant(e)

grater ['greɪtə*] *n* râpe *f*

gratifying ['grætɪfaɪɪŋ] *adj* agréable

grating ['greɪtɪŋ] *n* (*iron bars*) grille *f* ♦ *adj* (*noise*) grinçant(e)

gratitude ['grætɪtju:d] *n* gratitude *f*

gratuity [grə'tju:ɪtɪ] *n* pourboire *m*

grave [greɪv] *n* tombe *f* ♦ *adj* grave, sérieux(euse)

gravel ['grævəl] *n* gravier *m*

gravestone ['greɪvstəʊn] *n* pierre tombale

graveyard ['greɪvjɑ:d] *n* cimetière *m*

gravity ['grævıtı] *n* (*PHYSICS*) gravité *f*; pesanteur *f*; (*seriousness*) gravité

gravy ['greıvı] *n* jus *m* (de viande); sauce *f*

gray [greı] (*US*) *adj* = **grey**

graze [greız] *vi* paître, brouter ♦ *vt* (*touch lightly*) frôler, effleurer; (*scrape*) écorcher ♦ *n* écorchure *f*

grease [gri:s] *n* (*fat*) graisse *f*; (*lubricant*) lubrifiant *m* ♦ *vt* graisser; lubrifier; **~proof paper** (*BRIT*) *n* papier sulfurisé; **greasy** ['gri:sı] *adj* gras(se), graisseux(euse)

great [greıt] *adj* grand(e); (*inf*) formidable; **G~ Britain** *n* Grande-Bretagne *f*; **~-grandfather** *n* arrière-grand-père *m*; **~-grandmother** *n* arrière-grand-mère *f*; **~ly** *adv* très, grandement; (*with verbs*) beaucoup; **~ness** *n* grandeur *f*

Greece [gri:s] *n* Grèce *f*

greed [gri:d] *n* (*also*: *~iness*) avidité *f*; (*for food*) gourmandise *f*, gloutonnerie *f*; **~y** *adj* avide; gourmand(e), glouton(ne)

Greek [gri:k] *adj* grec(grecque) ♦ *n* Grec(Grecque); (*LING*) grec *m*

green [gri:n] *adj* vert(e); (*inexperienced*) (bien) jeune, naïf(naïve); (*POL*) vert(e), écologiste; (*ecological*) écologique ♦ *n* vert *m*; (*stretch of grass*) pelouse *f*; **~s** *npl* (*vegetables*) légumes verts; (*POL*): **the G~s** les Verts *mpl*; **The G~ Party** (*BRIT*: *POL*) le parti écologiste; **~ belt** *n* (*round town*) ceinture verte; **~ card** *n* (*AUT*) carte verte; (*US*) permis *m* de travail; **~ery** *n* verdure *f*; **~grocer** (*BRIT*) *n* marchand *m* de fruits et légumes; **~house** *n* serre *f*; **~house effect** *n* effet *m* de serre; **~house gas** *n* gas *m* à effet de serre; **~ish** *adj* verdâtre

Greenland ['gri:nlənd] *n* Groenland *m*

greet [gri:t] *vt* accueillir; **~ing** *n* salutation *f*; **~ing(s) card** *n* carte *f* de vœux

gregarious [grı'gɛərıəs] *adj* (*person*) sociable

grenade [grı'neıd] *n* grenade *f*

grew [gru:] *pt of* **grow**

grey [greı] (*US* **gray**) *adj* gris(e); (*dismal*) sombre; **~-haired** *adj* grisonnant(e); **~hound** *n* lévrier *m*

grid [grıd] *n* grille *f*; (*ELEC*) réseau *m*

grief [gri:f] *n* chagrin *m*, douleur *f*

grievance ['gri:vəns] *n* doléance *f*, grief *m*

grieve [gri:v] *vi* avoir du chagrin; se désoler ♦ *vt* faire de la peine à, affliger; **to ~ for sb** (*dead person*) pleurer qn

grievous ['gri:vəs] *adj* (*LAW*): **~ bodily harm** coups *mpl* et blessures *fpl*

grill [grıl] *n* (*on cooker*) gril *m*; (*food*: *also mixed ~*) grillade(s) *f(pl)* ♦ *vt* (*BRIT*) griller; (*inf*: *question*) cuisiner

grille [grıl] *n* grille *f*, grillage *m*; (*AUT*) calandre *f*

grim [grım] *adj* sinistre, lugubre; (*serious, stern*) sévère

grimace [grı'meıs] *n* grimace *f* ♦ *vi* grimacer, faire une grimace

grime [graım] *n* crasse *f*, saleté *f*

grin [grın] *n* large sourire *m* ♦ *vi* sourire

grind [graınd] (*pt, pp* **ground**) *vt* écraser; (*coffee, pepper etc*) moudre; (*US*: *meat*) hacher; (*make sharp*) aiguiser ♦ *n* (*work*) corvée *f*

grip [grıp] *n* (*hold*) prise *f*, étreinte *f*; (*control*) emprise *f*; (*grasp*) connaissance *f*; (*handle*) poignée *f*; (*holdall*) sac *m* de voyage ♦ *vt* saisir, empoigner; **to come to ~s with** en venir aux prises avec; **~ping** *adj* prenant(e), palpitant(e)

grisly ['grızlı] *adj* sinistre, macabre

gristle ['grısl] *n* cartilage *m*

grit [grıt] *n* gravillon *m*; (*courage*) cran *m* ♦ *vt* (*road*) sabler; **to ~ one's teeth** serrer les dents

groan [grəun] *n* (*of pain*) gémissement *m* ♦ *vi* gémir

grocer ['grəusə*] *n* épicier *m*; **~ies**

npl provisions *fpl*; ~**'s (shop)** *n* épicerie *f*

groin [grɔɪn] *n* aine *f*

groom [gru:m] *n* palefrenier *m*; (*also*: *bride*~) marié *m* ♦ *vt* (*horse*) panser; (*fig*): **to ~ sb for** former qn pour; **well-groomed** très soigné(e)

groove [gru:v] *n* rainure *f*

grope [grəup] *vi*: **to ~ for** chercher à tâtons

gross [grəus] *adj* grossier(ère); (*COMM*) brut(e); ~**ly** *adv* (*greatly*) très, grandement

grotto ['grɔtəu] *n* grotte *f*

grotty ['grɔtɪ] (*inf*) *adj* minable, affreux(euse)

ground [graund] *pt, pp of* **grind** ♦ *n* sol *m*, terre *f*; (*land*) terrain *m*, terres *fpl*; (*SPORT*) terrain; (*US*: *also*: ~ *wire*) terre; (*reason*: *gen pl*) raison *f* ♦ *vt* (*plane*) empêcher de décoller, retenir au sol; (*US*: *ELEC*) équiper d'une prise de terre; ~**s** *npl* (*of coffee etc*) marc *m*; (*gardens etc*) parc *m*, domaine *m*; **on the ~, to the ~** par terre; **to gain/lose ~** gagner/perdre du terrain; ~ **cloth** (*US*) *n* = **groundsheet**; ~**ing** *n* (*in education*) connaissances *fpl* de base; ~**less** *adj* sans fondement; ~**sheet** (*BRIT*) *n* tapis *m* de sol; ~ **staff** *n* personnel *m* au sol; ~**swell** *n* lame *f or* vague *f* de fond; ~**work** *n* préparation *f*

group [gru:p] *n* groupe *m* ♦ *vt* (*also*: ~ *together*) grouper ♦ *vi* se grouper

grouse [graus] *n inv* (*bird*) grouse *f* ♦ *vi* (*complain*) rouspéter, râler

grove [grəuv] *n* bosquet *m*

grovel ['grɔvl] *vi* (*fig*) ramper

grow [grəu] (*pt* **grew**, *pp* **grown**) *vi* pousser, croître; (*person*) grandir; (*increase*) augmenter, se développer; (*become*): **to ~ rich/weak** s'enrichir/s'affaiblir; (*develop*): **he's ~n out of his jacket** sa veste est (devenue) trop petite pour lui; **he'll ~ out of it!** ça lui passera! ♦ *vt* cultiver, faire pousser; (*beard*) laisser pousser; ~ **up** *vi* grandir; ~**er** *n* producteur *m*; ~**ing** *adj* (*fear, amount*) croissant(e), grandissant(e)

growl [graul] *vi* grogner

grown [grəun] *pp of* **grow**; ~**-up** *n* adulte *m/f*, grande personne

growth [grəuθ] *n* croissance *f*, développement *m*; (*what has grown*) pousse *f*; poussée *f*; (*MED*) grosseur *f*, tumeur *f*

grub [grʌb] *n* larve *f*; (*inf*: *food*) bouffe *f*

grubby ['grʌbɪ] *adj* crasseux(euse)

grudge [grʌdʒ] *n* rancune *f* ♦ *vt*: **to ~ sb sth** (*in giving*) donner qch à qn à contre-cœur; (*resent*) reprocher qch à qn; **to bear sb a ~ (for)** garder rancune *or* en vouloir à qn (de)

gruelling ['gruəlɪŋ] (*US* **grueling**) *adj* exténuant(e)

gruesome ['gru:səm] *adj* horrible

gruff [grʌf] *adj* bourru(e)

grumble ['grʌmbl] *vi* rouspéter, ronchonner

grumpy ['grʌmpɪ] *adj* grincheux(euse)

grunt [grʌnt] *vi* grogner

G-string ['dʒi:-] *n* (*garment*) cache-sexe *m inv*

guarantee [gærən'ti:] *n* garantie *f* ♦ *vt* garantir

guard [gɑ:d] *n* garde *f*; (*one man*) garde *m*; (*BRIT*: *RAIL*) chef *m* de train; (*on machine*) dispositif *m* de sûreté; (*also*: *fire*~) garde-feu *m* ♦ *vt* garder, surveiller; (*protect*): **to ~ (against** *or* **from)** protéger (contre); ~ **against** *vt* (*prevent*) empêcher, se protéger de; ~**ed** *adj* (*fig*) prudent(e); ~**ian** *n* gardien(ne); (*of minor*) tuteur(trice); ~**'s van** (*BRIT*) *n* (*RAIL*) fourgon *m*

guerrilla [gə'rɪlə] *n* guérillero *m*

guess [ges] *vt* deviner; (*estimate*) évaluer; (*US*) croire, penser ♦ *vi* deviner ♦ *n* supposition *f*, hypothèse *f*; **to take** *or* **have a ~** essayer de deviner; ~**work** *n* hypothèse *f*

guest [gest] *n* invité(e); (*in hotel*) client(e); ~**-house** *n* pension *f*; ~ **room** *n* chambre *f* d'amis

guffaw [gʌ'fɔ:] *vi* pouffer de rire
guidance ['gaɪdəns] *n* conseils *mpl*
guide [gaɪd] *n* (*person, book etc*) guide *m*; (*BRIT*: *also*: *girl* ~) guide *f* ♦ *vt* guider; **~book** *n* guide *m*; **~ dog** *n* chien *m* d'aveugle; **~lines** *npl* (*fig*) instructions (générales), conseils *mpl*
guild [gɪld] *n* corporation *f*; cercle *m*, association *f*
guile [gaɪl] *n* astuce *f*
guillotine [gɪlə'ti:n] *n* guillotine *f*
guilt [gɪlt] *n* culpabilité *f*; **~y** *adj* coupable
guinea pig ['gɪnɪ-] *n* cobaye *m*
guise [gaɪz] *n* aspect *m*, apparence *f*
guitar [gɪ'tɑ:*] *n* guitare *f*
gulf [gʌlf] *n* golfe *m*; (*abyss*) gouffre *m*
gull [gʌl] *n* mouette *f*; (*larger*) goéland *m*
gullet ['gʌlɪt] *n* gosier *m*
gullible ['gʌlɪbl] *adj* crédule
gully ['gʌlɪ] *n* ravin *m*; ravine *f*; couloir *m*
gulp [gʌlp] *vi* avaler sa salive ♦ *vt* (*also*: ~ *down*) avaler
gum [gʌm] *n* (*ANAT*) gencive *f*; (*glue*) colle *f*; (*sweet*: *also* ~*drop*) boule *f* de gomme; (*also*: *chewing* ~) chewing-gum *m* ♦ *vt* coller; **~boots** (*BRIT*) *npl* bottes *fpl* en caoutchouc
gun [gʌn] *n* (*small*) revolver *m*, pistolet *m*; (*rifle*) fusil *m*, carabine *f*; (*cannon*) canon *m*; **~boat** *n* canonnière *f*; **~fire** *n* fusillade *f*; **~man** *n* bandit armé; **~point** *n*: at **~point** sous la menace du pistolet (*or* fusil); **~powder** *n* poudre *f* à canon; **~shot** *n* coup *m* de feu
gurgle ['gɜ:gl] *vi* gargouiller; (*baby*) gazouiller
gush [gʌʃ] *vi* jaillir; (*fig*) se répandre en effusions
gust [gʌst] *n* (*of wind*) rafale *f*; (*of smoke*) bouffée *f*
gusto ['gʌstəu] *n* enthousiasme *m*
gut [gʌt] *n* intestin *m*, boyau *m*; **~s** *npl* (*inf*: *courage*) cran *m*
gutter ['gʌtə*] *n* (*in street*) caniveau *m*; (*of roof*) gouttière *f*
guy [gaɪ] *n* (*inf*: *man*) type *m*; (*also*: *~rope*) corde *f*; (*BRIT*: *figure*) *effigie de Guy Fawkes (brûlée en plein air le 5 novembre)*
guzzle ['gʌzl] *vt* avaler gloutonnement
gym [dʒɪm] *n* (*also*: *~nasium*) gymnase *m*; (*also*: *~nastics*) gym *f*; **~nast** ['dʒɪmnæst] *n* gymnaste *m/f*; **~nastics** [dʒɪm'næstɪks] *n, npl* gymnastique *f*; **~ shoes** *npl* chaussures *fpl* de gym; **~slip** (*BRIT*) *n* tunique *f* (d'écolière)
gynaecologist [gaɪnɪ'kɒlədʒɪst] (*US* **gynecologist**) *n* gynécologue *m/f*
gypsy ['dʒɪpsɪ] *n* gitan(e), bohémien(ne)

H

haberdashery [hæbə'dæʃərɪ] (*BRIT*) *n* mercerie *f*
habit ['hæbɪt] *n* habitude *f*; (*REL*: *costume*) habit *m*
habitual [hə'bɪtjuəl] *adj* habituel(le); (*drinker, liar*) invétéré(e)
hack [hæk] *vt* hacher, tailler ♦ *n* (*pej*: *writer*) nègre *m*; **~er** *n* (*COMPUT*) pirate *m* (informatique); (: *enthusiast*) passionné(e) *m/f* des ordinateurs
hackneyed ['hæknɪd] *adj* usé(e), rebattu(e)
had [hæd] *pt, pp of* **have**
haddock ['hædək] (*pl* ~ *or* ~s) *n* églefin *m*; **smoked** ~ haddock *m*
hadn't ['hædnt] = **had not**
haemorrhage ['hemərɪdʒ] (*US* **hemorrhage**) *n* hémorragie *f*
haemorroids ['hemərɔɪdz] (*US* **hemorroids**) *npl* hémorroïdes *fpl*
haggle ['hægl] *vi* marchander
Hague [heɪg] *n*: **The** ~ La Haye
hail [heɪl] *n* grêle *f* ♦ *vt* (*call*) héler; (*acclaim*) acclamer ♦ *vi* grêler; **~stone** *n* grêlon *m*
hair [hɛə*] *n* cheveux *mpl*; (*of animal*) pelage *m*; (*single hair*: *on*

head) cheveu *m*; (: *on body; of animal*) poil *m*; **to do one's ~** se coiffer; **~brush** *n* brosse *f* à cheveux; **~cut** *n* coupe *f* (de cheveux); **~do** *n* coiffure *f*; **~dresser** *n* coiffeur(euse); **~dresser's** *n* salon *m* de coiffure, coiffeur *m*; **~ dryer** *n* sèche-cheveux *m*; **~grip** *n* pince *f* à cheveux; **~net** *n* filet *m* à cheveux; **~piece** *n* perruque *f*; **~pin** *n* épingle *f* à cheveux; **~pin bend** (*US* **~pin curve**) *n* virage *m* en épingle à cheveux; **~-raising** *adj* à (vous) faire dresser les cheveux sur la tête; **~ removing cream** *n* crème *f* dépilatoire; **~ spray** *n* laque *f* (pour les cheveux); **~style** *n* coiffure *f*; **~y** *adj* poilu(e); (*inf*: *fig*) effrayant(e)

hake [heɪk] (*pl* ~ *or* ~**s**) *n* colin *m*, merlu *m*

half [hɑːf] (*pl* **halves**) *n* moitié *f*; (*of beer*: *also*: ~ *pint*) ≈ demi *m*; (*RAIL, bus also*: ~ *fare*) demi-tarif *m* ♦ *adj* demi(e) ♦ *adv* (à) moitié, à demi; **~ a dozen** une demi-douzaine; **~ a pound** une demi-livre, ≈ 250 g; **two and a ~** deux et demi; **to cut sth in ~** couper qch en deux; **~-baked** *adj* (*plan*) qui ne tient pas debout; **~-caste** *n* métis(se); **~-hearted** *adj* tiède, sans enthousiasme; **~-hour** *n* demi-heure *f*; **half-mast: at ~-mast** *adv* (*flag*) en berne; **~penny** ['heɪpnɪ] (*BRIT*) *n* demi-penny *m*; **~-price** *adj, adv*: (at) **~-price** à moitié prix; **~ term** (*BRIT*) *n* (*SCOL*) congé *m* de demi-trimestre; **~-time** *n* mi-temps *f*; **~way** *adv* à mi-chemin

hall [hɔːl] *n* salle *f*; (*entrance way*) hall *m*, entrée *f*

hallmark ['hɔːlmɑːk] *n* poinçon *m*; (*fig*) marque *f*

hallo [hʌ'ləʊ] *excl* = **hello**

hall of residence (*BRIT*:*pl* **halls of residence**) *n* résidence *f* universitaire

Hallowe'en ['hæləʊ'iːn] *n* veille *f* de la Toussaint

hallucination [həluːsɪ'neɪʃən] *n* hallucination *f*

hallway ['hɔːlweɪ] *n* vestibule *m*

halo ['heɪləʊ] *n* (*of saint etc*) auréole *f*

halt [hɔːlt] *n* halte *f*, arrêt *m* ♦ *vt* (*progress etc*) interrompre ♦ *vi* faire halte, s'arrêter

halve [hɑːv] *vt* (*apple etc*) partager *or* diviser en deux; (*expense*) réduire de moitié; **~s** [hɑːvz] *npl of* **half**

ham [hæm] *n* jambon *m*

hamburger ['hæmbɜːgə*] *n* hamburger *m*

hamlet ['hæmlɪt] *n* hameau *m*

hammer ['hæmə*] *n* marteau *m* ♦ *vt* (*nail*) enfoncer; (*fig*) démolir ♦ *vi* (*on door*) frapper à coups redoublés; **to ~ an idea into sb** faire entrer de force une idée dans la tête de qn

hammock ['hæmək] *n* hamac *m*

hamper ['hæmpə*] *vt* gêner ♦ *n* panier *m* (d'osier)

hamster ['hæmstə*] *n* hamster *m*

hand [hænd] *n* main *f*; (*of clock*) aiguille *f*; (*handwriting*) écriture *f*; (*worker*) ouvrier(ère); (*at cards*) jeu *m* ♦ *vt* passer, donner; **to give** *or* **lend sb a ~** donner un coup de main à qn; **at ~** à portée de la main; **in ~** (*time*) à disposition; (*job, situation*) en main; **to be on ~** (*person*) être disponible; (*emergency services*) se tenir prêt(e) (à intervenir); **to ~** (*information etc*) sous la main, à portée de la main; **on the one ~ ..., on the other ~** d'une part ..., d'autre part; **~ in** *vt* remettre; **~ out** *vt* distribuer; **~ over** *vt* transmettre; céder; **~bag** *n* sac *m* à main; **~book** *n* manuel *m*; **~brake** *n* frein *m* à main; **~cuffs** *npl* menottes *fpl*; **~ful** *n* poignée *f*

handicap ['hændɪkæp] *n* handicap *m* ♦ *vt* handicaper; **mentally/physically ~ped** handicapé(e) mentalement/physiquement

handicraft ['hændɪkrɑːft] *n* (travail *m* d')artisanat *m*, technique artisanale; (*object*) objet artisanal

handiwork ['hændɪwɜːk] *n* ouvrage

m

handkerchief ['hæŋkətʃɪf] *n* mouchoir *m*

handle ['hændl] *n* (*of door etc*) poignée *f*; (*of cup etc*) anse *f*; (*of knife etc*) manche *m*; (*of saucepan*) queue *f*; (*for winding*) manivelle *f* ♦ *vt* toucher, manier; (*deal with*) s'occuper de; (*treat: people*) prendre; "**~ with care**" "fragile"; **to fly off the ~** s'énerver; **~bar(s)** *n(pl)* guidon *m*

hand: **~-luggage** *n* bagages *mpl* à main; **~made** *adj* fait(e) à la main; **~out** *n* (*from government, parents*) aide *f*, don *m*; (*leaflet*) documentation *f*, prospectus *m*; (*summary of lecture*) polycopié *m*; **~rail** *n* rampe *f*, main courante; **~shake** *n* poignée *f* de main

handsome ['hænsəm] *adj* beau (belle); (*profit, return*) considérable

handwriting ['hændraɪtɪŋ] *n* écriture *f*

handy ['hændɪ] *adj* (*person*) adroit(e); (*close at hand*) sous la main; (*convenient*) pratique; **~man** ['hændɪmən] (*irreg*) *n* bricoleur *m*; (*servant*) homme *m* à tout faire

hang [hæŋ] (*pt, pp* **hung**) *vt* accrocher; (*criminal: pt, pp: hanged*) pendre ♦ *vi* pendre; (*hair, drapery*) tomber; **to get the ~ of (doing) sth** (*inf*) attraper le coup pour faire qch; **~ about** *vi* traîner; **~ around** *vi* = **hang about**; **~ on** *vi* (*wait*) attendre; **~ up** *vi* (*TEL*): **to ~ up (on sb)** raccrocher (au nez de qn) ♦ *vt* (*coat, painting etc*) accrocher, suspendre

hangar ['hæŋə*] *n* hangar *m*

hanger ['hæŋə*] *n* cintre *m*, portemanteau *m*; **~-on** ['hæŋər'ɒn] *n* parasite *m*; **~-gliding** ['hæŋglaɪdɪŋ] *n* deltaplane *m*, vol *m* libre; **~over** ['hæŋəʊvə*] *n* (*after drinking*) gueule *f* de bois; **~-up** ['hæŋʌp] *n* complexe *m*

hanker ['hæŋkə*] *vi*: **to ~ after** avoir envie de

hankie, hanky ['hæŋkɪ] *n abbr* = handkerchief

haphazard ['hæp'hæzəd] *adj* fait(e) au hasard, fait(e) au petit bonheur

happen ['hæpən] *vi* arriver; se passer, se produire; **it so ~s that** il se trouve que; **as it ~s** justement; **~ing** *n* événement *m*

happily ['hæpɪlɪ] *adv* heureusement; (*cheerfully*) joyeusement

happiness ['hæpɪnɪs] *n* bonheur *m*

happy ['hæpɪ] *adj* heureux(euse); **~ with** (*arrangements etc*) satisfait(e) de; **to be ~ to do** faire volontiers; **~ birthday!** bon anniversaire!; **~-go-lucky** *adj* insouciant(e)

harass ['hærəs] *vt* accabler, tourmenter; **~ment** *n* tracasseries *fpl*

harbour ['hɑ:bə*] (*US* **harbor**) *n* port *m* ♦ *vt* héberger, abriter; (*hope, fear etc*) entretenir

hard [hɑ:d] *adj* dur(e); (*question, problem*) difficile, dur(e); (*facts, evidence*) concret(ète) ♦ *adv* (*work*) dur; (*think, try*) sérieusement; **to look ~ at** regarder fixement; (*thing*) regarder de près; **no ~ feelings!** sans rancune!; **to be ~ of hearing** être dur(e) d'oreille; **to be ~ done by** être traité(e) injustement; **~back** *n* livre relié; **~ cash** *n* espèces *fpl*; **~ disk** *n* (*COMPUT*) disque dur; **~en** *vt* durcir; (*fig*) endurcir ♦ *vi* durcir; **~-headed** *adj* réaliste; décidé(e); **~ labour** *n* travaux forcés

hardly ['hɑ:dlɪ] *adv* (*scarcely, no sooner*) à peine; **~ anywhere/ever** presque nulle part/jamais

hard: **~ship** *n* épreuves *fpl*; **~ up** (*inf*) *adj* fauché(e); **~ware** *n* quincaillerie *f*; (*COMPUT, MIL*) matériel *m*; **~ware shop** *n* quincaillerie *f*; **~-wearing** *adj* solide; **~-working** *adj* travailleur(euse)

hardy ['hɑ:dɪ] *adj* robuste; (*plant*) résistant(e) au gel

hare [hɛə*] *n* lièvre *m*; **~-brained** *adj* farfelu(e)

harm [hɑ:m] *n* mal *m*; (*wrong*) tort *m* ♦ *vt* (*person*) faire du mal *or* du tort à; (*thing*) endommager; **out of**

~'s way à l'abri du danger, en lieu sûr; **~ful** *adj* nuisible; **~less** *adj* inoffensif(ive); sans méchanceté

harmony ['hɑ:mənɪ] *n* harmonie *f*

harness ['hɑ:nɪs] *n* harnais *m*; (*safety* ~) harnais de sécurité ♦ *vt* (*horse*) harnacher; (*resources*) exploiter

harp [hɑ:p] *n* harpe *f* ♦ *vi*: **to ~ on about** rabâcher

harrowing ['hærəuɪŋ] *adj* déchirant(e), très pénible

harsh [hɑ:ʃ] *adj* (*hard*) dur(e); (*severe*) sévère; (*unpleasant*: *sound*) discordant(e); (: *light*) cru(e)

harvest ['hɑ:vɪst] *n* (*of corn*) moisson *f*; (*of fruit*) récolte *f*; (*of grapes*) vendange *f* ♦ *vt* moissonner; récolter; vendanger

has [hæz] *vb see* **have**

hash [hæʃ] *n* (*CULIN*) hachis *m*; (*fig*: *mess*) gâchis *m*

hasn't ['hæznt] = **has not**

hassle ['hæsl] *n* (*inf*: *bother*) histoires *fpl*, tracas *mpl*

haste [heɪst] *n* hâte *f*; précipitation *f*; **~n** ['heɪsn] *vt* hâter, accélérer ♦ *vi* se hâter, s'empresser; **hastily** *adv* à la hâte; précipitamment; **hasty** ['heɪstɪ] *adj* hâtif(ive); précipité(e)

hat [hæt] *n* chapeau *m*

hatch [hætʃ] *n* (*NAUT*: *also*: **~way**) écoutille *f*; (*also*: *service* ~) passe-plats *m inv* ♦ *vi* éclore

hatchback ['hætʃbæk] *n* (*AUT*) modèle *m* avec hayon arrière

hatchet ['hætʃɪt] *n* hachette *f*

hate [heɪt] *vt* haïr, détester ♦ *n* haine *f*; **~ful** *adj* odieux(euse), détestable; **hatred** ['heɪtrɪd] *n* haine *f*

haughty ['hɔ:tɪ] *adj* hautain(e), arrogant(e)

haul [hɔ:l] *vt* traîner, tirer ♦ *n* (*of fish*) prise *f*; (*of stolen goods etc*) butin *m*; **~age** *n* transport routier; (*costs*) frais *mpl* de transport; **~ier** (*US* **hauler**) *n* (*company*) transporteur (routier); (*driver*) camionneur *m*

haunch [hɔ:ntʃ] *n* hanche *f*; (*of meat*) cuissot *m*

haunt [hɔ:nt] *vt* hanter ♦ *n* repaire *m*

KEYWORD

have [hæv] (*pt, pp* **had**) *aux vb* **1** (*gen*) avoir; être; **to ~ arrived/gone** être arrivé(e)/allé(e); **to ~ eaten/slept** avoir mangé/dormi; **he has been promoted** il a été promu

2 (*in tag questions*): **you've done it, ~n't you?** vous l'avez fait, n'est-ce pas?

3 (*in short answers and questions*): **no I ~n't/yes we have!** mais non!/mais si!; **so I ~!** ah oui!, oui c'est vrai!; **I've been there before, ~ you?** j'y suis déjà allé, et vous?

♦ *modal aux vb* (*be obliged*): **to ~ (got) to do sth** devoir faire qch; être obligé(e) de faire qch; **she has (got) to do it** elle doit le faire, il faut qu'elle le fasse; **you ~n't to tell her** vous ne devez pas le lui dire

♦ *vt* **1** (*possess, obtain*) avoir; **he has (got) blue eyes/dark hair** il a les yeux bleus/les cheveux bruns; **may I ~ your address?** puis-je avoir votre adresse?

2 (*+noun*: *take, hold etc*): **to ~ breakfast/a bath/a shower** prendre le petit déjeuner/un bain/une douche; **to ~ dinner/lunch** dîner/déjeuner; **to ~ a swim** nager; **to ~ a meeting** se réunir; **to ~ a party** organiser une fête

3: **to ~ sth done** faire faire qch; **to ~ one's hair cut** se faire couper les cheveux; **to ~ sb do sth** faire faire qch à qn

4 (*experience, suffer*) avoir; **to ~ a cold/flu** avoir un rhume/la grippe; **to ~ an operation** se faire opérer

5 (*inf*: *dupe*) avoir; **he's been had** il s'est fait avoir *or* roulé

have out *vt*: **to have it out with sb** (*settle a problem etc*) s'expliquer (franchement) avec qn

haven ['heɪvn] *n* port *m*; (*fig*) havre

m

haven't ['hævnt] = **have not**

havoc ['hævək] *n* ravages *mpl*

hawk [hɔ:k] *n* faucon *m*

hay [heɪ] *n* foin *m*; ~ **fever** *n* rhume *m* des foins; ~**stack** *n* meule *f* de foin

haywire ['heɪwaɪə*] (*inf*) *adj*: **to go** ~ (*machine*) se détraquer; (*plans*) mal tourner

hazard ['hæzəd] *n* (*danger*) danger *m*, risque *m* ♦ *vt* risquer, hasarder; ~ **(warning) lights** *npl* (*AUT*) feux *mpl* de détresse

haze [heɪz] *n* brume *f*

hazelnut ['heɪzlnʌt] *n* noisette *f*

hazy ['heɪzɪ] *adj* brumeux(euse); (*idea*) vague

he [hi:] *pron* il; **it is** ~ **who ...** c'est lui qui ...

head [hed] *n* tête *f*; (*leader*) chef *m*; (*of school*) directeur(trice) ♦ *vt* (*list*) être en tête de; (*group*) être à la tête de; ~**s (or tails)** pile (ou face); ~ **first** la tête la première; ~ **over heels in love** follement *or* éperdument amoureux(euse); **to** ~ **a ball** faire une tête; ~ **for** *vt fus* se diriger vers; ~**ache** *n* mal *m* de tête; ~**dress** (*BRIT*) *n* (*of Red Indian etc*) coiffure *f*; ~**ing** *n* titre *m*; ~**lamp** (*BRIT*) *n* = **headlight**; ~**land** *n* promontoire *m*, cap *m*; ~**light** *n* phare *m*; ~**line** *n* titre *m*; ~**long** *adv* (*fall*) la tête la première; (*rush*) tête baissée; ~**master** *n* directeur *m*; ~**mistress** *n* directrice *f*; ~ **office** *n* bureau central, siège *m*; ~**-on** *adj* (*collision*) de plein fouet; (*confrontation*) en face à face; ~**phones** *npl* casque *m* (à écouteurs); ~**quarters** *npl* bureau *or* siège central; (*MIL*) quartier général; ~**rest** *n* appui-tête *m*; ~**room** *n* (*in car*) hauteur *f* de plafond; (*under bridge*) hauteur limite; ~**scarf** *n* foulard *m*; ~**strong** *adj* têtu(e), entêté(e); ~ **waiter** *n* maître *m* d'hôtel; ~**way** *n*: **to make** ~**way** avancer, faire des progrès; ~**wind** *n* vent *m* contraire; (*NAUT*) vent debout; ~**y** *adj* capiteux(euse); enivrant(e); (*experience*) grisant(e)

heal [hi:l] *vt, vi* guérir

health [helθ] *n* santé *f*; ~ **food** *n* aliment(s) naturel(s); ~ **food shop** *n* magasin *m* diététique; **H**~ **Service** (*BRIT*) *n*: **the H**~ **Service** ≈ la Sécurité sociale; ~**y** *adj* (*person*) en bonne santé; (*climate, food, attitude etc*) sain(e), bon(ne) pour la santé

heap [hi:p] *n* tas *m* ♦ *vt*: **to** ~ **(up)** entasser, amonceler; **she** ~**ed her plate with cakes** elle a chargé son assiette de gâteaux

hear [hɪə*] (*pt, pp* **heard**) *vt* entendre; (*news*) apprendre ♦ *vi* entendre; **to** ~ **about** entendre parler de; avoir des nouvelles de; **to** ~ **from sb** recevoir *or* avoir des nouvelles de qn; ~**ing** ['hɪərɪŋ] *n* (*sense*) ouïe *f*; (*of witnesses*) audition *f*; (*of a case*) audience *f*; ~ **aid** *n* appareil *m* acoustique; ~**say** ['hɪəseɪ]: **by** ~ *adv* par ouï-dire *m*

hearse [hɜ:s] *n* corbillard *m*

heart [hɑ:t] *n* cœur *m*; ~**s** *npl* (*CARDS*) cœur; **to lose/take** ~ perdre/prendre courage; **at** ~ au fond; **by** ~ (*learn, know*) par cœur; ~ **attack** *n* crise *f* cardiaque; ~**beat** *n* battement *m* du cœur; ~**breaking** *adj* déchirant(e), qui fend le cœur; ~**broken** *adj*: **to be** ~**broken** avoir beaucoup de chagrin *or* le cœur brisé; ~**burn** *n* brûlures *fpl* d'estomac; ~ **failure** *n* arrêt *m* du cœur; ~**felt** *adj* sincère

hearth [hɑ:θ] *n* foyer *m*, cheminée *f*

heartily ['hɑ:tɪlɪ] *adv* chaleureusement; (*laugh*) de bon cœur; (*eat*) de bon appétit; **to agree** ~ être entièrement d'accord

heartland ['hɑ:tlænd] *n* (*of country, region*) centre *m*

hearty ['hɑ:tɪ] *adj* chaleureux(euse); (*appetite*) robuste; (*dislike*) cordial(e)

heat [hi:t] *n* chaleur *f*; (*fig*) feu *m*, agitation *f*; (*SPORT*: *also*: *qualifying*

~) éliminatoire *f* ♦ *vt* chauffer; ~ **up** *vi* (*water*) chauffer; (*room*) se réchauffer ♦ *vt* réchauffer; ~**ed** *adj* chauffé(e); (*fig*) passionné(e), échauffé(e); ~**er** *n* appareil *m* de chauffage; radiateur *m*; (*in car*) chauffage *m*; (*water* ~) chauffe-eau *m*

heath [hi:θ] (*BRIT*) *n* lande *f*

heather ['heðə*] *n* bruyère *f*

heating ['hi:tɪŋ] *n* chauffage *m*

heatstroke ['hi:tstrəuk] *n* (*MED*) coup *m* de chaleur

heatwave *n* vague *f* de chaleur

heave [hi:v] *vt* soulever (avec effort); (*drag*) traîner ♦ *vi* se soulever; (*retch*) avoir un haut-le-cœur; to ~ **a sigh** pousser un soupir

heaven ['hevn] *n* ciel *m*, paradis *m*; (*fig*) paradis; ~**ly** *adj* céleste, divin(e)

heavily ['hevɪlɪ] *adv* lourdement; (*drink, smoke*) beaucoup; (*sleep, sigh*) profondément

heavy ['hevɪ] *adj* lourd(e); (*work, sea, rain, eater*) gros(se); (*snow*) beaucoup de; (*drinker, smoker*) grand(e); (*breathing*) bruyant(e); (*schedule, week*) chargé(e); ~ **goods vehicle** *n* poids lourd; ~**weight** *n* (*SPORT*) poids lourd

Hebrew ['hi:bru:] *adj* hébraïque ♦ *n* (*LING*) hébreu *m*

Hebrides ['hebrɪdi:z] *npl*: **the** ~ les Hébrides *fpl*

heckle ['hekl] *vt* interpeller (*un orateur*)

hectic ['hektɪk] *adj* agité(e), trépidant(e)

he'd [hi:d] = **he would; he had**

hedge [hedʒ] *n* haie *f* ♦ *vi* se dérober; to ~ **one's bets** (*fig*) se couvrir

hedgehog ['hedʒhɒg] *n* hérisson *m*

heed [hi:d] *vt* (*also*: *take* ~ *of*) tenir compte de; ~**less** *adj* insouciant(e)

heel [hi:l] *n* talon *m* ♦ *vt* (*shoe*) retalonner

hefty ['heftɪ] *adj* (*person*) costaud(e); (*parcel*) lourd(e); (*profit*) gros(se)

heifer ['hefə*] *n* génisse *f*

height [haɪt] *n* (*of person*) taille *f*, grandeur *f*; (*of object*) hauteur *f*; (*of plane, mountain*) altitude *f*; (*high ground*) hauteur, éminence *f*; (*fig*: *of glory*) sommet *m*; (: *of luxury, stupidity*) comble *m*; ~**en** *vt* (*fig*) augmenter

heir [ɛə*] *n* héritier *m*; ~**ess** ['ɛərɪs] *n* héritière *f*; ~**loom** *n* héritage *m*, meuble *m* (*or* bijou *m or* tableau *m*) de famille

held [held] *pt, pp of* **hold**

helicopter ['helɪkɒptə*] *n* hélicoptère *m*

hell [hel] *n* enfer *m*; ~! (*inf!*) merde!

he'll [hi:l] = **he will; he shall**

hellish ['helɪʃ] (*inf*) *adj* infernal(e)

hello [hʌ'ləu] *excl* bonjour!; (*to attract attention*) hé!; (*surprise*) tiens!

helm [helm] *n* (*NAUT*) barre *f*

helmet ['helmɪt] *n* casque *m*

help [help] *n* aide *f*; (*charwoman*) femme *f* de ménage ♦ *vt* aider; ~! au secours!; ~ **yourself** servez-vous; **he can't** ~ **it** il n'y peut rien; ~**er** *n* aide *m/f*, assistant(e); ~**ful** *adj* serviable, obligeant(e); (*useful*) utile; ~**ing** *n* portion *f*; ~**less** *adj* impuissant(e); (*defenceless*) faible

hem [hem] *n* ourlet *m* ♦ *vt* ourler; ~ **in** *vt* cerner

hemorrhage ['hemərɪdʒ] (*US*) *n* = **haemorrhage**

hemorroids ['hemərɔɪdz] (*US*) *npl* = **haemorroids**

hen [hen] *n* poule *f*

hence [hens] *adv* (*therefore*) d'où, de là; 2 **years** ~ d'ici 2 ans, dans 2 ans; ~**forth** *adv* dorénavant

henchman ['hentʃmən] (*pej*: *irreg*) *n* acolyte *m*

her [hɜ:*] *pron* (*direct*) la, l'; (*indirect*) lui; (*stressed, after prep*) elle ♦ *adj* son(sa), ses *pl*; *see also* **me; my**

herald ['herəld] *n* héraut *m* ♦ *vt* annoncer; ~**ry** ['herəldrɪ] *n* (*study*) héraldique *f*; (*coat of arms*) blason *m*

herb [hɜ:b] *n* herbe *f*

herd [hɜːd] *n* troupeau *m*
here [hɪə*] *adv* ici; (*time*) alors ♦ *excl* tiens!, tenez!; ~! présent!; ~ is, ~ are voici; ~ **he/she is!** le/la voici!; ~**after** *adv* après, plus tard; ~**by** *adv* (*formal: in letter*) par la présente
hereditary [hɪ'redɪtərɪ] *adj* héréditaire
heresy ['herəsɪ] *n* hérésie *f*
heritage ['herɪtɪdʒ] *n* (*of country*) patrimoine *m*
hermit ['hɜːmɪt] *n* ermite *m*
hernia ['hɜːnɪə] *n* hernie *f*
hero ['hɪərəʊ] (*pl* ~**es**) *n* héros *m*
heroin ['herəʊɪn] *n* héroïne *f*
heroine ['herəʊɪn] *n* héroïne *f*
heron ['herən] *n* héron *m*
herring ['herɪŋ] *n* hareng *m*
hers [hɜːz] *pron* le(la) sien(ne), les siens(siennes); *see also* **mine**
herself [hɜː'self] *pron* (*reflexive*) se; (*emphatic*) elle-même; (*after prep*) elle; *see also* **oneself**
he's [hiːz] = **he is; he has**
hesitant ['hezɪtənt] *adj* hésitant(e), indécis(e)
hesitate ['hezɪteɪt] *vi* hésiter; **hesitation** [hezɪ'teɪʃən] *n* hésitation *f*
hew [hjuː] (*pp* **hewed** *or* **hewn**) *vt* (*stone*) tailler; (*wood*) couper
heyday ['heɪdeɪ] *n*: **the** ~ **of** l'âge *m* d'or de, les beaux jours de
HGV *n abbr* = **heavy goods vehicle**
hi [haɪ] *excl* salut!; (*to attract attention*) hé!
hiatus [haɪ'eɪtəs] *n* (*gap*) lacune *f*; (*interruption*) pause *f*
hibernate ['haɪbəneɪt] *vi* hiberner
hiccough, hiccup ['hɪkʌp] *vi* hoqueter; ~**s** *npl* hoquet *m*
hide [haɪd] (*pt* **hid**, *pp* **hidden**) *n* (*skin*) peau *f* ♦ *vt* cacher ♦ *vi*: **to** ~ **(from sb)** se cacher (de qn); ~-**and-seek** *n* cache-cache *m*; ~**away** *n* cachette *f*
hideous ['hɪdɪəs] *adj* hideux(euse)
hiding ['haɪdɪŋ] *n* (*beating*) correction *f*, volée *f* de coups; **to be in** ~ (*concealed*) se tenir caché(e)
hierarchy ['haɪərɑːkɪ] *n* hiérarchie *f*
hi-fi ['haɪfaɪ] *n* hi-fi *f inv* ♦ *adj* hi-fi *inv*
high [haɪ] *adj* haut(e); (*speed, respect, number*) grand(e); (*price*) élevé(e); (*wind*) fort(e), violent(e); (*voice*) aigu(aiguë) ♦ *adv* haut; 20 **m** ~ haut(e) de 20 m; ~**brow** *adj, n* intellectuel(le); ~**chair** *n* (*child's*) chaise haute; ~**er education** *n* études supérieures; ~-**handed** *adj* très autoritaire; très cavalier(ère); ~ **jump** *n* (*SPORT*) saut *m* en hauteur; ~**lands** *npl*: **the H~lands** les Highlands *mpl*; ~**light** *n* (*fig: of event*) point culminant ♦ *vt* faire ressortir, souligner; ~**lights** *npl* (*in hair*) reflets *mpl*; ~**ly** *adv* très, fort, hautement; **to speak/think** ~**ly of sb** dire/penser beaucoup de bien de qn; ~**ly paid** *adj* très bien payé(e); ~**ly strung** *adj* nerveux(euse), toujours tendu(e); ~**ness** *n*: **Her** (*or* **His**) **H~ness** Son Altesse *f*; ~-**pitched** *adj* aigu(aiguë); ~-**rise** *adj*: ~-**rise block**, ~-**rise flats** tour *f* (d'habitation); ~ **school** *n* lycée *m*; (*US*) établissement *m* d'enseignement supérieur; ~ **season** (*BRIT*) *n* haute saison; ~ **street** (*BRIT*) *n* grand-rue *f*; ~**way** ['haɪweɪ] *n* route nationale; **H~way Code** (*BRIT*) *n* code *m* de la route
hijack ['haɪjæk] *vt* (*plane*) détourner; ~**er** *n* pirate *m* de l'air
hike [haɪk] *vi* aller *or* faire des excursions à pied ♦ *n* excursion *f* à pied, randonnée *f*; ~**r** *n* promeneur(euse), excursionniste *m/f*
hilarious [hɪ'leərɪəs] *adj* (*account, event*) désopilant(e)
hill [hɪl] *n* colline *f*; (*fairly high*) montagne *f*; (*on road*) côte *f*; ~**side** *n* (flanc *m* de) coteau *m*; ~**y** *adj* vallonné(e); montagneux(euse)
hilt [hɪlt] *n* (*of sword*) garde *f*; **to the** ~ (*fig: support*) à fond
him [hɪm] *pron* (*direct*) le, l'; (*stressed, indirect, after prep*) lui; *see also* **me**; ~**self** [hɪm'self] *pron*

(*reflexive*) se; (*emphatic*) lui-même; (*after prep*) lui; *see also* **oneself**
hind [haınd] *adj* de derrière
hinder ['hındə*] *vt* gêner; (*delay*) retarder; **hindrance** ['hındrəns] *n* gêne *f*, obstacle *m*
hindsight ['haındsaıt] *n*: **with ~** avec du recul, rétrospectivement
Hindu ['hındu:] *adj* hindou(e)
hinge [hındʒ] *n* charnière *f* ♦ *vi* (*fig*): **to ~ on** dépendre de
hint [hınt] *n* allusion *f*; (*advice*) conseil *m* ♦ *vt*: **to ~ that** insinuer que ♦ *vi*: **to ~ at** faire une allusion à
hip [hıp] *n* hanche *f*
hippopotamus [hıpə'pɒtəməs] (*pl* **~es** *or* **~mi**) *n* hippopotame *m*
hire ['haıə*] *vt* (*BRIT*: *car, equipment*) louer; (*worker*) embaucher, engager ♦ *n* location *f*; **for ~** à louer; (*taxi*) libre; **~ purchase** (*BRIT*) *n* achat *m* (*or* vente *f*) à tempérament *or* crédit
his [hız] *pron* le(la) sien(ne), les siens(siennes) ♦ *adj* son(sa), ses *pl*; *see also* **my**; **mine**
hiss [hıs] *vi* siffler
historic [hıs'tɒrık] *adj* historique
historical [hıs'tɒrıkəl] *adj* historique
history ['hıstərı] *n* histoire *f*
hit [hıt] (*pt, pp* **hit**) *vt* frapper; (*reach*: *target*) atteindre, toucher; (*collide with*: *car*) entrer en collision avec, heurter; (*fig*: *affect*) toucher ♦ *n* coup *m*; (*success*) succès *m*; (: *song*) tube *m*; **to ~ it off with sb** bien s'entendre avec qn; **~-and-run driver** *n* chauffard *m* (coupable du délit de fuite)
hitch [hıtʃ] *vt* (*fasten*) accrocher, attacher; (*also*: **~ up**) remonter d'une saccade ♦ *n* (*difficulty*) anicroche *f*, contretemps *m*; **to ~ a lift** faire du stop
hitchhike ['hıtʃhaık] *vi* faire de l'auto-stop; **~r** *n* auto-stoppeur(euse)
hi-tech ['haı'tek] *adj* de pointe
hitherto [hıðə'tu:] *adv* jusqu'ici
HIV: **~-negative/-positive** séronégatif(ive)/-positif(ive)
hive [haıv] *n* ruche *f*; **~ off** (*inf*) *vt* mettre à part, séparer
HMS *abbr* = **Her (His) Majesty's Ship**
hoard [hɔ:d] *n* (*of food*) provisions *fpl*, réserves *fpl*; (*of money*) trésor *m* ♦ *vt* amasser; **~ing** ['hɔ:dıŋ] (*BRIT*) *n* (*for posters*) panneau *m* d'affichage *or* publicitaire
hoarse [hɔ:s] *adj* enroué(e)
hoax [həʊks] *n* canular *m*
hob [hɒb] *n* plaque (chauffante)
hobble ['hɒbl] *vi* boitiller
hobby ['hɒbı] *n* passe-temps favori; **~-horse** *n* (*fig*) dada *m*
hobo ['həʊbəʊ] (*US*) *n* vagabond *m*
hockey ['hɒkı] *n* hockey *m*
hog [hɒg] *n* porc (châtré) ♦ *vt* (*fig*) accaparer; **to go the whole ~** aller jusqu'au bout
hoist [hɔıst] *n* (*apparatus*) palan *m* ♦ *vt* hisser
hold [həʊld] (*pt, pp* **held**) *vt* tenir; (*contain*) contenir; (*believe*) considérer; (*possess*) avoir; (*detain*) détenir ♦ *vi* (*withstand pressure*) tenir (bon); (*be valid*) valoir ♦ *n* (*also fig*) prise *f*; (*NAUT*) cale *f*; **~ the line!** (*TEL*) ne quittez pas!; **to ~ one's own** (*fig*) (bien) se défendre; **to catch** *or* **get (a) ~ of** saisir; **to get ~ of** (*fig*) trouver; **~ back** *vt* retenir; (*secret*) taire; **~ down** *vt* (*person*) maintenir à terre; (*job*) occuper; **~ off** *vt* tenir à distance; **~ on** *vi* tenir bon; (*wait*) attendre; **~ on!** (*TEL*) ne quittez pas!; **~ on to** *vt fus* se cramponner à; (*keep*) conserver, garder; **~ out** *vt* offrir ♦ *vi* (*resist*) tenir bon; **~ up** *vt* (*raise*) lever; (*support*) soutenir; (*delay*) retarder; (*rob*) braquer; **~all** (*BRIT*) *n* fourre-tout *m inv*; **~er** *n* (*of ticket, record*) détenteur(trice); (*of office, title etc*) titulaire *m/f*; (*container*) support *m*; **~ing** *n* (*share*) intérêts *mpl*; (*farm*) ferme *f*; **~-up** *n* (*robbery*) hold-up *m*; (*delay*) retard *m*; (*BRIT*: *in traffic*) bouchon *m*

hole [həul] *n* trou *m*

holiday ['hɒlədɪ] *n* vacances *fpl*; (*day off*) jour *m* de congé; (*public*) jour férié; **on** ~ en congé; ~ **camp** *n* (*also*: ~ *centre*) camp *m* de vacances; ~**-maker** (*BRIT*) *n* vacancier(ère); ~ **resort** *n* centre *m* de villégiature *or* de vacances

Holland ['hɒlənd] *n* Hollande *f*

hollow ['hɒləu] *adj* creux(euse) ♦ *n* creux *m* ♦ *vt*: **to ~ out** creuser, évider

holly ['hɒlɪ] *n* houx *m*

holocaust ['hɒləkɔːst] *n* holocauste *m*

holster ['həulstə*] *n* étui *m* de revolver

holy ['həulɪ] *adj* saint(e); (*bread, water*) bénit(e); (*ground*) sacré(e); **H~ Ghost** *n* Saint-Esprit *m*

homage ['hɒmɪdʒ] *n* hommage *m*; **to pay ~ to** rendre hommage à

home [həum] *n* foyer *m*, maison *f*; (*country*) pays natal, patrie *f*; (*institution*) maison ♦ *adj* de famille; (*ECON, POL*) national(e), intérieur(e); (*SPORT*: *game*) sur leur (*or* notre) terrain; (*team*) qui reçoit ♦ *adv* chez soi, à la maison; au pays natal; (*right in*: *nail etc*) à fond; **at ~** chez soi, à la maison; **make yourself at ~** faites comme chez vous; ~ **address** *n* domicile permanent; ~**land** *n* patrie *f*; ~**less** *adj* sans foyer; sans abri; ~**ly** *adj* (*plain*) simple, sans prétention; ~**-made** *adj* fait(e) à la maison; **H~ Office** (*BRIT*) *n* ministère *m* de l'Intérieur; ~ **rule** *n* autonomie *f*; **H~ Secretary** (*BRIT*) *n* ministre *m* de l'Intérieur; ~**sick** *adj*: **to be ~sick** avoir le mal du pays; s'ennuyer de sa famille; ~ **town** *n* ville natale; ~**ward** *adj* (*journey*) du retour; ~**work** *n* devoirs *mpl*

homogeneous [hɒmə'dʒiːnɪəs] *adj* homogène

homosexual ['hɒməu'seksjuəl] *adj, n* homosexuel(le)

honest ['ɒnɪst] *adj* honnête; (*sincere*) franc(franche); ~**ly** *adv* honnêtement; franchement; ~**y** *n* honnêteté *f*

honey ['hʌnɪ] *n* miel *m*; ~**comb** *n* rayon *m* de miel; ~**moon** *n* lune *f* de miel, voyage *m* de noces; ~**suckle** ['hʌnɪsʌkl] (*BOT*) *n* chèvrefeuille *m*

honk [hɒŋk] *vi* (*AUT*) klaxonner

honorary ['ɒnərərɪ] *adj* honoraire; (*duty, title*) honorifique

honour ['ɒnə*] (*US* **honor**) *vt* honorer ♦ *n* honneur *m*; **hono(u)rable** *adj* honorable; **hono(u)rs degree** *n* (*SCOL*) *licence avec mention*

hood [hud] *n* capuchon *m*; (*of cooker*) hotte *f*; (*AUT*: *BRIT*) capote *f*; (: *US*) capot *m*

hoof [huːf] (*pl* **hooves**) *n* sabot *m*

hook [huk] *n* crochet *m*; (*on dress*) agrafe *f*; (*for fishing*) hameçon *m* ♦ *vt* accrocher; (*fish*) prendre

hooligan ['huːlɪgən] *n* voyou *m*

hoop [huːp] *n* cerceau *m*

hooray [huː'reɪ] *excl* hourra

hoot [huːt] *vi* (*AUT*) klaxonner; (*siren*) mugir; (*owl*) hululer; ~**er** *n* (*BRIT*: *AUT*) klaxon *m*; (*NAUT, factory*) sirène *f*

Hoover (®: *BRIT*) *n* aspirateur *m* ♦ *vt*: **h~** passer l'aspirateur dans *or* sur

hooves [huːvz] *npl of* **hoof**

hop [hɒp] *vi* (*on one foot*) sauter à cloche-pied; (*bird*) sautiller

hope [həup] *vt, vi* espérer ♦ *n* espoir *m*; **I ~ so** je l'espère; **I ~ not** j'espère que non; ~**ful** *adj* (*person*) plein(e) d'espoir; (*situation*) prometteur(euse), encourageant(e); ~**fully** *adv* (*expectantly*) avec espoir, avec optimisme; (*one hopes*) avec un peu de chance; ~**less** *adj* désespéré(e); (*useless*) nul(le)

hops [hɒps] *npl* houblon *m*

horizon [hə'raɪzn] *n* horizon *m*; ~**tal** [hɒrɪ'zɒntl] *adj* horizontal(e)

horn [hɔːn] *n* corne *f*; (*MUS*: *also*: *French* ~) cor *m*; (*AUT*) klaxon *m*

hornet ['hɔːnɪt] *n* frelon *m*

horny ['hɔːnɪ] (*inf*) *adj* (*aroused*) en rut, excité(e)

horoscope ['hɒrəskəup] *n* horoscope *m*
horrendous [hə'rendəs] *adj* horrible, affreux(euse)
horrible ['hɒrɪbl] *adj* horrible, affreux(euse)
horrid ['hɒrɪd] *adj* épouvantable
horrify ['hɒrɪfaɪ] *vt* horrifier
horror ['hɒrə*] *n* horreur *f*; ~ **film** *n* film *m* d'épouvante
hors d'œuvre [ɔː'dəːvrə] *n* (*CULIN*) hors-d'œuvre *m inv*
horse [hɔːs] *n* cheval *m*; **~back** *n*: on ~back à cheval; ~ **chestnut** *n* marron *m* (d'Inde); **~man** (*irreg*) *n* cavalier *m*; **~power** *n* puissance *f* (en chevaux); **~-racing** *n* courses *fpl* de chevaux; **~radish** *n* raifort *m*; **~shoe** *n* fer *m* à cheval
hose [həuz] *n* (*also*: *~pipe*) tuyau *m*; (: *garden* ~) tuyau d'arrosage
hospitable [hɒs'pɪtəbl] *adj* hospitalier(ère)
hospital ['hɒspɪtl] *n* hôpital *m*; **in** ~ à l'hôpital
hospitality [hɒspɪ'tælɪtɪ] *n* hospitalité *f*
host [həust] *n* hôte *m*; (*TV, RADIO*) animateur(trice); (*REL*) hostie *f*; (*large number*): **a** ~ **of** une foule de
hostage ['hɒstɪdʒ] *n* otage *m*
hostel ['hɒstəl] *n* foyer *m*; (*also*: *youth* ~) auberge *f* de jeunesse
hostess ['həustes] *n* hôtesse *f*; (*TV, RADIO*) animatrice *f*
hostile ['hɒstaɪl] *adj* hostile; **hostility** [hɒs'tɪlɪtɪ] *n* hostilité *f*
hot [hɒt] *adj* chaud(e); (*as opposed to only warm*) très chaud; (*spicy*) fort(e); (*contest etc*) acharné(e); (*temper*) passionné(e); **to be** ~ (*person*) avoir chaud; (*object*) être (très) chaud; **it is** ~ (*weather*) il fait chaud; **~bed** *n* (*fig*) foyer *m*, pépinière *f*; ~ **dog** *n* hot-dog *m*
hotel [həu'tel] *n* hôtel *m*
hot: **~-headed** *adj* impétueux(euse); **~house** *n* serre (chaude); **~line** *n* (*POL*) téléphone *m* rouge, ligne directe; **~ly** *adv* passionnément, violemment; **~plate** *n* (*on cooker*) plaque chauffante; **~-water bottle** *n* bouillotte *f*
hound [haund] *vt* poursuivre avec acharnement ♦ *n* chien courant
hour ['auə*] *n* heure *f*; **~ly** *adj, adv* toutes les heures; (*rate*) horaire
house [*n* haus, *pl* 'hauzɪz, *vb* hauz] *n* maison *f*; (*POL*) chambre *f*; (*THEATRE*) salle *f*; auditoire *m* ♦ *vt* (*person*) loger, héberger; (*objects*) abriter; **on the** ~ (*fig*) aux frais de la maison; ~ **arrest** *n* assignation *f* à résidence; **~boat** *n* bateau *m* (aménagé en habitation); **~bound** *adj* confiné(e) chez soi; **~breaking** *n* cambriolage *m* (avec effraction); **~coat** *n* peignoir *m*; **~hold** *n* (*persons*) famille *f*, maisonnée *f*; (*ADMIN etc*) ménage *m*; **~keeper** *n* gouvernante *f*; **~keeping** *n* (*work*) ménage *m*; **~keeping (money)** argent *m* du ménage; **~-warming (party)** *n* pendaison *f* de crémaillère; **~wife** (*irreg*) *n* ménagère *f*; femme *f* au foyer; **~work** *n* (travaux *mpl* du) ménage *m*
housing ['hauzɪŋ] *n* logement *m*; ~ **development**, ~ **estate** *n* lotissement *m*
hovel ['hɒvəl] *n* taudis *m*
hover ['hɒvə*] *vi* planer; **~craft** *n* aéroglisseur *m*
how [hau] *adv* comment; ~ **are you?** comment allez-vous?; ~ **do you do?** bonjour; enchanté(e); ~ **far is it to?** combine y a-t-il jusqu'à ...?; ~ **long have you been here?** depuis combine de temps êtes-vous là?; ~ **lovely!** que *or* comme c'est joli!; ~ **many/much?** combien?; ~ **many people/much milk?** combien de gens/lait?; ~ **old are you?** quel âge avez-vous?
however [hau'evə*] *adv* de quelque façon *or* manière que *+subj*; (*+adj*) quelque *or* si ... que *+subj*; (*in questions*) comment ♦ *conj* pourtant, cependant
howl [haul] *vi* hurler

H.P. *abbr* = **hire purchase**
h.p. *abbr* = **horsepower**
HQ *abbr* = **headquarters**
hub [hʌb] *n* (*of wheel*) moyeu *m*; (*fig*) centre *m*, foyer *m*
hubbub ['hʌbʌb] *n* brouhaha *m*
hubcap ['hʌbkæp] *n* enjoliveur *m*
huddle ['hʌdl] *vi*: to ~ together se blottir les uns contre les autres
hue [hju:] *n* teinte *f*, nuance *f*; ~ **and cry** *n* tollé (général), clameur *f*
huff [hʌf] *n*: **in a ~** fâché(e)
hug [hʌg] *vt* serrer dans ses bras; (*shore, kerb*) serrer
huge [hju:dʒ] *adj* énorme, immense
hulk [hʌlk] *n* (*ship*) épave *f*; (*car, building*) carcasse *f*; (*person*) mastodonte *m*
hull [hʌl] *n* coque *f*
hullo [hʌ'ləʊ] *excl* = **hello**
hum [hʌm] *vt* (*tune*) fredonner ♦ *vi* fredonner; (*insect*) bourdonner; (*plane, tool*) vrombir
human ['hju:mən] *adj* humain(e) ♦ *n* ~ (**being**) être humain; ~**e** [hju:'meɪn] *adj* humain(e), humanitaire; ~**itarian** [hju:mænɪ'tɛərɪən] *adj* humanitaire; ~**ity** [hju:'mænɪtɪ] *n* humanité *f*
humble ['hʌmbl] *adj* humble, modeste ♦ *vt* humilier
humbug ['hʌmbʌg] *n* fumisterie *f*; (*BRIT*) bonbon *m* à la menthe
humdrum ['hʌmdrʌm] *adj* monotone, banal(e)
humid ['hju:mɪd] *adj* humide
humiliate [hju:'mɪlɪeɪt] *vt* humilier; **humiliation** *n* humiliation *f*
humorous ['hju:mərəs] *adj* humoristique; (*person*) plein(e) d'humour
humour ['hju:mə*] (*US* **humor**) *n* humour *m*; (*mood*) humeur *f* ♦ *vt* (*person*) faire plaisir à; se prêter aux caprices de
hump [hʌmp] *n* bosse *f*
humpbacked ['hʌmpbækt] *adj*: ~ **bridge** pont *m* en dos d'âne
hunch [hʌntʃ] *n* (*premonition*) intuition *f*; ~**back** *n* bossu(e); ~**ed** *adj* voûté(e)
hundred ['hʌndrɪd] *num* cent; ~**s of** des centaines de; ~**weight** *n* (*BRIT*) = *50.8 kg*; (*US*) = *45.3 kg*
hung [hʌŋ] *pt, pp of* **hang**
Hungary ['hʌŋgərɪ] *n* Hongrie *f*
hunger ['hʌŋgə*] *n* faim *f* ♦ *vi*: **to ~ for** avoir faim de, désirer ardemment
hungry ['hʌŋgrɪ] *adj* affamé(e); (*keen*): ~ **for** avide de; **to be ~** avoir faim
hunk [hʌŋk] *n* (*of bread etc*) gros morceau
hunt [hʌnt] *vt* chasser; (*criminal*) pourchasser ♦ *vi* chasser; (*search*): **to ~ for** chercher (partout) ♦ *n* chasse *f*; ~**er** *n* chasseur *m*; ~**ing** *n* chasse *f*
hurdle ['hɜ:dl] *n* (*SPORT*) haie *f*; (*fig*) obstacle *m*
hurl [hɜ:l] *vt* lancer (avec violence); (*abuse, insults*) lancer
hurrah [hʊ'rɑ:] *excl* = **hooray**
hurray [hʊ'reɪ] *excl* = **hooray**
hurricane ['hʌrɪkən] *n* ouragan *m*
hurried ['hʌrɪd] *adj* pressé(e), précipité(e); (*work*) fait(e) à la hâte; ~**ly** *adv* précipitamment, à la hâte
hurry ['hʌrɪ] (*vb: also:* ~ **up**) *n* hâte *f*, précipitation *f* ♦ *vi* se presser, se dépêcher ♦ *vt* (*person*) faire presser, faire se dépêcher; (*work*) presser; **to be in a ~** être pressé(e); **to do sth in a ~** faire qch en vitesse; **to ~ in/out** entrer/sortir précipitamment
hurt [hɜ:t] (*pt, pp* **hurt**) *vt* (*cause pain to*) faire mal à; (*injure, fig*) blesser ♦ *vi* faire mal ♦ *adj* blessé(e); ~**ful** *adj* (*remark*) blessant(e)
hurtle ['hɜ:tl] *vi*: **to ~ past** passer en trombe; **to ~ down** dégringoler
husband ['hʌzbənd] *n* mari *m*
hush [hʌʃ] *n* calme *m*, silence *m* ♦ *vt* faire taire; ~! chut!; ~ **up** *vt* (*scandal*) étouffer
husk [hʌsk] *n* (*of wheat*) balle *f*; (*of rice, maize*) enveloppe *f*
husky ['hʌskɪ] *adj* rauque ♦ *n* chien *m* esquimau *or* de traîneau
hustle ['hʌsl] *vt* pousser, bousculer ♦

n: ~ **and bustle** tourbillon *m* (d'activité)
hut [hʌt] *n* hutte *f*; (*shed*) cabane *f*
hutch [hʌtʃ] *n* clapier *m*
hyacinth ['haɪəsɪnθ] *n* jacinthe *f*
hydrant ['haɪdrənt] *n* (*also*: *fire* ~) bouche *f* d'incendie
hydraulic [haɪ'drɒlɪk] *adj* hydraulique
hydroelectric [haɪdrəʊɪ'lektrɪk] *adj* hydro-électrique
hydrofoil ['haɪdrəʊfɔɪl] *n* hydrofoil *m*
hydrogen ['haɪdrɪdʒən] *n* hydrogène *m*
hyena [haɪ'iːnə] *n* hyène *f*
hygiene ['haɪdʒiːn] *n* hygiène *f*
hymn [hɪm] *n* hymne *m*; cantique *m*
hype [haɪp] (*inf*) *n* battage *m* publicitaire
hypermarket ['haɪpə'mɑːkɪt] (*BRIT*) *n* hypermarché *m*
hyphen ['haɪfən] *n* trait *m* d'union
hypnotize ['hɪpnətaɪz] *vt* hypnotiser
hypocrisy [hɪ'pɒkrɪsɪ] *n* hypocrisie *f*; **hypocrite** ['hɪpəkrɪt] *n* hypocrite *m/f*; **hypocritical** *adj* hypocrite
hypothesis [haɪ'pɒθɪsɪs] (*pl* ~es) *n* hypothèse *f*
hysterical [hɪs'terɪkəl] *adj* hystérique; (*funny*) hilarant(e); ~ **laughter** fou rire *m*
hysterics [hɪs'terɪks] *npl*: **to be in/have** ~ (*anger, panic*) avoir une crise de nerfs; (*laughter*) attraper un fou rire

I

I [aɪ] *pron* je; (*before vowel*) j'; (*stressed*) moi
ice [aɪs] *n* glace *f*; (*on road*) verglas *m* ♦ *vt* (*cake*) glacer ♦ *vi* (*also*: ~ *over*, ~ *up*) geler; (: *window*) se givrer; ~**berg** *n* iceberg *m*; ~**box** *n* (*US*) réfrigérateur *m*; (*BRIT*) compartiment *m* à glace; (*insulated box*) glacière *f*; ~ **cream** *n* glace *f*; ~ **cube** *n* glaçon *m*; ~**d** *adj* glacé(e); ~ **hockey** *n* hockey *m* sur glace; **I**~**land** ['aɪslənd] *n* Islande *f*; ~ **lolly** *n* (*BRIT*) esquimau *m* (glace); ~ **rink** *n* patinoire *f*; ~**-skating** *n* patinage *m* (sur glace)
icicle ['aɪsɪkl] *n* glaçon *m* (*naturel*)
icing ['aɪsɪŋ] *n* (*CULIN*) glace *f*; ~ **sugar** (*BRIT*) *n* sucre *m* glace
icy ['aɪsɪ] *adj* glacé(e); (*road*) verglacé(e); (*weather, temperature*) glacial(e)
I'd [aɪd] = **I would; I had**
idea [aɪ'dɪə] *n* idée *f*
ideal [aɪ'dɪəl] *n* idéal *m* ♦ *adj* idéal(e)
identical [aɪ'dentɪkəl] *adj* identique
identification [aɪdentɪfɪ'keɪʃən] *n* identification *f*; **means of** ~ pièce *f* d'identité
identify [aɪ'dentɪfaɪ] *vt* identifier
Identikit picture (®) *n* portrait-robot *m*
identity [aɪ'dentɪtɪ] *n* identité *f*; ~ **card** *n* carte *f* d'identité
ideology [aɪdɪ'ɒlədʒɪ] *n* idéologie *f*
idiom ['ɪdɪəm] *n* expression *f* idiomatique; (*style*) style *m*
idiosyncrasy [ɪdɪə'sɪŋkrəsɪ] *n* (*of person*) particularité *f*, petite manie
idiot ['ɪdɪət] *n* idiot(e), imbécile *m/f*; ~**ic** [ɪdɪ'ɒtɪk] *adj* idiot(e), bête, stupide
idle ['aɪdl] *adj* sans occupation, désœuvré(e); (*lazy*) oisif(ive), paresseux(euse); (*unemployed*) au chômage; (*question, pleasures*) vain(e), futile ♦ *vi* (*engine*) tourner au ralenti; **to lie** ~ être arrêté(e), ne pas fonctionner; ~ **away** *vt*: **to** ~ **away the time** passer son temps à ne rien faire
idol ['aɪdl] *n* idole *f*; ~**ize** *vt* idolâtrer, adorer
i.e. *adv abbr* (= *id est*) c'est-à-dire
if [ɪf] *conj* si; ~ **so** si c'est le cas; ~ **not** sinon; ~ **only** si seulement
ignite [ɪg'naɪt] *vt* mettre le feu à, enflammer ♦ *vi* s'enflammer
ignition [ɪg'nɪʃən] *n* (*AUT*) allumage *m*; **to switch on/off the** ~ mettre/couper le contact; ~ **key** *n* clé *f* de

contact

ignorant ['ɪgnərənt] *adj* ignorant(e); **to be ~ of** (*subject*) ne rien connaître à; (*events*) ne pas être au courant de

ignore [ɪg'nɔ:*] *vt* ne tenir aucun compte de; (*person*) faire semblant de ne pas reconnaître, ignorer; (*fact*) méconnaître

ill [ɪl] *adj* (*sick*) malade; (*bad*) mauvais(e) ♦ *n* mal *m* ♦ *adv*: **to speak/think ~ of** dire/penser du mal de; **~s** *npl* (*misfortunes*) maux *mpl*, malheurs *mpl*; **to be taken ~** tomber malade; **~-advised** *adj* (*decision*) peu judicieux(euse); (*person*) malavisé(e); **~-at-ease** *adj* mal à l'aise

I'll [aɪl] = **I will; I shall**

illegal [ɪ'li:gəl] *adj* illégal(e)

illegible [ɪ'ledʒəbl] *adj* illisible

illegitimate [ɪlɪ'dʒɪtɪmət] *adj* illégitime

ill: ~-fated [ɪl'feɪtɪd] *adj* malheureux(euse); (*day*) néfaste; **~ feeling** *n* ressentiment *m*, rancune *f*

illiterate [ɪ'lɪtərət] *adj* illettré(e); (*letter*) plein(e) de fautes

ill: ~-mannered [ɪl'mænəd] *adj* (*child*) mal élevé(e); **~ness** ['ɪlnəs] *n* maladie *f*; **~-treat** ['ɪl'tri:t] *vt* maltraiter

illuminate [ɪ'lu:mɪneɪt] *vt* (*room, street*) éclairer; (*for special effect*) illuminer; **illumination** [ɪlu:mɪ'neɪʃən] *n* éclairage *m*; illumination *f*

illusion [ɪ'lu:ʒən] *n* illusion *f*

illustrate ['ɪləstreɪt] *vt* illustrer; **illustration** [ɪləs'treɪʃən] *n* illustration *f*

ill will *n* malveillance *f*

I'm [aɪm] = **I am**

image ['ɪmɪdʒ] *n* image *f*; (*public face*) image de marque; **~ry** *n* images *fpl*

imaginary [ɪ'mædʒɪnərɪ] *adj* imaginaire

imagination [ɪmædʒɪ'neɪʃən] *n* imagination *f*

imaginative [ɪ'mædʒɪnətɪv] *adj* imaginatif(ive); (*person*) plein(e) d'imagination

imagine [ɪ'mædʒɪn] *vt* imaginer, s'imaginer; (*suppose*) imaginer, supposer

imbalance [ɪm'bæləns] *n* déséquilibre *m*

imbue [ɪm'bju:] *vt*: **to ~ sb/sth with** imprégner qn/qch de

imitate ['ɪmɪteɪt] *vt* imiter; **imitation** [ɪmɪ'teɪʃən] *n* imitation *f*

immaculate [ɪ'mækjʊlɪt] *adj* impeccable; (*REL*) immaculé(e)

immaterial [ɪmə'tɪərɪəl] *adj* sans importance, insignifiant(e)

immature [ɪmə'tjʊə*] *adj* (*fruit*) (qui n'est) pas mûr(e); (*person*) qui manque de maturité

immediate [ɪ'mi:dɪət] *adj* immédiat(e); **~ly** *adv* (*at once*) immédiatement; **~ly next to** juste à côté de

immense [ɪ'mens] *adj* immense; énorme

immerse [ɪ'mɜ:s] *vt* immerger, plonger; **immersion heater** [ɪ'mɜ:ʃən-] (*BRIT*) *n* chauffe-eau *m* électrique

immigrant ['ɪmɪgrənt] *n* immigrant(e); immigré(e); **immigration** [ɪmɪ'greɪʃən] *n* immigration *f*

imminent ['ɪmɪnənt] *adj* imminent(e)

immoral [ɪ'mɒrəl] *adj* immoral(e)

immortal [ɪ'mɔ:tl] *adj, n* immortel(le)

immune [ɪ'mju:n] *adj*: **~ (to)** immunisé(e) (contre); (*fig*) à l'abri de; **immunity** [ɪ'mju:nɪtɪ] *n* immunité *f*

imp [ɪmp] *n* lutin *m*; (*child*) petit diable

impact ['ɪmpækt] *n* choc *m*, impact *m*; (*fig*) impact

impair [ɪm'pɛə*] *vt* détériorer, diminuer

impart [ɪm'pɑ:t] *vt* communiquer, transmettre; (*flavour*) donner

impartial [ɪm'pɑ:ʃəl] *adj* impartial(e)

impassable [ɪm'pɑ:səbl] *adj* infranchissable; (*road*) impraticable

impassive [ɪm'pæsɪv] *adj* impassible

impatience [ɪm'peɪʃəns] *n* impa-

tience *f*
impatient [ɪm'peɪʃənt] *adj* impatient(e); to get *or* grow ~ s'impatienter
impeccable [ɪm'pekəbl] *adj* impeccable, parfait(e)
impede [ɪm'pi:d] *vt* gêner
impediment [ɪm'pedɪmənt] *n* obstacle *m*; (*also*: *speech* ~) défaut *m* d'élocution
impending [ɪm'pendɪŋ] *adj* imminent(e)
imperative [ɪm'perətɪv] *adj* (*need*) urgent(e), pressant(e); (*tone*) impérieux(euse) ♦ *n* (*LING*) impératif *m*
imperfect [ɪm'pɜ:fɪkt] *adj* imparfait(e); (*goods etc*) défectueux(euse)
imperial [ɪm'pɪərɪəl] *adj* impérial(e); (*BRIT*: *measure*) légal(e)
impersonal [ɪm'pɜ:snl] *adj* impersonnel(le)
impersonate [ɪm'pɜ:səneɪt] *vt* se faire passer pour; (*THEATRE*) imiter
impertinent [ɪm'pɜ:tɪnənt] *adj* impertinent(e), insolent(e)
impervious [ɪm'pɜ:vɪəs] *adj* (*fig*): ~ to insensible à
impetuous [ɪm'petjuəs] *adj* impétueux(euse), fougueux(euse)
impetus ['ɪmpɪtəs] *n* impulsion *f*; (*of runner*) élan *m*
impinge [ɪm'pɪndʒ]: **to ~ on** *vt fus* (*person*) affecter, toucher; (*rights*) empiéter sur
implement [*n* 'ɪmplɪmənt, *vb* 'ɪmplɪment] *n* outil *m*, instrument *m*; (*for cooking*) ustensile *m* ♦ *vt* exécuter
implicit [ɪm'plɪsɪt] *adj* implicite; (*complete*) absolu(e), sans réserve
imply [ɪm'plaɪ] *vt* suggérer, laisser entendre; indiquer, supposer
impolite [ɪmpə'laɪt] *adj* impoli(e)
import [*vb* ɪm'pɔ:t, *n* 'ɪmpɔ:t] *vt* importer ♦ *n* (*COMM*) importation *f*
importance [ɪm'pɔ:təns] *n* importance *f*
important [ɪm'pɔ:tənt] *adj* important(e)
importer [ɪm'pɔ:tə*] *n* importateur(trice)
impose [ɪm'pəuz] *vt* imposer ♦ *vi*: **to ~ on sb** abuser de la gentillesse de qn; **imposing** [ɪm'pəuzɪŋ] *adj* imposant(e), impressionnant(e); **imposition** [ɪmpə'zɪʃən] *n* (*of tax etc*) imposition *f*; **to be an imposition on** (*person*) abuser de la gentillesse *or* la bonté de
impossible [ɪm'pɒsəbl] *adj* impossible
impotent ['ɪmpətənt] *adj* impuissant(e)
impound [ɪm'paund] *vt* confisquer, saisir
impoverished [ɪm'pɒvərɪʃt] *adj* appauvri(e), pauvre
impractical [ɪm'præktɪkəl] *adj* pas pratique; (*person*) qui manque d'esprit pratique
impregnable [ɪm'pregnəbl] *adj* (*fortress*) imprenable
impress [ɪm'pres] *vt* impressionner, faire impression sur; (*mark*) imprimer, marquer; **to ~ sth on sb** faire bien comprendre qch à qn
impression [ɪm'preʃən] *n* impression *f*; (*of stamp, seal*) empreinte *f*; (*imitation*) imitation *f*; **to be under the ~ that** avoir l'impression que; **~ist** *n* (*ART*) impressionniste *m/f*; (*entertainer*) imitateur(trice) *m/f*
impressive [ɪm'presɪv] *adj* impressionnant(e)
imprint ['ɪmprɪnt] *n* (*outline*) marque *f*, empreinte *f*
imprison [ɪm'prɪzn] *vt* emprisonner, mettre en prison
improbable [ɪm'prɒbəbl] *adj* improbable; (*excuse*) peu plausible
improper [ɪm'prɒpə*] *adj* (*unsuitable*) déplacé(e), de mauvais goût; indécent(e); (*dishonest*) malhonnête
improve [ɪm'pru:v] *vt* améliorer ♦ *vi* s'améliorer; (*pupil etc*) faire des progrès; **~ment** *n* amélioration *f* (*in* de); progrès *m*
improvise ['ɪmprəvaɪz] *vt, vi* improviser

impudent [ˈɪmpjʊdənt] *adj* impudent(e)

impulse [ˈɪmpʌls] *n* impulsion *f*; **on ~** impulsivement, sur un coup de tête; **impulsive** [ɪmˈpʌlsɪv] *adj* impulsif(ive)

KEYWORD

in [ɪn] *prep* **1** (*indicating place, position*) dans; **~ the house/the fridge** dans la maison/le frigo; **~ the garden** dans le *or* au jardin; **~ town** en ville; **~ the country** à la campagne; **~ school** à l'école; **~ here/there** ici/là

2 (*with place names: of town, region, country*): **~ London** à Londres; **~ England** en Angleterre; **~ Japan** au Japon; **~ the United States** aux Etats-Unis

3 (*indicating time: during*): **~ spring** au printemps; **~ summer** en été; **~ May/1992** en mai/1992; **~ the afternoon** (dans) l'après-midi; **at 4 o'clock ~ the afternoon** à 4 heures de l'après-midi

4 (*indicating time: in the space of*) en; (*: future*) dans; **I did it ~ 3 hours/days** je l'ai fait en 3 heures/jours; **I'll see you ~ 2 weeks** *or* **~ 2 weeks' time** je te verrai dans 2 semaines

5 (*indicating manner etc*) à; **~ a loud/soft voice** à voix haute/basse; **~ pencil** au crayon; **~ French** en français; **the boy ~ the blue shirt** le garçon à *or* avec la chemise bleue

6 (*indicating circumstances*): **~ the sun** au soleil; **~ the shade** à l'ombre; **~ the rain** sous la pluie

7 (*indicating mood, state*): **~ tears** en larmes; **~ anger** sous le coup de la colère; **~ despair** au désespoir; **~ good condition** en bon état; **to live ~ luxury** vivre dans le luxe

8 (*with ratios, numbers*): **1 ~ 10 (households), 1 (household) ~ 10** 1 (ménage) sur 10; **20 pence ~ the pound** 20 pence par livre sterling; **they lined up ~ twos** ils se mirent en rangs (deux) par deux; **~ hundreds** par centaines

9 (*referring to people, works*) chez; **the disease is common ~ children** c'est une maladie courante chez les enfants; **~ (the works of) Dickens** chez Dickens, dans (l'œuvre de) Dickens

10 (*indicating profession etc*) dans; **to be ~ teaching** être dans l'enseignement

11 (*after superlative*) de; **the best pupil ~ the class** le meilleur élève de la classe

12 (*with present participle*): **~ saying this** en disant ceci

♦ *adv*: **to be ~** (*person: at home, work*) être là; (*train, ship, plane*) être arrivé(e); (*in fashion*) être à la mode; **to ask sb ~** inviter qn à entrer; **to run/limp** *etc* **~** entrer en courant/boitant *etc*

♦ *n*: **the ~s and outs (of)** (*of proposal, situation etc*) les tenants et aboutissants (de)

in. *abbr* = **inch**

inability [ɪnəˈbɪlɪtɪ] *n* incapacité *f*

inaccurate [ɪnˈækjʊrɪt] *adj* inexact(e); (*person*) qui manque de précision

inadequate [ɪnˈædɪkwət] *adj* insuffisant(e), inadéquat(e)

inadvertently [ɪnədˈvɜːtəntlɪ] *adv* par mégarde

inadvisable [ɪnədˈvaɪzəbl] *adj* (*action*) à déconseiller

inane [ɪˈneɪn] *adj* inepte, stupide

inanimate [ɪnˈænɪmət] *adj* inanimé(e)

inappropriate [ɪnəˈprəuprɪət] *adj* inopportun(e), mal à propos; (*word, expression*) impropre

inarticulate [ɪnɑːˈtɪkjʊlət] *adj* (*person*) qui s'exprime mal; (*speech*) indistinct(e)

inasmuch as [ɪnəzˈmʌtʃəz] *adv* (*insofar as*) dans la mesure où; (*seeing that*) attendu que

inauguration [ɪnɔːgjʊˈreɪʃən] *n* inauguration *f*; (*of president*) investiture *f*

inborn ['ɪn'bɔːn] *adj* (*quality*) inné(e)

inbred ['ɪn'bred] *adj* inné(e), naturel(le); (*family*) consanguin(e)

Inc. *abbr* = **incorporated**

incapable [ɪn'keɪpəbl] *adj* incapable

incapacitate [ɪnkə'pæsɪteɪt] *vt*: **to ~ sb from doing** rendre qn incapable de faire

incense [*n* 'ɪnsens, *vb* ɪn'sens] *n* encens *m* ♦ *vt* (*anger*) mettre en colère

incentive [ɪn'sentɪv] *n* encouragement *m*, raison *f* de se donner de la peine

incessant [ɪn'sesnt] *adj* incessant(e); **~ly** *adv* sans cesse, constamment

inch [ɪntʃ] *n* pouce *m* (= *25 mm; 12 in a foot*); **within an ~ of** à deux doigts de; **he didn't give an ~** (*fig*) il n'a pas voulu céder d'un pouce; **~ forward** *vi* avancer petit à petit

incident ['ɪnsɪdənt] *n* incident *m*

incidental [ɪnsɪ'dentl] *adj* (*additional*) accessoire; **~ to** qui accompagne; **~ly** *adv* (*by the way*) à propos

inclination [ɪnklɪ'neɪʃən] *n* (*fig*) inclination *f*

incline [*n* 'ɪnklaɪn, *vb* ɪn'klaɪn] *n* pente *f* ♦ *vt* incliner ♦ *vi* (*surface*) s'incliner; **to be ~d to do** avoir tendance à faire

include [ɪn'kluːd] *vt* inclure, comprendre; **including** [ɪn'kluːdɪŋ] *prep* y compris

inclusive [ɪn'kluːsɪv] *adj* inclus(e), compris(e); **~ of tax** *etc* taxes *etc* comprises

income ['ɪnkʌm] *n* revenu *m*; **~ tax** *n* impôt *m* sur le revenu

incoming ['ɪnkʌmɪŋ] *adj* qui arrive; (*president*) entrant(e); **~ mail** courrier *m* du jour; **~ tide** marée montante

incompetent [ɪn'kɒmpɪtənt] *adj* incompétent(e), incapable

incomplete [ɪnkəm'pliːt] *adj* incomplet(ète)

incongruous [ɪn'kɒŋgruəs] *adj* incongru(e)

inconsiderate [ɪnkən'sɪdərɪt] *adj* (*person*) qui manque d'égards; (*action*) inconsidéré(e)

inconsistency [ɪnkən'sɪstənsɪ] *n* (*of actions etc*) inconséquence *f*; (*of work*) irrégularité *f*; (*of statement etc*) incohérence *f*

inconsistent [ɪnkən'sɪstənt] *adj* inconséquent(e); irrégulier(ère); peu cohérent(e); **~ with** incompatible avec

inconspicuous [ɪnkən'spɪkjuəs] *adj* qui passe inaperçu(e); (*colour, dress*) discret(ète)

inconvenience [ɪnkən'viːnɪəns] *n* inconvénient *m*; (*trouble*) dérangement *m* ♦ *vt* déranger

inconvenient [ɪnkən'viːnɪənt] *adj* (*house*) malcommode; (*time, place*) mal choisi(e), qui ne convient pas; (*visitor*) importun(e)

incorporate [ɪn'kɔːpəreɪt] *vt* incorporer; (*contain*) contenir; **~d company** (*US*) *n* ≈ société *f* anonyme

incorrect [ɪnkə'rekt] *adj* incorrect(e)

increase [*n* 'ɪnkriːs, *vb* ɪn'kriːs] *n* augmentation *f* ♦ *vi, vt* augmenter; **increasing** [ɪn'kriːsɪŋ] *adj* (*number*) croissant(e); **increasingly** [ɪn'kriːsɪŋlɪ] *adv* de plus en plus

incredible [ɪn'kredəbl] *adj* incroyable

incredulous [ɪn'kredjʊləs] *adj* incrédule

incubator ['ɪnkjubeɪtə*] *n* (*for babies*) couveuse *f*

incumbent [ɪn'kʌmbənt] *n* (*president*) président *m* en exercice; (*REL*) titulaire *m/f* ♦ *adj*: **it is ~ on him to ...** il lui incombe *or* appartient de ...

incur [ɪn'kɜː*] *vt* (*expenses*) encourir; (*anger, risk*) s'exposer à; (*debt*) contracter; (*loss*) subir

indebted [ɪn'detɪd] *adj*: **to be ~ to sb (for)** être redevable à qn (de)

indecent [ɪn'diːsnt] *adj* indécent(e), inconvenant(e); **~ assault** (*BRIT*) *n*

attentat *m* à la pudeur; ~ **exposure** *n* outrage *m* (public) à la pudeur
indecisive [ɪndɪ'saɪsɪv] *adj* (*person*) indécis(e)
indeed [ɪn'di:d] *adv* vraiment; en effet; (*furthermore*) d'ailleurs; yes ~! certainement!
indefinitely [ɪn'defɪnɪtlɪ] *adv* (*wait*) indéfiniment
indemnity [ɪn'demnɪtɪ] *n* (*safeguard*) assurance *f*, garantie *f*; (*compensation*) indemnité *f*
independence [ɪndɪ'pendəns] *n* indépendance *f*; **independent** [ɪndɪ'pendənt] *adj* indépendant(e); (*school*) privé(e); (*radio*) libre
index ['ɪndeks] *n* (*pl*: ~*es*: *in book*) index *m*; (: *in library etc*) catalogue *m*; (*pl*: *indices*: *ratio, sign*) indice *m*; ~ **card** *n* fiche *f*; ~ **finger** *n* index *m*; ~**-linked** *adj* indexé(e) (sur le coût de la vie *etc*)
India ['ɪndɪə] *n* Inde *f*; ~**n** *adj* indien(ne) ♦ *n* Indien(ne); (**American**) ~**n** Indien(ne) (d'Amérique)
indicate ['ɪndɪkeɪt] *vt* indiquer; **indication** [ɪndɪ'keiʃən] *n* indication *f*, signe *m*; **indicative** [ɪn'dɪkətɪv] *adj*: **indicative of** symptomatique de ♦ *n* (*LING*) indicatif *m*; **indicator** ['ɪndɪkeɪtə*] *n* (*sign*) indicateur *m*; (*AUT*) clignotant *m*
indices ['ɪndɪsi:z] *npl of* **index**
indictment [ɪn'daɪtmənt] *n* accusation *f*
indifferent [ɪn'dɪfrənt] *adj* indifférent(e); (*poor*) médiocre, quelconque
indigenous [ɪn'dɪdʒɪnəs] *adj* indigène
indigestion [ɪndɪ'dʒestʃən] *n* indigestion *f*, mauvaise digestion
indignant [ɪn'dɪgnənt] *adj*: ~ (**at sth/with sb**) indigné(e) (de qch/contre qn)
indignity [ɪn'dɪgnɪtɪ] *n* indignité *f*, affront *m*
indirect [ɪndɪ'rekt] *adj* indirect(e)
indiscreet [ɪndɪs'kri:t] *adj* indiscret(ète); (*rash*) imprudent(e)
indiscriminate [ɪndɪs'krɪmɪnət] *adj* (*person*) qui manque de discernement; (*killings*) commis(e) au hasard
indisputable [ɪndɪs'pju:təbl] *adj* incontestable, indiscutable
individual [ɪndɪ'vɪdjuəl] *n* individu *m* ♦ *adj* individuel(le); (*characteristic*) particulier(ère), original(e)
indoctrination [ɪndɒktrɪ'neɪʃən] *n* endoctrinement *m*
Indonesia [ɪndəʊ'ni:zɪə] *n* Indonésie *f*
indoor ['ɪndɔ:*] *adj* (*plant*) d'appartement; (*swimming pool*) couvert(e); (*sport, games*) pratiqué(e) en salle; ~**s** [ɪn'dɔ:z] *adv* à l'intérieur
induce [ɪn'dju:s] *vt* (*persuade*) persuader; (*bring about*) provoquer; ~**ment** *n* (*incentive*) récompense *f*; (*pej*: *bribe*) pot-de-vin *m*
indulge [ɪn'dʌldʒ] *vt* (*whim*) céder à, satisfaire; (*child*) gâter ♦ *vi*: **to ~ in sth** (*luxury*) se permettre qch; (*fantasies etc*) se livrer à qch; ~**nce** *n* fantaisie *f* (que l'on s'offre); (*leniency*) indulgence *f*; ~**nt** *adj* indulgent(e)
industrial [ɪn'dʌstrɪəl] *adj* industriel(le); (*injury*) du travail; ~ **action** *n* action revendicative; ~ **estate** (*BRIT*) *n* zone industrielle; ~**ist** *n* industriel *m*; ~ **park** (*US*) *n* = **industrial estate**
industrious [ɪn'dʌstrɪəs] *adj* travailleur(euse)
industry ['ɪndəstrɪ] *n* industrie *f*; (*diligence*) zèle *m*, application *f*
inebriated [ɪ'ni:brɪeɪtɪd] *adj* ivre
inedible [ɪn'edɪbl] *adj* immangeable; (*plant etc*) non comestible
ineffective [ɪnɪ'fektɪv], **ineffectual** [ɪnɪ'fektjuəl] *adj* inefficace
inefficient [ɪnɪ'fɪʃənt] *adj* inefficace
inequality [ɪnɪ'kwɒlɪtɪ] *n* inégalité *f*
inescapable [ɪnɪs'keɪpəbl] *adj* inéluctable, inévitable
inevitable [ɪn'evɪtəbl] *adj* inévitable; **inevitably** *adv* inévitablement
inexhaustible [ɪnɪg'zɔ:stəbl] *adj* inépuisable

inexpensive [ɪnɪks'pensɪv] *adj* bon marché *inv*
inexperienced [ɪnɪks'pɪərɪənst] *adj* inexpérimenté(e)
infallible [ɪn'fæləbl] *adj* infaillible
infamous ['ɪnfəməs] *adj* infâme, abominable
infancy ['ɪnfənsɪ] *n* petite enfance, bas âge
infant ['ɪnfənt] *n* (*baby*) nourrisson *m*; (*young child*) petit(e) enfant; **~ school** (*BRIT*) *n* classes *fpl* préparatoires (*entre 5 et 7 ans*)
infatuated [ɪn'fætjueɪtɪd] *adj*: **~ with** entiché(e) de; **infatuation** [ɪnfætju'eɪʃən] *n* engouement *m*
infect [ɪn'fekt] *vt* infecter, contaminer; **~ion** [ɪn'fekʃən] *n* infection *f*; (*contagion*) contagion *f*; **~ious** [ɪn'fekʃəs] *adj* infectieux(euse); (*also fig*) contagieux(euse)
infer [ɪn'fɜː*] *vt* conclure, déduire; (*imply*) suggérer
inferior [ɪn'fɪərɪə*] *adj* inférieur(e); (*goods*) de qualité inférieure ♦ *n* inférieur(e); (*in rank*) subalterne *m/f*; **~ity** [ɪnfɪərɪ'ɒrɪtɪ] *n* infériorité *f*; **~ity complex** *n* complexe *m* d'infériorité
inferno [ɪn'fɜːnəʊ] *n* (*blaze*) brasier *m*
infertile [ɪn'fɜːtaɪl] *adj* stérile
infighting ['ɪnfaɪtɪŋ] *n* querelles *fpl* internes
infinite ['ɪnfɪnɪt] *adj* infini(e)
infinitive [ɪn'fɪnɪtɪv] *n* infinitif *m*
infinity [ɪn'fɪnɪtɪ] *n* infinité *f*; (*also MATH*) infini *m*
infirmary [ɪn'fɜːmərɪ] *n* (*hospital*) hôpital *m*
inflamed [ɪn'fleɪmd] *adj* enflammé(e)
inflammable [ɪn'flæməbl] (*BRIT*) *adj* inflammable
inflammation [ɪnflə'meɪʃən] *n* inflammation *f*
inflatable [ɪn'fleɪtəbl] *adj* gonflable
inflate [ɪn'fleɪt] *vt* (*tyre, balloon*) gonfler; (*price*) faire monter; **inflation** [ɪn'fleɪʃən] *n* (*ECON*) inflation *f*; **inflationary** [ɪn'fleɪʃnərɪ] *adj* inflationniste
inflict [ɪn'flɪkt] *vt*: **to ~ on** infliger à
influence ['ɪnfluəns] *n* influence *f* ♦ *vt* influencer; **under the ~ of alcohol** en état d'ébriété; **influential** [ɪnflu'enʃəl] *adj* influent(e)
influenza [ɪnflu'enzə] *n* grippe *f*
influx ['ɪnflʌks] *n* afflux *m*
inform [ɪn'fɔːm] *vt*: **to ~ sb (of)** informer *or* avertir qn (de) ♦ *vi*: **to ~ on sb** dénoncer qn
informal [ɪn'fɔːməl] *adj* (*person, manner, party*) simple; (*visit, discussion*) dénué(e) de formalités; (*announcement, invitation*) non officiel(le); (*colloquial*) familier(ère); **~ity** [ɪnfɔː'mælɪtɪ] *n* simplicité *f*, absence *f* de cérémonie; caractère non officiel
informant [ɪn'fɔːmənt] *n* informateur(trice)
information [ɪnfə'meɪʃən] *n* information *f*; renseignements *mpl*; (*knowledge*) connaissances *fpl*; **a piece of ~** un renseignement; **~ office** *n* bureau *m* de renseignements
informative [ɪn'fɔːmətɪv] *adj* instructif(ive)
informer [ɪn'fɔːmə*] *n* (*also*: *police ~*) indicateur(trice)
infringe [ɪn'frɪndʒ] *vt* enfreindre ♦ *vi*: **to ~ on** empiéter sur; **~ment** *n*: **~ment (of)** infraction *f* (à)
infuriating [ɪn'fjʊərɪeɪtɪŋ] *adj* exaspérant(e)
ingenious [ɪn'dʒiːnɪəs] *adj* ingénieux(euse); **ingenuity** [ɪndʒɪ'njuːɪtɪ] *n* ingéniosité *f*
ingenuous [ɪn'dʒenjuəs] *adj* naïf(naïve), ingénu(e)
ingot ['ɪŋgət] *n* lingot *m*
ingrained [ɪn'greɪnd] *adj* enraciné(e)
ingratiate [ɪn'greɪʃɪeɪt] *vt*: **to ~ o.s. with** s'insinuer dans les bonnes grâces de, se faire bien voir de
ingredient [ɪn'griːdɪənt] *n* ingrédient *m*; (*fig*) élément *m*
inhabit [ɪn'hæbɪt] *vt* habiter; **~ant** [ɪn'hæbɪtnt] *n* habitant(e)

inhale [ɪn'heɪl] *vt* respirer; (*smoke*) avaler ♦ *vi* aspirer; (*in smoking*) avaler la fumée
inherent [ɪn'hɪərənt] *adj*: ~ **(in** *or* **to)** inhérent(e) (à)
inherit [ɪn'herɪt] *vt* hériter (de); **~ance** *n* héritage *m*
inhibit [ɪn'hɪbɪt] *vt* (*PSYCH*) inhiber; (*growth*) freiner; **~ion** [ɪnhɪ'bɪʃən] *n* inhibition *f*
inhuman [ɪn'hju:mən] *adj* inhumain(e)
initial [ɪ'nɪʃəl] *adj* initial(e) ♦ *n* initiale *f* ♦ *vt* parafer; **~s** *npl* (*letters*) initiales *fpl*; (*as signature*) parafe *m*; **~ly** *adv* initialement, au début
initiate [ɪ'nɪʃieɪt] *vt* (*start*) entreprendre; amorcer; lancer; (*person*) initier; **to ~ proceedings against sb** intenter une action à qn
initiative [ɪ'nɪʃətɪv] *n* initiative *f*
inject [ɪn'dʒekt] *vt* injecter; (*person*): **to ~ sb with sth** faire une piqûre de qch à qn; **~ion** [ɪn'dʒekʃən] *n* injection *f*, piqûre *f*
injure ['ɪndʒə*] *vt* blesser; (*reputation etc*) compromettre; **~d** *adj* blessé(e); **injury** ['ɪndʒərɪ] *n* blessure *f*; **injury time** *n* (*SPORT*) arrêts *mpl* de jeu
injustice [ɪn'dʒʌstɪs] *n* injustice *f*
ink [ɪŋk] *n* encre *f*
inkling ['ɪŋklɪŋ] *n*: **to have an/no ~ of** avoir une (vague) idée de/n'avoir aucune idée de
inlaid ['ɪn'leɪd] *adj* incrusté(e); (*table etc*) marqueté(e)
inland [*adj* 'ɪnlənd, *adv* 'ɪnlænd] *adj* intérieur(e) ♦ *adv* à l'intérieur, dans les terres; **I~ Revenue** (*BRIT*) *n* fisc *m*
in-laws ['ɪnlɔ:z] *npl* beaux-parents *mpl*; belle famille
inlet ['ɪnlet] *n* (*GEO*) crique *f*
inmate ['ɪnmeɪt] *n* (*in prison*) détenu(e); (*in asylum*) interné(e)
inn [ɪn] *n* auberge *f*
innate [ɪ'neɪt] *adj* inné(e)
inner ['ɪnə*] *adj* intérieur(e); **~ city** *n* centre *m* de zone urbaine; **~ tube** *n* (*of tyre*) chambre *f* à air
innings ['ɪnɪŋz] *n* (*CRICKET*) tour *m* de batte
innocent ['ɪnəsnt] *adj* innocent(e)
innocuous [ɪ'nɒkjuəs] *adj* inoffensif(ive)
innuendo [ɪnju'endəu] (*pl* **~es**) *n* insinuation *f*, allusion (malveillante)
innumerable [ɪ'nju:mərəbl] *adj* innombrable
inordinately [ɪ'nɔ:dɪnɪtlɪ] *adv* démesurément
inpatient ['ɪnpeɪʃənt] *n* malade hospitalisé(e)
input ['ɪnput] *n* (*resources*) ressources *fpl*; (*COMPUT*) entrée *f* (de données); (: *data*) données *fpl*
inquest ['ɪnkwest] *n* enquête *f*; **(coroner's) ~** enquête judiciaire
inquire [ɪn'kwaɪə*] *vi* demander ♦ *vt* demander; **to ~ about** se renseigner sur; **~ into** *vt fus* faire une enquête sur; **inquiry** [ɪn'kwaɪərɪ] *n* demande *f* de renseignements; (*investigation*) enquête *f*, investigation *f*; **inquiry office** (*BRIT*) *n* bureau *m* de renseignements
inquisitive [ɪn'kwɪzɪtɪv] *adj* curieux(euse)
inroads ['ɪnrəudz] *npl*: **to make ~ into** (*savings etc*) entamer
ins *abbr* = **inches**
insane [ɪn'seɪn] *adj* fou(folle); (*MED*) aliéné(e); **insanity** [ɪn'sænɪtɪ] *n* folie *f*; (*MED*) aliénation (mentale)
inscription [ɪn'skrɪpʃən] *n* inscription *f*; (*in book*) dédicace *f*
inscrutable [ɪn'skru:təbl] *adj* impénétrable; (*comment*) obscur(e)
insect ['ɪnsekt] *n* insecte *m*; **~icide** [ɪn'sektɪsaɪd] *n* insecticide *m*
insecure [ɪnsɪ'kjuə*] *adj* peu solide; peu sûr(e); (*person*) anxieux(euse)
insensitive [ɪn'sensɪtɪv] *adj* insensible
insert [ɪn'sɜ:ʃən] *vt* insérer; **~ion** *n* insertion *f*
in-service ['ɪn'sɜ:vɪs] *adj* (*training*) continu(e), en cours d'emploi; (*course*) de perfectionnement; de re-

cyclage

inshore ['ɪn'ʃɔ:*] *adj* côtier(ère) ♦ *adv* près de la côte; (*move*) vers la côte

inside ['ɪn'saɪd] *n* intérieur *m* ♦ *adj* intérieur(e) ♦ *adv* à l'intérieur, dedans ♦ *prep* à l'intérieur de; (*of time*): ~ **10 minutes** en moins de 10 minutes; ~**s** *npl* (*inf*) intestins *mpl*; ~ **information** *n* renseignements obtenus à la source; ~ **lane** *n* (*AUT*: *BRIT*) voie *f* de gauche; (: *US, Europe etc*) voie de droite; ~ **out** *adv* à l'envers; (*know*) à fond

insider dealing, insider trading *n* (*St Ex*) délit *m* d'initié

insight ['ɪnsaɪt] *n* perspicacité *f*; (*glimpse, idea*) aperçu *m*

insignificant [ɪnsɪg'nɪfɪkənt] *adj* insignifiant(e)

insincere [ɪnsɪn'sɪə*] *adj* hypocrite

insinuate [ɪn'sɪnjʊeɪt] *vt* insinuer

insist [ɪn'sɪst] *vi* insister; **to ~ on doing** insister pour faire; **to ~ on sth** exiger qch; **to ~ that** insister pour que; (*claim*) maintenir *or* soutenir que; ~**ent** *adj* insistant(e), pressant(e); (*noise, action*) ininterrompu(e)

insole ['ɪnsəʊl] *n* (*removable*) semelle intérieure

insolent ['ɪnsələnt] *adj* insolent(e)

insolvent [ɪn'sɒlvənt] *adj* insolvable

insomnia [ɪn'sɒmnɪə] *n* insomnie *f*

inspect [ɪn'spekt] *vt* inspecter; (*ticket*) contrôler; ~**ion** [ɪn'spekʃən] *n* inspection *f*; contrôle *m*; ~**or** *n* inspecteur(trice); (*BRIT*: *on buses, trains*) contrôleur(euse)

inspire [ɪn'spaɪə*] *vt* inspirer

install [ɪn'stɔ:l] *vt* installer; ~**ation** [ɪnstə'leɪʃən] *n* installation *f*

instalment [ɪn'stɔ:lmənt] (*US* **installment**) *n* acompte *m*, versement partiel; (*of TV serial etc*) épisode *m*; **in ~s** (*pay*) à tempérament; (*receive*) en plusieurs fois

instance ['ɪnstəns] *n* exemple *m*; **for ~** par exemple; **in the first ~** tout d'abord, en premier lieu

instant ['ɪnstənt] *n* instant *m* ♦ *adj* immédiat(e); (*coffee, food*) instantané(e), en poudre; ~**ly** *adv* immédiatement, tout de suite

instead [ɪn'sted] *adv* au lieu de cela; ~ **of** au lieu de; ~ **of sb** à la place de qn

instep ['ɪnstep] *n* cou-de-pied *m*; (*of shoe*) cambrure *f*

instigate ['ɪnstɪgeɪt] *vt* (*rebellion*) fomenter, provoquer; (*talks etc*) promouvoir

instil [ɪn'stɪl] *vt*: **to ~ (into)** inculquer (à); (*courage*) insuffler (à)

instinct ['ɪnstɪŋkt] *n* instinct *m*

institute ['ɪnstɪtju:t] *n* institut *m* ♦ *vt* instituer, établir; (*inquiry*) ouvrir; (*proceedings*) entamer

institution [ɪnstɪ'tju:ʃən] *n* institution *f*; (*educational*) établissement *m* (scolaire); (*mental home*) établissement (psychiatrique)

instruct [ɪn'strʌkt] *vt*: **to ~ sb in sth** enseigner qch à qn; **to ~ sb to do** charger qn *or* ordonner à qn de faire; ~**ion** [ɪn'strʌkʃən] *n* instruction *f*; ~**ions** *npl* (*orders*) directives *fpl*; ~**ions (for use)** mode *m* d'emploi; ~**or** *n* professeur *m*; (*for skiing, driving*) moniteur *m*

instrument ['ɪnstrʊmənt] *n* instrument *m*; ~**al** [ɪnstrʊ'mentl] *adj*: **to be ~al in** contribuer à; ~ **panel** *n* tableau *m* de bord

insufficient [ɪnsə'fɪʃənt] *adj* insuffisant(e)

insular ['ɪnsjələ*] *adj* (*outlook*) borné(e); (*person*) aux vues étroites

insulate ['ɪnsjʊleɪt] *vt* isoler; (*against sound*) insonoriser; **insulating tape** *n* ruban isolant; **insulation** [ɪnsjʊ'leɪʃən] *n* isolation *f*; insonorisation *f*

insulin ['ɪnsjʊlɪn] *n* insuline *f*

insult [*n* 'ɪnsʌlt, *vb* ɪn'sʌlt] *n* insulte *f*, affront *m* ♦ *vt* insulter, faire affront à

insurance [ɪn'ʃʊərəns] *n* assurance *f*; **fire/life ~** assurance-incendie/-vie; ~ **policy** *n* police *f* d'assurance

insure [ɪn'ʃʊə*] *vt* assurer; **to ~ (o.s.) against** *(fig)* parer à
intact [ɪn'tækt] *adj* intact(e)
intake ['ɪnteɪk] *n (of food, oxygen)* consommation *f*; *(BRIT: SCOL)*: **an ~ of 200 a year** 200 admissions *fpl* par an
integral ['ɪntɪgrəl] *adj (part)* intégrant(e)
integrate ['ɪntɪgreɪt] *vt* intégrer ♦ *vi* s'intégrer
intellect ['ɪntɪlekt] *n* intelligence *f*; **~ual** [ɪntɪ'lektjʊəl] *adj, n* intellectuel(le)
intelligence [ɪn'telɪdʒəns] *n* intelligence *f*; *(MIL etc)* informations *fpl*, renseignements *mpl*; **~ service** *n* services secrets; **intelligent** [ɪn'telɪdʒənt] *adj* intelligent(e)
intend [ɪn'tend] *vt (gift etc)*: **to ~ sth for** destiner qch à; **to ~ to do** avoir l'intention de faire; **~ed** *adj (journey)* projeté(e); *(effect)* voulu(e); *(insult)* intentionnel(le)
intense [ɪn'tens] *adj* intense; *(person)* véhément(e); **~ly** *adv* intensément; profondément
intensive [ɪn'tensɪv] *adj* intensif(ive); **~ care unit** *n* service *m* de réanimation
intent [ɪn'tent] *n* intention *f* ♦ *adj* attentif(ive); *(absorbed)*: **~ (on)** absorbé(e) (par); **to all ~s and purposes** en fait, pratiquement; **to be ~ on doing sth** être (bien) décidé à faire qch
intention [ɪn'tenʃən] *n* intention *f*; **~al** *adj* intentionnel(le), délibéré(e)
intently [ɪn'tentlɪ] *adv* attentivement
interact [ɪntər'ækt] *vi* avoir une action réciproque; *(people)* communiquer; **~ive** *adj (COMPUT)* interactif(ive)
interchange [*n* 'ɪntətʃeɪndʒ, *vb* ɪntə'tʃeɪndʒ] *n (exchange)* échange *m*; *(on motorway)* échangeur *m*; **~able** [ɪntə'tʃeɪndʒəbl] *adj* interchangeable
intercom ['ɪntəkɒm] *n* interphone *m*
intercourse ['ɪntəkɔːs] *n (sexual)* rapports *mpl*
interest ['ɪntrest] *n* intérêt *m*; *(pastime)*: **my main ~** ce qui m'intéresse le plus; *(COMM)* intérêts *mpl* ♦ *vt* intéresser; **to be ~ed in sth** s'intéresser à qch; **I am ~ed in going** ça m'intéresse d'y aller; **~ing** *adj* intéressant(e); **~ rate** *n* taux *m* d'intérêt
interface ['ɪntəfeɪs] *n (COMPUT)* interface *f*
interfere [ɪntə'fɪə*] *vi*: **to ~ in** *(quarrel)* s'immiscer dans; *(other people's business)* se mêler de; **to ~ with** *(object)* toucher à; *(plans)* contrecarrer; *(duty)* être en conflit avec; **~nce** [ɪntə'fɪərəns] *n (in affairs)* ingérance *f*; *(RADIO, TV)* parasites *mpl*
interim ['ɪntərɪm] *adj* provisoire ♦ *n*: **in the ~** dans l'intérim, entre-temps
interior [ɪn'tɪərɪə*] *n* intérieur *m* ♦ *adj* intérieur(e); *(minister, department)* de l'Intérieur; **~ designer** *n* styliste *m/f*, designer *m/f*
interjection [ɪntə'dʒekʃən] *n (interruption)* interruption *f*; *(LING)* interjection *f*
interlock [ɪntə'lɒk] *vi* s'enclencher
interlude ['ɪntəluːd] *n* intervalle *m*; *(THEATRE)* intermède *m*
intermediate [ɪntə'miːdɪət] *adj* intermédiaire; *(SCOL: course, level)* moyen(ne)
intermission [ɪntə'mɪʃən] *n* pause *f*; *(THEATRE, CINEMA)* entracte *m*
intern [*vb* ɪn'tɜːn, *n* 'ɪntɜːn] *vt* interner ♦ *n (US)* interne *m/f*
internal [ɪn'tɜːnl] *adj* interne; *(politics)* intérieur(e); **~ly** *adv*: **"not to be taken ~ly"** "pour usage externe"; **I~ Revenue Service** *(US) n* fisc *m*
international [ɪntə'næʃnəl] *adj* international(e)
interplay ['ɪntəpleɪ] *n* effet *m* réciproque, interaction *f*
interpret [ɪn'tɜːprɪt] *vt* interpréter ♦ *vi* servir d'interprète; **~er** *n* interprète *m/f*
interrelated [ɪntərɪ'leɪtɪd] *adj* en

corrélation, en rapport étroit
interrogate [ɪn'terəgeɪt] *vt* interroger; (*suspect etc*) soumettre à un interrogatoire; **interrogation** [ɪnterə'geɪʃən] *n* interrogation *f*; interrogatoire *m*
interrupt [ɪntə'rʌpt] *vt, vi* interrompre; **~ion** *n* interruption *f*
intersect [ɪntə'sekt] *vi* (*roads*) se croiser, se couper; **~ion** [ɪntə'sekʃən] *n* (*of roads*) croisement *m*
intersperse [ɪntə'spɜːs] *vt*: **to ~ with** parsemer de
intertwine [ɪntə'twaɪn] *vi* s'entrelacer
interval ['ɪntəvəl] *n* intervalle *m*; (*BRIT: THEATRE*) entracte *m*; (: *SPORT*) mi-temps *f*; **at ~s** par intervalles
intervene [ɪntə'viːn] *vi* (*person*) intervenir; (*event*) survenir; (*time*) s'écouler (entre-temps); **intervention** [ɪntə'venʃən] *n* intervention *f*
interview ['ɪntəvjuː] *n* (*RADIO, TV etc*) interview *f*; (*for job*) entrevue *f* ♦ *vt* interviewer; avoir une entrevue avec; **~er** *n* (*RADIO, TV*) interviewer *m*
intestine [ɪn'testɪn] *n* intestin *m*
intimacy ['ɪntɪməsɪ] *n* intimité *f*
intimate [*adj* 'ɪntɪmət, *vb* 'ɪntɪmeɪt] *adj* intime; (*friendship*) profond(e); (*knowledge*) approfondi(e) ♦ *vt* (*hint*) suggérer, laisser entendre
into ['ɪntu] *prep* dans; **~ pieces/French** en morceaux/français
intolerant [ɪn'tɒlərənt] *adj*: **~ (of)** intolérant(e) (de)
intoxicated [ɪn'tɒksɪkeɪtɪd] *adj* (*drunk*) ivre; **intoxication** [ɪntɒksɪ'keɪʃən] *n* ivresse *f*
intractable [ɪn'træktəbl] *adj* (*child*) indocile, insoumis(e); (*problem*) insoluble
intransitive [ɪn'trænsɪtɪv] *adj* intransitif(ive)
intravenous [ɪntrə'viːnəs] *adj* intraveineux(euse)
in-tray ['ɪntreɪ] *n* courrier *m* "arrivée"
intricate ['ɪntrɪkət] *adj* complexe, compliqué(e)
intrigue [ɪn'triːg] *n* intrigue *f* ♦ *vt* intriguer; **intriguing** [ɪn'triːgɪŋ] *adj* fascinant(e)
intrinsic [ɪn'trɪnsɪk] *adj* intrinsèque
introduce [ɪntrə'djuːs] *vt* introduire; (*TV show, people to each other*) présenter; **to ~ sb to** (*pastime, technique*) initier qn à; **introduction** *n* introduction [ɪntrə'dʌkʃən] *f*; (*of person*) présentation *f*; (*to new experience*) initiation *f*; **introductory** [ɪntrə'dʌktərɪ] *adj* préliminaire, d'introduction; **introductory offer** *n* (*COMM*) offre *f* de lancement
intrude [ɪn'truːd] *vi* (*person*) être importun(e); **to ~ on** (*conversation etc*) s'immiscer dans; **~r** *n* intrus(e)
intuition [ɪntjuː'ɪʃən] *n* intuition *f*
inundate ['ɪnʌndeɪt] *vt*: **to ~ with** inonder de
invade [ɪn'veɪd] *vt* envahir
invalid [*n* 'ɪnvəlɪd, *adj* ɪn'vælɪd] *n* malade *m/f*; (*with disability*) invalide *m/f* ♦ *adj* (*not valid*) non valide *or* valable
invaluable [ɪn'væljuəbl] *adj* inestimable, inappréciable
invariably [ɪn'vɛərɪəblɪ] *adv* invariablement; toujours
invent [ɪn'vent] *vt* inventer; **~ion** [ɪn'venʃən] *n* invention *f*; **~ive** *adj* inventif(ive); **~or** *n* inventeur(trice)
inventory ['ɪnvəntrɪ] *n* inventaire *m*
invert [ɪn'vɜːt] *vt* intervertir; (*cup, object*) retourner; **~ed commas** (*BRIT*) *npl* guillemets *mpl*
invest [ɪn'vest] *vt* investir ♦ *vi*: **to ~ in sth** placer son argent dans qch; (*fig*) s'offrir qch
investigate [ɪn'vestɪgeɪt] *vt* (*crime etc*) faire une enquête sur; **investigation** [ɪnvestɪ'geɪʃən] *n* (*of crime*) enquête *f*
investment [ɪn'vestmənt] *n* investissement *m*, placement *m*
investor [ɪn'vestə*] *n* investisseur *m*; actionnaire *m/f*
invigilator [ɪn'vɪdʒɪleɪtə*] *n* surveil-

lant(e)

invigorating [ɪn'vɪgəreɪtɪŋ] *adj* vivifiant(e); (*fig*) stimulant(e)

invisible [ɪn'vɪzəbl] *adj* invisible

invitation [ɪnvɪ'teɪʃən] *n* invitation *f*

invite [ɪn'vaɪt] *vt* inviter; (*opinions etc*) demander; **inviting** [ɪn'vaɪtɪŋ] *adj* engageant(e), attrayant(e)

invoice ['ɪnvɔɪs] *n* facture *f*

involuntary [ɪn'vɒləntərɪ] *adj* involontaire

involve [ɪn'vɒlv] *vt* (*entail*) entraîner, nécessiter; (*concern*) concerner; (*associate*): **to ~ sb (in)** impliquer qn (dans), mêler qn (à); faire participer qn (à); **~d** *adj* (*complicated*) complexe; **to be ~d in** participer à; (*engrossed*) être absorbé(e) par; **~ment** *n*: **~ment (in)** participation *f* (à); rôle *m* (dans); (*enthusiasm*) enthousiasme *m* (pour)

inward ['ɪnwəd] *adj* (*thought, feeling*) profond(e), intime; (*movement*) vers l'intérieur; **~(s)** *adv* vers l'intérieur

I/O *abbr* (*COMPUT*: = *input/output*) E/S

iodine ['aɪədi:n] *n* iode *m*

iota [aɪ'əutə] *n* (*fig*) brin *m*, grain *m*

IOU *n abbr* (= *I owe you*) reconnaissance *f* de dette

IQ *n abbr* (= *intelligence quotient*) Q.I. *m*

IRA *n abbr* (= *Irish Republican Army*) IRA *f*

Iran [ɪ'rɑ:n] *n* Iran *m*

Iraq [ɪ'rɑ:k] *n* Irak *m*

irate [aɪ'reɪt] *adj* courroucé(e)

Ireland ['aɪələnd] *n* Irlande *f*

iris ['aɪrɪs] (*pl* ~es) *n* iris *m*

Irish ['aɪrɪʃ] *adj* irlandais(e) ♦ *npl*: **the ~** les Irlandais; **~man** (*irreg*) *n* Irlandais *m*; **~ Sea** *n* mer *f* d'Irlande; **~woman** (*irreg*) *n* Irlandaise *f*

iron ['aɪən] *n* fer; *m*; (*for clothes*) fer *m* à repasser ♦ *cpd* de *or* en fer; (*fig*) de fer ♦ *vt* (*clothes*) repasser; **~ out** *vt* (*fig*) aplanir; faire disparaître; **the I~ Curtain** *n* le rideau de fer

ironic(al) [aɪ'rɒnɪk(əl)] *adj* ironique

ironing ['aɪənɪŋ] *n* repassage *m*; **~ board** *n* planche *f* à repasser

ironmonger's (shop) ['aɪənmʌŋgəz-] *n* quincaillerie *f*

irony ['aɪərənɪ] *n* ironie *f*

irrational [ɪ'ræʃənl] *adj* irrationnel(le)

irregular [ɪ'regjulə*] *adj* irrégulier(ère); (*surface*) inégal(e)

irrelevant [ɪ'reləvənt] *adj* sans rapport, hors de propos

irresistible [ɪrɪ'zɪstəbl] *adj* irrésistible

irrespective [ɪrɪ'spektɪv]: **~ of** *prep* sans tenir compte de

irresponsible [ɪrɪ'spɒnsəbl] *adj* (*act*) irréfléchi(e); (*person*) irresponsable, inconscient(e)

irrigate ['ɪrɪgeɪt] *vt* irriguer; **irrigation** [ɪrɪ'geɪʃən] *n* irrigation *f*

irritate ['ɪrɪteɪt] *vt* irriter; **irritating** *adj* irritant(e); **irritation** [ɪrɪ'teɪʃən] *n* irritation *f*

IRS *n abbr* = **Internal Revenue Service**

is [ɪz] *vb see* **be**

Islam ['ɪzlɑ:m] *n* Islam *m*

island ['aɪlənd] *n* île *f*; **~er** *n* habitant(e) d'une île, insulaire *m/f*

isle [aɪl] *n* île *f*

isn't ['ɪznt] = **is not**

isolate ['aɪsəuleɪt] *vt* isoler; **~d** *adj* isolé(e); **isolation** [aɪsəu'leɪʃən] *n* isolation *f*

Israel ['ɪzreɪəl] *n* Israël *m*; **~i** [ɪz'reɪlɪ] *adj* israélien(ne) ♦ *n* Israélien(ne)

issue ['ɪʃu:] *n* question *f*, problème *m*; (*of book*) publication *f*, parution *f*; (*of banknotes etc*) émission *f*; (*of newspaper etc*) numéro *m* ♦ *vt* (*rations, equipment*) distribuer; (*statement*) publier, faire; (*banknotes etc*) émettre, mettre en circulation; **at ~** en jeu, en cause; **to take ~ with sb (over)** exprimer son désaccord avec qn (sur); **to make an ~ of sth** faire une montagne de qch

KEYWORD

it [ɪt] *pron* **1** (*specific*: *subject*) il(elle); (: *direct object*) le(la, l'); (: *indirect object*) lui; **~'s on the table** c'est *or* il (*or* elle) est sur la table; **about/from/of ~** en; **I spoke to him about ~** je lui en ai parlé; **what did you learn from ~?** qu'est-ce que vous en avez retiré?; **I'm proud of ~** j'en suis fier; **in/to ~** y; **put the book in ~** mettez-y le livre; **he agreed to ~** il y a consenti; **did you go to ~?** (*party, concert etc*) est-ce que vous y êtes allé(s)?
2 (*impersonal*) il; ce; **~'s raining** il pleut; **~'s Friday tomorrow** demain c'est vendredi *or* nous sommes vendredi; **~'s 6 o'clock** il est 6 heures; **who is ~? - ~'s me** qui est-ce? - c'est moi

Italian [ɪ'tæljən] *adj* italien(ne) ♦ *n* Italien(ne); (*LING*) italien *m*
italics [ɪ'tælɪks] *npl* italiques *fpl*
Italy ['ɪtəlɪ] *n* Italie *f*
itch [ɪtʃ] *n* démangeaison *f* ♦ *vi* (*person*) éprouver des démangeaisons; (*part of body*) démanger; **I'm ~ing to do** l'envie me démange de faire; **~y** *adj* qui démange; **to be ~y** avoir des démangeaisons
it'd ['ɪtd] = **it would; it had**
item ['aɪtəm] *n* article *m*; (*on agenda*) question *f*, point *m*; (*also*: *news* ~) nouvelle *f*; **~ize** *vt* détailler, faire une liste de
itinerary [aɪ'tɪnərərɪ] *n* itinéraire *m*
it: ~['ɪtl] = **it will; it shall**; **~s** [ɪts] *adj* son(sa), ses *pl*; **~'s** [ɪts] = **it is; it has**; **~self** [ɪt'self] *pron* (*reflexive*) se; (*emphatic*) lui-même(elle-même)
ITV *n abbr* (*BRIT*: = *Independent Television*) *chaîne privée*
IUD *n abbr* (= *intra-uterine device*) DIU *m*, stérilet *m*
I've [aɪv] = **I have**
ivory ['aɪvərɪ] *n* ivoire *m*
ivy ['aɪvɪ] *n* lierre *m*

J

jab [dʒæb] *vt*: **to ~ sth into** enfoncer *or* planter qch dans ♦ *n* (*inf*: *injection*) piqûre *f*
jack [dʒæk] *n* (*AUT*) cric *m*; (*CARDS*) valet *m*; **~ up** *vt* soulever (au cric)
jackal ['dʒækəl] *n* chacal *m*
jackdaw ['dʒækdɔː] *n* choucas *m*
jacket ['dʒækɪt] *n* veste *f*, veston *m*; (*of book*) jaquette *f*, couverture *f*
jackknife ['dʒæknaɪf] *vi*: **the lorry ~d** la remorque (du camion) s'est mise en travers
jack plug *n* (*ELEC*) prise jack mâle *f*
jackpot ['dʒækpɒt] *n* gros lot
jaded ['dʒeɪdɪd] *adj* éreinté(e), fatigué(e)
jagged ['dʒægɪd] *adj* dentelé(e)
jail [dʒeɪl] *n* prison *f* ♦ *vt* emprisonner, mettre en prison
jam [dʒæm] *n* confiture *f*; (*also*: *traffic* ~) embouteillage *m* ♦ *vt* (*passage etc*) encombrer, obstruer; (*mechanism, drawer etc*) bloquer, coincer; (*RADIO*) brouiller ♦ *vi* se coincer, se bloquer; (*gun*) s'enrayer; **to be in a ~** (*inf*) être dans le pétrin; **to ~ sth into** entasser qch dans; enfoncer qch dans
jangle ['dʒæŋgl] *vi* cliqueter
janitor ['dʒænɪtə*] *n* concierge *m*
January ['dʒænjuərɪ] *n* janvier *m*
Japan [dʒə'pæn] *n* Japon *m*; **~ese** *adj* [dʒæpə'niːz] japonais(e) ♦ *n inv* Japonais(e); (*LING*) japonais *m*
jar [dʒɑː*] *n* (*stone, earthenware*) pot *m*; (*glass*) bocal *m* ♦ *vi* (*sound discordant*) produire un son grinçant *or* discordant; (*colours etc*) jurer
jargon ['dʒɑːgən] *n* jargon *m*
jaundice ['dʒɔːndɪs] *n* jaunisse *f*; **~d** *adj* (*fig*) envieux(euse), désapprobateur(trice)
javelin ['dʒævlɪn] *n* javelot *m*
jaw [dʒɔː] *n* mâchoire *f*

jay [dʒeɪ] *n* geai *m*; **~walker** ['dʒeɪwɔːkə*] *n* piéton indiscipliné
jazz [dʒæz] *n* jazz *m*; ~ **up** *vt* animer, égayer
jealous ['dʒeləs] *adj* jaloux(ouse); **~y** *n* jalousie *f*
jeans [dʒiːnz] *npl* jean *m*
jeer [dʒɪə*] *vi*: to ~ **(at)** se moquer cruellement (de), railler
jelly ['dʒelɪ] *n* gelée *f*; **~fish** *n* méduse *f*
jeopardy ['dʒepədɪ] *n*: **to be in** ~ être en danger *or* péril
jerk [dʒɜːk] *n* secousse *f*; saccade *f*; sursaut *m*, spasme *m*; (*inf*: *idiot*) pauvre type *m* ♦ *vt* (*pull*) tirer brusquement ♦ *vi* (*vehicles*) cahoter
jersey ['dʒɜːzɪ] *n* (*pullover*) tricot *m*; (*fabric*) jersey *m*
Jesus ['dʒiːzəs] *n* Jésus
jet [dʒet] *n* (*gas, liquid*) jet *m*; (*AVIAT*) avion *m* à réaction, jet *m*; **~-black** *adj* (d'un noir) de jais; ~ **engine** *n* moteur *m* à réaction; ~ **lag** *n* (fatigue due au) décalage *m* horaire
jettison ['dʒetɪsn] *vt* jeter par-dessus bord
jetty ['dʒetɪ] *n* jetée *f*, digue *f*
Jew [dʒuː] *n* Juif *m*
jewel ['dʒuːəl] *n* bijou *m*, joyau *m*; (*in watch*) rubis *m*; **~ler** (*US* **~er**) *n* bijoutier(ère), joaillier *m*; **~ler's (shop)** *n* bijouterie *f*, joaillerie *f*; **~lery** (*US* **~ry**) *n* bijoux *mpl*
Jewess ['dʒuːɪs] *n* Juive *f*
Jewish ['dʒuːɪʃ] *adj* juif(juive)
jibe [dʒaɪb] *n* sarcasme *m*
jiffy ['dʒɪfɪ] (*inf*) *n*: **in a** ~ en un clin d'œil
jigsaw ['dʒɪgsɔː] *n* (*also*: ~ *puzzle*) puzzle *m*
jilt [dʒɪlt] *vt* laisser tomber, plaquer
jingle ['dʒɪŋgl] *n* (*for advert*) couplet *m* publicitaire ♦ *vi* cliqueter, tinter
jinx [dʒɪŋks] (*inf*) *n* (mauvais) sort
jitters ['dʒɪtəz] (*inf*) *npl*: **to get the** ~ (*inf*) avoir la trouille *or* la frousse
job [dʒɒb] *n* (*chore, task*) travail *m*, tâche *f*; (*employment*) emploi *m*, poste *m*, place *f*; **it's a good** ~ **that** ... c'est heureux *or* c'est une chance que ...; **just the** ~**!** (c'est) juste *or* exactement ce qu'il faut!; ~ **centre** (*BRIT*) *n* agence *f* pour l'emploi; **~less** *adj* sans travail, au chômage
jockey ['dʒɒkɪ] *n* jockey *m* ♦ *vi*: to ~ **for position** manœuvrer pour être bien placé
jocular ['dʒɒkjulə*] *adj* jovial(e), enjoué(e); facétieux(euse)
jog [dʒɒg] *vt* secouer ♦ *vi* (*SPORT*) faire du jogging; to ~ **sb's memory** rafraîchir la mémoire de qn; ~ **along** *vi* cheminer; trotter; **~ging** *n* jogging *m*
join [dʒɔɪn] *vt* (*put together*) unir, assembler; (*become member of*) s'inscrire à; (*meet*) rejoindre, retrouver; (*queue*) se joindre à ♦ *vi* (*roads, rivers*) se rejoindre, se rencontrer ♦ *n* raccord *m*; ~ **in** *vi* se mettre de la partie, participer ♦ *vt fus* participer à, se mêler à; ~ **up** *vi* (*meet*) se rejoindre; (*MIL*) s'engager; **~er** ['dʒɔɪnə*] (*BRIT*) *n* menuisier *m*
joint [dʒɔɪnt] *n* (*TECH*) jointure *f*; joint *m*; (*ANAT*) articulation *f*, jointure; (*BRIT*: *CULIN*) rôti *m*; (*inf*: *place*) boîte *f*; (: *of cannabis*) joint *m* ♦ *adj* commun(e); ~ **account** *n* (*with bank etc*) compte joint
joke [dʒəuk] *n* plaisanterie *f*; (*also*: *practical* ~) farce *f* ♦ *vi* plaisanter; **to play a** ~ **on** jouer un tour à, faire une farce à; **~r** *n* (*CARDS*) joker *m*
jolly ['dʒɒlɪ] *adj* gai(e), enjoué(e); (*enjoyable*) amusant(e), plaisant(e) ♦ *adv* (*BRIT*: *inf*) rudement, drôlement
jolt [dʒəult] *n* cahot *m*, secousse *f*; (*shock*) choc *m* ♦ *vt* cahoter, secouer
Jordan ['dʒɔːdən] *n* (*country*) Jordanie *f*
jostle ['dʒɒsl] *vt* bousculer, pousser
jot [dʒɒt] *n*: **not one** ~ pas un brin; ~ **down** *vt* noter; **~ter** (*BRIT*) *n* cahier *m* (de brouillon); (*pad*) bloc-notes *m*
journal ['dʒɜːnl] *n* journal *m*; **~ism**

n journalisme *m*; **~ist** *n* journaliste *m/f*
journey ['dʒɜ:nɪ] *n* voyage *m*; (*distance covered*) trajet *m*
joy [dʒɔɪ] *n* joie *f*; **~ful** *adj* joyeux(euse); **~rider** *n* *personne qui fait une virée dans une voiture volée*; **~stick** *n* (*AVIAT, COMPUT*) manche *m* à balai
JP *n abbr* = **Justice of the Peace**
Jr *abbr* = **junior**
jubilant ['dʒu:bɪlənt] *adj* triomphant(e); réjoui(e)
judge [dʒʌdʒ] *n* juge *m* ♦ *vt* juger; **judg(e)ment** *n* jugement *m*
judicial [dʒu:'dɪʃəl] *adj* judiciaire
judiciary [dʒu:'dɪʃɪərɪ] *n* (pouvoir *m*) judiciaire *m*
judo ['dʒu:dəʊ] *n* judo *m*
jug [dʒʌg] *n* pot *m*, cruche *f*
juggernaut ['dʒʌgənɔ:t] (*BRIT*) *n* (*huge truck*) énorme poids lourd
juggle ['dʒʌgl] *vi* jongler; **~r** *n* jongleur *m*
Jugoslav *etc* = **Yugoslav** *etc*
juice [dʒu:s] *n* jus *m*; **juicy** ['dʒu:sɪ] *adj* juteux(euse)
jukebox ['dʒu:kbɒks] *n* juke-box *m*
July [dʒu:'laɪ] *n* juillet *m*
jumble ['dʒʌmbl] *n* fouillis *m* ♦ *vt* (*also*: *~ up*) mélanger, brouiller; **~ sale** (*BRIT*) *n* vente *f* de charité
jumbo (jet) ['dʒʌmbəʊ-] *n* jumbo-jet *m*, gros porteur
jump [dʒʌmp] *vi* sauter, bondir; (*start*) sursauter; (*increase*) monter en flèche ♦ *vt* sauter, franchir ♦ *n* saut *m*, bond *m*; sursaut *m*; **to ~ the queue** (*BRIT*) passer avant son tour
jumper ['dʒʌmpə*] *n* (*BRIT*: *pullover*) pull-over *m*; (*US*: *dress*) robe-chasuble *f*
jumper cables (*US*), **jump leads** (*BRIT*) *npl* câbles *mpl* de démarrage
jumpy ['dʒʌmpɪ] *adj* nerveux(euse), agité(e)
Jun. *abbr* = **junior**
junction ['dʒʌŋkʃən] (*BRIT*) *n* (*of roads*) carrefour *m*; (*of rails*) embranchement *m*
juncture ['dʒʌŋktʃə*] *n*: **at this ~** à ce moment-là, sur ces entrefaites
June [dʒu:n] *n* juin *m*
jungle ['dʒʌŋgl] *n* jungle *f*
junior ['dʒu:nɪə*] *adj, n*: **he's ~ to me (by 2 years), he's my ~ (by 2 years)** il est mon cadet (de 2 ans), il est plus jeune que moi (de 2 ans); **he's ~ to me** (*seniority*) il est en dessous de moi (dans la hiérarchie), j'ai plus d'ancienneté que lui; **~ school** (*BRIT*) *n* ≈ école *f* primaire
junk [dʒʌŋk] *n* (*rubbish*) camelote *f*; (*cheap goods*) bric-à-brac *m inv*; **~ food** *n* aliments *mpl* sans grande valeur nutritive; **~ mail** *n* prospectus *mpl* (*non sollicités*); **~ shop** *n* (boutique *f* de) brocanteur *m*
Junr *abbr* = **junior**
juror ['dʒʊərə*] *n* juré *m*
jury ['dʒʊərɪ] *n* jury *m*
just [dʒʌst] *adj* juste ♦ *adv*: **he's ~ done it/left** il vient de le faire/partir; **~ right/two o'clock** exactement *or* juste ce qu'il faut/deux heures; **she's ~ as clever as you** elle est tout aussi intelligente que vous; **it's ~ as well (that) ...** heureusement que ...; **~ as he was leaving** au moment *or* à l'instant précis où il partait; **~ before/enough/here** juste avant/assez/ici; **it's ~ me/a mistake** ce n'est que moi/(rien) qu'une erreur; **~ missed/caught** manqué/attrapé de justesse; **~ listen to this!** écoutez un peu ça!
justice ['dʒʌstɪs] *n* justice *f*; (*US*: *judge*) juge *m* de la Cour suprême; **J~ of the Peace** *n* juge *m* de paix
justify ['dʒʌstɪfaɪ] *vt* justifier
jut [dʒʌt] *vi* (*also*: *~ out*) dépasser, faire saillie
juvenile ['dʒu:vənaɪl] *adj* juvénile; (*court, books*) pour enfants ♦ *n* adolescent(e)

K

K *abbr* (= *one thousand*) K; (= *kilobyte*) Ko
kangaroo [kæŋgəˈruː] *n* kangourou *m*
karate [kəˈrɑːtɪ] *n* karaté *m*
kebab [kəˈbæb] *n* kébab *m*
keel [kiːl] *n* quille *f*
keen [kiːn] *adj* (*eager*) plein(e) d'enthousiasme; (*interest, desire, competition*) vif(vive); (*eye, intelligence*) pénétrant(e); (*edge*) effilé(e); **to be ~ to do** *or* **on doing sth** désirer vivement faire qch, tenir beaucoup à faire qch; **to be ~ on sth/sb** aimer beaucoup qch/qn
keep [kiːp] (*pt, pp* **kept**) *vt* (*retain, preserve*) garder; (*detain*) retenir; (*shop, accounts, diary, promise*) tenir; (*house*) avoir; (*support*) entretenir; (*chickens, bees etc*) élever ♦ *vi* (*remain*) rester; (*food*) se conserver ♦ *n* (*of castle*) donjon *m*; (*food etc*): **enough for his ~** assez pour (assurer) sa subsistance; (*inf*): **for ~s** pour de bon, pour toujours; **to ~ doing sth** ne pas arrêter de faire qch; **to ~ sb from doing** empêcher qn de faire *or* que qn ne fasse; **to ~ sb happy/a place tidy** faire que qn soit content/qu'un endroit reste propre; **to ~ sth to o.s.** garder qch pour soi, tenir qch secret; **to ~ sth (back) from sb** cacher qch à qn; **to ~ time** (*clock*) être à l'heure, ne pas retarder; **well kept** bien entretenu(e); **~ on** *vi*: **to ~ on doing** continuer à faire; **don't ~ on about it!** arrête (d'en parler)!; **~ out** *vt* empêcher d'entrer; "**~ out**" "défense d'entrer"; **~ up** *vt* continuer, maintenir ♦ *vi*: **to ~ up with sb** (*in race etc*) aller aussi vite que qn; (*in work etc*) se maintenir au niveau de qn; **~er** *n* gardien(ne); **~-fit** *n* gymnastique *f* d'entretien; **~ing** *n* (*care*) garde *f*; **in ~ing with** en accord avec; **~sake** *n* souvenir *m*
kennel [ˈkenl] *n* niche *f*; **~s** *npl* (*boarding ~s*) chenil *m*
kerb [kɜːb] (*BRIT*) *n* bordure *f* du trottoir
kernel [ˈkɜːnl] *n* (*of nut*) amande *f*; (*fig*) noyau *m*
kettle [ˈketl] *n* bouilloire *f*; **~drum** *n* timbale *f*
key [kiː] *n* (*gen, MUS*) clé *f*; (*of piano, typewriter*) touche *f* ♦ *cpd* clé ♦ *vt* (*also*: **~ in**) introduire (au clavier), saisir; **~board** *n* clavier *m*; **~ed up** *adj* (*person*) surexcité(e); **~hole** *n* trou *m* de la serrure; **~note** *n* (*of speech*) note dominante; (*MUS*) tonique *f*; **~ ring** *n* porte-clés *m*
khaki [ˈkɑːkɪ] *n* kaki *m*
kick [kɪk] *vt* donner un coup de pied à ♦ *vi* (*horse*) ruer ♦ *n* coup *m* de pied; (*thrill*): **he does it for ~s** il le fait parce que ça l'excite, il le fait pour le plaisir; **to ~ the habit** (*inf*) arrêter; **~ off** *vi* (*SPORT*) donner le coup d'envoi
kid [kɪd] *n* (*inf*: *child*) gamin(e), gosse *m/f*; (*animal, leather*) chevreau *m* ♦ *vi* (*inf*) plaisanter, blaguer
kidnap [ˈkɪdnæp] *vt* enlever, kidnapper; **~per** *n* ravisseur(euse); **~ping** *n* enlèvement *m*
kidney [ˈkɪdnɪ] *n* (*ANAT*) rein *m*; (*CULIN*) rognon *m*
kill [kɪl] *vt* tuer ♦ *n* mise *f* à mort; **~er** *n* tueur(euse); meurtrier(ère); **~ing** *n* meurtre *m*; (*of group of people*) tuerie *f*, massacre *m*; **to make a ~ing** (*inf*) réussir un beau coup (de filet); **~joy** *n* rabat-joie *m/f*
kiln [kɪln] *n* four *m*
kilo [ˈkiːləu] *n* kilo *m*; **~byte** *n* (*COMPUT*) kilo-octet *m*; **~gram(me)** [ˈkɪləugræm] *n* kilogramme *m*; **~metre** [ˈkɪləmiːtə*] (*US* **~meter**) *n* kilomètre *m*; **~watt** *n* kilowatt *m*
kilt [kɪlt] *n* kilt *m*
kin [kɪn] *n* see **next**; **kith**
kind [kaɪnd] *adj* gentil(le), aimable ♦ *n* sorte *f*, espèce *f*, genre *m*; **to be**

two of a ~ se ressembler; **in** ~ (*COMM*) en nature
kindergarten ['kɪndəgɑːtn] *n* jardin *m* d'enfants
kind-hearted ['kaɪnd'hɑːtɪd] *adj* bon(bonne)
kindle ['kɪndl] *vt* allumer, enflammer
kindly ['kaɪndlɪ] *adj* bienveillant(e), plein(e) de gentillesse ♦ *adv* avec bonté; **will you** ~ ...! auriez-vous la bonté *or* l'obligeance de ...?
kindness ['kaɪndnəs] *n* bonté *f*, gentillesse *f*
kindred ['kɪndrɪd] *adj*: ~ **spirit** âme *f* sœur
kinetic [kɪ'netɪk] *adj* cinétique
king [kɪŋ] *n* roi *m*; **~dom** *n* royaume *m*; **~fisher** *n* martin-pêcheur *m*; **~-size bed** *n* grand lit (*de 1,95 m de large*); **~-size(d)** *adj* format géant *inv*; (*cigarettes*) long(longue)
kinky ['kɪŋkɪ] (*pej*) *adj* (*person*) excentrique; (*sexually*) aux goûts spéciaux
kiosk ['kiːɒsk] *n* kiosque *m*; (*BRIT*: *TEL*) cabine *f* (téléphonique)
kipper ['kɪpə*] *n* hareng fumé et salé
kiss [kɪs] *n* baiser *m* ♦ *vt* embrasser; **to** ~ **(each other)** s'embrasser; ~ **of life** (*BRIT*) *n* bouche à bouche *m*
kit [kɪt] *n* équipement *m*, matériel *m*; (*set of tools etc*) trousse *f*; (*for assembly*) kit *m*
kitchen ['kɪtʃɪn] *n* cuisine *f*; ~ **sink** *n* évier *m*
kite [kaɪt] *n* (*toy*) cerf-volant *m*
kith [kɪθ] *n*: ~ **and kin** parents et amis *mpl*
kitten ['kɪtn] *n* chaton *m*, petit chat
kitty ['kɪtɪ] *n* (*money*) cagnotte *f*
knack [næk] *n*: **to have the** ~ **of doing** avoir le coup pour faire
knapsack ['næpsæk] *n* musette *f*
knead [niːd] *vt* pétrir
knee [niː] *n* genou *m*; **~cap** *n* rotule *f*
kneel [niːl] (*pt, pp* **knelt**) *vi* (*also*: ~ *down*) s'agenouiller
knew [njuː] *pt of* **know**
knickers ['nɪkəz] (*BRIT*) *npl* culotte *f* (de femme)
knife [naɪf] (*pl* **knives**) *n* couteau *m* ♦ *vt* poignarder, frapper d'un coup de couteau
knight [naɪt] *n* chevalier *m*; (*CHESS*) cavalier *m*; **~hood** (*BRIT*) *n* (*title*): **to get a ~hood** être fait chevalier
knit [nɪt] *vt* tricoter ♦ *vi* tricoter; (*broken bones*) se ressouder; **to** ~ **one's brows** froncer les sourcils; **~ting** *n* tricot *m*; **~ting needle** *n* aiguille *f* à tricoter; **~wear** *n* tricots *mpl*, lainages *mpl*
knives [naɪvz] *npl of* **knife**
knob [nɒb] *n* bouton *m*
knock [nɒk] *vt* frapper; (*bump into*) heurter; (*inf*) dénigrer ♦ *vi* (*at door etc*): **to** ~ **at** *or* **on** frapper à ♦ *n* coup *m*; ~ **down** *vt* renverser; ~ **off** *vi* (*inf*: *finish*) s'arrêter (de travailler) ♦ *vt* (*from price*) faire un rabais de; (*inf*: *steal*) piquer; ~ **out** *vt* assommer; (*BOXING*) mettre k.-o.; (*defeat*) éliminer; ~ **over** *vt* renverser, faire tomber; **~er** *n* (*on door*) heurtoir *m*; **~out** *n* (*BOXING*) knock-out *m*, K.-O. *m*; **~out competition** *n* compétition *f* avec épreuves éliminatoires
knot [nɒt] *n* (*gen*) nœud *m* ♦ *vt* nouer; **~ty** *adj* (*fig*) épineux(euse)
know [nəʊ] (*pt* **knew**, *pp* **known**) *vt* savoir; (*person, place*) connaître; **to** ~ **how to do** savoir (comment) faire; **to** ~ **how to swim** savoir nager; **to** ~ **about** *or* **of sth** être au courant de qch; **to** ~ **about** *or* **of sb** avoir entendu parler de qn; **~-all** (*pej*) *n* je-sais-tout *m/f*; **~-how** *n* savoir-faire *m*; **~ing** *adj* (*look etc*) entendu(e); **~ingly** *adv* sciemment; (*smile, look*) d'un air entendu
knowledge ['nɒlɪdʒ] *n* connaissance *f*; (*learning*) connaissances, savoir *m*; **~able** *adj* bien informé(e)
knuckle ['nʌkl] *n* articulation *f* (des doigts), jointure *f*
Koran [kɔː'rɑːn] *n* Coran *m*
Korea [kə'rɪə] *n* Corée *f*

kosher ['kəʊʃə*] *adj* kascher *inv*

L

L *abbr* (= *lake, large*) L; (= *left*) g; (= *BRIT*: *AUT*: = *learner*) *signale un conducteur débutant*
lab [læb] *n abbr* (= *laboratory*) labo *m*
label ['leɪbl] *n* étiquette *f* ♦ *vt* étiqueter
labor *etc* (*US*) = **labour** *etc*
laboratory [lə'bɒrətərɪ] *n* laboratoire *m*
labour ['leɪbə*] (*US* **labor**) *n* (*work*) travail *m*; (*workforce*) main-d'œuvre *f* ♦ *vi*: **to ~ (at)** travailler dur (à), peiner (sur) ♦ *vt*: **to ~ a point** insister sur un point; **in ~** (*MED*) en travail, en train d'accoucher; **L~, the L~ party** (*BRIT*) le parti travailliste, les travaillistes *mpl*; **~ed** *adj* (*breathing*) pénible, difficile; **~er** *n* manœuvre *m*; **farm ~er** ouvrier *m* agricole
lace [leɪs] *n* dentelle *f*; (*of shoe etc*) lacet *m* ♦ *vt* (*shoe*: *also*: *~ up*) lacer
lack [læk] *n* manque *m* ♦ *vt* manquer de; **through** *or* **for ~ of** faute de, par manque de; **to be ~ing** manquer, faire défaut; **to be ~ing in** manquer de
lacquer ['lækə*] *n* laque *f*
lad [læd] *n* garçon *m*, gars *m*
ladder ['lædə*] *n* échelle *f*; (*BRIT*: *in tights*) maille filée
laden ['leɪdn] *adj*: **~ (with)** chargé(e) (de)
ladle ['leɪdl] *n* louche *f*
lady ['leɪdɪ] *n* dame *f*; (*in address*): **ladies and gentlemen** Mesdames (et) Messieurs; **young ~** jeune fille *f*; (*married*) jeune femme *f*; **the ladies' (room)** les toilettes *fpl* (pour dames); **~bird** *n* coccinelle *f*; **~bug** (*US*) *n* = **ladybird**; **~like** *adj* distingué(e); **~ship** *n*: **your ~ship** Madame la comtesse (*or* la baronne *etc*)
lag [læg] *n* retard *m* ♦ *vi* (*also*: *~ behind*) rester en arrière, traîner; (*fig*) rester en traîne ♦ *vt* (*pipes*) calorifuger
lager ['lɑːgə*] *n* bière blonde
lagoon [lə'guːn] *n* lagune *f*
laid [leɪd] *pt, pp of* **lay**; **~-back** (*inf*) *adj* relaxe, décontracté(e); **~ up** *adj* alité(e)
lain [leɪn] *pp of* **lie**
lake [leɪk] *n* lac *m*
lamb [læm] *n* agneau *m*; **~ chop** *n* côtelette *f* d'agneau
lame [leɪm] *adj* boiteux(euse)
lament [lə'ment] *n* lamentation *f* ♦ *vt* pleurer, se lamenter sur
laminated ['læmɪneɪtɪd] *adj* laminé(e); (*windscreen*) (en verre) feuilleté
lamp [læmp] *n* lampe *f*; **~post** (*BRIT*) *n* réverbère *m*; **~shade** *n* abat-jour *m inv*
lance [lɑːns] *vt* (*MED*) inciser
land [lænd] *n* (*as opposed to sea*) terre *f* (ferme); (*soil*) terre; terrain *m*; (*estate*) terre(s), domaine(s) *m(pl)*; (*country*) pays *m* ♦ *vi* (*AVIAT*) atterrir; (*fig*) (re)tomber ♦ *vt* (*passengers, goods*) débarquer; **to ~ sb with sth** (*inf*) coller qch à qn; **~ up** *vi* atterrir, (finir par) se retrouver; **~fill site** *n* décharge *f*; **~ing** *n* (*AVIAT*) atterrissage *m*; (*of staircase*) palier *m*; (*of troops*) débarquement *m*; **~ing gear** *n* train *m* d'atterrissage; **~ing strip** *n* piste *f* d'atterrissage; **~lady** *n* propriétaire *f*, logeuse *f*; (*of pub*) patronne *f*; **~locked** *adj* sans littoral; **~lord** *n* propriétaire *m*, logeur *m*; (*of pub etc*) patron *m*; **~mark** *n* (point *m* de) repère *m*; **to be a ~mark** (*fig*) faire date *or* époque; **~owner** *n* propriétaire foncier *or* terrien; **~scape** ['lændskeɪp] *n* paysage *m*; **~scape gardener** *n* jardinier(ère) paysagiste; **~slide** ['lændslaɪd] *n* (*GEO*) glissement *m* (de terrain); (*fig*: *POL*) raz-de-marée (électoral)
lane [leɪn] *n* (*in country*) chemin *m*; (*AUT*) voie *f*; file *f*; (*in race*) couloir

m

language [ˈlæŋgwɪdʒ] *n* langue *f*; (*way one speaks*) langage *m*; **bad ~** grossièretés *fpl*, langage grossier; **~ laboratory** *n* laboratoire *m* de langues

lank [læŋk] *adj* (*hair*) raide et terne

lanky [ˈlæŋkɪ] *adj* grand(e) et maigre, efflanqué(e)

lantern [ˈlæntən] *n* lanterne *f*

lap [læp] *n* (*of track*) tour *m* (de piste); (*of body*): **in** *or* **on one's ~** sur les genoux ♦ *vt* (*also*: **~ up**) laper ♦ *vi* (*waves*) clapoter; **~ up** *vt* (*fig*) accepter béatement, gober

lapel [ləˈpel] *n* revers *m*

Lapland [ˈlæplænd] *n* Laponie *f*

lapse [læps] *n* défaillance *f*; (*in behaviour*) écart *m* de conduite ♦ *vi* (*LAW*) cesser d'être en vigueur; (*contract*) expirer; **to ~ into bad habits** prendre de mauvaises habitudes; **~ of time** laps *m* de temps, intervalle *m*

laptop (computer) [ˈlæptɒp-] *n* portable *m*

larceny [ˈlɑːsənɪ] *n* vol *m*

larch [lɑːtʃ] *n* mélèze *m*

lard [lɑːd] *n* saindoux *m*

larder [ˈlɑːdə*] *n* garde-manger *m inv*

large [lɑːdʒ] *adj* grand(e); (*person, animal*) gros(se); **at ~** (*free*) en liberté; (*generally*) en général; *see also* **by**; **~ly** *adv* en grande partie; (*principally*) surtout; **~-scale** *adj* (*action*) d'envergure; (*map*) à grande échelle

lark [lɑːk] *n* (*bird*) alouette *f*; (*joke*) blague *f*, farce *f*; **~ about** *vi* faire l'idiot, rigoler

laryngitis [lærɪnˈdʒaɪtɪs] *n* laryngite *f*

laser [ˈleɪzə*] *n* laser *m*; **~ printer** *n* imprimante *f* laser

lash [læʃ] *n* coup *m* de fouet; (*also*: *eye~*) cil *m* ♦ *vt* fouetter; (*tie*) attacher; **~ out** *vi*: **to ~ out at** *or* **against** attaquer violemment

lass [læs] (*BRIT*) *n* (jeune) fille *f*

lasso [læˈsuː] *n* lasso *m*

last [lɑːst] *adj* dernier(ère) ♦ *adv* en dernier; (*finally*) finalement ♦ *vi* durer; **~ week** la semaine dernière; **~ night** (*evening*) hier soir; (*night*) la nuit dernière; **at ~** enfin; **~ but one** avant-dernier(ère); **~-ditch** *adj* (*attempt*) ultime, désespéré(e); **~ing** *adj* durable; **~ly** *adv* en dernier lieu, pour finir; **~-minute** *adj* de dernière minute

latch [lætʃ] *n* loquet *m*

late [leɪt] *adj* (*not on time*) en retard; (*far on in day etc*) tardif(ive); (*edition, delivery*) dernier(ière); (*former*) ancien(ne) ♦ *adv* tard; (*behind time, schedule*) en retard; **of ~** dernièrement; **in ~ May** vers la fin (du mois) de mai, fin mai; **the ~ Mr X** feu M. X; **~comer** *n* retardataire *m/f*; **~ly** *adv* récemment; **~r** [ˈleɪtə*] *adj* (*date etc*) ultérieur(e); (*version etc*) plus récent(e) ♦ *adv* plus tard; **~r on** plus tard; **~st** [ˈleɪtɪst] *adj* tout(e) dernier(ère); **at the ~st** au plus tard

lathe [leɪð] *n* tour *m*

lather [ˈlɑːðə*] *n* mousse *f* (de savon) ♦ *vt* savonner

Latin [ˈlætɪn] *n* latin *m* ♦ *adj* latin(e); **~ America** *n* Amérique latine; **~ American** *adj* latino-américain(e)

latitude [ˈlætɪtjuːd] *n* latitude *f*

latter [ˈlætə*] *adj* deuxième, dernier(ère) ♦ *n*: **the ~** ce dernier, celui-ci; **~ly** *adv* dernièrement, récemment

laudable [ˈlɔːdəbl] *adj* louable

laugh [lɑːf] *n* rire *m* ♦ *vi* rire; **~ at** *vt fus* se moquer de; rire de; **~ off** *vt* écarter par une plaisanterie *or* par une boutade; **~able** *adj* risible, ridicule; **~ing stock** *n*: **the ~ing stock** of la risée de; **~ter** *n* rire *m*; rires *mpl*

launch [lɔːntʃ] *n* lancement *m*; (*motorboat*) vedette *f* ♦ *vt* lancer; **~ into** *vt fus* se lancer dans

launderette [lɔːnˈdret] (*BRIT*), **Laundromat** [ˈlɔːndrəmæt] (*US*: ®) *n*

laverie *f* (automatique)
laundry ['lɔ:ndrɪ] *n* (*clothes*) linge *m*; (*business*) blanchisserie *f*; (*room*) buanderie *f*
laureate ['lɔ:rɪət] *adj see* **poet**
laurel ['lɒrəl] *n* laurier *m*
lava ['lɑ:və] *n* lave *f*
lavatory ['lævətrɪ] *n* toilettes *fpl*
lavender ['lævɪndə*] *n* lavande *f*
lavish ['lævɪʃ] *adj* (*amount*) copieux(euse); (*person*): ~ **with** prodigue de ♦ *vt*: **to ~ sth on sb** prodiguer qch à qn; (*money*) dépenser qch sans compter pour qn/qch
law [lɔ:] *n* loi *f*; (*science*) droit *m*; **~-abiding** *adj* respectueux(euse) des lois; **~ and order** *n* l'ordre public; **~ court** *n* tribunal *m*, cour *f* de justice; **~ful** *adj* légal(e); **~less** *adj* (*action*) illégal(e)
lawn [lɔ:n] *n* pelouse *f*; **~mower** *n* tondeuse *f* à gazon; **~ tennis** *n* tennis *m*
law school (*US*) *n* faculté *f* de droit
lawsuit ['lɔ:su:t] *n* procès *m*
lawyer ['lɔ:jə*] *n* (*consultant, with company*) juriste *m*; (*for sales, wills etc*) notaire *m*; (*partner, in court*) avocat *m*
lax [læks] *adj* relâché(e)
laxative ['læksətɪv] *n* laxatif *m*
lay [leɪ] (*pt, pp* **laid**) *pt of* **lie** ♦ *adj* laïque; (*not expert*) profane ♦ *vt* poser, mettre; (*eggs*) pondre; **to ~ the table** mettre la table; **~ aside** *vt* mettre de côté; **~ by** *vt* = **lay aside**; **~ down** *vt* poser; **to ~ down the law** faire la loi; **to ~ down one's life** sacrifier sa vie; **~ off** *vt* (*workers*) licencier; **~ on** *vt* (*provide*) fournir; **~ out** *vt* (*display*) disposer, étaler; **~about** (*inf*) *n* fainéant(e); **~-by** (*BRIT*) *n* aire *f* de stationnement (sur le bas-côté)
layer ['leɪə*] *n* couche *f*
layman ['leɪmən] (*irreg*) *n* profane *m*
layout ['leɪaʊt] *n* disposition *f*, plan *m*, agencement *m*; (*PRESS*) mise *f* en page
laze [leɪz] *vi* (*also*: ~ *about*) paresser
lazy ['leɪzɪ] *adj* paresseux(euse)
lb *abbr* = **pound** (*weight*)
lead[1] [li:d] (*pt, pp* **led**) *n* (*distance, time ahead*) avance *f*; (*clue*) piste *f*; (*THEATRE*) rôle principal; (*ELEC*) fil *m*; (*for dog*) laisse *f* ♦ *vt* mener, conduire; (*be leader of*) être à la tête de ♦ *vi* (*street etc*) mener, conduire; (*SPORT*) mener, être en tête; **in the ~** en tête; **to ~ the way** montrer le chemin; **~ away** *vt* emmener; **~ back** *vt*: **to ~ back** to ramener à; **~ on** *vt* (*tease*) faire marcher; **~ to** *vt fus* mener à; conduire à; **~ up to** *vt fus* conduire à
lead[2] [led] *n* (*metal*) plomb *m*; (*in pencil*) mine *f*; **~en** ['ledn] *adj* (*sky, sea*) de plomb
leader ['li:də*] *n* chef *m*; dirigeant(e), leader *m*; (*SPORT*: *in league*) leader; (: *in race*) coureur *m* de tête; **~ship** *n* direction *f*; (*quality*) qualités *fpl* de chef
lead-free ['led'fri:] *adj* (*petrol*) sans plomb
leading ['li:dɪŋ] *adj* principal(e); de premier plan; (*in race*) de tête; **~ lady** *n* (*THEATRE*) vedette (féminine); **~ light** *n* (*person*) vedette *f*, sommité *f*; **~ man** (*irreg*) *n* vedette (masculine)
lead singer [li:d-] *n* (*in pop group*) (chanteur *m*) vedette *f*
leaf [li:f] (*pl* **leaves**) *n* feuille *f* ♦ *vi*: **to ~ through** feuilleter; **to turn over a new ~** changer de conduite *or* d'existence
leaflet ['li:flɪt] *n* prospectus *m*, brochure *f*; (*POL, REL*) tract *m*
league [li:g] *n* ligue *f*; (*FOOTBALL*) championnat *m*; **to be in ~ with** avoir partie liée avec, être de mèche avec
leak [li:k] *n* fuite *f* ♦ *vi* (*pipe, liquid etc*) fuir; (*shoes*) prendre l'eau; (*ship*) faire eau ♦ *vt* (*information*) divulguer
lean [li:n] (*pt, pp* **leaned** *or* **leant**) *adj* maigre ♦ *vt*: **to ~ sth on sth**

appuyer qch sur qch ♦ *vi* (*slope*) pencher; (*rest*): to ~ **against** s'appuyer contre; être appuyé(e) contre; to ~ **on** s'appuyer sur; to ~ **back/forward** se pencher en arrière/avant; ~ **out** *vi* se pencher au dehors; ~ **over** *vi* se pencher; ~**ing** *n*: ~**ing (towards)** tendance *f* (à), penchant *m* (pour)

leap [li:p] (*pt, pp* **leaped** *or* **leapt**) *n* bond *m*, saut *m* ♦ *vi* bondir, sauter; ~**frog** *n* saute-mouton *m*; ~ **year** *n* année *f* bissextile

learn [lɜ:n] (*pt, pp* ~**ed** *or* **learnt**) *vt, vi* apprendre; to ~ **to do sth** apprendre à faire qch; to ~ **about** *or* **of sth** (*hear, read*) apprendre qch; ~**ed** ['lɜ:nɪd] *adj* érudit(e), savant(e); ~**er** (*BRIT*) *n* (*also*: ~*er driver*) (conducteur(trice)) débutant(e); ~**ing** *n* (*knowledge*) savoir *m*

lease [li:s] *n* bail *m* ♦ *vt* louer à bail

leash [li:ʃ] *n* laisse *f*

least [li:st] *adj*: **the** ~ (+*noun*) le(la) plus petit(e), le(la) moindre; (: *smallest amount of*) le moins de ♦ *adv* (+*verb*) le moins; (+*adj*): **the** ~ le(la) moins; **at** ~ au moins; (*or rather*) du moins; **not in the** ~ pas le moins du monde

leather ['leðə*] *n* cuir *m*

leave [li:v] (*pt, pp* **left**) *vt* laisser; (*go away from*) quitter; (*forget*) oublier ♦ *vi* partir, s'en aller ♦ *n* (*time off*) congé *m*; (*MIL also*: *consent*) permission *f*; **to be left** rester; **there's some milk left over** il reste du lait; **on** ~ en permission; ~ **behind** *vt* (*person, object*) laisser; (*forget*) oublier; ~ **out** *vt* oublier, omettre; ~ **of absence** *n* congé exceptionnel; (*MIL*) permission spéciale

leaves [li:vz] *npl of* **leaf**

Lebanon ['lebənən] *n* Liban *m*

lecherous ['letʃərəs] (*pej*) *adj* lubrique

lecture ['lektʃə*] *n* conférence *f*; (*SCOL*) cours *m* ♦ *vi* donner des cours; enseigner ♦ *vt* (*scold*) sermonner, réprimander; **to give a** ~ **on** faire une conférence sur; donner un cours sur; ~**r** ['lektʃərə*] (*BRIT*) *n* (*at university*) professeur *m* (d'université)

led [led] *pt, pp of* **lead**

ledge [ledʒ] *n* (*of window, on wall*) rebord *m*; (*of mountain*) saillie *f*, corniche *f*

ledger ['ledʒə*] *n* (*COMM*) registre *m*, grand livre

leech [li:tʃ] *n* (*also fig*) sangsue *f*

leek [li:k] *n* poireau *m*

leer [lɪə*] *vi*: **to** ~ **at sb** regarder qn d'un air mauvais *or* concupiscent

leeway ['li:weɪ] *n* (*fig*): **to have some** ~ avoir une certaine liberté d'action

left [left] *pt, pp of* **leave** ♦ *adj* (*not right*) gauche ♦ *n* gauche *f* ♦ *adv* à gauche; **on the** ~, **to the** ~ à gauche; **the L**~ (*POL*) la gauche; ~**-handed** *adj* gaucher(ère); ~**-hand side** *n* gauche *f*, côté *m* gauche; ~**-luggage (office)** (*BRIT*) *n* consigne *f*; ~**overs** *npl* restes *mpl*; ~**-wing** *adj* (*POL*) de gauche

leg [leg] *n* jambe *f*; (*of animal*) patte *f*; (*of furniture*) pied *m*; (*CULIN*: *of chicken, pork*) cuisse *f*; (: *of lamb*) gigot *m*; (*of journey*) étape *f*; **1st/2nd** ~ (*SPORT*) match *m* aller/retour

legacy ['legəsɪ] *n* héritage *m*, legs *m*

legal ['li:gəl] *adj* légal(e); ~ **holiday** (*US*) *n* jour férié; ~ **tender** *n* monnaie légale

legend ['ledʒənd] *n* légende *f*

legible ['ledʒəbl] *adj* lisible

legislation [ledʒɪs'leɪʃən] *n* législation *f*; **legislature** ['ledʒɪsleɪtʃə*] *n* (corps) *m* législatif

legitimate [lɪ'dʒɪtɪmət] *adj* légitime

leg-room ['legrum] *n* place *f* pour les jambes

leisure ['leʒə*] *n* loisir *m*, temps *m* libre; loisirs *mpl*; **at** ~ (tout) à loisir; à tête reposée; ~ **centre** *n* centre *m* de loisirs; ~**ly** *adj* tranquille; fait(e) sans se presser

lemon ['lemən] *n* citron *m*; **~ade** *n* limonade *f*; **~ tea** *n* thé *m* au citron
lend [lend] (*pt, pp* **lent**) *vt*: **to ~ sth (to sb)** prêter qch (à qn)
length [leŋθ] *n* longueur *f*; (*section: of road, pipe etc*) morceau *m*, bout *m*; (*of time*) durée *f*; **at ~** (*at last*) enfin, à la fin; (*lengthily*) longuement; **~en** *vt* allonger, prolonger ♦ *vi* s'allonger; **~ways** *adv* dans le sens de la longueur, en long; **~y** *adj* (très) long(longue)
lenient ['li:nɪənt] *adj* indulgent(e), clément(e)
lens [lenz] *n* lentille *f*; (*of spectacles*) verre *m*; (*of camera*) objectif *m*
Lent [lent] *n* Carême *m*
lent [lent] *pt, pp of* **lend**
lentil ['lentl] *n* lentille *f*
Leo ['li:əu] *n* le Lion
leotard ['li:əta:d] *n* maillot *m* (*de danseur etc*), collant *m*
leprosy ['leprəsɪ] *n* lèpre *f*
lesbian ['lezbɪən] *n* lesbienne *f*
less [les] *adj* moins de ♦ *pron, adv* moins ♦ *prep* moins; **~ than that/you** moins que cela/vous; **~ than half** moins de la moitié; **~ than ever** moins que jamais; **~ and ~** de moins en moins; **the ~ he works ...** moins il travaille ...
lessen ['lesn] *vi* diminuer, s'atténuer ♦ *vt* diminuer, réduire, atténuer
lesser ['lesə*] *adj* moindre; **to a ~ extent** à un degré moindre
lesson ['lesn] *n* leçon *f*; **to teach sb a ~** (*fig*) donner une bonne leçon à qn
lest [lest] *conj* de peur que *+sub*
let [let] (*pt, pp* **let**) *vt* laisser; (*BRIT: lease*) louer; **to ~ sb do sth** laisser qn faire qch; **to ~ sb know sth** faire savoir qch à qn, prévenir qn de qch; **~'s go** allons-y; **~ him come** qu'il vienne; **"to ~"** "à louer"; **~ down** *vt* (*tyre*) dégonfler; (*person*) décevoir, faire faux bond à; **~ go** *vi* lâcher prise ♦ *vt* lâcher; **~ in** *vt* laisser entrer; (*visitor etc*) faire entrer; **~ off** *vt* (*culprit*) ne pas punir; (*firework etc*) faire partir; **~ on** (*inf*) *vi* dire; **~ out** *vt* laisser sortir; (*scream*) laisser échapper; **~ up** *vi* diminuer; (*cease*) s'arrêter
lethal ['li:θəl] *adj* mortel(le), fatal(e)
letter ['letə*] *n* lettre *f*; **~ bomb** *n* lettre piégée; **~box** (*BRIT*) *n* boîte *f* aux *or* à lettres; **~ing** *n* lettres *fpl*; caractères *mpl*
lettuce ['letɪs] *n* laitue *f*, salade *f*
let-up ['letʌp] *n* répit *m*, arrêt *m*
leukaemia [lu:'ki:mɪə] (*US* **leukemia**) *n* leucémie *f*
level ['levl] *adj* plat(e), plan(e), uni(e); horizontal(e) ♦ *n* niveau *m* ♦ *vt* niveler, aplanir; **to be ~ with** être au même niveau que; **to draw ~ with** (*person, vehicle*) arriver à la hauteur de; **"A" ~s** (*BRIT*) ≈ baccalauréat *m*; **"O" ~s** (*BRIT*) ≈ B.E.P.C.; **on the ~** (*fig: honest*) régulier(ère); **~ off** *vi* (*prices etc*) se stabiliser; **~ out** *vi* = **level off**; **~ crossing** (*BRIT*) *n* passage *m* à niveau; **~-headed** *adj* équilibré(e)
lever ['li:və*] *n* levier *m*; **~age** *n*: **~age (on** *or* **with)** prise *f* (sur)
levity ['levɪtɪ] *n* légèreté *f*
levy ['levɪ] *n* taxe *f*, impôt *m* ♦ *vt* prélever, imposer; percevoir
lewd [lu:d] *adj* obscène, lubrique
liability [laɪə'bɪlɪtɪ] *n* responsabilité *f*; (*handicap*) handicap *m*; **liabilities** *npl* (*on balance sheet*) passif *m*
liable ['laɪəbl] *adj* (*subject*): **~ to** sujet(te) à; passible de; (*responsible*): **~ (for)** responsable (de); (*likely*): **~ to do** susceptible de faire
liaise [lɪ'eɪz] *vi*: **to ~ with** assurer la liaison avec; **liaison** [li:'eɪzɒn] *n* liaison *f*
liar ['laɪə*] *n* menteur(euse)
libel ['laɪbəl] *n* diffamation *f*; (*document*) écrit *m* diffamatoire ♦ *vt* diffamer
liberal ['lɪbərəl] *adj* libéral(e); (*generous*): **~ with** prodigue de, généreux(euse) avec; **the L~ Democrats** (*BRIT*) le parti libéral-démocrate

liberation [lɪbə'reɪʃən] *n* libération *f*
liberty ['lɪbətɪ] *n* liberté *f*; **to be at ~ to do** être libre de faire
Libra ['li:brə] *n* la Balance
librarian [laɪ'brɛərɪən] *n* bibliothécaire *m/f*
library ['laɪbrərɪ] *n* bibliothèque *f*
libretto [lɪ'brɛtəu] *n* livret *m*
Libya ['lɪbɪə] *n* Libye *f*
lice [laɪs] *npl of* **louse**
licence ['laɪsəns] (*US* **license**) *n* autorisation *f*, permis *m*; (*RADIO, TV*) redevance *f*; **driving ~,** (*US*) **driver's license** permis *m* (de conduire); **~ number** *n* numéro *m* d'immatriculation; **~ plate** *n* plaque *f* minéralogique
license ['laɪsəns] *n* (*US*) = **licence** ♦ *vt* donner une licence à; **~d** *adj* (*car*) muni(e) de la vignette; (*to sell alcohol*) patenté(e) pour la vente des spiritueux, qui a une licence de débit de boissons
lick [lɪk] *vt* lécher; (*inf*: *defeat*) écraser; **to ~ one's lips** (*fig*) se frotter les mains
licorice ['lɪkərɪs] (*US*) *n* = **liquorice**
lid [lɪd] *n* couvercle *m*; (*eye~*) paupière *f*
lie [laɪ] (*pt* **lay**, *pp* **lain**) *vi* (*rest*) être étendu(e) *or* allongé(e) *or* couché(e); (*in grave*) être enterré(e), reposer; (*be situated*) se trouver, être; (*be untruthful*: *pt, pp* **lied**) mentir ♦ *n* mensonge *m*; **to ~ low** (*fig*) se cacher; **~ about** *vi* traîner; **~ around** *vi* = **lie about**; **~-down** (*BRIT*) *n*: **to have a ~-down** s'allonger, se reposer; **~-in** (*BRIT*) *n*: **to have a ~-in** faire la grasse matinée
lieutenant [lɛf'tɛnənt, (*US*) lu:'tɛnənt] *n* lieutenant *m*
life [laɪf] (*pl* **lives**) *n* vie *f*; **to come to ~** (*fig*) s'animer; **~ assurance** (*BRIT*) *n* = **life insurance**; **~belt** (*BRIT*) *n* bouée *f* de sauvetage; **~boat** *n* canot *m or* chaloupe *f* de sauvetage; **~buoy** *n* bouée *f* de sauvetage; **~guard** *n* surveillant *m* de baignade; **~ insurance** *n* assurance-vie *f*; **~ jacket** *n* gilet *m or* ceinture *f* de sauvetage; **~less** *adj* sans vie, inanimé(e); (*dull*) qui manque de vie *or* de vigueur; **~like** *adj* qui semble vrai(e) *or* vivant(e); (*painting*) réaliste; **~line** *n*: **it was his ~line** ça l'a sauvé; **~long** *adj* de toute une vie, de toujours; **~ preserver** (*US*) *n* = **lifebelt** *or* **life jacket**; **~ sentence** *n* condamnation *f* à perpétuité; **~-size(d)** *adj* grandeur nature *inv*; **~span** *n* (durée *f* de) vie *f*; **~ style** *n* style *m or* mode *m* de vie; **~-support system** *n* (*MED*) respirateur artificiel; **~time** *n* vie *f*; **in his ~time** de son vivant
lift [lɪft] *vt* soulever, lever; (*end*) supprimer, lever ♦ *vi* (*fog*) se lever ♦ *n* (*BRIT*: *elevator*) ascenseur *m*; **to give sb a ~** (: *AUT*) emmener *or* prendre qn en voiture; **~-off** *n* décollage *m*
light [laɪt] (*pt, pp* **lit**) *n* lumière *f*; (*lamp*) lampe *f*; (*AUT*: *rear ~*) feu *m*; (: *head~*) phare *m*; (*for cigarette etc*): **have you got a ~?** avez-vous du feu? ♦ *vt* (*candle, cigarette, fire*) allumer; (*room*) éclairer ♦ *adj* (*room, colour*) clair(e); (*not heavy*) léger(ère); (*not strenuous*) peu fatigant(e); **~s** *npl* (*AUT*: *traffic ~s*) feux *mpl*; **to come to ~** être dévoilé(e) *or* découvert(e); **~ up** *vi* (*face*) s'éclairer ♦ *vt* (*illuminate*) éclairer, illuminer; **~ bulb** *n* ampoule *f*; **~en** *vt* (*make less heavy*) alléger; **~er** *n* (*also*: *cigarette ~er*) briquet *m*; **~-headed** *adj* étourdi(e); (*excited*) grisé(e); **~-hearted** *adj* gai(e), joyeux(euse), enjoué(e); **~house** *n* phare *m*; **~ing** *n* (*on road*) éclairage *m*; (*in theatre*) éclairages; **~ly** *adv* légèrement; **to get off ~ly** s'en tirer à bon compte; **~ness** *n* (*in weight*) légèreté *f*
lightning ['laɪtnɪŋ] *n* éclair *m*, foudre *f*; **~ conductor** *n* paratonnerre *m*; **~ rod** (*US*) *n* = **lightning conductor**

light pen *n* crayon *m* optique
lightweight ['laɪtweɪt] *adj* (*suit*) léger(ère) ♦ *n* (*BOXING*) poids léger
like [laɪk] *vt* aimer (bien) ♦ *prep* comme ♦ *adj* semblable, pareil(le) ♦ *n*: **and the ~** et d'autres du même genre; **his ~s and dislikes** ses goûts *mpl or* préférences *fpl*; **I would ~, I'd ~** je voudrais, j'aimerais; **would you ~ a coffee?** voulez-vous du café?; **to be/look ~ sb/sth** ressembler à qn/qch; **what does it look ~?** de quoi est-ce que ça a l'air?; **what does it taste ~?** quel goût est-ce que ça a?; **that's just ~ him** c'est bien de lui, ça lui ressemble; **do it ~ this** fais-le comme ceci; **it's nothing ~ ...** ce n'est pas du tout comme ...; **~able** *adj* sympathique, agréable
likelihood ['laɪklɪhʊd] *n* probabilité *f*
likely ['laɪklɪ] *adj* probable; plausible; **he's ~ to leave** il va sûrement partir, il risque fort de partir; **not ~!** (*inf*) pas de danger!
likeness ['laɪknɪs] *n* ressemblance *f*; **that's a good ~** c'est très ressemblant
likewise ['laɪkwaɪz] *adv* de même, pareillement
liking ['laɪkɪŋ] *n* (*for person*) affection *f*; (*for thing*) penchant *m*, goût *m*
lilac ['laɪlək] *n* lilas *m*
lily ['lɪlɪ] *n* lis *m*; **~ of the valley** *n* muguet *m*
limb [lɪm] *n* membre *m*
limber up ['lɪmbə*-] *vi* se dégourdir, faire des exercices d'assouplissement
limbo ['lɪmbəʊ] *n*: **to be in ~** (*fig*) être tombé(e) dans l'oubli
lime [laɪm] *n* (*tree*) tilleul *m*; (*fruit*) lime *f*, citron vert; (*GEO*) chaux *f*
limelight ['laɪmlaɪt] *n*: **in the ~** (*fig*) en vedette, au premier plan
limerick ['lɪmərɪk] *n* poème *m* humoristique (de 5 vers)
limestone ['laɪmstəʊn] *n* pierre *f* à chaux; (*GEO*) calcaire *m*
limit ['lɪmɪt] *n* limite *f* ♦ *vt* limiter; **~ed** *adj* limité(e), restreint(e); **to be ~ed to** se limiter à, ne concerner que; **~ed (liability) company** (*BRIT*) *n* ≈ société *f* anonyme
limp [lɪmp] *n*: **to have a ~** boiter ♦ *vi* boiter ♦ *adj* mou(molle)
limpet ['lɪmpɪt] *n* patelle *f*
line [laɪn] *n* ligne *f*; (*stroke*) trait *m*; (*wrinkle*) ride *f*; (*rope*) corde *f*; (*wire*) fil *m*; (*of poem*) vers *m*; (*row, series*) rangée *f*; (*of people*) file *f*, queue *f*; (*railway track*) voie *f*; (*COMM*: *series of goods*) article(s) *m(pl)*; (*work*) métier *m*, type *m* d'activité; (*attitude, policy*) position *f* ♦ *vt*: **to ~ (with)** (*clothes*) doubler (de); (*box*) garnir *or* tapisser (de); (*subj*: *trees, crowd*) border; **in a ~** aligné(e); **in his ~ of business** dans sa partie, dans son rayon; **in ~ with** en accord avec; **~ up** *vi* s'aligner, se mettre en rang(s) ♦ *vt* aligner; (*event*) prévoir, préparer
lined [laɪnd] *adj* (*face*) ridé(e), marqué(e); (*paper*) réglé(e)
linen ['lɪnɪn] *n* linge *m* (de maison); (*cloth*) lin *m*
liner ['laɪnə*] *n* paquebot *m* (de ligne); (*for bin*) sac *m* à poubelle
linesman ['laɪnzmən] (*irreg*) *n* juge *m* de touche; (*TENNIS*) juge *m* de ligne
line-up ['laɪnʌp] *n* (*US*: *queue*) file *f*; (*SPORT*) (composition *f* de l')équipe *f*
linger ['lɪŋgə*] *vi* s'attarder; traîner; (*smell, tradition*) persister
lingo ['lɪŋgəʊ] (*inf*: *pl* **~es**) *n pej* jargon *m*
linguist ['lɪŋgwɪst] *n*: **to be a good ~** être doué(e) par les langues
linguistics [lɪŋ'gwɪstɪks] *n* linguistique *f*
lining ['laɪnɪŋ] *n* doublure *f*
link [lɪŋk] *n* lien *m*, rapport *m*; (*of a chain*) maillon *m* ♦ *vt* relier, lier, unir; **~s** *npl* (*GOLF*) (terrain *m* de) golf *m*; **~ up** *vt* relier ♦ *vi* se rejoindre; s'associer
lino ['laɪnəʊ] *n* = **linoleum**

linoleum [lɪ'nəulɪəm] *n* linoléum *m*
lion ['laɪən] *n* lion *m*; **~ess** *n* lionne *f*
lip [lɪp] *n* lèvre *f*; **~-read** *vi* lire sur les lèvres; **~ salve** *n* pommade *f* rosat *or* pour les lèvres; **~ service** *n*: **to pay ~ service to sth** ne reconnaître le mérite de qch que pour la forme; **~stick** *n* rouge *m* à lèvres
liqueur [lɪ'kjuə*] *n* liqueur *f*
liquid ['lɪkwɪd] *adj* liquide ♦ *n* liquide *m*; **~ize** ['lɪkwɪdaɪz] *vt* (*CULIN*) passer au mixer; **~izer** *n* mixer *m*
liquor ['lɪkə*] (*US*) *n* spiritueux *m*, alcool *m*
liquorice ['lɪkərɪs] (*BRIT*) *n* réglisse *f*
liquor store (*US*) *n* magasin *m* de vins et spiritueux
lisp [lɪsp] *vi* zézayer
list [lɪst] *n* liste *f* ♦ *vt* (*write down*) faire une *or* la liste de; (*mention*) énumérer; **~ed building** (*BRIT*) *n* monument classé
listen ['lɪsn] *vi* écouter; **to ~ to** écouter; **~er** *n* auditeur(trice)
listless ['lɪstləs] *adj* indolent(e), apathique
lit [lɪt] *pt, pp of* **light**
liter ['li:tə*] (*US*) *n* = **litre**
literacy ['lɪtərəsɪ] *n* degré *m* d'alphabétisation, fait *m* de savoir lire et écrire
literal ['lɪtərəl] *adj* littéral(e); **~ly** *adv* littéralement; (*really*) réellement
literary ['lɪtərərɪ] *adj* littéraire
literate ['lɪtərət] *adj* qui sait lire et écrire, instruit(e)
literature ['lɪtrətʃə*] *n* littérature *f*; (*brochures etc*) documentation *f*
lithe [laɪð] *adj* agile, souple
litigation [lɪtɪ'geɪʃən] *n* litige *m*; contentieux *m*
litre ['li:tə*] (*US* **liter**) *n* litre *m*
litter ['lɪtə*] *n* (*rubbish*) détritus *mpl*, ordures *fpl*; (*young animals*) portée *f*; **~ bin** (*BRIT*) *n* boîte *f* à ordures, poubelle *f*; **~ed** *adj*: **~ed with** jonché(e) de, couvert(e) de
little ['lɪtl] *adj* (*small*) petit(e) ♦ *adv* peu; **~ milk/time** peu de lait/temps; **a ~** un peu (de); **a ~ bit** un peu; **~ by ~** petit à petit, peu à peu
live[1] [laɪv] *adj* (*animal*) vivant(e), en vie; (*wire*) sous tension; (*bullet, bomb*) non explosé(e); (*broadcast*) en direct; (*performance*) en public
live[2] [lɪv] *vi* vivre; (*reside*) vivre, habiter; **~ down** *vt* faire oublier (avec le temps); **~ on** *vt fus* (*food, salary*) vivre de; **~ together** *vi* vivre ensemble, cohabiter; **~ up to** *vt fus* se montrer à la hauteur de
livelihood ['laɪvlɪhud] *n* moyens *mpl* d'existence
lively ['laɪvlɪ] *adj* vif(vive), plein(e) d'entrain; (*place, book*) vivant(e)
liven up ['laɪvn-] *vt* animer ♦ *vi* s'animer
liver ['lɪvə*] *n* foie *m*
lives [laɪvz] *npl of* **life**
livestock ['laɪvstɒk] *n* bétail *m*, cheptel *m*
livid ['lɪvɪd] *adj* livide, blafard(e); (*inf: furious*) furieux(euse), furibond(e)
living ['lɪvɪŋ] *adj* vivant(e), en vie ♦ *n*: **to earn** *or* **make a ~** gagner sa vie; **~ conditions** *npl* conditions *fpl* de vie; **~ room** *n* salle *f* de séjour; **~ standards** *npl* niveau *m* de vie; **~ wage** *n* salaire *m* permettant de vivre (décemment)
lizard ['lɪzəd] *n* lézard *m*
load [ləud] *n* (*weight*) poids *m*; (*thing carried*) chargement *m*, charge *f* ♦ *vt* (*also*: **~ up**): **to ~ (with)** charger (de); (*gun, camera*) charger (avec); (*COMPUT*) charger; **a ~ of, ~s of** (*fig*) un *or* des tas de, des masses de; **to talk a ~ of rubbish** dire des bêtises; **~ed** *adj* (*question*) insidieux(euse); (*inf: rich*) bourré(e) de fric
loaf [ləuf] (*pl* **loaves**) *n* pain *m*, miche *f*
loan [ləun] *n* prêt *m* ♦ *vt* prêter; **on ~** prêté(e), en prêt
loath [ləuθ] *adj*: **to be ~ to do** répugner à faire

loathe [ləuð] *vt* détester, avoir en horreur
loaves [ləuvz] *npl of* **loaf**
lobby ['lɒbɪ] *n* hall *m*, entrée *f*; (*POL*) groupe *m* de pression, lobby *m* ♦ *vt* faire pression sur
lobster ['lɒbstə*] *n* homard *m*
local ['ləukəl] *adj* local(e) ♦ *n* (*pub*) pub *m or* café *m* du coin; **the ~s** *npl* (*inhabitants*) les gens *mpl* du pays *or* du coin; ~ **anaesthetic** *n* anesthésie locale; ~ **call** *n* communication urbaine; ~ **government** *n* administration locale *or* municipale; **~ity** [ləu'kælɪtɪ] *n* région *f*, environs *mpl*; (*position*) lieu *m*
locate [ləu'keɪt] *vt* (*find*) trouver, repérer; (*situate*): **to be ~d in** être situé(e) à *or* en
location [ləu'keɪʃən] *n* emplacement *m*; **on ~** (*CINEMA*) en extérieur
loch [lɒx] *n* lac *m*, loch *m*
lock [lɒk] *n* (*of door, box*) serrure *f*; (*of canal*) écluse *f*; (*of hair*) mèche *f*, boucle *f* ♦ *vt* (*with key*) fermer à clé ♦ *vi* (*door etc*) fermer à clé; (*wheels*) se bloquer; ~ **in** *vt* enfermer; ~ **out** *vt* enfermer dehors; (*deliberately*) mettre à la porte; ~ **up** *vt* (*person*) enfermer; (*house*) fermer à clé ♦ *vi* tout fermer (à clé)
locker ['lɒkə*] *n* casier *m*; (*in station*) consigne *f* automatique
locket ['lɒkɪt] *n* médaillon *m*
locksmith ['lɒksmɪθ] *n* serrurier *m*
lockup ['lɒkʌp] *n* (*prison*) prison *f*
locum ['ləukəm] *n* (*MED*) suppléant(e) (de médecin)
lodge [lɒdʒ] *n* pavillon *m* (de gardien); (*hunting ~*) pavillon de chasse ♦ *vi* (*person*): **to ~ (with)** être logé(e) (chez), être en pension (chez); (*bullet*) se loger ♦ *vt*: **to ~ a complaint** porter plainte; **~r** *n* locataire *m/f*; (*with meals*) pensionnaire *m/f*; **lodgings** ['lɒdʒɪŋz] *npl* chambre *f*; meublé *m*
loft [lɒft] *n* grenier *m*
lofty ['lɒftɪ] *adj* (*noble*) noble, élevé(e); (*haughty*) hautain(e)
log [lɒg] *n* (*of wood*) bûche *f*; (*book*) = **logbook** ♦ *vt* (*record*) noter
logbook ['lɒgbuk] *n* (*NAUT*) livre *m or* journal *m* de bord; (*AVIAT*) carnet *m* de vol; (*of car*) ≈ carte grise
loggerheads ['lɒgəhedz] *npl*: **at ~ (with)** à couteaux tirés (avec)
logic ['lɒdʒɪk] *n* logique *f*; **~al** *adj* logique
loin [lɔɪn] *n* (*CULIN*) filet *m*, longe *f*
loiter ['lɔɪtə*] *vi* traîner
loll [lɒl] *vi* (*also*: ~ *about*) se prélasser, fainéanter
lollipop ['lɒlɪpɒp] *n* sucette *f*; ~ **man/lady** (*BRIT: irreg*) *n contractuel(le) qui fait traverser la rue aux enfants*
London ['lʌndən] *n* Londres *m*; **~er** *n* Londonien(ne)
lone [ləun] *adj* solitaire
loneliness ['ləunlɪnəs] *n* solitude *f*, isolement *m*; **lonely** ['ləunlɪ] *adj* seul(e); solitaire, isolé(e)
long [lɒŋ] *adj* long(longue) ♦ *adv* longtemps ♦ *vi*: **to ~ for sth** avoir très envie de qch; attendre qch avec impatience; **so** *or* **as ~ as** pourvu que; **don't be ~!** dépêchez-vous!; **how ~ is this river/course?** quelle est la longueur de ce fleuve/la durée de ce cours?; **6 metres ~** (long) de 6 mètres; **6 months ~** qui dure 6 mois, de 6 mois; **all night ~** toute la nuit; **he no ~er comes** il ne vient plus; ~ **before/after** longtemps avant/après; **before ~** (*+future*) avant peu, dans peu de temps; (*+past*) peu (de temps) après; **at ~ last** enfin; **~-distance** *adj* (*call*) interurbain(e); **~hand** *n* écriture normale *or* courante; **~ing** *n* désir *m*, envie *f*, nostalgie *f*
longitude ['lɒŋgɪtju:d] *n* longitude *f*
long: **~ jump** *n* saut *m* en longueur; **~-life** *adj* longue durée *inv*; (*milk*) upérisé(e); **~-lost** *adj* (*person*) perdu(e) de vue depuis longtemps; **~-playing record** *n* (disque *m*) 33 tours *inv*; **~-range** *adj* à longue portée; **~-sighted** *adj* (*MED*) pres-

byte; ~**-standing** *adj* de longue date; ~**-suffering** *adj* empreint(e) d'une patience résignée; extrêmement patient(e); ~**-term** *adj* à long terme; ~ **wave** *n* grandes ondes; ~**-winded** *adj* intarissable, interminable

loo [lu:] (*BRIT: inf*) *n* W.-C. *mpl*, petit coin

look [lʊk] *vi* regarder; (*seem*) sembler, paraître, avoir l'air; (*building etc*): to ~ **south/(out) onto the sea** donner au sud/sur la mer ♦ *n* regard *m*; (*appearance*) air *m*, allure *f*, aspect *m*; ~**s** *npl* (*good* ~*s*) physique *m*, beauté *f*; **to have a** ~ regarder; ~! regardez!; ~ **(here)!** (*annoyance*) écoutez!; ~ **after** *vt fus* (*care for, deal with*) s'occuper de; ~ **at** *vt fus*, regarder (*problem etc*) examiner; ~ **back** *vi*: **to** ~ **back on** (*event etc*) évoquer, repenser à; ~ **down on** *vt fus* (*fig*) regarder de haut, dédaigner; ~ **for** *vt fus* chercher; ~ **forward to** *vt fus* attendre avec impatience; **we** ~ **forward to hearing from you** (*in letter*) dans l'attente de vous lire; ~ **into** *vt fus* examiner, étudier; ~ **on** *vi* regarder (en spectateur); ~ **out** *vi* (*beware*): **to** ~ **out (for)** prendre garde (à), faire attention (à); ~ **out for** *vt fus* être à la recherche de; guetter; ~ **round** *vi* regarder derrière soi, se retourner; ~ **to** *vt fus* (*rely on*) compter sur; ~ **up** *vi* lever les yeux; (*improve*) s'améliorer ♦ *vt* (*word, name*) chercher; ~ **up to** *vt fus* avoir du respect pour; ~**out** *n* poste *m* de guet; (*person*) guetteur *m*; **to be on the** ~**out (for)** guetter

loom [lu:m] *vi* (*also*: ~ *up*) surgir; (*approach*: *event etc*) être imminent(e); (*threaten*) menacer ♦ *n* (*for weaving*) métier *m* à tisser

loony ['lu:nɪ] (*inf*) *adj, n* timbré(e), cinglé(e)

loop [lu:p] *n* boucle *f*; ~**hole** *n* (*fig*) porte *f* de sortie; échappatoire *f*

loose [lu:s] *adj* (*knot, screw*) desserré(e); (*clothes*) ample, lâche; (*hair*) dénoué(e), épars(e); (*not firmly fixed*) pas solide; (*morals, discipline*) relâché(e) ♦ *n*: **on the** ~ en liberté; ~ **change** *n* petite monnaie; ~ **chippings** *npl* (*on road*) gravillons *mpl*; ~ **end** *n*: **to be at a** ~ **end** *or (US)* **at** ~ **ends** ne pas trop savoir quoi faire; ~**ly** *adv* sans serrer; (*imprecisely*) approximativement; ~**n** *vt* desserrer

loot [lu:t] *n* (*inf*: *money*) pognon *m*, fric *m* ♦ *vt* piller

lopsided ['lɒp'saɪdɪd] *adj* de travers, asymétrique

lord [lɔ:d] *n* seigneur *m*; **L~ Smith** lord Smith; **the L~** le Seigneur; **good L~!** mon Dieu!; **the (House of) L~s** (*BRIT*) la Chambre des lords; **my L~ = your lordship**; **L~ship** *n*: **your L~ship** Monsieur le comte (*or* le baron *or* le juge); (*to bishop*) Monseigneur

lore [lɔ:*] *n* tradition(s) *f(pl)*

lorry ['lɒrɪ] (*BRIT*) *n* camion *m*; ~ **driver** (*BRIT*) *n* camionneur *m*, routier *m*

lose [lu:z] (*pt, pp* **lost**) *vt, vi* perdre; **to** ~ **(time)** (*clock*) retarder; **to get lost** *vi* se perdre; ~**r** *n* perdant(e)

loss [lɒs] *n* perte *f*; **to be at a** ~ être perplexe *or* embarrassé(e)

lost [lɒst] *pt, pp of* **lose** ♦ *adj* perdu(e); ~ **and found** (*US*), ~ **property** *n* objets trouvés

lot [lɒt] *n* (*set*) lot *m*; **the** ~ le tout; **a** ~ **(of)** beaucoup (de); ~**s of** des tas de; **to draw** ~**s (for sth)** tirer (qch) au sort

lotion ['ləʊʃən] *n* lotion *f*

lottery ['lɒtərɪ] *n* loterie *f*

loud [laʊd] *adj* bruyant(e), sonore; (*voice*) fort(e); (*support, condemnation*) vigoureux(euse); (*gaudy*) voyant(e), tapageur(euse) ♦ *adv* (*speak etc*) fort; **out** ~ tout haut; ~**-hailer** (*BRIT*) *n* porte-voix *m inv*; ~**ly** *adv* fort, bruyamment; ~**speaker** *n* haut-parleur *m*

lounge [laʊndʒ] *n* salon *m*; (*at airport*) salle *f*; (*BRIT*: *also*: ~ *bar*)

(salle de) café *m or* bar *m* ♦ *vi* (*also*: ~ *about or around*) se prélasser, paresser; ~ **suit** (*BRIT*) *n* complet *m*; (*on invitation*) "tenue de ville"
louse [laʊs] (*pl* **lice**) *n* pou *m*
lousy ['laʊzɪ] (*inf*) *adj* infect(e), moche; **I feel** ~ je suis mal fichu(e)
lout [laʊt] *n* rustre *m*, butor *m*
lovable ['lʌvəbl] *adj* adorable; très sympathique
love [lʌv] *n* amour *m* ♦ *vt* aimer; (*caringly, kindly*) aimer beaucoup; "~ **(from) Anne**" "affectueusement, Anne"; **I ~ chocolate** j'adore le chocolat; **to be/fall in ~ with** être/tomber amoureux(euse) de; **to make ~** faire l'amour; **"15 ~"** (*TENNIS*) "15 à rien *or* zéro"; ~ **affair** *n* liaison (amoureuse); ~ **life** *n* vie sentimentale
lovely ['lʌvlɪ] *adj* (très) joli(e), ravissant(e); (*delightful: person*) charmant(e); (*holiday etc*) (très) agréable
lover ['lʌvə*] *n* amant *m*; (*person in love*) amoureux(euse); (*amateur*): **a ~ of** un amateur de; un(e) amoureux(euse) de
loving ['lʌvɪŋ] *adj* affectueux(euse), tendre
low [ləʊ] *adj* bas(basse); (*quality*) mauvais(e), inférieur(e); (*person: depressed*) déprimé(e); (: *ill*) bas(basse), affaibli(e) ♦ *adv* bas ♦ *n* (*METEOROLOGY*) dépression *f*; **to be ~ on** être à court de; **to feel ~** se sentir déprimé(e); **to reach an all-time ~** être au plus bas; **~-alcohol** *adj* peu alcoolisé(e); **~-cut** *adj* (*dress*) décolleté(e)
lower ['ləʊə*] *adj* inférieur(e) ♦ *vt* abaisser, baisser
low: **~-fat** *adj* maigre; **~lands** *npl* (*GEO*) plaines *fpl*; **~ly** *adj* humble, modeste
loyalty ['lɔɪəltɪ] *n* loyauté *f*, fidélité *f*
lozenge ['lɒzɪndʒ] *n* (*MED*) pastille *f*
LP *n abbr* = **long-playing record**
L-plates ['elpleɪts] (*BRIT*) *npl* plaques *fpl* d'apprenti conducteur
Ltd *abbr* (= *limited*) ≈ S.A.
lubricant ['lu:brɪkənt] *n* lubrifiant *m*
lubricate ['lu:brɪkeɪt] *vt* lubrifier, graisser
luck [lʌk] *n* chance *f*; **bad ~** malchance *f*, malheur *m*; **bad *or* hard *or* tough ~!** pas de chance!; **good ~!** bonne chance!; **~ily** *adv* heureusement, par bonheur; **~y** *adj* (*person*) qui a de la chance; (*coincidence, event*) heureux(euse); (*object*) porte-bonheur *inv*
ludicrous ['lu:dɪkrəs] *adj* ridicule, absurde
lug [lʌg] (*inf*) *vt* traîner, tirer
luggage ['lʌgɪdʒ] *n* bagages *mpl*; ~ **rack** *n* (*on car*) galerie *f*
lukewarm ['lu:kwɔ:m] *adj* tiède
lull [lʌl] *n* accalmie *f*; (*in conversation*) pause *f* ♦ *vt*: **to ~ sb to sleep** bercer qn pour qu'il s'endorme; **to be ~ed into a false sense of security** s'endormir dans une fausse sécurité
lullaby ['lʌləbaɪ] *n* berceuse *f*
lumbago [lʌm'beɪgəʊ] *n* lumbago *m*
lumber ['lʌmbə*] *n* (*wood*) bois *m* de charpente; (*junk*) bric-à-brac *m inv* ♦ *vt*: **to be ~ed with** (*inf*) se farcir; **~jack** *n* bûcheron *m*
luminous ['lu:mɪnəs] *adj* lumineux(euse)
lump [lʌmp] *n* morceau *m*; (*swelling*) grosseur *f* ♦ *vt*: **to ~ together** réunir, mettre en tas; ~ **sum** *n* somme globale *or* forfaitaire; **~y** *adj* (*sauce*) avec des grumeaux; (*bed*) défoncé(e), peu confortable
lunar ['lu:nə*] *adj* lunaire
lunatic ['lu:nətɪk] *adj* fou(folle), cinglé(e) (*inf*)
lunch [lʌntʃ] *n* déjeuner *m*
luncheon ['lʌntʃən] *n* déjeuner *m* (chic); ~ **meat** *n sorte de mortadelle*; ~ **voucher** (*BRIT*) *n* chèque-repas *m*
lung [lʌŋ] *n* poumon *m*
lunge [lʌndʒ] *vi* (*also*: ~ *forward*) faire un mouvement brusque en

avant; **to ~ at** envoyer *or* assener un coup à

lurch [lɜːtʃ] *vi* vaciller, tituber ♦ *n* écart *m* brusque; **to leave sb in the ~** laisser qn se débrouiller *or* se dépêtrer tout(e) seul(e)

lure [ljuə*] *n* (*attraction*) attrait *m*, charme *m* ♦ *vt* attirer *or* persuader par la ruse

lurid ['ljuərɪd] *adj* affreux(euse), atroce; (*pej*: *colour, dress*) criard(e)

lurk [lɜːk] *vi* se tapir, se cacher

luscious ['lʌʃəs] *adj* succulent(e); appétissant(e)

lush [lʌʃ] *adj* luxuriant(e)

lust [lʌst] *n* (*sexual*) luxure *f*; lubricité *f*; désir *m*; (*fig*): **~ for** soif *f* de; **~ after, ~ for** *vt fus* (*sexually*) convoiter, désirer; **~y** ['lʌstɪ] *adj* vigoureux(euse), robuste

Luxembourg ['lʌksəmbɜːg] *n* Luxembourg *m*

luxurious [lʌg'zjuərɪəs] *adj* luxueux(euse); **luxury** ['lʌkʃərɪ] *n* luxe *m* ♦ *cpd* de luxe

lying ['laɪɪŋ] *n* mensonge(s) *m(pl)* ♦ *vb see* **lie**

lyrical *adj* lyrique

lyrics ['lɪrɪks] *npl* (*of song*) paroles *fpl*

M

m. *abbr* = **metre; mile; million**

M.A. *abbr* = **Master of Arts**

mac [mæk] (*BRIT*) *n* imper(méable) *m*

macaroni [mækə'rəunɪ] *n* macaroni *mpl*

machine [mə'ʃiːn] *n* machine *f* ♦ *vt* (*TECH*) façonner à la machine; (*dress etc*) coudre à la machine; **~ gun** *n* mitrailleuse *f*; **~ language** *n* (*COMPUT*) langage-machine *m*; **~ry** *n* machinerie *f*, machines *fpl*; (*fig*) mécanisme(s) *m(pl)*

mackerel ['mækrəl] *n inv* maquereau *m*

mackintosh ['mækɪntɒʃ] (*BRIT*) *n* imperméable *m*

mad [mæd] *adj* fou(folle); (*foolish*) insensé(e); (*angry*) furieux(euse); (*keen*): **to be ~ about** être fou(folle) de

madam ['mædəm] *n* madame *f*

madden ['mædn] *vt* exaspérer

made [meɪd] *pt, pp of* **make**

Madeira [mə'dɪərə] *n* (*GEO*) Madère *f*; (*wine*) madère *m*

made-to-measure ['meɪdtə'meʒə*] (*BRIT*) *adj* fait(e) sur mesure

madly ['mædlɪ] *adv* follement; **~ in love** éperdument amoureux(euse)

madman ['mædmən] (*irreg*) *n* fou *m*

madness ['mædnəs] *n* folie *f*

magazine ['mægəziːn] *n* (*PRESS*) magazine *m*, revue *f*; (*RADIO, TV*: *also*: *~ programme*) magazine

maggot ['mægət] *n* ver *m*, asticot *m*

magic ['mædʒɪk] *n* magie *f* ♦ *adj* magique; **~al** *adj* magique; (*experience, evening*) merveilleux (euse); **~ian** [mə'dʒɪʃən] *n* magicien (ne); (*conjurer*) prestidigitateur *m*

magistrate ['mædʒɪstreɪt] *n* magistrat *m*; juge *m*

magnet ['mægnɪt] *n* aimant *m*; **~ic** [mæg'netɪk] *adj* magnétique

magnificent [mæg'nɪfɪsənt] *adj* superbe, magnifique; (*splendid*: *robe, building*) somptueux(euse), magnifique

magnify ['mægnɪfaɪ] *vt* grossir; (*sound*) amplifier; **~ing glass** *n* loupe *f*; **magnitude** ['mægnɪtjuːd] *n* ampleur *f*

magpie ['mægpaɪ] *n* pie *f*

mahogany [mə'hɒgənɪ] *n* acajou *m*

maid [meɪd] *n* bonne *f*; **old ~** (*pej*) vieille fille

maiden ['meɪdn] *n* jeune fille *f* ♦ *adj* (*aunt etc*) non mariée; (*speech, voyage*) inaugural(e); **~ name** *n* nom *m* de jeune fille

mail [meɪl] *n* poste *f*; (*letters*) courrier *m* ♦ *vt* envoyer (par la poste); **~box** (*US*) *n* boîte *f* aux lettres; **~ing list** *n* liste *f* d'adresses; **~-order** *n* vente *f or* achat *m* par correspondance

maim [meɪm] *vt* mutiler
main [meɪn] *adj* principal(e) ♦ *n*: the ~(s) *n(pl)* (*gas, water*) conduite principale, canalisation *f*; the ~s *npl* (*ELEC*) le secteur; in the ~ dans l'ensemble; **~frame** *n* (*COMPUT*) (gros) ordinateur, unité centrale; **~land** *n* continent *m*; **~ly** *adv* principalement, surtout; ~ **road** *n* grand-route *f*; **~stay** *n* (*fig*) pilier *m*; **~stream** *n* courant principal
maintain [meɪn'teɪn] *vt* entretenir; (*continue*) maintenir; (*affirm*) soutenir; **maintenance** ['meɪntənəns] *n* entretien *m*; (*alimony*) pension *f* alimentaire
maize [meɪz] *n* maïs *m*
majestic [mə'dʒestɪk] *adj* majestueux(euse)
majesty ['mædʒɪstɪ] *n* majesté *f*
major ['meɪdʒə*] *n* (*MIL*) commandant *m* ♦ *adj* (*important*) important(e); (*most important*) principal(e); (*MUS*) majeur(e)
Majorca [mə'jɔːkə] *n* Majorque *f*
majority [mə'dʒɒrɪtɪ] *n* majorité *f*
make [meɪk] (*pt, pp* **made**) *vt* faire; (*manufacture*) faire, fabriquer; (*earn*) gagner; (*cause to be*): to ~ sb sad *etc* rendre qn triste *etc*; (*force*): to ~ sb do sth obliger qn à faire qch, faire faire qch à qn; (*equal*): 2 and 2 ~ 4 2 et 2 font 4 ♦ *n* fabrication *f*; (*brand*) marque *f*; to ~ a fool of sb (*ridicule*) ridiculiser qn; (*trick*) avoir *or* duper qn; to ~ a profit faire un *or* des bénéfice(s); to ~ a loss essuyer une perte; to ~ it (*arrive*) arriver; (*achieve sth*) parvenir à qch, réussir; what time do you ~ it? quelle heure avez-vous?; to ~ do with se contenter de; se débrouiller avec; ~ **for** *vt fus* (*place*) se diriger vers; ~ **out** *vt* (*write out: cheque*) faire; (*decipher*) déchiffrer; (*understand*) comprendre; (*see*) distinguer; ~ **up** *vt* (*constitute*) constituer; (*invent*) inventer, imaginer; (*parcel, bed*) faire ♦ *vi* se réconcilier; (*with cosmetics*) se maquiller; ~ **up for** *vt fus* compenser; **~-believe** *n*: it's just ~-believe (*game*) c'est pour faire semblant; (*invention*) c'est de l'invention pure; **~r** *n* fabricant *m*; **~shift** *adj* provisoire, improvisé(e); **~-up** *n* maquillage *m*; **~-up remover** *n* démaquillant *m*
making ['meɪkɪŋ] *n* (*fig*): in the ~ en formation *or* gestation; to have the ~s of (*actor, athlete etc*) avoir l'étoffe de
malaria [mə'lɛərɪə] *n* malaria *f*
Malaysia [mə'leɪzɪə] *n* Malaisie *f*
male [meɪl] *n* (*BIO*) mâle *m* ♦ *adj* mâle; (*sex, attitude*) masculin(e); (*child etc*) du sexe masculin
malevolent [mə'levələnt] *adj* malveillant(e)
malfunction [mæl'fʌŋkʃən] *n* fonctionnement défectueux
malice ['mælɪs] *n* méchanceté *f*, malveillance *f*; **malicious** [mə'lɪʃəs] *adj* méchant(e), malveillant(e)
malign [mə'laɪn] *vt* diffamer, calomnier
malignant [mə'lɪgnənt] *adj* (*MED*) malin(igne)
mall [mɔːl] *n* (*also*: *shopping* ~) centre commercial
mallet ['mælɪt] *n* maillet *m*
malpractice ['mæl'præktɪs] *n* faute professionnelle; négligence *f*
malt [mɔːlt] *n* malt *m* ♦ *cpd* (*also*: ~ *whisky*) pur malt
Malta ['mɔːltə] *n* Malte *f*
mammal ['mæməl] *n* mammifère *m*
mammoth ['mæməθ] *n* mammouth *m* ♦ *adj* géant(e), monstre
man [mæn] (*pl* **men**) *n* homme *m* ♦ *vt* (*NAUT*: *ship*) garnir d'hommes; (*MIL*: *gun*) servir; (: *post*) être de service à; (*machine*) assurer le fonctionnement de; an old ~ un vieillard; ~ and wife mari et femme
manage ['mænɪdʒ] *vi* se débrouiller ♦ *vt* (*be in charge of*) s'occuper de; (: *business etc*) gérer; (*control*: *ship*) manier, manœuvrer; (: *person*) savoir s'y prendre avec; to ~ to do

réussir à faire; **~able** *adj* (*task*) faisable; (*number*) raisonnable; **~ment** *n* gestion *f*, administration *f*, direction *f*; **~r** *n* directeur *m*; administrateur *m*; (*SPORT*) manager *m*; (*of artist*) impresario *m*; **~ress** [mænɪ'dʒə'rəs] *n* directrice *f*; gérante *f*; **~rial** [mænə'dʒɪərɪəl] *adj* directorial(e); (*skills*) de cadre, de gestion;
managing director ['mænɪdʒɪŋ] *n* directeur général
mandarin ['mændərɪn] *n* (*also*: ~ *orange*) mandarine *f*; (*person*) mandarin *m*
mandatory ['mændətərɪ] *adj* obligatoire
mane [meɪn] *n* crinière *f*
maneuver (*US*) *vt, vi, n* = manoeuvre
manfully ['mænfʊlɪ] *adv* vaillamment
mangle ['mæŋgl] *vt* déchiqueter; mutiler
mango ['mæŋgəʊ] (*pl* ~**es**) *n* mangue *f*
mangy ['meɪndʒɪ] *adj* galeux(euse)
manhandle ['mænhændl] *vt* malmener
man: ~hole ['mænhəʊl] *n* trou *m* d'homme; **~hood** ['mænhʊd] *n* âge *m* d'homme; virilité *f*; **~-hour** ['mæn'aʊə*] *n* heure *f* de main-d'œuvre; **~hunt** ['mænhʌnt] *n* (*POLICE*) chasse *f* à l'homme
mania ['meɪnɪə] *n* manie *f*; **~c** ['meɪnɪæk] *n* maniaque *m/f*; (*fig*) fou(folle) *m/f*; **manic** ['mænɪk] *adj* maniaque
manicure ['mænɪkjʊə*] *n* manucure *f*; ~ **set** *n* trousse *f* à ongles
manifest ['mænɪfest] *vt* manifester ♦ *adj* manifeste, évident(e); **~o** [mænɪ'festəʊ] *n* manifeste *m*
manipulate [mə'nɪpjʊleɪt] *vt* manipuler; (*system, situation*) exploiter
man: ~kind [mæn'kaɪnd] *n* humanité *f*, genre humain; **~ly** ['mænlɪ] *adj* viril(e); **~-made** ['mæn'meɪd] *adj* artificiel(le); (*fibre*) synthétique
manner ['mænə*] *n* manière *f*, façon *f*; (*behaviour*) attitude *f*, comportement *m*; (*sort*): **all** ~ **of** toutes sortes de; **~s** *npl* (*behaviour*) manières; **~ism** *n* particularité *f* de langage (*or* de comportement), tic *m*
manoeuvre [mə'nu:və*] (*US* **maneuver**) *vt* (*move*) manœuvrer; (*manipulate*: *person*) manipuler; (: *situation*) exploiter ♦ *vi* manœuvrer ♦ *n* manœuvre *f*
manor ['mænə*] *n* (*also*: ~ *house*) manoir *m*
manpower ['mænpaʊə*] *n* main-d'œuvre *f*
mansion ['mænʃən] *n* château *m*, manoir *m*
manslaughter ['mænslɔ:tə*] *n* homicide *m* involontaire
mantelpiece ['mæntlpi:s] *n* cheminée *f*
manual ['mænjʊəl] *adj* manuel(le) ♦ *n* manuel *m*
manufacture [mænjʊ'fæktʃə*] *vt* fabriquer ♦ *n* fabrication *f*; **~r** *n* fabricant *m*
manure [mə'njʊə*] *n* fumier *m*
manuscript ['mænjʊskrɪpt] *n* manuscrit *m*
many ['menɪ] *adj* beaucoup de, de nombreux(euses) ♦ *pron* beaucoup, un grand nombre; **a great** ~ un grand nombre (de); ~ **a** ... bien des ..., plus d'un(e) ...
map [mæp] *n* carte *f*; (*of town*) plan *m*; ~ **out** *vt* tracer; (*task*) planifier
maple ['meɪpl] *n* érable *m*
mar [mɑ:*] *vt* gâcher, gâter
marathon ['mærəθən] *n* marathon *m*
marble ['mɑ:bl] *n* marbre *m*; (*toy*) bille *f*
March [mɑ:tʃ] *n* mars *m*
march [mɑ:tʃ] *vi* marcher au pas; (*fig*: *protesters*) défiler ♦ *n* marche *f*; (*demonstration*) manifestation *f*
mare [mɛə*] *n* jument *f*
margarine [mɑ:dʒə'ri:n] *n* margarine *f*
margin ['mɑ:dʒɪn] *n* marge *f*; **~al (seat)** *n* (*POL*) siège disputé

marigold ['mærɪgəuld] *n* souci *m*
marijuana [mærɪ'wɑ:nə] *n* marijuana *f*
marina [mə'ri:nə] *n* (*harbour*) marina *f*
marine [mə'ri:n] *adj* marin(e) ♦ *n* fusilier marin; (*US*) marine *m*; ~ **engineer** *n* ingénieur *m* en génie maritime
marital ['mærɪtl] *adj* matrimonial(e); ~ **status** situation *f* de famille
marjoram ['mɑ:dʒərəm] *n* marjolaine *f*
mark [mɑ:k] *n* marque *f*; (*of skid etc*) trace *f*; (*BRIT*: *SCOL*) note *f*; (*currency*) mark *m* ♦ *vt* marquer; (*stain*) tacher; (*BRIT*: *SCOL*) noter; corriger; **to** ~ **time** marquer le pas; ~**er** *n* (*sign*) jalon *m*; (*bookmark*) signet *m*
market ['mɑ:kɪt] *n* marché *m* ♦ *vt* (*COMM*) commercialiser; ~ **garden** (*BRIT*) *n* jardin maraîcher; ~**ing** *n* marketing *m*; ~**place** *n* place *f* du marché; (*COMM*) marché *m*; ~ **research** *n* étude *f* de marché
marksman ['mɑ:ksmən] (*irreg*) *n* tireur *m* d'élite
marmalade ['mɑ:məleɪd] *n* confiture *f* d'oranges
maroon [mə'ru:n] *vt*: **to be** ~**ed** être abandonné(e); (*fig*) être bloqué(e) ♦ *adj* bordeaux *inv*
marquee [mɑ:'ki:] *n* chapiteau *m*
marriage ['mærɪdʒ] *n* mariage *m*; ~ **bureau** *n* agence matrimoniale; ~ **certificate** *n* extrait *m* d'acte de mariage
married ['mærɪd] *adj* marié(e); (*life, love*) conjugal(e)
marrow ['mærəu] *n* moelle *f*; (*vegetable*) courge *f*
marry ['mærɪ] *vt* épouser, se marier avec; (*subj*: *father, priest etc*) marier ♦ *vi* (*also*: *get married*) se marier
Mars [mɑ:z] *n* (*planet*) Mars *f*
marsh [mɑ:ʃ] *n* marais *m*, marécage *m*
marshal ['mɑ:ʃəl] *n* maréchal *m*; (*US*: *fire, police*) ≈ capitaine *m*; (*SPORT*) membre *m* du service d'ordre ♦ *vt* rassembler
marshy ['mɑ:ʃɪ] *adj* marécageux(euse)
martyr ['mɑ:tə*] *n* martyr(e); ~**dom** *n* martyre *m*
marvel ['mɑ:vəl] *n* merveille *f* ♦ *vi*: **to** ~ **(at)** s'émerveiller (de); ~**lous** (*US* ~**ous**) *adj* merveilleux(euse)
Marxist ['mɑ:ksɪst] *adj* marxiste ♦ *n* marxiste *m/f*
marzipan [mɑ:zɪ'pæn] *n* pâte *f* d'amandes
mascara [mæs'kɑ:rə] *n* mascara *m*
masculine ['mæskjulɪn] *adj* masculin(e)
mash [mæʃ] *vt* écraser, réduire en purée; ~**ed potatoes** *npl* purée *f* de pommes de terre
mask [mɑ:sk] *n* masque *m* ♦ *vt* masquer
mason ['meɪsn] *n* (*also*: *stone*~) maçon *m*; (: *free*~) franc-maçon *m*; ~**ry** *n* maçonnerie *f*
masquerade [mæskə'reɪd] *vi*: **to** ~ **as** se faire passer pour
mass [mæs] *n* multitude *f*, masse *f*; (*PHYSICS*) masse; (*REL*) messe *f* ♦ *cpd* (*communication*) de masse; (*unemployment*) massif(ive) ♦ *vi* se masser; **the** ~**es** les masses; ~**es of** des tas de
massacre ['mæsəkə*] *n* massacre *m*
massage ['mæsɑ:ʒ] *n* massage *m* ♦ *vt* masser
massive ['mæsɪv] *adj* énorme, massif(ive)
mass media *n inv* mass-media *mpl*
mass production *n* fabrication *f* en série
mast [mɑ:st] *n* mât *m*; (*RADIO*) pylône *m*
master ['mɑ:stə*] *n* maître *m*; (*in secondary school*) professeur *m*; (*title for boys*): **M**~ **X** Monsieur X ♦ *vt* maîtriser; (*learn*) apprendre à fond; ~**ly** *adj* magistral(e); ~**mind** *n* esprit supérieur ♦ *vt* diriger, être le cerveau de; **M**~ **of Arts/Science**

n ≈ maîtrise *f* (en lettres/sciences); **~piece** *n* chef-d'œuvre *m*; **~plan** *n* stratégie *f* d'ensemble; **~y** *n* maîtrise *f*; connaissance parfaite

mat [mæt] *n* petit tapis; (*also*: *door~*) paillasson *m*; (: *table~*) napperon *m* ♦ *adj* = **matt**

match [mætʃ] *n* allumette *f*; (*game*) match *m*, partie *f*; (*fig*) égal(e) ♦ *vt* (*also*: ~ *up*) assortir; (*go well with*) aller bien avec, s'assortir à; (*equal*) égaler, valoir ♦ *vi* être assorti(e); **to be a good** ~ être bien assorti(e); **~box** *n* boîte *f* d'allumettes; **~ing** *adj* assorti(e)

mate [meɪt] *n* (*inf*) copain(copine); (*animal*) partenaire *m/f*, mâle/femelle; (*in merchant navy*) second *m* ♦ *vi* s'accoupler

material [mə'tɪərɪəl] *n* (*substance*) matière *f*, matériau *m*; (*cloth*) tissu *m*, étoffe *f*; (*information, data*) données *fpl* ♦ *adj* matériel(le); (*relevant*: *evidence*) pertinent(e); **~s** *npl* (*equipment*) matériaux *mpl*

maternal [mə'tɜːnl] *adj* maternel(le)

maternity [mə'tɜːnɪtɪ] *n* maternité *f*; ~ **dress** *n* robe *f* de grossesse; ~ **hospital** *n* maternité *f*

mathematical [mæθə'mætɪkl] *adj* mathématique; **mathematics** [mæθə'mætɪks] *n* mathématiques *fpl*

maths [mæθs] (*US* **math**) *n* math(s) *fpl*

matinée ['mætɪneɪ] *n* matinée *f*

mating call ['meɪtɪŋ-] *n* appel *m* du mâle

matrices ['meɪtrɪsiːz] *npl of* **matrix**

matriculation [mətrɪkjʊ'leɪʃən] *n* inscription *f*

matrimonial [mætrɪ'məʊnɪəl] *adj* matrimonial(e), conjugal(e)

matrimony ['mætrɪmənɪ] *n* mariage *m*

matrix ['meɪtrɪks] (*pl* **matrices**) *n* matrice *f*

matron ['meɪtrən] *n* (*in hospital*) infirmière-chef *f*; (*in school*) infirmière

mat(t) [mæt] *adj* mat(e)

matted ['mætɪd] *adj* emmêlé(e)

matter ['mætə*] *n* question *f*; (*PHYSICS*) matière *f*; (*content*) contenu *m*, fond *m*; (*MED*: *pus*) pus *m* ♦ *vi* importer; **~s** *npl* (*affairs, situation*) la situation; **it doesn't** ~ cela n'a pas d'importance; (*I don't mind*) cela ne fait rien; **what's the ~?** qu'est-ce qu'il y a?, qu'est-ce qui ne va pas?; **no ~ what** quoiqu'il arrive; **as a ~ of course** tout naturellement; **as a ~ of fact** en fait; **~-of-fact** *adj* terre à terre; (*voice*) neutre

mattress ['mætrəs] *n* matelas *m*

mature [mə'tjʊə*] *adj* mûr(e); (*cheese*) fait(e); (*wine*) arrivé(e) à maturité ♦ *vi* (*person*) mûrir; (*wine, cheese*) se faire

maul [mɔːl] *vt* lacérer

mausoleum [mɔːsə'lɪəm] *n* mausolée *m*

mauve [məʊv] *adj* mauve

maverick ['mævərɪk] *n* (*fig*) non-conformiste *m/f*

maximum ['mæksɪməm] (*pl* **maxima**) *adj* maximum ♦ *n* maximum *m*

May [meɪ] *n* mai *m*; ~ **Day** *n* le Premier Mai; *see also* **mayday**

may [meɪ] (*conditional* **might**) *vi* (*indicating possibility*): **he ~ come** il se peut qu'il vienne; (*be allowed to*): ~ **I smoke?** puis-je fumer?; (*wishes*): ~ **God bless you!** (que) Dieu vous bénisse!; **you ~ as well** go à votre place, je partirais

maybe ['meɪbiː] *adv* peut-être; ~ **he'll ...** peut-être qu'il ...

mayday ['meɪdeɪ] *n* SOS *m*

mayhem ['meɪhem] *n* grabuge *m*

mayonnaise [meɪə'neɪz] *n* mayonnaise *f*

mayor [mɛə*] *n* maire *m*; **~ess** *n* épouse *f* du maire

maze [meɪz] *n* labyrinthe *m*, dédale *m*

MD *n abbr* (= *Doctor of Medicine*) *titre universitaire*; = **managing director**

me [miː] *pron* me, m' *+vowel*;

(*stressed, after prep*) moi; **he heard ~** il m'a entendu(e); **give ~ a book** donnez-moi un livre; **after ~** après moi
meadow ['medəu] *n* prairie *f*, pré *m*
meagre ['mi:gə*] (*US* **meager**) *adj* maigre
meal [mi:l] *n* repas *m*; (*flour*) farine *f*; **~time** *n* l'heure *f* du repas
mean [mi:n] (*pt, pp* **meant**) *adj* (*with money*) avare, radin(e); (*unkind*) méchant(e); (*shabby*) misérable; (*average*) moyen(ne) ♦ *vt* signifier, vouloir dire; (*refer to*) faire allusion à, parler de; (*intend*): **to ~ to do** avoir l'intention de faire ♦ *n* moyenne *f*; **~s** *npl* (*way, money*) moyens *mpl*; **by ~s of** par l'intermédiaire de; au moyen de; **by all ~s!** je vous en prie!; **to be ~t for sb/sth** être destiné(e) à qn/qch; **do you ~ it?** vous êtes sérieux?; **what do you ~?** que voulez-vous dire?
meander [mɪ'ændə*] *vi* faire des méandres
meaning ['mi:nɪŋ] *n* signification *f*, sens *m*; **~ful** *adj* significatif(ive); (*relationship, occasion*) important(e); **~less** *adj* dénué(e) de sens
meanness ['mi:nnɪs] *n* (*with money*) avarice *f*; (*unkindness*) méchanceté *f*; (*shabbiness*) médiocrité *f*
meant [ment] *pt, pp of* **mean**
meantime ['mi:n'taɪm] *adv* (*also*: *in the ~*) pendant ce temps
meanwhile ['mi:n'waɪl] *adv* = **meantime**
measles ['mi:zlz] *n* rougeole *f*
measly ['mi:zlɪ] (*inf*) *adj* minable
measure ['meʒə*] *vt, vi* mesurer ♦ *n* mesure *f*; (*ruler*) règle (graduée); **~ments** *npl* mesures *fpl*; **chest/hip ~ment** tour *m* de poitrine/hanches
meat [mi:t] *n* viande *f*; **~ball** *n* boulette *f* de viande
Mecca ['mekə] *n* la Mecque
mechanic [mɪ'kænɪk] *n* mécanicien *m*; **~al** *adj* mécanique; **~s** *n* (*PHYSICS*) mécanique *f* ♦ *npl* (*of reading, government etc*) mécanisme *m*
mechanism ['mekənɪzəm] *n* mécanisme *m*
medal ['medl] *n* médaille *f*; **~lion** *n* médaillon *m*; **~list** (*US* **~ist**) *n* (*SPORT*) médaillé(e)
meddle ['medl] *vi*: **to ~ in** se mêler de, s'occuper de; **to ~ with** toucher à
media ['mi:dɪə] *npl* media *mpl*
mediaeval [medɪ'i:vəl] *adj* = **medieval**
median ['mi:dɪən] (*US*) *n* (*also*: *~ strip*) bande médiane
mediate ['mi:dɪeɪt] *vi* servir d'intermédiaire
Medicaid ['medɪkeɪd] (®*: US*) *n assistance médicale aux indigents*
medical ['medɪkəl] *adj* médical(e) ♦ *n* visite médicale
Medicare ['medɪkɛə*] (®*: US*) *n assistance médicale aux personnes âgées*
medication [medɪ'keɪʃən] *n* (*drugs*) médicaments *mpl*
medicine ['medsɪn] *n* médecine *f*; (*drug*) médicament *m*
medieval [medɪ'i:vəl] *adj* médiéval(e)
mediocre [mi:dɪ'əukə*] *adj* médiocre
meditate ['medɪteɪt] *vi* méditer
Mediterranean [medɪtə'reɪnɪən] *adj* méditerranéen(ne); **the ~ (Sea)** la (mer) Méditerranée
medium ['mi:dɪəm] (*pl* **media**) *adj* moyen(ne) ♦ *n* (*means*) moyen *m*; (*pl mediums*: *person*) médium *m*; **the happy ~** le juste milieu; **~ wave** *n* ondes moyennes
medley ['medlɪ] *n* mélange *m*; (*MUS*) pot-pourri *m*
meek [mi:k] *adj* doux(douce), humble
meet [mi:t] (*pt, pp* **met**) *vt* rencontrer; (*by arrangement*) retrouver, rejoindre; (*for the first time*) faire la connaissance de; (*go and fetch*): **I'll ~ you at the station** j'irai te chercher à la gare; (*opponent, danger*) faire face à; (*obligations*) satisfaire à

♦ *vi* (*friends*) se rencontrer, se retrouver; (*in session*) se réunir; (*join: lines, roads*) se rejoindre; ~ **with** *vt fus* rencontrer; ~**ing** *n* rencontre *f*; (*session: of club etc*) réunion *f*; (*POL*) meeting *m*; **she's at a ~ing** (*COMM*) elle est en conférence
megabyte ['megəbaɪt] *n* (*COMPUT*) méga-octet *m*
megaphone ['megəfəun] *n* porte-voix *m inv*
melancholy ['melənkəlɪ] *n* mélancolie *f* ♦ *adj* mélancolique
mellow ['meləu] *adj* velouté(e); doux(douce); (*sound*) mélodieux(euse) ♦ *vi* (*person*) s'adoucir
melody ['melədɪ] *n* mélodie *f*
melon ['melən] *n* melon *m*
melt [melt] *vi* fondre ♦ *vt* faire fondre; (*metal*) fondre; ~ **away** *vi* fondre complètement; ~ **down** *vt* fondre; ~**down** *n* fusion *f* (du cœur d'un réacteur nucléaire); ~**ing pot** *n* (*fig*) creuset *m*
member ['membə*] *n* membre *m*; **M~ of Parliament** (*BRIT*) député *m*; **M~ of the European Parliament** Eurodéputé *m*; ~**ship** *n* adhésion *f*; statut *m* de membre; (*members*) membres *mpl*, adhérents *mpl*; ~**ship card** *n* carte *f* de membre
memento [mə'mentəu] *n* souvenir *m*
memo ['meməu] *n* note *f* (de service)
memoirs ['memwɑːz] *npl* mémoires *mpl*
memorandum [memə'rændəm] (*pl* memoranda) *n* note *f* (de service)
memorial [mɪ'mɔːrɪəl] *n* mémorial *m* ♦ *adj* commémoratif(ive)
memorize ['meməraɪz] *vt* apprendre par cœur; retenir
memory ['memərɪ] *n* mémoire *f*; (*recollection*) souvenir *m*
men [men] *npl of* man
menace ['menɪs] *n* menace *f*; (*nuisance*) plaie *f* ♦ *vt* menacer; **menacing** *adj* menaçant(e)
mend [mend] *vt* réparer; (*darn*) raccommoder, repriser ♦ *n*: **on the ~** en voie de guérison; **to ~ one's ways** s'amender; ~**ing** *n* réparation *f*; (*clothes*) raccommodage *m*
menial ['miːnɪəl] *adj* subalterne
meningitis [menɪn'dʒaɪtɪs] *n* méningite *f*
menopause ['menəupɔːz] *n* ménopause *f*
menstruation [menstru'eɪʃən] *n* menstruation *f*
mental ['mentl] *adj* mental(e); ~**ity** [men'tælɪtɪ] *n* mentalité *f*
mention ['menʃən] *n* mention *f* ♦ *vt* mentionner, faire mention de; **don't ~ it!** je vous en prie, il n'y a pas de quoi!
menu ['menjuː] *n* (*set ~, COMPUT*) menu *m*; (*list of dishes*) carte *f*
MEP *n abbr* = **Member of the European Parliament**
mercenary ['mɜːsɪnərɪ] *adj* intéressé(e), mercenaire ♦ *n* mercenaire *m*
merchandise ['mɜːtʃəndaɪz] *n* marchandises *fpl*
merchant ['mɜːtʃənt] *n* négociant *m*, marchand *m*; ~ **bank** (*BRIT*) *n* banque *f* d'affaires; ~ **navy** (*US* ~ **marine**) *n* marine marchande
merciful ['mɜːsɪful] *adj* miséricordieux(euse), clément(e); **a ~ release** une délivrance
merciless ['mɜːsɪləs] *adj* impitoyable, sans pitié
mercury ['mɜːkjurɪ] *n* mercure *m*
mercy ['mɜːsɪ] *n* pitié *f*, indulgence *f*; (*REL*) miséricorde *f*; **at the ~ of** à la merci de
mere [mɪə*] *adj* simple; (*chance*) pur(e); **a ~ two hours** seulement deux heures; ~**ly** *adv* simplement, purement
merge [mɜːdʒ] *vt* unir ♦ *vi* (*colours, shapes, sounds*) se mêler; (*roads*) se joindre; (*COMM*) fusionner; ~**r** *n* (*COMM*) fusion *f*
meringue [mə'ræŋ] *n* meringue *f*
merit ['merɪt] *n* mérite *m*, valeur *f*
mermaid ['mɜːmeɪd] *n* sirène *f*
merry ['merɪ] *adj* gai(e); **M~ Christmas!** Joyeux Noël!; ~**-go-**

round *n* manège *m*
mesh [meʃ] *n* maille *f*
mesmerize ['mezməraɪz] *vt* hypnotiser; fasciner
mess [mes] *n* désordre *m*, fouillis *m*, pagaille *f*; (*muddle*: *of situation*) gâchis *m*; (*dirt*) saleté *f*; (*MIL*) mess *m*, cantine *f*; ~ **about** (*inf*) *vi* perdre son temps; ~ **about with** (*inf*) *vt fus* tripoter; ~ **around** (*inf*) *vi* = mess about; ~ **around with** *vt fus* = mess about with; ~ **up** *vt* (*dirty*) salir; (*spoil*) gâcher
message ['mesɪdʒ] *n* message *m*
messenger ['mesɪndʒə*] *n* messager *m*
Messrs ['mesəz] *abbr* (*on letters*) MM
messy ['mesɪ] *adj* sale; en désordre
met [met] *pt, pp of* **meet**
metal ['metl] *n* métal *m*; **~lic** *adj* métallique
meteorology [mi:tɪə'rɒlədʒɪ] *n* météorologie *f*
mete out [mi:t-] *vt* infliger; (*justice*) rendre
meter ['mi:tə*] *n* (*instrument*) compteur *m*; (*also*: *parking* ~) parcomètre *m*; (*US*: *unit*) = **metre**
method ['meθəd] *n* méthode *f*; **~ical** *adj* méthodique; **M~ist** ['meθədɪst] *n* méthodiste *m/f*
meths [meθs] (*BRIT*), **methylated spirit** ['meθɪleɪtɪd-] (*BRIT*) *n* alcool *m* à brûler
metre ['mi:tə*] (*US* **meter**) *n* mètre *m*
metric ['metrɪk] *adj* métrique
metropolitan [metrə'pɒlɪtən] *adj* métropolitain(e); **the M~ Police** (*BRIT*) la police londonienne
mettle ['metl] *n*: **to be on one's ~** être d'attaque
mew [mju:] *vi* (*cat*) miauler
mews [mju:z] (*BRIT*) *n*: ~ **cottage** *cottage aménagé dans une ancienne écurie*
Mexico ['meksɪkəʊ] *n* Mexique *m*
miaow [mi:'aʊ] *vi* miauler
mice [maɪs] *npl of* **mouse**
micro ['maɪkrəʊ] *n* (*also*: ~*computer*) micro-ordinateur *m*
microchip ['maɪkrəʊtʃɪp] *n* puce *f*
microphone ['maɪkrəfəʊn] *n* microphone *m*
microscope ['maɪkrəskəʊp] *n* microscope *m*
microwave ['maɪkrəʊweɪv] *n* (*also*: ~ *oven*) four *m* à micro-ondes
mid [mɪd] *adj*: **in ~ May** à la mi-mai; ~ **afternoon** le milieu de l'après-midi; **in ~ air** en plein ciel; **~day** *n* midi *m*
middle ['mɪdl] *n* milieu *m*; (*waist*) taille *f* ♦ *adj* du milieu; (*average*) moyen(ne); **in the ~ of the night** au milieu de la nuit; **~-aged** *adj* d'un certain âge; **M~ Ages** *npl*: **the M~ Ages** le moyen âge; **~-class** *adj* ≈ bourgeois(e); **~-class(es)** *n(pl)*: **the ~ class(es)** ≈ les classes moyennes; **M~ East** *n* Proche-Orient *m*, Moyen-Orient *m*; **~man** (*irreg*) *n* intermédiaire *m*; ~ **name** *n* deuxième nom *m*; **~-of-the-road** *adj* (*politician*) modéré(e); (*music*) neutre; **~weight** *n* (*BOXING*) poids moyen; **middling** ['mɪdlɪŋ] *adj* moyen(ne)
midge [mɪdʒ] *n* moucheron *m*
midget ['mɪdʒɪt] *n* nain(e)
Midlands ['mɪdləndz] *npl comtés du centre de l'Angleterre*
midnight ['mɪdnaɪt] *n* minuit *m*
midriff ['mɪdrɪf] *n* estomac *m*, taille *f*
midst [mɪdst] *n*: **in the ~ of** au milieu de
midsummer ['mɪd'sʌmə*] *n* milieu *m* de l'été
midway ['mɪd'weɪ] *adj, adv*: ~ **(between)** à mi-chemin (entre); ~ **through ...** au milieu de ..., en plein(e) ...
midweek ['mɪd'wi:k] *n* milieu *m* de la semaine
midwife ['mɪdwaɪf] (*pl* **midwives**) *n* sage-femme *f*
midwinter ['mɪd'wɪntə*] *n*: **in ~** en plein hiver
might [maɪt] *vb see* **may** ♦ *n* puis-

sance *f*, force *f*; **~y** *adj* puissant(e)
migraine ['mi:greɪn] *n* migraine *f*
migrant ['maɪgrənt] *adj* (*bird*) migrateur(trice); (*worker*) saisonnier(ère)
migrate [maɪ'greɪt] *vi* émigrer
mike [maɪk] *n abbr* (= *microphone*) micro *m*
mild [maɪld] *adj* doux(douce); (*reproach, infection*) léger(ère); (*illness*) bénin(igne); (*interest*) modéré(e); (*taste*) peu relevé(e)
mildly ['maɪldlɪ] *adv* doucement; légèrement; **to put it ~** c'est le moins qu'on puisse dire
mile [maɪl] *n* mi(l)le *m* (= *1609 m*); **~age** *n* distance *f* en milles, ≈ kilométrage *m*; **~ometer** [maɪ'lɒmɪtə*] *n* compteur *m* (kilométrique); **~stone** *n* borne *f*; (*fig*) jalon *m*
militant ['mɪlɪtnt] *adj* militant(e)
military ['mɪlɪtərɪ] *adj* militaire
militate ['mɪlɪteɪt] *vi*: **to ~ against** (*prevent*) empêcher
militia [mɪ'lɪʃə] *n* milice(s) *f(pl)*
milk [mɪlk] *n* lait *m* ♦ *vt* (*cow*) traire; (*fig: person*) dépouiller, plumer; (*: situation*) exploiter à fond; **~ chocolate** *n* chocolat *m* au lait; **~man** (*irreg*) *n* laitier *m*; **~ shake** *n* milk-shake *m*; **~y** *adj* (*drink*) au lait; (*colour*) laiteux(euse); **M~y Way** *n* voie lactée
mill [mɪl] *n* moulin *m*; (*steel ~*) aciérie *f*; (*spinning ~*) filature *f*; (*flour ~*) minoterie *f* ♦ *vt* moudre, broyer ♦ *vi* (*also: ~ about*) grouiller; **~er** *n* meunier *m*
milligram(me) ['mɪlɪgræm] *n* milligramme *m*
millimetre ['mɪlɪmi:tə*] (*US* **millimeter**) *n* millimètre *m*
millinery ['mɪlɪnərɪ] *n* chapellerie *f*
million ['mɪljən] *n* million *m*; **~aire** [mɪljə'nɛə*] *n* millionnaire *m*
milometer [maɪ'lɒmɪtə*] *n* ≈ compteur *m* kilométrique
mime [maɪm] *n* mime *m* ♦ *vt, vi* mimer
mimic ['mɪmɪk] *n* imitateur(trice) ♦ *vt* imiter, contrefaire
min. *abbr* = **minute(s)**; **minimum**
mince [mɪns] *vt* hacher ♦ *vi* (*in walking*) marcher à petits pas maniérés ♦ *n* (*BRIT: CULIN*) viande hachée, hachis *m*; **~meat** *n* (*fruit*) *hachis de fruits secs utilisé en pâtisserie*; (*US: meat*) viande hachée, hachis; **~ pie** *n* (*sweet*) *sorte de tarte aux fruits secs*; **~r** *n* hachoir *m*
mind [maɪnd] *n* esprit *m* ♦ *vt* (*attend to, look after*) s'occuper de; (*be careful*) faire attention à; (*object to*): **I don't ~ the noise** le bruit ne me dérange pas; **I don't ~** cela ne me dérange pas; **it is on my ~** cela me préoccupe; **to my ~** à mon avis *or* sens; **to be out of one's ~** ne plus avoir toute sa raison; **to keep** *or* **bear sth in ~** tenir compte de qch; **to make up one's ~** se décider; **~ you, ...** remarquez ...; **never ~** ça ne fait rien; (*don't worry*) ne vous en faites pas; "**~ the step**" "attention à la marche"; **~er** *n* (*child-~er*) gardienne *f*; (*inf: bodyguard*) ange gardien (*fig*); **~ful** *adj*: **~ful of** attentif(ive) à, soucieux(euse) de; **~less** *adj* irréfléchi(e); (*boring: job*) idiot(e)
mine¹ [maɪn] *pron* le(la) mien(ne), les miens(miennes) ♦ *adj*: **this book is mine** ce livre est à moi
mine² [maɪn] *n* mine *f* ♦ *vt* (*coal*) extraire; (*ship, beach*) miner; **~field** *n* champ *m* de mines; (*fig*) situation (très délicate); **~r** *n* mineur *m*
mineral ['mɪnərəl] *adj* minéral(e) ♦ *n* minéral *m*; **~s** *npl* (*BRIT: soft drinks*) boissons gazeuses; **~ water** *n* eau minérale
mingle ['mɪŋgl] *vi*: **to ~ with** se mêler à
miniature ['mɪnɪtʃə*] *adj* (en) miniature ♦ *n* miniature *f*
minibus ['mɪnɪbʌs] *n* minibus *m*
minim ['mɪnɪm] *n* (*MUS*) blanche *f*
minimal ['mɪnɪməl] *adj* minime

minimize ['mɪnɪmaɪz] *vt* (*reduce*) réduire au minimum; (*play down*) minimiser
minimum ['mɪnɪməm] (*pl* **minima**) *adj*, *n* minimum *m*
mining ['maɪnɪŋ] *n* exploitation minière
miniskirt ['mɪnɪskɜːt] *n* mini-jupe *f*
minister ['mɪnɪstə*] *n* (*BRIT*: *POL*) ministre *m*; (*REL*) pasteur *m* ♦ *vi*: **to ~ to sb('s needs)** pourvoir aux besoins de qn; **~ial** [mɪnɪs'tɪərɪəl] (*BRIT*) *adj* (*POL*) ministériel(le)
ministry ['mɪnɪstrɪ] *n* (*BRIT*: *POL*) ministère *m*; (*REL*): **to go into the ~** devenir pasteur
mink [mɪŋk] *n* vison *m*
minor ['maɪnə*] *adj* petit(e), de peu d'importance; (*MUS, poet, problem*) mineur(e) ♦ *n* (*LAW*) mineur(e)
minority [maɪ'nɒrɪtɪ] *n* minorité *f*
mint [mɪnt] *n* (*plant*) menthe *f*; (*sweet*) bonbon *m* à la menthe ♦ *vt* (*coins*) battre; **the (Royal) M~**, (*US*) **the (US) M~** ≈ l'Hôtel *m* de la Monnaie; **in ~ condition** à l'état de neuf
minus ['maɪnəs] *n* (*also*: **~ sign**) signe *m* moins ♦ *prep* moins
minute¹ [maɪ'njuːt] *adj* minuscule; (*detail, search*) minutieux(euse)
minute² ['mɪnɪt] *n* minute *f*; **~s** *npl* (*official record*) procès-verbal, compte rendu
miracle ['mɪrəkl] *n* miracle *m*
mirage ['mɪrɑːʒ] *n* mirage *m*
mirror ['mɪrə*] *n* miroir *m*, glace *f*; (*in car*) rétroviseur *m*
mirth [mɜːθ] *n* gaieté *f*
misadventure [mɪsəd'ventʃə*] *n* mésaventure *f*
misapprehension ['mɪsæprɪ'henʃən] *n* malentendu *m*, méprise *f*
misappropriate [mɪsə'prəʊprɪeɪt] *vt* détourner
misbehave ['mɪsbɪ'heɪv] *vi* se conduire mal
miscalculate [mɪs'kælkjʊleɪt] *vt* mal calculer
miscarriage ['mɪskærɪdʒ] *n* (*MED*) fausse couche; **~ of justice** erreur *f* judiciaire
miscellaneous [mɪsɪ'leɪnɪəs] *adj* (*items*) divers(es); (*selection*) varié(e)
mischief ['mɪstʃɪf] *n* (*naughtiness*) sottises *fpl*; (*fun*) farce *f*; (*playfulness*) espièglerie *f*; (*maliciousness*) méchanceté *f*; **mischievous** ['mɪstʃɪvəs] *adj* (*playful, naughty*) coquin(e), espiègle
misconception ['mɪskən'sepʃən] *n* idée fausse
misconduct [mɪs'kɒndʌkt] *n* inconduite *f*; **professional ~** faute professionnelle
misdemeanour [mɪsdɪ'miːnə*] (*US* **misdemeanor**) *n* écart *m* de conduite; infraction *f*
miser ['maɪzə*] *n* avare *m/f*
miserable ['mɪzərəbl] *adj* (*person, expression*) malheureux(euse); (*conditions*) misérable; (*weather*) maussade; (*offer, donation*) minable; (*failure*) pitoyable
miserly ['maɪzəlɪ] *adj* avare
misery ['mɪzərɪ] *n* (*unhappiness*) tristesse *f*; (*pain*) souffrances *fpl*; (*wretchedness*) misère *f*
misfire ['mɪs'faɪə*] *vi* rater
misfit ['mɪsfɪt] *n* (*person*) inadapté(e)
misfortune [mɪs'fɔːtʃən] *n* malchance *f*, malheur *m*
misgiving [mɪs'gɪvɪŋ] *n* (*apprehension*) craintes *fpl*; **to have ~s about** avoir des doutes quant à
misguided ['mɪs'gaɪdɪd] *adj* malavisé(e)
mishandle ['mɪs'hændl] *vt* (*mismanage*) mal s'y prendre pour faire *or* résoudre *etc*
mishap ['mɪshæp] *n* mésaventure *f*
misinform [mɪsɪn'fɔːm] *vt* mal renseigner
misinterpret ['mɪsɪn'tɜːprɪt] *vt* mal interpréter
misjudge ['mɪs'dʒʌdʒ] *vt* méjuger
mislay [mɪs'leɪ] (*irreg*: *like* **lay**) *vt* égarer

mislead [mɪs'li:d] (*irreg: like* **lead**) *vt* induire en erreur; **~ing** *adj* trompeur(euse)
mismanage [mɪs'mænɪdʒ] *vt* mal gérer
misnomer ['mɪs'nəumə*] *n* terme *or* qualificatif trompeur *or* peu approprié
misplace ['mɪs'pleɪs] *vt* égarer
misprint ['mɪsprɪnt] *n* faute *f* d'impression
Miss [mɪs] *n* Mademoiselle
miss [mɪs] *vt* (*fail to get, attend or see*) manquer, rater; (*regret the absence of*): **I ~ him/it** il/cela me manque ♦ *vi* manquer ♦ *n* (*shot*) coup manqué; **~ out** (*BRIT*) *vt* oublier
misshapen ['mɪs'ʃeɪpən] *adj* difforme
missile ['mɪsaɪl] *n* (*MIL*) missile *m*; (*object thrown*) projectile *m*
missing ['mɪsɪŋ] *adj* manquant(e); (*after escape, disaster: person*) disparu(e); **to go ~** disparaître; **to be ~** avoir disparu
mission ['mɪʃən] *n* mission *f*; **~ary** *n* missionnaire *m/f*
misspent ['mɪs'spent] *adj*: **his ~ youth** sa folle jeunesse
mist [mɪst] *n* (*light*) brume *f*; (*heavy*) brouillard *m* ♦ *vi* (*also*: **~ over**: *eyes*) s'embuer; **~ over** *vi* (*windows etc*) s'embuer; **~ up** *vi* = **mist over**
mistake [mɪs'teɪk] (*irreg: like* **take**) *n* erreur *f*, faute *f* ♦ *vt* (*meaning, remark*) mal comprendre; se méprendre sur; **to make a ~** se tromper, faire une erreur; **by ~** par erreur, par inadvertance; **to ~ for** prendre pour; **~n** *pp of* **mistake** ♦ *adj* (*idea etc*) erroné(e); **to be ~n** faire erreur, se tromper
mister ['mɪstə*] *n* (*inf*) Monsieur *m*; *see also* **Mr**
mistletoe ['mɪsltəu] *n* gui *m*
mistook [mɪs'tuk] *pt of* **mistake**
mistress ['mɪstrɪs] *n* maîtresse *f*; (*BRIT: in primary school*) institutrice *f*; (: *in secondary school*) professeur *m*
mistrust ['mɪs'trʌst] *vt* se méfier de
misty ['mɪstɪ] *adj* brumeux(euse); (*glasses, window*) embué(e)
misunderstand ['mɪsʌndə'stænd] (*irreg*) *vt, vi* mal comprendre; **~ing** *n* méprise *f*, malentendu *m*
misuse [*n* 'mɪs'ju:s, *vb* 'mɪs'ju:z] *n* mauvais emploi; (*of power*) abus *m* ♦ *vt* mal employer; abuser de; **~ of funds** détournement *m* de fonds
mitigate ['mɪtɪgeɪt] *vt* atténuer
mitt(en) ['mɪt(n)] *n* mitaine *f*; moufle *f*
mix [mɪks] *vt* mélanger; (*sauce, drink etc*) préparer ♦ *vi* se mélanger; (*socialize*): **he doesn't ~ well** il est peu sociable ♦ *n* mélange *m*; **to ~ with** (*people*) fréquenter; **~ up** *vt* mélanger; (*confuse*) confondre; **~ed** *adj* (*feelings, reactions*) contradictoire; (*salad*) mélangé(e); (*school, marriage*) mixte; **~ed grill** *n* assortiment *m* de grillades; **~ed-up** *adj* (*confused*) désorienté(e), embrouillé(e); **~er** *n* (*for food*) batteur *m*, mixer *m*; (*person*): **he is a good ~er** il est très liant; **~ture** *n* assortiment *m*, mélange *m*; (*MED*) préparation *f*; **~-up** *n* confusion *f*
mm *abbr* (= *millimeter*) mm
moan [məun] *n* gémissement *m* ♦ *vi* gémir; (*inf: complain*): **to ~ (about)** se plaindre (de)
moat [məut] *n* fossé *m*, douves *fpl*
mob [mɒb] *n* foule *f*; (*disorderly*) cohue *f* ♦ *vt* assaillir
mobile ['məubaɪl] *adj* mobile ♦ *n* mobile *m*; **~ home** *n* (grande) caravane; **~ phone** *n* téléphone portatif
mock [mɒk] *vt* ridiculiser; (*laugh at*) se moquer de ♦ *adj* faux(fausse); **~ exam** examen blanc; **~ery** *n* moquerie *f*, raillerie *f*; **to make a ~ery of** tourner en dérision; **~-up** *n* maquette *f*
mod [mɒd] *adj see* **convenience**
mode [məud] *n* mode *m*
model ['mɒdl] *n* modèle *m*; (*person*:

for fashion) mannequin *m*; (: *for artist*) modèle ♦ *vt* (*with clay etc*) modeler ♦ *vi* travailler comme mannequin ♦ *adj* (*railway: toy*) modèle réduit *inv*; (*child, factory*) modèle; **to ~ clothes** présenter des vêtements; **to ~ o.s. on** imiter

modem ['məudem] (*COMPUT*) *n* modem *m*

moderate [*adj, n* 'mɒdərət, *vb* 'mɒdəreɪt] *adj* modéré(e); (*amount, change*) peu important(e) ♦ *vi* se calmer ♦ *vt* modérer

modern ['mɒdən] *adj* moderne; **~ize** *vt* moderniser

modest ['mɒdɪst] *adj* modeste; **~y** *n* modestie *f*

modicum ['mɒdɪkəm] *n*: **a ~ of** un minimum de

modify ['mɒdɪfaɪ] *vt* modifier

mogul ['məugəl] *n* (*fig*) nabab *m*

mohair ['məuhɛə*] *n* mohair *m*

moist [mɔɪst] *adj* humide, moite; **~en** ['mɔɪsn] *vt* humecter, mouiller légèrement; **~ure** ['mɔɪstʃə*] *n* humidité *f*; **~urizer** ['mɔɪstʃəraɪzə*] *n* produit hydratant

molar ['məulə*] *n* molaire *f*

molasses [mə'læsɪz] *n* mélasse *f*

mold [məuld] (*US*) *n, vt* = **mould**

mole [məul] *n* (*animal, fig: spy*) taupe *f*; (*spot*) grain *m* de beauté

molest [məu'lest] *vt* (*harass*) molester; (*JUR: sexually*) attenter à la pudeur de

mollycoddle ['mɒlɪkɒdl] *vt* chouchouter, couver

molt [məult] (*US*) *vi* = **moult**

molten ['məultən] *adj* fondu(e); (*rock*) en fusion

mom [mɒm] (*US*) *n* = **mum**

moment ['məumənt] *n* moment *m*, instant *m*; **at the ~** en ce moment; **at that ~** à ce moment-là; **~ary** *adj* momentané(e), passager(ère); **~ous** [məu'mentəs] *adj* important(e), capital(e)

momentum [məu'mentəm] *n* élan *m*, vitesse acquise; (*fig*) dynamique *f*; **to gather ~** prendre de la vitesse

mommy ['mɒmɪ] (*US*) *n* = **mummy**

Monaco ['mɒnəkəu] *n* Monaco *m*

monarch ['mɒnək] *n* monarque *m*; **~y** *n* monarchie *f*

monastery ['mɒnəstrɪ] *n* monastère *m*

Monday ['mʌndeɪ] *n* lundi *m*

monetary ['mʌnɪtərɪ] *adj* monétaire

money ['mʌnɪ] *n* argent *m*; **to make ~** gagner de l'argent; **~ order** *n* mandat *m*; **~-spinner** (*inf*) *n* mine *f* d'or (*fig*)

mongrel ['mʌŋgrəl] *n* (*dog*) bâtard *m*

monitor ['mɒnɪtə*] *n* (*TV, COMPUT*) moniteur *m* ♦ *vt* contrôler; (*broadcast*) être à l'écoute de; (*progress*) suivre (de près)

monk [mʌŋk] *n* moine *m*

monkey ['mʌŋkɪ] *n* singe *m*; **~ nut** (*BRIT*) *n* cacahuète *f*; **~ wrench** *n* clé *f* à molette

monopoly [mə'nɒpəlɪ] *n* monopole *m*

monotone ['mɒnətəun] *n* ton *m* (*or* voix *f*) monocorde

monotonous [mə'nɒtənəs] *adj* monotone

monsoon [mɒn'su:n] *n* mousson *f*

monster ['mɒnstə*] *n* monstre *m*

monstrous ['mɒnstrəs] *adj* monstrueux(euse); (*huge*) gigantesque

month [mʌnθ] *n* mois *m*; **~ly** *adj* mensuel(le) ♦ *adv* mensuellement

monument ['mɒnjumənt] *n* monument *m*

moo [mu:] *vi* meugler, beugler

mood [mu:d] *n* humeur *f*, disposition *f*; **to be in a good/bad ~** être de bonne/mauvaise humeur; **~y** *adj* (*variable*) d'humeur changeante, lunatique; (*sullen*) morose, maussade

moon [mu:n] *n* lune *f*; **~light** *n* clair *m* de lune; **~lighting** *n* travail *m* au noir; **~lit** *adj*: **a ~lit night** une nuit de lune

moor [muə*] *n* lande *f* ♦ *vt* (*ship*) amarrer ♦ *vi* mouiller; **~land** ['muələnd] *n* lande *f*

moose [mu:s] *n inv* élan *m*

mop [mɒp] *n* balai *m* à laver; (*for dishes*) lavette *f* (à vaisselle) ♦ *vt* essuyer; ~ **of hair** tignasse *f*; ~ **up** *vt* éponger

mope [məʊp] *vi* avoir le cafard, se morfondre

moped ['məʊped] *n* cyclomoteur *m*

moral ['mɒrəl] *adj* moral(e) ♦ *n* morale *f*; ~**s** *npl* (*attitude, behaviour*) moralité *f*

morale [mɒ'rɑːl] *n* moral *m*

morality [mə'rælɪtɪ] *n* moralité *f*

morass [mə'ræs] *n* marais *m*, marécage *m*

KEYWORD

more [mɔː*] *adj* **1** (*greater in number etc*) plus (de), davantage; ~ **people/work (than)** plus de gens/de travail (que)

2 (*additional*) encore (de); **do you want (some)** ~ **tea?** voulez-vous encore du thé?; **I have no** *or* **I don't have any** ~ **money** je n'ai plus d'argent; **it'll take a few** ~ **weeks** ça prendra encore quelques semaines

♦ *pron* plus, davantage; ~ **than 10** plus de 10; **it cost** ~ **than we expected** cela a coûté plus que prévu; **I want** ~ j'en veux plus *or* davantage; **is there any** ~**?** est-ce qu'il en reste?; **there's no** ~ il n'y en a plus; **a little** ~ un peu plus; **many/much** ~ beaucoup plus, bien davantage

♦ *adv*: ~ **dangerous/easily (than)** plus dangereux/facilement (que); ~ **and** ~ **expensive** de plus en plus cher; ~ **or less** plus ou moins; ~ **than ever** plus que jamais

moreover [mɔː'rəʊvə*] *adv* de plus

morning ['mɔːnɪŋ] *n* matin *m*; matinée *f* ♦ *cpd* matinal(e); (*paper*) du matin; **in the** ~ le matin; **7 o'clock in the** ~ 7 heures du matin; ~ **sickness** *n* nausées matinales

Morocco [mə'rɒkəʊ] *n* Maroc *m*

moron ['mɔːrɒn] (*inf*) *n* idiot(e)

Morse [mɔːs] *n*: ~ **(code)** morse *m*

morsel ['mɔːsl] *n* bouchée *f*

mortar ['mɔːtə*] *n* mortier *m*

mortgage ['mɔːgɪdʒ] *n* hypothèque *f*; (*loan*) prêt *m* (*or* crédit *m*) hypothécaire ♦ *vt* hypothéquer; ~ **company** (*US*) *n* société *f* de crédit immobilier

mortuary ['mɔːtjʊərɪ] *n* morgue *f*

mosaic [məʊ'zeɪɪk] *n* mosaïque *f*

Moscow ['mɒskəʊ] *n* Moscou

Moslem ['mɒzləm] *adj, n* = **Muslim**

mosque [mɒsk] *n* mosquée *f*

mosquito [mɒs'kiːtəʊ] (*pl* ~**es**) *n* moustique *m*

moss [mɒs] *n* mousse *f*

most [məʊst] *adj* la plupart de; le plus de ♦ *pron* la plupart ♦ *adv* le plus; (*very*) très, extrêmement; **the** ~ (*also*: + *adjective*) le plus; ~ **of** la plus grande partie de; ~ **of them** la plupart d'entre eux; **I saw (the)** ~ j'en ai vu la plupart; c'est moi qui en ai vu le plus; **at the (very)** ~ au plus; **to make the** ~ **of** profiter au maximum de; ~**ly** *adv* (*chiefly*) surtout; (*usually*) généralement

MOT *n abbr* (*BRIT*: = *Ministry of Transport*): **the** ~ **(test)** *la visite technique (annuelle) obligatoire des véhicules à moteur*

motel [məʊ'tel] *n* motel *m*

moth [mɒθ] *n* papillon *m* de nuit; (*in clothes*) mite *f*; ~**ball** *n* boule *f* de naphtaline

mother ['mʌðə*] *n* mère *f* ♦ *vt* (*act as mother to*) servir de mère à; (*pamper, protect*) materner; ~ **country** mère patrie; ~**hood** *n* maternité *f*; ~**-in-law** *n* belle-mère *f*; ~**ly** *adj* maternel(le); ~**-of-pearl** *n* nacre *f*; ~**-to-be** *n* future maman; ~ **tongue** *n* langue maternelle

motion ['məʊʃən] *n* mouvement *m*; (*gesture*) geste *m*; (*at meeting*) motion *f* ♦ *vt, vi*: **to** ~ **(to) sb to do** faire signe à qn de faire; ~**less** *adj* immobile, sans mouvement; ~ **picture** *n* film *m*

motivated ['məʊtɪveɪtɪd] *adj* motivé(e); **motive** ['məʊtɪv] *n* motif *m*,

mobile *m*
motley ['mɒtlɪ] *adj* hétéroclite
motor ['məʊtə*] *n* moteur *m*; (*BRIT*: *inf*: *vehicle*) auto *f* ♦ *cpd* (*industry, vehicle*) automobile; **~bike** *n* moto *f*; **~boat** *n* bateau *m* à moteur; **~car** (*BRIT*) *n* automobile *f*; **~cycle** *n* vélomoteur *m*; **~cycle racing** *n* course *f* de motos; **~cyclist** *n* motocycliste *m/f*; **~ing** (*BRIT*) *n* tourisme *m* automobile; **~ist** ['məʊtərɪst] *n* automobiliste *m/f*; **~ mechanic** *n* mécanicien *m* garagiste; **~ racing** (*BRIT*) *n* course *f* automobile; **~ trade** *n* secteur *m* de l'automobile; **~way** (*BRIT*) *n* autoroute *f*
mottled ['mɒtld] *adj* tacheté(e), marbré(e)
motto ['mɒtəʊ] (*pl* **~es**) *n* devise *f*
mould [məʊld] (*US* **mold**) *n* moule *m*; (*mildew*) moisissure *f* ♦ *vt* mouler, modeler; (*fig*) façonner; **mo(u)ldy** *adj* moisi(e); (*smell*) de moisi
moult [məʊlt] (*US* **molt**) *vi* muer
mound [maʊnd] *n* monticule *m*, tertre *m*; (*heap*) monceau *m*, tas *m*
mount [maʊnt] *n* mont *m*, montagne *f* ♦ *vt* monter ♦ *vi* (*inflation, tension*) augmenter; (*also*: *~ up*: *problems etc*) s'accumuler; **~ up** *vi* (*bills, costs, savings*) s'accumuler
mountain ['maʊntɪn] *n* montagne *f* ♦ *cpd* de montagne; **~ bike** *n* VTT *m*, vélo tout-terrain; **~eer** [maʊntɪ'nɪə*] *n* alpiniste *m/f*; **~eering** *n* alpinisme *m*; **~ous** *adj* montagneux(euse); **~ rescue team** *n* équipe *f* de secours en montagne; **~side** *n* flanc *m* *or* versant *m* de la montagne
mourn [mɔ:n] *vt* pleurer ♦ *vi*: **to ~ (for)** (*person*) pleurer (la mort de); **~er** *n* parent(e) *or* ami(e) du défunt; personne *f* en deuil; **~ful** *adj* triste, lugubre; **~ing** *n* deuil *m*; **in ~ing** en deuil
mouse [maʊs] (*pl* **mice**) *n* (*also COMPUT*) souris *f*; **~trap** *n* souricière *f*
mousse [mu:s] *n* mousse *f*
moustache [məs'tɑ:ʃ] (*US* **mustache**) *n* moustache(s) *f(pl)*
mousy ['maʊsɪ] *adj* (*hair*) d'un châtain terne
mouth [maʊθ, *pl* maʊðz] (*pl* **~s**) *n* bouche *f*; (*of dog, cat*) gueule *f*; (*of river*) embouchure *f*; (*of hole, cave*) ouverture *f*; **~ful** *n* bouchée *f*; **~ organ** *n* harmonica *m*; **~piece** *n* (*of musical instrument*) embouchure *f*; (*spokesman*) porte-parole *m inv*; **~wash** *n* eau *f* dentifrice; **~-watering** *adj* qui met l'eau à la bouche
movable ['mu:vəbl] *adj* mobile
move [mu:v] *n* (*movement*) mouvement *m*; (*in game*) coup *m*; (: *turn to play*) tour *m*; (*change*: *of house*) déménagement *m*; (: *of job*) changement *m* d'emploi ♦ *vt* déplacer, bouger; (*emotionally*) émouvoir; (*POL*: *resolution etc*) proposer; (*in game*) jouer ♦ *vi* (*gen*) bouger, remuer; (*traffic*) circuler; (*also*: *~ house*) déménager; (*situation*) progresser; **that was a good ~** bien joué!; **to ~ sb to do sth** pousser *or* inciter qn à faire qch; **to get a ~ on** se dépêcher, se remuer; **~ about** *vi* (*fidget*) remuer; (*travel*) voyager, se déplacer; (*change residence, job*) ne pas rester au même endroit; **~ along** *vi* se pousser; **~ around** *vi* = move about; **~ away** *vi* s'en aller; **~ back** *vi* revenir, retourner; **~ forward** *vi* avancer; **~ in** *vi* (*to a house*) emménager; (*police, soldiers*) intervenir; **~ on** *vi* se remettre en route; **~ out** *vi* (*of house*) déménager; **~ over** *vi* se pousser, se déplacer; **~ up** *vi* (*pupil*) passer dans la classe supérieure; (*employee*) avoir de l'avancement; **~able** *adj* = movable
movement ['mu:vmənt] *n* mouvement *m*
movie ['mu:vɪ] *n* film *m*; **the ~s** le cinéma; **~ camera** *n* caméra *f*
moving ['mu:vɪŋ] *adj* en mouvement; (*emotional*) émouvant(e)

mow [məu] (*pt* mowed, *pp* mowed *or* mown) *vt* faucher; (*lawn*) tondre; ~ **down** *vt* faucher; ~**er** *n* (*also*: *lawnmower*) tondeuse *f* à gazon
MP *n abbr* = Member of Parliament
mph *abbr* = miles per hour
Mr ['mɪstə*] (*US* Mr.) *n*: ~ Smith Monsieur Smith, M. Smith
Mrs ['mɪsɪz] (*US* Mrs.) *n*: ~ Smith Madame Smith, Mme Smith
Ms [mɪz] (*US* Ms.) *n* (= *Miss or Mrs*): ~ Smith ≈ Madame Smith, Mme Smith
MSc *abbr* = Master of Science
much [mʌtʃ] *adj* beaucoup de ♦ *adv, n, pron* beaucoup; **how ~ is it?** combien est-ce que ça coûte?; **too ~** trop (de); **as ~ as** autant de
muck [mʌk] *n* (*dirt*) saleté *f*; ~ **about** (*or*) **around** (*inf*) *vi* faire l'imbécile; ~ **up** (*inf*) *vt* (*exam, interview*) se planter à (*fam*); ~**y** *adj* (très) sale; (*book, film*) cochon(ne)
mud [mʌd] *n* boue *f*
muddle ['mʌdl] *n* (*mess*) pagaille *f*, désordre *m*; (*mix-up*) confusion *f* ♦ *vt* (*also*: ~ *up*) embrouiller; ~ **through** *vi* se débrouiller
muddy ['mʌdɪ] *adj* boueux(euse); **mudguard** ['mʌdgɑ:d] *n* garde-boue *m inv*
muffin ['mʌfɪn] *n* muffin *m*
muffle ['mʌfl] *vt* (*sound*) assourdir, étouffer; (*against cold*) emmitoufler; ~**d** *adj* (*sound*) étouffé(e); (*person*) emmitouflé(e); ~**r** (*US*) *n* (*AUT*) silencieux *m*
mug [mʌg] *n* (*cup*) grande tasse (*sans soucoupe*); (: *for beer*) chope *f*; (*inf*: *face*) bouille *f*; (: *fool*) poire *f* ♦ *vt* (*assault*) agresser; ~**ging** *n* agression *f*
muggy ['mʌgɪ] *adj* lourd(e), moite
mule [mju:l] *n* mule *f*
mull over [mʌl-] *vt* réfléchir à
multi-level ['mʌltɪlevl] (*US*) *adj* = multistorey
multiple ['mʌltɪpl] *adj* multiple ♦ *n* multiple *m*; ~ **sclerosis** *n* sclérose *f* en plaques
multiplication [mʌltɪplɪ'keɪʃən] *n* multiplication *f*; **multiply** ['mʌltɪplaɪ] *vt* multiplier ♦ *vi* se multiplier
multistorey ['mʌltɪ'stɔ:rɪ] (*BRIT*) *adj* (*building*) à étages; (*car park*) à étages *or* niveaux multiples
mum [mʌm] (*BRIT*: *inf*) *n* maman *f* ♦ *adj*: **to keep ~** ne pas souffler mot
mumble ['mʌmbl] *vt, vi* marmotter, marmonner
mummy ['mʌmɪ] *n* (*BRIT*: *mother*) maman *f*; (*embalmed*) momie *f*
mumps [mʌmps] *n* oreillons *mpl*
munch [mʌntʃ] *vt, vi* mâcher
mundane [mʌn'deɪn] *adj* banal(e), terre à terre *inv*
municipal [mju:'nɪsɪpəl] *adj* municipal(e)
murder ['mɜ:də*] *n* meurtre *m*, assassinat *m* ♦ *vt* assassiner; ~**er** *n* meurtrier *m*, assassin *m*; ~**ous** *adj* meurtrier(ère)
murky ['mɜ:kɪ] *adj* sombre, ténébreux(euse); (*water*) trouble
murmur ['mɜ:mə*] *n* murmure *m* ♦ *vt, vi* murmurer
muscle ['mʌsl] *n* muscle *m*; (*fig*) force *f*; ~ **in** *vi* (*on territory*) envahir; (*on success*) exploiter
muscular ['mʌskjʊlə*] *adj* musculaire; (*person, arm*) musclé(e)
muse [mju:z] *vi* méditer, songer
museum [mju:'zɪəm] *n* musée *m*
mushroom ['mʌʃru:m] *n* champignon *m* ♦ *vi* pousser comme un champignon
music ['mju:zɪk] *n* musique *f*; ~**al** *adj* musical(e); (*person*) musicien(ne) ♦ *n* (*show*) comédie musicale; ~**al instrument** *n* instrument *m* de musique; ~**ian** [mju:'zɪʃən] *n* musicien(ne)
Muslim ['mʌzlɪm] *adj, n* musulman(e)
muslin ['mʌzlɪn] *n* mousseline *f*
mussel ['mʌsl] *n* moule *f*
must [mʌst] *aux vb* (*obligation*): **I ~ do it** je dois le faire, il faut que je le

fasse; (*probability*): **he ~ be there by now** il doit y être maintenant, il y est probablement maintenant; (*suggestion, invitation*): **you ~ come and see me** il faut que vous veniez me voir; (*indicating sth unwelcome*): **why ~ he behave so badly?** qu'est-ce qui le pousse à se conduire si mal? ♦ *n* nécessité *f*, impératif *m*; **it's a ~** c'est indispensable

mustache (*US*) *n* = **moustache**

mustard ['mʌstəd] *n* moutarde *f*

muster ['mʌstə*] *vt* rassembler

mustn't ['mʌsnt] = **must not**

mute [mju:t] *adj* muet(te)

muted ['mju:tɪd] *adj* (*colour*) sourd(e); (*reaction*) voilé(e)

mutiny ['mju:tɪnɪ] *n* mutinerie *f* ♦ *vi* se mutiner

mutter ['mʌtə*] *vt, vi* marmonner, marmotter

mutton ['mʌtn] *n* mouton *m*

mutual ['mju:tjuəl] *adj* mutuel(le), réciproque; (*benefit, interest*) commun(e); **~ly** *adv* mutuellement

muzzle ['mʌzl] *n* museau *m*; (*protective device*) muselière *f*; (*of gun*) gueule *f* ♦ *vt* museler

my [maɪ] *adj* mon(ma), mes *pl*; **~ house/car/gloves** ma maison/mon auto/mes gants; **I've washed ~ hair/cut ~ finger** je me suis lavé les cheveux/coupé le doigt; **~self** [maɪ'self] *pron* (*reflexive*) me; (*emphatic*) moi-même; (*after prep*) moi; *see also* **oneself**

mysterious [mɪs'tɪərɪəs] *adj* mystérieux(euse); **mystery** ['mɪstərɪ] *n* mystère *m*

mystify ['mɪstɪfaɪ] *vt* mystifier; (*puzzle*) ébahir

myth [mɪθ] *n* mythe *m*; **~ology** [mɪ'θɒlədʒɪ] *n* mythologie *f*

N

n/a *abbr* = **not applicable**

nag [næg] *vt* (*scold*) être toujours après, reprendre sans arrêt; **~ging** *adj* (*doubt, pain*) persistant(e)

nail [neɪl] *n* (*human*) ongle *m*; (*metal*) clou *m* ♦ *vt* clouer; **to ~ sb down to a date/price** contraindre qn à accepter *or* donner une date/un prix; **~brush** *n* brosse *f* à ongles; **~file** *n* lime *f* à ongles; **~ polish** *n* vernis *m* à ongles; **~ polish remover** *n* dissolvant *m*; **~ scissors** *npl* ciseaux *mpl* à ongles; **~ varnish** (*BRIT*) *n* = **nail polish**

naïve [naɪ'i:v] *adj* naïf(ïve)

naked ['neɪkɪd] *adj* nu(e)

name [neɪm] *n* nom *m*; (*reputation*) réputation *f* ♦ *vt* nommer; (*identify: accomplice etc*) citer; (*price, date*) fixer, donner; **by ~** par son nom; **in the ~ of** au nom de; **what's your ~?** comment vous appelez-vous?; **~less** *adj* sans nom; (*witness, contributor*) anonyme; **~ly** *adv* à savoir; **~sake** *n* homonyme *m*

nanny ['nænɪ] *n* bonne *f* d'enfants

nap [næp] *n* (*sleep*) (petit) somme ♦ *vi*: **to be caught ~ping** être pris à l'improviste *or* en défaut

nape [neɪp] *n*: **~ of the neck** nuque *f*

napkin ['næpkɪn] *n* serviette *f* (de table)

nappy ['næpɪ] (*BRIT*) *n* couche *f* (*gen pl*); **~ rash** *n*: **to have ~ rash** avoir les fesses rouges

narcissus [nɑ:'sɪsəs, *pl* nɑ:'sɪsaɪ] (*pl* **narcissi**) *n* narcisse *m*

narcotic [nɑ:'kɒtɪk] *n* (*drug*) stupéfiant *m*; (*MED*) narcotique *m*

narrative ['nærətɪv] *n* récit *m*

narrow ['nærəu] *adj* étroit(e); (*fig*) restreint(e), limité(e) ♦ *vi* (*road*) devenir plus étroit, se rétrécir; (*gap, difference*) se réduire; **to have a ~ escape** l'échapper belle; **to ~ sth**

down to réduire qch à; ~**ly** *adv*: **he ~ly missed injury/the tree** il a failli se blesser/rentrer dans l'arbre; ~-**minded** *adj* à l'esprit étroit, borné(e); (*attitude*) borné

nasty ['nɑːstɪ] *adj* (*person*: *malicious*) méchant(e); (: *rude*) très désagréable; (*smell*) dégoûtant(e); (*wound, situation, disease*) mauvais(e)

nation ['neɪʃən] *n* nation *f*

national ['næʃənl] *adj* national(e) ♦ *n* (*abroad*) ressortissant(e); (*when home*) national(e); ~ **dress** *n* costume national; **N~ Health Service** (*BRIT*) *n* service national de santé, ≈ Sécurité Sociale; **N~ Insurance** (*BRIT*) *n* ≈ Sécurité Sociale; ~**ism** ['næʃnəlɪzəm] *n* nationalisme *m*; ~**ist** ['næʃnəlɪst] *adj* nationaliste ♦ *n* nationaliste *m/f*; ~**ity** [næʃə'nælɪtɪ] *n* nationalité *f*; ~**ize** *vt* nationaliser; ~**ly** *adv* (*as a nation*) du point de vue national; (*nationwide*) dans le pays entier

nationwide ['neɪʃənwaɪd] *adj* s'étendant à l'ensemble du pays; (*problem*) à l'échelle du pays entier ♦ *adv* à travers *or* dans tout le pays

native ['neɪtɪv] *n* autochtone *m/f*, habitant(e) du pays ♦ *adj* du pays, indigène; (*country*) natal(e); (*ability*) inné(e); **a ~ of Russia** une personne originaire de Russie; **a ~ speaker of French** une personne de langue maternelle française; ~ **language** *n* langue maternelle

NATO ['neɪtəʊ] *n abbr* (= *North Atlantic Treaty Organization*) OTAN *f*

natural ['nætʃrəl] *adj* naturel(le); ~ **gas** *n* gaz naturel; ~**ize** *vt* naturaliser; (*plant*) acclimater; **to become ~ized** (*person*) se faire naturaliser; ~**ly** *adv* naturellement

nature ['neɪtʃə*] *n* nature *f*; **by ~** par tempérament, de nature

naught [nɔːt] *n* = **nought**

naughty ['nɔːtɪ] *adj* (*child*) vilain(e), pas sage

nausea ['nɔːsɪə] *n* nausée *f*; ~**te** ['nɔːsɪeɪt] *vt* écœurer, donner la nausée à

naval ['neɪvəl] *adj* naval(e); ~ **officer** *n* officier *m* de marine

nave [neɪv] *n* nef *f*

navel ['neɪvəl] *n* nombril *m*

navigate ['nævɪgeɪt] *vt* (*steer*) diriger; (*plot course*) naviguer ♦ *vi* naviguer; **navigation** [nævɪ'geɪʃən] *n* navigation *f*

navvy ['nævɪ] (*BRIT*) *n* terrassier *m*

navy ['neɪvɪ] *n* marine *f*; ~**(-blue)** *adj* bleu marine *inv*

Nazi ['nɑːtsɪ] *n* Nazi(e)

NB *abbr* (= *nota bene*) NB

near [nɪə*] *adj* proche ♦ *adv* près ♦ *prep* (*also*: ~ *to*) près de ♦ *vt* approcher de; ~**by** *adj* proche ♦ *adv* tout près, à proximité; ~**ly** *adv* presque; **I ~ly fell** j'ai failli tomber; ~ **miss** *n* (*AVIAT*) quasi-collision *f*; **that was a ~ miss** (*gen*) il s'en est fallu de peu; (*of shot*) c'est passé très près; ~**side** *n* (*AUT*: *BRIT*) côté *m* gauche; (: *in US, Europe*) côté droit; ~**-sighted** *adj* myope

neat [niːt] *adj* (*person, work*) soigné(e); (*room etc*) bien tenu(e) *or* rangé(e); (*skilful*) habile; (*spirits*) pur(e); ~**ly** *adv* avec soin *or* ordre; habilement

necessarily ['nesɪsərɪlɪ] *adv* nécessairement

necessary ['nesɪsərɪ] *adj* nécessaire

necessity [nɪ'sesɪtɪ] *n* nécessité *f*; (*thing needed*) chose nécessaire *or* essentielle; **necessities** *npl* nécessaire *m*

neck [nek] *n* cou *m*; (*of animal, garment*) encolure *f*; (*of bottle*) goulot *m* ♦ *vi* (*inf*) se peloter; ~ **and ~** à égalité; ~**lace** ['neklɪs] *n* collier *m*; ~**line** *n* encolure *f*; ~**tie** *n* cravate *f*

need [niːd] *n* besoin *m* ♦ *vt* avoir besoin de; **to ~ to do** devoir faire; avoir besoin de faire; **you don't ~ to go** vous n'avez pas besoin *or* vous n'êtes pas obligé de partir

needle ['niːdl] *n* aiguille *f* ♦ *vt* asticoter, tourmenter

needless ['ni:dlɪs] *adj* inutile
needlework ['ni:dlwɜ:k] *n* (*activity*) travaux *mpl* d'aiguille; (*object(s)*) ouvrage *m*
needn't ['ni:dnt] = **need not**
needy ['ni:dɪ] *adj* nécessiteux(euse)
negative ['negətɪv] *n* (*PHOT, ELEC*) négatif *m*; (*LING*) terme *m* de négation ♦ *adj* négatif(ive)
neglect [nɪ'glekt] *vt* négliger ♦ *n* (*of person, duty, garden*) le fait de négliger; (*state of* ~) abandon *m*
negligee ['neglɪʒeɪ] *n* déshabillé *m*
negotiate [nɪ'gəʊʃɪeɪt] *vi, vt* négocier; **negotiation** [nɪgəʊʃɪ'eɪʃən] *n* négociation *f*, pourparlers *mpl*
Negro ['ni:grəʊ] (!; *pl* ~**es**) *n* Noir(e)
neigh [neɪ] *vi* hennir
neighbour ['neɪbə*] (*US* **neighbor**) *n* voisin(e); ~**hood** *n* (*place*) quartier *m*; (*people*) voisinage *m*; ~**ing** *adj* voisin(e), avoisinant(e); ~**ly** *adj* obligeant(e); (*action etc*) amical(e)
neither ['naɪðə*] *adj, pron* aucun(e) (des deux), ni l'un(e) ni l'autre ♦ *conj*: **I didn't move and ~ did Claude** je n'ai pas bougé, (et) Claude non plus; ..., ~ **did I refuse** ..., (et *or* mais) je n'ai pas non plus refusé ... ♦ *adv*: ~ **good nor bad** ni bon ni mauvais
neon ['ni:ɒn] *n* néon *m*; ~ **light** *n* lampe *f* au néon
nephew ['nefju:] *n* neveu *m*
nerve [nɜ:v] *n* nerf *m*; (*fig*: *courage*) sang-froid *m*, courage *m*; (: *impudence*) aplomb *m*, toupet *m*; **to have a fit of ~s** avoir le trac; ~**-racking** *adj* angoissant(e)
nervous ['nɜ:vəs] *adj* nerveux(euse); (*anxious*) inquiet(ète), plein(e) d'appréhension; (*timid*) intimidé(e); ~ **breakdown** *n* dépression nerveuse
nest [nest] *n* nid *m* ♦ *vi* (se) nicher, faire son nid; ~ **egg** *n* (*fig*) bas *m* de laine, magot *m*
nestle ['nesl] *vi* se blottir
net [net] *n* filet *m* ♦ *adj* net(te) ♦ *vt* (*fish etc*) prendre au filet; (*profit*) rapporter; ~**ball** *n* netball *m*; ~ **curtains** *npl* voilages *mpl*
Netherlands ['neðələndz] *npl*: **the** ~ les Pays-Bas *mpl*
nett [net] *adj* = **net**
netting ['netɪŋ] *n* (*for fence etc*) treillis *m*, grillage *m*
nettle ['netl] *n* ortie *f*
network ['netwɜ:k] *n* réseau *m*
neurotic [njʊə'rɒtɪk] *adj, n* névrosé(e)
neuter ['nju:tə*] *adj* neutre ♦ *vt* (*cat etc*) châtrer, couper
neutral ['nju:trəl] *adj* neutre ♦ *n* (*AUT*) point mort; ~**ize** *vt* neutraliser
never ['nevə*] *adv* (ne ...) jamais; ~ **again** plus jamais; ~ **in my life** jamais de ma vie; *see also* **mind**; ~**-ending** *adj* interminable; ~**theless** [nevəðə'les] *adv* néanmoins, malgré tout
new [nju:] *adj* nouveau(nouvelle); (*brand new*) neuf(neuve); ~**born** *adj* nouveau-né(e); ~**comer** ['nju:kʌmə*] *n* nouveau venu/nouvelle venue; ~**-fangled** (*pej*) *adj* ultramoderne (et farfelu(e)); ~**-found** *adj* (*enthusiasm*) de fraîche date; (*friend*) nouveau(nouvelle); ~**ly** *adv* nouvellement, récemment; ~**ly-weds** *npl* jeunes mariés *mpl*
news [nju:z] *n* nouvelle(s) *f(pl)*; (*RADIO, TV*) informations *fpl*, actualités *fpl*; **a piece of** ~ une nouvelle; ~ **agency** *n* agence *f* de presse; ~**agent** (*BRIT*) *n* marchand *m* de journaux; ~**caster** *n* présentateur(trice); ~**dealer** (*US*) *n* = **newsagent**; ~ **flash** *n* flash *m* d'information; ~**letter** *n* bulletin *m*; ~**paper** *n* journal *m*; ~**print** *n* papier *m* (de) journal; ~**reader** *n* = **newscaster**; ~**reel** *n* actualités (filmées); ~**stand** *n* kiosque *m* à journaux
newt [nju:t] *n* triton *m*
New Year *n* Nouvel An; ~**'s Day** *n* le jour de l'An; ~**'s Eve** *n* la Saint-Sylvestre
New Zealand [-'zi:lənd] *n* la

Nouvelle-Zélande; **~er** *n* Néo-zélandais(e)

next [nekst] *adj* (*seat, room*) voisin(e), d'à côté; (*meeting, bus stop*) suivant(e); (*in time*) prochain(e) ♦ *adv* (*place*) à côté; (*time*) la fois suivante, la prochaine fois; (*afterwards*) ensuite; **the ~ day** le lendemain, le jour suivant *or* d'après; **~ year** l'année prochaine; **~ time** la prochaine fois; **~ to** à côté de; **~ to nothing** presque rien; **~, please!** (*at doctor's*) au suivant!; **~ door** *adv* à côté ♦ *adj* d'à côté; **~-of-kin** *n* parent *m* le plus proche

NHS *n abbr* = **National Health Service**

nib [nɪb] *n* (bec *m* de) plume *f*

nibble ['nɪbl] *vt* grignoter

nice [naɪs] *adj* (*pleasant, likeable*) agréable; (*pretty*) joli(e); (*kind*) gentil(le); **~ly** *adv* agréablement; joliment; gentiment

niceties ['naɪsɪtɪz] *npl* subtilités *fpl*

nick [nɪk] *n* (*indentation*) encoche *f*; (*wound*) entaille *f* ♦ *vt* (*BRIT: inf*) faucher, piquer; **in the ~ of time** juste à temps

nickel ['nɪkl] *n* nickel *m*; (*US*) pièce *f* de 5 cents

nickname ['nɪkneɪm] *n* surnom *m* ♦ *vt* surnommer

niece [ni:s] *n* nièce *f*

Nigeria [naɪ'dʒɪərɪə] *n* Nigéria *m or f*

niggling ['nɪglɪŋ] *adj* (*person*) tatillon(ne); (*detail*) insignifiant(e); (*doubts, injury*) persistant(e)

night [naɪt] *n* nuit *f*; (*evening*) soir *m*; **at ~** la nuit; **by ~** de nuit; **the ~ before last** avant-hier soir; **~cap** *n boisson prise avant le coucher*; **~ club** *n* boîte *f* de nuit; **~dress** *n* chemise *f* de nuit; **~fall** *n* tombée *f* de la nuit; **~gown** *n* chemise *f* de nuit; **~ie** ['naɪtɪ] *n* chemise *f* de nuit; **~ingale** ['naɪtɪŋgeɪl] *n* rossignol *m*; **~life** ['naɪtlaɪf] *n* vie *f* nocturne; **~ly** ['naɪtlɪ] *adj* de chaque nuit *or* soir; (*by night*) nocturne ♦ *adv* chaque nuit *or* soir; **~mare** ['naɪtmɛə*] *n* cauchemar *m*; **~ porter** *n* gardien *m* de nuit, concierge *m* de service la nuit; **~ school** *n* cours *mpl* du soir; **~ shift** *n* équipe *f* de nuit; **~-time** *n* nuit *f*; **~ watchman** *n* veilleur *m or* gardien *m* de nuit

nil [nɪl] *n* rien *m*; (*BRIT: SPORT*) zéro *m*

Nile [naɪl] *n*: **the ~** le Nil

nimble ['nɪmbl] *adj* agile

nine [naɪn] *num* neuf; **~teen** *num* dix-neuf; **~ty** *num* quatre-vingt-dix

ninth [naɪnθ] *num* neuvième

nip [nɪp] *vt* pincer

nipple ['nɪpl] *n* (*ANAT*) mamelon *m*, bout *m* du sein

nitrogen ['naɪtrədʒən] *n* azote *m*

KEYWORD

no [nəu] (*pl* ~es) *adv* (*opposite of "yes"*) non; **are you coming? - ~ (I'm not)** est-ce que vous venez? - non; **would you like some more? - ~ thank you** vous en voulez encore? - non merci

♦ *adj* (*not any*) pas de, aucun(e) (*used with "ne"*); **I have ~ money/books** je n'ai pas d'argent/de livres; **~ student would have done it** aucun étudiant ne l'aurait fait; **"~ smoking"** "défense de fumer"; **"~ dogs"** "les chiens ne sont pas admis"

♦ *n* non *m*

nobility [nəu'bɪlɪtɪ] *n* noblesse *f*

noble ['nəubl] *adj* noble

nobody ['nəubədɪ] *pron* personne

nod [nɒd] *vi* faire un signe de tête (*affirmatif ou amical*); (*sleep*) somnoler ♦ *vt*: **to ~ one's head** faire un signe de (la) tête; (*in agreement*) faire signe que oui ♦ *n* signe *m* de (la) tête; **~ off** *vi* s'assoupir

noise [nɔɪz] *n* bruit *m*; **noisy** ['nɔɪzɪ] *adj* bruyant(e)

nominal ['nɒmɪnl] *adj* (*rent, leader*) symbolique

nominate ['nɒmɪneɪt] *vt* (*propose*) proposer; (*appoint*) nommer; **nomi-**

nee [nɒmɪ'ni:] *n* candidat agréé; personne nommée

non... *prefix* non-; **~-alcoholic** *adj* non-alcoolisé(e); **~-committal** *adj* évasif(ive)

nondescript ['nɒndɪskrɪpt] *adj* quelconque, indéfinissable

none [nʌn] *pron* aucun(e); ~ **of you** aucun d'entre vous, personne parmi vous; **I've ~ left** je n'en ai plus; **he's ~ the worse for it** il ne s'en porte pas plus mal

nonentity [nɒ'nentɪtɪ] *n* personne insignifiante

nonetheless ['nʌnðə'les] *adv* néanmoins

non-existent [nɒnɪg'zɪstənt] *adj* inexistant(e)

non-fiction [nɒn'fɪkʃən] *n* littérature *f* non-romanesque

nonplussed ['nɒn'plʌst] *adj* perplexe

nonsense ['nɒnsəns] *n* absurdités *fpl*, idioties *fpl*; ~! ne dites pas d'idioties!

non: **~-smoker** *n* non-fumeur *m*; **~-stick** *adj* qui n'attache pas; **~-stop** *adj* direct(e), sans arrêt (*or* escale) ♦ *adv* sans arrêt

noodles ['nu:dlz] *npl* nouilles *fpl*

nook [nuk] *n*: **~s and crannies** recoins *mpl*

noon [nu:n] *n* midi *m*

no one ['nəuwʌn] *pron* = **nobody**

noose [nu:s] *n* nœud coulant; (*hangman's*) corde *f*

nor [nɔ:*] *conj* = **neither** ♦ *adv see* **neither**

norm [nɔ:m] *n* norme *f*

normal ['nɔ:məl] *adj* normal(e); **~ly** *adv* normalement

Normandy ['nɔ:məndɪ] *n* Normandie *f*

north [nɔ:θ] *n* nord *m* ♦ *adj* du nord, nord *inv* ♦ *adv* au *or* vers le nord; **N~ America** *n* Amérique *f* du Nord; **~-east** *n* nord-est *m*; **~erly** ['nɔ:ðəlɪ] *adj* du nord; **~ern** ['nɔ:ðən] *adj* du nord, septentrional(e); **N~ern Ireland** *n* Irlande *f* du Nord; **N~ Pole** *n* pôle *m* Nord; **N~ Sea** *n* mer *f* du Nord; **~ward(s)** ['nɔ:θwəd(z)] *adv* vers le nord; **~-west** *n* nord-ouest *m*

Norway ['nɔ:weɪ] *n* Norvège *f*

Norwegian [nɔ:'wi:dʒən] *adj* norvégien(ne) ♦ *n* Norvégien(ne); (*LING*) norvégien *m*

nose [nəuz] *n* nez *m*; ~ **about, around** *vi* fouiner *or* fureter (partout); **~bleed** *n* saignement *m* du nez; **~-dive** *n* (descente *f* en) piqué *m*; **~y** (*inf*) *adj* = **nosy**

nostalgia [nɒs'tældʒɪə] *n* nostalgie *f*

nostril ['nɒstrɪl] *n* narine *f*; (*of horse*) naseau *m*

nosy ['nəuzɪ] (*inf*) *adj* curieux(euse)

not [nɒt] *adv* (ne ...) pas; **he is ~** *or* **isn't here** il n'est pas ici; **you must ~** *or* **you mustn't do that** tu ne dois pas faire ça; **it's too late, isn't it** *or* **is it ~?** c'est trop tard, n'est-ce pas?; **~ yet/now** pas encore/maintenant; **~ at all** pas du tout; *see also* **all; only**

notably ['nəutəblɪ] *adv* (*particularly*) en particulier; (*markedly*) spécialement

notary ['nəutərɪ] *n* notaire *m*

notch [nɒtʃ] *n* encoche *f*

note [nəut] *n* note *f*; (*letter*) mot *m*; (*banknote*) billet *m* ♦ *vt* (*also*: ~ *down*) noter; (*observe*) constater; **~book** *n* carnet *m*; **~d** ['nəutɪd] *adj* réputé(e); **~pad** *n* bloc-notes *m*; **~paper** *n* papier *m* à lettres

nothing ['nʌθɪŋ] *n* rien *m*; **he does ~** il ne fait rien; ~ **new** rien de nouveau; **for ~** pour rien

notice ['nəutɪs] *n* (*announcement, warning*) avis *m*; (*period of time*) délai *m*; (*resignation*) démission *f*; (*dismissal*) congé *m* ♦ *vt* remarquer, s'apercevoir de; **to take ~ of** prêter attention à; **to bring sth to sb's ~** porter qch à la connaissance de qn; **at short ~** dans un délai très court; **until further ~** jusqu'à nouvel ordre; **to hand in one's ~** donner sa démission, démissionner; **~able** *adj* visible; ~ **board** (*BRIT*) *n* panneau

m d'affichage
notify ['nəʊtɪfaɪ] *vt*: to ~ sth to sb notifier qch à qn; to ~ sb (of sth) avertir qn (de qch)
notion ['nəʊʃən] *n* idée *f*; (*concept*) notion *f*
notorious [nəʊ'tɔːrɪəs] *adj* notoire (*souvent en mal*)
notwithstanding [nɒtwɪθ'stændɪŋ] *adv* néanmoins ♦ *prep* en dépit de
nought [nɔːt] *n* zéro *m*
noun [naʊn] *n* nom *m*
nourish ['nʌrɪʃ] *vt* nourrir; **~ing** *adj* nourrissant(e); **~ment** *n* nourriture *f*
novel ['nɒvəl] *n* roman *m* ♦ *adj* nouveau(nouvelle), original(e); **~ist** *n* romancier *m*; **~ty** *n* nouveauté *f*
November [nəʊ'vembə*] *n* novembre *m*
now [naʊ] *adv* maintenant ♦ *conj*: ~ (that) maintenant que; **right ~** tout de suite; **by ~** à l'heure qu'il est; **just ~**: **that's the fashion just ~** c'est la mode en ce moment; **~ and then, ~ and again** de temps en temps; **from ~ on** dorénavant; **~adays** ['naʊədeɪz] *adv* de nos jours
nowhere ['nəʊwɛə*] *adv* nulle part
nozzle ['nɒzl] *n* (*of hose etc*) ajutage *m*; (*of vacuum cleaner*) suceur *m*
nuclear ['njuːklɪə*] *adj* nucléaire
nucleus ['njuːklɪəs, *pl* 'njuːklɪaɪ] (*pl* **nuclei**) *n* noyau *m*
nude [njuːd] *adj* nu(e) ♦ *n* nu *m*; **in the ~** (tout(e)) nu(e)
nudge [nʌdʒ] *vt* donner un (petit) coup de coude à
nudist ['njuːdɪst] *n* nudiste *m/f*
nuisance ['njuːsns] *n*: **it's a ~** c'est (très) embêtant; **he's a ~** il est assommant *or* casse-pieds; **what a ~!** quelle barbe!
null [nʌl] *adj*: **~ and void** nul(le) et non avenu(e)
numb [nʌm] *adj* engourdi(e); (*with fear*) paralysé(e)
number ['nʌmbə*] *n* nombre *m*; (*numeral*) chiffre *m*; (*of house, bank account etc*) numéro *m* ♦ *vt* numéroter; (*amount to*) compter; **a ~ of** un certain nombre de; **to be ~ed among** compter parmi; **they were seven in ~** ils étaient (au nombre de) sept; **~ plate** *n* (*AUT*) plaque *f* minéralogique *or* d'immatriculation
numeral ['njuːmərəl] *n* chiffre *m*
numerate ['njuːmərɪt] (*BRIT*) *adj*: **to be ~** avoir des notions d'arithmétique
numerical [njuː'merɪkəl] *adj* numérique
numerous ['njuːmərəs] *adj* nombreux(euse)
nun [nʌn] *n* religieuse *f*, sœur *f*
nurse [nɜːs] *n* infirmière *f* ♦ *vt* (*patient, cold*) soigner
nursery ['nɜːsərɪ] *n* (*room*) nursery *f*; (*institution*) crèche *f*; (*for plants*) pépinière *f*; **~ rhyme** *n* comptine *f*, chansonnette *f* pour enfants; **~ school** *n* école maternelle; **~ slope** *n* (*SKI*) piste *f* pour débutants
nursing ['nɜːsɪŋ] *n* (*profession*) profession *f* d'infirmière; (*care*) soins *mpl*; **~ home** *n* clinique *f*; maison *f* de convalescence; **~ mother** *n* mère *f* qui allaite
nut [nʌt] *n* (*of metal*) écrou *m*; (*fruit*) noix *f*; noisette *f*; cacahuète *f*; **~crackers** ['nʌtkrækəz] *npl* casse-noix *m inv*, casse-noisette(s) *m*
nutmeg ['nʌtmeg] *n* (noix *f*) muscade *f*
nutritious [njuː'trɪʃəs] *adj* nutritif(ive), nourrissant(e)
nuts (*inf*) *adj* dingue
nutshell ['nʌtʃel] *n*: **in a ~** en un mot
nylon ['naɪlɒn] *n* nylon *m* ♦ *adj* de *or* en nylon

O

oak [əʊk] *n* chêne *m* ♦ *adj* de *or* en (bois de) chêne
OAP (*BRIT*) *n abbr* = **old-age pensioner**
oar [ɔː*] *n* aviron *m*, rame *f*
oasis [əʊ'eɪsɪs, *pl* əʊ'eɪsiːz] (*pl* **oa-**

ses) *n* oasis *f*

oath [əʊθ] *n* serment *m*; (*swear word*) juron *m*; **under ~**, *(BRIT)* **on ~** sous serment

oatmeal ['əʊtmi:l] *n* flocons *mpl* d'avoine

oats [əʊts] *n* avoine *f*

obedience [ə'bi:dɪəns] *n* obéissance *f*; **obedient** [ə'bi:dɪənt] *adj* obéissant(e)

obey [ə'beɪ] *vt* obéir à; (*instructions*) se conformer à

obituary [ə'bɪtjʊərɪ] *n* nécrologie *f*

object [*n* 'ɒbdʒɪkt, *vb* əb'dʒekt] *n* objet *m*; (*purpose*) but *m*, objet; (*LING*) complément *m* d'objet ♦ *vi*: **to ~ to** (*attitude*) désapprouver; (*proposal*) protester contre; **expense is no ~** l'argent n'est pas un problème; **he ~ed that ...** il a fait valoir *or* a objecté que ...; **I ~!** je proteste!; **~ion** [əb'dʒekʃən] *n* objection *f*; **~ionable** [əb'dʒekʃnəbl] *adj* très désagréable; (*language*) choquant(e); **~ive** [əb'dʒektɪv] *n* objectif *m* ♦ *adj* objectif(ive)

obligation [ɒblɪ'geɪʃən] *n* obligation *f*, devoir *m*; **without ~** sans engagement

oblige [ə'blaɪdʒ] *vt* (*force*): **to ~ sb to do** obliger *or* forcer qn à faire; (*do a favour*) rendre service à, obliger; **to be ~d to sb for sth** être obligé(e) à qn de qch; **obliging** [ə'blaɪdʒɪŋ] *adj* obligeant(e), serviable

oblique [ə'bli:k] *adj* oblique; (*allusion*) indirect(e)

obliterate [ə'blɪtəreɪt] *vt* effacer

oblivion [ə'blɪvɪən] *n* oubli *m*; **oblivious** [ə'blɪvɪəs] *adj*: **oblivious of** oublieux(euse) de

oblong ['ɒblɒŋ] *adj* oblong(ue) ♦ *n* rectangle *m*

obnoxious [əb'nɒkʃəs] *adj* odieux(euse); (*smell*) nauséabond(e)

oboe ['əʊbəʊ] *n* hautbois *m*

obscene [əb'si:n] *adj* obscène

obscure [əb'skjʊə*] *adj* obscur(e) ♦ *vt* obscurcir; (*hide*: *sun*) cacher

observant [əb'zɜ:vənt] *adj* observateur(trice)

observation [ɒbzə'veɪʃən] *n* (*remark*) observation *f*; (*watching*) surveillance *f*; **observatory** [əb'zɜ:vətrɪ] *n* observatoire *m*

observe [əb'zɜ:v] *vt* observer; (*remark*) faire observer *or* remarquer; **~r** *n* observateur(trice)

obsess [əb'ses] *vt* obséder; **~ive** *adj* obsédant(e)

obsolescence [ɒbsə'lesns] *n* vieillissement *m*

obsolete ['ɒbsəli:t] *adj* dépassé(e); démodé(e)

obstacle ['ɒbstəkl] *n* obstacle *m*; **~ race** *n* course *f* d'obstacles

obstinate ['ɒbstɪnət] *adj* obstiné(e)

obstruct [əb'strʌkt] *vt* (*block*) boucher, obstruer; (*hinder*) entraver

obtain [əb'teɪn] *vt* obtenir; **~able** *adj* qu'on peut obtenir

obvious ['ɒbvɪəs] *adj* évident(e), manifeste; **~ly** *adv* manifestement; **~ly not!** bien sûr que non!

occasion [ə'keɪʒən] *n* occasion *f*; (*event*) événement *m*; **~al** *adj* pris(e) *or* fait(e) *etc* de temps en temps; occasionnel(le); **~ally** *adv* de temps en temps, quelquefois

occupation [ɒkjʊ'peɪʃən] *n* occupation *f*; (*job*) métier *m*, profession *f*; **~al hazard** *n* risque *m* du métier

occupier ['ɒkjʊpaɪə*] *n* occupant(e)

occupy ['ɒkjʊpaɪ] *vt* occuper; **to ~ o.s. in** *or* **with doing** s'occuper à faire

occur [ə'kɜ:*] *vi* (*event*) se produire; (*phenomenon, error*) se rencontrer; **to ~ to sb** venir à l'esprit de qn; **~rence** *n* (*existence*) présence *f*, existence *f*; (*event*) cas *m*, fait *m*

ocean ['əʊʃən] *n* océan *m*; **~-going** *adj* de haute mer

o'clock [ə'klɒk] *adv*: **it is 5 ~** il est 5 heures

OCR *n abbr* = **optical character reader; optical character recognition**

October [ɒk'təʊbə*] *n* octobre *m*

octopus ['ɒktəpəs] *n* pieuvre *f*
odd [ɒd] *adj* (*strange*) bizarre, curieux(euse); (*number*) impair(e); (*not of a set*) dépareillé(e); **60-odd** 60 et quelques; **at ~ times** de temps en temps; **the ~ one out** l'exception *f*; **~ity** *n* (*person*) excentrique *m/f*; (*thing*) curiosité *f*; **~-job man** *n* homme *m* à tout faire; **~ jobs** *npl* petits travaux divers; **~ly** *adv* bizarrement, curieusement; **~ments** *npl* (*COMM*) fins *fpl* de série; **~s** *npl* (*in betting*) cote *f*; **it makes no ~s** cela n'a pas d'importance; **at ~s** en désaccord; **~s and ends** de petites choses
odour ['əudə*] (*US* **odor**) *n* odeur *f*

KEYWORD

of [ɒv, əv] *prep* **1** (*gen*) de; **a friend ~ ours** un de nos amis; **a boy ~ 10** un garçon de 10 ans; **that was kind ~ you** c'était gentil de votre part
2 (*expressing quantity, amount, dates etc*) de; **a kilo ~ flour** un kilo de farine; **how much ~ this do you need?** combien vous en faut-il?; **there were 3 ~ them** (*people*) ils étaient 3; (*objects*) il y en avait 3; **3 ~ us went** 3 d'entre nous sont allé(e)s; **the 5th ~ July** le 5 juillet
3 (*from, out of*) en, de; **a statue ~ marble** une statue de *or* en marbre; **made ~ wood** (fait) en bois

off [ɒf] *adj, adv* (*engine*) coupé(e); (*tap*) fermé(e); (*BRIT*: *food*: *bad*) mauvais(e); (: *milk*) tourné(e); (*absent*) absent(e); (*cancelled*) annulé(e) ♦ *prep* de; sur; **to be ~** (*to leave*) partir, s'en aller; **to be ~ sick** être absent pour cause de maladie; **a day ~** un jour de congé; **to have an ~ day** n'être pas en forme; **he had his coat ~** il avait enlevé son manteau; **10% ~** (*COMM*) 10% de rabais; **~ the coast** au large de la côte; **I'm ~ meat** je ne mange plus de viande, je n'aime plus la viande; **on the ~ chance** à tout hasard
offal ['ɒfəl] *n* (*CULIN*) abats *mpl*
off-colour ['ɒf'kʌlə*] (*BRIT*) *adj* (*ill*) malade, mal fichu(e)
offence [ə'fens] (*US* **offense**) *n* (*crime*) délit *m*, infraction *f*; **to take ~ at** se vexer de, s'offenser de
offend [ə'fend] *vt* (*person*) offenser, blesser; **~er** *n* délinquant(e)
offense [ə'fens] (*US*) *n* = **offence**
offensive [ə'fensɪv] *adj* offensant(e), choquant(e); (*smell etc*) très déplaisant(e); (*weapon*) offensif(ive) ♦ *n* (*MIL*) offensive *f*
offer ['ɒfə*] *n* offre *f*, proposition *f* ♦ *vt* offrir, proposer; **"on ~"** (*COMM*) "en promotion"; **~ing** *n* offrande *f*
offhand ['ɒf'hænd] *adj* désinvolte ♦ *adv* spontanément
office ['ɒfɪs] *n* (*place, room*) bureau *m*; (*position*) charge *f*, fonction *f*; **doctor's ~** (*US*) cabinet (médical); **to take ~** entrer en fonctions; **~ automation** *n* bureautique *f*; **~ block** (*US* **~ building**) *n* immeuble *m* de bureaux; **~ hours** *npl* heures *fpl* de bureau; (*US*: *MED*) heures de consultation
officer ['ɒfɪsə*] *n* (*MIL etc*) officier *m*; (*also*: *police ~*) agent *m* (de police); (*of organization*) membre *m* du bureau directeur
office worker *n* employé(e) de bureau
official [ə'fɪʃəl] *adj* officiel(le) ♦ *n* officiel *m*; (*civil servant*) fonctionnaire *m/f*; employé(e); **~dom** *n* administration *f*, bureaucratie *f*
officiate [ə'fɪʃɪeɪt] *vi* (*REL*) officier; **to ~ at a marriage** célébrer un mariage
officious [ə'fɪʃəs] *adj* trop empressé(e)
offing ['ɒfɪŋ] *n*: **in the ~** (*fig*) en perspective
off: **~-licence** (*BRIT*) *n* (*shop*) débit *m* de vins et de spiritueux; **~-line** *adj, adv* (*COMPUT*) (en mode) autonome; (: *switched off*) non connecté(e); **~-peak** *adj* aux heures creu-

ses; (*electricity, heating, ticket*) au tarif heures creuses; **~-putting** (*BRIT*) *adj* (*remark*) rébarbatif(ive); (*person*) rebutant(e), peu engageant(e); **~-season** *adj, adv* hors-saison *inv*

offset ['ɒfset] (*irreg*) *vt* (*counteract*) contrebalancer, compenser

offshoot ['ɒfʃu:t] *n* (*fig*) ramification *f*, antenne *f*

offshore ['ɒf'ʃɔ:*] *adj* (*breeze*) de terre; (*fishing*) côtier(ère)

offside ['ɒf'saɪd] *adj* (*SPORT*) hors jeu; (*AUT: with right-hand drive*) de droite; (*: with left-hand drive*) de gauche

offspring ['ɒfsprɪŋ] *n inv* progéniture *f*

off: ~stage *adv* dans les coulisses; **~-the-peg** (*US* **~-the-rack**) *adv* en prêt-à-porter; **~-white** *adj* blanc cassé *inv*

often ['ɒfən] *adv* souvent; **how ~ do you go?** vous y allez tous les combien?; **how ~ have you gone there?** vous y êtes allé combien de fois?

ogle ['əugl] *vt* lorgner

oh [əu] *excl* ô!, oh!, ah!

oil [ɔɪl] *n* huile *f*; (*petroleum*) pétrole *m*; (*for central heating*) mazout *m* ♦ *vt* (*machine*) graisser; **~can** *n* burette *f* de graissage; (*for storing*) bidon *m* à huile; **~field** *n* gisement *m* de pétrole; **~ filter** *n* (*AUT*) filtre *m* à huile; **~ painting** *n* peinture *f* à l'huile; **~ refinery** *n* raffinerie *f*; **~ rig** *n* derrick *m*; (*at sea*) plate-forme pétrolière; **~skins** *npl* ciré *m*; **~ tanker** *n* (*ship*) pétrolier *m*; (*truck*) camion-citerne *m*; **~ well** *n* puits *m* de pétrole; **~y** *adj* huileux(euse); (*food*) gras(se)

ointment ['ɔɪntmənt] *n* onguent *m*

O.K., okay ['əu'keɪ] *excl* d'accord! ♦ *adj* (*average*) pas mal ♦ *vt* approuver, donner son accord à; **is it ~?, are you ~?** ça va?

old [əuld] *adj* vieux(vieille); (*person*) vieux, âgé(e); (*former*) ancien(ne), vieux; **how ~ are you?** quel âge avez-vous?; **he's 10 years ~** il a 10 ans, il est âgé de 10 ans; **~er brother/sister** frère/sœur aîné(e); **~ age** *n* vieillesse *f*; **~ age pensioner** (*BRIT*) *n* retraité(e); **~-fashioned** *adj* démodé(e); (*person*) vieux jeu *inv*

olive ['ɒlɪv] *n* (*fruit*) olive *f*; (*tree*) olivier *m* ♦ *adj* (*also*: **~-green**) (vert) olive *inv*; **~ oil** *n* huile *f* d'olive

Olympic [əu'lɪmpɪk] *adj* olympique; **the ~ Games, the ~s** les Jeux *mpl* olympiques

omelet(te) ['ɒmlət] *n* omelette *f*

omen ['əumən] *n* présage *m*

ominous ['ɒmɪnəs] *adj* menaçant(e), inquiétant(e); (*event*) de mauvais augure

omit [əu'mɪt] *vt* omettre; **to ~ to do** omettre de faire

KEYWORD

on [ɒn] *prep* **1** (*indicating position*) sur; **~ the table** sur la table; **~ the wall** sur le *or* au mur; **~ the left** à gauche

2 (*indicating means, method, condition etc*): **~ foot** à pied; **~ the train/plane** (*be*) dans le train/l'avion; (*go*) en train/avion; **~ the telephone/radio/television** au téléphone/à la radio/à la television; **to be ~ drugs** se droguer; **~ holiday** en vacances

3 (*referring to time*): **~ Friday** vendredi; **~ Fridays** le vendredi; **~ June 20th** le 20 juin; **a week ~ Friday** vendredi en huit; **~ arrival** à l'arrivée; **~ seeing this** en voyant cela

4 (*about, concerning*) sur, de; **a book ~ Balzac/physics** un livre sur Balzac/de physique

♦ *adv* **1** (*referring to dress, covering*): **to have one's coat ~** avoir (mis) son manteau; **to put one's coat ~** mettre son manteau; **what's she got ~?** qu'est-ce qu'elle porte?; **screw the lid ~ tightly** vissez bien le couvercle

2 (*further, continuously*): **to walk** *etc* ~ continuer à marcher *etc*; ~ **and off** de temps à autre
♦ *adj* **1** (*in operation: machine*) en marche; (: *radio, TV, light*) allumé(e); (: *tap, gas*) ouvert(e); (: *brakes*) mis(e); **is the meeting still** ~? (*not cancelled*) est-ce que la réunion a bien lieu?; (*in progress*) la réunion dure-t-elle encore?; **when is this film** ~? quand passe ce film?
2 (*inf*): **that's not** ~! (*not acceptable*) cela ne se fait pas!; (*not possible*) pas question!

once [wʌns] *adv* une fois; (*formerly*) autrefois ♦ *conj* une fois que; ~ **he had left/it was done** une fois qu'il fut parti/que ce fut terminé; **at** ~ tout de suite, immédiatement; (*simultaneously*) à la fois; ~ **a week** une fois par semaine; ~ **more** encore une fois; ~ **and for all** une fois pour toutes; ~ **upon a time** il y avait une fois, il était une fois

oncoming ['ɒnkʌmɪŋ] *adj* (*traffic*) venant en sens inverse

KEYWORD

one [wʌn] *num* un(e); ~ **hundred and fifty** cent cinquante; ~ **day** un jour
♦ *adj* **1** (*sole*) seul(e), unique; **the** ~ **book which** l'unique *or* le seul livre qui; **the** ~ **man who** le seul (homme) qui
2 (*same*) même; **they came in the** ~ **car** ils sont venus dans la même voiture
♦ *pron* **1**: **this** ~ celui-ci(celle-ci); **that** ~ celui-là(celle-là); **I've already got** ~**/a red** ~ j'en ai déjà un(e)/un(e) rouge; ~ **by** ~ un(e) à *or* par un(e)
2: ~ **another** l'un(e) l'autre; **to look at** ~ **another** se regarder
3 (*impersonal*) on; ~ **never knows** on ne sait jamais; **to cut** ~**'s finger** se couper le doigt

one: ~**-day excursion** (*US*) *n* billet *m* d'aller-retour (valable pour la journée); ~**-man** *adj* (*business*) dirigé(e) *etc* par un seul homme; ~**-man band** *n* homme-orchestre *m*; ~**-off** (*BRIT: inf*) *n* exemplaire *m* unique

oneself [wʌn'self] *pron* (*reflexive*) se; (*after prep*) soi(-même); (*emphatic*) soi-même; **to hurt** ~ se faire mal; **to keep sth for** ~ garder qch pour soi; **to talk to** ~ se parler à soi-même

one: ~**-sided** *adj* (*argument*) unilatéral; ~**-to-**~ *adj* (*relationship*) univoque; ~**-upmanship** *n*: **the art of** ~**-upmanship** l'art de faire mieux que les autres; ~**-way** *adj* (*street, traffic*) à sens unique

ongoing ['ɒngəuɪŋ] *adj* en cours; (*relationship*) suivi(e)

onion ['ʌnjən] *n* oignon *m*

on-line ['ɒn'laɪn] *adj, adv* (*COMPUT*) en ligne; (: *switched on*) connecté(e)

onlooker ['ɒnlukə*] *n* spectateur (trice)

only ['əunlɪ] *adv* seulement ♦ *adj* seul(e), unique ♦ *conj* seulement, mais; **an** ~ **child** un enfant unique; **not** ~ ... **but also** non seulement ... mais aussi

onset ['ɒnset] *n* début *m*; (*of winter, old age*) approche *f*

onshore ['ɒnʃɔː*] *adj* (*wind*) du large

onslaught ['ɒnslɔːt] *n* attaque *f*, assaut *m*

onto ['ɒntu] *prep* = **on to**

onus ['əunəs] *n* responsabilité *f*

onward(s) ['ɒnwəd(z)] *adv* (*move*) en avant; **from that time** ~ à partir de ce moment

ooze [uːz] *vi* suinter

opaque [əu'peɪk] *adj* opaque

OPEC ['əupek] *n abbr* (= *Organization of Petroleum Exporting Countries*) O.P.E.P. *f*

open ['əupən] *adj* ouvert(e); (*car*) découvert(e); (*road, view*) dégagé(e); (*meeting*) public(ique); (*admiration*) manifeste ♦ *vt* ouvrir ♦ *vi* (*flower, eyes, door, debate*) s'ouvrir; (*shop, bank, museum*) ouvrir; (*book etc: commence*) commencer, débuter; **in the ~ (air)** en plein air; **~ on to** *vt fus* (*subj: room, door*) donner sur; **~ up** *vt* ouvrir; (*blocked road*) dégager ♦ *vi* s'ouvrir; **~ing** *n* ouverture *f*; (*opportunity*) occasion *f* ♦ *adj* (*remarks*) préliminaire; **~ly** *adv* ouvertement; **~-minded** *adj* à l'esprit ouvert; **~-necked** *adj* à col ouvert; **~-plan** *adj* sans cloisons

opera ['ɒpərə] *n* opéra *m*; **~ singer** *n* chanteur(euse) d'opéra

operate ['ɒpəreɪt] *vt* (*machine*) faire marcher, faire fonctionner ♦ *vi* fonctionner; (*MED*): **to ~ (on sb)** opérer (qn)

operatic [ɒpə'rætɪk] *adj* d'opéra

operating: ~table *n* table *f* d'opération; **~ theatre** *n* salle *f* d'opération

operation [ɒpə'reɪʃən] *n* opération *f*; (*of machine*) fonctionnement *m*; **to be in ~** (*system, law*) être en vigueur; **to have an ~** (*MED*) se faire opérer

operative ['ɒpərətɪv] *adj* (*measure*) en vigueur

operator ['ɒpəreɪtə*] *n* (*of machine*) opérateur(trice); (*TEL*) téléphoniste *m/f*

opinion [ə'pɪnjən] *n* opinion *f*, avis *m*; **in my ~** à mon avis; **~ated** *adj* aux idées bien arrêtées; **~ poll** *n* sondage *m* (d'opinion)

opponent [ə'pəʊnənt] *n* adversaire *m/f*

opportunity [ɒpə'tju:nɪtɪ] *n* occasion *f*; **to take the ~ of doing** profiter de l'occasion pour faire; en profiter pour faire

oppose [ə'pəʊz] *vt* s'opposer à; **~d to** opposé(e) à; **as ~d to** par opposition à; **opposing** [ə'pəʊzɪŋ] *adj* (*side*) opposé(e)

opposite ['ɒpəzɪt] *adj* opposé(e); (*house etc*) d'en face ♦ *adv* en face ♦ *prep* en face de ♦ *n* opposé *m*, contraire *m*; **the ~ sex** l'autre sexe, le sexe opposé

opposition [ɒpə'zɪʃən] *n* opposition *f*

oppress [ə'pres] *vt* opprimer

oppressive *adj* (*political regime*) oppressif(ive); (*weather*) lourd(e); (*heat*) accablant(e)

opt [ɒpt] *vi*: **to ~ for** opter pour; **to ~ to do** choisir de faire; **~ out** *vi*: **to ~ out of** choisir de ne pas participer à *or* de ne pas faire

optical ['ɒptɪkəl] *adj* optique; (*instrument*) d'optique; **~ character recognition/reader** *n* lecture *f*/lecteur *m* optique

optician [ɒp'tɪʃən] *n* opticien(ne)

optimist ['ɒptɪmɪst] *n* optimiste *m/f*; **~ic** *adj* optimiste

option ['ɒpʃən] *n* choix *m*, option *f*; (*SCOL*) matière *f* à option; (*COMM*) option; **~al** *adj* facultatif(ive); (*COMM*) en option

or [ɔ:*] *conj* ou; (*with negative*): **he hasn't seen ~ heard anything** il n'a rien vu ni entendu; **~ else** sinon; ou bien

oral ['ɔ:rəl] *adj* oral(e) ♦ *n* oral *m*

orange ['ɒrɪndʒ] *n* (*fruit*) orange *f* ♦ *adj* orange *inv*

orator ['ɒrətə*] *n* orateur(trice)

orbit ['ɔ:bɪt] *n* orbite *f* ♦ *vt* graviter autour de

orchard ['ɔ:tʃəd] *n* verger *m*

orchestra ['ɔ:kɪstrə] *n* orchestre *m*; (*US: seating*) (fauteuils *mpl* d')orchestre

orchid ['ɔ:kɪd] *n* orchidée *f*

ordain [ɔ:'deɪn] *vt* (*REL*) ordonner

ordeal [ɔ:'di:l] *n* épreuve *f*

order ['ɔ:də*] *n* ordre *m*; (*COMM*) commande *f* ♦ *vt* ordonner; (*COMM*) commander; **in ~** en ordre; (*document*) en règle; **in (working) ~** en état de marche; **out of ~** (*not in correct order*) en désordre; (*not working*) en dérangement; **in ~ to do/that** pour faire/que +*sub*; **on ~** (*COMM*) en commande; **to ~ sb to do** ordonner à qn de faire; **~ form** *n* bon *m* de commande; **~ly** *n* (*MIL*)

ordonnance *f*; (*MED*) garçon *m* de salle ♦ *adj* (*room*) en ordre; (*person*) qui a de l'ordre
ordinary ['ɔ:dnrɪ] *adj* ordinaire, normal(e); (*pej*) ordinaire, quelconque; out of the ~ exceptionnel(le)
Ordnance Survey map *n* ≈ carte *f* d'Etat-Major
ore [ɔ:*] *n* minerai *m*
organ ['ɔ:gən] *n* organe *m*; (*MUS*) orgue *m*, orgues *fpl*; **~ic** [ɔ:'gænɪk] *adj* organique
organization [ɔ:gənaɪ'zeɪʃən] *n* organisation *f*
organize ['ɔ:gənaɪz] *vt* organiser; **~r** *n* organisateur(trice)
orgasm ['ɔ:gæzəm] *n* orgasme *m*
Orient ['ɔ:rɪənt] *n*: the ~ l'Orient *m*; **o~al** [ɔ:rɪ'entəl] *adj* oriental(e)
origin ['ɒrɪdʒɪn] *n* origine *f*
original [ə'rɪdʒɪnl] *adj* original(e); (*earliest*) originel(le) ♦ *n* original *m*; **~ly** *adv* (*at first*) à l'origine
originate [ə'rɪdʒɪneɪt] *vi*: to ~ **from** (*person*) être originaire de; (*suggestion*) provenir de; to ~ **in** prendre naissance dans; avoir son origine dans
Orkneys ['ɔ:knɪz] *npl*: the ~ (*also*: *the Orkney Islands*) les Orcades *fpl*
ornament ['ɔ:nəmənt] *n* ornement *m*; (*trinket*) bibelot *m*; **~al** [ɔ:nə'mentl] *adj* décoratif(ive); (*garden*) d'agrément
ornate [ɔ:'neɪt] *adj* très orné(e)
orphan ['ɔ:fən] *n* orphelin(e); **~age** *n* orphelinat *m*
orthopaedic [ɔ:θəʊ'pi:dɪk] (*US* **orthopedic**) *adj* orthopédique
ostensibly [ɒs'tensəblɪ] *adv* en apparence
ostentatious [ɒsten'teɪʃəs] *adj* prétentieux(euse)
ostracize ['ɒstrəsaɪz] *vt* frapper d'ostracisme
ostrich ['ɒstrɪtʃ] *n* autruche *f*
other ['ʌðə*] *adj* autre ♦ *pron*: the ~ (one) l'autre; ~s (~ *people*) d'autres; ~ **than** autrement que; à part; **~wise** *adv*, *conj* autrement
otter ['ɒtə*] *n* loutre *f*
ouch [aʊtʃ] *excl* aïe!
ought [ɔ:t] (*pt* **ought**) *aux vb*: **I** ~ **to do it** je devrais le faire, il faudrait que je le fasse; **this** ~ **to have been corrected** cela aurait dû être corrigé; **he** ~ **to win** il devrait gagner
ounce [aʊns] *n* once *f* (= *28.35g; 16 in a pound*)
our [aʊə*] *adj* notre, nos *pl*; *see also* **my**; **~s** *pron* le(la) nôtre, les nôtres; *see also* **mine**; **~selves** *pron pl* (*reflexive, after preposition*) nous; (*emphatic*) nous-mêmes; *see also* **oneself**
oust [aʊst] *vt* évincer
out [aʊt] *adv* dehors; (*published, not at home etc*) sorti(e); (*light, fire*) éteint(e); ~ **here** ici; ~ **there** là-bas; **he's** ~ (*absent*) il est sorti; (*unconscious*) il est sans connaissance; **to be** ~ **in one's calculations** s'être trompé dans ses calculs; **to run/back** *etc* ~ sortir en courant/en reculant *etc*; ~ **loud** à haute voix; ~ **of** (*outside*) en dehors de; (*because of*: *anger etc*) par; (*from among*): ~ **of 10** sur 10; ~ **of**; (*without*): ~ **of petrol** sans essence, à court d'essence; ~ **of order** (*machine*) en panne; (*TEL*: *line*) en dérangement; **~-and-out** *adj* (*liar, thief etc*) véritable
outback ['aʊtbæk] *n* (*in Australia*): the ~ l'intérieur *m*
outboard ['aʊtbɔ:d] *n* (*also*: ~ *motor*) (moteur *m*) hors-bord *m*;
out: ~break ['aʊtbreɪk] *n* (*of war, disease*) début *m*; (*of violence*) éruption *f*; **~burst** ['aʊtbɜ:st] *n* explosion *f*, accès *m*; **~cast** ['aʊtkɑ:st] *n* exilé(e); (*socially*) paria *m*; **~come** ['aʊtkʌm] *n* issue *f*, résultat *m*; **~crop** ['aʊtkrɒp] *n* (*of rock*) affleurement *m*; **~cry** ['aʊtkraɪ] *n* tollé (général); **~dated** [aʊt'deɪtɪd] *adj* démodé(e); **~do** [aʊt'du:] (*irreg*) *vt* surpasser
outdoor ['aʊtdɔ:*] *adj* de *or* en plein air; **~s** *adv* dehors; au grand air

outer ['autə*] *adj* extérieur(e); **~ space** *n* espace *m* cosmique
outfit ['autfɪt] *n* (*clothes*) tenue *f*
outgoing ['autgəuɪŋ] *adj* (*character*) ouvert(e), extraverti(e); (*retiring*) sortant(e); **~s** (*BRIT*) *npl* (*expenses*) dépenses *fpl*
outgrow [aut'grəu] (*irreg*) *vt* (*clothes*) devenir trop grand(e) pour
outhouse ['authaus] *n* appentis *m*, remise *f*
outing ['autɪŋ] *n* sortie *f*; excursion *f*
outlandish [aut'lændɪʃ] *adj* étrange
outlaw ['autlɔː] *n* hors-la-loi *m inv* ♦ *vt* mettre hors-la-loi
outlay ['autleɪ] *n* dépenses *fpl*; (*investment*) mise *f* de fonds
outlet ['autlet] *n* (*for liquid etc*) issue *f*, sortie *f*; (*US*: *ELEC*) prise *f* de courant; (*also*: *retail* ~) point *m* de vente
outline ['autlaɪn] *n* (*shape*) contour *m*; (*summary*) esquisse *f*, grandes lignes ♦ *vt* (*fig*: *theory, plan*) exposer à grands traits
out: ~live [aut'lɪv] *vt* survivre à; **~look** ['autluk] *n* perspective *f*; **~lying** ['autlaɪɪŋ] *adj* écarté(e); **~moded** [aut'məudɪd] *adj* démodé(e); dépassé(e); **~number** [aut'nʌmbə*] *vt* surpasser en nombre
out-of-date [autəv'deɪt] *adj* (*passport*) périmé(e); (*theory etc*) dépassé(e); (*clothes etc*) démodé(e)
out-of-the-way [autəvðə'weɪ] *adj* (*place*) loin de tout
outpatient ['autpeɪʃənt] *n* malade *m/f* en consultation externe
outpost ['autpəust] *n* avant-poste *m*
output ['autput] *n* rendement *m*, production *f*; (*COMPUT*) sortie *f*
outrage ['autreɪdʒ] *n* (*anger*) indignation *f*; (*violent act*) atrocité *f*; (*scandal*) scandale *m* ♦ *vt* outrager; **~ous** [aut'reɪdʒəs] *adj* atroce; scandaleux(euse)
outright [*adv* 'autraɪt, *adj* aut'raɪt] *adv* complètement; (*deny, refuse*) catégoriquement; (*ask*) carrément; (*kill*) sur le coup ♦ *adj* complet(ète); catégorique
outset ['autset] *n* début *m*
outside ['aut'saɪd] *n* extérieur *m* ♦ *adj* extérieur(e) ♦ *adv* (au) dehors, à l'extérieur ♦ *prep* hors de, à l'extérieur de; **at the ~** (*fig*) au plus *or* maximum; **~ lane** *n* (*AUT*: *in Britain*) voie *f* de droite; (: *in US, Europe*) voie de gauche; **~ line** *n* (*TEL*) ligne extérieure; **~r** *n* (*stranger*) étranger(ère)
out: ~size ['autsaɪz] *adj* énorme; (*clothes*) grande taille *inv*; **~skirts** ['autskɜːts] *npl* faubourgs *mpl*; **~spoken** [aut'spəukən] *adj* très franc(franche)
outstanding [aut'stændɪŋ] *adj* remarquable, exceptionnel(le); (*unfinished*) en suspens; (*debt*) impayé(e); (*problem*) non réglé(e)
outstay [aut'steɪ] *vt*: **to ~ one's welcome** abuser de l'hospitalité de son hôte
out: ~stretched ['autstretʃt] *adj* (*hand*) tendu(e); **~strip** [aut'strɪp] *vt* (*competitors, demand*) dépasser; **~ tray** *n* courrier *m* "départ"
outward ['autwəd] *adj* (*sign, appearances*) extérieur(e); (*journey*) (d')aller; **~ly** *adv* extérieurement; en apparence
outweigh [aut'weɪ] *vt* l'emporter sur
outwit [aut'wɪt] *vt* se montrer plus malin que
oval ['əuvəl] *adj* ovale ♦ *n* ovale *m*
ovary ['əuvərɪ] *n* ovaire *m*
oven ['ʌvn] *n* four *m*; **~proof** *adj* allant au four
over ['əuvə*] *adv* (par-)dessus ♦ *adj* (*finished*) fini(e), terminé(e); (*too much*) en plus ♦ *prep* sur; par-dessus; (*above*) au-dessus de; (*on the other side of*) de l'autre côté de; (*more than*) plus de; (*during*) pendant; **~ here** ici; **~ there** là-bas; **all ~** (*everywhere*) partout; (*finished*) fini(e); **~ and ~ (again)** à plusieurs reprises; **~ and above** en plus de; **to ask sb ~** inviter qn (à passer)

overall [*adj, n* 'əuvərɔ:l, *adv* əuvər'ɔ:l] *adj* (*length, cost etc*) total(e); (*study*) d'ensemble ♦ *n* (*BRIT*) blouse *f* ♦ *adv* dans l'ensemble, en général; **~s** *npl* bleus *mpl* (de travail)
overawe [əuvər'ɔ:] *vt* impressionner
over: ~balance [əuvə'bæləns] *vi* basculer; **~bearing** [əuvə'bɛərɪŋ] *adj* impérieux(euse), autoritaire; **~board** ['əuvəbɔ:d] *adv* (*NAUT*) par-dessus bord; **~book** [əuvə'buk] *vt* faire du surbooking; **~cast** ['əuvəkɑ:st] *adj* couvert(e)
overcharge ['əuvə'tʃɑ:dʒ] *vt*: **to ~ sb for sth** faire payer qch trop cher à qn
overcoat ['əuvəkəut] *n* pardessus *m*
overcome [əuvə'kʌm] (*irreg*) *vt* (*defeat*) triompher de; (*difficulty*) surmonter
overcrowded [əuvə'kraudɪd] *adj* bondé(e)
overdo [əuvə'du:] (*irreg*) *vt* exagérer; (*overcook*) trop cuire; **to ~ it** (*work etc*) se surmener
overdose ['əuvədəus] *n* dose excessive
overdraft ['əuvədrɑ:ft] *n* découvert *m*; **overdrawn** ['əuvə'drɔ:n] *adj* (*account*) à découvert; (*person*) dont le compte est à découvert
overdue ['əuvə'dju:] *adj* en retard; (*change, reform*) qui tarde
overestimate [əuvər'ɛstɪmeɪt] *vt* surestimer
overexcited [əuvərɪk'saɪtɪd] *adj* surexcité(e)
overflow [*vb* əuvə'fləu, *n* 'əuvəfləu] *vi* déborder ♦ *n* (*also*: **~ pipe**) tuyau *m* d'écoulement, trop-plein *m*
overgrown ['əuvə'grəun] *adj* (*garden*) envahi(e) par la végétation
overhaul [*vb* əuvə'hɔ:l, *n* 'əuvəhɔ:l] *vt* réviser ♦ *n* révision *f*
overhead [*adv* əuvə'hed, *adj, n* 'əuvəhed] *adv* au-dessus ♦ *adj* aérien(ne); (*lighting*) vertical(e) ♦ *n* (*US*) = **overheads**; **~s** *npl* (*expenses*) frais généraux
overhear [əuvə'hɪə*] (*irreg*) *vt* entendre (par hasard)
overheat [əuvə'hi:t] *vi* (*engine*) chauffer
overjoyed [əuvə'dʒɔɪd] *adj*: **~ (at)** ravi(e) (de), enchanté(e) (de)
overkill ['əuvəkɪl] *n*: **that would be ~** ce serait trop
overland *adj, adv* par voie de terre
overlap [*vb* əuvə'læp, *n* 'əuvəlæp] *vi* se chevaucher
overleaf [əuvə'li:f] *adv* au verso
overload ['əuvə'ləud] *vt* surcharger
overlook [əuvə'luk] *vt* (*have view of*) donner sur; (*miss: by mistake*) oublier; (*forgive*) fermer les yeux sur
overnight [*adv* 'əuvə'naɪt, *adj* 'əuvənaɪt] *adv* (*happen*) durant la nuit; (*fig*) soudain ♦ *adj* d'une (*or* de) nuit; **he stayed there ~** il y a passé la nuit
overpass *n* pont autoroutier
overpower [əuvə'pauə*] *vt* vaincre; (*fig*) accabler; **~ing** *adj* (*heat, stench*) suffocant(e)
overrate ['əuvə'reɪt] *vt* surestimer
override [əuvə'raɪd] (*irreg: like* **ride**) *vt* (*order, objection*) passer outre à; **overriding** [əuvə'raɪdɪŋ] *adj* prépondérant(e)
overrule [əuvə'ru:l] *vt* (*decision*) annuler; (*claim*) rejeter; (*person*) rejeter l'avis de
overrun [əuvə'rʌn] (*irreg: like* **run**) *vt* (*country*) occuper; (*time limit*) dépasser
overseas ['əuvə'si:z] *adv* outre-mer; (*abroad*) à l'étranger ♦ *adj* (*trade*) extérieur(e); (*visitor*) étranger(ère)
overshadow [əuvə'ʃædəu] *vt* (*fig*) éclipser
oversight ['əuvəsaɪt] *n* omission *f*, oubli *m*
oversleep ['əuvə'sli:p] (*irreg*) *vi* se réveiller (trop) tard
overstate *vt* exagérer
overstep [əuvə'stɛp] *vt*: **to ~ the mark** dépasser la mesure
overt [əu'və:t] *adj* non dissimulé(e)

overtake [əuvə'teɪk] (*irreg*) *vt* (*AUT*) dépasser, doubler
overthrow [əuvə'θrəu] (*irreg*) *vt* (*government*) renverser
overtime ['əuvətaɪm] *n* heures *fpl* supplémentaires
overtone ['əuvətəun] *n* (*also*: ~*s*) note *f*, sous-entendus *mpl*
overture ['əuvətʃuə*] *n* (*MUS, fig*) ouverture *f*
overturn [əuvə'tɜːn] *vt* renverser ♦ *vi* se retourner
overweight ['əuvə'weɪt] *adj* (*person*) trop gros(se)
overwhelm [əuvə'welm] *vt* (*subj*: *emotion*) accabler; (*enemy, opponent*) écraser; **~ing** *adj* (*victory, defeat*) écrasant(e); (*desire*) irrésistible
overwork ['əuvə'wɜːk] *n* surmenage *m*
overwrought ['əuvə'rɔːt] *adj* excédé(e)
owe [əu] *vt*: **to ~ sb sth, to ~ sth to sb** devoir qch à qn; **owing to** ['əuɪŋ-] *prep* à cause de, en raison de
owl [aul] *n* hibou *m*
own [əun] *vt* posséder ♦ *adj* propre; **a room of my ~** une chambre à moi, ma propre chambre; **to get one's ~ back** prendre sa revanche; **on one's ~** tout(e) seul(e); **~ up** *vi* avouer; **~er** *n* propriétaire *m/f*; **~ership** *n* possession *f*
ox [ɒks] (*pl* **oxen**) *n* bœuf *m*
oxtail ['ɒksteɪl] *n*: **~ soup** soupe *f* à la queue de bœuf
oxygen ['ɒksɪdʒən] *n* oxygène *m*; **~ mask** *n* masque *m* à oxygène
oyster ['ɔɪstə*] *n* huître *f*
oz. *abbr* = **ounce(s)**
ozone hole *n* trou *m* d'ozone
ozone layer *n* couche *f* d'ozone

P

p [piː] *abbr* = **penny; pence**
PA *n abbr* = **personal assistant; public address system**
pa [pɑː] (*inf*) *n* papa *m*
p.a. *abbr* = **per annum**
pace [peɪs] *n* pas *m*; (*speed*) allure *f*; vitesse *f* ♦ *vi*: **to ~ up and down** faire les cent pas; **to keep ~ with** aller à la même vitesse que; **~maker** *n* (*MED*) stimulateur *m* cardiaque; (*SPORT*: *also*: *pacesetter*) meneur(euse) de train
Pacific *n*: **the ~ (Ocean)** le Pacifique, l'océan *m* Pacifique
pack [pæk] *n* (*packet; US*: *of cigarettes*) paquet *m*; (*of hounds*) meute *f*; (*of thieves etc*) bande *f*; (*back pack*) sac *m* à dos; (*of cards*) jeu *m* ♦ *vt* (*goods*) empaqueter, emballer; (*box*) remplir; (*cram*) entasser; **to ~ one's suitcase** faire sa valise; **to ~ (one's bags)** faire ses bagages; **to ~ sb off** to expédier qn à; **~ it in!** laisse tomber!, écrasé!
package ['pækɪdʒ] *n* paquet *m*; (*also*: **~ *deal***) forfait *m*; **~ tour** (*BRIT*) *n* voyage organisé
packed lunch ['pækt-] (*BRIT*) *n* repas froid
packet ['pækɪt] *n* paquet *m*
packing ['pækɪŋ] *n* emballage *m*; **~ case** *n* caisse *f* (d'emballage)
pact [pækt] *n* pacte *m*; traité *m*
pad [pæd] *n* bloc(-notes) *m*; (*to prevent friction*) tampon *m*; (*inf*: *home*) piaule *f* ♦ *vt* rembourrer; **~ding** *n* rembourrage *m*
paddle ['pædl] *n* (*oar*) pagaie *f*; (*US*: *for table tennis*) raquette *f* de ping-pong ♦ *vt*: **to ~ a canoe** *etc* pagayer ♦ *vi* barboter, faire trempette; **~ steamer** *n* bateau *m* à aubes; **paddling pool** (*BRIT*) *n* petit bassin
paddock ['pædək] *n* enclos *m*; (*RACING*) paddock *m*
paddy field ['pædɪ-] *n* rizière *f*

padlock ['pædlɒk] *n* cadenas *m*
paediatrics [pi:dɪ'ætrɪks] (*US* **pediatrics**) *n* pédiatrie *f*
pagan ['peɪgən] *adj*, *n* païen(ne)
page [peɪdʒ] *n* (*of book*) page *f*; (*also*: ~ *boy*) groom *m*, chasseur *m*; (*at wedding*) garçon *m* d'honneur ♦ *vt* (*in hotel etc*) (faire) appeler
pageant ['pædʒənt] *n* spectacle *m* historique; **~ry** *n* apparat *m*, pompe *f*
pager, paging device *n* (*TEL*) récepteur *m* d'appels
paid [peɪd] *pt, pp of* **pay** ♦ *adj* (*work, official*) rémunéré(e); (*holiday*) payé(e); **to put ~ to** (*BRIT*) mettre fin à, régler; **~ gunman** *n* tueur *m* à gages
pail [peɪl] *n* seau *m*
pain [peɪn] *n* douleur *f*; **to be in ~** souffrir, avoir mal; **to take ~s to do** se donner du mal pour faire; **~ed** *adj* peiné(e), chagrin(e); **~ful** *adj* douloureux(euse); (*fig*) difficile, pénible; **~fully** *adv* (*fig*: *very*) terriblement; **~killer** *n* analgésique *m*; **~less** *adj* indolore; **~staking** ['peɪnzteɪkɪŋ] *adj* (*person*) soigneux(euse); (*work*) soigné(e)
paint [peɪnt] *n* peinture *f* ♦ *vt* peindre; **to ~ the door blue** peindre la porte en bleu; **~brush** *n* pinceau *m*; **~er** *n* peintre *m*; **~ing** *n* peinture *f*; (*picture*) tableau *m*; **~work** *n* peinture *f*
pair [pɛə*] *n* (*of shoes, gloves etc*) paire *f*; (*of people*) couple *m*; **~ of scissors** (paire de) ciseaux *mpl*; **~ of trousers** pantalon *m*
pajamas [pə'dʒɑ:məz] (*US*) *npl* pyjama(s) *m(pl)*
Pakistan [pɑ:kɪ'stɑ:n] *n* Pakistan *m*; **~i** *adj* pakistanais(e) ♦ *n* Pakistanais(e)
pal [pæl] (*inf*) *n* copain(copine)
palace ['pæləs] *n* palais *m*
palatable ['pælətəbl] *adj* bon(bonne), agréable au goût
palate ['pælɪt] *n* palais *m* (*ANAT*)
pale [peɪl] *adj* pâle ♦ *n*: **beyond the ~** (*behaviour*) inacceptable; **to grow ~** pâlir
Palestine ['pælɪstaɪn] *n* Palestine *f*; **Palestinian** *adj* palestinien(ne) ♦ *n* Palestinien(ne)
palette ['pælɪt] *n* palette *f*
pall [pɔ:l] *n* (*of smoke*) voile *m* ♦ *vi* devenir lassant(e)
pallet ['pælɪt] *n* (*for goods*) palette *f*
pallid ['pælɪd] *adj* blême
palm [pɑ:m] *n* (*of hand*) paume *f*; (*also*: ~ *tree*) palmier *m* ♦ *vt*: **to ~ sth off on sb** (*inf*) refiler qch à qn; **P~ Sunday** *n* le dimanche des Rameaux
palpable ['pælpəbl] *adj* évident(e), manifeste
paltry ['pɔ:ltrɪ] *adj* dérisoire
pamper ['pæmpə*] *vt* gâter, dorloter
pamphlet ['pæmflət] *n* brochure *f*
pan [pæn] *n* (*also*: *sauce~*) casserole *f*; (: *frying ~*) poêle *f*
pancake ['pænkeɪk] *n* crêpe *f*
panda ['pændə] *n* panda *m*; **~ car** (*BRIT*) *n* ≈ voiture *f* pie *inv* (*de police*)
pandemonium [pændɪ'məunɪəm] *n* tohu-bohu *m*
pander ['pændə*] *vi*: **to ~ to** flatter bassement; obéir servilement à
pane [peɪn] *n* carreau *m*, vitre *f*
panel ['pænl] *n* (*of wood, cloth etc*) panneau *m*; (*RADIO, TV*) experts *mpl*; (*for interview, exams*) jury *m*; **~ling** (*US* **~ing**) *n* boiseries *fpl*
pang [pæŋ] *n*: **~s of remorse/jealousy** affres *mpl* du remords/de la jalousie; **~s of hunger/conscience** tiraillements *mpl* d'estomac/de la conscience
panic ['pænɪk] *n* panique *f*, affolement *m* ♦ *vi* s'affoler, paniquer; **~ky** *adj* (*person*) qui panique *or* s'affole facilement; **~-stricken** *adj* affolé(e)
pansy ['pænzɪ] *n* (*BOT*) pensée *f*; (*inf*: *pej*) tapette *f*, pédé *m*
pant [pænt] *vi* haleter
panther ['pænθə*] *n* panthère *f*
panties ['pæntɪz] *npl* slip *m*
pantihose ['pæntɪhəuz] (*US*) *npl* col-

lant *m*
pantomime ['pæntəmaɪm] (*BRIT*) *n* spectacle *m* de Noël
pantry ['pæntrɪ] *n* garde-manger *m inv*
pants [pænts] *npl* (*BRIT*: *woman's*) slip *m*; (: *man's*) slip, caleçon *m*; (*US*: *trousers*) pantalon *m*
paper ['peɪpə*] *n* papier *m*; (*also*: *wall~*) papier peint; (: *news~*) journal *m*; (*academic essay*) article *m*; (*exam*) épreuve écrite ♦ *adj* en *or* de papier ♦ *vt* tapisser (de papier peint); **~s** *npl* (*also*: *identity ~s*) papiers (d'identité); **~back** *n* livre *m* de poche; livre broché *or* non relié; **~ bag** *n* sac *m* en papier; **~ clip** *n* trombone *m*; **~ hankie** *n* mouchoir *m* en papier; **~weight** *n* presse-papiers *m inv*; **~work** *n* papiers *mpl*; (*pej*) paperasserie *f*
par [pɑː*] *n* pair *m*; (*GOLF*) normale *f* du parcours; **on a ~ with** à égalité avec, au même niveau que
parable ['pærəbl] *n* parabole *f* (*REL*)
parachute ['pærəʃuːt] *n* parachute *m*
parade [pə'reɪd] *n* défilé *m* ♦ *vt* (*fig*) faire étalage de ♦ *vi* défiler
paradise ['pærədaɪs] *n* paradis *m*
paradox ['pærədɒks] *n* paradoxe *m*; **~ically** [pærə'dɒksɪkəlɪ] *adv* paradoxalement
paraffin ['pærəfɪn] (*BRIT*) *n* (*also*: *~ oil*) pétrole (lampant)
paragon ['pærəgən] *n* modèle *m*
paragraph ['pærəgrɑːf] *n* paragraphe *m*
parallel ['pærəlel] *adj* parallèle; (*fig*) semblable ♦ *n* (*line*) parallèle *f*; (*fig, GEO*) parallèle *m*
paralyse ['pærəlaɪz] (*BRIT*) *vt* paralyser
paralysis [pə'ræləsɪs] *n* paralysie *f*
paralyze ['pærəlaɪz] (*US*) *vt* = paralyse
paramount ['pærəmaʊnt] *adj*: **of ~ importance** de la plus haute *or* grande importance
paranoid ['pærənɔɪd] *adj* (*PSYCH*) paranoïaque
paraphernalia ['pærəfə'neɪlɪə] *n* attirail *m*
parasol ['pærəsɒl] *n* ombrelle *f*; (*over table*) parasol *m*
paratrooper ['pærətruːpə*] *n* parachutiste *m* (*soldat*)
parcel ['pɑːsl] *n* paquet *m*, colis *m* ♦ *vt* (*also*: *~ up*) empaqueter
parch [pɑːtʃ] *vt* dessécher; **~ed** *adj* (*person*) assoiffé(e)
parchment ['pɑːtʃmənt] *n* parchemin *m*
pardon ['pɑːdn] *n* pardon *m*; grâce *f* ♦ *vt* pardonner à; **~ me!, I beg your ~!** pardon!, je suis désolé!; **(I beg your) ~?, (*US*) ~ me?** pardon?
parent ['pɛərənt] *n* père *m or* mère *f*; **~s** *npl* parents *mpl*
Paris ['pærɪs] *n* Paris
parish ['pærɪʃ] *n* paroisse *f*; (*BRIT*: *civil*) ≈ commune *f*
Parisian [pə'rɪzɪən] *adj* parisien(ne) ♦ *n* Parisien(ne)
park [pɑːk] *n* parc *m*, jardin public ♦ *vt* garer ♦ *vi* se garer
parking ['pɑːkɪŋ] *n* stationnement *m*; **"no ~"** "stationnement interdit"; **~ lot** (*US*) *n* parking *m*, parc *m* de stationnement; **~ meter** *n* parcomètre *m*; **~ ticket** *n* P.V. *m*
parlance ['pɑːləns] *n* langage *m*
parliament ['pɑːləmənt] *n* parlement *m*; **~ary** [pɑːlə'mentərɪ] *adj* parlementaire
parlour ['pɑːlə*] (*US* **parlor**) *n* salon *m*
parochial [pə'rəukɪəl] (*pej*) *adj* à l'esprit de clocher
parody ['pærədɪ] *n* parodie *f*
parole [pə'rəul] *n*: **on ~** en liberté conditionnelle
parrot ['pærət] *n* perroquet *m*
parry ['pærɪ] *vt* (*blow*) esquiver
parsley ['pɑːslɪ] *n* persil *m*
parsnip ['pɑːsnɪp] *n* panais *m*
parson ['pɑːsn] *n* ecclésiastique *m*; (*Church of England*) pasteur *m*
part [pɑːt] *n* partie *f*; (*of machine*) pièce *f*; (*THEATRE etc*) rôle *m*; (*of*

serial) épisode *m*; (*US*: *in hair*) raie *f* ♦ *adv* = **partly** ♦ *vt* séparer ♦ *vi* (*people*) se séparer; (*crowd*) s'ouvrir; **to take ~ in** participer à, prendre part à; **to take sth in good ~** prendre qch du bon côté; **to take sb's ~** prendre le parti de qn, prendre parti pour qn; **for my ~** en ce qui me concerne; **for the most ~** dans la plupart des cas; **~ with** *vt fus* se séparer de; **~ exchange** (*BRIT*) *n*: **in ~ exchange** en reprise

partial ['pɑːʃəl] *adj* (*not complete*) partiel(le); **to be ~ to** avoir un faible pour

participate [pɑː'tɪsɪpeɪt] *vi*: **to ~ (in)** participer (à), prendre part (à); **participation** [pɑːtɪsɪ'peɪʃən] *n* participation *f*

participle ['pɑːtɪsɪpl] *n* participe *m*

particle ['pɑːtɪkl] *n* particule *f*

particular [pə'tɪkjʊlə*] *adj* particulier(ère); (*special*) spécial(e); (*fussy*) difficile; méticuleux(euse); **~s** *npl* (*details*) détails *mpl*; (*personal*) *nom, adresse etc*; **in ~** en particulier; **~ly** *adv* particulièrement

parting ['pɑːtɪŋ] *n* séparation *f*; (*BRIT*: *in hair*) raie *f* ♦ *adj* d'adieu

partisan [pɑːtɪ'zæn] *n* partisan(e) ♦ *adj* partisan(e); de parti

partition [pɑː'tɪʃən] *n* (*wall*) cloison *f*; (*POL*) partition *f*, division *f*

partly ['pɑːtlɪ] *adv* en partie, partiellement

partner ['pɑːtnə*] *n* partenaire *m/f*; (*in marriage*) conjoint(e); (*boyfriend, girlfriend*) ami(e); (*COMM*) associé(e); (*at dance*) cavalier(ère); **~ship** *n* association *f*

partridge ['pɑːtrɪdʒ] *n* perdrix *f*

part-time ['pɑː't'taɪm] *adj, adv* à mi-temps, à temps partiel

party ['pɑːtɪ] *n* (*POL*) parti *m*; (*group*) groupe *m*; (*LAW*) partie *f*; (*celebration*) réception *f*; soirée *f*; fête *f* ♦ *cpd* (*POL*) de *or* du parti; **~ dress** *n* robe habillée; **~ line** *n* (*TEL*) ligne partagée

pass [pɑːs] *vt* passer; (*place*) passer devant; (*friend*) croiser; (*overtake*) dépasser; (*exam*) être reçu(e) à, réussir; (*approve*) approuver, accepter ♦ *vi* passer; (*SCOL*) être reçu(e) *or* admis(e), réussir ♦ *n* (*permit*) laissez-passer *m inv*; carte *f* d'accès *or* d'abonnement; (*in mountains*) col *m*; (*SPORT*) passe *f*; (*SCOL*: *also*: **~ mark**): **to get a ~** être reçu(e) (sans mention); **to make a ~ at sb** (*inf*) faire des avances à qn; **~ away** *vi* mourir; **~ by** *vi* passer ♦ *vt* négliger; **~ on** *vt* (*news, object*) transmettre; (*illness*) passer; **~ out** *vi* s'évanouir; **~ up** *vt* (*opportunity*) laisser passer; **~able** *adj* (*road*) praticable; (*work*) acceptable

passage ['pæsɪdʒ] *n* (*also*: **~way**) couloir *m*; (*gen, in book*) passage *m*; (*by boat*) traversée *f*

passbook ['pɑːsbʊk] *n* livret *m*

passenger ['pæsɪndʒə*] *n* passager(ère)

passer-by ['pɑːsə'baɪ] (*pl* **~s-by**) *n* passant(e)

passing ['pɑːsɪŋ] *adj* (*fig*) passager(ère); **in ~** en passant

passing place *n* (*AUT*) aire *f* de croisement

passion ['pæʃən] *n* passion *f*; **~ate** *adj* passionné(e)

passive ['pæsɪv] *adj* (*also LING*) passif(ive); **~ smoking** *n* tabagie *m* passive

Passover ['pɑːsəʊvə*] *n* Pâque (*juive*)

passport ['pɑːspɔːt] *n* passeport *m*; **~ control** *n* contrôle *m* des passeports

password ['pɑːswɜːd] *n* mot *m* de passe

past [pɑːst] *prep* (*in front of*) devant; (*further than*) au delà de, plus loin que; après; (*later than*) après ♦ *adj* passé(e); (*president etc*) ancien(ne) ♦ *n* passé *m*; **he's ~ forty** il a dépassé la quarantaine, il a plus de *or* passé quarante ans; **for the ~ few/3 days** depuis quelques/3 jours; ces derniers/3 derniers jours; **ten/**

quarter ~ **eight** huit heures dix/un *or* et quart

pasta ['pæstə] *n* pâtes *fpl*

paste [peɪst] *n* pâte *f*; (*meat* ~) pâté *m* (à tartiner); (*tomato* ~) purée *f*, concentré *m*; (*glue*) colle *f* (de pâte) ♦ *vt* coller

pasteurized ['pæstəraɪzd] *adj* pasteurisé(e)

pastille ['pæstl] *n* pastille *f*

pastime ['pɑːstaɪm] *n* passe-temps *m inv*

pastry ['peɪstrɪ] *n* pâte *f*; (*cake*) pâtisserie *f*

pasture ['pɑːstʃə*] *n* pâturage *m*

pasty [*n* 'pæstɪ, *adj* 'peɪstɪ] *n* petit pâté (en croûte) ♦ *adj* (*complexion*) terreux(euse)

pat [pæt] *vt* tapoter; (*dog*) caresser

patch [pætʃ] *n* (*of material*) pièce *f*; (*eye* ~) cache *m*; (*spot*) tache *f*; (*on tyre*) rustine *f* ♦ *vt* (*clothes*) rapiécer; **(to go through) a bad** ~ (passer par) une période difficile; ~ **up** *vt* réparer (grossièrement); **to** ~ **up a quarrel** se raccommoder; **~y** *adj* inégal(e); (*incomplete*) fragmentaire

pâté ['pæteɪ] *n* pâté *m*, terrine *f*

patent ['peɪtənt] *n* brevet *m* (d'invention) ♦ *vt* faire breveter ♦ *adj* patent(e), manifeste; ~ **leather** *n* cuir verni

paternal [pə'tɜːnl] *adj* paternel(le)

path [pɑːθ] *n* chemin *m*, sentier *m*; (*in garden*) allée *f*; (*trajectory*) trajectoire *f*

pathetic [pə'θetɪk] *adj* (*pitiful*) pitoyable; (*very bad*) lamentable, minable

pathological [pæθə'lɔdʒɪkl] *adj* pathologique

pathos ['peɪθɔs] *n* pathétique *m*

pathway ['pɑːθweɪ] *n* sentier *m*, passage *m*

patience ['peɪʃəns] *n* patience *f*; (*BRIT*: *CARDS*) réussite *f*

patient ['peɪʃənt] *n* patient(e); malade *m/f* ♦ *adj* patient(e)

patriotic [pætrɪ'ɔtɪk] *adj* patriotique; (*person*) patriote

patrol [pə'trəul] *n* patrouille *f* ♦ *vt* patrouiller dans; ~ **car** *n* voiture *f* de police; **~man** (*irreg: US*) *n* agent *m* de police

patron ['peɪtrən] *n* (*in shop*) client(e); (*of charity*) patron(ne); ~ **of the arts** mécène *m*; **~ize** *vt* (*pej*) traiter avec condescendance; (*shop, club*) être (un) client *or* un habitué de

patter ['pætə*] *n* crépitement *m*, tapotement *m*; (*sales talk*) boniment *m*

pattern ['pætən] *n* (*design*) motif *m*; (*SEWING*) patron *m*

paunch [pɔːntʃ] *n* gros ventre, bedaine *f*

pauper ['pɔːpə*] *n* indigent(e)

pause [pɔːz] *n* pause *f*, arrêt *m* ♦ *vi* faire une pause, s'arrêter

pave [peɪv] *vt* paver, daller; **to** ~ **the way for** ouvrir la voie à; **~ment** ['peɪvmənt] (*BRIT*) *n* trottoir *m*

pavilion [pə'vɪlɪən] *n* pavillon *m*; tente *f*

paving ['peɪvɪŋ] *n* (*material*) pavé *m*, dalle *f*; ~ **stone** *n* pavé *m*

paw [pɔː] *n* patte *f*

pawn [pɔːn] *n* (*CHESS, also fig*) pion *m* ♦ *vt* mettre en gage; **~broker** *n* prêteur *m* sur gages; **~shop** *n* mont-de-piété *m*

pay [peɪ] (*pt, pp* **paid**) *n* salaire *m*; paie *f* ♦ *vt* payer ♦ *vi* payer; (*be profitable*) être rentable; **to** ~ **attention (to)** prêter attention (à); **to** ~ **sb a visit** rendre visite à qn; **to** ~ **one's respects to sb** présenter ses respects à qn; ~ **back** *vt* rembourser; ~ **for** *vt fus* payer; ~ **in** *vt* verser; ~ **off** *vt* régler, acquitter; (*person*) rembourser ♦ *vi* (*scheme, decision*) se révéler payant(e); ~ **up** *vt* (*money*) payer; **~able** *adj*: **~able to sb** (*cheque*) à l'ordre de qn; **~ee** [peɪ'iː] *n* bénéficiaire *m/f*; ~ **envelope** (*US*) *n* = pay packet; **~ment** *n* paiement *m*; règlement *m*; **monthly ~ment** mensualité *f*; ~ **packet** (*BRIT*) *n* paie *f*; ~ **phone** *n* cabine *f* téléphonique, téléphone public; ~**roll** *n* registre *m* du personnel; ~ **slip** (*BRIT*) *n* bulletin *m* de paie; ~ **television** *n* chaînes *fpl* payantes

PC *n abbr* = **personal computer**

p.c. *abbr* = **per cent**

pea [piː] *n* (petit) pois

peace [piːs] *n* paix *f*; (*calm*) calme *m*, tranquillité *f*; ~**ful** *adj* paisible, calme

peach [piːtʃ] *n* pêche *f*

peacock ['piːkɒk] *n* paon *m*

peak [piːk] *n* (*mountain*) pic *m*, cime *f*; (*of cap*) visière *f*; (*fig*: *highest level*) maximum *m*; (: *of career, fame*) apogée *m*; ~ **hours** *npl* heures *fpl* de pointe

peal [piːl] *n* (*of bells*) carillon *m*; ~ **of laughter** éclat *m* de rire

peanut ['piːnʌt] *n* arachide *f*, cacahuète *f*

pear [pɛə*] *n* poire *f*

pearl [pɜːl] *n* perle *f*

peasant ['pezənt] *n* paysan(ne)

peat [piːt] *n* tourbe *f*

pebble ['pebl] *n* caillou *m*, galet *m*

peck [pek] *vt* (*also*: ~ *at*) donner un coup de bec à ♦ *n* coup *m* de bec; (*kiss*) bise *f*; ~**ing order** *n* ordre *m* des préséances; ~**ish** (*BRIT*: *inf*) *adj*: **I feel ~ish** je mangerais bien quelque chose

peculiar [pɪ'kjuːlɪə*] *adj* étrange, bizarre, curieux(euse); ~ **to** particulier(ère) à

pedal ['pedl] *n* pédale *f* ♦ *vi* pédaler

pedantic [pɪ'dæntɪk] *adj* pédant(e)

peddler ['pedlə*] *n* (*of drugs*) revendeur(euse)

pedestal ['pedɪstl] *n* piédestal *m*

pedestrian [pɪ'destrɪən] *n* piéton *m*; ~ **crossing** (*BRIT*) *n* passage clouté

pediatrics [piːdɪ'ætrɪks] (*US*) *n* = **paediatrics**

pedigree ['pedɪgriː] *n* ascendance *f*; (*of animal*) pedigree *m* ♦ *cpd* (*animal*) de race

pee [piː] (*inf*) *vi* faire pipi, pisser

peek [piːk] *vi* jeter un coup d'œil (furtif)

peel [piːl] *n* pelure *f*, épluchure *f*; (*of orange, lemon*) écorce *f* ♦ *vt* peler, éplucher ♦ *vi* (*paint etc*) s'écailler; (*wallpaper*) se décoller; (*skin*) peler

peep [piːp] *n* (*BRIT*: *look*) coup d'œil furtif; (*sound*) pépiement *m* ♦ *vi* (*BRIT*) jeter un coup d'œil (furtif); ~ **out** (*BRIT*) *vi* se montrer (furtivement); ~**hole** *n* judas *m*

peer [pɪə*] *vi*: **to** ~ **at** regarder attentivement, scruter ♦ *n* (*noble*) pair *m*; (*equal*) pair, égal(e); ~**age** *n* pairie *f*

peeved [piːvd] *adj* irrité(e), fâché(e)

peg [peg] *n* (*for coat etc*) patère *f*; (*BRIT*: *also*: *clothes* ~) pince *f* à linge

Peking [piː'kɪŋ] *n* Pékin; **Pekin(g)ese** [piːkɪ'niːz] *n* (*dog*) pékinois *m*

pelican ['pelɪkən] *n* pélican *m*; ~ **crossing** (*BRIT*) *n* (*AUT*) feu *m* à commande manuelle

pellet ['pelɪt] *n* boulette *f*; (*of lead*) plomb *m*

pelt [pelt] *vt*: **to** ~ **sb (with)** bombarder qn (de) ♦ *vi* (*rain*) tomber à seaux; (*inf*: *run*) courir à toutes jambes ♦ *n* peau *f*

pelvis ['pelvɪs] *n* bassin *m*

pen [pen] *n* (*for writing*) stylo *m*; (*for sheep*) parc *m*

penal ['piːnl] *adj* pénal(e); (*system, colony*) pénitentiaire; ~**ize** *vt* pénaliser

penalty ['penəltɪ] *n* pénalité *f*; sanction *f*; (*fine*) amende *f*; (*SPORT*) pénalisation *f*; (*FOOTBALL*) penalty *m*; (*RUGBY*) pénalité *f*

penance ['penəns] *n* pénitence *f*

pence [pens] (*BRIT*) *npl of* **penny**

pencil ['pensl] *n* crayon *m*; ~ **case** *n* trousse *f* (d'écolier); ~ **sharpener** *n* taille-crayon(s) *m inv*

pendant ['pendənt] *n* pendentif *m*

pending ['pendɪŋ] *prep* en attendant ♦ *adj* en suspens

pendulum ['pendjʊləm] *n* (*of clock*) balancier *m*

penetrate ['penɪtreɪt] *vt* pénétrer

dans; pénétrer

penfriend ['penfrend] (*BRIT*) *n* correspondant(e)

penguin ['peŋgwɪn] *n* pingouin *m*

penicillin [penɪ'sɪlɪn] *n* pénicilline *f*

peninsula [pɪ'nɪnsjʊlə] *n* péninsule *f*

penis ['pi:nɪs] *n* pénis *m*, verge *f*

penitentiary [penɪ'tenʃərɪ] *n* prison *f*

penknife ['pennaɪf] *n* canif *m*

pen name *n* nom *m* de plume, pseudonyme *m*

penniless ['penɪləs] *adj* sans le sou

penny ['penɪ] (*pl* **pennies** *or (BRIT)* **pence**) *n* penny *m*; (*US*) = **cent**

penpal ['penpæl] *n* correspondant(e)

pension ['penʃən] *n* pension *f*; (*from company*) retraite *f*; **~er** (*BRIT*) *n* retraité(e); **~ fund** *n* caisse *f* de pension

Pentecost ['pentɪkɒst] *n* Pentecôte *f*

penthouse ['penthaʊs] *n* appartement *m* (de luxe) (en attique)

pent-up ['pentʌp] *adj* (*feelings*) refoulé(e)

penultimate [pɪ'nʌltɪmɪt] *adj* avant-dernier(ère)

people ['pi:pl] *npl* gens *mpl*; personnes *fpl*; (*inhabitants*) population *f*; (*POL*) peuple *m* ♦ *n* (*nation, race*) peuple *m*; **several ~ came** plusieurs personnes sont venues; **~ say that ...** on dit que ...

pep [pep] (*inf*) *n* entrain *m*, dynamisme *m*; **~ up** *vt* remonter

pepper ['pepə*] *n* poivre *m*; (*vegetable*) poivron *m* ♦ *vt* (*fig*): **to ~ with** bombarder de; **~mint** *n* (*sweet*) pastille *f* de menthe

peptalk ['peptɔ:k] (*inf*) *n* (petit) discours d'encouragement

per [pɜ:*] *prep* par; **~ hour** (*miles etc*) à l'heure; (*fee*) (de) l'heure; **~ kilo** *etc* le kilo *etc*; **~ annum** par an; **~ capita** *adj, adv* par personne, par habitant

perceive [pə'si:v] *vt* percevoir; (*notice*) remarquer, s'apercevoir de

per cent [pə'sent] *adv* pour cent

percentage [pə'sentɪdʒ] *n* pourcentage *m*

perception [pə'sepʃən] *n* perception *f*; (*insight*) perspicacité *f*

perceptive [pə'septɪv] *adj* pénétrant(e); (*person*) perspicace

perch [pɜ:tʃ] *n* (*fish*) perche *f*; (*for bird*) perchoir *m* ♦ *vi*: **to ~ on** se percher sur

percolator ['pɜ:kəleɪtə*] *n* cafetière *f* (électrique)

perennial [pə'renɪəl] *adj* perpétuel(le); (*BOT*) vivace

perfect [*adj, n* 'pɜ:fɪkt, *vb* pə'fekt] *adj* parfait(e) ♦ *n* (*also*: **~ tense**) parfait *m* ♦ *vt* parfaire; mettre au point; **~ly** *adv* parfaitement

perforate ['pɜ:fəreɪt] *vt* perforer, percer; **perforation** [pɜ:fə'reɪʃən] *n* perforation *f*

perform [pə'fɔ:m] *vt* (*carry out*) exécuter; (*concert etc*) jouer, donner ♦ *vi* jouer; **~ance** *n* représentation *f*, spectacle *m*; (*of an artist*) interprétation *f*; (*SPORT*) performance *f*; (*of car, engine*) fonctionnement *m*; (*of company, economy*) résultats *mpl*; **~er** *n* artiste *m/f*, interprète *m/f*

perfume ['pɜ:fju:m] *n* parfum *m*

perfunctory [pə'fʌŋktərɪ] *adj* négligent(e), pour la forme

perhaps [pə'hæps] *adv* peut-être

peril ['perɪl] *n* péril *m*

perimeter [pə'rɪmɪtə*] *n* périmètre *m*

period ['pɪərɪəd] *n* période *f*; (*HISTORY*) époque *f*; (*SCOL*) cours *m*; (*full stop*) point *m*; (*MED*) règles *fpl* ♦ *adj* (*costume, furniture*) d'époque; **~ic(al)** [pɪərɪ'ɒdɪk(əl)] *adj* périodique; **~ical** *n* périodique *m*

peripheral [pə'rɪfərəl] *adj* périphérique ♦ *n* (*COMPUT*) périphérique *m*

perish ['perɪʃ] *vi* périr; (*decay*) se détériorer; **~able** *adj* périssable

perjury ['pɜ:dʒərɪ] *n* parjure *m*, faux serment

perk [pɜ:k] *n* avantage *m*; accessoire, à-côté *m*; **~ up** *vi* (*cheer up*) se ragaillardir; **~y** *adj* (*cheerful*) guilleret(te)

perm [pɜːm] *n* (*for hair*) permanente *f*
permanent ['pɜːmənənt] *adj* permanent(e)
permeate ['pɜːmɪeɪt] *vi* s'infiltrer ♦ *vt* s'infiltrer dans; pénétrer
permissible [pə'mɪsəbl] *adj* permis(e), acceptable
permission [pə'mɪʃən] *n* permission *f*, autorisation *f*
permissive [pə'mɪsɪv] *adj* tolérant(e), permissif(ive)
permit [*n* 'pɜːmɪt, *vb* pə'mɪt] *n* permis *m* ♦ *vt* permettre
perpendicular [pɜːpən'dɪkjʊlə*] *adj* perpendiculaire
perplex [pə'pleks] *vt* (*person*) rendre perplexe
persecute ['pɜːsɪkjuːt] *vt* persécuter
persevere [pɜːsɪ'vɪə*] *vi* persévérer
Persian ['pɜːʃən] *adj* persan(e) ♦ *n* (*LING*) persan *m*; **the (~) Gulf** le golfe Persique
persist [pə'sɪst] *vi*: **to ~ (in doing)** persister *or* s'obstiner (à faire); **~ent** *adj* persistant(e), tenace
person ['pɜːsn] *n* personne *f*; **in ~** en personne; **~al** *adj* personnel(le); **~al assistant** *n* secrétaire privé(e); **~al call** *n* communication privée; **~al column** *n* annonces personnelles; **~al computer** *n* ordinateur personnel; **~ality** [pɜːsə'nælɪtɪ] *n* personnalité *f*; **~ally** *adv* personnellement; **to take sth ~ally** se sentir visé(e) (par qch); **~al organizer** *n* filofax *m* (®); **~al stereo** *n* balladeur *m*
personnel [pɜːsə'nel] *n* personnel *m*
perspective [pə'spektɪv] *n* perspective *f*; **to get things into ~** faire la part des choses
Perspex ['pɜːspeks] (®) *n* plexiglas *m* (®)
perspiration [pɜːspə'reɪʃən] *n* transpiration *f*
persuade [pə'sweɪd] *vt*: **to ~ sb to do sth** persuader qn de faire qch
persuasion [pə'sweɪʒən] *n* persuasion *f*; (*creed*) réligion *f*
pertaining [pɜː'teɪnɪŋ] : **~ to** *prep* relatif(ive) à
peruse [pə'ruːz] *vt* lire (attentivement)
pervade [pɜː'veɪd] *vt* se répandre dans, envahir
perverse [pə'vɜːs] *adj* pervers(e); (*contrary*) contrariant(e); **pervert** [*n* 'pɜːvɜːt, *vb* pə'vɜːt] *n* perverti(e) ♦ *vt* pervertir; (*words*) déformer
pessimist ['pesɪmɪst] *n* pessimiste *m/f*; **~ic** [pesɪ'mɪstɪk] *adj* pessimiste
pest [pest] *n* animal *m* (*or* insecte *m*) nuisible; (*fig*) fléau *m*
pester ['pestə*] *vt* importuner, harceler
pet [pet] *n* animal familier ♦ *cpd* (*favourite*) favori(te) ♦ *vt* (*stroke*) caresser, câliner ♦ *vi* (*inf*) se peloter; **teacher's ~** chouchou *m* du professeur; **~ hate** bête noire
petal ['petl] *n* pétale *m*
peter out ['piːtə-] *vi* (*stream, conversation*) tarir; (*meeting*) tourner court; (*road*) se perdre
petite [pə'tiːt] *adj* menu(e)
petition [pə'tɪʃən] *n* pétition *f*
petrified ['petrɪfaɪd] *adj* (*fig*) mort(e) de peur
petrol ['petrəl] (*BRIT*) *n* essence *f*; **two-star ~** essence *f* ordinaire; **four-star ~** super *m*; **~ can** *n* bidon *m* à essence
petroleum [pɪ'trəʊlɪəm] *n* pétrole *m*
petrol: **~ pump** (*BRIT*) *n* pompe *f* à essence; **~ station** (*BRIT*) *n* station-service *f*; **~ tank** (*BRIT*) *n* réservoir *m* (d'essence)
petticoat ['petɪkəʊt] *n* combinaison *f*
petty ['petɪ] *adj* (*mean*) mesquin(e); (*unimportant*) insignifiant(e), sans importance; **~ cash** *n* caisse *f* des dépenses courantes; **~ officer** *n* second-maître *m*
petulant ['petjʊlənt] *adj* boudeur(euse), irritable
pew [pjuː] *n* banc *m* (d'église)
pewter ['pjuːtə*] *n* étain *m*
phantom ['fæntəm] *n* fantôme *m*
pharmacy ['fɑːməsɪ] *n* pharmacie *f*
phase [feɪz] *n* phase *f* ♦ *vt*: **to ~ sth**

in/out introduire/supprimer qch progressivement

PhD *abbr* = Doctor of Philosophy *n* (*title*) ≈ docteur *m* (en droit *or* lettres *etc*) ≈ doctorat *m*; titulaire *m/f* d'un doctorat

pheasant ['feznt] *n* faisan *m*

phenomenon [fi'nɒmɪnən] (*pl* **phenomena**) *n* phénomène *m*

philosophical [fɪlə'sɔfɪkl] *adj* philosophique

philosophy [fɪ'lɒsəfɪ] *n* philosophie *f*

phobia ['fəubjə] *n* phobie *f*

phone [fəun] *n* téléphone *m* ♦ *vt* téléphoner; **to be on the ~** avoir le téléphone; (*be calling*) être au téléphone; **~ back** *vt, vi* rappeler; **~ up** *vt* téléphoner à ♦ *vi* téléphoner; **~ book** *n* annuaire *m*; **~ booth** *n* = **phone box**; **~ box** (*BRIT*) *n* cabine *f* téléphonique; **~ call** *n* coup *m* de fil *or* de téléphone; **~card** *n* carte *f* de téléphone; **~-in** (*BRIT*) *n* (*RADIO, TV*) programme *m* à ligne ouverte

phonetics [fə'netɪks] *n* phonétique *f*

phoney ['fəunɪ] *adj* faux(fausse), factice; (*person*) pas franc(he), poseur(euse)

photo ['fəutəu] *n* photo *f*

photo...: **~copier** [-'kɒpɪə*] *n* photocopieuse *f*; **~copy** [-kɒpɪ] *n* photocopie *f* ♦ *vt* photocopier; **~graph** [-grɑːf] *n* photographie *f* ♦ *vt* photographier; **~grapher** [-grəfə*] *n* photographe *m/f*; **~graphy** [-grəfɪ] *n* photographie *f*

phrase [freɪz] *n* expression *f*; (*LING*) locution *f* ♦ *vt* exprimer; **~ book** *n* recueil *m* d'expressions (pour touristes)

physical ['fɪzɪkəl] *adj* physique; **~ education** *n* éducation *f* physique; **~ly** *adv* physiquement

physician [fɪ'zɪʃən] *n* médecin *m*

physicist ['fɪzɪsɪst] *n* physicien(ne)

physics ['fɪzɪks] *n* physique *f*

physiotherapy [fɪzɪə'θerəpɪ] *n* kinésithérapie *f*

physique [fɪ'ziːk] *n* physique *m*; constitution *f*

pianist ['pɪənɪst] *n* pianiste *m/f*

piano [pɪ'ænəu] *n* piano *m*

pick [pɪk] *n* (*tool*: *also*: *~axe*) pic *m*, pioche *f* ♦ *vt* choisir; (*fruit etc*) cueillir; (*remove*) prendre; (*lock*) forcer; **take your ~** faites votre choix; **the ~ of** le(la) meilleur(e) de; **to ~ one's nose** se mettre les doigts dans le nez; **to ~ one's teeth** se curer les dents; **to ~ a quarrel with sb** chercher noise à qn; **~ at** *vt fus*: **to ~ at one's food** manger du bout des dents, chipoter; **~ on** *vt fus* (*person*) harceler; **~ out** *vt* choisir; (*distinguish*) distinguer; **~ up** *vi* (*improve*) s'améliorer ♦ *vt* ramasser; (*collect*) passer prendre; (*AUT*: *give lift to*) prendre, emmener; (*learn*) apprendre; (*RADIO*) capter; **to ~ up speed** prendre de la vitesse; **to ~ o.s. up** se relever

picket ['pɪkɪt] *n* (*in strike*) piquet *m* de grève ♦ *vt* mettre un piquet de grève devant

pickle ['pɪkl] *n* (*also*: *~s*: *as condiment*) pickles *mpl*, *petits légumes macérés dans du vinaigre* ♦ *vt* conserver dans du vinaigre *or* dans de la saumure; **to be in a ~** (*mess*) être dans le pétrin

pickpocket ['pɪkpɒkɪt] *n* pickpocket *m*

pick-up ['pɪkʌp] *n* (*small truck*) pick-up *m inv*

picnic ['pɪknɪk] *n* pique-nique *m*

picture ['pɪktʃə*] *n* image *f*; (*painting*) peinture *f*, tableau *m*; (*etching*) gravure *f*; (*photograph*) photo(graphie) *f*; (*drawing*) dessin *m*; (*film*) film *m*; (*fig*) description *f*; tableau *m* ♦ *vt* se représenter; **the ~s** (*BRIT*: *inf*) le cinéma; **~ book** *n* livre *m* d'images

picturesque [pɪktʃə'resk] *adj* pittoresque

pie [paɪ] *n* tourte *f*; (*of fruit*) tarte *f*; (*of meat*) pâté *m* en croûte

piece [piːs] *n* morceau *m*; (*item*): **a ~ of furniture/advice** un meuble/ conseil ♦ *vt*: **to ~ together** rassembler; to take to ~s démonter; **~meal** *adv* (*irregularly*) au coup par coup; (*bit by bit*) par bouts; **~work** *n* travail *m* aux pièces

pie chart *n* graphique *m* circulaire, camembert *m*

pier [pɪə*] *n* jetée *f*

pierce [pɪəs] *vt* percer, transpercer

pig [pɪg] *n* cochon *m*, porc *m*

pigeon ['pɪdʒən] *n* pigeon *m*; **~hole** *n* casier *m*

piggy bank ['pɪgɪ-] *n* tirelire *f*

pig: **~headed** [-'hedɪd] *adj* entêté(e), têtu(e); **~let** *n* porcelet *m*, petit cochon; **~skin** [-skɪn] *n* peau *m* de porc; **~sty** [-staɪ] *n* porcherie *f*; **~tail** [-teɪl] *n* natte *f*, tresse *f*

pike [paɪk] *n* (*fish*) brochet *m*

pilchard ['pɪltʃəd] *n* pilchard *m* (*sorte de sardine*)

pile [paɪl] *n* (*pillar, of books*) pile *f*; (*heap*) tas *m*; (*of carpet*) poils *mpl* ♦ *vt* (*also*: ~ *up*) empiler, entasser ♦ *vi* (*also*: *~up*) s'entasser, s'accumuler; to ~ **into** (*car*) s'entasser dans

piles [paɪlz] *npl* hémorroïdes *fpl*

pile-up ['paɪlʌp] *n* (*AUT*) télescopage *m*, collision *f* en série

pilfering ['pɪlfərɪŋ] *n* chapardage *m*

pilgrim ['pɪlgrɪm] *n* pèlerin *m*

pill [pɪl] *n* pilule *f*

pillage ['pɪlɪdʒ] *vt* piller

pillar ['pɪlə*] *n* pilier *m*; ~ **box** (*BRIT*) *n* boîte *f* aux lettres

pillion ['pɪljən] *n*: to **ride** ~ (*on motorcycle*) monter derrière

pillow ['pɪləʊ] *n* oreiller *m*; **~case** *n* taie *f* d'oreiller

pilot ['paɪlət] *n* pilote *m* ♦ *cpd* (*scheme etc*) pilote, expérimental(e) ♦ *vt* piloter; ~ **light** *n* veilleuse *f*

pimp [pɪmp] *n* souteneur *m*, maquereau *m*

pimple ['pɪmpl] *n* bouton *m*

pin [pɪn] *n* épingle *f*; (*TECH*) cheville *f* ♦ *vt* épingler; **~s and needles** fourmis *fpl*; to ~ **sb down** (*fig*) obliger qn à répondre; to ~ **sth on sb** (*fig*) mettre qch sur le dos de qn

pinafore ['pɪnəfɔ:*] *n* tablier *m*

pinball ['pɪnbɔ:l] *n* flipper *m*

pincers ['pɪnsəz] *npl* tenailles *fpl*; (*of crab etc*) pinces *fpl*

pinch [pɪntʃ] *n* (*of salt etc*) pincée *f* ♦ *vt* pincer; (*inf*: *steal*) piquer, chiper; at a ~ à la rigueur

pincushion ['pɪnkʊʃən] *n* pelote *f* à épingles

pine [paɪn] *n* (*also*: ~ *tree*) pin *m* ♦ *vi*: to ~ **for** s'ennuyer de, désirer ardemment; ~ **away** *vi* dépérir

pineapple ['paɪnæpl] *n* ananas *m*

ping [pɪŋ] *n* (*noise*) tintement *m*; **~-pong** (®) *n* ping-pong *m* (®)

pink [pɪŋk] *adj* rose ♦ *n* (*colour*) rose *m*; (*BOT*) œillet *m*, mignardise *f*

PIN (number) *n* code *m* confidentiel

pinpoint ['pɪnpɔɪnt] *vt* indiquer *or* localiser (avec précision); (*problem*) mettre le doigt sur

pint [paɪnt] *n* pinte *f* (*BRIT* = *0.57l*; *US* = *0.47l*); (*BRIT*: *inf*) ≈ demi *m*

pioneer [paɪə'nɪə*] *n* pionnier *m*

pious ['paɪəs] *adj* pieux(euse)

pip [pɪp] *n* (*seed*) pépin *m*; **the ~s** *npl* (*BRIT*: *time signal on radio*) le(s) top(s) sonore(s)

pipe [paɪp] *n* tuyau *m*, conduite *f*; (*for smoking*) pipe *f* ♦ *vt* amener par tuyau; **~s** *npl* (*also*: *bag~s*) cornemuse *f*; ~ **down** (*inf*) *vi* se taire; ~ **cleaner** *n* cure-pipe *m*; ~ **dream** *n* chimère *f*, château *m* en Espagne; **~line** *n* pipe-line *m*; **~r** *n* joueur(euse) de cornemuse

piping ['paɪpɪŋ] *adv*: ~ **hot** très chaud(e)

pique [pi:k] *n* dépit *m*

pirate ['paɪərɪt] *n* pirate *m*

Pisces ['paɪsi:z] *n* les Poissons *mpl*

piss [pɪs] (*inf!*) *vi* pisser; **~ed** (*inf!*) *adj* (*drunk*) bourré(e)

pistol ['pɪstl] *n* pistolet *m*

piston ['pɪstən] *n* piston *m*

pit [pɪt] *n* trou *m*, fosse *f*; (*also*: *coal* ~) puits *m* de mine; (*quarry*) carrière *f* ♦ *vt*: to ~ **one's wits against sb** se mesurer à qn; **~s** *npl* (*AUT*) aire *f* de service

pitch [pɪtʃ] *n* (*MUS*) ton *m*; (*BRIT*: *SPORT*) terrain *m*; (*tar*) poix *f*; (*fig*) degré *m*; point *m* ♦ *vt* (*throw*) lancer ♦ *vi* (*fall*) tomber; to ~ a tent dresser une tente; **~-black** *adj* noir(e) (comme du cirage); **~ed battle** *n* bataille rangée
piteous ['pɪtɪəs] *adj* pitoyable
pitfall ['pɪtfɔːl] *n* piège *m*
pith [pɪθ] *n* (*of orange etc*) intérieur *m* de l'écorce
pithy ['pɪθɪ] *adj* piquant(e)
pitiful ['pɪtɪfʊl] *adj* (*touching*) pitoyable
pitiless ['pɪtɪləs] *adj* impitoyable
pittance ['pɪtəns] *n* salaire *m* de misère
pity ['pɪtɪ] *n* pitié *f* ♦ *vt* plaindre; **what a ~!** quel dommage!
pizza ['piːtsə] *n* pizza *f*
placard ['plækɑːd] *n* affiche *f*; (*in march*) pancarte *f*
placate [plə'keɪt] *vt* apaiser, calmer
place [pleɪs] *n* endroit *m*, lieu *m*; (*proper position, job, rank, seat*) place *f*; (*home*): **at/to his ~** chez lui ♦ *vt* (*object*) placer, mettre; (*identify*) situer; reconnaître; **to take ~** avoir lieu; **out of ~** (*not suitable*) déplacé(e), inopportun(e); **to change ~s with sb** changer de place avec qn; **in the first ~** d'abord, en premier
plague [pleɪg] *n* fléau *m*; (*MED*) peste *f* ♦ *vt* (*fig*) tourmenter
plaice [pleɪs] *n inv* carrelet *m*
plaid [plæd] *n* tissu écossais
plain [pleɪn] *adj* (*in one colour*) uni(e); (*simple*) simple; (*clear*) clair(e), évident(e); (*not handsome*) quelconque, ordinaire ♦ *adv* franchement, carrément ♦ *n* plaine *f*; **~ chocolate** *n* chocolat *m* à croquer; **~ clothes** *adj* (*police officer*) en civil; **~ly** *adv* clairement; (*frankly*) carrément, sans détours
plaintiff ['pleɪntɪf] *n* plaignant(e)
plait [plæt] *n* tresse *f*, natte *f*
plan [plæn] *n* plan *m*; (*scheme*) projet *m* ♦ *vt* (*think in advance*) projeter; (*prepare*) organiser; (*house*) dresser les plans de, concevoir ♦ *vi* faire des projets; **to ~ to do** prévoir de faire
plane [pleɪn] *n* (*AVIAT*) avion *m*; (*ART, MATH etc*) plan *m*; (*fig*) niveau *m*, plan; (*tool*) rabot *m*; (*also*: **~ tree**) platane *m* ♦ *vt* raboter
planet ['plænɪt] *n* planète *f*
plank [plæŋk] *n* planche *f*
planner ['plænə*] *n* planificateur(trice); (*town ~*) urbaniste *m/f*
planning ['plænɪŋ] *n* planification *f*; **family ~** planning familial; **~ permission** *n* permis *m* de construire
plant [plɑːnt] *n* plante *f*; (*machinery*) matériel *m*; (*factory*) usine *f* ♦ *vt* planter; (*bomb*) poser; (*microphone, incriminating evidence*) cacher
plaster ['plɑːstə*] *n* plâtre *m*; (*also*: **~ of Paris**) plâtre à mouler; (*BRIT*: *also*: *sticking ~*) pansement adhésif ♦ *vt* plâtrer; (*cover*): **to ~ with** couvrir de; **~ed** (*inf*) *adj* soûl(e)
plastic ['plæstɪk] *n* plastique *m* ♦ *adj* (*made of ~*) en plastique; **~ bag** *n* sac *m* en plastique
Plasticine ['plæstɪsiːn] (®) *n* pâte *f* à modeler
plastic surgery *n* chirurgie *f* esthétique
plate [pleɪt] *n* (*dish*) assiette *f*; (*in book*) gravure *f*, planche *f*; (*dental ~*) dentier *m*
plateau ['plætəʊ] (*pl* **~s** *or* **~x**) *n* plateau *m*
plate glass *n* verre *m* (de vitrine)
platform ['plætfɔːm] *n* plate-forme *f*; (*at meeting*) tribune *f*; (*stage*) estrade *f*; (*RAIL*) quai *m*
platinum ['plætɪnəm] *n* platine *m*
platter ['plætə*] *n* plat *m*
plausible ['plɔːzɪbl] *adj* plausible; (*person*) convaincant(e)
play [pleɪ] *n* (*THEATRE*) pièce *f* (de théâtre) ♦ *vt* (*game*) jouer à; (*team, opponent*) jouer contre; (*instrument*) jouer de; (*play, part, piece of music, note*) jouer; (*record etc*) passer ♦ *vi* jouer; **to ~ safe** ne prendre aucun risque; **~ down** *vt* minimiser; **~ up**

vi (*cause trouble*) faire des siennes; **~boy** *n* playboy *m*; **~er** *n* joueur(euse); (*THEATRE*) acteur(trice); (*MUS*) musicien(ne); **~ful** *adj* enjoué(e); **~ground** *n* cour *f* de récréation; (*in park*) aire *f* de jeux; **~group** *n* garderie *f*; **~ing card** *n* carte *f* à jouer; **~ing field** *n* terrain *m* de sport; **~mate** *n* camarade *m/f*, copain(copine); **~-off** *n* (*SPORT*) belle *f*; **~pen** *n* parc *m* (pour bébé); **~thing** *n* jouet *m*; **~time** *n* récréation *f*; **~wright** *n* dramaturge *m*

plc *abbr* (= *public limited company*) ≈ SARL *f*

plea [pli:] *n* (*request*) appel *m*; (*LAW*) défense *f*

plead [pli:d] *vt* plaider; (*give as excuse*) invoquer ♦ *vi* (*LAW*) plaider; (*beg*): **to ~ with sb** implorer qn

pleasant ['pleznt] *adj* agréable; **~ries** *npl* (*polite remarks*) civilités *fpl*

please [pli:z] *excl* s'il te (*or* vous) plaît ♦ *vt* plaire à ♦ *vi* plaire; (*think fit*): **do as you ~** faites comme il vous plaira; **~ yourself!** à ta (*or* votre) guise!; **~d** *adj*: **~d (with)** content(e) (de); **~d to meet you** enchanté (de faire votre connaissance); **pleasing** ['pli:ziŋ] *adj* plaisant(e), qui fait plaisir

pleasure ['pleʒə*] *n* plaisir *m*; **"it's a ~"** "je vous en prie"; **~ boat** *n* bateau *m* de plaisance

pleat [pli:t] *n* pli *m*

pledge [pledʒ] *n* (*promise*) promesse *f* ♦ *vt* engager; promettre

plentiful ['plentɪful] *adj* abondant(e), copieux(euse)

plenty ['plentɪ] *n*: **~ of** beaucoup de; (bien) assez de

pliable ['plaɪəbl] *adj* flexible; (*person*) malléable

pliers ['plaɪəz] *npl* pinces *fpl*

plight [plaɪt] *n* situation *f* critique

plimsolls ['plɪmsəlz] (*BRIT*) *npl* chaussures *fpl* de tennis, tennis *mpl*

plinth [plɪnθ] *n* (*of statue*) socle *m*

plod [plɒd] *vi* avancer péniblement; (*fig*) peiner

plonk [plɒŋk] (*inf*) *n* (*BRIT*: *wine*) pinard *m*, piquette *f* ♦ *vt*: **to ~ sth down** poser brusquement qch

plot [plɒt] *n* complot *m*, conspiration *f*; (*of story, play*) intrigue *f*; (*of land*) lot *m* de terrain, lopin *m* ♦ *vt* (*sb's downfall*) comploter; (*mark out*) pointer; relever, déterminer ♦ *vi* comploter

plough [plaʊ] (*US* **plow**) *n* charrue *f* ♦ *vt* (*earth*) labourer; **to ~ money into** investir dans; **~ through** *vt fus* (*snow etc*) avancer péniblement dans; **~man's lunch** (*BRIT*) *n assiette froide avec du pain, du fromage et des pickles*

ploy [plɔɪ] *n* stratagème *m*

pluck [plʌk] *vt* (*fruit*) cueillir; (*musical instrument*) pincer; (*bird*) plumer; (*eyebrow*) épiler ♦ *n* courage *m*, cran *m*; **to ~ up courage** prendre son courage à deux mains

plug [plʌg] *n* (*ELEC*) prise *f* de courant; (*stopper*) bouchon *m*, bonde *f*; (*AUT*: *also*: *spark(ing)* ~) bougie *f* ♦ *vt* (*hole*) boucher; (*inf*: *advertise*) faire du battage pour; **~ in** *vt* (*ELEC*) brancher

plum [plʌm] *n* (*fruit*) prune *f* ♦ *cpd*: **~ job** (*inf*) travail *m* en or

plumb [plʌm] *vt*: **to ~ the depths** (*fig*) toucher le fond (du désespoir)

plumber ['plʌmə*] *n* plombier *m*

plumbing ['plʌmɪŋ] *n* (*trade*) plomberie *f*; (*piping*) tuyauterie *f*

plummet ['plʌmɪt] *vi*: **to ~ (down)** plonger, dégringoler

plump [plʌmp] *adj* rondelet(te), dodu(e), bien en chair ♦ *vi*: **to ~ for** (*col*: *choose*) se décider pour

plunder ['plʌndə*] *n* pillage *m* (*loot*) butin *m* ♦ *vt* piller

plunge [plʌndʒ] *n* plongeon *m*; (*fig*) chute *f* ♦ *vt* plonger ♦ *vi* (*dive*) plonger; (*fall*) tomber, dégringoler; **to take the ~** se jeter à l'eau; **~r** *n* (*for drain*) (débouchoir *m* à) ventouse *f*; **plunging** *adj*: **plunging neck-**

line décolleté plongeant
pluperfect [plu:'pɜ:fɪkt] *n* plus-que-parfait *m*
plural ['plʊərəl] *adj* pluriel(le) ♦ *n* pluriel *m*
plus [plʌs] *n* (*also*: ~ *sign*) signe *m* plus ♦ *prep* plus; **ten/twenty ~** plus de dix/vingt
plush [plʌʃ] *adj* somptueux(euse)
ply [plaɪ] *vt* (*a trade*) exercer ♦ *vi* (*ship*) faire la navette ♦ *n* (*of wool, rope*) fil *m*, brin *m*; **to ~ sb with drink** donner continuellement à boire à qn; **to ~ sb with questions** presser qn de questions; **~wood** *n* contre-plaqué *m*
PM *abbr* = **Prime Minister**
p.m. *adv abbr* (= *post meridiem*) de l'après-midi
pneumatic drill [nju:'mætɪk-] *n* marteau-piqueur *m*
pneumonia [nju:'məʊnɪə] *n* pneumonie *f*
poach [pəʊtʃ] *vt* (*cook*) pocher; (*steal*) pêcher (*or* chasser) sans permis ♦ *vi* braconner; **~ed egg** *n* œuf poché; **~er** *n* braconnier *m*
P.O. Box *n abbr* = **Post Office Box**
pocket ['pɒkɪt] *n* poche *f* ♦ *vt* empocher; **to be out of ~** (*BRIT*) en être de sa poche; **~book** (*US*) *n* (*wallet*) portefeuille *m*; **~ knife** *n* canif *m*; **~ money** *n* argent *m* de poche
pod [pɒd] *n* cosse *f*
podgy ['pɒdʒɪ] *adj* rondelet(te)
podiatrist [pɒ'di:ətrɪst] (*US*) *n* pédicure *m/f*, podologue *m/f*
poem ['pəʊəm] *n* poème *m*
poet ['pəʊɪt] *n* poète *m*; **~ic** *adj* poétique; **~ laureate** *n* poète lauréat (*nommé par la Cour royal*); **~ry** *n* poésie *f*
poignant ['pɔɪnjənt] *adj* poignant(e); (*sharp*) vif(vive)
point [pɔɪnt] *n* point *m*; (*tip*) pointe *f*; (*in time*) moment *m*; (*in space*) endroit *m*; (*subject, idea*) point, sujet *m*; (*purpose*) sens *m*; (*ELEC*) prise *f*; (*also*: *decimal ~*): **2 ~ 3 (2.3)** 2 virgule 3 (2,3) ♦ *vt* (*show*) indiquer; (*gun etc*): **to ~ sth at** braquer *or* diriger qch sur ♦ *vi*: **to ~ at** montrer du doigt; **~s** *npl* (*AUT*) vis platinées; (*RAIL*) aiguillage *m*; **to be on the ~ of doing sth** être sur le point de faire qch; **to make a ~ of doing** ne pas manquer de faire; **to get the ~** comprendre, saisir; **to miss the ~** ne pas comprendre; **to come to the ~** en venir au fait; **there's no ~ (in doing)** cela ne sert à rien (de faire); **~ out** *vt* faire remarquer, souligner; **~ to** *vt fus* (*fig*) indiquer; **~-blank** *adv* (*fig*) catégoriquement; (*also*: *at ~-blank range*) à bout portant; **~ed** *adj* (*shape*) pointu(e); (*remark*) plein(e) de sous-entendus; **~er** *n* (*needle*) aiguille *f*; (*piece of advice*) conseil *m*; (*clue*) indice *m*; **~less** *adj* inutile, vain(e); **~ of view** *n* point *m* de vue
poise [pɔɪz] *n* (*composure*) calme *m*
poison ['pɔɪzn] *n* poison *m* ♦ *vt* empoisonner; **~ous** *adj* (*snake*) venimeux(euse); (*plant*) vénéneux(euse); (*fumes etc*) toxique
poke [pəʊk] *vt* (*fire*) tisonner; (*jab with finger, stick etc*) piquer; pousser du doigt; (*put*): **to ~ sth in(to)** fourrer *or* enfoncer qch dans; **~ about** *vi* fureter
poker ['pəʊkə*] *n* tisonnier *m*; (*CARDS*) poker *m*
poky ['pəʊkɪ] *adj* exigu(ë)
Poland ['pəʊlənd] *n* Pologne *f*
polar ['pəʊlə*] *adj* polaire; **~ bear** *n* ours blanc
Pole [pəʊl] *n* Polonais(e)
pole [pəʊl] *n* poteau *m*; (*of wood*) mât *m*, perche *f*; (*GEO*) pôle *m*; **~ bean** (*US*) *n* haricot *m* (à rames); **~ vault** *n* saut *m* à la perche
police [pə'li:s] *npl* police *f* ♦ *vt* maintenir l'ordre dans; **~ car** *n* voiture *f* de police; **~man** (*irreg*) *n* agent *m* de police, policier *m*; **~ station** *n* commissariat *m* de police; **~woman** (*irreg*) *n* femme-agent *f*
policy ['pɒlɪsɪ] *n* politique *f*; (*also*: *insurance ~*) police *f* (d'assurance)

polio ['pəulɪəu] *n* polio *f*
Polish ['pəulɪʃ] *adj* polonais(e) ♦ *n* (*LING*) polonais *m*
polish ['pɔlɪʃ] *n* (*for shoes*) cirage *m*; (*for floor*) cire *f*, encaustique *f*; (*shine*) éclat *m*, poli *m*; (*fig*: *refinement*) raffinement *m* ♦ *vt* (*put polish on shoes, wood*) cirer; (*make shiny*) astiquer, faire briller; ~ **off** *vt* (*work*) expédier; (*food*) liquider; ~**ed** *adj* (*fig*) raffiné(e)
polite [pə'laɪt] *adj* poli(e); **in ~ society** dans la bonne société; ~**ness** *n* politesse *f*
political [pə'lɪtɪkəl] *adj* politique
politician [pɔlɪ'tɪʃən] *n* homme *m* politique, politicien *m*
politics ['pɔlɪtɪks] *npl* politique *f*
poll [pəul] *n* scrutin *m*, vote *m*; (*also*: *opinion* ~) sondage *m* (d'opinion) ♦ *vt* obtenir
pollen ['pɔlən] *n* pollen *m*
polling day ['pəulɪŋ-] (*BRIT*) *n* jour *m* des élections
polling station (*BRIT*) *n* bureau *m* de vote
pollute [pə'lu:t] *vt* polluer; **pollution** *n* pollution *f*
polo ['pəuləu] *n* polo *m*; ~**-necked** *adj* à col roulé; ~ **shirt** *n* polo *m*
poltergeist ['pɔltəgaɪst] *n* esprit frappeur
polyester [pɔlɪ'ɛstə*] *n* polyester *m*
polytechnic [pɔlɪ'tɛknɪk] (*BRIT*) *n* (*college*) I.U.T. *m*, Institut *m* Universitaire de Technologie
polythene ['pɔlɪθi:n] *n* polyéthylène *m*; ~ **bag** *n* sac *m* en plastique
pomegranate ['pɔmɪgrænɪt] *n* grenade *f*
pomp [pɔmp] *n* pompe *f*, faste *f*, apparat *m*; ~**ous** ['pɔmpəs] *adj* pompeux(euse)
pond [pɔnd] *n* étang *m*; mare *f*
ponder ['pɔndə*] *vt* considérer, peser; ~**ous** *adj* pesant(e), lourd(e)
pong [pɔŋ] (*BRIT*: *inf*) *n* puanteur *f*
pony ['pəunɪ] *n* poney *m*; ~**tail** *n* queue *f* de cheval; ~ **trekking** (*BRIT*) *n* randonnée *f* à cheval
poodle ['pu:dl] *n* caniche *m*
pool [pu:l] *n* (*of rain*) flaque *f*; (*pond*) mare *f*; (*also*: *swimming* ~) piscine *f*; (*billiards*) poule *f* ♦ *vt* mettre en commun; ~**s** *npl* (*football pools*) ≈ loto sportif
poor [puə*] *adj* pauvre; (*mediocre*) médiocre, faible, mauvais(e) ♦ *npl*: **the** ~ les pauvres *mpl*; ~**ly** *adj* souffrant(e), malade ♦ *adv* mal; médiocrement
pop [pɔp] *n* (*MUS*) musique *f* pop; (*drink*) boisson gazeuse; (*US*: *inf*: *father*) papa *m*; (*noise*) bruit sec ♦ *vt* (*put*) mettre (rapidement) ♦ *vi* éclater; (*cork*) sauter; ~ **in** *vi* entrer en passant; ~ **out** *vi* sortir (brièvement); ~ **up** *vi* apparaître, surgir
pope [pəup] *n* pape *m*
poplar ['pɔplə*] *n* peuplier *m*
popper ['pɔpə*] (*BRIT*: *inf*) *n* bouton-pression *m*
poppy ['pɔpɪ] *n* coquelicot *m*; pavot *m*
Popsicle ['pɔpsɪkl] (®: *US*) *n* esquimau *m* (*glace*)
popular ['pɔpjulə*] *adj* populaire; (*fashionable*) à la mode
population [pɔpju'leɪʃən] *n* population *f*
porcelain ['pɔ:slɪn] *n* porcelaine *f*
porch [pɔ:tʃ] *n* porche *m*; (*US*) véranda *f*
porcupine ['pɔ:kjupaɪn] *n* porc-épic *m*
pore [pɔ:*] *n* pore *m* ♦ *vi*: **to ~ over** s'absorber dans, être plongé(e) dans
pork [pɔ:k] *n* porc *m*
pornography [pɔ:'nɔgrəfɪ] *n* pornographie *f*
porpoise ['pɔ:pəs] *n* marsouin *m*
porridge ['pɔrɪdʒ] *n* porridge *m*
port [pɔ:t] *n* (*harbour*) port *m*; (*NAUT*: *left side*) bâbord *m*; (*wine*) porto *m*; ~ **of call** escale *f*
portable ['pɔ:təbl] *adj* portatif(ive)
porter ['pɔ:tə*] *n* (*for luggage*) porteur *m*; (*doorkeeper*) gardien(ne); portier *m*

portfolio [pɔːt'fəulɪəu] *n* portefeuille *m*; (*of artist*) portfolio *m*
porthole ['pɔːthəul] *n* hublot *m*
portion ['pɔːʃən] *n* portion *f*, part *f*
portly ['pɔːtlɪ] *adj* corpulent(e)
portrait ['pɔːtrɪt] *n* portrait *m*
portray [pɔː'treɪ] *vt* faire le portrait de; (*in writing*) dépeindre, représenter; (*subj*: *actor*) jouer; **~al** *n* portrait *m*, représentation *f*
Portugal ['pɔːtjugəl] *n* Portugal *m*
Portuguese [pɔːtju'giːz] *adj* portugais(e) ♦ *n inv* Portugais(e); (*LING*) portugais *m*
pose [pəuz] *n* pose *f* ♦ *vi* (*pretend*): to ~ as se poser en ♦ *vt* poser; (*problem*) créer
posh [pɒʃ] (*inf*) *adj* chic *inv*
position [pə'zɪʃən] *n* position *f*; (*job*) situation *f* ♦ *vt* placer
positive ['pɒzɪtɪv] *adj* positif(ive); (*certain*) sûr(e), certain(e); (*definite*) formel(le), catégorique
posse ['pɒsɪ] (*US*) *n* détachement *m*
possess [pə'zes] *vt* posséder; **~ion** [pə'zeʃən] *n* possession *f*
possibility [pɒsə'bɪlɪtɪ] *n* possibilité *f*; éventualité *f*
possible ['pɒsəbl] *adj* possible; **as big as ~** aussi gros que possible
possibly ['pɒsəblɪ] *adv* (*perhaps*) peut-être; **if you ~ can** si cela vous est possible; **I cannot ~ come** il m'est impossible de venir
post [pəust] *n* poste *f*; (*BRIT*: *letters, delivery*) courrier *m*; (*job, situation, MIL*) poste *m*; (*pole*) poteau *m* ♦ *vt* (*BRIT*: *send by ~*) poster; (: *appoint*): to ~ to affecter à; **~age** *n* tarifs *mpl* d'affranchissement; **~al order** *n* mandat(-poste) *m*; **~box** (*BRIT*) *n* boîte *f* aux lettres; **~card** *n* carte postale; **~code** (*BRIT*) *n* code postal
poster ['pəustə*] *n* affiche *f*
poste restante ['pəust'restɑ̃ːnt] (*BRIT*) *n* poste restante
postgraduate ['pəust'grædjuɪt] *n* ≈ étudiant(e) de troisième cycle
posthumous ['pɒstjuməs] *adj* posthume
postman ['pəustmən] (*irreg*) *n* facteur *m*
postmark ['pəustmɑːk] *n* cachet *m* (de la poste)
postmortem ['pəust'mɔːtəm] *n* autopsie *f*
post office *n* (*building*) poste *f*; (*organization*): **the Post Office** les Postes; **Post Office Box** *n* boîte postale
postpone [pə'spəun] *vt* remettre (à plus tard)
posture ['pɒstʃə*] *n* posture *f*; (*fig*) attitude *f*
postwar ['pəust'wɔː*] *adj* d'après-guerre
posy ['pəuzɪ] *n* petit bouquet
pot [pɒt] *n* pot *m*; (*for cooking*) marmite *f*; casserole *f*; (*tea~*) théière *f*; (*coffee~*) cafetière *f*; (*inf*: *marijuana*) herbe *f* ♦ *vt* (*plant*) mettre en pot; to go to ~ (*inf*: *work, performance*) aller à vau-l'eau
potato [pə'teɪtəu] (*pl* ~es) *n* pomme *f* de terre; **~ peeler** *n* épluche-légumes *m inv*
potent ['pəutənt] *adj* puissant(e); (*drink*) fort(e), très alcoolisé(e); (*man*) viril
potential [pəu'tenʃəl] *adj* potentiel(le) ♦ *n* potentiel *m*
pothole ['pɒthəul] *n* (*in road*) nid *m* de poule; (*BRIT*: *underground*) gouffre *m*, caverne *f*; **potholing** ['pɒthəulɪŋ] (*BRIT*) *n*: **to go potholing** faire de la spéléologie
potluck ['pɒt'lʌk] *n*: **to take ~** tenter sa chance
potted ['pɒtɪd] *adj* (*food*) en conserve; (*plant*) en pot; (*abbreviated*) abrégé(e)
potter ['pɒtə*] *n* potier *m* ♦ *vi*: **to ~ around, ~ about** (*BRIT*) bricoler; **~y** *n* poterie *f*
potty ['pɒtɪ] *adj* (*inf*: *mad*) dingue ♦ *n* (*child's*) pot *m*
pouch [pautʃ] *n* (*ZOOL*) poche *f*; (*for tobacco*) blague *f*; (*for money*) bourse *f*
poultry ['pəultrɪ] *n* volaille *f*

pounce [pauns] *vi*: to ~ (on) bondir (sur), sauter (sur)

pound [paund] *n* (*unit of money*) livre *f*; (*unit of weight*) livre ♦ *vt* (*beat*) bourrer de coups, marteler; (*crush*) piler, pulvériser ♦ *vi* (*heart*) battre violemment, taper

pour [pɔ:*] *vt* verser ♦ *vi* couler à flots; to ~ (with rain) pleuvoir à verse; to ~ sb a drink verser *or* servir à boire à qn; ~ **away** *vt* vider; ~ **in** *vi* (*people*) affluer, se précipiter; (*news, letters etc*) arriver en masse; ~ **off** *vt* = pour away; ~ **out** *vi* (*people*) sortir en masse ♦ *vt* vider; (*fig*) déverser; (*serve*: *a drink*) verser; ~**ing** *adj*: ~**ing rain** pluie torrentielle

pout [paut] *vi* faire la moue

poverty ['pɒvətɪ] *n* pauvreté *f*, misère *f*; ~**-stricken** *adj* pauvre, déshérité(e)

powder ['paudə*] *n* poudre *f* ♦ *vt*: to ~ one's face se poudrer; ~ **compact** *n* poudrier *m*; ~**ed milk** *n* lait *m* en poudre; ~ **puff** *n* houppette *f*; ~ **room** *n* toilettes *fpl* (pour dames)

power ['pauə*] *n* (*strength*) puissance *f*, force *f*; (*ability, authority*) pouvoir *m*; (*of speech, thought*) faculté *f*; (*ELEC*) courant *m*; to be in ~ (*POL etc*) être au pouvoir; ~ **cut** (*BRIT*) *n* coupure *f* de courant; ~**ed** *adj*: ~ed by actionné(e) par, fonctionnant à; ~ **failure** *n* panne *f* de courant; ~**ful** *adj* puissant(e); ~**less** *adj* impuissant(e); ~ **point** (*BRIT*) *n* prise *f* de courant; ~ **station** *n* centrale *f* électrique

p.p. *abbr* (= *per procurationem*): ~ J. Smith pour M. J. Smith

PR *n abbr* = public relations

practical ['præktɪkəl] *adj* pratique; ~**ities** *npl* (*of situation*) aspect *m* pratique; ~**ity** (*no pl*) *n* (*of person*) sens *m* pratique; ~ **joke** *n* farce *f*; ~**ly** *adv* (*almost*) pratiquement

practice ['præktɪs] *n* pratique *f*; (*of profession*) exercice *m*; (*at football etc*) entraînement *m*; (*business*) cabinet *m* ♦ *vt, vi* (*US*) = practise; in ~ (*in reality*) en pratique; out of ~ rouillé(e)

practise ['præktɪs] (*US* **practice**) *vt* (*musical instrument*) travailler; (*train for*: *sport*) s'entraîner à; (*a sport, religion*) pratiquer; (*profession*) exercer ♦ *vi* s'exercer, travailler; (*train*) s'entraîner; (*lawyer, doctor*) exercer; **practising** ['præktɪsɪŋ] *adj* (*Christian etc*) pratiquant(e); (*lawyer*) en exercice

practitioner [præk'tɪʃənə*] *n* praticien(ne)

prairie ['prɛərɪ] *n* steppe *f*, prairie *f*

praise [preɪz] *n* éloge(s) *m(pl)*, louange(s) *f(pl)* ♦ *vt* louer, faire l'éloge de; ~**worthy** *adj* digne d'éloges

pram [præm] (*BRIT*) *n* landau *m*, voiture *f* d'enfant

prance [prɑ:ns] *vi* (*also*: *to ~ about*: *person*) se pavaner

prank [præŋk] *n* farce *f*

prawn [prɔ:n] *n* crevette *f* (rose)

pray [preɪ] *vi* prier; ~**er** [prɛə*] *n* prière *f*

preach [pri:tʃ] *vt, vi* prêcher

precaution [prɪ'kɔ:ʃən] *n* précaution *f*

precede [prɪ'si:d] *vt* précéder

precedent ['presɪdənt] *n* précédent *m*

precinct ['pri:sɪŋkt] *n* (*US*) circonscription *f*, arrondissement *m*; ~**s** *npl* (*neighbourhood*) alentours *mpl*, environs *mpl*; pedestrian ~ (*BRIT*) zone piétonnière; shopping ~ (*BRIT*) centre commercial

precious ['preʃəs] *adj* précieux(euse)

precipitate [*adj* prɪ'sɪpɪtɪt, *vb* prɪ'sɪpɪteɪt] *vt* précipiter

precise [prɪ'saɪs] *adj* précis(e); ~**ly** *adv* précisément

preclude [prɪ'klu:d] *vt* exclure

precocious [prɪ'kəuʃəs] *adj* précoce

precondition ['pri:kən'dɪʃən] *n* condition *f* nécessaire

predecessor ['pri:dɪsesə*] *n* prédécesseur *m*

predicament [prɪˈdɪkəmənt] *n* situation *f* difficile
predict [prɪˈdɪkt] *vt* prédire; **~able** *adj* prévisible
predominantly [prɪˈdɒmɪnəntlɪ] *adv* en majeure partie; surtout
preempt *vt* anticiper, devancer
preen [priːn] *vt*: **to ~ itself** (*bird*) se lisser les plumes; **to ~ o.s.** s'admirer
prefab [ˈpriːfæb] *n* bâtiment préfabriqué
preface [ˈprefɪs] *n* préface *f*
prefect [ˈpriːfekt] (*BRIT*) *n* (*in school*) élève chargé(*e*) de certaines fonctions de discipline
prefer [prɪˈfɜː*] *vt* préférer; **~ably** *adv* de préférence; **~ence** *n* préférence *f*; **~ential** *adj*: **~ential treatment** traitement *m* de faveur *or* préférentiel
prefix [ˈpriːfɪks] *n* préfixe *m*
pregnancy [ˈpregnənsɪ] *n* grossesse *f*
pregnant [ˈpregnənt] *adj* enceinte; (*animal*) pleine
prehistoric [ˈpriːhɪsˈtɒrɪk] *adj* préhistorique
prejudice [ˈpredʒʊdɪs] *n* préjugé *m*; **~d** *adj* (*person*) plein(e) de préjugés; (*in a matter*) partial(e)
premarital [ˈpriːˈmærɪtl] *adj* avant le mariage
premature [ˈpremətʃʊə*] *adj* prématuré(e)
premier [ˈpremɪə*] *adj* premier(ère), principal(e) ♦ *n* (*POL*) Premier ministre
première [premɪˈɛə*] *n* première *f*
premise [ˈpremɪs] *n* prémisse *f*; **~s** *npl* (*building*) locaux *mpl*; **on the ~s** sur les lieux; sur place
premium [ˈpriːmɪəm] *n* prime *f*; **to be at a ~** faire prime; **~ bond** (*BRIT*) *n* bon *m* à lot, obligation *f* à prime
premonition [preməˈnɪʃən] *n* prémonition *f*
preoccupied [priːˈɒkjʊpaɪd] *adj* préoccupé(e)
prep [prep] *n* (*SCOL: study*) étude *f*
prepaid [ˈpriːˈpeɪd] *adj* payé(e) d'avance
preparation [ˈprepəˈreɪʃən] *n* préparation *f*; **~s** *npl* (*for trip, war*) préparatifs *mpl*
preparatory [prɪˈpærətərɪ] *adj* préliminaire; **~ school** (*BRIT*) *n* école primaire privée
prepare [prɪˈpɛə*] *vt* préparer ♦ *vi*: **to ~ for** se préparer à; **~d to** prêt(e) à
preposition [prepəˈzɪʃən] *n* préposition *f*
preposterous [prɪˈpɒstərəs] *adj* absurde
prep school *n* = **preparatory school**
prerequisite [ˈpriːˈrekwɪzɪt] *n* condition *f* préalable
prescribe [prɪsˈkraɪb] *vt* prescrire
prescription [prɪsˈkrɪpʃən] *n* (*MED*) ordonnance *f*; (: *medicine*) médicament (obtenu sur ordonnance)
presence [ˈprezns] *n* présence *f*; **~ of mind** présence d'esprit
present [*adj, n* ˈpreznt, *vb* prɪˈzent] *adj* présent(e) ♦ *n* (*gift*) cadeau *m*; (*actuality*) présent *m* ♦ *vt* présenter; (*prize, medal*) remettre; (*give*): **to ~ sb with sth** *or* **sth to sb** offrir qch à qn; **to give sb a ~** offrir un cadeau à qn; **at ~** en ce moment; **~ation** *n* présentation *f*; (*ceremony*) remise *f* du cadeau (*or* de la médaille *etc*); **~-day** *adj* contemporain(e), actuel(le); **~er** *n* (*RADIO, TV*) présentateur(trice); **~ly** *adv* (*with verb in past*) peu après; (*soon*) tout à l'heure, bientôt; (*at present*) en ce moment
preservative [prɪˈzɜːvətɪv] *n* agent *m* de conservation
preserve [prɪˈzɜːv] *vt* (*keep safe*) préserver, protéger; (*maintain*) conserver, garder; (*food*) mettre en conserve ♦ *n* (*often pl*: *jam*) confiture *f*
president [ˈprezɪdənt] *n* président(e); **~ial** *adj* présidentiel(le)
press [pres] *n* presse *f*; (*for wine*)

pressoir *m* ♦ *vt* (*squeeze*) presser, serrer; (*push*) appuyer sur; (*clothes*: *iron*) repasser; (*put pressure on*) faire pression sur; (*insist*): to ~ sth on sb presser qn d'accepter qch ♦ *vi* appuyer, peser; to ~ for sth faire pression pour obtenir qch; we are ~ed for time/money le temps/l'argent nous manque; ~ **on** *vi* continuer; ~ **conference** *n* conférence *f* de presse; ~**ing** *adj* urgent(e), pressant(e); ~ **stud** (*BRIT*) *n* bouton-pression *m*; ~**-up** (*BRIT*) *n* traction *f*

pressure ['preʃə*] *n* pression *f*; (*stress*) tension *f*; to put ~ on sb (to do) faire pression sur qn (pour qu'il/elle fasse); ~ **cooker** *n* cocotte-minute *f*; ~ **gauge** *n* manomètre *m*; ~ **group** *n* groupe *m* de pression

prestige [pres'ti:ʒ] *n* prestige *m*

presumably [prɪ'zju:məblɪ] *adv* vraisemblablement

presume [prɪ'zju:m] *vt* présumer, supposer

pretence [prɪ'tens] (*US* **pretense**) *n* (*claim*) prétention *f*; under false ~s sous des prétextes fallacieux

pretend [prɪ'tend] *vt* (*feign*) feindre, simuler ♦ *vi* faire semblant

pretext ['pri:tekst] *n* prétexte *m*

pretty ['prɪtɪ] *adj* joli(e) ♦ *adv* assez

prevail [prɪ'veɪl] *vi* (*be usual*) avoir cours; (*win*) l'emporter, prévaloir; ~**ing** *adj* dominant(e)

prevalent ['prevələnt] *adj* répandu(e), courant(e)

prevent [prɪ'vent] *vt*: to ~ (from doing) empêcher (de faire); ~**ative** *adj* = **preventive**; ~**ive** *adj* préventif(ive)

preview ['pri:vju:] *n* (*of film etc*) avant-première *f*

previous ['pri:vɪəs] *adj* précédent(e); antérieur(e); ~**ly** *adv* précédemment, auparavant

prewar ['pri:'wɔ:*] *adj* d'avant-guerre

prey [preɪ] *n* proie *f* ♦ *vi*: to ~ on s'attaquer à; it was ~ing on his mind cela le travaillait

price [praɪs] *n* prix *m* ♦ *vt* (*goods*) fixer le prix de; ~**less** *adj* sans prix, inestimable; ~ **list** *n* liste *f* des prix, tarif *m*

prick [prɪk] *n* piqûre *f* ♦ *vt* piquer; to ~ up one's ears dresser *or* tendre l'oreille

prickle ['prɪkl] *n* (*of plant*) épine *f*; (*sensation*) picotement *m*; **prickly** ['prɪklɪ] *adj* piquant(e), épineux(euse); **prickly heat** *n* fièvre *f* miliaire

pride [praɪd] *n* orgueil *m*; fierté *f* ♦ *vt*: to ~ o.s. on se flatter de; s'enorgueillir de

priest [pri:st] *n* prêtre *m*; ~**hood** *n* prêtrise *f*, sacerdoce *m*

prim [prɪm] *adj* collet monté *inv*, guindé(e)

primarily ['praɪmərɪlɪ] *adv* principalement, essentiellement

primary ['praɪmərɪ] *adj* (*first in importance*) premier(ère), primordial(e), principal(e) ♦ *n* (*US*: *election*) (élection *f*) primaire *f*; ~ **school** (*BRIT*) *n* école primaire *f*

prime [praɪm] *adj* primordial(e), fondamental(e); (*excellent*) excellent(e) ♦ *n*: in the ~ of life dans la fleur de l'âge ♦ *vt* (*wood*) apprêter; (*fig*) mettre au courant; **P~ Minister** *n* Premier ministre *m*

primeval [praɪ'mi:vəl] *adj* primitif(ive); ~ **forest** forêt *f* vierge

primitive ['prɪmɪtɪv] *adj* primitif(ive)

primrose ['prɪmrəʊz] *n* primevère *f*

primus (stove) ['praɪməs-] (®:*BRIT*) *n* réchaud *m* de camping

prince [prɪns] *n* prince *m*

princess [prɪn'ses] *n* princesse *f*

principal ['prɪnsəpl] *adj* principal(e) ♦ *n* (*headmaster*) directeur(trice), principal *m*

principle ['prɪnsəpl] *n* principe *m*; in/on ~ en/par principe

print [prɪnt] *n* (*mark*) empreinte *f*; (*letters*) caractères *mpl*; (*ART*) gravure *f*, estampe *f*; (: *photograph*)

photo *f* ♦ *vt* imprimer; (*publish*) publier; (*write in block letters*) écrire en caractères d'imprimerie; **out of ~** épuisé(e); **~ed matter** *n* imprimé(s) *m(pl)*; **~er** *n* imprimeur *m*; (*machine*) imprimante *f*; **~ing** *n* impression *f*; **~-out** *n* copie *f* papier
prior ['praɪə*] *adj* antérieur(e), précédent(e); (*more important*) prioritaire ♦ *adv*: **~ to doing** avant de faire
priority [praɪ'ɒrɪtɪ] *n* priorité *f*
prise [praɪz] *vt*: **to ~ open** forcer
prison ['prɪzn] *n* prison *f* ♦ *cpd* pénitentiaire; **~er** *n* prisonnier(ère)
pristine ['prɪsti:n] *adj* parfait(e)
privacy ['prɪvəsɪ] *n* intimité *f*, solitude *f*
private ['praɪvɪt] *adj* privé(e); (*personal*) personnel(le); (*house, lesson*) particulier(ère); (*quiet*: *place*) tranquille; (*reserved*: *person*) secret(ète) ♦ *n* soldat *m* de deuxième classe; "~" (*on envelope*) "personnelle"; **in ~** en privé; **~ enterprise** *n* l'entreprise privée; **~ eye** *n* détective privé; **~ property** *n* propriété privée; **privatize** *vt* privatiser
privet ['prɪvɪt] *n* troène *m*
privilege ['prɪvɪlɪdʒ] *n* privilège *m*
privy ['prɪvɪ] *adj*: **to be ~ to** être au courant de
prize [praɪz] *n* prix *m* ♦ *adj* (*example, idiot*) parfait(e); (*bull, novel*) primé(e) ♦ *vt* priser, faire grand cas de; **~-giving** *n* distribution *f* des prix; **~winner** *n* gagnant(e)
pro [prəʊ] *n* (*SPORT*) professionnel(le); **the ~s and cons** le pour et le contre
probability [prɒbə'bɪlɪtɪ] *n* probabilité *f*; **probable** ['prɒbəbl] *adj* probable; **probably** *adv* probablement
probation [prə'beɪʃən] *n*: **on ~** (*LAW*) en liberté surveillée, en sursis; (*employee*) à l'essai
probe [prəʊb] *n* (*MED, SPACE*) sonde *f*; (*enquiry*) enquête *f*, investigation *f* ♦ *vt* sonder, explorer
problem ['prɒbləm] *n* problème *m*
procedure [prə'si:dʒə*] *n* (*ADMIN, LAW*) procédure *f*; (*method*) marche *f* à suivre, façon *f* de procéder
proceed [prə'si:d] *vi* continuer; (*go forward*) avancer; **to ~ (with)** continuer, poursuivre; **to ~ to do** se mettre à faire; **~ings** *npl* (*LAW*) poursuites *fpl*; (*meeting*) réunion *f*, séance *f*; **~s** ['prəʊsi:dz] *npl* produit *m*, recette *f*
process ['prəʊses] *n* processus *m*; (*method*) procédé *m* ♦ *vt* traiter; **~ing** *n* (*PHOT*) développement *m*; **~ion** [prə'seʃən] *n* défilé *m*, cortège *m*; (*REL*) procession *f*; **funeral ~ion** (*on foot*) cortège *m* funèbre; (*in cars*) convoi *m* mortuaire
proclaim [prə'kleɪm] *vt* déclarer, proclamer
procrastinate [prəʊ'kræstɪneɪt] *vi* faire traîner les choses, vouloir tout remettre au lendemain
procure [prə'kjuə*] *vt* obtenir
prod [prɒd] *vt* pousser
prodigal ['prɒdɪgəl] *adj* prodigue
prodigy ['prɒdɪdʒɪ] *n* prodige *m*
produce [*n* 'prɒdju:s, *vb* prə'dju:s] *n* (*AGR*) produits *mpl* ♦ *vt* produire; (*to show*) présenter; (*cause*) provoquer, causer; (*THEATRE*) monter, mettre en scène; **~r** *n* producteur *m*; (*THEATRE*) metteur *m* en scène
product ['prɒdʌkt] *n* produit *m*
production [prə'dʌkʃən] *n* production *f*; (*THEATRE*) mise *f* en scène; **~ line** *n* chaîne *f* (de fabrication)
productivity [prɒdʌk'tɪvɪtɪ] *n* productivité *f*
profession [prə'feʃən] *n* profession *f*; **~al** *n* professionnel(le) ♦ *adj* professionnel(le); (*work*) de professionnel
professor [prə'fesə*] *n* professeur *m* (*titulaire d'une chaire*)
proficiency [prə'fɪʃənsɪ] *n* compétence *f*, aptitude *f*
profile ['prəʊfaɪl] *n* profil *m*
profit ['prɒfɪt] *n* bénéfice *m*; profit *m* ♦ *vi*: **to ~ (by** *or* **from)** profiter (de); **~able** *adj* lucratif(ive), renta-

ble
profound [prə'faʊnd] *adj* profond(e)
profusely [prə'fju:slɪ] *adv* abondamment; avec effusion
prognosis [prɒgnəʊsɪs] (*pl* **prognoses**) *n* pronostic *m*
programme ['prəʊgræm] (*US* **program**) *n* programme *m*; (*RADIO, TV*) émission *f* ♦ *vt* programmer; **~r** (*US* **programer**) *n* programmeur(euse)
progress [*n* 'prəʊgres, *vb* prə'gres] *n* progrès *m(pl)* ♦ *vi* progresser, avancer; **in ~** en cours; **~ive** *adj* progressif(ive); (*person*) progressiste
prohibit [prə'hɪbɪt] *vt* interdire, défendre
project [*n* 'prɒdʒekt, *vb* prə'dʒekt] *n* (*plan*) projet *m*, plan *m*; (*venture*) opération *f*, entreprise *f*; (*research*) étude *f*, dossier *m* ♦ *vt* projeter ♦ *vi* (*stick out*) faire saillie, s'avancer; **~ion** [prə'dʒekʃən] *n* projection *f*; (*overhang*) saillie *f*; **~or** [prə'dʒektə*] *n* projecteur *m*
prolong [prə'lɒŋ] *vt* prolonger
prom [prɒm] *n abbr* = **promenade**; (*US*: *ball*) bal *m* d'étudiants
promenade [prɒmɪ'nɑ:d] *n* (*by sea*) esplanade *f*, promenade *f*; **~ concert** (*BRIT*) *n* concert *m* populaire (de musique classique)
prominent ['prɒmɪnənt] *adj* (*standing out*) proéminent(e); (*important*) important(e)
promiscuous [prə'mɪskjʊəs] *adj* (*sexually*) de mœurs légères
promise ['prɒmɪs] *n* promesse *f* ♦ *vt, vi* promettre; **promising** ['prɒmɪsɪŋ] *adj* prometteur(euse)
promote [prə'məʊt] *vt* promouvoir; (*new product*) faire la promotion de; **~r** *n* (*of event*) organisateur(trice); (*of cause, idea*) promoteur(trice); **promotion** [prə'məʊʃən] *n* promotion *f*
prompt [prɒmpt] *adj* rapide ♦ *adv* (*punctually*) à l'heure ♦ *n* (*COMPUT*) message *m* (de guidage) ♦ *vt* provoquer; (*person*) inciter, pousser; (*THEATRE*) souffler (son rôle *or* ses répliques) à; **~ly** *adv* rapidement, sans délai; ponctuellement
prone [prəʊn] *adj* (*lying*) couché(e) (face contre terre); **~ to** enclin(e) à
prong [prɒŋ] *n* (*of fork*) dent *f*
pronoun ['prəʊnaʊn] *n* pronom *m*
pronounce [prə'naʊns] *vt* prononcer
pronunciation [prənʌnsɪ'eɪʃən] *n* prononciation *f*
proof [pru:f] *n* preuve *f*; (*TYP*) épreuve *f* ♦ *adj*: **~ against** à l'épreuve de
prop [prɒp] *n* support *m*, étai *m*; (*fig*) soutien *m* ♦ *vt* (*also*: **~ up**) étayer, soutenir; (*lean*): **to ~ sth against** appuyer qch contre *or* à
propaganda [prɒpə'gændə] *n* propagande *f*
propel [prə'pel] *vt* propulser, faire avancer; **~ler** *n* hélice *f*
propensity [prə'pensɪtɪ] *n*: **a ~ for** *or* **to/to do** une propension à/à faire
proper ['prɒpə*] *adj* (*suited, right*) approprié(e), bon(bonne); (*seemly*) correct(e), convenable; (*authentic*) vrai(e), véritable; (*referring to place*): **the village ~** le village proprement dit; **~ly** *adv* correctement, convenablement; **~ noun** *n* nom *m* propre
property ['prɒpətɪ] *n* propriété *f*; (*things owned*) biens *mpl*; propriété(s) *f(pl)*; (*land*) terres *fpl*
prophecy ['prɒfɪsɪ] *n* prophétie *f*
prophesy ['prɒfɪsaɪ] *vt* prédire
prophet ['prɒfɪt] *n* prophète *m*
proportion [prə'pɔ:ʃən] *n* proportion *f*; (*share*) part *f*; partie *f*; **~al, ~ate** *adj* proportionnel(le)
proposal [prə'pəʊzl] *n* proposition *f*, offre *f*; (*plan*) projet *m*; (*of marriage*) demande *f* en mariage
propose [prə'pəʊz] *vt* proposer, suggérer ♦ *vi* faire sa demande en mariage; **to ~ to do** avoir l'intention de faire; **proposition** [prɒpə'zɪʃən] *n* proposition *f*
propriety [prə'praɪətɪ] *n* (*seemliness*) bienséance *f*, convenance *f*

prose [prəʊz] *n* (*not poetry*) prose *f*
prosecute ['prɒsɪkjuːt] *vt* poursuivre; **prosecution** [prɒsɪ'kjuːʃən] *n* poursuites *fpl* judiciaires; (*accusing side*) partie plaignante; **prosecutor** ['prɒsɪkjuːtə*] *n* (*US: plaintiff*) plaignant(e); (*also: public* ~) procureur *m*, ministère public
prospect [*n* 'prɒspekt, *vb* prə'spekt] *n* perspective *f* ♦ *vt, vi* prospecter; ~**s** *npl* (*for work etc*) possibilités *fpl* d'avenir, débouchés *mpl*; ~**ing** *n* (*for gold, oil etc*) prospection *f*; ~**ive** *adj* (*possible*) éventuel(le); (*future*) futur(e)
prospectus [prə'spektəs] *n* prospectus *m*
prosperity [prɒ'sperɪtɪ] *n* prospérité *f*
prostitute ['prɒstɪtjuːt] *n* prostitué(e)
protect [prə'tekt] *vt* protéger; ~**ion** *n* protection *f*; ~**ive** *adj* protecteur(trice); (*clothing*) de protection
protein ['prəʊtiːn] *n* protéine *f*
protest [*n* 'prəʊtest, *vb* prə'test] *n* protestation *f* ♦ *vi, vt*: **to ~ (that)** protester (que)
Protestant ['prɒtɪstənt] *adj, n* protestant(e)
protester [prə'testə*] *n* manifestant(e)
protracted [prə'træktɪd] *adj* prolongé(e)
protrude [prə'truːd] *vi* avancer, dépasser
proud [praʊd] *adj* fier(ère); (*pej*) orgueilleux(euse)
prove [pruːv] *vt* prouver, démontrer ♦ *vi*: **to ~ (to be) correct** *etc* s'avérer juste *etc*; **to ~ o.s.** montrer ce dont on est capable
proverb ['prɒvɜːb] *n* proverbe *m*
provide [prə'vaɪd] *vt* fournir; **to ~ sb with sth** fournir qch à qn; **~ for** *vt fus* (*person*) subvenir aux besoins de; (*future event*) prévoir; ~**d (that)** *conj* à condition que +*sub*; **providing** [prə'vaɪdɪŋ] *conj*: **providing (that)** à condition que +*sub*
province ['prɒvɪns] *n* province *f*; (*fig*) domaine *m*; **provincial** [prə'vɪnʃəl] *adj* provincial(e)
provision [prə'vɪʒən] *n* (*supplying*) fourniture *f*; approvisionnement *m*; (*stipulation*) disposition *f*; ~**s** *npl* (*food*) provisions *fpl*; ~**al** *adj* provisoire
proviso [prə'vaɪzəʊ] *n* condition *f*
provocative [prə'vɒkətɪv] *adj* provocateur(trice), provocant(e)
provoke [prə'vəʊk] *vt* provoquer
prow [praʊ] *n* proue *f*
prowess ['praʊes] *n* prouesse *f*
prowl [praʊl] *vi* (*also:* ~ *about,* ~ *around*) rôder ♦ *n*: **on the ~** à l'affût; ~**er** *n* rôdeur(euse)
proxy ['prɒksɪ] *n* procuration *f*
prudent ['pruːdənt] *adj* prudent(e)
prune [pruːn] *n* pruneau *m* ♦ *vt* élaguer
pry [praɪ] *vi*: **to ~ into** fourrer son nez dans
PS *n abbr* (= *postscript*) p.s.
psalm [sɑːm] *n* psaume *m*
pseudo- ['sjuːdəʊ] *prefix* pseudo-; ~**nym** ['sjuːdənɪm] *n* pseudonyme *m*
psyche ['saɪkɪ] *n* psychisme *m*
psychiatrist [saɪ'kaɪətrɪst] *n* psychiatre *m/f*
psychic ['saɪkɪk] *adj* (*also:* ~*al*) (méta)psychique; (*person*) doué(e) d'un sixième sens
psychoanalyst [saɪkəʊ'ænəlɪst] *n* psychanalyste *m/f*
psychological [saɪkə'lɒdʒɪkəl] *adj* psychologique; **psychologist** [saɪ'kɒlədʒɪst] *n* psychologue *m/f*; **psychology** [saɪ'kɒlədʒɪ] *n* psychologie *f*
PTO *abbr* (= *please turn over*) T.S.V.P.
pub [pʌb] *n* (= *public house*) pub *m*
public ['pʌblɪk]: ~ *adj* public(ique) ♦ *n* public *m*; **in ~** en public; **to make ~** rendre public; **~ address system** *n* (système *m* de) sonorisation *f*; hauts-parleurs *mpl*
publican ['pʌblɪkən] *n* patron *m* de pub

public: ~ **company** *n* société *f* anonyme (*cotée en bourse*); ~ **convenience** (*BRIT*) *n* toilettes *fpl*; ~ **holiday** *n* jour férié; ~ **house** (*BRIT*) *n* pub *m*
publicity [pʌb'lɪsɪtɪ] *n* publicité *f*
publicize ['pʌblɪsaɪz] *vt* faire connaître, rendre public(ique)
public: ~ **opinion** *n* opinion publique; ~ **relations** *n* relations publiques; ~ **school** *n* (*BRIT*) école (secondaire) privée; (*US*) école publique; ~**-spirited** *adj* qui fait preuve de civisme; ~ **transport** *n* transports *mpl* en commun
publish ['pʌblɪʃ] *vt* publier; ~**er** *n* éditeur *m*; ~**ing** *n* édition *f*
pucker ['pʌkə*] *vt* plisser
pudding ['pʊdɪŋ] *n* pudding *m*; (*BRIT*: *sweet*) dessert *m*, entremets *m*; **black** ~, (*US*) **blood** ~ boudin (noir)
puddle ['pʌdl] *n* flaque *f* (d'eau)
puff [pʌf] *n* bouffée *f* ♦ *vt*: to ~ one's pipe tirer sur sa pipe ♦ *vi* (*pant*) haleter; ~ **out** *vt* (*fill with air*) gonfler; ~**ed (out)** (*inf*) *adj* (*out of breath*) tout(e) essoufflé(e); ~ **pastry** (*US* ~ **paste**) *n* pâte feuilletée; ~**y** *adj* bouffi(e), boursouflé(e)
pull [pʊl] *n* (*tug*): **to give sth a** ~ tirer sur qch ♦ *vt* tirer; (*trigger*) presser ♦ *vi* tirer; **to** ~ **to pieces** mettre en morceaux; **to** ~ **one's punches** ménager son adversaire; **to** ~ **one's weight** faire sa part (du travail); **to** ~ **o.s. together** se ressaisir; **to** ~ **sb's leg** (*fig*) faire marcher qn; ~ **apart** *vt* (*break*) mettre en pièces, démantibuler; ~ **down** *vt* (*house*) démolir; ~ **in** *vi* (*AUT*) entrer; (*RAIL*) entrer en gare; ~ **off** *vt* enlever, ôter; (*deal etc*) mener à bien, conclure; ~ **out** *vi* démarrer, partir ♦ *vt* sortir; arracher; ~ **over** *vi* (*AUT*) se ranger; ~ **through** *vi* s'en sortir; ~ **up** *vi* (*stop*) s'arrêter ♦ *vt* remonter; (*uproot*) déraciner, arracher
pulley ['pʊlɪ] *n* poulie *f*
pullover ['pʊləʊvə*] *n* pull(-over) *m*, tricot *m*
pulp [pʌlp] *n* (*of fruit*) pulpe *f*
pulpit ['pʊlpɪt] *n* chaire *f*
pulsate [pʌl'seɪt] *vi* battre, palpiter; (*music*) vibrer
pulse [pʌls] *n* (*of blood*) pouls *m*; (*of heart*) battement *m*; (*of music, engine*) vibrations *fpl*; (*BOT*, *CULIN*) légume sec
pump [pʌmp] *n* pompe *f*; (*shoe*) escarpin *m* ♦ *vt* pomper; ~ **up** *vt* gonfler
pumpkin ['pʌmpkɪn] *n* potiron *m*, citrouille *f*
pun [pʌn] *n* jeu *m* de mots, calembour *m*
punch [pʌntʃ] *n* (*blow*) coup *m* de poing; (*tool*) poinçon *m*; (*drink*) punch *m* ♦ *vt* (*hit*): **to** ~ **sb/sth** donner un coup de poing à qn/sur qch; ~**line** *n* (*of joke*) conclusion *f*; ~**-up** (*BRIT*: *inf*) *n* bagarre *f*
punctual ['pʌŋktjʊəl] *adj* ponctuel(le)
punctuation [pʌŋktjʊ'eɪʃən] *n* ponctuation *f*
puncture ['pʌŋktʃə*] *n* crevaison *f*
pundit ['pʌndɪt] *n* individu *m* qui pontifie, pontife *m*
pungent ['pʌndʒənt] *adj* piquant(e), âcre
punish ['pʌnɪʃ] *vt* punir; ~**ment** *n* punition *f*, châtiment *m*
punk [pʌŋk] *n* (*also*: ~ *rocker*) punk *m/f*; (: ~ *rock*) le punk rock; (*US*: *inf*: *hoodlum*) voyou *m*
punt [pʌnt] *n* (*boat*) bachot *m*
punter ['pʌntə*] (*BRIT*) *n* (*gambler*) parieur(euse); (*inf*): **the** ~**s** le public
puny ['pjuːnɪ] *adj* chétif(ive); (*effort*) piteux(euse)
pup [pʌp] *n* chiot *m*
pupil ['pjuːpl] *n* (*SCOL*) élève *m/f*; (*of eye*) pupille *f*
puppet ['pʌpɪt] *n* marionnette *f*, pantin *m*
puppy ['pʌpɪ] *n* chiot *m*, jeune chien(ne)

purchase ['pɜ:tʃɪs] *n* achat *m* ♦ *vt* acheter; **~r** *n* acheteur(euse)
pure [pjʊə*] *adj* pur(e); **~ly** ['pjʊəlɪ] *adv* purement
purge [pɜ:dʒ] *n* purge *f*
purple ['pɜ:pl] *adj* violet(te); (*face*) cramoisi(e)
purport [pɜ:'pɔ:t] *vi*: to ~ to be/do prétendre être/faire
purpose ['pɜ:pəs] *n* intention *f*, but *m*; on ~ exprès; **~ful** *adj* déterminé(e), résolu(e)
purr [pɜ:*] *vi* ronronner
purse [pɜ:s] *n* (*BRIT*: *for money*) porte-monnaie *m inv*; (*US*: *handbag*) sac *m* à main ♦ *vt* serrer, pincer
purser ['pɜ:sə*] *n* (*NAUT*) commissaire *m* du bord
pursue [pə'sju:] *vt* poursuivre
pursuit [pə'sju:t] *n* poursuite *f*; (*occupation*) occupation *f*, activité *f*
push [pʊʃ] *n* poussée *f* ♦ *vt* pousser; (*button*) appuyer sur; (*thrust*): to ~ **sth (into)** enfoncer qch (dans); (*product*) faire de la publicité pour ♦ *vi* pousser; (*demand*): to ~ **for** exiger, demander avec insistance; ~ **aside** *vt* écarter; ~ **off** (*inf*) *vi* filer, ficher le camp; ~ **on** *vi* (*continue*) continuer; ~ **through** *vi* se frayer un chemin ♦ *vt* (*measure*) faire accepter; ~ **up** *vt* (*total, prices*) faire monter; **~chair** (*BRIT*) *n* poussette *f*; **~er** *n* (*drug ~er*) revendeur(euse) (de drogue), ravitailleur(euse) (en drogue); **~over** (*inf*) *n*: **it's a** ~over c'est un jeu d'enfant; **~-up** (*US*) *n* traction *f*; **~y** (*pej*) *adj* arriviste
puss [pʊs] (*inf*) *n* minet *m*
pussy (cat) ['pʊsɪ (kæt)] (*inf*) *n* minet *m*
put [pʊt] (*pt, pp* **put**) *vt* mettre, poser, placer; (*say*) dire, exprimer; (*a question*) poser; (*case, view*) exposer, présenter; (*estimate*) estimer; ~ **about** *vt* (*rumour*) faire courir; ~ **across** *vt* (*ideas etc*) communiquer; ~ **away** *vt* (*store*) ranger; ~ **back** *vt* (*replace*) remettre, replacer; (*postpone*) remettre; (*delay*) retarder; ~ **by** *vt* (*money*) mettre de côté, économiser; ~ **down** *vt* (*parcel etc*) poser, déposer; (*in writing*) mettre par écrit, inscrire; (*suppress*: *revolt etc*) réprimer, faire cesser; (*animal*) abattre; (*dog, cat*) faire piquer; (*attribute*) attribuer; ~ **forward** *vt* (*ideas*) avancer; ~ **in** *vt* (*gas, electricity*) installer; (*application, complaint*) soumettre; (*time, effort*) consacrer; ~ **off** *vt* (*light etc*) éteindre; (*postpone*) remettre à plus tard, ajourner; (*discourage*) dissuader; ~ **on** *vt* (*clothes, lipstick, record*) mettre; (*light etc*) allumer; (*play etc*) monter; (*food*: *cook*) mettre à cuire *or* à chauffer; (*gain*): **to** ~ **on weight** prendre du poids, grossir; to ~ **the brakes on** freiner; to ~ **the kettle on** mettre l'eau à chauffer; ~ **out** *vt* (*take out*) mettre dehors; (*one's hand*) tendre; (*light etc*) éteindre; (*person*: *inconvenience*) déranger, gêner; ~ **through** *vt* (*TEL*: *call*) passer; (: *person*) mettre en communication; (*plan*) faire accepter; ~ **up** *vt* (*raise*) lever, relever, remonter; (*pin up*) afficher; (*hang*) accrocher; (*build*) construire, ériger; (*tent*) monter; (*umbrella*) ouvrir; (*increase*) augmenter; (*accommodate*) loger; ~ **up with** *vt fus* supporter
putt [pʌt] *n* coup roulé; **~ing green** *n* green *m*
putty ['pʌtɪ] *n* mastic *m*
put-up ['putʌp] (*BRIT*) *adj*: ~ **job** coup monté
puzzle ['pʌzl] *n* énigme *f*, mystère *m*; (*jigsaw*) puzzle *m* ♦ *vt* intriguer, rendre perplexe ♦ *vi* se creuser la tête; **puzzling** *adj* déconcertant(e)
pyjamas [pɪ'dʒɑ:məz] (*BRIT*) *npl* pyjama(s) *m(pl)*
pyramid ['pɪrəmɪd] *n* pyramide *f*
Pyrenees [pɪrɪ'ni:z] *npl*: **the** ~ les Pyrénées *fpl*

Q

quack [kwæk] *n* (*of duck*) coin-coin *m inv*; (*pej: doctor*) charlatan *m*
quad [kwɒd] *n abbr* = **quadrangle** ♦ *abbr* = **quadruplet**
quadrangle ['kwɒdræŋgl] *n* (*courtyard*) cour *f*
quadruple [kwɒ'dru:pl] *vt, vi* quadrupler; **~ts** [kwɒ'dru:pləts] *npl* quadruplés
quagmire ['kwægmaɪə*] *n* bourbier *m*
quail [kweɪl] *n* (*ZOOL*) caille *f* ♦ *vi*: to ~ **at** *or* **before** reculer devant
quaint [kweɪnt] *adj* bizarre; (*house, village*) au charme vieillot, pittoresque
quake [kweɪk] *vi* trembler
qualification [kwɒlɪfɪ'keɪʃən] *n* (*often pl: degree etc*) diplôme *m*; (: *training*) qualification(s) *f(pl)*, expérience *f*; (*ability*) compétence(s) *f(pl)*; (*limitation*) réserve *f*, restriction *f*
qualified ['kwɒlɪfaɪd] *adj* (*trained*) qualifié(e); (*professionally*) diplômé(e); (*fit, competent*) compétent(e), qualifié(e); (*limited*) conditionnel(le)
qualify ['kwɒlɪfaɪ] *vt* qualifier; (*modify*) atténuer, nuancer ♦ *vi*: to ~ (as) obtenir son diplôme (de); to ~ (for) remplir les conditions requises (pour); (*SPORT*) se qualifier (pour)
quality ['kwɒlɪtɪ] *n* qualité *f*
qualm [kwɑ:m] *n* doute *m*; scrupule *m*
quandary ['kwɒndərɪ] *n*: in a ~ devant un dilemme, dans l'embarras
quantity ['kwɒntɪtɪ] *n* quantité *f*; ~ **surveyor** *n* métreur *m* vérificateur
quarantine ['kwɒrənti:n] *n* quarantaine *f*
quarrel ['kwɒrəl] *n* querelle *f*, dispute *f* ♦ *vi* se disputer, se quereller; **~some** *adj* querelleur(euse)
quarry ['kwɒrɪ] *n* (*for stone*) carrière *f*; (*animal*) proie *f*, gibier *m*
quart [kwɔ:t] *n* ≈ litre *m*
quarter ['kwɔ:tə*] *n* quart *m*; (*US: coin: 25 cents*) quart de dollar; (*of year*) trimestre *m*; (*district*) quartier *m* ♦ *vt* (*divide*) partager en quartiers *or* en quatre; **~s** *npl* (*living* ~) logement *m*; (*MIL*) quartiers *mpl*, cantonnement *m*; **a ~ of an hour** un quart d'heure; ~ **final** *n* quart *m* de finale; **~ly** *adj* trimestriel(le) ♦ *adv* tous les trois mois
quartet(te) [kwɔ:'tet] *n* quatuor *m*; (*jazz players*) quartette *m*
quartz [kwɔ:ts] *n* quartz *m*
quash [kwɒʃ] *vt* (*verdict*) annuler
quaver ['kweɪvə*] *n* (*BRIT: MUS*) croche *f* ♦ *vi* trembler
quay [ki:] *n* (*also*: ~*side*) quai *m*
queasy ['kwi:zɪ] *adj*: **to feel ~** avoir mal au cœur
queen [kwi:n] *n* reine *f*; (*CARDS etc*) dame *f*; ~ **mother** *n* reine mère *f*
queer [kwɪə*] *adj* étrange, curieux(euse); (*suspicious*) louche ♦ *n* (*inf!*) homosexuel *m*
quell [kwel] *vt* réprimer, étouffer
quench [kwentʃ] *vt*: **to ~ one's thirst** se désaltérer
querulous ['kweruləs] *adj* (*person*) récriminateur(trice); (*voice*) plaintif(ive)
query ['kwɪərɪ] *n* question *f* ♦ *vt* remettre en question, mettre en doute
quest [kwest] *n* recherche *f*, quête *f*
question ['kwestʃən] *n* question *f* ♦ *vt* (*person*) interroger; (*plan, idea*) remettre en question, mettre en doute; **beyond ~** sans aucun doute; **out of the ~** hors de question; **~able** *adj* discutable; ~ **mark** *n* point *m* d'interrogation; **~naire** [kwestʃə'nɛə*] *n* questionnaire *m*
queue [kju:] (*BRIT*) *n* queue *f*, file *f* ♦ *vi* (*also*: ~ *up*) faire la queue
quibble ['kwɪbl] *vi*: ~ **(about)** *or* **(over)** *or* **(with sth)** ergoter (sur qch)
quick [kwɪk] *adj* rapide; (*agile*) agi-

le, vif(vive) ♦ *n*: **cut to the** ~ (*fig*) touché(e) au vif; **be** ~! dépêche-toi!; ~**en** *vt* accélérer, presser ♦ *vi* s'accélérer, devenir plus rapide; ~**ly** *adv* vite, rapidement; ~**sand** *n* sables mouvants; ~**-witted** *adj* à l'esprit vif
quid [kwɪd] (*BRIT: inf*) *n, pl inv* livre *f*
quiet ['kwaɪət] *adj* tranquille, calme; (*voice*) bas(se); (*ceremony, colour*) discret(ète) ♦ *n* tranquillité *f*, calme *m*; (*silence*) silence *m* ♦ *vt, vi* (*US*) = **quieten**; **keep** ~! tais-toi!; ~**en** *vi* (*also*: ~ *down*) se calmer, s'apaiser ♦ *vt* calmer, apaiser; ~**ly** *adv* tranquillement, calmement; (*silently*) silencieusement; ~**ness** *n* tranquillité *f*, calme *m*; (*silence*) silence *m*
quilt [kwɪlt] *n* édredon *m*; (*continental* ~) couette *f*
quin [kwɪn] *n abbr* = **quintuplet**
quintuplets [kwɪn'tju:pləts] *npl* quintuplé(e)s
quip [kwɪp] *n* remarque piquante *or* spirituelle, pointe *f*
quirk [kwɜ:k] *n* bizarrerie *f*
quit [kwɪt] (*pt, pp* ~ *or* ~**ted**) *vt* quitter; (*smoking, grumbling*) arrêter de ♦ *vi* (*give up*) abandonner, renoncer; (*resign*) démissionner
quite [kwaɪt] *adv* (*rather*) assez, plutôt; (*entirely*) complètement, tout à fait; (*following a negative = almost*): **that's not** ~ **big enough** ce n'est pas tout à fait assez grand; **I** ~ **understand** je comprends très bien; ~ **a few of them** un assez grand nombre d'entre eux; ~ **(so)!** exactement!
quits [kwɪts] *adj*: ~ **(with)** quitte (envers); **let's call it** ~ restons-en là
quiver ['kwɪvə*] *vi* trembler, frémir
quiz [kwɪz] *n* (*game*) jeu-concours *m* ♦ *vt* interroger; ~**zical** *adj* narquois(e)
quota ['kwəʊtə] *n* quota *m*
quotation [kwəʊ'teɪʃən] *n* citation *f*; (*estimate*) devis *m*; ~ **marks** *npl* guillemets *mpl*
quote [kwəʊt] *n* citation *f*; (*estimate*) devis *m* ♦ *vt* citer; (*price*) indiquer; ~s *npl* guillemets *mpl*

R

rabbi ['ræbaɪ] *n* rabbin *m*
rabbit ['ræbɪt] *n* lapin *m*; ~ **hutch** *n* clapier *m*
rabble ['ræbl] (*pej*) *n* populace *f*
rabies ['reɪbi:z] *n* rage *f*
RAC *n abbr* (*BRIT*) = Royal Automobile Club
rac(c)oon [rə'ku:n] *n* raton laveur
race [reɪs] *n* (*species*) race *f*; (*competition, rush*) course *f* ♦ *vt* (*horse*) faire courir ♦ *vi* (*compete*) faire la course, courir; (*hurry*) aller à toute vitesse, courir; (*engine*) s'emballer; (*pulse*) augmenter; ~ **car** (*US*) *n* = **racing car**; ~ **car driver** (*US*) *n* **racing driver**; ~**course** *n* champ *m* de courses; ~**horse** *n* cheval *m* de course; ~**track** *n* piste *f*
racial ['reɪʃəl] *adj* racial(e)
racing ['reɪsɪŋ] *n* courses *fpl*; ~ **car** (*BRIT*) *n* voiture *f* de course; ~ **driver** (*BRIT*) *n* pilote *m* de course
racism ['reɪsɪzəm] *n* racisme *m*; **racist** *adj* raciste ♦ *n* raciste *m/f*
rack [ræk] *n* (*for guns, tools*) râtelier *m*; (*also*: *luggage* ~) porte-bagages *m inv*, filet *m* à bagages; (: *roof* ~) galerie *f*; (*dish* ~) égouttoir *m* ♦ *vt* tourmenter; **to** ~ **one's brains** se creuser la cervelle
racket ['rækɪt] *n* (*for tennis*) raquette *f*; (*noise*) tapage *m*; vacarme *m*; (*swindle*) escroquerie *f*
racquet ['rækɪt] *n* raquette *f*
racy ['reɪsɪ] *adj* plein(e) de verve; (*slightly indecent*) osé(e)
radar ['reɪdɑ:*] *n* radar *m*
radial ['reɪdɪəl] *adj* (*also*: ~*-ply*) à carcasse radiale
radiant ['reɪdɪənt] *adj* rayonnant(e)
radiate ['reɪdɪeɪt] *vt* (*heat*) émettre, dégager; (*emotion*) rayonner de ♦ *vi*

(*lines*) rayonner

radiation [reɪdɪ'eɪʃən] *n* rayonnement *m*; (*radioactive*) radiation *f*

radiator ['reɪdɪeɪtə*] *n* radiateur *m*

radical ['rædɪkəl] *adj* radical(e)

radii ['reɪdɪaɪ] *npl of* **radius**

radio ['reɪdɪəʊ] *n* radio *f* ♦ *vt* appeler par radio; **on the** ~ à la radio; **~active** [reɪdɪəʊ'æktɪv] *adj* radioactif(ive); ~ **station** *n* station *f* de radio

radish ['rædɪʃ] *n* radis *m*

radius ['reɪdɪəs] (*pl* **radii**) *n* rayon *m*

RAF *n abbr* = **Royal Air Force**

raffle ['ræfl] *n* tombola *f*

raft [rɑːft] *n* (*craft; also*: *life* ~) radeau *m*

rafter ['rɑːftə*] *n* chevron *m*

rag [ræg] *n* chiffon *m*; (*pej*: *newspaper*) feuille *f* de chou, torchon *m*; (*student* ~) *attractions organisées au profit d'œuvres de charité*; **~s** *npl* (*torn clothes etc*) haillons *mpl*; ~ **doll** *n* poupée *f* de chiffon

rage [reɪdʒ] *n* (*fury*) rage *f*, fureur *f* ♦ *vi* (*person*) être fou(folle) de rage; (*storm*) faire rage, être déchaîné(e); **it's all the** ~ cela fait fureur

ragged ['rægɪd] *adj* (*edge*) inégal(e); (*clothes*) en loques; (*appearance*) déguenillé(e)

raid [reɪd] *n* (*attack, also*: *MIL*) raid *m*; (*criminal*) hold-up *m inv*; (*by police*) descente *f*, rafle *f* ♦ *vt* faire un raid sur *or* un hold-up *or* une descente dans

rail [reɪl] *n* (*on stairs*) rampe *f*; (*on bridge, balcony*) balustrade *f*; (*of ship*) bastingage *m*; **~s** *npl* (*track*) rails *mpl*, voie ferrée; **by** ~ par chemin de fer, en train; **~ing(s)** *n(pl)* grille *f*; **~road** (*US*), **~way** (*BRIT*) *n* (*track*) voie ferrée; (*company*) chemin *m* de fer; **~way line** (*BRIT*) *n* ligne *f* de chemin de fer; **~wayman** (*BRIT*: *irreg*) *n* cheminot *m*; **~way station** (*BRIT*) *n* gare *f*

rain [reɪn] *n* pluie *f* ♦ *vi* pleuvoir; **in the** ~ sous la pluie; **it's ~ing** il pleut; **~bow** *n* arc-en-ciel *m*; **~coat** *n* imperméable *m*; **~drop** *n* goutte *f* de pluie; **~fall** *n* chute *f* de pluie; (*measurement*) hauteur *f* des précipitations; **~forest** *n* forêt *f* tropicale humide; **~y** *adj* pluvieux(euse)

raise [reɪz] *n* augmentation *f* ♦ *vt* (*lift*) lever; hausser; (*increase*) augmenter; (*morale*) remonter; (*standards*) améliorer; (*question, doubt*) provoquer, soulever; (*cattle, family*) élever; (*crop*) faire pousser; (*funds*) rassembler; (*loan*) obtenir; (*army*) lever; **to** ~ **one's voice** élever la voix

raisin ['reɪzən] *n* raisin sec

rake [reɪk] *n* (*tool*) râteau *m* ♦ *vt* (*garden, leaves*) ratisser; (*with machine gun*) balayer

rally ['rælɪ] *n* (*POL etc*) meeting *m*, rassemblement *m*; (*AUT*) rallye *m*; (*TENNIS*) échange *m* ♦ *vt* (*support*) gagner ♦ *vi* (*sick person*) aller mieux; (*Stock Exchange*) reprendre; ~ **round** *vt fus* venir en aide à

RAM [ræm] *n abbr* (= *random access memory*) mémoire vive

ram [ræm] *n* bélier *m* ♦ *vt* enfoncer; (*crash into*) emboutir; percuter

ramble ['ræmbl] *n* randonnée *f* ♦ *vi* (*walk*) se promener, faire une randonnée; (*talk*: *also*: ~ *on*) discourir, pérorer; **~r** *n* promeneur(euse), randonneur(euse); (*BOT*) rosier grimpant; **rambling** ['ræmblɪŋ] *adj* (*speech*) décousu(e); (*house*) plein(e) de coins et de recoins; (*BOT*) grimpant(e)

ramp [ræmp] *n* (*incline*) rampe *f*; dénivellation *f*; **on** ~, **off** ~ (*US*: *AUT*) bretelle *f* d'accès

rampage [ræm'peɪdʒ] *n*: **to be on the** ~ se déchaîner

rampant ['ræmpənt] *adj* (*disease etc*) qui sévit

ramshackle ['ræmʃækl] *adj* (*house*) délabré(e); (*car etc*) déglingué(e)

ran [ræn] *pt of* **run**

ranch [rɑːntʃ] *n* ranch *m*; **~er** *n* propriétaire *m* de ranch

rancid ['rænsɪd] *adj* rance

rancour ['ræŋkə*] (*US* **rancor**) *n* rancune *f*
random ['rændəm] *adj* fait(e) *or* établi(e) au hasard; (*MATH*) aléatoire ♦ *n*: **at ~** au hasard; **~ access** *n* (*COMPUT*) accès sélectif
randy ['rændɪ] (*BRIT*: *inf*) *adj* excité(e); lubrique
rang [ræŋ] *pt of* **ring**
range [reɪndʒ] *n* (*of mountains*) chaîne *f*; (*of missile, voice*) portée *f*; (*of products*) choix *m*, gamme *f*; (*MIL*: *also*: *shooting* ~) champ *m* de tir; (*indoor*) stand *m* de tir; (*also*: *kitchen* ~) fourneau *m* (de cuisine) ♦ *vt* (*place in a line*) mettre en rang, ranger ♦ *vi*: **to ~ over** (*extend*) couvrir; **to ~ from ... to** aller de ... à; **a ~ of** (*series*: *of proposals etc*) divers(e)
ranger ['reɪndʒə*] *n* garde forestier
rank [ræŋk] *n* rang *m*; (*MIL*) grade *m*; (*BRIT*: *also*: *taxi* ~) station *f* de taxis ♦ *vi*: **to ~ among** compter *or* se classer parmi ♦ *adj* (*stinking*) fétide, puant(e); **the ~ and file** (*fig*) la masse, la base
rankle ['ræŋkl] *vi* (*insult*) rester sur le cœur
ransack ['rænsæk] *vt* fouiller (à fond); (*plunder*) piller
ransom ['rænsəm] *n* rançon *f*; **to hold to ~** (*fig*) exercer un chantage sur
rant [rænt] *vi* fulminer
rap [ræp] *vt* frapper sur *or* à; taper sur; *n*: **~ (music)** rap *m*
rape [reɪp] *n* viol *m*; (*BOT*) colza *m* ♦ *vt* violer; **~(seed) oil** *n* huile *f* de colza
rapid ['ræpɪd] *adj* rapide; **~s** *npl* (*GEO*) rapides *mpl*
rapist ['reɪpɪst] *n* violeur *m*
rapport [ræ'pɔ:*] *n* entente *f*
rapture ['ræptʃə*] *n* extase *f*, ravissement *m*; **rapturous** ['ræptʃərəs] *adj* enthousiaste, frénétique
rare [rɛə*] *adj* rare; (*CULIN*: *steak*) saignant(e)
raring ['rɛərɪŋ] *adj*: **~ to go** (*inf*) très impatient(e) de commencer
rascal ['rɑ:skəl] *n* vaurien *m*
rash [ræʃ] *adj* imprudent(e), irréfléchi(e) ♦ *n* (*MED*) rougeur *f*, éruption *f*; (*spate*: *of events*) série (noire)
rasher ['ræʃə*] *n* fine tranche (de lard)
raspberry ['rɑ:zbərɪ] *n* framboise *f*; **~ bush** *n* framboisier *m*
rasping ['rɑ:spɪŋ] *adj*: **~ noise** grincement *m*
rat [ræt] *n* rat *m*
rate [reɪt] *n* taux *m*; (*speed*) vitesse *f*, rythme *m*; (*price*) tarif *m* ♦ *vt* classer; évaluer; **~s** *npl* (*BRIT*: *tax*) impôts locaux; (*fees*) tarifs *mpl*; **to ~ sb/sth as** considérer qn/qch comme; **~able value** (*BRIT*) *n* valeur locative imposable; **~payer** (*BRIT*) *n* contribuable *m/f* (*payant les impôts locaux*)
rather ['rɑ:ðə*] *adv* plutôt; **it's ~ expensive** c'est assez cher; (*too much*) c'est un peu cher; **there's ~ a lot** il y en a beaucoup; **I would** *or* **I'd ~ go** j'aimerais mieux *or* je préférerais partir
rating ['reɪtɪŋ] *n* (*assessment*) évaluation *f*; (*score*) classement *m*; (*NAUT*: *BRIT*: *sailor*) matelot *m*; **~s** *npl* (*RADIO, TV*) indice *m* d'écoute
ratio ['reɪʃɪəʊ] *n* proportion *f*
ration ['ræʃən] *n* (*gen pl*) ration(s) *f(pl)*
rational ['ræʃənl] *adj* raisonnable, sensé(e); (*solution, reasoning*) logique; **~e** [ræʃə'nɑ:l] *n* raisonnement *m*; **~ize** ['ræʃnəlaɪz] *vt* rationaliser; (*conduct*) essayer d'expliquer *or* de motiver
rat race *n* foire *f* d'empoigne
rattle ['rætl] *n* (*of door, window*) battement *m*; (*of coins, chain*) cliquetis *m*; (*of train, engine*) bruit *m* de ferraille; (*object*: *for baby*) hochet *m* ♦ *vi* cliqueter; (*car, bus*): **to ~ along** rouler dans un bruit de ferraille ♦ *vt* agiter (bruyamment); (*unnerve*) dé-

contenancer; ~**snake** *n* serpent *m* à sonnettes

raucous ['rɔːkəs] *adj* rauque; (*noisy*) bruyant(e), tapageur(euse)

rave [reɪv] *vi* (*in anger*) s'emporter; (*with enthusiasm*) s'extasier; (*MED*) délirer

raven ['reɪvn] *n* corbeau *m*

ravenous ['rævənəs] *adj* affamé(e)

ravine [rə'viːn] *n* ravin *m*

raving ['reɪvɪŋ] *adj*: ~ **lunatic** *n* fou(folle) furieux(euse)

ravishing ['rævɪʃɪŋ] *adj* enchanteur(eresse)

raw [rɔː] *adj* (*uncooked*) cru(e); (*not processed*) brut(e); (*sore*) à vif, irrité(e); (*inexperienced*) inexpérimenté(e); (*weather, day*) froid(e) et humide; ~ **deal** (*inf*) *n* sale coup *m*; ~ **material** *n* matière première

ray [reɪ] *n* rayon *m*; ~ **of hope** lueur *f* d'espoir

raze [reɪz] *vt* (*also*: ~ *to the ground*) raser, détruire

razor ['reɪzə*] *n* rasoir *m*; ~ **blade** *n* lame *f* de rasoir

Rd *abbr* = **road**

re [riː] *prep* concernant

reach [riːtʃ] *n* portée *f*, atteinte *f*; (*of river etc*) étendue *f* ♦ *vt* atteindre; (*conclusion, decision*) parvenir à ♦ *vi* s'étendre, étendre le bras; **out of/within** ~ hors de/à portée; **within** ~ **of the shops** pas trop loin des *or* à proximité des magasins; ~ **out** *vt* tendre ♦ *vi*: **to** ~ **out (for)** allonger le bras (pour prendre)

react [riː'ækt] *vi* réagir; ~**ion** [riː'ækʃən] *n* réaction *f*

reactor [riː'æktə*] *n* réacteur *m*

read¹ [riːd] (*pt, pp* **read**) *vi* lire ♦ *vt* lire; (*understand*) comprendre, interpréter; (*study*) étudier; (*meter*) relever; ~ **out** *vt* lire à haute voix; ~**able** *adj* facile *or* agréable à lire; (*writing*) lisible; ~**er** *n* lecteur(trice); (*book*) livre *m* de lecture; (*BRIT*: *at university*) chargé(e) d'enseignement; ~**ership** *n* (*of paper etc*) (nombre *m* de) lecteurs *mpl*

read² [red] *pt, pp of* **read¹**

readily ['redɪlɪ] *adv* volontiers, avec empressement; (*easily*) facilement

readiness ['redɪnəs] *n* empressement *m*; **in** ~ (*prepared*) prêt(e)

reading ['riːdɪŋ] *n* lecture *f*; (*understanding*) interprétation *f*; (*on instrument*) indications *fpl*

ready ['redɪ] *adj* prêt(e); (*willing*) prêt, disposé(e); (*available*) disponible ♦ *n*: **at the** ~ (*MIL*) prêt à faire feu; **to get** ~ se préparer ♦ *vt* préparer; ~**-made** *adj* tout(e) fait(e); ~ **money** *n* (argent *m*) liquide *m*; ~**-to-wear** *adj* prêt(e) à porter

real [rɪəl] *adj* véritable; réel(le); **in** ~ **terms** dans la réalité; ~ **estate** *n* biens fonciers *or* immobiliers; ~**istic** *adj* réaliste; ~**ity** [riː'ælɪtɪ] *n* réalité *f*

realization [rɪəlaɪ'zeɪʃən] *n* (*awareness*) prise *f* de conscience; (*fulfilment; also*: *of asset*) réalisation *f*

realize ['rɪəlaɪz] *vt* (*understand*) se rendre compte de; (*a project, COMM*: *asset*) réaliser

really ['rɪəlɪ] *adv* vraiment; ~? vraiment?, c'est vrai?

realm [relm] *n* royaume *m*; (*fig*) domaine *m*

realtor ['rɪəltɔː*] (®: *US*) *n* agent immobilier

reap [riːp] *vt* moissonner; (*fig*) récolter

reappear ['riːə'pɪə*] *vi* réapparaître, reparaître

rear [rɪə*] *adj* de derrière, arrière *inv*; (*AUT*: *wheel etc*) arrière ♦ *n* arrière *m* ♦ *vt* (*cattle, family*) élever ♦ *vi* (*also*: ~ *up*: *animal*) se cabrer; ~**guard** *n* (*MIL*) arrière-garde *f*

rear-view mirror ['rɪəvjuː-] *n* (*AUT*) rétroviseur *m*

reason ['riːzn] *n* raison *f* ♦ *vi*: **to** ~ **with sb** raisonner qn, faire entendre raison à qn; **to have** ~ **to think** avoir lieu de penser; **it stands to** ~ **that** il va sans dire que; ~**able** *adj* raisonnable; (*not bad*) acceptable; ~**ably** *adv* raisonnablement; ~**ing** *n* raisonnement *m*

reassurance ['ri:ə'ʃuərəns] *n* réconfort *m*; (*factual*) assurance *f*, garantie *f*; **reassure** ['ri:ə'ʃuə*] *vt* rassurer
rebate ['ri:beɪt] *n* (*on tax etc*) dégrèvement *m*
rebel [*n* 'rebl, *vb* rɪ'bel] *n* rebelle *m/f* ♦ *vi* se rebeller, se révolter; **~lious** *adj* rebelle
rebound [*vb* rɪ'baund, *n* 'ri:baund] *vi* (*ball*) rebondir ♦ *n* rebond *m*; **to marry on the ~** se marier immédiatement après une déception amoureuse
rebuff [rɪ'bʌf] *n* rebuffade *f*
rebuke [rɪ'bju:k] *vt* réprimander
rebut [rɪ'bʌt] *vt* réfuter
recall [rɪ'kɔ:l] *vt* rappeler; (*remember*) se rappeler, se souvenir de ♦ *n* rappel *m*; (*ability to remember*) mémoire *f*
recant [rɪ'kænt] *vi* se rétracter; (*REL*) abjurer
recap ['ri:kæp], **recapitulate** [ri:kə'pɪtjuleɪt] *vt, vi* récapituler
rec'd *abbr* = **received**
recede [rɪ'si:d] *vi* (*tide*) descendre; (*disappear*) disparaître peu à peu; (*memory, hope*) s'estomper; **receding** [rɪ:'si:dɪŋ] *adj* (*chin*) fuyant(e); **receding hairline** front dégarni
receipt [rɪ'si:t] *n* (*document*) reçu *m*; (*for parcel etc*) accusé *m* de réception; (*act of receiving*) réception *f*; **~s** *npl* (*COMM*) recettes *fpl*
receive [rɪ'si:v] *vt* recevoir
receiver [rɪ'si:və*] *n* (*TEL*) récepteur *m*, combiné *m*; (*RADIO*) récepteur *m*; (*of stolen goods*) receleur *m*; (*LAW*) administrateur *m* judiciaire
recent ['ri:snt] *adj* récent(e); **~ly** *adv* récemment
receptacle [rɪ'septəkl] *n* récipient *m*
reception [rɪ'sepʃən] *n* réception *f*; (*welcome*) accueil *m*, réception; **~ desk** *n* réception *f*; **~ist** *n* réceptionniste *m/f*
recess [ri:'ses] *n* (*in room*) renfoncement *m*, alcôve *f*; (*secret place*) recoin *m*; (*POL etc*: *holiday*) vacances *fpl*
recession [rɪ'seʃən] *n* récession *f*
recipe ['resɪpɪ] *n* recette *f*
recipient [rɪ'sɪpɪənt] *n* (*of payment*) bénéficiaire *m/f*; (*of letter*) destinataire *m/f*
recital [rɪ'saɪtl] *n* récital *m*
recite [rɪ'saɪt] *vt* (*poem*) réciter
reckless ['rekləs] *adj* (*driver etc*) imprudent(e)
reckon ['rekən] *vt* (*count*) calculer, compter; (*think*): **I ~ that ...** je pense que ...; **~ on** *vt fus* compter sur, s'attendre à; **~ing** *n* compte *m*, calcul *m*; estimation *f*
reclaim [rɪ'kleɪm] *vt* (*demand back*) réclamer (le remboursement *or* la restitution de); (*land*: *from sea*) assécher; (*waste materials*) récupérer
recline [rɪ'klaɪn] *vi* être allongé(e) *or* étendu(e); **reclining** [rɪ'klaɪnɪŋ] *adj* (*seat*) à dossier réglable
recluse [rɪ'klu:s] *n* reclus(e), ermite *m*
recognition [rekəg'nɪʃən] *n* reconnaissance *f*; **to gain ~** être reconnu(e); **transformed beyond ~** méconnaissable
recognize ['rekəgnaɪz] *vt*: **to ~ (by/as)** reconnaître (à/comme étant)
recoil [rɪ'kɔɪl] *vi* (*person*): **to ~ (from sth/doing sth)** reculer (devant qch/l'idée de faire qch) ♦ *n* (*of gun*) recul *m*
recollect [rekə'lekt] *vt* se rappeler, se souvenir de; **~ion** [rekə'lekʃən] *n* souvenir *m*
recommend [rekə'mend] *vt* recommander
reconcile ['rekənsaɪl] *vt* (*two people*) réconcilier; (*two facts*) concilier, accorder; **to ~ o.s. to** se résigner à
recondition ['ri:kən'dɪʃən] *vt* remettre à neuf; réviser entièrement
reconnoitre [rekə'nɔɪtə*] (*US* **reconnoiter**) *vt* (*MIL*) reconnaître
reconstruct ['ri:kən'strʌkt] *vt* (*building*) reconstruire; (*crime, policy, system*) reconstituer
record [*n* 'rekɔ:d, *vb* rɪ'kɔ:d] *n* rap-

port *m*, récit *m*; (*of meeting etc*) procès-verbal *m*; (*register*) registre *m*; (*file*) dossier *m*; (*also*: *criminal* ~) casier *m* judiciaire; (*MUS*: *disc*) disque *m*; (*SPORT*) record *m*; (*COMPUT*) article *m* ♦ *vt* (*set down*) noter; (*MUS*: *song etc*) enregistrer; **in ~ time** en un temps record *inv*; **off the ~** *adj* officieux(euse) ♦ *adv* officieusement; **~ card** *n* (*in file*) fiche *f*; **~ed delivery** [rɪ'kɔːdɪd-] *n* (*BRIT*: *POST*): **~ed delivery letter** *etc* lettre *etc* recommandée; **~er** [rɪ'kɔːdə*] *n* (*MUS*) flûte *f* à bec; **~ holder** *n* (*SPORT*) détenteur(trice) du record; **~ing** [rɪ'kɔːdɪŋ] *n* (*MUS*) enregistrement *m*; **~ player** *n* tourne-disque *m*

recount [rɪ'kaʊnt] *vt* raconter

re-count ['riːkaʊnt] *n* (*POL*: *of votes*) deuxième compte *m* ♦ *vt* recompter

recoup [rɪ'kuːp] *vt*: **to ~ one's losses** récupérer ce qu'on a perdu, se refaire

recourse [rɪ'kɔːs] *n*: **to have ~ to** avoir recours à

recover [rɪ'kʌvə*] *vt* récupérer ♦ *vi*: **to ~ (from)** (*illness*) se rétablir (de); (*from shock*) se remettre (de); **~y** [rɪ'kʌvərɪ] *n* récupération *f*; rétablissement *m*; (*ECON*) redressement *m*

recreation [rekrɪ'eɪʃən] *n* récréation *f*, détente *f*; **~al** *adj* pour la détente, récréatif(ive)

recruit [rɪ'kruːt] *n* recrue *f* ♦ *vt* recruter

rectangle ['rektæŋgl] *n* rectangle *m*; **rectangular** [rek'tæŋgjulə*] *adj* rectangulaire

rectify ['rektɪfaɪ] *vt* (*error*) rectifier, corriger

rector ['rektə*] *n* (*REL*) pasteur *m*

recuperate [rɪ'kuːpəreɪt] *vi* récupérer; (*from illness*) se rétablir

recur [rɪ'kɜː*] *vi* se reproduire; (*symptoms*) réapparaître; **~rence** *n* répétition *f*; réapparition *f*; **~rent** *adj* périodique, fréquent(e)

recycle *vt* recycler

red [red] *n* rouge *m*; (*POL*: *pej*) rouge *m/f* ♦ *adj* rouge; (*hair*) roux(rousse); **in the ~** (*account*) à découvert; (*business*) en déficit; **~ carpet treatment** *n* réception *f* en grande pompe; **R~ Cross** *n* Croix-Rouge *f*; **~currant** *n* groseille *f* (rouge); **~den** *vt*, *vi* rougir; **~dish** *adj* rougeâtre; (*hair*) qui tirent sur le roux

redeem [rɪ'diːm] *vt* (*debt*) rembourser; (*sth in pawn*) dégager; (*fig*, *also REL*) racheter; **~ing** *adj* (*feature*) qui sauve, qui rachète (le reste)

redeploy ['riːdɪ'plɔɪ] *vt* (*resources*) réorganiser

red: ~-haired ['hɛəd] *adj* roux(rousse); **~-handed** [-'hændɪd] *adj*: **to be caught ~-handed** être pris(e) en flagrant délit *or* la main dans le sac; **~head** [-'hed] *n* roux(rousse); **~ herring** *n* (*fig*) diversion *f*, fausse piste; **~-hot** [-'hɒt] *adj* chauffé(e) au rouge, brûlant(e)

redirect ['riːdaɪ'rekt] *vt* (*mail*) faire suivre

red light *n*: **to go through a ~** (*AUT*) brûler un feu rouge; **red-light district** *n* quartier *m* des prostituées

redo ['riː'duː] (*irreg*) *vt* refaire

redolent ['redəulənt] *adj*: **~ of** qui sent; (*fig*) qui évoque

redress [rɪ'dres] *n* réparation *f* ♦ *vt* redresser

Red Sea *n*: **the ~** la mer Rouge

redskin ['redskɪn] *n* Peau-Rouge *m/f*

red tape *n* (*fig*) paperasserie (administrative)

reduce [rɪ'djuːs] *vt* réduire; (*lower*) abaisser; **"~ speed now"** (*AUT*) "ralentir"; **reduction** [rɪ'dʌkʃən] *n* réduction *f*; (*discount*) rabais *m*

redundancy [rɪ'dʌndənsɪ] (*BRIT*) *n* licenciement *m*, mise *f* au chômage

redundant [rɪ'dʌndənt] *adj* (*BRIT*: *worker*) mis(e) au chômage, licencié(e); (*detail*, *object*) superflu(e); **to be made ~** être licencié(e), être mis(e) au chômage

reed [ri:d] *n* (*BOT*) roseau *m*; (*MUS*: *of clarinet etc*) hanche *f*
reef [ri:f] *n* (*at sea*) récif *m*, écueil *m*
reek [ri:k] *vi*: to ~ (of) puer, empester
reel [ri:l] *n* bobine *f*; (*FISHING*) moulinet *m*; (*CINEMA*) bande *f*; (*dance*) quadrille écossais ♦ *vi* (*sway*) chanceler; ~ **in** *vt* (*fish, line*) ramener
ref [ref] (*inf*) *n abbr* (= *referee*) arbitre *m*
refectory [rɪ'fektərɪ] *n* réfectoire *m*
refer [rɪ'fɜ:*] *vt*: to ~ sb to (*inquirer*: *for information, patient*: *to specialist*) adresser qn à; (*reader*: *to text*) renvoyer qn à; (*dispute, decision*): to ~ sth to soumettre qch à ♦ *vi*: ~ to (*allude to*) parler de, faire allusion à; (*consult*) se reporter à
referee [refə'ri:] *n* arbitre *m*; (*BRIT*: *for job application*) répondant(e)
reference ['refrəns] *n* référence *f*, renvoi *m*; (*mention*) allusion *f*, mention *f*; (*for job application*: *letter*) références, lettre *f* de recommandation; with ~ to (*COMM*: *in letter*) me référant à, suite à; ~ **book** *n* ouvrage *m* de référence
refill [*vb* 'ri:'fɪl, *n* 'ri:fɪl] *vt* remplir à nouveau; (*pen, lighter etc*) recharger ♦ *n* (*for pen etc*) recharge *f*
refine [rɪ'faɪn] *vt* (*sugar, oil*) raffiner; (*taste*) affiner; (*theory, idea*) fignoler (*inf*); ~**d** *adj* (*person, taste*) raffiné(e)
reflect [rɪ'flekt] *vt* (*light, image*) réfléchir, refléter; (*fig*) refléter ♦ *vi* (*think*) réfléchir, méditer; it ~s badly on him cela le discrédite; it ~s well on him c'est tout à son honneur; ~**ion** [rɪ'flekʃən] *n* réflexion *f*; (*image*) reflet *m*; (*criticism*): ~ion on critique *f* de; atteinte *f* à; on ~ion réflexion faite
reflex ['ri:fleks] *adj* réflexe ♦ *n* réflexe *m*; ~**ive** [rɪfleksiv] *adj* (*LING*) réfléchi(e)
reform [rɪ'fɔ:m] *n* réforme *f* ♦ *vt* réformer; **R~ation** [refə'meɪʃən] *n*: the R~ation la Réforme; ~**atory** (*US*) *n* ≈ centre *m* d'éducation surveillée
refrain [rɪ'freɪn] *vi*: to ~ from doing s'abstenir de faire ♦ *n* refrain *m*
refresh [rɪ'freʃ] *vt* rafraîchir; (*subj*: *sleep*) reposer; ~**er course** (*BRIT*) *n* cours *m* de recyclage; ~**ing** *adj* (*drink*) rafraîchissant(e); (*sleep*) réparateur(trice); ~**ments** *npl* rafraîchissements *mpl*
refrigerator [rɪ'frɪdʒəreɪtə*] *n* réfrigérateur *m*, frigidaire *m* (®)
refuel ['ri:'fjuəl] *vi* se ravitailler en carburant
refuge ['refju:dʒ] *n* refuge *m*; to take ~ in se réfugier dans
refugee [refjʊ'dʒi:] *n* réfugié(e)
refund [*n* 'ri:fʌnd, *vb* rɪ'fʌnd] *n* remboursement *m* ♦ *vt* rembourser
refurbish ['ri:'fɜ:bɪʃ] *vt* remettre à neuf
refusal [rɪ'fju:zəl] *n* refus *m*; to have first ~ on avoir droit de préemption sur
refuse¹ [rɪ'fju:z] *vt, vi* refuser
refuse² ['refju:s] *n* ordures *fpl*, détritus *mpl*; ~ **collection** *n* ramassage *m* d'ordures
regain [rɪ'geɪn] *vt* regagner; retrouver
regal ['ri:gəl] *adj* royal(e)
regard [rɪ'gɑ:d] *n* respect *m*, estime *f*, considération *f* ♦ *vt* considérer; to give one's ~s to faire ses amitiés à; "with kindest ~s" "bien amicalement"; as ~s, with ~ to = regarding; ~**ing** *prep* en ce qui concerne; ~**less** *adv* quand même; ~**less** of sans se soucier de
régime [reɪ'ʒi:m] *n* régime *m*
regiment [*n* 'redʒɪmənt, *vb* 'redʒɪment] *n* régiment *m*; ~**al** [redʒɪ'mentl] *adj* d'un *or* du régiment
region ['ri:dʒən] *n* région *f*; in the ~ of (*fig*) aux alentours de; ~**al** *adj* régional(e)
register ['redʒɪstə*] *n* registre *m*; (*also*: *electoral* ~) liste électorale ♦ *vt* enregistrer; (*birth, death*) déclarer; (*vehicle*) immatriculer; (*POST*:

letter) envoyer en recommandé; (*subj*: *instrument*) marquer ♦ *vi* s'inscrire; (*at hotel*) signer le registre; (*make impression*) être (bien) compris(e); **~ed** *adj* (*letter, parcel*) recommandé(e); **~ed trademark** *n* marque déposée; **registrar** [redʒɪs'trɑː*] *n* officier *m* de l'état civil; **registration** [redʒɪs'treɪʃən] *n* enregistrement *m*; (*AUT*: *also*: ~ *number*) numéro *m* d'immatriculation

registry ['redʒɪstrɪ] *n* bureau *m* de l'enregistrement; ~ **office** (*BRIT*) *n* bureau *m* de l'état civil; **to get married in a ~ office** ≈ se marier à la mairie

regret [rɪ'gret] *n* regret *m* ♦ *vt* regretter; **~fully** *adv* à *or* avec regret

regular ['regjʊlə*] *adj* régulier(ère); (*usual*) habituel(le); (*soldier*) de métier ♦ *n* (*client etc*) habitué(e); **~ly** *adv* régulièrement

regulate ['regjʊleɪt] *vt* régler; **regulation** [regjʊ'leɪʃən] *n* (*rule*) règlement *m*; (*adjustment*) réglage *m*

rehabilitation ['riːhəbɪlɪ'teɪʃən] *n* (*of offender*) réinsertion *f*; (*of addict*) réadaptation *f*

rehearsal [rɪ'hɜːsəl] *n* répétition *f*

rehearse [rɪ'hɜːs] *vt* répéter

reign [reɪn] *n* règne *m* ♦ *vi* régner

reimburse [riːɪm'bɜːs] *vt* rembourser

rein [reɪn] *n* (*for horse*) rêne *f*

reindeer ['reɪndɪə*] *n, pl inv* renne *m*

reinforce [riːɪn'fɔːs] *vt* renforcer; **~d concrete** *n* béton armé; **~ments** *npl* (*MIL*) renfort(s) *m(pl)*

reinstate ['riːɪn'steɪt] *vt* rétablir, réintégrer

reject [*n* 'riːdʒekt, *vb* rɪ'dʒekt] *n* (*COMM*) article *m* de rebut ♦ *vt* refuser; (*idea*) rejeter; **~ion** [rɪ'dʒekʃən] *n* rejet *m*, refus *m*

rejoice [rɪ'dʒɔɪs] *vi*: **to ~ (at** *or* **over)** se réjouir (de)

rejuvenate [rɪ'dʒuːvɪneɪt] *vt* rajeunir

relapse [rɪ'læps] *n* (*MED*) rechute *f*

relate [rɪ'leɪt] *vt* (*tell*) raconter; (*connect*) établir un rapport entre ♦ *vi*: **this ~s to** cela se rapporte à; **to ~ to sb** entretenir des rapports avec qn; **~d** *adj* apparenté(e); **relating to** *prep* concernant

relation [rɪ'leɪʃən] *n* (*person*) parent(e); (*link*) rapport *m*, lien *m*; **~ship** *n* rapport *m*, lien *m*; (*personal ties*) relations *fpl*, rapports; (*also*: *family ~ship*) lien de parenté

relative ['relətɪv] *n* parent(e) ♦ *adj* relatif(ive); **all her ~s** toute sa famille; **~ly** *adv* relativement

relax [rɪ'læks] *vi* (*muscle*) se relâcher; (*person*: *unwind*) se détendre ♦ *vt* relâcher; (*mind, person*) détendre; **~ation** [riːlæk'seɪʃən] *n* relâchement *m*; (*of mind*) détente *f*, relaxation *f*; (*recreation*) détente, délassement *m*; **~ed** *adj* détendu(e); **~ing** *adj* délassant(e)

relay ['riːleɪ] *n* (*SPORT*) course *f* de relais ♦ *vt* (*message*) retransmettre, relayer

release [rɪ'liːs] *n* (*from prison, obligation*) libération *f*; (*of gas etc*) émission *f*; (*of film etc*) sortie *f*; (*new recording*) disque *m* ♦ *vt* (*prisoner*) libérer; (*gas etc*) émettre, dégager; (*free*: *from wreckage etc*) dégager; (*TECH*: *catch, spring etc*) faire jouer; (*book, film*) sortir; (*report, news*) rendre public, publier

relegate ['reləgeɪt] *vt* reléguer; (*BRIT*: *SPORT*): **to be ~d** descendre dans une division inférieure

relent [rɪ'lent] *vi* se laisser fléchir; **~less** *adj* implacable; (*unceasing*) continuel(le)

relevant ['reləvənt] *adj* (*question*) pertinent(e); (*fact*) significatif(ive); (*information*) utile; ~ **to** ayant rapport à, approprié à

reliable [rɪ'laɪəbl] *adj* (*person, firm*) sérieux(euse), fiable; (*method, machine*) fiable; (*news, information*) sûr(e); **reliably** *adv*: **to be reliably informed** savoir de source sûre

reliance [rɪ'laɪəns] *n*: ~ **(on)** (*person*) confiance *f* (en); (*drugs, promises*) besoin *m* (de), dépendance *f*

(de)
relic ['relɪk] *n* (*REL*) relique *f*; (*of the past*) vestige *m*
relief [rɪ'li:f] *n* (*from pain, anxiety etc*) soulagement *m*; (*help, supplies*) secours *m(pl)*; (*ART, GEO*) relief *m*
relieve [rɪ'li:v] *vt* (*pain, patient*) soulager; (*fear, worry*) dissiper; (*bring help*) secourir; (*take over from*: *gen*) relayer; (: *guard*) relever; **to ~ sb of sth** débarrasser qn de qch; **to ~ o.s.** se soulager
religion [rɪ'lɪdʒən] *n* religion *f*; **religious** [rɪ'lɪdʒəs] *adj* religieux(euse); (*book*) de piété
relinquish [rɪ'lɪŋkwɪʃ] *vt* abandonner; (*plan, habit*) renoncer à
relish ['relɪʃ] *n* (*CULIN*) condiment *m*; (*enjoyment*) délectation *f* ♦ *vt* (*food etc*) savourer; **to ~ doing** se délecter à faire
relocate ['ri:ləʊ'keɪt] *vt* installer ailleurs ♦ *vi* déménager, s'installer ailleurs
reluctance [rɪ'lʌktəns] *n* répugnance *f*
reluctant [rɪ'lʌktənt] *adj* peu disposé(e), qui hésite; **~ly** *adv* à contrecœur
rely on [rɪlaɪ] *vt fus* (*be dependent*) dépendre de; (*trust*) compter sur
remain [rɪ'meɪn] *vi* rester; **~der** *n* reste *m*; **~ing** *adj* qui reste; **~s** *npl* restes *mpl*
remand [rɪ'mɑ:nd] *n*: **on ~** en détention préventive ♦ *vt*: **to be ~ed in custody** être placé(e) en détention préventive; **~ home** (*BRIT*) *n* maison *f* d'arrêt
remark [rɪ'mɑ:k] *n* remarque *f*, observation *f* ♦ *vt* (faire) remarquer, dire; **~able** *adj* remarquable
remedial [rɪ'mi:dɪəl] *adj* (*tuition, classes*) de rattrapage; **~ exercises** gymnastique corrective
remedy ['remədɪ] *n*: **~ (for)** remède *m* (contre *or* à) ♦ *vt* remédier à
remember [rɪ'membə*] *vt* se rappeler, se souvenir de; (*send greetings*): **~ me to him** saluez-le de ma part;
remembrance [rɪ'membrəns] *n* souvenir *m*; mémoire *f*
remind [rɪ'maɪnd] *vt*: **to ~ sb of** rappeler à qn; **to ~ sb to do** faire penser à qn à faire, rappeler à qn qu'il doit faire; **~er** *n* (*souvenir*) souvenir *m*; (*letter*) rappel *m*
reminisce [remɪ'nɪs] *vi*: **to ~ (about)** évoquer ses souvenirs (de)
reminiscent [remɪ'nɪsnt] *adj*: **to be ~ of** rappeler, faire penser à
remiss [rɪ'mɪs] *adj* négligent(e)
remission [rɪ'mɪʃən] *n* (*of illness, sins*) rémission *f*; (*of debt, prison sentence*) remise *f*
remit [rɪ'mɪt] *vt* (*send*: *money*) envoyer; **~tance** *n* paiement *m*
remnant ['remnənt] *n* reste *m*, restant *m*; (*of cloth*) coupon *m*; **~s** *npl* (*COMM*) fins *fpl* de série
remorse [rɪ'mɔ:s] *n* remords *m*; **~ful** *adj* plein(e) de remords; **~less** *adj* (*fig*) impitoyable
remote [rɪ'məʊt] *adj* éloigné(e), lointain(e); (*person*) distant(e); (*possibility*) vague; **~ control** *n* télécommande *f*; **~ly** *adv* au loin; (*slightly*) très vaguement
remould ['ri:məʊld] (*BRIT*) *n* (*tyre*) pneu rechapé
removable [rɪ'mu:vəbl] *adj* (*detachable*) amovible
removal [rɪ'mu:vəl] *n* (*taking away*) enlèvement *m*; suppression *f*; (*BRIT*: *from house*) déménagement *m*; (*from office*: *dismissal*) renvoi *m*; (*of stain*) nettoyage *m*; (*MED*) ablation *f*; **~ van** (*BRIT*) *n* camion *m* de déménagement
remove [rɪ'mu:v] *vt* enlever, retirer; (*employee*) renvoyer; (*stain*) faire partir; (*abuse*) supprimer; (*doubt*) chasser
render ['rendə*] *vt* rendre; **~ing** *n* (*MUS etc*) interprétation *f*
rendezvous *n* rendez-vous *m inv*
renew [rɪ'nju:] *vt* renouveler; (*negotiations*) reprendre; (*acquaintance*) renouer; **~able** *adj* (*energy*) renouvelable; **~al** *n* renouvellement *m*; re-

prise *f*
renounce [rɪ'naʊns] *vt* renoncer à
renovate ['renəveɪt] *vt* rénover; (*art work*) restaurer
renown [rɪ'naʊn] *n* renommée *f*; **~ed** *adj* renommé(e)
rent [rent] *n* loyer *m* ♦ *vt* louer; **~al** *n* (*for television, car*) (prix *m* de) location *f*
rep [rep] *n abbr* = **representative**; = **repertory**
repair [rɪ'pɛə*] *n* réparation *f* ♦ *vt* réparer; **in good/bad ~** en bon/mauvais état; **~ kit** *n* trousse *f* de réparation
repatriate [riː'pætrɪeɪt] *vt* rapatrier
repay [riː'peɪ] (*irreg*) *vt* (*money, creditor*) rembourser; (*sb's efforts*) récompenser; **~ment** *n* remboursement *m*
repeal [rɪ'piːl] *n* (*of law*) abrogation *f* ♦ *vt* (*law*) abroger
repeat [rɪ'piːt] *n* (*RADIO, TV*) reprise *f* ♦ *vt* répéter (*COMM*: *order*) renouveler; (*SCOL*: *a class*) redoubler ♦ *vi* répéter; **~edly** *adv* souvent, à plusieurs reprises
repel [rɪ'pel] *vt* repousser ♦ **~lent** *n*: **insect ~lent** insectifuge *m*
repent [rɪ'pent] *vi*: **to ~ (of)** se repentir (de); **~ance** *n* repentir *m*
repertory ['repətərɪ] *n* (*also*: **~ theatre**) théâtre *m* de répertoire
repetition [repə'tɪʃən] *n* répétition *f*
repetitive [rɪ'petɪtɪv] *adj* (*movement, work*) répétitif(ive); (*speech*) plein(e) de redites
replace [rɪ'pleɪs] *vt* (*put back*) remettre, replacer; (*take the place of*) remplacer; **~ment** *n* (*substitution*) remplacement *m*; (*person*) remplaçant(e)
replay ['riːpleɪ] *n* (*of match*) match rejoué; (*of tape, film*) répétition *f*
replenish [rɪ'plenɪʃ] *vt* (*glass*) remplir (de nouveau); (*stock etc*) réapprovisionner
replica ['replɪkə] *n* réplique *f*, copie exacte
reply [rɪ'plaɪ] *n* réponse *f* ♦ *vi* répondre; **~ coupon** *n* coupon-réponse *m*
report [rɪ'pɔːt] *n* rapport *m*; (*PRESS etc*) reportage *m*; (*BRIT*: *also*: *school* **~**) bulletin *m* (scolaire); (*of gun*) détonation *f* ♦ *vt* rapporter, faire un compte rendu de; (*PRESS etc*) faire un reportage sur; (*bring to notice*: *occurrence*) signaler ♦ *vi* (*make a* **~**) faire un rapport (*or* un reportage); (*present o.s.*): **to ~ (to sb)** se présenter (chez qn); (*be responsible to*): **to ~ to sb** être sous les ordres de qn; **~ card** (*US, SCOTTISH*) *n* bulletin *m* scolaire; **~edly** *adv*: **she is ~edly living in ...** elle habiterait ...; **he ~edly told them to ...** il leur aurait ordonné de ...; **~er** *n* reporter *m*
repose [rɪ'pəuz] *n*: **in ~** en *or* au repos
represent [reprɪ'zent] *vt* représenter; (*view, belief*) présenter, expliquer; (*describe*): **to ~ sth as** présenter *or* décrire qch comme; **~ation** [reprɪzen'teɪʃən] *n* représentation *f*; **~ations** *npl* (*protest*) démarche *f*; **~ative** *n* représentant(e); (*US*: *POL*) député *m* ♦ *adj* représentatif(ive), caractéristique
repress [rɪ'pres] *vt* réprimer; **~ion** [rɪ'preʃən] *n* répression *f*
reprieve [rɪ'priːv] *n* (*LAW*) grâce *f*; (*fig*) sursis *m*, délai *m*
reprisal [rɪ'praɪzəl] *n*: **~s** *npl* représailles *fpl*
reproach [rɪ'prəutʃ] *vt*: **to ~ sb with sth** reprocher qch à qn; **~ful** *adj* de reproche
reproduce [riːprə'djuːs] *vt* reproduire ♦ *vi* se reproduire; **reproduction** [riːprə'dʌkʃən] *n* reproduction *f*
reproof [rɪ'pruːf] *n* reproche *m*
reptile ['reptaɪl] *n* reptile *m*
republic [rɪ'pʌblɪk] *n* république *f*; **~an** *adj* républicain(e)
repudiate [rɪ'pjuːdɪeɪt] *vt* répudier, rejeter
repulsive [rɪ'pʌlsɪv] *adj* repoussant(e), répulsif(ive)
reputable ['repjutəbl] *adj* de bonne

réputation; (*occupation*) honorable

reputation [repjʊ'teɪʃən] *n* réputation *f*

reputed [rɪ'pju:tɪd] *adj* (*supposed*) supposé(e); **~ly** *adv* d'après ce qu'on dit

request [rɪ'kwest] *n* demande *f*; (*formal*) requête *f* ♦ *vt*: **to ~ (of** *or* **from sb)** demander (à qn); **~ stop** (*BRIT*) *n* (*for bus*) arrêt facultatif

require [rɪ'kwaɪə*] *vt* (*need*: *subj*: *person*) avoir besoin de; (: *thing, situation*) demander; (*want*) exiger; (*order*): **to ~ sb to do sth/sth of sb** exiger que qn fasse qch/qch de qn; **~ment** *n* exigence *f*; besoin *m*; condition requise

requisite ['rekwɪzɪt] *n* chose *f* nécessaire ♦ *adj* requis(e), nécessaire; **toilet ~s** accessoires *mpl* de toilette

requisition [rekwɪ'zɪʃən] *n*: **~ (for)** demande *f* (de) ♦ *vt* (*MIL*) réquisitionner

rescue ['reskju:] *n* (*from accident*) sauvetage *m*; (*help*) secours *mpl* ♦ *vt* sauver; **~ party** *n* équipe *f* de sauvetage; **~r** *n* sauveteur *m*

research [rɪ'sɜ:tʃ] *n* recherche(s) *f(pl)* ♦ *vt* faire des recherches sur

resemblance [rɪ'zembləns] *n* ressemblance *f*

resemble [rɪ'zembl] *vt* ressembler à

resent [rɪ'zent] *vt* être contrarié(e) par; **~ful** *adj* irrité(e), plein(e) de ressentiment; **~ment** *n* ressentiment *m*

reservation [rezə'veɪʃən] *n* (*booking*) réservation *f*; (*doubt*) réserve *f*; (*for tribe*) réserve; **to make a ~ (in a hotel/a restaurant/on a plane)** réserver *or* retenir une chambre/une table/une place

reserve [rɪ'zɜ:v] *n* réserve *f*; (*SPORT*) remplaçant(e) ♦ *vt* (*seats etc*) réserver, retenir; **~s** *npl* (*MIL*) réservistes *mpl*; **in ~** en réserve; **~d** *adj* réservé(e)

reshuffle ['ri:'ʃʌfl] *n*: **Cabinet ~** (*POL*) remaniement ministériel

residence ['rezɪdəns] *n* résidence *f*; **~ permit** (*BRIT*) *n* permis *m* de séjour

resident ['rezɪdənt] *n* résident(e) ♦ *adj* résidant(e); **~ial** [rezɪ'denʃəl] *adj* (*area*) résidentiel(le); (*course*) avec hébergement sur place; **~ial school** *n* internat *m*

residue ['rezɪdju:] *n* reste *m*; (*CHEM, PHYSICS*) résidu *m*

resign [rɪ'zaɪn] *vt* (*one's post*) démissionner de ♦ *vi* démissionner; **to ~ o.s. to** se résigner à; **~ation** [rezɪg'neɪʃən] *n* (*of post*) démission *f*; (*state of mind*) résignation *f*; **~ed** *adj* résigné(e)

resilient [rɪ'zɪlɪənt] *adj* (*material*) élastique; (*person*) qui réagit, qui a du ressort

resist [rɪ'zɪst] *vt* résister à; **~ance** *n* résistance *f*

resolution [rezə'lu:ʃən] *n* résolution *f*

resolve [rɪ'zɒlv] *n* résolution *f* ♦ *vt* (*problem*) résoudre ♦ *vi*: **to ~ to do** résoudre *or* décider de faire

resort [rɪ'zɔ:t] *n* (*town*) station *f*; (*recourse*) recours *m* ♦ *vi*: **to ~ to** avoir recours à; **in the last ~** en dernier ressort

resound [rɪ'zaʊnd] *vi*: **to ~ (with)** retentir *or* résonner (de); **~ing** [rɪ'zaʊndɪŋ] *adj* retentissant(e)

resource [rɪ'sɔ:s] *n* ressource *f*; **~s** *npl* (*supplies, wealth etc*) ressources; **~ful** *adj* ingénieux(euse), débrouillard(e)

respect [rɪs'pekt] *n* respect *m* ♦ *vt* respecter; **~s** *npl* (*compliments*) respects, hommages *mpl*; **with ~ to** en ce qui concerne; **in this ~** à cet égard; **~able** *adj* respectable; **~ful** *adj* respectueux(euse)

respite ['respaɪt] *n* répit *m*

resplendent [rɪs'plendənt] *adj* resplendissant(e)

respond [rɪs'pɒnd] *vi* répondre; (*react*) réagir; **response** [rɪs'pɒns] *n* réponse *f*; réaction *f*

responsibility [rɪspɒnsə'bɪlɪtɪ] *n* responsabilité *f*

responsible [rɪs'pɒnsəbl] *adj* (*liable*): ~ **(for)** responsable (de); (*person*) digne de confiance; (*job*) qui comporte des responsabilités
responsive [rɪs'pɒnsɪv] *adj* qui réagit; (*person*) qui n'est pas réservé(e) *or* indifférent(e)
rest [rest] *n* repos *m*; (*stop*) arrêt *m*, pause *f*; (*MUS*) silence *m*; (*support*) support *m*, appui *m*; (*remainder*) reste *m*, restant *m* ♦ *vi* se reposer; (*be supported*): **to ~ on** appuyer *or* reposer sur; (*remain*) rester ♦ *vt* (*lean*): **to ~ sth on/against** appuyer qch sur/contre; **the ~ of them** les autres; **it ~s with him to ...** c'est à lui de ...
restaurant ['restərɒŋ] *n* restaurant *m*; ~ **car** (*BRIT*) *n* wagon-restaurant *m*
restful ['restful] *adj* reposant(e)
restive ['restɪv] *adj* agité(e), impatient(e); (*horse*) rétif(ive)
restless ['restləs] *adj* agité(e)
restoration [restə'reɪʃən] *n* restauration *f*; restitution *f*; rétablissement *m*
restore [rɪ'stɔ:*] *vt* (*building*) restaurer; (*sth stolen*) restituer; (*peace, health*) rétablir; **to ~ to** (*former state*) ramener à
restrain [rɪs'treɪn] *vt* contenir; (*person*): **to ~ (from doing)** retenir (de faire); **~ed** *adj* (*style*) sobre; (*manner*) mesuré(e); **~t** *n* (*restriction*) contrainte *f*; (*moderation*) retenue *f*
restrict [rɪs'trɪkt] *vt* restreindre, limiter; **~ion** [rɪs'trɪkʃən] *n* restriction *f*, limitation *f*
rest room (*US*) *n* toilettes *fpl*
result [rɪ'zʌlt] *n* résultat *m* ♦ *vi*: **to ~ in** aboutir à, se terminer par; **as a ~ of** à la suite de
resume [rɪ'zju:m] *vt, vi* (*work, journey*) reprendre
résumé ['reɪzju:meɪ] *n* résumé *m*; (*US*) curriculum vitae *m*
resumption [rɪ'zʌmpʃən] *n* reprise *f*
resurgence [rɪ'sɜ:dʒəns] *n* (*of energy, activity*) regain *m*
resurrection [rezə'rekʃən] *n* résurrection *f*
resuscitate [rɪ'sʌsɪteɪt] *vt* (*MED*) réanimer
retail [*n, adj* 'ri:teɪl, *vb* 'ri:'teɪl] *adj* de *or* au détail ♦ *adv* au détail; **~er** ['ri:teɪlə*] *n* détaillant(e); ~ **price** *n* prix *m* de détail
retain [rɪ'teɪn] *vt* (*keep*) garder, conserver; **~er** *n* (*fee*) acompte *m*, provision *f*
retaliate [rɪ'tælɪeɪt] *vi*: **to ~ (against)** se venger (de); **retaliation** [rɪtælɪ'eɪʃən] *n* représailles *fpl*, vengeance *f*
retarded [rɪ'tɑ:dɪd] *adj* retardé(e)
retch [retʃ] *vi* avoir des haut-le-cœur
retentive [rɪ'tentɪv] *adj*: ~ **memory** excellente mémoire
retina ['retɪnə] *n* rétine *f*
retire [rɪ'taɪə*] *vi* (*give up work*) prendre sa retraite; (*withdraw*) se retirer, partir; (*go to bed*) (aller) se coucher; **~d** *adj* (*person*) retraité(e); **~ment** *n* retraite *f*; **retiring** [rɪ'taɪərɪŋ] *adj* (*shy*) réservé(e); (*leaving*) sortant(e)
retort [rɪ'tɔ:t] *vi* riposter
retrace [rɪ'treɪs] *vt*: **to ~ one's steps** revenir sur ses pas
retract [rɪ'trækt] *vt* (*statement, claws*) rétracter; (*undercarriage, aerial*) rentrer, escamoter
retrain ['ri:'treɪn] *vt* (*worker*) recycler
retread ['ri:tred] *n* (*tyre*) pneu rechapé
retreat [rɪ'tri:t] *n* retraite *f* ♦ *vi* battre en retraite
retribution [retrɪ'bju:ʃən] *n* châtiment *m*
retrieval [rɪ'tri:vəl] *n* (*see vb*) récupération *f*; réparation *f*
retrieve [rɪ'tri:v] *vt* (*sth lost*) récupérer; (*situation, honour*) sauver; (*error, loss*) réparer; **~r** *n* chien *m* d'arrêt
retrospect ['retrəuspekt] *n*: **in ~** rétrospectivement, après coup; **~ive** [retrəu'spektɪv] *adj* rétrospectif(ive); (*law*) rétroactif(ive)

return [rɪ'tɜ:n] *n* (*going or coming back*) retour *m*; (*of sth stolen etc*) restitution *f*; (*FINANCE: from land, shares*) rendement *m*, rapport *m* ♦ *cpd* (*journey*) de retour; (*BRIT: ticket*) aller et retour; (*match*) retour ♦ *vi* (*come back*) revenir; (*go back*) retourner ♦ *vt* rendre; (*bring back*) rapporter; (*send back; also: ball*) renvoyer; (*put back*) remettre; (*POL: candidate*) élire; **~s** *npl* (*COMM*) recettes *fpl*; (*FINANCE*) bénéfices *mpl*; **in ~ (for)** en échange (de); **by ~ (of post)** par retour (du courrier); **many happy ~s (of the day)!** bon anniversaire!
reunion [ri:'ju:njən] *n* réunion *f*
reunite ['ri:ju:'naɪt] *vt* réunir
rev [rev] *n abbr* (*AUT: = revolution*) tour *m* ♦ *vt* (*also: ~ up*) emballer
revamp ['ri:'væmp] *vt* (*firm, system etc*) réorganiser
reveal [rɪ'vi:l] *vt* (*make known*) révéler; (*display*) laisser voir; **~ing** *adj* révélateur(trice); (*dress*) au décolleté généreux *or* suggestif
revel ['revl] *vi*: **to ~ in sth/in doing** se délecter de qch/à faire
revelry ['revlrɪ] *n* festivités *fpl*
revenge [rɪ'vendʒ] *n* vengeance *f*; **to take ~ on** (*enemy*) se venger sur
revenue ['revənju:] *n* revenu *m*
reverberate [rɪ'vɜ:bəreɪt] *vi* (*sound*) retentir, se répercuter; (*fig: shock etc*) se propager
reverence ['revərəns] *n* vénération *f*, révérence *f*
Reverend ['revərənd] *adj* (*in titles*): **the ~ John Smith** (*Anglican*) le révérend John Smith; (*Catholic*) l'abbé (John) Smith; (*Protestant*) le pasteur (John) Smith
reversal [rɪ'vɜ:səl] *n* (*of opinion*) revirement *m*; (*of order*) renversement *m*; (*of direction*) changement *m*
reverse [rɪ'vɜ:s] *n* contraire *m*, opposé *m*; (*back*) dos *m*, envers *m*; (*of paper*) verso *m*; (*of coin; also: setback*) revers *m*; (*AUT: also: ~ gear*) marche *f* arrière ♦ *adj* (*order, direction*) opposé(e), inverse ♦ *vt* (*order, position*) changer, inverser; (*direction, policy*) changer complètement de; (*decision*) annuler; (*roles*) renverser; (*car*) faire marche arrière avec ♦ *vi* (*BRIT: AUT*) faire marche arrière; **he ~d (the car) into a wall** il a embouti un mur en marche arrière; **~d charge call** (*BRIT*) *n* (*TEL*) communication *f* en PCV; **reversing lights** (*BRIT*) *npl* (*AUT*) feux *mpl* de marche arrière *or* de recul
revert [rɪ'vɜ:t] *vi*: **to ~ to** revenir à, retourner à
review [rɪ'vju:] *n* revue *f*; (*of book, film*) critique *f*, compte rendu; (*of situation, policy*) examen *m*, bilan *m* ♦ *vt* passer en revue; faire la critique de; examiner; **~er** *n* critique *m*
revile [rɪ'vaɪl] *vt* injurier
revise [rɪ'vaɪz] *vt* réviser, modifier; (*manuscript*) revoir, corriger ♦ *vi* (*study*) réviser; **revision** [rɪ'vɪʒən] *n* révision *f*
revival [rɪ'vaɪvəl] *n* reprise *f*; (*recovery*) rétablissement *m*; (*of faith*) renouveau *m*
revive [rɪ'vaɪv] *vt* (*person*) ranimer; (*custom*) rétablir; (*economy*) relancer; (*hope, courage*) raviver, faire renaître; (*play*) reprendre ♦ *vi* (*person*) reprendre connaissance; (*: from ill health*) se rétablir; (*hope etc*) renaître; (*activity*) reprendre
revoke [rɪ'vəuk] *vt* révoquer; (*law*) abroger
revolt [rɪ'vəult] *n* révolte *f* ♦ *vi* se révolter, se rebeller ♦ *vt* révolter, dégoûter; **~ing** *adj* dégoûtant(e)
revolution [revə'lu:ʃən] *n* révolution *f*; (*of wheel etc*) tour *m*, révolution; **~ary** *adj* révolutionnaire ♦ *n* révolutionnaire *m/f*
revolve [rɪ'vɒlv] *vi* tourner
revolver [rɪ'vɒlvə*] *n* revolver *m*
revolving [rɪ'vɒlvɪŋ] *adj* tournant(e); (*chair*) pivotant(e); **~ door** *n* (porte *f* à) tambour *m*
revulsion [rɪ'vʌlʃən] *n* dégoût *m*, ré-

pugnance *f*
reward [rɪ'wɔ:d] *n* récompense *f* ♦ *vt*: to ~ **(for)** récompenser (de); **~ing** *adj* (*fig*) qui (en) vaut la peine, gratifiant(e)
rewind ['ri:'waɪnd] (*irreg*) *vt* (*tape*) rembobiner
rewire ['ri:'waɪə*] *vt* (*house*) refaire l'installation électrique de
rheumatism ['ru:mətɪzəm] *n* rhumatisme *m*
Rhine [raɪn] *n*: the ~ le Rhin
rhinoceros [raɪ'nɒsərəs] *n* rhinocéros *m*
Rhone [rəʊn] *n*: the ~ le Rhône
rhubarb ['ru:bɑ:b] *n* rhubarbe *f*
rhyme [raɪm] *n* rime *f*; (*verse*) vers *mpl*
rhythm ['rɪðəm] *n* rythme *m*
rib [rɪb] *n* (*ANAT*) côte *f*
ribbon ['rɪbən] *n* ruban *m*; **in ~s** (*torn*) en lambeaux
rice [raɪs] *n* riz *m*; ~ **pudding** *n* riz au lait
rich [rɪtʃ] *adj* riche; (*gift, clothes*) somptueux(euse) ♦ *npl*: the ~ les riches *mpl*; **~es** *npl* richesses *fpl*; **~ly** *adv* richement; (*deserved, earned*) largement
rickets ['rɪkɪts] *n* rachitisme *m*
rickety ['rɪkɪtɪ] *adj* branlant(e)
rickshaw ['rɪkʃɔ:] *n* pousse-pousse *m inv*
rid [rɪd] (*pt, pp* **rid**) *vt*: to ~ sb of débarrasser qn de; to get ~ of se débarrasser de
riddle ['rɪdl] *n* (*puzzle*) énigme *f* ♦ *vt*: to be **~d with** être criblé(e) de; (*fig*: *guilt, corruption, doubts*) être en proie à
ride [raɪd] (*pt* **rode**, *pp* **ridden**) *n* promenade *f*, tour *m*; (*distance covered*) trajet *m* ♦ *vi* (*as sport*) monter (à cheval), faire du cheval; (*go somewhere*: *on horse, bicycle*) aller (à cheval *or* bicyclette *etc*); (*journey*: *on bicycle, motorcycle, bus*) rouler ♦ *vt* (*a certain horse*) monter; (*distance*) parcourir, faire; **to take sb for a ~** (*fig*) faire marcher qn; to ~ a **horse/bicycle** monter à cheval/à bicyclette; **~r** *n* cavalier(ère); (*in race*) jockey *m*; (*on bicycle*) cycliste *m/f*; (*on motorcycle*) motocycliste *m/f*
ridge [rɪdʒ] *n* (*of roof, mountain*) arête *f*; (*of hill*) faîte *m*; (*on object*) strie *f*
ridicule ['rɪdɪkju:l] *n* ridicule *m*; dérision *f*
ridiculous [rɪ'dɪkjʊləs] *adj* ridicule
riding ['raɪdɪŋ] *n* équitation *f*; ~ **school** *n* manège *m*, école *f* d'équitation
rife [raɪf] *adj* répandu(e); ~ **with** abondant(e) en, plein(e) de
riffraff ['rɪfræf] *n* racaille *f*
rifle ['raɪfl] *n* fusil *m* (à canon rayé) ♦ *vt* vider, dévaliser; ~ **through** *vt* (*belongings*) fouiller; (*papers*) feuilleter; ~ **range** *n* champ *m* de tir; (*at fair*) stand *m* de tir
rift [rɪft] *n* fente *f*, fissure *f*; (*fig*: *disagreement*) désaccord *m*
rig [rɪg] *n* (*also*: *oil* ~: *at sea*) plateforme pétrolière ♦ *vt* (*election etc*) truquer; ~ **out** (*BRIT*) *vt*: to ~ **out as/in** habiller en/de; ~ **up** *vt* arranger, faire avec des moyens de fortune; **~ging** *n* (*NAUT*) gréement *m*
right [raɪt] *adj* (*correctly chosen*: *answer, road etc*) bon(bonne); (*true*) juste, exact(e); (*suitable*) approprié(e), convenable; (*just*) juste, équitable; (*morally good*) bien *inv*; (*not left*) droit(e) ♦ *n* (*what is morally right*) bien *m*; (*title, claim*) droit *m*; (*not left*) droite *f* ♦ *adv* (*answer*) correctement, juste; (*treat*) bien, comme il faut; (*not on the left*) à droite ♦ *vt* redresser ♦ *excl* bon!; **to be** ~ (*person*) avoir raison; (*answer*) être juste *or* correct(e); (*clock*) à l'heure (juste); **by ~s** en toute justice; **on the** ~ à droite; **to be in the** ~ avoir raison; ~ **now** en ce moment même; tout de suite; ~ **in the middle** en plein milieu; ~ **away** immédiatement; ~ **angle** *n* (*MATH*) angle droit; **~eous** ['raɪtʃəs] *adj*

droit(e), vertueux(euse); (*anger*) justifié(e); **~ful** *adj* légitime; **~-handed** *adj* (*person*) droitier(ère); **~-hand man** *n* bras droit (*fig*); **~-hand side** *n* côté droit; **~ly** *adv* (*with reason*) à juste titre; **~ of way** *n* droit *m* de passage; (*AUT*) priorité *f*; **~-wing** *adj* (*POL*) de droite

rigid ['rɪdʒɪd] *adj* rigide; (*principle, control*) strict(e)

rigmarole ['rɪgmərəul] *n* comédie *f*

rigorous ['rɪgərəs] *adj* rigoureux(euse)

rile [raɪl] *vt* agacer

rim [rɪm] *n* bord *m*; (*of spectacles*) monture *f*; (*of wheel*) jante *f*

rind [raɪnd] *n* (*of bacon*) couenne *f*; (*of lemon etc*) écorce *f*, zeste *m*; (*of cheese*) croûte *f*

ring [rɪŋ] (*pt* **rang**, *pp* **rung**) *n* anneau *m*; (*on finger*) bague *f*; (*also*: *wedding* ~) alliance *f*; (*of people, objects*) cercle *m*; (*of spies*) réseau *m*; (*of smoke etc*) rond *m*; (*arena*) piste *f*, arène *f*; (*for boxing*) ring *m*; (*sound of bell*) sonnerie *f* ♦ *vi* (*telephone, bell*) sonner; (*person*: *by telephone*) téléphoner; (*also*: ~ *out*: *voice, words*) retentir; (*ears*) bourdonner ♦ *vt* (*BRIT*: *TEL*: *also*: ~ *up*) téléphoner à, appeler; (*bell*) faire sonner; **to ~ the bell** sonner; **to give sb a ~** (*BRIT*: *TEL*) appeler qn; **~ back** (*BRIT*) *vt*, *vi* (*TEL*) rappeler; **~ off** (*BRIT*) *vi* (*TEL*) raccrocher; **~ up** (*BRIT*) *vt* (*TEL*) appeler; **~ing** *n* (*of telephone*) sonnerie *f*; (*of bell*) tintement *m*; (*in ears*) bourdonnement *m*; **~ing tone** (*BRIT*) *n* (*TEL*) sonnerie *f*; **~leader** *n* (*of gang*) chef *m*, meneur *m*

ringlets ['rɪŋlɪts] *npl* anglaises *fpl*

ring road: (*BRIT*) *n* route *f* de ceinture; (*motorway*) périphérique *m*

rink [rɪŋk] *n* (*also*: *ice* ~) patinoire *f*

rinse [rɪns] *vt* rincer

riot ['raɪət] *n* émeute *f*; (*of flowers, colour*) profusion *f* ♦ *vi* faire une émeute, manifester avec violence; **to run ~** se déchaîner; **~ous** *adj* (*mob, assembly*) séditieux(euse), déchaîné(e); (*living, behaviour*) débauché(e); (*party*) très animé(e); (*welcome*) délirant(e)

rip [rɪp] *n* déchirure *f* ♦ *vt* déchirer ♦ *vi* se déchirer; **~cord** ['rɪpkɔːd] *n* poignée *f* d'ouverture

ripe [raɪp] *adj* (*fruit*) mûr(e); (*cheese*) fait(e); **~n** *vt* mûrir ♦ *vi* mûrir

ripple ['rɪpl] *n* ondulation *f*; (*of applause, laughter*) cascade *f* ♦ *vi* onduler

rise [raɪz] (*pt* **rose**, *pp* **risen**) *n* (*slope*) côte *f*, pente *f*; (*hill*) hauteur *f*; (*increase*: *in wages*: *BRIT*) augmentation *f*; (: *in prices, temperature*) hausse *f*, augmentation; (*fig*: *to power etc*) ascension *f* ♦ *vi* s'élever, monter; (*prices, numbers*) augmenter; (*waters*) monter; (*sun; person*: *from chair, bed*) se lever; (*also*: ~ *up*: *tower, building*) s'élever; (: *rebel*) se révolter; se rebeller; (*in rank*) s'élever; **to give ~ to** donner lieu à; **to ~ to the occasion** se montrer à la hauteur; **rising** *adj* (*increasing*: *number, prices*) en hausse; (*tide*) montant(e); (*sun, moon*) levant(e)

risk [rɪsk] *n* risque *m* ♦ *vt* risquer; **at ~** en danger; **at one's own ~** à ses risques et périls; **~y** *adj* risqué(e)

rissole ['rɪsəul] *n* croquette *f*

rite [raɪt] *n* rite *m*; **last ~s** derniers sacrements; **ritual** ['rɪtjuəl] *adj* rituel(le) ♦ *n* rituel *m*

rival ['raɪvəl] *adj*, *n* rival(e); (*in business*) concurrent(e) ♦ *vt* (*match*) égaler; **~ry** *n* rivalité *f*, concurrence *f*

river ['rɪvə*] *n* rivière *f*; (*major, also fig*) fleuve *m* ♦ *cpd* (*port, traffic*) fluvial(e); **up/down ~** en amont/aval; **~bank** *n* rive *f*, berge *f*

rivet ['rɪvɪt] *n* rivet *m* ♦ *vt* (*fig*) river, fixer

Riviera [rɪvɪ'ɛərə] *n*: **the (French) ~** la Côte d'Azur; **the Italian ~** la Riviera (italienne)

road [rəud] *n* route *f*; (*in town*) rue

f; (*fig*) chemin, voie *f*; **major/minor ~** route principale *or* à priorité/voie secondaire; **~ accident** *n* accident *m* de la circulation; **~block** *n* barrage routier; **~hog** *n* chauffard *m*; **~ map** *n* carte routière; **~ safety** *n* sécurité routière; **~side** *n* bord *m* de la route, bas-côté *m*; **~sign** *n* panneau *m* de signalisation; **~way** *n* chaussée *f*; **~ works** *npl* travaux *mpl* (de réfection des routes); **~worthy** *adj* en bon état de marche

roam [rəum] *vi* errer, vagabonder

roar [rɔː*] *n* rugissement *m*; (*of crowd*) hurlements *mpl*; (*of vehicle, thunder, storm*) grondement *m* ♦ *vi* rugir; hurler; gronder; **to ~ with laughter** éclater de rire; **to do a ~ing trade** faire des affaires d'or

roast [rəust] *n* rôti *m* ♦ *vt* (faire) rôtir; (*coffee*) griller, torréfier; **~ beef** *n* rôti *m* de bœuf, rosbif *m*

rob [rɒb] *vt* (*person*) voler; (*bank*) dévaliser; **to ~ sb of sth** voler *or* dérober qch à qn; (*fig: deprive*) priver qn de qch; **~ber** *n* bandit *m*, voleur *m*; **~bery** *n* vol *m*

robe [rəub] *n* (*for ceremony etc*) robe *f*; (*also: bath~*) peignoir *m*; (*US*) couverture *f*

robin ['rɒbɪn] *n* rouge-gorge *m*

robust [rəu'bʌst] *adj* robuste; (*material, appetite*) solide

rock [rɒk] *n* (*substance*) roche *f*, roc *m*; (*boulder*) rocher *m*; (*US: small stone*) caillou *m*; (*BRIT: sweet*) ≈ sucre *m* d'orge ♦ *vt* (*swing gently: cradle*) balancer; (*: child*) bercer; (*shake*) ébranler, secouer ♦ *vi* (se) balancer; être ébranlé(e) *or* secoué(e); **on the ~s** (*drink*) avec des glaçons; (*marriage etc*) en train de craquer; **~ and roll** *n* rock (and roll) *m*, rock'n'roll *m*; **~-bottom** *adj* (*fig: prices*) sacrifié(e); **~ery** *n* (jardin *m* de) rocaille *f*

rocket ['rɒkɪt] *n* fusée *f*; (*MIL*) fusée, roquette *f*

rocking chair ['rɒkɪŋ-] *n* fauteuil *m* à bascule

rocking horse *n* cheval *m* à bascule

rocky ['rɒkɪ] *adj* (*hill*) rocheux(euse); (*path*) rocailleux(euse)

rod [rɒd] *n* (*wooden*) baguette *f*; (*metallic*) tringle *f*; (*TECH*) tige *f*; (*also: fishing ~*) canne *f* à pêche

rode [rəud] *pt of* **ride**

rodent ['rəudənt] *n* rongeur *m*

rodeo ['rəudɪəu] (*US*) *n* rodéo *m*

roe [rəu] *n* (*species: also: ~ deer*) chevreuil *m*; (*of fish, also: hard ~*) œufs *mpl* de poisson; **soft ~** laitance *f*

rogue [rəug] *n* coquin(e)

role [rəul] *n* rôle *m*

roll [rəul] *n* rouleau *m*; (*of banknotes*) liasse *f*; (*also: bread ~*) petit pain; (*register*) liste *f*; (*sound: of drums etc*) roulement *m* ♦ *vt* rouler; (*also: ~ up: string*) enrouler; (*: sleeves*) retrousser; (*: ~ out: pastry*) étendre au rouleau, abaisser ♦ *vi* rouler; **~ about** *vi* rouler ça et là; (*person*) se rouler par terre; **~ around** *vi* = **roll about**; **~ by** *vi* (*time*) s'écouler, passer; **~ in** *vi* (*mail, cash*) affluer; **~ over** *vi* se retourner; **~ up** *vi* (*inf: arrive*) arriver, s'amener ♦ *vt* rouler; **~ call** *n* appel *m*; **~er** *n* rouleau *m*; (*wheel*) roulette *f*; (*for road*) rouleau compresseur; **~er coaster** *n* montagnes *fpl* russes; **~er skates** *npl* patins *mpl* à roulettes; **~ing** ['rəulɪŋ] *adj* (*landscape*) onduleux(euse); **~ing pin** *n* rouleau *m* à pâtisserie; **~ing stock** *n* (*RAIL*) matériel roulant

ROM [rɒm] *n abbr* (= *read only memory*) mémoire morte

Roman ['rəumən] *adj* romain(e); **~ Catholic** *adj*, *n* catholique (*m/f*)

romance [rəu'mæns] *n* (*love affair*) idylle *f*; (*charm*) poésie *f*; (*novel*) roman *m* à l'eau de rose

Romania [rəu'meɪnɪə] *n* Roumanie *f*; **~n** *adj* roumain(e) ♦ *n* Roumain(e); (*LING*) roumain *m*

Roman numeral *n* chiffre romain

romantic [rəʊ'mæntɪk] *adj* romantique; sentimental(e)
Rome [rəʊm] *n* Rome
romp [rɒmp] *n* jeux bruyants ♦ *vi* (*also*: ~ *about*) s'ébattre, jouer bruyamment; **~ers** ['rɒmpəz] *npl* barboteuse *f*
roof [ru:f] (*pl* ~s) *n* toit *m* ♦ *vt* couvrir (d'un toit); **the ~ of the mouth** la voûte du palais; **~ing** *n* toiture *f*; **~ rack** *n* (*AUT*) galerie *f*
rook [rʊk] *n* (*bird*) freux *m*; (*CHESS*) tour *f*
room [rʊm] *n* (*in house*) pièce *f*; (*also*: *bed*~) chambre *f* (à coucher); (*in school etc*) salle *f*; (*space*) place *f*; **~s** *npl* (*lodging*) meublé *m*; **"~s to let"** *(BRIT)* or **"for rent"** *(US)* "chambres à louer"; **single/double ~** chambre pour une personne/deux personnes; **there is ~ for improvement** cela laisse à désirer; **~ing house** (*US*) *n* maison *f* or immeuble *m* de rapport; **~mate** *n* camarade *m/f* de chambre; **~ service** *n* service *m* des chambres (*dans un hôtel*); **~y** *adj* spacieux(euse); (*garment*) ample
roost [ru:st] *vi* se jucher
rooster ['ru:stə*] *n* (*esp US*) coq *m*
root [ru:t] *n* (*BOT, MATH*) racine *f*; (*fig*: *of problem*) origine *f*, fond *m* ♦ *vi* (*plant*) s'enraciner; **~ about** *vi* (*fig*) fouiller; **~ for** *vt fus* encourager, applaudir; **~ out** *vt* (*find*) dénicher
rope [rəʊp] *n* corde *f*; (*NAUT*) cordage *m* ♦ *vt* (*tie up or together*) attacher; (*climbers*: *also*: ~ *together*) encorder; (*area*: ~ *off*) interdire l'accès de; (*divide off*) séparer; **to know the ~s** (*fig*) être au courant, connaître les ficelles; **~ in** *vt* (*fig*: *person*) embringuer
rosary ['rəʊzərɪ] *n* chapelet *m*
rose [rəʊz] *pt of* **rise** ♦ *n* rose *f*; (*also*: ~*bush*) rosier *m*; (*on watering can*) pomme *f*
rosé ['rəʊzeɪ] *n* rosé *m*
rosebud ['rəʊzbʌd] *n* bouton *m* de rose
rosemary ['rəʊzmərɪ] *n* romarin *m*
roster ['rɒstə*] *n*: **duty ~** tableau *m* de service
rostrum ['rɒstrəm] *n* tribune *f* (*pour un orateur etc*)
rosy ['rəʊzɪ] *adj* rose; **a ~ future** un bel avenir
rot [rɒt] *n* (*decay*) pourriture *f*; (*fig*: *pej*) idioties *fpl* ♦ *vt, vi* pourrir
rota ['rəʊtə] *n* liste *f*, tableau *m* de service; **on a ~ basis** par roulement
rotary ['rəʊtərɪ] *adj* rotatif(ive)
rotate [rəʊ'teɪt] *vt* (*revolve*) faire tourner; (*change round*: *jobs*) faire à tour de rôle ♦ *vi* (*revolve*) tourner; **rotating** *adj* (*movement*) tournant(e)
rote [rəʊt] *n*: **by ~** machinalement, par cœur
rotten ['rɒtn] *adj* (*decayed*) pourri(e); (*dishonest*) corrompu(e); (*inf*: *bad*) mauvais(e), moche; **to feel ~** (*ill*) être mal fichu(e)
rotund [rəʊ'tʌnd] *adj* (*person*) rondelet(te)
rough [rʌf] *adj* (*cloth, skin*) rêche, rugueux(euse); (*terrain*) accidenté(e); (*path*) rocailleux(euse); (*voice*) rauque, rude; (*person, manner*: *coarse*) rude, fruste; (: *violent*) brutal(e); (*district, weather*) mauvais(e); (*sea*) houleux(euse); (*plan etc*) ébauché(e); (*guess*) approximatif(ive) ♦ *n* (*GOLF*) rough *m*; **to ~ it** vivre à la dure; **to sleep ~** (*BRIT*) coucher à la dure; **~age** *n* fibres *fpl* alimentaires; **~-and-ready** *adj* rudimentaire; **~ copy, ~draft** *n* brouillon *m*; **~ly** *adv* (*handle*) rudement, brutalement; (*speak*) avec brusquerie; (*make*) grossièrement; (*approximately*) à peu près, en gros
roulette [ru:'lɛt] *n* roulette *f*
Roumania [ru:'meɪnɪə] *n* = **Romania**
round [raʊnd] *adj* rond(e) ♦ *n* (*BRIT*: *of toast*) tranche *f*; (*duty*: *of policeman, milkman etc*) tournée *f*; (: *of doctor*) visites *fpl*; (*game*: *of cards, in competition*) partie *f*; (*BOXING*) round *m*; (*of talks*) série

f ♦ *vt* (*corner*) tourner ♦ *prep* autour de ♦ *adv*: **all ~** tout autour; **the long way ~** (par) le chemin le plus long; **all the year ~** toute l'année; **it's just ~ the corner** (*fig*) c'est tout près; **~ the clock** 24 heures sur 24; **to go ~ to sb's (house)** aller chez qn; **go ~ the back** passez par derrière; **to go ~ a house** visiter une maison, faire le tour d'une maison; **enough to go ~** assez pour tout le monde; **~ of ammunition** cartouche *f*; **~ of applause** ban *m*, applaudissements *mpl*; **~ of drinks** tournée *f*; **~ of sandwiches** sandwich *m*; **~ off** *vt* (*speech etc*) terminer; **~ up** *vt* rassembler; (*criminals*) effectuer une rafle de; (*price, figure*) arrondir (au chiffre supérieur); **~about** *n* (*BRIT*: *AUT*) rond-point *m* (à sens giratoire); (: *at fair*) manège *m* (de chevaux de bois) ♦ *adj* (*route, means*) détourné(e); **~ers** *n* (*game*) *sorte de baseball*; **~ly** *adv* (*fig*) tout net, carrément; **~-shouldered** *adj* au dos rond; **~ trip** *n* (voyage *m*) aller et retour *m*; **~up** *n* rassemblement *m*; (*of criminals*) rafle *f*

rouse [raʊz] *vt* (*wake up*) réveiller; (*stir up*) susciter; provoquer; éveiller; **rousing** ['raʊzɪŋ] *adj* (*welcome*) enthousiaste

rout [raʊt] *n* (*MIL*) déroute *f*

route [ru:t] *n* itinéraire *m*; (*of bus*) parcours *m*; (*of trade, shipping*) route *f*; **~ map** (*BRIT*) *n* (*for journey*) croquis *m* d'itinéraire

routine [ru:'ti:n] *adj* (*work*) ordinaire, courant(e); (*procedure*) d'usage ♦ *n* (*habits*) habitudes *fpl*; (*pej*) train-train *m*; (*THEATRE*) numéro *m*

rove [rəʊv] *vt* (*area, streets*) errer dans

row¹ [rəʊ] *n* (*line*) rangée *f*; (*of people, seats, KNITTING*) rang *m*; (*behind one another*: *of cars, people*) file *f* ♦ *vi* (*in boat*) ramer; (*as sport*) faire de l'aviron ♦ *vt* (*boat*) faire aller à la rame *or* à l'aviron; **in a row** (*fig*) d'affilée

row² [raʊ] *n* (*noise*) vacarme *m*; (*dispute*) dispute *f*, querelle *f*; (*scolding*) réprimande *f*, savon *m* ♦ *vi* se disputer, se quereller

rowboat ['rəʊbəʊt] (*US*) *n* canot *m* (à rames)

rowdy ['raʊdɪ] *adj* chahuteur(euse); (*occasion*) tapageur(euse)

rowing ['rəʊɪŋ] *n* canotage *m*; (*as sport*) aviron *m*; **~ boat** (*BRIT*) *n* canot *m* (à rames)

royal ['rɔɪəl] *adj* royal(e); **R~ Air Force** (*BRIT*) *n armée de l'air britannique*

royalty ['rɔɪəltɪ] *n* (*royal persons*) (membres *mpl* de la) famille royale; (*payment*: *to author*) droits *mpl* d'auteur; (: *to inventor*) royalties *fpl*

rpm *abbr* (*AUT*: = *revs per minute*) tr/mn

RSVP *abbr* (= *répondez s'il vous plaît*) R.S.V.P.

Rt Hon. *abbr* (*BRIT*: = *Right Honourable*) *titre donné aux députés de la Chambre des communes*

rub [rʌb] *vt* frotter; frictionner; (*hands*) se frotter ♦ *n* (*with cloth*) coup *m* chiffon *or* de torchon; **to give sth a ~** donner un coup de chiffon *or* de torchon à; **to ~ sb up** (*BRIT*) *or* **to ~ sb** (*US*) **the wrong way** prendre qn à rebrousse-poil; **~ off** *vi* partir; **~ off on** *vt fus* déteindre sur; **~ out** *vt* effacer

rubber ['rʌbə*] *n* caoutchouc *m*; (*BRIT*: *eraser*) gomme *f* (à effacer); **~ band** *n* élastique *m*; **~ plant** *n* caoutchouc *m* (*plante verte*)

rubbish ['rʌbɪʃ] *n* (*from household*) ordures *fpl*; (*fig*: *pej*) camelote *f*; (: *nonsense*) bêtises *fpl*, idioties *fpl*; **~ bin** (*BRIT*) *n* poubelle *f*; **~ dump** *n* décharge publique, dépotoir *m*

rubble ['rʌbl] *n* décombres *mpl*; (*smaller*) gravats *mpl*; (*CONSTR*) blocage *m*

ruby ['ru:bɪ] *n* rubis *m*

rucksack ['rʌksæk] *n* sac *m* à dos

rudder ['rʌdə*] *n* gouvernail *m*
ruddy ['rʌdɪ] *adj* (*face*) coloré(e); (*inf*: *damned*) sacré(e), fichu(e)
rude [ru:d] *adj* (*impolite*) impoli(e); (*coarse*) grossier(ère); (*shocking*) indécent(e), inconvenant(e)
ruffian ['rʌfɪən] *n* brute *f*, voyou *m*
ruffle ['rʌfl] *vt* (*hair*) ébouriffer; (*clothes*) chiffonner; (*fig*: *person*): **to get ~d** s'énerver
rug [rʌg] *n* petit tapis; (*BRIT*: *blanket*) couverture *f*
rugby ['rʌgbɪ] *n* (*also*: ~ *football*) rugby *m*
rugged ['rʌgɪd] *adj* (*landscape*) accidenté(e); (*features, character*) rude
rugger ['rʌgə*] (*BRIT: inf*) *n* rugby *m*
ruin ['ru:ɪn] *n* ruine *f* ♦ *vt* ruiner; (*spoil, clothes*) abîmer; (*event*) gâcher; **~s** *npl* (*of building*) ruine(s)
rule [ru:l] *n* règle *f*; (*regulation*) règlement *m*; (*government*) autorité *f*, gouvernement *m* ♦ *vt* (*country*) gouverner; (*person*) dominer ♦ *vi* commander; (*LAW*) statuer; **as a ~** normalement, en règle générale; **~ out** *vt* exclure; **~d** *adj* (*paper*) réglé(e); **~r** *n* (*sovereign*) souverain(e); (*for measuring*) règle *f*; **ruling** *adj* (*party*) au pouvoir; (*class*) dirigeant(e) ♦ *n* (*LAW*) décision *f*
rum [rʌm] *n* rhum *m*
Rumania [ru:'meɪnɪə] *n* = **Romania**
rumble ['rʌmbl] *vi* gronder; (*stomach, pipe*) gargouiller
rummage ['rʌmɪdʒ] *vi* fouiller
rumour ['ru:mə*] (*US* **rumor**) *n* rumeur *f*, bruit *m* (qui court) ♦ *vt*: **it is ~ed that** le bruit court que
rump [rʌmp] *n* (*of animal*) croupe *f*; (*inf*: *of person*) postériur *m*; **~ steak** *n* rumsteck *m*
rumpus ['rʌmpəs] (*inf*) *n* tapage *m*, chahut *m*
run [rʌn] (*pt* **ran**, *pp* **run**) *n* (*fast pace*) (pas *m* de) course *f*; (*outing*) tour *m* *or* promenade *f* (en voiture); (*distance travelled*) parcours *m*, trajet *m*; (*series*) suite *f*, série *f*; (*THEATRE*) série de représentations; (*SKI*) piste *f*; (*CRICKET, BASEBALL*) point *m*; (*in tights, stockings*) maille filée, échelle *f* ♦ *vt* (*operate*: *business*) diriger; (: *competition, course*) organiser; (: *hotel, house*) tenir; (*race*) participer à; (*COMPUT*) exécuter; (*to pass*: *hand, finger*) passer; (*water, bath*) faire couler; (*PRESS*: *feature*) publier ♦ *vi* courir; (*flee*) s'enfuir; (*work*: *machine, factory*) marcher; (*bus, train*) circuler; (*continue*: *play*) se jouer; (: *contract*) être valide; (*flow*: *river, bath; nose*) couler; (*colours, washing*) déteindre; (*in election*) être candidat, se présenter; **to go for a ~** faire un peu de course à pied; **there was a ~ on ...** (*meat, tickets*) les gens se sont rués sur ...; **in the long ~** à longue échéance; à la longue; en fin de compte; **on the ~** en fuite; **I'll ~ you to the station** je vais vous emmener *or* conduire à la gare; **to ~ a risk** courir un risque; **~ about** *vi* (*children*) courir çà et là; **~ across** *vt fus* (*find*) trouver par hasard; **~ around** *vi* = **run about**; **~ down** *vt* (*production*) réduire progressivement; (*factory*) réduire progressivement la production de; (*AUT*) renverser; (*criticize*) critiquer, dénigrer; **to be ~ down** (*person*: *tired*) être fatigué(e) *or* à plat; **~ in** (*BRIT*) *vt* (*car*) roder; **~ into** *vt fus* (*meet*: *person*) rencontrer par hasard; (: *trouble*) se heurter à; (*collide with*) heurter; **~ off** *vi* s'enfuir ♦ *vt* (*water*) laisser s'écouler; (*copies*) tirer; **~ out** *vi* (*person*) sortir en courant; (*liquid*) couler; (*lease*) expirer; (*money*) être épuisé(e); **~ out of** *vt fus* se trouver à court de; **~ over** *vt* (*AUT*) écraser ♦ *vt fus* (*revise*) revoir, reprendre; **~ through** *vt fus* (*recapitulate*) reprendre; (*play*) répéter; **~ up** *vt*: **to ~ up against** (*difficulties*) se heurter à; **to ~ up a debt** s'endetter; **~away** *adj* (*horse*) emballé(e);

(*truck*) fou(folle); (*person*) fugitif(ive); (*teenager*) fugeur(euse)
rung [rʌŋ] *pp of* **ring** ♦ *n* (*of ladder*) barreau *m*
runner ['rʌnə*] *n* (*in race*: *person*) coureur(euse); (: *horse*) partant *m*; (*on sledge*) patin *m*; (*for drawer etc*) coulisseau *m*; ~ **bean** (*BRIT*) *n* haricot *m* (à rames); **~-up** *n* second(e)
running ['rʌnɪŋ] *n* course *f*; (*of business, organization*) gestion *f*, direction *f* ♦ *adj* (*water*) courant(e); **to be in/out of the ~ for sth** être/ne pas être sur les rangs pour qch; **6 days ~** 6 jours de suite; ~ **commentary** *n* commentaire détaillé; ~ **costs** *npl* frais *mpl* d'exploitation
runny ['rʌnɪ] *adj* qui coule
run-of-the-mill ['rʌnəvðə'mɪl] *adj* ordinaire, banal(e)
runt [rʌnt] (*also pej*) *n* avorton *m*
run-up ['rʌnʌp] *n*: ~ **to sth** (*election etc*) période *f* précédant qch
runway ['rʌnweɪ] *n* (*AVIAT*) piste *f*
rupee [ru:'pi:] *n* roupie *f*
rupture ['rʌptʃə*] *n* (*MED*) hernie *f*
rural ['ruərəl] *adj* rural(e)
rush [rʌʃ] *n* (*hurry*) hâte *f*, précipitation *f*; (*of crowd; COMM*: *sudden demand*) ruée *f*; (*current*) flot *m*; (*of emotion*) vague *f*; (*BOT*) jonc *m* ♦ *vt* (*hurry*) transporter *or* envoyer d'urgence ♦ *vi* se précipiter; ~ **hour** *n* heures *fpl* de pointe
rusk [rʌsk] *n* biscotte *f*
Russia ['rʌʃə] *n* Russie *f*; **~n** *adj* russe ♦ *n* Russe *m/f*; (*LING*) russe *m*
rust [rʌst] *n* rouille *f* ♦ *vi* rouiller
rustic ['rʌstɪk] *adj* rustique
rustle ['rʌsl] *vi* bruire, produire un bruissement ♦ *vt* (*paper*) froisser; (*US*: *cattle*) voler
rustproof ['rʌstpru:f] *adj* inoxydable
rusty ['rʌstɪ] *adj* rouillé(e)
rut [rʌt] *n* ornière *f*; (*ZOOL*) rut *m*; **to be in a ~** suivre l'ornière, s'encroûter
ruthless ['ru:θləs] *adj* sans pitié, impitoyable
rye [raɪ] *n* seigle *m*; ~ **bread** *n* pain de seigle

S

Sabbath ['sæbəθ] *n* (*Jewish*) sabbat *m*; (*Christian*) dimanche *m*
sabotage ['sæbəta:ʒ] *n* sabotage *m* ♦ *vt* saboter
saccharin(e) ['sækərɪn] *n* saccharine *f*
sachet ['sæʃeɪ] *n* sachet *m*
sack [sæk] *n* (*bag*) sac *m* ♦ *vt* (*dismiss*) renvoyer, mettre à la porte; (*plunder*) piller, mettre à sac; **to get the ~** être renvoyé(e), être mis(e) à la porte; **~ing** *n* (*material*) toile *f* à sac; (*dismissal*) renvoi *m*
sacrament ['sækrəmənt] *n* sacrement *m*
sacred ['seɪkrɪd] *adj* sacré(e)
sacrifice ['sækrɪfaɪs] *n* sacrifice *m* ♦ *vt* sacrifier
sad [sæd] *adj* triste; (*deplorable*) triste, fâcheux(euse)
saddle ['sædl] *n* selle *f* ♦ *vt* (*horse*) seller; **to be ~d with sth** (*inf*) avoir qch sur les bras; **~bag** *n* sacoche *f*
sadistic [sə'dɪstɪk] *adj* sadique
sadly *adv* tristement; (*unfortunately*) malheureusement; (*seriously*) fort
sadness ['sædnəs] *n* tristesse *f*
s.a.e. *n abbr* = **stamped addressed envelope**
safe [seɪf] *adj* (*out of danger*) hors de danger, en sécurité; (*not dangerous*) sans danger; (*unharmed*): ~ **journey!** bon voyage!; (*cautious*) prudent(e); (*sure*: *bet etc*) assuré(e) ♦ *n* coffre-fort *m*; ~ **from** à l'abri de; ~ **and sound** sain(e) et sauf(sauve); **(just) to be on the ~ side** pour plus de sûreté, par précaution; **~-conduct** *n* sauf-conduit *m*; **~-deposit** *n* (*vault*) dépôt *m* de coffres-forts; (*box*) coffre-fort *m*; **~guard** *n* sauvegarde *f*, protection *f* ♦ *vt* sauvegarder, protéger; **~keeping** *n* bonne garde; **~ly** *adv* (*assume, say*) s…

risque d'erreur; (*drive, arrive*) sans accident; ~ **sex** *n* rapports *mpl* sexuels sans risque, sexe *m* sans risques

safety ['seɪftɪ] *n* sécurité *f*; ~ **belt** *n* ceinture *f* de sécurité; ~ **pin** *n* épingle *f* de sûreté *or* de nourrice; ~ **valve** *n* soupape *f* de sûreté

sag [sæg] *vi* s'affaisser; (*hem, breasts*) pendre

sage [seɪdʒ] *n* (*herb*) sauge *f*; (*person*) sage *m*

Sagittarius [sædʒɪ'tɛərɪəs] *n* le Sagittaire

Sahara [sə'hɑːrə] *n*: **the ~ (Desert)** le (désert du) Sahara

said [sed] *pt, pp of* **say**

sail [seɪl] *n* (*on boat*) voile *f*; (*trip*): **to go for a ~** faire un tour en bateau ♦ *vt* (*boat*) manœuvrer, piloter ♦ *vi* (*travel*: *ship*) avancer, naviguer; (*set off*) partir, prendre la mer; (*SPORT*) faire de la voile; **they ~ed into Le Havre** ils sont entrés dans le port du Havre; ~ **through** *vi, vt fus* (*fig*) réussir haut la main; ~**boat** (*US*) *n* bateau *m* à voiles, voilier *m*; ~**ing** *n* (*SPORT*) voile *f*; **to go ~ing** faire de la voile; ~**ing boat** *n* bateau *m* à voiles, voilier *m*; ~**ing ship** *n* grand voilier; ~**or** *n* marin *m*, matelot *m*

saint [seɪnt] *n* saint(e)

sake [seɪk] *n*: **for the ~ of** pour (l'amour de), dans l'intérêt de; par égard pour

salad ['sæləd] *n* salade *f*; ~ **bowl** *n* saladier *m*; ~ **cream** (*BRIT*) *n* (sorte *f* de) mayonnaise *f*; ~ **dressing** *n* vinaigrette *f*

salary ['sælərɪ] *n* salaire *m*

sale [seɪl] *n* vente *f*; (*at reduced prices*) soldes *mpl*; **"for ~"** "à vendre"; **on ~** en vente; **on ~ or return** vendu(e) avec faculté de re-[illegible]our; ~**room** *n* salle *f* des ventes; ~**s** [illegible]**istant** *n* vendeur(euse); ~**s clerk** [illegible] *n* vendeur(euse); ~**sman** [illegible] *n* vendeur *m*; (*representa-*[illegible]sentant *m* de commerce; ~**swoman** (*irreg*) *n* vendeuse *f*; (*representative*) représentante *f* de commerce

sallow ['sæləʊ] *adj* cireux(euse)

salmon ['sæmən] *n inv* saumon *m*

saloon [sə'luːn] *n* (*US*) bar *m*; (*BRIT*: *AUT*) berline *f*; (*ship's lounge*) salon *m*

salt [sɔːlt] *n* sel *m* ♦ *vt* saler; ~ **cellar** *n* salière *f*; ~**water** *adj* de mer; ~**y** *adj* salé(e)

salute [sə'luːt] *n* salut *m* ♦ *vt* saluer

salvage ['sælvɪdʒ] *n* (*saving*) sauvetage *m*; (*things saved*) biens sauvés *or* récupérés ♦ *vt* sauver, récupérer

salvation [sæl'veɪʃən] *n* salut *m*; **S~ Army** *n* armée *f* du Salut

same [seɪm] *adj* même ♦ *pron*: **the ~** le(la) même, les mêmes; **the ~ book as** le même livre que; **at the ~ time** en même temps; **all** *or* **just the ~** tout de même, quand même; **to do the ~** faire de même, en faire autant; **to do the ~ as sb** faire comme qn; **the ~ to you!** à vous de même!; (*after insult*) toi-même!

sample ['sɑːmpl] *n* échantillon *m*; (*blood*) prélèvement *m* ♦ *vt* (*food, wine*) goûter

sanctimonious [sæŋktɪ'məʊnɪəs] *adj* moralisateur(trice)

sanction ['sæŋkʃən] *n* approbation *f*, sanction *f*

sanctity ['sæŋktɪtɪ] *n* sainteté *f*, caractère sacré

sanctuary ['sæŋktjʊərɪ] *n* (*holy place*) sanctuaire *m*; (*refuge*) asile *m*; (*for wild life*) réserve *f*

sand [sænd] *n* sable *m* ♦ *vt* (*furniture*: *also*: ~ *down*) poncer

sandal ['sændl] *n* sandale *f*

sand: ~**box** (*US*) *n* tas *m* de sable; ~**castle** *n* château *m* de sable; ~**paper** *n* papier *m* de verre; ~**pit** (*BRIT*) *n* (*for children*) tas *m* de sable; ~**stone** *n* grès *m*

sandwich ['sænwɪdʒ] *n* sandwich *m*; **cheese/ham ~** sandwich au fromage/jambon; ~ **course** (*BRIT*) *n* cours *m* de formation professionnelle

sandy ['sændɪ] *adj* sablonneux(euse); (*colour*) sable *inv*, blond roux *inv*
sane [seɪn] *adj* (*person*) sain(e) d'esprit; (*outlook*) sensé(e), sain(e)
sang [sæŋ] *pt of* **sing**
sanitary ['sænɪtərɪ] *adj* (*system, arrangements*) sanitaire; (*clean*) hygiénique; ~ **towel** (*US* ~ **napkin**) *n* serviette *f* hygiénique
sanitation [sænɪ'teɪʃən] *n* (*in house*) installations *fpl* sanitaires; (*in town*) système *m* sanitaire; ~ **department** (*US*) *n* service *m* de voirie
sanity ['sænɪtɪ] *n* santé mentale; (*common sense*) bon sens
sank [sæŋk] *pt of* **sink**
Santa Claus [sæntə'klɔːz] *n* le père Noël
sap [sæp] *n* (*of plants*) sève *f* ♦ *vt* (*strength*) saper, miner
sapling ['sæplɪŋ] *n* jeune arbre *m*
sapphire ['sæfaɪə*] *n* saphir *m*
sarcasm ['sɑːkæzəm] *n* sarcasme *m*, raillerie *f*
sardine [sɑː'diːn] *n* sardine *f*
Sardinia [sɑː'dɪnɪə] *n* Sardaigne *f*
sash [sæʃ] *n* écharpe *f*
sat [sæt] *pt, pp of* **sit**
satchel ['sætʃəl] *n* cartable *m*
satellite ['sætəlaɪt] *n* satellite *m*; ~ **dish** *n* antenne *f* parabolique; ~ **television** *n* télévision *f* par câble
satin ['sætɪn] *n* satin *m* ♦ *adj* en *or* de satin, satiné(e)
satisfaction [sætɪs'fækʃən] *n* satisfaction *f*; **satisfactory** [sætɪs'fæktərɪ] *adj* satisfaisant(e)
satisfy ['sætɪsfaɪ] *vt* satisfaire, contenter; (*convince*) convaincre, persuader; ~**ing** *adj* satisfaisant(e)
Saturday ['sætədeɪ] *n* samedi *m*
sauce [sɔːs] *n* sauce *f*; ~**pan** *n* casserole *f*
saucer ['sɔːsə*] *n* soucoupe *f*
saucy ['sɔːsɪ] *adj* impertinent(e)
Saudi ['saʊdɪ]: ~ **Arabia** *n* Arabie Saoudite; ~ **(Arabian)** *adj* saoudien(ne)
sauna ['sɔːnə] *n* sauna *m*
saunter ['sɔːntə*] *vi*: to ~ **along/in/out** *etc* marcher/entrer/sortir *etc d'un pas nonchalant*
sausage ['sɒsɪdʒ] *n* saucisse *f*; ~ **roll** *n* (*cold meat*) saucisson *m*; ≈ friand *m*
savage ['sævɪdʒ] *adj* (*cruel, fierce*) brutal(e), féroce; (*primitive*) primitif(ive), sauvage ♦ *n* sauvage *m/f*
save [seɪv] *vt* (*person, belongings*) sauver; (*money*) mettre de côté, économiser; (*time*) (faire) gagner; (*keep*) garder; (*COMPUT*) sauvegarder; (*SPORT: stop*) arrêter; (*avoid: trouble*) éviter ♦ *vi* (*also*: ~ *up*) mettre de l'argent de côté ♦ *n* (*SPORT*) arrêt *m* (du ballon) ♦ *prep* sauf, à l'exception de
saving ['seɪvɪŋ] *n* économie *f* ♦ *adj*: **the ~ grace of sth** ce qui rachète qch; ~**s** *npl* (*money saved*) économies *fpl*; ~**s account** *n* compte *m* d'épargne; ~**s bank** *n* caisse *f* d'épargne
saviour ['seɪvjə*] (*US* **savior**) *n* sauveur *m*
savour ['seɪvə*] (*US* **savor**) *vt* savourer; ~**y** (*US* **savory**) *adj* (*dish: not sweet*) salé(e)
saw [sɔː] (*pt* ~**ed**, *pp* ~**ed** *or* **sawn**) *vt* scier ♦ *n* (*tool*) scie *f* ♦ *pt of* **see**; ~**dust** *n* sciure *f*; ~**mill** *n* scierie *f*; ~**n-off** *adj*: ~**n-off shotgun** carabine *f* à canon scié
saxophone ['sæksəfəʊn] *n* saxophone *m*
say [seɪ] (*pt, pp* **said**) *n*: **to have one's ~** dire ce qu'on a à dire ♦ *vt* dire; **to have a** *or* **some ~ in sth** avoir voix au chapitre; **could you ~ that again?** pourriez-vous répéter ce que vous venez de dire?; **that goes without ~ing** cela va sans dire, cela va de soi; ~**ing** *n* dicton *m*, proverbe *m*
scab [skæb] *n* croûte *f*; (*pej*) jaune *m*
scaffold ['skæfəʊld] *n* échafaud *m*; ~**ing** *n* échafaudage *m*
scald [skɔːld] *n* brûlure *f* ♦ *vt* ébouillanter
scale [skeɪl] *n* (*of fish*)

(*MUS*) gamme *f*; (*of ruler, thermometer etc*) graduation *f*, échelle (graduée); (*of salaries, fees etc*) barème *m*; (*of map, also size, extent*) échelle ♦ *vt* (*mountain*) escalader; ~s *npl* (*for weighing*) balance *f*; (*also*: *bathroom* ~) pèse-personne *m inv*; **on a large** ~ sur une grande échelle, en grand; ~ **of charges** tableau *m* des tarifs; ~ **down** *vt* réduire

scallop ['skɒləp] *n* coquille *f* Saint-Jacques; (*SEWING*) feston *m*

scalp [skælp] *n* cuir chevelu ♦ *vt* scalper

scamper ['skæmpə*] *vi*: **to ~ away** *or* **off** détaler

scampi ['skæmpɪ] *npl* langoustines (frites), scampi *mpl*

scan [skæn] *vt* scruter, examiner; (*glance at quickly*) parcourir; (*TV, RADAR*) balayer ♦ *n* (*MED*) scanographie *f*

scandal ['skændl] *n* scandale *m*; (*gossip*) ragots *mpl*

Scandinavian [skændɪ'neɪvɪən] *adj* scandinave

scant [skænt] *adj* insuffisant(e); ~**y** *adj* peu abondant(e), insuffisant(e); (*underwear*) minuscule

scapegoat ['skeɪpgəʊt] *n* bouc *m* émissaire

scar [skɑ:*] *n* cicatrice *f* ♦ *vt* marquer (d'une cicatrice)

scarce ['skɛəs] *adj* rare, peu abondant(e); **to make o.s.** ~ (*inf*) se sauver; ~**ly** *adv* à peine; **scarcity** *n* manque *m*, pénurie *f*

scare ['skɛə*] *n* peur *f*, panique *f* ♦ *vt* effrayer, faire peur à; **to ~ sb stiff** faire une peur bleue à qn; **bomb** ~ alerte *f* à la bombe; ~ **away** *vt* faire fuir; ~ **off** *vt* = **scare away**; ~**crow** *n* épouvantail *m*; ~**d** *a*[illegible] **to be ~d** avoir peur

[illegible] [skɑ:f] (*pl* ~**s** *or* **scarves**) *n* [illegible]harpe *f*; (*square*) foulard *m*

[illegible]ɑ:lət] *adj* écarlate; ~ **fe**-[illegible]ine *f*

[illegible]*inf*) *adj* effrayant(e)

[illegible]] *adj* cinglant(e), acerbe

scatter ['skætə*] *vt* éparpiller, répandre; (*crowd*) disperser ♦ *vi* se disperser; ~**brained** *adj* écervelé(e), étourdi(e)

scavenger ['skævɪndʒə*] *n* (*person*: *in bins etc*) pilleur *m* de poubelles

scene [si:n] *n* scène *f*; (*of crime, accident*) lieu(x) *m(pl)*; (*sight, view*) spectacle *m*, vue *f*; ~**ry** ['si:nərɪ] *n* (*THEATRE*) décor(s) *m(pl)*; (*landscape*) paysage *m*; **scenic** ['si:nɪk] *adj* (*picturesque*) offrant de beaux paysages *or* panoramas

scent [sent] *n* parfum *m*, odeur *f*; (*track*) piste *f*

sceptical ['skeptɪkəl] (*US* **skeptical**) *adj* sceptique

schedule ['ʃedju:l, (*US*) 'skedju:l] *n* programme *m*, plan *m*; (*of trains*) horaire *m*; (*of prices etc*) barème *m*, tarif *m* ♦ *vt* prévoir; **on** ~ à l'heure (prévue); à la date prévue; **to be ahead of/behind** ~ avoir de l'avance/du retard; ~**d flight** *n* vol régulier

scheme [ski:m] *n* plan *m*, projet *m*; (*dishonest plan, plot*) complot *m*, combine *f*; (*arrangement*) arrangement *m*, classification *f*; (*pension* ~ *etc*) régime *m* ♦ *vi* comploter, manigancer; **scheming** ['ski:mɪŋ] *adj* rusé(e), intrigant(e) ♦ *n* manigances *fpl*, intrigues *fpl*

scholar ['skɒlə*] *n* érudit(e); (*pupil*) boursier(ière); ~**ly** *adj* érudit(e), savant(e); ~**ship** *n* (*knowledge*) érudition *f*; (*grant*) bourse *f* (d'études)

school [sku:l] *n* école *f*; (*secondary* ~) collège *m*, lycée *m*; (*US*: *university*) université *f*; (*in university*) faculté *f* ♦ *cpd* scolaire; ~**book** *n* livre *m* scolaire *or* de classe; ~**boy** *n* écolier *m*; collégien *m*, lycéen *m*; ~**children** *npl* écoliers *mpl*; collégiens *mpl*, lycéens *mpl*; ~**days** *npl* années *fpl* de scolarité; ~**girl** *n* écolière *f*; collégienne *f*, lycéenne *f*; ~**ing** *n* instruction *f*, études *fpl*; ~**master** *n* (*primary*) instituteur *m*;

(*secondary*) professeur *m*; **~mistress** *n* institutrice *f*; professeur *m*; **~teacher** *n* instituteur(trice); professeur *m*
sciatica [saɪ'ætɪkə] *n* sciatique *f*
science ['saɪəns] *n* science *f*; **~ fiction** *n* science-fiction *f*; **scientific** [saɪən'tɪfɪk] *adj* scientifique; **scientist** ['saɪəntɪst] *n* scientifique *m/f*; (*eminent*) savant *m*
scissors ['sɪzəz] *npl* ciseaux *mpl*
scoff [skɒf] *vt* (*BRIT*: *inf*: *eat*) avaler, bouffer ♦ *vi*: **to ~ (at)** (*mock*) se moquer (de)
scold [skəʊld] *vt* gronder
scone [skɒn] *n* *sorte de petit pain rond au lait*
scoop [sku:p] *n* pelle *f* (à main); (*for ice cream*) boule *f* à glace; (*PRESS*) scoop *m*; **~ out** *vt* évider, creuser; **~ up** *vt* ramasser
scooter ['sku:tə*] *n* (*also*: *motor ~*) scooter *m*; (*toy*) trottinette *f*
scope [skəʊp] *n* (*capacity*: *of plan, undertaking*) portée *f*, envergure *f*; (: *of person*) compétence *f*, capacités *fpl*; (*opportunity*) possibilités *fpl*; **within the ~ of** dans les limites de
scorch [skɔ:tʃ] *vt* (*clothes*) brûler (légèrement), roussir; (*earth, grass*) dessécher, brûler
score [skɔ:*] *n* score *m*, décompte *m* des points; (*MUS*) partition *f*; (*twenty*) vingt ♦ *vt* (*goal, point*) marquer; (*success*) remporter ♦ *vi* marquer des points; (*FOOTBALL*) marquer un but; (*keep ~*) compter les points; **~s of** (*very many*) beaucoup de, un tas de (*fam*); **on that ~** sur ce chapitre, à cet égard; **to ~ 6 out of 10** obtenir 6 sur 10; **~ out** *vt* rayer, barrer, biffer; **~board** *n* tableau *m*
scorn ['skɔ:n] *n* mépris *m*, dédain *m*
Scorpio ['skɔ:pɪəʊ] *n* le Scorpion
Scot [skɒt] *n* Écossais(e)
Scotch [skɒtʃ] *n* whisky *m*, scotch *m*
scotch *vt* (*plan*) faire échouer; (*rumour*) étouffer
scot-free ['skɒt'fri:] *adv*: **to get off ~** s'en tirer sans être puni(e)
Scotland ['skɒtlənd] *n* Écosse *f*
Scots [skɒts] *adj* écossais(e); **~man** (*irreg*) *n* Écossais; **~woman** (*irreg*) *n* Écossaise *f*
Scottish ['skɒtɪʃ] *adj* écossais(e)
scoundrel ['skaʊndrəl] *n* vaurien *m*
scour ['skaʊə*] *vt* (*search*) battre, parcourir
scourge [skɜ:dʒ] *n* fléau *m*
scout [skaʊt] *n* (*MIL*) éclaireur *m*; (*also*: *boy ~*) scout *m*; **girl ~** (*US*) guide *f*; **~ around** *vi* explorer, chercher
scowl [skaʊl] *vi* se renfrogner, avoir l'air maussade; **to ~ at** regarder de travers
scrabble ['skræbl] *vi* (*also*: *~ around*: *search*) chercher à tâtons; (*claw*): **to ~ (at)** gratter ♦ *n*: **S~** (®) Scrabble *m* (®)
scram [skræm] (*inf*) *vi* ficher le camp
scramble ['skræmbl] *n* (*rush*) bousculade *f*, ruée *f* ♦ *vi*: **to ~ up/down** grimper/descendre tant bien que mal; **to ~ out** sortir *or* descendre à toute vitesse; **to ~ through** se frayer un passage (à travers); **to ~ for** se bousculer *or* se disputer pour (avoir); **~d eggs** *npl* œufs brouillés
scrap [skræp] *n* bout *m*, morceau *m*; (*fight*) bagarre *f*; (*also*: *~ iron*) ferraille *f* ♦ *vt* jeter, mettre au rebut; (*fig*) abandonner, laisser tomber ♦ *vi* (*fight*) se bagarrer; **~s** *npl* (*waste*) déchets *mpl*; **~book** *n* album *m*; **~ dealer** *n* marchand *m* de ferraille
scrape [skreɪp] *vt, vi* gratter, racler ♦ *n*: **to get into a ~** s'attirer des ennuis; **to ~ through** réussir de justesse; **~ together** *vt* (*money*) racler ses fonds de tiroir pour réunir
scrap: **~ heap** *n* (*fig*) au rancart *or* rebut; **~ merchant** (*BRIT*) *n* marchand *m* de ferraille; **~ paper** *n* papier *m* brouillon; **~py** *adj* décousu(e)
scratch [skrætʃ] *n* égratignure *f*, rayure *f*; éraflure *f*; (*from claw*) coup *m* de griffe ♦ *cpd*: **~ team** équipe de fortune *or* improvisée ♦ *vt* (*rub*) (se) gratter; (*record*) rayer;

(*paint etc*) érafler; (*with claw, nail*) griffer ♦ *vi* (se) gratter; **to start from** ~ partir de zéro; **to be up to** ~ être à la hauteur
scrawl [skrɔ:l] *vi* gribouiller
scrawny ['skrɔ:nɪ] *adj* décharné(e)
scream [skri:m] *n* cri perçant, hurlement *m* ♦ *vi* crier, hurler
screech [skri:tʃ] *vi* hurler; (*tyres*) crisser; (*brakes*) grincer
screen [skri:n] *n* écran *m*; (*in room*) paravent *m*; (*fig*) écran, rideau *m* ♦ *vt* (*conceal*) masquer, cacher; (*from the wind etc*) abriter, protéger; (*film*) projeter; (*candidates etc*) filtrer; **~ing** *n* (*MED*) test *m* (*or* tests) de dépistage; **~play** *n* scénario *m*
screw [skru:] *n* vis *f* ♦ *vt* (*also*: ~ *in*) visser; ~ **up** *vt* (*paper etc*) froisser; **to ~ up one's eyes** plisser les yeux; **~driver** *n* tournevis *m*
scribble ['skrɪbl] *vt, vi* gribouiller, griffonner
script [skrɪpt] *n* (*CINEMA etc*) scénario *m*, texte *m*; (*system of writing*) (écriture *f*) script *m*
Scripture(s) ['skrɪptʃə*(z)] *n(pl)* (*Christian*) Écriture sainte; (*other religions*) écritures saintes
scroll [skrəʊl] *n* rouleau *m*
scrounge [skraʊndʒ] (*inf*) *vt*: **to ~ sth off** *or* **from sb** taper qn de qch; **~r** (*inf*) *n* parasite *m*
scrub [skrʌb] *n* (*land*) broussailles *fpl* ♦ *vt* (*floor*) nettoyer à la brosse; (*pan*) récurer; (*washing*) frotter; (*inf*: *cancel*) annuler
scruff [skrʌf] *n*: **by the ~ of the neck** par la peau du cou
scruffy ['skrʌfɪ] *adj* débraillé(e)
scrum(mage) ['skrʌm(ɪdʒ)] *n* (*RUGBY*) mêlée *f*
scruple ['skru:pl] *n* scrupule *m*
scrutiny ['skru:tɪnɪ] *n* examen minutieux
scuff [skʌf] *vt* érafler
scuffle ['skʌfl] *n* échauffourée *f*, rixe *f*
sculptor ['skʌlptə*] *n* sculpteur *m*
sculpture ['skʌlptʃə*] *n* sculpture *f*
scum [skʌm] *n* écume *f*, mousse *f*; (*pej*: *people*) rebut *m*, lie *f*
scurrilous ['skʌrɪləs] *adj* calomnieux(euse)
scurry ['skʌrɪ] *vi* filer à toute allure; **to ~ off** détaler, se sauver
scuttle ['skʌtl] *n* (*also*: *coal* ~) seau *m* (à charbon) ♦ *vt* (*ship*) saborder ♦ *vi* (*scamper*): **to ~ away** *or* **off** détaler
scythe [saɪð] *n* faux *f*
sea [si:] *n* mer *f* ♦ *cpd* marin(e), de (la) mer; **by ~** (*travel*) par mer, en bateau; **on the ~** (*boat*) en mer; (*town*) au bord de la mer; **to be all at ~** (*fig*) nager complètement; **out to ~** au large; **(out) at ~** en mer; **~board** *n* côte *f*; **~food** *n* fruits *mpl* de mer; **~front** *n* bord *m* de mer; **~going** *adj* (*ship*) de mer; **~gull** *n* mouette *f*
seal [si:l] *n* (*animal*) phoque *m*; (*stamp*) sceau *m*, cachet *m* ♦ *vt* sceller; (*envelope*) coller; (: *with seal*) cacheter; ~ **off** *vt* (*forbid entry to*) interdire l'accès de
sea level *n* niveau *m* de la mer
sea lion *n* otarie *f*
seam [si:m] *n* couture *f*; (*of coal*) veine *f*, filon *m*
seaman ['si:mən] (*irreg*) *n* marin *m*
seance ['seɪɑ̃ns] *n* séance *f* de spiritisme
seaplane ['si:pleɪn] *n* hydravion *m*
search [sɜ:tʃ] *n* (*for person, thing, COMPUT*) recherche(s) *f(pl)*; (*LAW*: *at sb's home*) perquisition *f* ♦ *vt* fouiller; (*examine*) examiner minutieusement; scruter ♦ *vi*: **to ~ for** chercher; **in ~ of** à la recherche de; ~ **through** *vt fus* fouiller; **~ing** *adj* pénétrant(e); **~light** *n* projecteur *m*; ~ **party** *n* expédition *f* de secours; ~ **warrant** *n* mandat *m* de perquisition
sea: **~shore** ['si:ʃɔ:*] *n* rivage *m*, plage *f*, bord *m* de (la) mer; **~sick** ['si:sɪk] *adj*: **to be ~sick** avoir le mal de mer; **~side** ['si:saɪd] *n* bord *m* de la mer; **~side resort** *n* station

f balnéaire
season ['si:zn] *n* saison *f* ♦ *vt* assaisonner, relever; **to be in/out of ~** être/ne pas être de saison; **~al** *adj* (*work*) saisonnier(ère); **~ed** *adj* (*fig*) expérimenté(e); **~ ticket** *n* carte *f* d'abonnement
seat [si:t] *n* siège *m*; (*in bus, train: place*) place *f*; (*buttocks*) postérieur *m*; (*of trousers*) fond *m* ♦ *vt* faire asseoir, placer; (*have room for*) avoir des places assises pour, pouvoir accueillir; **~ belt** *n* ceinture *f* de sécurité
sea: **~ water** *n* eau *f* de mer; **~weed** ['si:wi:d] *n* algues *fpl*; **~worthy** ['si:wɜ:ðɪ] *adj* en état de naviguer
sec. *abbr* = **second(s)**
secluded [sɪ'klu:dɪd] *adj* retiré(e), à l'écart
seclusion [sɪ'klu:ʒən] *n* solitude *f*
second[1] [sɪ'kɔnd] (*BRIT*) *vt* (*employee*) affecter provisoirement
second[2] ['sekənd] *adj* deuxième, second(e) ♦ *adv* (*in race etc*) en seconde position ♦ *n* (*unit of time*) seconde *f*; (*AUT*: **~** *gear*) seconde; (*COMM*: *imperfect*) article *m* de second choix; (*BRIT*: *UNIV*) licence *f* avec mention ♦ *vt* (*motion*) appuyer; **~ary** *adj* secondaire; **~ary school** *n* collège *m*, lycée *m*; **~-class** *adj* de deuxième classe; (*RAIL*) de seconde (classe) (*POST*) au tarif réduit (*pej*) de qualité inférieure ♦ *adv* (*RAIL*) en seconde; (*POST*) au tarif réduit; **~hand** *adj* d'occasion; de seconde main; **~ hand** *n* (*on clock*) trotteuse *f*; **~ly** *adv* deuxièmement; **~ment** [sɪ'kɔndmənt] (*BRIT*) *n* détachement *m*; **~-rate** *adj* de deuxième ordre, de qualité inférieure; **~ thoughts** *npl* doutes *mpl*; **on ~ thoughts** *or (US)* **thought** à la réflexion
secrecy ['si:krəsɪ] *n* secret *m*
secret ['si:krət] *adj* secret(ète) ♦ *n* secret *m*; **in ~** en secret, secrètement, en cachette
secretary ['sekrətrɪ] *n* secrétaire *m/f*; (*COMM*) secrétaire général; **S~ of State (for)** (*BRIT*: *POL*) ministre *m* (de)
secretive ['si:krətɪv] *adj* dissimulé
sectarian [sek'teərɪən] *adj* sectaire
section ['sekʃən] *n* section *f*; (*of document*) section, article *m*, paragraphe *m*; (*cut*) coupe *f*
sector ['sektə*] *n* secteur *m*
secular ['sekjʊlə*] *adj* profane; laïque; séculier(ère)
secure [sɪ'kjʊə*] *adj* (*free from anxiety*) sans inquiétude, sécurisé(e); (*firmly fixed*) solide, bien attaché(e) (*or* fermé(e) *etc*); (*in safe place*) en lieu sûr, en sûreté ♦ *vt* (*fix*) fixer, attacher; (*get*) obtenir, se procurer
security [sɪ'kjʊərɪtɪ] *n* sécurité *f*, mesures *fpl* de sécurité; (*for loan*) caution *f*, garantie *f*
sedan [sɪ'dæn] (*US*) *n* (*AUT*) berline *f*
sedate [sɪ'deɪt] *adj* calme; posé(e) ♦ *vt* (*MED*) donner des sédatifs à
sedative ['sedətɪv] *n* calmant *m*, sédatif *m*
seduce [sɪ'dju:s] *vt* séduire; **seduction** [sɪ'dʌkʃən] *n* séduction *f*; **seductive** [sɪ'dʌktɪv] *adj* séduisant(e); (*smile*) séducteur(trice); (*fig*: *offer*) alléchant(e)
see [si:] (*pt* **saw**, *pp* **seen**) *vt* voir; (*accompany*): **to ~ sb to the door** reconduire *or* raccompagner qn jusqu'à la porte ♦ *vi* voir ♦ *n* évêché *m*; **to ~ that** (*ensure*) veiller à ce que *+sub*, faire en sorte que *+sub*, s'assurer que; **~ you soon!** à bientôt!; **~ about** *vt fus* s'occuper de; **~ off** *vt* accompagner (à la gare *or* à l'aéroport *etc*); **~ through** *vt* mener à bonne fin ♦ *vt fus* voir clair dans; **~ to** *vt fus* s'occuper de, se charger de
seed [si:d] *n* graine *f*; (*sperm*) semence *f*; (*fig*) germe *m*; (*TENNIS*) tête *f* de série; **to go to ~** monter en graine; (*fig*) se laisser aller; **~ling** *n* jeune plant *m*, semis *m*; **~y** *adj* (*shabby*) minable, miteux(euse)

seeing ['si:ɪŋ] *conj*: ~ **(that)** vu que, étant donné que
seek [si:k] (*pt, pp* **sought**) *vt* chercher, rechercher
seem [si:m] *vi* sembler, paraître; **there ~s to be ...** il semble qu'il y a ...; on dirait qu'il y a ...; **~ingly** *adv* apparemment
seen [si:n] *pp of* see
seep [si:p] *vi* suinter, filtrer
seesaw ['si:sɔ:] *n* bascule *f*
seethe [si:ð] *vi* être en effervescence; **to ~ with anger** bouillir de colère
see-through ['si:θru:] *adj* transparent(e)
segment *n* segment *m*; (*of orange*) quartier *m*
segregate ['segrɪgeɪt] *vt* séparer, isoler
seize [si:z] *vt* saisir, attraper; (*take possession of*) s'emparer de; (*opportunity*) saisir; ~ **up** *vi* (*TECH*) se gripper; ~ **(up)on** *vt fus* saisir, sauter sur
seizure ['si:ʒə*] *n* (*MED*) crise *f*, attaque *f*; (*of power*) prise *f*
seldom ['seldəm] *adv* rarement
select [sɪ'lekt] *adj* choisi(e), d'élite ♦ *vt* sélectionner, choisir; **~ion** *n* sélection *f*, choix *m*
self [self] (*pl* **selves**) *n*: **the ~** le moi *inv* ♦ *prefix* auto-; **~-assured** *adj* sûr(e) de soi; **~-catering** (*BRIT*) *adj* avec cuisine, où l'on peut faire sa cuisine; **~-centred** (*US* **~-centered**) *adj* égocentrique; **~-confidence** *n* confiance *f* en soi; **~-conscious** *adj* timide, qui manque d'assurance; **~-contained** (*BRIT*) *adj* (*flat*) avec entrée particulière, indépendant(e); **~-control** *n* maîtrise *f* de soi; **~-defence** (*US* **~-defense**) *n* autodéfense *f*; (*LAW*) légitime défense *f*; **~-discipline** *n* discipline personnelle; **~-employed** *adj* qui travaille à son compte; **~-evident** *adj*: **to be ~-evident** être évident(e), aller de soi; **~-governing** *adj* autonome; **~-indulgent** *adj* qui ne se refuse rien; **~-interest** *n* intérêt personnel; **~ish** *adj* égoïste; **~ishness** *n* égoïsme *m*; **~less** *adj* désintéressé(e); **~-pity** *n* apitoiement *m* sur soi-même; **~-possessed** *adj* assuré(e); **~-preservation** *n* instinct *m* de conservation; **~-respect** *n* respect *m* de soi, amour-propre *m*; **~-righteous** *adj* suffisant(e); **~-sacrifice** *n* abnégation *f*; **~-satisfied** *adj* content(e) de soi, suffisant(e); **~-service** *adj* libre-service, self-service; **~-sufficient** *adj* autosuffisant(e); (*person: independent*) indépendant(e); **~-taught** *adj* (*artist, pianist*) qui a appris par lui-même
sell [sel] (*pt, pp* **sold**) *vt* vendre ♦ *vi* se vendre; **to ~ at** *or* **for 10 F** se vendre 10 F; ~ **off** *vt* liquider; ~ **out** *vi*: **to ~ (of sth)** (*use up stock*) vendre tout son stock (de qch); **the tickets are all sold out** il ne reste plus de billets; **~-by date** *n* date *f* limite de vente; **~er** *n* vendeur(euse), marchand(e); **~ing price** *n* prix *m* de vente
Sellotape ['seləuteɪp] (®: *BRIT*) *n* papier collant *m*, scotch *m* (®)
selves [selvz] *npl of* **self**
semblance ['sembləns] *n* semblant *m*
semen ['si:mən] *n* sperme *m*
semester [sɪ'mestə*] (*esp US*) *n* semestre *m*
semi ['semɪ] *prefix* semi-, demi-; à demi, à moitié; **~circle** *n* demi-cercle *m*; **~colon** *n* point-virgule *m*; **~detached (house)** (*BRIT*) *n* maison jumelée *or* jumelle; **~final** *n* demi-finale *f*
seminar ['semɪnɑ:*] *n* séminaire *m*
seminary ['semɪnərɪ] *n* (*REL*: *for priests*) séminaire *m*
semiskilled ['semɪ'skɪld] *adj*: ~ **worker** ouvrier(ère) spécialisé(e)
senate ['senɪt] *n* sénat *m*; **senator** *n* sénateur *m*
send [send] (*pt, pp* **sent**) *vt* envoyer; ~ **away** *vt* (*letter, goods*) envoyer, expédier; (*unwelcome visitor*) ren-

voyer; ~ **away for** *vt fus* commander par correspondance, se faire envoyer; ~ **back** *vt* renvoyer; ~ **for** *vt fus* envoyer chercher; faire venir; ~ **off** *vt* (*goods*) envoyer, expédier; (*BRIT*: *SPORT*: *player*) expulser *or* renvoyer du terrain; ~ **out** *vt* (*invitation*) envoyer (par la poste); (*light, heat, signal*) émettre; ~ **up** *vt* faire monter; (*BRIT*: *parody*) mettre en boîte, parodier; ~**er** *n* expéditeur(trice); ~**-off** *n*: **a good ~-off** des adieux chaleureux

senior ['si:nıə*] *adj* (*high-ranking*) de haut niveau; (*of higher rank*): **to be ~ to sb** être le supérieur de qn ♦ *n* (*older*): **she is 15 years his ~** elle est son aînée de 15 ans, elle est plus âgée que lui de 15 ans; ~ **citizen** *n* personne âgée; ~**ity** [si:nı'ɒrıtı] *n* (*in service*) ancienneté *f*

sensation [sen'seıʃən] *n* sensation *f*; ~**al** *adj* qui fait sensation; (*marvellous*) sensationnel(le)

sense [sens] *n* sens *m*; (*feeling*) sentiment *m*; (*meaning*) sens, signification *f*; (*wisdom*) bon sens ♦ *vt* sentir, pressentir; **it makes ~** c'est logique; ~**less** *adj* insensé(e), stupide; (*unconscious*) sans connaissance

sensible ['sensəbl] *adj* sensé(e), raisonnable; sage

sensitive ['sensıtıv] *adj* sensible

sensual ['sensjuəl] *adj* sensuel(le)

sensuous ['sensjuəs] *adj* voluptueux(euse), sensuel(le)

sent [sent] *pt, pp of* **send**

sentence ['sentəns] *n* (*LING*) phrase *f*; (*LAW*: *judgment*) condamnation *f*, sentence *f*; (: *punishment*) peine *f* ♦ *vt*: **to ~ sb to death/to 5 years in prison** condamner qn à mort/à 5 ans de prison

sentiment ['sentımənt] *n* sentiment *m*; (*opinion*) opinion *f*, avis *m*; ~**al** [sentı'mentl] *adj* sentimental(e)

sentry ['sentrı] *n* sentinelle *f*

separate [*adj* 'seprət, *vb* 'sepəreıt] *adj* séparé(e), indépendant(e), différent(e) ♦ *vt* séparer; (*make a distinction between*) distinguer ♦ *vi* se séparer; ~**ly** *adv* séparément; ~**s** *npl* (*clothes*) coordonnés *mpl*; **separation** [sepə'reıʃən] *n* séparation *f*

September [sep'tembə*] *n* septembre *m*

septic ['septık] *adj* (*wound*) infecté(e); ~ **tank** *n* fosse *f* septique

sequel ['si:kwəl] *n* conséquence *f*; séquelles *fpl*; (*of story*) suite *f*

sequence ['si:kwəns] *n* ordre *m*, suite *f*; (*film* ~) séquence *f*; (*dance* ~) numéro *m*

sequin ['si:kwın] *n* paillette *f*

serene [sə'ri:n] *adj* serein(e), calme, paisible

sergeant ['sɑ:dʒənt] *n* sergent *m*; (*POLICE*) brigadier *m*

serial ['sıərıəl] *n* feuilleton *m*; ~ **number** *n* numéro *m* de série

series ['sıərız] *n inv* série *f*; (*PUBLISHING*) collection *f*

serious ['sıərıəs] *adj* sérieux(euse); (*illness*) grave; ~**ly** *adv* sérieusement; (*hurt*) gravement

sermon ['sɜ:mən] *n* sermon *m*

serrated [se'reıtıd] *adj* en dents de scie

servant ['sɜ:vənt] *n* domestique *m/f*; (*fig*) serviteur/servante

serve [sɜ:v] *vt* (*employer etc*) servir, être au service de; (*purpose*) servir à; (*customer, food, meal*) servir; (*subj*: *train*) desservir; (*apprenticeship*) faire, accomplir; (*prison term*) purger ♦ *vi* servir; (*be useful*): **to ~ as/for/to do** servir de/à/à faire ♦ *n* (*TENNIS*) service *m*; **it ~s him right** c'est bien fait pour lui; ~ **out**, ~ **up** *vt* (*food*) servir

service ['sɜ:vıs] *n* service *m*; (*AUT*: *maintenance*) révision *f* ♦ *vt* (*car, washing machine*) réviser; **the S~s** les forces armées; **to be of ~ to sb** rendre service à qn; ~**able** *adj* pratique, commode; ~ **charge** (*BRIT*) *n* service *m*; ~**man** (*irreg*) *n* militaire *m*; ~ **station** *n* station-service *f*

serviette [sɜ:vı'et] (*BRIT*) *n* serviette *f* (de table)

session ['seʃən] *n* séance *f*
set [set] (*pt, pp* **set**) *n* série *f*, assortiment *m*; (*of tools etc*) jeu *m*; (*RADIO, TV*) poste *m*; (*TENNIS*) set *m*; (*group of people*) cercle *m*, milieu *m*; (*THEATRE*: *stage*) scène *f*; (: *scenery*) décor *m*; (*MATH*) ensemble *m*; (*HAIRDRESSING*) mise *f* en plis ♦ *adj* (*fixed*) fixe, déterminé(e); (*ready*) prêt(e) ♦ *vt* (*place*) poser, placer; (*fix, establish*) fixer; (: *record*) établir; (*adjust*) régler; (*decide*: *rules etc*) fixer, choisir; (*task*) donner; (*exam*) composer ♦ *vi* (*sun*) se coucher; (*jam, jelly, concrete*) prendre; (*bone*) se ressouder; **to be ~ on doing** être résolu à faire; **to ~ the table** mettre la table; **to ~ (to music)** mettre en musique; **to ~ on fire** mettre le feu à; **to ~ free** libérer; **to ~ sth going** déclencher qch; **to ~ sail** prendre la mer; **~ about** *vt fus* (*task*) entreprendre, se mettre à; **~ aside** *vt* mettre de côté; (*time*) garder; **~ back** *vt* (*in time*): **to ~ back (by)** retarder (de); (*cost*): **to ~ sb back £5** coûter 5 livres à qn; **~ off** *vi* se mettre en route, partir ♦ *vt* (*bomb*) faire exploser; (*cause to start*) déclencher; (*show up well*) mettre en valeur, faire valoir; **~ out** *vi* se mettre en route, partir ♦ *vt* (*arrange*) disposer; (*arguments*) présenter, exposer; **to ~ out to do** entreprendre de faire, avoir pour but *or* intention de faire; **~ up** *vt* (*organization*) fonder, créer; **~back** *n* (*hitch*) revers *m*, contretemps *m*; **~ menu** *n* menu *m*
settee [se'ti:] *n* canapé *m*
setting ['setɪŋ] *n* cadre *m*; (*of jewel*) monture *f*; (*position*: *of controls*) réglage *m*
settle ['setl] *vt* (*argument, matter, account*) régler; (*problem*) résoudre; (*MED*: *calm*) calmer ♦ *vi* (*bird, dust etc*) se poser; (*also*: **~ down**) s'installer, se fixer; (*calm down*) se calmer; **to ~ for sth** accepter qch, se contenter de qch; **to ~ on sth** opter *or* se décider pour qch; **~ in** *vi* s'installer; **~ up** *vi*: **to ~ up with sb** régler (ce que l'on doit) à qn; **~ment** *n* (*payment*) règlement *m*; (*agreement*) accord *m*; (*village etc*) établissement *m*; hameau *m*; **~r** *n* colon *m*
setup ['setʌp] *n* (*arrangement*) manière *f* dont les choses sont organisées; (*situation*) situation *f*
seven ['sevn] *num* sept; **~teen** *num* dix-sept; **~th** *num* septième; **~ty** *num* soixante-dix
sever ['sevə*] *vt* couper, trancher; (*relations*) rompre
several ['sevrəl] *adj, pron* plusieurs *m/fpl*; **~ of us** plusieurs d'entre nous
severance ['sevərəns] *n* (*of relations*) rupture *f*; **~ pay** *n* indemnité *f* de licenciement
severe [sɪ'vɪə*] *adj* (*stern*) sévère, strict(e); (*serious*) grave, sérieux(euse); (*plain*) sévère, austère; **severity** [sɪ'verɪtɪ] *n* sévérité *f*; gravité *f*; rigueur *f*
sew [səu] (*pt* **sewed**, *pp* **sewn**) *vt, vi* coudre; **~ up** *vt* (re)coudre
sewage ['sju:ɪdʒ] *n* vidange(s) *f(pl)*
sewer ['sjuə*] *n* égout *m*
sewing ['səuɪŋ] *n* couture *f*; (*item(s)*) ouvrage *m*; **~ machine** *n* machine *f* à coudre
sewn [səun] *pp of* sew
sex [seks] *n* sexe *m*; **to have ~ with** avoir des rapports (sexuels) avec; **~ist** *adj* sexiste; **~ual** ['seksjuəl] *adj* sexuel(le); **~y** ['seksɪ] *adj* sexy *inv*
shabby ['ʃæbɪ] *adj* miteux(euse); (*behaviour*) mesquin(e), méprisable
shack [ʃæk] *n* cabane *f*, hutte *f*
shackles ['ʃæklz] *npl* chaînes *fpl*, entraves *fpl*
shade [ʃeɪd] *n* ombre *f*; (*for lamp*) abat-jour *m inv*; (*of colour*) nuance *f*, ton *m* ♦ *vt* abriter du soleil, ombrager; **in the ~** à l'ombre; **a ~ too large/more** un tout petit peu trop grand(e)/plus
shadow ['ʃædəu] *n* ombre *f* ♦ *vt* (*follow*) filer; **~ cabinet** (*BRIT*) *n*

(*POL*) *cabinet parallèle formé par l'Opposition*; **~y** *adj* ombragé(e); (*dim*) vague, indistinct(e)
shady ['ʃeɪdɪ] *adj* ombragé(e); (*fig*: *dishonest*) louche, véreux(euse)
shaft [ʃɑ:ft] *n* (*of arrow, spear*) hampe *f*; (*AUT, TECH*) arbre *m*; (*of mine*) puits *m*; (*of lift*) cage *f*; (*of light*) rayon *m*, trait *m*
shaggy ['ʃægɪ] *adj* hirsute; en broussaille
shake [ʃeɪk] (*pt* **shook**, *pp* **shaken**) *vt* secouer; (*bottle, cocktail*) agiter; (*house, confidence*) ébranler ♦ *vi* trembler; **to ~ one's head** (*in refusal*) dire *or* faire non de la tête; (*in dismay*) secouer la tête; **to ~ hands with sb** serrer la main à qn; **~ off** *vt* secouer; (*pursuer*) se débarrasser de; **~ up** *vt* secouer; **~n** ['ʃeɪkn] *pp of* **shake**; **shaky** ['ʃeɪkɪ] *adj* (*hand, voice*) tremblant(e); (*building*) branlant(e), peu solide
shall [ʃæl] *aux vb*: **I ~ go** j'irai; **~ I open the door?** j'ouvre la porte?; **I'll get the coffee, ~ I?** je vais chercher le café, d'accord?
shallow ['ʃæləʊ] *adj* peu profond(e); (*fig*) superficiel(le)
sham [ʃæm] *n* frime *f* ♦ *vt* simuler
shambles ['ʃæmblz] *n* (*muddle*) confusion *f*, pagaïe *f*, fouillis *m*
shame [ʃeɪm] *n* honte *f* ♦ *vt* faire honte à; **it is a ~ (that/to do)** c'est dommage (que +*sub*/de faire); **what a ~!** quel dommage!; **~faced** *adj* honteux(euse), penaud(e); **~ful** *adj* honteux(euse), scandaleux(euse); **~less** *adj* éhonté(e), effronté(e)
shampoo [ʃæm'pu:] *n* shampooing *m* ♦ *vt* faire un shampooing à; **~ and set** *n* shampooing *m* (et) mise *f* en plis
shamrock ['ʃæmrɒk] *n* trèfle *m* (*emblème de l'Irlande*)
shandy ['ʃændɪ] *n* bière panachée
shan't [ʃɑ:nt] = **shall not**
shanty town ['ʃæntɪ-] *n* bidonville *m*
shape [ʃeɪp] *n* forme *f* ♦ *vt* façonner, modeler; (*sb's ideas*) former; (*sb's life*) déterminer ♦ *vi* (*also*: **~ up**: *events*) prendre tournure; (: *person*) faire des progrès, s'en sortir; **to take ~** prendre forme *or* tournure; **-shaped** *suffix*: **heart-shaped** en forme de cœur; **~less** *adj* informe, sans forme; **~ly** *adj* bien proportionné(e), beau(belle)
share [ʃɛə*] *n* part *f*; (*COMM*) action *f* ♦ *vt* partager; (*have in common*) avoir en commun; **~ out** *vi* partager; **~holder** *n* actionnaire *m/f*
shark [ʃɑ:k] *n* requin *m*
sharp [ʃɑ:p] *adj* (*razor, knife*) tranchant(e), bien aiguisé(e); (*point, voice*) aigu(guë); (*nose, chin*) pointu(e); (*outline, increase*) net(te); (*cold, pain*) vif(vive); (*taste*) piquant(e), âcre; (*MUS*) dièse; (*person*: *quick-witted*) vif(vive), éveillé(e); (: *unscrupulous*) malhonnête ♦ *n* (*MUS*) dièse *m* ♦ *adv* (*precisely*): **at 2 o'clock ~** à 2 heures pile *or* précises; **~en** *vt* aiguiser; (*pencil*) tailler; **~ener** *n* (*also*: *pencil ~ener*) taille-crayon(s) *m inv*; **~-eyed** *adj* à qui rien n'échappe; **~ly** *adv* (*turn, stop*) brusquement; (*stand out*) nettement; (*criticize, retort*) sèchement, vertement
shatter ['ʃætə*] *vt* briser; (*fig*: *upset*) bouleverser; (: *ruin*) briser, ruiner ♦ *vi* voler en éclats, se briser
shave [ʃeɪv] *vt* raser ♦ *vi* se raser ♦ *n*: **to have a ~** se raser; **~r** *n* (*also*: *electric ~r*) rasoir *m* électrique
shaving ['ʃeɪvɪŋ] *n* (*action*) rasage *m*; **~s** *npl* (*of wood etc*) copeaux *mpl*; **~ brush** *n* blaireau *m*; **~ cream** *n* crème *f* à raser; **~ foam** *n* mousse *f* à raser
shawl [ʃɔ:l] *n* châle *m*
she [ʃi:] *pron* elle ♦ *prefix*: **~-cat** chatte *f*; éléphant *m* femelle
sheaf [ʃi:f] (*pl* **sheaves**) *n* gerbe *f*; (*of papers*) liasse *f*
shear [ʃɪə*] (*pt* **~ed**, *pp* **shorn**) *vt* (*sheep*) tondre; **~ off** *vi* (*branch*)

partir, se détacher; **~s** *npl* (*for hedge*) cisaille(s) *f(pl)*
sheath [ʃi:θ] *n* gaine *f*, fourreau *m*, étui *m*; (*contraceptive*) préservatif *m*
shed [ʃed] (*pt, pp* **shed**) *n* remise *f*, resserre *f* ♦ *vt* perdre; (*tears*) verser, répandre; (*workers*) congédier
she'd [ʃi:d] = **she had; she would**
sheen [ʃi:n] *n* lustre *m*
sheep [ʃi:p] *n inv* mouton *m*; **~dog** *n* chien *m* de berger; **~ish** *adj* penaud(e); **~skin** *n* peau *f* de mouton
sheer [ʃɪə*] *adj* (*utter*) pur(e), pur et simple; (*steep*) à pic, abrupt(e); (*almost transparent*) extrêmement fin(e) ♦ *adv* à pic, abruptement
sheet [ʃi:t] *n* (*on bed*) drap *m*; (*of paper*) feuille *f*; (*of glass, metal etc*) feuille, plaque *f*
sheik(h) [ʃeɪk] *n* cheik *m*
shelf [ʃelf] (*pl* **shelves**) *n* étagère *f*, rayon *m*
shell [ʃel] *n* (*on beach*) coquillage *m*; (*of egg, nut etc*) coquille *f*; (*explosive*) obus *m*; (*of building*) carcasse *f* ♦ *vt* (*peas*) écosser; (*MIL*) bombarder (d'obus)
she'll [ʃi:l] = **she will; she shall**
shellfish ['ʃelfɪʃ] *n inv* (*crab etc*) crustacé *m*; (*scallop etc*) coquillage *m* ♦ *npl* (*as food*) fruits *mpl* de mer
shell suit *n* survêtement *m* (*en synthétique froissé*)
shelter ['ʃeltə*] *n* abri *m*, refuge *m* ♦ *vt* abriter, protéger; (*give lodging to*) donner asile à ♦ *vi* s'abriter, se mettre à l'abri; **~ed housing** *n* foyers *mpl* (*pour personnes âgées ou handicapées*)
shelve [ʃelv] *vt* (*fig*) mettre en suspens *or* en sommeil; **~s** *npl of* **shelf**
shepherd ['ʃepəd] *n* berger *m* ♦ *vt* (*guide*) guider, escorter; **~'s pie** (*BRIT*) *n* ≈ hachis *m* Parmentier
sheriff ['ʃerɪf] (*US*) *n* shérif *m*
sherry ['ʃerɪ] *n* xérès *m*, sherry *m*
she's [ʃi:z] = **she is; she has**
Shetland ['ʃetlənd] *n* (*also: the ~s, the ~ Islands*) les îles *fpl* Shetland
shield [ʃi:ld] *n* bouclier *m*; (*protection*) écran *m* de protection ♦ *vt*: to ~ (**from**) protéger (de *or* contre)
shift [ʃɪft] *n* (*change*) changement *m*; (*work period*) période *f* de travail; (*of workers*) équipe *f*, poste *m* ♦ *vt* déplacer, changer de place; (*remove*) enlever ♦ *vi* changer de place, bouger; **~less** *adj* (*person*) fainéant(e); **~ work** *n* travail *m* en équipe *or* par relais *or* par roulement; **~y** *adj* sournois(e); (*eyes*) fuyant(e)
shilly-shally ['ʃɪlɪʃælɪ] *vi* tergiverser, atermoyer
shimmer ['ʃɪmə*] *vi* miroiter, chatoyer
shin [ʃɪn] *n* tibia *m*
shine [ʃaɪn] (*pt, pp* **shone**) *n* éclat *m*, brillant *m* ♦ *vi* briller ♦ *vt* (*torch etc*): to ~ **on** braquer sur; (*polish: pt, pp ~d*) faire briller *or* reluire
shingle ['ʃɪŋgl] *n* (*on beach*) galets *mpl*; **~s** *n* (*MED*) zona *m*
shiny ['ʃaɪnɪ] *adj* brillant(e)
ship [ʃɪp] *n* bateau *m*; (*large*) navire *m* ♦ *vt* transporter (par mer); (*send*) expédier (par mer); **~building** *n* construction navale; **~ment** *n* cargaison *f*; **~per** *n* affréteur *m*; **~ping** *n* (*ships*) navires *mpl*; (*the industry*) industrie navale; (*transport*) transport *m*; **~wreck** *n* (*ship*) épave *f*; (*event*) naufrage *m* ♦ *vt*: to be **~wrecked** faire naufrage; **~yard** *n* chantier naval
shire ['ʃaɪə*] (*BRIT*) *n* comté *m*
shirk [ʃɜ:k] *vt* esquiver, se dérober à
shirt [ʃɜ:t] *n* (*man's*) chemise *f*; (*woman's*) chemisier *m*; **in (one's) ~ sleeves** en bras de chemise
shit [ʃɪt] (*inf!*) *n, excl* merde *f* (*!*)
shiver ['ʃɪvə*] *n* frisson *m* ♦ *vi* frissonner
shoal [ʃəʊl] *n* (*of fish*) banc *m*; (*fig: also*: ~s) masse *f*, foule *f*
shock [ʃɒk] *n* choc *m*; (*ELEC*) secousse *f*; (*MED*) commotion *f*, choc ♦ *vt* (*offend*) choquer, scandaliser; (*upset*) bouleverser; **~ absorber** *n* amortisseur *m*; **~ing** *adj* (*scandali-*

zing) choquant(e), scandaleux(euse); (*appalling*) épouvantable
shod [ʃɒd] *pt, pp of* **shoe**
shoddy [ˈʃɒdɪ] *adj* de mauvaise qualité, mal fait(e)
shoe [ʃuː] (*pt, pp* **shod**) *n* chaussure *f*, soulier *m*; (*also*: *horse~*) fer *m* à cheval ♦ *vt* (*horse*) ferrer; **~lace** *n* lacet *m* (de soulier); **~ polish** *n* cirage *m*; **~ shop** *n* magasin *m* de chaussures; **~string** *n* (*fig*): **on a ~string** avec un budget dérisoire
shone [ʃɒn] *pt, pp of* **shine**
shoo [ʃuː] *excl* ouste!
shook [ʃʊk] *pt of* **shake**
shoot [ʃuːt] (*pt, pp* **shot**) *n* (*on branch, seedling*) pousse *f* ♦ *vt* (*game*) chasser; tirer; abattre; (*person*) blesser (*or* tuer) d'un coup de fusil (*or* de revolver); (*execute*) fusiller; (*arrow*) tirer; (*gun*) tirer un coup de; (*film*) tourner ♦ *vi* (*with gun, bow*): **to ~ (at)** tirer (sur); (*FOOTBALL*) shooter, tirer; **~ down** *vt* (*plane*) abattre; **~ in** *vi* entrer comme une flèche; **~ out** *vi* sortir comme une flèche; **~ up** *vi* (*fig*) monter en flèche; **~ing** *n* (*shots*) coups *mpl* de feu, fusillade *f*; (*HUNTING*) chasse *f*; **~ing star** *n* étoile filante
shop [ʃɒp] *n* magasin *m*; (*workshop*) atelier *m* ♦ *vi* (*also*: *go ~ping*) faire ses courses *or* ses achats; **~ assistant** (*BRIT*) *n* vendeur(euse); **~ floor** (*BRIT*) *n* (*INDUSTRY*: *fig*) ouvriers *mpl*; **~keeper** *n* commerçant(e); **~lifting** *n* vol *m* à l'étalage; **~per** *n* personne *f* qui fait ses courses, acheteur(euse); **~ping** *n* (*goods*) achats *mpl*, provisions *fpl*; **~ping bag** *n* sac *m* (à provisions); **~ping centre** (*US* **~ping center**) *n* centre commercial; **~-soiled** *adj* défraîchi(e), qui a fait la vitrine; **~ steward** (*BRIT*) *n* (*INDUSTRY*) délégué(e) syndical(e); **~ window** *n* vitrine *f*
shore [ʃɔː*] *n* (*of sea, lake*) rivage *m*, rive *f* ♦ *vt*: **to ~ (up)** étayer; **on ~** à terre
shorn [ʃɔːn] *pp of* **shear**
short [ʃɔːt] *adj* (*not long*) court(e); (*soon finished*) court, bref(brève); (*person, step*) petit(e); (*curt*) brusque, sec(sèche); (*insufficient*) insuffisant(e); **to be/run ~ of sth** être à court de *or* manquer de qch; **in ~** bref; en bref; **~ of doing ...** à moins de faire ...; **everything ~ of** tout sauf; **it is ~ for** c'est l'abréviation *or* le diminutif de; **to cut ~** (*speech, visit*) abréger, écourter; **to fall ~ of** ne pas être à la hauteur de; **to run ~ of** arriver à court de, venir à manquer de; **to stop ~** s'arrêter net; **to stop ~ of** ne pas aller jusqu'à; **~age** *n* manque *m*, pénurie *f*; **~bread** *n* ≈ sablé *m*; **~-change** *vt* ne pas rendre assez à; **~-circuit** *n* court-circuit *m*; **~coming** *n* défaut *m*; **~(crust) pastry** (*BRIT*) *n* pâte brisée; **~cut** *n* raccourci *m*; **~en** *vt* raccourcir; (*text, visit*) abréger; **~fall** *n* déficit *m*; **~hand** (*BRIT*) *n* sténo(graphie) *f*; **~hand typist** (*BRIT*) *n* sténodactylo *m/f*; **~list** (*BRIT*) *n* (*for job*) liste *f* des candidats sélectionnés; **~-lived** *adj* de courte durée; **~ly** *adv* bientôt, sous peu; **~s** *npl*: **(a pair of) ~s** un short; **~-sighted** *adj* (*BRIT*) myope; (*fig*) qui manque de clairvoyance; **~-staffed** *adj* à court de personnel; **~ story** *n* nouvelle *f*; **~-tempered** *adj* qui s'emporte facilement; **~-term** *adj* (*effect*) à court terme; **~ wave** *n* (*RADIO*) ondes courtes
shot [ʃɒt] *pt, pp of* **shoot** ♦ *n* coup *m* (de feu); (*try*) coup, essai *m*; (*injection*) piqûre *f*; (*PHOT*) photo *f*; **he's a good/poor ~** il tire bien/mal; **like a ~** comme une flèche; (*very readily*) sans hésiter; **~gun** *n* fusil *m* de chasse
should [ʃʊd] *aux vb*: **I ~ go now** je devrais partir maintenant; **he ~ be there now** il devrait être arrivé maintenant; **I ~ go if I were you** si j'étais vous, j'irais; **I ~ like to**

j'aimerais bien, volontiers
shoulder ['ʃəuldə*] *n* épaule *f* ♦ *vt* (*fig*) endosser, se charger de; ~ **bag** *n* sac *m* à bandoulière; ~ **blade** *n* omoplate *f*; ~ **strap** *n* bretelle *f*
shouldn't ['ʃudnt] = **should not**
shout [ʃaut] *n* cri *m* ♦ *vt* crier ♦ *vi* (*also*: ~ *out*) crier, pousser des cris; ~ **down** *vt* huer; ~**ing** *n* cris *mpl*
shove [ʃʌv] *vt* pousser; (*inf*: *put*): to ~ **sth in** fourrer *or* ficher qch dans; ~ **off** (*inf*) *vi* ficher le camp
shovel ['ʃʌvl] *n* pelle *f*
show [ʃəu] (*pt* ~**ed**, *pp* **shown**) *n* (*of emotion*) manifestation *f*, démonstration *f*; (*semblance*) semblant *m*, apparence *f*; (*exhibition*) exposition *f*, salon *m*; (*THEATRE, TV*) spectacle *m* ♦ *vt* montrer; (*film*) donner; (*courage etc*) faire preuve de, manifester; (*exhibit*) exposer ♦ *vi* se voir, être visible; **for** ~ pour l'effet; **on** ~ (*exhibits etc*) exposé(e); ~ **in** *vt* (*person*) faire entrer; ~ **off** *vi* (*pej*) crâner ♦ *vt* (*display*) faire valoir; ~ **out** *vt* (*person*) reconduire (jusqu'à la porte); ~ **up** *vi* (*stand out*) ressortir; (*inf*: *turn up*) se montrer ♦ *vt* (*flaw*) faire ressortir; ~ **business** *n* le monde du spectacle; ~**down** *n* épreuve *f* de force
shower ['ʃauə*] *n* (*rain*) averse *f*; (*of stones etc*) pluie *f*, grêle *f*; (*also*: ~*bath*) douche *f* ♦ *vi* prendre une douche, se doucher ♦ *vt*: to ~ **sb with** (*gifts etc*) combler qn de; to **have** *or* **take a** ~ prendre une douche; ~**proof** *adj* imperméabilisé(e)
showing ['ʃəuɪŋ] *n* (*of film*) projection *f*
show jumping *n* concours *m* hippique
shown [ʃəun] *pp of* **show**
show: ~**-off** ['ʃəuɒf] (*inf*) *n* (*person*) crâneur(euse), m'as-tu-vu(e); ~**piece** *n* (*of exhibition*) trésor *m*; ~**room** ['ʃəurum] *n* magasin *m or* salle *f* d'exposition
shrank [ʃræŋk] *pt of* **shrink**
shrapnel ['ʃræpnl] *n* éclats *mpl* d'obus
shred [ʃred] *n* (*gen pl*) lambeau *m*, petit morceau ♦ *vt* mettre en lambeaux, déchirer; (*CULIN*) râper; couper en lanières; ~**der** *n* (*for vegetables*) râpeur *m*; (*for documents*) déchiqueteuse *f*
shrewd [ʃru:d] *adj* astucieux(euse), perspicace; (*businessman*) habile
shriek [ʃri:k] *vi* hurler, crier
shrill [ʃrɪl] *adj* perçant(e), aigu(guë), strident(e)
shrimp [ʃrɪmp] *n* crevette *f*
shrine [ʃraɪn] *n* (*place*) lieu *m* de pèlerinage
shrink [ʃrɪŋk] (*pt* **shrank**, *pp* **shrunk**) *vi* rétrécir; (*fig*) se réduire, diminuer; (*move*: *also*: ~ *away*) reculer ♦ *vt* (*wool*) (faire) rétrécir ♦ *n* (*inf*: *pej*) psychiatre *m/f*, psy *mf*; to ~ **from (doing) sth** reculer devant (la pensée de faire) qch; ~**age** *n* rétrécissement *m*; ~**wrap** *vt* emballer sous film plastique
shrivel ['ʃrɪvl] *vt* (*also*: ~ *up*) ratatiner, flétrir ♦ *vi* se ratatiner, se flétrir
shroud [ʃraud] *n* linceul *m* ♦ *vt*: ~**ed in mystery** enveloppé(e) de mystère
Shrove Tuesday ['ʃrəuv-] *n* (le) Mardi gras
shrub [ʃrʌb] *n* arbuste *m*; ~**bery** *n* massif *m* d'arbustes
shrug [ʃrʌg] *vt, vi*: to ~ **(one's shoulders)** hausser les épaules; ~ **off** *vt* faire fi de
shrunk [ʃrʌŋk] *pp of* **shrink**
shudder ['ʃʌdə*] *vi* frissonner, frémir
shuffle ['ʃʌfl] *vt* (*cards*) battre ♦ *vt, vi*: to ~ **(one's feet)** traîner les pieds
shun [ʃʌn] *vt* éviter, fuir
shunt [ʃʌnt] *vt* (*RAIL*) aiguiller
shut [ʃʌt] (*pt, pp* **shut**) *vt* fermer ♦ *vi* (se) fermer; ~ **down** *vt, vi* fermer définitivement; ~ **off** *vt* couper, arrêter; ~ **up** *vi* (*inf*: *keep quiet*) se taire ♦ *vt* (*close*) fermer; (*silence*) faire taire; ~**ter** *n* volet *m*; (*PHOT*)

obturateur *m*
shuttle ['ʃʌtl] *n* navette *f*; (*also*: ~ *service*) (service *m* de) navette *f*
shuttlecock ['ʃʌtlkɒk] *n* volant *m* (*de badminton*)
shy [ʃaɪ] *adj* timide
sibling ['sɪblɪŋ] *n*: ~s enfants *mpl* de mêmes parents
Sicily ['sɪsɪlɪ] *n* Sicile *f*
sick [sɪk] *adj* (*ill*) malade; (*vomiting*): **to be** ~ vomir; (*humour*) noir(e), macabre; **to feel** ~ avoir envie de vomir, avoir mal au cœur; **to be** ~ **of** (*fig*) en avoir assez de; ~ **bay** *n* infirmerie *f*; ~**en** *vt* écœurer; ~**ening** *adj* (*fig*) écœurant(e), dégoûtant(e)
sickle ['sɪkl] *n* faucille *f*
sick: ~ **leave** *n* congé *m* de maladie; ~**ly** *adj* maladif(ive), souffreteux(euse); (*causing nausea*) écœurant(e); ~**ness** *n* maladie *f*; (*vomiting*) vomissement(s) *m(pl)*; ~ **pay** *n* indemnité *f* de maladie
side [saɪd] *n* côté *m*; (*of lake, road*) bord *m*; (*team*) camp *m*, équipe *f* ♦ *adj* (*door, entrance*) latéral(e) ♦ *vi*: **to** ~ **with sb** prendre le parti de qn, se ranger du côté de qn; **by the** ~ **of** au bord de; ~ **by** ~ côte à côte; **from** ~ **to** ~ d'un côté à l'autre; **to take** ~**s (with)** prendre parti (pour); ~**board** *n* buffet *m*; ~**boards** (*BRIT*), ~**burns** *npl* (*whiskers*) pattes *fpl*; ~ **drum** *n* tambour plat; ~ **effect** *n* effet *m* secondaire; ~**light** *n* (*AUT*) veilleuse *f*; ~**line** *n* (*SPORT*) (ligne *f* de) touche *f*; (*fig*) travail *m* secondaire; ~**long** *adj* oblique; ~**-saddle** *adv* en amazone; ~**show** *n* attraction *f*; ~**step** *vt* (*fig*) éluder; éviter; ~ **street** *n* (petite) rue transversale; ~**track** *vt* (*fig*) faire dévier de son sujet; ~**walk** (*US*) *n* trottoir *m*; ~**ways** *adv* de côté
siding ['saɪdɪŋ] *n* (*RAIL*) voie *f* de garage
sidle ['saɪdl] *vi*: **to** ~ **up (to)** s'approcher furtivement (de)
siege [si:dʒ] *n* siège *m*
sieve [sɪv] *n* tamis *m*, passoire *f*
sift [sɪft] *vt* (*fig*: *also*: ~ *through*) passer en revue; (*lit*: *flour etc*) passer au tamis
sigh [saɪ] *n* soupir *m* ♦ *vi* soupirer, pousser un soupir
sight [saɪt] *n* (*faculty*) vue *f*; (*spectacle*) spectacle *m*; (*on gun*) mire *f* ♦ *vt* apercevoir; **in** ~ visible; **out of** ~ hors de vue; ~**seeing** *n* tourisme *m*; to go ~**seeing** faire du tourisme
sign [saɪn] *n* signe *m*; (*with hand etc*) signe, geste *m*; (*notice*) panneau *m*, écriteau *m* ♦ *vt* signer; ~ **on** *vi* (*MIL*) s'engager; (*as unemployed*) s'inscrire au chômage; (*for course*) s'inscrire ♦ *vt* (*MIL*) engager; (*employee*) embaucher; ~ **over** *vt*: **to** ~ **sth over to sb** céder qch par écrit à qn; ~ **up** *vt* engager ♦ *vi* (*MIL*) s'engager; (*for course*) s'inscrire
signal ['sɪgnl] *n* signal *m* ♦ *vi* (*AUT*) mettre son clignotant ♦ *vt* (*person*) faire signe à; (*message*) communiquer par signaux; ~**man** (*irreg*) *n* (*RAIL*) aiguilleur *m*
signature ['sɪgnətʃə*] *n* signature *f*; ~ **tune** *n* indicatif musical
signet ring ['sɪgnət-] *n* chevalière *f*
significance [sɪg'nɪfɪkəns] *n* signification *f*; importance *f*; **significant** [sɪg'nɪfɪkənt] *adj* significatif(ive); (*important*) important(e), considérable
signpost ['saɪnpəust] *n* poteau indicateur
silence ['saɪləns] *n* silence *m* ♦ *vt* faire taire, réduire au silence; ~**r** *n* (*on gun, BRIT*: *AUT*) silencieux *m*
silent ['saɪlənt] *adj* silencieux(euse); (*film*) muet(te); **to remain** ~ garder le silence, ne rien dire; ~ **partner** *n* (*COMM*) bailleur *m* de fonds, commanditaire *m*
silhouette [sɪlu:'et] *n* silhouette *f*
silicon chip ['sɪlɪkən-] *n* puce *f* électronique
silk [sɪlk] *n* soie *f* ♦ *cpd* de *or* en soie; ~**y** *adj* soyeux(euse)

silly ['sɪlɪ] *adj* stupide, sot(te), bête
silt [sɪlt] *n* vase *f*; limon *m*
silver ['sɪlvə*] *n* argent *m*; (*money*) monnaie *f* (en pièces d'argent); (*also*: ~*ware*) argenterie *f* ♦ *adj* d'argent, en argent; ~ **paper** (*BRIT*) *n* papier *m* d'argent *or* d'étain; ~-**plated** *adj* plaqué(e) argent; ~**smith** *n* orfèvre *m/f*; ~**y** *adj* argenté(e)
similar ['sɪmɪlə*] *adj*: ~ **(to)** semblable (à); ~**ly** *adv* de la même façon, de même
simile ['sɪmɪlɪ] *n* comparaison *f*
simmer ['sɪmə*] *vi* cuire à feu doux, mijoter
simple ['sɪmpl] *adj* simple; **simplicity** [sɪm'plɪsɪtɪ] *n* simplicité *f*; **simply** *adv* (*without fuss*) avec simplicité
simultaneous [sɪməl'teɪnɪəs] *adj* simultané(e)
sin [sɪn] *n* péché *m* ♦ *vi* pécher
since [sɪns] *adv, prep* depuis ♦ *conj* (*time*) depuis que; (*because*) puisque, étant donné que, comme; ~ **then, ever** ~ depuis ce moment-là
sincere [sɪn'sɪə*] *adj* sincère; ~**ly** *adv see* **yours**; **sincerity** [sɪn'serɪtɪ] *n* sincérité *f*
sinew ['sɪnjuː] *n* tendon *m*
sinful ['sɪnfʊl] *adj* coupable; (*person*) pécheur(eresse)
sing [sɪŋ] (*pt* **sang**, *pp* **sung**) *vt, vi* chanter
singe [sɪndʒ] *vt* brûler légèrement; (*clothes*) roussir
singer ['sɪŋə*] *n* chanteur(euse)
singing ['sɪŋɪŋ] *n* chant *m*
single ['sɪŋgl] *adj* seul(e), unique; (*unmarried*) célibataire; (*not double*) simple ♦ *n* (*BRIT*: *also*: ~ *ticket*) aller *m* (simple); (*record*) 45 tours *m*; ~ **out** *vt* choisir; (*distinguish*) distinguer; ~-**breasted** *adj* droit(e); ~ **file** *n*: **in** ~ **file** en file indienne; ~-**handed** *adv* tout(e) seul(e), sans (aucune) aide; ~-**minded** *adj* résolu(e), tenace; ~ **room** *n* chambre *f* à un lit *or* pour une personne; ~**s** *n* (*TENNIS*) simple *m*; **singly** *adv* séparément
singular ['sɪŋgjʊlə*] *adj* singulier(ère), étrange; (*outstanding*) remarquable; (*LING*) (au) singulier, du singulier ♦ *n* singulier *m*
sinister ['sɪnɪstə*] *adj* sinistre
sink [sɪŋk] (*pt* **sank**, *pp* **sunk**) *n* évier *m* ♦ *vt* (*ship*) (faire) couler, faire sombrer; (*foundations*) creuser ♦ *vi* couler, sombrer; (*ground etc*) s'affaisser; (*also*: ~ *back*, ~ *down*) s'affaisser, se laisser retomber; **to** ~ **sth into** enfoncer qch dans; **my heart sank** j'ai complètement perdu courage; ~ **in** *vi* (*fig*) pénétrer, être compris(e)
sinner ['sɪnə*] *n* pécheur(eresse)
sinus ['saɪnəs] *n* sinus *m inv*
sip [sɪp] *n* gorgée *f* ♦ *vt* boire à petites gorgées
siphon ['saɪfən] *n* siphon *m*; ~ **off** *vt* siphonner; (*money*: *illegally*) détourner
sir [sɜː*] *n* monsieur *m*; **S**~ **John Smith** sir John Smith; **yes** ~ oui, Monsieur
siren ['saɪərən] *n* sirène *f*
sirloin ['sɜːlɔɪn] *n* (*also*: ~ *steak*) aloyau *m*
sissy ['sɪsɪ] (*inf*) *n* (*coward*) poule mouillée
sister ['sɪstə*] *n* sœur *f*; (*nun*) religieuse *f*, sœur; (*BRIT*: *nurse*) infirmière *f* en chef; ~-**in-law** *n* belle-sœur *f*
sit [sɪt] (*pt, pp* **sat**) *vi* s'asseoir; (*be sitting*) être assis(e); (*assembly*) être en séance, siéger; (*for painter*) poser ♦ *vt* (*exam*) passer, se présenter à; ~ **down** *vi* s'asseoir; ~ **in on** *vt fus* assister à; ~ **up** *vi* s'asseoir; (*straight*) se redresser; (*not go to bed*) rester debout, ne pas se coucher
sitcom ['sɪtkɒm] *n abbr* (= *situation comedy*) comédie *f* de situation
site [saɪt] *n* emplacement *m*, site *m*; (*also*: *building* ~) chantier *m* ♦ *vt* placer
sit-in ['sɪtɪn] *n* (*demonstration*) sit-in *m inv*, occupation *f* (de locaux)
sitting ['sɪtɪŋ] *n* (*of assembly etc*)

séance *f*; (*in canteen*) service *m*; ~ **room** *n* salon *m*
situated ['sɪtjʊeɪtɪd] *adj* situé(e)
situation [sɪtjʊ'eɪʃən] *n* situation *f*; "~**s vacant**" (*BRIT*) "offres d'emploi"
six [sɪks] *num* six; ~**teen** *num* seize; ~**th** *num* sixième; ~**ty** *num* soixante
size [saɪz] *n* taille *f*; dimensions *fpl*; (*of clothing*) taille; (*of shoes*) pointure *f*; (*fig*) ampleur *f*; (*glue*) colle *f*; ~ **up** *vt* juger, jauger; ~**able** *adj* assez grand(e); assez important(e)
sizzle ['sɪzl] *vi* grésiller
skate [skeɪt] *n* patin *m*; (*fish: pl inv*) raie *f* ♦ *vi* patiner; ~**board** *n* skateboard *m*, planche *f* à roulettes; ~**r** *n* patineur(euse); **skating** ['skeɪtɪŋ] *n* patinage *m*; **skating rink** *n* patinoire *f*
skeleton ['skelɪtn] *n* squelette *m*; (*outline*) schéma *m*; ~ **staff** *n* effectifs réduits
skeptical ['skeptɪkl] (*US*) *adj* = sceptical
sketch [sketʃ] *n* (*drawing*) croquis *m*, esquisse *f*; (*THEATRE*) sketch *m*, saynète *f* ♦ *vt* esquisser, faire un croquis *or* une esquisse de; ~ **book** *n* carnet *m* à dessin; ~**y** *adj* incomplet(ète), fragmentaire
skewer ['skjʊə*] *n* brochette *f*
ski [ski:] *n* ski *m* ♦ *vi* skier, faire du ski; ~ **boot** *n* chaussure *f* de ski
skid [skɪd] *vi* déraper
ski: ~**er** ['ski:ə*] *n* skieur(euse); ~**ing** ['ski:ɪŋ] *n* ski *m*; ~ **jump** *n* saut *m* à skis
skilful ['skɪlfʊl] (*US* **skillful**) *adj* habile, adroit(e)
ski lift *n* remonte-pente *m inv*
skill [skɪl] *n* habileté *f*, adresse *f*, talent *m*; (*requiring training*: *gen pl*) compétences *fpl*; ~**ed** *adj* habile, adroit(e); (*worker*) qualifié(e)
skim [skɪm] *vt* (*milk*) écrémer; (*glide over*) raser; , effleurer ♦ *vi*: to ~ **through** (*fig*) parcourir; ~**med milk** *n* lait écrémé
skimp [skɪmp] *vt* (*also*: ~ *on*: *work*) bâcler, faire à la va-vite; (: *cloth etc*) lésiner sur; ~**y** *adj* maigre; (*skirt*) étriqué(e)
skin [skɪn] *n* peau *f* ♦ *vt* (*fruit etc*) éplucher; (*animal*) écorcher; ~ **cancer** *n* cancer *m* de la peau; ~**-deep** *adj* superficiel(le); ~**-diving** *n* plongée sous-marine; ~**ny** *adj* maigre, maigrichon(ne); ~**tight** *adj* (*jeans etc*) collant(e), ajusté(e)
skip [skɪp] *n* petit bond *or* saut; (*BRIT*: *container*) benne *f* ♦ *vi* gambader, sautiller; (*with rope*) sauter à la corde ♦ *vt* sauter
ski pants *npl* fuseau *m* (de ski)
ski pole *n* bâton *m* de ski
skipper ['skɪpə*] *n* capitaine *m*; (*in race*) skipper *m*
skipping rope ['skɪpɪŋ-] (*BRIT*) *n* corde *f* à sauter
skirmish ['skɜ:mɪʃ] *n* escarmouche *f*, accrochage *m*
skirt [skɜ:t] *n* jupe *f* ♦ *vt* longer, contourner; ~**ing board** (*BRIT*) *n* plinthe *f*
ski slope *n* piste *f* de ski
ski suit *n* combinaison *f* (de ski)
skittle ['skɪtl] *n* quille *f*; **skittles** *n* (*game*) (jeu *m* de) quilles *fpl*
skive [skaɪv] (*BRIT: inf*) *vi* tirer au flanc
skulk [skʌlk] *vi* rôder furtivement
skull [skʌl] *n* crâne *m*
skunk [skʌŋk] *n* mouffette *f*
sky [skaɪ] *n* ciel *m*; ~**light** *n* lucarne *f*; ~**scraper** *n* gratte-ciel *m inv*
slab [slæb] *n* (*of stone*) dalle *f*; (*of food*) grosse tranche
slack [slæk] *adj* (*loose*) lâche, desserré(e); (*slow*) stagnant(e); (*careless*) négligent(e), peu sérieux(euse) *or* consciencieux(euse); ~**s** *npl* (*trousers*) pantalon *m*; ~**en** *vi* ralentir, diminuer ♦ *vt* (*speed*) réduire; (*grip*) relâcher; (*clothing*) desserrer
slag heap [slæg-] *n* crassier *m*
slag off (*BRIT: inf*) *vt* dire du mal de
slain [sleɪn] *pp of* **slay**
slam [slæm] *vt* (*door*) (faire) cla-

quer; *(throw)* jeter violemment, flanquer *(fam)*; *(criticize)* démolir ♦ *vi* claquer

slander ['slɑ:ndə*] *n* calomnie *f*; diffamation *f*

slang [slæŋ] *n* argot *m*

slant [slɑ:nt] *n* inclinaison *f*; *(fig)* angle *m*, point *m* de vue; **~ed** *adj* = slanting; **~ing** *adj* en pente, incliné(e); **~ing eyes** yeux bridés

slap [slæp] *n* claque *f*, gifle *f*; tape *f* ♦ *vt* donner une claque *or* une gifle *or* une tape à; *(paint)* appliquer rapidement ♦ *adv* *(directly)* tout droit, en plein; **~dash** *adj* fait(e) sans soin *or* à la va-vite; *(person)* insouciant(e), négligent(e); **~stick** *n* *(comedy)* grosse farce, style *m* tarte à la crème; **~-up** *(BRIT)* *adj*: **a ~-up meal** un repas extra *or* fameux

slash [slæʃ] *vt* entailler, taillader; *(fig: prices)* casser

slat [slæt] *n* latte *f*, lame *f*

slate [sleɪt] *n* ardoise *f* ♦ *vt* *(fig: criticize)* éreinter, démolir

slaughter ['slɔ:tə*] *n* carnage *m*, massacre *m* ♦ *vt* *(animal)* abattre; *(people)* massacrer; **~house** *n* abattoir *m*

slave [sleɪv] *n* esclave *m/f* ♦ *vi* *(also: ~ away)* trimer, travailler comme un forçat; **~ry** *n* esclavage *m*; **slavish** *adj* servile

slay [sleɪ] *(pt* **slew**, *pp* **slain**) *vt* tuer

sleazy ['sli:zɪ] *adj* miteux(euse), minable

sledge [sledʒ] *n* luge *f*

sledgehammer *n* marteau *m* de forgeron

sleek [sli:k] *adj* *(hair, fur etc)* brillant(e), lisse; *(car, boat etc)* aux lignes pures *or* élégantes

sleep [sli:p] *(pt, pp* **slept**) *n* sommeil *m* ♦ *vi* dormir; *(spend night)* dormir, coucher; **to go to ~** s'endormir; **~ around** *vi* coucher à droite et à gauche; **~ in** *vi* *(over~)* se réveiller trop tard; **~er** *(BRIT)* *n* *(RAIL: train)* train-couchettes *m*; *(: berth)* couchette *f*; **~ing bag** *n* sac *m* de couchage; **~ing car** *n* *(RAIL)* wagon-lit *m*, voiture-lit *f*; **~ing partner** *(BRIT)* *n* associé *m* commanditaire; **~ing pill** *n* somnifère *m*; **~less** *adj*: **a ~less night** une nuit blanche; **~walker** *n* somnambule *m/f*; **~y** *adj* qui a sommeil; *(fig)* endormi(e)

sleet [sli:t] *n* neige fondue

sleeve [sli:v] *n* manche *f*; *(of record)* pochette *f*

sleigh [sleɪ] *n* traîneau *m*

sleight [slaɪt] *n*: **~ of hand** tour *m* de passe-passe

slender ['slendə*] *adj* svelte, mince; *(fig)* faible, ténu(e)

slept [slept] *pt, pp of* **sleep**

slew [slu:] *vi* *(also: ~ around)* virer, pivoter ♦ *pt of* **slay**

slice [slaɪs] *n* tranche *f*; *(round)* rondelle *f*; *(utensil)* spatule *f*, truelle *f* ♦ *vt* couper en tranches *(or* en rondelles)

slick [slɪk] *adj* *(skilful)* brillant(e) (en apparence); *(salesman)* qui a du bagout ♦ *n* *(also: oil ~)* nappe *f* de pétrole, marée noire

slide [slaɪd] *(pt, pp* **slid**) *n* *(in playground)* toboggan *m*; *(PHOT)* diapositive *f*; *(BRIT: also: hair ~)* barrette *f*; *(in prices)* chute *f*, baisse *f* ♦ *vt* (faire) glisser ♦ *vi* glisser; **sliding** ['slaɪdɪŋ] *adj* *(door)* coulissant(e); **sliding scale** *n* échelle *f* mobile

slight [slaɪt] *adj* *(slim)* mince, menu(e); *(frail)* frêle; *(trivial)* faible, insignifiant(e); *(small)* petit(e), léger(ère) *(before n)* ♦ *n* offense *f*, affront *m*; **not in the ~est** pas le moins du monde, pas du tout; **~ly** *adv* légèrement, un peu

slim [slɪm] *adj* mince ♦ *vi* maigrir; *(diet)* suivre un régime amaigrissant

slime [slaɪm] *n* *(mud)* vase *f*; *(other substance)* substance visqueuse

slimming ['slɪmɪŋ] *adj* *(diet, pills)* amaigrissant(e); *(foodstuff)* qui ne fait pas grossir

sling [slɪŋ] *(pt, pp* **slung**) *n* *(MED)* écharpe *f*; *(for baby)* porte-bébé *m*;

(*weapon*) fronde *f*, lance-pierre *m* ♦ *vt* lancer, jeter
slip ['slɪp] *n* faux pas; (*mistake*) erreur *f*; étourderie *f*; bévue *f*; (*underskirt*) combinaison *f*; (*of paper*) petite feuille, fiche *f* ♦ *vt* (*slide*) glisser ♦ *vi* glisser; (*decline*) baisser; (*move smoothly*): **to ~ into/out of** se glisser *or* se faufiler dans/hors de; **to ~ sth on/off** enfiler/enlever qch; **to give sb the ~** fausser compagnie à qn; **a ~ of the tongue** un lapsus; **~ away** *vi* s'esquiver; **~ in** *vt* glisser ♦ *vi* (*errors*) s'y glisser; **~ out** *vi* sortir; **~ up** *vi* faire une erreur, gaffer; **~ped disc** *n* déplacement *m* de vertèbre
slipper ['slɪpə*] *n* pantoufle *f*
slippery ['slɪpərɪ] *adj* glissant(e)
slip road (*BRIT*) *n* (*to motorway*) bretelle *f* d'accès
slipshod ['slɪpʃɒd] *adj* négligé(e), peu soigné(e)
slip-up ['slɪpʌp] *n* bévue *f*
slipway ['slɪpweɪ] *n* cale *f* (de construction *or* de lancement)
slit [slɪt] (*pt, pp* **slit**) *n* fente *f*; (*cut*) incision *f* ♦ *vt* fendre; couper; inciser
slither ['slɪðə*] *vi* glisser; (*snake*) onduler
sliver ['slɪvə*] *n* (*of glass, wood*) éclat *m*; (*of cheese etc*) petit morceau, fine tranche
slob [slɒb] (*inf*) *n* rustaud(e)
slog [slɒg] (*BRIT*) *vi* travailler très dur ♦ *n* gros effort; tâche fastidieuse
slogan ['sləʊgən] *n* slogan *m*
slop [slɒp] *vi* (*also*: **~ over**) se renverser; déborder ♦ *vt* répandre; renverser
slope [sləʊp] *n* pente *f*, côte *f*; (*side of mountain*) versant *m*; (*slant*) inclinaison *f* ♦ *vi*: **to ~ down** être *or* descendre en pente; **to ~ up** monter; **sloping** *adj* en pente; (*writing*) penché(e)
sloppy ['slɒpɪ] *adj* (*work*) peu soigné(e), bâclé(e); (*appearance*) négligé(e), débraillé(e)
slot [slɒt] *n* fente *f* ♦ *vt*: **to ~ sth into** encastrer *or* insérer qch dans
sloth [sləʊθ] *n* (*laziness*) paresse *f*
slot machine *n* (*BRIT*: *vending machine*) distributeur *m* (automatique); (*for gambling*) machine *f* à sous
slouch [slaʊtʃ] *vi* avoir le dos rond, être voûté(e)
slovenly ['slʌvnlɪ] *adj* sale, débraillé(e); (*work*) négligé(e)
slow [sləʊ] *adj* lent(e); (*watch*): **to be ~** retarder ♦ *adv* lentement ♦ *vt, vi* (*also*: **~ down, ~ up**) ralentir; "**~**" (*road sign*) "ralentir"; **~ly** *adv* lentement; **~ motion** *n*: **in ~ motion** au ralenti
sludge [slʌdʒ] *n* boue *f*
slue [slu:] (*US*) *vi* = **slew**
slug [slʌg] *n* limace *f*; (*bullet*) balle *f*
sluggish ['slʌgɪʃ] *adj* (*person*) mou(molle), lent(e); (*stream, engine, trading*) lent
sluice [slu:s] *n* (*also*: **~ gate**) vanne *f*
slum [slʌm] *n* (*house*) taudis *m*
slump [slʌmp] *n* baisse soudaine, effondrement *m*; (*ECON*) crise *f* ♦ *vi* s'effondrer, s'affaisser
slung [slʌŋ] *pt, pp of* **sling**
slur [slɜ:*] *n* (*fig*: *smear*): **~ (on)** atteinte *f* (à); insinuation *f* (contre) mal articuler
slush [slʌʃ] *n* neige fondue; **~ fund** *n* caisse noire, fonds secrets
slut [slʌt] (*pej*) *n* souillon *f*
sly [slaɪ] *adj* (*person*) rusé(e); (*smile, expression, remark*) sournois(e)
smack [smæk] *n* (*slap*) tape *f*; (*on face*) gifle *f* ♦ *vt* donner une tape à; (*on face*) gifler; (*on bottom*) donner la fessée à ♦ *vi*: **to ~ of** avoir des relents de, sentir
small [smɔ:l] *adj* petit(e); **~ ads** (*BRIT*) *npl* petites annonces; **~ change** *n* petite *or* menue monnaie; **~ fry** *n* (*fig*) menu fretin; **~holder** (*BRIT*) *n* petit cultivateur; **~ hours** *npl*: **in the ~ hours** au petit matin; **~pox** *n* variole *f*; **~ talk** *n* menus propos

smart [smɑːt] *adj* (*neat, fashionable*) élégant(e), chic *inv*; (*clever*) intelligent(e), astucieux(euse), futé(e); (*quick*) rapide, vif(vive), prompt(e) ♦ *vi* faire mal, brûler; (*fig*) être piqué(e) au vif; **~en up** *vi* devenir plus élégant(e), se faire beau(belle) ♦ *vt* rendre plus élégant(e)

smash [smæʃ] *n* (*also*: *~-up*) collision *f*, accident *m*; (: *~ hit*) succès foudroyant ♦ *vt* casser, briser, fracasser; (*opponent*) écraser; (*SPORT*: *record*) pulvériser ♦ *vi* se briser, se fracasser; s'écraser; **~ing** (*inf*) *adj* formidable

smattering ['smætərɪŋ] *n*: **a ~ of** quelques notions de

smear [smɪə*] *n* tache *f*, salissure *f*; trace *f*; (*MED*) frottis *m* ♦ *vt* enduire; (*make dirty*) salir; **~ campaign** *n* campagne *f* de diffamation

smell [smel] (*pt, pp* **smelt** *or* **smelled**) *n* odeur *f*; (*sense*) odorat *m* ♦ *vt* sentir ♦ *vi* (*food etc*): **to ~ (of)** sentir; (*pej*) sentir mauvais

smelly ['smelɪ] *adj* qui sent mauvais, malodorant(e)

smile [smaɪl] *n* sourire *m* ♦ *vi* sourire

smirk [smɜːk] *n* petit sourire suffisant *or* affecté

smock [smɒk] *n* blouse *f*

smog [smɒg] *n* brouillard mêlé de fumée, smog *m*

smoke [sməʊk] *n* fumée *f* ♦ *vt, vi* fumer; **~d** *adj* (*bacon, glass*) fumé(e); **~r** *n* (*person*) fumeur(euse); (*RAIL*) wagon *m* fumeurs; **~ screen** *n* rideau *m* *or* écran *m* de fumée; (*fig*) paravent *m*; **smoking** ['sməʊkɪŋ] *n* tabagisme *m*; **"no smoking"** (*sign*) "défense de fumer"; **to give up smoking** arrêter de fumer; **smoky** ['sməʊkɪ] *adj* enfumé(e); (*taste*) fumé(e)

smolder ['sməʊldə*] (*US*) *vi* = smoulder

smooth [smuːð] *adj* lisse; (*sauce*) onctueux(euse); (*flavour, whisky*) moelleux(euse); (*movement*) régulier(ère), sans à-coups *or* heurts; (*pej*: *person*) doucereux(euse), mielleux(euse) ♦ *vt* (*also*: *~ out*: *skirt, paper*) lisser, défroisser; (: *creases, difficulties*) faire disparaître

smother ['smʌðə*] *vt* étouffer

smoulder ['sməʊldə*] (*US* **smolder**) *vi* couver

smudge [smʌdʒ] *n* tache *f*, bavure *f* ♦ *vt* salir, maculer

smug [smʌg] *adj* suffisant(e)

smuggle ['smʌgl] *vt* passer en contrebande *or* en fraude; **~r** *n* contrebandier(ère); **smuggling** ['smʌglɪŋ] *n* contrebande *f*

smutty ['smʌtɪ] *adj* (*fig*) grossier(ère), obscène

snack [snæk] *n* casse-croûte *m inv*; **~ bar** *n* snack(-bar) *m*

snag [snæg] *n* inconvénient *m*, difficulté *f*

snail [sneɪl] *n* escargot *m*

snake [sneɪk] *n* serpent *m*

snap [snæp] *n* (*sound*) claquement *m*, bruit sec; (*photograph*) photo *f*, instantané *m* ♦ *adj* subit(e); fait(e) sans réfléchir ♦ *vt* (*break*) casser net; (*fingers*) faire claquer ♦ *vi* se casser net *or* avec un bruit sec; (*speak sharply*) parler d'un ton brusque; **to ~ shut** se refermer brusquement; **~ at** *vt fus* (*subj*: *dog*) essayer de mordre; **~ off** *vi* (*break*) casser net; **~ up** *vt* sauter sur, saisir; **~py** (*inf*) *adj* prompt(e); (*slogan*) qui a du punch; **make it ~py!** grouille-toi!, et que ça saute!; **~shot** *n* photo *f*, instantané *m*

snare [snɛə*] *n* piège *m*

snarl [snɑːl] *vi* gronder

snatch [snætʃ] *n* (*small amount*): **~es of** des fragments *mpl or* bribes *fpl* de ♦ *vt* saisir (*d'un geste vif*); (*steal*) voler

sneak [sniːk] (*pt (US) also* **snuck**) *vi*: **to ~ in/out** entrer/sortir furtivement *or* à la dérobée ♦ *n* (*inf, pej*: *informer*) faux jeton; **to ~ up on sb** s'approcher de qn sans faire de bruit; **~ers** ['sniːkəz] *npl* tennis *mpl*

or baskets *mpl*
sneer [snɪə*] *vi* ricaner; **to ~ at** traiter avec mépris
sneeze [sni:z] *vi* éternuer
sniff [snɪf] *vi* renifler ♦ *vt* renifler, flairer; (*glue, drugs*) sniffer, respirer
snigger ['snɪgə*] *vi* ricaner; pouffer de rire
snip [snɪp] *n* (*cut*) petit coup; (*BRIT: inf: bargain*) (bonne) occasion *or* affaire ♦ *vt* couper
sniper ['snaɪpə*] *n* tireur embusqué
snippet ['snɪpɪt] *n* bribe(s) *f(pl)*
snivelling ['snɪvlɪŋ] *adj* larmoyant(e), pleurnicheur(euse)
snob [snɒb] *n* snob *m/f*; **~bish** *adj* snob *inv*
snooker ['snu:kə*] *n sorte de jeu de billard*
snoop [snu:p] *vi*: **to ~ about** fureter
snooty ['snu:tɪ] *adj* snob *inv*
snooze [snu:z] *n* petit somme ♦ *vi* faire un petit somme
snore [snɔ:*] *vi* ronfler
snorkel ['snɔ:kl] *n* tuba *m*
snort [snɔ:t] *vi* grogner; (*horse*) renâcler
snout [snaʊt] *n* museau *m*
snow [snəʊ] *n* neige *f* ♦ *vi* neiger; **~ball** *n* boule *f* de neige; **~bound** *adj* enneigé(e), bloqué(e) par la neige; **~drift** *n* congère *f*; **~drop** *n* perce-neige *m or f*; **~fall** *n* chute *f* de neige; **~flake** *n* flocon *m* de neige; **~man** (*irreg*) *n* bonhomme *m* de neige; **~plough** (*US* **~plow**) *n* chasse-neige *m inv*; **~shoe** *n* raquette *f* (*pour la neige*); **~storm** *n* tempête *f* de neige
snub [snʌb] *vt* repousser, snober ♦ *n* rebuffade *f*; **~-nosed** *adj* au nez retroussé
snuff [snʌf] *n* tabac *m* à priser
snug [snʌg] *adj* douillet(te), confortable; (*person*) bien au chaud
snuggle ['snʌgl] *vi*: **to ~ up to sb** se serrer *or* se blottir contre qn

KEYWORD

so [səʊ] *adv* **1** (*thus, likewise*) ainsi; **if ~** si oui; **~ do** *or* **have I** moi aussi; **it's 5 o'clock - ~ it is!** il est 5 heures - en effet! *or* c'est vrai!; **I hope/think ~** je l'espère/le crois; **~ far** jusqu'ici, jusqu'à maintenant; (*in past*) jusque-là
2 (*in comparisons etc: to such a degree*) si, tellement; **~ big (that)** si *or* tellement grand (que); **she's not ~ clever as her brother** elle n'est pas aussi intelligente que son frère
3: **~ much** *adj, adv* tant (de); **I've got ~ much work** j'ai tant de travail; **I love you ~ much** je vous aime tant; **~ many** tant (de)
4 (*phrases*): **10 or ~** à peu près *or* environ 10; **~ long!** (*inf: goodbye*) au revoir!, à un de ces jours!
♦ *conj* **1** (*expressing purpose*): **~ as to do** pour *or* afin de faire; **~ (that)** pour que *or* afin que *+sub*
2 (*expressing result*) donc, par conséquent; **~ that** si bien que, de (telle) sorte que

soak [səʊk] *vt* faire tremper; (*drench*) tremper ♦ *vi* tremper; **~ in** *vi* être absorbé(e); **~ up** *vt* absorber
soap [səʊp] *n* savon *m*; **~flakes** *npl* paillettes *fpl* de savon; **~ opera** *n* feuilleton télévisé; **~ powder** *n* lessive *f*; **~y** *adj* savonneux(euse)
soar [sɔ:*] *vi* monter (en flèche), s'élancer; (*building*) s'élancer
sob [sɒb] *n* sanglot *m* ♦ *vi* sangloter
sober ['səʊbə*] *adj* qui n'est pas (*or* plus) ivre; (*serious*) sérieux(euse), sensé(e); (*colour, style*) sobre, discret(ète); **~ up** *vt* dessoûler (*inf*) ♦ *vi* dessoûler (*inf*)
so-called ['səʊ'kɔ:ld] *adj* soi-disant *inv*
soccer ['sɒkə*] *n* football *m*
social ['səʊʃəl] *adj* social(e); (*sociable*) sociable ♦ *n* (petite) fête; **~ club** *n* amicale *f*, foyer *m*; **~ism** *n* socialisme *m*; **~ist** *adj* socialiste ♦ *n* socialiste *m/f*; **~ize** *vi*: **to ~ize (with)** lier connaissance (avec); parler (avec); **~ security** (*BRIT*) *n* aide

sociale; ~ **work** *n* assistance sociale, travail social; ~ **worker** *n* assistant(e) social(e)

society [sə'saɪətɪ] *n* société *f*; (*club*) société, association *f*; (*also*: *high* ~) (haute) société, grand monde

sociology [səʊsɪ'ɒlədʒɪ] *n* sociologie *f*

sock [sɒk] *n* chaussette *f*

socket ['sɒkɪt] *n* cavité *f*; (*BRIT*: *ELEC*: *also*: *wall* ~) prise *f* de courant

sod [sɒd] *n* (*of earth*) motte *f*; (*BRIT*: *inf!*) con *m* (*!*); salaud *m* (*!*)

soda ['səʊdə] *n* (*CHEM*) soude *f*; (*also*: ~ *water*) eau *f* de Seltz; (*US*: *also*: ~ *pop*) soda *m*

sodden ['sɒdn] *adj* trempé(e); détrempé(e)

sofa ['səʊfə] *n* sofa *m*, canapé *m*

soft [sɒft] *adj* (*not rough*) doux(douce); (*not hard*) doux; mou(molle); (*not loud*) doux, léger(ère); (*kind*) doux, gentil(le); ~ **drink** *n* boisson non alcoolisée; ~**en** ['sɒfn] *vt* (r)amollir; (*fig*) adoucir; atténuer ♦ *vi* se ramollir; s'adoucir; s'atténuer; ~**ly** *adv* doucement; gentiment; ~**ness** *n* douceur *f*; ~ **spot** *n*: **to have a** ~ **spot for sb** avoir un faible pour qn; ~**ware** ['sɒftwɛə*] *n* (*COMPUT*) logiciel *m*, software *m*

soggy ['sɒgɪ] *adj* trempé(e); détrempé(e)

soil [sɔɪl] *n* (*earth*) sol *m*, terre *f* ♦ *vt* salir; (*fig*) souiller

solace ['sɒləs] *n* consolation *f*

solar ['səʊlə*] *adj* solaire; ~ **panel** *n* panneau *m* solaire; ~ **power** *n* énergie solaire

sold [səʊld] *pt, pp of* **sell**

solder ['səʊldə*] *vt* souder (*au fil à souder*) ♦ *n* soudure *f*

soldier ['səʊldʒə*] *n* soldat *m*, militaire *m*

sole [səʊl] *n* (*of foot*) plante *f*; (*of shoe*) semelle *f*; (*fish*: *pl inv*) sole *f* ♦ *adj* seul(e), unique

solemn ['sɒləm] *adj* solennel(le); (*person*) sérieux(euse), grave

sole trader *n* (*COMM*) chef *m* d'entreprise individuelle

solicit [sə'lɪsɪt] *vt* (*request*) solliciter ♦ *vi* (*prostitute*) racoler

solicitor [sə'lɪsɪtə*] *n* (*for wills etc*) ≈ notaire *m*; (*in court*) ≈ avocat *m*

solid ['sɒlɪd] *adj* solide; (*not hollow*) plein(e), compact(e), massif(ive); (*entire*): 3 ~ **hours** 3 heures entières ♦ *n* solide *m*

solidarity [sɒlɪ'dærɪtɪ] *n* solidarité *f*

solitary ['sɒlɪtərɪ] *adj* solitaire; ~ **confinement** *n* (*LAW*) isolement *m*

solo ['səʊləʊ] *n* solo *m* ♦ *adv* (*fly*) en solitaire; ~**ist** *n* soliste *m/f*

soluble ['sɒljʊbl] *adj* soluble

solution [sə'lu:ʃən] *n* solution *f*

solve [sɒlv] *vt* résoudre

solvent ['sɒlvənt] *adj* (*COMM*) solvable ♦ *n* (*CHEM*) (dis)solvant *m*

KEYWORD

some [sʌm] *adj* **1** (*a certain amount or number of*): ~ **tea/water/ice cream** du thé/de l'eau/de la glace; ~ **children/apples** des enfants/pommes

2 (*certain*: *in contrasts*): ~ **people say that ...** il y a des gens qui disent que ...; ~ **films were excellent, but most ...** certains films étaient excellents, mais la plupart ...

3 (*unspecified*): ~ **woman was asking for you** il y avait une dame qui vous demandait; **he was asking for** ~ **book (or other)** il demandait un livre quelconque; ~ **day** un de ces jours; ~ **day next week** un jour la semaine prochaine

♦ *pron* **1** (*a certain number*) quelques-un(e)s, certain(e)s; **I've got** ~ (*books etc*) j'en ai (quelques-uns); ~ **(of them) have been sold** certains ont été vendus

2 (*a certain amount*) un peu; **I've got** ~ (*money, milk*) j'en ai un peu

♦ *adv*: ~ **10 people** quelque 10 personnes, 10 personnes environ

some: ~**body** ['sʌmbədɪ] *pron* = someone; ~**how** ['sʌmhaʊ] *adv* d'une façon ou d'une autre; (*for some reason*) pour une raison ou une autre; **~one** ['sʌmwʌn] *pron* quelqu'un; **~place** ['sʌmpleɪs] (*US*) *adv* = somewhere

somersault ['sʌməsɔ:lt] *n* culbute *f*, saut périlleux ♦ *vi* faire la culbute *or* un saut périlleux; (*car*) faire un tonneau

something ['sʌmθɪŋ] *pron* quelque chose; ~ **interesting** quelque chose d'intéressant

sometime ['sʌmtaɪm] *adv* (*in future*) un de ces jours, un jour ou l'autre; (*in past*): ~ **last month** au cours du mois dernier

some: **~times** ['sʌmtaɪmz] *adv* quelquefois, parfois; **~what** ['sʌmwɒt] *adv* quelque peu, un peu; **~where** ['sʌmwɛə*] *adv* quelque part

son [sʌn] *n* fils *m*

song [sɒŋ] *n* chanson *f*; (*of bird*) chant *m*

son-in-law ['sʌnɪnlɔ:] *n* gendre *m*, beau-fils *m*

sonny ['sʌnɪ] (*inf*) *n* fiston *m*

soon [su:n] *adv* bientôt; (*early*) tôt; ~ **afterwards** peu après; *see also* **as**; **~er** *adv* (*time*) plus tôt; (*preference*): **I would ~er do** j'aimerais autant *or* je préférerais faire; **~er or later** tôt ou tard

soot [sʊt] *n* suie *f*

soothe [su:ð] *vt* calmer, apaiser

sophisticated [sə'fɪstɪkeɪtɪd] *adj* raffiné(e); sophistiqué(e); (*machinery*) hautement perfectionné(e), très complexe

sophomore ['sɒfəmɔ:*] (*US*) *n* étudiant(e) de seconde année

sopping ['sɒpɪŋ] *adj* (*also*: ~ *wet*) complètement trempé(e)

soppy ['sɒpɪ] (*pej*) *adj* sentimental(e)

soprano [sə'prɑ:nəʊ] *n* (*singer*) soprano *m/f*

sorcerer ['sɔ:sərə*] *n* sorcier *m*

sore [sɔ:*] *adj* (*painful*) douloureux(euse), sensible ♦ *n* plaie *f*; **~ly** *adv* (*tempted*) fortement

sorrow ['sɒrəʊ] *n* peine *f*, chagrin *m*

sorry ['sɒrɪ] *adj* désolé(e); (*condition, excuse*) triste, déplorable; ~! pardon!, excusez-moi!; ~? pardon?; **to feel ~ for sb** plaindre qn

sort [sɔ:t] *n* genre *m*, espèce *f*, sorte *f* ♦ *vt* (*also*: ~ *out*) trier; classer; ranger; (: *problems*) résoudre, régler; **~ing office** *n* bureau *m* de tri

SOS *n abbr* (= *save our souls*) S.O.S. *m*

so-so ['səʊ'səʊ] *adv* comme ci comme ça

sought [sɔ:t] *pt, pp of* **seek**

soul [səʊl] *n* âme *f*; **~-destroying** *adj* démoralisant(e); **~ful** *adj* sentimental(e); (*eyes*) expressif(ive)

sound [saʊnd] *adj* (*healthy*) en bonne santé, sain(e); (*safe, not damaged*) solide, en bon état; (*reliable, not superficial*) sérieux(euse), solide; (*sensible*) sensé(e) ♦ *adv*: ~ **asleep** profondément endormi(e) ♦ *n* son *m*; bruit *m*; (*GEO*) détroit *m*, bras *m* de mer ♦ *vt* (*alarm*) sonner ♦ *vi* sonner, retentir; (*fig*: *seem*) sembler (être); **to ~ like** ressembler à; **~ out** *vt* sonder; ~ **barrier** *n* mur *m* du son; ~ **effects** *npl* bruitage *m*; **~ly** *adv* (*sleep*) profondément; (*beat*) complètement, à plate couture; **~proof** *adj* insonorisé(e); **~track** *n* (*of film*) bande *f* sonore

soup [su:p] *n* soupe *f*, potage *m*; **in the ~** (*fig*) dans le pétrin; ~ **plate** *n* assiette creuse *or* à soupe; **~spoon** *n* cuiller *f* à soupe

sour ['saʊə*] *adj* aigre; **it's ~ grapes** (*fig*) c'est du dépit

source [sɔ:s] *n* source *f*

south [saʊθ] *n* sud *m* ♦ *adj* sud *inv*, du sud ♦ *adv* au sud, vers le sud; **S~ Africa** *n* Afrique *f* du Sud; **S~ African** *adj* sud-africain(e) ♦ *n* Sud-Africain(e); **S~ America** *n* Amérique *f* du Sud; **S~ American** *adj* sud-américain(e) ♦ *n* Sud-Américain(e); **~-east** *n* sud-est *m*; **~erly** ['sʌðəlɪ] *adj* du sud; au sud; **~ern** ['sʌðən] *adj* (du) sud; méridional(e); **S~**

Pole *n* Pôle *m* Sud; ~**ward(s)** *adv* vers le sud; ~**-west** *n* sud-ouest *m*
souvenir [su:və'nɪə*] *n* (*objet*) souvenir *m*
sovereign ['sɒvrɪn] *n* souverain(e)
soviet ['səʊvɪət] *adj* soviétique; **the S~ Union** l'Union *f* soviétique
sow[1] [saʊ] *n* truie *f*
sow[2] [səʊ] (*pt* ~**ed**, *pp* **sown**) *vt* semer; ~**n** [səʊn] *pp of* sow[2]
soya ['sɔɪə] (*US* **soy**) *n*: ~ **bean** graine *f* de soja; ~ **sauce** sauce *f* de soja
spa [spɑ:] *n* (*town*) station thermale; (*US*: *also*: *health* ~) établissement *m* de cure de rajeunissement *etc*
space [speɪs] *n* espace *m*; (*room*) place *f*; espace; (*length of time*) laps *m* de temps ♦ *cpd* spatial(e) ♦ *vt* (*also*: ~ *out*) espacer; ~**craft** *n* engin spatial; ~**man** (*irreg*) *n* astronaute *m*, cosmonaute *m*; ~**ship** *n* = spacecraft; ~**woman** (*irreg*) *n* astronaute *f*, cosmonaute *f*; **spacing** *n* espacement *m*
spade [speɪd] *n* (*tool*) bêche *f*, pelle *f*; (*child's*) pelle; ~**s** *npl* (*CARDS*) pique *m*
Spain [speɪn] *n* Espagne *f*
span [spæn] *n* (*of bird, plane*) envergure *f*; (*of arch*) portée *f*; (*in time*) espace *m* de temps, durée *f* ♦ *vt* enjamber, franchir; (*fig*) couvrir, embrasser
Spaniard ['spænjəd] *n* Espagnol(e)
spaniel ['spænjəl] *n* épagneul *m*
Spanish ['spænɪʃ] *adj* espagnol(e) ♦ *n* (*LING*) espagnol *m*; **the** ~ *npl* les Espagnols *mpl*
spank [spæŋk] *vt* donner une fessée à
spanner ['spænə*] (*BRIT*) *n* clé *f* (de mécanicien)
spar [spɑ:*] *n* espar *m* ♦ *vi* (*BOXING*) s'entraîner
spare [spɛə*] *adj* de réserve, de rechange; (*surplus*) de *or* en trop, de reste ♦ *n* (*part*) pièce *f* de rechange, pièce détachée ♦ *vt* (*do without*) se passer de; (*afford to give*) donner, accorder; (*refrain from hurting*) épargner; **to** ~ (*surplus*) en surplus, de trop; ~ **part** *n* pièce *f* de rechange, pièce détachée; ~ **time** *n* moments *mpl* de loisir, temps *m* libre; ~ **wheel** *n* (*AUT*) roue *f* de secours; **sparing** ['spɛərɪŋ] *adj*: **to be sparing with** ménager; **sparingly** *adv* avec modération
spark [spɑ:k] *n* étincelle *f*; ~**(ing) plug** *n* bougie *f*
sparkle ['spɑ:kl] *n* scintillement *m*, éclat *m* ♦ *vi* étinceler, scintiller; **sparkling** ['spɑ:klɪŋ] *adj* (*wine*) mousseux(euse), pétillant(e); (*water*) pétillant(e); (*fig*: *conversation, performance*) étincelant(e), pétillant(e)
sparrow ['spærəʊ] *n* moineau *m*
sparse [spɑ:s] *adj* clairsemé(e)
spartan ['spɑ:tən] *adj* (*fig*) spartiate
spasm ['spæzəm] *n* (*MED*) spasme *m*; ~**odic** [spæz'mɒdɪk] *adj* (*fig*) intermittent(e)
spastic ['spæstɪk] *n* handicapé(e) moteur
spat [spæt] *pt, pp of* **spit**
spate [speɪt] *n* (*fig*): **a** ~ **of** une avalanche *or* un torrent de
spatter ['spætə*] *vt* éclabousser
spawn [spɔ:n] *vi* frayer ♦ *n* frai *m*
speak [spi:k] (*pt* **spoke**, *pp* **spoken**) *vt* parler; (*truth*) dire ♦ *vi* parler; (*make a speech*) prendre la parole; **to** ~ **to sb/of** *or* **about sth** parler à qn/de qch; ~ **up!** parle plus fort!; ~**er** *n* (*in public*) orateur *m*; (*also*: *loud~er*) haut-parleur *m*; **the S~er** (*BRIT POL*) *le président de la chambre des Communes*; (*US POL*) *le président de la chambre des Représentants*
spear [spɪə*] *n* lance *f* ♦ *vt* transpercer; ~**head** *vt* (*attack etc*) mener
spec [spek] (*inf*) *n*: **on** ~ à tout hasard
special ['speʃəl] *adj* spécial(e); ~**ist** *n* spécialiste *m/f*; ~**ity** *n* spécialité *f*; ~**ize** *vi*: **to** ~**ize (in)** se spécialiser (dans); ~**ly** *adv* spécialement, particulièrement; ~**ty** (*esp US*) *n* = **speciality**

species ['spi:ʃi:z] *n inv* espèce *f*
specific [spə'sɪfɪk] *adj* précis(e); particulier(ère); (*BOT, CHEM etc*) spécifique; **~ally** *adv* expressément, explicitement; **~ation** *n* (*TECH*) spécification *f*; (*requirement*) stipulation *f*
specimen ['spesɪmɪn] *n* spécimen *m*, échantillon *m*; (*of blood*) prélèvement *m*
speck [spek] *n* petite tache, petit point; (*particle*) grain *m*; **~led** ['spekld] *adj* tacheté(e), moucheté(e)
specs [speks] (*inf*) *npl* lunettes *fpl*
spectacle ['spektəkl] *n* spectacle *m*; ~s *npl* (*glasses*) lunettes *fpl*; **spectacular** [spek'tækjʊlə*] *adj* spectaculaire
spectator [spek'teɪtə*] *n* spectateur(trice)
spectrum ['spektrəm] (*pl* **spectra**) *n* spectre *m*
speculation [spekjʊ'leɪʃən] *n* spéculation *f*
speech [spi:tʃ] *n* (*faculty*) parole *f*; (*talk*) discours *m*, allocution *f*; (*manner of speaking*) façon *f* de parler, langage *m*; (*enunciation*) élocution *f*; **~less** *adj* muet(te)
speed [spi:d] *n* vitesse *f*; (*promptness*) rapidité *f* ♦ *vi*: **to ~ along/past** *etc* aller/passer *etc* à toute vitesse; **at full** *or* **top ~** à toute vitesse *or* allure; **~ up** *vi* aller plus vite, accélérer ♦ *vt* accélérer; **~boat** *n* vedette *f*, hors-bord *m inv*; **~ily** *adv* rapidement, promptement; **~ing** *n* (*AUT*) excès *m* de vitesse; **~ limit** *n* limitation *f* de vitesse, vitesse maximale permise; **~ometer** [spɪ'dɒmɪtə*] *n* compteur *m* (de vitesse); **~way** *n* (*SPORT*: *also*: *~way racing*) épreuve(s) *f(pl)* de vitesse de motos; **~y** *adj* rapide, prompt(e)
spell [spel] (*pt, pp* **spelt** *(BRIT)* *or* **~ed**) *n* (*also*: *magic ~*) sortilège *m*, charme *m*; (*period of time*) (courte) période ♦ *vt* (*in writing*) écrire, orthographier; (*aloud*) épeler; (*fig*) signifier; **to cast a ~ on sb** jeter un sort à qn; **he can't ~** il fait des fautes d'orthographe; **~bound** *adj* envoûté(e), subjugué(e); **~ing** *n* orthographe *f*
spend [spend] (*pt, pp* **spent**) *vt* (*money*) dépenser; (*time, life*) passer; consacrer; **~thrift** *n* dépensier(ère)
sperm [spɜ:m] *n* sperme *m*
spew [spju:] *vt* (*also*: ~ *out*) vomir
sphere [sfɪə*] *n* sphère *f*
spice [spaɪs] *n* épice *f*
spick-and-span ['spɪkən'spæn] *adj* impeccable
spicy ['spaɪsɪ] *adj* épicé(e), relevé(e); (*fig*) piquant(e)
spider ['spaɪdə*] *n* araignée *f*
spike [spaɪk] *n* pointe *f*; (*BOT*) épi *m*
spill [spɪl] (*pt, pp* **spilt** *or* **~ed**) *vt* renverser; répandre ♦ *vi* se répandre; **~ over** *vi* déborder
spin [spɪn] (*pt* **spun** *or* **span**, *pp* **spun**) *n* (*revolution of wheel*) tour *m*; (*AVIAT*) (chute *f* en) vrille *f*; (*trip in car*) petit tour, balade *f* ♦ *vt* (*wool etc*) filer; (*wheel*) faire tourner ♦ *vi* filer; (*turn*) tourner, tournoyer; **~ out** *vt* faire durer
spinach ['spɪnɪtʃ] *n* épinard *m*; (*as food*) épinards
spinal ['spaɪnl] *adj* vertébral(e), spinal(e); **~ cord** *n* moelle épinière
spindly ['spɪndlɪ] *adj* grêle, filiforme
spin-dryer ['spɪn'draɪə*] (*BRIT*) *n* essoreuse *f*
spine [spaɪn] *n* colonne vertébrale; (*thorn*) épine *f*; **~less** *adj* (*fig*) mou(molle)
spinning ['spɪnɪŋ] *n* (*of thread*) filature *f*; **~ top** *n* toupie *f*; **~ wheel** *n* rouet *m*
spin-off ['spɪnɒf] *n* avantage inattendu; sous-produit *m*
spinster ['spɪnstə*] *n* célibataire *f*; vieille fille (*péj*)
spiral ['spaɪərl] *n* spirale *f* ♦ *vi* (*fig*) monter en flèche; **~ staircase** *n* escalier *m* en colimaçon
spire ['spaɪə*] *n* flèche *f*, aiguille *f*
spirit ['spɪrɪt] *n* esprit *m*; (*mood*) état *m* d'esprit; (*courage*) courage

m, énergie *f*; ~s *npl* (*drink*) spiritueux *mpl*, alcool *m*; **in good** ~s de bonne humeur; ~**ed** *adj* vif(vive), fougueux(euse), plein(e) d'allant; ~**ual** ['spɪrɪtjuəl] *adj* spirituel(le); (*religious*) religieux(euse)

spit [spɪt] (*pt, pp* **spat**) *n* (*for roasting*) broche *f*; (*saliva*) salive *f* ♦ *vi* cracher; (*sound*) crépiter

spite [spaɪt] *n* rancune *f*, dépit *m* ♦ *vt* contrarier, vexer; **in** ~ **of** en dépit de, malgré; ~**ful** *adj* méchant(e), malveillant(e)

spittle ['spɪtl] *n* salive *f*; (*of animal*) bave *f*; (*spat out*) crachat *m*

splash [splæʃ] *n* (*sound*) plouf *m*; (*of colour*) tache *f* ♦ *vt* éclabousser ♦ *vi* (*also*: ~ *about*) barboter, patauger

spleen [spli:n] *n* (*ANAT*) rate *f*

splendid ['splendɪd] *adj* splendide, superbe, magnifique

splint [splɪnt] *n* attelle *f*, éclisse *f*

splinter ['splɪntə*] *n* (*wood*) écharde *f*; (*glass*) éclat *m* ♦ *vi* se briser, se fendre

split [splɪt] (*pt, pp* **split**) *n* fente *f*, déchirure *f*; (*fig*: *POL*) scission *f* ♦ *vt* diviser; (*work, profits*) partager, répartir ♦ *vi* (*divide*) se diviser; ~ **up** *vi* (*couple*) se séparer, rompre; (*meeting*) se disperser

splutter ['splʌtə*] *vi* bafouiller; (*spit*) postillonner

spoil [spɔɪl] (*pt, pp* **spoilt** *or* ~**ed**) *vt* (*damage*) abîmer; (*mar*) gâcher; (*child*) gâter; ~**s** *npl* butin *m*; (*fig*: *profits*) bénéfices *npl*; ~**sport** *n* trouble-fête *m*, rabat-joie *m*

spoke [spəuk] *pt* **speak** ♦ *n* (*of wheel*) rayon *m*; ~**n** ['spəukn] *pp of* **speak**; ~**sman** ['spəuksmən] (*irreg*) *n* porte-parole *m inv*; ~**swoman** ['spəukswumən] (*irreg*) *n* porte-parole *m inv*

sponge [spʌndʒ] *n* éponge *f*; (*also*: ~ *cake*) ≈ biscuit *m* de Savoie ♦ *vt* éponger ♦ *vi*: **to** ~ **off** *or* **on** vivre aux crochets de; ~ **bag** (*BRIT*) *n* trousse *f* de toilette

sponsor ['spɒnsə*] *n* (*RADIO, TV, SPORT*) sponsor *m*; (*for application*) parrain *m*, marraine *f*; (*BRIT*: *for fund-raising event*) donateur(trice) ♦ *vt* sponsoriser; parrainer; faire un don à; ~**ship** *n* sponsoring *m*; parrainage *m*; dons *mpl*

spontaneous [spɒn'teɪnɪəs] *adj* spontané(e)

spooky ['spu:kɪ] (*inf*) *adj* qui donne la chair de poule

spool [spu:l] *n* bobine *f*

spoon [spu:n] *n* cuiller *f*; ~-**feed** *vt* nourrir à la cuiller; (*fig*) mâcher le travail à; ~**ful** *n* cuillerée *f*

sport [spɔ:t] *n* sport *m*; (*person*) chic type(fille) ♦ *vt* arborer; ~**ing** *adj* sportif(ive); **to give sb a** ~**ing chance** donner sa chance à qn; ~ **jacket** (*US*) *n* = **sports jacket**; ~**s car** *n* voiture *f* de sport; ~**s jacket** (*BRIT*) *n* veste *f* de sport; ~**sman** (*irreg*) *n* sportif *m*; ~**smanship** *n* esprit sportif, sportivité *f*; ~**swear** *n* vêtements *mpl* de sport; ~**swoman** (*irreg*) *n* sportive *f*; ~**y** *adj* sportif(ive)

spot [spɒt] *n* tache *f*; (*dot*: *on pattern*) pois *m*; (*pimple*) bouton *m*; (*place*) endroit *m*, coin *m*; (*RADIO, TV*: *in programme*: *for person*) numéro *m*; (: *for activity*) rubrique *f*; (*small amount*): **a** ~ **of** un peu de ♦ *vt* (*notice*) apercevoir, repérer; **on the** ~ sur place, sur les lieux; (*immediately*) sur-le-champ; (*in difficulty*) dans l'embarras; ~ **check** *n* sondage *m*, vérification ponctuelle; ~**less** *adj* immaculé(e); ~**light** *n* projecteur *m*; ~**ted** *adj* (*fabric*) à pois; ~**ty** *adj* (*face, person*) boutonneux(euse)

spouse [spauz] *n* époux(épouse)

spout [spaut] *n* (*of jug*) bec *m*; (*of pipe*) orifice *m* ♦ *vi* jaillir

sprain [spreɪn] *n* entorse *f*, foulure *f* ♦ *vt*: **to** ~ **one's ankle** *etc* se fouler *or* se tordre la cheville *etc*

sprang [spræŋ] *pt of* **spring**

sprawl [sprɔ:l] *vi* s'étaler

spray [spreɪ] *n* jet *m* (en fines gouttelettes); (*from sea*) embruns *mpl*; (*container*) vaporisateur *m*; (*for garden*) pulvérisateur *m*; (*aerosol*) bombe *f*; (*of flowers*) petit bouquet ♦ *vt* vaporiser, pulvériser; (*crops*) traiter

spread [spred] (*pt, pp* **spread**) *n* (*distribution*) répartition *f*; (*CULIN*) pâte *f* à tartiner; (*inf*: *meal*) festin *m* ♦ *vt* étendre, étaler; répandre; (*wealth, workload*) distribuer ♦ *vi* (*disease, news*) se propager; (*also*: ~ *out*: *stain*) s'étaler; ~ **out** *vi* (*people*) se disperser; **~-eagled** ['spredi:gld] *adj* étendu(e) bras et jambes écartés; **~sheet** *n* (*COMPUT*) tableur *m*

spree [spri:] *n*: **to go on a** ~ faire la fête

sprightly ['spraɪtlɪ] *adj* alerte

spring [sprɪŋ] (*pt* **sprang**, *pp* **sprung**) *n* (*leap*) bond *m*, saut *m*; (*coiled metal*) ressort *m*; (*season*) printemps *m*; (*of water*) source *f* ♦ *vi* (*leap*) bondir, sauter; **in** ~ au printemps; **to** ~ **from** provenir de; ~ **up** *vi* (*problem*) se présenter, surgir; (*plant, buildings*) surgir de terre; **~board** *n* tremplin *m*; **~-clean(ing)** *n* grand nettoyage de printemps; **~time** *n* printemps *m*

sprinkle ['sprɪŋkl] *vt*: **to** ~ **water** *etc* **on**, ~ **with water** *etc* asperger d'eau *etc*; **to** ~ **sugar** *etc* **on**, ~ **with sugar** *etc* saupoudrer de sucre *etc*; **~r** ['sprɪŋklə*] *n* (*for lawn*) arroseur *m*; (*to put out fire*) diffuseur *m* d'extincteur automatique d'incendie

sprint [sprɪnt] *n* sprint *m* ♦ *vi* courir à toute vitesse; (*SPORT*) sprinter

sprout [spraʊt] *vi* germer, pousser; **~s** *npl* (*also*: *Brussels* ~*s*) choux *mpl* de Bruxelles

spruce [spru:s] *n inv* épicéa *m* ♦ *adj* net(te), pimpant(e)

sprung [sprʌŋ] *pp of* **spring**

spry [spraɪ] *adj* alerte, vif(vive)

spun [spʌn] *pt, pp of* **spin**

spur [spɜ:*] *n* éperon *m*; (*fig*) aiguillon *m* ♦ *vt* (*also*: ~ *on*) éperonner; aiguillonner; **on the** ~ **of the moment** sous l'impulsion du moment

spurious ['spjʊərɪəs] *adj* faux(fausse)

spurn [spɜ:n] *vt* repousser avec mépris

spurt [spɜ:t] *n* (*of blood*) jaillissement *m*; (*of energy*) regain *m*, sursaut *m* ♦ *vi* jaillir, gicler

spy [spaɪ] *n* espion(ne) ♦ *vi*: **to** ~ **on** espionner, épier; (*see*) apercevoir; **~ing** *n* espionnage *m*

sq. *abbr* = **square**

squabble ['skwɒbl] *vi* se chamailler

squad [skwɒd] *n* (*MIL, POLICE*) escouade *f*, groupe *m*; (*FOOTBALL*) contingent *m*

squadron ['skwɒdrən] *n* (*MIL*) escadron *m*; (*AVIAT, NAUT*) escadrille *f*

squalid ['skwɒlɪd] *adj* sordide

squall [skwɔ:l] *n* rafale *f*, bourrasque *f*

squalor ['skwɒlə*] *n* conditions *fpl* sordides

squander ['skwɒndə*] *vt* gaspiller, dilapider

square [skwɛə*] *n* carré *m*; (*in town*) place *f* ♦ *adj* carré(e); (*inf*: *ideas, tastes*) vieux jeu *inv* ♦ *vt* (*arrange*) régler; arranger; (*MATH*) élever au carré ♦ *vi* (*reconcile*) concilier; **all** ~ quitte; à égalité; **a** ~ **meal** un repas convenable; 2 **metres** ~ (de) 2 mètres sur 2; 2 ~ **metres** 2 mètres carrés; **~ly** *adv* carrément

squash [skwɒʃ] *n* (*BRIT*: *drink*): **lemon/orange** ~ citronnade *f*/orangeade *f*; (*US*: *marrow*) courge *f*; (*SPORT*) squash *m* ♦ *vt* écraser

squat [skwɒt] *adj* petit(e) et épais(se), ramassé(e) ♦ *vi* (*also*: ~ *down*) s'accroupir; **~ter** *n* squatter *m*

squawk [skwɔ:k] *vi* pousser un *or* des gloussement(s)

squeak [skwi:k] *vi* grincer, crier; (*mouse*) pousser un petit cri

squeal [skwi:l] *vi* pousser un *or* des cri(s) aigu(s) *or* perçant(s); (*brakes*) grincer

squeamish ['skwi:mɪʃ] *adj* facilement dégoûté(e)
squeeze [skwi:z] *n* pression *f*; (*ECON*) restrictions *fpl* de crédit ♦ *vt* presser; (*hand, arm*) serrer; ~ **out** *vt* exprimer
squelch [skweltʃ] *vi* faire un bruit de succion
squid [skwɪd] *n* calmar *m*
squiggle ['skwɪgl] *n* gribouillis *m*
squint [skwɪnt] *vi* loucher ♦ *n*: **he has a** ~ il louche, il souffre de strabisme
squirm [skw3:m] *vi* se tortiller
squirrel ['skwɪrəl] *n* écureuil *m*
squirt [skw3:t] *vi* jaillir, gicler
Sr *abbr* = **senior**
St *abbr* = **saint; street**
stab [stæb] *n* (*with knife etc*) coup *m* (de couteau *etc*); (*of pain*) lancée *f*; (*inf*: *try*): **to have a** ~ **at (doing) sth** s'essayer à (faire) qch ♦ *vt* poignarder
stable ['steɪbl] *n* écurie *f* ♦ *adj* stable
stack [stæk] *n* tas *m*, pile *f* ♦ *vt* (*also*: ~ *up*) empiler, entasser
stadium ['steɪdɪəm] (*pl* **stadia** *or* ~s) *n* stade *m*
staff [stɑ:f] *n* (*workforce*) personnel *m*; (*BRIT*: *SCOL*) professeurs *mpl* ♦ *vt* pourvoir en personnel
stag [stæg] *n* cerf *m*
stage [steɪdʒ] *n* scène *f*; (*platform*) estrade *f* ♦ *n*; (*profession*): **the** ~ le théâtre; (*point*) étape *f*, stade *m* ♦ *vt* (*play*) monter, mettre en scène; (*demonstration*) organiser; **in** ~**s** par étapes, par degrés; ~**coach** *n* diligence *f*; ~ **manager** *n* régisseur *m*
stagger ['stægə*] *vi* chanceler, tituber ♦ *vt* (*person*: *amaze*) stupéfier; (*hours, holidays*) étaler, échelonner; ~**ing** *adj* (*amazing*) stupéfiant(e), renversant(e)
stagnate [stæg'neɪt] *vi* stagner, croupir
stag party *n* enterrement *m* de vie de garçon
staid [steɪd] *adj* posé(e), rassis(e)
stain [steɪn] *n* tache *f*; (*colouring*) colorant *m* ♦ *vt* tacher; (*wood*) teindre; ~**ed glass window** *n* vitrail *m*; ~**less steel** *n* acier *m* inoxydable, inox *m*; ~ **remover** *n* détachant *m*
stair [steə*] *n* (*step*) marche *f*; ~s *npl* (*flight of steps*) escalier *m*; ~**case** *n* escalier *m*; ~**way** *n* = **staircase**
stake [steɪk] *n* pieu *m*, poteau *m*; (*BETTING*) enjeu *m*; (*COMM*: *interest*) intérêts *mpl* ♦ *vt* risquer, jouer; **to be at** ~ être en jeu; **to** ~ **one's claim (to)** revendiquer
stale [steɪl] *adj* (*bread*) rassis(e); (*food*) pas frais(fraîche); (*beer*) éventé(e); (*smell*) de renfermé; (*air*) confiné(e)
stalemate ['steɪlmeɪt] *n* (*CHESS*) pat *m*; (*fig*) impasse *f*
stalk [stɔ:k] *n* tige *f* ♦ *vt* traquer ♦ *vi*: **to** ~ **out/off** sortir/partir d'un air digne
stall [stɔ:l] *n* (*BRIT*: *in street, market etc*) éventaire *m*, étal *m*; (*in stable*) stalle *f* ♦ *vt* (*AUT*) caler; (*delay*) retarder ♦ *vi* (*AUT*) caler; (*fig*) essayer de gagner du temps; ~s *npl* (*BRIT*: *in cinema, theatre*) orchestre *m*
stallion ['stælɪən] *n* étalon *m* (*cheval*)
stalwart ['stɔ:lwət] *adj* dévoué(e); fidèle
stamina ['stæmɪnə] *n* résistance *f*, endurance *f*
stammer ['stæmə*] *n* bégaiement *m* ♦ *vi* bégayer
stamp [stæmp] *n* timbre *m*; (*rubber* ~) tampon *m*; (*mark, also fig*) empreinte *f* ♦ *vi* (*also*: ~ *one's foot*) taper du pied ♦ *vt* (*letter*) timbrer; (*with rubber* ~) tamponner; ~ **album** *n* album *m* de timbres(-poste); ~ **collecting** *n* philatélie *f*
stampede [stæm'pi:d] *n* ruée *f*
stance [stæns] *n* position *f*
stand [stænd] (*pt, pp* **stood**) *n* (*position*) position *f*; (*for taxis*) station *f* (de taxis); (*music* ~) pupitre *m* à musique; (*COMM*) étalage *m*, stand

m; (*SPORT*) tribune *f* ♦ *vi* être *or* se tenir (debout); (*rise*) se lever, se mettre debout; (*be placed*) se trouver; (*remain: offer etc*) rester valable; (*BRIT: in election*) être candidat(e), se présenter ♦ *vt* (*place*) mettre, poser; (*tolerate, withstand*) supporter; (*treat, invite to*) offrir (*treat, invite*), payer; **to make** *or* **take a ~** prendre position; **to ~ at** (*score, value etc*) être de; **to ~ for parliament** (*BRIT*) se présenter aux élections législatives; **~ by** *vi* (*be ready*) se tenir prêt(e) ♦ *vt fus* (*opinion*) s'en tenir à; (*person*) ne pas abandonner, soutenir; **~ down** *vi* (*withdraw*) se retirer; **~ for** *vt fus* (*signify*) représenter, signifier; (*tolerate*) supporter, tolérer; **~ in for** *vt fus* remplacer; **~ out** *vi* (*be prominent*) ressortir; **~ up** *vi* (*rise*) se lever, se mettre debout; **~ up for** *vt fus* défendre; **~ up to** *vt fus* tenir tête à, résister à

standard ['stændəd] *n* (*level*) niveau (voulu); (*norm*) norme *f*, étalon *m*; (*criterion*) critère *m*; (*flag*) étendard *m* ♦ *adj* (*size etc*) ordinaire, normal(e); courant(e); (*text*) de base; **~s** *npl* (*morals*) morale *f*, principes *mpl*; **~ lamp** (*BRIT*) *n* lampadaire *m*; **~ of living** *n* niveau *m* de vie

stand-by ['stændbaɪ] *n* remplaçant(e); **to be on ~** se tenir prêt(e) (à intervenir); être de garde; **~ ticket** *n* (*AVIAT*) billet *m* stand-by

stand-in ['stændɪn] *n* remplaçant(e)

standing ['stændɪŋ] *adj* debout *inv*; (*permanent*) permanent(e) ♦ *n* réputation *f*, rang *m*, standing *m*; **of many years' ~** qui dure *or* existe depuis longtemps; **~ joke** *n* vieux sujet de plaisanterie; **~ order** (*BRIT*) *n* (*at bank*) virement *m* automatique, prélèvement *m* bancaire; **~ room** *n* places *fpl* debout

standoffish [-'ɒfɪʃ] *adj* distant(e), froid(e)

standpoint ['stændpɔɪnt] *n* point *m* de vue

standstill ['stændstɪl] *n*: **at a ~** paralysé(e); **to come to a ~** s'immobiliser, s'arrêter

stank [stæŋk] *pt of* **stink**

staple ['steɪpl] *n* (*for papers*) agrafe *f* ♦ *adj* (*food etc*) de base ♦ *vt* agrafer; **~r** *n* agrafeuse *f*

star [stɑ:*] *n* étoile *f*; (*celebrity*) vedette *f* ♦ *vi*: **to ~ (in)** être la vedette (de) ♦ *vt* (*CINEMA etc*) avoir pour vedette; **the ~s** *npl* l'horoscope *m*

starboard ['stɑ:bəd] *n* tribord *m*

starch [stɑ:tʃ] *n* amidon *m*; (*in food*) fécule *f*

stardom ['stɑ:dəm] *n* célébrité *f*

stare [stɛə*] *n* regard *m* fixe ♦ *vi*: **to ~ at** regarder fixement

starfish ['stɑ:fɪʃ] *n* étoile *f* de mer

stark [stɑ:k] *adj* (*bleak*) désolé(e), morne ♦ *adv*: **~ naked** complètement nu(e)

starling ['stɑ:lɪŋ] *n* étourneau *m*

starry ['stɑ:rɪ] *adj* étoilé(e); **~-eyed** *adj* (*innocent*) ingénu(e)

start [stɑ:t] *n* commencement *m*, début *m*; (*of race*) départ *m*; (*sudden movement*) sursaut *m*; (*advantage*) avance *f*, avantage *m* ♦ *vt* commencer; (*found*) créer; (*engine*) mettre en marche ♦ *vi* partir, se mettre en route; (*jump*) sursauter; **to ~ doing** *or* **to do sth** se mettre à faire qch; **~ off** *vi* commencer; (*leave*) partir; **~ up** *vi* commencer; (*car*) démarrer ♦ *vt* (*business*) créer; (*car*) mettre en marche; **~er** *n* (*AUT*) démarreur *m*; (*SPORT: official*) starter *m*; (*BRIT: CULIN*) entrée *f*; **~ing point** *n* point *m* de départ

startle ['stɑ:tl] *vt* faire sursauter; donner un choc à; **startling** *adj* (*news*) surprenant(e)

starvation [stɑ:'veɪʃən] *n* faim *f*, famine *f*; **starve** [stɑ:v] *vi* mourir de faim; être affamé(e) ♦ *vt* affamer

state [steɪt] *n* état *m*; (*POL*) Etat ♦ *vt* déclarer, affirmer; **the S~s** *npl* (*America*) les Etats-Unis *mpl*; **to be in a ~** être dans tous ses états; **~ly**

adj majestueux(euse), imposant(e); ~**ment** *n* déclaration *f*; ~**sman** (*irreg*) *n* homme *m* d'État

static ['stætɪk] *n* (*RADIO, TV*) parasites *mpl* ♦ *adj* statique

station ['steɪʃən] *n* gare *f*; (*police* ~) poste *m* de police ♦ *vt* placer, poster

stationary ['steɪʃənərɪ] *adj* à l'arrêt, immobile

stationer ['steɪʃənə*] *n* papetier(ère); ~**'s (shop)** *n* papeterie *f*; ~**y** *n* papier *m* à lettres, petit matériel de bureau

stationmaster ['steɪʃənmɑːstə*] *n* (*RAIL*) chef *m* de gare

station wagon (*US*) *n* break *m*

statistic [stə'tɪstɪk] *n* statistique *f*; ~**s** *n* (*science*) statistique *f*

statue ['stætjuː] *n* statue *f*

status ['steɪtəs] *n* position *f*, situation *f*; (*official*) statut *m*; (*prestige*) prestige *m*; ~ **symbol** *n* signe extérieur de richesse

statute ['stætjuːt] *n* loi *f*, statut *m*; **statutory** *adj* statutaire, prévu(e) par un article de loi

staunch [stɔːntʃ] *adj* sûr(e), loyal(e)

stave off [steɪv] *vt* (*attack*) parer; (*threat*) conjurer

stay [steɪ] *n* (*period of time*) séjour *m* ♦ *vi* rester; (*reside*) loger; (*spend some time*) séjourner; **to ~ put** ne pas bouger; **to ~ with friends** loger chez des amis; **to ~ the night** passer la nuit; ~ **behind** *vi* rester en arrière; ~ **in** *vi* (*at home*) rester à la maison; ~ **on** *vi* rester; ~ **out** *vi* (*of house*) ne pas rentrer; ~ **up** *vi* (*at night*) ne pas se coucher; ~**ing power** *n* endurance *f*

stead [sted] *n*: **in sb's ~** à la place de qn; **to stand sb in good ~** être très utile à qn

steadfast ['stedfəst] *adj* ferme, résolu(e)

steadily ['stedɪlɪ] *adv* (*regularly*) progressivement; (*firmly*) fermement; (: *walk*) d'un pas ferme; (*fixedly*: *look*) sans détourner les yeux

steady ['stedɪ] *adj* stable, solide, ferme; (*regular*) constant(e), régulier(ère); (*person*) calme, pondéré(e) ♦ *vt* stabiliser; (*nerves*) calmer; **a ~ boyfriend** un petit ami

steak [steɪk] *n* (*beef*) bifteck *m*, steak *m*; (*fish, pork*) tranche *f*

steal [stiːl] (*pt* **stole**, *pp* **stolen**) *vt* voler ♦ *vi* voler; (*move secretly*) se faufiler, se déplacer furtivement

stealth [stelθ] *n*: **by ~** furtivement

steam [stiːm] *n* vapeur *f* ♦ *vt* (*CULIN*) cuire à la vapeur ♦ *vi* fumer; ~ **engine** *n* locomotive *f* à vapeur; ~**er** *n* (bateau *m* à) vapeur *m*; ~**ship** *n* = **steamer**; ~**y** *adj* embué(e), humide

steel [stiːl] *n* acier *m* ♦ *adj* d'acier; ~**works** *n* aciérie *f*

steep [stiːp] *adj* raide, escarpé(e); (*price*) excessif(ive)

steeple ['stiːpl] *n* clocher *m*

steer [stɪə*] *vt* diriger; (*boat*) gouverner; (*person*) guider, conduire ♦ *vi* tenir le gouvernail; ~**ing** *n* (*AUT*) conduite *f*; ~**ing wheel** *n* volant *m*

stem [stem] *n* (*of plant*) tige *f*; (*of glass*) pied *m* ♦ *vt* contenir, arrêter, juguler; ~ **from** *vt fus* provenir de, découler de

stench [stentʃ] *n* puanteur *f*

stencil ['stensl] *n* stencil *m*; (*pattern used*) pochoir *m* ♦ *vt* polycopier

stenographer [ste'nɒgrəfə*] (*US*) *n* sténographe *m/f*

step [step] *n* pas *m*; (*stair*) marche *f*; (*action*) mesure *f*, disposition *f* ♦ *vi*: **to ~ forward/back** faire un pas en avant/arrière, avancer/reculer; ~**s** *npl* (*BRIT*) = **stepladder**; **to be in/out of ~ (with)** (*fig*) aller dans le sens (de)/être déphasé(e) (par rapport à); ~ **down** *vi* (*fig*) se retirer, se désister; ~ **up** *vt* augmenter; intensifier; ~**brother** *n* demi-frère *m*; ~**daughter** *n* belle-fille *f*; ~**father** *n* beau-père *m*; ~**ladder** (*BRIT*) *n* escabeau *m*; ~**mother** *n* belle-mère *f*; ~**ping stone** *n* pierre *f* de gué; (*fig*) tremplin *m*; ~**sister** *n* demi-sœur *f*;

~**son** *n* beau-fils *m*
stereo ['sterɪəʊ] *n* (*sound*) stéréo *f*; (*hi-fi*) chaîne *f* stéréo *inv* ♦ *adj* (*also*: ~*phonic*) stéréo(phonique)
sterile ['steraɪl] *adj* stérile; **sterilize** ['sterɪlaɪz] *vt* stériliser
sterling ['stɜ:lɪŋ] *adj* (*silver*) de bon aloi, fin(e) ♦ *n* (*ECON*) livres *fpl* sterling *inv*; **a pound** ~ une livre sterling
stern [stɜ:n] *adj* sévère ♦ *n* (*NAUT*) arrière *m*, poupe *f*
stew [stju:] *n* ragoût *m* ♦ *vt, vi* cuire (à la casserole)
steward ['stju:əd] *n* (*on ship, plane, train*) steward *m*; ~**ess** *n* hôtesse *f* (de l'air)
stick [stɪk] (*pt, pp* **stuck**) *n* bâton *m*; (*walking* ~) canne *f* ♦ *vt* (*glue*) coller; (*inf*: *put*) mettre, fourrer; (: *tolerate*) supporter; (*thrust*): **to** ~ **sth into** planter *or* enfoncer qch dans ♦ *vi* (*become attached*) rester collé(e) *or* fixé(e); (*be unmoveable*: *wheels etc*) se bloquer; (*remain*) rester; ~ **out** *vi* dépasser, sortir; ~ **up** *vi* = stick out; ~ **up for** *vt fus* défendre; ~**er** *n* auto-collant *m*; ~**ing plaster** *n* sparadrap *m*, pansement adhésif
stickler ['stɪklə*] *n*: **to be a** ~ **for** être pointilleux(euse) sur
stick-up ['stɪkʌp] (*inf*) *n* braquage *m*, hold-up *m inv*
sticky ['stɪkɪ] *adj* poisseux(euse); (*label*) adhésif(ive); (*situation*) délicat(e)
stiff [stɪf] *adj* raide; rigide; dur(e); (*difficult*) difficile, ardu(e); (*cold*) froid(e), distant(e); (*strong, high*) fort(e), élevé(e) ♦ *adv*: **to be bored/scared/frozen** ~ s'ennuyer à mort/être mort(e) de peur/froid; ~**en** *vi* se raidir; ~ **neck** *n* torticolis *m*
stifle ['staɪfl] *vt* étouffer, réprimer
stigma ['stɪgmə] *n* stigmate *m*
stile [staɪl] *n* échalier *m*
stiletto [stɪ'letəʊ] (*BRIT*) *n* (*also*: ~ *heel*) talon *m* aiguille
still [stɪl] *adj* immobile ♦ *adv* (*up to this time*) encore, toujours; (*even*) encore; (*nonetheless*) quand même, tout de même; ~**born** *adj* mort-né(e); ~ **life** *n* nature morte
stilt [stɪlt] *n* (*for walking on*) échasse *f*; (*pile*) pilotis *m*
stilted ['stɪltɪd] *adj* guindé(e), emprunté(e)
stimulate ['stɪmjʊleɪt] *vt* stimuler
stimulus ['stɪmjʊləs] (*pl* **stimuli**) *n* stimulant *m*; (*BIOL, PSYCH*) stimulus *m*
sting [stɪŋ] (*pt, pp* **stung**) *n* piqûre *f*; (*organ*) dard *m* ♦ *vt, vi* piquer
stingy ['stɪndʒɪ] *adj* avare, pingre
stink [stɪŋk] (*pt* **stank**, *pp* **stunk**) *n* puanteur *f* ♦ *vi* puer, empester; ~**ing** (*inf*) *adj* (*fig*) infect(e), vache; **a** ~**ing** ... un(e) foutu(e) ...
stint [stɪnt] *n* part *f* de travail ♦ *vi*: **to** ~ **on** lésiner sur, être chiche de
stir [stɜ:*] *n* agitation *f*, sensation *f* ♦ *vt* remuer ♦ *vi* remuer, bouger; ~ **up** *vt* (*trouble*) fomenter, provoquer
stirrup ['stɪrəp] *n* étrier *m*
stitch [stɪtʃ] *n* (*SEWING*) point *m*; (*KNITTING*) maille *f*; (*MED*) point de suture; (*pain*) point de côté ♦ *vt* coudre, piquer; (*MED*) suturer
stoat [stəʊt] *n* hermine *f* (*avec son pelage d'été*)
stock [stɒk] *n* réserve *f*, provision *f*; (*COMM*) stock *m*; (*AGR*) cheptel *m*, bétail *m*; (*CULIN*) bouillon *m*; (*descent, origin*) souche *f*; (*FINANCE*) valeurs *fpl*, titres *mpl* ♦ *adj* (*fig*: *reply etc*) classique ♦ *vt* (*have in* ~) avoir, vendre; ~**s and shares** valeurs (mobilières), titres; **in/out of** ~ en stock *or* en magasin/épuisé(e); **to take** ~ **of** (*fig*) faire le point de; ~ **up** *vi*: **to** ~ **up (with)** s'approvisionner (en); ~**broker** ['stɒkbrəʊkə*] *n* agent *m* de change; ~ **cube** *n* bouillon-cube *m*; ~ **exchange** *n* Bourse *f*
stocking ['stɒkɪŋ] *n* bas *m*
stock: ~ **market** *n* Bourse *f*, marché financier; ~ **phrase** *n* cliché *m*; ~**pile** *n* stock *m*, réserve *f* ♦ *vt* stocker, accumuler; ~**taking** (*BRIT*) *n*

(*COMM*) inventaire *m*
stocky ['stɒkɪ] *adj* trapu(e), râblé(e)
stodgy ['stɒdʒɪ] *adj* bourratif(ive), lourd(e)
stoke [stəuk] *vt* (*fire*) garnir, entretenir; (*boiler*) chauffer
stole [stəul] *pt of* **steal** ♦ *n* étole *f*
stolen ['stəulən] *pp of* **steal**
stolid ['stɒlɪd] *adj* impassible, flegmatique
stomach ['stʌmək] *n* estomac *m*; (*abdomen*) ventre *m* ♦ *vt* digérer, supporter; ~**ache** *n* mal *m* à l'estomac *or* au ventre
stone [stəun] *n* pierre *f*; (*pebble*) caillou *m*, galet *m*; (*in fruit*) noyau *m*; (*MED*) calcul *m*; (*BRIT*: *weight*) = *6,348 kg* ♦ *adj* de *or* en pierre ♦ *vt* (*person*) lancer des pierres sur, lapider; ~**-cold** *adj* complètement froid(e); ~**-deaf** *adj* sourd(e) comme un pot; ~**work** *n* maçonnerie *f*
stood [stud] *pt, pp of* **stand**
stool [stu:l] *n* tabouret *m*
stoop [stu:p] *vi* (*also*: *have a* ~) être voûté(e); (: ~ *down*: *bend*) se baisser
stop [stɒp] *n* arrêt *m*; halte *f*; (*in punctuation*: *also*: *full* ~) point *m* ♦ *vt* arrêter, bloquer; (*break off*) interrompre; (*also*: *put a* ~ *to*) mettre fin à ♦ *vi* s'arrêter; (*rain, noise etc*) cesser, s'arrêter; **to** ~ **doing sth** cesser *or* arrêter de faire qch; ~ **dead** *vi* s'arrêter net; ~ **off** *vi* faire une courte halte; ~ **up** *vt* (*hole*) boucher; ~**gap** *n* (*person*) bouche-trou *m*; (*measure*) mesure *f* intérimaire; ~**over** *n* halte *f*; (*AVIAT*) escale *f*; ~**page** ['stɒpɪdʒ] *n* (*strike*) arrêt de travail; (*blockage*) obstruction *f*; ~**per** ['stɒpə*] *n* bouchon *m*; ~ **press** *n* nouvelles *fpl* de dernière heure; ~**watch** ['stɒpwɒtʃ] *n* chronomètre *m*
storage ['stɔ:rɪdʒ] *n* entreposage *m*; ~ **heater** *n* radiateur *m* électrique par accumulation
store [stɔ:*] *n* (*stock*) provision *f*, réserve *f*; (*depot*) entrepôt *m*; (*BRIT*: *large shop*) grand magasin; (*US*) magasin *m* ♦ *vt* emmagasiner; (*information*) enregistrer; ~**s** *npl* (*food*) provisions; **in** ~ en réserve; ~ **up** *vt* mettre en réserve; accumuler; ~**room** *n* réserve *f*, magasin *m*
storey ['stɔ:rɪ] (*US* **story**) *n* étage *m*
stork [stɔ:k] *n* cigogne *f*
storm [stɔ:m] *n* tempête *f*; (*thunder*~) orage *m* ♦ *vi* (*fig*) fulminer ♦ *vt* prendre d'assaut; ~**y** *adj* orageux(euse)
story ['stɔ:rɪ] *n* histoire *f*; récit *m*; (*US*) = **storey**; ~**book** *n* livre *m* d'histoires *or* de contes
stout [staut] *adj* solide; (*fat*) gros(se), corpulent(e) ♦ *n* bière brune
stove [stəuv] *n* (*for cooking*) fourneau *m*; (: *small*) réchaud *m*; (*for heating*) poêle *m*
stow [stəu] *vt* (*also*: ~ *away*) ranger; ~**away** *n* passager(ère) clandestin(e)
straddle ['strædl] *vt* enjamber, être à cheval sur
straggle ['strægl] *vi* être (*or* marcher) en désordre; (*houses*) être disséminé(e)
straight [streɪt] *adj* droit(e); (*hair*) raide; (*frank*) honnête, franc(franche); (*simple*) simple ♦ *adv* (tout) droit; (*drink*) sec, sans eau; **to put** *or* **get** ~ (*fig*) mettre au clair; ~ **away**, ~ **off** (*at once*) tout de suite; ~**en** *vt* ajuster; (*bed*) arranger; ~**en out** *vt* (*fig*) débrouiller; ~**-faced** *adj* impassible; ~**forward** *adj* simple; (*honest*) honnête, direct(e)
strain [streɪn] *n* tension *f*; pression *f*; (*physical*) effort *m*; (*mental*) tension (nerveuse); (*breed*) race *f* ♦ *vt* (*stretch*: *resources etc*) mettre à rude épreuve, grever; (*hurt*: *back etc*) se faire mal à; (*vegetables*) égoutter; ~**s** *npl* (*MUS*) accords *mpl*, accents *mpl*; **back** ~ tour *m* de rein; ~**ed** *adj* (*muscle*) froissé(e); (*laugh etc*) forcé(e), contraint(e); (*relations*) tendu(e); ~**er** *n* passoire *f*
strait [streɪt] *n* (*GEO*) détroit *m*; ~**s**

npl: to **be in dire** ~s avoir de sérieux ennuis (d'argent); ~**jacket** *n* camisole *f* de force; ~**-laced** *adj* collet monté *inv*

strand [strænd] *n* (*of thread*) fil *m*, brin *m*; (*of rope*) toron *m*; (*of hair*) mèche *f*; ~**ed** *adj* en rade, en plan

strange [streɪndʒ] *adj* (*not known*) inconnu(e); (*odd*) étrange, bizarre; ~**ly** *adv* étrangement, bizarrement; *see also* **enough**; ~**r** *n* inconnu(e); (*from another area*) étranger(ère)

strangle [ˈstræŋgl] *vt* étrangler; ~**hold** *n* (*fig*) emprise totale, mainmise *f*

strap [stræp] *n* lanière *f*, courroie *f*, sangle *f*; (*of slip, dress*) bretelle *f*

strapping [ˈstræpɪŋ] *adj* costaud(e)

strategic [strəˈtiːdʒɪk] *adj* stratégique; **strategy** [ˈstrætədʒɪ] *n* stratégie *f*

straw [strɔː] *n* paille *f*; **that's the last** ~! ça, c'est le comble!

strawberry [ˈstrɔːbərɪ] *n* fraise *f*

stray [streɪ] *adj* (*animal*) perdu(e), errant(e); (*scattered*) isolé(e) ♦ *vi* s'égarer; ~ **bullet** *n* balle perdue

streak [striːk] *n* bande *f*, filet *m*; (*in hair*) raie *f* ♦ *vt* zébrer, strier ♦ *vi*: to ~ **past** passer à toute allure

stream [striːm] *n* ruisseau *m*; courant *m*, flot *m*; (*of people*) défilé ininterrompu, flot ♦ *vt* (*SCOL*) répartir par niveau ♦ *vi* ruisseler; to ~ **in/out** entrer/sortir à flots; ~**er** [ˈstriːmə*] *n* serpentin *m*; (*banner*) banderole *f*; ~**lined** [ˈstriːmlaɪnd] *adj* aérodynamique; (*fig*) rationalisé(e)

street [striːt] *n* rue *f*; ~**car** (*US*) *n* tramway *m*; ~ **lamp** *n* réverbère *m*; ~ **plan** *n* plan *m* (des rues); ~**wise** (*inf*) *adj* futé(e), réaliste

strength [streŋθ] *n* force *f*; (*of girder, knot etc*) solidité *f*; ~**en** *vt* fortifier; renforcer; consolider

strenuous [ˈstrenjʊəs] *adj* vigoureux(euse), énergique

stress [stres] *n* (*force, pressure*) pression *f*; (*mental strain*) tension (nerveuse), stress *m*; (*accent*) accent *m* ♦ *vt* insister sur, souligner

stretch [stretʃ] *n* (*of sand etc*) étendue *f* ♦ *vi* s'étirer; (*extend*): to ~ **to** *or* **as far as** s'étendre jusqu'à ♦ *vt* tendre, étirer; (*fig*) pousser (au maximum); ~ **out** *vi* s'étendre ♦ *vt* (*arm etc*) allonger, tendre; (*spread*) étendre

stretcher [ˈstretʃə*] *n* brancard *m*, civière *f*

strewn [struːn] *adj*: ~ **with** jonché(e) de

stricken [ˈstrɪkən] *adj* (*person*) très éprouvé(e); (*city, industry etc*) dévasté(e); ~ **with** (*disease etc*) frappé(e) *or* atteint(e) de

strict [strɪkt] *adj* strict(e)

stride [straɪd] (*pt* **strode**, *pp* **stridden**) *n* grand pas, enjambée *f* ♦ *vi* marcher à grands pas

strife [straɪf] *n* conflit *m*, dissensions *fpl*

strike [straɪk] (*pt, pp* **struck**) *n* grève *f*; (*of oil etc*) découverte *f*; (*attack*) raid *m* ♦ *vt* frapper; (*oil etc*) trouver, découvrir; (*deal*) conclure ♦ *vi* faire grève; (*attack*) attaquer; (*clock*) sonner; **on** ~ (*workers*) en grève; **to** ~ **a match** frotter une allumette; ~ **down** *vt* terrasser; ~ **up** *vt* (*MUS*) se mettre à jouer; **to** ~ **up a friendship with** se lier d'amitié avec; **to** ~ **up a conversation (with)** engager une conversation (avec); ~**r** *n* gréviste *m/f*; (*SPORT*) buteur *m*; **striking** [ˈstraɪkɪŋ] *adj* frappant(e), saisissant(e); (*attractive*) éblouissant(e)

string [strɪŋ] (*pt, pp* **strung**) *n* ficelle *f*; (*row*: *of beads*) rang *m*; (: *of onions*) chapelet *m*; (*MUS*) corde *f* ♦ *vt*: to ~ **out** échelonner; **the** ~**s** *npl* (*MUS*) les instruments *mpl* à cordes; to ~ **together** enchaîner; **to pull** ~s (*fig*) faire jouer le piston; ~ **bean** *n* haricot vert; ~**(ed) instrument** *n* (*MUS*) instrument *m* à cordes

stringent [ˈstrɪndʒənt] *adj* rigoureux(euse)

strip [strɪp] *n* bande *f* ♦ *vt* (*undress*) déshabiller; (*paint*) décaper; (*also*: ~ *down*: *machine*) démonter ♦ *vi* se déshabiller; ~ **cartoon** *n* bande dessinée

stripe [straɪp] *n* raie *f*, rayure *f*; (*MIL*) galon *m*; ~**d** *adj* rayé(e), à rayures

strip lighting (*BRIT*) *n* éclairage *m* au néon *or* fluorescent

stripper ['strɪpə*] *n* strip-teaseur(euse) *f*

strive [straɪv] (*pt* **strove**, *pp* **striven**) *vi*: to ~ **to do/for sth** s'efforcer de faire/d'obtenir qch

strode [strəud] *pt of* **stride**

stroke [strəuk] *n* coup *m*; (*SWIMMING*) nage *f*; (*MED*) attaque *f* ♦ *vt* caresser; **at a** ~ d'un (seul) coup

stroll [strəul] *n* petite promenade ♦ *vi* flâner, se promener nonchalamment; ~**er** (*US*) *n* (*pushchair*) poussette *f*

strong [strɒŋ] *adj* fort(e); vigoureux(euse); (*heart, nerves*) solide; **they are 50** ~ ils sont au nombre de 50; ~**hold** *n* bastion *m*; ~**ly** *adv* fortement, avec force; vigoureusement; solidement; ~**room** *n* chambre forte

strove [strəuv] *pt of* **strive**

struck [strʌk] *pt, pp of* **strike**

structural ['strʌktʃərəl] *adj* structural(e); (*CONSTR*: *defect*) de construction; (*damage*) affectant les parties portantes

structure ['strʌktʃə*] *n* structure *f*; (*building*) construction *f*

struggle ['strʌgl] *n* lutte *f* ♦ *vi* lutter, se battre

strum [strʌm] *vt* (*guitar*) jouer (en sourdine) de

strung [strʌŋ] *pt, pp of* **string**

strut [strʌt] *n* étai *m*, support *m* ♦ *vi* se pavaner

stub [stʌb] *n* (*of cigarette*) bout *m*, mégot *m*; (*of cheque etc*) talon *m* ♦ *vt*: **to** ~ **one's toe** se cogner le doigt de pied; ~ **out** *vt* écraser

stubble ['stʌbl] *n* chaume *m*; (*on chin*) barbe *f* de plusieurs jours

stubborn ['stʌbən] *adj* têtu(e), obstiné(e), opiniâtre

stuck [stʌk] *pt, pp of* **stick** ♦ *adj* (*jammed*) bloqué(e), coincé(e); ~-**up** (*inf*) *adj* prétentieux(euse)

stud [stʌd] *n* (*on boots etc*) clou *m*; (*on collar*) bouton *m* de col; (*earring*) petite boucle d'oreille; (*of horses*: *also*: ~ *farm*) écurie *f*, haras *m*; (*also*: ~ *horse*) étalon *m* ♦ *vt* (*fig*): ~**ded with** parsemé(e) *or* criblé(e) de

student ['stju:dənt] *n* étudiant(e) ♦ *adj* estudiantin(e); d'étudiant; ~ **driver** (*US*) *n* (conducteur(trice)) débutant(e)

studio ['stju:dɪəu] *n* studio *m*, atelier *m*; (*TV etc*) studio

studious ['stju:dɪəs] *adj* studieux(euse), appliqué(e); (*attention*) soutenu(e); ~**ly** *adv* (*carefully*) soigneusement

study ['stʌdɪ] *n* étude *f*; (*room*) bureau *m* ♦ *vt* étudier; (*examine*) examiner ♦ *vi* étudier, faire ses études

stuff [stʌf] *n* chose(s) *f(pl)*; affaires *fpl*, trucs *mpl*; (*substance*) substance *f* ♦ *vt* rembourrer; (*CULIN*) farcir; (*inf*: *push*) fourrer; ~**ing** *n* bourre *f*, rembourrage *m*; (*CULIN*) farce *f*; ~**y** *adj* (*room*) mal ventilé(e) *or* aéré(e); (*ideas*) vieux jeu *inv*

stumble ['stʌmbl] *vi* trébucher; **to** ~ **across** *or* **on** (*fig*) tomber sur; **stumbling block** *n* pierre *f* d'achoppement

stump [stʌmp] *n* souche *f*; (*of limb*) moignon *m* ♦ *vt*: **to be** ~**ed** sécher, ne pas savoir que répondre

stun [stʌn] *vt* étourdir; abasourdir

stung [stʌŋ] *pt, pp of* **sting**

stunk [stʌŋk] *pp of* **stink**

stunning *adj* (*news etc*) stupéfiant(e); (*girl etc*) éblouissant(e)

stunt [stʌnt] *n* (*in film*) cascade *f*, acrobatie *f*; (*publicity* ~) truc *m* publicitaire ♦ *vt* retarder, arrêter(r) ~**ed** *adj* rabourgri(e); (*growth*) retardé(e); ~**man** (*irreg*) *n* cascadeur *m*

stupendous [stju'pendəs] *adj* prodigieux(euse), fantastique
stupid ['stju:pɪd] *adj* stupide, bête; **~ity** *n* stupidité *f*, bêtise *f*
sturdy ['stɜ:dɪ] *adj* robuste, solide
stutter ['stʌtə*] *vi* bégayer
sty [staɪ] *n* (*for pigs*) porcherie *f*
stye [staɪ] *n* (*MED*) orgelet *m*
style [staɪl] *n* style *m*; (*distinction*) allure *f*, cachet *m*, style; **stylish** ['staɪlɪʃ] *adj* élégant(e), chic *inv*
stylus ['staɪləs] (*pl* **styli** *or* **~es**) *n* (*of record player*) pointe *f* de lecture
suave [swɑ:v] *adj* doucereux(euse), onctueux(euse)
sub... [sʌb] *prefix* sub..., sous-; **~conscious** *adj* subconscient(e); **~contract** *vt* sous-traiter
subdue [səb'dju:] *vt* subjuguer, soumettre; **~d** *adj* (*light*) tamisé(e); (*person*) qui a perdu de son entrain
subject [*n* 'sʌbdʒɪkt, *vb* səb'dʒekt] *n* sujet *m*; (*SCOL*) matière *f* ♦ *vt*: **to ~ to** soumettre à; exposer à; **to be ~ to** (*law*) être soumis(e) à; (*disease*) être sujet(te) à; **~ive** [səb'dʒektɪv] *adj* subjectif(ive); **~ matter** *n* (*content*) contenu *m*
sublet ['sʌb'let] *vt* sous-louer
submarine [sʌbmə'ri:n] *n* sous-marin *m*
submerge [səb'mɜ:dʒ] *vt* submerger ♦ *vi* plonger
submission [səb'mɪʃən] *n* soumission *f*; **submissive** [səb'mɪsɪv] *adj* soumis(e)
submit [səb'mɪt] *vt* soumettre ♦ *vi* se soumettre
subnormal ['sʌb'nɔ:məl] *adj* au-dessous de la normale
subordinate [sə'bɔ:dɪnət] *adj* subalterne ♦ *n* subordonné(e)
subpoena [sə'pi:nə] *n* (*LAW*) citation *f*, assignation *f*
subscribe [səb'skraɪb] *vi* cotiser; **to ~ to** (*opinion, fund*) souscrire à; (*newspaper*) s'abonner à; être abonné(e) à; **~r** *n* (*to periodical, telephone*) abonné(e); **subscription** [səb'skrɪpʃən] *n* (*to magazine etc*) abonnement *m*
subsequent ['sʌbsɪkwənt] *adj* ultérieur(e), suivant(e); consécutif(ive); **~ly** *adv* par la suite
subside [səb'saɪd] *vi* (*flood*) baisser; (*wind, feelings*) tomber; **~nce** [sʌb'saɪdəns] *n* affaissement *m*
subsidiary [səb'sɪdɪərɪ] *adj* subsidiaire; accessoire ♦ *n* (*also*: **~ company**) filiale *f*
subsidize ['sʌbsɪdaɪz] *vt* subventionner; **subsidy** ['sʌbsɪdɪ] *n* subvention *f*
substance ['sʌbstəns] *n* substance *f*
substantial [səb'stænʃəl] *adj* substantiel(le); (*fig*) important(e); **~ly** *adv* considérablement; (*in essence*) en grande partie
substantiate [səb'stænʃɪeɪt] *vt* étayer, fournir des preuves à l'appui de
substitute ['sʌbstɪtju:t] *n* (*person*) remplaçant(e); (*thing*) succédané *m* ♦ *vt*: **to ~ sth/sb for** substituer qch/qn à, remplacer par qch/qn
subterranean [sʌbtə'reɪnɪən] *adj* souterrain(e)
subtitle ['sʌbtaɪtl] *n* (*CINEMA*) sous-titre *m*
subtle ['sʌtl] *adj* subtil(e)
subtotal [sʌb'təʊtl] *n* total partiel
subtract [səb'trækt] *vt* soustraire, retrancher; **~ion** *n* soustraction *f*
suburb ['sʌbɜ:b] *n* faubourg *m*; **the ~s** *npl* la banlieue; **~an** [sə'bɜ:bən] *adj* de banlieue, suburbain(e); **~ia** [sə'bɜ:bɪə] *n* la banlieue
subway ['sʌbweɪ] *n* (*US*: *railway*) métro *m*; (*BRIT*: *underpass*) passage souterrain
succeed [sək'si:d] *vi* réussir ♦ *vt* succéder à; **to ~ in doing** réussir à faire; **~ing** *adj* (*following*) suivant(e)
success [sək'ses] *n* succès *m*; réussite *f*; **~ful** *adj* (*venture*) couronné(e) de succès; **to be ~ful (in doing)** réussir (à faire); **~fully** *adv* avec succès
succession [sək'seʃən] *n* succession *f*; **3 days in ~** 3 jours de suite

successive [sək'sesɪv] *adj* successif(ive); consécutif(ive)
such [sʌtʃ] *adj* tel(telle); (*of that kind*): ~ **a book** un livre de ce genre, un livre pareil, un tel livre; (*so much*): ~ **courage** un tel courage ♦ *adv* si; ~ **books** des livres de ce genre, des livres pareils, de tels livres; ~ **a long trip** un si long voyage; ~ **a lot of** tellement *or* tant de; ~ **as** (*like*) tel que, comme; **as** ~ en tant que tel, à proprement parler; **~-and-such** *adj* tel ou tel
suck [sʌk] *vt* sucer; (*breast, bottle*) téter; **~er** *n* ventouse *f*; (*inf*) poire *f*
suction ['sʌkʃən] *n* succion *f*
sudden ['sʌdn] *adj* soudain(e), subit(e); **all of a** ~ soudain, tout à coup; **~ly** *adv* brusquement, tout à coup, soudain
suds [sʌdz] *npl* eau savonneuse
sue [su:] *vt* poursuivre en justice, intenter un procès à
suede [sweɪd] *n* daim *m*
suet [suɪt] *n* graisse *f* de rognon
suffer ['sʌfə*] *vt* souffrir, subir; (*bear*) tolérer, supporter ♦ *vi* souffrir; **~er** *n* (*MED*) malade *m/f*; **~ing** *n* souffrance(s) *f(pl)*
sufficient [sə'fɪʃənt] *adj* suffisant(e); ~ **money** suffisamment d'argent; **~ly** *adv* suffisamment, assez
suffocate ['sʌfəkeɪt] *vi* suffoquer; étouffer
sugar ['ʃʊgə*] *n* sucre *m* ♦ *vt* sucrer; ~ **beet** *n* betterave sucrière; ~ **cane** *n* canne *f* à sucre
suggest [sə'dʒest] *vt* suggérer, proposer; (*indicate*) dénoter; **~ion** *n* suggestion *f*
suicide ['suɪsaɪd] *n* suicide *m*; *see also* **commit**
suit [su:t] *n* (*man's*) costume *m*, complet *m*; (*woman's*) tailleur *m*, ensemble *m*; (*LAW*) poursuite(s) procès *m*; (*CARDS*) couleur *f* ♦ *vt* aller à; convenir à; (*adapt*): **to** ~ **sth to** adapter *or* approprier qch à; **well ~ed** (*couple*) faits l'un pour l'autre, très bien assortis; **~able** *adj* qui convient; approprié(e); **~ably** *adv* comme il se doit (*or* se devait *etc*), convenablement
suitcase ['su:tkeɪs] *n* valise *f*
suite [swi:t] *n* (*of rooms, also MUS*) suite *f*; (*furniture*): **bedroom/dining room** ~ (ensemble *m* de) chambre *f* à coucher/salle *f* à manger
suitor ['su:tə*] *n* soupirant *m*, prétendant *m*
sulfur ['sʌlfə*] (*US*) *n* = **sulphur**
sulk [sʌlk] *vi* bouder; **~y** *adj* boudeur(euse), maussade
sullen ['sʌlən] *adj* renfrogné(e), maussade
sulphur ['sʌlfə*] (*US* **sulfur**) *n* soufre *m*
sultana [sʌl'tɑ:nə] *n* (*CULIN*) raisin (sec) de Smyrne
sultry ['sʌltrɪ] *adj* étouffant(e)
sum [sʌm] *n* somme *f*; (*SCOL etc*) calcul *m*; ~ **up** *vt, vi* résumer
summarize ['sʌməraɪz] *vt* résumer
summary ['sʌmərɪ] *n* résumé *m*
summer ['sʌmə*] *n* été *m* ♦ *adj* d'été, estival(e); **~house** *n* (*in garden*) pavillon *m*; **~time** *n* été *m*; ~ **time** *n* (*by clock*) heure *f* d'été
summit ['sʌmɪt] *n* sommet *m*
summon ['sʌmən] *vt* appeler, convoquer; ~ **up** *vt* rassembler, faire appel à; **~s** *n* citation *f*, assignation *f*
sump [sʌmp] (*BRIT*) *n* (*AUT*) carter *m*
sun [sʌn] *n* soleil *m*; **in the** ~ au soleil; **~bathe** *vi* prendre un bain de soleil; **~burn** *n* coup *m* de soleil; **~burned** *adj* = **sunburnt**; **~burnt** *adj* (*tanned*) bronzé(e)
Sunday ['sʌndeɪ] *n* dimanche *m*; ~ **school** *n* ≈ catéchisme *m*
sundial ['sʌndaɪəl] *n* cadran *m* solaire
sundown ['sʌndaʊn] *n* coucher *m* du (*or* de) soleil
sundries ['sʌndrɪz] *npl* articles divers
sundry ['sʌndrɪ] *adj* divers(e), différent(e) ♦ *n*: **all and** ~ tout le monde, n'importe qui

sunflower ['sʌnflauə*] *n* tournesol *m*
sung [sʌŋ] *pp of* sing
sunglasses ['sʌŋglɑ:sɪz] *npl* lunettes *fpl* de soleil
sunk [sʌŋk] *pp of* **sink**
sun: **~light** ['sʌnlaɪt] *n* (lumière *f* du) soleil *m*; **~lit** *adj* ensoleillé(e); **~ny** *adj* ensoleillé(e); **~rise** *n* lever *m* du (*or* de) soleil; **~ roof** *n* (*AUT*) toit ouvrant; **~set** *n* coucher *m* du (*or* de) soleil; **~shade** *n* (*over table*) parasol *m*; **~shine** *n* (lumière *f* du) soleil *m*; **~stroke** *n* insolation *f*; **~tan** *n* bronzage *m*; **~tan lotion** *n* lotion *f or* lait *m* solaire; **~tan oil** *n* huile *f* solaire
super ['su:pə*] (*inf*) *adj* formidable
superannuation ['su:pərænju'eɪʃən] *n* (*contribution*) cotisations *fpl* pour la pension
superb [su:'pɜ:b] *adj* superbe, magnifique
supercilious [su:pə'sɪlɪəs] *adj* hautain(e), dédaigneux(euse)
superficial [su:pə'fɪʃəl] *adj* superficiel(le)
superimpose [su:pərɪm'pəuz] *vt* superposer
superintendent [su:pərɪn'tendənt] *n* directeur(trice); (*POLICE*) ≈ commissaire *m*
superior [su'pɪərɪə*] *adj, n* supérieur(e); **~ity** [supɪərɪ'ɒrɪtɪ] *n* supériorité *f*
superlative [su:'pɜ:lətɪv] *n* (*LING*) superlatif *m*
superman ['su:pəmæn] (*irreg*) *n* surhomme *m*
supermarket ['su:pəmɑ:kɪt] *n* supermarché *m*
supernatural [su:pə'nætʃərəl] *adj* surnaturel(le)
superpower ['su:pəpauə*] *n* (*POL*) superpuissance *f*
supersede [su:pə'si:d] *vt* remplacer, supplanter
superstitious [su:pə'stɪʃəs] *adj* superstitieux(euse)
supervise ['su:pəvaɪz] *vt* surveiller; diriger; **supervision** [su:pə'vɪʒən] *n* surveillance *f*; contrôle *m*; **supervisor** ['su:pəvaɪzə*] *n* surveillant(e); (*in shop*) chef *m* de rayon
supine ['su:paɪn] *adj* couché(e) *or* étendu(e) sur le dos
supper ['sʌpə*] *n* dîner *m*; (*late*) souper *m*
supple ['sʌpl] *adj* souple
supplement [*n* 'sʌplɪmənt, *vb* sʌplɪ'ment] *n* supplément *m* ♦ *vt* compléter; **~ary** *adj* supplémentaire; **~ary benefit** (*BRIT*) *n* allocation *f* (supplémentaire) d'aide sociale
supplier [sə'plaɪə*] *n* fournisseur *m*
supply [sə'plaɪ] *vt* (*provide*) fournir; (*equip*): **to ~ (with)** approvisionner *or* ravitailler (en); fournir (en) provision *f*, réserve *f*; (*~ing*) approvisionnement *m*; **supplies** *npl* (*food*) vivres *mpl*; (*MIL*) subsistances *fpl*; **~ teacher** (*BRIT*) *n* suppléant(e)
support [sə'pɔ:t] *n* (*moral, financial etc*) soutien *m*, appui *m*; (*TECH*) support *m*, soutien ♦ *vt* soutenir, supporter; (*financially*) subvenir aux besoins de; (*uphold*) être pour, être partisan de, appuyer; **~er** *n* (*POL etc*) partisan(e); (*SPORT*) supporter *m*
suppose [sə'pəuz] *vt* supposer; imaginer; **to be ~d to do** être censé(e) faire; **~dly** [sə'pəuzɪdlɪ] *adv* soi-disant; **supposing** [sə'pəuzɪŋ] *conj* si, à supposer que *+sub*
suppress [sə'pres] *vt* (*revolt*) réprimer; (*information*) supprimer; (*yawn*) étouffer; (*feelings*) refouler
supreme [su'pri:m] *adj* suprême
surcharge ['sɜ:tʃɑ:dʒ] *n* surcharge *f*
sure [ʃuə*] *adj* sûr(e); (*definite, convinced*) sûr, certain(e); **~!** (*of course*) bien sûr!; **~ enough** effectivement; **to make ~ of sth** s'assurer de *or* vérifier qch; **to make ~ that** s'assurer *or* vérifier que; **~ly** *adv* sûrement; certainement
surety ['ʃuərətɪ] *n* caution *f*
surf [sɜ:f] *n* (*waves*) ressac *m*
surface ['sɜ:fɪs] *n* surface *f* ♦ *vt* (*road*) poser un revêtement sur ♦ *vi*

remonter à la surface; faire surface; ~ **mail** *n* courrier *m* par voie de terre (*or* maritime)
surfboard ['sɜːfbɔːd] *n* planche *f* de surf
surfeit ['sɜːfɪt] *n*: a ~ of un excès de; une indigestion de
surfing ['sɜːfɪŋ] *n* surf *m*
surge [sɜːdʒ] *n* vague *f*, montée *f* ♦ *vi* déferler
surgeon ['sɜːdʒən] *n* chirurgien *m*
surgery ['sɜːdʒərɪ] *n* chirurgie *f*; (*BRIT*: *room*) cabinet *m* (de consultation); (: *also*: ~ *hours*) heures *fpl* de consultation
surgical ['sɜːdʒɪkəl] *adj* chirurgical(e); ~ **spirit** (*BRIT*) *n* alcool *m* à 90°
surly ['sɜːlɪ] *adj* revêche, maussade
surname ['sɜːneɪm] *n* nom *m* de famille
surplus ['sɜːpləs] *n* surplus *m*, excédent *m* ♦ *adj* en surplus, de trop; (*COMM*) excédentaire
surprise [sə'praɪz] *n* surprise *f*; (*astonishment*) étonnement *m* ♦ *vt* surprendre; (*astonish*) étonner; **surprising** [sə'praɪzɪŋ] *adj* surprenant(e), étonnant(e); **surprisingly** *adv* (*easy, helpful*) étonnamment
surrender [sə'rendə*] *n* reddition *f*, capitulation *f* ♦ *vi* se rendre, capituler
surreptitious [sʌrəp'tɪʃəs] *adj* subreptice, furtif(ive)
surrogate ['sʌrəgɪt] *n* substitut *m*; ~ **mother** *n* mère porteuse *or* de substitution
surround [sə'raʊnd] *vt* entourer; (*MIL etc*) encercler; ~**ing** *adj* environnant(e); ~**ings** *npl* environs *mpl*, alentours *mpl*
surveillance [sɜː'veɪləns] *n* surveillance *f*
survey [*n* 'sɜːveɪ, *vb* sɜː'veɪ] *n* enquête *f*, étude *f*; (*in housebuying etc*) inspection *f*, (rapport *m* d')expertise *f*; (*of land*) levé *m* ♦ *vt* enquêter sur; inspecter; (*look at*) embrasser du regard; ~**or** [sə'veɪə*] *n* (*of house*) expert *m*; (*of land*) (arpenteur *m*) géomètre *m*
survival [sə'vaɪvəl] *n* survie *f*; (*relic*) vestige *m*
survive [sə'vaɪv] *vi* survivre; (*custom etc*) subsister ♦ *vt* survivre à; **survivor** [sə'vaɪvə*] *n* survivant(e); (*fig*) battant(e)
susceptible [sə'septəbl] *adj*: ~ **(to)** sensible (à); (*disease*) prédisposé(e) (à)
suspect [*n, adj* 'sʌspekt, *vb* səs'pekt] *adj, n* suspect(e) ♦ *vt* soupçonner, suspecter
suspend [səs'pend] *vt* suspendre; ~**ed sentence** *n* condamnation *f* avec sursis; ~**er belt** *n* porte-jarretelles *m inv*; ~**ers** *npl* (*BRIT*) jarretelles *fpl*; (*US*) bretelles *fpl*
suspense [səs'pens] *n* attente *f*, incertitude *f*; (*in film etc*) suspense *m*
suspension [səs'penʃən] *n* suspension *f*; (*of driving licence*) retrait *m* provisoire; ~ **bridge** *n* pont suspendu
suspicion [səs'pɪʃən] *n* soupçon(s) *m(pl)*
suspicious [səs'pɪʃəs] *adj* (*suspecting*) soupçonneux(euse), méfiant(e); (*causing suspicion*) suspect(e)
sustain [səs'teɪn] *vt* soutenir; (*food etc*) nourrir, donner des forces à; (*suffer*) subir; recevoir; ~**able** *adj* (*development, growth etc*) viable; ~**ed** *adj* (*effort*) soutenu(e), prolongé(e)
sustenance ['sʌstɪnəns] *n* nourriture *f*; (*money*) moyens *mpl* de subsistance
swab [swɒb] *n* (*MED*) tampon *m*
swagger ['swægə*] *vi* plastronner
swallow ['swɒləʊ] *n* (*bird*) hirondelle *f* ♦ *vt* avaler; ~ **up** *vt* engloutir
swam [swæm] *pt of* swim
swamp [swɒmp] *n* marais *m*, marécage *m* ♦ *vt* submerger
swan [swɒn] *n* cygne *m*
swap [swɒp] *vt*: to ~ **(for)** échanger (contre), troquer (contre)
swarm [swɔːm] *n* essaim *m* ♦ *vi* fourmiller, grouiller

swarthy ['swɔːðɪ] *adj* basané(e), bistré(e)
swastika ['swɒstɪkə] *n* croix gammée
swat [swɒt] *vt* écraser
sway [sweɪ] *vi* se balancer, osciller ♦ *vt* (*influence*) influencer
swear [swɛə*] (*pt* **swore**, *pp* **sworn**) *vt, vi* jurer; **~word** *n* juron *m*, gros mot
sweat [swet] *n* sueur *f*, transpiration *f* ♦ *vi* suer
sweater ['swetə*] *n* tricot *m*, pull *m*
sweaty ['swetɪ] *adj* en sueur, moite *or* mouillé(e) de sueur
Swede [swiːd] *n* Suédois(e)
swede [swiːd] (*BRIT*) *n* rutabaga *m*
Sweden ['swiːdn] *n* Suède *f*; **Swedish** ['swiːdɪʃ] *adj* suédois(e) ♦ *n* (*LING*) suédois *m*
sweep [swiːp] (*pt, pp* **swept**) *n* coup *m* de balai; (*also*: *chimney* ~) ramoneur *m* ♦ *vt* balayer; (*subj*: *current*) emporter ♦ *vi* (*hand, arm*) faire un mouvement; (*wind*) souffler; ~ **away** *vt* balayer; entraîner; emporter; ~ **past** *vi* passer majestueusement *or* rapidement; ~ **up** *vi* balayer; **~ing** *adj* (*gesture*) large; circulaire; **a ~ing statement** une généralisation hâtive
sweet [swiːt] *n* (*candy*) bonbon *m*; (*BRIT*: *pudding*) dessert *m* ♦ *adj* doux(douce); (*not savoury*) sucré(e); (*fig*: *kind*) gentil(le); (*baby*) mignon(ne); **~corn** *n* maïs *m*; **~en** *vt* adoucir; (*with sugar*) sucrer; **~heart** *n* amoureux(euse); **~ness** *n* goût sucré; douceur *f*; **~pea** *n* pois *m* de senteur
swell [swel] (*pt* **~ed**, *pp* **swollen** *or* **~ed**) *n* (*of sea*) houle *f* ♦ *adj* (*US*: *inf*: *excellent*) chouette ♦ *vi* grossir, augmenter; (*sound*) s'enfler; (*MED*) enfler; **~ing** *n* (*MED*) enflure *f*; (*lump*) grosseur *f*
sweltering ['sweltərɪŋ] *adj* étouffant(e), oppressant(e)
swept [swept] *pt, pp of* **sweep**
swerve [swɜːv] *vi* faire une embardée *or* un écart; dévier
swift [swɪft] *n* (*bird*) martinet *m* ♦ *adj* rapide, prompt(e)
swig [swɪg] (*inf*) *n* (*drink*) lampée *f*
swill [swɪl] *vt* (*also*: ~ *out*, ~ *down*) laver à grande eau
swim [swɪm] (*pt* **swam**, *pp* **swum**) *n*: **to go for a ~** aller nager *or* se baigner ♦ *vi* nager; (*SPORT*) faire de la natation; (*head, room*) tourner ♦ *vt* traverser (à la nage); (*a length*) faire (à la nage); **~mer** *n* nageur(euse); **~ming** *n* natation *f*; **~ming cap** *n* bonnet *m* de bain; **~ming costume** (*BRIT*) *n* maillot *m* (de bain); **~ming pool** *n* piscine *f*; **~ming trunks** *npl* caleçon *m* *or* slip *m* de bain; **~suit** *n* maillot *m* (de bain)
swindle ['swɪndl] *n* escroquerie *f*
swine [swaɪn] (*inf!*) *n inv* salaud *m* (*!*)
swing [swɪŋ] (*pt, pp* **swung**) *n* balançoire *f*; (*movement*) balancement *m*, oscillations *fpl*; (*MUS*: *also rhythm*) rythme *m*; (*change*: *in opinion etc*) revirement *m* ♦ *vt* balancer, faire osciller; (*also*: ~ *round*) tourner, faire virer ♦ *vi* se balancer, osciller; (*also*: ~ *round*) virer, tourner; **to be in full ~** battre son plein; ~ **bridge** *n* pont tournant; ~ **door** (*US* **~ing door**) *n* porte battante
swingeing ['swɪndʒɪŋ] (*BRIT*) *adj* écrasant(e); (*cuts etc*) considérable
swipe [swaɪp] (*inf*) *vt* (*steal*) piquer
swirl [swɜːl] *vi* tourbillonner, tournoyer
swish [swɪʃ] *vi* (*tail*) remuer; (*clothes*) froufrouter
Swiss [swɪs] *adj* suisse ♦ *n inv* Suisse *m/f*
switch [swɪtʃ] *n* (*for light, radio etc*) bouton *m*; (*change*) changement *m*, revirement *m* ♦ *vt* changer; ~ **off** *vt* éteindre; (*engine*) arrêter; ~ **on** *vt* allumer; (*engine, machine*) mettre en marche; **~board** *n* (*TEL*) standard *m*

Switzerland ['swɪtsələnd] *n* Suisse *f*
swivel ['swɪvl] *vi* (*also*: ~ *round*) pivoter, tourner
swollen ['swəulən] *pp of* **swell**
swoon [swu:n] *vi* se pâmer
swoop [swu:p] *n* (*by police*) descente *f* ♦ *vi* (*also*: ~ *down*) descendre en piqué, piquer
swop [swɒp] *vt* = **swap**
sword [sɔ:d] *n* épée *f*; **~fish** *n* espadon *m*
swore [swɔ:*] *pt of* **swear**
sworn [swɔ:n] *pp of* **swear** ♦ *adj* (*statement, evidence*) donné(e) sous serment
swot [swɒt] *vi* bûcher, potasser
swum [swʌm] *pp of* **swim**
swung [swʌŋ] *pt, pp of* **swing**
syllable ['sɪləbl] *n* syllabe *f*
syllabus ['sɪləbəs] *n* programme *m*
symbol ['sɪmbəl] *n* symbole *m*
symmetry ['sɪmɪtrɪ] *n* symétrie *f*
sympathetic [sɪmpə'θetɪk] *adj* compatissant(e); bienveillant(e), compréhensif(ive); (*likeable*) sympathique; ~ **towards** bien disposé(e) envers
sympathize ['sɪmpəθaɪz] *vi*: **to ~ with sb** plaindre qn; (*in grief*) s'associer à la douleur de qn; **to ~ with sth** comprendre qch; **~r** *n* (*POL*) sympathisant(e)
sympathy ['sɪmpəθɪ] *n* (*pity*) compassion *f*; **sympathies** *npl* (*support*) soutien *m*; **left-wing** *etc* **sympathies** penchants *mpl* à gauche *etc*; **in ~ with** (*strike*) en *or* par solidarité avec; **with our deepest ~** en vous priant d'accepter nos sincères condoléances
symphony ['sɪmfənɪ] *n* symphonie *f*
symptom ['sɪmptəm] *n* symptôme *m*; indice *m*
syndicate ['sɪndɪkət] *n* syndicat *m*, coopérative *f*
synonym ['sɪnənɪm] *n* synonyme *m*
synopsis [sɪ'nɒpsɪs, *pl* -si:z] (*pl* synopses) *n* résumé *m*
syntax ['sɪntæks] *n* syntaxe *f*
synthetic [sɪn'θetɪk] *adj* synthétique
syphon ['saɪfən] *n, vb* = **siphon**
Syria ['sɪrɪə] *n* Syrie *f*
syringe [sɪ'rɪndʒ] *n* seringue *f*
syrup ['sɪrəp] *n* sirop *m*; (*also*: *golden* ~) mélasse raffinée
system ['sɪstəm] *n* système *m*; (*ANAT*) organisme *m*; **~atic** [sɪstə'mætɪk] *adj* systématique; méthodique; ~ **disk** *n* (*COMPUT*) disque *m* système; **~s analyst** *n* analyste fonctionnel(le)

T

ta [tɑ:] (*BRIT*: *inf*) *excl* merci!
tab [tæb] *n* (*label*) étiquette *f*; (*on drinks can etc*) languette *f*; **to keep ~s on** (*fig*) surveiller
tabby ['tæbɪ] *n* (*also*: ~ *cat*) chat(te) tigré(e)
table ['teɪbl] *n* table *f* ♦ *vt* (*BRIT*: *motion etc*) présenter; **to lay** *or* **set the ~** mettre le couvert *or* la table; **~cloth** ['-klɒθ] *n* nappe *f*; ~ **d'hôte** ['tɑ:bl'dəut] *adj* (*meal*) à prix fixe; ~ **lamp** *n* lampe *f* de table; **~mat** ['teɪblmæt] *n* (*for plate*) napperon *m*, set *m*; (*for hot dish*) dessous-de-plat *m inv*; ~ **of contents** *n* table *f* des matières; **~spoon** ['teɪblspu:n] *n* cuiller *f* de service; (*also*: *~spoonful*: *as measurement*) cuillerée *f* à soupe
tablet ['tæblət] *n* (*MED*) comprimé *m*; (*of stone*) plaque *f*
table tennis *n* ping-pong *m* ®, tennis *m* de table
table wine *n* vin *m* de table
tabloid ['tæblɔɪd] *n* quotidien *m* populaire
tabulate ['tæbjuleɪt] *vt* (*data, figures*) présenter sous forme de table(s)
tack [tæk] *n* (*nail*) petit clou ♦ *vt* clouer; (*fig*) direction *f*; (*BRIT*: *stitch*) faufiler ♦ *vi* tirer un *or* des bord(s)
tackle ['tækl] *n* matériel *m*, équipement *m*; (*for lifting*) appareil *m* de levage; (*RUGBY*) plaquage *m* ♦ *vt* (*difficulty, animal, burglar etc*) s'attaquer à; (*person*: *challenge*) s'expli-

quer avec; (*RUGBY*) plaquer

tacky ['tækɪ] *adj* collant(e); (*pej: of poor quality*) miteux(euse)

tact [tækt] *n* tact *m*; **~ful** *adj* plein(e) de tact

tactical ['tæktɪkəl] *adj* tactique

tactics ['tæktɪks] *npl* tactique *f*

tactless ['tæktləs] *adj* qui manque de tact

tadpole ['tædpəul] *n* têtard *m*

taffy ['tæfɪ] (*US*) *n* (bonbon *m* au) caramel *m*

tag [tæg] *n* étiquette *f*; **~ along** *vi* suivre

tail [teɪl] *n* queue *f*; (*of shirt*) pan *m* ♦ *vt* (*follow*) suivre, filer; **~s** *npl* habit *m*; **~ away**, **~ off** *vi* (*in size, quality etc*) baisser peu à peu; **~back** (*BRIT*) *n* (*AUT*) bouchon *m*; **~ end** *n* bout *m*, fin *f*; **~gate** *n* (*AUT*) hayon *m* arrière

tailor ['teɪlə*] *n* tailleur *m*; **~ing** *n* (*cut*) coupe *f*; **~-made** *adj* fait(e) sur mesure; (*fig*) conçu(e) spécialement

tailwind ['teɪlwɪnd] *n* vent *m* arrière *inv*

tainted ['teɪntɪd] *adj* (*food*) gâté(e); (*water, air*) infecté(e); (*fig*) souillé(e)

take [teɪk] (*pt* **took**, *pp* **taken**) *vt* prendre; (*gain: prize*) remporter; (*require: effort, courage*) demander; (*tolerate*) accepter, supporter; (*hold: passengers etc*) contenir; (*accompany*) emmener, accompagner; (*bring, carry*) apporter, emporter; (*exam*) passer, se présenter à; **to ~ sth from** (*drawer etc*) prendre qch dans; (*person*) prendre qch à; **I ~ it that ...** je suppose que ...; **~ after** *vt fus* ressembler à; **~ apart** *vt* démonter; **~ away** *vt* enlever; (*carry off*) emporter; **~ back** *vt* (*return*) rendre, rapporter; (*one's words*) retirer; **~ down** *vt* (*building*) démolir; (*letter etc*) prendre, écrire; **~ in** *vt* (*deceive*) tromper, rouler; (*understand*) comprendre, saisir; (*include*) comprendre, inclure; (*lodger*) prendre; **~ off** *vi* (*AVIAT*) décoller ♦ *vt* (*go away*) s'en aller; (*remove*) enlever; **~ on** *vt* (*work*) accepter, se charger de; (*employee*) prendre, embaucher; (*opponent*) accepter de se battre contre; **~ out** *vt* (*invite*) emmener, sortir; (*remove*) enlever; **to ~ sth out of sth** (*drawer, pocket etc*) prendre qch dans qch; **~ over** *vt* (*business*) reprendre ♦ *vi*: **to ~ over from sb** prendre la relève de qn; **~ to** *vt fus* (*person*) se prendre d'amitié pour; (*thing*) prendre goût à; **~ up** *vt* (*activity*) se mettre à; (*dress*) raccourcir; (*occupy: time, space*) prendre, occuper; **to ~ sb up on an offer** accepter la proposition de qn; **~away** (*BRIT*) *adj* (*food*) à emporter ♦ *n* (*shop, restaurant*) qui vend de plats à emporter; **~off** *n* (*AVIAT*) décollage *m*; **~over** *n* (*COMM*) rachat *m*; **takings** ['teɪkɪŋz] *npl* (*COMM*) recette *f*

talc [tælk] *n* (*also*: **~um powder**) talc *m*

tale [teɪl] *n* (*story*) conte *m*, histoire *f*; (*account*) récit *m*; **to tell ~s** (*fig*) rapporter

talent ['tælənt] *n* talent *m*, don *m*; **~ed** *adj* doué(e), plein(e) de talent

talk [tɔːk] *n* (*a speech*) causerie *f*, exposé *m*; (*conversation*) discussion *f*, entretien *m*; (*gossip*) racontars *mpl* ♦ *vi* parler; **~s** *npl* (*POL etc*) entretiens *mpl*; **to ~ about** parler de; **to ~ sb into/out of doing** persuader qn de faire/ne pas faire; **to ~ shop** parler métier *or* affaires; **~ over** *vt* discuter (de); **~ative** *adj* bavard(e); **~ show** *n* causerie (télévisée *or* radiodiffusée)

tall [tɔːl] *adj* (*person*) grand(e); (*building, tree*) haut(e); **to be 6 feet ~** ≈ mesurer 1 mètre 80; **~ story** *n* histoire *f* invraisemblable

tally ['tælɪ] *n* compte *m* ♦ *vi*: **to ~ (with)** correspondre (à)

talon ['tælən] *n* griffe *f*; (*of eagle*) serre *f*

tame [teɪm] *adj* apprivoisé(e); (*fig*:

story, style) insipide
tamper ['tæmpə*] *vi*: **to ~ with** toucher à
tampon ['tæmpən] *n* tampon *m* (hygiénique *or* périodique)
tan [tæn] *n* (*also*: *sun~*) bronzage *m* ♦ *vt, vi* bronzer ♦ *adj* (*colour*) brun roux *inv*
tang [tæŋ] *n* odeur (*or* saveur) piquante
tangent ['tændʒənt] *n* (*MATH*) tangente *f*; **to go off at a ~** (*fig*) changer de sujet
tangerine [tændʒə'ri:n] *n* mandarine *f*
tangle ['tæŋgl] *n* enchevêtrement *m*; **to get in(to) a ~** s'embrouiller
tank [tæŋk] *n* (*water ~*) réservoir *m*; (*for fish*) aquarium *m*; (*MIL*) char *m* d'assaut, tank *m*
tanker ['tæŋkə*] *n* (*ship*) pétrolier *m*, tanker *m*; (*truck*) camion-citerne *m*
tantalizing ['tæntəlaɪzɪŋ] *adj* (*smell*) extrêmement appétissant(e); (*offer*) terriblement tentant(e)
tantamount ['tæntəmaʊnt] *adj*: **~ to** qui équivaut à
tantrum ['tæntrəm] *n* accès *m* de colère
tap [tæp] *n* (*on sink etc*) robinet *m*; (*gentle blow*) petite tape ♦ *vt* frapper *or* taper légèrement; (*resources*) exploiter, utiliser; (*telephone*) mettre sur écoute; **on ~** (*fig*: *resources*) disponible; **~-dancing** ['tæpdɑ:nsɪŋ] *n* claquettes *fpl*
tape [teɪp] *n* ruban *m*; (*also*: *magnetic ~*) bande *f* (magnétique); (*cassette*) cassette *f*; (*sticky*) scotch *m* ♦ *vt* (*record*) enregistrer; (*stick with ~*) coller avec du scotch; **~ deck** *n* platine *f* d'enregistrement; **~ measure** *n* mètre *m* à ruban
taper ['teɪpə*] *n* cierge *m* ♦ *vi* s'effiler
tape recorder *n* magnétophone *m*
tapestry ['tæpɪstrɪ] *n* tapisserie *f*
tar [tɑ:*] *n* goudron *m*
target ['tɑ:gɪt] *n* cible *f*; (*fig*) objectif *m*
tariff ['tærɪf] *n* (*COMM*) tarif *m*; (*taxes*) tarif douanier
tarmac ['tɑ:mæk] *n* (*BRIT*: *on road*) macadam *m*; (*AVIAT*) piste *f*
tarnish ['tɑ:nɪʃ] *vt* ternir
tarpaulin [tɑ:'pɔ:lɪn] *n* bâche (goudronnée)
tarragon ['tærəgən] *n* estragon *m*
tart [tɑ:t] *n* (*CULIN*) tarte *f*; (*BRIT*: *inf*: *prostitute*) putain *f* ♦ *adj* (*flavour*) âpre, aigrelet(te); **~ up** (*BRIT*: *inf*) *vt* (*object*) retaper; **to ~ o.s. up** se faire beau(belle), s'attifer (*pej*)
tartan ['tɑ:tən] *n* tartan *m* ♦ *adj* écossais(e)
tartar ['tɑ:tə*] *n* (*on teeth*) tartre *m*; **~(e) sauce** *n* sauce *f* tartare
task [tɑ:sk] *n* tâche *f*; **to take sb to ~** prendre qn à partie; **~ force** *n* (*MIL, POLICE*) détachement spécial
tassel ['tæsəl] *n* gland *m*; pompon *m*
taste [teɪst] *n* goût *m*; (*fig*: *glimpse, idea*) idée *f*, aperçu *m* ♦ *vt* goûter ♦ *vi*: **to ~ of** *or* **like** (*fish etc*) avoir le *or* un goût de; **you can ~ the garlic (in it)** on sent bien l'ail; **can I have a ~ of this wine?** puis-je goûter un peu de ce vin?; **in good/bad ~** de bon/mauvais goût; **~ful** *adj* de bon goût; **~less** *adj* (*food*) fade; (*remark*) de mauvais goût; **tasty** ['teɪstɪ] *adj* savoureux(euse), délicieux(euse)
tatters ['tætəz] *npl*: **in ~** en lambeaux
tattoo [tə'tu:] *n* tatouage *m*; (*spectacle*) parade *f* militaire ♦ *vt* tatouer
tatty (*BRIT*: *inf*) *adj* (*clothes*) fripé(e); (*shop, area*) délabré(e)
taught [tɔ:t] *pt, pp of* **teach**
taunt [tɔ:nt] *n* raillerie *f* ♦ *vt* railler
Taurus ['tɔ:rəs] *n* le Taureau
taut [tɔ:t] *adj* tendu(e)
tax [tæks] *n* (*on goods etc*) taxe *f*; (*on income*) impôts *mpl*, contributions *fpl* ♦ *vt* taxer; imposer; (*fig*: *patience etc*) mettre à l'épreuve; **~able** *adj* (*income*) imposable; **~ation** [tæk'seɪʃən] *n* taxation *f*; impôts *mpl*,

contributions *fpl*; ~ **avoidance** *n* dégrèvement fiscal; ~ **disc** (*BRIT*) *n* (*AUT*) vignette *f* (automobile); ~ **evasion** *n* fraude fiscale; ~**-free** *adj* exempt(e) d'impôts

taxi ['tæksɪ] *n* taxi *m* ♦ *vi* (*AVIAT*) rouler (lentement) au sol; ~ **driver** *n* chauffeur *m* de taxi; ~ **rank** (*BRIT*) *n* station *f* de taxis; ~ **stand** *n* = **taxi rank**

tax: ~ **payer** *n* contribuable *m/f*; ~ **relief** *n* dégrèvement fiscal; ~ **return** *n* déclaration *f* d'impôts *or* de revenus

TB *n abbr* = **tuberculosis**

tea [tiː] *n* thé *m*; (*BRIT*: *snack*: *for children*) goûter *m*; **high** ~ *collation combinant goûter et dîner*; ~ **bag** *n* sachet *m* de thé; ~ **break** (*BRIT*) *n* pause-thé *f*

teach [tiːtʃ] (*pt, pp* **taught**) *vt*: **to** ~ **sb sth,** ~ **sth to sb** apprendre qch à qn; (*in school etc*) enseigner qch à qn enseigner; ~**er** *n* (*in secondary school*) professeur *m*; (*in primary school*) instituteur(trice); ~**ing** *n* enseignement *m*

tea cosy *n* cloche *f* à thé

teacup ['tiːkʌp] *n* tasse *f* à thé

teak [tiːk] *n* teck *m*

team [tiːm] *n* équipe *f*; (*of animals*) attelage *m*; ~**work** *n* travail *m* d'équipe

teapot ['tiːpɒt] *n* théière *f*

tear[1] [tɛə*] (*pt* **tore**, *pp* **torn**) *n* déchirure *f* ♦ *vt* déchirer ♦ *vi* se déchirer; ~ **along** *vi* (*rush*) aller à toute vitesse; ~ **up** *vt* (*sheet of paper etc*) déchirer, mettre en morceaux *or* pièces

tear[2] [tɪə*] *n* larme *f*; **in** ~s en larmes; ~**ful** *adj* larmoyant(e); ~ **gas** *n* gaz *m* lacrymogène

tearoom ['tiːrʊm] *n* salon *m* de thé

tease [tiːz] *vt* taquiner; (*unkindly*) tourmenter

tea set *n* service *m* à thé

teaspoon ['tiːspuːn] *n* petite cuiller; (*also*: ~*ful*: *as measurement*) ≈ cuillerée *f* à café

teat [tiːt] *n* tétine *f*

teatime ['tiːtaɪm] *n* l'heure *f* du thé

tea towel (*BRIT*) *n* torchon *m* (à vaisselle)

technical ['teknɪkəl] *adj* technique; ~**ity** [teknɪ'kælɪtɪ] *n* (*detail*) détail *m* technique; (*point of law*) vice *m* de forme; ~**ly** *adv* techniquement; (*strictly speaking*) en théorie

technician [tek'nɪʃən] *n* technicien(ne)

technique [tek'niːk] *n* technique *f*

technological [teknə'lɒdʒɪkəl] *adj* technologique; **technology** [tek'nɒlədʒɪ] *n* technologie *f*

teddy (bear) ['tedɪ(bɛə*)] *n* ours *m* en peluche

tedious ['tiːdɪəs] *adj* fastidieux(euse)

tee [tiː] *n* (*GOLF*) tee *m*

teem [tiːm] *vi*: **to** ~ **(with)** grouiller (de); **it is** ~**ing (with rain)** il pleut à torrents

teenage ['tiːneɪdʒ] *adj* (*fashions etc*) pour jeunes, pour adolescents; (*children*) adolescent(e); ~**r** *n* adolescent(e)

teens [tiːnz] *npl*: **to be in one's** ~ être adolescent(e)

tee-shirt ['tiːʃɜːt] *n* = **T-shirt**

teeter ['tiːtə*] *vi* chanceler, vaciller

teeth [tiːθ] *npl of* **tooth**

teethe [tiːð] *vi* percer ses dents

teething ring ['tiːðɪŋ-] *n anneau pour bébé qui perce ses dents*

teething troubles *npl* (*fig*) difficultés initiales

teetotal ['tiː'təʊtl] *adj* (*person*) qui ne boit jamais d'alcool

telegram ['telɪgræm] *n* télégramme *m*

telegraph ['telɪgrɑːf] *n* télégraphe *m*; ~ **pole** *n* poteau *m* télégraphique

telephone ['telɪfəʊn] *n* téléphone *m* ♦ *vt* (*person*) téléphoner à; (*message*) téléphoner; **on the** ~ au téléphone; **to be on the** ~ (*BRIT*: *have a* ~) avoir le téléphone; ~ **booth** (*BRIT*) *n* = **telephone box**; ~ **box** *n* cabine *f* téléphonique; ~ **call** *n* coup *m* de téléphone, appel *m* télé-

phonique; ~ **directory** *n* annuaire *m* (du téléphone); ~ **number** *n* numéro *m* de téléphone; **telephonist** [tə'lefənɪst] (*BRIT*) *n* téléphoniste *m/f*
telescope ['telɪskəup] *n* télescope *m*
television ['telɪvɪʒən] *n* télévision *f*; on ~ à la télévision; ~ **set** *n* (poste *f* de) télévision *m*
telex ['teleks] *n* télex *m*
tell [tel] (*pt, pp* **told**) *vt* dire; (*relate: story*) raconter; (*distinguish*): **to ~ sth from** distinguer qch de ♦ *vi* (*talk*): **to ~ (of)** parler (de); (*have effect*) se faire sentir, se voir; **to ~ sb to do** dire à qn de faire; ~ **off** *vt* réprimander, gronder; **~er** *n* (*in bank*) caissier(ère); **~ing** *adj* (*remark, detail*) révélateur(trice); **~tale** *adj* (*sign*) éloquent(e), révélateur(trice)
telly ['telɪ] (*BRIT: inf*) *n abbr* (= *television*) télé *f*
temp [temp] *n abbr* (= *temporary*) (secrétaire *f*) intérimaire *f*
temper ['tempə*] *n* (*nature*) caractère *m*; (*mood*) humeur *f*; (*fit of anger*) colère *f* ♦ *vt* (*moderate*) tempérer, adoucir; **to be in a ~** être en colère; **to lose one's ~** se mettre en colère
temperament ['temprəmənt] *n* (*nature*) tempérament *m*; **~al** [tempərə'mentl] *adj* capricieux(euse)
temperate ['tempərət] *adj* (*climate, country*) tempéré(e)
temperature ['temprɪtʃə*] *n* température *f*; **to have** *or* **run a ~** avoir de la fièvre
temple ['templ] *n* (*building*) temple *m*; (*ANAT*) tempe *f*
temporary ['tempərərɪ] *adj* temporaire, provisoire; (*job, worker*) temporaire
tempt [tempt] *vt* tenter; **to ~ sb into doing** persuader qn de faire; **~ation** [temp'teɪʃən] *n* tentation *f*
ten [ten] *num* dix
tenacity [tə'næsɪtɪ] *n* ténacité *f*
tenancy ['tenənsɪ] *n* location *f*; état *m* de locataire
tenant ['tenənt] *n* locataire *m/f*
tend [tend] *vt* s'occuper de ♦ *vi*: **to ~ to do** avoir tendance à faire
tendency ['tendənsɪ] *n* tendance *f*
tender ['tendə*] *adj* tendre; (*delicate*) délicat(e); (*sore*) sensible ♦ *n* (*COMM: offer*) soumission *f* ♦ *vt* offrir
tenement ['tenəmənt] *n* immeuble *m*
tenet ['tenət] *n* principe *m*
tennis ['tenɪs] *n* tennis *m*; ~ **ball** *n* balle *f* de tennis; ~ **court** *n* (court *m* de) tennis; ~ **player** *n* joueur(euse) de tennis; ~ **racket** *n* raquette *f* de tennis; ~ **shoes** *npl* (chaussures *fpl* de) tennis *mpl*
tenor ['tenə*] *n* (*MUS*) ténor *m*
tenpin bowling (*BRIT*) *n* bowling *m* (à dix quilles)
tense [tens] *adj* tendu(e) ♦ *n* (*LING*) temps *m*
tension ['tenʃən] *n* tension *f*
tent [tent] *n* tente *f*
tentative ['tentətɪv] *adj* timide, hésitant(e); (*conclusion*) provisoire
tenterhooks ['tentəhuks] *npl*: **on ~** sur des charbons ardents
tenth [tenθ] *num* dixième
tent peg *n* piquet *m* de tente
tent pole *n* montant *m* de tente
tenuous ['tenjuəs] *adj* ténu(e)
tenure ['tenjuə*] *n* (*of property*) bail *m*; (*of job*) période *f* de jouissance
tepid ['tepɪd] *adj* tiède
term [tɜːm] *n* terme *m*; (*SCOL*) trimestre *m* ♦ *vt* appeler; **~s** *npl* (*conditions*) conditions *fpl*; (*COMM*) tarif *m*; **in the short/long ~** à court/long terme; **to come to ~s with** (*problem*) faire face à
terminal ['tɜːmɪnl] *adj* (*disease*) dans sa phase terminale; (*patient*) incurable ♦ *n* (*ELEC*) borne *f*; (*for oil, ore etc, COMPUT*) terminal *m*; (*also: air ~*) aérogare *f*; (*BRIT: also: coach ~*) gare routière
terminate ['tɜːmɪneɪt] *vt* mettre fin à; (*pregnancy*) interrompre
terminus ['tɜːmɪnəs] (*pl* **termini**) *n*

terminus *m inv*
terrace ['terəs] *n* terrasse *f*; (*BRIT*: *row of houses*) rangée *f* de maisons (*attenantes*); **the ~s** *npl* (: *SPORT*) les gradins *mpl*; **~d** *adj* (*garden*) en terrasses
terracotta ['terə'kɔtə] *n* terre cuite
terrain [te'reɪn] *n* terrain *m* (*sol*)
terrible ['terəbl] *adj* terrible, atroce; (*weather, conditions*) affreux(euse), épouvantable; **terribly** ['terəblɪ] *adv* terriblement; (*very badly*) affreusement mal
terrier ['terɪə*] *n* terrier *m* (*chien*)
terrific [tə'rɪfɪk] *adj* fantastique, incroyable, terrible; (*wonderful*) formidable, sensationnel(le)
terrify ['terɪfaɪ] *vt* terrifier
territory ['terɪtərɪ] *n* territoire *m*
terror ['terə*] *n* terreur *f*; **~ism** *n* terrorisme *m*; **~ist** *n* terroriste *m/f*
terse [tɜːs] *adj* (*style*) concis(e); (*reply*) sec(sèche)
Terylene ['terɪliːn] (®) *n* tergal *m* (®)
test [test] *n* (*trial, check*) essai *m*; (*of courage etc*) épreuve *f*; (*MED*) examen *m*; (*CHEM*) analyse *f*; (*SCOL*) interrogation *f*; (*also*: *driving* ~) (examen du) permis *m* de conduire ♦ *vt* essayer; mettre à l'épreuve; examiner; analyser; faire subir une interrogation à
testament ['testəmənt] *n* testament *m*; **the Old/New T~** l'Ancien/le Nouveau Testament
testicle ['testɪkl] *n* testicule *m*
testify ['testɪfaɪ] *vi* (*LAW*) témoigner, déposer; **to ~ to sth** attester qch
testimony ['testɪmənɪ] *n* témoignage *m*; (*clear proof*): **to be (a) ~ to** être la preuve de
test: **~ match** *n* (*CRICKET, RUGBY*) match international; **~ pilot** *n* teste *m* d'essai; **~ tube** *n* éprouvette *f*
tetanus ['tetənəs] *n* tétanos *m*
tether ['teðə*] *vt* attacher ♦ *n*: **at the end of one's ~** à bout (de patience)
text [tekst] *n* texte *m*; **~book** *n* manuel *m*
textile *n* textile *m*
texture ['tekstʃə*] *n* texture *f*; (*of skin, paper etc*) grain *m*
Thames [temz] *n*: **the ~** la Tamise
than [ðæn, ðən] *conj* que; (*with numerals*): **more ~ 10/once** plus de 10/d'une fois; **I have more/less ~ you** j'en ai plus/moins que toi; **she has more apples ~ pears** elle a plus de pommes que de poires
thank [θæŋk] *vt* remercier, dire merci à; **~s** *npl* (*gratitude*) remerciements *mpl* ♦ *excl* merci!; **~ you (very much)** merci (beaucoup); **~s to** grâce à; **~ God!** Dieu merci!; **~ful** *adj*: **~ful (for)** reconnaissant(e) (de); **~less** *adj* ingrat(e); **T~sgiving (Day)** *n* jour *m* d'action de grâce (*fête américaine*)

KEYWORD

that [ðæt] *adj* (*demonstrative*: *pl those*) ce, cet *+vowel or h mute*, *f* cette; **~ man/woman/book** cet homme/cette femme/ce livre; (*not this*) cet homme-là/cette femme-là/ce livre-là; **~ one** celui-là(celle-là)
♦ *pron* **1** (*demonstrative*: *pl those*) ce; (*not this one*) cela, ça; **who's ~?** qui est-ce?; **what's ~?** qu'est-ce que c'est?; **is ~ you?** c'est toi?; **I prefer this to ~** je préfère ceci à cela *or* ça; **~'s what he said** c'est *or* voilà ce qu'il a dit; **~ is (to say)** c'est-à-dire, à savoir
2 (*relative*: *subject*) qui; (: *object*) que; (: *indirect*) lequel(laquelle), lesquels(lesquelles) *pl*; **the book ~ I read** le livre que j'ai lu; **the books ~ are in the library** les livres qui sont dans la bibliothèque; **all ~ I have** tout ce que j'ai; **the box ~ I put it in** la boîte dans laquelle je l'ai mis; **the people ~ I spoke to** les gens auxquels *or* à qui j'ai parlé
3 (*relative*: *of time*) où; **the day ~ he came** le jour où il est venu
♦ *conj* que; **he thought ~ I was ill**

il pensait que j'étais malade
♦ *adv* (*demonstrative*): **I can't work ~ much** je ne peux pas travailler autant que cela; **I didn't know it was ~ bad** je ne savais pas que c'était si *or* aussi mauvais; **it's about ~ high** c'est à peu près de cette hauteur

thatched [θætʃt] *adj* (*roof*) de chaume; ~ **cottage** chaumière *f*
thaw [θɔ:] *n* dégel *m* ♦ *vi* (*ice*) fondre; (*food*) dégeler ♦ *vt* (: *also*: ~ *out*) (faire) dégeler

KEYWORD

the [ði:, ðə] *def art* **1** (*gen*) le, la *f*, l' +*vowel or h mute*, les *pl*; ~ **boy/girl/ink** le garçon/la fille/l'encre; ~ **children** les enfants; ~ **history of the world** l'histoire du monde; **give it to ~ postman** donne-le au facteur; **to play ~ piano/flute** jouer du piano/de la flûte; ~ **rich and ~ poor** les riches et les pauvres
2 (*in titles*): **Elizabeth ~ First** Elisabeth première; **Peter ~ Great** Pierre le Grand
3 (*in comparisons*): ~ **more he works,** ~ **more he earns** plus il travaille, plus il gagne de l'argent

theatre ['θɪətə*] *n* théâtre *m*; (*also*: *lecture* ~) amphi(théâtre) *m*; (*MED*: *also*: *operating* ~) salle *f* d'opération; ~**-goer** *n* habitué(e) du théâtre;
theatrical [θɪ'ætrɪkəl] *adj* théâtral(e)
theft [θeft] *n* vol *m* (*larcin*)
their [ðɛə*] *adj* leur; (*pl*) leurs; *see also* **my**; ~**s** *pron* le(la) leur; (*pl*) les leurs; *see also* **mine**
them [ðem, ðəm] *pron* (*direct*) les; (*indirect*) leur; (*stressed, after prep*) eux(elles); *see also* **me**
theme [θi:m] *n* thème *m*; ~ **park** *n* parc *m* (d'attraction) à thème; ~ **song** *n* chanson principale
themselves [ðəm'selvz] *pl pron* (*reflexive*) se; (*emphatic, after prep*) eux-mêmes(elles-mêmes); *see also* **oneself**
then [ðen] *adv* (*at that time*) alors, à ce moment-là; (*next*) puis, ensuite; (*and also*) et puis ♦ *conj* (*therefore*) alors, dans ce cas ♦ *adj*: **the ~ president** le président d'alors *or* de l'époque; **by ~** (*past*) à ce moment-là; (*future*) d'ici là; **from ~ on** dès lors
theology [θɪ'ɒlədʒɪ] *n* théologie *f*
theoretical [θɪə'retɪkəl] *adj* théorique
theorize ['θɪəraɪz] *vi* faire des théories
theory ['θɪərɪ] *n* théorie *f*
therapy ['θerəpɪ] *n* thérapie *f*

KEYWORD

there [ðɛə*] *adv* **1**: ~ **is,** ~ **are** il y a; ~ **are 3 of them** (*people, things*) il y en a 3; ~ **has been an accident** il y a eu un accident
2 (*referring to place*) là, là-bas; **it's** ~ c'est là(-bas); **in/on/up/down ~** là-dedans/là-dessus/là-haut/en bas; **he went ~ on Friday** il y est allé vendredi; **I want that book ~** je veux ce livre-là; ~ **he is!** le voilà!
3: ~, ~ (*esp to child*) allons, allons!

thereabouts [ðɛərə'bauts] *adv* (*place*) par là, près de là; (*amount*) environ, à peu près
thereafter [ðɛər'ɑ:ftə*] *adv* par la suite
thereby [ðɛə'baɪ] *adv* ainsi
therefore ['ðɛəfɔ:*] *adv* donc, par conséquent
there's ['ðɛəz] = **there is; there has**
thermal ['θə:ml] *adj* (*springs*) thermal(e); (*underwear*) en thermolactyl (®); (*COMPUT*: *paper*) thermosensible; (: *printer*) thermique
thermometer [θə'mɒmɪtə*] *n* thermomètre *m*
Thermos ['θə:məs] (®) *n* (*also*: ~ *flask*) thermos *m or f inv* (®)
thermostat ['θə:məustæt] *n* thermostat *m*

thesaurus [θɪ'sɔːrəs] *n* dictionnaire *m* des synonymes

these [ðiːz] *pl adj* ces; (*not "those"*): ~ books ces livres-ci ♦ *pl pron* ceux-ci(celles-ci)

thesis ['θiːsɪs] (*pl* **theses**) *n* thèse *f*

they [ðeɪ] *pl pron* ils(elles); (*stressed*) eux(elles); ~ **say that ...** (*it is said that*) on dit que ...; **~'d** = ~ **had;** ~ **would;** **~'ll** = **they shall;** ~ **will;** **~'re** = ~ **are;** **~'ve** = **they have**

thick [θɪk] *adj* épais(se); (*stupid*) bête, borné(e) ♦ *n*: **in the ~ of** au beau milieu de, en plein cœur de; **it's 20 cm ~** il/elle a 20 cm d'épaisseur; **~en** *vi* s'épaissir ♦ *vt* (*sauce etc*) épaissir; **~ness** *n* épaisseur *f*; **~set** *adj* trapu(e), costaud(e); **~skinned** *adj* (*fig*) peu sensible

thief [θiːf] (*pl* **thieves**) *n* voleur(euse)

thigh [θaɪ] *n* cuisse *f*

thimble ['θɪmbl] *n* dé *m* (à coudre)

thin [θɪn] *adj* mince; (*skinny*) maigre; (*soup, sauce*) peu épais(se), clair(e); (*hair, crowd*) clairsemé(e) ♦ *vt*: **to ~ (down)** (*sauce, paint*) délayer

thing [θɪŋ] *n* chose *f*; (*object*) objet *m*; (*contraption*) truc *m*; (*mania*): **to have a ~ about** être obsédé(e) par; **~s** *npl* (*belongings*) affaires *fpl*; **poor ~!** le(la) pauvre!; **the best ~ would be to** le mieux serait de; **how are ~s?** comment ça va?

think [θɪŋk] (*pt, pp* **thought**) *vi* penser, réfléchir; (*believe*) penser ♦ *vt* (*imagine*) imaginer; **what did you ~ of them?** qu'avez-vous pensé d'eux?; **to ~ about sth/sb** penser à qch/qn; **I'll ~ about it** je vais y réfléchir; **to ~ of doing** avoir l'idée de faire; **I ~ so/not** je crois *or* pense que oui/non; **to ~ well of** avoir une haute opinion de; **~ over** *vt* bien réfléchir à; **~ up** *vt* inventer, trouver; **~ tank** *n* groupe *m* de réflexion

thinly *adv* (*cut*) en fines tranches; (*spread*) en une couche mince

third [θɜːd] *num* troisième ♦ *n* (*fraction*) tiers *m*; (*AUT*) troisième (vitesse) *f*; (*BRIT: SCOL: degree*) ≈ licence *f* sans mention; **~ly** *adv* troisièmement; **~ party insurance** (*BRIT*) *n* assurance *f* au tiers; **~-rate** *adj* de qualité médiocre; **the T~ World** *n* le tiers monde

thirst [θɜːst] *n* soif *f*; **~y** *adj* (*person*) qui a soif, assoiffé(e); (*work*) qui donne soif; **to be ~y** avoir soif

thirteen ['θɜː'tiːn] *num* treize

thirty ['θɜːtɪ] *num* trente

KEYWORD

this [ðɪs] *adj* (*demonstrative*: *pl these*) ce, cet *+vowel or h mute*, cette *f*; ~ **man/woman/book** cet homme/cette femme/ce livre; (*not that*) cet homme-ci/cette femme-ci/ce livre-ci; ~ **one** celui-ci(celle-ci)

♦ *pron* (*demonstrative*: *pl these*) ce; (*not that one*) celui-ci(celle-ci), ceci; **who's ~?** qui est-ce?; **what's ~?** qu'est-ce que c'est?; **I prefer ~ to that** je préfère ceci à cela; **~ is what he said** voici ce qu'il a dit; **~ is Mr Brown** (*in introductions*) je vous présente Mr Brown; (*in photo*) c'est Mr Brown; (*on telephone*) ici Mr Brown

♦ *adv* (*demonstrative*): **it was about ~ big** c'était à peu près de cette grandeur *or* grand comme ça; **I didn't know it was ~ bad** je ne savais pas qu'c'était si *or* aussi mauvais

thistle ['θɪsl] *n* chardon *m*

thorn [θɔːn] *n* épine *f*

thorough ['θʌrə] *adj* (*search*) minutieux(euse); (*knowledge, research*) approfondi(e); (*work, person*) consciencieux(euse); (*cleaning*) à fond; **~bred** *n* (*horse*) pur-sang *m inv*; **~fare** *n* route *f*; **"no ~fare"** "passage interdit"; **~ly** *adv* minutieusement; en profondeur; à fond; (*very*) tout à fait

those [ðəʊz] *pl adj* ces; (*not "the-*

se"): ~ **books** ces livres-là ♦ *pl pron* ceux-là (celles-là)

though [ðəʊ] *conj* bien que +*sub*, quoique +*sub* ♦ *adv* pourtant

thought [θɔːt] *pt, pp of* **think** ♦ *n* pensée *f*; (*idea*) idée *f*; (*opinion*) avis *m*; **~ful** *adj* (*deep in thought*) pensif(ive); (*serious*) réfléchi(e); (*considerate*) prévenant(e); **~less** *adj* étourdi(e); qui manque de considération

thousand [ˈθaʊzənd] *num* mille; **two ~** deux mille; **~s of** des milliers de; **~th** *num* millième

thrash [θræʃ] *vt* rouer de coups; donner une correction à; (*defeat*) battre à plate couture; ~ **about,** ~ **around** *vi* se débattre; ~ **out** *vt* débattre de

thread [θred] *n* fil *m*; (*of screw*) pas *m*, filetage *m* ♦ *vt* (*needle*) enfiler; **~bare** *adj* râpé(e), élimé(e)

threat [θret] *n* menace *f*; **~en** *vi* menacer ♦ *vt*: **to ~en sb with sth/to do** menacer qn de qch/de faire

three [θriː] *num* trois; **~-dimensional** *adj* à trois dimensions; **~-piece suit** *n* complet *m* (avec gilet); **~-piece suite** *n* salon *m* comprenant un canapé et deux fauteuils assortis; **~-ply** *adj* (*wool*) trois fils *inv*

thresh [θreʃ] *vt* (*AGR*) battre

threshold [ˈθreʃhəʊld] *n* seuil *m*

threw [θruː] *pt of* **throw**

thrift [θrɪft] *n* économie *f*; **~y** *adj* économe

thrill [θrɪl] *n* (*excitement*) émotion *f*, sensation forte; (*shudder*) frisson *m* ♦ *vt* (*audience*) électriser; **to be ~ed** (*with gift etc*) être ravi(e); **~er** *n* film *m* (*or* roman *m or* pièce *f*) à suspense; **~ing** *adj* saisissant(e), palpitant(e)

thrive [θraɪv] (*pt* **~d, throve,** *pp* **~d**) *vi* pousser, se développer; (*business*) prospérer; **he ~s on it** cela lui réussit; **thriving** [ˈθraɪvɪŋ] *adj* (*business, community*) prospère

throat [θrəʊt] *n* gorge *f*; **to have a sore ~** avoir mal à la gorge

throb [θrɒb] *vi* (*heart*) palpiter; (*engine*) vibrer; **my head is ~bing** j'ai des élancements dans la tête

throes [θrəʊz] *npl*: **in the ~ of** au beau milieu de

throne [θrəʊn] *n* trône *m*

throng [θrɒŋ] *n* foule *f* ♦ *vt* se presser dans

throttle [ˈθrɒtl] *n* (*AUT*) accélérateur *m* ♦ *vt* étrangler

through [θruː] *prep* à travers; (*time*) pendant, durant; (*by means of*) par, par l'intermédiaire de; (*owing to*) à cause de ♦ *adj* (*ticket, train, passage*) direct(e) ♦ *adv* à travers; **to put sb ~ to sb** (*BRIT*: *TEL*) passer qn à qn; **to be ~** avoir la communication; (*esp US*: *have finished*) avoir fini; **to be ~ with sb** (*relationship*) avoir rompu avec qn; **"no ~ road"** (*BRIT*) "impasse"; **~out** [θruˈaʊt] *prep* (*place*) partout dans; (*time*) durant tout(e) le(la) ♦ *adv* partout

throve [θrəʊv] *pt of* **thrive**

throw [θrəʊ] (*pt* **threw**, *pp* **thrown**) *n* jet *m*; (*SPORT*) lancer *m* ♦ *vt* lancer, jeter; (*SPORT*) lancer; (*rider*) désarçonner; (*fig*) décontenancer; **to ~ a party** donner une réception; ~ **away** *vt* jeter; ~ **off** *vt* se débarrasser de; ~ **out** *vt* jeter; (*reject*) rejeter; (*person*) mettre à la porte; ~ **up** *vi* vomir; **~away** *adj* à jeter; (*remark*) fait(e) en passant; **~-in** *n* (*SPORT*) remise *f* en jeu

thru [θruː] (*US*) = **through**

thrush [θrʌʃ] *n* (*bird*) grive *f*

thrust [θrʌst] (*pt, pp* **thrust**) *n* (*TECH*) poussée *f* ♦ *vt* pousser brusquement; (*push in*) enfoncer

thud [θʌd] *n* bruit sourd

thug [θʌg] *n* voyou *m*

thumb [θʌm] *n* (*ANAT*) pouce *m*, arrêter une voiture; **to ~ a lift** faire de l'auto-stop; ~ **through** *vt* (*book*) feuilleter; **~tack** (*US*) *n* punaise *f* (*clou*)

thump [θʌmp] *n* grand coup; (*sound*) bruit sourd ♦ *vt* cogner sur

♦ *vi* cogner, battre fort

thunder ['θʌndə*] *n* tonnerre *m* ♦ *vi* tonner; (*train etc*): to ~ **past** passer dans un grondement *or* un bruit de tonnerre; **~bolt** *n* foudre *f*; **~clap** *n* coup *m* de tonnerre; **~storm** *n* orage *m*; **~y** *adj* orageux(euse)

Thursday ['θɜːzdeɪ] *n* jeudi *m*

thus [ðʌs] *adv* ainsi

thwart [θwɔːt] *vt* contrecarrer

thyme [taɪm] *n* thym *m*

tiara [tɪ'ɑːrə] *n* (*woman's*) diadème *m*

tick [tɪk] *n* (*sound: of clock*) tic-tac *m*; (*mark*) coche *f*; (*ZOOL*) tique *f*; (*BRIT: inf*): **in a** ~ dans une seconde ♦ *vi* faire tic-tac ♦ *vt* (*item on list*) cocher; ~ **off** *vt* (*item on list*) cocher; (*person*) réprimander, attraper; ~ **over** *vi* (*engine*) tourner au ralenti; (*fig*) aller *or* marcher doucettement

ticket ['tɪkɪt] *n* billet *m*; (*for bus, tube*) ticket *m*; (*in shop: on goods*) étiquette *f*; (*for library*) carte *f*; (*parking* ~) papillon *m*, p.-v. *m*; ~ **collector** *n* contrôleur(euse); ~ **office** *n* guichet *m*, bureau *m* de vente des billets

tickle ['tɪkl] *vt, vi* chatouiller; **ticklish** *adj* (*person*) chatouilleux(euse); (*problem*) épineux(euse)

tidal ['taɪdl] *adj* (*force*) de la marée; (*estuary*) à marée; ~ **wave** *n* raz-de-marée *m inv*

tidbit ['tɪdbɪt] (*US*) *n* = **titbit**

tiddlywinks ['tɪdlɪwɪŋks] *n* jeu *m* de puce

tide [taɪd] *n* marée *f*; (*fig: of events*) cours *m* ♦ *vt*: **to** ~ **sb over** dépanner qn; **high/low** ~ marée haute/basse

tidy ['taɪdɪ] *adj* (*room*) bien rangé(e); (*dress, work*) net(te), soigné(e); (*person*) ordonné(e), qui a de l'ordre ♦ *vt* (*also*: ~ *up*) ranger

tie [taɪ] *n* (*string etc*) cordon *m*; (*BRIT: also: neck~*) cravate *f*; (*fig: link*) lien *m*; (*SPORT: draw*) égalité *f* de points; match nul ♦ *vt* (*parcel*) attacher; (*ribbon, shoelaces*) nouer ♦ *vi* (*SPORT*) faire match nul; finir à égalité de points; **to** ~ **sth in a bow** faire un nœud à *or* avec qch; **to** ~ **a knot in sth** faire un nœud à qch; ~ **down** *vt* (*fig*): **to** ~ **sb down (to)** contraindre qn (à accepter); **to be ~d down** (*by relationship*) se fixer; ~ **up** *vt* (*parcel*) ficeler; (*dog, boat*) attacher; (*prisoner*) ligoter; (*arrangements*) conclure; **to be ~d up** (*busy*) être pris(e) *or* occupé(e)

tier [tɪə*] *n* gradin *m*; (*of cake*) étage *m*

tiger ['taɪgə*] *n* tigre *m*

tight [taɪt] *adj* (*rope*) tendu(e), raide; (*clothes*) étroit(e), très juste; (*budget, programme, bend*) serré(e); (*control*) strict(e), sévère; (*inf: drunk*) ivre, rond(e) ♦ *adv* (*squeeze*) très fort; (*shut*) hermétiquement, bien; **~en** *vt* (*rope*) tendre; (*screw*) resserrer; (*control*) renforcer ♦ *vi* se tendre, se resserrer; **~fisted** *adj* avare; **~ly** *adv* (*grasp*) bien, très fort; **~rope** *n* corde *f* raide; **~s** (*BRIT*) *npl* collant *m*

tile [taɪl] *n* (*on roof*) tuile *f*; (*on wall or floor*) carreau *m*; **~d** *adj* en tuiles; carrelé(e)

till [tɪl] *n* caisse (enregistreuse) ♦ *vt* (*land*) cultiver ♦ *prep, conj* = **until**

tiller ['tɪlə*] *n* (*NAUT*) barre *f* (du gouvernail)

tilt [tɪlt] *vt* pencher, incliner ♦ *vi* pencher, être incliné(e)

timber ['tɪmbə*] *n* (*material*) bois *m* (de construction); (*trees*) arbres *mpl*

time [taɪm] *n* temps *m*; (*epoch: often pl*) époque *f*, temps; (*by clock*) heure *f*; (*moment*) moment *m*; (*occasion, also MATH*) fois *f*; (*MUS*) mesure *f* ♦ *vt* (*race*) chronométrer; (*programme*) minuter; (*visit*) fixer; (*remark etc*) choisir le moment de; **a long** ~ un long moment, longtemps; **for the** ~ **being** pour le moment; **4 at a** ~ 4 à la fois; **from** ~ **to** ~ de temps en temps; **at ~s** parfois; **in** ~ (*soon enough*) à temps; (*after some* ~)

avec le temps, à la longue; (*MUS*) en mesure; **in a week's** ~ dans une semaine; **in no** ~ en un rien de temps; **any** ~ n'importe quand; **on** ~ à l'heure; 5 ~**s** 5 5 fois 5; **what** ~ **is it?** quelle heure est-il?; **to have a good** ~ bien s'amuser; ~ **bomb** *n* bombe *f* à retardement; ~ **lag** (*BRIT*) *n* décalage *m*; (*in travel*) décalage horaire; ~**less** *adj* éternel(le); ~**ly** *adj* opportun(e); ~ **off** *n* temps *m* libre; ~**r** *n* (*TECH*) minuteur *m*; (*in kitchen*) compte-minutes *m inv*; ~**scale** *n* délais *mpl*; ~**-share** *n* maison *f* (*or* appartement *m*) en multipropriété; ~ **switch** (*BRIT*) *n* minuteur *m*; (*for lighting*) minuterie *f*; ~**table** *n* (*RAIL*) (indicateur *m*) horaire *m*; (*SCOL*) emploi *m* du temps; ~ **zone** *n* fuseau *m* horaire

timid ['tɪmɪd] *adj* timide; (*easily scared*) peureux(euse)

timing ['taɪmɪŋ] *n* minutage *m*; chronométrage *m*; **the** ~ **of his resignation** le moment choisi pour sa démission

timpani ['tɪmpənɪ] *npl* timbales *fpl*

tin [tɪn] *n* étain *m*; (*also*: ~ *plate*) fer-blanc *m*; (*BRIT*: *can*) boîte *f* (de conserve); (*for storage*) boîte *f*; ~**foil** *n* papier *m* d'étain *or* aluminium

tinge [tɪndʒ] *n* nuance *f* ♦ *vt*: ~**d with** teinté(e) de

tingle ['tɪŋgl] *vi* picoter; (*person*) avoir des picotements

tinker ['tɪŋkə*] *n* (*gipsy*) romanichel *m*; ~ **with** *vt fus* bricoler, rafistoler

tinkle ['tɪŋkl] *vi* tinter

tinned [tɪnd] (*BRIT*) *adj* (*food*) en boîte, en conserve

tin opener ['-əʊpnə*] (*BRIT*) *n* ouvre-boîte(s) *m*

tinsel ['tɪnsəl] *n* guirlandes *fpl* de Noël (*argentées*)

tint [tɪnt] *n* teinte *f*; (*for hair*) shampooing colorant; ~**ed** *adj* (*hair*) teint(e); (*spectacles, glass*) teinté(e)

tiny ['taɪnɪ] *adj* minuscule

tip [tɪp] *n* (*end*) bout *m*; (*gratuity*) pourboire *m*; (*BRIT*: *for rubbish*) décharge *f*; (*advice*) tuyau *m* ♦ *vt* (*waiter*) donner un pourboire à; (*tilt*) incliner; (*overturn*: *also*: ~ *over*) renverser; (*empty*: ~ *out*) déverser; ~**-off** *n* (*hint*) tuyau *m*; ~**ped** (*BRIT*) *adj* (*cigarette*) (à bout) filtre *inv*

tipsy ['tɪpsɪ] (*inf*) *adj* un peu ivre, éméché(e)

tiptoe ['tɪptəʊ] *n*: **on** ~ sur la pointe des pieds

tiptop ['tɪp'tɒp] *adj*: **in** ~ **condition** en excellent état

tire ['taɪə*] *n* (*US*) = **tyre** ♦ *vt* fatiguer ♦ *vi* se fatiguer; ~**d** *adj* fatigué(e); **to be** ~**d of** en avoir assez de, être las(lasse) de; ~**less** *adj* (*person*) infatigable; (*efforts*) inlassable; ~**some** *adj* ennuyeux(euse);

tiring ['taɪərɪŋ] *adj* fatigant(e)

tissue ['tɪʃu:] *n* tissu *m*; (*paper handkerchief*) mouchoir *m* en papier, kleenex *m* (®); ~ **paper** *n* papier *m* de soie

tit [tɪt] *n* (*bird*) mésange *f*; **to give** ~ **for tat** rendre la pareille

titbit ['tɪtbɪt] *n* (*food*) friandise *f*; (*news*) potin *m*

title ['taɪtl] *n* titre *m*; ~ **deed** *n* (*LAW*) titre (constitutif) de propriété; ~ **role** *n* rôle principal

titter ['tɪtə*] *vi* rire (bêtement)

TM *abbr* = **trademark**

KEYWORD

to [tu:, tə] *prep* **1** (*direction*) à; ~ **go** ~ **France/Portugal/London/school** aller en France/au Portugal/à Londres/à l'école; ~ **go** ~ **Claude's/the doctor's** aller chez Claude/le docteur; **the road** ~ **Edinburgh** la route d'Edimbourg

2 (*as far as*) (jusqu')à; ~ **count** ~ **10** compter jusqu'à 10; **from 40** ~ **50 people** de 40 à 50 personnes

3 (*with expressions of time*): **a quarter** ~ **5** 5 heures moins le quart; **it's twenty** ~ **3** il est 3 heures moins vingt

4 (*for, of*) de; **the key ~ the front door** la clé de la porte d'entrée; **a letter ~ his wife** une lettre (adressée) à sa femme
5 (*expressing indirect object*) à; **~ give sth ~ sb** donner qch à qn; **~ talk ~ sb** parler à qn
6 (*in relation to*) à; **3 goals ~ 2** 3 (buts) à 2; **30 miles ~ the gallon** ≈ 9,4 litres aux cent (km)
7 (*purpose, result*): **~ come ~ sb's aid** venir au secours de qn, porter secours à qn; **~ sentence sb ~ death** condamner qn à mort; **~ my surprise** à ma grande surprise
♦ *with vb* **1** (*simple infinitive*): **~ go/eat** aller/manger
2 (*following another vb*): **~ want/try/start ~ do** vouloir/essayer de/commencer à faire
3 (*with vb omitted*): **I don't want ~** je ne veux pas
4 (*purpose, result*) pour; **I did it ~ help you** je l'ai fait pour vous aider
5 (*equivalent to relative clause*): **I have things ~ do** j'ai des choses à faire; **the main thing is ~ try** l'important est d'essayer
6 (*after adjective etc*): **ready ~ go** prêt(e) à partir; **too old/young ~ ...** trop vieux/jeune pour ...
♦ *adv*: **push/pull the door ~** tirez/poussez la porte

toad [təud] *n* crapaud *m*
toadstool *n* champignon (vénéneux)
toast [təust] *n* (*CULIN*) pain grillé, toast *m*; (*drink, speech*) toast ♦ *vt* (*CULIN*) faire griller; (*drink to*) porter un toast à; **~er** *n* grille-pain *m inv*
tobacco [tə'bækəu] *n* tabac *m*; **~nist** [tə'bækənɪst] *n* marchand(e) de tabac; **~nist's (shop)** *n* (bureau *m* de) tabac *m*
toboggan [tə'bɒgən] *n* toboggan *m*; (*child's*) luge *f*
today [tə'deɪ] *adv* (*also fig*) aujourd'hui ♦ *n* aujourd'hui *m*
toddler ['tɒdlə*] *n* enfant *m/f* qui commence à marcher, bambin *m*
to-do [tə'du:] *n* (*fuss*) histoire *f*, affaire *f*
toe [təu] *n* doigt *m* de pied, orteil *m*; (*of shoe*) bout *m* ♦ *vt*: **to ~ the line** (*fig*) obéir, se conformer; **~nail** *n* ongle *m* du pied
toffee ['tɒfɪ] *n* caramel *m*; **~ apple** (*BRIT*) *n* pomme caramélisée
toga ['təugə] *n* toge *f*
together [tə'geðə*] *adv* ensemble; (*at same time*) en même temps; **~ with** avec
toil [tɔɪl] *n* dur travail, labeur *m* ♦ *vi* peiner
toilet ['tɔɪlət] *n* (*BRIT*: *lavatory*) toilettes *fpl* ♦ *cpd* (*accessories etc*) de toilette; **~ paper** *n* papier *m* hygiénique; **~ries** ['tɔɪlətrɪz] *npl* articles *mpl* de toilette; **~ roll** *n* rouleau *m* de papier hygiénique; **~ water** *n* eau *f* de toilette
token ['təukən] *n* (*sign*) marque *f*, témoignage *m*; (*metal disc*) jeton *m* ♦ *adj* (*strike, payment etc*) symbolique; **book/record ~** (*BRIT*) chèque-livre/-disque *m*; **gift ~** bon-cadeau *m*
told [təuld] *pt, pp of* **tell**
tolerable ['tɒlərəbl] *adj* (*bearable*) tolérable; (*fairly good*) passable
tolerant ['tɔlərnt] *adj*: **~ (of)** tolérant(e) (à l'égard de)
tolerate ['tɒləreɪt] *vt* supporter, tolérer
toll [təul] *n* (*tax, charge*) péage *m* ♦ *vi* (*bell*) sonner; **the accident ~ on the roads** le nombre des victimes de la route
tomato [tə'mɑ:təu] (*pl* ~es) *n* tomate *f*
tomb [tu:m] *n* tombe *f*
tomboy ['tɒmbɔɪ] *n* garçon manqué
tombstone ['tu:mstəun] *n* pierre tombale
tomcat ['tɒmkæt] *n* matou *m*
tomorrow [tə'mɒrəu] *adv* (*also fig*) demain ♦ *n* demain *m*; **the day after ~** après-demain; **~ morning** demain matin
ton [tʌn] *n* tonne *f* (*BRIT* = *1016kg*;

US = *907kg*); (*metric*) tonne (= *1000 kg*); ~**s of** (*inf*) des tas de

tone [təun] *n* ton *m* ♦ *vi* (*also*: ~ *in*) s'harmoniser; ~ **down** *vt* (*colour, criticism*) adoucir; (*sound*) baisser; ~ **up** *vt* (*muscles*) tonifier; ~**-deaf** *adj* qui n'a pas d'oreille

tongs [tɒŋz] *npl* (*for coal*) pincettes *fpl*; (*for hair*) fer *m* à friser

tongue [tʌŋ] *n* langue *f*; ~ **in cheek** ironiquement; ~**-tied** *adj* (*fig*) muet(te); ~ **twister** *n* phrase *f* très difficile à prononcer

tonic ['tɒnɪk] *n* (*MED*) tonique *m*; (*also*: ~ *water*) tonic *m*, Schweppes *m* (®)

tonight [tə'naɪt] *adv, n* cette nuit; (*this evening*) ce soir

tonsil ['tɒnsl] *n* amygdale *f*; ~**litis** *n* angine *f*

too [tu:] *adv* (*excessively*) trop; (*also*) aussi; ~ **much** *adv* trop de ♦ *adj* trop; ~ **many** trop de; ~ **bad!** tant pis!

took [tʊk] *pt of* **take**

tool [tu:l] *n* outil *m*; ~ **box** *n* boîte *f* à outils

toot [tu:t] *n* (*of car horn*) coup *m* de klaxon; (*of whistle*) coup de sifflet ♦ *vi* (*with car horn*) klaxonner

tooth [tu:θ] (*pl* **teeth**) *n* (*ANAT, TECH*) dent *f*; ~**ache** *n* mal *m* de dents; ~**brush** *n* brosse *f* à dents; ~**paste** *n* (pâte *f*) dentifrice *m*; ~**pick** *n* cure-dent *m*

top [tɒp] *n* (*of mountain, head*) sommet *m*; (*of page, ladder, garment*) haut *m*; (*of box, cupboard, table*) dessus *m*; (*lid*: *of box, jar*) couvercle *m*; (: *of bottle*) bouchon *m*; (*toy*) toupie *f* ♦ *adj* du haut; (*in rank*) premier(ère); (*best*) meilleur(e) ♦ *vt* (*exceed*) dépasser; (*be first in*) être en tête de; **on** ~ **of** sur; (*in addition to*) en plus de; **from** ~ **to bottom** de fond en comble; ~ **up** (*US* ~ **off**) *vt* (*bottle*) remplir; (*salary*) compléter; ~ **floor** *n* dernier étage; ~ **hat** *n* haut-de-forme *m*; ~**-heavy** *adj* (*object*) trop lourd(e) du haut

topic ['tɒpɪk] *n* sujet *m*, thème *m*; ~**al** *adj* d'actualité

top: ~**less** ['tɒpləs] *adj* (*bather etc*) aux seins nus; ~**-level** ['tɒp'levl] *adj* (*talks*) au plus haut niveau; ~**most** ['tɔpməust] *adj* le(la) plus haut(e)

topple ['tɒpl] *vt* renverser, faire tomber ♦ *vi* basculer; tomber

top-secret ['tɒp'si:krət] *adj* top secret(ète)

topsy-turvy ['tɒpsɪ'tɜ:vɪ] *adj, adv* sens dessus dessous

torch [tɔ:tʃ] *n* torche *f*; (*BRIT*: *electric*) lampe *f* de poche

tore [tɔ:*] *pt of* **tear**[1]

torment [*n* 'tɔ:ment, *vb* tɔ:'ment] *n* tourment *m* ♦ *vt* tourmenter; (*fig*: *annoy*) harceler

torn [tɔ:n] *pp of* **tear**[1]

tornado [tɔ:'neɪdəu] (*pl* ~**es**) *n* tornade *f*

torpedo [tɔ:'pi:dəu] (*pl* ~**es**) *n* torpille *f*

torrent ['tɒrənt] *n* torrent *m*

tortoise ['tɔ:təs] *n* tortue *f*; ~**shell** *adj* en écaille

torture ['tɔ:tʃə*] *n* torture *f* ♦ *vt* torturer

Tory ['tɔ:rɪ] (*BRIT POL*) *adj* tory, conservateur(trice) ♦ *n* tory *m/f*, conservateur(trice)

toss [tɒs] *vt* lancer, jeter; (*pancake*) faire sauter; (*head*) rejeter en arrière; **to** ~ **a coin** jouer à pile ou face; **to** ~ **up for sth** jouer qch à pile ou face; **to** ~ **and turn** (*in bed*) se tourner et se retourner

tot [tɒt] *n* (*BRIT*: *drink*) petit verre; (*child*) bambin *m*

total ['təutl] *adj* total(e) ♦ *n* total *m* ♦ *vt* (*add up*) faire le total de, additionner; (*amount to*) s'élever à; ~**ly** ['təutəlɪ] *adv* totalement

totter ['tɒtə*] *vi* chanceler

touch [tʌtʃ] *n* contact *m*, toucher *m*; (*sense, also skill*: *of pianist etc*) toucher ♦ *vt* toucher; (*tamper with*) toucher à; **a** ~ **of** (*fig*) un petit peu de; une touche de; **to get in** ~ **with** prendre contact avec; **to lose** ~

(*friends*) se perdre de vue; ~ **on** *vt fus* (*topic*) effleurer, aborder; ~ **up** *vt* (*paint*) retoucher; **~-and-go** *adj* incertain(e); **~down** *n* atterrissage *m*; (*on sea*) amerrissage *m*; (*US*: *FOOTBALL*) touché-en-but *m*; **~ed** *adj* (*moved*) touché(e); **~ing** *adj* touchant(e), attendrissant(e); **~line** *n* (*SPORT*) (ligne *f* de) touche *f*; **~y** *adj* (*person*) susceptible

tough [tʌf] *adj* dur(e); (*resistant*) résistant(e), solide; (*meat*) dur, coriace; (*firm*) inflexible; (*task*) dur, pénible; **~en** *vt* (*character*) endurcir; (*glass etc*) renforcer

toupee ['tu:peɪ] *n* postiche *m*

tour ['tʊə*] *n* voyage *m*; (*also*: *package* ~) voyage organisé; (*of town, museum*) tour *m*, visite *f*; (*by artist*) tournée *f* ♦ *vt* visiter

tourism ['tʊərɪzm] *n* tourisme *m*

tourist ['tʊərɪst] *n* touriste *m/f* ♦ *cpd* touristique; ~ **office** *n* syndicat *m* d'initiative

tournament ['tʊənəmənt] *n* tournoi *m*

tousled ['taʊzld] *adj* (*hair*) ébouriffé(e)

tout [taʊt] *vi*: **to ~ for** essayer de raccrocher, racoler (*also*: *ticket* ~) revendeur *m* de billets

tow [təʊ] *vt* remorquer; (*caravan, trailer*) tracter; **"on** *(BRIT) or* **in** *(US)* **~"** (*AUT*) "véhicule en remorque"

toward(s) [tə'wɔ:d(z)] *prep* vers; (*of attitude*) envers, à l'égard de; (*of purpose*) pour

towel ['taʊəl] *n* serviette *f* (de toilette); **~ling** *n* (*fabric*) tissu éponge *m*; ~ **rail** (*US* ~ **rack**) *n* porte-serviettes *m inv*

tower ['taʊə*] *n* tour *f*; ~ **block** (*BRIT*) *n* tour *f* (d'habitation); **~ing** *adj* très haut(e), imposant(e)

town [taʊn] *n* ville *f*; **to go to ~** aller en ville; (*fig*) y mettre le paquet; ~ **centre** *n* centre *m* de la ville, centre-ville *m*; ~ **council** *n* conseil municipal; ~ **hall** *n* ≈ mairie *f*; ~ **plan** *n* plan *m* de ville; ~ **planning** *n* urbanisme *m*

towrope ['təʊrəʊp] *n* (câble *m* de) remorque *f*

tow truck (*US*) *n* dépanneuse *f*

toy [tɔɪ] *n* jouet *m*; ~ **with** *vt fus* jouer avec; (*idea*) caresser

trace [treɪs] *n* trace *f* ♦ *vt* (*draw*) tracer, dessiner; (*follow*) suivre la trace de; (*locate*) retrouver; **tracing paper** *n* papier-calque *m*

track [træk] *n* (*mark*) trace *f*; (*path*: *gen*) chemin *m*, piste *f*; (: *of bullet etc*) trajectoire *f*; (: *of suspect, animal*) piste; (*RAIL*) voie ferrée, rails *mpl*; (*on tape, SPORT*) piste; (*on record*) plage *f* ♦ *vt* suivre la trace *or* la piste de; **to keep ~ of** suivre; ~ **down** *vt* (*prey*) trouver et capturer; (*sth lost*) finir par retrouver; **~suit** *n* survêtement *m*

tract [trækt] *n* (*GEO*) étendue *f*, zone *f*; (*pamphlet*) tract *m*

traction ['trækʃən] *n* traction *f*; (*MED*): **in ~** en extension

tractor ['træktə*] *n* tracteur *m*

trade [treɪd] *n* commerce *m*; (*skill, job*) métier *m* ♦ *vi* faire du commerce ♦ *vt* (*exchange*): **to ~ sth (for sth)** échanger qch (contre qch); ~ **in** *vt* (*old car etc*) faire reprendre; ~ **fair** *n* foire(-exposition) commerciale; **~-in price** *n* prix *m* à la reprise; **~mark** *n* marque *f* de fabrique; ~ **name** *n* nom *m* de marque; **~r** *n* commerçant(e), négociant(e); **~sman** (*irreg*) *n* (*shopkeeper*) commerçant; ~ **union** *n* syndicat *m*; ~ **unionist** *n* syndicaliste *m/f*

tradition [trə'dɪʃən] *n* tradition *f*; **~al** *adj* traditionnel(le)

traffic ['træfɪk] *n* trafic *m*; (*cars*) circulation *f* ♦ *vi*: **to ~ in** (*pej*: *liquor, drugs*) faire le trafic de; ~ **circle** (*US*) *n* rond-point *m*; ~ **jam** *n* embouteillage *m*; ~ **lights** *npl* feux *mpl* (de signalisation); ~ **warden** *n* contractuel(le)

tragedy ['trædʒədɪ] *n* tragédie *f*

tragic ['trædʒɪk] *adj* tragique

trail [treɪl] *n* (*tracks*) trace *f*, piste *f*;

(*path*) chemin *m*, piste; (*of smoke etc*) traînée *f* ♦ *vt* traîner, tirer; (*follow*) suivre ♦ *vi* traîner; (*in game, contest*) être en retard; ~ **behind** *vi* traîner, être à la traîne; **~er** *n* (*AUT*) remorque *f*; (*US*) caravane *f*; (*CINEMA*) bande-annonce *f*; **~er truck** (*US*) *n* (camion *m*) semi-remorque *m*

train [treın] *n* train *m*; (*in underground*) rame *f*; (*of dress*) traîne *f* ♦ *vt* (*apprentice, doctor etc*) former; (*sportsman*) entraîner; (*dog*) dresser; (*memory*) exercer; (*point*: *gun etc*): **to ~ sth on** braquer qch sur ♦ *vi* suivre un formation; (*SPORT*) s'entraîner; **one's ~ of thought** le fil de sa pensée; **~ed** *adj* qualifié(e), qui a reçu une formation; (*animal*) dressé(e); **~ee** *n* stagiaire *m/f*; (*in trade*) apprenti(e); **~er** *n* (*SPORT*: *coach*) entraîneur(euse); (: *shoe*) chaussure *f* de sport; (*of dogs etc*) dresseur(euse); **~ing** *n* formation *f*; entraînement *m*; **in ~ing** (*SPORT*) à l'entraînement; (*fit*) en forme; **~ing college** *n* école professionnelle; (*for teachers*) ≈ école normale; **~ing shoes** *npl* chaussures *fpl* de sport

traipse [treıps] *vi*: **to ~ in/out** entrer/sortir d'un pas traînant

trait [treı(t)] *n* trait *m* (de caractère)

traitor ['treıtə*] *n* traître *m*

tram ['træm] (*BRIT*) *n* (*also*: **~car**) tram(way) *m*

tramp [træmp] *n* (*person*) vagabond(e), clochard(e); (*inf*: *pej*: *woman*): **to be a ~** être coureuse ♦ *vi* marcher d'un pas lourd

trample ['træmpl] *vt*: **to ~ (underfoot)** piétiner

trampoline ['træmpəli:n] *n* trampoline *m*

tranquil ['træŋkwıl] *adj* tranquille; **~lizer** (*US* **~izer**) *n* (*MED*) tranquillisant *m*

transact [træn'zækt] *vt* (*business*) traiter; **~ion** *n* transaction *f*

transatlantic ['trænzət'læntık] *adj* transatlantique

transfer [*n* 'trænsfə*, *vt* træns'fɜ:*] *n* (*gen, also SPORT*) transfert *m*; (*POL*: *of power*) passation *f*; (*picture, design*) décalcomanie *f*; (: *stick-on*) autocollant *m* ♦ *vt* transférer; passer; **to ~ the charges** (*BRIT*: *TEL*) téléphoner en P.C.V.

transform [træns'fɔ:m] *vt* transformer

transfusion [træns'fju:ʒən] *n* transfusion *f*

transient ['trænzıənt] *adj* transitoire, éphémère

transistor [træn'zıstə*] *n* (*ELEC, also*: ~ *radio*) transistor *m*

transit ['trænzıt] *n*: **in ~** en transit

transitive ['trænzıtıv] *adj* (*LING*) transitif(ive)

transit lounge *n* salle *f* de transit

translate [trænz'leıt] *vt* traduire; **translation** [trænz'leıʃən] *n* traduction *f*; **translator** [trænz'leıtə*] *n* traducteur(trice)

transmission [trænz'mıʃən] *n* transmission *f*

transmit [trænz'mıt] *vt* transmettre; (*RADIO, TV*) émettre

transparency [træns'pærənsı] *n* (*of glass etc*) transparence *f*; (*BRIT*: *PHOT*) diapositive *f*; **transparent** [træns'pærənt] *adj* transparent(e)

transpire [træns'paıə*] *vi* (*turn out*): **it ~d that ...** on a appris que ...; (*happen*) arriver

transplant [*vb* træns'plɑ:nt, *n* 'trænsplɑ:nt] *vt* transplanter; (*seedlings*) repiquer ♦ *n* (*MED*) transplantation *f*

transport [*n* 'trænspɔ:t, *vb* træns'pɔ:t] *n* transport *m*; (*car*) moyen *m* de transport, voiture *f* ♦ *vt* transporter; **~ation** [trænspɔ:'teıʃən] *n* transport *m*; (*means of ~*) moyen *m* de transport; **~ café** (*BRIT*) *n* ≈ restaurant *m* de routiers

trap [træp] *n* (*snare, trick*) piège *m*; (*carriage*) cabriolet *m* ♦ *vt* prendre au piège; (*confine*) coincer; **~ door** *n* trappe *f*

trapeze [trə'pi:z] *n* trapèze *m*

trappings ['træpɪŋz] *npl* ornements *mpl*; attributs *mpl*
trash [træʃ] (*pej*) *n* (*goods*) camelote *f*; (*nonsense*) sottises *fpl*; ~ **can** (*US*) *n* poubelle *f*
trauma ['trɔːmə] *n* traumatisme *m*; **~tic** *adj* traumatisant(e)
travel ['trævl] *n* voyage(s) *m(pl)* ♦ *vi* voyager; (*news, sound*) circuler, se propager ♦ *vt* (*distance*) parcourir; ~ **agency** *n* agence *f* de voyages; ~ **agent** *n* agent *m* de voyages; **~ler** (*US* **~er**) *n* voyageur(euse); **~ler's cheque** (*US* **~er's check**) *n* chèque *m* de voyage; **~ling** (*US* **~ing**) *n* voyage(s) *m(pl)*; ~ **sickness** *n* mal *m* de la route (*or* de mer *or* de l'air)
travesty ['trævəstɪ] *n* parodie *f*
trawler ['trɔːlə*] *n* chalutier *m*
tray [treɪ] *n* (*for carrying*) plateau *m*; (*on desk*) corbeille *f*
treacherous *adj* (*person, look*) traître(esse); (*ground, tide*) dont il faut se méfier
treachery ['tretʃərɪ] *n* traîtrise *f*
treacle ['triːkl] *n* mélasse *f*
tread [tred] (*pt* **trod**, *pp* **trodden**) *n* pas *m*; (*sound*) bruit *m* de pas; (*of tyre*) chape *f*, bande *f* de roulement ♦ *vi* marcher; ~ **on** *vt fus* marcher sur
treason ['triːzn] *n* trahison *f*
treasure ['treʒə*] *n* trésor *m* ♦ *vt* (*value*) tenir beaucoup à
treasurer ['treʒərə*] *n* trésorier(ère)
treasury ['treʒərɪ] *n*: **the T~**, (*US*) **the T~ Department** le ministère des Finances
treat [triːt] *n* petit cadeau, petite surprise ♦ *vt* traiter; **to ~ sb to sth** offrir qch à qn
treatment ['triːtmənt] *n* traitement *m*
treaty ['triːtɪ] *n* traité *m*
treble ['trebl] *adj* triple ♦ *vt, vi* tripler; ~ **clef** *n* (*MUS*) clé *f* de sol
tree [triː] *n* arbre *m*
trek [trek] *n* (*long*) voyage; (*on foot*) (longue) marche, tirée *f*
tremble ['trembl] *vi* trembler
tremendous [trə'mendəs] *adj* (*enormous*) énorme, fantastique; (*excellent*) formidable
tremor ['tremə*] *n* tremblement *m*; (*also*: *earth* ~) secousse *f* sismique
trench [trentʃ] *n* tranchée *f*
trend [trend] *n* (*tendency*) tendance *f*; (*of events*) cours *m*; (*fashion*) mode *f*; **~y** *adj* (*idea, person*) dans le vent; (*clothes*) dernier cri *inv*
trepidation [trepɪ'deɪʃən] *n* vive agitation *or* inquiétude *f*
trespass ['trespəs] *vi*: **to ~ on** s'introduire sans permission dans; **"no ~ing"** "propriété privée", "défense d'entrer"
trestle ['tresl] *n* tréteau *m*
trial ['traɪəl] *n* (*LAW*) procès *m*, jugement *m*; (*test*: *of machine etc*) essai *m*; **~s** *npl* (*unpleasant experiences*) épreuves *fpl*; **to be on ~** (*LAW*) passer en jugement; **by ~ and error** par tâtonnements; ~ **period** *n* période *f* d'essai
triangle ['traɪæŋgl] *n* (*MATH, MUS*) triangle *m*
tribe [traɪb] *n* tribu *f*; **~sman** (*irreg*) *n* membre *m* d'une tribu
tribunal [traɪ'bjuːnl] *n* tribunal *m*
tributary ['trɪbjʊtərɪ] *n* (*river*) affluent *m*
tribute ['trɪbjuːt] *n* tribut *m*, hommage *m*; **to pay ~ to** rendre hommage à
trice [traɪs] *n*: **in a ~** en un clin d'œil
trick [trɪk] *n* (*magic* ~) tour *m*; (*joke, prank*) tour, farce *f*; (*skill, knack*) astuce *f*, truc *m*; (*CARDS*) levée *f* ♦ *vt* attraper, rouler; **to play a ~ on sb** jouer un tour à qn; **that should do the ~** ça devrait faire l'affaire; **~ery** *n* ruse *f*
trickle ['trɪkl] *n* (*of water etc*) filet *m* ♦ *vi* couler en un filet *or* goutte à goutte
tricky ['trɪkɪ] *adj* difficile, délicat(e)
tricycle ['traɪsɪkl] *n* tricycle *m*
trifle ['traɪfl] *n* bagatelle *f*; (*CULIN*) ≈ diplomate *m* ♦ *adv*: **a ~ long** un peu long; **trifling** *adj* insignifiant(e)

trigger ['trɪgə*] *n* (*of gun*) gâchette *f*; ~ **off** *vt* déclencher
trim [trɪm] *adj* (*house, garden*) bien tenu(e); (*figure*) svelte ♦ *n* (*haircut etc*) légère coupe; (*on car*) garnitures *fpl* ♦ *vt* (*cut*) couper légèrement; (*NAUT*: *a sail*) gréer; (*decorate*): to ~ (**with**) décorer (de); ~**mings** *npl* (*CULIN*) garniture *f*
trinket ['trɪŋkɪt] *n* bibelot *m*; (*piece of jewellery*) colifichet *m*
trip [trɪp] *n* voyage *m*; (*excursion*) excursion *f*; (*stumble*) faux pas ♦ *vi* faire un faux pas, trébucher; (*go lightly*) marcher d'un pas léger; **on a** ~ en voyage; ~ **up** *vi* trébucher ♦ *vt* faire un croc-en-jambe à
tripe [traɪp] *n* (*CULIN*) tripes *fpl*; (*pej*: *rubbish*) idioties *fpl*
triple ['trɪpl] *adj* triple; ~**ts** ['trɪplɪts] *npl* triplés(ées); **triplicate** ['trɪplɪkɪt] *n*: **in triplicate** en trois exemplaires
tripod ['traɪpɒd] *n* trépied *m*
trite [traɪt] (*pej*) *adj* banal(e)
triumph ['traɪʌmf] *n* triomphe *m* ♦ *vi*: to ~ (**over**) triompher (de)
trivia ['trɪvɪə] (*pej*) *npl* futilités *fpl*
trivial ['trɪvɪəl] *adj* insignifiant(e); (*commonplace*) banal(e)
trod [trɒd] *pt of* **tread**
trodden ['trɒdn] *pp of* **tread**
trolley ['trɒlɪ] *n* chariot *m*
trombone [trɒm'bəʊn] *n* trombone *m*
troop [tru:p] *n* bande *f*, groupe *m* ♦ *vi*: ~ **in/out** entrer/sortir en groupe; ~**s** *npl* (*MIL*) troupes *fpl*; (: *men*) hommes *mpl*, soldats *mpl*; ~**ing the colour** (*BRIT*) *n* (*ceremony*) le salut au drapeau
trophy ['trəʊfɪ] *n* trophée *m*
tropic ['trɒpɪk] *n* tropique *m*; ~**al** *adj* tropical(e)
trot [trɒt] *n* trot *m* ♦ *vi* trotter; **on the** ~ (*BRIT*: *fig*) d'affilée
trouble ['trʌbl] *n* difficulté(s) *f(pl)*, problème(s) *m(pl)*; (*worry*) ennuis *mpl*, soucis *mpl*; (*bother, effort*) peine *f*; (*POL*) troubles *mpl*; (*MED*): **stomach** *etc* ~ troubles gastriques *etc* ♦ *vt* (*disturb*) déranger, gêner; (*worry*) inquiéter ♦ *vi*: **to** ~ **to do** prendre la peine de faire; ~**s** *npl* (*POL etc*) troubles *mpl*; (*personal*) ennuis, soucis; **to be in** ~ avoir des ennuis; (*ship, climber etc*) être en difficulté; **what's the** ~? qu'est-ce qui ne va pas?; ~**d** *adj* (*person*) inquiet(ète); (*epoch, life*) agité(e); ~**maker** *n* élément perturbateur, fauteur *m* de troubles; ~**shooter** *n* (*in conflict*) médiateur *m*; ~**some** *adj* (*child*) fatigant(e), difficile; (*cough etc*) gênant(e)
trough [trɒf] *n* (*also*: *drinking* ~) abreuvoir *m*; (: *feeding* ~) auge *f*; (*depression*) creux *m*
trousers ['traʊzəz] *npl* pantalon *m*; **short** ~ culottes courtes
trout [traʊt] *n inv* truite *f*
trowel ['traʊəl] *n* truelle *f*; (*garden tool*) déplantoir *m*
truant ['trʊənt] (*BRIT*) *n*: **to play** ~ faire l'école buissonnière
truce [tru:s] *n* trêve *f*
truck [trʌk] *n* camion *m*; (*RAIL*) wagon *m* à plate-forme; ~ **driver** *n* camionneur *m*; ~ **farm** (*US*) *n* jardin maraîcher
trudge [trʌdʒ] *vi* marcher lourdement, se traîner
true [tru:] *adj* vrai(e); (*accurate*) exact(e); (*genuine*) vrai, véritable; (*faithful*) fidèle; **to come** ~ se réaliser
truffle ['trʌfl] *n* truffe *f*
truly ['tru:lɪ] *adv* vraiment, réellement; (*truthfully*) sans mentir; *see also* **yours**
trump [trʌmp] *n* (*also*: ~ *card*) atout *m*; ~**ed up** *adj* inventé(e) (de toutes pièces)
trumpet ['trʌmpɪt] *n* trompette *f*
truncheon ['trʌntʃən] (*BRIT*) *n* bâton *m* (d'agent de police); matraque *f*
trundle ['trʌndl] *vt, vi*: **to** ~ **along** rouler lentement (et bruyamment)
trunk [trʌŋk] *n* (*of tree, person*)

tronc *m*; (*of elephant*) trompe *f*; (*case*) malle *f*; (*US*: *AUT*) coffre *m*; ~s *npl* (*also*: *swimming* ~s) maillot *m or* slip *m* de bain

truss [trʌs] *n* (*MED*) bandage *m* herniaire ♦ *vt*: to ~ **(up)** (*CULIN*) brider, trousser

trust [trʌst] *n* confiance *f*; (*responsibility*) charge *f*; (*LAW*) fidéicommis *m* ♦ *vt* (*rely on*) avoir confiance en; (*hope*) espérer; (*entrust*): **to** ~ **sth to sb** confier qch à qn; **to take sth on** ~ accepter qch les yeux fermés; **~ed** *adj* en qui l'on a confiance; **~ee** *n* (*LAW*) fidéicommissaire *m/f*; (*of school etc*) administrateur(trice); **~ful, ~ing** *adj* confiant(e); **~worthy** *adj* digne de confiance

truth [tru:θ, *pl* tru:ðz] *n* vérité *f*; **~ful** *adj* (*person*) qui dit la vérité; (*answer*) sincère

try [traɪ] *n* essai *m*, tentative *f*; (*RUGBY*) essai ♦ *vt* (*attempt*) essayer, tenter; (*test*: *sth new*: *also*: ~ *out*) essayer, tester; (*LAW*: *person*) juger; (*strain*) éprouver ♦ *vi* essayer; **to have a** ~ essayer; **to** ~ **to do** essayer de faire; (*seek*) chercher à faire; ~ **on** *vt* (*clothes*) essayer; **~ing** *adj* pénible

T-shirt ['ti:ʃɜ:t] *n* tee-shirt *m*

T-square ['ti:skwɛə*] *n* équerre *f* en T, té *m*

tub [tʌb] *n* cuve *f*; (*for washing clothes*) baquet *m*; (*bath*) baignoire *f*

tubby ['tʌbɪ] *adj* rondelet(te)

tube [tju:b] *n* tube *m*; (*BRIT*: *underground*) métro *m*; (*for tyre*) chambre *f* à air

TUC *n abbr* (*BRIT*: = *Trades Union Congress*) *confédération f des syndicats britanniques*

tuck [tʌk] *vt* (*put*) mettre; ~ **away** *vt* cacher, ranger; ~ **in** *vt* rentrer; (*child*) border ♦ *vi* (*eat*) manger (de bon appétit); ~ **up** *vt* (*child*) border; ~ **shop** (*BRIT*) *n* boutique *f* à provisions (*dans une école*)

Tuesday ['tju:zdeɪ] *n* mardi *m*

tuft [tʌft] *n* touffe *f*

tug [tʌg] *n* (*ship*) remorqueur *m* ♦ *vt* tirer (sur); **~-of-war** *n* lutte *f* à la corde; (*fig*) lutte acharnée

tuition [tju:'ɪʃən] *n* (*BRIT*) leçons *fpl*; (: *private* ~) cours particuliers; (*US*: *school fees*) frais *mpl* de scolarité

tulip ['tju:lɪp] *n* tulipe *f*

tumble ['tʌmbl] *n* (*fall*) chute *f*, culbute *f* ♦ *vi* tomber, dégringoler; to ~ to sth (*inf*) réaliser qch; **~down** *adj* délabré(e); ~ **dryer** (*BRIT*) *n* séchoir *m* à air chaud

tumbler ['tʌmblə*] *n* (*glass*) verre (droit), gobelet *m*

tummy ['tʌmɪ] (*inf*) *n* ventre *m*

tumour ['tju:mə*] (*US tumor*) *n* tumeur *f*

tuna ['tju:nə] *n inv* (*also*: ~ *fish*) thon *m*

tune [tju:n] *n* (*melody*) air *m* ♦ *vt* (*MUS*) accorder; (*RADIO, TV, AUT*) régler; **to be in/out of** ~ (*instrument*) être accordé/désaccordé; (*singer*) chanter juste/faux; **to be in/out of** ~ **with** (*fig*) être en accord/désaccord avec; ~ **in** *vi* (*RADIO, TV*): **to** ~ **in (to)** se mettre à l'écoute (de); ~ **up** *vi* (*musician*) accorder son instrument; **~ful** *adj* mélodieux(euse); **~r** *n*: **piano ~r** accordeur *m* (de pianos)

tunic ['tju:nɪk] *n* tunique *f*

Tunisia [tju:nɪzɪə] *n* Tunisie *f*

tunnel ['tʌnl] *n* tunnel *m*; (*in mine*) galerie *f* ♦ *vi* percer un tunnel

turbulence ['tɜ:bjʊləns] *n* (*AVIAT*) turbulence *f*

tureen [tjʊ'ri:n] *n* (*for soup*) soupière *f*; (*for vegetables*) légumier *m*

turf [tɜ:f] *n* gazon *m*; (*clod*) motte *f* (de gazon) ♦ *vt* gazonner; ~ **out** (*inf*) *vt* (*person*) jeter dehors

turgid ['tɜ:dʒɪd] *adj* (*speech*) pompeux(euse)

Turk [tɜ:k] *n* Turc(Turque) *m(f)*

Turkey ['tɜ:kɪ] *n* Turquie *f*

turkey ['tɜ:kɪ] *n* dindon *m*, dinde *f*

Turkish ['tɜ:kɪʃ] *adj* turc(turque) ♦ *n* (*LING*) turc *m*

turmoil ['tɜ:mɔɪl] *n* trouble *m*, bouleversement *m*; **in ~** en émoi, en effervescence

turn [tɜ:n] *n* tour *m*; (*in road*) tournant *m*; (*of mind, events*) tournure *f*; (*performance*) numéro *m*; (*MED*) crise *f*, attaque *f* ♦ *vt* tourner; (*collar, steak*) retourner; (*change*): **to ~ sth into** changer qch en ♦ *vi* (*object, wind, milk*) tourner; (*person*: *look back*) se (re)tourner; (*reverse direction*) faire demi-tour; (*become*) devenir; (*age*) atteindre; **to ~ into** se changer en; **a good ~** un service; **it gave me quite a ~** ça m'a fait un coup; **"no left ~"** (*AUT*) "défense de tourner à gauche"; **it's your ~** c'est (à) votre tour; **in ~** à son tour; à tour de rôle; **to take ~s (at)** se relayer (pour *or* à); **~ away** *vi* se détourner ♦ *vt* (*applicants*) refuser; **~ back** *vi* revenir, faire demi-tour ♦ *vt* (*person, vehicle*) faire faire demi-tour à; (*clock*) reculer; **~ down** *vt* (*refuse*) rejeter, refuser; (*reduce*) baisser; (*fold*) rabattre; **~ in** *vi* (*inf*: *go to bed*) aller se coucher ♦ *vt* (*fold*) rentrer; **~ off** *vi* (*from road*) tourner ♦ *vt* (*light, radio etc*) éteindre; (*tap*) fermer; (*engine*) arrêter; **~ on** *vt* (*light, radio etc*) allumer; (*tap*) ouvrir; (*engine*) mettre en marche; **~ out** *vt* (*light, gas*) éteindre; (*produce*) produire ♦ *vi* (*voters, troops etc*) se présenter; **to ~ out to be** ... s'avérer ..., se révéler ...; **~ over** *vi* (*person*) se retourner ♦ *vt* (*object*) retourner; (*page*) tourner; **~ round** *vi* faire demi-tour; (*rotate*) tourner; **~ up** *vi* (*person*) arriver, se pointer (*inf*); (*lost object*) être retrouvé(e) ♦ *vt* (*collar*) remonter; (*radio, heater*) mettre plus fort; **~ing** *n* (*in road*) tournant *m*; **~ing point** *n* (*fig*) tournant *m*, moment décisif

turnip ['tɜ:nɪp] *n* navet *m*

turnout ['tɜ:nəʊt] *n* (*of voters*) taux *m* de participation

turnover ['tɜ:nəʊvə*] *n* (*COMM*: *amount of money*) chiffre *m* d'affaires; (: *of goods*) roulement *m*; (*of staff*) renouvellement *m*, changement *m*

turnpike ['tɜ:npaɪk] (*US*) *n* autoroute *f* à péage

turnstile ['tɜ:nstaɪl] *n* tourniquet *m* (*d'entrée*)

turntable ['tɜ:nteɪbl] *n* (*on record player*) platine *f*

turn-up ['tɜ:nʌp] (*BRIT*) *n* (*on trousers*) revers *m*

turpentine ['tɜ:pəntaɪn] *n* (*also*: *turps*) (essence *f* de) térébenthine *f*

turquoise ['tɜ:kwɔɪz] *n* (*stone*) turquoise *f* ♦ *adj* turquoise *inv*

turret ['tʌrɪt] *n* tourelle *f*

turtle ['tɜ:tl] *n* tortue marine *or* d'eau douce; **~neck (sweater)** *n* (*BRIT*) pullover *m* à col montant; (*US*) pullover à col roulé

tusk [tʌsk] *n* défense *f*

tussle ['tʌsl] *n* bagarre *f*, mêlée *f*

tutor ['tju:tə*] *n* (*in college*) directeur(trice) d'études; (*private teacher*) précepteur(trice); **~ial** [tju:'tɔ:rɪəl] *n* (*SCOL*) (séance *f* de) travaux *mpl* pratiques

tuxedo [tʌk'si:dəʊ] (*US*) *n* smoking *m*

TV ['ti:'vi:] *n abbr* (= *television*) télé *f*

twang [twæŋ] *n* (*of instrument*) son vibrant; (*of voice*) ton nasillard

tweed [twi:d] *n* tweed *m*

tweezers ['twi:zəz] *npl* pince *f* à épiler

twelfth [twelfθ] *num* douzième

twelve [twelv] *num* douze; **at ~ (o'clock)** à midi; (*midnight*) à minuit

twentieth ['twentɪɪθ] *num* vingtième

twenty ['twentɪ] *num* vingt

twice [twaɪs] *adv* deux fois; **~ as much** deux fois plus

twiddle ['twɪdl] *vt, vi*: **to ~ (with) sth** tripoter qch; **to ~ one's thumbs** (*fig*) se tourner les pouces

twig [twɪg] *n* brindille *f* ♦ *vi* (*inf*) piger

twilight ['twaılaıt] *n* crépuscule *m*
twin [twın] *adj, n* jumeau(elle) ♦ *vt* jumeler; **~(-bedded) room** *n* chambre *f* à deux lits
twine [twaın] *n* ficelle *f* ♦ *vi* (*plant*) s'enrouler
twinge [twındʒ] *n* (*of pain*) élancement *m*; **a ~ of conscience** un certain remords; **a ~ of regret** un pincement au cœur
twinkle ['twıŋkl] *vi* scintiller; (*eyes*) pétiller
twirl [twɜ:l] *vt* faire tournoyer ♦ *vi* tournoyer
twist [twıst] *n* torsion *f*, tour *m*; (*in road*) virage *m*; (*in wire, flex*) tortillon *m*; (*in story*) coup *m* de théâtre ♦ *vt* tordre; (*weave*) entortiller; (*roll around*) enrouler; (*fig*) déformer ♦ *vi* (*road, river*) serpenter
twit [twıt] (*inf*) *n* crétin(e)
twitch [twıtʃ] *n* (*pull*) coup sec, saccade *f*; (*nervous*) tic *m* ♦ *vi* se convulser; avoir un tic
two [tu:] *num* deux; **to put ~ and ~ together** (*fig*) faire le rapprochement; **~-door** *adj* (*AUT*) à deux portes; **~-faced** (*pej*) *adj* (*person*) faux(fausse); **~fold** *adv*: **to increase ~fold** doubler; **~-piece (suit)** *n* (*man's*) costume *m* (deux-pièces); (*woman's*) (tailleur *m*) deux-pièces *m inv*; **~-piece (swimsuit)** *n* (maillot *m* de bain) deux-pièces *m inv*; **~some** *n* (*people*) couple *m*; **~-way** *adj* (*traffic*) dans les deux sens
tycoon [taı'ku:n] *n*: **(business) ~** gros homme d'affaires
type [taıp] *n* (*category*) type *m*, genre *m*, espèce *f*; (*model, example*) type *m*, modèle *m*; (*TYP*) type, caractère *m* ♦ *vt* (*letter etc*) taper (à la machine); **~-cast** *adj* (*actor*) condamné(e) à toujours jouer le même rôle; **~face** *n* (*TYP*) œil *m* de caractère; **~script** *n* texte dactylographié; **~writer** *n* machine *f* à écrire; **~written** *adj* dactylographié(e)
typhoid ['taıfɔıd] *n* typhoïde *f*
typical ['tıpıkəl] *adj* typique, caractéristique
typing ['taıpıŋ] *n* dactylo(graphie) *f*
typist ['taıpıst] *n* dactylo *m/f*
tyrant ['taıərnt] *n* tyran *m*
tyre [taıə*] (*US* **tire**) *n* pneu *m*; **~ pressure** *n* pression *f* (de gonflage)

U

U-bend ['ju:'bend] *n* (*in pipe*) coude *m*
ubiquitous *adj* omniprésent(e)
udder ['ʌdə*] *n* pis *m*, mamelle *f*
UFO ['ju:fəu] *n abbr* (= *unidentified flying object*) ovni *m*
Uganda [ju:'gændə] *n* Ouganda *m*
ugh [ɜ:h] *excl* pouah!
ugly ['ʌglı] *adj* laid(e), vilain(e); (*situation*) inquiétant(e)
UK *n abbr* = **United Kingdom**
ulcer ['ʌlsə*] *n* ulcère *m*; (*also*: *mouth* ~) aphte *f*
Ulster ['ʌlstə*] *n* Ulster *m*; (*inf*: *Northern Ireland*) Irlande *f* du Nord
ulterior [ʌl'tıərıə*] *adj*: **~ motive** arrière-pensée *f*
ultimate ['ʌltımət] *adj* ultime, final(e); (*authority*) suprême; **~ly** *adv* en fin de compte; finalement
ultrasound ['ʌltrə'saund] *n* ultrason *m*
umbilical cord [ʌm'bılıkl-] *n* cordon ombilical
umbrella [ʌm'brelə] *n* parapluie *m*; (*for sun*) parasol *m*
umpire ['ʌmpaıə*] *n* arbitre *m*
umpteen ['ʌmpti:n] *adj* je ne sais combien de; **~th** *adj*: **for the ~th time** pour la nième fois
UN *n abbr* = **United Nations**
unable ['ʌn'eıbl] *adj*: **to be ~ to** ne pas pouvoir, être dans l'impossibilité de; (*incapable*) être incapable de
unaccompanied ['ʌnə'kʌmpənıd] *adj* (*child, lady*) non accompagné(e); (*song*) sans accompagnement
unaccountably ['ʌnə'kauntəblı] *adv* inexplicablement

unaccustomed ['ʌnə'kʌstəmd] *adj*: to be ~ to sth ne pas avoir l'habitude de qch
unanimous [juː'nænɪməs] *adj* unanime; **~ly** *adv* à l'unanimité
unarmed [ʌn'ɑːmd] *adj* (*without a weapon*) non armé(e); (*combat*) sans armes
unashamed [ʌnə'ʃeɪmd] *adj* effronté(e), impudent(e)
unassuming [ʌnə'sjuːmɪŋ] *adj* modeste, sans prétentions
unattached ['ʌnə'tætʃt] *adj* libre, sans attaches; (*part*) non attaché(e), indépendant(e)
unattended ['ʌnə'tendɪd] *adj* (*car, child, luggage*) sans surveillance
unattractive [ʌnə'træktɪv] *adj* peu attrayant(e); (*character*) peu sympathique
unauthorized ['ʌn'ɔːθəraɪzd] *adj* non autorisé(e), sans autorisation
unavoidable [ʌnə'vɔɪdəbl] *adj* inévitable
unaware ['ʌnə'wɛə*] *adj*: to be ~ of ignorer, être inconscient(e) de; **~s** *adv* à l'improviste, au dépourvu
unbalanced ['ʌn'bælənst] *adj* déséquilibré(e); (*report*) peu objectif(ive)
unbearable [ʌn'bɛərəbl] *adj* insupportable
unbeatable [ʌn'biːtəbl] *adj* imbattable
unbeknown(st) ['ʌnbɪ'nəun(st)] *adv*: ~ to me/Peter à mon insu/l'insu de Peter
unbelievable [ʌnbɪ'liːvəbl] *adj* incroyable
unbend ['ʌn'bend] (*irreg*) *vi* se détendre ♦ *vt* (*wire*) redresser, détordre
unbiased [ʌn'baɪəst] *adj* impartial(e)
unborn [ʌn'bɔːn] *adj* à naître, qui n'est pas encore né(e)
unbreakable ['ʌn'breɪkəbl] *adj* incassable
unbroken ['ʌn'brəukən] *adj* intact(e); (*fig*) continu(e), ininterrompu(e)
unbutton ['ʌn'bʌtn] *vt* déboutonner
uncalled-for [ʌn'kɔːldfɔː*] *adj* déplacé(e), injustifié(e)
uncanny [ʌn'kænɪ] *adj* étrange, troublant(e)
unceasing [ʌn'siːsɪŋ] *adj* incessant(e), continu(e)
unceremonious ['ʌnserɪ'məunɪəs] *adj* (*abrupt, rude*) brusque
uncertain [ʌn'sɜːtn] *adj* incertain(e); (*hesitant*) hésitant(e); **in no ~ terms** sans équivoque possible; **~ty** *n* incertitude *f*, doute(s) *m(pl)*
unchecked ['ʌn'tʃekt] *adv* sans contrôle *or* opposition
uncivilized ['ʌn'sɪvɪlaɪzd] *adj* (*gen*) non civilisé(e); (*fig*: *behaviour etc*) barbare; (*hour*) indu(e)
uncle ['ʌŋkl] *n* oncle *m*
uncomfortable [ʌn'kʌmfətəbl] *adj* inconfortable, peu confortable; (*uneasy*) mal à l'aise, gêné(e); (*situation*) désagréable
uncommon [ʌn'kɒmən] *adj* rare, singulier(ère), peu commun(e)
uncompromising [ʌn'kɒmprəmaɪzɪŋ] *adj* intransigeant(e), inflexible
unconcerned [ʌnkən'sɜːnd] *adj*: to be ~ (about) ne pas s'inquiéter (de)
unconditional ['ʌnkən'dɪʃənl] *adj* sans conditions
unconscious [ʌn'kɒnʃəs] *adj* sans connaissance, évanoui(e); (*unaware*): ~ of inconscient(e) de ♦ *n*: the ~ l'inconscient *m*; **~ly** *adv* inconsciemment
uncontrollable ['ʌnkən'trəuləbl] *adj* indiscipliné(e); (*temper, laughter*) irrépressible
unconventional [ʌnkən'venʃənl] *adj* peu conventionnel(le)
uncouth [ʌn'kuːθ] *adj* grossier(ère), fruste
uncover [ʌn'kʌvə*] *vt* découvrir
undecided ['ʌndɪ'saɪdɪd] *adj* indécis(e), irrésolu(e)
under ['ʌndə*] *prep* sous; (*less than*) (de) moins de; au-dessous de; (*ac-*

cording to) selon, en vertu de ♦ *adv* au-dessous; en dessous; ~ **there** là-dessous; ~ **repair** en (cours de) réparation
under: ~age *adj* (*person*) qui n'a pas l'âge réglementaire; **~carriage** *n* (*AVIAT*) train *m* d'atterrissage; **~charge** *vt* ne pas faire payer assez à; **~coat** *n* (*paint*) couche *f* de fond; **~cover** *adj* secret(ète), clandestin(e); **~current** *n* courant *or* sentiment sous-jacent; **~cut** (*irreg*) *vt* vendre moins cher que; **~dog** *n* opprimé *m*; **~done** *adj* (*CULIN*) saignant(e); (*pej*) pas assez cuit(e); **~estimate** *vt* sous-estimer; **~fed** *adj* sous-alimenté(e); **~foot** *adv* sous les pieds; **~go** (*irreg*) *vt* subir; (*treatment*) suivre; **~graduate** *n* étudiant(e) (qui prépare la licence); **~ground** *n* (*BRIT*: *railway*) métro *m*; (*POL*) clandestinité *f* ♦ *adj* souterrain(e); (*fig*) clandestin(e) ♦ *adv* dans la clandestinité, clandestinement; **~growth** *n* broussailles *fpl*, sous-bois *m*; **~hand(ed)** *adj* (*fig*: *behaviour, method etc*) en dessous; **~lie** (*irreg*) *vt* être à la base de; **~line** *vt* souligner; **~ling** (*pej*) *n* sous-fifre *m*, subalterne *m*; **~mine** *vt* saper, miner; **~neath** [ʌndə'ni:θ] *adv* (en) dessous ♦ *prep* sous, au-dessous de; **~paid** *adj* sous-payé(e); **~pants** *npl* caleçon *m*, slip *m*; **~pass** (*BRIT*) *n* passage souterrain; (*on motorway*) passage inférieur; **~privileged** ['ʌndə'prɪvɪlɪdʒd] *adj* défavorisé(e), économiquement faible; **~rate** *vt* sous-estimer; **~shirt** (*US*) *n* tricot *m* de corps; **~shorts** (*US*) *npl* caleçon *m*, slip *m*; **~side** *n* dessous *m*; **~skirt** (*BRIT*) *n* jupon *m*
understand [ʌndə'stænd] (*irreg*: *like* **stand**) *vt, vi* comprendre; **I ~ that ...** je me suis laissé dire que ...; je crois comprendre que ...; **~able** *adj* compréhensible; **~ing** *adj* compréhensif(ive) ♦ *n* compréhension *f*; (*agreement*) accord *m*
understatement ['ʌndəsteɪtmənt] *n*: **that's an ~** c'est (bien) peu dire, le terme est faible
understood [ʌndə'stud] *pt, pp of* **understand** ♦ *adj* entendu(e); (*implied*) sous-entendu(e)
understudy ['ʌndəstʌdɪ] *n* doublure *f*
undertake [ʌndə'teɪk] (*irreg*) *vt* entreprendre; se charger de; **to ~ to do sth** s'engager à faire qch
undertaker ['ʌndəteɪkə*] *n* entrepreneur *m* des pompes funèbres, croque-mort *m*
undertaking [ʌndə'teɪkɪŋ] *n* entreprise *f*; (*promise*) promesse *f*
undertone ['ʌndətəun] *n*: **in an ~** à mi-voix
under: ~water ['ʌndə'wɔ:tə*] *adv* sous l'eau ♦ *adj* sous-marin(e); **~wear** ['ʌndəwɛə*] *n* sous-vêtements *mpl*; (*women's only*) dessous *mpl*; **~world** ['ʌndəwɜ:ld] *n* (*of crime*) milieu *m*, pègre *f*; **~writer** ['ʌndəraɪtə*] *n* (*INSURANCE*) assureur *m*
undies ['ʌndɪz] (*inf*) *npl* dessous *mpl*, lingerie *f*
undiplomatic [ʌndɪplə'mætɪk] *adj* peu diplomatique
undo ['ʌn'du:] (*irreg*) *vt* défaire; **~ing** *n* ruine *f*, perte *f*
undoubted [ʌn'dautɪd] *adj* indubitable, certain(e); **~ly** *adv* sans aucun doute
undress ['ʌn'dres] *vi* se déshabiller
undue ['ʌndju:] *adj* indu(e), excessif(ive)
undulating ['ʌndjuleɪtɪŋ] *adj* ondoyant(e), onduleux(euse)
unduly ['ʌn'dju:lɪ] *adv* trop, excessivement
unearth ['ʌn'ɜ:θ] *vt* déterrer; (*fig*) dénicher
unearthly [ʌn'ɜ:θlɪ] *adj* (*hour*) indu(e), impossible
uneasy [ʌn'i:zɪ] *adj* mal à l'aise, gêné(e); (*worried*) inquiet(ète); (*feeling*) désagréable; (*peace, truce*) fragile
uneconomic(al) [ʌni:kə'nɔmɪk(l)] *adj* peu économique

uneducated [ʌn'ɛdjukeɪtɪd] *adj* (*person*) sans instruction
unemployed ['ʌnɪm'plɔɪd] *adj* sans travail, en *or* au chômage ♦ *n*: **the** ~ les chômeurs *mpl*; **unemployment** ['ʌnɪm'plɔɪmənt] *n* chômage *m*
unending [ʌn'endɪŋ] *adj* interminable, sans fin
unerring ['ʌn'ɜːrɪŋ] *adj* infaillible, sûr(e)
uneven ['ʌn'iːvən] *adj* inégal(e); irrégulier(ère)
unexpected [ʌnɪk'spektɪd] *adj* inattendu(e), imprévu(e); **~ly** *adv* (*arrive*) à l'improviste; (*succeed*) contre toute attente
unfailing [ʌn'feɪlɪŋ] *adj* inépuisable; infaillible
unfair ['ʌn'fɛə*] *adj*: ~ **(to)** injuste (envers)
unfaithful ['ʌn'feɪθful] *adj* infidèle
unfamiliar [ʌnfə'mɪlɪə*] *adj* étrange, inconnu(e); **to be** ~ **with** mal connaître
unfashionable [ʌn'fæʃnəbl] *adj* (*clothes*) démodé(e); (*place*) peu chic *inv*
unfasten ['ʌn'fɑːsn] *vt* défaire; détacher; (*open*) ouvrir
unfavourable ['ʌn'feɪvərəbl] (*US* **unfavorable**) *adj* défavorable
unfeeling [ʌn'fiːlɪŋ] *adj* insensible, dur(e)
unfinished [ʌn'fɪnɪʃt] *adj* inachevé(e)
unfit ['ʌn'fɪt] *adj* en mauvaise santé; pas en forme; (*incompetent*): ~ **(for)** impropre (à); (*work, service*) inapte (à)
unfold [ʌn'fəuld] *vt* déplier ♦ *vi* se dérouler
unforeseen ['ʌnfɔː'siːn] *adj* imprévu(e)
unforgettable [ʌnfə'getəbl] *adj* inoubliable
unfortunate [ʌn'fɔːtʃnət] *adj* malheureux(euse); (*event, remark*) malencontreux(euse); **~ly** *adv* malheureusement
unfounded ['ʌn'faundɪd] *adj* sans fondement
unfriendly ['ʌn'frendlɪ] *adj* inamical(e), peu aimable
ungainly [ʌn'geɪnlɪ] *adj* gauche, dégingandé(e)
ungodly [ʌn'gɒdlɪ] *adj* (*hour*) indu(e)
ungrateful [ʌn'greɪtful] *adj* ingrat(e)
unhappiness [ʌn'hæpɪnəs] *n* tristesse *f*, peine *f*
unhappy [ʌn'hæpɪ] *adj* triste, malheureux(euse); ~ **about** *or* **with** (*arrangements etc*) mécontent(e) de, peu satisfait(e) de
unharmed ['ʌn'hɑːmd] *adj* indemne, sain(e) et sauf(sauve)
unhealthy [ʌn'helθɪ] *adj* malsain(e); (*person*) maladif(ive)
unheard-of [ʌn'hɜːdɒv] *adj* inouï(e), sans précédent
unhurt [ʌn'hɜːt] *adj* indemne
unidentified [ʌnaɪ'dentɪfaɪd] *adj* non identifié(e); *see also* **UFO**
uniform ['juːnɪfɔːm] *n* uniforme *m* ♦ *adj* uniforme
uninhabited [ʌnɪn'hæbɪtɪd] *adj* inhabité(e)
unintentional [ʌnɪn'tɛnʃənəl] *adj* involontaire
union ['juːnjən] *n* union *f*; (*also*: *trade* ~) syndicat *m* ♦ *cpd* du syndicat, syndical(e); **U~ Jack** *n drapeau du Royaume-Uni*
unique [juː'niːk] *adj* unique
unison ['juːnɪsn] *n*: **in** ~ (*sing*) à l'unisson; (*say*) en chœur
unit ['juːnɪt] *n* unité *f*; (*section*: *of furniture etc*) élément *m*, bloc *m*; **kitchen** ~ élément de cuisine
unite [juː'naɪt] *vt* unir ♦ *vi* s'unir; **~d** *adj* uni(e); unifié(e); (*effort*) conjugué(e); **U~d Kingdom** *n* Royaume-Uni *m*; **U~d Nations (Organization)** *n* (Organisation *f* des) Nations unies; **U~d States (of America)** *n* États-Unis *mpl*
unit trust (*BRIT*) *n* fonds commun de placement
unity ['juːnɪtɪ] *n* unité *f*
universal [juːnɪ'vɜːsəl] *adj* univer-

sel(le)
universe ['ju:nɪvɜ:s] *n* univers *m*
university [ju:nɪ'vɜ:sɪtɪ] *n* université *f*
unjust ['ʌn'dʒʌst] *adj* injuste
unkempt ['ʌn'kempt] *adj* négligé(e), débraillé(e); (*hair*) mal peigné(e)
unkind [ʌn'kaɪnd] *adj* peu gentil(le), méchant(e)
unknown ['ʌn'nəʊn] *adj* inconnu(e)
unlawful [ʌn'lɔ:fʊl] *adj* illégal(e)
unleaded [ʌn'ledɪd] *adj* (*petrol, fuel*) sans plomb
unleash ['ʌn'li:ʃ] *vt* (*fig*) déchaîner, déclencher
unless [ən'les] *conj*: ~ **he leaves** à moins qu'il ne parte
unlike ['ʌn'laɪk] *adj* dissemblable, différent(e) ♦ *prep* contrairement à
unlikely [ʌn'laɪklɪ] *adj* improbable; invraisemblable
unlimited [ʌn'lɪmɪtɪd] *adj* illimité(e)
unlisted [ʌn'lɪstɪd] (*US*) *adj* (*TEL*) sur la liste rouge
unload ['ʌn'ləʊd] *vt* décharger
unlock ['ʌn'lɒk] *vt* ouvrir
unlucky [ʌn'lʌkɪ] *adj* (*person*) malchanceux(euse); (*object, number*) qui porte malheur; **to be** ~ (*person*) ne pas avoir de chance
unmarried ['ʌn'mærɪd] *adj* célibataire
unmistak(e)able [ʌnmɪs'teɪkəbl] *adj* indubitable; qu'on ne peut pas ne pas reconnaître
unmitigated [ʌn'mɪtɪgeɪtɪd] *adj* non mitigé(e), absolu(e), pur(e)
unnatural [ʌn'nætʃrəl] *adj* non naturel(le); (*habit*) contre nature
unnecessary ['ʌn'nesəsərɪ] *adj* inutile, superflu(e)
unnoticed [ʌn'nəʊtɪst] *adj*: **(to go** *or* **pass)** ~ (passer) inaperçu(e)
UNO ['ju:nəʊ] *n abbr* = **United Nations Organization**
unobtainable ['ʌnəb'teɪnəbl] *adj* impossible à obtenir
unobtrusive [ʌnəb'tru:sɪv] *adj* discret(ète)
unofficial [ʌnə'fɪʃl] *adj* (*news*) officieux(euse); (*strike*) sauvage
unorthodox [ʌn'ɔ:θədɔks] *adj* peu orthodoxe; (*REL*) hétérodoxe
unpack ['ʌn'pæk] *vi* défaire sa valise ♦ *vt* (*suitcase*) défaire; (*belongings*) déballer
unpalatable [ʌn'pælətəbl] *adj* (*meal*) mauvais(e); (*truth*) désagréable (à entendre)
unparalleled [ʌn'pærəleld] *adj* incomparable, sans égal
unpleasant [ʌn'pleznt] *adj* déplaisant(e), désagréable
unplug ['ʌn'plʌg] *vt* débrancher
unpopular [ʌn'pɒpjʊlə*] *adj* impopulaire
unprecedented [ʌn'presɪdəntɪd] *adj* sans précédent
unpredictable [ʌnprɪ'dɪktəbl] *adj* imprévisible
unprofessional [ʌnprə'feʃənl] *adj*: ~ **conduct** manquement *m* aux devoirs de la profession
unqualified ['ʌn'kwɒlɪfaɪd] *adj* (*teacher*) non diplômé(e), sans titres; (*success, disaster*) sans réserve, total(e)
unquestionably [ʌn'kwestʃənəblɪ] *adv* incontestablement
unravel [ʌn'rævəl] *vt* démêler
unreal ['ʌn'rɪəl] *adj* irréel(le); (*extraordinary*) incroyable; **~istic** [ʌnrɪə'lɪstɪk] *adj* irréaliste; peu réaliste
unreasonable [ʌn'ri:znəbl] *adj* qui n'est pas raisonnable
unrelated [ʌnrɪ'leɪtɪd] *adj* sans rapport; sans lien de parenté
unrelenting [ʌnrɪ'lentɪŋ] *adj* implacable
unreliable [ʌnrɪ'laɪəbl] *adj* sur qui (*or* quoi) on ne peut pas compter, peu fiable
unremitting [ʌnrɪ'mɪtɪŋ] *adj* inlassable, infatigable, acharné(e)
unreservedly [ʌnrɪ'zɜ:vɪdlɪ] *adv* sans réserve
unrest [ʌn'rest] *n* agitation *f*, troubles *mpl*
unroll ['ʌn'rəʊl] *vt* dérouler

unruly [ʌn'ru:lı] *adj* indiscipliné(e)
unsafe ['ʌn'seıf] *adj* (*in danger*) en danger; (*journey, car*) dangereux(euse)
unsaid ['ʌn'sed] *adj*: **to leave sth ~** passer qch sous silence
unsatisfactory ['ʌnsætıs'fæktərı] *adj* peu satisfaisant(e)
unsavoury ['ʌn'seıvərı] (*US* **unsavory**) *adj* (*fig*) peu recommandable
unscathed [ʌn'skeıðd] *adj* indemne
unscrew ['ʌn'skru:] *vt* dévisser
unscrupulous [ʌn'skru:pjʊləs] *adj* sans scrupules
unsettled ['ʌn'setld] *adj* perturbé(e); instable
unshaven ['ʌn'ʃeıvn] *adj* non *or* mal rasé(e)
unsightly [ʌn'saıtlı] *adj* disgracieux(euse), laid(e)
unskilled ['ʌn'skıld] *adj*: **~ worker** manœuvre *m*
unspeakable [ʌn'spi:kəbl] *adj* indicible; (*awful*) innommable
unstable [ʌn'steıbl] *adj* instable
unsteady [ʌn'stedı] *adj* mal assuré(e), chancelant(e), instable
unstuck ['ʌn'stʌk] *adj*: **to come ~** se décoller; (*plan*) tomber à l'eau
unsuccessful ['ʌnsək'sesful] *adj* (*attempt*) infructueux(euse), vain(e); (*writer, proposal*) qui n'a pas de succès; **to be ~** (*in attempting sth*) ne pas réussir; ne pas avoir de succès; (*application*) ne pas être retenu(e)
unsuitable ['ʌn'su:təbl] *adj* qui ne convient pas, peu approprié(e); inopportun(e)
unsure [ʌn'ʃʊə*] *adj* pas sûr(e); **to be ~ of o.s.** manquer de confiance en soi
unsuspecting [ʌnsə'spɛktıŋ] *adj* qui ne se doute de rien
unsympathetic ['ʌnsımpə'θetık] *adj* (*person*) antipathique; (*attitude*) peu compatissant(e)
untapped ['ʌn'tæpt] *adj* (*resources*) inexploité(e)
unthinkable [ʌn'θıŋkəbl] *adj* impensable, inconcevable
untidy [ʌn'taıdı] *adj* (*room*) en désordre; (*appearance, person*) débraillé(e); (*person: in character*) sans ordre, désordonné
untie ['ʌn'taı] *vt* (*knot, parcel*) défaire; (*prisoner, dog*) détacher
until [ən'tıl] *prep* jusqu'à; (*after negative*) avant ♦ *conj* jusqu'à ce que *+sub*; (*in past, after negative*) avant que *+sub*; **~ he comes** jusqu'à ce qu'il vienne, jusqu'à son arrivée; **~ now** jusqu'à présent, jusqu'ici; **~ then** jusque-là
untimely [ʌn'taımlı] *adj* inopportun(e); (*death*) prématuré(e)
untold ['ʌn'təʊld] *adj* (*story*) jamais raconté(e); (*wealth*) incalculable; (*joy, suffering*) indescriptible
untoward [ʌntə'wɔ:d] *adj* fâcheux(euse), malencontreux(euse)
unused[1] [ʌn'ju:zd] *adj* (*clothes*) neuf(neuve)
unused[2] [ʌn'ju:st] *adj*: **to be unused to sth/to doing sth** ne pas avoir l'habitude de qch/de faire qch
unusual [ʌn'ju:ʒʊəl] *adj* insolite, exceptionnel(le), rare
unveil [ʌn'veıl] *vt* dévoiler
unwanted [ʌn'wɔntıd] *adj* (*child, pregnancy*) non désiré(e); (*clothes etc*) à donner
unwelcome [ʌn'welkəm] *adj* importun(e); (*news*) fâcheux(euse)
unwell ['ʌn'wel] *adj* souffrant(e); **to feel ~** ne pas se sentir bien
unwieldy [ʌn'wi:ldı] *adj* (*object*) difficile à manier; (*system*) lourd(e)
unwilling ['ʌn'wılıŋ] *adj*: **to be ~ to do** ne pas vouloir faire; **~ly** *adv* à contrecœur, contre son gré
unwind ['ʌn'waınd] (*irreg*) *vt* dérouler ♦ *vi* (*relax*) se détendre
unwise [ʌn'waız] *adj* irréfléchi(e), imprudent(e)
unwitting [ʌn'wıtıŋ] *adj* involontaire
unworkable [ʌn'wɜ:kəbl] *adj* (*plan*) impraticable
unworthy [ʌn'wɜ:ðı] *adj* indigne
unwrap ['ʌn'ræp] *vt* défaire; ouvrir
unwritten ['ʌn'rıtn] *adj* (*agreement*)

tacite

KEYWORD

up [ʌp] *prep*: **he went ~ the stairs/the hill** il a monté l'escalier/la colline; **the cat was ~ a tree** le chat était dans un arbre; **they live further ~ the street** ils habitent plus haut dans la rue
♦ *adv* **1** (*upwards, higher*): **~ in the sky/the mountains** (là-haut) dans le ciel/les montagnes; **put it a bit higher ~** mettez-le un peu plus haut; **~ there** là-haut; **~ above** au-dessus
2: **to be ~** (*out of bed*) être levé(e); (*prices*) avoir augmenté *or* monté
3: **~ to** (*as far as*) jusqu'à; **~ to now** jusqu'à présent
4: **to be ~ to** (*depending on*) c'est à vous de décider; (*equal to*): **he's not ~ to it** (*job, task etc*) il n'en est pas capable; (*inf*: *be doing*): **what is he ~ to?** qu'est-ce qu'il peut bien faire?
♦ *n*: **~s and downs** hauts et bas *mpl*

up-and-coming [ʌpənd'kʌmɪŋ] *adj* plein(e) d'avenir *or* de promesses
upbringing ['ʌpbrɪŋɪŋ] *n* éducation *f*
update [ʌp'deɪt] *vt* mettre à jour
upgrade *vt* (*house*) moderniser; (*job*) revaloriser; (*employee*) promouvoir
upheaval [ʌp'hi:vəl] *n* bouleversement *m*; branle-bas *m*; crise *f*
uphill ['ʌp'hɪl] *adj* qui monte; (*fig*: *task*) difficile, pénible ♦ *adv* (*face, look*) en amont; **to go ~** monter
uphold [ʌp'həuld] (*irreg*) *vt* (*law, decision*) maintenir
upholstery [ʌp'həulstərɪ] *n* rembourrage *m*; (*cover*) tissu *m* d'ameublement; (*of car*) garniture *f*
upkeep ['ʌpki:p] *n* entretien *m*
upon [ə'pɒn] *prep* sur
upper ['ʌpə*] *adj* supérieur(e); du dessus ♦ *n* (*of shoe*) empeigne *f*; **~-class** *adj* de la haute société, aristocratique; **~ hand** *n*: **to have the ~ hand** avoir le dessus; **~most** *adj* le(la) plus haut(e); **what was ~most in my mind** ce à quoi je pensais surtout
upright ['ʌpraɪt] *adj* droit(e); vertical(e); (*fig*) droit, honnête
uprising ['ʌp'raɪzɪŋ] *n* soulèvement *m*, insurrection *f*
uproar ['ʌprɔ:*] *n* tumulte *m*; (*protests*) tempête *f* de protestations
uproot [ʌp'ru:t] *vt* déraciner
upset [*n* 'ʌpset, *vb, adj* ʌp'set] (*irreg*: *like* **set**) *n* bouleversement *m*; (*stomach* ~) indigestion *f* ♦ *vt* (*glass etc*) renverser; (*plan*) déranger; (*person*: *offend*) contrarier; (: *grieve*) faire de la peine à; bouleverser ♦ *adj* contrarié(e); peiné(e); (*stomach*) dérangé(e)
upshot ['ʌpʃɒt] *n* résultat *m*
upside-down ['ʌpsaɪd'daun] *adv* à l'envers; **to turn ~** mettre sens dessus dessous
upstairs ['ʌp'stɛəz] *adv* en haut ♦ *adj* (*room*) du dessus, d'en haut ♦ *n*: **the ~** l'étage *m*
upstart ['ʌpstɑ:t] (*pej*) *n* parvenu(e)
upstream ['ʌp'stri:m] *adv* en amont
uptake ['ʌpteɪk] *n*: **to be quick/slow on the ~** comprendre vite/être lent à comprendre
uptight ['ʌp'taɪt] (*inf*) *adj* très tendu(e), crispé(e)
up-to-date ['ʌptə'deɪt] *adj* moderne; (*information*) très récent(e)
upturn ['ʌptɜ:n] *n* (*in luck*) retournement *m*; (*COMM*: *in market*) hausse *f*
upward ['ʌpwəd] *adj* ascendant(e); vers le haut; **~(s)** *adv* vers le haut; **~(s) of 200** 200 et plus
urban ['ɜ:bən] *adj* urbain(e); **~e** [ɜ:'beɪn] *adj* urbain(e), courtois(e)
urchin ['ɜ:tʃɪn] *n* polisson *m*
urge [ɜ:dʒ] *n* besoin *m*; envie *f*; forte envie, désir *m* ♦ *vt*: **to ~ sb to do** exhorter qn à faire, pousser qn à faire; recommander vivement à qn de faire

urgency ['ɜːdʒənsɪ] *n* urgence *f*; (*of tone*) insistance *f*
urgent ['ɜːdʒənt] *adj* urgent(e); (*tone*) insistant(e), pressant(e)
urinal *n* urinoir *m*; (*vessel*) urinal *m*
urine ['juərɪn] *n* urine *f*
urn [ɜːn] *n* urne *f*; (*also*: *tea* ~) fontaine *f* à thé
US *n abbr* = **United States**
us [ʌs] *pron* **nous**; *see also* **me**
USA *n abbr* = **United States of America**
use [*n* juːs, *vb* juːz] *n* emploi *m*, utilisation *f*; usage *m*; (*usefulness*) utilité *f* ♦ *vt* se servir de, utiliser, employer; **in** ~ en usage; **out of** ~ hors d'usage; **to be of** ~ servir, être utile; **it's no** ~ ça ne sert à rien; **she** ~**d to do it** elle le faisait (autrefois), elle avait coutume de le faire; ~**d to**: **to be** ~**d to** avoir l'habitude de, être habitué(e) à; ~ **up** *vt* finir, épuiser; consommer; ~**d** *adj* (*car*) d'occasion; ~**ful** *adj* utile; ~**fulness** *n* utilité *f*; ~**less** *adj* inutile; (*person*: *hopeless*) nul(le); ~**r** *n* utilisateur(trice), usager *m*; ~**r-friendly** *adj* (*computer*) convivial(e), facile d'emploi
usher ['ʌʃə*] *n* (*at wedding ceremony*) placeur *m*; ~**ette** [ʌʃə'ret] *n* (*in cinema*) ouvreuse *f*
usual ['juːʒuəl] *adj* habituel(le); **as** ~ comme d'habitude; ~**ly** *adv* d'habitude, d'ordinaire
utensil [juː'tensl] *n* ustensile *m*
uterus ['juːtərəs] *n* utérus *m*
utility [juː'tɪlɪtɪ] *n* utilité *f*; (*also*: *public* ~) service public; ~ **room** *n* buanderie *f*
utmost ['ʌtməust] *adj* extrême, le(la) plus grand(e) ♦ *n*: **to do one's** ~ faire tout son possible
utter ['ʌtə*] *adj* total(e), complet(ète) ♦ *vt* (*words*) prononcer, proférer; (*sounds*) émettre; ~**ance** *n* paroles *fpl*; ~**ly** *adv* complètement, totalement
U-turn ['juː'tɜːn] *n* demi-tour *m*

V

v. *abbr* = **verse; versus; volt;** (= *vide*) voir
vacancy ['veɪkənsɪ] *n* (*BRIT*: *job*) poste vacant; (*room*) chambre *f* disponible
vacant ['veɪkənt] *adj* (*seat etc*) libre, disponible; (*expression*) distrait(e); ~ **lot** (*US*) *n* terrain inoccupé; (*for sale*) terrain à vendre
vacate [və'keɪt] *vt* quitter
vacation [və'keɪʃən] *n* vacances *fpl*
vaccinate ['væksɪneɪt] *vt* vacciner
vacuum ['vækjum] *n* vide *m*; ~ **cleaner** *n* aspirateur *m*; ~**-packed** *adj* emballé(e) sous vide
vagina [və'dʒaɪnə] *n* vagin *m*
vagrant ['veɪgrənt] *n* vagabond(e)
vague [veɪg] *adj* vague, imprécis(e); (*blurred*: *photo, outline*) flou(e); ~**ly** *adv* vaguement
vain [veɪn] *adj* (*useless*) vain(e); (*conceited*) vaniteux(euse); **in** ~ en vain
valentine ['væləntaɪn] *n* (*also*: ~ *card*) carte *f* de la Saint-Valentin; (*person*) bien-aimé(e) (*le jour de la Sainte-Valentin*)
valiant ['vælɪənt] *adj* vaillant(e)
valid ['vælɪd] *adj* valable; (*document*) valable, valide
valley ['vælɪ] *n* vallée *f*
valour ['vælə*] (*US* **valor**) *n* courage *m*
valuable ['væljuəbl] *adj* (*jewel*) de valeur; (*time, help*) précieux(euse); ~**s** *npl* objets *mpl* de valeur
valuation [vælju'eɪʃən] *n* (*price*) estimation *f*; (*quality*) appréciation *f*
value ['væljuː] *n* valeur *f* ♦ *vt* (*fix price*) évaluer, expertiser; (*appreciate*) apprécier; ~ **added tax** (*BRIT*) *n* taxe *f* à la valeur ajoutée; ~**d** *adj* (*person*) estimé(e); (*advice*) précieux(euse)
valve [vælv] *n* (*in machine*) soupape *f*, valve *f*; (*MED*) valve, valvule *f*

van [væn] *n* (*AUT*) camionnette *f*
vandal ['vændl] *n* vandale *m/f*; **~ism** *n* vandalisme *m*; **~ize** ['vændəlaɪz] *vt* saccager
vanguard ['vængɑːd] *n* (*fig*): **in the ~ of** à l'avant-garde de
vanilla [və'nɪlə] *n* vanille *f*
vanish ['vænɪʃ] *vi* disparaître
vanity ['vænɪtɪ] *n* vanité *f*
vantage point ['vɑːntɪdʒ-] *n* bonne position
vapour ['veɪpə*] (*US* **vapor**) *n* vapeur *f*; (*on window*) buée *f*
variable ['vɛərɪəbl] *adj* variable; (*mood*) changeant(e)
variance ['vɛərɪəns] *n*: **to be at ~ (with)** être en désaccord (avec); (*facts*) être en contradiction (avec)
varicose ['værɪkəus] *adj*: **~ veins** varices *fpl*
varied ['vɛərɪd] *adj* varié(e), divers(e)
variety [və'raɪətɪ] *n* variété *f*; (*quantity*) nombre *m*, quantité *f*; **~ show** *n* (spectacle *m* de) variétés *fpl*
various ['vɛərɪəs] *adj* divers(e), différent(e); (*several*) divers, plusieurs
varnish ['vɑːnɪʃ] *n* vernis *m* ♦ *vt* vernir
vary ['vɛərɪ] *vt, vi* varier, changer
vase [vɑːz] *n* vase *m*
Vaseline ['væsɪliːn] (®) *n* vaseline *f*
vast [vɑːst] *adj* vaste, immense; (*amount, success*) énorme
VAT [væt] *n abbr* (= *value added tax*) TVA *f*
vat [væt] *n* cuve *f*
vault [vɔːlt] *n* (*of roof*) voûte *f*; (*tomb*) caveau *m*; (*in bank*) salle *f* des coffres; chambre forte ♦ *vt* (*also*: *~ over*) sauter (d'un bond)
vaunted ['vɔːntɪd] *adj*: **much-vaunted** tant vanté(e)
VCR *n abbr* = **video cassette recorder**
VD *n abbr* = **venereal disease**
VDU *n abbr* = **visual display unit**
veal [viːl] *n* veau *m*
veer [vɪə*] *vi* tourner; virer
vegetable ['vedʒətəbl] *n* légume *m* ♦ *adj* végétal(e)
vegetarian [vedʒɪ'tɛərɪən] *adj, n* végétarien(ne)
vehement ['viːɪmənt] *adj* violent(e), impétueux(euse); (*impassioned*) ardent(e)
vehicle ['viːɪkl] *n* véhicule *m*
veil [veɪl] *n* voile *m*
vein [veɪn] *n* veine *f*; (*on leaf*) nervure *f*
velvet ['velvɪt] *n* velours *m*
vending machine ['vendɪŋ-] *n* distributeur *m* automatique
veneer [və'nɪə*] *n* (*on furniture*) placage *m*; (*fig*) vernis *m*
venereal [vɪ'nɪərɪəl] *adj*: **~ disease** maladie vénérienne
Venetian blind [vɪ'niːʃən-] *n* store vénitien
vengeance ['vendʒəns] *n* vengeance *f*; **with a ~** (*fig*) vraiment, pour de bon
venison ['venɪsn] *n* venaison *f*
venom ['venəm] *n* venin *m*
vent [vent] *n* conduit *m* d'aération; (*in dress, jacket*) fente *f* ♦ *vt* (*fig*: *one's feelings*) donner libre cours à
ventilator ['ventɪleɪtə*] *n* ventilateur *m*
ventriloquist [ven'trɪləkwɪst] *n* ventriloque *m/f*
venture ['ventʃə*] *n* entreprise *f* ♦ *vt* risquer, hasarder ♦ *vi* s'aventurer, se risquer
venue ['venjuː] *n* lieu *m*
verb [vɜːb] *n* verbe *m*; **~al** *adj* verbal(e); (*translation*) littéral(e)
verbatim [vɜː'beɪtɪm] *adj, adv* mot pour mot
verdict ['vɜːdɪkt] *n* verdict *m*
verge [vɜːdʒ] *n* (*BRIT*) bord *m*, bas-côté *m*; **"soft ~s"** (: *AUT*) "accotement non stabilisé"; **on the ~ of doing** sur le point de faire; **~ on** *vt fus* approcher de
verify ['verɪfaɪ] *vt* vérifier; (*confirm*) confirmer
vermin ['vɜːmɪn] *npl* animaux *mpl* nuisibles; (*insects*) vermine *f*
vermouth ['vɜːməθ] *n* vermouth *m*

versatile ['vɜːsətaɪl] *adj* polyvalent(e)
verse [vɜːs] *n* (*poetry*) vers *mpl*; (*stanza*) strophe *f*; (*in Bible*) verset *m*
version ['vɜːʃən] *n* version *f*
versus ['vɜːsəs] *prep* contre
vertical ['vɜːtɪkəl] *adj* vertical(e) ♦ *n* verticale *f*
vertigo ['vɜːtɪgəʊ] *n* vertige *m*
verve [vɜːv] *n* brio *m*; enthousiasme *m*
very ['verɪ] *adv* très ♦ *adj*: **the ~ book which** le livre même que; **the ~ last** le tout dernier; **at the ~ least** tout au moins; **~ much** beaucoup
vessel ['vesl] *n* (*ANAT, NAUT*) vaisseau *m*; (*container*) récipient *m*
vest [vest] *n* (*BRIT*) tricot *m* de corps; (*US*: *waistcoat*) gilet *m*
vested interest ['vestɪd-] *n* (*COMM*) droits acquis
vet [vet] *n abbr* (*BRIT*: = *veterinary surgeon*) vétérinaire *m/f* ♦ *vt* examiner soigneusement
veteran ['vetərn] *n* vétéran *m*; (*also*: *war* ~) ancien combattant
veterinarian [vetrə'neərɪən] (*US*) *n* = veterinary surgeon
veterinary surgeon ['vetrɪnərɪ-] (*BRIT*) *n* vétérinaire *m/f*
veto ['viːtəʊ] (*pl* ~es) *n* veto *m* ♦ *vt* opposer son veto à
vex [veks] *vt* fâcher, contrarier; **~ed** *adj* (*question*) controversé(e)
via ['vaɪə] *prep* par, via
viable ['vaɪəbl] *adj* viable
vibrate [vaɪ'breɪt] *vi* vibrer
vicar ['vɪkə*] *n* pasteur *m* (*de l'Eglise anglicane*); **~age** *n* presbytère *m*
vicarious [vɪ'keərɪəs] *adj* indirect(e)
vice [vaɪs] *n* (*evil*) vice *m*; (*TECH*) étau *m*
vice- *prefix* vice-
vice squad *n* ≈ brigade mondaine
vice versa ['vaɪsɪ'vɜːsə] *adv* vice versa
vicinity [vɪ'sɪnɪtɪ] *n* environs *mpl*, alentours *mpl*
vicious ['vɪʃəs] *adj* (*remark*) cruel(le), méchant(e); (*blow*) brutal(e); (*dog*) méchant(e), dangereux(euse); (*horse*) vicieux(euse); **~ circle** *n* cercle vicieux
victim ['vɪktɪm] *n* victime *f*
victor ['vɪktə*] *n* vainqueur *m*
Victorian [vɪk'tɔːrɪən] *adj* victorien(ne)
victory ['vɪktərɪ] *n* victoire *f*
video ['vɪdɪəʊ] *cpd* vidéo *inv* ♦ *n* (~ *film*) vidéo *f*; (*also*: ~ *cassette*) vidéocassette *f*; (: ~ *cassette recorder*) magnétoscope *m*; **~ tape** *n* bande *f* vidéo *inv*; (*cassette*) vidéocassette *f*
vie [vaɪ] *vi*: **to ~ with** rivaliser avec
Vienna [vɪ'enə] *n* Vienne
Vietnam [vjet'næm] *n* Viêt-nam *m*, Vietnam *m*; **~ese** [vjetnə'miːz] *adj* vietnamien(ne) ♦ *n inv* Vietnamien(ne); (*LING*) vietnamien *m*
view [vjuː] *n* vue *f*; (*opinion*) avis *m*, vue ♦ *vt* voir, regarder; (*situation*) considérer; (*house*) visiter; **in full ~ of** sous les yeux de; **in ~ of the weather/the fact that** étant donné le temps/que; **in my ~** à mon avis; **~er** *n* (*TV*) téléspectateur(trice); **~finder** *n* viseur *m*; **~point** *n* point *m* de vue
vigorous ['vɪgərəs] *adj* vigoureux(euse)
vile [vaɪl] *adj* (*action*) vil(e); (*smell, food*) abominable; (*temper*) massacrant(e)
villa ['vɪlə] *n* villa *f*
village ['vɪlɪdʒ] *n* village *m*; **~r** *n* villageois(e)
villain ['vɪlən] *n* (*scoundrel*) scélérat *m*; (*BRIT*: *criminal*) bandit *m*; (*in novel etc*) traître *m*
vindicate ['vɪndɪkeɪt] *vt* (*person*) innocenter; (*action*) justifier
vindictive [vɪn'dɪktɪv] *adj* vindicatif(ive), rancunier(ère)
vine [vaɪn] *n* vigne *f*; (*climbing plant*) plante grimpante
vinegar ['vɪnɪgə*] *n* vinaigre *m*

vineyard ['vɪnjəd] *n* vignoble *m*
vintage ['vɪntɪdʒ] *n* (*year*) année *f*, millésime *m*; ~ **car** *n* voiture *f* d'époque; ~ **wine** *n* vin *m* de grand cru
viola [vɪ'əulə] *n* (*MUS*) alto *m*
violate ['vaɪəleɪt] *vt* violer
violence ['vaɪələns] *n* violence *f*
violent ['vaɪələnt] *adj* violent(e)
violet ['vaɪələt] *adj* violet(te) ♦ *n* (*colour*) violet *m*; (*plant*) violette *f*
violin [vaɪə'lɪn] *n* violon *m*; **~ist** *n* violoniste *m/f*
VIP *n abbr* (= *very important person*) V.I.P. *m*
virgin ['vɜːdʒɪn] *n* vierge *f* ♦ *adj* vierge
Virgo ['vɜːgəu] *n* la Vierge
virile ['vɪraɪl] *adj* viril(e)
virtually ['vɜːtjuəlɪ] *adv* (*almost*) pratiquement
virtual reality *n* (*COMPUT*) réalité virtuelle
virtue ['vɜːtjuː] *n* vertu *f*; (*advantage*) mérite *m*, avantage *m*; **by** ~ **of** en vertu *or* en raison de; **virtuous** ['vɜːtjuəs] *adj* vertueux(euse)
virus ['vaɪərəs] *n* (*also*: *COMPUT*) virus *m*
visa ['viːzə] *n* visa *m*
visibility [vɪzɪ'bɪlɪtɪ] *n* visibilité *f*
visible ['vɪzəbl] *adj* visible
vision ['vɪʒən] *n* (*sight*) vue *f*, vision *f*; (*foresight, in dream*) vision
visit ['vɪzɪt] *n* visite *f*; (*stay*) séjour *m* ♦ *vt* (*person*) rendre visite à; (*place*) visiter; **~ing hours** *npl* (*in hospital etc*) heures *fpl* de visite; **~or** *n* visiteur(euse); (*to one's house*) visite *f*, invité(e)
visor ['vaɪzə*] *n* visière *f*
vista ['vɪstə] *n* vue *f*
visual ['vɪzjuəl] *adj* visuel(le); ~ **aid** *n* support visuel; ~ **display unit** *n* console *f* de visualisation, visuel *m*; **~ize** ['vɪzjuəlaɪz] *vt* se représenter, s'imaginer
vital ['vaɪtl] *adj* vital(e); (*person*) plein(e) d'entrain; **~ly** *adv* (*important*) absolument; ~ **statistics** *npl* (*fig*) mensurations *fpl*
vitamin ['vɪtəmɪn] *n* vitamine *f*
vivacious [vɪ'veɪʃəs] *adj* animé(e), qui a de la vivacité
vivid ['vɪvɪd] *adj* (*account*) vivant(e); (*light, imagination*) vif(vive); **~ly** *adv* (*describe*) d'une manière vivante; (*remember*) de façon précise
V-neck ['viː'nek] *n* décolleté *m* en V
vocabulary [vəu'kæbjulərɪ] *n* vocabulaire *m*
vocal ['vəukəl] *adj* vocal(e); (*articulate*) qui sait s'exprimer; ~ **cords** *npl* cordes vocales
vocation [vəu'keɪʃən] *n* vocation *f*; **~al** *adj* professionnel(le)
vociferous [vəu'sɪfərəs] *adj* bruyant(e)
vodka ['vɒdkə] *n* vodka *f*
vogue [vəug] *n*: **in** ~ en vogue *f*
voice [vɔɪs] *n* voix *f* ♦ *vt* (*opinion*) exprimer, formuler
void [vɔɪd] *n* vide *m* ♦ *adj* nul(le); ~ of vide de, dépourvu(e) de
volatile ['vɒlətaɪl] *adj* volatil(e); (*person*) versatile; (*situation*) explosif(ive)
volcano [vɒl'keɪnəu] (*pl* **~es**) *n* volcan *m*
volition [və'lɪʃən] *n*: **of one's own** ~ de son propre gré
volley ['vɒlɪ] *n* (*of gunfire*) salve *f*; (*of stones etc*) grêle *f*, volée *f*; (*of questions*) multitude *f*, série *f*; (*TENNIS etc*) volée *f*; **~ball** *n* volley(-ball) *m*
volt [vəult] *n* volt *m*; **~age** *n* tension *f*, voltage *m*
volume ['vɒljuːm] *n* volume *m*
voluntarily *adv* volontairement
voluntary ['vɒləntərɪ] *adj* volontaire; (*unpaid*) bénévole
volunteer [vɒlən'tɪə*] *n* volontaire *m/f* ♦ *vt* (*information*) fournir (spontanément) ♦ *vi* (*MIL*) s'engager comme volontaire; **to** ~ **to do** se proposer pour faire
vomit ['vɒmɪt] *vt, vi* vomir
vote [vəut] *n* vote *m*, suffrage *m*; (*cast*) voix *f*, vote; (*franchise*) droit *m* de vote ♦ *vt* (*elect*): **to be ~d**

chairman *etc* être élu président *etc*; (*propose*): to ~ that proposer que ♦ *vi* voter; ~ **of thanks** discours *m* de remerciement; ~**r** *n* électeur(trice); **voting** ['vəutɪŋ] *n* scrutin *m*, vote *m*

voucher ['vautʃə*] *n* (*for meal, petrol, gift*) bon *m*

vouch for [vautʃ] *vt fus* se porter garant de

vow [vau] *n* vœu *m*, serment *m* ♦ *vi* jurer

vowel ['vauəl] *n* voyelle *f*

voyage ['vɔɪɪdʒ] *n* voyage *m* par mer, traversée *f*; (*by spacecraft*) voyage

vulgar ['vʌlgə*] *adj* vulgaire

vulnerable ['vʌlnərəbl] *adj* vulnérable

vulture ['vʌltʃə*] *n* vautour *m*

W

wad [wɒd] *n* (*of cotton wool, paper*) tampon *m*; (*of banknotes etc*) liasse *f*

waddle ['wɒdl] *vi* se dandiner

wade [weɪd] *vi*: to ~ **through** marcher dans, patauger dans; (*fig*: *book*) s'evertuer à lire

wafer ['weɪfə*] *n* (*CULIN*) gaufrette *f*

waffle ['wɒfl] *n* (*CULIN*) gaufre *f*; (*inf*) verbiage *m*, remplissage *m* ♦ *vi* parler pour ne rien dire, faire du remplissage

waft [wɑːft] *vt* porter ♦ *vi* flotter

wag [wæg] *vt* agiter, remuer ♦ *vi* remuer

wage [weɪdʒ] *n* (*also*: ~*s*) salaire *m*, paye *f* ♦ *vt*: to ~ **war** faire la guerre; ~ **earner** *n* salarié(e); ~ **packet** *n* (enveloppe *f* de) paye *f*

wager ['weɪdʒə*] *n* pari *m*

waggle ['wægl] *vt, vi* remuer

wag(g)on ['wægən] *n* (*horse-drawn*) chariot *m*; (*BRIT*: *RAIL*) wagon *m* (de marchandises)

wail [weɪl] *vi* gémir; (*siren*) hurler

waist [weɪst] *n* taille *f*; ~**coat** (*BRIT*) *n* gilet *m*; ~**line** *n* (tour *m* de) taille *f*

wait [weɪt] *n* attente *f* ♦ *vi* attendre; to **keep sb** ~**ing** faire attendre qn; to ~ **for** attendre; **I can't** ~ **to ...** (*fig*) je meurs d'envie de ...; ~ **behind** *vi* rester (à attendre); ~ **on** *vt fus* servir; ~**er** *n* garçon *m* (de café), serveur *m*; ~**ing** *n*: **"no ~ing"** (*BRIT*: *AUT*) "stationnement interdit"; ~**ing list** *n* liste *f* d'attente; ~**ing room** *n* salle *f* d'attente; ~**ress** *n* serveuse *f*

waive [weɪv] *vt* renoncer à, abandonner

wake [weɪk] (*pt* **woke**, ~**d**, *pp* **woken**, ~**d**) *vt* (*also*: ~ *up*) réveiller ♦ *vi* (also: ~ **up**) se réveiller ♦ *n* (*for dead person*) veillée *f* mortuaire; (*NAUT*) sillage *m*

Wales [weɪlz] *n* pays *m* de Galles; **the Prince of** ~ le prince de Galles

walk [wɔːk] *n* promenade *f*; (*short*) petit tour; (*gait*) démarche *f*; (*path*) chemin *m*; (*in park etc*) allée *f* ♦ *vi* marcher; (*for pleasure, exercise*) se promener ♦ *vt* (*distance*) faire à pied; (*dog*) promener; **10 minutes'** ~ **from** à 10 minutes à pied de; **from all** ~**s of life** de toutes conditions sociales; ~ **out** *vi* (*audience*) sortir, quitter la salle; (*workers*) se mettre en grève; ~ **out on** (*inf*) *vt fus* quitter, plaquer; ~**er** *n* (*person*) marcheur(euse); ~**ie-talkie** *n* talkie-walkie *m*; ~**ing** *n* marche *f* à pied; ~**ing shoes** *npl* chaussures *fpl* de marche; ~**ing stick** *n* canne *f*; ~**out** *n* (*of workers*) grève-surprise *f*; ~**over** (*inf*) *n* victoire *f or* examen *m etc* facile; ~**way** *n* promenade *f*

wall [wɔːl] *n* mur *m*; (*of tunnel, cave etc*) paroi *m*; ~**ed** *adj* (*city*) fortifié(e); (*garden*) entouré(e) d'un mur, clos(e)

wallet ['wɒlɪt] *n* portefeuille *m*

wallflower ['wɔːlflauə*] *n* giroflée *f*; to be a ~ (*fig*) faire tapisserie

wallop ['wɒləp] (*BRIT*: *inf*) *vt* donner un grand coup à

wallow ['wɒləu] *vi* se vautrer

wallpaper ['wɔːlpeɪpə*] *n* papier peint ♦ *vt* tapisser
walnut ['wɔːlnʌt] *n* noix *f*; (*tree, wood*) noyer *m*
walrus ['wɔːlrəs] (*pl* ~ *or* ~es) *n* morse *m*
waltz [wɔːlts] *n* valse *f* ♦ *vi* valser
wan [wɒn] *adj* pâle; triste
wand [wɒnd] *n* (*also*: *magic* ~) baguette *f* (magique)
wander ['wɒndə*] *vi* (*person*) errer; (*thoughts*) vagabonder, errer ♦ *vt* errer dans
wane [weɪn] *vi* (*moon*) décroître; (*reputation*) décliner
wangle ['wæŋgl] (*BRIT*: *inf*) *vt* se débrouiller pour avoir; carotter
want [wɒnt] *vt* vouloir; (*need*) avoir besoin de ♦ *n*: **for ~ of** par manque de, faute de; **~s** *npl* (*needs*) besoins *mpl*; **to ~ to do** vouloir faire; **to ~ sb to do** vouloir que qn fasse; **~ed** *adj* (*criminal*) recherché(e) par la police; **"cook ~ed"** "on recherche un cuisinier"; **~ing** *adj*: **to be found ~ing** ne pas être à la hauteur
wanton ['wɒntən] *adj* (*gratuitous*) gratuit(e); (*promiscuous*) dévergondé(e)
war [wɔː*] *n* guerre *f*; **to make ~ (on)** faire la guerre (à)
ward [wɔːd] *n* (*in hospital*) salle *f*; (*POL*) canton *m*; (*LAW*: *child*) pupille *m/f*; **~ off** *vt* (*attack, enemy*) repousser, éviter
warden ['wɔːdən] *n* gardien(ne); (*BRIT*: *of institution*) directeur(trice); (: *also*: *traffic* ~) contractuel(le); (*of youth hostel*) père *m or* mère *f* aubergiste
warder ['wɔːdə*] (*BRIT*) *n* gardien *m* de prison
wardrobe ['wɔːdrəub] *n* (*cupboard*) armoire *f*; (*clothes*) garde-robe *f*; (*THEATRE*) costumes *mpl*
warehouse ['wɛəhaus] *n* entrepôt *m*
wares [wɛəz] *npl* marchandises *fpl*
warfare ['wɔːfɛə*] *n* guerre *f*
warhead ['wɔːhed] *n* (*MIL*) ogive *f*
warily ['wɛərɪlɪ] *adv* avec prudence
warm [wɔːm] *adj* chaud(e); (*thanks, welcome, applause, person*) chaleureux(euse); **it's ~** il fait chaud; **I'm ~** j'ai chaud; **~ up** *vi* (*person, room*) se réchauffer; (*water*) chauffer; (*athlete*) s'échauffer ♦ *vt* (*food*) (faire) réchauffer, (faire) chauffer; (*engine*) faire chauffer; **~-hearted** *adj* affectueux(euse); **~ly** *adv* chaudement; chaleureusement; **~th** *n* chaleur *f*
warn [wɔːn] *vt* avertir, prévenir; **to ~ sb (not) to do** conseiller à qn de (ne pas) faire; **~ing** *n* avertissement *m*; (*notice*) avis *m*; (*signal*) avertisseur *m*; **~ing light** *n* avertisseur lumineux; **~ing triangle** *n* (*AUT*) triangle *m* de présignalisation
warp [wɔːp] *vi* (*wood*) travailler, se déformer ♦ *vt* (*fig*: *character*) pervertir
warrant ['wɒrənt] *n* (*guarantee*) garantie *f*; (*LAW*: *to arrest*) mandat *m* d'arrêt; (: *to search*) mandat de perquisition
warranty ['wɒrəntɪ] *n* garantie *f*
warren ['wɒrən] *n* (*of rabbits*) terrier *m*; (*fig*: *of streets etc*) dédale *m*
warrior ['wɒrɪə*] *n* guerrier(ère)
Warsaw ['wɔːsɔː] *n* Varsovie
warship ['wɔːʃɪp] *n* navire *m* de guerre
wart [wɔːt] *n* verrue *f*
wartime ['wɔːtaɪm] *n*: **in ~** en temps de guerre
wary ['wɛərɪ] *adj* prudent(e)
was [wɒz, wəz] *pt of* **be**
wash [wɒʃ] *vt* laver ♦ *vi* se laver; (*sea*): **to ~ over/against sth** inonder/baigner qch ♦ *n* (*clothes*) lessive *f*; (*~ing programme*) lavage *m*; (*of ship*) sillage *m*; **to have a ~** se laver, faire sa toilette; **to give sth a ~** laver qch; **~ away** *vt* (*stain*) enlever au lavage; (*subj*: *river etc*) emporter; **~ off** *vi* partir au lavage; **~ up** *vi* (*BRIT*) faire la vaisselle; (*US*) se débarbouiller; **~able** *adj* lavable; **~basin** (*US* **~bowl**) *n* lavabo *m*; **~cloth** (*US*) *n* gant *m* de toilette;

~er *n* (*TECH*) rondelle *f*, joint *m*; **~ing** *n* (*dirty*) linge *m*; (*clean*) lessive *f*; **~ing machine** *n* machine *f* à laver; **~ing powder** (*BRIT*) *n* lessive *f* (en poudre); **~ing-up** *n* vaisselle *f*; **~ing-up liquid** *n* produit *m* pour la vaisselle; **~-out** (*inf*) *n* désastre *m*; **~room** (*US*) *n* toilettes *fpl*

wasn't ['wɒznt] = was not

wasp [wɒsp] *n* guêpe *f*

wastage ['weɪstɪdʒ] *n* gaspillage *m*; (*in manufacturing, transport etc*) pertes *fpl*, déchets *mpl*; **natural ~** départs naturels

waste [weɪst] *n* gaspillage *m*; (*of time*) perte *f*; (*rubbish*) déchets *mpl*; (*also: household ~*) ordures *fpl* ♦ *adj* (*leftover*): **~ material** déchets *mpl*; (*land, ground: in city*) à l'abandon ♦ *vt* gaspiller; (*time, opportunity*) perdre; **~s** *npl* (*area*) étendue *f* désertique; **~ away** *vi* dépérir; **~ disposal unit** (*BRIT*) *n* broyeur *m* d'ordures; **~ful** *adj* gaspilleur(euse); (*process*) peu économique; **~ ground** (*BRIT*) *n* terrain *m* vague; **~paper basket** *n* corbeille *f* à papier; **~ pipe** *n* (tuyau *m* de) vidange *f*

watch [wɒtʃ] *n* montre *f*; (*act of ~ing*) surveillance *f*; guet *m*; (*MIL: guards*) garde *f*; (*NAUT: guards, spell of duty*) quart *m* ♦ *vt* (*look at*) observer; (*: match, programme, TV*) regarder; (*spy on, guard*) surveiller; (*be careful of*) faire attention à ♦ *vi* regarder; (*keep guard*) monter la garde; **~ out** *vi* faire attention; **~dog** *n* chien *m* de garde; (*fig*) gardien(ne); **~ful** *adj* attentif(ive), vigilant(e); **~maker** *n* horloger(ère); **~man** (*irreg*) *n* see **night**; **~strap** *n* bracelet *m* de montre

water ['wɔːtə*] *n* eau *f* ♦ *vt* (*plant, garden*) arroser ♦ *vi* (*eyes*) larmoyer; (*mouth*): **it makes my mouth ~** j'en ai l'eau à la bouche; **in British ~s** dans les eaux territoriales britanniques; **~ down** *vt* (*milk*) couper d'eau; (*fig: story*) édulcorer; **~colour** (*US* **~color**) *n* aquarelle *f*; **~cress** *n* cresson *m* (de fontaine); **~fall** *n* chute *f* d'eau; **~ heater** *n* chauffe-eau *m*; **~ing can** *n* arrosoir *m*; **~ lily** *n* nénuphar *m*; **~line** *n* (*NAUT*) ligne *f* de flottaison; **~logged** *adj* (*ground*) détrempé(e); **~ main** *n* canalisation *f* d'eau; **~melon** *n* pastèque *f*; **~proof** *adj* imperméable; **~shed** *n* (*GEO*) ligne *f* de partage des eaux; (*fig*) moment *m* critique, point décisif; **~-skiing** *n* ski *m* nautique; **~tight** *adj* étanche; **~way** *n* cours *m* d'eau navigable; **~works** *n* (*building*) station *f* hydraulique; **~y** *adj* (*coffee, soup*) trop faible; (*eyes*) humide, larmoyant(e)

watt [wɒt] *n* watt *m*

wave [weɪv] *n* vague *f*; (*of hand*) geste *m*, signe *m*; (*RADIO*) onde *f*; (*in hair*) ondulation *f* ♦ *vi* faire signe de la main; (*flag*) flotter au vent; (*grass*) ondoyer ♦ *vt* (*handkerchief*) agiter; (*stick*) brandir; **~length** *n* longueur *f* d'ondes

waver ['weɪvə*] *vi* vaciller; (*voice*) trembler; (*person*) hésiter

wavy ['weɪvɪ] *adj* ondulé(e); onduleux(euse)

wax [wæks] *n* cire *f*; (*for skis*) fart *m* ♦ *vt* cirer; (*car*) lustrer; (*skis*) farter ♦ *vi* (*moon*) croître; **~works** *npl* personnages *mpl* de cire ♦ *n* musée *m* de cire

way [weɪ] *n* chemin *m*, voie *f*; (*distance*) distance *f*; (*direction*) chemin, direction *f*; (*manner*) façon *f*, manière *f*; (*habit*) habitude *f*, façon; **which ~? - this ~** par où? - par ici; **on the ~** (*en route*) en route; **to be on one's ~** être en route; **to go out of one's ~ to do** (*fig*) se donner du mal pour faire; **to be in the ~** bloquer le passage; (*fig*) gêner; **to lose one's ~** perdre son chemin; **under ~** en cours; **in a ~** dans un sens; **in some ~s** à certains égards; **no ~!** (*inf*) pas question!; **by the ~ ...** à propos ...; **"~ in"** (*BRIT*) "entrée"; **"~ out"** (*BRIT*) "sortie"; **the ~**

back le chemin du retour; "give ~" (*BRIT: AUT*) "cédez le passage"; **~lay** [weɪ'leɪ] (*irreg*) *vt* attaquer

wayward ['weɪwəd] *adj* capricieux(euse), entêté(e)

we [wi:] *pl pron* nous

weak [wi:k] *adj* faible; (*health*) fragile; (*beam etc*) peu solide; **~en** *vi* faiblir, décliner ♦ *vt* affaiblir; **~ling** *n* (*physically*) gringalet *m*; (*morally etc*) faible *m/f*; **~ness** *n* faiblesse *f*; (*fault*) point *m* faible; **to have a ~ness for** avoir un faible pour

wealth [welθ] *n* (*money, resources*) richesse(s) *f(pl)*; (*of details*) profusion *f*; **~y** *adj* riche

wean [wi:n] *vt* sevrer

weapon ['wepən] *n* arme *f*

wear [wɛə*] (*pt* **wore**, *pp* **worn**) *n* (*use*) usage *m*; (*deterioration through use*) usure *f*; (*clothing*): **sports/baby~** vêtements *mpl* de sport/pour bébés ♦ *vt* (*clothes*) porter; (*put on*) mettre; (*damage: through use*) user ♦ *vi* (*last*) faire de l'usage; (*rub etc through*) s'user; **town/evening ~** tenue *f* de ville/soirée; **~ away** *vt* user, ronger ♦ *vi* (*inscription*) s'effacer; **~ down** *vt* user; (*strength, person*) épuiser; **~ off** *vi* disparaître; **~ out** *vt* user; (*person, strength*) épuiser; **~ and tear** *n* usure *f*

weary ['wɪərɪ] *adj* (*tired*) épuisé(e); (*dispirited*) las(lasse); abattu(e) ♦ *vi*: **to ~ of** se lasser de

weasel ['wi:zl] *n* (*ZOOL*) belette *f*

weather ['weðə*] *n* temps *m* ♦ *vt* (*tempest, crisis*) essuyer, réchapper à, survivre à; **under the ~** (*fig: ill*) mal fichu(e); **~-beaten** *adj* (*person*) hâlé(e); (*building*) dégradé(e) par les intempéries; **~cock** *n* girouette *f*; **~ forecast** *n* prévisions *fpl* météorologiques, météo *f*; **~ man** (*irreg: inf*) *n* météorologue *m*; **~ vane** *n* = **~cock**

weave [wi:v] (*pt* **wove**, *pp* **woven**) *vt* (*cloth*) tisser; (*basket*) tresser; **~r** *n* tisserand(e)

web [web] *n* (*of spider*) toile *f*; (*on foot*) palmure *f*; (*fabric, also fig*) tissu *m*

wed [wed] (*pt, pp* **wedded**) *vt* épouser ♦ *vi* se marier

we'd [wi:d] = **we had; we would**

wedding ['wedɪŋ] *n* mariage *m*; **silver/golden ~ (anniversary)** noces *fpl* d'argent/d'or; **~ day** *n* jour *m* du mariage; **~ dress** *n* robe *f* de mariée; **~ ring** *n* alliance *f*

wedge [wedʒ] *n* (*of wood etc*) coin *m*, cale *f*; (*of cake*) part *f* ♦ *vt* (*fix*) caler; (*pack tightly*) enfoncer

Wednesday ['wenzdeɪ] *n* mercredi *m*

wee [wi:] *adj* (*SCOTTISH*) petit(e); tout(e) petit(e)

weed [wi:d] *n* mauvaise herbe ♦ *vt* désherber; **~killer** *n* désherbant *m*; **~y** *adj* (*man*) gringalet

week [wi:k] *n* semaine *f*; **a ~ today/on Friday** aujourd'hui/vendredi en huit; **~day** *n* jour *m* de semaine; (*COMM*) jour ouvrable; **~end** *n* week-end *m*; **~ly** *adv* une fois par semaine, chaque semaine ♦ *adj* hebdomadaire ♦ *n* hebdomadaire *m*

weep [wi:p] (*pt, pp* **wept**) *vi* (*person*) pleurer; **~ing willow** *n* saule pleureur

weigh [weɪ] *vt, vi* peser; **to ~ anchor** lever l'ancre; **~ down** *vt* (*person, animal*) écraser; (*fig: with worry*) accabler; **~ up** *vt* examiner

weight [weɪt] *n* poids *m*; **to lose/put on ~** maigrir/grossir; **~ing** *n* (*allowance*) indemnité *f*, allocation *f*; **~lifter** *n* haltérophile *m*; **~y** *adj* lourd(e); (*important*) de poids, important(e)

weir [wɪə*] *n* barrage *m*

weird [wɪəd] *adj* bizarre

welcome ['welkəm] *adj* bienvenu(e) ♦ *n* accueil *m* ♦ *vt* accueillir; (*also: bid ~*) souhaiter la bienvenue à; (*be glad of*) se réjouir de; **thank you - you're ~!** merci - de rien *or* il n'y a pas de quoi!

weld [weld] *vt* souder; **~er** *n* soudeur(euse)
welfare ['welfɛə*] *n* (*well-being*) bien-être *m*; (*social aid*) assistance sociale; ~ **state** *n* Etat-providence *m*; ~ **work** *n* travail social
well [wel] *n* puits *m* ♦ *adv* bien ♦ *adj*: **to be** ~ aller bien ♦ *excl* eh bien!; bon!; enfin!; **as** ~ aussi, également; **as** ~ **as** (*in addition to*) en plus de; ~ **done!** bravo!; **get** ~ **soon** remets-toi vite!; **to do** ~ bien réussir; (*business*) prospérer; ~ **up** *vi* monter
we'll [wi:l] = **we will; we shall**
well: **~-behaved** ['welbɪ'heɪvd] *adj* sage, obéissant(e); **~-being** ['welbi:ŋ] *n* bien-être *m*; **~-built** ['wel'bɪlt] *adj* (*person*) bien bâti(e); **~-deserved** *adj* (bien) mérité(e); **~-dressed** *adj* bien habillé(e); **~-heeled** (*inf*) *adj* (*wealthy*) nanti(e)
wellingtons ['welɪŋtənz] *npl* (*also*: *wellington boots*) bottes *fpl* de caoutchouc
well: **~-known** ['wel'nəun] *adj* (*person*) bien connu(e); **~-mannered** ['wel'mænəd] *adj* bien élevé(e); **~-meaning** ['wel'mi:nɪŋ] *adj* bien intentionné(e); **~-off** ['wel'ɒf] *adj* aisé(e); **~-read** ['wel'rɛd] *adj* cultivé(e); **~-to-do** ['weltə'du:] *adj* aisé(e); **~-wishers** ['welwɪʃəz] *npl* amis *mpl* et admirateurs *mpl*; (*friends*) amis *mpl*
Welsh [welʃ] *adj* gallois(e) ♦ *n* (*LING*) gallois *m*; **the** ~ *npl* (*people*) les Gallois *mpl*; **~man** (*irreg*) *n* Gallois *m*; ~ **rarebit** *n* toast *m* au fromage; **~woman** (*irreg*) *n* Galloise *f*
went [went] *pt of* go
wept [wept] *pt, pp of* weep
were [wɜ:*] *pt of* **be**
we're [wɪə*] = **we are**
weren't [wɜ:nt] = **were not**
west [west] *n* ouest *m* ♦ *adj* ouest *inv*, de *or* à l'ouest ♦ *adv* à *or* vers l'ouest; **the W~** *n* l'Occident *m*, l'Ouest; **the W~ Country** (*BRIT*) *n* le sud-ouest de l'Angleterre; **~erly** *adj* (*wind*) d'ouest; (*point*) à l'ouest; **~ern** *adj* occidental(e), de *or* à l'ouest ♦ *n* (*CINEMA*) western *m*; **W~ Indian** *adj* antillais(e) ♦ *n* Antillais(e); **W~ Indies** *npl* Antilles *fpl*; **~ward(s)** *adv* vers l'ouest
wet [wet] *adj* mouillé(e); (*damp*) humide; (*soaked*) trempé(e); (*rainy*) pluvieux(euse) ♦ *n* (*BRIT*: *POL*) modéré *m* du parti conservateur; **to get** ~ se mouiller; "~ **paint**" "attention peinture fraîche"; ~ **blanket** *n* (*fig*) rabat-joie *m inv*; ~ **suit** *n* combinaison *f* de plongée
we've [wi:v] = **we have**
whack [wæk] *vt* donner un grand coup à
whale [weɪl] *n* (*ZOOL*) baleine *f*
wharf [wɔ:f] (*pl* **wharves**) *n* quai *m*

KEYWORD

what [wɒt] *adj* quel(le); ~ **size is he?** quelle taille fait-il?; ~ **colour is it?** de quelle couleur est-ce?; ~ **books do you need?** quels livres vous faut-il?; ~ **a mess!** quel désordre!
♦ *pron* **1** (*interrogative*) que, *prep* +quoi; ~ **are you doing?** que faites-vous?, qu'est-ce que vous faites?; ~ **is happening?** qu'est-ce qui se passe?, que se passe-t-il?; ~ **are you talking about?** de quoi parlez-vous?; ~ **is it called?** comment est-ce que ça s'appelle?; ~ **about me?** et moi?; ~ **about doing ...?** et si on faisait ...?
2 (*relative*: *subject*) ce qui; (: *direct object*) ce que; (: *indirect object*) ce +*prep* +quoi, ce dont; **I saw** ~ **you did/was on the table** j'ai vu ce que vous avez fait/ce qui était sur la table; **tell me** ~ **you remember** dites-moi ce dont vous vous souvenez
♦ *excl* (*disbelieving*) quoi!, comment!

whatever [wɒt'evə*] *adj*: ~ **book** quel que soit le livre que (*or* qui) +*sub*; n'importe quel livre ♦ pron:

do ~ **is necessary** faites (tout) ce qui est nécessaire; ~ **happens** quoi qu'il arrive; **no reason** ~ pas la moindre raison; **nothing** ~ rien du tout

whatsoever [wɔt'səuɛvə*] *adj* = whatever

wheat [wi:t] *n* blé *m*, froment *m*

wheedle ['wi:dl] *vt*: **to** ~ **sb into doing sth** cajoler *or* enjôler qn pour qu'il fasse qch; **to** ~ **sth out of sb** obtenir qch de qn par des cajoleries

wheel [wi:l] *n* roue *f*; (*also*: *steering* ~) volant *m*; (*NAUT*) gouvernail *m* ♦ *vt* (*pram etc*) pousser ♦ *vi* (*birds*) tournoyer; (*also*: ~ *round*: *person*) virevolter; **~barrow** *n* brouette *f*; **~chair** *n* fauteuil roulant; ~ **clamp** *n* (*AUT*) sabot *m* (de Denver)

wheeze [wi:z] *vi* respirer bruyamment

KEYWORD

when [wen] *adv* quand; ~ **did he go?** quand est-ce qu'il est parti?
♦ *conj* **1** (*at, during, after the time that*) quand, lorsque; **she was reading** ~ **I came in** elle lisait quand *or* lorsque je suis entré
2 (*on, at which*): **on the day** ~ **I met him** le jour où je l'ai rencontré
3 (*whereas*) alors que; **I thought I was wrong** ~ **in fact I was right** j'ai cru que j'avais tort alors qu'en fait j'avais raison

whenever [wen'evə*] *adv* quand donc ♦ *conj* quand; (*every time that*) chaque fois que

where [wɛə*] *adv, conj* où; **this is** ~ c'est là que; **~abouts** ['wɛərə'bauts] *adv* où donc ♦ *n*: **nobody knows his ~abouts** personne ne sait où il se trouve; **~as** [wɛər'æz] *conj* alors que; **~by** *adv* par lequel (*or* laquelle *etc*); **~upon** *adv* sur quoi; **~ver** [wɛər'evə*] *adv* où donc ♦ *conj* où que +*sub*; **~withal** ['wɛəwiðɔ:l] *n* moyens *mpl*

whet [wet] *vt* aiguiser

whether ['weðə*] *conj* si; **I don't know** ~ **to accept or not** je ne sais pas si je dois accepter ou non; **it's doubtful** ~ il est peu probable que +*sub*; ~ **you go or not** que vous y alliez ou non

KEYWORD

which [witʃ] *adj* **1** (*interrogative*: *direct, indirect*) quel(le); ~ **picture do you want?** quel tableau voulez-vous?; ~ **one?** lequel(laquelle)?
2: **in** ~ **case** auquel cas
1 ♦ *pron* (*interrogative*) lequel(laquelle), lesquels(lesquelles) *pl*; **I don't mind** ~ peu importe lequel; ~ **(of these) are yours?** lesquels sont à vous?; **tell me** ~ **you want** dites-moi lesquels *or* ceux que vous voulez
2 (*relative*: *subject*) qui; (: *object*) que, *prep* +lequel(laquelle); **the apple** ~ **you ate/**~ **is on the table** la pomme que vous avez mangée/qui est sur la table; **the chair on** ~ **you are sitting** la chaise sur laquelle vous êtes assis; **the book of** ~ **you spoke** le livre dont vous avez parlé; **he knew,** ~ **is true/I feared** il le savait, ce qui est vrai/ce que je craignais; **after** ~ après quoi

whichever [witʃ'evə*] *adj*: **take** ~ **book you prefer** prenez le livre que vous préférez, peu importe lequel; ~ **book you take** quel que soit le livre que vous preniez

whiff [wif] *n* bouffée *f*

while [wail] *n* moment *m* ♦ *conj* pendant que; (*as long as*) tant que; (*whereas*) alors que; bien que +*sub*; **for a** ~ pendant quelque temps; ~ **away** *vt* (*time*) (faire) passer

whim [wim] *n* caprice *m*

whimper ['wimpə*] *vi* geindre

whimsical ['wimzikəl] *adj* (*person*) capricieux(euse); (*look, story*) étrange

whine [wain] *vi* gémir, geindre

whip [wɪp] *n* fouet *m*; (*for riding*) cravache *f*; (*POL*: *person*) *chef de file assurant la discipline dans son groupe parlementaire* ♦ *vt* fouetter; (*eggs*) battre; (*move quickly*) enlever (*or* sortir) brusquement; ~**ped cream** *n* crème fouettée; ~**-round** (*BRIT*) *n* collecte *f*

whirl [wɜːl] *vt* faire tourbillonner; faire tournoyer ♦ *vi* tourbillonner; (*dancers*) tournoyer; ~**pool** *n* tourbillon *m*; ~**wind** *n* tornade *f*

whirr [wɜː*] *vi* (*motor etc*) ronronner; (: *louder*) vrombir

whisk [wɪsk] *n* (*CULIN*) fouet *m* ♦ *vt* fouetter; (*eggs*) battre; to ~ **sb away** *or* **off** emmener qn rapidement

whiskers ['wɪskəz] *npl* (*of animal*) moustaches *fpl*; (*of man*) favoris *mpl*

whisky ['wɪskɪ] (*IRELAND, US* whiskey) *n* whisky *m*

whisper ['wɪspə*] *vt, vi* chuchoter

whistle ['wɪsl] *n* (*sound*) sifflement *m*; (*object*) sifflet *m* ♦ *vi* siffler

white [waɪt] *adj* blanc(blanche); (*with fear*) blême ♦ *n* blanc *m*; (*person*) blanc(blanche); ~ **coffee** (*BRIT*) *n* café *m* au lait, (café) crème *m*; ~**-collar worker** *n* employé(e) de bureau; ~ **elephant** *n* (*fig*) objet dispendieux et superflu; ~ **lie** *n* pieux mensonge; ~ **paper** *n* (*POL*) livre blanc; ~**wash** *vt* blanchir à la chaux; (*fig*) blanchir ♦ *n* (*paint*) blanc *m* de chaux

whiting ['waɪtɪŋ] *n inv* (*fish*) merlan *m*

Whitsun ['wɪtsn] *n* la Pentecôte

whittle ['wɪtl] *vt*: to ~ **away**, ~ **down** (*costs*) réduire

whizz [wɪz] *vi*: to ~ **past** *or* **by** passer à toute vitesse; ~ **kid** (*inf*) *n* petit prodige

who [huː] *pron* qui; ~**dunit** [huː'dʌnɪt] (*inf*) *n* roman policier

whoever [huː'evə*] *pron*: ~ **finds it** celui(celle) qui le trouve(, qui que ce soit), quiconque le trouve; **ask ~ you like** demandez à qui vous voulez; ~ **he marries** quelle que soit la personne qu'il épouse; ~ **told you that?** qui a bien pu vous dire ça?

whole [həʊl] *adj* (*complete*) entier(ère), tout(e); (*not broken*) intact(e), complet(ète) ♦ *n* (*all*): **the ~ of** la totalité de, tout(e) le(la); (*entire unit*) tout *m*; **the ~ of the town** la ville tout entière; **on the ~, as a ~** dans l'ensemble; ~**food(s)** *n(pl)* aliments complets; ~**hearted** *adj* sans réserve(s); ~**meal** (*BRIT*) *adj* (*bread, flour*) complet(ète); ~**sale** *n* (vente *f* en) gros *m* ♦ *adj* (*price*) de gros; (*destruction*) systématique ♦ *adv* en gros; ~**saler** *n* grossiste *m/f*; ~**some** *adj* sain(e); ~**wheat** *adj* = ~**meal**; **wholly** ['həʊlɪ] *adv* entièrement, tout à fait

KEYWORD

whom [huːm] *pron* **1** (*interrogative*) qui; ~ **did you see?** qui avez-vous vu?; **to ~ did you give it?** à qui l'avez-vous donné?

2 (*relative*) que, *prep* + qui; **the man ~ I saw/to ~ I spoke** l'homme que j'ai vu/à qui j'ai parlé

whooping cough ['huːpɪŋ-] *n* coqueluche *f*

whore ['hɔː*] (*inf: pej*) *n* putain *f*

KEYWORD

whose [huːz] *adj* **1** (*possessive*: *interrogative*): ~ **book is this?** à qui est ce livre?; ~ **pencil have you taken?** à qui est le crayon que vous avez pris?, c'est le crayon de qui que vous avez pris?; ~ **daughter are you?** de qui êtes-vous la fille?

2 (*possessive*: *relative*): **the man ~ son you rescued** l'homme dont *or* de qui vous avez sauvé le fils; **the girl ~ sister you were speaking to** la fille à la sœur de qui *or* de laquelle vous parliez; **the woman ~ car was stolen** la femme dont la voiture a été volée

♦ *pron* à qui; ~ **is this?** à qui est

ceci?; **I know ~ it is** je sais à qui c'est

why [waɪ] *adv* pourquoi ♦ *excl* eh bien!, tiens!; **the reason ~** la raison pour laquelle; **tell me ~** dites-moi pourquoi; **~ not?** pourquoi pas?; **~ever** *adv* pourquoi donc, mais pourquoi

wicked ['wɪkɪd] *adj* mauvais(e), méchant(e); (*crime*) pervers(e); (*mischievous*) malicieux(euse)

wicket ['wɪkɪt] *n* (*CRICKET*) guichet *m*; terrain *m* (*entre les deux guichets*)

wide [waɪd] *adj* large; (*area, knowledge*) vaste, très étendu(e); (*choice*) grand(e) ♦ *adv*: **to open ~** ouvrir tout grand; **to shoot ~** tirer à côté; **~-angle lens** *n* objectif *m* grand angle; **~-awake** *adj* bien éveillé(e); **~ly** *adv* (*differing*) radicalement; (*spaced*) sur une grande étendue; (*believed*) généralement; (*travel*) beaucoup; **~n** *vt* élargir ♦ *vi* s'élargir; **~ open** *adj* grand(e) ouvert(e); **~spread** *adj* (*belief etc*) très répandu(e)

widow ['wɪdəʊ] *n* veuve *f*; **~ed** *adj* veuf(veuve); **~er** *n* veuf *m*

width [wɪdθ] *n* largeur *f*

wield [wiːld] *vt* (*sword*) manier; (*power*) exercer

wife [waɪf] (*pl* **wives**) *n* femme *f*, épouse *f*

wig [wɪg] *n* perruque *f*

wiggle ['wɪgl] *vt* agiter, remuer

wild [waɪld] *adj* sauvage; (*sea*) déchaîné(e); (*idea, life*) fou(folle); (*behaviour*) extravagant(e), déchaîné(e); **~s** *npl* (*remote area*) régions *fpl* sauvages; **to make a ~ guess** émettre une hypothèse à tout hasard; **~erness** ['wɪldənəs] *n* désert *m*, région *f* sauvage; **~-goose chase** *n* (*fig*) fausse piste; **~life** *n* (*animals*) faune *f*; **~ly** *adv* (*behave*) de manière déchaînée; (*applaud*) frénétiquement; (*hit, guess*) au hasard; (*happy*) follement

wilful ['wɪlfʊl] (*US* **willful**) *adj* (*person*) obstiné(e); (*action*) délibéré(e)

KEYWORD

will [wɪl] (*vt: pt, pp* **willed**) *aux vb* **1** (*forming future tense*): **I ~ finish it tomorrow** je le finirai demain; **I ~ have finished it by tomorrow** je l'aurai fini d'ici demain; **~ you do it? - yes I ~/no I won't** le ferez-vous? - oui/non

2 (*in conjectures, predictions*): **he ~** *or* **he'll be there by now** il doit être arrivé à l'heure qu'il est; **that ~ be the postman** ça doit être le facteur

3 (*in commands, requests, offers*): **~ you be quiet!** voulez-vous bien vous taire!; **~ you help me?** est-ce que vous pouvez m'aider?; **~ you have a cup of tea?** voulez-vous une tasse de thé?; **I won't put up with it!** je ne le tolérerai pas!

♦ *vt*: **to ~ sb to do** souhaiter ardemment que qn fasse; **he ~ed himself to go on** par un suprême effort de volonté, il continua

♦ *n* volonté *f*; testament *m*

willing ['wɪlɪŋ] *adj* de bonne volonté, serviable; **he's ~ to do it** il est disposé à le faire, il veut bien le faire; **~ly** *adv* volontiers; **~ness** *n* bonne volonté

willow ['wɪləʊ] *n* saule *m*

willpower ['wɪl'paʊə*] *n* volonté *f*

willy-nilly ['wɪlɪ'nɪlɪ] *adv* bon gré mal gré

wilt [wɪlt] *vi* dépérir; (*flower*) se faner

wily ['waɪlɪ] *adj* rusé(e)

win [wɪn] (*pt, pp* **won**) *n* (*in sports etc*) victoire *f* ♦ *vt* gagner; (*prize*) remporter; (*popularity*) acquérir ♦ *vi* gagner; **~ over** *vt* convaincre; **~ round** (*BRIT*) *vt* = **~ over**

wince [wɪns] *vi* tressaillir

winch [wɪntʃ] *n* treuil *m*

wind[1] [wɪnd] *n* (*also MED*) vent *m*; (*breath*) souffle *m* ♦ *vt* (*take breath*) couper le souffle à

wind² [waɪnd] (*pt, pp* **wound**) *vt* enrouler; (*wrap*) envelopper; (*clock, toy*) remonter ♦ *vi* (*road, river*) serpenter; **wind up** *vt* (*clock*) remonter; (*debate*) terminer, clôturer
windfall ['wɪndfɔ:l] *n* coup *m* de chance
winding ['waɪndɪŋ] *adj* (*road*) sinueux(euse); (*staircase*) tournant(e)
wind instrument *n* (*MUS*) instrument *m* à vent
windmill ['wɪndmɪl] *n* moulin *m* à vent
window ['wɪndəu] *n* fenêtre *f*; (*in car, train, also*: ~ *pane*) vitre *f*; (*in shop etc*) vitrine *f*; ~ **box** *n* jardinière *f*; ~ **cleaner** *n* (*person*) laveur(euse) de vitres; ~ **ledge** *n* rebord *m* de la fenêtre; ~ **pane** *n* vitre *f*, carreau *m*; ~**-shopping** *n*: **to go ~-shopping** faire du lèche-vitrines; ~**sill** *n* (*inside*) appui *m* de la fenêtre; (*outside*) rebord *m* de la fenêtre
windpipe ['wɪndpaɪp] *n* trachée *f*
wind power *n* énergie éolienne
windscreen ['wɪndskri:n] *n* pare-brise *m inv*; ~ **washer** *n* lave-glace *m inv*; ~ **wiper** *n* essuie-glace *m inv*
windshield ['wɪndʃi:ld] (*US*) *n* = windscreen
windswept ['wɪndswept] *adj* balayé(e) par le vent; (*person*) ébouriffé(e)
windy ['wɪndɪ] *adj* venteux(euse); **it's ~** il y a du vent
wine [waɪn] *n* vin *m*; ~ **bar** *n* bar *m* à vin; ~ **cellar** *n* cave *f* à vin; ~ **glass** *n* verre *m* à vin; ~ **list** *n* carte *f* des vins; ~ **waiter** *n* sommelier *m*
wing [wɪŋ] *n* aile *f*; ~**s** *npl* (*THEATRE*) coulisses *fpl*; ~**er** *n* (*SPORT*) ailier *m*
wink [wɪŋk] *n* clin *m* d'œil ♦ *vi* faire un clin d'œil; (*blink*) cligner des yeux
winner ['wɪnə*] *n* gagnant(e)
winning ['wɪnɪŋ] *adj* (*team*) gagnant(e); (*goal*) décisif(ive); ~**s** *npl* gains *mpl*
winter ['wɪntə*] *n* hiver *m*; **in ~** en hiver; ~ **sports** *npl* sports *mpl* d'hiver; **wintry** ['wɪntrɪ] *adj* hivernal(e)
wipe [waɪp] *n*: **to give sth a ~** donner un coup de torchon (*or* de chiffon *or* d'éponge) à qch ♦ *vt* essuyer; (*erase*: *tape*) effacer; ~ **off** *vt* enlever; ~ **out** *vt* (*debt*) éteindre, amortir; (*memory*) effacer; (*destroy*) anéantir; ~ **up** *vt* essuyer
wire ['waɪə*] *n* fil *m* (de fer); (*ELEC*) fil électrique; (*TEL*) télégramme *m* ♦ *vt* (*house*) faire l'installation électrique de; (*also*: ~ *up*) brancher; (*person*: *send telegram to*) télégraphier à; ~**less** ['waɪəlɪs] (*BRIT*) *n* poste *m* de radio; **wiring** ['waɪərɪŋ] *n* installation *f* électrique
wiry ['waɪərɪ] *adj* noueux(euse), nerveux(euse); (*hair*) dru(e)
wisdom ['wɪzdəm] *n* sagesse *f*; (*of action*) prudence *f*; ~ **tooth** *n* dent *f* de sagesse
wise [waɪz] *adj* sage, prudent(e); (*remark*) judicieux(euse) ♦ *suffix*: **...wise** *etc* en ce qui concerne le temps *etc*; ~**crack** *n* remarque *f* ironique
wish [wɪʃ] *n* (*desire*) désir *m*; (*specific desire*) souhait *m*, vœu *m* ♦ *vt* souhaiter, désirer, vouloir; **best ~es** (*on birthday etc*) meilleurs vœux; **with best ~es** (*in letter*) bien amicalement; **to ~ sb goodbye** dire au revoir à qn; **he ~ed me well** il m'a souhaité bonne chance; **to ~ to do/sb to do** désirer *or* vouloir faire/que qn fasse; **to ~ for** souhaiter; ~**ful** *adj*: **it's ~ful thinking** c'est prendre ses désirs pour des réalités
wistful ['wɪstful] *adj* mélancolique
wit [wɪt] *n* (*gen pl*) intelligence *f*, esprit *m*; (*presence of mind*) présence *f* d'esprit; (*wittiness*) esprit; (*person*) homme/femme d'esprit
witch [wɪtʃ] *n* sorcière *f*; ~**craft** *n* sorcellerie *f*

KEYWORD

with [wɪð, wɪθ] *prep* **1** (*in the company of*) avec; (*at the home of*) chez; **we stayed ~ friends** nous avons logé chez des amis; **I'll be ~ you in a minute** je suis à vous dans un instant

2 (*descriptive*): **a room ~ a view** une chambre avec vue; **the man ~ the grey hat/blue eyes** l'homme au chapeau gris/aux yeux bleus

3 (*indicating manner, means, cause*): **~ tears in her eyes** les larmes aux yeux; **to walk ~ a stick** marcher avec une canne; **red ~ anger** rouge de colère; **to shake ~ fear** trembler de peur; **to fill sth ~ water** remplir qch d'eau

4: **I'm ~ you** (*I understand*) je vous suis; **to be ~ it** (*inf*: *up-to-date*) être dans le vent

withdraw [wɪθ'drɔː] (*irreg*) *vt* retirer ♦ *vi* se retirer; **~al** *n* retrait *m*; **~al symptoms** *npl* (*MED*): **to have ~al symptoms** être en état de manque; **~n** *adj* (*person*) renfermé(e)

wither ['wɪðə*] *vi* (*plant*) se faner

withhold [wɪθ'həuld] (*irreg*) *vt* (*money*) retenir; **to ~ (from)** (*information*) cacher (à); (*permission*) refuser (à)

within [wɪð'ɪn] *prep* à l'intérieur de ♦ *adv* à l'intérieur; **~ his reach** à sa portée; **~ sight of** en vue de; **~ a kilometre of** à moins d'un kilomètre de; **~ the week** avant la fin de la semaine

without [wɪð'aut] *prep* sans; **~ a coat** sans manteau; **~ speaking** sans parler; **to go ~ sth** se passer de qch

withstand [wɪθ'stænd] (*irreg*) *vt* résister à

witness ['wɪtnəs] *n* (*person*) témoin *m* ♦ *vt* (*event*) être témoin de; (*document*) attester l'authenticité de; **to bear ~ (to)** (*fig*) attester; **~ box** *n* barre *f* des témoins; **~ stand** (*US*) *n* = **~ box**

witticism ['wɪtɪsɪzəm] *n* mot *m* d'esprit; **witty** ['wɪtɪ] *adj* spirituel(le), plein(e) d'esprit

wives [waɪvz] *npl of* **wife**

wizard ['wɪzəd] *n* magicien *m*

wk *abbr* = **week**

wobble ['wɒbl] *vi* trembler; (*chair*) branler

woe [wəu] *n* malheur *m*

woke [wəuk] *pt of* **wake**

woken ['wəukən] *pp of* **wake**

wolf [wulf, *pl* wulvz] (*pl* **wolves**) *n* loup *m*

woman ['wumən] (*pl* **women**) *n* femme *f*; **~ doctor** *n* femme *f* médecin; **~ly** *adj* féminin(e)

womb [wuːm] *n* (*ANAT*) utérus *m*

women ['wɪmɪn] *npl of* **woman**; **~'s lib** (*inf*) *n* MLF *m*; **W~'s (Liberation) Movement** *n* mouvement *m* de libération de la femme

won [wʌn] *pt, pp of* **win**

wonder ['wʌndə*] *n* merveille *f*, miracle *m*; (*feeling*) émerveillement *m* ♦ *vi*: **to ~ whether/why** se demander si/pourquoi; **to ~ at** (*marvel*) s'émerveiller de; **to ~ about** songer à; **it's no ~ (that)** il n'est pas étonnant (que +*sub*); **~ful** *adj* merveilleux(euse)

won't [wəunt] = **will not**

woo [wuː] *vt* (*woman*) faire la cour à; (*audience etc*) chercher à plaire à

wood [wud] *n* (*timber, forest*) bois *m*; **~ carving** *n* sculpture *f* en *or* sur bois; **~ed** *adj* boisé(e); **~en** *adj* en bois; (*fig*) raide; inexpressif(ive); **~pecker** *n* pic *m* (*oiseau*); **~wind** *n* (*MUS*): **the ~wind** les bois; **~work** *n* menuiserie *f*; **~worm** *n* ver *m* du bois

wool [wul] *n* laine *f*; **to pull the ~ over sb's eyes** (*fig*) en faire accroire à qn; **~len** (*US* **~en**) *adj* de *or* en laine; (*industry*) lainier(ère); **~lens** *npl* (*clothes*) lainages *mpl*; **~ly** (*US* **~y**) *adj* laineux(euse); (*fig*: *ideas*) confus(e)

word [wɜːd] *n* mot *m*; (*promise*) parole *f*; (*news*) nouvelles *fpl* ♦ *vt* rédiger, formuler; **in other ~s** en d'autres termes; **to break/keep one's ~** manquer à sa parole/tenir parole; **~ing** *n* termes *mpl*; libellé *m*; **~ processing** *n* traitement *m* de texte; **~ processor** *n* machine *f* de traitement de texte

wore [wɔ:*] *pt of* **wear**

work [wɜ:k] *n* travail *m*; (*ART, LITERATURE*) œuvre *f* ♦ *vi* travailler; (*mechanism*) marcher, fonctionner; (*plan etc*) marcher; (*medicine*) agir ♦ *vt* (*clay, wood etc*) travailler; (*mine etc*) exploiter; (*machine*) faire marcher *or* fonctionner; (*miracles, wonders etc*) faire; **to be out of ~** être sans emploi; **to ~ loose** se défaire, se desserrer; **~ on** *vt fus* travailler à; (*principle*) se baser sur; (*person*) (essayer d')influencer; **~ out** *vi* (*plans etc*) marcher ♦ *vt* (*problem*) résoudre; (*plan*) élaborer; **it ~s out at £100** ça fait 100 livres; **~ up** *vt*: **to get ~ed up** se mettre dans tous ses états; **~able** *adj* (*solution*) réalisable; **~aholic** [wɜ:kə'hɒlɪk] *n* bourreau *m* de travail; **~er** *n* travailleur(euse), ouvrier(ère); **~force** *n* main-d'œuvre *f*; **~ing class** *n* classe ouvrière; **~ing-class** *adj* ouvrier(ère); **~ing order** *n*: **in ~ing order** en état de marche; **~man** (*irreg*) *n* ouvrier *m*; **~manship** *n* (*skill*) métier *m*, habileté *f*; **~s** *n* (*BRIT*: *factory*) usine *f* ♦ *npl* (*of clock, machine*) mécanisme *m*; **~ sheet** *n* (*COMPUT*) feuille *f* de programmation; **~shop** *n* atelier *m*; **~ station** *n* poste *m* de travail; **~-to-rule** (*BRIT*) *n* grève *f* du zèle

world [wɜ:ld] *n* monde *m* ♦ *cpd* (*champion*) du monde; (*power, war*) mondial(e); **to think the ~ of sb** (*fig*) ne jurer que par qn; **~ly** *adj* de ce monde; (*knowledgeable*) qui a l'expérience du monde; **~wide** *adj* universel(le)

worm [wɜ:m] *n* ver *m*

worn [wɔ:n] *pp of* **wear** ♦ *adj* usé(e); **~-out** *adj* (*object*) complètement usé(e); (*person*) épuisé(e)

worried ['wʌrɪd] *adj* inquiet(ète)

worry ['wʌrɪ] *n* souci *m* ♦ *vt* inquiéter ♦ *vi* s'inquiéter, se faire du souci

worse [wɜ:s] *adj* pire, plus mauvais(e) ♦ *adv* plus mal ♦ *n* pire *m*; **a change for the ~** une détérioration; **~n** *vt, vi* empirer; **~ off** *adj* moins à l'aise financièrement; (*fig*): **you'll be ~ off this way** ça ira moins bien de cette façon

worship ['wɜ:ʃɪp] *n* culte *m* ♦ *vt* (*God*) rendre un culte à; (*person*) adorer; **Your W~** (*BRIT*: *to mayor*) Monsieur le maire; (: *to judge*) Monsieur le juge

worst [wɜ:st] *adj* le(la) pire, le(la) plus mauvais(e) ♦ *adv* le plus mal ♦ *n* pire *m*; **at ~** au pis aller

worth [wɜ:θ] *n* valeur *f* ♦ *adj*: **to be ~** valoir; **it's ~ it** cela en vaut la peine, ça vaut la peine; **it is ~ one's while (to do)** on gagne (à faire); **~less** *adj* qui ne vaut rien; **~while** *adj* (*activity, cause*) utile, louable

worthy [wɜ:ðɪ] *adj* (*person*) digne; (*motive*) louable; **~ of** digne de

KEYWORD

would [wʊd] *aux vb* **1** (*conditional tense*): **if you asked him he ~ do it** si vous le lui demandiez, il le ferait; **if you had asked him he ~ have done it** si vous le lui aviez demandé, il l'aurait fait

2 (*in offers, invitations, requests*): **~ you like a biscuit?** voulez-vous *or* voudriez-vous un biscuit?; **~ you close the door please?** voulez-vous fermer la porte, s'il vous plaît?

3 (*in indirect speech*): **I said I ~ do it** j'ai dit que je le ferais

4 (*emphatic*): **it WOULD have to snow today!** naturellement il neige aujourd'hui! *or* il fallait qu'il neige aujourd'hui!

5 (*insistence*): **she ~n't do it** elle n'a pas voulu *or* elle a refusé de le faire

6 (*conjecture*): **it ~ have been midnight** il devait être minuit
7 (*indicating habit*): **he ~ go there on Mondays** il y allait le lundi

would-be ['wʊdbi:] (*pej*) *adj* soi-disant
wouldn't ['wʊdnt] = **would not**
wound[1] [wu:nd] *n* blessure *f* ♦ *vt* blesser
wound[2] [waʊnd] *pt, pp of* **wind**[2]
wove [wəʊv] *pt of* **weave**
woven ['wəʊvən] *pp of* **weave**
wrap [ræp] *vt* (*also*: ~ *up*) envelopper, emballer; (*wind*) enrouler; **~per** *n* (*BRIT*: *of book*) couverture *f*; (*on chocolate*) emballage *m*, papier *m*; **~ping paper** *n* papier *m* d'emballage; (*for gift*) papier cadeau
wrath [rɒθ] *n* courroux *m*
wreak [ri:k] *vt*: **to ~ havoc (on)** avoir un effet désastreux (sur)
wreath [ri:θ, *pl* ri:ðz] (*pl* **~s**) *n* couronne *f*
wreck [rek] *n* (*ship*) épave *f*; (*vehicle*) véhicule accidenté; (*pej*: *person*) loque humaine ♦ *vt* démolir; (*fig*) briser, ruiner; **~age** *n* débris *mpl*; (*of building*) décombres *mpl*; (*of ship*) épave *f*
wren [ren] *n* (*ZOOL*) roitelet *m*
wrench [rentʃ] *n* (*TECH*) clé *f* (à écrous); (*tug*) violent mouvement de torsion; (*fig*) déchirement *m* ♦ *vt* tirer violemment sur, tordre; **to ~ sth from** arracher qch à *or* de
wrestle ['resl] *vi*: **to ~ (with sb)** lutter (avec qn); **~r** *n* lutteur(euse); **wrestling** *n* lutte *f*; (*also*: *all-in wrestling*) catch *m*
wretched ['retʃɪd] *adj* misérable; (*inf*) maudit(e)
wriggle ['rɪgl] *vi* (*also*: ~ *about*) se tortiller
wring [rɪŋ] (*pt, pp* **wrung**) *vt* tordre; (*wet clothes*) essorer; (*fig*): **to ~ sth out of sb** arracher qch à qn
wrinkle ['rɪŋkl] *n* (*on skin*) ride *f*; (*on paper etc*) pli *m* ♦ *vt* plisser ♦ *vi* se plisser
wrist [rɪst] *n* poignet *m*; **~watch** *n* montre-bracelet *f*
writ [rɪt] *n* acte *m* judiciaire
write [raɪt] (*pt* **wrote**, *pp* **written**) *vt, vi* écrire; (*prescription*) rédiger; **~ down** *vt* noter; (*put in writing*) mettre par écrit; **~ off** *vt* (*debt*) passer aux profits et pertes; (*project*) mettre une croix sur; **~ out** *vt* écrire; **~ up** *vt* rédiger; **~-off** *n* perte totale; **~r** *n* auteur *m*, écrivain *m*
writhe [raɪð] *vi* se tordre
writing ['raɪtɪŋ] *n* écriture *f*; (*of author*) œuvres *fpl*; **in ~** par écrit; **~ paper** *n* papier *m* à lettres
wrong [rɒŋ] *adj* (*incorrect*: *answer, information*) faux(fausse); (*inappropriate*: *choice, action etc*) mauvais(e); (*wicked*) mal; (*unfair*) injuste ♦ *adv* mal ♦ *n* tort *m* ♦ *vt* faire du tort à, léser; **you are ~ to do it** tu as tort de le faire; **you are ~ about that, you've got it ~** tu te trompes; **what's ~?** qu'est-ce qui ne va pas?; **to go ~** (*person*) se tromper; (*plan*) mal tourner; (*machine*) tomber en panne; **to be in the ~** avoir tort; **~ful** *adj* injustifié(e); **~ly** *adv* mal, incorrectement; **~ side** *n* (*of material*) envers *m*
wrote [rəʊt] *pt of* **write**
wrought [rɔ:t] *adj*: **~ iron** fer forgé
wrung [rʌŋ] *pt, pp of* **wring**
wry [raɪ] *adj* désabusé(e)
wt. *abbr* = **weight**

X, Y, Z

Xmas ['eksməs] *n abbr* = **Christmas**
X-ray ['eks'reɪ] *n* (*ray*) rayon *m* X; (*photo*) radio(graphie) *f*
xylophone ['zaɪləfəʊn] *n* xylophone *m*
yacht [jɒt] *n* yacht *m*; voilier *m*; **~ing** *n* yachting *m*, navigation *f* de plaisance; **~sman** (*irreg*) *n* plaisancier *m*
Yank [jæŋk] (*pej*) *n* Amerloque *m/f*
Yankee ['jæŋkɪ] *n* = **Yank**

yap [jæp] *vi* (*dog*) japper
yard [jɑːd] *n* (*of house etc*) cour *f*; (*measure*) yard *m* (= *91,4 cm*); **~stick** *n* (*fig*) mesure *f*, critères *mpl*
yarn [jɑːn] *n* fil *m*; (*tale*) longue histoire
yawn [jɔːn] *n* bâillement *m* ♦ *vi* bâiller; **~ing** *adj* (*gap*) béant(e)
yd. *abbr* = yard(s)
yeah [jɛə] (*inf*) *adv* ouais
year [jɪə*] *n* an *m*, année *f*; **to be 8 ~s old** avoir 8 ans; **an eight-~-old child** un enfant de huit ans; **~ly** *adj* annuel(le) ♦ *adv* annuellement
yearn [jɜːn] *vi*: **to ~ for sth** aspirer à qch, languir après qch; **to ~ to do** aspirer à faire
yeast [jiːst] *n* levure *f*
yell [jel] *vi* hurler
yellow ['jeləʊ] *adj* jaune
yelp [jelp] *vi* japper; glapir
yeoman ['jəʊmən] (*irreg*) *n*: **~ of the guard** hallebardier *m* de la garde royale
yes [jes] *adv* oui; (*answering negative question*) si ♦ *n* oui *m*; **to say/answer ~** dire/répondre oui
yesterday ['jestədeɪ] *adv* hier ♦ *n* hier *m*; **~ morning/evening** hier matin/soir; **all day ~** toute la journée d'hier
yet [jet] *adv* encore; déjà ♦ *conj* pourtant, néanmoins; **it is not finished ~** ce n'est pas encore fini *or* toujours pas fini; **the best ~** le meilleur jusqu'ici *or* jusque-là; **as ~** jusqu'ici, encore
yew [juː] *n* if *m*
yield [jiːld] *n* production *f*, rendement *m*; rapport *m* ♦ *vt* produire, rendre, rapporter; (*surrender*) céder ♦ *vi* céder; (*US*: *AUT*) céder la priorité
YMCA *n abbr* (= *Young Men's Christian Association*) YMCA *m*
yoghourt ['jɒgət] *n* yaourt *m*
yog(h)urt ['jɒgət] *n* = yoghourt
yoke [jəʊk] *n* joug *m*
yolk [jəʊk] *n* jaune *m* (d'œuf)

KEYWORD

you [juː] *pron* **1** (*subject*) tu; (*polite form*) vous; (*plural*) vous; **~ French enjoy your food** vous autres Français, vous aimez bien manger; **~ and I will go** toi et moi *or* vous et moi, nous irons
2 (*object*: *direct, indirect*) te, t' *+vowel*; vous; **I know ~** je te *or* vous connais; **I gave it to ~**, je vous l'ai donné, je te l'ai donné
3 (*stressed*) toi; vous; **I told YOU to do it** c'est à toi *or* vous que j'ai dit de le faire
4 (*after prep, in comparisons*) toi; vous; **it's for ~** c'est pour toi *or* vous; **she's younger than ~** elle est plus jeune que toi *or* vous
5 (*impersonal*: *one*) on; **fresh air does ~ good** l'air frais fait du bien; **~ never know** on ne sait jamais

you'd [juːd] = **you had; you would**
you'll [juːl] = **you will; you shall**
young [jʌŋ] *adj* jeune ♦ *npl* (*of animal*) petits *mpl*; (*people*): **the ~** les jeunes, la jeunesse; **~er** *adj* (*brother etc*) cadet(te); **~ster** *n* jeune *m* (garçon *m*); (*child*) enfant *m/f*
your ['jɔː*] *adj* ton(ta), tes *pl*; (*polite form, pl*) votre, vos *pl*; *see also* **my**
you're ['jʊə*] = **you are**
yours [jɔːz] *pron* le(la) tien(ne), les tiens(tiennes); (*polite form, pl*) le(la) vôtre, les vôtres; **~ sincerely/faithfully/truly** veuillez agréer l'expression de mes sentiments les meilleurs; *see also* **mine**[1]
yourself [jɔː'self] *pron* (*reflexive*) te; (: *polite form*) vous; (*after prep*) toi; vous; (*emphatic*) toi-même; vous-même; *see also* **oneself**; **yourselves** *pl pron* vous; (*emphatic*) vous-mêmes
youth [juːθ, *pl* juːðz] *n* jeunesse *f*; (*young man*: *pl youths*) jeune homme *m*; **~ club** *n* centre *m* de jeunes; **~ful** *adj* jeune; (*enthusiasm*) de jeunesse, juvénile; **~ hostel** *n* auberge *f*

de jeunesse
you've [juːv] = you have
YTS (*BRIT*) *n abbr* (= Youth Training Scheme) ≈ TUC *m*
Yugoslav *adj* yougoslave ♦ *n* Yougoslave *m/f*; **~ia** *n* Yougoslavie *f*
yuppie ['jʌpɪ] (*inf*) *n* yuppie *m/f*
YWCA *n abbr* (= *Young Women's Christian Association*) YWCA *m*
zany ['zeɪnɪ] *adj* farfelu(e), loufoque
zap [zæp] *vt* (*COMPUT*) effacer
zeal [ziːl] *n* zèle *m*, ferveur *f*; empressement *m*
zebra ['ziːbrə] *n* zèbre *m*; ~ **crossing** (*BRIT*) *n* passage clouté *or* pour piétons
zero ['zɪərəʊ] *n* zéro *m*
zest [zest] *n* entrain *m*, élan *m*; (*of orange*) zeste *m*
zigzag ['zɪgzæg] *n* zigzag *m*
Zimbabwe [zɪm'bɑːbwɪ] *n* Zimbabwe *m*
zinc [zɪŋk] *n* zinc *m*
zip [zɪp] *n* (*also*: ~ *fastener*) fermeture *f* éclair (®) ♦ *vt* (: ~ *up*) fermer avec une fermeture éclair (®); ~ **code** (*US*) *n* code postal; **~per** (*US*) *n* = zip
zodiac ['zəʊdɪæk] *n* zodiaque *m*
zone [zəʊn] *n* zone *f*
zoo [zuː] *n* zoo *m*
zoom [zuːm] *vi*: to ~ **past** passer en trombe; ~ **lens** *n* zoom *m*
zucchini [zuː'kiːnɪ] (*US*) *n(pl)* courgette(s) *f(pl)*

VERB TABLES

1 Participe présent *2* Participe passé *3* Présent *4* Imparfait *5* Futur *6* Conditionnel *7* Subjonctif présent

acquérir *1* acquérant *2* acquis *3* acquiers, acquérons, acquièrent *4* acquérais *5* acquerrai *7* acquière
ALLER *1* allant *2* allé *3* vais, vas, va, allons, allez, vont *4* allais *5* irai *6* irais *7* aille
asseoir *1* asseyant *2* assis *3* assieds, asseyons, asseyez, asseyent *4* asseyais *5* assiérai *7* asseye
atteindre *1* atteignant *2* atteint *3* atteins, atteignons *4* atteignais *7* atteigne
AVOIR *1* ayant *2* eu *3* ai, as, a, avons, avez, ont *4* avais *5* aurai *6* aurais *7* aie, aies, ait, ayons, ayez, aient
battre *1* battant *2* battu *3* bats, bat, battons *4* battais *7* batte
boire *1* buvant *2* bu *3* bois, buvons, boivent *4* buvais *7* boive
bouillir *1* bouillant *2* bouilli *3* bous, bouillons *4* bouillais *7* bouille
conclure *1* concluant *2* conclu *3* conclus, concluons I Rncluais IRnclue
conduire *1* conduisant *2* conduit *3* conduis, conduisons *4* conduisais *7* conduise
connaître *1* connaissant *2* connu *3* connais, connaît, connaissons *4* connaissais *7* connaisse
coudre *1* cousant *2* cousu *3* couds, cousons, cousez, cousent *4* cousais *7* couse
courir *1* courant *2* couru *3* cours, courons *4* courais *5* courrai *7* coure
couvrir *1* couvrant *2* couvert *3* couvre, couvrons *4* couvrais *7* couvre
craindre *1* craignant *2* craint *3* crains, craignons *4* craignais *7* craigne
croire *1* croyant *2* cru *3* crois, croyons, croient *4* croyais *7* croie
croître *1* croissant *2* crû, crue, crus, crues *3* croîs, croissons *4* croissais *7* croisse
cueillir *1* cueillant *2* cueilli *3* cueille, cueillons *4* cueillais *5* cueillerai *7* cueille
devoir *1* devant *2* dû, due, dus, dues *3* dois, devons, doivent *4* devais *5* devrai *7* doive
dire *1* disant *2* dit *3* dis, disons, dites, disent *4* disais *7* dise
dormir *1* dormant *2* dormi *3* dors, dormons *4* dormais *7* dorme
écrire *1* écrivant *2* écrit *3* écris, écrivons *4* écrivais *7* écrive
ÊTRE *1* étant *2* été *3* suis, es, est, sommes, êtes, sont *4* étais *5* serai *6* serais *7* sois, sois, soit, soyons, soyez, soient
FAIRE *1* faisant *2* fait *3* fais, fais, fait, faisons, faites, font *4* faisais *5* ferai *6* ferais *7* fasse
falloir *2* fallu *3* faut *4* fallait *5* faudra *7* faille
FINIR *1* finissant *2* fini *3* finis, finis, finit, finissons, finissez, finissent *4* finissais *5* finirai *6* finirais *7* finisse
fuir *1* fuyant *2* fui *3* fuis, fuyons,

fuient *4* fuyais 7 fuie
joindre *1* joignant *2* joint *3* joins, joignons *4* joignais 7 joigne
lire *1* lisant *2* lu *3* lis, lisons *4* lisais 7 lise
luire *1* luisant *2* lui *3* luis, luisons *4* luisais 7 luise
maudire *1* maudissant *2* maudit *3* maudis, maudissons *4* maudissait 7 maudisse
mentir *1* mentant *2* menti *3* mens, mentons *4* mentais 7 mente
mettre *1* mettant *2* mis *3* mets, mettons *4* mettais 7 mette
mourir *1* mourant *2* mort *3* meurs, mourons, meurent *4* mourais *5* mourrai 7 meure
naître *1* naissant *2* né *3* nais, naît, naissons *4* naissais 7 naisse
offrir *1* offrant *2* offert *3* offre, offrons *4* offrais 7 offre
PARLER *1* **parlant** *2* **parlé** *3* **parle, parles, parle, parlons, parlez, parlent** *4* **parlais, parlais, parlait, parlions, parliez, parlaient** *5* **parlerai, parleras, parlera, parlerons, parlerez, parleront** *6* **parlerais, parlerais, parlerait, parlerions, parleriez, parleraient** 7 **parle, parles, parle, parlions, parliez, parlent** *impératif* **parle! parlez!**
partir *1* partant *2* parti *3* pars, partons *4* partais 7 parte
plaire *1* plaisant *2* plu *3* plais, plaît, plaisons *4* plaisais 7 plaise
pleuvoir *1* pleuvant *2* plu *3* pleut, pleuvent *4* pleuvait *5* pleuvra 7 pleuve
pourvoir *1* pourvoyant *2* pourvu *3* pourvois, pourvoyons, pourvoient *4* pourvoyais 7 pourvoie
pouvoir *1* pouvant *2* pu *3* peux, peut, pouvons, peuvent *4* pouvais *5* pourrai 7 puisse
prendre *1* prenant *2* pris *3* prends, prenons, prennent *4* prenais 7 prenne
prévoir *like voir 5* prévoirai
RECEVOIR *1* recevant *2* reçu *3* reçois, reçois, reçoit, recevons, recevez, reçoivent *4* recevais *5* recevrai *6* recevrais 7 reçoive
RENDRE *1* rendant *2* rendu *3* rends, rends, rend, rendons, rendez, rendent *4* rendais *5* rendrai *6* rendrais 7 rende
résoudre *1* résolvant *2* résolu *3* résous, résolvons *4* résolvais 7 résolve
rire *1* riant *2* ri *3* ris, rions *4* riais 7 rie
savoir *1* sachant *2* su *3* sais, savons, savent *4* savais *5* saurai 7 sache *impératif* sache, sachons, sachez
servir *1* servant *2* servi *3* sers, servons *4* servais 7 serve
sortir *1* sortant *2* sorti *3* sors, sortons *4* sortais 7 sorte
souffrir *1* souffrant *2* souffert *3* souffre, souffrons *4* souffrais 7 souffre
suffire *1* suffisant *2* suffi *3* suffis, suffisons *4* suffisais 7 suffise
suivre *1* suivant *2* suivi *3* suis, suivons *4* suivais 7 suive
taire *1* taisant *2* tu *3* tais, taisons *4* taisais 7 taise
tenir *1* tenant *2* tenu *3* tiens, tenons, tiennent *4* tenais *5* tiendrai 7 tienne
vaincre *1* vainquant *2* vaincu *3*

vaincs, vainc, vainquons *4* vainquais *7* vainque
valoir *1* valant *2* valu *3* vaux, vaut, valons *4* valais *5* vaudrai *7* vaille
venir *1* venant *2* venu *3* viens, venons, viennent *4* venais *5* viendrai *7* vienne
vivre *1* vivant *2* vécu *3* vis, vivons *4* vivais *7* vive
voir *1* voyant *2* vu *3* vois, voyons, voient *4* voyais *5* verrai *7* voie
vouloir *1* voulant *2* voulu *3* veux, veut, voulons, veulent *4* voulais *5* voudrai *7* veuille *impératif* veuillez

VERBES IRRÉGULIERS

present	pt	pp
arise	arose	arisen
awake	awoke	awaked
be (am, is, are; being)	was, were	been
bear	bore	born(e)
beat	beat	beaten
become	became	become
begin	began	begun
behold	beheld	beheld
bend	bent	bent
beset	beset	beset
bet	bet, betted	bet, betted
bid	bid, bade	bid, bidden
bind	bound	bound
bite	bit	bitten
bleed	bled	bled
blow	blew	blown
break	broke	broken
breed	bred	bred
bring	brought	brought
build	built	built
burn	burnt, burned	burnt, burned
burst	burst	burst
buy	bought	bought
can	could	(been able)

present	pt	pp
cast	cast	cast
catch	caught	caught
choose	chose	chosen
cling	clung	clung
come	came	come
cost	cost	cost
creep	crept	crept
cut	cut	cut
deal	dealt	dealt
dig	dug	dug
do (3rd person; he/she/it/ does)	did	done
draw	drew	drawn
dream	dreamed, dreamt	dreamed, dreamt
drink	drank	drunk
drive	drove	driven
dwell	dwelt	dwelt
eat	ate	eaten
fall	fell	fallen
feed	fed	fed
feel	felt	felt
fight	fought	fought
find	found	found
flee	fled	fled
fling	flung	flung
fly (flies)	flew	flown
forbid	forbade	forbidden

present	pt	pp
forecast	forecast	forecast
forget	forgot	forgotten
forgive	forgave	forgiven
forsake	forsook	forsaken
freeze	froze	frozen
get	got	got, (*US*) gotten
give	gave	given
go (goes)	went	gone
grind	ground	ground
grow	grew	grown
hang	hung, hanged	hung, hanged
have (has; having)	had	had
hear	heard	heard
hide	hid	hidden
hit	hit	hit
hold	held	held
hurt	hurt	hurt
keep	kept	kept
kneel	knelt, kneeled	knelt, kneeled
know	knew	known
lay	laid	laid
lead	led	led
lean	leant, leaned	leant, leaned
leap	leapt, leaped	leapt, leaped
learn	learnt, learned	learnt, learned
leave	left	left
lend	lent	lent
let	let	let
lie (lying)	lay	lain
light	lit, lighted	lit, lighted
lose	lost	lost
make	made	made
may	might	—
mean	meant	meant
meet	met	met

present	pt	pp
mistake	mistook	mistaken
mow	mowed	mown, mowed
must	(had to)	(had to)
pay	paid	paid
put	put	put
quit	quit, quitted	quit, quitted
read	read	read
rid	rid	rid
ride	rode	ridden
ring	rang	rung
rise	rose	risen
run	ran	run
saw	sawed	sawn
say	said	said
see	saw	seen
seek	sought	sought
sell	sold	sold
send	sent	sent
set	set	set
shake	shook	shaken
shall	should	—
shear	sheared	shorn, sheared
shed	shed	shed
shine	shone	shone
shoot	shot	shot
show	showed	shown
shrink	shrank	shrunk
shut	shut	shut
sing	sang	sung
sink	sank	sunk
sit	sat	sat
slay	slew	slain
sleep	slept	slept
slide	slid	slid
sling	slung	slung
slit	slit	slit
smell	smelt, smelled	smelt, smelled
sow	sowed	sown, sowed

present	pt	pp
speak	spoke	spoken
speed	sped, speeded	sped, speeded
spell	spelt, spelled	spelt, spelled
spend	spent	spent
spill	spilt, spilled	spilt, spilled
spin	spun	spun
spit	spat	spat
split	split	split
spoil	spoiled, spoilt	spoiled, spoilt
spread	spread	spread
spring	sprang	sprung
stand	stood	stood
steal	stole	stolen
stick	stuck	stuck
sting	stung	stung
stink	stank	stunk
stride	strode	stridden
strike	struck	struck, stricken
strive	strove	striven
swear	swore	sworn

present	pt	pp
sweep	swept	swept
swell	swelled	swollen, swelled
swim	swam	swum
swing	swung	swung
take	took	taken
teach	taught	taught
tear	tore	torn
tell	told	told
think	thought	thought
throw	threw	thrown
thrust	thrust	thrust
tread	trod	trodden
wake	woke, waked	woken, waked
wear	wore	worn
weave	wove, weaved	woven, weaved
wed	wedded, wed	wedded, wed
weep	wept	wept
win	won	won
wind	wound	wound
wring	wrung	wrung
write	wrote	written

LES NOMBRES		NUMBERS
un (une)	1	one
deux	2	two
trois	3	three
quatre	4	four
cinq	5	five
six	6	six
sept	7	seven
huit	8	eight
neuf	9	nine
dix	10	ten
onze	11	eleven
douze	12	twelve
treize	13	thirteen
quatorze	14	fourteen
quinze	15	fifteen
seize	16	sixteen
dix-sept	17	seventeen
dix-huit	18	eighteen
dix-neuf	19	nineteen
vingt	20	twenty
vingt et un (une)	21	twenty-one
vingt-deux	22	twenty-two
trente	30	thirty
quarante	40	forty
cinquante	50	fifty
soixante	60	sixty
soixante-dix	70	seventy
soixante et onze	71	seventy-one
soixante-douze	72	seventy-two
quatre-vingts	80	eighty
quatre-vingt-un (-une)	81	eighty-one
quatre-vingt-dix	90	ninety
quatre-vingt-onze	91	ninety-one
cent	100	a hundred
cent un (une)	101	a hundred and one
trois cents	300	three hundred
trois cent un (une)	301	three hundred and one
mille	1 000	a thousand
un million	1 000 000	a million

premier (première), 1er	first, 1st
deuxième, 2e *or* 2ème	second, 2nd
troisième, 3e *or* 3ème	third, 3rd
quatrième	fourth, 4th
cinquième	fifth, 5th
sixième	sixth, 6th

LES NOMBRES / NUMBERS

LES NOMBRES	NUMBERS
septième	seventh
huitième	eighth
neuvième	ninth
dixième	tenth
onzième	eleventh
douzième	twelfth
treizième	thirteenth
quatorzième	fourteenth
quinzième	fifteenth
seizième	sixteenth
dix-septième	seventeenth
dix-huitième	eighteenth
dix-neuvième	nineteenth
vingtième	twentieth
vingt-et-unième	twenty-first
vingt-deuxième	twenty-second
trentième	thirtieth
centième	hundredth
cent-unième	hundred-and-first
millième	thousandth

Les Fractions etc / Fractions etc

Les Fractions etc	Fractions etc
un demi	a half
un tiers	a third
deux tiers	two thirds
un quart	a quarter
un cinquième	a fifth
zéro virgule cinq, 0,5	(nought) point five, 0.5
trois virgule quatre, 3,4	three point four, 3.4
dix pour cent	ten per cent
cent pour cent	a hundred per cent

Exemples / Examples

Exemples	Examples
il habite au dix	he lives at number 10
c'est au chapitre sept	it's in chapter 7
à la page sept	on page 7
il habite au septième (étage)	he lives on the 7th floor
il est arrivé (le) septième	he came in 7th
une part d'un septième	a share of one seventh
échelle au vingt-cinq millième	scale one to twenty-five thousand

L'HEURE	**THE TIME**
quelle heure est-il?	*what time is it?*
il est...	*it's...*
minuit	midnight, twelve p.m.
une heure (du matin)	one o'clock (in the morning), one (a.m.)
une heure cinq	five past one
une heure dix	ten past one
une heure et quart	a quarter past one, one fifteen
une heure vingt-cinq	twenty-five past one, one twenty-five
une heure et demie, une heure trente	half past one, one thirty
une heure trente-cinq, deux heures moins vingt-cinq	twenty-five to two, one thirty-five
deux heures moins vingt, une heure quarante	twenty to two, one forty
deux heures moins le quart, une heure quarante-cinq	a quarter to two, one forty-five
deux heures moins dix, une heure cinquante	ten to two, one fifty
midi	twelve o'clock, midday, noon
deux heures (de l'après-midi)	two o'clock (in the afternoon), two (p.m.)
sept heures (du soir)	seven o'clock (in the evening), seven (p.m.)
à quelle heure?	*at what time?*
à minuit	at midnight
à sept heures	at seven o'clock
dans vingt minutes	in twenty minutes
il y a quinze minutes	fifteen minutes ago